Histoire Term

Nouveau programme 2020

W0306164

Sous la direction de :

Sébastien Cote
Professeur en classes préparatoires au lycée Joffre, Montpellier (34)

Joëlle Alazard
Professeure en classes préparatoires au lycée Faidherbe, Lille (59)

Laëtitia Benbassat
Professeure au collège Jean-Perrin, Paris (75)

Vivien Chabanne
Professeur au lycée Jules-Guesde, Montpellier (34)

Cécile Chalmin
Professeure à SciencesPo Lille (59)

Stéphane Coviaux
Professeur en classes préparatoires au lycée Fénelon, Paris (75)

Laurence De Cock
Professeure au lycée Guillaume-Tirel, Paris (75)

Julien Fabre
Professeur au lycée Pablo-Neruda, Saint-Martin-d'Hères (38)

Éric Godeau
Professeur en classes preparatoires au lycée Hélène-Boucher, Paris (75)

Jean-Marcel Guigou
Professeur au lycée Germaine-Tillion, Le Bourget (93)

Samuel Kuhn
Professeur au lycée de la Versoie, Thonons-les-Bains (74)

Delphine Lécureuil
Professeure au lycée Jules-Guesde, Montpellier (34)

Catherine Lacour-Astol
Inspectrice pédagogique régionale, Lille (59)

André Loez
Professeur en classes préparatoires aux lycées Molière et Victor-Hugo, Paris (75)

Claire Quincy
Professeure au lycée Jules-Guesde, Montpellier (34)

Catherine Pidutti
Professeure au lycée Edgar-Quinet, Paris (75)

Achevé d'imprimer par Bona SpA en Italie
N° de projet : 10267977 - Dépôt légal : Avril 2020

Nathan

À la découverte de votre manuel

OUVERTURE

Pour entrer dans le chapitre.

Le **sommaire** du chapitre, pour vous repérer facilement dans le manuel.

CONTEXTE

Les repères indispensables pour bien aborder le chapitre.

De grandes **cartes**.

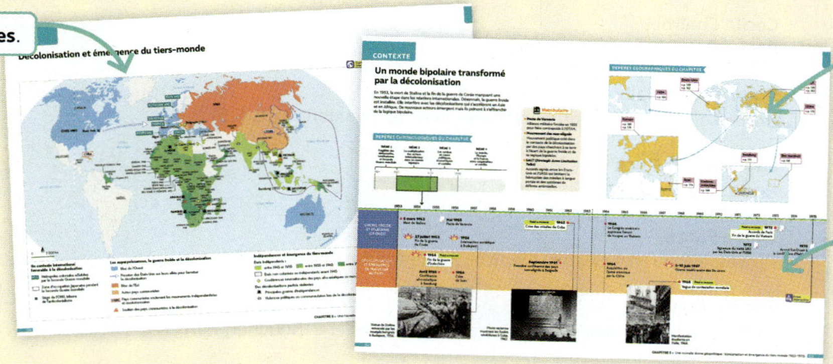

La **localisation** de tous les lieux étudiés dans le chapitre.

Une **grande frise** pour se repérer dans le temps.

COURS

Un cours complet, clair et structuré.

Le **podcast** du cours pour réviser dans les transports, sur le chemin du lycée…

Le **vocabulaire** et des **biographies** pour bien comprendre.

Des questions rapides d'**auto-évaluation**.

© Nathan 2020 – 92, avenue de France, 75013 Paris – ISBN : 978-2-09-172536-9

DOCUMENTS — Les documents sur lesquels vous allez travailler toute l'année.

Des **vidéos** accessibles en un clic via Nathan Live !

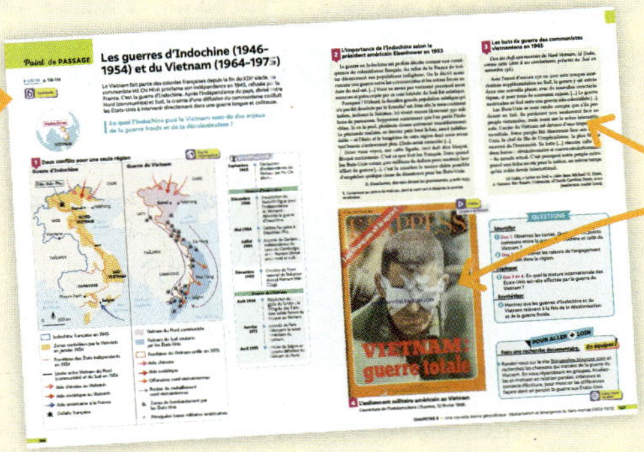

De **nombreux documents** sélectionnés avec soin pour vous aider à illustrer vos exposés et à enrichir vos copies.

L'histoire est une science vivante et attrayante ! Des pages originales pour découvrir les **questions que se posent les historiens** et les **origines historiques** de réalités contemporaines.

SPÉCIAL BAC — Soyez prêts à passer votre épreuve en fin d'année !

Une **synthèse** du cours et un rappel des **points de passage**.

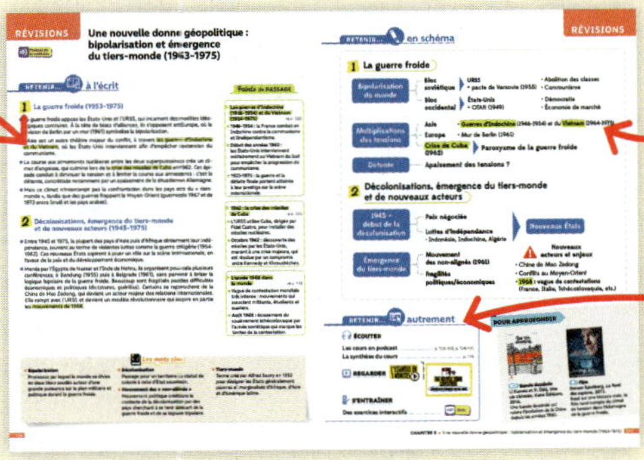

Un **schéma** pour retenir l'essentiel sous forme visuelle.

Révisez grâce à **Nathan live**. Écouter, regardez, apprenez !

Des **sujets guidés** pas-à-pas.

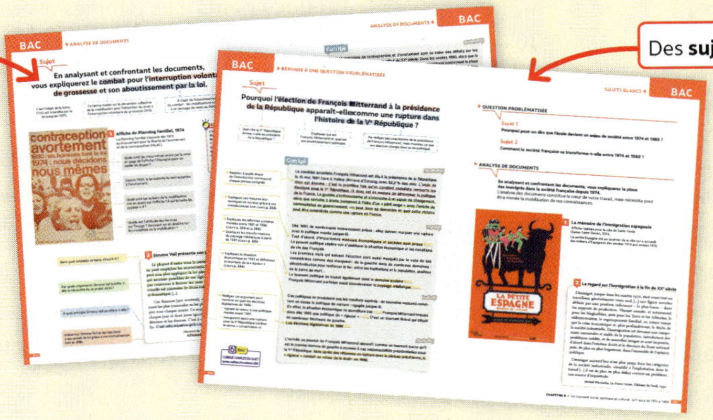

Des **sujets blancs**.

Et la Terminale ?

E3C, épreuves finales, Parcoursup, Grand Oral… pas facile de s'y retrouver ! Votre guide, en partenariat avec l'ONISEP (p. 11), est là pour vous aider à y voir plus clair.

SOMMAIRE

Les relations entre les puissances et l'opposition des modèles politiques depuis 1930

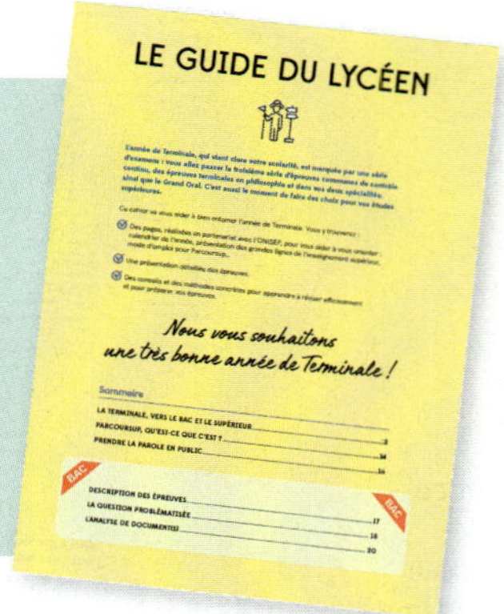

THÈME **1**

Fragilités des démocraties, totalitarismes et Seconde Guerre mondiale (1929-1945)

THÈME 2

La multiplication des acteurs internationaux dans un monde bipolaire (1945-1970)

SOMMAIRE

THÈME **3**

Les remises en cause politiques, économiques et sociales des années 1970 à 1991

THÈME **4**

Le monde, l'Europe et la France depuis les années 1990, entre coopérations et conflits

Sommaire BAC

Analyse de documents

Réponse à une question problématisée

PROGRAMME HISTOIRE T^ERM

BO spécial n° 8 du 25 juillet 2019

THÈME 1 Fragilités des démocraties, totalitarismes et Seconde Guerre mondiale (1929-1945) *(13-15 heures)*

CHAPITRE 1	L'impact de la crise de 1929 : déséquilibres économiques et sociaux
Objectifs du chapitre	● Ce chapitre vise à montrer l'impact de la crise économique mondiale sur les sociétés et les équilibres politiques, à court, moyen et long terme. ● On peut mettre en avant : - les causes de la crise ; - le passage d'une crise américaine à une crise mondiale ; - l'émergence d'un chômage de masse.
Points de passage et d'ouverture	● Les conséquences de la crise de 1929 en Amérique latine ● 1933 : un nouveau président des États-Unis, F. D. Roosevelt, pour une nouvelle politique économique, le *New Deal*. ● Juin 1936 : les accords Matignon.
CHAPITRE 2	**Les régimes totalitaires**
Objectifs du chapitre	● Ce chapitre vise à mettre en évidence les caractéristiques des régimes totalitaires (idéologie, formes et degrés d'adhésion, usage de la violence et de la terreur) et leurs conséquences sur l'ordre européen. ● On peut mettre en avant les caractéristiques : - du régime soviétique ; - du fascisme italien ; - du national-socialisme allemand.
Points de passage et d'ouverture	● 1937-1938 : la Grande Terreur en URSS ● 9-10 novembre 1938 : la Nuit de cristal ● 1936-1938 : les interventions étrangères dans la guerre civile espagnole : géopolitique des totalitarismes.
CHAPITRE 3	**La Seconde Guerre mondiale**
Objectifs du chapitre	● Ce chapitre vise à montrer l'étendue et la violence du conflit mondial, à montrer le processus menant au génocide des Juifs d'Europe, et à comprendre, pour la France, toutes les conséquences de la défaite de 1940. ● On peut mettre en avant : - un conflit mondial : protagonistes, phases de la guerre et théâtres d'opération ; - crimes de guerre, violences et crimes de masse, Shoah, génocide des Tsiganes ; - la France dans la guerre : occupation, collaboration, régime de Vichy, Résistance.
Points de passage et d'ouverture	● Juin 1940 en France : continuer ou arrêter la guerre ; ● De Gaulle et la France libre ; ● Le front de l'Est et la guerre d'anéantissement ; ● Juin 1944 : le débarquement en Normandie et l'opération Bagration ● 6 et 9 août 1945 : les bombardements nucléaires d'Hiroshima et de Nagasaki.

THÈME 2 La multiplication des acteurs internationaux dans un monde bipolaire (de 1945 au début des années 1970) *(13-15 heures)*

CHAPITRE 1	La fin de la Seconde Guerre mondiale et les débuts d'un nouvel ordre mondial
Objectifs du chapitre	● Ce chapitre vise à mettre en parallèle la volonté de création d'un nouvel ordre international et les tensions qui surviennent très tôt entre les deux nouvelles superpuissances (États-Unis et URSS). ● On peut mettre en avant : - le bilan matériel, humain et moral du conflit. - les bases de l'État-providence ; - les bases d'un nouvel ordre international (création de l'ONU, procès de Nuremberg et de Tokyo, accords de Bretton Woods) ; - les nouvelles tensions : début de l'affrontement des deux superpuissances et conflits au Proche-Orient.
Points de passage et d'ouverture	● 15 mars 1944 : le programme du CNR ; ● 1948 : naissance de l'État d'Israël ; ● 25 février 1948 : le « coup de Prague ».
CHAPITRE 2	**Une nouvelle donne géopolitique : bipolarisation et émergence du tiers-monde**
Objectifs du chapitre	● Ce chapitre montre comment la bipolarisation issue de la guerre froide interfère avec la décolonisation et conduit à l'émergence de nouveaux acteurs. ● On peut mettre en avant : - les modèles des deux superpuissances et la bipolarisation ; - les nouveaux États : des indépendances à leur affirmation sur la scène internationale ; - la Chine de Mao : l'affirmation d'un nouvel acteur international ; - les conflits du Proche et du Moyen-Orient.
Points de passage et d'ouverture	● 1962 : la crise des missiles de Cuba ; ● Les guerres d'Indochine et du Vietnam ; ● L'année 1968 dans le monde.

CHAPITRE 3 La France : une nouvelle place dans le monde	
Objectifs du chapitre	● Ce chapitre vise à montrer comment la France de l'après-guerre s'engage dans la construction européenne, comment elle cesse d'être une puissance coloniale et retrouve un rôle international, comment elle réforme ses institutions et ouvre davantage son économie. ● On peut mettre en avant : - La IVe République entre décolonisation, guerre froide et construction européenne ; - La crise algérienne de la République française et la naissance d'un nouveau régime - Les débuts de la Ve République : un projet liant volonté d'indépendance nationale et modernisation du pays
Points de passage et d'ouverture	● La guerre d'Algérie et ses mémoires ; ● Charles de Gaulle et Pierre Mendès France deux conceptions de la République ; ● La constitution de 1958.

THÈME 3 Les remises en cause économiques, politiques et sociales des années 1970 à 1991 *(10-12 heures)*

CHAPITRE 1 La modification des grands équilibres économiques et politiques mondiaux	
Objectifs du chapitre	● Ce chapitre vise à montrer les conséquences sociales, économiques et géopolitiques des chocs pétroliers (1973 et 1979), dans le cadre d'une crise économique occidentale qui caractérise la période, mais aussi ses profondes évolutions politiques : la démocratie trouve une nouvelle vigueur, de la chute des régimes autoritaires d'Europe méridionale (Grèce, Portugal et Espagne) à l'effondrement du bloc soviétique, tandis que la révolution iranienne marque l'émergence de l'islamisme sur la scène politique et internationale. ● On peut mettre en avant : - Les chocs pétroliers : la crise économique occidentale et la nouvelle donne économique internationale ; - libéralisation et dérégulation ; - la révolution islamique d'Iran et le rejet du modèle occidental ; - la démocratisation de l'Europe méridionale et les élargissements de la CEE ; - l'effondrement du bloc soviétique et de l'URSS.
Points de passage et d'ouverture	● Ronald Reagan et Deng Xiaoping : deux acteurs majeurs d'un nouveau capitalisme ; ● L'année 1989 dans le monde
CHAPITRE 2 Un tournant social, politique et culturel, la France de 1974 à 1988	
Objectifs du chapitre	● Ce chapitre souligne les mutations sociales et culturelles de la société française pendant une période marquée par de nombreuses réformes et l'émergence de nouvelles questions politiques. ● On peut mettre en avant : - l'alternance politique avec l'élection de François Mitterrand ; - une société en mutation : évolution de la place et des droits des - femmes, place des jeunes et démocratisation de l'enseignement secondaire et supérieur, immigration et intégration ; - les transformations du paysage audiovisuel français, l'évolution de la politique culturelle et les nouvelles formes de la culture populaire.
Points de passage et d'ouverture	● 1975 : la légalisation de l'interruption volontaire de grossesse : un tournant dans l'évolution des droits des femmes ; ● 1981 : abolition de la peine de mort ; ● L'épidémie du SIDA en France : recherche, prévention et luttes politiques.

THÈME 4 Le monde, l'Europe et la France depuis les années 1990, entre coopérations et conflits *(8-10 heures)*

CHAPITRE 1 Nouveaux rapports de puissance et enjeux mondiaux	
Objectifs du chapitre	● Ce chapitre vise à éclairer les tensions d'un monde devenu progressivement multipolaire en analysant le jeu et la hiérarchie des puissances. Seront mises au jour les formes et l'étendue des conflits ainsi que les conditions et les enjeux de la coopération internationale. ● On mettra en perspective : - les nouvelles formes de conflits : terrorisme, conflits asymétriques et renouvellement de l'affrontement des puissances ; - les crimes de masse et les génocides (guerres en ex-Yougoslavie, génocide des Tutsi) ; - l'effort pour mettre en place une gouvernance mondiale face aux défis contemporains (justice internationale, réfugiés, environnement).
Points de passage et d'ouverture	● La fin de l'apartheid en Afrique du Sud ● Le 11 septembre 2001.
CHAPITRE 2 La construction européenne entre élargissement, approfondissement et remises en question	
Objectifs du chapitre	● Ce chapitre vise à contextualiser les évolutions, les avancées et les crises de la construction européenne. ● On mettra en perspective : - le passage de la CEE à l'Union européenne : évolution du projet européen et élargissements successifs ; - Europe des États, Europe des citoyens : référendums et traités (Maastricht, traité constitutionnel de 2005, traité de Lisbonne...).
Points de passage et d'ouverture	● Le tunnel sous la Manche. ● L'euro : genèse, mise en place et débats.
CHAPITRE 3 La République française	
Objectifs du chapitre	● Ce chapitre vise à montrer les évolutions constitutionnelles et juridiques de la République française, qui réaffirme des principes fondamentaux tout en s'efforçant de s'adapter à des évolutions de la société. ● On mettra en perspective : - la Ve République : un régime stable qui connaît de nombreuses réformes institutionnelles ; - la réaffirmation du principe de laïcité (2004) ; - les combats pour l'égalité ainsi que l'évolution de la Constitution et du Code civil en faveur de nouveaux droits (parité, PACS, évolution du mariage...).
Points de passage et d'ouverture	● La parité : du principe aux applications ● L'approfondissement de la décentralisation

LE GUIDE DU LYCÉEN

L'année de Terminale, qui vient clore votre scolarité, est marquée par une série d'examens : vous allez passer la troisième série d'épreuves communes de contrôle continu, des épreuves terminales en philosophie et dans vos deux spécialités, ainsi que le Grand Oral. C'est aussi le moment de faire des choix pour vos études supérieures.

Ce cahier va vous aider à bien entamer l'année de Terminale. Vous y trouverez :

- Des pages, réalisées en partenariat avec l'ONISEP, pour vous aider à vous orienter : calendrier de l'année, présentation des grandes lignes de l'enseignement supérieur, mode d'emploi pour Parcoursup...
- Une présentation détaillée des épreuves.
- Des conseils et des méthodes concrètes pour apprendre à réviser efficacement et pour préparer vos épreuves.

Nous vous souhaitons une très bonne année de Terminale !

Sommaire

LA TERMINALE VERS LE BAC

Vos disciplines

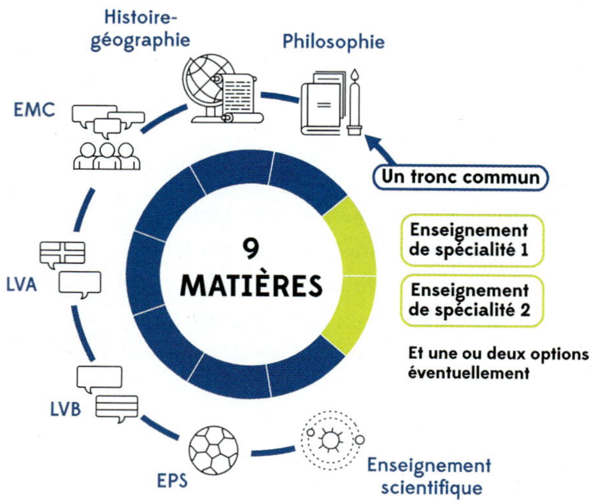

Votre calendrier*

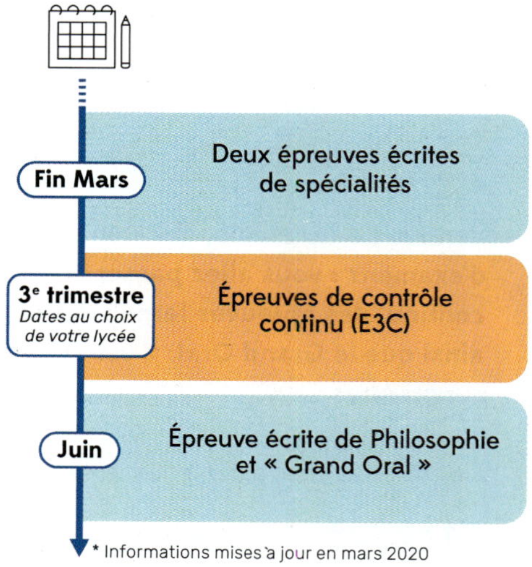

* Informations mises à jour en mars 2020

Toutes importantes, les disciplines seront évaluées et compteront dans votre note du Bac*

Le bulletin
10 % DE LA NOTE

Vos bulletins pour valoriser votre travail régulier de première et terminale — **Coefficient 10**

Les épreuves communes de contrôle continu (E3C)
30 % DE LA NOTE

Dont épreuve de spécialité arrêtée en première
Coefficient 5

Histoire-Géographie et Enseignement scientifique
Épreuves écrites
Coefficient 5
pour chaque matière
y compris E3C de première

LVA et LVB
Épreuves écrites et orales
Coefficient 5
pour chaque langue
y compris E3C de première

EPS
Évaluation tout au long de l'année
Coefficient 5

Les épreuves terminales
60 % DE LA NOTE

Dont notes des Épreuves anticipées de français passées en première
Coefficient 10

Une épreuve écrite de 3 ou 4 heures pour **vos deux enseignements de spécialité**

+ Numérique et Sciences Informatiques, Physique-Chimie Biologie et écologie et SVT
Une épreuve pratique de 1 heure

+ Arts, Langues littérature et cultures étrangères et régionales
Une épreuve orale

Coefficient 16
pour chaque enseignement de spécialité

Philosophie
Épreuve écrite de 4 heures — **Coefficient 8**

Le « Grand Oral »
20 minutes de préparation
+ 20 minutes d'épreuve

› Sur une question adossée à l'une de vos spécialités
› Échange sur votre projet d'orientation

Coefficient 10

Total des coefficients 100

* Informations mises à jour en mars 2020

... PUIS VERS LE SUPÉRIEUR

Les grands itinéraires de l'Enseignement supérieur

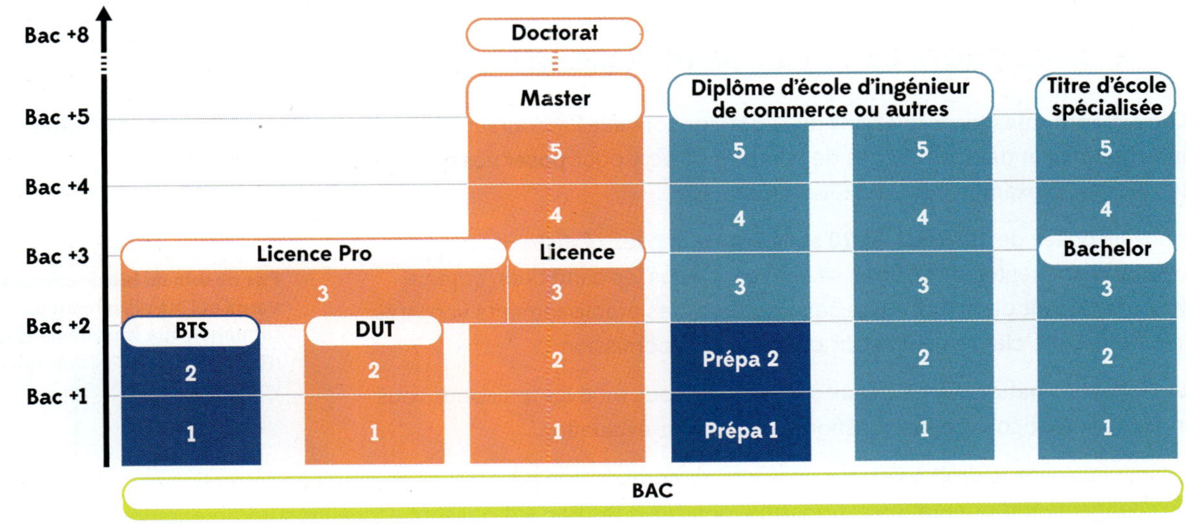

Ils témoignent de leur première année après le Bac

THÉO,
Première année de licence de sciences de la vie

« J'ai choisi l'Université car elle offre plusieurs parcours d'études et des matières nouvelles pour moi. Même si nous sommes plus encadrés que je ne l'imaginais, il faut travailler en autonomie et bien s'organiser entre les cours théoriques et les TP. J'espère partir en échange à l'étranger dès la L3. »

ZINEB
Première année de prépa économique et commerciale

« Je voulais faire une école de commerce. Je craignais la prépa, j'en ai discuté avec des profs pendant les Portes ouvertes qui m'ont convaincue que je pouvais y arriver. Chaque semaine, 31 heures de cours, des colles orales, des devoirs sur table, et beaucoup de boulot à la maison pour assimiler des contenus volumineux très vite. Mais je ne regrette pas ! Il y a beaucoup de solidarité dans la classe. C'est stimulant. »

SARAH,
École d'ingénieurs

« J'aimais les sciences et les TP au lycée, je voulais devenir ingénieure sans savoir dans quel domaine. J'ai réussi à intégrer une école généraliste qui me permettra de me spécialiser plus tard. Dans l'école, j'apprécie les projets en groupe, l'accès permanent à un matériel de pointe et la vie associative. »

MAELLE,
IUT info-comm

« Grâce à mon dossier, j'ai pu entrer en IUT : un cursus court à l'Université, bien encadré avec la possibilité de poursuivre mes études. Je découvre des disciplines théoriques (marketing, droit...) et pratiques (graphisme, infographie...). C'est passionnant. J'ai hâte de débuter mon premier stage ! »

DIMITRI,
IFSI

« J'ai toujours voulu être infirmier en bloc opératoire. Mon dossier était un peu juste mais ma motivation et mes activités associatives m'ont permis de réussir l'entretien d'entrée. On alterne les cours théoriques et cliniques à la fac ou dans l'IFSI et on a beaucoup de travail. J'ai effectué un premier stage et je suis encore plus motivé ! »

Un lien ONISEP utile pour votre orientation **Ma première année en...**

onisep

PARCOURSUP, QU'EST-CE QUE C'EST ?

C'est la plateforme nationale de préinscription à l'enseignement supérieur pour tous les élèves de terminale. En 2019, 97 % des bacheliers généraux ont reçu au moins une proposition.

1 UN LARGE CHOIX DE VŒUX NON HIÉRARCHISÉS ET DES INFORMATIONS

- **Quasiment toutes les formations du supérieur** sont sur Parcoursup (15 000 formations !) avec de très **nombreuses informations** et des possibilités de contacts directs pour **poser vos questions** sur les contenus, les critères d'examen des vœux, les débouchés.
- Vous disposez de **10 vœux (et 20 sous-vœux)** : soyez **réaliste** et **ambitieux** (tentez des filières sélectives !). Tous les candidats, comme vous, déposent de nombreuses candidatures : les établissements vont très loin dans leurs classements pour proposer une admission .
- **Les attendus nationaux et locaux** sont là pour vous motiver (pas pour vous inquiéter), tout comme les questionnaires d'auto-évaluation.
- Enfin, vous avez **le droit à l'erreur** : il existe de nombreuses passerelles en cours de formation et un changement d'orientation est possible pour tous les Bac + 1 qui sont accueillis sur Parcoursup.

Astuce

Pas besoin de hiérarchiser vos vœux et l'établissement de la formation que vous demandez n'est pas informé de vos autres vœux.

2 UNE PROCÉDURE AVEC UN CALENDRIER PRÉCIS ET DES OBLIGATIONS

Calendrier et check-list

- **Un calendrier**
  Ce calendrier vous laisse du temps de réflexion, coordonné avec le Bac et adapté à votre intégration dans le supérieur.
- **Des modalités d'inscription**
  ▶ Pour constituer votre dossier personnel à partir de votre INE, vous fournissez :
  - des informations sur votre état civil.
  - vos coordonnées, celles de vos représentants légaux (si vous êtes mineur).
  - des informations sur votre scolarité passée en complément de celles fournies par votre lycée (bulletins de 1re et Term, Fiche Avenir avec les appréciations de vos enseignants et l'avis du chef d'établissement).

  ▶ Vous rédigez un **projet de formation motivé** personnalisé adapté à chaque formation.

  ▶ Vous remplissez soigneusement la rubrique « **Mes activités et centres d'intérêt** » qui peut renforcer vos candidatures.

  ▶ Vous envoyez les documents complémentaires que demandent parfois certaines formations.

À savoir

Le respect de la procédure par tous les élèves et les établissements est la condition de son bon fonctionnement.

3 DES ENSEIGNANTS QUI ÉTUDIENT VOTRE DOSSIER ET VOUS RÉPONDENT

- **Parcoursup n'est pas un robot ni un algorithme qui déciderait de votre orientation !**
  Toutes les formations vous répondront mais pas forcément en même temps : **surveillez les réponses** (sms, mail...) et votre compte Parcoursup.
- **N'oubliez pas de répondre** à chaque proposition dans les délais indiqués. Si plusieurs propositions vous sont faites il vous faudra choisir puis valider votre choix final et **vous inscrire définitivement**.

VOUS INFORMER SUR LES FORMATIONS

UNE DÉMARCHE À ANTICIPER

Votre démarche d'orientation ne doit évidemment pas attendre l'ouverture de Parcoursup. Peut-être ne savez-vous pas vraiment ce que vous voulez faire, vous avez plusieurs idées, ou encore vous avez une idée assez nette de ce que vous voulez faire. Dans tous les cas, **vous devrez vous informer sur les formations, leurs contenus, leurs modalités** (durée, sélective/non sélective, privée/publique, possibilité d'alternance ou de poursuite d'études, proximité...) et **leurs débouchés**.

S'INFORMER AVEC L'ONISEP

L'ONISEP (**Office national d'information sur les enseignements et les professions**) vous fournit toute l'info sur les métiers et les formations :

- Le site onisep.fr, notamment la rubrique *Ma première année en...*
- monorientationenligne.fr vous met en contact avec un conseiller par téléphone, mail ou par tchat.
- Le site *Terminales* à retrouver sur orientation-lycees.fr
- Des revues, des guides, des salons...
- Vous disposez de beaucoup de sources d'informations potentielles : contacts sur Parcoursup, journées Portes ouvertes, salons, forums, sites, Semaines de l'orientation et bien entendu vos enseignants, et les conseillers près de chez vous...

Notez bien que vos motivations pour une formation ou des débouchés ainsi que vos démarches d'orientation vous seront aussi utiles lors du Grand Oral.

VOTRE CALENDRIER PARCOURSUP

- **Novembre** – **Janvier** : Recherche des informations sur Parcoursup
- **Janvier** – **Février** : Inscription sur Parcoursup (voir votre check-list ci-contre)
- **Février** – **Avril** : Constitution de votre dossier complet, saisie et confirmation de vos vœux
- **Mai** – **Juillet** : Propositions des établissements : vous devez y répondre !
- **Juillet** – **Septembre** : Éventuellement, phase complémentaire

Pensez à vous inscrire dans votre futur établissement !

VOTRE CHECK-LIST POUR VOUS INSCRIRE SUR PARCOURSUP

- **Une adresse électronique** que vous utiliserez jusqu'à la fin de la procédure.
- **Votre numéro INE** : il est composé de 11 caractères (1 ou 2 lettres, 10 ou 9 chiffres). Vous le trouverez sur vos bulletins scolaires. Si besoin, demandez-le à votre établissement.
- **Votre relevé de notes** aux épreuves anticipées du baccalauréat.
- **Le dernier avis d'imposition** de votre (vos) parents(s) ou tuteur(s) si vous demandez une classe préparatoire avec internat ou si vous souhaitez simuler une attribution de bourse.
- **Vos bulletins** de première et terminale.
- **Votre Projet de formation** motivé en 1 500 caractères, pour chaque formation.

PENSEZ AUSSI À :

- **Remplir les questionnaires d'auto-évaluation** demandés par certaines formations universitaires. Ils sont anonymes et vos résultats ne sont pas communiqués.
- **Remplir la rubrique « Mes activités et centres d'intérêt »**
- **Fournir dans les temps les documents complémentaires** que certaines filières peuvent vous demander (CV, lettre de motivation...).

PRENDRE LA PAROLE EN PUBLIC

Prendre la parole, ça s'apprend ! Suivez ces conseils et entraînez-vous régulièrement, c'est le secret de la réussite.

ADOPTEZ UNE POSTURE SEREINE ET DES GESTES EXPRESSIFS

Faites simple : restez le plus naturel possible.

- **Ancrez-vous dans le sol**, les pieds bien droits et légèrement écartés, la tête haute tournée vers le jury. Conservez cette posture, évitez de vous balancer et ne bougez pas trop.
- **Soyez naturel** avec vos mains, vous n'êtes ni une personnalité politique en campagne ni un mime ! Évitez de croiser les bras, ne gardez pas vos mains jointes, utilisez-les plutôt **pour appuyer ce que vous dites**.
- **Souriez régulièrement**, c'est un ingrédient important d'une intervention orale réussie.

Conseil

Si, comme vous en avez la possibilité, vous choisissez de vous asseoir après votre réponse de cinq minutes, de même, sur la chaise, ancrez-vous au sol avec la tête et le dos droits.

PRÊTEZ ATTENTION À VOTRE VOIX

La voix est le premier instrument de l'orateur. Ses différentes composantes sont mêlées mais vous pouvez en travailler les différents éléments.

- **Le volume**
  Entraînez-vous à parler de manière **suffisamment audible**.
- **Le débit (vitesse / rythme)**
  ▸ Le rythme de votre prise de parole influera sur la qualité de sa réception.
  ▸ Vous attirerez et garderez l'attention en **variant votre débit** en fonction de vos propos. Par exemple, en parlant plus vite quand vous racontez une anecdote, moins vite quand vous arrivez en fin d'une sous-partie ou que vous voulez insister sur un point.
  ▸ Si vous avez l'habitude de parler vite, ce sera difficile à modifier. Dans ce cas, évitez les phrases trop longues et surtout, faites des pauses !
- **L'intonation**
  C'est le ton que vous prendrez pour vous adresser à votre auditoire en accord avec le texte. Entraînez-vous à bien l'adapter à différents contenus et surtout à le varier pour **éviter la monotonie**.

Conseil

Ne commencez pas à parler dès qu'on vous donne la parole. Silence, d'abord. Vous attirerez l'attention et vous en profiterez pour respirer un grand coup. Les pauses vous permettent de marquer le début ou la fin d'une sous-partie, de réfléchir avant de répondre, et d'attirer l'attention sur ce que vous allez dire ensuite.

SOIGNEZ VOTRE VOCABULAIRE

Même si vous n'en n'avez pas toujours conscience, il se peut que vous utilisiez un langage trop familier, trop quotidien..

- **Éliminez** tous les termes qui vous paraissent **relever d'un langage trop familier**. Même si ce n'est pas toujours facile, essayez de bannir vos tics de langage (*ben, comment, euh, de base, trop, carrément, en mode, bof.*)
- **Employez des termes précis** : vous devez connaître les définitions de toutes les notions que vous employez.
- **Vous pouvez nuancer votre réponse** en utilisant des modalisateurs (« *il m'a semblé... / j'ai trouvé... / j'ai apprécié... en revanche...* »)

Conseil

Entraînez-vous à plusieurs : un élève présente son exposé, les autres relèvent les mots issus d'un langage trop familier. Cherchez ensemble des synonymes ou des expressions plus adaptés.

LES ÉPREUVES COMMUNES DE CONTRÔLE CONTINU DE TERMINALE EN HISTOIRE-GÉOGRAPHIE

BAC

2 parties :
- Question problématisée 10 PTS
- Analyse de document(s) OU Réalisation d'une production graphique 10 PTS

Si la première partie du sujet porte sur l'Histoire, la deuxième porte sur la Géographie et inversement.

2 h — coeff. 5 — 3e trimestre

OBJECTIFS DE L'ÉVALUATION

Les épreuves communes de contrôle continu ont pour objectif d'évaluer votre aptitude à :
- mobiliser, au service d'une réflexion historique et géographique, des connaissances fondamentales pour la compréhension du monde et la formation civique et culturelle du citoyen ;
- rédiger des réponses construites et argumentées, montrant une maîtrise correcte de la langue ;
- exploiter, organiser et confronter des informations ;
- analyser un document de source et de nature diverses ;
- comprendre, interpréter et pratiquer différents langages graphiques.

L'ÉPREUVE

Cette épreuve comprend **deux parties**. Les deux sujets sont obligatoires : l'un porte sur l'Histoire, l'autre sur la Géographie.

PARTIE 1 – Réponse à une question problématisée 10 PTS

Il s'agit d'une réponse rédigée et construite. Vous devez montrer que vous avez acquis des capacités d'analyse, que vous maîtrisez des connaissances, savez les sélectionner et les organiser de manière à répondre à la problématique de la question.

En Terminale, contrairement aux épreuves de Première, l'intitulé de la question ne suggère pas les éléments de construction de la réponse.

PARTIE 2 10 PTS

Analyse de document(s)

L'analyse de document(s) est accompagnée d'une consigne suggérant une problématique. Le ou les document(s), en Histoire comme en Géographie, comporte(nt) un titre et, si nécessaire, un nombre limité de notes explicatives.

En Terminale, si la consigne suggère une problématique, elle ne donne pas, contrairement aux épreuves de Première, les éléments de construction de l'analyse.

OU

Réalisation d'une production graphique

Lorsque la production graphique est un croquis, ce croquis est réalisé à partir d'un texte élaboré pour l'exercice qui présente une situation géographique. Un fond de carte est fourni.
Vous devez faire preuve d'une plus grande autonomie qu'en Première pour identifier, organiser et hiérarchiser les éléments à représenter et construire la légende.
Dans le cas d'une autre production graphique, les consignes et les données servant à l'élaboration de cette production sont fournies avec l'exercice.

En Terminale, contrairement aux épreuves de Première, le texte ne comporte pas de sous-titres qui indiquent les grandes orientations pour la réalisation du croquis et la construction de la légende.

BAC

LA QUESTION PROBLÉMATISÉE

Une réponse à une question problématisée prend la forme d'un texte correctement rédigé. Ce n'est pas la récitation du cours : il faut comprendre quel est le problème historique proposé pour sélectionner les connaissances qui permettent d'y répondre. Il faut ensuite les organiser de manière logique et structurée, et rédiger correctement la réponse.

COMPRENDRE LE SUJET

AU BROUILLON 20 mn

ÉTAPE 1 Analyser le sujet 5 mn

- Il faut d'abord **repérer le chapitre** dans lequel le sujet prend place, puis **identifier ses limites chronologiques et spatiales**. Si elles ne sont pas explicites, il faut les déterminer en les justifiant.
- **Repérez ensuite les mots clés du sujet**. Il faut les définir de manière précise pour ensuite chercher les notions qui leur sont associées dans le cours. Analysez la manière dont les mots clés sont mis en relation. Repérez pour cela les mots de liaison et l'ordre des mots.

Conseil du prof

Un sujet peut ne faire référence qu'à une partie de la période ou des espaces travaillés en cours. Ne pas en tenir compte constitue un hors-sujet.

ÉTAPE 2 Étudier la problématique 5 mn

- **Le sujet indique la problématique** : il s'agit de la ou des questions auxquelles il demande de répondre.
- **La problématique est le fil directeur de la réponse au sujet** : tout ce que vous allez écrire doit permettre d'y répondre. Vous devez donc comprendre si le sujet demande d'analyser une opposition, une comparaison, une évolution…

Conseil du prof

Vous devez maîtriser les notions travaillées dans le cours : pensez à les mettre en valeur sur vos fiches de révision.

ÉTAPE 3 Mobiliser ses connaissances pour construire le plan 10 mn

- À l'inverse de la Première, le sujet ne suggère pas les grandes lignes du plan : il vous faut proposer, à l'aide de vos connaissances, les grandes idées qui vont vous permettre de répondre à la problématique.

  Il existe deux grands types de plans :
  - **le plan chronologique**, le mieux adapté pour étudier une évolution dans le temps. Il faut alors choisir comment découper le cadre chronologique en plusieurs périodes (une période = une partie).
  - **le plan thématique**, qui permet de distinguer les principales caractéristiques d'un phénomène historique.

- Une fois trouvées les grandes parties de la réponse, il vous faut les compléter : **c'est le plan détaillé**.
  - Écrivez au brouillon toutes les informations qui vous viennent à l'esprit en lien avec chaque partie (idées, notions, événements, acteurs…). Il faut être le plus précis possible.
  - Regroupez et hiérarchisez ces informations pour établir des liens entre elles (opposition, comparaison, évolution, explication…). Vérifiez qu'aucune n'est hors-sujet, et qu'elles s'enchaînent de manière logique.

Conseil du prof

Dans le cas d'un plan chronologique, pensez à associer à chaque date que vous choisissez le ou les événement(s) qui lui correspond(ent).

Conseil du prof

Pour classer ces connaissances, vous pouvez les relier par des flèches ou les souligner d'une même couleur si elles appartiennent au même thème.

RÉDIGER UNE RÉPONSE À LA QUESTION PROBLÉMATISÉE

SUR VOTRE COPIE 40 mn

ÉTAPE 1 Rédiger l'introduction 5 mn

L'introduction annonce la façon dont le sujet va être traité : il est conseillé d'en rédiger une. Elle doit présenter ces deux parties :

- **l'entrée en matière** : elle présente le sujet et montre qu'il est compris en explicitant son libellé, ses limites chronologiques et spatiales et son contexte ;
- **le rappel de la problématique**.

Conseil du prof

Vous pouvez, si vous en avez le temps, annoncer explicitement le plan : faites apparaître l'idée générale de chaque partie.

ÉTAPE 2 Rédiger le développement 25 mn

Le développement doit suivre le plan élaboré au brouillon, et faire apparaître la structure en **paragraphes** : exposez le ou les arguments qui soutiennent l'idée défendue dans le paragraphe. Chaque argument doit être expliqué et justifié de manière précise.

Conseil du prof

Sautez des lignes entre l'introduction et le développement, le développement et la conclusion, et entre les parties.

ÉTAPE 3 Rédiger la conclusion 5 mn

La conclusion est, comme l'introduction, un moment important du devoir. Il faut y **dresser le bilan du développement** pour montrer comment il répond à la problématique.

ÉTAPE 4 Se relire 5 mn

Soignez la rédaction en accordant de l'importance à l'orthographe et à l'expression écrite.

Conseil du prof

Écrivez de préférence au présent, jamais au futur.

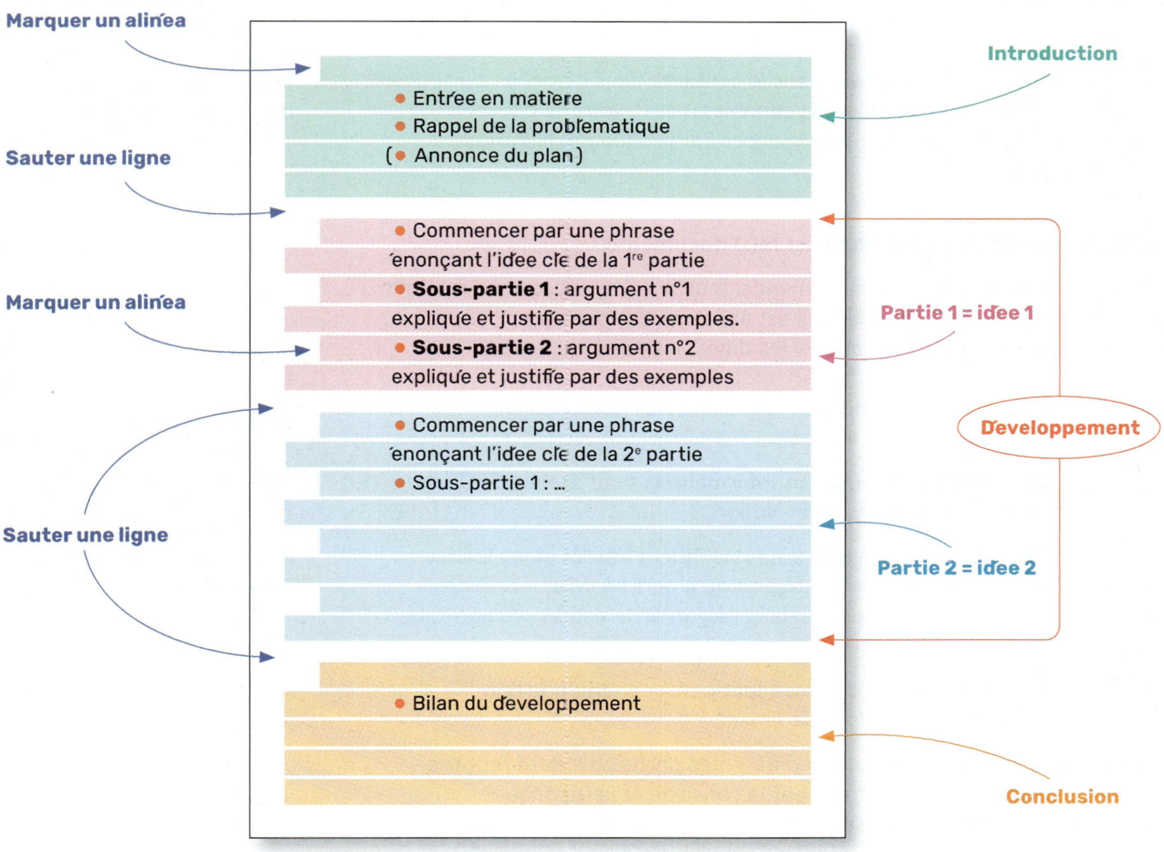

BAC

L'ANALYSE DE DOCUMENT(S)

Une analyse de document(s) consiste à montrer l'intérêt de chaque document, c'est-à-dire à évaluer dans quelle mesure son étude permet de comprendre une situation historique déterminée, mais aussi ses limites.
Pour réaliser cet exercice, il vous faut répondre à une consigne en rédigeant un texte argumenté.

UTILISER LA CONSIGNE POUR ANALYSER LES DOCUMENTS

AU BROUILLON 20 mn

ÉTAPE 1 Analyser la consigne 5 mn

- **Il faut analyser la consigne avant d'étudier les documents**. Cela permet de comprendre la problématique qui doit mener l'étude du ou des document(s), et donc d'éviter les hors-sujet.
- **La consigne détermine le sujet à traiter**. Son étude doit permettre d'**identifier la problématique plus générale**, étudiée en cours, dans laquelle elle s'inscrit. Comme pour la question problématisée, il s'agit :
  - d'identifier le chapitre dans lequel elle s'inscrit ;
  - de repérer des limites chronologiques et spatiales ;
  - de relever les mots clés, de les définir puis de chercher les notions qui leur sont associées dans le cours ;
  - d'analyser la manière dont ils sont mis en relation.

Conseil du prof

Cet exercice ne consiste pas à raconter ni à décrire les documents : c'est une erreur majeure, à éviter absolument.

ÉTAPE 2 Identifier les documents 5 mn

- **Chaque document doit être au cœur de la réponse à la consigne**. Il faut donc l'identifier de manière précise. Vous devez en connaître les spécificité pour comprendre comment il peut aider, mais aussi limiter l'analyse d'une situation historique.
- **Replacez le document et son auteur dans le contexte** dans lequel ils s'inscrivent. Pour cela, vous devez **faire appel à vos connaissances** : vous ne pouvez comprendre un document sans connaissances sur la situation historique à laquelle il se réfère.

Conseil du prof

En histoire, la nature des documents est très variée. Il peut s'agir d'un texte, d'un document iconographique, d'un tableau statistique…

ÉTAPE 3 Utiliser la consigne pour analyser le(s) document(s) 10 mn

- Il faut d'abord relever dans le(s) document(s) tous les éléments qui permettent de répondre à la consigne. Pour cela, il est nécessaire d'identifier :
  - **dans un texte** : les idées, les notions, les dates, les noms de lieux et d'acteurs…
  - **dans un document iconographique** : les espaces, les personnages, les couleurs, les lignes de la composition…
- Il faut ensuite **classer et hiérarchiser ces informations** pour établir des liens entre elles (opposition, comparaison, évolution…).
- Il faut enfin utiliser ses connaissances pour expliquer **l'intérêt et les limites du document**. Vous devez relever à la fois ce qu'il permet de comprendre d'une situation historique mais aussi, si la consigne le demande, les non-dits, les erreurs, les points de vue partiaux…
- Si deux documents vous sont proposés, il faut penser à établir **le lien qui les unit** après les avoir étudiés séparément.
- **Esquissez rapidement au brouillon** les différentes parties de votre réponse. Utilisez à la fois les indications apportées par la consigne et la réponse à la problématique travaillée en classe.

Conseil du prof

Évitez deux écueils :
- répondre à la consigne sans vous appuyer sur le(s) document(s) ;
- étudier le(s) document(s) sans répondre explicitement à la consigne.

RÉDIGER UNE RÉPONSE ARGUMENTÉE À LA CONSIGNE

SUR VOTRE COPIE 40 mn

ÉTAPE 1 **Rédiger l'introduction** 5 mn

- L'introduction est **l'entrée dans le sujet**. Elle annonce la façon dont il va être traité. Il faut donc la rédiger avec soin, en présentant les documents et la consigne. Vous pouvez aussi y annoncer le plan.

ÉTAPE 2 **Rédiger le développement** 25 mn

- **Le développement doit suivre le plan élaboré au brouillon**. Chaque idée fait l'objet d'**une partie** : elle développe les **arguments** qui apportent une réponse partielle à la consigne.
- Ces arguments doivent être **expliqués** et **justifiés** de manière précise : utilisez à la fois vos connaissances et le(s) document(s) : citez les textes, décrivez les images….

Conseil du prof

Sautez des lignes entre l'introduction et le développement, le développement et la conclusion, et entre les parties.

ÉTAPE 3 **Rédiger la conclusion** 5 mn

- **La conclusion doit être courte** : elle dresse le bilan du développement en rappelant comment il répond à la consigne.

ÉTAPE 4 **Se relire** 5 mn

- **Soignez la rédaction** en accordant de l'importance à l'orthographe et à l'expression écrite.

Conseil du prof

Écrivez de préférence au présent, jamais au futur.

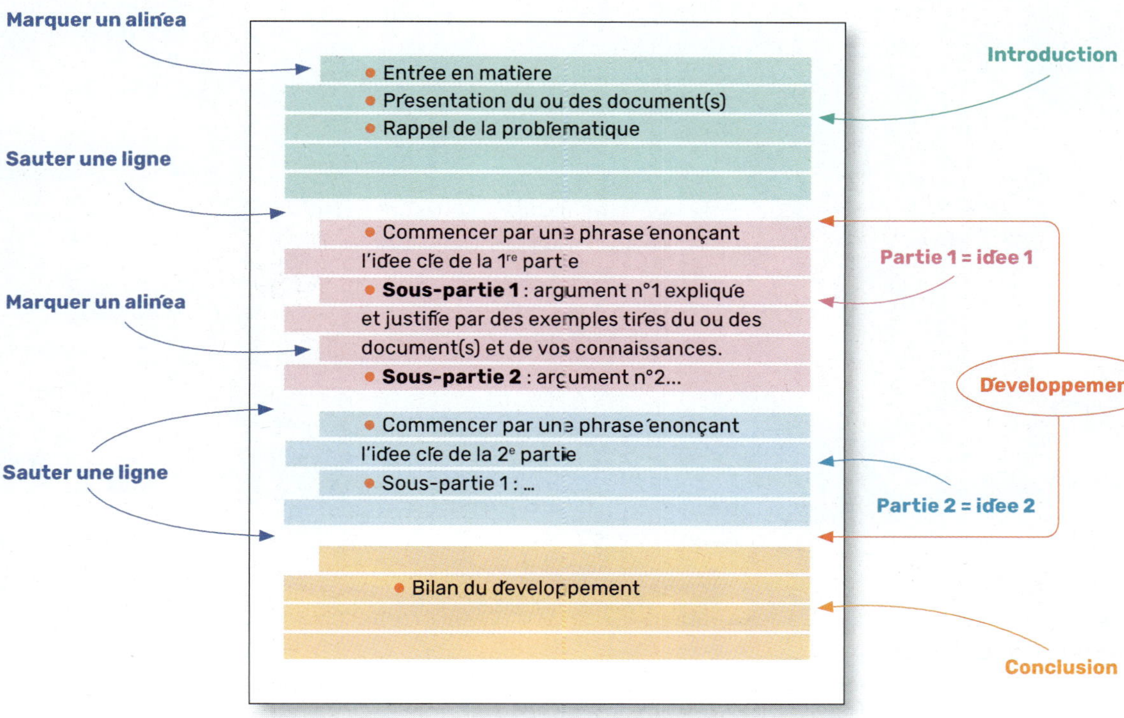

CHAPITRE

1

L'impact de la crise de 1929 : déséquilibres économiques et sociaux

La crise de 1929 et la dépression des années 1930, d'une ampleur sans précédent, déstabilisent les économies. Leurs conséquences sociales et politiques sont considérables, ce qui amène les gouvernements à chercher des solutions de sortie de crise inédites.

Textes DYS
TOUS LES TEXTES EN VERSION DYS
lyceen.nathan.fr/coteterm-2020

Comment la crise de 1929 ébranle-t-elle les économies et les sociétés et quelles réponses y sont apportées ?

Vidéo

1 Des populations en détresse

Mandatée par la *Farm Security Administration* pour rendre compte de la misère des populations rurales, la photojournaliste Dorothea Lange parcourt les campagnes américaines touchées par la crise et la dépression.

Photographie de Dorothea Lange, milieu des années 1930.

2 Une crise économique d'ampleur internationale

Dessin de Th. Heine en couverture d'un album de caricatures allemand, 1931.

CONTEXTE

De la crise de 1929 à la fin des années 1930

Le 24 octobre 1929, un krach boursier à New York provoque une crise économique sans précédent. C'est par le système bancaire que la crise se propage à l'Europe dès 1930. Les échanges commerciaux sont ensuite touchés car les pays tentent de surmonter la crise de manière désordonnée, se repliant sur eux-mêmes le plus souvent.

Vocabulaire

- **Autarcie**
  Politique visant à réduire le plus possible les échanges avec l'étranger et à n'autoriser que les importations indispensables. Cette politique a pour but de relancer la production agricole et industrielle tout en équilibrant les comptes de la nation.
- **Front populaire**
  Coalition des forces politiques de gauche qui remporte les élections législatives de 1936 et porte Léon Blum à la tête du gouvernement de la IIIe République. L'expression désigne aussi la période qui s'étend d'avril 1936 à avril 1938.
- ***New Deal***
  Programme lancé en 1933 par Roosevelt et mené jusqu'en 1939 pour sortir les États-Unis de la dépression économique.

REPÈRES CHRONOLOGIQUES DU CHAPITRE

THÈME 1 (1929–1945) Fragilités des démocraties, totalitarismes et Seconde Guerre mondiale

THÈME 2 (1945–1970) La multiplication des acteurs internationaux dans un monde bipolaire

THÈME 3 (1970–1990) Les remises en cause politiques, économiques et sociales

THÈME 4 (1990–) Le monde, l'Europe et la France, entre coopérations et conflits

1929 – 1930 – 1931 – 1932

UNE CRISE ÉCONOMIQUE MONDIALE

- **24 octobre 1929** « Jeudi noir » à la Bourse de Wall Street de New York
- **juillet 1931** Effondrement du système bancaire allemand
- **21 septembre 1931** Dévaluation de la livre sterling britannique
- **1932** Adoption de mesures protectionnistes au Royaume-Uni
  13 millions de chômeurs aux États-Unis

DES CONSÉQUENCES SOCIALES ET POLITIQUES

- **1930-1935** Les conséquences de la crise de 1929 en Amérique latine
  Point de PASSAGE

Mouvements de chômeurs aux États-Unis.

REPÈRES GÉOGRAPHIQUES DU CHAPITRE

1933 — 1934 — 1935 — 1936

juillet 1933
Échec de la conférence internationale de Londres réunie pour harmoniser les politiques monétaires

1936
Théorie générale de l'emploi, de l'intérêt et de la monnaie
John Maynard Keynes

1933 *Point* de PASSAGE
Le président Roosevelt lance le *New Deal*

Point de PASSAGE **7 juin 1936**
Accords Matignon en France

1933 › 1939
POLITIQUES D'AUTARCIE EN ITALIE ET EN ALLEMAGNE

1936
Victoire du Front populaire en France

Frise interactive

De grands chantiers pour relancer l'activité aux États-Unis.

Les grèves ouvrières.

REPÈRES

La crise de 1929 et la dépression des années 1930

1 La crise, des États-Unis au reste du monde

Carte interactive

Vocabulaire

- **Crise économique**
Événement ponctuel qui se traduit par la chute des prix, le ralentissement de l'activité et la montée du chômage.

- **Dépression économique**
Phénomène de longue durée qui suit la crise et se caractérise par le ralentissement de la croissance, la baisse des profits et le maintien du chômage à un niveau élevé.

- **PIB (produit intérieur brut)**
Mesure la valeur des biens et des services produits en un an dans un pays. Il rend compte de l'évolution globale de l'économie.

2 Le mécanisme de la crise

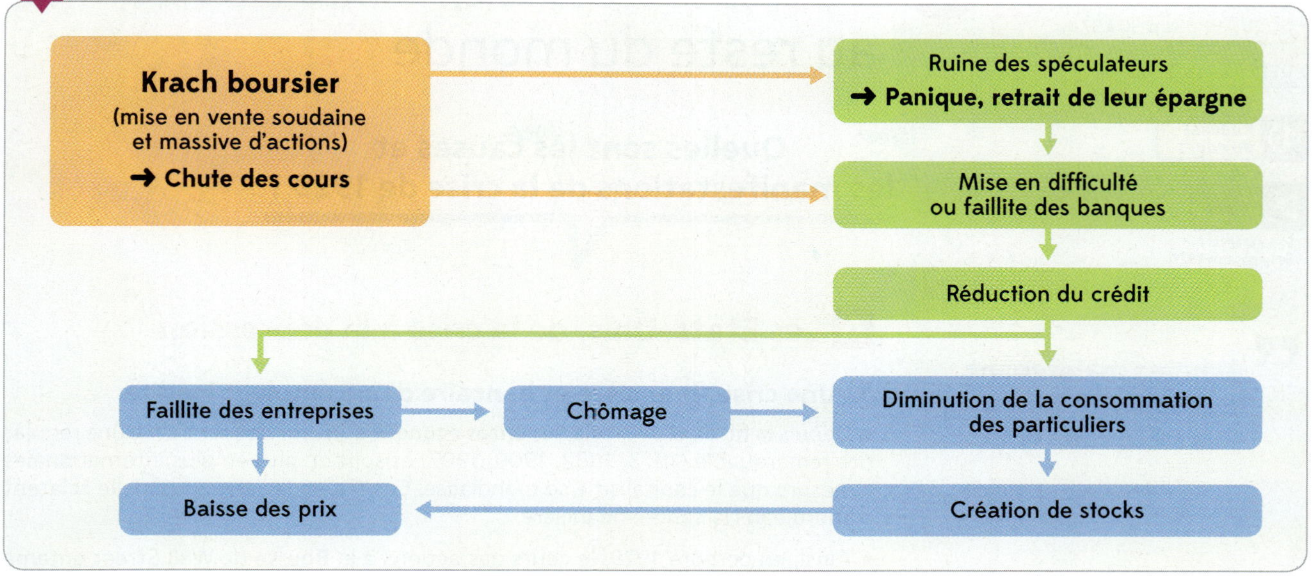

3 Des économies en difficulté

Le PIB de quelques pays entre 1929 et 1939

Indice 100 en 1913

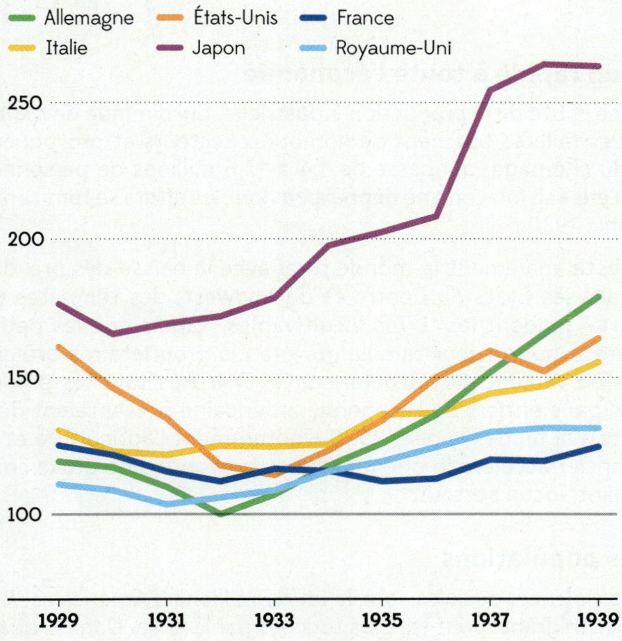

Source : B. Gazier, *La Crise de 1929*, PUF, 1983.

4 L'explosion du chômage

Pourcentage de chômeurs dans la population active industrielle

Source : P. Bairoch, *Victoires et déboires* (t. 3), Gallimard, 1997.

INFO

Ce document est un graphique avec des indices. Les indices permettent de mesurer l'évolution d'une grandeur (ici le PIB) par rapport à une grandeur de départ servant de référence, appelée la base. La base de l'indice vaut « 100 » et les autres grandeurs sont calculées relativement à cette référence.

QUESTIONS

1. **Doc 2.** Identifiez les causes de la crise.
2. **Doc 1.** Expliquez pourquoi la crise touche le monde entier.
3. **Doc 1, 3 et 4.** Quelles sont les conséquences économiques et sociales de la crise ?

COURS

DOCUMENTS : p. 30 à 37

REPÈRES : p. 26-27

Podcast du cours

Vidéo
La naissance de la crise de 1929

1 La crise de 1929, des États-Unis au reste du monde

Quelles sont les causes et les manifestations de la crise de 1929 ?

« Achetez maintenant, la prospérité est au coin de la rue ! »

Herbert Hoover, président des États-Unis, mars 1929.

? LE SAVIEZ-VOUS ?

Les bidonvilles qui se multiplient dans les villes américaines des années 1930 sont appelés « ***Hooverville*** » pour dénigrer l'action du président Hoover. Dans le même esprit, « *Hoover blanket* » désigne un vieux journal utilisé comme couverture par les sans-abri.

i INFO

Dans son roman *Les Raisins de la colère* (1939), John Steinbeck rend compte de l'absurdité de cette crise économique : « On jette les pommes de terre à la rivière et on poste des gardes sur les rives pour interdire aux malheureux de les repêcher. [...] Il y a là un crime si monstrueux qu'il dépasse l'entendement. »

A Les États-Unis, de la crise à la dépression

1. Une crise financière et bancaire d'une ampleur inédite

- Depuis la fin du XIXe siècle, les **crises économiques** surviennent avec une régularité remarquable (1873, 1882, 1900, 1907) et sont de plus en plus internationales à mesure que le capitalisme se mondialise. Ces crises de l'ère industrielle éclatent d'abord dans la sphère financière.

- Ainsi, en octobre 1929, le cours des actions à la **Bourse** de Wall Street entame une baisse qui connaît une première accélération le 24, le fameux « Jeudi noir ». Dans les jours suivants, une panique gagne le monde de la **spéculation** et les cours des actions s'effondrent.

- Le **krach boursier** entraîne très vite une crise bancaire : entre 1930 et 1932, près de 800 banques font faillite. Les entreprises ne peuvent alors plus recourir aux financements bancaires et se trouvent rapidement confrontées à des difficultés insurmontables.

2. Une propagation rapide à toute l'économie

- La crise conduit à une chute de la production industrielle, qui diminue de moitié entre 1929 et 1933. Les faillites touchent de nombreux secteurs et provoquent une montée inédite du **chômage**, qui passe de 1,4 à 12,6 millions de personnes entre 1929 et 1933. La crise se mue en une **dépression** dont les effets se font sentir durant toute la décennie 1930.

- Une grave crise affecte également le monde rural avec la baisse des prix des produits agricoles. Dans les États du Centre et du Midwest, des tempêtes de poussière – *Dust Bowl* – rendent les terres incultivables. Tandis que les petits paysans ruinés peinent à nourrir leur famille, de grands propriétaires brûlent les productions qu'ils ne veulent plus écouler sur les marchés tant les prix se sont effondrés. Si des pans entiers de l'économie américaine présentaient déjà des signes de difficulté à la fin des années 1920 – notamment l'agriculture et le textile –, le krach financier accélère le phénomène et provoque une grave crise économique n'épargnant aucun secteur.

3. La détresse des populations

- Chômage, misère et violences sociales sont le lot de millions d'Américains. Les femmes, les Noirs et les migrants sont les plus touchés par la crise. Dans le quartier de Harlem à New York, 10 000 familles vivent dans des caves infestées de rats et de poux. Retour de la tuberculose, recrudescence du crime et de la prostitution sont les signes de la détresse des populations.

- Partout dans le pays, des écoles, qui ne sont plus financées par les États, ferment leurs portes, poussant des millions d'enfants dans des situations d'errance.

B Les causes multiples de la crise

1. La théorie des cycles

- Élaborée au début du XXe siècle par le Russe Nikolaï Kondratiev et par l'Autrichien Joseph Schumpeter, la théorie des cycles a longtemps été une clé de lecture privilégiée afin d'expliquer le retour des crises et des dépressions.

- En vertu de cette théorie, le retournement de la conjoncture au début des années 1930 marquerait la fin du cycle d'innovation qui s'était ouvert dans les années 1890, en lien avec l'électricité, la chimie et l'industrie automobile.

2. D'autres facteurs explicatifs

- À la suite de John Meynard Keynes (1883-1946), certains économistes expliquent la crise par des déséquilibres entre l'offre et la demande. Dans les années 1920, les salaires stagnent (tandis que les profits s'emballent), la consommation progresse donc moins vite que l'offre, ce qui conduit à une crise de surproduction.

- Plus récemment, des économistes comme Milton Friedman ou Robert Lucas insistent sur le rôle des politiques fiscales et monétaires : la création monétaire, mal contrôlée dans les années 1920, aurait produit une **bulle inflationniste** qui aurait éclaté en octobre 1929.

C Des États-Unis au reste du monde

1. L'internationalisation de la crise

- Durant la décennie 1920, placée sous le signe de la prospérité, les États-Unis ont investi 4 600 millions de dollars en Europe. Le retrait de leurs capitaux à partir de 1929 déstabilise les économies européennes qui, à des rythmes différents, sont touchées par la crise et la dépression.

- Après une décennie de prospérité, l'Amérique latine, très dépendante des cours internationaux des matières premières, s'enfonce dans une crise qui a de lourdes conséquences sociales et politiques : révolutions, élections ou coups d'État portent des dictateurs au pouvoir.

- Seule l'URSS de Staline, qui reste largement à l'écart de la mondialisation et met en place une économie planifiée, semble épargnée par la crise.

2. Les conséquences politiques de la crise

- La rétraction de l'activité économique pousse des millions de personnes au chômage et provoque de fortes tensions politiques. Les classes populaires et surtout les classes moyennes appauvries se tournent vers des forces politiques hostiles à la démocratie.

- En France, la République est menacée par l'agitation de groupes d'extrême droite qui rendent le régime responsable de la situation. Face à ce risque, les gauches françaises s'unissent dans un **Front populaire** et remportent les élections en 1936.

- En Allemagne, la crise et la dépression précipitent la chute de la fragile République de Weimar née en 1918 ; le Parti nazi explcite habilement le mécontentement des populations pour conquérir le pouvoir (→ **chapitre 2**).

TESTEZ-VOUS !

- Où et comment la crise de 1929 se déclenche-t-elle ?
- Peut-on proposer une cause unique à cette crise ?
- Comment la crise s'étend-elle des États-Unis au reste du monde ?

Vocabulaire

- **Bourse**
  Marché financier au sein duquel s'effectuent des transactions et des spéculations sur la valeur des actions des entreprises.
- **Bulle inflationniste**
  L'inflation est la hausse généralisée des prix qui résulte d'un excédent de capitaux ou de billets de banque mis en circulation. On parle de bulle inflationniste lorsque l'inflation prend une ampleur telle qu'elle menace de provoquer une perte de valeur de la monnaie.
- **Chômage**
  Situation caractérisant les personnes privées d'emploi et en cherchant un.
- **Crise économique**
  Événement ponctuel qui se traduit par la chute des prix, le ralentissement de l'activité et la montée du chômage.

Point de PASSAGE

▶ Les conséquences de la crise de 1929 en Amérique latine

→ p. 30

- **Dépression économique**
  Phénomène de longue durée qui suit la crise et se caractérise par le ralentissement de la croissance, la baisse des profits et le maintien du chômage à un niveau élevé.
- **Front populaire**
  Coalition des forces politiques de gauche qui remporte les élections législatives de 1936 et porte Léon Blum à la tête du gouvernement de la IIIe République. L'expression désigne aussi la période qui s'étend d'avril 1936 à avril 1938.
- **Krach boursier**
  Brusque effondrement des cours des actions durant une ou plusieurs séances boursières.
- **Spéculation**
  Pratique financière consistant à parier sur la fluctuation des cours d'un marché pour s'enrichir.

Point de PASSAGE

Les conséquences de la crise de 1929 en Amérique latine

COURS : p. 28-29

Contexte

Depuis le XIXe siècle, les pays d'Amérique latine sont en situation de dépendance vis-à-vis de l'Europe et des États-Unis vers lesquels ils exportent leurs matières premières et leurs productions agricoles. La crise de 1929 a donc des effets dévastateurs, tant sur le plan économique que sur le plan social et politique.

Pourquoi et comment l'Amérique latine est-elle touchée par la crise de 1929 et la dépression des années 1930 ?

Animation

1 Une dépendance accrue

Sur la table : ① « Augmentation du coût de la vie »
② « Surproduction » ③ « Exportations » ④ « Chômage »
⑤ « Guerre des tarifs ».
⑥ « Après le festin :
Oncle Sam : "Qu'y a-t-il, John Bull ?"
John Bull : "Je suis au bord de l'indigestion."
Oncle Sam : "Moi aussi." »

Dessin de Víctor Valdivia pour la revue satirique argentine *Caras y Caretas*, 1931.

Vocabulaire

- **Crise économique**
  Événement ponctuel qui se traduit par la chute des prix, le ralentissement de l'activité et la montée du chômage.
- **PNB (produit national brut)**
  Mesure la valeur des biens et des services produits en un an par une nation, que cette production se déroule sur son sol national ou à l'étranger.

2 Des économies d'exportation en difficulté

Dans les années 1920, la surproduction menace l'économie de pays dépendants d'un très petit nombre de biens : le café représente, en 1929, 72 % des exportations brésiliennes, les nitrates 17 % des exportations chiliennes. En outre, des biens européens débarquent sur les marchés latino-américains [...] déstabilisant les industries nationales. Des États se sont imprudemment endettés auprès de banques états-uniennes et, en 1928, la hausse des taux d'intérêt à New York accentue les difficultés. La crise de 1929 touche donc des économies fragiles et fait figure de cataclysme. La chute de la demande mondiale provoque un effondrement des exportations et des prix : de 1929 à 1932, le prix du café baisse de 45 %, celui du blé de 64 %, celui du sucre de 67 %. Les capitaux étrangers se font rares, les IDE (investissements directs étrangers) se retirent. Le chômage augmente et les salaires baissent.

La crise de 1929 et ses prolongements constituent ainsi une rupture brutale et durable en matière d'insertion de l'Amérique latine dans l'économie mondiale : ne pouvant plus vendre et ne pouvant plus emprunter, elle ne peut plus acheter. [...] Le glissement vers des politiques de développement autocentré[1] s'impose.

A. Musset, J.-Y. Piboubès (dir.), *Géopolitique des Amériques*, Nathan, 2017.

1. Stratégie de développement reposant sur l'accroissement du marché intérieur pour assurer des débouchés aux industries nationales qui sont protégées par des barrières douanières.

3 La crise en chiffres

Chiffres englobant l'Argentine, le Brésil, le Chili, la Colombie, Cuba et le Mexique.

Indice 100 en 1929

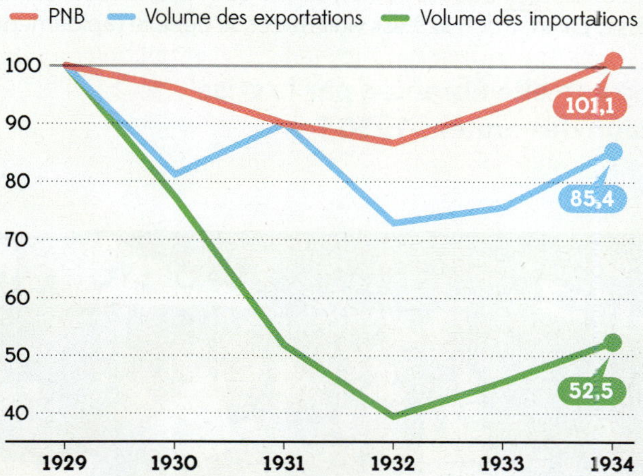

Source : Angus Maddison, *Growth, crisis and interdependence, 1929-1938 and 1973-1983*, CCDE.

4 Une manifestation de la crise, la chute des cours du café

Locomotive alimentée non par du charbon mais par du café, au Brésil, dans les années 1930.

5 Des régimes politiques dans la tourmente

Carte interactive

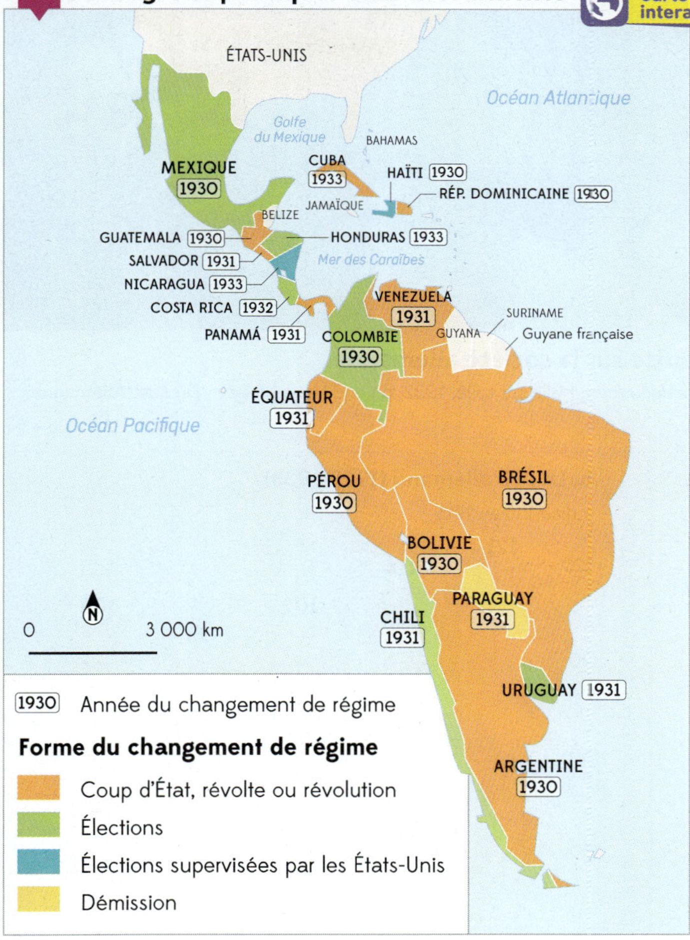

De 1930 à 1935, la quasi-totalité de l'Amérique latine, sous le choc de la crise et de la dépression, connaît des changements de régimes politiques.

QUESTIONS

Identifier

1. **Doc 2 à 4.** Mesurez puis expliquez la manière dont les économies d'Amérique latine sont mises en difficulté.
2. **Doc 1 et 2.** Identifiez les puissances vis-à-vis desquelles l'Amérique latine est dépendante.
3. **Doc 5.** Décrivez le bouleversement politique de l'Amérique latine dans les années 1930.

Expliquer

4. **Doc 1.** Décrivez ce dessin : quelle démonstration son auteur fait-il ?

Synthétiser

5. Quelles sont les manifestations de la crise de 1929 et de la dépression des années 1930 en Amérique latine ? Développez en distinguant des manifestations économiques, sociales et politiques.

POUR ALLER + LOIN

oral

Faire une recherche documentaire

Seul(e) ou en groupe, documentez-vous sur un pays d'Amérique latine de votre choix.

- Comment a-t-il été atteint par la crise de 1929 et la dépression des années 1930 ?
- Exposez le résultat de votre recherche à vos camarades lors d'une présentation orale.

1929-1933 : les conséquences de la crise en Allemagne

COURS : p. 28-29

Vidéo
La crise, des États-Unis à l'Allemagne

L'Allemagne des années 1920 est confrontée à de graves difficultés : la République de Weimar instaurée en 1918 est contestée de toutes parts, tandis que l'économie montre d'inquiétants signes de faiblesse. La crise de 1929 est violente et se déploie rapidement.

Comment l'Allemagne est-elle ébranlée par la crise de 1929 et la dépression des années 1930 ?

CHRONOLOGIE

- **Juillet 1931** : Faillite de la Danat Bank, effondrement du système bancaire allemand.
- **1932** : 5,6 millions de chômeurs.
- **Juillet** : Le Parti nazi remporte les élections législatives avec 37 % des voix.
- **Janvier 1933** : Hitler devient chancelier.

1 Les effets de la crise sur la société allemande
Hans Grundig, *Marche de la faim*, huile sur toile, 1932, galerie Neue Meister, Dresde (Allemagne).

2 La crise en chiffres

a. La mesure de quelques productions (1929-1933)

	1929	1933
Charbon (millions de tonnes)	160	100
Minerai de fer (millions de tonnes)	6	1,3
Acier (millions de tonnes)	16	5,5
Aluminium (tonnes)	33 000	15 000
Automobiles (unités)	114 000	50 000

Source : P. Bairoch, *Victoires et déboires (t.3)*, Gallimard, 1997.

b. Le PIB allemand (1929-1933)

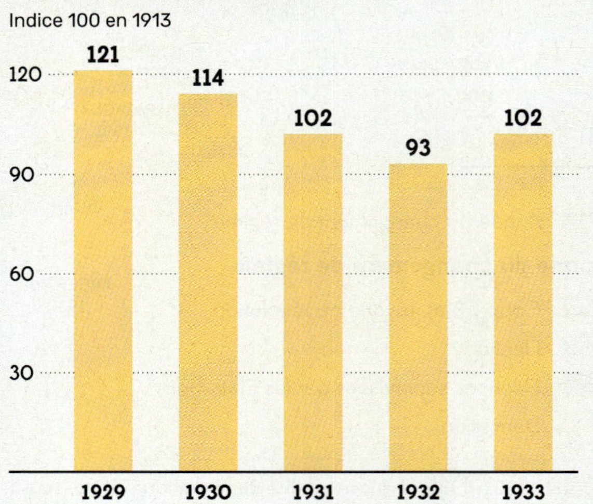

Source : A. Maddison, *L'Économie mondiale,1820-1992. Analyses et statistiques*, OCDE, 1995.

3 Le chômage en Allemagne (1928-1933)

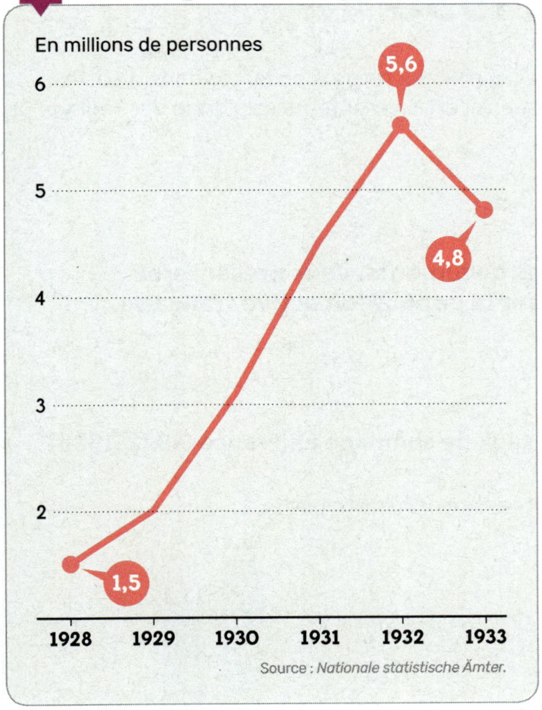

4 La montée des mécontentements et de l'antisémitisme

Nos parents se plaignaient sans cesse de l'appauvrissement croissant de l'Allemagne... Nous entendions toujours les adultes parler de tel ou tel de leurs amis qui avait perdu son emploi et ne savait plus comment faire vivre sa famille. On comptait à la fin six millions de chômeurs. [...] Mes parents imputaient tout cela aux réparations que l'Allemagne devait payer à ses anciens adversaires, ainsi qu'à la perte des zones industrielles allemandes[1]. On ne parlait pas, en revanche, des conséquences de la grande crise économique qui était durement ressentie partout, pas seulement en Allemagne, au début des années 1930. Tous nos maux venaient du désastre national de Versailles[2]. [...] On entendait sans cesse répéter que l'une des raisons de ce triste état de choses était l'influence grandissante des Juifs. [...] Les adultes nous enseignaient que les Juifs étaient mauvais, qu'ils faisaient cause commune avec les ennemis de l'Allemagne, etc.

Mélita Maschmann, *Ma jeunesse au service du nazisme*, trad. Anny Rouffet, ©Plon, 1964.

1. Au lendemain de la guerre, la France occupe la Rhénanie, riche région industrielle d'Allemagne. C'est l'une des clauses du traité de Versailles de 1919.
2. Nouvelle allusion au traité de Versailles, vécu par l'Allemagne comme une humiliation.

5 Les nazis et la crise

« Hommes ! Femmes ! Des millions d'hommes sont au chômage, des millions d'enfants n'ont pas de futur. Sauvez la famille allemande, votez Adolf Hitler ! »

F. Albrecht, affiche du NSDAP (Parti nazi), début des années 1930.

QUESTIONS

Aide

Identifier

1. **Doc 1 à 3.** Identifiez les différentes manifestations de la crise.

Expliquer

2. **Doc 4.** Analysez comment les Allemands expliquent la situation économique.
3. **Doc 5.** Montrez que les nazis exploitent la crise à leur profit.

Synthétiser

4. À l'aide de vos réponses aux documents, rédigez un développement structuré sur la manière dont la crise et la dépression ébranlent la société allemande au début des années 1930.

COURS : p. 28-29

Le chômage en France dans les années 1930

Si le chômage n'atteint pas en France les niveaux records observés dans d'autres pays, il n'en touche pas moins lourdement certains secteurs et plonge des régions entières dans une situation critique.

CONSIGNE BAC

En analysant et confrontant les documents, vous présenterez les manifestations de la crise sur la population active française.

Vocabulaire

Chômage
Situation caractérisant les personnes privées d'emploi et en cherchant un.

1 *Je suis fauché,* chanson de Roland Toutain (1931)

Podcast

Bienheureux les gens qui ont des rentes[1] !
Ma situation est différente
Il me reste un ticket d'autobus, pas plus !
Et la vie pour moi est un rébus

Je suis fauché, je suis fauché
Voilà c'que c'est que d'être un débauché[2]
Je n'ai, j'vous l'dis, plus un radis[3]
Plus un pélot[3], plus un maravédis[4]

Faut pas se frapper, c'est la crise
Y'a pas que moi qu'est dans la mouise
Je suis fauché, je suis fauché
Mais pour si peu, je n'vais pas pleurnicher

J'ai perdu tous mes sous à la Bourse
Et le reste, je l'ai perdu aux courses
Sur un canasson qui, à Auteuil, tout seul
Devait arriver dans un fauteuil

Quand on est comme moi, en chômage
Cela offre quelques avantages
L'homme du gaz, l'tailleur, l'épicier, l'huissier
J'leur réponds : Je n'peux pas vous payer !

Je suis fauché, je suis fauché
C'est pas d'ma faute si je suis débauché !
On n'me paie pas, je n'vous paie pas
On n'se paie pas, c'est simple et puis voilà !

1. Revenus réguliers tirés de loyers, par exemple.
2. Situation d'une personne qui a été renvoyée faute de travail (contraire d'embauché).
3. Mots d'argot désignant l'argent.
4. Ancienne monnaie espagnole.

2 Le taux de chômage en France (1922-1938)

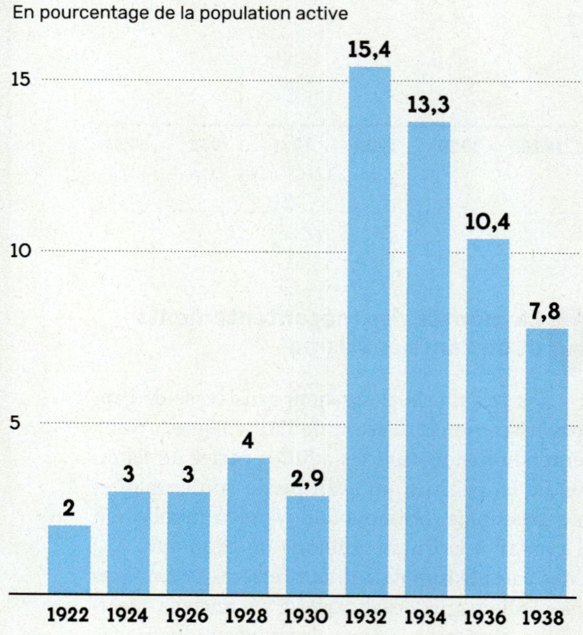

Source : Christian Saint-Étienne, *The Great depression: 1929-1938: lessons for the 1980s*, Stanford, 1984.

HISTOIRE DE MOTS

Chômage
En France, au XIXe siècle, ce terme est utilisé pour désigner les situations dans lesquelles un travailleur n'a ni travail, ni salaire (repos du dimanche, maladie, grève, etc.). C'est seulement vers 1900, après un travail officiel de classification, que l'on codifie la notion de « chômage involontaire par manque de travail ».

AIDE POUR RÉPONDRE À LA CONSIGNE

- Dressez la liste des difficultés auxquelles un chômeur est confronté.
- Demandez-vous quel intérêt il y a à présenter les statistiques du chômage avant la crise de 1929 (**doc 2**).

DOCUMENTS

Le mouvement des chômeurs aux États-Unis dans les années 1930

COURS : p. 28-29

La progression du chômage est l'une des manifestations les plus spectaculaires de la crise et de la dépression aux États-Unis, le chômage étant traditionnellement faible dans ce pays.

CONSIGNE BAC

En analysant et confrontant les documents, vous expliquerez la manière dont le chômage de masse provoque la mobilisation d'une partie de la population aux États-Unis.

1 Une manifestation de chômeurs (1932)

À New York, des chômeurs et leurs familles proches du Parti communiste manifestent pour demander la gratuité du gaz, de l'électricité et du lait pour les enfants.

2 Le chômage de masse aux États-Unis

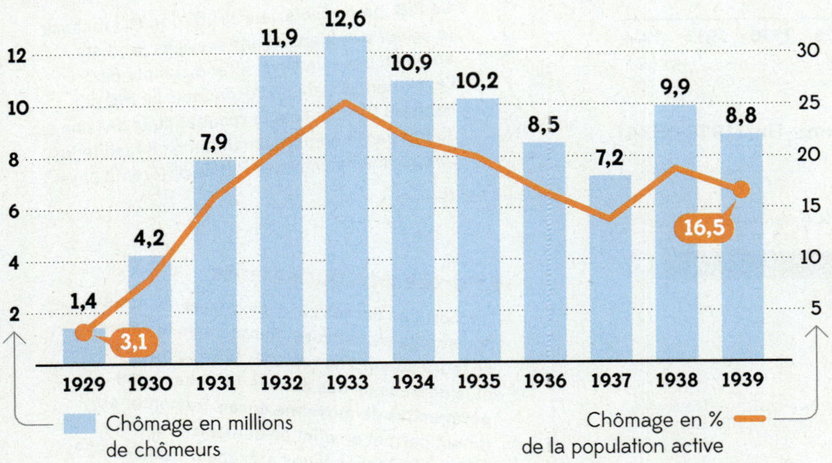

Source : D. Artaud, *Le New Deal*, Armand Colin, 1969.

AIDE POUR RÉPONDRE À LA CONSIGNE

- Établissez le lien entre les **doc 1 et 2** : quels sont les chiffres du chômage aux États-Unis en 1932 ?
- Commentez les slogans et interrogez-vous sur la stratégie des manifestants : pourquoi mettre en avant des enfants ?

L'Histoire EN QUESTIONS

La « crise de 29 » est-elle bien née en 1929 ?

COURS : p. 28-29

VOCABULAIRE : p. 29

- Dépression économique
- Krach

1 La crise en Allemagne et au Royaume-Uni : quelques indicateurs statistiques

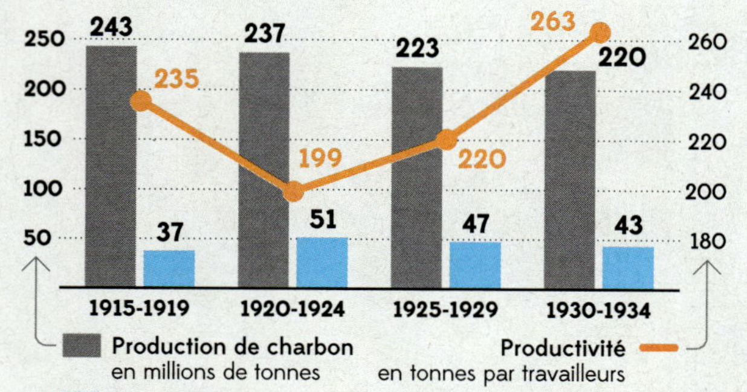

Source : P. Mathias, *The First industrial nation. The Economic History of Britain, 1700-1914*, 1971.

a. Le charbon britannique (1915-1934)

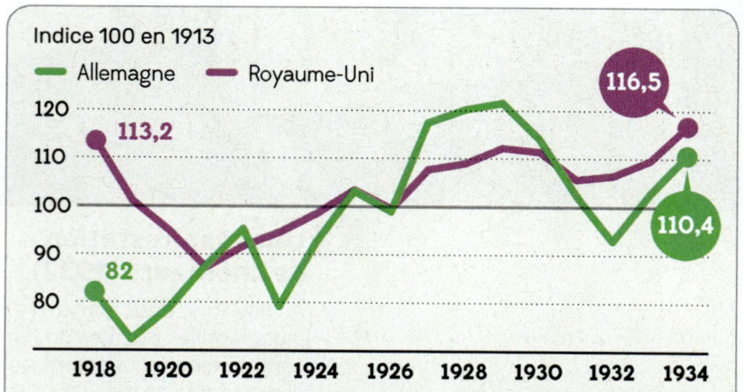

Source : A. Maddison, *L'Économie mondiale, 1820-1992. Analyses et statistiques*, OCDE, 1995.

b. Le PIB de l'Allemagne et du Royaume-Uni (1918-1934)

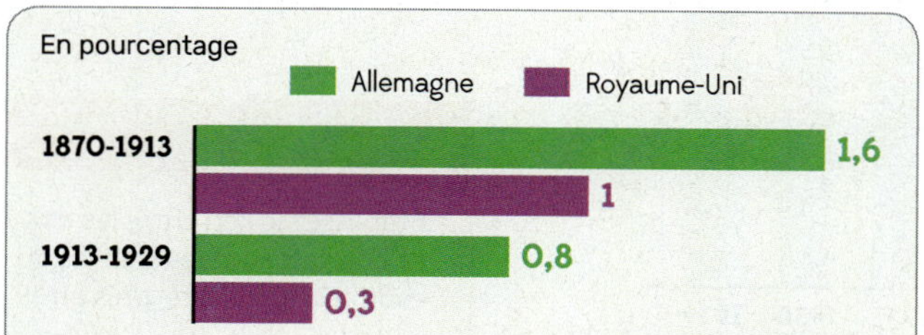

Source : J.-C. Asselain, *Histoire économique du XXe siècle. La montée de l'État (1914-1939)*, Dalloz, 1995.

c. Taux moyen annuel de croissance du PIB par habitant

les clés pour comprendre

→ Les auteurs

- Peter Mathias, Angus Maddison et Jean-Charles Asselain sont **trois historiens spécialistes d'histoire économique**. La construction, la validation, la mise en perspective et l'interprétation de statistiques sont au cœur de leurs démarches respectives.

→ Les critères retenus

- **Le charbon** (doc 1a.) est, depuis la fin du XVIIIe siècle, une ressource clé du processus d'industrialisation du Royaume-Uni. Production et exportations de charbon sont des critères importants pour mesurer la santé de l'économie britannique et son degré d'ouverture sur le monde.
- **La productivité** (doc 1a.) est la mesure du rapport entre la production de biens et la quantité de facteurs de production utilisés pour produire ces biens (dans le cas présent, la production de charbon divisée par le nombre de travailleurs). La productivité est souvent mobilisée pour mesurer le dynamisme d'une économie.
- **Le PIB** (produit intérieur brut) (doc 1b.) mesure la valeur des biens et des services produits en un an dans un pays. Il rend compte de l'évolution globale de l'économie. Le **PIB par habitant** (doc 1c.) est le résultat de la division du PIB par le nombre d'habitants ; il facilite les comparaisons entre les PIB de différents pays.

→ Portée des documents

- Le choix des bornes chronologiques des trois documents statistiques marque bien la volonté de leurs auteurs de replacer la crise de 1929 et la dépression des années 1930 dans **une perspective de moyenne durée**. Remonter en amont permet en effet de démontrer que les difficultés économiques précèdent l'année 1929.

éclairage

Vidéo
L'inflation en Allemagne (1914-1923)

2 L'hyperinflation du début des années 1920

De graves troubles monétaires affectent l'Allemagne en 1922 et 1923. Ces enfants ont confectionné des cerfs-volants avec des deutsche marks (monnaie allemande).

3 Les difficultés économiques des années 1920

Point de vue d'HISTORIENS

On fait remonter communément la grande dépression au krach des marchés financiers new-yorkais d'octobre 1929. Toutefois, avant cette date, les économies des pays développés avaient déjà amorcé un ralentissement. [...]. Avant même cette année-là, les prix des produits agricoles et du charbon sur les marchés internationaux ont commencé à s'effondrer, contraignant les agriculteurs et les mineurs à moins consommer. [...]

La Grande Dépression débute au milieu des années 1920 par une chute des produits agricoles. Pour faire face à la pénurie et aux prix élevés engendrés par la Première Guerre mondiale, les agriculteurs des États-Unis, du Canada, de l'Argentine et de l'Australie avaient mis en culture environ 33 millions d'hectares supplémentaires, provoquant après-guerre un afflux de céréales à bas prix. [...] L'indice mondial des prix agricoles, qui était à 226 en 1919, tombe à 134 en 1929. Le même désastre frappe les mines de charbon. [...] Après la Première Guerre mondiale, le charbon britannique est concurrencé par le charbon américain à bas coût, le pétrole et l'électricité d'origine hydraulique. Jamais le charbon ne retrouvera sa rentabilité d'avant-guerre, ce qui explique en partie pourquoi au moins 10 % des travailleurs britanniques sont victimes du chômage entre les deux guerres. De même que les agriculteurs, les mineurs, avant 1929, sont déjà appauvris.

Robert Paxton, Julie Hessler, *L'Europe au XXe siècle*, Tallandier, 2011.

QUESTIONS

Analyser les sources

1. Relevez avec précision dans le **doc 1** les indices statistiques qui montrent les difficultés économiques des années 1920.
2. **Doc 2.** Décrivez cette scène et dites ce qu'elle révèle sur l'économie allemande du début des années 1920.
3. **Doc 3.** Résumez la thèse avancée par ces deux historiens.

Mettre en relation

4. Comparez les situations décrites dans les **doc 2 et 3** avec les indications fournies par le **doc 1**.

Répondre en historien(ne)

5. Rédigez un texte d'une quinzaine de lignes pour montrer que dès les années 1920, les économies européennes connaissent des difficultés et que l'idée d'une rupture forte en 1929 peut être nuancée.

COURS

DOCUMENTS : p. 40 à 43

Podcast du cours

2 Comment surmonter la crise et la dépression ? (1929-1939)

Quelles politiques sont mises en œuvre pour surmonter la crise et la dépression ?

« La victoire de régimes belliqueux et agressivement nationalistes [...] fut de loin l'effet politique [...] le plus sinistre de la Grande Crise. Les portes de la Seconde Guerre mondiale se sont ouvertes en 1931. »

Éric Hobsbawm, historien, *L'Âge des extrêmes. Histoire du court XXe siècle*, 1994.

A L'insuffisance des solutions traditionnelles

1. Des solutions à court terme

- Dans un premier temps s'opère partout une poussée des dépenses publiques : les États prêtent aux banques, soutiennent les entreprises en difficulté et mettent en œuvre des politiques de grands travaux. Le gouvernement des États-Unis débloque ainsi plus de 11 milliards de dollars ; en Italie, l'État mussolinien prend des participations dans les grandes entreprises ; en Allemagne, l'État nazi multiplie les grands travaux et réarme le pays pour préparer la guerre ; en France, la **nationalisation** des chemins de fer intervient en 1937.

- L'assistance aux populations s'organise également : soupes populaires, soutien aux chômeurs et à leurs familles se mettent en place. Mais ces réponses traditionnelles restent insuffisantes face à une crise d'une ampleur exceptionnelle.

2. La tentation du « chacun pour soi »

- Les pays touchés par la crise cherchent des solutions indépendamment les uns des autres. Les mesures **protectionnistes** adoptées par un grand nombre d'États provoquent une contraction du commerce international, qui recule de 30 % entre 1929 et 1939. Les dévaluations sont utilisées par le Royaume-Uni, le Japon ou l'Allemagne dès 1931, aux États-Unis à partir de 1933 et en France en 1936.

- En 1933, la conférence de Londres rassemble 66 États souhaitant limiter les perturbations provoquées par la **dévaluation** de la livre sterling. Son échec provoque l'éclatement du système économique international en trois aires concurrentes : l'une, menée par les États-Unis, utilise le dollar ; le monde britannique reste attaché à la livre sterling, tandis qu'un troisième groupe s'organise autour de la France et du franc-or. Cette fragmentation perturbe encore un peu plus les échanges internationaux.

BIOGRAPHIES

John Meynard Keynes (1883-1946)
Économiste britannique partisan de l'intervention de l'État pour réguler l'économie.

Franklin Delano Roosevelt (1882-1945)
Président des États-Unis, il lance le *New Deal* en mars 1933, un ambitieux programme de sortie de crise. Il sera réélu trois fois président (en 1936, 1940 et 1944).

Biographies : p. 356

B De nouvelles politiques

1. Le rôle croissant de l'État

- Le **libéralisme** est profondément remis en cause par la crise de 1929, tandis que les travaux et les propositions de l'économiste John Meynard Keynes connaissent un succès croissant. Déjà expérimentée durant la Première Guerre mondiale, l'intervention massive de l'État dans l'économie s'impose donc, avec pour objectif de concilier croissance économique et progrès social.

- Le rôle grandissant de l'État marque aussi l'avènement d'une nouvelle classe de dirigeants et d'une nouvelle manière de gouverner : des conseils d'experts entourent désormais les hommes politiques et les accompagnent dans le processus de prise de décision.

- Beaucoup de gouvernements appliquent une politique de relance qui implique des investissements massifs, des lois sociales et un déficit budgétaire important. C'est le choix de la France du Front populaire qui permet la signature des accords Matignon en 1936.

Point de PASSAGE

▶ Juin 1936 : les accords Matignon

→ p. 43

2. Le *New Deal* aux États-Unis

- En 1932, le programme du **New Deal** (ou « nouvelle donne ») porte le démocrate Franklin D. Roosevelt à la présidence des États-Unis. Ce programme économique s'appuie sur des administrations spécialisées comme la *Industrial Recovery Administration* ou l'*Agricultural Adjustment Administration* qui soutiennent l'industrie et l'agriculture, ou la *Works Progress Administration* qui lance de grands travaux pour donner du travail aux chômeurs.

- Des mesures sociales sont également adoptées dans le cadre du *Social Security Act* de 1935 instaurant un système d'assurance vieillesse. En outre, en juillet 1935, une loi lève les obstacles à l'activité syndicale et à la grève.

Point de PASSAGE

▶ 1933 : Roosevelt et le *New Deal*

→ p. 40

3. Le choix du repli

- En Europe, l'Italie et l'Allemagne font, à partir de 1934, le choix de l'**autarcie** et de la course aux armements pour relancer l'économie. À la recherche de nouveaux débouchés, l'Italie accentue aussi sa colonisation en Afrique (invasion de l'Éthiopie en 1935).

- Le Japon aussi met en place des mesures protectionnistes drastiques avant de basculer à son tour dans l'autarcie. La recherche de matières premières nourrit son **impérialisme** en Asie orientale et motive son invasion de la Chine en 1937.

C Des sorties de crise inégales

1. Des pays où la reprise est rapide

- Le Royaume-Uni dévalue la livre en 1931 et amorce l'année suivante un repli stratégique sur son Empire. En 1935, le pays a surmonté la dépression.

- Au Japon, en Italie et surtout en Allemagne, les États dictatoriaux entreprennent une course aux armements qui a des effets spectaculaires sur la relance de l'activité et sur l'emploi. Ainsi en Allemagne, le nombre de chômeurs est divisé par 10 entre 1933 et 1938.

2. Des pays où la reprise est tardive

- La France tarde à prendre l'entière mesure de la crise car elle y entre plus lentement que d'autres pays. Des mesures protectionnistes sont prises, en resserrant notamment les liens commerciaux avec l'Empire colonial. Mais la dévaluation du franc, trop tardive, handicape fortement les produits français sur les marchés mondiaux. À la fin des années 1930, des pans entiers de l'économie restent ainsi en difficulté.

- Aux États-Unis, les effets du *New Deal* sont inégaux selon les territoires, les secteurs et les populations ; les populations noires sont par exemple largement exclues des prestations sociales. Le pays peine à sortir de la dépression.

- Aux États-Unis comme en Amérique latine, la reprise de l'activité économique se produira à la faveur de la Seconde Guerre mondiale.

TESTEZ-VOUS !

- ✔ Pourquoi le libéralisme est-il remis en cause dans les années 1930 ?
- ✔ En quoi consiste le *New Deal* ?
- ✔ Quelles sont les implications politiques du choix de l'autarcie ?

A/Z Vocabulaire

- **Autarcie**
  Politique visant à réduire le plus possible les échanges avec l'étranger et à n'autoriser que les importations indispensables. Cette politique a pour but de relancer la production agricole et industrielle tout en équilibrant les comptes de la nation.
- **Dévaluation**
  Pratique monétaire consistant à diminuer la valeur d'une monnaie par rapport à un étalon de référence (comme l'or). La dévaluation a pour but de favoriser les exportations et de freiner les importations.
- **Impérialisme**
  Politique de conquête et de domination territoriale.
- **Libéralisme**
  Idéologie qui prône la liberté d'entreprendre et la limitation du rôle de l'État dans l'économie afin d'assurer l'enrichissement général.
- **Nationalisation**
  Transfert de la propriété privée des moyens de production ou d'échanges vers la propriété publique.
- ***New Deal***
  Programme lancé en 1933 par F.D. Roosevelt et mené jusqu'en 1939 pour sortir les États-Unis de la dépression économique.
- **Protectionnisme**
  Politique économique visant à protéger le marché intérieur de la concurrence étrangère en érigeant des barrières douanières dissuasives.

Point de PASSAGE

1933 : Roosevelt et le *New Deal*

▸ COURS : p. 38-39

Contexte

Vidéo

En novembre 1932, le programme politique et économique du *New Deal*, ou « nouvelle donne », porte le démocrate Franklin D. Roosevelt à la présidence des États-Unis. C'est un programme ambitieux voire révolutionnaire qui a pour objectif de sortir le pays de la dépression.

En quoi consiste la politique du *New Deal* mise en place sous Franklin D. Roosevelt et quels en sont les résultats ?

Vocabulaire

- **AAA (*Agricultural Adjustment Administration*)**
  Agence du *New Deal* soutenant l'agriculture américaine en versant des subventions aux agriculteurs.
- **NRA (*National Recovery Administration*)**
  Agence du *New Deal* qui incite les entreprises à adhérer à un code de « bonne conduite » dans le but de maintenir l'emploi et de soutenir les salaires des travailleurs.
- ***New Deal***
  Programme lancé en 1933 par F.D. Roosevelt et mené jusqu'en 1939 pour sortir les États-Unis de la dépression économique.
- **WPA (*Works Progress Administration*)**
  Principale agence fédérale instituée dans le cadre du *New Deal*, elle emploie des millions d'Américains dans la construction ou la rénovation urbaine (écoles, ponts, etc.).

BIOGRAPHIE

Franklin Delano Roosevelt (1882-1945)

Président des États-Unis, il lance le *New Deal* en mars 1933, un ambitieux programme de sortie de crise. Il sera réélu trois fois président (en 1936, 1940 et 1944).

▸ Biographies : p. 356

LE SAVIEZ-VOUS ?

Eleanor Roosevelt est la première épouse de président à rendre actif le rôle de ***First Lady***. Elle encourage et accompagne la mise en place des programmes sociaux du *New Deal*, œuvre aussi par ailleurs à l'amélioration du sort des femmes et des populations noires.

1 Un programme

Notre grande tâche prioritaire est de remettre les gens au travail. Elle pourra être accomplie en partie à travers un recrutement direct du gouvernement, si ce dernier s'attelle à cette tâche comme il le ferait pour une situation d'urgence en pleine guerre [...].

Nous pouvons faciliter la réalisation de cet objectif en accroissant les prix des produits agricoles et, avec eux, le pouvoir d'achat des agriculteurs. Nous pouvons la faciliter en insistant pour que le gouvernement fédéral, ceux des États et les gouvernements locaux agissent tout de suite pour réduire de façon draconienne leurs propres coûts de fonctionnement. Nous pouvons la faciliter en unifiant les activités de secours aux victimes de la crise [...]. Nous pouvons la faciliter en planifiant et en surveillant, au niveau national, toutes les formes de transport, de communications et de services qui ont manifestement un caractère d'intérêt public [...].

Finalement, dans notre marche vers l'emploi, nous aurons besoin de deux garde-fous destinés à prévenir un retour des maléfices de l'ordre ancien : il devra y avoir une stricte surveillance de toutes les activités bancaires, financières et d'investissement ; il faudra mettre un terme aux agissements de ceux qui spéculent avec l'argent des autres [...]. Nos relations commerciales internationales, en dépit de leur extrême importance, ne sont, au regard de la situation actuelle et des impératifs qu'elle entraîne, que secondaires face à l'établissement d'une politique nationale saine [...].

Discours d'investiture à la présidence de F.D. Roosevelt, le 4 mars 1933.

2 L'œuvre de la WPA

En visite sur un chantier à Des Moines (Iowa), Eleanor Roosevelt fait la promotion de la *Works Progress Administration*. *US National Archives and Records Administration*, juin 1936.

3 **Une administration au cœur du *New Deal*, l'AAA**

« L'Amérique regorge de nourriture. Pour tout le monde. »
Affiche de l'*Agricultural Adjustment Administration*, 1936.

4 **Une nation au travail**

« Dans une détermination commune. »
Timbre-poste de 3 cents promouvant la *National Recovery Administration* (NRA), 1933, Postal Service, National Postal Museum.

5 **Les résultats du *New Deal***

	1929	1932	1939
Production de blé *(en millions de tonnes)*	22	20	20
Production de charbon *(en millions de tonnes)*	552	326	402
Production d'acier *(en millions de tonnes)*	57,3	14	47,8
Production d'automobiles *(en millions d'unités)*	5,3	1,4	3,6
Revenu national *(en milliards de dollars)*	87,6	42,5	72,8
Exportations *(en milliards de dollars)*	5,3	1,6	3,3
Nombre de chômeurs *(en millions de personnes)*	1,4	11,9	8,8

Itinéraire 1

Identifier

1 **Doc 1.** Relevez la place que le *New Deal* fait à l'État dans le redressement de l'économie américaine.

Expliquer

2 **Doc 3 et 4.** Décrivez ces images et la représentation de la société américaine qu'elles promeuvent.

3 **Doc 2.** Quel type de solution au chômage est ici mis en avant ?

4 **Doc 5.** Analysez ces statistiques : qu'en concluez-vous sur les résultats du *New Deal* ?

Synthétiser

5 Présentez le *New Deal* dans un paragraphe argumenté : les ambitions et le rôle de l'État, les mesures adoptées, les résultats.

OU

Itinéraire 2 oral

Travailler l'oral

Un élève de la classe présente une réponse à la problématique en 5 min devant la classe. Les autres élèves se répartissent en 4 groupes. Chaque groupe doit évaluer un critère précis :

- qualité orale : voix, diction, articulation, rythme…
- qualité du discours : vocabulaire précis, fluidité du discours…
- qualité des connaissances : intérêt pour le sujet, maîtrise.
- qualité de l'argumentation : organisation, plan, explication, démonstration.

DOCUMENTS

Les grèves du Front populaire

COURS : p. 38-39

En juin 1936, après la victoire électorale du Front populaire et sous le gouvernement de Léon Blum, les ouvriers se mobilisent pour améliorer leurs conditions de travail et de vie. La France connaît alors une vague de grèves d'une ampleur sans précédent. Au point culminant du mouvement, 2,5 millions de grévistes font pression sur le patronat et sur l'État.

CONSIGNE BAC

En analysant et confrontant les documents, vous expliquerez les formes de la mobilisation ouvrière sous le Front populaire.

Vocabulaire

- **Front populaire**
  Coalition des forces politiques de gauche qui remporte les élections législatives de 1936 et porte Léon Blum à la tête du gouvernement de la IIIe République. L'expression désigne aussi la période qui s'étend d'avril 1936 à avril 1938.

CHRONOLOGIE

1936

- **Avril** Victoire du Front populaire aux élections législatives.
- **Mai-juin** Immense vague de grèves.
- **7 juin** Accords Matignon : mise en place des délégués ouvriers et des conventions collectives (salaires et conditions de travail sont définis de manière collective) ; augmentations de salaires de 7 à 15 %.
- **11 juin** 15 jours de congés payés.
- **12 juin** Réduction du temps de travail à 40 heures par semaine.

Vidéo

1 Grèves et occupations d'usine

Le personnel de l'usine automobile Renault sort de l'usine occupée le poing levé, 1936.

2 Un moment de joie et de fraternité ouvrière

La philosophe Simone Weil (1909-1943) choisit de partager la condition ouvrière afin de mieux la comprendre ; elle travaille ainsi en usine entre 1934 et 1936.

J'ai été voir les copains dans une usine où j'ai travaillé il y a quelques mois. [...] Joie de pénétrer dans l'usine avec l'autorisation souriante d'un ouvrier qui garde la porte. Joie de trouver tant de sourires, tant de paroles d'accueil fraternel. [...] Joie de parcourir librement ces ateliers où on était rivé sur sa machine. [...] Joie d'entendre, au lieu du fracas impitoyable des machines, symbole si frappant de la dure nécessité sous laquelle on pliait, de la musique, des chants et des rires. [...] Joie de passer devant les chefs la tête haute [...] Bien sûr, cette vie si dure recommencera dans quelques jours. Mais on n'y pense pas, on est comme des soldats en permission pendant la guerre. Et puis, quoi qu'il puisse arriver par la suite, on aura toujours eu ça. Enfin, pour la première fois, et pour toujours, il flottera autour de ces lourdes machines d'autres souvenirs que le silence, la contrainte, la soumission.

Simone Weil, *La Condition ouvrière*, Gallimard, 1951.

AIDE POUR RÉPONDRE À LA CONSIGNE

- À partir des deux documents, décrivez la manière concrète dont les ouvriers font pression sur leurs employeurs.
- Relevez les éléments et les expressions qui mettent en avant l'enthousiasme et la joie des ouvriers.

Point de PASSAGE

Juin 1936 : les accords Matignon

COURS : p. 38-39

Contexte

La forte mobilisation ouvrière oblige l'État et le patronat à accorder aux salariés des avancées sociales d'une ampleur sans précédent, qui font du Front populaire un grand moment de l'histoire sociale en France.

CONSIGNE BAC

En analysant et confrontant les documents, vous exposerez les mesures sociales obtenues par les ouvriers au temps du Front populaire.

1 Les accords Matignon (7 juin 1936)

Vidéo

Ces accords, signés entre les représentants syndicaux, les organisations patronales et l'État, devaient mettre un terme aux grèves.

Art. 1 – La délégation patronale admet l'établissement immédiat de contrats collectifs de travail[1].

Art. 3 – L'observation des lois s'imposant à tous les citoyens, les employeurs reconnaissent la liberté d'opinion, ainsi que le droit pour les travailleurs d'adhérer librement et d'appartenir à un syndicat professionnel. [...] Les employeurs s'engagent à ne pas prendre en considération le fait d'appartenir ou de ne pas appartenir à un syndicat pour arrêter leurs décisions en ce qui concerne l'embauchage, la conduite ou la répartition du travail, les mesures de discipline ou de congédiement. [...]

Art. 4 – Les salaires réels pratiqués pour tous les ouvriers [seront] rajustés suivant une échelle décroissante commençant à 15 % pour les salaires les moins élevés pour arriver à 7 % pour les salaires les plus élevés. [...]

Art. 5 – Dans chaque établissement comprenant plus de dix ouvriers, après accord entre organisations syndicales, ou, à défaut, entre les intéressés, il sera institué deux (titulaires) ou plusieurs délégués ouvriers (titulaires ou suppléants) suivant l'importance de l'établissement. Ces délégués ont qualités pour présenter à la direction les réclamations individuelles qui n'auraient pas été directement satisfaites, visant l'application des lois, décrets, règlements du Code du travail, des tarifs de salaires, et des mesures d'hygiène et de sécurité. [...]

Art. 6 – La délégation patronale s'engage à ce qu'il ne soit pris aucune sanction pour faits de grève.

1. Accords conclus entre l'employeur et les syndicats de salariés pour définir les conditions d'emploi des travailleurs et les garanties sociales qui y sont attachées.

2 Les premiers congés payés

Votée à l'unanimité par les députés le 11 juin 1936, la loi sur les premiers congés payés fut promulguée le 20 juin 1936.

Couverture du magazine *Regards*, 2 septembre 1937.

AIDE POUR RÉPONDRE À LA CONSIGNE

- Classez en différentes catégories les mesures présentées par le **doc 1**.
- Décrivez le **doc 2**. Identifiez le message que veut faire passer cette couverture.

RÉVISIONS

L'impact de la crise de 1929 : déséquilibres économiques et sociaux

Podcast de la synthèse

RETENIR... à l'écrit

1 La crise de 1929, des États-Unis au reste du monde

- La crise financière qui éclate à Wall Street en octobre 1929 est d'une ampleur inédite. Les faillites bancaires et industrielles en cascade provoquent une montée inattendue du chômage et de la pauvreté.
- Les causes de la crise sont complexes : certains analystes privilégient la théorie des cycles, d'autres mettent en avant les déséquilibres entre l'offre et la demande, d'autres enfin privilégient une explication par les déséquilibres monétaires des années 1920.
- Le retrait des capitaux états-uniens déstabilise les économies européennes, qui sont à leur tour touchées par la crise et la dépression. L'Amérique latine s'enfonce également dans une crise qui a de lourdes conséquences sociales et politiques.
- Dans de nombreux pays, les populations se tournent vers des forces politiques hostiles à la démocratie. En Allemagne notamment, le Parti nazi exploite le mécontentement des populations pour conquérir le pouvoir.

2 Comment surmonter la crise et la dépression ? (1929-1939)

- Les solutions traditionnelles restent insuffisantes face à une crise d'une ampleur exceptionnelle. Les mesures protectionnistes adoptées par un grand nombre d'États ou les dévaluations renforcent les difficultés des économies jusque-là ouvertes sur le monde.
- Le libéralisme est remis en cause par la crise de 1929 ; l'intervention massive de l'État dans l'économie s'impose. Si l'Italie, l'Allemagne et le Japon font le choix de l'autarcie, beaucoup de gouvernements appliquent une politique de relance comme les États-Unis dans le cadre du *New Deal* ou la France à partir de 1936 sous le Front populaire qui met en œuvre les accords Matignon.
- Dans certains pays – Royaume-Uni, Japon, Italie ou Allemagne – la reprise de l'activité économique est assez rapide, mais aux États-Unis, en France ou en Amérique latine, elle ne se produira qu'avec la Seconde Guerre mondiale.

Points de PASSAGE

Les conséquences de la crise de 1929 en Amérique latine → p. 30

- Crise économique brutale qui engendre une forte baisse des prix agricoles.
- Pauvreté importante et bouleversements politiques majeurs.

1933 : Roosevelt et le *New Deal* → p. 40

- **Novembre 1932** : F.D. Roosevelt lance un programme économique ambitieux pour sortir les États-Unis de la crise. Les résultats sont économiquement mitigés.

Juin 1936 : Les accords Matignon → p. 43

- Forte mobilisation ouvrière après la victoire électorale du Front populaire.
- **7 juin 1936** : accords Matignon. Avancées sociales d'une ampleur sans précédent (hausse de salaires, conventions collectives...).

A/Z Les mots clés

- **Crise économique**
  Événement ponctuel qui se traduit par la chute des prix, le ralentissement de l'activité et la montée du chômage.
- **Dépression économique**
  Phénomène de longue durée qui suit la crise et se caractérise par le ralentissement de la croissance, la baisse des profits et le maintien du chômage à un niveau élevé.
- **Front populaire**
  Coalition des forces politiques de gauche qui remporte les élections législatives de 1936 et porte Léon Blum à la tête du gouvernement de la IIIe République. L'expression désigne aussi la période qui s'étend d'avril 1936 à avril 1938.
- ***New Deal***
  Programme lancé en 1933 par F.D. Roosevelt et mené jusqu'en 1939 pour sortir les États-Unis de la dépression économique.
- **Protectionnisme**
  Politique économique visant à protéger le marché intérieur de la concurrence étrangère en érigeant des barrières douanières dissuasives.

RÉVISIONS

RETENIR… en schéma

1 La crise de 1929, des États-Unis au reste du monde

Octobre 1929, une crise mondiale
- Économique (industries en difficulté)
- Sociale (chômage)
- Politique (démocraties fragilisées)

Dépression

jusqu'en 1935
- Allemagne
- Japon
- Italie

jusqu'en 1939
- États-Unis
- Amérique latine
- France

2 Comment surmonter la crise et la dépression ?

Réponses traditionnelles
- Dévaluation
- Protectionnisme
- Autarcie

→ **Insuffisant** → Échec de la conférence de Londres (1933)

Nouvelles solutions = forte intervention de l'État
- *New Deal* (1933)
- Accords Matignon (1936)

RETENIR… autrement

ÉCOUTER

Les cours en podcast .... p. 28-29, 33-39
La synthèse du cours .... p. 44

REGARDER L'ESSENTIEL EN 3 MINUTES

S'ENTRAÎNER

Des exercices interactifs .... EXO Quiz

POUR APPROFONDIR

Livre
S. Terkel, *Hard Times. Histoires orales de la Grande Dépression* (1970), éditions Amsterdam, 2009.
Un livre de témoignages sur la crise de 1929, accompagné de photographies de Dorothea Lange.

Podcast

Podcast
« Front populaire : la semaine de 40 heures », *La Marche de l'histoire*, France Inter, 3 mai 2016.
L'historien et journaliste Gérard Vindt est invité à discuter du Front populaire et de ses acquis sociaux.

Sujet

En analysant et confrontant les documents, vous montrerez la mobilisation politique et économique de la société américaine au temps du *New Deal*.

Pensez à préciser les domaines concernés par cette mobilisation, et le principal acteur qui la met en place.

Définissez la période du *New Deal* pour replacer les documents dans leur contexte de création.

Expliquez à quelle situation le *New Deal* doit apporter une réponse.

1 Le *New Deal* selon Roosevelt

Notre première tâche, la plus importante, est de remettre les gens au travail. Ce n'est pas un problème insoluble si nous nous y attelons avec sagesse et courage. Cela peut être accompli en partie par un recrutement direct du gouvernement, en traitant le problème comme nous traiterions l'urgence d'une guerre, mais en accomplissant dans le même temps, grâce à ces emplois, les grands projets dont nous avons besoin pour stimuler et réorganiser l'utilisation de nos immenses ressources naturelles. […] Oui, la tâche peut être soutenue par des efforts précis en vue d'élever les valeurs des produits agricoles, et en conséquence le pouvoir d'acheter les productions de nos villes. […] Elle peut être soutenue par une planification nationale et une supervision de toutes les formes de transports et de communications ainsi que d'autres équipements qui ont définitivement un caractère public.

F.D. Roosevelt, discours d'investiture à la présidence, 4 mars 1933.

Quels sont les objectifs du *New Deal* ?

Quel acteur est au centre du *New Deal* ?

Quels sont les domaines économiques concernés ?

Pour comprendre quel est le rôle de ce document, rappelez qui est son auteur et quel est le contexte de sa création.

CONSEILS

L'analyse des documents constitue le cœur de votre travail, mais nécessite pour être menée la mobilisation de vos connaissances.

➜ Voir **p. 39** (cours), **p. 40-41** (point de passage).

Quelles réalisations de la TVA l'affiche met-elle en avant ? De quelle manière ?

À quelle production le slogan « L'énergie de gagner » fait-il référence ?

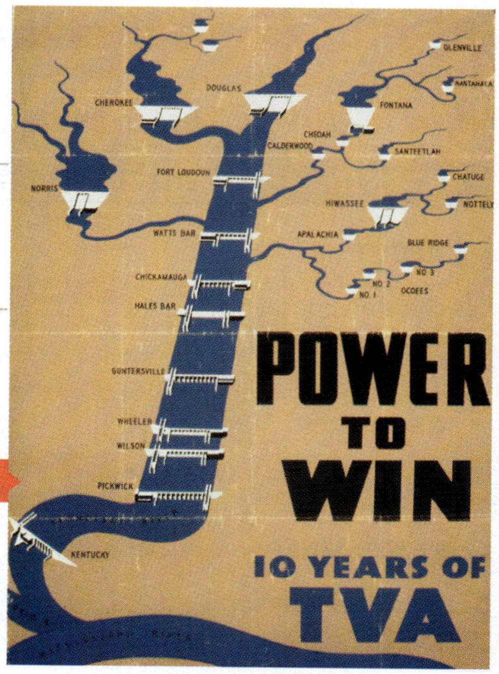

2 Une initiative du *New Deal* : la *Tennessee Valley Authority* (TVA)

La TVA est une entreprise créée en 1933 pour assurer le développement économique de la vallée du Tennessee, notamment pour produire de l'électricité et permettre l'irrigation par la construction de barrages. Région pauvre et en retard de développement, la vallée du Tennessee fut particulièrement touchée par la crise et la dépression.

« L'énergie de gagner ! 10 ans de TVA », affiche, 1943.

Corrigé

Introduction

→ Rédigez la présentation des deux documents.

Cette analyse de documents demande de réfléchir à la mobilisation politique et économique de la société américaine à un moment critique de l'histoire, au lendemain de la crise de 1929 et au début de la terrible dépression qui touche les États-Unis durant les années 1930. Les deux documents sont .....

→ À l'aide de l'annonce du plan soulignée en bleu dans l'introduction, déterminez et rédigez l'annonce de l'idée de la 1re partie.

Il s'agit donc de comprendre comment ces documents montrent l'intervention directe de l'État dans l'économie. Ils permettent en effet d'évoquer le programme ambitieux du New Deal mis en place par Roosevelt, puis de le confronter à l'une de ses réalisations concrètes, la Tennessee Valley Authority : ......

1re partie

Tout d'abord, ...

→ Utilisez vos connaissances pour définir les notions de « crise économique » et de « libéralisme ».

Le démocrate Franklin Delano Roosevelt (1882-1945) remporte l'élection présidentielle et lance, en 1932, le New Deal, ou « nouvelle donne », un programme ambitieux visant à sortir le pays de la crise économique (.....) La philosophie générale de ce programme marque une rupture avec le libéralisme (.....) En effet, Roosevelt préconise un engagement fort de l'État : « recrutement direct du gouvernement » et « grands projets » ; aussi bien en direction des villes que des campagnes : « la tâche peut être soutenue par des efforts précis en vue d'élever les valeurs des produits agricoles, et en conséquence le pouvoir d'acheter les productions de nos villes ».

→ À l'aide de la **p. 35**, expliquez comment le chômage de masse provoque la mobilisation d'une partie de la population.

Ce programme économique s'appuie sur des administrations spécialisées comme la National Industrial Administration ou l'Agricultural Adjustment Administration qui soutiennent l'industrie et l'agriculture, ou encore sur la Public Works Administration qui lance de grands travaux. Autant d'initiatives qui répondent à une forte demande sociale : les millions de chômeurs aux États-Unis ..... Ils se tournent vers l'État duquel ils attendent des solutions de sortie de crise.

2e partie

→ À l'aide de l'annonce du plan soulignée en bleu dans l'introduction, déterminez et rédigez l'annonce de l'idée de la 2de partie.

Il s'agit ensuite de .....

→ Justifiez votre propos en montrant comment le slogan se réfère aux réalisations de la TVA.

La dernière ligne du texte permet en effet d'établir un lien direct entre les deux documents, dans la mesure où la Tennessee Valley Authority (TVA) est un ensemble d'« équipements » visant à relancer l'économie d'une vaste région en grande difficulté. Cette entreprise créée en 1933 multiplie les barrages en amont comme en aval du fleuve Tennessee. Ces barrages permettront d'irriguer des milliers d'hectares de culture, mais aussi de fournir de l'électricité aux populations : c'est le sens du slogan qui .....

→ Justifiez votre propos en relevant deux citations du texte, l'une sur l'exploitation des ressources naturelles, l'autre sur les productions agricoles et industrielles.

En exploitant une ressource naturelle, l'eau, un double effet d'entraînement est donc attendu, à la fois sur l'industrie et sur l'agriculture. C'est ce que Roosevelt définissait lors de son discours d'investiture en affirmant ..... La TVA remplit ses objectifs dans la mesure où elle crée de l'emploi et fait reculer la crise dans les six États concernés (essentiellement en Alabama et au Mississippi, dans une moindre mesure en Géorgie, au Kentucky, en Caroline du Nord et en Virginie). À la fin des années 1940, la TVA était le premier producteur d'électricité du pays.

Conclusion

Ces documents nous amènent donc à comprendre la manière dont se fait la mobilisation politique et économique de la société américaine, et le rôle qu'y joue l'État. Il convient néanmoins de nuancer les succès du New Deal : à la veille de la Seconde Guerre mondiale, l'économie américaine n'a pas encore retrouvé son niveau de 1929 et les secteurs en difficulté sont encore nombreux.

BAC
CORRIGÉ COMPLET DU SUJET
lyceen.nathan.fr/coteterm-2020

BAC

▶ RÉPONSE À UNE QUESTION PROBLÉMATISÉE

Sujet

Pourquoi peut-on dire que la crise de 1929 devient une crise internationale ?

Identifiez les processus qui ont permis la diffusion d'une crise à partir d'un seul pays, et réfléchissez à la place de ce pays dans l'économie mondiale.

Comment les économies du monde entier sont-elles touchées ? À quel rythme ?

Dans quel pays éclate la crise de 1929, et sous quelles formes ?

Corrigé

Introduction

→ À l'aide du début de chaque partie, construisez l'annonce du plan, c'est-à-dire des idées majeures développées dans la réponse.

La crise se déclenche en octobre 1929 à la bourse de Wall Street à New York. Mettant fin à quatre années de hausse des cours des valeurs, la bulle spéculative éclate le fameux « Jeudi noir » (24 octobre 1929) : les titres s'effondrent, perdent leur valeur, les actionnaires s'en débarrassent. Le krach se poursuit les 28 et 29 octobre. Mais cette crise perd vite son caractère national pour devenir une crise internationale touchant les économies du monde entier. Pourquoi et comment la crise de 1929 est-elle devenue internationale ? Tout d'abord, ...

1re partie

→ À l'aide de vos connaissances (cours p. 28), expliquez de manière synthétique la crise économique qui touche les États-Unis (employez les termes suivants : crise bancaire, production industrielle, faillites, prix des produits agricoles).

Dans une économie mondialisée, la crise née aux États-Unis se répand dans le monde entier, mais à des rythmes différents. Aux États-Unis, ...

Mais c'est le retrait des capitaux investis par les États-Unis dans le monde durant les années 1920 qui déstabilise les autres pays et transforme une crise nationale en crise internationale. De plus, conformément à une logique protectionniste, les États-Unis cessent d'importer des biens dont leur économie dépendait jusque-là (produits manufacturés européens, matières premières d'Amérique latine, etc.). La contraction du commerce international qui en résulte précipite, à des rythmes différents, les économies du monde entier dans la crise et la dépression.

→ Expliquez les conséquences politiques de la crise en France, en Allemagne et en Amérique latine (cours p. 29).

Cette crise a partout des effets sur l'économie et sur les sociétés. La crise a aussi des conséquences politiques internationales : .....

2e partie

→ Expliquez l'objectif de la conférence de Londres (cours p. 38).

Les solutions de sortie de crise sont nationales et sans concertation. C'est en effet indépendamment les uns des autres que les différents États tentent de surmonter les difficultés auxquelles ils sont confrontés. L'échec de la conférence de Londres en juillet 1933 est à cet égard révélateur : .....

→ Définissez chacune des trois politiques évoquées dans ce paragraphe (définitions p. 39).

Les voies nationales de sortie de crise sont plurielles. Une politique de dévaluation est menée au Royaume-Uni dès 1931, en France en 1936 : ..... Le protectionnisme est mis en place par exemple aux États-Unis dans le cadre du New Deal : ..... L'Italie, l'Allemagne ou le Japon choisissent l'autarcie : ..... . Enfin, des politiques de grands travaux sont décidées partout.

→ Donnez un exemple de conquête menée par l'Italie ou le Japon (cours p. 39).

Les relations internationales souffrent également de la crise, comme le montre l'incapacité de la SDN à contenir les ambitions allemandes, japonaises ou italiennes, des puissances belliqueuses lancées dans une inquiétante course aux armements. Ainsi, ...

Conclusion

C'est en définitive une crise internationale plurielle, profonde, qui affecte durablement les économies occidentales, et dont elles sortent à des rythmes différents. Certains pays, comme les États-Unis ou la France, n'ont toujours pas surmonté la crise lorsque la Seconde Guerre mondiale éclate.

BAC
CORRIGÉ COMPLET DU SUJET
lyceen.nathan.fr/coteterm-2020

▶ RÉPONSE À UNE QUESTION PROBLÉMATISÉE

Sujet 1

Quelles sont, entre 1929 et 1936, les conséquences de la crise de 1929 en France ?

Sujet 2

Comment la crise de 1929 et la dépression des années 1930 transforment-elles les sociétés ?

▶ ANALYSE DE DOCUMENT

En analysant le document, vous expliquerez les conséquences de la crise de 1929 et de la dépression des années 1930.
L'analyse du document constitue le cœur de votre travail, mais nécessite pour être menée la mobilisation de vos connaissances.

Manifestation de chômeurs américains près de Boston (5 juin 1932)
Sur les bannières : « Nous demandons l'assurance chômage à taux plein », « Nous combattons la faim », « Nous marchons vers le Capitole pour demander de l'aide pour les sans-emploi ».

CHAPITRE 2

Les régimes totalitaires de l'entre-deux-guerres

L'Europe de l'entre-deux-guerres voit se développer des régimes d'un type nouveau : le fascisme en Italie, le stalinisme en URSS et le nazisme en Allemagne. Bien que fondés sur des idéologies différentes, ils présentent des traits de fonctionnement communs et participent tous à la déstabilisation de l'ordre européen. Dès les années 1930, des historiens et des philosophes les regroupent sous le nom de « régimes totalitaires ».

Textes DYS
TOUS LES TEXTES EN VERSION DYS
lyceen.nathan.fr/coteterm-2020

▶ Comment caractériser les régimes totalitaires de l'entre-deux-guerres ?

1 Joseph Staline, le « père des peuples »
Joseph Staline est seul au pouvoir en URSS (Union des républiques socialistes soviétiques) depuis 1929. Affiche soviétique, 1937.

Vidéo Le congrès du Parti nazi

2 Adolf Hitler, le Führer du peuple allemand

Adolf Hitler, chancelier du Reich depuis 1933, passe en revue des membres des Jeunesses hitlériennes. Photographie prise lors du congrès du Parti nazi (NSDAP), Nuremberg, septembre 1934.

CONTEXTE

Les régimes totalitaires pendant l'entre-deux-guerres

Après la guerre, de nouveaux régimes politiques apparaissent à la faveur des crises en Europe. Organisés autour du culte d'un chef tout-puissant, ils souhaitent contrôler la vie des sociétés et recourent à la fois à la propagande et aux violences. Leurs actions déstabilisent les relations internationales à partir des années 1930.

Vocabulaire

- **Fascisme** Forme de totalitarisme caractérisant l'Italie de l'entre-deux-guerres, fondée sur une idéologie nationaliste, antidémocratique et impérialiste.
- **Nazisme** Idéologie définie par Adolf Hitler, fondée sur le racisme, l'antisémitisme et le rejet de la démocratie.
- **Régime totalitaire** Régime politique dans lequel l'État impose une idéologie officielle, utilise la violence et veut tout contrôler (population, économie, information, culture...).
- **Stalinisme** Forme de totalitarisme caractérisant l'URSS des années 1930, se fondant sur l'idéologie communiste.

REPÈRES CHRONOLOGIQUES DU CHAPITRE

- **THÈME 1** (1929-1945) Fragilités des démocraties, totalitarismes et Seconde Guerre mondiale
- **THÈME 2** (1945-1970) La multiplication des acteurs internationaux dans un monde bipolaire
- **THÈME 3** (1970-1990) Les remises en cause politiques, économiques et sociales
- **THÈME 4** (depuis 1990) Le monde, l'Europe et la France, entre coopérations et conflits

1920 – 1929 – 1945 – 1970 – 1990

1920 | 1921 | 1922 | 1923 | 1924 | 1925 | 1926 | 1927 | 1928 | 1929

RUSSIE puis URSS — RUSSIE PUIS URSS DE LÉNINE
- 1920 › janv. 1921 GUERRE CIVILE
- **déc. 1922** Création de l'URSS
- **21 janvier 1924** Mort de Lénine
- **1929** Début de la collectivisation des terres
- **1929** Staline seul au pouvoir

ITALIE — MONARCHIE LIBÉRALE
- **nov. 1921** Création du Parti national fasciste
- **oct. 1922** Marche sur Rome Mussolini au pouvoir
- **juin 1924** Assassinat de Matteotti
- **déc. 1925 › mai 1926** « LOIS FASCISTISSIMES »

ALLEMAGNE — RÉPUBLIQUE DE WEIMAR
- **fév. 1920** Création du NSDAP

Mussolini, le « Duce ».

Staline, le « père des peuples ».

REPÈRES GÉOGRAPHIQUES DU CHAPITRE

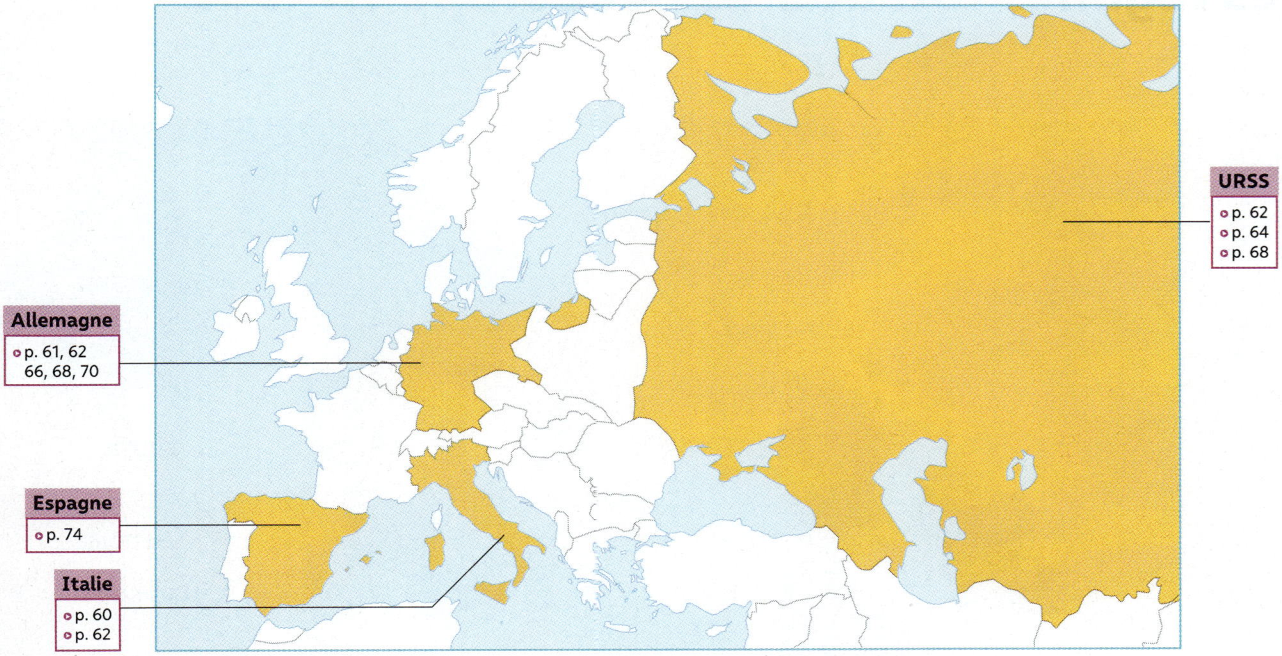

1930 – 1931 – 1932 – 1933 – 1934 – 1935 – 1936 – 1937 – 1938 – **1939**

URSS DE STALINE

1932 > 1933
FAMINES

Point de PASSAGE **1937 > 1938**
Grande Terreur

RÉGIME FASCISTE

oct. 1935 > mai 1936
CONQUÊTE DE L'ÉTHIOPIE

Point de PASSAGE **juil. 1936 > avr. 1939**
Intervention dans la guerre d'Espagne

avr. 1939
Invasion de l'Albanie

RÉGIME NAZI

sept. 1930 > nov. 1932
SUCCÈS ÉLECTORAUX DU NSDAP

30 janv. 1933
Hitler nommé chancelier

fév. 1933
Incendie du Reichstag, suppression des libertés

sept. 1935
Lois antisémites de Nuremberg

mars 1938
Annexion de l'Autriche (*Anschluss*)

sept. 1938
Accords de Munich

Point de PASSAGE **9-10 nov. 1938**
Nuit de cristal

Frise interactive

Hitler, le « Führer » du peuple allemand.

CARTE

Les régimes totalitaires et l'Europe en 1939

Carte interactive

Les États et régimes politiques

- Régimes totalitaires
- Démocraties et leurs empires coloniaux
- Autres dictatures
- Guerre civile entre partisans de la démocratie et de la dictature (été 1936 – printemps 1939)

Les alliances

- Axe Rome-Berlin (nov. 1936)
- ITALIE Pays signataires du pacte anti-Komintern (nov. 1936)
- Aide matérielle et militaire aux franquistes en Espagne
- Aide matérielle et militaire aux républicains en Espagne
- États alliés avec la Pologne (avril 1939)
- Pacte de non-agression germano-soviétique (août 1939)

Les élargissements territoriaux

- Remilitarisation de la Rhénanie (1936)
- Tchécoslovaquie en 1937
- Ligne de partage de la Pologne fixée par le pacte germano-soviétique
- Invasions allemandes
- Invasions italiennes

Frontières en 1939 de :

- l'Allemagne
- la Hongrie

En blanc, frontières de 1937

A/Z Vocabulaire

- **Franquistes**
Partisans du général Franco, auteur d'un coup d'État contre la République espagnole en 1936.
- **Komintern**
Organisation internationale coordonnant l'action des partis communistes du monde entier, sous la tutelle de Moscou.
- **Pacte anti-Komintern**
Accord entre plusieurs dictatures européennes et le Japon par lequel ils s'engagent à se soutenir mutuellement dans la lutte contre le communisme international et son organisation, le Komintern.

QUESTIONS

1. Quel type de régime politique est majoritaire en Europe ?
2. Montrez que l'Espagne est un terrain d'affrontement international.
3. Pourquoi peut-on affirmer que les régimes totalitaires interviennent en dehors de leur territoire ?

COURS

DOCUMENTS : p. 60 à 71

Podcast du cours

Vidéo
Une jeunesse en chanson

1 Les idéologies des régimes totalitaires

Sur quels projets idéologiques les régimes totalitaires fondent-ils leur action ?

« Pour le fasciste, tout est dans l'État [...]. Dans ce sens, le fascisme est totalitaire et l'État fasciste [...] interprète, développe et donne puissance à la vie tout entière du peuple. »

Giovanni Bellini, Benito Mussolini, article « Fascisme » de l'*Enciclopedia italiana*, 1932.

BIOGRAPHIES

Adolf Hitler (1889-1945)
Fondateur du mouvement nazi, il exerce le pouvoir en Allemagne de 1933 jusqu'à la fin de la Seconde Guerre mondiale.

Benito Mussolini (1883-1945)
Fondateur du mouvement fasciste, il exerce le pouvoir en Italie de 1922 jusqu'en 1943.

Joseph Staline (1878-1953)
Secrétaire général du Parti communiste, il s'impose à la tête de l'URSS à partir de 1929 et la dirige jusqu'à sa mort.

Biographies : p. 356

A Le fascisme italien

1. La conquête du pouvoir

- Né dans une Italie traumatisée par la Première Guerre mondiale, le mouvement **fasciste** est fondé par Benito Mussolini pour construire un pays fort. En 1919, il crée les « Faisceaux de combat », un mouvement organisé sur un modèle militaire à la fois nationaliste et révolutionnaire, hostile dans un premier temps aux élites traditionnelles.
- Pourtant, il apporte très vite son soutien aux grands industriels et aux grands propriétaires, inquiets de l'agitation sociale (grèves, occupations d'usines) engendrée par la crise économique de l'immédiat après-guerre. Les fascistes font régner la terreur dans les usines et les grands domaines ruraux occupés par les ouvriers et les paysans.
- Cette stratégie permet à Mussolini de créer le Parti national fasciste en 1921 et d'accéder au pouvoir le 28 octobre 1922 : il organise la « marche sur Rome », ce qui conduit le roi à lui confier la tête du gouvernement.

2. Nationalisme et culte de l'État

- L'idéologie fasciste est nationaliste. Mussolini se présente comme le défenseur de la nation italienne dont il veut restaurer la grandeur, en jouant notamment sur la mémoire de l'Empire romain.
- Il prône un État fort et autoritaire, réunissant autour de lui la nation italienne et rendant inutiles tous les corps intermédiaires (partis politiques, syndicats, associations). Cet État est défini comme totalitaire.
- Les débuts du régime révèlent la nature antidémocratique du fascisme. En 1924, des **squadristes** assassinent le chef de l'opposition, le socialiste Matteotti. Assumant la responsabilité du meurtre, Mussolini fait voter les lois dites « fascistissimes », concentrant le pouvoir entre ses mains et supprimant les libertés fondamentales (1926).
- Le fascisme est traditionaliste, par exemple dans la manière dont il pense le rôle des femmes. Mussolini se rapproche d'ailleurs de l'Église catholique et conclut avec le pape les accords du Latran (1929).

B Le nazisme allemand

1. Naissance et développement du nazisme

- Le Parti nazi (**NSDAP**) naît dans la République de Weimar, au lendemain de la Première Guerre mondiale. Il a pour chef Adolf Hitler. Resté longtemps un groupuscule extrémiste et **antisémite**, il trouve grâce à la crise des années 1930 une audience qui permet à Hitler d'arriver au pouvoir par la voie légale, en janvier 1933 (→ **chapitre 1**).
- Hitler ne tarde pas à établir une dictature. Prenant prétexte de l'incendie du Parlement, le Reichstag (27 février 1933), dont il attribue la responsabilité aux communistes, il supprime les libertés publiques et les élections et s'octroie les pleins pouvoirs.

2. Une idéologie raciste, antisémite et nationaliste

- Le **nazisme** est élaboré par Hitler dans *Mein Kampf*, l'ouvrage qu'il rédige en captivité après l'échec du « putsch de la Brasserie » (1923), une tentative de coup d'État contre la République.
- Il affirme que les hommes appartiennent à des races différentes. Selon lui, le peuple allemand (*Volk*) appartient à la « race aryenne » qui serait la race supérieure. Tout en bas de la hiérarchie des races figurerait la « race juive », considérée comme la cause de tous les maux dont souffre la nation.
- L'idéologie nazie niant l'égalité des hommes, elle est à la fois antidémocratique et anticommuniste.
- Le rôle de l'État pour les nazis est ainsi d'assurer la domination et la « pureté de la race supérieure », en la protégeant des autres races et en mettant en œuvre une politique **eugéniste**.

3. Un projet d'« homme nouveau »

- Le nazisme prévoit une répartition claire des rôles dans la société : l'objectif ultime d'Hitler est de forger un « homme nouveau », qu'il présente comme un guerrier dominateur. Quant à la femme, elle doit contribuer à la reproduction de la race supérieure.
- Le triomphe de cet homme nouveau assurera un nouvel ordre mondial, dominé par un empire (*Reich*) regroupant toutes les populations de langue et de sang allemands.

C Le stalinisme en URSS

1. L'arrivée au pouvoir de Staline

- Après la mort de Lénine en 1924, son successeur, Joseph Staline, s'empare peu à peu de toutes les instances du pouvoir. En 1928, secrétaire général du Parti communiste, il parvient à exclure son principal rival Trotski, qui doit s'exiler en 1929 avant d'être assassiné en 1940. Les autres opposants de Staline sont tous éliminés dans les années suivantes.
- Seul au pouvoir, Staline décide d'accélérer la mise en place du **communisme** en URSS, nouveau nom de la Russie depuis 1922.

2. Le communisme stalinien

- Le **stalinisme** vise à la création d'une société communiste, dont le socle repose sur le **prolétariat** qui, par son travail collectif, produit de la richesse. Chacun reçoit ensuite en fonction de ses besoins.
- Le communisme souhaite ainsi créer une société parfaitement égalitaire et supprimer ce qui différencie les classes sociales (écarts de richesse et propriété privée), ce qui suppose la nationalisation des industries et des banques et la **collectivisation** des terres.
- En théorie, le modèle soviétique a vocation à se répandre dans le monde entier, par l'intermédiaire du **Komintern**. Staline défend cependant la construction du « socialisme dans un seul pays » : la diffusion du modèle soviétique ne sera possible que quand celui-ci sera pleinement réalisé en URSS.

TESTEZ-VOUS !

- Comment Benito Mussolini et Adolf Hitler arrivent-ils au pouvoir ?
- Quel est le fondement de l'idéologie nazie ?
- Quelles sont les spécificités du communisme stalinien ?

A/Z Vocabulaire

- **Antisémitisme**
  Hostilité, haine à l'égard des Juifs, considérés comme une race ou un groupe distinct du reste de la société.
- **Collectivisation**
  Appropriation par l'État ou la collectivité des moyens de production (terres agricoles par exemple).
- **Communisme**
  Idéologie politique qui cherche à instaurer une société parfaitement égalitaire, sans classes sociales, sans État et sans propriété privée.
- **Eugénisme**
  Doctrine et pratiques consistant, selon les nazis, à veiller à la « pureté de la race aryenne » (par exemple, par la stérilisation ou l'élimination des handicapés et des malades mentaux).
- **Fascisme**
  Forme de totalitarisme caractérisant l'Italie de l'entre-deux-guerres, fondée sur une idéologie nationaliste, antidémocratique et impérialiste.
- **Komintern**
  Organisation internationale coordonnant l'action des partis communistes du monde entier, sous la tutelle de Moscou.
- **Nazisme**
  Idéologie définie par Adolf Hitler, fondée sur le racisme, l'antisémitisme et le rejet de la démocratie.
- **NSDAP**
  Parti national-socialiste des travailleurs allemands, dirigé par Adolf Hitler dès 1921.
- **Prolétariat**
  Le terme désigne les travailleurs qui ne possèdent que leur force de travail, et sont donc soumis à l'exploitation de la bourgeoisie, qui possède les moyens de production et d'échange.
- **Squadristes**
  Membres des *squadre*, qui sont les unités paramilitaires fascistes.
- **Stalinisme**
  Forme de totalitarisme caractérisant l'URSS des années 1930, se fondant sur l'idéologie communiste.

COURS

2 L'exercice du pouvoir totalitaire

DOCUMENTS : p. 60 à 71

Podcast du cours

Quelles formes prend l'exercice du pouvoir dans les régimes totalitaires de l'entre-deux-guerres ?

« Nous ferons croître une jeunesse devant laquelle le monde tremblera. Une jeunesse violente, intrépide, cruelle. C'est ainsi que je la veux. Elle saura supporter la douleur. Je ne veux en elle rien de faible ni de tendre. »

Adolf Hitler, d'après H. Rauschning, *Hitler m'a dit*, 1939.

A Des régimes dictatoriaux

1. La négation des libertés

- En Italie et en Allemagne, les libertés fondamentales (liberté de la presse, liberté syndicale, droit de grève, etc.) sont suspendues.
- Si la Constitution de l'URSS reconnaît les principes démocratiques d'égalité et de liberté, ils sont cependant largement niés dans la pratique. Par exemple, Staline se lance dès 1928 dans une politique antireligieuse, contraire aux libertés de conscience et de culte inscrites dans la Constitution.

2. Le système du parti unique

- Dans tous ces régimes, un seul parti est autorisé : le Parti communiste (PCUS) en URSS depuis 1918, le Parti national fasciste en Italie depuis 1926 et le NSDAP en Allemagne dès 1933. L'opposition est donc interdite.
- L'appartenance au parti est souvent une condition indispensable pour l'exercice de responsabilités, que ce soit dans l'État ou dans la société. En URSS, elle engendre la nomenklatura (nouvelle élite formée des responsables du parti bénéficiant de privilèges).
- Ces partis uniques sont aussi des partis de masse, regroupant plusieurs millions d'adhérents.

3. Le culte du chef

- Le développement d'un culte du chef, le « guide » doté d'une **autorité charismatique**, est un trait commun à tous les régimes totalitaires : Mussolini est le « Duce », Hitler le « Führer », Staline le « père des peuples ».
- En Italie et en Allemagne, la diffusion de l'idéologie est confiée à un ministère de la Propagande qui organise de nombreuses manifestations de masse, campagnes d'affichage, et utilise les médias modernes (comme la radio). L'État assure aussi un contrôle strict de toute la production artistique et culturelle, ce qui passe par la mise en place d'un art officiel et d'une censure.

B Un contrôle total de la société ?

1. La prise en main de l'économie et de la production

- En URSS, le contrôle de l'économie est assuré à partir de 1928 par la **planification**. Elle met l'accent sur le développement de l'industrie lourde et donne lieu à une intense propagande (le **stakhanovisme**). La collectivisation des terres est mise en œuvre : **kolkhozes** et **sovkhozes** doivent se substituer à la propriété privée.
- En Allemagne et en Italie, le contrôle de l'économie ne passe pas par la suppression de la propriété privée mais par la mobilisation des forces productives afin d'assurer la puissance et l'indépendance du pays : travaux autoroutiers et réarmement rapide en Allemagne, développement de la production agricole en Italie.

2. L'encadrement des individus et des esprits

- La volonté de créer un « homme nouveau » suscite partout la naissance et le développement d'organisations de jeunesse destinées au conditionnement des

Vocabulaire

- **Autorité charismatique** Pouvoir se fondant sur les qualités supposées exceptionnelles d'un individu.
- ***Balilla*** Organisation de jeunesse fasciste, créée en 1926 en Italie. Elle rassemble les jeunes de 8 à 18 ans.
- **Camp de concentration** Lieu de détention où l'on enferme les populations considérées comme ennemies de l'État, en général soumises au travail forcé.
- **Goulag** Organisme chargé de l'administration des camps de travail forcé en URSS ; par extension, le terme désigne aussi ces camps.
- **Kolkhoze** En URSS, exploitation agricole dans laquelle la terre, le bétail et les outils sont détenus collectivement par les paysans.
- **Koulak** Paysan propriétaire de ses terres, considéré comme un exploiteur et un ennemi du peuple sous le régime soviétique.

esprits : les Jeunesses hitlériennes en Allemagne, les ***Balillas*** en Italie, ou le Komsomol en URSS. L'enseignement et les enseignants sont placés sous contrôle.

- D'autres structures sont destinées à encadrer le reste de la population, notamment dans ses loisirs (« Œuvre nationale du temps libre » en Italie, mouvement « La Force par la joie » en Allemagne).

3. Un contrôle total ?

- Il reste difficile de mesurer l'impact de cet encadrement. Si l'enthousiasme est réel, il varie aussi en fonction des réussites du régime. Le plein-emploi ou les succès militaires sont par exemple accueillis avec ferveur dans l'Allemagne nazie.
- Une opposition active subsiste, le plus souvent à l'étranger, animée par des émigrés italiens ou allemands. Parfois, des mouvements de résistance clandestins émanant des anciens partis politiques interdits ou des Églises (Allemagne) existent. L'opposition peut aussi prendre la forme d'une résistance passive (non-respect des objectifs de production en URSS).

C La violence comme principe de gouvernement

1. Les moyens de la violence

- Les régimes totalitaires se dotent tous d'une police politique traquant les opposants : la Tcheka, devenue NKVD en URSS ; l'OVRA (Organisme de vigilance et de répression de l'antifascisme, créée en 1926) en Italie ; la Gestapo (créée en 1933) et la **SS** en Allemagne.
- Ces polices politiques sont les instruments d'une violence dont l'ampleur diffère selon les régimes. Le fascisme italien fait ainsi beaucoup moins de victimes que le nazisme et le stalinisme.

2. La répression des oppositions

- Les pouvoirs totalitaires persécutent leurs opposants politiques. En Allemagne, les premiers **camps de concentration** fonctionnent à partir de 1933 (Dachau). En Italie, les îles Lipari remplissent cette fonction. En URSS, une administration spécifique, le **goulag**, gère les camps de travail dans lesquels sont déportés les opposants.
- La violence se déchaîne aussi contre ceux qui, au sein du pouvoir, s'éloignent de la ligne officielle. En 1934, lors de la Nuit des longs couteaux, Hitler fait éliminer les chefs de la **SA**, qu'il juge trop anticapitalistes. En URSS, Staline organise de vastes **purges** (1936-1938), qui donnent lieu à l'élimination des anciens cadres du parti et de l'Armée lors des spectaculaires procès de Moscou.

3. L'élimination des « ennemis de l'intérieur »

- En Allemagne, les Juifs sont victimes de la violence de l'État nazi. Cela prend d'abord la forme de lois discriminatoires, comme les lois de Nuremberg (1935), puis celle de **pogroms**, comme celui de la Nuit de cristal, en 1938.
- En URSS, la violence se dirige tout particulièrement contre les **koulaks**. De 1929 à 1933, Staline lance la « dékoulakisation », qui provoque une famine et plusieurs millions de victimes. Ils sont aussi les principales victimes de la Grande Terreur, en 1937 et 1938.

Point de PASSAGE

▶ 9-10 novembre 1938 : la Nuit de cristal

→ p. 66

Point de PASSAGE

▶ 1937-1938 : la Grande Terreur en URSS

→ p. 64

TESTEZ-VOUS !

- **En quoi les régimes totalitaires ne sont-ils pas démocratiques ?**
- **Pourquoi peut-on dire que les régimes totalitaires sont organisés autour de la figure du chef ?**
- **Quels sont les instruments utilisés par les pouvoirs totalitaires pour contrôler les populations ?**

A/Z Vocabulaire

- **Planification**
  Politique économique consistant à fixer des objectifs impératifs de production, établis dans des plans prévus pour 5 ans.
- **Pogrom**
  Terme d'origine russe désignant un mouvement populaire violent et meurtrier contre une communauté juive.
- **Purges**
  Vagues d'exclusion du Parti communiste soviétique sous la fausse accusation d'activités anticommunistes.
- **SA (Bataillon d'assaut)**
  Organisation paramilitaire liée au Parti nazi.
- **Sovkhoze**
  En URSS, ferme d'État dans laquelle les paysans sont salariés.
- **SS (Escadron de protection)**
  Organisation paramilitaire et policière nazie.
- **Stakhanovisme**
  En URSS, campagne de propagande faisant l'apologie des travailleurs les plus productifs.

DOCUMENTS

Le culte du chef dans les régimes totalitaires

COURS : p. 56 à 59

VOCABULAIRE :
- Autorité charismatique p. 58

Le culte du chef est au cœur de la propagande des régimes totalitaires. Il mobilise notamment les artistes, chargés de contribuer à la glorification du chef et à la mise en évidence de son autorité charismatique.

CONSIGNE BAC

En analysant et confrontant les documents, vous analyserez l'image que les régimes totalitaires donnent de leurs chefs.

Animation

1 Mussolini, le Duce

Alfredo Gauro Ambrosi, *Portrait aérien de Mussolini en aviateur*, 1930.
Monuments : ① Colisée. ② Arc de triomphe. ③ Forum. ④ Via dell'Impero (« voie de l'Empire »). ⑤ Place de Venise, lieu de grandes cérémonies fascistes. ⑥ Palais de Venise, demeure de Mussolini.

? LE SAVIEZ-VOUS ?

La **Via dell'Impero** (« voie de l'Empire ») a été construite entre 1930 et 1932. Elle relie le Colisée à la demeure de Mussolini pour faire du Duce l'héritier des empereurs romains.

2 Un poème à la gloire de Staline

Ô grand Staline !
Ô chef des peuples,
Toi qui fais naître l'homme,
Toi qui fécondes la terre,
Toi qui rajeunis les siècles,
Toi qui fais fleurir le printemps,
Toi qui fais vibrer les cordes musicales,
Toi splendeur de mon printemps,
Soleil reflété par des milliers de cœurs.

Poème de Rakhimov, publié en 1936 dans la *Pravda* (journal officiel du PCUS).

AIDE POUR RÉPONDRE À LA CONSIGNE

- Comment les deux artistes mettent-ils en évidence le rôle central de Mussolini et de Staline ?
- Identifiez le thème commun au portrait de Mussolini et au poème en l'honneur de Staline.

DOCUMENTS

Le nazisme et l'art

COURS : p. 56 à 59

Vidéo
La propagande antisémite

Les régimes totalitaires cherchent à définir un art officiel et à le mettre au service de leur idéologie. En Allemagne, cela passe par la condamnation de l'« art dégénéré » et par la promotion d'un art officiel.

CONSIGNE BAC

En analysant et confrontant les documents, vous expliquerez comment le régime nazi utilise l'art pour diffuser son idéologie.

> **« Puissiez-vous vous tous [...] voir à quel point l'homme, jadis, était beau, combien il avait un beau corps. Nous ne pouvons parler de progrès que si nous parvenons à égaler cette beauté. »**

Adolf Hitler, à l'occasion de la réception d'une copie en 1937 du *Discobole* de Myron (sculpteur grec du Ve siècle av. J.-C.).

Animation

1 Arno Breker, *Der Wächter* (Le Garde), 1940

Vocabulaire

- **Art dégénéré**
  Terme désignant l'art moderne, s'opposant selon les nazis à l'art héroïque, produit de la « race pure ».
- **Virilité**
  Caractéristiques et comportements traditionnellement attribués à l'homme (s'oppose, dans ce cas, à féminité).

2 Les Juifs et la virilité selon les nazis

La doctrine juive a détruit la force de notre peuple. La force virile est son ennemie, elle la redoute, car elle seule peut empêcher les Juifs de détruire le monde. Le national-socialisme accepte le défi et combat contre une juiverie efféminée et délétère[1] [...]. La juiverie veut amollir l'homme en en faisant une créature internationale et pacifique. Elle use pour cela – avec un raffinement tout ce qu'il y a de plus juif – du sport, c'est-à-dire du combat [...] en expliquant que la lutte pacifique doit remplacer la guerre, que le sport unit les peuples et les rend aptes à de grandes actions pacifiques[2].

Bruno Malitz, *Le Sport dans l'idée nationale-socialiste*, 1934.

1. Néfaste.
2. L'auteur fait ici allusion au mouvement olympique, qui associe compétitions sportives internationales et promotion de la paix.

AIDE POUR RÉPONDRE À LA CONSIGNE

- Quelles sont les sources d'inspiration d'Arno Breker ?
- En quoi l'idéal de virilité dans l'art reflète-t-il l'idéologie nazie ?

DOCUMENTS L'encadrement des sociétés

COURS : p. 56 à 59

Dès leur mise en place, les régimes totalitaires cherchent à mobiliser et embrigader les sociétés pour les gagner à leur idéologie. Ils s'installent ainsi dans la vie quotidienne des sociétés.

Comment les régimes totalitaires cherchent-ils à contrôler tous les aspects de la vie des sociétés ?

1 L'encadrement des loisirs en Italie

L'Opera Nazionale Dopolavoro (« Œuvre nationale du temps libre ») est un organisme d'État.

Tous les bâtiments, avec leurs vestiaires, leurs bains, leurs douches, leurs cabines, sont organisés pour le sport. Et, sur les murs, partout des phrases du Duce [...] engageant les jeunes athlètes de l'Italie moderne à « reprendre les traditions glorieuses de Rome ». [...]

Les enfants prennent quatre repas au *Dopolavoro* payés entièrement par l'État. Ils bénéficient de l'assistance médicale gratuite [...] et peuvent librement jouer, en dehors des exercices religieux et des exhortations patriotiques [...]. En dehors de leurs heures de travail, leurs parents viennent les rejoindre, et toute la famille se retrouve pour telle représentation théâtrale en plein air ou telle rencontre sportive d'importance. [...]

Ce qui me déconcerte le plus vivement dans cette organisation [...], c'est son exclusivisme fasciste. À peine mes amis italiens – tant la chose leur semble normale – songent-ils à me rappeler que seuls les ouvriers possédant leur carte de membre du Parti national fasciste peuvent être inscrits au *Dopolavoro* [...]. En pratique, l'ouvrier italien n'est pas libre d'adhérer ou de refuser son adhésion à tout l'ensemble : l'État italien contrôle, oriente et dirige dans sa vie jusqu'à ses loisirs. [...]

Plus encore que le bien-être ou l'enrichissement spirituel de l'ouvrier, ce qui importe c'est la nation, l'État. [...] Ce qui est toujours présent d'abord, c'est le Duce, et le pays, et le souvenir des glorieux aïeux.

Témoignage d'un Français sur un centre de loisirs de l'OND, rapporté dans la revue *Études*, 5 avril 1937.

2 Une manifestation de masse en Italie

Foule italienne manifestant son soutien à Benito Mussolini, le « Duce », fin des années 1920.

Vidéo

3 Une réunion des Jeunesses hitlériennes en Allemagne

Réunion hebdomadaire consacrée à la lecture collective du *Stürmer*, journal nazi violemment antisémite, 1937.

4 **L'encadrement des loisirs en Allemagne**

La *Kraft durch Freude*, organisation d'État, encadre les loisirs des ouvriers et des employés après la suppression des syndicats le 1er mai 1933.

Affiche de propagande, 1934.

QUESTIONS

Identifier

1. **Doc 1, 3 et 5.** Relevez les catégories de population auxquelles ces organisations s'adressent.
2. **Doc 1, 3 et 5.** Quels aspects de l'idéologie de chaque régime sont enseignés par chacune de ces organisations ?

Expliquer

3. **Doc 2 à 4.** Montrez l'importance des activités collectives organisées par les régimes totalitaires.
4. **Doc 1 et 4.** Expliquez en quoi ces activités doivent permettre d'attirer et convaincre la population.

Synthétiser

5. Pour expliquer la volonté d'encadrement total des sociétés, montrez quels sont les objectifs poursuivis par les régimes totalitaires et les moyens qu'ils emploient pour les atteindre.

Vocabulaire

- **Jeunesses hitlériennes**
Organisation de jeunesse nazie, créée en 1926 en Allemagne. Elle rassemble les jeunes de 10 à 18 ans.
- **Komsomol**
Organisation de jeunesse communiste, créée en 1918. Elle rassemble les jeunes de 15 à 18 ans après leur passage dans l'organisation des Pionniers.

5 **Le rôle du Komsomol en URSS**

Que signifie faire adhérer au Komsomol ? Cela signifie donner au jeune une formation marxiste-léniniste[1], [...] lui permettre de diriger idéologiquement un groupe de jeunes, faire en sorte qu'il devienne un modèle pour tous les autres, aussi bien dans son travail que dans sa vie privée. [...]

Les principales formes de notre travail seront :

– l'animation du « coin rouge » : les komsomols rassembleront les jeunes du village autour du « coin rouge » pour des discussions sur les thèmes du genre : qu'est-ce que le parti ? qu'est-ce que l'URSS ?

– la régénérescence des fêtes de village : durant les fêtes de Noël et de Mardi gras, il y aura des fêtes de jeunes, au cours desquelles il y aura des jeux anciens, des danses sans fin, des chansons à boire. La jeunesse y est souvent ivre, ce qui entraîne des bagarres et même des rixes. La cellule du Komsomol devra s'efforcer d'introduire des correctifs à ces fêtes : chansons révolutionnaires, jeux nouveaux, lecture à haute voix de journaux humoristiques. Lorsque cela s'avère possible, la cellule organisera une « fête rouge ». [...] Il faut lire des articles du journal *L'Athée*. [...]

– liquidation de l'analphabétisme : la cellule fera venir les éléments les plus attardés de la jeunesse : ouvriers agricoles, bergers, jeunes filles, organisera la prise en charge individuelle de chaque analphabète par un komsomol instruit.

Instructions d'une cellule des Jeunesses communistes, 1927.

1. Communiste.

Point de PASSAGE

1937-1938 : la Grande Terreur en URSS

COURS : p. 58-59

VOCABULAIRE : • Goulag p. 58
• Koulak p. 58
• Purges p. 59

Contexte

De 1936 à 1938, Staline organise d'importantes purges au sein des milieux politiques et militaires soviétiques. Derrière se cache un phénomène de plus grande ampleur, la Grande Terreur : une vaste épuration de la société lancée par Staline se soldant par 750 000 exécutions capitales et 800 000 déportations dans les camps du goulag.

Pourquoi et comment s'organise la Grande Terreur ?

Vocabulaire

NKVD
Nom donné à la police politique de l'URSS à partir de 1934, anciennement appelée Tchéka puis Guépéou (ou GPU).

BIOGRAPHIE

Nicolaï Iejov (1895-1940)
Commissaire du peuple (équivalent d'un ministre) à l'Intérieur en 1936, il contrôle le NKVD et organise la Grande Terreur. Il est exécuté en 1940.

Biographies : p. 356

1 Les cibles de la Grande Terreur en Ukraine en 1937

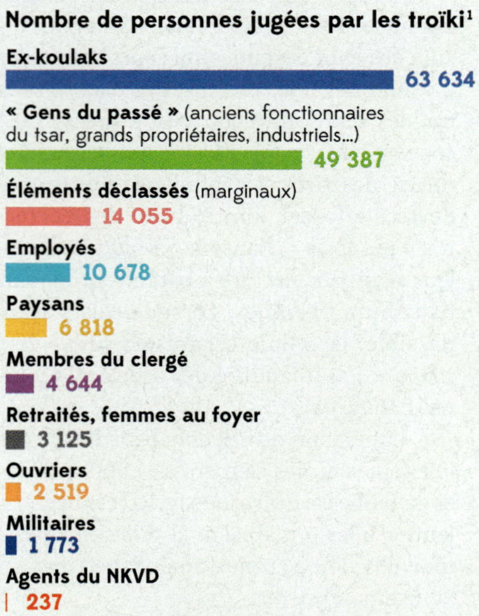

1. Tribunaux composés de trois personnes, chargés de juger les personnes arrêtées dans le cadre de la Grande Terreur.

Source : N. Werth, *L'Ivrogne et la marchande de fleurs. Autopsie d'un meurtre de masse, 1937-1938*, Tallandier, 2009.

2 Le chef du NKVD de Sibérie occidentale organise l'« opération Koulak »

En juillet 1937, Mironov, chef du NKVD de la région de Sibérie occidentale, donne des instructions à ses subordonnés.

Et maintenant, quelques aspects techniques de la plus haute importance. Prenons, par exemple, le secteur de Tomsk, ou d'autres secteurs opérationnels. Pour chacun d'entre eux, en moyenne, il faudra exécuter 1 000 individus et, dans certains cas, jusqu'à 2 000 ou peut-être plus. Que devra faire le responsable opérationnel du secteur quand il viendra sur place ? Trouver un lieu pour les exécutions et un lieu pour les inhumations. Si l'on enterre les cadavres dans un bois, par exemple, il faudra au préalable découper la mousse, puis en recouvrir la terre fraîchement retournée pour rendre conspiratif[1] le lieu, afin qu'il ne devienne pas un jour un endroit où pourrait se donner libre cours le fanatisme contre-révolutionnaire de la cléricaille[2]. Notre appareil[3] même ne doit absolument pas savoir où les individus ont été exécutés, personne ne doit rien savoir, car c'est de notre propre appareil qu'un jour ces informations pourraient bien sortir.

Cité dans Nicolas Werth, « Les lieux enfouis de la Grande Terreur », *Carnet de l'IHTP*, mai 2017.

1. Secret. 2. Manière péjorative de désigner le clergé russe. 3. Désigne ici le Parti communiste.

3 La minorité polonaise victime de la Grande Terreur

En 1937, la Grande Terreur touche les Polonais vivant en URSS, ainsi que d'autres minorités nationales, comme les Ukrainiens ou les Allemands.

J'ordonne :

1) de commencer, à partir du 20 août 1937, une grande opération visant à liquider entièrement toutes les cellules et organisations locales de l'Organisation militaire polonaise[1], et en premier lieu l'ensemble des cadres espions et saboteurs de cette organisation dans les domaines de l'industrie, du transport et de l'agriculture. L'opération devra être achevée dans un délai de 3 mois, soit le 20 novembre 1937.

2) devront être immédiatement arrêtés :

a) les membres actifs de l'Organisation militaire polonaise démasqués par l'Instruction [...] ;

b) tous les prisonniers de guerre de l'armée polonaise restés en URSS[2] ;

c) tous les émigrés polonais en URSS [...].

Le Commissaire du peuple à l'Intérieur de l'URSS, Commissaire général de la Sécurité d'État, Iejov.

Ordre opérationnel du NKVD n° 00485, 11 août 1937.

1. Désigne une organisation accusée d'espionner pour la Pologne.
2. En 1919, la Pologne a été créée aux dépens de la Russie : une guerre russo-polonaise s'est ensuivie (1919-1921) pour fixer la frontière.

4 La géographie de la Grande Terreur

Carte interactive

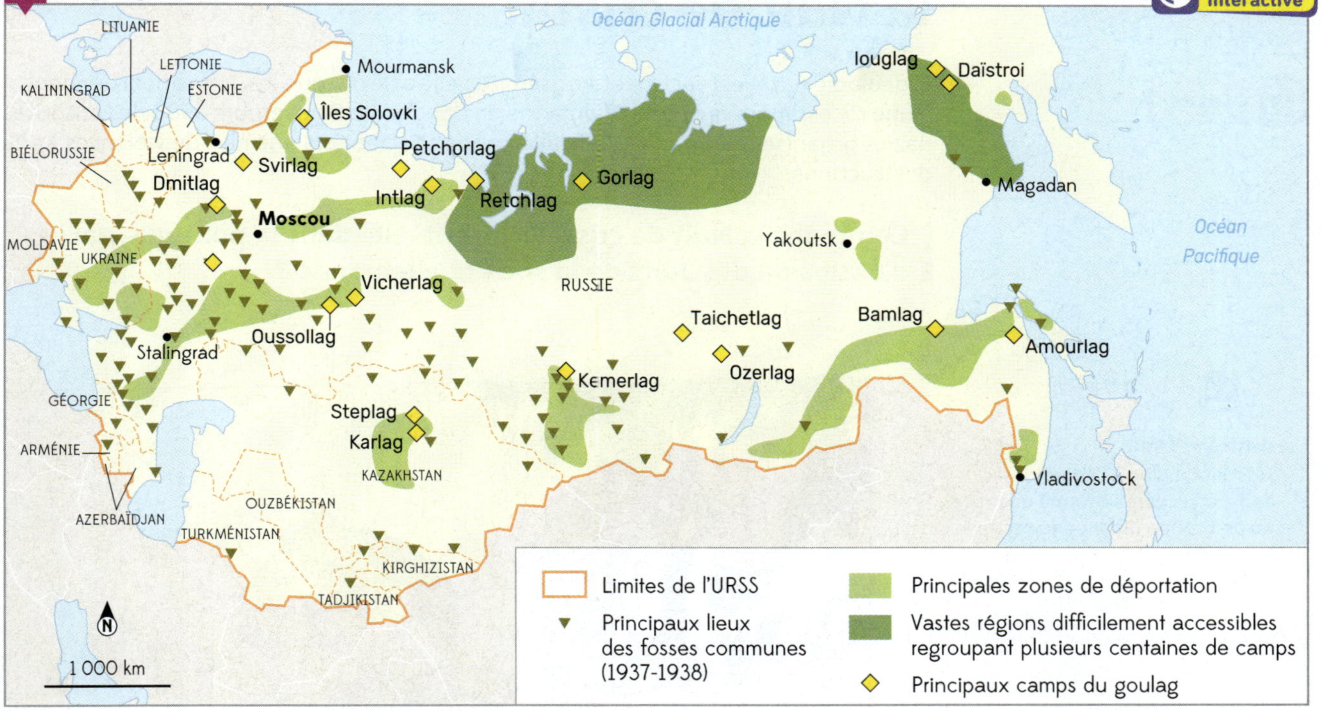

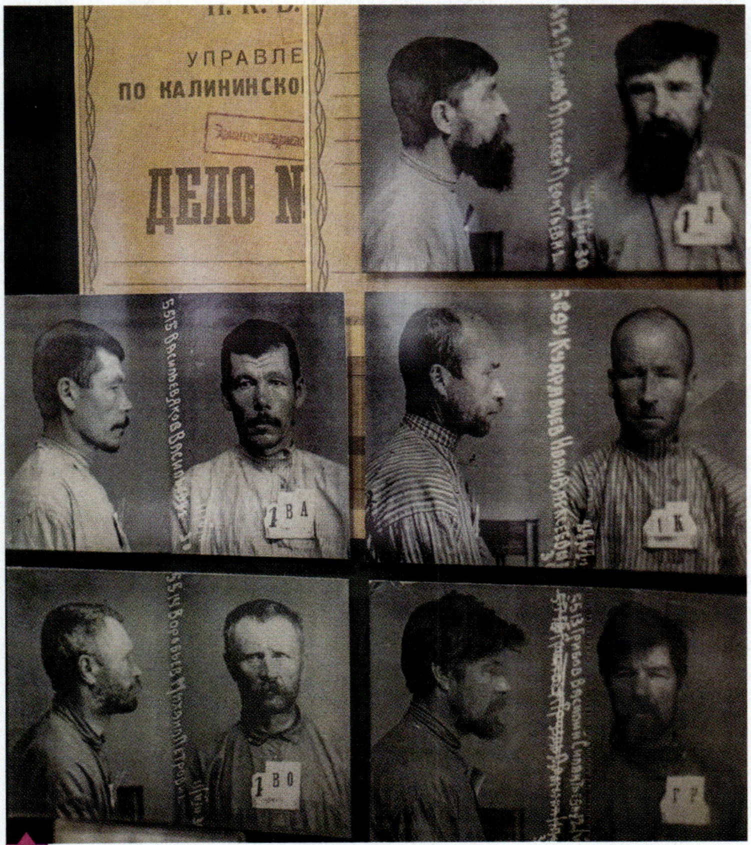

5 Des victimes de la Grande Terreur

Photographies de victimes de la Grande Terreur, Mednoie (Russie). Sur ce site, environ 5 000 citoyens soviétiques furent exécutés entre 1937 et 1938. Mémorial de Mednoie, Russie.

Itinéraire 1

Identifier

1. **Doc 1, 2 et 4.** Relevez les moyens utilisés pour mettre en œuvre la Grande Terreur.
2. **Doc 2.** La Grande Terreur a-t-elle vocation à être publique ?
3. **Doc 1, 2, 4 et 5.** Récensez les cibles privilégiées de la Grande Terreur.

Expliquer

4. **Doc 2 à 5.** Montrez quels sont les objectifs la Grande Terreur.

Synthétiser

5. À l'aide des documents, expliquez les causes et la mise en œuvre de la Grande Terreur en URSS.

OU

Itinéraire 2

Réaliser une carte mentale

- À l'aide des documents proposés, construisez une carte mentale autour de la Grande Terreur. Elle doit faire apparaître les raisons, les modalités et les conséquences immédiates de cet événement.
- Montrez votre carte mentale à trois autres élèves qui en évalueront les points forts et les points faibles.

Point de PASSAGE

9-10 novembre 1938 : la Nuit de cristal

COURS : p. 58-59

Contexte

L'idéologie nazie est raciste et antisémite : elle affirme que les Juifs appartiennent à une race impure qui met l'Allemagne en danger. Le 9 novembre 1938, les autorités nazies organisent contre les Juifs allemands et étrangers une nuit de violences et de destructions.

Comment la Nuit de cristal s'inscrit-elle dans la politique nazie d'exclusion des Juifs de la société allemande ?

Vocabulaire

- **Antisémitisme**
  Hostilité, haine à l'égard des Juifs, considérés comme une race ou un groupe distinct du reste de la société.

CHRONOLOGIE

- **7 avril 1933** : Loi excluant les Allemands juifs de l'administration allemande.
- **4 octobre 1933** : Loi obligeant les journaux à licencier les journalistes juifs.
- **15 septembre 1935** : Lois antisémites de Nuremberg.
- **Janvier 1937** : Lois interdisant aux Juifs d'exercer de nombreuses professions (médecin, comptable, enseignant...).
- **9 au 10 novembre 1938** : Nuit de cristal.

CHIFFRES CLÉS

Bilan de la Nuit de cristal

→ Au moins **91 assassinats**.
→ **271 synagogues** détruites.
→ **7 500 magasins** saccagés.
→ **30 000 Juifs** envoyés dans des camps de concentration, puis libérés à condition de quitter l'Allemagne.

1 La propagande antisémite

« Tout ira bien dans les écoles, maintenant que les Juifs ont dû partir. »
Elvira Bauer, illustration d'un livre pour enfants, 1936.

2 L'antisémitisme dans la population allemande

Depuis quelques semaines déjà, on avait perçu des signes très nets d'agitation parmi les masses. [...] Sur diverses boutiques, à l'entrée des cinémas, etc., étaient également apparus des écriteaux : « Interdit aux Juifs », etc. À Ansbach, par exemple, le siège de l'administration du district, on avait vu cette pancarte fleurir à la devanture de toutes les boutiques, sans exception.

Dans les bourgs plus petits et à la campagne, la situation était pire encore. Victimes d'actes de terreur ou contraints de signer, des gens furent forcés de vendre tous leurs biens pour un prix de misère en l'espace de quelques heures et de déguerpir. Où ? Vers la grande ville la plus proche, naturellement.

Témoignage d'un Allemand juif, fin novembre 1938, cité par I. Kershaw, *L'Opinion allemande sous le nazisme, Bavière 1933-1945*, CNRS Éditions, 1995.

3 Les violences de la Nuit de cristal

Vidéo

Cet article d'un journal français évoque la Nuit de cristal à Berlin.

Peu d'agents dans les rues, et ceux qu'on pouvait rencontrer assistaient indifférents au terrible pillage. Si des arrestations ont été effectuées, ce sont sur la personne de Juifs essayant de défendre leurs biens. [Des] milliers de magasins, de bureaux et d'entrepôts [...] ont été pillés aujourd'hui. [...]

Toutes les synagogues importantes, aussi bien à Berlin qu'à Hambourg et dans des villes de moindre importance, ont été soit incendiées, soit absolument vidées de tous les objets précieux qu'elles contenaient. [...]

La journée et la nuit [...] n'auront pas été moins affreuses pour la population de Munich que pour celle des grands centres allemands. Dès ce matin des personnalités juives des plus en vue ont été arrêtées et gardées en otages par la police. [...] Des centaines d'hommes et de femmes se sont précipités dans les consulats étrangers pour y obtenir des visas leur permettant de quitter le Reich, mais la plupart étant nés en Allemagne, avaient déjà leurs passeports confisqués par la police. Tout ce qui reste de population israélite, environ 6 000 personnes, a maintenant reçu l'ordre de quitter le territoire du Reich dans les quarante-huit heures.

Article paru dans *Le Figaro*, 11 novembre 1938.

4 Les destructions à Berlin

Vitrines de magasins appartenant à des Juifs le 10 novembre 1938, Berlin.

5 Les lois antisémites, novembre 1938

A. Ordonnance pour l'élimination des Juifs de la vie économique de l'Allemagne, 12 novembre 1938

Art. 1. Avec effet au 1er janvier 1939, il est interdit aux Juifs d'exploiter des magasins de vente de détail [...] ainsi que l'exercice d'un métier à leur compte. [...] Les entreprises exploitées à l'encontre de cette interdiction seront fermées par la police.

B. Ordonnance, 14 novembre 1938

L'attitude hostile du peuple juif envers le peuple et le Reich allemands [...] demande une défense énergique et une dure expiation. C'est pourquoi [...] j'ordonne ce qui suit :

Art. 1. Le versement d'une contribution d'un milliard de Reichsmarks au Reich allemand est imposé à la communauté des Juifs de nationalité allemande.

C. Ordonnance concernant la fréquentation des lieux publics par les Juifs, 28 novembre 1938

L'État national-socialiste ayant depuis plus de 5 ans donné aux Juifs la possibilité de créer et de cultiver leur propre vie culturelle au sein d'organisations spécifiquement juives, il n'est plus possible de les laisser participer aux manifestations de la culture allemande. L'assistance à ces manifestations et surtout aux représentations théâtrales, cinématographiques, aux concerts, conférences, spectacles artistiques [...], de danse et aux expositions de nature culturelle ne doit donc plus être permise aux Juifs, avec effet immédiat.

Itinéraire 1

Identifier

1. **Doc 1.** Montrez comment les Juifs sont représentés par la propagande nazie.
2. **Doc 3 et 4.** Identifiez les violences contre les Juifs pendant la Nuit de cristal.

Expliquer

3. **Doc 1 et 2.** Indiquez comment, avant la Nuit de cristal, le régime nazi organise la mise à l'écart des Juifs du reste de la société allemande.
4. **Doc 3 à 5.** Montrez le renforcement de la politique antisémite des nazis pendant et après la Nuit de cristal.

Synthétiser

5. Dans un texte argumenté, montrez que la Nuit de cristal est une étape supplémentaire dans la politique antisémite du régime nazi menée depuis 1933.

OU

Itinéraire 2 — oral

Préparer une présentation orale

▶ En vous appuyant sur les documents et le cours p. 58-59, montrez que la Nuit de cristal s'inscrit dans la politique antisémite du régime nazi. Vous disposez de 5 à 10 minutes.

- Expliquez d'abord l'exclusion des Juifs de la société allemande avant novembre 1938.
- Décrivez et analysez les événements de la Nuit de cristal.
- Mettez en valeur l'accélération de cette mise à l'écart après la Nuit de cristal.

DOCUMENTS

COURS : p. 56 à 59

VOCABULAIRE :
- Kolkhoze p. 58

Les femmes dans l'URSS de Staline et l'Allemagne nazie

Comme pour tous les membres de la société, chaque régime totalitaire cherche à embrigader et à soumettre les femmes à son idéologie. Cependant, leur rôle et leur place dans la société diffèrent selon les pays.

Comment les régimes totalitaires définissent-ils le rôle et la place des femmes ?

Animation

1 Le rôle des femmes selon la propagande soviétique

« Le 8 mars célèbre la lutte des travailleuses dans le monde entier. Répondre aux (demandes) du camarade Staline est le moyen de la victoire du socialisme dans notre pays. Chaque kolkhozienne doit lutter activement pour le renforcement économique des kolkhozes. »

A. Mytnikov-Kobylin, affiche, 1932.

2 La question du droit des femmes en URSS

Le 18 novembre 1920, l'avortement devient légal et gratuit sous certaines conditions. En 1936, le projet de l'interdire à nouveau fait l'objet de réunions publiques, alors que la Constitution soviétique de 1936 affirme une parfaite égalité de droits entre les femmes et les hommes.

Le gouvernement lui-même a, pour la première fois, demandé aux masses populaires d'exprimer librement leur avis sur les mesures proposées. Celles-ci touchent chacun dans sa vie personnelle et intime et il n'est pas étonnant que les masses prennent part avec empressement à cette large consultation à laquelle on a voulu donner le caractère d'un vaste référendum démocratique.

Les opinions exprimées dans divers meetings [...] indiquent d'ores et déjà que l'opposition au projet de loi sera assez forte. Une ouvrière déclare qu'on ne doit pas forcer une femme à être mère contre sa volonté. [...] Une opposition particulièrement vive s'est manifestée au meeting des dames téléphonistes de Moscou. [...] En bref, il apparaît que les femmes russes entendent que leur égalité avec les hommes ne soit pas un vain mot.

Le Temps (journal français disparu en 1942), 13 juin 1936.

Le 27 juillet 1936, l'avortement est interdit sauf pour raisons médicales.

LE SAVIEZ-VOUS ?

En 1910, les socialistes européens prennent la décision de célébrer une Journée des femmes. Les partis communistes décident de la placer le 8 mars, date des manifestations d'ouvrières à Petrograd en 1917 qui, d'après eux, marquent le début de la révolution russe.

3 Hitler et la place des femmes

Le slogan de l'émancipation de la femme est une invention juive pure et simple. La femme allemande n'a, quand tout va bien en Allemagne, pas besoin de s'émanciper [...].

Quand on dit que le monde de l'homme, c'est l'État, le combat, l'engagement pour la communauté, on pourrait penser que le monde de la femme est plus étriqué, car son monde à elle, c'est son mari, sa famille, ses enfants, sa maison. Mais qu'en serait-il du monde des grandes choses si personne ne veillait sur ce petit monde-là ? [...]

Ce que l'homme consent comme sacrifice dans le combat pour son peuple, la femme le consent dans son combat pour la préservation de son peuple [...]. Ce que l'homme investit de courage héroïque sur les champs de bataille, la femme l'investit en dévouement, souffrance et patience. Chaque enfant qu'elle met au monde est une bataille qu'elle gagne pour l'existence de son peuple, contre le néant.

Adolf Hitler, discours au congrès du NSDAP, 8 septembre 1934.

4 La famille idéale selon le nazisme

① « Le NSDAP protège la communauté nationale » ;
② « Compatriotes, si vous avez besoin de conseils et d'aide, adressez-vous à la section de votre quartier ».

Affiche du Parti nazi, années 1930.

5 L'engagement dans le nazisme

Himmler, chef de la Gestapo et de la SS, s'adresse aux cadres de la BDM, organisation de jeunesse féminine du régime nazi, réunies à Berlin en 1937.

QUESTIONS

Identifier

1. **Doc 1.** Observez comment le rôle des femmes est défini dans l'URSS de Staline.
2. **Doc 3.** Observez comment le rôle des femmes est défini dans l'Allemagne nazie.

Expliquer

3. **Doc 3 à 5.** Montrez que l'affiche traduit en image la conception nazie de la femme, et que la photographie la nuance.
4. **Doc 1 et 2.** L'égalité entre les femmes et les hommes est-elle complète dans l'URSS de Staline ? Justifiez votre réponse.

Synthétiser

5. À l'aide des documents, montrez que la place et le rôle définis pour les femmes diffèrent en URSS et dans l'Allemagne nazie.

L'Histoire en Questions

COURS : p. 56 à 59

Toute contestation est-elle impossible dans l'Allemagne nazie ?

1 Les protestants bavarois face au nazisme

À partir de 1933, l'Église protestante de Bavière (région majoritairement catholique) établit des rapports sur l'attitude des protestants face au parti et au régime nazis :

Le NSDAP a rallié les meilleurs éléments. Au cours du premier semestre 1933, nos paroisses se sont réjouies du fond du cœur parce qu'il a toujours été dit, tant dans les déclarations personnelles du Führer Hitler que dans le programme du NSDAP, que les dirigeants de l'État voulaient élever un peuple entièrement chrétien. [...]

Mais ces premières réjouissances passées, la désillusion fut bien vite au rendez-vous. Dans toutes les paroisses, les plaintes se sont faites plus pressantes que jamais pour déplorer que les activités [...] de la Jeunesse hitlérienne, des SA, des SS et d'autres organisations du Parti fussent de plus en plus préjudiciables à la pratique religieuse et surtout que l'on dissuadât les jeunes de participer à l'office.

Rapport du doyenné de Schwabach, juillet 1934.

En son for intérieur, l'écrasante majorité de la population rejette le Parti ; beaucoup – et ce sont les meilleurs éléments – perçoivent très clairement les intentions idéologiques du Parti et leurs conséquences ultimes. Bien entendu, la prudence est de rigueur dans l'expression des critiques. [...]

Le malaise croissant dans les campagnes s'accompagne d'une peur accrue des dirigeants chez bon nombre de gens et met en évidence un autre aspect très déplaisant de la vie paroissiale : les gens se méfient les uns des autres, des familles et des ménages entiers se déchirent. Jamais la communauté nationale n'a eu moins de réalité qu'aujourd'hui.

Rapport du doyenné de Kitzingen, mai 1939.

L'écrasante majorité des paroisses [...] pense très largement que, « d'une manière ou d'une autre, il n'y a rien à faire » contre les nouvelles forces et se résigne. La population n'oublie plus aussi facilement, mais n'ose pas non plus réagir promptement.

Rapport de l'Église provinciale de Bavière sur les années 1937-1938, décembre 1939.

Les clés pour comprendre

→ Les auteurs

- En Allemagne, avant l'arrivée au pouvoir des nazis, les Églises protestantes et catholique jouent un rôle important dans la vie quotidienne : organisations pour la jeunesse, éducation primaire et secondaire... Elles se retrouvent donc en concurrence avec un régime qui affirme vouloir contrôler tous les aspects de la vie des Allemands.

→ Le contexte

- À partir de 1933, le régime nazi cherche à embrigader et à soumettre les Allemands à son idéologie. Il s'emploie donc à contrôler les Églises jusqu'aux aspects religieux, provoquant tensions et parfois conflits. Ces rapports témoignent de la manière dont ces efforts sont accueillis par une catégorie de la population : les Allemands de religion protestante de Bavière.

→ La portée du document

- Ces documents permettent de comprendre que l'adhésion de la population au régime nazi a évolué dans le temps, et n'est pas uniforme. Après l'approbation de 1933, les années 1934-1935 révèlent la déception d'une partie de plus en plus importante de la société, avant une nouvelle approbation massive lors des premières victoires de la Seconde Guerre mondiale.

éclairage

2 Le salut nazi en procès

Le tribunal de Bielefeld a rendu un verdict déterminant lors d'un récent procès pénal contre un accusé qui avait refusé, lors d'une grande manifestation du mouvement nazi, de saluer le drapeau [à croix gammée] [...]. L'accusé se trouvait dans une assemblée de plusieurs milliers de personnes à l'hôtel de ville de Bielefeld. Alors que, naturellement, tous les autres saluaient la procession des symboles du IIIe Reich, l'accusé s'est ostensiblement refusé à faire de même, même lorsque plusieurs de ses voisins, qui y voyaient là une provocation, lui ont demandé de ne pas heurter la sensibilité du peuple [...]

Pendant le procès, le procureur a fait valoir que, certes, aucune loi n'obligeait à saluer le drapeau et les symboles de souveraineté, mais que comme l'usage du salut s'était répandu, tout refus ostensible de saluer était à considérer comme une provocation [...]. La communauté du peuple est mise en danger par de tels comportements. Le tribunal a suivi ce raisonnement et a condamné l'accusé à deux semaines de prison.

Article paru dans le *Völkischer Beobachter*, journal du Parti nazi, 1er février 1935.

Ouvrier allemand refusant de faire le salut nazi lors du lancement du navire *Horst-Wessel*, port de Hambourg, 13 juin 1936.

3 S'opposer dans l'Allemagne nazie

Point de vue d'HISTORIEN

Si profonde que fût l'insatisfaction de toutes les couches de la population devant les résultats de la politique économique et sociale nazie [avant la guerre], elle se transforma rarement en opposition politique. La dissension restait très largement verbale. Bien souvent, elle n'allait guère au-delà des rouspétances traditionnelles au sujet des prix, de la paie, des conditions de travail [...].

Rarement gouvernement a fait si grand cas que le régime nazi [...] de la manipulation de l'opinion. Reste que, malgré quelques succès notables de sa propagande, il obtint des résultats limités. Sous l'image d'uniformité monolithique[1] chère à la propagande du IIIe Reich, continua à exister une opinion populaire indépendante. [...]

Rarement gouvernement chercha [...] à châtier aussi implacablement les voix dissidentes. Pourtant, malgré un État policier aussi massif que coercitif[2] et mis à part la poignée de téméraires qui risquèrent quotidiennement leur vie dans le monde crépusculaire de la résistance clandestine, l'opposition persista sous des formes très diverses derrière une façade monolithique de consensus et de contrôle absolu.

I. Kershaw, *L'Opinion allemande sous le nazisme, Bavière 1933-1945*, CNRS Éditions, 1995.

1. Totale, absolue.
2. Qui utilise la contrainte, la punition.

QUESTIONS

Analyser la source

1. Comment l'attitude des protestants bavarois envers le régime nazi évolue-t-elle à partir de 1933 ?
2. Comment l'Église protestante explique-t-elle cette évolution ?
3. Montrez comment la désapprobation des protestants bavarois s'exprime, et si elle devient une opposition affichée au régime nazi.

Mettre en relation

4. À l'aide des **doc 2 et 3**, expliquez comment le régime nazi réagit à l'expression des désaccords avec sa politique.

Répondre à la problématique en historien(ne)

5. Montrez comment ces documents révèlent qu'il faut nuancer le contrôle exercé par les régimes totalitaires sur les sociétés.

3 Les régimes totalitaires et l'ordre européen

DOCUMENTS : p. 74-75

Podcast du cours

Comment les régimes totalitaires contribuent-ils à la déstabilisation de l'ordre européen dans les années 1930 ?

« Vous avez eu à choisir entre la guerre et le déshonneur ; vous avez choisi le déshonneur, vous aurez la guerre. »

Discours de Winston Churchill à la Chambre des communes, au lendemain de la conférence de Munich (1938).

A Les objectifs européens des régimes totalitaires

1. L'hostilité au règlement de la Première Guerre mondiale

- L'Allemagne nazie et l'Italie fasciste sont hostiles au système de **sécurité collective** destiné à garantir la paix internationale (création de la Société des Nations en 1920) et le dessin des frontières fixé au lendemain de la Première Guerre mondiale.
- Elles contestent les traités de l'après-guerre. S'opposant au traité de Versailles, Hitler veut remilitariser l'Allemagne et reprendre le contrôle de la rive gauche du Rhin. Mussolini veut obtenir les terres promises à l'Italie lors de la guerre et qu'elle n'a pas reçues à l'issue du conflit.

2. L'Allemagne et l'Italie : des régimes impérialistes

- Mussolini entend imposer son autorité en Méditerranée, en mémoire de la puissance de l'Empire romain antique. Cela heurte les intérêts des autres puissances européennes, notamment la France et le Royaume-Uni.
- Dans *Mein Kampf*, Hitler défend un programme **pangermaniste** ; il affirme la nécessité de doter les Allemands d'un « **espace vital** », conquis sur les peuples non germanophones, et de tirer vengeance de la France, « ennemi mortel du peuple allemand ».

3. La politique extérieure de l'URSS

- À partir de 1934, la politique extérieure de Staline est dominée par un impératif : protéger l'URSS de l'affirmation de l'**impérialisme** allemand et de l'anticommunisme.
- Cela conduit le Komintern à encourager les partis communistes européens à s'allier avec les autres forces de gauche. C'est le cas notamment en France (Front populaire, 1936) et en Espagne (*Frente popular*, 1936).

B Les totalitarismes et l'échec de la sécurité collective (1935-1936)

1. Les premières atteintes au droit international

- Dans le contexte de la crise des années 1930, l'Allemagne et l'Italie cherchent à relancer l'activité économique par le développement de la production d'armements. En parallèle, elles lancent leurs premières offensives contre l'ordre international.
- Après avoir quitté la SDN en 1933, l'Allemagne tente d'annexer l'Autriche en 1934 mais échoue face à l'hostilité de Mussolini, l'Italie ayant une frontière commune avec cet État.
- Au cours des années suivantes, Hitler viole impunément le traité de Versailles en rétablissant le service militaire (1935) et en réoccupant militairement la Rhénanie (1936). De son côté, l'Italie entreprend la conquête de l'Éthiopie en 1935, ce qui lui vaut d'être condamnée par la SDN.

A/Z Vocabulaire

- **Brigades internationales**
  Unités militaires composées de volontaires désirant défendre les républicains espagnols contre Franco.
- **Espace vital (*Lebensraum*)**
  Terres peuplées de non-germanophones, considérées par les nazis comme indispensables à la survie des Allemands.
- **Impérialisme**
  Politique de conquête et de domination territoriale.
- **Pangermanisme**
  Doctrine affirmant la nécessité de regrouper dans un même État toutes les populations de langue et de culture allemandes.

2. La guerre d'Espagne

• En 1936, la victoire du *Frente popular* aux élections législatives provoque le soulèvement du général Franco, partisan d'un régime autoritaire fondé sur l'armée et l'Église. C'est le début d'une sanglante guerre civile, qui se solde par la fin de la République espagnole (1939).

• Alors que les démocraties occidentales défendent le principe de la non-intervention pour ne pas déstabiliser l'ordre européen, l'Italie et l'Allemagne soutiennent Franco en lui envoyant des hommes et du matériel militaire.

• De son côté, l'URSS de Staline envoie aux républicains espagnols du matériel et des experts militaires, tandis que de nombreux communistes européens s'engagent dans les **Brigades internationales**.

Point de PASSAGE

▶ **1936-1939 : les interventions étrangères dans la guerre civile espagnole**

→ p. 74

3. Les conséquences internationales de la guerre d'Espagne

• La guerre d'Espagne marque l'échec du système de sécurité collective et l'impuissance des démocraties occidentales.

• Elle favorise aussi le rapprochement entre l'Italie et l'Allemagne, qui se concrétise en novembre 1936 par la naissance de l'Axe Rome-Berlin. L'année suivante, Mussolini rejoint l'Allemagne et le Japon dans le cadre du **pacte anti-Komintern**, dirigé contre l'URSS et le communisme.

A/Z Vocabulaire

• **Pacte anti-Komintern**
Accord entre plusieurs dictatures européennes et le Japon par lequel ils s'engagent à se soutenir mutuellement dans la lutte contre le communisme international et son organisation, le Komintern.

• **Sécurité collective**
Système qui veut assurer la paix durable par une solidarité active entre les États qui garantissent mutuellement leur indépendance.

C Les régimes totalitaires et la marche à la guerre

1. L'impérialisme hitlérien

• À partir de 1938, Hitler se lance dans la réalisation de son programme pangermaniste. Fort de l'alliance conclue avec l'Italie, il parvient à réaliser l'*Anschluss*, après avoir réussi à imposer un nazi à la tête du gouvernement autrichien.

• Il exige également que la Tchécoslovaquie lui livre le territoire des Sudètes. La population de cette région est en effet majoritairement germanophone.

HISTOIRE DE MOTS

Anschluss

Utilisé pour désigner l'**annexion de l'Autriche par l'Allemagne**, le mot signifie « rattachement ». Il postule que les deux peuples n'en font qu'un, parce qu'ils partagent la même langue et la même culture.

2. La conférence de Munich (septembre 1938)

• Face à l'impérialisme hitlérien, les démocraties occidentales essaient de maintenir la paix coûte que coûte. Les 29 et 30 septembre 1938, lors de la conférence de Munich, la France et le Royaume-Uni accordent à Hitler le territoire des Sudètes contre la garantie de la paix.

3. L'année 1939

• Cette attitude laisse libre cours aux ambitions des régimes fascistes : en mars 1939, contrairement aux engagements pris à Munich, Hitler lance une offensive contre la Tchécoslovaquie, première étape de la construction de « l'espace vital ». Dans la foulée, Mussolini prend le contrôle de l'Albanie en avril.

• Afin de se préparer à la guerre, Hitler conclut avec l'URSS le pacte germano-soviétique (23 août 1939). Il s'agit d'un pacte de non-agression entre les deux puissances, qui comprend également un volet secret, prévoyant le partage de la Pologne et reconnaissant les droits de l'URSS sur la Finlande, les pays Baltes et la Bessarabie (région de Roumanie).

• Le 1er septembre 1939, Hitler lance une offensive contre la Pologne, entraînant l'entrée en guerre de la France et du Royaume-Uni.

? LE SAVIEZ-VOUS ?

Dans les années 1930, l'Albanie était une monarchie dirigée par le roi Zog Ier. Mussolini la conquiert afin de contrôler la mer Adriatique.

TESTEZ-VOUS !

- ✔ **Pourquoi les régimes totalitaires sont-ils opposés au système de sécurité collective ?**
- ✔ **Expliquez pourquoi la guerre d'Espagne annonce la Seconde Guerre mondiale.**
- ✔ **Montrez que l'Allemagne et l'Italie mènent une politique de conquête.**

COURS : p. 72-73

VOCABULAIRE :
• Brigades internationales p. 72

Contexte

1936-1939 : les interventions étrangères dans la guerre civile espagnole

En juillet 1936, le général Franco soulève l'armée contre le gouvernement espagnol, après la victoire des partis de gauche aux élections législatives de février. Cet événement marque le début d'une terrible guerre civile dans laquelle tous les régimes totalitaires s'engagent et qui déstabilise l'Europe entière.

Quels sont les enjeux de la guerre d'Espagne pour les régimes totalitaires ?

1 La guerre d'Espagne

Carte interactive

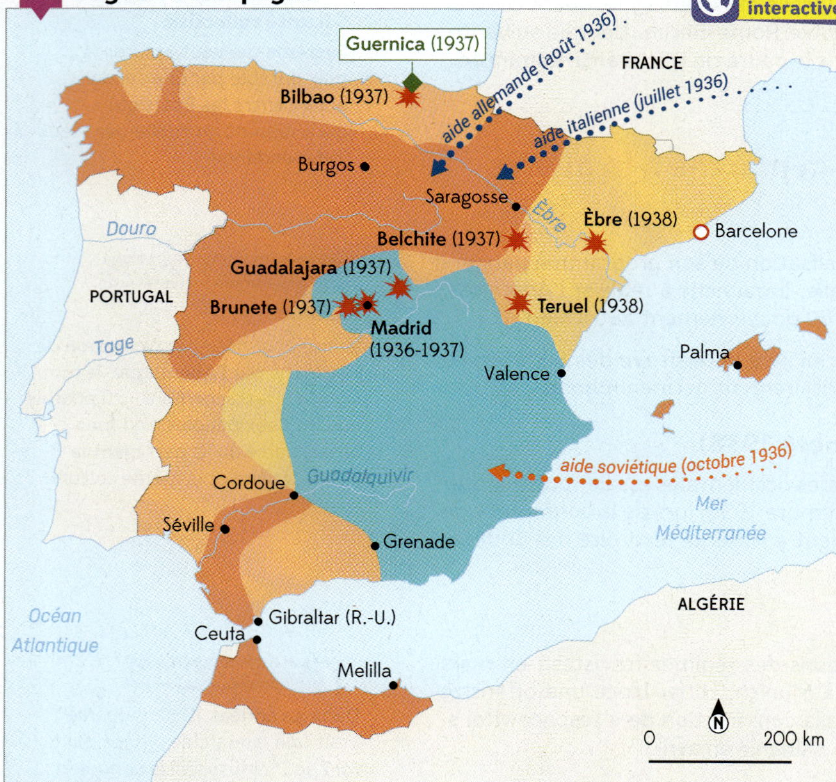

Zone franquiste
- Territoires contrôlés par les franquistes en août 1936
- Territoires contrôlés en mars 1937
- Territoires contrôlés en février 1939
- Aide italienne et allemande (1936)

Zone républicaine
- Territoires contrôlés par le gouvernement républicain en février 1939
- Aide soviétique
- Principale ville de transit des volontaires des Brigades internationales (unités militaires défendant les républicains espagnols contre Franco)

Affrontements
- Batailles
- Bombardement par la légion allemande Condor

CHRONOLOGIE

1936

- **Février** Victoire électorale du *Frente popular*.
- **Juillet** Début du soulèvement militaire dirigé par le général Franco. L'Allemagne et l'Italie acceptent de fournir une aide aux rebelles nationalistes.
- **Septembre** Organisation des Brigades internationales.
- **Octobre** Arrivée des premiers convois d'aide de l'URSS.
- **Avril 1937** Bombardement de Guernica par l'aviation allemande.
- **Mars 1939** Prise de Madrid par les nationalistes.

2 L'aide des régimes totalitaires

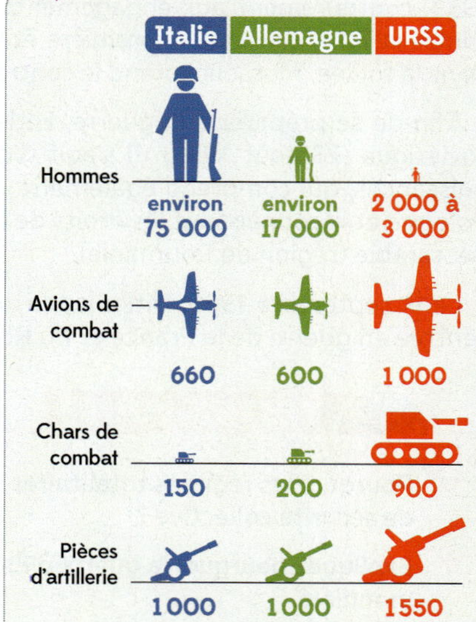

Source : H. Thomas, *La Guerre d'Espagne, juillet 1936-mars 1939*, Robert Laffont, 1985.

3 ***Guernica***

Vidéo
Analyse de l'œuvre

Pablo Picasso peint ce tableau après le bombardement de la ville de Guernica, le 26 avril 1937, par la légion allemande Condor. L'œuvre témoigne des violences infligées aux populations civiles et dénonce la tactique militaire employée par les franquistes et leurs alliés.

Pablo Picasso, *Guernica*, 1937, musée Reina Sofia, Madrid.

4 Les enjeux de l'intervention italienne en Espagne (1936)

Le rôle joué par le conflit espagnol en ce qui concerne les relations de l'Italie avec la France et l'Angleterre pourrait être similaire à celui du conflit en Abyssinie[1], ce qui [montre] clairement la réalité des intérêts opposés des puissances et de l'Italie [...]. La lutte pour l'influence politique dominante en Espagne met à nu l'opposition naturelle entre l'Italie et la France, dans le même temps la position de l'Italie en tant que puissance dans la Méditerranée occidentale entre en concurrence avec celle de la Grande-Bretagne. D'autant plus clairement que l'Italie va reconnaître l'opportunité d'affronter les puissances occidentales au coude à coude avec l'Allemagne.

Communiqué d'Ulrich von Hassell, ambassadeur allemand à Rome, décembre 1936.

1. L'Abyssinie désigne ici l'Éthiopie.

5 Les brigades internationales

L'image que l'on veut donner des volontaires de la guerre d'Espagne ne correspond pas à ce que c'était en réalité [...]. Nous ne sommes pas partis là-bas pour défendre la République. Nous sommes partis là-bas parce que nous croyions que nous allions participer à la révolution. Et quand nous avons été là-bas nous avons été convaincus, pendant toute la guerre, que nous luttions pour la révolution mais qu'il ne fallait pas le dire, pour ne pas desservir notre cause auprès des bourgeoisies occidentales. C'était en somme un double jeu. Mais nous étions là-bas pour faire la révolution ! [...]

Ce double langage du Komintern, vous l'avez accepté pendant tout le temps où vous avez participé à la guerre d'Espagne ?

Oui. Nous pensions que nous allions rouler la bourgeoisie en disant une chose et en faisant une autre. En fait c'est nous qui avons été roulés.

Entretien avec Henri Chrétien, médecin-chef communiste dans les Brigades internationales, dans R. Skoutelsky, *L'espoir guidait leurs pas*, © Éditions Grasset & Fasquelle, 1998.

Itinéraire 1

Identifier

1. **Doc 1 à 3.** Quelle est la politique adoptée par les régimes totalitaires lors de la guerre d'Espagne ?

Expliquer

2. **Doc 1 et 2.** Montrez que les régimes totalitaires ont un rôle décisif dans l'issue de la guerre.
3. **Doc 4 et 5.** Expliquez les raisons pour lesquelles les différents régimes totalitaires ont participé à la guerre d'Espagne.

Synthétiser

4. À l'aide des documents, expliquez pourquoi la guerre d'Espagne est si importante pour les régimes totalitaires et comment elle annonce la Seconde Guerre mondiale.

OU

Itinéraire 2

Réaliser un schéma de synthèse

À l'aide des documents et de vos connaissances, réalisez un schéma de synthèse mettant en évidence la participation des régimes totalitaires à la guerre d'Espagne et ses enjeux : causes, modalités d'intervention, conséquences.

RÉVISIONS

Les régimes totalitaires de l'entre-deux-guerres

Podcast de la synthèse

RETENIR… à l'écrit

1 Les idéologies des régimes totalitaires

- Le fascisme italien, porté au pouvoir par Benito Mussolini en 1922, développe une idéologie nationaliste et antidémocratique.
- Le nazisme allemand, au pouvoir à partir de 1933, se fonde sur le programme idéologique établi par Hitler dans *Mein Kampf* : affirmation de la supériorité de la « race aryenne », antisémitisme, refus de la démocratie, anticommunisme.
- Le stalinisme, qui s'impose en URSS en 1929, repose sur l'idéologie communiste : suppression de la propriété privée, affirmation du PCUS et de l'État comme acteurs primordiaux de la construction du communisme.

2 L'exercice du pouvoir totalitaire

- Les régimes totalitaires nient les libertés individuelles. Politiquement, tous donnent naissance à un système de parti unique et au culte du chef, alimenté par une intense propagande.
- Désireux de créer un « homme nouveau », ils s'efforcent d'encadrer très étroitement l'économie, la société et la culture, en conditionnant les esprits. Ils y parviennent largement, en dépit d'oppositions et de résistances.
- Tous font usage de la violence contre certaines franges de la population : lors de la Grande Terreur en URSS ou contre les Juifs lors de la Nuit de cristal en Allemagne.

3 Les régimes totalitaires et l'ordre européen

- Les régimes totalitaires sont hostiles au système de sécurité collective instauré au lendemain de la Première Guerre mondiale, destiné à garantir la paix.
- La guerre d'Espagne montre l'échec de ce système, puisque tous les régimes totalitaires y prennent part, s'affrontant en quelque sorte à distance.
- Dans la seconde moitié des années 1930, les régimes totalitaires construisent les dynamiques conduisant à la Seconde Guerre mondiale. Les démocraties européennes ne parviennent pas à les endiguer.

Points de PASSAGE

1937-1938 : la Grande Terreur en URSS → p. 64

- Une opération secrète contemporaine des grands procès de Moscou.
- Élimination de tous ceux qui sont en marge du régime.
- Un exemple de violence d'État.

9-10 novembre 1938 : la Nuit de cristal → p. 66

- 9 novembre 1938 : nuit de violence et de destruction visant les Juifs d'Allemagne.
- Étape dans l'exclusion des Juifs de la société allemande.
- Intensification de cette politique après la Nuit de cristal.

1936-1939 : les interventions étrangères dans la guerre civile espagnole → p. 74

- Engagement de tous les régimes totalitaires dans la guerre d'Espagne.
- Échec du système de sécurité collective mis en place après la Première Guerre mondiale.

A/Z Les mots clés

- **Fascisme**
  Forme de totalitarisme caractérisant l'Italie de l'entre-deux-guerres, fondée sur une idéologie nationaliste, antidémocratique et impérialiste.
- **Impérialisme**
  Politique de conquête et de domination territoriale.
- **Nazisme**
  Idéologie définie par Adolf Hitler, fondée sur le racisme, l'antisémitisme et le rejet de la démocratie.
- **Régime totalitaire**
  Régime politique dans lequel l'État impose une idéologie officielle, utilise la violence et veut tout contrôler (population, économie, information, culture…).
- **Stalinisme**
  Forme de totalitarisme caractérisant l'URSS des années 1930, se fondant sur l'idéologie communiste.

RETENIR… en schéma

1 Les idéologies des régimes totalitaires

- **Fascisme et nazisme (Allemagne, Italie)**
  - Nationalisme
  - Antisémitisme
  - Impérialisme
- **Stalinisme (URSS)**
  - Affirmation théorique des libertés
  - Communisme

2 L'exercice du pouvoir totalitaire

- **Pouvoir non démocratique** — Négation des libertés, parti unique, culte du chef
- **Sociétés sous contrôle** — Contrôle de l'économie, encadrement des populations, contrôle des artistes
- **Pouvoir violent** — Contre les opposants, les dissidents, des franges de la population (ex : Juifs en Allemagne)
  - **Grande Terreur** (URSS, 1937-1938)
  - **Nuit de cristal** (Allemagne, 9-10 novembre 1938)

3 Les régimes totalitaires et l'ordre européen

Guerre d'Espagne (1936-1939) — **Système de sécurité collective brisé :**
- Engagement des régimes totalitaires
- Non-intervention des démocraties occidentales

→ **Déstabilisation de l'ordre européen**

RETENIR… autrement

ÉCOUTER

Les cours en podcast .... p. 56 à 59, 72-73

La synthèse du cours .... p. 76

REGARDER

L'ESSENTIEL EN 3 MINUTES

S'ENTRAÎNER

Des exercices interactifs .... EXO Quiz

POUR APPROFONDIR

Film
Ettore Scola, *Une journée particulière*, 1977.
Un chef-d'œuvre du cinéma italien, mettant en scène la rencontre entre une mère de famille fasciste et un intellectuel menacé de déportation.

Roman
Julian Barnes, *Le Fracas du temps*, Folio, 2016.
Un roman centré sur le compositeur soviétique Dimitri Chostakovitch, menacé par les purges staliniennes de 1936.

Sujet

En analysant le document, vous montrerez qu'il révèle certaines des caractéristiques du régime totalitaire soviétique.

Pour expliquer l'absence de certaines des caractéristiques du régime stalinien, réfléchissez à la nature du document.

Quelles sont les caractéristiques du régime, à la fois communes à tous les totalitarismes, et spécifiques à celui mis en place en URSS ?

CONSEILS

L'analyse du document constitue le cœur de votre travail, mais nécessite pour être menée la mobilisation de vos connaissances.

➜ Voir **p. 57** et **p. 58-59** (cours), **p. 60** et **p. 68** (documents).

« Pour la fin du premier plan quinquennal, la collectivisation de l'URSS doit être dans son ensemble terminée. » (Joseph Staline)

« La classe ouvrière de l'URSS conduit avec assurance et sans faillir l'équipement technique de son alliée, la classe paysanne. » (Joseph Staline)

Qui sont ces personnages ? Quelle image l'affiche donne-t-elle d'eux ? Par quels moyens ?

Quel est ce personnage ? Quelle image l'affiche donne-t-elle de lui ? Par quels moyens ?

Pourquoi la présence de ce tracteur est-elle une illustration de la 2de citation ?

Staline dirige la collectivisation

Affiche soviétique, 1932.

Corrigé

Introduction

➜ Expliquez chacun des termes indiqués.

En 1929, Staline est seul au pouvoir en URSS. Débarrassé de ses rivaux, il lance la collectivisation des terres et adopte la planification comme politique économique : .....
Cette affiche est réalisée en 1932, un an avant la fin du premier plan de cinq ans : elle doit encourager les Soviétiques à atteindre les objectifs qu'il a définis pour 1933. Elle présente à la fois des paroles de Staline et un photomontage mêlant figure de Staline, population soviétique, champs cultivés et machines agricoles. Affiche de propagande, elle présente un visage spécifique du régime. Il s'agit donc de comprendre quelles sont les caractéristiques du régime totalitaire soviétique qu'elle présente.

1re partie

➜ Expliquez l'idéologie communiste.
➜ Expliquez ce qu'est le prolétariat pour le communisme.

Vous devez vous référer aux documents pour justifier votre analyse : dans le cas d'une image, il faut la décrire.
➜ Expliquez la manière dont l'affiche associe le prolétariat au travail.
➜ Expliquer la manière dont l'affiche établit un lien entre agriculture et industrie.

Cette affiche met d'abord en scène l'idéologie du régime : le communisme.
Cette idéologie veut ..... Sur l'affiche, le photomontage présente les Soviétiques comme une foule, une masse. Tous sont représentés au même niveau, aucun ne se distingue : l'égalité de tous est ainsi mise en scène. De plus, les deux visages au premier rang sont ceux de femmes. C'est une manière d'illustrer l'égalité entre femmes et hommes que le communisme proclame.
Ces personnages sont donc une image du prolétariat : ..... Il est défini comme engagé dans un combat collectif, seul producteur de la richesse économique. Le photomontage présente donc .....
Enfin, la planification et la collectivisation sont au cœur de l'affiche : elles sont rappelées par les citations de Staline sur fond rouge, couleur du communisme également évoquée par le drapeau planté sur le tracteur au premier plan. L'objectif de cette politique est de dégager des surplus agricoles qui serviront à financer l'industrie et à nourrir les ouvriers qui, en échange, produisent des machines agricoles. C'est ce que montre l'affiche : .....

2e partie

➜ Proposez une définition d'autorité charismatique.

➜ Décrivez la manière dont Staline est mis en scène.

Ce document révèle aussi la place de Staline dans ce régime totalitaire.
Il est le chef, seul dépositaire de l'idéologie, se présentant comme seul capable de comprendre ce que veut le peuple. Dans l'affiche, cette autorité transparaît dans le texte mis en valeur : l'idéologie et les objectifs qu'elle définit sont évoqués par des citations de Staline.
Staline jouit aussi d'une autorité charismatique : ..... Cela légitime la mise en place d'une dictature personnelle : Staline a les pleins pouvoirs. Se met alors en place un culte du chef : tous les moyens sont utilisés pour le présenter comme infaillible. Dans le document, cette image est révélée par la place qu'y prend Staline : .....

3e partie

➜ Rédigez ces deux arguments en utilisant à la fois vos connaissances et des éléments tirés du document.

Enfin, cette affiche est un outil de propagande : elle présente une image définie par le pouvoir, et masque donc certaines de ses caractéristiques.
Argument n° 1 : la politique économique de l'URSS est présentée comme un succès.
Argument n° 2 : l'affiche affirme le soutien des Soviétiques à Staline, et masque donc la violence et la répression du régime.

Conclusion

Ce document ne présente donc bien que certaines des caractéristiques du régime totalitaire stalinien. Ainsi, la violence est passée sous silence.

BAC
CORRIGÉ COMPLET DU SUJET
lyceen.nathan.fr/coteterm-2020

BAC ▶ RÉPONSE À UNE QUESTION PROBLÉMATISÉE

Sujet

Comment les régimes totalitaires cherchent-ils à contrôler les sociétés ?

Il faut faire référence à la fois à l'Allemagne nazie, à l'Italie fasciste et à l'URSS de Staline. Déterminez leurs points communs et leurs différences.

Quels sont les différents moyens utilisés, et les domaines de la vie des sociétés qui sont concernés ?

Ce terme pose la question de l'impact de ce contrôle, de la possibilité d'y échapper ou de le contester.

Corrigé

Introduction

→ À la fin de l'introduction, rédigez l'annonce du plan en vous aidant du début de chaque partie.

Les régimes totalitaires apparaissent progressivement en Europe à partir des années 1920 : l'Italie fasciste après 1922, l'URSS de Staline après 1928, l'Allemagne nazie à partir de 1933. Ils élaborent des projets idéologiques distincts, mais tous fondés sur la négation de l'individu et des libertés individuelles. Chacun est en effet défini comme appartenant à un groupe, engagé dans la mise en place de l'idéologie. Tous doivent donc adhérer au projet idéologique, et ce, sans exception. Il s'agit donc de comprendre comment les régimes totalitaires cherchent à contrôler les sociétés.

1re partie

Vos connaissances doivent être précises : vous devez être capable de développer des exemples.
→ Indiquez quel régime mène chaque politique économique.

Chaque idéologie définit l'activité économique.
L'objectif est le même : assurer la puissance et l'indépendance du pays. Les forces productives sont mobilisées autour de grands projets. En ..... se développe ainsi une politique de grands travaux (réseau autoroutier) et de réarmement rapide. L'..... veut accroître sa production agricole. En ..... est définie une politique de modernisation agricole qui doit soutenir l'industrialisation du pays.

→ Définissez « collectivisation » et « planification ».

Mais la manière de contrôler l'économie diffère. L'URSS nationalise et collectivise : ..... Elle met en place une politique de planification : ..... Allemagne et Italie préfèrent établir des accords avec les industriels. La propriété privée n'est donc pas supprimée.

2e partie

→ Expliquez le rôle des Jeunesses hitlériennes, des *Balillas* et des Komsomol.

Tous les autres domaines de la vie des sociétés sont également encadrés.
La jeunesse est une priorité : exposer les plus jeunes à l'idéologie doit permettre une pleine adhésion au régime. Se développent donc des organisations de jeunesse dans chacun des régimes : .....
Les loisirs sont également contrôlés. C'est le rôle d'organisations dirigées par l'État, qui proposent des activités toujours mêlées d'idéologie, tout en renforçant l'adhésion au pouvoir. C'est le cas, en Italie, de l'« Œuvre nationale du temps libre » et, en Allemagne, de « La Force par la joie ».

→ Rédigez un exemple pour chacun des régimes à l'aide des **p. 62-63**.

Les sociétés sont soumises à une propagande incessante. Tous les moyens sont utilisés : médias de masse, cérémonies collectives, arts (cinéma, peinture, musique, etc.).

3e partie

→ Rédigez chacun de ces arguments à l'aide de la **p. 59** (cours), de la **p. 70** (L'Histoire en questions) et de vos connaissances.

Enfin se pose la question de l'efficacité de cet encadrement, et des moyens mis en place pour éviter toute opposition.
Argument n° 1 : une adhésion variable, mais une opposition très rare.
Argument n° 2 : la surveillance et la répression des opposants.

Conclusion

Chaque régime totalitaire s'emploie donc à conduire la société à adhérer à l'idéologie qu'il définit. C'est pour cela qu'il cherche à la contrôler.

BAC
CORRIGÉ COMPLET DU SUJET
lyceen.nathan.fr/coteterm-2020

▶ QUESTION PROBLÉMATISÉE

Sujet 1

Les régimes totalitaires de l'URSS de Staline, de l'Allemagne nazie et de l'Italie fasciste ont-ils les mêmes caractéristiques ?

Sujet 2

Pourquoi et comment les régimes totalitaires interviennent-ils dans la guerre civile espagnole entre 1936 et 1939 ?

▶ ANALYSE DE DOCUMENT

En analysant le document, vous expliquerez l'usage de la violence et de la terreur par le régime nazi lors de la Nuit de cristal.
L'analyse du document constitue le cœur de votre travail, mais nécessite pour être menée la mobilisation de vos connaissances.

Les violences de la Nuit de cristal (1938)

Geldern et Xanten sont de petites villes de Rhénanie, au nord-ouest de l'Allemagne.

Dans le district de Geldern et Xanten, l'action a été menée exclusivement par des adhérents de la SS [...]. Le groupe d'assaut SS III donnait les ordres par téléphone le 10 novembre 1938, vers 3 h 20 [du matin].

Le premier événement était l'incendie de la synagogue de Geldern vers 4 heures du matin. À 9 heures, elle était détruite par l'incendie jusqu'aux murs de clôture. [...] Au même moment, l'aménagement intérieur de la synagogue de Xanten (une maison particulière) était entièrement détruit. Il y avait également deux magasins juifs dont l'aménagement et le petit stock ont été totalement détruits. Après que l'on a cassé les devantures et les vitres des maisons des autres Juifs [...], on a complètement démoli et mis hors de service le mobilier.

Il n'est rien arrivé aux Juifs. La plupart se faisaient plus ou moins invisibles durant les opérations. Vers 9 heures du matin (le 10 novembre), l'affaire était terminée. Dans le district de Geldern habitent en tout douze familles juives. Avant 11 heures, tous les hommes juifs de 15 à 70 ans ont été arrêtés par la police et logés provisoirement dans les locaux d'arrêt. [...]

Pendant les démonstrations, la population est demeurée passive. L'incendie de la synagogue avait attiré une assez grande foule de spectateurs. Comme il n'y avait pas de grands magasins, on n'a rien pillé. C'est pourquoi une patrouille de police n'a pas été nécessaire.

Rapport des SS de Geldern, 14 novembre 1938.

CHAPITRE 3

La Seconde Guerre mondiale (1939-1945)

En septembre 1939, l'invasion de la Pologne par les troupes de l'Allemagne nazie marque, pour les Européens, le début d'une guerre qui a commencé en Asie avec l'invasion de la Chine par le Japon en 1937. Guerre mondiale, guerre totale, la Seconde Guerre mondiale est marquée par un dépassement inédit des seuils de violence.

Textes DYS
TOUS LES TEXTES EN VERSION DYS
lyceen.nathan.fr/coteterm-2020

▶ En quoi la Seconde Guerre mondiale bouleverse-t-elle l'ordre international et les sociétés ?

Vidéo

1 1939 : en Pologne, le début de la guerre en Europe

Le 1er septembre 1939, les troupes de la Wehrmacht envahissent le territoire polonais et détruisent les postes-frontières, comme ici à Sopot, une petite ville proche de Dantzig.

2 1945 : une guerre mondiale qui s'achève

En août 1945, des militaires américains célèbrent la capitulation du Japon à Paris.

CONTEXTE

Les phases d'une guerre mondiale (1939-1945)

En 1937, les troupes japonaises envahissent la Chine sans déclaration de guerre et le massacre perpétré à Nankin (décembre 1937) ouvre une ère de violence extrême : la guerre débute donc en Asie. Elle se déploie ensuite en Europe à partir de 1939 puis s'étend à l'ensemble du monde, avec la mobilisation des colonies notamment. La guerre prend fin en 1945, avec les capitulations allemande et japonaise.

REPÈRES CHRONOLOGIQUES DU CHAPITRE

THÈME 1	THÈME 2	THÈME 3	THÈME 4
Fragilités des démocraties, totalitarismes et Seconde Guerre mondiale	La multiplication des acteurs internationaux dans un monde bipolaire	Les remises en cause politiques, économiques et sociales	Le monde, l'Europe et la France, entre coopérations et conflits
1929–1945	1945–1970	1970–1990	1990–

Vocabulaire

- **Alliés**
Grande Alliance entre le Royaume-Uni, les États-Unis et l'URSS contre l'Allemagne après 1941. Les Alliés sont tous les pays qui se rangent derrière elle au sein des Nations unies.
- **Axe**
L'Allemagne et ses alliés (Italie et Japon), liés par un pacte tripartite en septembre 1940.

1939 — 1940 — 1941 — 1942

EXPANSION DE L'AXE

1er septembre 1939 Invasion de la Pologne par l'Allemagne

3 septembre 1939 France et Royaume-Uni déclarent la guerre à l'Allemagne

10 mai 1940 Début de l'offensive allemande à l'Ouest

Point de PASSAGE **18 juin 1940** Appel du général de Gaulle depuis Londres

22 juin 1940 Signature de l'armistice franco-allemand à Compiègne

août 1940 Début de la bataille d'Angleterre

27 sept. 1940 Pacte tripartite entre Allemagne, Italie et Japon

Point de PASSAGE **22 juin 1941** Déclenchement de l'opération Barbarossa

7 décembre 1941 Attaque de Pearl Harbor

décembre 1941 Ouverture de Chelmno, premier centre de mise à mort

4-7 juin 1942 Bataille de Midway

20 janvier 1942 Conférence de Wannsee

L'exode sur les routes de France (mai-juin 1940).

L'opération Barbarossa s'accompagne de tueries de masse (septembre 1941).

REPÈRES GÉOGRAPHIQUES DU CHAPITRE

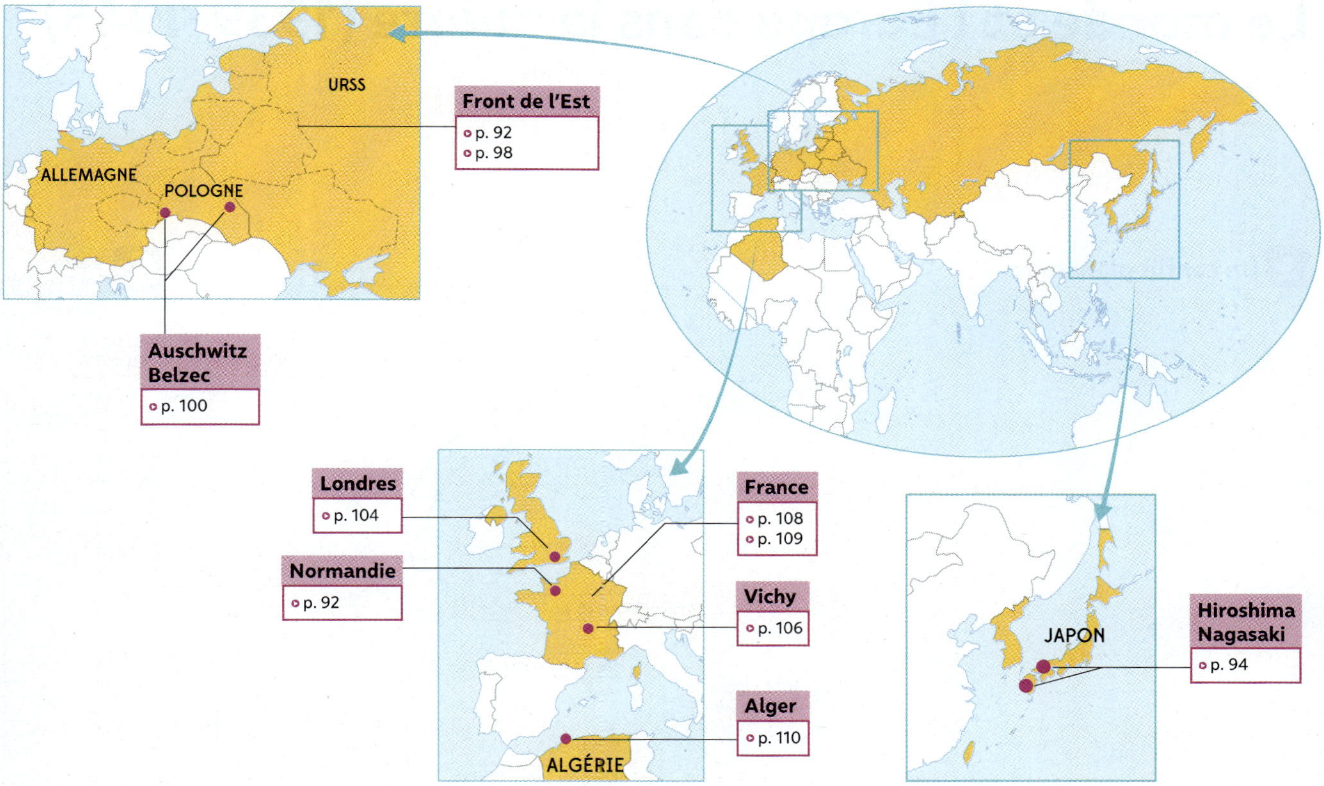

1943 — 1944 — 1945

OFFENSIVES DES ALLIÉS

juillet 1942 › 2 février 1943
BATAILLE DE STALINGRAD

8 nov. 1942
Débarquement allié en Afrique du Nord

27 mai 1943
Réunion du Conseil national de la Résistance en France

Point de PASSAGE **juin 1943**
Fondation du Comité français de libération nationale par de Gaulle à Alger

Point de PASSAGE **6 juin 1944**
Débarquement allié en Normandie

Point de PASSAGE **22 juin 1944**
Déclenchement de l'opération Bagration

15 août 1944
Débarquement allié en Provence

4-11 février 1945
Conférence de Yalta

7-8 mai 1945
Capitulation de l'Allemagne

Point de PASSAGE **6-9 août 1945**
Bombes nucléaires sur Hiroshima et Nagasaki

2 septembre 1945
Capitulation du Japon

Frise interactive

Le 9 août 1945, une bombe nucléaire est larguée sur Nagasaki.

Le monde et l'Europe dans la guerre (1939-1945)

1 Un conflit planétaire

Carte interactive

2 L'Europe, un théâtre majeur de conflits

Carte interactive

L'expansion de l'Axe (1939-1941)

- États neutres ou non belligérants
- Grand Reich
- Axe et territoires sous contrôle en 1939
- Territoires satellites ou alliés de l'Axe
- Territoires occupés
- Opération Barbarossa, juin 1941
- Front fin décembre 1941

Les offensives des Alliés (1942-1945)

- Territoires des Alliés début 1942
- Aide matérielle des États-Unis
- Maroc Territoires ralliés à la France libre
- Grandes victoires des Alliés
- Débarquements alliés
- Offensives alliées et libération des territoires
- Capitulation de l'Allemagne

QUESTIONS

1. **Doc 1.** Montrez que le conflit est mondial.
2. **Doc 2.** Quelle est l'étendue maximale des conquêtes de l'Axe en Europe ?
3. **Doc 1 et 2.** Pourquoi peut-on dire de l'année 1942 qu'elle constitue un tournant dans le conflit ?

Vocabulaire

- **France libre**
Organisation militaire et politique fondée par de Gaulle en 1940 pour poursuivre la guerre contre l'Allemagne.

L'Asie et la France dans la guerre

1 L'Asie dans la guerre (1937-1945)

Carte interactive

L'expansion du Japon (1937-1942)

- États neutres ou non belligérants
- Empire du Japon
- État allié du Japon
- Territoires conquis ou contrôlés par le Japon depuis 1931
- Batailles clés de l'expansion japonaise
- Offensives japonaises
- Extension maximale du Japon

Les offensives alliées (1942-1945)

- Territoires des Alliés début 1942
- URSS État neutre jusqu'en avril 1945
- Bataille stratégique
- Débarquements alliés
- Offensives alliées et libération des territoires
- Bombes atomiques américaines
- Capitulation du Japon (2 septembre 1945)

QUESTIONS

1. **Doc 1.** Quelle est l'étendue maximale des conquêtes du Japon en Asie ?
2. **Doc 2.** Expliquez les conséquences de la défaite et de l'armistice sur le territoire français.
3. **Doc 3.** Identifiez les territoires acquis à la France libre dès 1940.

2 La France dans la guerre (1940-1945)

Carte interactive

Zones occupées

- Région rattachée au commandement militaire allemand de Bruxelles
- Région annexée
- Ligne de démarcation
- Zone occupée dès 1940
- Paris : Siège du commandement militaire allemand
- Zone libre initialement, occupée à partir du 11 novembre 1942
- Vichy : Siège du gouvernement français
- Zone sous contrôle de l'Italie (novembre 1942-septembre 1943)
- Zones côtières interdites (à partir d'avril 1941)

Répression et persécution

- Camps de concentration
- Principaux camps d'internement (Juifs, Tsiganes)
- Principal camp de transfert pour Auschwitz

Résistance et libération

- Principaux maquis
- Massacres de civils par les troupes nazies
- Débarquements alliés
- Avancées des troupes alliées et des FFL
- Insurrections urbaines

3 La France libre et l'Empire (1940-1945)

Carte interactive

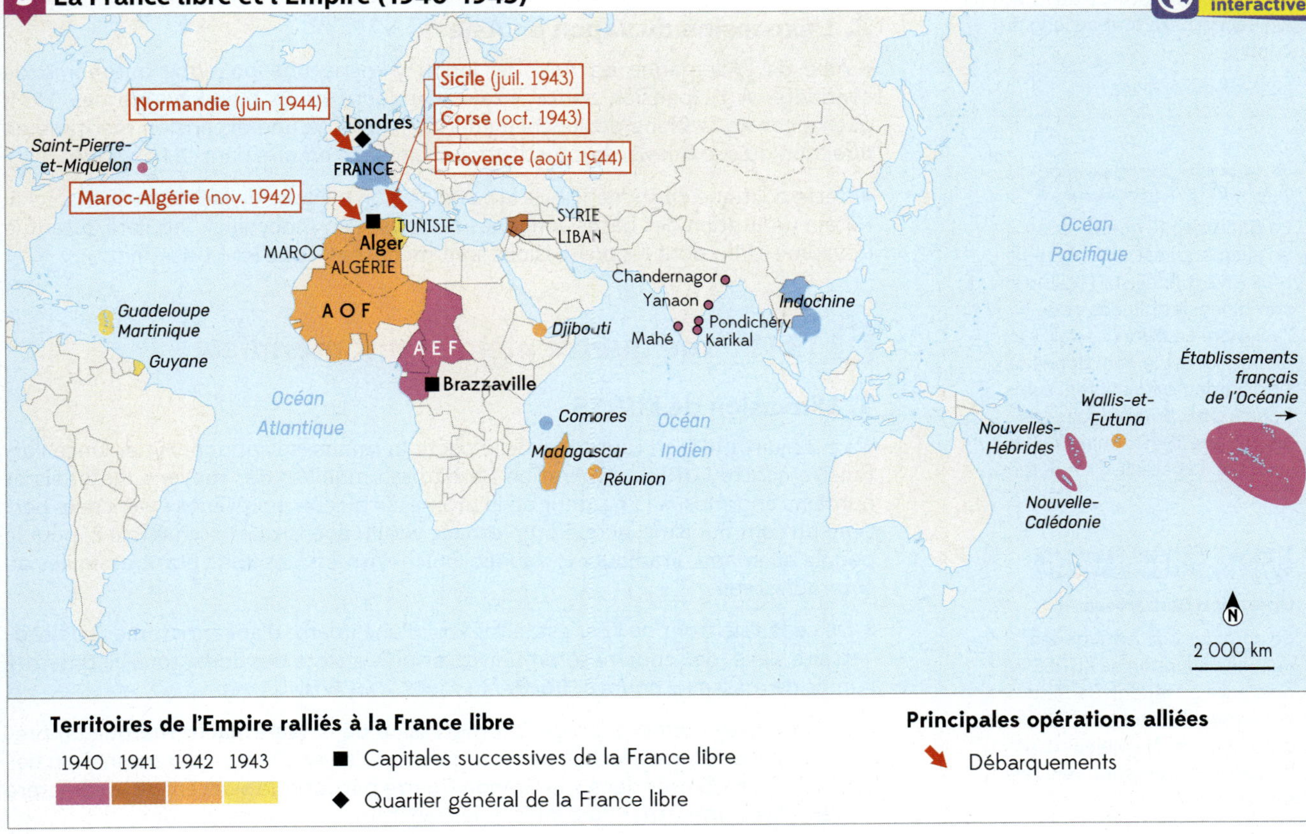

Territoires de l'Empire ralliés à la France libre

1940 1941 1942 1943

- ■ Capitales successives de la France libre
- ◆ Quartier général de la France libre

Principales opérations alliées

- Débarquements

COURS

DOCUMENTS : p. 92 à 95

Podcast du cours

1 Les phases et les théâtres d'opérations d'une guerre mondiale (1939-1945)

Quelles sont les principales étapes d'une guerre qui s'étend rapidement à l'ensemble du monde ?

« Voilà ce conflit qui maintenant, jour et nuit, domine nos existences. Aucun compromis ne peut mettre fin à ce conflit. »

Franklin D. Roosevelt, message sur l'état de l'Union, 6 janvier 1942.

BIOGRAPHIE

Winston Churchill (1874-1965)

Nommé Premier ministre en mai 1940, il incarne la résistance du Royaume-Uni face à l'Axe tout au long du conflit.

Biographies : p. 356

NE PAS CONFONDRE

La ***Blitzkrieg*** (« guerre-éclair » en allemand) est une stratégie offensive fondée sur l'utilisation combinée des blindés et de l'aviation. Le ***Blitz*** (« éclair » en allemand) est le nom donné aux bombardements massifs subis par les civils britanniques (de septembre 1940 à mai 1941) au cours de la bataille d'Angleterre.

HISTOIRE DE MOTS

Opération Barbarossa

Ce nom de code a été donné au plan d'invasion de l'URSS en référence à Frédéric Barberousse, empereur allemand du XIIe siècle qui a joué un rôle majeur dans l'expansion allemande vers l'est du continent.

A 1939-1941 : les victoires de l'Axe

1. Les offensives en Europe (1939-1941)

- La guerre débute en Europe avec l'invasion de la Pologne. Forte de la non-intervention soviétique (pacte germano-soviétique → **chapitre 2**), l'Allemagne adopte la stratégie militaire de la *Blitzkrieg* (« guerre-éclair »), ce qui lui permet de remporter des victoires foudroyantes. La défaite et le démembrement de la Pologne (automne 1939) sont suivis au printemps 1940 de l'occupation du Nord-Ouest européen, depuis le Danemark jusqu'à la France.

- Seul contre l'Axe, le Royaume-Uni subit des bombardements intensifs. Galvanisé par Churchill, le pays tient bon. Londres devient le refuge des gouvernements européens en exil, comme celui de la **France libre** du général de Gaulle.

- Le conflit s'étend en Méditerranée où les puissances de l'**Axe** veulent couper l'accès du Royaume-Uni aux puits pétroliers et à la route de Suez afin de l'isoler de son Empire indien. Au printemps 1941, les troupes allemandes repoussent les troupes britanniques vers l'Égypte. Les Allemands s'emparent aussi de la Yougoslavie et de la Grèce.

2. L'expansion du Japon en Asie

- Allié de l'Allemagne en Asie, le Japon y mène une politique autonome de conquête. À l'expansion continentale (conquête de la Mandchourie dès 1931, guerre contre la Chine déclenchée en 1937) succède une expansion maritime en direction du sud qui vise la constitution d'un vaste empire dans le Pacifique.

- Cette politique, qui bénéficie de la collaboration militaire de la France du maréchal Pétain (utilisation des bases aériennes françaises en Indochine), inquiète autant le Royaume-Uni – dont les possessions sont menacées – que les États-Unis.

B 1941 : une guerre pleinement mondiale

1. L'invasion de l'URSS

- Le 22 juin 1941, en rupture avec le pacte germano-soviétique, Hitler lance l'offensive contre l'URSS. L'opération Barbarossa mobilise des moyens matériels et humains énormes, à la hauteur de la promesse qu'elle représente : vaincre le berceau du communisme, acquérir un espace vital (*Lebensraum* → **chapitre 2**) pour le peuple allemand, éradiquer le « judéo-bolchevisme », les Juifs étant assimilés au communisme.

- De ce fait, le front de l'Est est le théâtre d'une guerre d'anéantissement de l'adversaire slave, de l'ennemi communiste, et plus encore des Juifs, tous victimes de crimes de masse (→ **cours p. 96-97**).

- D'abord extrêmement rapide, la progression de la **Wehrmacht** marque un premier coup d'arrêt avec l'échec devant Moscou à l'hiver 1941. La détermination des Soviétiques mobilisés dans « la Grande Guerre patriotique » accentue le caractère extrêmement meurtrier du conflit et le transforme en guerre d'usure.

2. L'entrée en guerre des États-Unis

• En attaquant la base américaine de Pearl Harbor (îles Hawaii) le 7 décembre 1941, le Japon provoque l'entrée en guerre des États-Unis. Dès le lendemain, le président Roosevelt déclare les États-Unis en état de guerre avec le Japon ; conformément au pacte tripartite, l'Italie et l'Allemagne déclarent la guerre aux États-Unis. Déjà effectif depuis le printemps 1941 (**loi prêt-bail**, mars 1941), le soutien des États-Unis aux démocraties se transforme alors en une mobilisation totale de la puissance américaine.

• Le 1er janvier 1942, 26 États, dont les États-Unis, le Royaume-Uni et l'URSS, signent à Washington une déclaration des Nations unies, par laquelle ils s'engagent à mobiliser toutes leurs ressources dans la guerre contre l'ennemi commun.

C 1942-1945 : vers la victoire des Alliés

1. 1942-1943 : premiers basculements des conflits

• Dans le Pacifique, la victoire aéronavale américaine à Midway (4 au 7 juin 1942), qui interdit la mainmise du Japon sur cette base américaine, stoppe l'expansion japonaise : elle est le point de départ de la reconquête du Pacifique par les États-Unis.

• En Afrique du Nord, la victoire britannique d'El-Alamein puis le débarquement anglo-américain (opération Torch, 8 novembre 1942), auxquels participent les **FFL**, ébranlent les positions de l'Axe : l'armée allemande est contrainte au repli, les **Alliés** s'installent sur la côte algérienne, point de départ d'opérations futures en Europe.

• Sur le front de l'Est, la bataille de Stalingrad, engagée à l'été 1942, se solde par un échec cuisant pour la Wehrmacht : contre les ordres d'Hitler, les troupes allemandes capitulent en février 1943.

2. 1944-1945 : la reddition des forces de l'Axe

• Fin 1943 à Téhéran, Roosevelt, Staline et Churchill posent la nécessité d'une coordination des opérations. Au débarquement militaire allié à l'Ouest répondra une offensive terrestre à l'Est. L'articulation entre les opérations Overlord et Bagration est la clé du succès.

• Déclenchées toutes deux en juin 1944, ces opérations permettent de prendre l'Allemagne en étau. En avril 1945, Soviétiques et Américains font leur jonction à Torgau sur l'Elbe (→ **p. 118**), prélude à la prise de Berlin par les Soviétiques, puis à la capitulation allemande.

• Dans le Pacifique, la reconquête des territoires soumis par le Japon s'effectue d'île en île, chaque avancée renforçant la résistance des Japonais, soldats (**kamikazes**) comme civils (suicides collectifs). Seuls détenteurs de l'arme atomique, les États-Unis font le choix de l'utiliser, à Hiroshima d'abord, à Nagasaki ensuite, conduisant le Japon à une reddition (2 septembre 1945) qui marque la fin du conflit.

Vocabulaire

- **Alliés** : Grande Alliance entre le Royaume-Uni, les États-Unis et l'URSS contre l'Allemagne après 1941. Les Alliés sont tous les pays qui se rangent derrière elle au sein des Nations unies.
- **Axe** : L'Allemagne et ses alliés (Italie et Japon), liés par un pacte tripartite en septembre 1940.
- **FFL (Forces françaises libres)** : Armée formée des volontaires qui rejoignent de Gaulle en 1940.
- **France libre** : Organisation militaire et politique fondée par de Gaulle en 1940 pour poursuivre la guerre contre l'Allemagne.
- **Kamikaze** : Pilote japonais qui effectue une mission-suicide.
- **Loi prêt-bail** : Politique américaine d'aide matérielle aux pays en lutte contre l'Axe.
- **Wehrmacht** : Nom donné à l'armée allemande sous le régime nazi.

Point de PASSAGE

▶ **Juin 1944 : le débarquement en Normandie et l'opération Bagration**

→ p. 92

Point de PASSAGE

▶ **Hiroshima, Nagasaki : l'utilisation de l'arme nucléaire, une question toujours actuelle ?**

→ p. 94

TESTEZ-VOUS !

- **Identifiez au moins trois raisons expliquant la rapidité des conquêtes allemandes entre 1939 et 1941.**
- **Pourquoi l'opération Barbarossa est-elle un tournant majeur du conflit ?**
- **Quelles sont les étapes de la défaite de l'Allemagne ?**

Point de **PASSAGE**

Juin 1944 : le débarquement en Normandie et l'opération Bagration

COURS : p. 90-91

Contexte

Vidéo
Le plan d'attaque du débarquement (6 juin 1944)

En juin 1944, conformément à leurs engagements pris à Téhéran, les Alliés – anglo-américains à l'Ouest, soviétiques à l'Est – lancent deux opérations militaires de grande ampleur : l'opération Overlord et l'opération Bagration. Leur objectif commun est de prendre l'Allemagne en étau.

Comment les offensives alliées de l'été 1944 se conjuguent-elles pour libérer l'Europe, et avec quels effets ?

CHRONOLOGIE

1944

- **6 juin** Opération Overlord. Débarquement allié sur les plages de Normandie.
- **22 juin** Déclenchement de l'opération Bagration.
- **9 juillet** Libération de Caen.
- **1er août** Déclenchement de l'insurrection de Varsovie.
- **15 août** Opération Dragoon. Débarquement allié en Provence.
- **24 août** Fin de la bataille de Normandie.
- **2 octobre** Écrasement de l'insurrection de Varsovie par les troupes allemandes.

1 Débarquement et bataille de Normandie (juin-août 1944)

Carte interactive

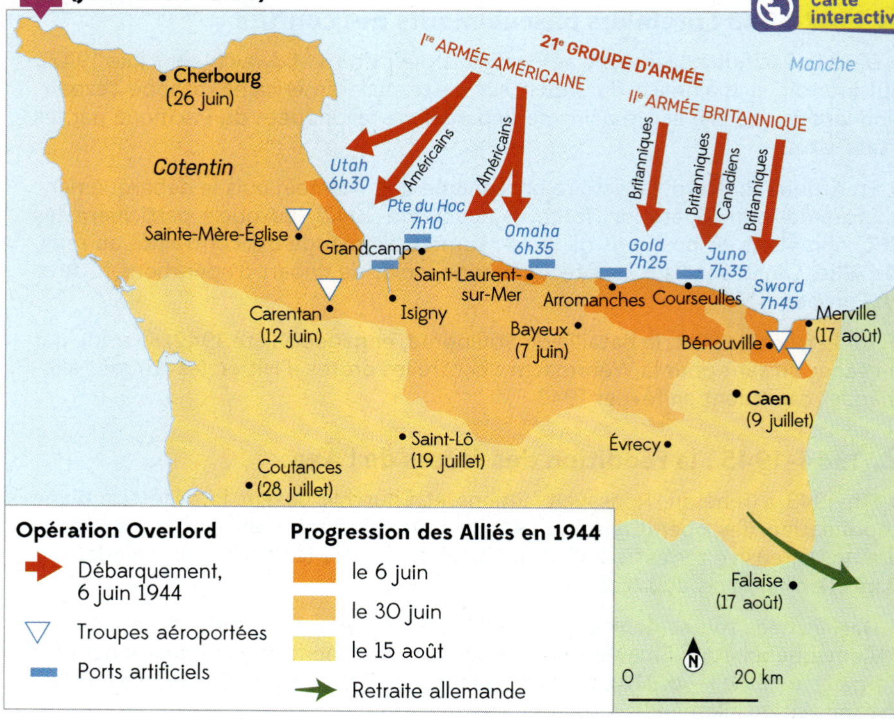

Des opérations d'envergure

OVERLORD

30 000 hommes — **7 000 véhicules**

sont acheminés chaque jour en Normandie entre le 7 et le 18 juin 1944

BAGRATION

2,5 millions de soldats de l'Armée rouge — **8 000 avions** — **plus de 6 000 chars**

sont mobilisés

Vidéo

2 Des soldats britanniques dans les ruines de Caen (9 juillet 1944)

Les bombardements alliés sont massifs. En Basse-Normandie, leur bilan est lourd : 13 000 victimes civiles (2000 pour Caen, rasée à 75 %), plus de 100 000 Normands sur les routes de l'exode.

3 **L'opération Bagration et la progression de l'Armée rouge (juin-décembre 1944)**

INFO

Début août 1944, les partisans polonais du gouvernement en exil (non communiste) déclenchent une insurrection à Varsovie. L'Armée rouge n'intervient pas. Côté polonais, le bilan est tragique : plus de 20 000 combattants et près de 200 000 civils tués, une ville systématiquement détruite par les Allemands.

4 **L'avancée de l'armée soviétique vers l'Ouest (juillet 1944)**

Soldats soviétiques dans Vilnius (Lituanie) qu'ils viennent de reconquérir.

Itinéraire 1

Identifier

1. **Doc 1 et chiffres clés.** Relevez les éléments qui montrent les moyens exceptionnels mis en œuvre dans le cadre du débarquement.

Expliquer

2. **Doc 1 et 3.** Comparez la progression des troupes alliées à l'Ouest et à l'Est.
3. **Doc 2 et 4.** Analysez les deux photographies et mettez en évidence leur message commun.
4. **Doc 1 et 2.** Expliquez les effets des bombardements alliés.

Synthétiser

5. Montrez que les opérations militaires de l'été 1944 ont un objectif commun, qu'elles font des Alliés les libérateurs de l'Europe, au prix de victimes civiles importantes dans les pays libérés.

OU

Itinéraire 2

Rédiger un article

Vous êtes un(e) journaliste français(e) et vous devez rédiger un article sur les opérations militaires de l'été 1944. À l'aide des documents, montrez que ces opérations militaires visent la libération de l'Europe mais ont des conséquences inégales pour les populations libérées.

Aide

Passé / PRÉSENT

Point de PASSAGE

Hiroshima, Nagasaki : l'utilisation de l'arme nucléaire, une question toujours actuelle ?

COURS : p. 90-91

Contexte

A Hiroshima et Nagasaki, anéantir par la bombe atomique

CHRONOLOGIE

1945

- **22 juin** Victoire des Alliés à Okinawa.
- **6 août** Bombe atomique lâchée sur Hiroshima.
- **9 août** Début de l'attaque de la Mandchourie par l'URSS. Bombe atomique lâchée sur Nagasaki.
- **14 août** Le Japon accepte le principe d'une reddition sans condition.
- **2 septembre** Signature de l'acte de capitulation dans la baie de Tokyo.

2 Vue d'Hiroshima après le bombardement américain du 6 août 1945

Les vestiges du bâtiment préfectoral de promotion de l'industrie, à Hiroshima, au Japon, après le largage de la bombe atomique. Le site a été conservé en tant que monument.

1 Le bombardement sur Nagasaki (9 août 1945)

La seconde bombe atomique explose au-dessus de Nagasaki, produisant un immense champignon atomique.

3 Le président des États-Unis s'exprime sur le choix de la bombe atomique

Le monde entier remarquera que la première bombe atomique a été lâchée sur Hiroshima, une base militaire […]. Nous savions que nos ennemis faisaient des recherches. Nous savons maintenant que leurs recherches étaient sur le point d'aboutir. Nous savions quelle serait l'ampleur du désastre dans notre pays, dans tous les pays pacifiques, pour toute la civilisation, s'ils l'avaient découverte en premier. […] Ayant découvert la bombe, nous l'avons utilisée. Nous l'avons utilisée contre ceux qui nous ont attaqués sans prévenir à Pearl Harbor, contre ceux qui ont affamé, battu à mort et exécuté des prisonniers de guerre américains, contre ceux qui ont abandonné tout semblant de respect des lois de guerre internationales. Nous l'avons utilisée pour écourter l'agonie de la guerre, pour sauver les vies de plusieurs milliers de jeunes Américains. Nous continuerons de l'utiliser jusqu'à ce que nous ayons complètement détruit les forces qui permettent au Japon de faire la guerre. Seule une capitulation nous arrêtera.

Harry S. Truman, discours radiodiffusé, 9 août 1945.

B L'arme nucléaire en débat

CHRONOLOGIE

- **1954** Achèvement du parc du Mémorial de la Paix d'Hiroshima.
- **1955** Ouverture du musée du Mémorial de la Paix d'Hiroshima.
- **1996** Inscription du dôme de Genbaku (« de la bombe atomique » en japonais) au patrimoine mondial de l'Unesco, malgré les réserves de la Chine et des États-Unis.
- **2019** Lieu de tourisme majeur : plus de 1,5 million de visiteurs par an.

INFO

Chaque année, lors de la cérémonie du souvenir organisée le 6 août à Hiroshima, des **lanternes** sont déposées à la nuit tombée sur la rivière Motoyasugawa en mémoire des habitants qui, brûlés par l'explosion, se jetèrent dans la rivière et y périrent.

4 Le Mémorial de la Paix d'Hiroshima aujourd'hui

Le Mémorial de la Paix d'Hiroshima, ou « dôme de Genbaku », seul bâtiment à rester debout après l'explosion, a été volontairement préservé à l'état de ruine.

Photographie prise lors du 60e anniversaire du bombardement à Hiroshima, 6 août 2005.

QUESTIONS

Observer le passé et le présent

1. **Doc 1 et 2.** Pourquoi les bombardements d'Hiroshima et Nagasaki sont-ils des ruptures dans la guerre ?
2. **Doc 3.** Relevez les arguments du président Truman pour justifier l'emploi de la bombe atomique sur Hiroshima le 6 août.
3. **Doc 4.** Expliquez pourquoi le dôme de Genbaku a été préservé à l'état de ruine.

Faire le lien entre le passé et le présent

4. **Doc 3 à 5.** Montrez que le traumatisme lié à l'utilisation de l'arme nucléaire est toujours vif.

5 Le secrétaire général de l'ONU plaide la cause du désarmement

Vidéo « Little Boy » change le cours de l'histoire

Alors que nous célébrons le soixante-quatorzième anniversaire de la première utilisation d'une arme nucléaire dans une guerre, il existe près de 14 000 ogives nucléaires, dont beaucoup sont toujours en position d'alerte. Il reste encore beaucoup à faire pour réduire et finalement éliminer ce risque », a déclaré M. Guterres[1] dans un message lu par la haute-représentante des Nations unies pour les affaires de désarmement, Izumi Nakamitsu, lors de la cérémonie annuelle organisée à Hiroshima. […]

Selon le chef de l'ONU, il est plus nécessaire que jamais de rappeler le message fondamental des *hibakusha* – les survivants des bombardements atomiques d'Hiroshima et de Nagasaki en août 1945 – : « La seule garantie contre l'utilisation des armes nucléaires est l'élimination totale de celles-ci. »

« Anniversaire du bombardement d'Hiroshima : le chef de l'ONU appelle à l'élimination totale des armes nucléaires », ONU Infos, news.un.org, 6 août 2019.

1. António Guterres, secrétaire général de l'ONU, est représenté à l'occasion de cette cérémonie par Izumi Nakamitsu, secrétaire générale adjointe.

DOCUMENTS : p. 98 à 101

2 Violences de masse et génocides des Juifs et des Tsiganes

Podcast du cours

Quelles sont les différentes formes prises par les violences de masse au cours de la Seconde Guerre mondiale ?

« Nous sommes en présence d'un crime qui n'a pas de nom. »

Winston Churchill, à propos des massacres perpétrés par les nazis sur le front de l'Est, discours radiophonique, 24 août 1941.

A Les génocides des Juifs et des Tsiganes

1. Exclusion et persécution des Juifs et des Tsiganes jusqu'en 1941

- L'idéologie nazie installe le racisme au cœur du projet politique. L'enjeu est de promouvoir la « race aryenne » et de la protéger de ses « ennemis » : handicapés mentaux, Tsiganes et surtout Juifs, sont considérés comme une menace pour la « pureté » du peuple allemand.

- L'objectif de purification se traduit par la législation antisémite des années 1930 et par la ségrégation dont sont victimes Juifs et Tsiganes au sein du Reich. Ces populations sont peu à peu exclues de la vie politique et sociale, encouragées à émigrer ou enfermées dans des camps comme celui de Marzahn (Allemagne) pour les Tsiganes.

- En Pologne à partir de septembre 1939, le projet racial va se mettre en place dans un nouvel espace que les nazis entendent germaniser, contrôler (élimination des élites intellectuelles), exploiter et « purifier ». Des **ghettos** sont progressivement installés dans les villes polonaises (Varsovie, Lodz, etc.).

Point de PASSAGE

▶ Le front de l'Est et la guerre d'anéantissement

→ p. 98

2. Invasion de l'URSS (juin 1941) et processus génocidaire

- Le front de l'Est se singularise par une violence inédite. En juin 1941, l'assaut lancé contre l'URSS vise à conquérir un « espace vital » (*Lebensraum* → **chapitre 2**) pour le peuple allemand. Dans le sillage des troupes d'invasion, les ***Einsatzgruppen*** sont chargés de l'éradication de tous les ennemis politiques et raciaux.

- Communistes, Tsiganes et surtout Juifs sont les cibles d'exécutions qui se transforment rapidement en massacres de masse incluant femmes et enfants pour exterminer des communautés entières. En septembre 1941, sur 2 jours, la totalité des Juifs de Kiev – près de 34 000 individus – sont ainsi exterminés dans le ravin de Babi Yar (Ukraine).

- À ces tueries mobiles, sur le lieu de vie des populations juives, s'ajoutent des assassinats commis sur des sites transformés en lieux de mise à mort. Ainsi de Kaunas (Lituanie), où certains forts servent de lieux d'assassinat.

Bilan humain des génocides

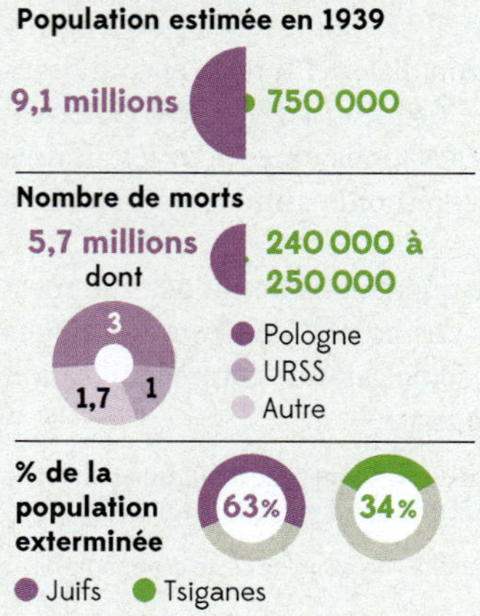

3. L'extermination de masse généralisée à toute l'Europe

- À la fin de l'année 1941, 500 000 à 800 000 Juifs ont déjà été assassinés sur le territoire soviétique. Des **centres de mise à mort** sont alors créés en territoire polonais, sur des sites facilement accessibles et relativement isolés (Chelmno, Belzec, Sobibor, Treblinka). Le gazage – par camion d'abord, en chambre à gaz ensuite – permet une rationalisation de l'assassinat et place le bourreau à distance des victimes. À Chelmno, 5 000 Tsiganes et 150 000 Juifs sont assassinés entre la fin 1941 et mars 1943.

- En janvier 1942, le chef SS de la sécurité du Reich, Reinhard Heydrich, réunit à Wannsee (banlieue de Berlin) des hauts fonctionnaires du Parti nazi et de l'administration allemande pour organiser la « solution finale de la question juive », c'est-à-dire la destruction des Juifs. Le génocide des Juifs (**Shoah**) adopte une organisation centralisée depuis Berlin. De plus, le périmètre fixé à l'extermination est étendu : tous les Juifs d'Europe sont désormais concernés. À partir de l'été 1942, le camp d'Auschwitz-Birkenau devient le centre de mise à mort des populations juives de l'Europe non allemande. De toute l'Europe, des convois organisent la déportation des Juifs ; pour la France, ce sont quelque 80 « trains de la mort » qui acheminent, entre 1942 et 1944, 76 000 Juifs depuis les camps d'internement et de transit jusqu'à Birkenau.

- À la fin de la guerre, le bilan humain est effroyable : surmortalité des ghettos, massacres, mise à mort programmée. Près de 63 % des Juifs d'Europe (près de 6 millions), 34 % des Tsiganes (250 000) ont été exterminés.

B Des violences de masse généralisées

1. Les civils, premières victimes du conflit

- Avant même le début de la Seconde Guerre mondiale en Europe, les bombardements effectués sur les civils espagnols lors de la guerre d'Espagne (à Guernica en 1937 par exemple) ou le massacre perpétré par les Japonais à l'encontre des habitants de Nankin (1937) illustrent un franchissement des seuils de violence et les menaces qui pèsent sur les civils.

- Depuis le début du conflit jusqu'à son terme, les civils sont ainsi les premières victimes de **violences de masse** d'ampleur et de motivations inégales, perpétrées par les différents protagonistes. Les bombardements aériens du *Blitz* de l'été 1940 font 43 000 morts et plus de 200 000 blessés. En 1945, la bataille d'Okinawa (appelée « pluie d'acier » par les Japonais) fait 240 000 morts. Au total, les civils représentent plus de la moitié des plus de 50 millions de morts dans ce conflit.

2. Comprendre et juger les crimes

- Ce degré inédit de violence s'explique en partie par l'installation du conflit dans la durée, la rage de vaincre qui provoque des brutalités inouïes contre l'adversaire (les prisonniers notamment). Il tient aussi aux armes employées (depuis le bombardement aérien jusqu'à l'usage de la bombe atomique) comme aux stratégies (*Blitzkrieg*). Ces violences sont également imputables au caractère idéologique d'un conflit dans lequel l'ennemi est l'objet d'une diabolisation et d'une déshumanisation parfois liées à des considérations racistes et antisémites, ce qui conduit à vouloir le détruire entièrement. C'est notamment le cas dans la guerre à l'Est où les nazis estiment être face à des adversaires raciaux et politiques : Slaves, Juifs et communistes.

- La nécessité de juger ces crimes à la fin de la guerre a conduit à forger des notions qui les qualifient au regard du droit. Ainsi les notions de crime de guerre et de crime contre l'humanité sont créées par les Alliés en août 1945 (→ **chapitre 4**). Dès 1944, le juriste juif polonais Raphaël Lemkin crée le terme de « **génocide** » pour désigner l'extermination des Juifs d'Europe, terme repris ensuite par le droit international (1948).

Vocabulaire

- **Centre de mise à mort**
  Lieu où les assassinats sont immédiats et systématisés.
- ***Einsatzgruppen* (« groupes spéciaux »)**
  Unités de tueries mobiles nazies formées de policiers et de SS. À partir de l'invasion de l'URSS en 1941, elles sont chargées de fusiller les Juifs et les responsables politiques soviétiques.
- **Génocide**
  Destruction physique, intentionnelle, systématique et programmée d'un groupe ou d'une partie d'un groupe en raison de ses origines ethniques ou religieuses.
- **Ghetto**
  Quartier isolé du reste de la ville par des barbelés ou un mur dans lequel les nazis forcent la population juive à vivre dans des conditions misérables.
- **Shoah**
  Ce terme hébreu, qui signifie « catastrophe », est utilisé pour désigner le génocide des Juifs.
- **Violence de masse**
  Notion qui désigne toute irruption de violence de grande ampleur, notamment lors des guerres, visant à détruire un groupe désarmé (civils, etc.).

HISTOIRE DE MOTS

Génocide

Forgé par Raphaël Lemkin en 1944, le terme « génocide », de *genos* (en grec lignée, famille, clan, groupe, race) et « cide » (du latin *caedere*, qui signifie tuer), est un néologisme qui englobe les deux dimensions de l'extermination des Juifs : le meurtre de masse et la destruction d'un groupe spécifique.

TESTEZ-VOUS !

- **Pourquoi 1941 est-elle une date charnière dans le processus génocidaire ?**
- **Montrez que les civils sont les principales victimes des violences de masse.**
- **Quels liens peut-on faire entre l'invasion de l'URSS et le processus génocidaire ?**

VERS LA SPÉCIALITÉ

Thème 3
Histoire et mémoires

Objet de travail conclusif
- L'histoire et les mémoires du génocide des Juifs et des Tsiganes

Point de PASSAGE

Le front de l'Est et la guerre d'anéantissement

COURS : p. 96-97

Contexte

En juin 1941, l'offensive contre l'URSS ouvre un front immense à l'Est. La progression des troupes nazies est assurée, sur ses arrières, par les *Einsatzgruppen*, en charge de l'élimination des ennemis (cadres du Parti communiste, saboteurs, Juifs...).

Comment l'invasion de l'URSS rend-elle possible une intensification du processus génocidaire ?

Vocabulaire

- ***Einsatzgruppen* (« groupes spéciaux »)**
  Unités de tueries mobiles nazies formées de policiers et de SS. À partir de l'invasion de l'URSS en 1941, elles sont chargées de fusiller les Juifs et les responsables politiques soviétiques.
- **SS (Escadron de protection)**
  Organisation paramilitaire et policière nazie.

CHIFFRES CLÉS

→ Sur **5,7 millions de prisonniers de guerre** soviétiques, **3,3 millions** meurent avant la fin de la guerre, victimes d'**exécutions sommaires** ou des **conditions inhumaines** de leur détention.

1 La préparation des soldats allemands à la guerre à l'Est

Vidéo

La guerre contre la Russie est une partie essentielle du combat pour l'existence du peuple allemand. C'est le vieux combat des Germains contre les Slaves, la défense de la culture européenne [...], la défense contre le bolchevisme judaïque[1] [...] Chaque situation de combat doit être menée avec une volonté de fer jusqu'à l'anéantissement total et sans pitié de l'ennemi. Il n'y a en particulier pas de merci pour les tenants du système actuel russo-bolchevique.

Instructions du général allemand Erich Hoepner, commandant du 4e groupe de blindés lors de l'invasion de l'URSS, 2 mai 1941.

1. Exprime l'idée d'une alliance entre Juifs et communistes pour menacer l'Allemagne. Les nazis sont convaincus que l'URSS est en partie dirigée par les Juifs.

2 La progression des *Einsatzgruppen* sur le front de l'Est (1941-1942)

Carte interactive

9 au 16.08.41	Raseiniai	
	294 Juives, 4 enfants juifs	298
27.06 au 14.08.41	Rokiskis 493 Juifs, 432 Russes, 56 Lituaniens (tous communistes actifs)	981
14 au 18.08.41	Kauen-Fort IV 689 Juifs, 432 Juives, 1 Polonaise, 711 intellectuels juifs du ghetto en représailles pour un sabotage	1812
19.8.41	Ukmerge 298 Juifs, 255 Juives, 1 off. pol. russe, 88 enfants juifs, 1 comm. Russe	645
22.8.41	Dunaburg 3 comm. russ., 2 Lettons (dont un meurtrier), 1 garde rouge russe, 3 Polonais, 3 Tsiganes, 1 femme tsigane, 1 enfant tsigane, 1 Juif, 1 Juive, 1 Arménien, 2 off. pol. russes	21

3 Les massacres commis par l'*Einsatzgruppe* A en Lituanie (1941)

D'après le rapport rédigé le 1er décembre 1941 par le SS Karl Jäger, commandant de l'*Einsatzkommando* 3 de l'*Einsatzgruppe* A.

5 Les meurtres de masse vus par leurs auteurs

La réalisation de ce type d'opérations a été avant tout un problème d'organisation. Toute décision visant à nettoyer un district de ces Juifs exigeait que chaque opération fût soigneusement préparée, que l'on tâtât le terrain dans le district concerné. Il a fallu rassembler les Juifs à un ou plusieurs endroits, puis, au vu du nombre, chercher un lieu adéquat pour creuser les fosses nécessaires. La distance à parcourir entre les lieux de rassemblement et les fosses était en moyenne de 4 à 5 km. Les Juifs ont été répartis en colonnes de 500 et acheminés vers les lieux d'exécution à intervalles d'au moins 2 km. Un exemple pris au hasard montrera à quel point ce travail a été difficile et éprouvant pour les nerfs.

À Rokiskis, il a fallu acheminer 3 208 personnes sur une distance de 4,5 km avant de pouvoir procéder à la liquidation. Pour venir à bout de cette tâche en l'espace de 24 heures, 60 des 80 patriotes lituaniens disponibles ont dû participer ou aider au transport, en l'occurrence, à interdire l'accès au secteur. Les hommes restants que l'on a été sans cesse obligé de relever ont abattu tout le travail avec mes hommes. Nous disposons rarement de véhicules pour ces transports.

Extrait du rapport rédigé le 1er décembre 1941 par le SS Karl Jäger, commandant de l'*Einsatzkommando* 3 de l'*Einsatzgruppe* A.

4 Des tueries de masse

Massacres perpétrés par les *Einsatzgruppen*, Vinnitsa (Ukraine), septembre 1941. Photographie prise par un militaire nazi.

Itinéraire 1

Identifier

1. **Doc 1.** Relevez les termes utilisés pour désigner l'ennemi.
2. **Doc 2.** Décrivez la progression des troupes et celle des *Einsatzgruppen* entre juin et décembre 1941.

Expliquer

3. **Doc 1 et 3.** Montrez que les massacres réalisés s'inscrivent dans la vision de l'ennemi proposée par les dirigeants nazis.
4. **Doc 4 et 5.** Expliquez pourquoi la réalisation de ces massacres implique d'importants préparatifs de la part des bourreaux.

Synthétiser

5. Montrez que l'invasion de l'URSS est une guerre conçue comme une guerre d'anéantissement. Expliquez ensuite comment les modalités de l'anéantissement servent une intensification du processus génocidaire.

Aide

OU

Itinéraire 2

oral

Travailler l'oral

- Préparez une présentation orale de 5 min pour répondre à la question : « Comment l'invasion de l'URSS rend-elle possible une intensification du processus génocidaire ? », puis répartissez-vous par groupes de 3 ou 4 élèves.
- À tour de rôle, vous présentez votre réponse. Les autres élèves, dans le rôle du jury, vous posent des questions pendant 10 min : définitions du vocabulaire employé, liens avec le cours…

Aide | Exemples de questions

DOCUMENTS

Les centres de mise à mort en Europe

COURS : p. 96-97

VOCABULAIRE :
- Centre de mise à mort p. 97
- Ghetto p. 97
- SS p. 98

Lien vers l'article
Le génocide de Tsiganes européens

Implantés à l'Est à partir de l'automne 1941, les centres de mise à mort sont des lieux conçus pour l'assassinat des populations juives. Les Tsiganes sont aussi exterminés dans ces centres, spécialement dans ceux de Chelmno et d'Auschwitz.

Quelle place les centres de mise à mort occupent-ils dans le processus génocidaire ?

CHRONOLOGIE

Hiver 1939-1940	Création des premiers ghettos en Pologne.
Octobre 1941	Début de la déportation des Juifs du Reich vers l'Est.
Décembre 1941	Chelmno, premier centre de mise à mort, est ouvert.
Janvier 1942	Conférence de Wannsee.
Printemps 1942	Lancement de l'« Aktion Reinhardt ».
Été 1942	Le camp d'Auschwitz-Birkenau est progressivement doté de chambres à gaz couplées à des fours crématoires.
Février 1943	Arrivée du premier convoi de Tsiganes à Auschwitz-Birkenau.

1 L'arrivée d'un convoi à Auschwitz

Photographie prise à l'arrivée d'un convoi de Juifs en provenance de Hongrie en mai 1944. Les nazis sélectionnent ensuite ceux qui sont jugés aptes au travail et ceux qui sont immédiatement destinés à la mort par gazage.

2 Les centres de mise à mort : le choix d'Auschwitz

Vidéo
Rudolf Höss, commandant d'Auschwitz

C'était en été 1941 (je ne me souviens plus de la date exacte) que je fus soudain convoqué à Berlin chez le *Reichsführer* SS[1] par l'un de ses aides de camp. Contrairement à ses habitudes, il me reçut en tête à tête et me déclara ce qui suit : le Führer a décidé de procéder à la « solution finale[2] » du problème juif. Nous, les SS, nous sommes chargés d'exécuter cet ordre. Les centres d'extermination déjà existants dans la zone orientale ne sont pas en état de mener jusqu'au bout les grandes actions qui sont projetées. C'est donc dans ce but que j'ai choisi Auschwitz, d'abord à cause de sa situation favorable du point de vue des communications et ensuite parce que l'emplacement destiné à une action semblable peut facilement être isolé et camouflé dans cette région.

Rudolf Höss, *Le commandant d'Auschwitz parle* (1959), La Découverte, 1995.

1. Himmler, chef de la SS.
2. Expression utilisée par les nazis pour désigner la destruction des Juifs d'Europe.

3 Le centre de mise à mort de Belzec

Quartiers des SS

1 Gare
2 Poste de garde principal
3 Baraquements des *Trawnikis*[1]
4 Rampe d'arrivée
5 Baraquements des *Arbeitjuden*[2]
6 Entrepôt des biens confisqués
7 Potences
8 Salle de déshabillage
9 Salle de tonte des cheveux des femmes
10 Chambres à gaz
11 Moteur produisant le gaz asphyxiant
12 Bûchers
13 Fosses communes
14 Cantine

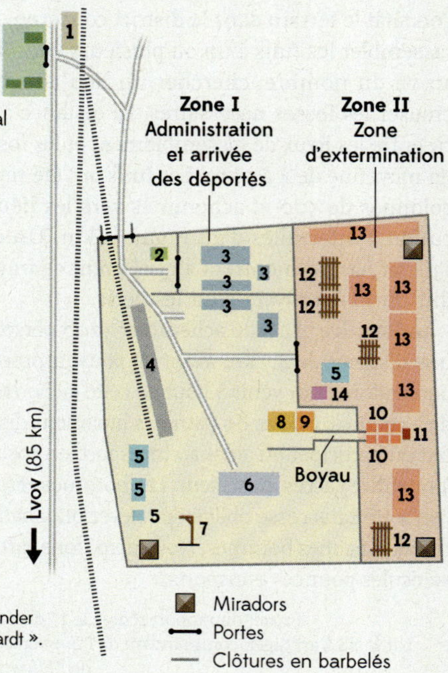

¹ Gardes recrutés en Europe de l'Est et formés pour seconder les SS dans l'« Aktion Reinhardt ».
² Travailleurs juifs.

4 Les centres de mise à mort en Europe

Carte interactive

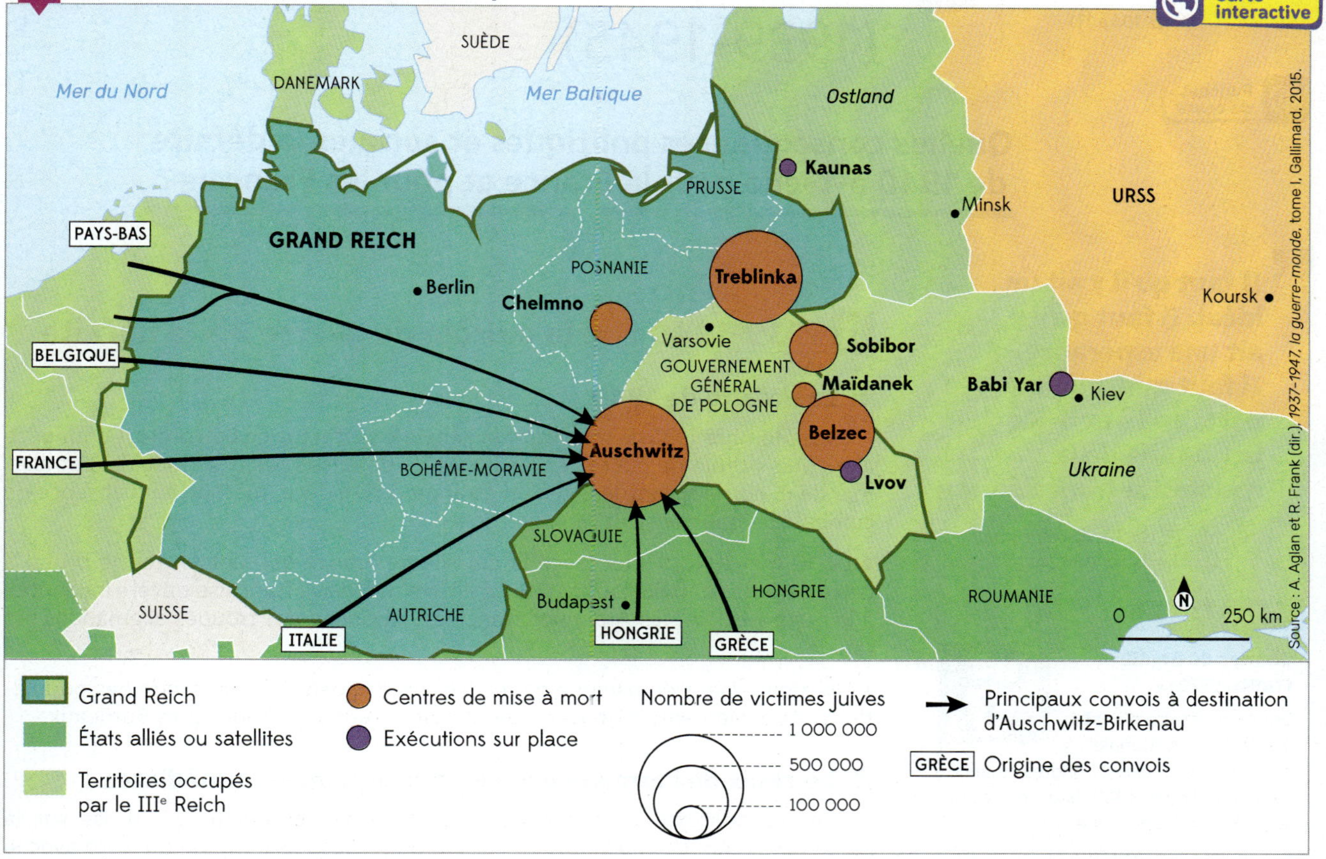

Source : A. Aglan et R. Frank (dir.), *1937-1947, la guerre-monde*, tome I, Gallimard, 2015.

5 L'arrivée à Belzec décrite par un survivant

Rudolf Reder a été déporté à Belzec le 16 août 1942. Il parvient à s'échapper en novembre 1942.

À midi environ, le train atteignit la gare de Belzec. C'était une petite gare, entourée de petites maisons. La Gestapo[1] vivait dans ces petites maisons [...]. À la gare de Belzec, le train fit marche arrière depuis la ligne principale sur une bretelle d'un kilomètre de long, directement à travers la porte du camp de la mort. Des cheminots ukrainiens vivaient aussi près de la gare de Belzec. [...] Le train s'arrêtait dans une cour d'un périmètre d'un kilomètre, entourée de fil de fer barbelé et d'une clôture d'acier, le premier placé sur la seconde, l'ensemble mesurant deux mètres de haut. [...] Quand un train avait franchi le portail, la sentinelle le refermait et rentrait dans la cabane. C'était alors qu'avait lieu « la prise de livraison du train ». Plusieurs douzaines de SS ouvraient les wagons, criant « *Los !* » Ils chassaient les gens des wagons avec des fouets et des crosses de fusils. Les portes des wagons se trouvaient à un mètre du sol, et tous ceux qui en descendaient, jeunes et vieux, devaient sauter. [...] L'homme de la Gestapo [...] prenait livraison des transports de la mort. Dès que les victimes étaient déchargées, elles étaient assemblées dans la cour, entourées par des askars[2] armés et là, (l'homme de la Gestapo) faisait un discours : « Maintenant vous allez prendre un bain, et ensuite, vous serez envoyés au travail. » [...] Tous, à part quelques hommes sélectionnés comme ouvriers indispensables, tous – jeunes et vieux, femmes et enfants – allaient à une mort certaine.

Témoignage de Rudolf Reder, survivant du centre de mise à mort de Belzec (1946), *Revue d'Histoire de la Shoah*, 2012.

1. Police politique secrète de l'Allemagne nazie, créée en avril 1933.
2. Auxiliaires lettons ou ukrainiens.

Vocabulaire

« Aktion Reinhardt »
Nom de code de l'opération d'assassinat des Juifs du gouvernement général de Pologne.

QUESTIONS

Identifier

1. **Doc 4.** Localisez les différents centres de mise à mort.
2. **Doc 2 et 4.** Relevez les raisons pour lesquelles le camp d'Auschwitz est choisi comme lieu d'extermination des Juifs.

Expliquer

3. **Doc 1.** Décrivez et expliquez la photographie.
4. **Doc 3 et 5.** Confrontez les documents. Que nous apprennent-ils sur le fonctionnement du centre de Belzec ?

Synthétiser

5. Sous la forme d'un schéma de synthèse, mettez en évidence la place et le rôle des centres de mise à mort dans le processus génocidaire.

COURS

DOCUMENTS : p. 104 à 111

Podcast du cours

3 La France dans la guerre (1939-1945)

Quelles conséquences politiques et sociales la défaite de 1940 a-t-elle pour la France et pour les Français ?

« Il faut qu'il y ait un idéal. Il faut qu'il y ait une espérance. Il faut que, quelque part, brille et brûle la flamme de la résistance française. »

Charles de Gaulle, discours prononcé à la radio de Londres, 24 juin 1940.

BIOGRAPHIE

Charles de Gaulle (1890-1970)

Sous-secrétaire d'État à la Défense nationale en juin 1940, il rejoint Londres et lance l'appel du 18 juin 1940. Il devient alors le chef de la France libre.

Biographies : p. 356

Point de PASSAGE

▶ Juin 1940 en France : continuer ou arrêter la guerre

→ p. 104

BIOGRAPHIES

Philippe Pétain (1856-1951)

Président du Conseil (juin 1940) de la IIIe République. Il prend ensuite les pleins pouvoirs en tant que chef de l'État français.

Jean Moulin (1899-1943)

Préfet en 1940, il rejoint Londres (octobre 1941) et joue un rôle majeur dans l'unification de la Résistance intérieure.

Biographies : p. 356

A 1939-1940 : de la « drôle de guerre » à la défaite

1. La défaite de 1940

- En septembre 1939, la mobilisation générale s'effectue en bon ordre. Commence alors une « drôle de guerre » : les lignes de défense française (Maginot) et allemande (Siegfried) sont le lieu d'un étrange face-à-face, marqué par l'absence de combats d'importance et l'ennui.
- Le 10 mai 1940, Hitler lance la bataille de France qui met un terme brutal à cette période confuse. La stratégie militaire défensive française s'avère inadaptée à la guerre-éclair : les Ardennes franchies, l'avancée des troupes allemandes est rapide.
- Un mouvement de panique gagne les civils, engendrant un exode des populations. Parallèlement, le gouvernement quitte Paris pour Tours, puis Bordeaux.

2. Le choix de l'armistice et ses conséquences immédiates

- Dans ce contexte d'effondrement total, le gouvernement est divisé sur la conduite à tenir. Le choix de continuer la guerre depuis l'Afrique du Nord avec le soutien du Royaume-Uni, soutenu par le président du Conseil Paul Reynaud, est tenu en échec par les partisans de l'armistice, rangés derrière le maréchal Pétain.
- Annoncé aux Français le 17 juin, l'**armistice**, signé le 22, semble accueilli avec soulagement. Pourtant, il implique une occupation partielle du territoire désormais divisé par une ligne de démarcation (→ **carte p. 89**), un coût financier énorme (entretien des troupes d'occupation) et la non-libération des prisonniers de guerre.

B 1940-1944 : Vichy, un régime autoritaire, collaborateur et raciste

1. Un régime qui met fin à la République

- Pour le maréchal Pétain, l'armistice doit permettre à la France un redressement, qui passe dans les faits par la fin de la République. Réunis à Vichy le 10 juillet 1940, la majorité des parlementaires lui confient les pleins pouvoirs afin de « promulguer une nouvelle Constitution de l'État français ». C'est la fin de la IIIe République.
- Par les « actes constitutionnels » promulgués dès le 11 juillet 1940, le chef de l'État français dispose de l'essentiel des pouvoirs. Un culte du chef est organisé autour de la figure du « sauveur de la France », auquel tous les serviteurs de l'État doivent prêter serment de fidélité.

2. Un régime autoritaire et répressif

- La « **Révolution nationale** » fait du tryptique « travail-famille-patrie » la clé du relèvement. Le projet est traditionnaliste, nationaliste et réactionnaire : un travail par lequel l'individu sert la société ; une famille dominée par son chef ; une patrie pour laquelle tous doivent se sacrifier.

• La propagande sert la diffusion de cette idéologie. La répression, judiciaire et policière, frappe tous les opposants. Le premier statut des Juifs, promulgué dès le 3 octobre 1940, instaure un antisémitisme d'État (→ **chapitre 2**).

3. Un régime qui fait le choix de la collaboration

• Le principe d'une **collaboration** entre la puissance occupante et l'État français est posé lors de l'entrevue de Montoire (24 octobre 1940). Soutenue par l'espoir, illusoire, d'améliorer à terme le sort de la France, cette collaboration est à la fois politique, militaire (aéroports mis à disposition en 1941) et administrative (l'administration française sert le maintien de l'ordre allemand).

• À partir de 1942, l'État français fournit une contribution appréciable à l'effort de guerre allemand (produits industriels et agricoles). La création de la **Milice** (1943) illustre une répression policière conjointe à l'encontre des résistants.

C 1940-1945 : refus de l'Occupation et du régime de Vichy

1. Une résistance précoce et multiforme

• Dès le 18 juin 1940, l'armistice est dénoncé depuis Londres par le général de Gaulle, prélude à l'organisation d'une Résistance extérieure autour de la France Libre.

• Sur le territoire national, particulièrement en zone occupée, une première Résistance voit le jour dès 1940. Elle se manifeste par des actes isolés de petits groupes : ainsi, celui du musée de l'Homme conjugue des actions de propagande (tracts, journal *Résistance*), de renseignement, d'aide à l'évasion de prisonniers de guerre.

• Avec le temps, la Résistance se structure au sein d'organisations : les **réseaux** spécialisés dans des opérations paramilitaires et les **mouvements**, qui mènent des actions militaires et politiques. En février 1943, l'instauration du Service du travail obligatoire (**STO**) entraîne la création des **maquis** formés par les jeunes qui le refusent.

2. Résistance intérieure et Résistance extérieure : de la rencontre à l'action concertée

• Pour asseoir sa légitimité auprès des Alliés, le général de Gaulle doit unifier la Résistance derrière lui autour de deux objectifs communs : libérer le territoire et restaurer la République.

• Dans cette marche vers l'unité d'action, Jean Moulin joue un rôle décisif. Il est l'artisan de la fusion des mouvements de zone sud (Combat, Libération, Franc-Tireur) et de la création du Conseil national de la Résistance (CNR) (→ **chapitre 4**), qui reconnaît l'autorité du général de Gaulle.

• Après le débarquement de Normandie en juin 1944, les différentes forces armées – Forces françaises de l'intérieur (**FFI**), Forces françaises libres (**FFL**) – jouent un rôle inégal dans la libération du territoire. Leur participation militaire au débarquement de Provence comme aux combats de la Libération sert toutefois l'affirmation politique du Gouvernement provisoire de la République française (GPRF) fondé à Alger en 1944. En août 1944, Paris est libéré et le 26 août, de Gaulle y défile, acclamé par une foule immense.

TESTEZ-VOUS !

- Dans quelles circonstances la République disparaît-elle en 1940 ?
- Qu'est-ce que la collaboration et comment se manifeste-t-elle ?
- Qui sont les acteurs de la résistance à l'occupation allemande ?

Vocabulaire

- **Armistice**
Cessation provisoire des hostilités.
- **Collaboration**
Politique de coopération volontaire engagée par le gouvernement de Vichy avec l'Allemagne nazie.
- **FFL (Forces françaises libres)**
Armée formée des volontaires qui rejoignent de Gaulle en 1940.
- **FFI (Forces françaises de l'intérieur)**
Groupes armés unis en 1944 sous l'autorité du CNR (Conseil national de la Résistance).

Point de PASSAGE

▶ De Gaulle et la France libre

→ p. 110

- **Maquis**
Lieu difficile d'accès où les résistants s'organisent pour combattre l'occupant allemand et le régime de Vichy.
- **Milice**
Force répressive créée en janvier 1943 par le gouvernement de Vichy, la Milice participe à la traque des résistants et des Juifs.
- **Mouvements de Résistance**
Groupes de résistance qui cherchent à sensibiliser et organiser la population contre l'occupant.
- **Réseaux de Résistance**
Organisations militaires rattachées aux services secrets (britanniques ou de la France libre) spécialisées dans des missions paramilitaires (évasion, renseignement, sabotage).
- **« Révolution nationale »**
Nouvelle révolution appelée de ses vœux par Pétain, elle doit anéantir l'héritage de la Révolution de 1789 et permettre l'instauration d'un ordre nouveau.
- **STO**
Service du travail obligatoire en Allemagne que doivent faire les jeunes à partir de 1943.

Point de PASSAGE

COURS : p. 102-103

BIOGRAPHIES : p. 102

- Charles de Gaulle
- Philippe Pétain

Contexte

Juin 1940 en France : continuer ou arrêter la guerre

En juin 1940, 3 semaines après le début de l'offensive allemande, la France semble anéantie. Le pouvoir est face à un choix : arrêter la guerre en admettant la défaite ou continuer à se battre malgré les revers.

En quoi la défaite de juin 1940 place-t-elle la France face à un choix lourd de conséquences pour les Français ?

1 La France défaite (10 mai-22 juin 1940)

Carte interactive

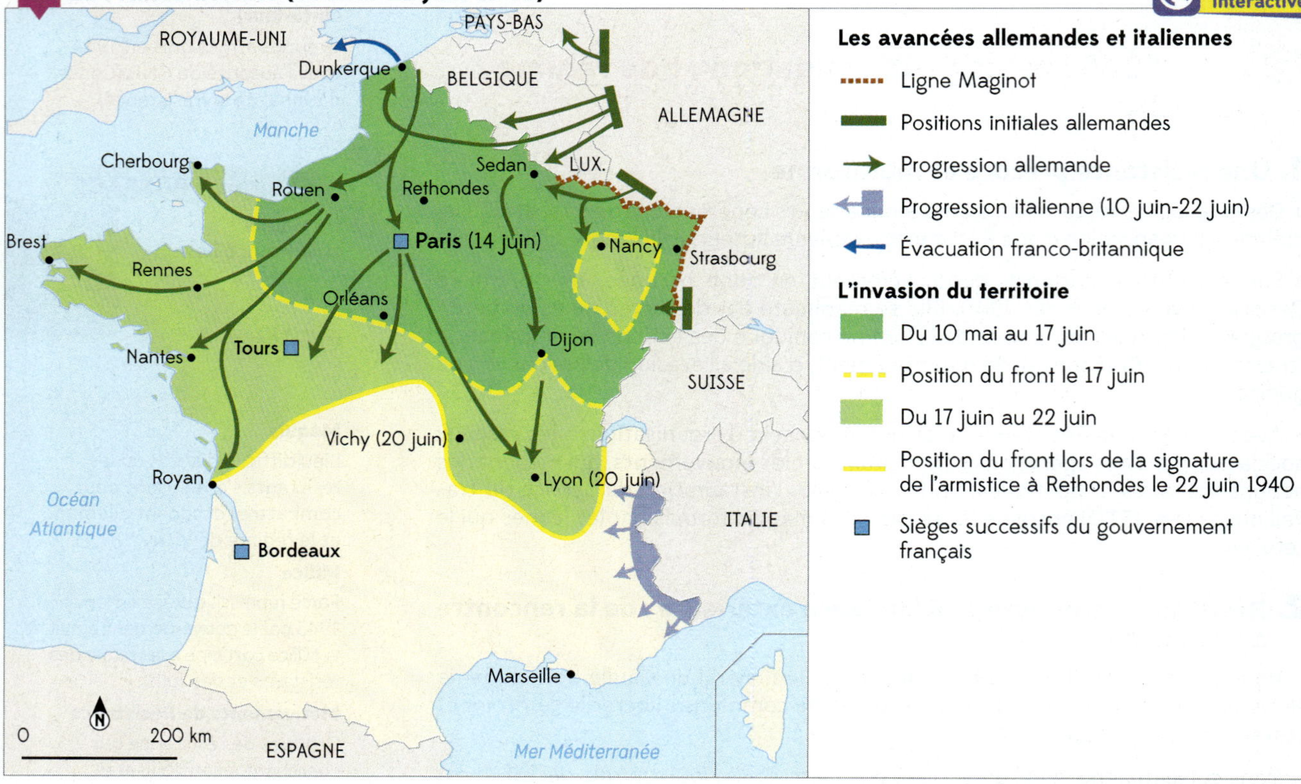

CHRONOLOGIE

1940

- **10 mai** Début de la bataille de France.
- **6 juin** Charles de Gaulle nommé sous-secrétaire d'État à la Guerre.
- **16 juin** Le gouvernement s'installe à Bordeaux. Démission du président du Conseil Paul Reynaud.
- **17 juin** Allocution du maréchal Pétain, nouveau président du Conseil.
- **18 juin** Appel du général de Gaulle depuis Londres.
- **22 juin** Signature de l'armistice franco-allemand.

Vidéo
L'entrée des Allemands dans Paris

2 Réfugiés français sur les routes de l'exode (juin 1940)

3 Discours radiodiffusé du maréchal Pétain, 17 juin 1940

Podcast

Français !

À l'appel de M. le président de la République, j'assume à partir d'aujourd'hui la direction du gouvernement de la France. Sûr de l'affection de notre admirable armée, qui lutte avec un héroïsme digne de ses longues traditions militaires contre un ennemi supérieur en nombre et en armes, sûr que par sa magnifique résistance elle a rempli son devoir vis-à-vis de nos alliés, sûr de l'appui des anciens combattants que j'ai eu la fierté de commander, sûr de la confiance du peuple tout entier, je fais à la France le don de ma personne pour atténuer son malheur.

En ces heures douloureuses, je pense aux malheureux réfugiés, qui, dans un dénuement extrême, sillonnent nos routes. Je leur exprime ma compassion et ma sollicitude. C'est le cœur serré que je vous dis aujourd'hui qu'il faut cesser le combat.

Je me suis adressé cette nuit à l'adversaire pour lui demander s'il est prêt à rechercher avec nous, entre soldats, après la lutte et dans l'honneur, les moyens de mettre un terme aux hostilités.

Que tous les Français se groupent autour du gouvernement que je préside pendant ces dures épreuves et fassent taire leur angoisse pour n'écouter que leur foi dans le destin de la patrie.

Philippe Pétain, discours aux Français, 17 juin 1940.

4 Prisonniers de guerre français dans le nord de la France en 1940

5 L'appel du 18 juin 1940

Les chefs qui, depuis de nombreuses années, sont à la tête des armées françaises, ont formé un gouvernement. Ce gouvernement, alléguant la défaite de nos armées, s'est mis en rapport avec l'ennemi pour cesser le combat. Certes, nous avons été, nous sommes submergés par la force mécanique, terrestre et aérienne de l'ennemi. Infiniment plus que leur nombre, ce sont les chars, les avions, la tactique des Allemands qui nous font reculer. Ce sont les chars, les avions, la tactique des Allemands qui ont surpris nos chefs au point de les amener là où ils en sont aujourd'hui. Mais le dernier mot est-il dit ? L'espérance doit-elle disparaître ? La défaite est-elle définitive ? Non ! Croyez-moi, moi qui vous parle en connaissance de cause et vous dis que rien n'est perdu pour la France.

Les mêmes moyens qui nous ont vaincus peuvent faire venir un jour la victoire. Car la France n'est pas seule ! Elle n'est pas seule ! Elle n'est pas seule ! Elle a un vaste Empire derrière elle. Elle peut faire bloc avec l'Empire britannique qui tient la mer et continue la lutte. Elle peut, comme l'Angleterre, utiliser sans limites l'immense industrie des États-Unis. Cette guerre n'est pas limitée au territoire de notre malheureux pays. Cette guerre n'est pas tranchée par la bataille de France. Cette guerre est une guerre mondiale.

Charles de Gaulle, discours radiodiffusé depuis la BBC, Londres, 18 juin 1940.

Itinéraire 1

Identifier

1. **Doc 1.** Montrez la rapidité de la défaite de 1940.
2. **Doc 1, 2 et 4.** Identifiez les différents éléments qui signalent le caractère écrasant de la défaite.

Expliquer

3. **Doc 3.** Quels arguments sont mis en avant par Pétain pour justifier son choix ?
4. **Doc 3 et 5.** Comparez les visions de la défaite et du conflit portées par le maréchal Pétain et le général de Gaulle.

Synthétiser

5. Afin de répondre à la problématique, rédigez un court texte argumenté montrant que la défaite de 1940 entraîne un choix – celui de l'armistice – contesté et lourd de conséquences.

OU

Itinéraire 2

oral

Réaliser une carte mentale

Centrée sur la défaite de 1940, votre carte mentale doit en faire apparaître les raisons, les modalités, et les conséquences territoriales et politiques immédiates. Présentez-la en 5 min devant la classe.

Aide

DOCUMENTS

Vichy, l'Occupation, la collaboration

▶ COURS : p. 102-103

En juillet 1940, l'État français met fin à la République. Né de la défaite, le nouveau régime – dit « de Vichy » où le gouvernement s'installe en juillet – prétend incarner la « France éternelle », en garantir la souveraineté alors même qu'elle est largement occupée, et conduire sa transformation politique et morale.

Pourquoi et comment le régime de Vichy fait-il le choix d'une collaboration avec l'occupant ?

CHRONOLOGIE

10 juillet 1940	3 octobre 1940	24 octobre 1940	16 au 17 juillet 1942	11 novembre 1942	11 décembre 1942	16 février 1943
Pleins pouvoirs à Pétain.	Premier statut des Juifs. Internement de 40 000 Juifs étrangers dans des camps de zone sud.	Entrevue (Hitler-Pétain) de Montoire.	Rafle du vélodrome d'Hiver.	Invasion de la zone sud par les forces allemandes.	Le gouvernement de Vichy impose aux Juifs de faire porter à l'encre rouge la mention « Juif » sur leur carte d'identité et leur carte d'alimentation.	Loi sur le STO.

1 Le maréchal Pétain choisit la collaboration (octobre 1940)

Français,

J'ai rencontré, jeudi dernier, le chancelier du Reich. [...]. Cette première rencontre entre le vainqueur et le vaincu marque le premier redressement de notre pays. [...] Une collaboration a été envisagée entre nos deux pays. J'en ai accepté le principe. Les modalités en seront discutées ultérieurement. [...] C'est dans l'honneur et pour maintenir l'unité française – une unité de dix siècles – dans le cadre d'une activité constructive du nouvel ordre européen que j'entre, aujourd'hui, dans la voie de la collaboration.

Ainsi, dans un avenir prochain, pourrait être allégé le poids des souffrances de notre pays, amélioré le sort de nos prisonniers, atténuée la charge des frais d'occupation. Ainsi pourrait être assouplie la ligne de démarcation[1] [...] L'armistice, au demeurant, n'est pas la paix. La France est tenue par des obligations nombreuses vis-à-vis du vainqueur. Du moins reste-t-elle souveraine. Cette souveraineté lui impose de défendre son sol, d'éteindre les divergences de l'opinion, de réduire les dissidences de ses colonies.

Cette politique est la mienne. Les ministres ne sont responsables que devant moi.

C'est moi seul que l'Histoire jugera. Je vous ai tenu jusqu'ici le langage d'un père. Je vous tiens aujourd'hui le langage du chef. Suivez-moi. Gardez confiance en la France éternelle[2].

Philippe Pétain, discours radiodiffusé, 30 octobre 1940.

1. Séparation entre la France du Nord occupée par l'armée allemande et la France du Sud, non occupée.
2. Selon Pétain, la France traditionnelle : un territoire, une longue histoire, des valeurs (travail, patrie, famille, monde rural).

2 Affiche de propagande de la Ligue française (1941)

La Ligue française d'épuration, d'entraide sociale et de collaboration européenne est un mouvement collaborationniste créé en septembre 1940.

Vocabulaire

- **Collaboration**
  Politique de coopération volontaire engagée par le gouvernement de Vichy avec l'Allemagne nazie.
- **Collaborationniste**
  Partisan de la collaboration, par conviction idéologique.
- **STO**
  Service du travail obligatoire en Allemagne que doivent faire les jeunes à partir de 1943.

Vidéo
Discours du maréchal Pétain

3 La mise en œuvre du STO (1943)

Affiche de propagande vichyste en faveur du Service du travail obligatoire (STO).

5 Protestation de l'évêque de Montauban (août 1942)

Pierre-Marie Théas, évêque de Montauban, est l'un des rares évêques à protester publiquement contre les mesures antisémites de Vichy.

Mes biens chers Frères,

Des scènes douloureuses et parfois horribles se déroulent en France, sans que la France en soit responsable.

À Paris, par dizaines de milliers, des Juifs ont été traités avec la plus barbare sauvagerie. Et voici que dans nos régions, on assiste à un spectacle navrant : des familles sont disloquées, des hommes et des femmes sont traités comme un vil troupeau, et envoyés vers une destination inconnue, avec la perspective des plus graves dangers.

Je fais entendre la protestation indignée de la conscience chrétienne et je proclame que tous les hommes, aryens ou non aryens, sont frères parce que créés par le même Dieu ; que les hommes, quelle que soit leur race ou leur religion, ont droit au respect des individus et des États.

Or les mesures [antisémites] actuelles sont un mépris de la dignité humaine, une violation des droits les plus sacrés de la personne et de la famille.

Que Dieu console et fortifie tous ceux qui sont iniquement persécutés ! Qu'il accorde au monde la paix véritable et durable, fondée sur la justice et la charité !

Lettre pastorale rédigée le 26 août 1942 et lue publiquement dans toutes les églises du diocèse de Montauban, 30 août 1942.

4 La rafle du « Vél' d'Hiv' »

Vidéo

Dans le cadre d'une vaste arrestation collective, 13 152 Juifs dont 4 115 enfants sont arrêtés par la police française et transférés au vélodrome d'Hiver, un stade de courses cyclistes couvert. Clara Garnek, âgée de 15 ans, sera déportée à Auschwitz avec sa mère et ses deux frères Henri et Jean le 7 août 1942. Ils y seront assassinés.

Paris, le 18 juillet 1942

Chers oncle, tante et cousins,

Deux mots pour vous dire que nous avons été pris jeudi à 3 heures et demie, et on nous a conduits au vélodrome d'Hiver. Nous sommes très malheureux. À chaque instant, il y a de nouveaux malades, il y a des femmes enceintes, des aveugles... nous couchons par terre.

Hier, on nous a donné du lait pour les enfants de moins de dix ans, une tartine de pain, une tablette de chocolat, une madeleine, des pâtes. Je ne sais pas si on pourra supporter encore longtemps ceci. Maman n'en peut plus.

C'est encore plus abrutissant que toutes les femmes racontent des choses qui ne tiennent pas debout et au lieu de se remonter, elles se descendent et celles qui ont un peu de courage, elles le perdent petit à petit.

Je ne peux écrire plus long et nous espérons vous revoir bientôt.

Jeannot pleure tout le temps parce qu'il veut retourner à la maison.

Clara.

Textes réunis par Antoine Sabbagh, *Lettres de Drancy*, Texto, 2019.

QUESTIONS

Identifier

1. **Doc 1.** Relevez les arguments mis en avant par Pétain pour justifier la collaboration.
2. **Doc 2.** Identifiez sur le document les figures de la « France éternelle » et ses ennemis supposés.

Expliquer

3. **Doc 3.** Pourquoi peut-on dire que cette affiche de propagande oppose deux camps de manière caricaturale ?
4. **Doc 2, 4 et 5.** Montrez que le régime de Vichy fait le choix de la persécution des Juifs.

Synthétiser

5. Rédigez un texte pour expliquer les motivations de la collaboration engagée par le régime de Vichy et ses conséquences sur la population française.

DOCUMENTS

1940 : première Résistance en zone occupée

COURS : p. 102-103

Vidéo
La naissance de la Résistance

Dès juin 1940, une première Résistance se développe, spécialement en zone occupée. Des petits groupes naissent, rassemblant ceux qui sont animés de l'intention de « faire quelque chose » pour la France.

CONSIGNE BAC

En analysant et confrontant ces documents, vous mettrez en évidence les caractéristiques de la première Résistance.

CHRONOLOGIE

1940

- **22 juin** Signature de l'armistice.
- **Octobre** Installation du commandement militaire allemand à l'hôtel Majestic (Paris).
- **10 novembre** La préfecture de police interdit toute démonstration publique le 11 novembre.
- **11 novembre** Commémoration de l'armistice de 1918.
- **12 novembre** Fermeture de toutes les institutions universitaires à Paris sur ordre des autorités allemandes.

INFO

Le commandement militaire allemand estime entre 500 et 1 000 le nombre des manifestants présents le 11 novembre 1940. La police française évalue à 24 500 le nombre cumulé des visiteurs de l'après-midi (y compris les étudiants) à la tombe du Soldat inconnu.

AIDE POUR RÉPONDRE À LA CONSIGNE

- Replacez la manifestation dans son contexte (1940, Paris).
- Identifiez les moyens utilisés par les manifestants pour rassembler autour de leur projet.

À télécharger
Transcription du document

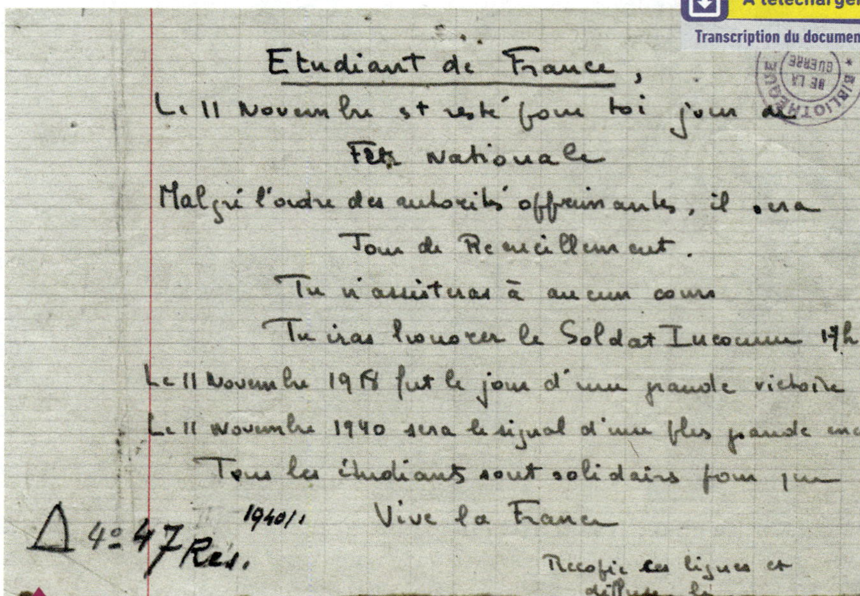

Etudiant de France,
Le 11 Novembre est resté pour toi jour de Fête nationale
Malgré l'ordre des autorités opprimantes, il sera Jour de Recueillement.
Tu n'assisteras à aucun cours
Tu iras honorer le Soldat Inconnu 17h
Le 11 Novembre 1918 fut le jour d'une grande victoire
Le 11 Novembre 1940 sera le signal d'une plus grande enc
Tous les étudiants sont solidaires pour qu
1940/1 Vive la France
Recopie ces lignes et diffuse-les
Δ 4° 47 Res.

1 Tract appelant à une manifestation le 11 novembre 1940
Tract retrouvé le 9 novembre dans les couloirs de la faculté de médecine de Paris. Archives conservées à La contemporaine (Nanterre).

2 Souvenirs de manifestation d'une jeune étudiante

Anise Postel-Vinay s'engage en Résistance dès 1941. Arrêtée en août 1942, elle est déportée au camp de concentration de Ravensbrück.

Le 11 novembre 1940, nous sommes allés défiler place de l'Étoile. Le rendez-vous était à la station Clemenceau. J'ai remonté les Champs-Élysées, je me souviens que j'avais de multiples courbatures à cause d'une marche que j'avais faite la veille avec les Éclaireuses[1]. Nous ne parvenions pas à aller jusqu'à la flamme du Soldat inconnu où nous voulions déposer des fleurs. Les agents nous disaient : « Reculez ! reculez ! »

À côté de moi, il y avait une vieille dame, qui avait peut-être quarante ans mais qui me paraissait très vieille à l'époque. Elle voulait déposer un petit bouquet de fleurs et s'est mise à apostropher les agents : « Ah non, messieurs ! assez reculé comme ça ! » Son courage m'a enchantée. Quand les Allemands sont arrivés, ils ont installé leurs mitrailleuses sur des trépieds et ont tiré sur la foule. Ils ont arrêté au moins une trentaine de personnes, qu'ils ont enfermées à la prison de la Santé. Les Français auraient arrêté puis relâché un millier de personnes.

Anise Postel-Vinay et Laure Adler, *Vivre*, © Grasset & Fasquelle, 2015.

1. Les « Éclaireuses et éclaireurs de France » est un mouvement scout laïque.

DOCUMENTS

1943-1944 : Résistance et action armée

COURS : p. 102-103

VOCABULAIRE :
- FFI p. 103

En 1943, l'action armée de la Résistance se développe et des maquis se créent. L'espoir d'une libération prochaine, à laquelle la lutte clandestine contribuerait, se conjugue avec une répression brutale à l'encontre des résistants.

CONSIGNE BAC

En analysant et confrontant ces documents, vous montrerez que les combats de la Résistance se transforment à partir de 1943.

Vocabulaire

- **Maquis**
  Lieux difficiles d'accès où les résistants s'organisent pour combattre l'occupant allemand et le régime de Vichy.
- **STO**
  Service du travail obligatoire en Allemagne que doivent faire les jeunes à partir de 1943.

1 Résistants dans le maquis du Vercors (1944)

En juillet 1944, le maquis du Vercors est anéanti par la Wehrmacht lors de la plus grande offensive lancée contre la Résistance en France.

CHRONOLOGIE

- **Novembre 1942** : Occupation de la zone sud.
- **1943**
- **Février** : Loi sur le STO.
- **Printemps** : Des réfractaires au STO gagnent le maquis.
- **Septembre** : Déclenchement de l'insurrection en Corse.
- **Novembre** : Premier parachutage d'armes sur le plateau du Vercors.
- **Décembre** : Création des FFI (Forces françaises de l'intérieur).

2 Des résistants condamnés à mort

Réuni le 15 septembre 1943 à Besançon, le tribunal de guerre [...] a prononcé le 18 septembre 1943 la sentence suivante :

Sont condamnés pour délit de francs-tireurs[1] :

Les accusés PAQUERIAUD, MONTAVON, SIMON, ROBLEDO, COMPAGNON, FERTET, REDDET, ROTHAMER, PAILLARD, PUGET Marcellin, PUGET Roger, GRAPPIN, GLADOUX, ROUSSEY, TRABADO et AYMONNIN à la peine de mort. [...]

Motifs :

Depuis octobre 1942, l'organisation de résistance FTP (Francs-Tireurs-Partisans) qui se trouve sous une direction communiste, a créé, dans le département du Doubs, différents groupes de terroristes, qui avaient comme mission d'exécuter des actes de sabotage contre les voies de communication et les installations économiques, des vols d'armes, de munitions et de tickets d'alimentation ; attaquer des membres de la Wehrmacht et des installations des troupes d'occupation ainsi que des Français adeptes de la collaboration. [...]

L'existence de trois détachements FTP, encore en voie de constitution, a pu être établie dans le Doubs [...]. Les hommes des FTP reçurent des faux noms et des numéros matricules. Les détachements possédaient des armes, des munitions, des explosifs, des outils pour le sabotage des voies ferrées, des tracts et le matériel nécessaire pour la confection de ces derniers.

Jugement du tribunal militaire allemand de Besançon, 18 septembre 1943, musée de la Résistance et de la Déportation, Besançon.

1. L'appellation « franc-tireur » désigne celui qui prend les armes sans appartenir à l'armée.

AIDE POUR RÉPONDRE À LA CONSIGNE

- Décrivez bien cette photographie en prêtant attention à ce qui suggère une résistance armée.
- Relevez ce que nous apprend ce jugement sur la lutte clandestine.

Point de PASSAGE

De Gaulle et la France libre

COURS : p. 102-103

VOCABULAIRE :

- **FFL** p. 103
- **France libre** p. 87

Contexte

Le 17 juin 1940, la demande d'armistice enterre le projet d'une alliance franco-britannique autorisant la poursuite des combats. De Gaulle rejoint Londres et lance l'appel du 18 juin, premier acte du regroupement de Français libres, partageant un même refus de la défaite. Il met en place une armée qui participe aux combats d'abord dans les colonies françaises.

Comment la France libre parvient-elle à s'affirmer sur les plans militaire et politique ?

CHRONOLOGIE

18 juin 1940	Discours du général de Gaulle sur les ondes de la BBC.
27 juin 1940	De Gaulle reconnu « chef des Français libres » par le Royaume-Uni.
Fin juillet 1940	Environ 7 000 hommes dans les rangs des FFL.
26 août 1940	Le Tchad se rallie à la France libre, suivi du Cameroun et du Congo.
1er mars 1941	Prise de Koufra (Libye) par le colonel Leclerc et les FFL.
3 juin 1943	Création du Comité français de libération nationale à Alger (CFLN).
19 au 25 août 1944	Libération de Paris.

BIOGRAPHIE

Félix Éboué (1884-1944)

Il fait le choix de rallier le Tchad à la France libre. Nommé par Charles de Gaulle gouverneur général de l'AEF, il joue un rôle majeur pour la France libre en Afrique.

Biographies : p. 356

Les Forces françaises libres (FFL) en 1944

- Combattants originaires de métropole
- Soldats coloniaux
- Soldats étrangers
- Femmes

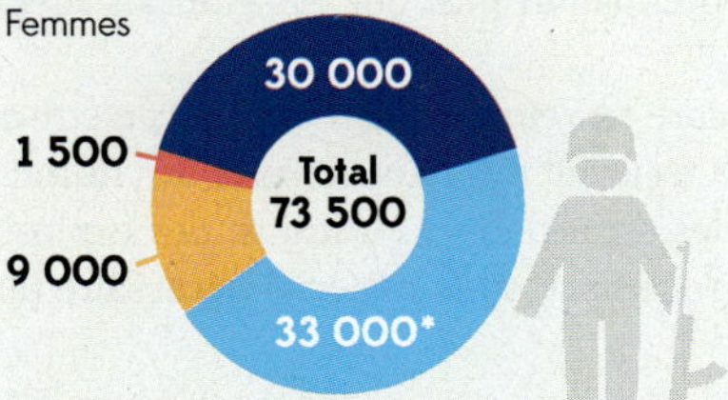

*Dont 30 000 tirailleurs africains

Sources : J.-F. Muracciole, *Les Français libres*, Perrin, 2009, et E. Jennings, *Les Français libres et le monde*, Fondation de la France libre, 2013.

1 Appel aux Français de l'Afrique-Équatoriale française (AEF), août 1940

Français de l'AEF,

Votre groupe de colonies, conquis au prix de tant de beau sang français, est perdu sans rémission pour la France si l'Allemagne et l'Italie remportent la victoire. [...]

Pouvez-vous accepter cette perspective de rendre à l'ennemi, sans combattre, le territoire dont vous avez la garde ? Vous ne pouvez le faire sans vous déshonorer. [...]

Les intérêts de la France et ceux de l'AEF vous imposent de prendre virilement votre parti d'entrer de nouveau dans la lutte. [...]

Soldats, n'oubliez pas que la discipline, que l'on invoque à tout moment, ne peut être invoquée pour vous obliger à trahir la devise de vos drapeaux : HONNEUR ET PATRIE [...].

Français de l'AEF, votre devoir est de sauver votre groupe de colonies et de contribuer à restaurer l'indépendance de votre pays en entrant dans le mouvement d'affranchissement dont le général de Gaulle a pris l'initiative et la direction.

Colonel de Larminat, délégué du général de Gaulle pour l'Afrique française, 20 août 1940.

2 Les objectifs de la France libre

Vidéo

Cette déclaration aux mouvements de Résistance, publiée dans les journaux clandestins de la Résistance intérieure, est diffusée le 23 juin 1942 par Radio-Brazzaville.

Le terme de la guerre est, pour nous, à la fois la restauration de la complète intégrité du territoire, de l'Empire, du patrimoine français et celle de la souveraineté complète de la nation sur elle-même. [...] En même temps que les Français seront libérés de l'oppression ennemie, toutes leurs libertés intérieures devront leur être rendues. Une fois l'ennemi chassé du territoire, tous les hommes et toutes les femmes de chez nous éliront l'Assemblée nationale qui décidera souverainement des destinées du pays. [...]

À l'intérieur, il faudra que soient réalisées, contre la tyrannie du perpétuel abus, les garanties pratiques qui assureront à chacun la liberté et la dignité dans son travail et dans son existence. La sécurité nationale et la sécurité sociale sont, pour nous, des buts impératifs et conjugués. [...] Et nous voulons en même temps que [...] l'idéal séculaire français de liberté, d'égalité et de fraternité soit désormais mis en pratique chez nous, de telle sorte que chacun soit libre de sa pensée, de ses croyances, de ses actions, que chacun ait, au départ de son activité sociale, des chances égales à celles de tous les autres, que chacun soit respecté par tous et aidé s'il en a besoin.

Déclaration du général de Gaulle, 23 juin 1942.

3 Le tournant de 1943 pour la France libre

Juillet 1943

La plupart des Français combattants ont quitté Londres. C'est une époque d'histoire de France qui va se terminer. La France libre, la France combattante, Carlton Gardens[1], les émigrés de 1940, le Comité national français, les dénationalisés[2] de Londres, tout cela est fini. À Alger commence une époque nouvelle, normale presque, un gouvernement, une grande armée bien équipée, en terre française. Les temps héroïques sont révolus. Le temps où le général de Gaulle était seul avec son officier d'ordonnance, dans une chambre d'hôtel à Londres et, où, de là, il appelait à lui la France entière. [...] Le temps où dans de frêles embarcations arrivaient les pêcheurs de Bretagne [...], le temps où les premières femmes montaient leur première caserne dans Hill Street[3], le temps où nous étions les traîtres, le temps du *Blitz*, le temps des désastres [...] tout cela est fini. Nous redevenons maintenant des gens normaux, nous revenons dans un département français, sous les lois de la République.

Tereska Torrès, *Une Française libre, Journal 1939-1945*, Phébus, 2000.

1. Quartier général de la France libre à Londres.
2. À l'image de de Gaulle, ceux qui gagnent Londres sont déchus de leur nationalité française par Vichy.
3. Dès novembre 1940 est créé au sein de la France libre un corps féminin des volontaires.

Animation

4 Séance inaugurale de l'Assemblée consultative d'Alger (3 novembre 1943)

Créée en septembre 1943, l'Assemblée consultative d'Alger est composée de délégués de la France libre, des mouvements de Résistance, et de parlementaires ayant refusé les pleins pouvoirs à Pétain.

5 Défilé des troupes coloniales sur les Champs-Élysées

Le 18 juin 1945, défilé des troupes de la France libre, ici le régiment de tirailleurs marocains.

Itinéraire 1

Identifier

1. **Doc 1.** Relevez les arguments avancés par le représentant du général de Gaulle pour rallier les Français de l'AEF.
2. **Doc 4.** Décrivez la scène et identifiez les symboles et allégories présents lors de cette séance.

Expliquer

3. **Doc 2 et 4.** Quelles valeurs et idées politiques la France libre défend-elle ?
4. **Doc 3 et 5.** Expliquez les formes que prend l'engagement au sein de la France libre.

Synthétiser

5. Montrez que la France libre est à la fois une organisation militaire et une alternative politique au régime de Vichy.

Aide

OU

Itinéraire 2

Élaborer une frise chronologique

Vous distinguerez trois périodes et leur donnerez un titre : 1940-1942 ; 1943 ; 1944-1945. Vous montrerez que la France libre poursuit parallèlement deux objectifs liés : militaire et politique.

Aide

RÉVISIONS

La Seconde Guerre mondiale (1939-1945)

Podcast de la synthèse

RETENIR… à l'écrit

1 Les phases et les théâtres d'opérations d'une guerre mondiale (1939-1945)

- Entre 1939 et 1941, le conflit se déploie sur deux théâtres d'opérations majeurs : l'Asie du Sud, où le Japon se construit un empire ; l'Europe, où l'Allemagne impose sa domination.
- En juin 1941, la guerre-éclair échoue sur le sol soviétique.
- L'entrée en guerre des États-Unis (décembre 1941) confère au conflit sa dimension planétaire et permet un basculement en faveur des Alliés : premiers débarquements (Afrique du Nord), victoires successives dans la guerre du Pacifique. En 1944, les opérations Overlord à l'Ouest et Bagration à l'Est prennent l'Allemagne en étau. Elle capitule en mai 1945. Les bombardements nucléaires sur Hiroshima et Nagasaki (août 1945) conduisent le Japon à la reddition.

2 Violences de masse et génocides des Juifs et des Tsiganes

- Juifs et Tsiganes sont touchés par des génocides d'ampleur inégale : près de 6 millions de Juifs et 250 000 Tsiganes sont exterminés. S'agissant des Juifs, le processus génocidaire se radicalise avec la guerre menée à l'Est, s'industrialise dans les centres de mise à mort, s'étend à l'ensemble des Juifs d'Europe avec la conférence de Wannsee.
- La violence de masse caractérise un conflit qui frappe d'abord les civils, victimes d'une guerre industrielle, technologique, idéologique et raciale.

3 La France dans la guerre (1939-1945)

- L'effondrement de mai-juin 1940 explique la demande d'armistice (17 juin 1940) formulée par le maréchal Pétain.
- Le traumatisme rend possible l'instauration du régime de Vichy, autoritaire et raciste, qui, à l'automne 1940, entre dans la voie de la collaboration avec l'occupant.
- Dès juin 1940, le refus de la défaite s'exprime en France comme à Londres. La rencontre, puis l'union, entre la France libre et la Résistance intérieure érigent Charles de Gaulle en chef de la Résistance et lui confèrent un rôle décisif dans la restauration de la République.

Points de PASSAGE

- Juin 1944 : le débarquement en Normandie et l'opération Bagration → p. 92
- Hiroshima, Nagasaki : l'utilisation de l'arme nucléaire, une question toujours actuelle ? → p. 94
- Le front de l'Est et la guerre d'anéantissement → p. 98
- Juin 1940 en France : continuer ou arrêter la guerre → p. 104
- De Gaulle et la France libre → p. 110

A/Z *Les mots clés*

- **Centre de mise à mort**
  Lieu où les assassinats sont immédiats et systématisés.
- **Collaboration**
  Politique de coopération volontaire engagée par le gouvernement de Vichy avec l'Allemagne nazie.
- **France libre**
  Organisation militaire et politique fondée par de Gaulle en 1940 pour poursuivre la guerre contre l'Allemagne.
- **Génocide**
  Destruction physique, intentionnelle, systématique et programmée d'un groupe ou d'une partie d'un groupe en raison de ses origines ethniques ou religieuses.
- **Violence de masse**
  Notion qui désigne toute irruption de violence de grande ampleur, notamment lors des guerres, visant à détruire un groupe désarmé (civils, etc.).

RETENIR... en schéma

1 Les phases et les théâtres d'opérations d'une guerre mondiale

1939-1941 ▶ **Victoires de l'Axe sur tous les fronts**
- Europe : constitution du Grand Reich
- Conquêtes japonaises
- Afrique du Nord : affrontements avec le Royaume-Uni

1941 ▶ **Tournant : entrée en guerre URSS et États-Unis**
- Opération Barbarossa
- Pearl Harbor

1942-1945 ▶ **Vers la victoire des Alliés**
- Opérations Overlord et Bagration (juin 1944)
- Bombardements nucléaires à Hiroshima et Nagasaki (6 et 9 août 1945)

2 Violences de masse et génocides des Juifs et des Tsiganes

Crimes de guerre
- Massacres de civils
- Prisonniers de guerre

Crimes contre l'humanité
- Tueries de masse (guerre d'anéantissement à l'Est)
- Génocides des Juifs et des Tsiganes

3 La France dans la guerre

« Drôle de guerre », bataille de France (mai-juin 1940) ▶
- Défaite militaire
- Exode

▶
- Régime de Vichy
- **Armistice, Occupation, collaboration**

▶ Résistance intérieure + **Appel du 18 juin 1940 du général de Gaulle**

▶
- **Création de la France Libre**
- Libération du territoire

RETENIR... autrement

ÉCOUTER

Les cours en podcast .... p. 90-91, 96-97, 102-103
La synthèse du cours .... p. 112

REGARDER L'ESSENTIEL EN 3 MINUTES

S'ENTRAÎNER

Des exercices interactifs .... EXO Quiz

POUR APPROFONDIR

Documentaire
K. Burns, L. Novick, *The War*, Florentine films, WETA-TV, 2007.
Un documentaire qui restitue l'expérience de guerre et permet d'approcher la dimension totale du conflit.

BD Bande dessinée
R. Hautière, F. Laboutique, E. Polack, *Femmes en résistance*, t.3, *Berty Albrecht*, Casterman, 2015.
Portrait d'une résistante française, Berty Albrecht, cofondatrice du mouvement Combat.

Sujet

En analysant le document, vous mettrez en évidence les fondements et les modalités du combat initié par le général de Gaulle en 1940.

Quelles sont les raisons pour lesquelles de Gaulle initie ce combat ? Quels en sont les objectifs ?

Pensez à préciser le contexte en France, mais aussi dans l'empire colonial français et dans le reste du monde en guerre.

Réfléchissez aux moyens dont dispose de Gaulle, mais aussi à ses alliés.

CONSEILS

L'analyse du document constitue le cœur de votre travail, mais nécessite pour être menée la mobilisation de vos connaissances.

➜ Voir **p. 102** (cours), **p. 105** et **p. 110-111** (point de passage).

Manifeste lancé par de Gaulle depuis Brazzaville (27 octobre 1940)

Un manifeste est une proclamation qui définit un programme d'action : quels en sont l'objectif et les moyens ?

La France traverse la plus terrible crise de son histoire. Ses frontières, son Empire, son indépendance et jusqu'à son âme sont menacés de destruction.

Dans quel contexte ce manifeste est-il rédigé ?

Cédant à une panique inexcusable, des dirigeants de rencontre[1] ont accepté et subissent la loi de l'ennemi. Cependant, d'innombrables preuves montrent que le peuple et l'Empire n'acceptent pas l'horrible servitude. Des milliers de Français ou de sujets français ont décidé de continuer la guerre jusqu'à la libération. Des millions et des millions d'autres attendent, pour le faire, de trouver des chefs dignes de ce nom. Or il n'existe plus de gouvernement proprement français. En effet, l'organisme sis[2] à Vichy et qui prétend porter ce nom est inconstitutionnel et soumis à l'envahisseur. [...]

Qui de Gaulle décrit-il ? Quelle image en donne-t-il ?

Il faut donc qu'un pouvoir nouveau assume la charge de diriger l'effort français dans la guerre. Les événements m'imposent ce devoir sacré, je n'y faillirai pas. J'exercerai mes pouvoirs au nom de la France et uniquement pour la défendre et je prends l'engagement solennel de rendre compte de mes actes aux représentants du peuple français, dès qu'il aura été possible d'en désigner librement. [...]

Qui de Gaulle décrit-il ? Quelle image en donne-t-il ?

J'appelle à la guerre, c'est-à-dire au combat ou au sacrifice, tous les hommes et toutes les femmes des terres françaises qui sont ralliées à moi. En union étroite avec nos Alliés, qui proclament leur volonté de contribuer à restaurer l'indépendance et la grandeur de la France, il s'agit de défendre contre l'ennemi ou contre ses auxiliaires la partie du patrimoine national que nous détenons, d'attaquer l'ennemi partout où cela sera possible, de mettre en œuvre toutes nos ressources militaires, économiques, morales, de maintenir l'ordre public et de faire régner la justice.

Quel est l'objectif de ce passage du manifeste ?

Charles de Gaulle, *Discours et messages pendant la guerre 1940-1946*, © Plon, 1970.

1. Des dirigeants qui sont là par le fait du hasard.
2. Installé.

Corrigé

Introduction

En octobre 1940, le général de Gaulle quitte Londres pour se rendre dans les territoires de l'Empire qui ont fait le choix du ralliement à la France libre. Le 27 octobre 1940, alors que le maréchal Pétain vient de rencontrer Hitler à Montoire, de Gaulle lance un manifeste qui s'adresse aux territoires déjà ralliés comme à ceux qui pourraient le devenir, mais aussi à l'allié britannique. Écrit public, ce manifeste précise le projet entrepris avec l'appel du 18 juin 1940 : pourquoi se battre et pour quoi faire ? L'extrait proposé ici apporte donc des réponses à la question des fondements du combat engagé. Il détermine également des buts militaires tout en cherchant à lui donner une dimension politique.

→ Dans l'introduction, expliquez la fonction de chacune des phrases soulignées.

1re partie

Adressé depuis Brazzaville aux quelques terres de l'Empire qui ont alors fait le choix du ralliement (.....), le texte de de Gaulle cherche d'abord à leur donner raison. Le combat engagé avec la création de la France libre est posé comme la seule réponse possible à la « terrible crise » que traverse la France, menacée, avec son Empire, de « destruction ».

La crise à laquelle de Gaulle fait allusion recouvre d'abord mai-juin 1940 : ..... Surtout, la crise tient à l'acceptation de cette défaite par les « dirigeants de rencontre », c'est-à-dire par le maréchal Pétain qui, en imposant le choix de l'armistice, est devenu le nouveau chef du gouvernement le 17 juin 1940. En accusant les chefs militaires d'avoir cédé à la « panique », de Gaulle reprend l'argumentaire de l'appel du 18 juin, selon lequel la défaite n'était pas inéluctable.

De fait, les conditions de l'armistice contraignent la France à subir « la loi de l'ennemi » : .....

Enfin, en le présentant comme « inconstitutionnel » et en le taxant « d'organisme », de Gaulle dénie toute légitimité à ce gouvernement auquel les pleins pouvoirs ont été accordés, début juillet 1940, par les parlementaires réunis à Vichy. Il doit donc être combattu pour avoir accepté la défaite et livré la France à l'ennemi, mais aussi pour en avoir décidé sans légitimité.

→ Indiquez les territoires ralliés à la France libre (chronologie **p. 110**).
→ Indiquez la situation de la France en mai-juin 1940.
→ Indiquez les conséquences de l'armistice.

2e partie

Puisque la France est soumise, son territoire occupé, et le pouvoir en place défaillant, de Gaulle entend « restaurer l'indépendance et la grandeur de la France », depuis l'Empire où la France libre dispose désormais d'une assise territoriale, et sous son autorité.

Dans la continuité de l'appel lancé le 18 juin depuis Londres, le général de Gaulle veut ..... Le manifeste du 27 octobre concerne « tous les hommes et toutes les femmes des terres françaises qui sont ralliées ». Il s'agit bien de continuer le combat, et d'abord contre l'Allemagne nazie et le régime de Vichy : ..... Il faut protéger « la partie du patrimoine national » détenue, c'est-à-dire les terres de l'Empire ralliées à la France libre. Et ce, d'autant plus que ces territoires ralliés fournissent à la France libre des «ressources militaires » mais également « économiques » considérables : du caoutchouc, de l'or.

Enfin, de Gaulle doit désormais imposer l'idée que la France libre est la seule alternative politique au régime de Vichy, donc transformer ce mouvement créé dans l'urgence en « pouvoir nouveau ». Il se pose alors en « chef digne de ce nom » répondant aux attentes du peuple et de l'Empire : .....

→ Expliquez pourquoi ce manifeste reprend l'élément central de l'appel du 18 juin.

Vous devez citer le document pour justifier votre analyse.
→ Relevez dans le texte les passages qui nomment les ennemis à combattre.

→ Montrez que de Gaulle se dit à la fois soutenu par les Français, et à leur service.

Conclusion

Cinq mois à peine après la création de la France libre, le ralliement de terres de l'Empire donne à de Gaulle une assise territoriale. Le manifeste du 27 octobre 1940, lancé depuis Brazzaville érigée capitale de la France libre, proclame la double ambition, militaire et politique, de la France libre et de son chef.

BAC
CORRIGÉ COMPLET DU SUJET
lyceen.nathan.fr/coteterm-2020

▶ RÉPONSE À UNE QUESTION PROBLÉMATISÉE

Sujet

En quoi l'année 1942 est-elle un tournant dans la Seconde Guerre mondiale ?

Montrez que la guerre entre dans une nouvelle phase, dans laquelle les dynamiques du conflit ne sont plus les mêmes.

Quels événements de l'année 1942 témoignent de changements dans les caractéristiques de la guerre ?

Ce terme est au cœur de votre sujet, et doit être défini avec précision. N'oubliez pas, en particulier, que les changements à l'œuvre ne concernent pas que les opérations militaires.

Corrigé

Introduction

À la fin de l'année 1941, l'Europe est presque entièrement sous contrôle de l'Allemagne nazie et le Japon a conquis un empire très étendu dans le Pacifique. En 1943 pourtant, la capitulation de l'armée allemande à Stalingrad indique que le conflit est entré dans une nouvelle phase, qui mènera à l'effondrement des puissances de l'Axe. L'année 1942 représente donc un tournant. Il importe de comprendre pourquoi et comment le conflit bascule au cours de cette période charnière .....

→ À la fin de l'introduction, rédigez une phrase pour annoncer les deux idées développées dans le corrigé.

1re partie

L'année 1942 marque d'abord un tournant en mettant un terme à la phase de conquêtes foudroyantes ouverte en septembre 1939 sur le sol européen. Lancée le ....., avec des moyens matériels et humains considérables, l'opération Barbarossa devait, dans l'esprit de Hitler, déboucher sur une victoire rapide contre l'URSS. Or, dès l'hiver ....., l'échec de la Wehrmacht à prendre Moscou marque un coup d'arrêt. Au cours de l'année ....., la Wehrmacht combat sur un front démesuré, contre un ennemi qui livre un combat sans merci pour défendre son territoire envahi. C'est la « grande guerre patriotique », dont Stalingrad, que la Wehrmacht finit par abandonner en ....., est le symbole. À l'est, la transformation de la guerre éclair en guerre d'usure se traduit par un bilan humain effroyable (crimes de guerre commis à l'encontre des prisonniers soviétiques, etc.). Surtout, l'installation du conflit sur la durée entraîne une accélération du processus génocidaire. Exterminés par les groupes de tuerie mobiles en 1941, puis dans des centres de mise à mort (Belzec, Treblinka...), les Juifs sont touchés par un plan d'extermination global. En janvier 1942, les responsables nazis réunis lors de la conférence de Wannsee organisent .....

→ Proposez une date pour chacune des étapes évoquées.

Vos connaissances doivent être précises : vous devez être capable de définir une notion clé du chapitre.
→ Définissez le processus génocidaire.

→ Expliquez les décisions prises lors de la conférence de Wannsee.

2e partie

L'entrée en guerre des États-Unis, décidée en décembre 1941 après l'attaque de Pearl Harbor, confère au conflit une dimension réellement planétaire.
L'engagement des États-Unis dans la guerre est total : .....
Aussi, les théâtres d'opérations se multiplient et se complexifient. En juin 1942, une victoire aéronavale américaine empêche le Japon de prendre la base de Midway : ainsi débute la reconquête du Pacifique par les États-Unis. En Afrique, la victoire britannique à El-Alamein (Égypte) est suivie d'un débarquement anglo-américain au Maghreb (opération Torch, 8 novembre 1942) auquel prennent part les Forces françaises libres créées par de Gaulle en 1940. L'événement est d'ailleurs le prétexte à l'invasion de la zone sud de la France.

→ Expliquez les conséquences économiques et diplomatiques de l'entrée en guerre des États-Unis (cours p. 91).

Conclusion

L'année 1942 est bien un tournant dans le conflit dans le sens où elle en change l'extension – un conflit planétaire – comme la nature – un conflit dans lequel le génocide prend toute sa place.

→ Expliquez à quelle partie de la conclusion correspond chaque élément souligné.

BAC
CORRIGÉ COMPLET DU SUJET
lyceen.nathan.fr/coteterm-2020

▶ QUESTION PROBLÉMATISÉE

Sujet 1

Quelles sont les conséquences pour la France et les Français de la défaite de 1940 ?

Sujet 2

Comment les génocides des Juifs et des Tsiganes s'inscrivent-ils dans les phases de la Seconde Guerre mondiale ?

▶ ANALYSE DE DOCUMENTS

En analysant et en confrontant les documents suivants, vous présenterez les modalités de la mise en œuvre du génocide des Juifs dans les centres de mise à mort.
L'analyse des documents constitue le cœur de votre travail, mais nécessite pour être menée la mobilisation de vos connaissances.

1 Extrait d'une lettre écrite par Isaac Schoenberg à sa fiancée Chana (24 juin 1942)

Peintre, Isaac Schoenberg est né en 1907 à Colmar, ville alors allemande. Arrêté le 14 mai 1941 à Paris, lors de la première grande rafle qui frappe des Juifs étrangers, il est interné au camp de Pithiviers. Déporté à Auschwitz par le convoi n° 4 du 25 juin 1942, il y est assassiné le 5 août 1942.

Khanouchi, ma Khanouchi,

Je dois t'écrire ces quelques mots, car il semble que cela soit définitif et que nous quittons aujourd'hui Pithiviers. Resteront 300 privilégiés. Parmi eux des hommes ayant une femme française, ceux qui ont beaucoup d'enfants, des ouvriers permanents du camp, et les malades répertoriés. Où on nous envoie, on ne le sait pas exactement. On parle beaucoup de nous envoyer dans des fermes : en France ou à l'étranger, on ne le sait pas encore. Le premier tri des aptes au travail sera effectué là où on nous envoie. Ma Khanouchi, c'est la plus dure épreuve de notre vie... Où que je sois, à des milliers de kilomètres de distance de toi, je te sentirai près, très près de moi, avec l'idée unique d'être au plus tôt de retour auprès de toi... Veille à rester en contact avec les autres femmes de ceux qui partent.

Isaac Schœnberg, *Lettres à Chana*, éditions Cercil, 1995.

2 Plan du complexe d'Auschwitz

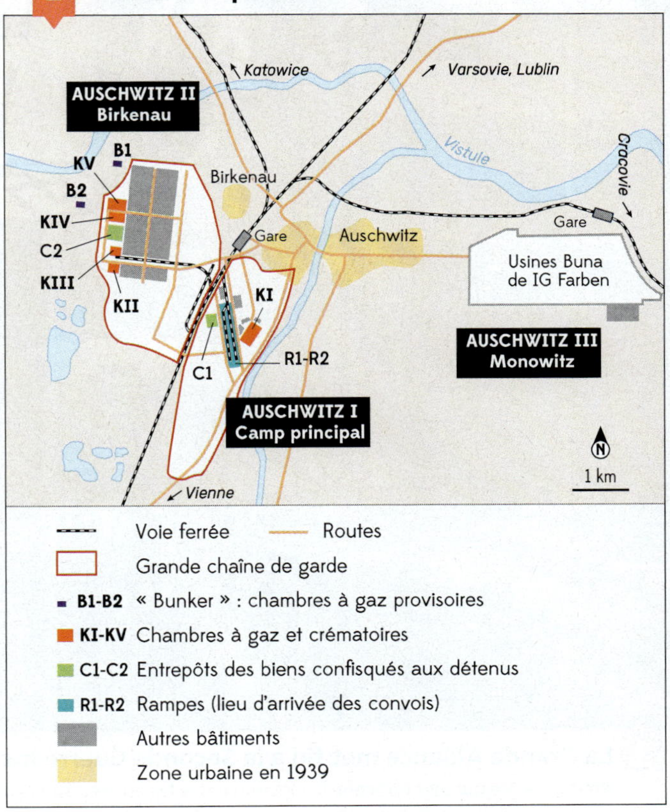

CHAPITRE 4

La fin de la Seconde Guerre mondiale et les débuts d'un nouvel ordre mondial

Avec les capitulations allemande et japonaise, la guerre prend fin et les Alliés cherchent à fixer des règles économiques, politiques et juridiques pour fonder un nouvel ordre mondial plus sûr. Cependant, la dégradation rapide des relations entre les États-Unis et l'URSS débouche sur un nouveau type de conflit : la guerre froide.

Textes DYS
TOUS LES TEXTES EN VERSION DYS
lyceen.nathan.fr/coteterm-2020

▶ Entre volonté de reconstruction pacifique et tensions nouvelles, comment s'élabore l'ordre international après 1945 ?

1 La Grande Alliance met fin à la Seconde Guerre mondiale (25 avril 1945)
Photographie qui met en scène la jonction entre les armées américaine et soviétique sur le fleuve Elbe en Allemagne.
Musée de l'État russe et Film Photo Archive, Moscou.

Vidéo

2 Le blocus de Berlin (juillet 1948), première crise de la guerre froide

Grâce à un gigantesque pont aérien, les Américains ravitaillent la ville encerclée par les Soviétiques.

CONTEXTE

Un nouvel ordre géopolitique mondial

En 1945, la victoire contre l'Allemagne, le Japon et leurs alliés est le fruit d'une collaboration militaire entre des nations occidentales (États-Unis, Royaume-Uni, France libre) et l'URSS. Elles entendent donc fonder ensemble un nouvel ordre mondial. En 1953, à la mort de Staline, l'ordre international est fracturé et durablement installé dans la guerre froide.

Vocabulaire

- **CNR (Conseil national de la Résistance)**
  Institution politique qui regroupe des représentants des mouvements de Résistance, des partis politiques et des syndicats. Il se réunit pour la première fois le 27 mai 1943.
- ***Containment***
  « Endiguement », en français. Doctrine appliquée par les États-Unis à partir de 1947 visant à s'opposer à toute nouvelle extension du communisme dans le monde.
- **Guerre froide**
  Conflit idéologique et géopolitique entre les deux grandes puissances, États-Unis et URSS, de 1947 à 1991.

REPÈRES CHRONOLOGIQUES DU CHAPITRE

THÈME 1 (1929-1945) Fragilités des démocraties, totalitarismes et Seconde Guerre mondiale

THÈME 2 (1945-1970) La multiplication des acteurs internationaux dans un monde bipolaire

THÈME 3 (1970-1990) Les remises en cause politiques, économiques et sociales

THÈME 4 (1990-) Le monde, l'Europe et la France, entre coopérations et conflits

1929 – 1945 – 1970 – 1990

1944 – 1945 – 1946 – 1947 – 1948

LA FIN DE LA GUERRE ET LA RECONSTRUCTION

- **mars 1944** — *Point de PASSAGE* — Programme du CNR
- **février 1945** — Conférence de Yalta
- **8 mai 1945** — Capitulation allemande
- **juillet 1945** — Conférence de Potsdam
- **nov. 1945 › oct. 1946** — PROCÈS DE NUREMBERG
- **mai 1946-novembre 1948** — PROCÈS DE TOKYO
- **mars 1947** — Discours de Truman sur le *containment*
- *Point de PASSAGE* — **février 1948** — « Coup de Prague »
- *Point de PASSAGE* — **14 mai 1948** — Fondation d'Israël

Le procès de Nuremberg (1945-1946).

L'ancien Premier ministre japonais Tojo Hideki, principal accusé du procès de Tokyo, octobre 1946.

REPÈRES GÉOGRAPHIQUES DU CHAPITRE

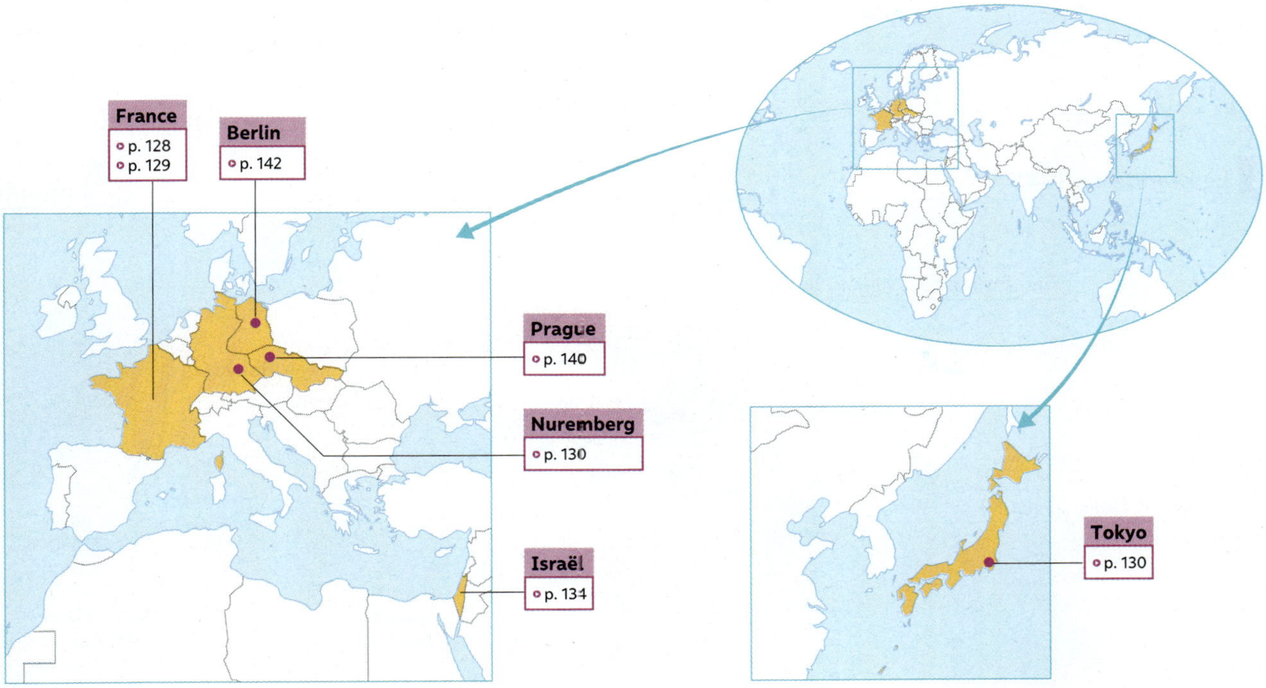

1949 — 1950 — 1951 — 1952 — 1953

LA NAISSANCE DE LA GUERRE FROIDE

juin 1948 › mai 1949
BLOCUS DE BERLIN

juin 1950 › juillet 1953
GUERRE DE CORÉE

- **avril 1949** Alliance atlantique
- **mai 1949** Fondation des deux Allemagnes
- **1953** Mort de Staline

Frise interactive

Le pont aérien lors du blocus de Berlin, 1948.

Le monde et l'Europe en 1945

1 Le monde en 1945

Carte interactive

2 L'Europe à la fin de la guerre

Carte interactive

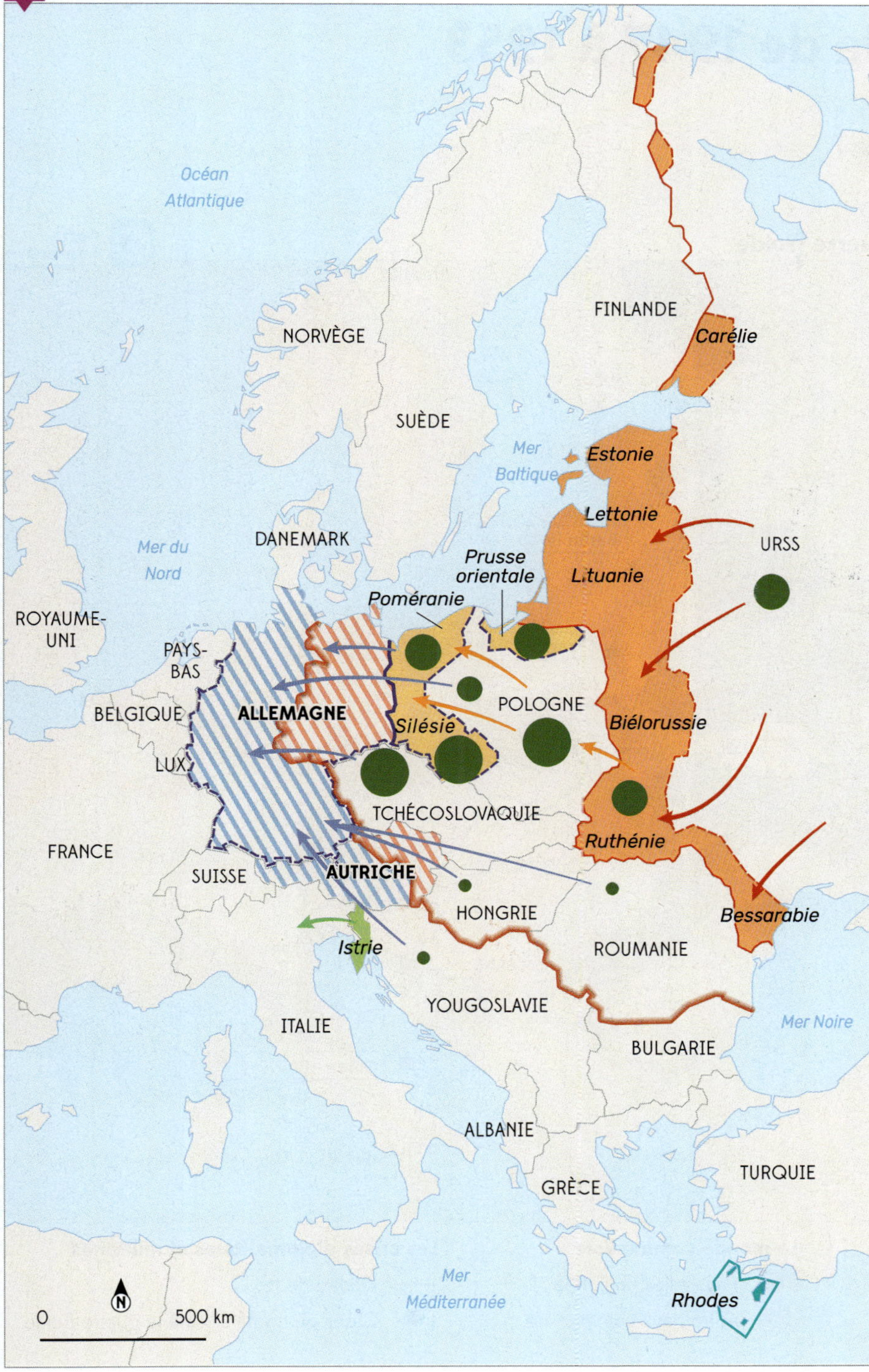

Avancée des troupes soviétiques en Europe

Modification de frontières

- de l'Allemagne

Frontières en 1937

Frontière orientale en 1945, ligne Oder-Neisse

- de l'URSS

Frontière occidentale en 1939

Frontière occidentale en 1945

Gains territoriaux

de l'URSS

de la Pologne

de la Yougoslavie

de la Grèce

Zones d'occupation alliées en Allemagne et en Autriche

Des millions de personnes déplacées

Soviétiques

Polonais

Allemands

Italiens

3,5 millions

2 millions

1,5 million

QUESTIONS

1. **Doc 1.** Montrez que les États-Unis et l'URSS sont deux grandes puissances en 1945.
2. **Doc 2.** Quel pays est le principal bénéficiaire des modifications de frontières en Europe ?
3. **Doc 2.** Quels déplacements de population suivent la fin de la guerre en Europe ?

L'Europe et l'Asie de 1947 à 1953

1 L'Europe et les débuts de la guerre froide

Carte interactive

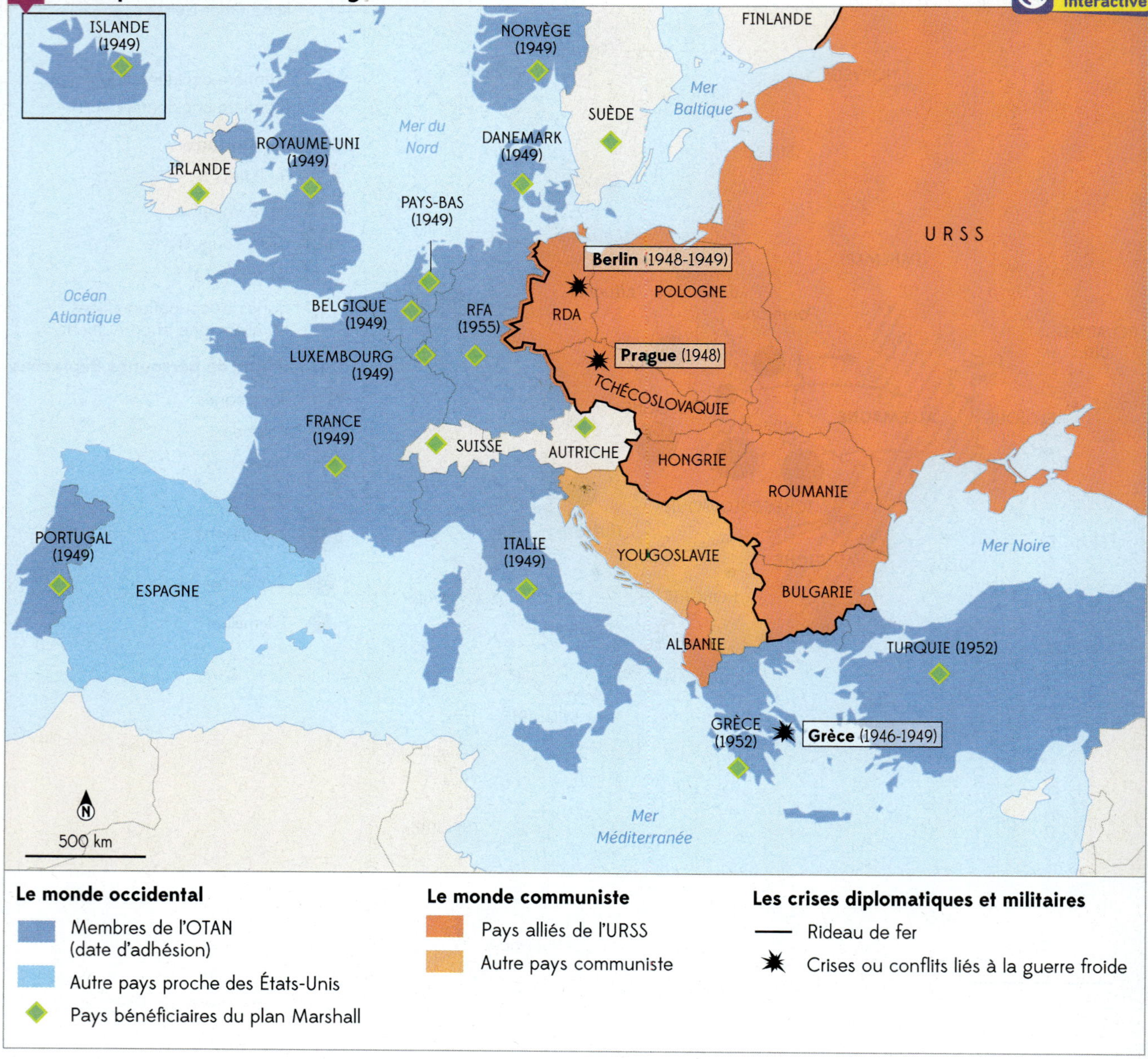

QUESTIONS

1. **Doc 1.** Que sépare le rideau de fer en Europe ?
2. **Doc 1 et 2.** Localisez les principales confrontations de la guerre froide entre 1947 et 1953.
3. **Doc 3.** Montrez que la guerre en Corée est un conflit de la guerre froide.

2 L'Asie et les débuts de la guerre froide

Carte interactive

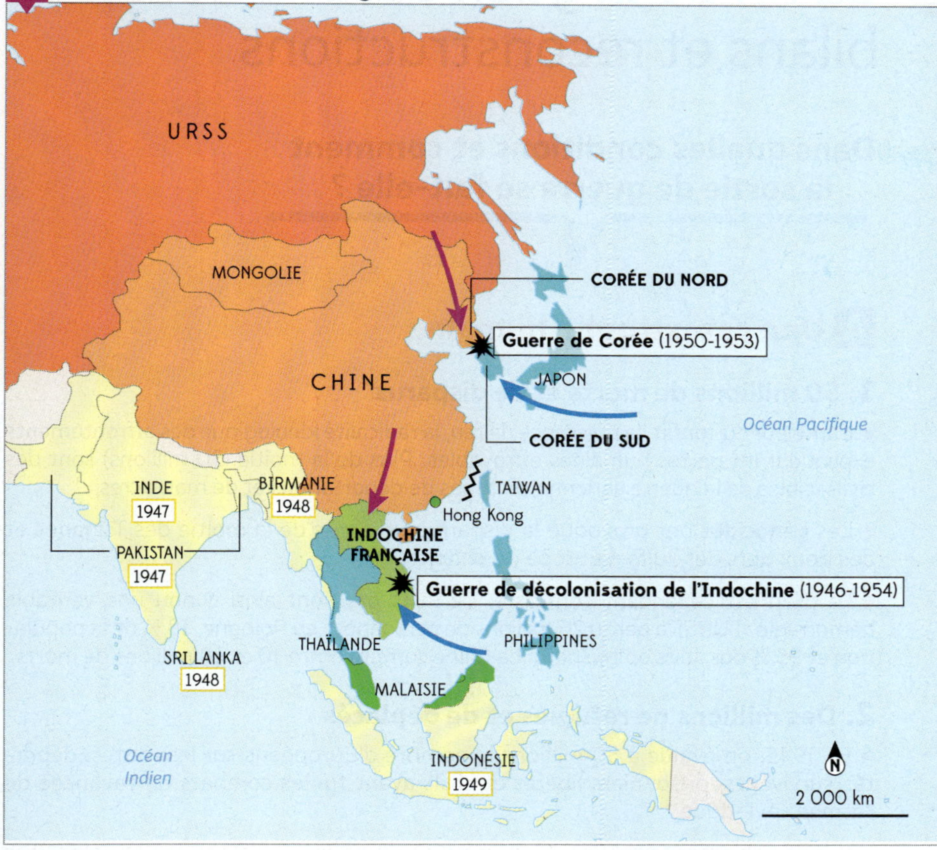

L'Asie décolonisée et divisée par la guerre froide

- Pays alliés des États-Unis
- Pays communistes alliés de l'URSS
- Colonie française
- Colonie britannique
- 1947 Pays nouvellement indépendants

Les confrontations politiques et militaires

- Guerres
- Aide de l'URSS et de la Chine
- Aide des États-Unis
- Zone de tensions

3 La guerre de Corée

Carte interactive

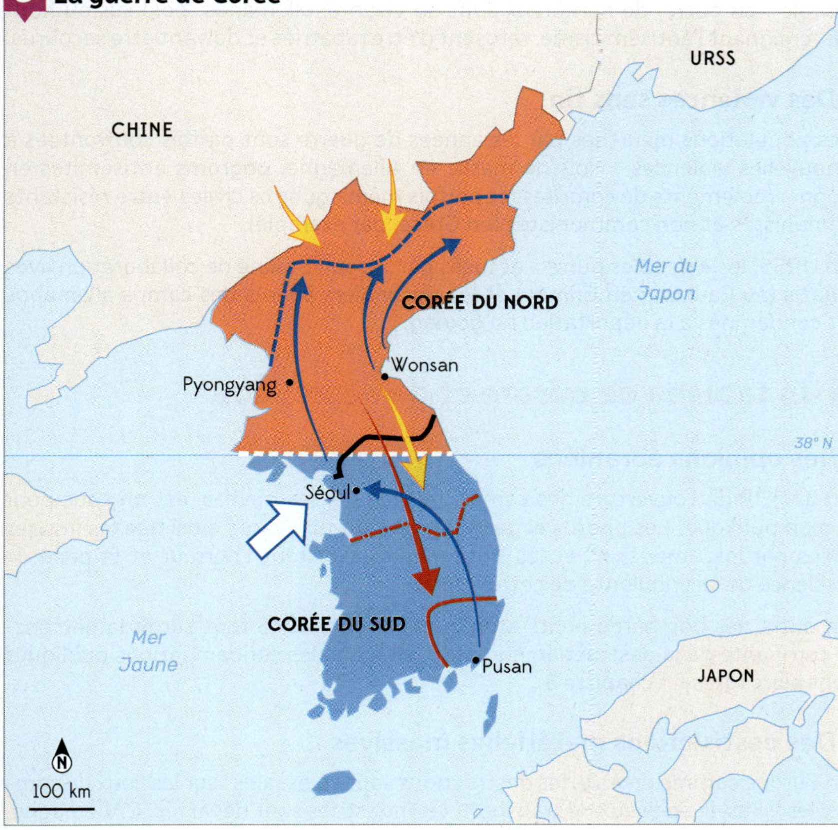

- Frontières de 1945
- Offensive nord-coréenne (juin-septembre 1950)
- Front en septembre 1950
- Débarquement des forces américaines (septembre 1950)
- Contre-attaque des États-Unis sous mandat de l'ONU (octobre-novembre 1950)
- Front au 24 novembre 1950
- Intervention des troupes chinoises (novembre 1950-janvier 1951)
- Front au 24 janvier 1951
- Ligne de cessez-le-feu au 27 juillet 1953

COURS

DOCUMENTS : p. 128 à 131

Podcast du cours

1 La fin de la guerre : bilans et reconstructions

Dans quelles conditions et comment la sortie de guerre se fait-elle ?

> **« Si vous deviez dire de ces hommes qu'ils ne sont pas coupables, il serait aussi vrai de dire qu'il n'y a pas eu de guerre, qu'il n'y a pas eu de tués, qu'il n'y a pas eu de crimes. »**
>
> Robert H. Jackson, procureur général des États-Unis à Nuremberg, 1946.

A Une catastrophe humaine

1. 50 millions de morts et de disparus

- L'ampleur du conflit, la puissance de feu, la radicalité idéologique des affrontements expliquent les pertes humaines effroyables. Plus de la moitié (30 millions) sont des civils, cibles de la guerre aérienne, victimes de déportations et de massacres.
- Les **génocides** ont provoqué la disparition de près de la moitié des Tsiganes et des deux tiers des Juifs d'Europe (→ **chapitre 3**).
- Le bilan est cependant contrasté. Certains pays ont ainsi connu une véritable hémorragie : l'URSS a perdu 26 millions de personnes ; en Pologne, 18 % de la population et 95 % des Juifs ont disparu. La Chine compte entre 10 et 20 millions de morts.

2. Des millions de réfugiés et de déplacés

- En 1945, on évalue à 50 millions le nombre d'Européens sur les routes, déportés survivants, prisonniers libérés et civils ayant fui les combats ou l'avancée de l'armée soviétique.
- Il faut également prendre en charge les populations, allemandes et polonaises surtout, déplacées de force à la suite des changements de frontières en Europe orientale ; en outre, de nombreux Juifs survivants, allemands, polonais ou hongrois, craignant l'antisémitisme, refusent d'être rapatriés et doivent être secourus.

3. Des violences sans fin

- Les populations meurtries par les années de guerre sont parfois confrontées à de nouvelles violences : viols de masse en Allemagne, **pogroms** antisémites en Pologne, règlements de comptes, et parfois même guerres civiles entre résistants communistes et non communistes (en Grèce, par exemple).
- En URSS, les « peuples punis » accusés par Joseph Staline de collaboration avec les nazis (au Caucase, en Crimée) et les prisonniers libérés des camps allemands sont condamnés à la déportation au **goulag**.

BIOGRAPHIE

Joseph Staline (1878-1953)

Secrétaire général du Parti communiste, il s'impose à la tête de l'URSS à partir de 1928 et la dirige jusqu'à sa mort.

Biographies : p. 356

Le bilan de la guerre

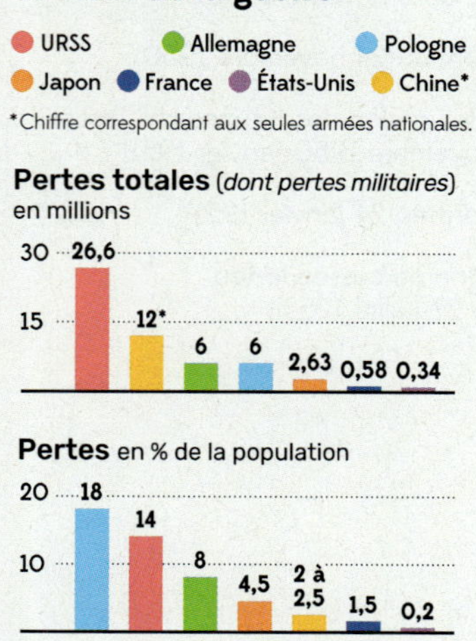

B Un tableau de misère et de désolation

1. Des opinions ébranlées

- En avril 1945, l'ouverture des camps, relayée par les médias, est un choc pour l'opinion publique. Les photos et témoignages de survivants ainsi que les images filmées par les Américains et les Britanniques suscitent l'horreur et la prise de conscience de la singularité de cette guerre.
- En outre, les bombardements atomiques de l'été 1945 font surgir la perspective terrifiante de la destruction nucléaire, bien que les condamnations publiques soient alors rares (→ **chapitre 3**).

2. Des destructions matérielles massives

- En Europe comme en Asie, les destructions sont colossales : sur les lieux de combats, les villes, les réseaux de transport, les industries sont dévastés. L'Allemagne, le Japon, la Pologne sont en ruine et de nombreuses villes sont presque entièrement détruites.

- Ces destructions provoquent la désorganisation et l'effondrement des productions industrielle et agricole, tandis que les pénuries de nourriture et de logements affectent durablement les populations.

- À l'exception des États-Unis, épargnés par les destructions, les pays vainqueurs ou vaincus manquent de moyens humains, matériels et financiers pour répondre aux urgences humanitaires et entamer la reconstruction.

C Organiser l'après-guerre et la reconstruction

1. Le règlement du conflit

- À la conférence de Yalta en février 1945, les Alliés (Franklin D. Roosevelt, Joseph Staline et Winston Churchill) s'accordent sur la nécessité d'organiser des élections démocratiques dans une Europe libérée et sur la fondation d'une Organisation des Nations unies.

- À la conférence de Potsdam en juillet-août 1945, Harry S. Truman, Clement Attlee et Joseph Staline fixent les principes de l'après-guerre en l'Allemagne : occupation quadripartite, démilitarisation, **dénazification**, jugement des criminels et paiement de réparations.

- Des changements de frontières sont discutés et s'opèrent surtout au profit de l'URSS qui s'étend vers l'ouest dans les pays Baltes, les Balkans et la Pologne. En Asie, le Japon perd toutes ses annexions acquises depuis 1931, dont la Corée qui est coupée en deux zones d'occupation, américaine et soviétique.

2. La naissance d'une justice internationale

- En novembre 1945, s'ouvre à Nuremberg un procès qui doit être une étape de la sortie de guerre ; 22 chefs militaires et politiques nazis y sont jugés par les quatre puissances victorieuses, notamment pour crimes contre la paix, crimes de guerre et **crimes contre l'humanité**, une notion nouvelle définie par l'accord de Londres d'août 1945. Mais, s'il est question des persécutions antisémites, le génocide n'est pas encore défini comme un crime spécifique.

- À Tokyo, 28 criminels de guerre japonais sont jugés, mais pas l'empereur, pourtant clé de voûte du régime, que les Américains souhaitent maintenir pour éviter les troubles. Le procès n'a donc pas l'impact attendu, malgré sa durée (1946-1948).

3. Les moyens de la reconstruction matérielle

- Durant la guerre, un important travail de réflexion est mené par les Alliés sur les moyens politiques, sociaux et économiques d'une reconstruction durable, fondée sur les bases de la solidarité et de la protection sociale.

- Ces travaux s'appuient notamment sur le rapport de l'économiste britannique William Beveridge qui propose, en 1942, un plan d'ensemble cohérent de sécurité sociale.

- Ces principes inspirent le programme du **CNR** (Conseil national de la Résistance) de 1944, mis en partie en œuvre à la Libération et qui constitue la base de l'**État-providence** en France.

TESTEZ-VOUS !

- **En quoi la Seconde Guerre mondiale est-elle une catastrophe humaine d'une ampleur inégalée ?**
- **Quelles dispositions sont imposées aux pays vaincus ?**
- **Par quels moyens les Alliés cherchent-ils à poser les bases de la reconstruction des sociétés ?**

A/Z Vocabulaire

- **CNR**
Voir p. 120.
- **Crimes contre l'humanité**
En 1945, c'est l'assassinat, l'extermination, la réduction en esclavage, la déportation et tout autre acte inhumain commis contre toute population civile, ou bien les persécutions pour des motifs raciaux ou religieux.
- **Dénazification**
Décision prise par les Alliés, lors des conférences de Yalta et Potsdam, d'épurer la société allemande du nazisme et de rétablir les principes démocratiques.
- **État-providence**
Ensemble des dispositifs par lesquels l'État intervient dans l'économie et la société, protégeant les individus et redistribuant les richesses.
- **Génocide**
Destruction physique, intentionnelle, systématique et programmée d'un groupe ou d'une partie d'un groupe en raison de ses origines ethniques ou religieuses.
- **Goulag**
Voir p. 58.
- **Pogrom**
Voir p. 59.

BIOGRAPHIE

Harry S. Truman (1884-1972)
Président des États-Unis d'avril 1945 à janvier 1953.
▶ Biographies : p. 356

Point de PASSAGE

▶ **Le programme du Conseil national de la Résistance**

→ p. 128

VERS LA SPÉCIALITÉ

Thème 3
Histoire et mémoires
Objet de travail conclusif
- L'histoire et les mémoires du génocide des Juifs et des Tsiganes

Point de PASSAGE

COURS : p. 126-127

VOCABULAIRE :
• État-providence p. 127

Contexte

15 mars 1944 : le programme du Conseil national de la Résistance

En France, la guerre, l'occupation allemande et la dictature pétainiste ont fait naître des projets de rénovation politique, sociale et économique. C'est dans cet esprit qu'en 1944, le CNR adopte à l'unanimité un « Programme d'action de la Résistance », base de l'État-providence de l'après-guerre.

CONSIGNE BAC

En analysant et confrontant les documents, vous montrerez que le CNR veut fonder l'État-providence sur des réformes économiques et sur des mesures de transformation sociale.

1 Les mesures à appliquer à la Libération

• Sur le plan économique : [...]

– l'intensification de la production nationale selon les lignes d'un plan arrêté par l'État [...] ;

– le retour à la nation[1] des grands moyens de production, des sources d'énergie, des richesses du sous-sol, des compagnies d'assurances et des grandes banques ;

– le droit d'accès, dans le cadre de l'entreprise, aux fonctions de direction et d'administration, pour les ouvriers possédant les qualifications nécessaires ; [...]

• Sur le plan social :

– le droit au travail et le droit au repos ; [...]

– [...] la garantie d'un niveau de salaire qui assure à chaque travailleur et à sa famille la sécurité, la dignité et la possibilité d'une vie pleinement humaine ;

– la reconstitution [...] d'un syndicalisme indépendant, doté de larges pouvoirs dans l'organisation de la vie économique et sociale ;

– un plan complet de sécurité sociale, visant à assurer à tous les citoyens des moyens d'existence, dans tous les cas où ils sont incapables de se les procurer par le travail [...]

– la sécurité de l'emploi, la réglementation des conditions d'embauche et de licenciement [...]

– une retraite permettant aux vieux travailleurs de finir dignement leurs jours.

• Une extension des droits politiques, sociaux et économiques des populations indigènes et coloniales.

• La possibilité effective pour tous les enfants français de bénéficier de l'instruction et d'accéder à la culture [...] afin que soit ainsi promue une élite véritable, non de naissance mais de mérite.

Extrait du programme du CNR, 15 mars 1944.

1. Nationalisation.

AIDE POUR RÉPONDRE À LA CONSIGNE

• Identifiez dans la photographie les banderoles qui font référence au **doc 1**. Interrogez-vous sur la signification de la présence d'anciens déportés au premier plan.

Vocabulaire

• **CNR (Conseil national de la Résistance)**
Institution politique qui regroupe des représentants des mouvements de Résistance, des partis politiques et des syndicats. Il se réunit pour la première fois le 27 mai 1943.

2 Mobilisation pour le programme du CNR

Discours à la tribune de Marcel Paul, résistant communiste, ancien déporté, lors de la manifestation du 1er mai 1945, place de la Nation à Paris.

DOCUMENTS

La Sécurité sociale : une idée du Conseil national de la Résistance

COURS : p. 126-127

Entre 1941 et 1944, face à l'ampleur des souffrances subies par les populations, un besoin profond de « sécurité sociale » se développe. À la Libération, en France, le programme du Conseil national de la Résistance donne naissance à la Sécurité sociale.

CONSIGNE BAC

En analysant et confrontant les documents, vous expliquerez comment les fondateurs de la Sécurité sociale veulent créer un système de protection sociale solidaire.

1 La création de la Sécurité sociale

Art 1. – Il est institué une organisation de la Sécurité sociale destinée à garantir les travailleurs et leurs familles contre les risques de toute nature susceptibles de réduire ou de supprimer leur capacité de gain, à couvrir les charges de maternité et les charges de famille qu'ils supportent. L'organisation de la Sécurité sociale assure dès à présent le service des prestations concernant les assurances sociales, l'allocation aux vieux travailleurs salariés, les accidents du travail et maladies professionnelles et les allocations familiales [...].

Art. 5. – La caisse primaire de Sécurité sociale est administrée par un conseil d'administration comprenant : pour les deux tiers des représentants des travailleurs désignés par les organisations syndicales les plus représentatives [...] ; pour un tiers des représentants des employeurs désignés par les organisations les plus représentatives [...].

Art. 31. – Les cotisations[1] des assurances sociales, des allocations familiales et des accidents du travail sont assises sur l'ensemble des salaires ou gains.

Art. 32. – [...] La moitié de la cotisation est à la charge de l'employeur, l'autre moitié à la charge du salarié ou assimilé.

Gouvernement provisoire, ordonnance du 4 octobre 1945.

1. Somme versée par les salariés et les employeurs pour le financement des dispositifs.

2 Les missions de la Sécurité sociale

Affiche pour la Sécurité sociale, 1947.

AIDE POUR RÉPONDRE À LA CONSIGNE

- Identifiez les risques de la vie pris en charge et expliquez comment est financée la Sécurité sociale.
- Décrivez l'image et expliquez le lien que l'on peut faire avec l'idée de solidarité.

Les procès de Nuremberg (1945-1946) et de Tokyo (1946-1948)

COURS : p. 126-127

Le principe du jugement des criminels de guerre nazis et japonais étant acquis en 1945, l'accord de Londres (août 1945) fixe les chefs d'accusation au tribunal de Nuremberg. Le procès de Nuremberg, puis celui de Tokyo, participent à la sortie de guerre et à la mise en place d'une justice internationale.

Quelle est l'importance historique des procès de Nuremberg et Tokyo ?

? LE SAVIEZ-VOUS ?

Le choix de Nuremberg pour les procès des grands criminels nazis est symbolique pour les Alliés, car c'était la ville des grands rassemblements nazis sous le IIIe Reich (voir p. 51).

Vidéo
L'ouverture du procès de Nuremberg

1 Le déroulement du procès de Nuremberg

① 22 inculpés, les plus hauts responsables nazis.
② Leurs avocats.
③ Écran pour la projection de documents et d'images filmées.
④ Barre des témoins.
⑤ Juges représentants les États-Unis, l'URSS, le Royaume-Uni et la France.
⑥ Procureurs de ces quatre pays.
⑦ 300 à 400 journalistes du monde entier.

Podcast
Le procès de Nuremberg

2 Les chefs d'accusation

De nouveaux crimes sont définis pour le tribunal militaire de Nuremberg.

Les actes suivants, ou l'un quelconque d'entre eux, sont des crimes soumis à la juridiction du Tribunal et entraînent une responsabilité individuelle :

a. Les crimes contre la paix : c'est-à-dire la direction, la préparation, le déclenchement ou la poursuite d'une guerre d'agression, ou d'une guerre en violation des traités [...]

b. Les crimes de guerre : c'est-à-dire les violations des lois et coutumes de la guerre. Ces violations comprennent, sans y être limitées, l'assassinat, les mauvais traitements et la déportation pour des travaux forcés ou pour tout autre but, des populations civiles dans les territoires occupés, l'assassinat ou les mauvais traitements des prisonniers de guerre [...] la destruction sans motif des villes et des villages ou la dévastation que ne justifient pas les exigences militaires ;

c. Les crimes contre l'humanité : c'est-à-dire l'assassinat, l'extermination, la réduction en esclavage, la déportation, et tout autre acte inhumain commis contre toutes populations civiles, avant ou pendant la guerre, ou bien les persécutions pour des motifs politiques, raciaux ou religieux, lorsque ces actes ou persécutions, qu'ils aient constitué ou non une violation du droit interne du pays où ils ont été perpétrés, ont été commis à la suite de tout crime rentrant dans la compétence du Tribunal, ou en liaison avec ce crime.

Statut du tribunal international de Nuremberg, institué par l'accord de Londres, 8 août 1945.

3 Des procès pour l'histoire

Lien vers le site
26e journée du procès

Parmi les 94 témoins entendus à Nuremberg, certains sont des nazis comme le SS Wisliceny ; il sera ensuite jugé et exécuté à Bratislava en 1948 pour les crimes commis en Tchécoslovaquie.

Témoin Wisliceny : Jusqu'en 1940, en ce qui concerne la question juive en Allemagne, et dans les pays occupés par l'Allemagne, la politique générale consista à régler ces questions au moyen d'une émigration organisée. La deuxième phase, à partir de ce moment, fut la concentration de tous les Juifs dans des ghettos, en Pologne et dans les autres pays de l'Est occupés par l'Allemagne. Cela dura approximativement jusqu'au début de 1942. La troisième période fut ce qu'on a appelé solution définitive du problème juif, c'est-à-dire l'extermination et la suppression organisées de la race juive ; cette période dura jusqu'en octobre 1944, au moment où Himmler donna l'ordre d'arrêter cette extermination. [...]

Question : Dans vos relations officielles avec la section IV-A-4[1], avez-vous eu connaissance d'un ordre prescrivant l'extermination de tous les Juifs ?

Témoin Wisliceny : Oui, c'est d'Eichmann[2] que j'appris pour la première fois l'existence d'un tel ordre, au cours de l'été 1942.

Interrogatoire du 3 janvier 1946, 26e journée du procès.

1. Administration nazie chargée de la « question juive ».
2. Ce témoignage est le premier à évoquer le rôle d'Adolf Eichmann, responsable de la déportation des Juifs d'Europe dans cette administration.

4 Le procès de Tokyo

L'ancien Premier ministre japonais Tojo Hideki, principal accusé du procès de Tokyo, octobre 1946.

INFO

Lors du procès, les principaux chefs civils et militaires (l'empereur échappant aux poursuites) comparaissent devant 11 juges représentant les quatre puissances et les pays asiatiques victimes des agressions japonaises. Sept accusés sont condamnés à mort et exécutés, les autres à la prison, dont 16 à perpétuité.

QUESTIONS

Identifier

1. **Doc 1 et 4.** Présentez les inculpés des deux procès internationaux. Par qui sont-ils jugés ?
2. **Doc. 2 et 3.** Identifiez le type de crime que le témoin Wisliceny permet de prouver.
3. **Doc 5.** Relevez les limites du procès de Tokyo évoquées par le journal *Combat*.

Expliquer

4. **Doc 1 à 4.** Montrez que l'organisation des deux procès se veut exemplaire.
5. **Doc 1 et 3.** Quelle est l'importance des preuves et des témoignages, pour le procès et pour les sociétés ?

Synthétiser

6. Montrez comment les deux procès doivent aider les sociétés à se relever des souffrances de la guerre et analysez leur rôle dans la mise en place d'une justice internationale.

5 Le procès de Tokyo vu par la presse française

2 ans, 12 tonnes de papier et 7 condamnés à mort. Tojo, les généraux Matsui, Muto, Kimura et l'ancien ministre des Affaires étrangères Hirota sont condamnés à mort : agression contre les États-Unis, l'Asie orientale, la Chine, l'Angleterre et la Hollande. Même peine pour les généraux Hagaki et Doihara : agression contre l'URSS. Tous seront pendus. Ou ne le seront pas, puisque le général MacArthur[1] a fait savoir qu'il acceptait les recours en grâce jusqu'à aujourd'hui.

Onze puissances ont siégé au tribunal international de Tokyo qui a mis deux ans et utilisé 12 000 kilos de papier pour étudier les dossiers.

Le nom de l'empereur [japonais] Hiro-Hito a été cité 70 fois dans la lecture de l'acte de condamnation : ce qui, dit-on, fournit au monarque 70 raisons d'abdiquer. Mais il paraît que le général MacArthur est opposé à ce que Hiro-Hito se porte à semblable extrémité.

Le verdict du tribunal de Tokyo a été considéré comme « modéré » : le représentant de l'URSS s'en est déclaré satisfait ; celui de la France l'a trouvé trop sévère.

« Fin du "Nuremberg" japonais », *Combat*, 19 novembre 1948.

1. Général américain, commandant des forces alliées en Extrême-Orient, qui supervise l'organisation du procès.

DOCUMENTS : p. 134-135

Podcast du cours

2 Un nouvel ordre géopolitique mondial (1944-1947)

Sur quelles bases le nouvel ordre mondial est-il fondé ?

« L'œuvre réalisée à Yalta rendit possible la création des Nations unies [...]. Elles peuvent encore devenir la plus grande réalisation de l'histoire en vue de la construction d'un monde stable et pacifique. »

E. Stettinius, secrétaire d'État américain, 1951.

A De nouvelles organisations de régulation

1. Les accords de Bretton Woods, 1944

- Les États-Unis et le Royaume-Uni prennent l'initiative d'un nouvel ordre économique : voyant dans la crise de 1929 et le repli **protectionniste** une des origines de la guerre, ils proposent de nouvelles règles pour favoriser un développement stable du commerce (→ **chapitre 1**).

- Les accords de Bretton Woods (1944) font du dollar, seule monnaie convertible en or, la devise des échanges mondiaux. Le **FMI** doit assurer par des aides ponctuelles la stabilité du système. La **Banque mondiale** accorde aussi des crédits à la reconstruction et au développement. En 1947, les accords du **GATT** doivent favoriser les échanges en réduisant les taxes douanières.

- Par les principes libéraux qui les fondent et par leur fonctionnement qui révèlent l'influence prédominante des États-Unis, ces accords assoient la puissance américaine.

2. L'ONU et l'ambition de sécurité collective

- Le projet d'une organisation internationale nouvelle est élaboré par les Alliés lors des conférences de Dumbarton Oaks (1944) et de Yalta (1945). À l'ambition d'affirmer l'universalité des principes de démocratie, de liberté et de droit des peuples s'ajoute la volonté de fonder une paix durable en perpétuant l'alliance des vainqueurs.

- La Charte des Nations unies, adoptée par 50 États en juin 1945 à San Francisco, doit créer les institutions de cette **sécurité collective** : l'Assemblée générale des États membres vote des recommandations ; le Conseil de sécurité, composé de 11 membres, dont 5 permanents (États-Unis, URSS, Royaume-Uni, Chine, France) qui disposent d'un droit de veto, prend des résolutions (sanctions, règlement des différends) imposées aux États. L'action de l'ONU, dont le siège est à New York, repose donc entièrement sur l'entente des grandes puissances.

- Avec l'ambition de se concentrer sur les causes profondes des guerres, l'ONU coordonne l'action de différentes agences spécialisées dans la coopération économique, humanitaire et culturelle. En 1948, l'Assemblée générale adopte la Déclaration universelle des droits de l'homme.

B Un ordre mondial dominé par deux grandes puissances

1. L'affirmation de la puissance américaine

- Si l'Europe sort très affaiblie de la guerre, les États-Unis, épargnés par les destructions, ont vu leur production énergétique, industrielle et leurs moyens financiers considérablement renforcés par leur rôle d'arsenal des Alliés. Le prestige des « soldats de la liberté », présents en Europe et en Asie, est immense et la fascination pour le modèle culturel américain prend une nouvelle dimension.

A/Z Vocabulaire

- **Banque mondiale**
  Agence de l'ONU fondée en 1945 qui accorde des prêts aux États pour financer des grands programmes d'investissement.
- **FMI (fonds monétaire international)**
  Organisation qui doit veiller à la stabilité monétaire et peut aider les États en difficulté par des crédits.
- **GATT (*General Agreement on Tariffs and Trade*)**
  Accord général sur les tarifs douaniers et le commerce, signé en 1947, à Genève inspiré des principes du libre-échange.
- **Isolationnisme**
  Politique consistant, autant que possible, à ne pas intervenir dans les affaires internationales.
- **Mandat**
  Après 1919, territoire confié par la Société des Nations aux puissances victorieuses qui l'administrent en son nom.

● Puissance économique, militaire, culturelle sans égale, les États-Unis rompent définitivement avec l'**isolationnisme** après 1945. Leur position évolue cependant après la mort de Roosevelt en avril 1945 : la concertation avec l'allié soviétique et la défense des principes universalistes laissent place, sous Truman, à la méfiance et au durcissement des rapports de forces.

2. Les paradoxes de la puissance soviétique

● Contrairement aux États-Unis, le bilan de la guerre est très lourd en URSS : avec 26 millions de morts (14 % de la population) et des destructions considérables, le pays est exsangue et menacé de famine dans certaines régions. Il peut cependant compter sur le prestige de ses sacrifices dans la lutte contre le nazisme, sur la présence de l'Armée rouge en Europe orientale et sur l'appui des partis communistes européens.

● Face aux besoins de la reconstruction et aux préoccupations de sécurité, Staline utilise cette puissance militaire et politique pour obtenir des réparations de l'Allemagne, consolider l'URSS par des annexions et s'assurer l'alliance de plusieurs pays en Europe de l'Est.

Vocabulaire

● **Protectionnisme**
Politique économique visant à protéger le marché intérieur de la concurrence étrangère en érigeant des barrières douanières dissuasives.

● **Sécurité collective**
Système qui veut assurer la paix durable par une solidarité active entre les États qui garantissent mutuellement leur indépendance.

● **Sionisme**
Mouvement politique né à la fin du XIXe siècle qui milite pour la création d'un État juif en Palestine.

C Le Proche-Orient remodelé

1. La remise en cause du système colonial européen

● Au Proche-Orient, l'impérialisme européen est contesté par un regain de revendications nationalistes qui se traduisent par la fondation de la Ligue arabe en 1945 et par l'indépendance des **mandats** au Liban, en Syrie et en Jordanie.

● En Palestine en particulier, les tensions sont très fortes entre les autorités britanniques mandataires, devenues hostiles à l'immigration juive, et les organisations **sionistes** qui encouragent l'accueil des survivants du génocide. Les Britanniques sont rapidement dépassés par la violence de ces organisations et impuissants face aux conflits entre populations juives et arabes.

2. La création d'Israël

● En novembre 1947, l'Assemblée générale de l'ONU vote le partage et la création de deux États, juif et arabe, Jérusalem étant internationalisée ; ce projet obtient le soutien des États-Unis et de l'URSS.

● Ce plan provoque immédiatement des affrontements : lorsque David Ben Gourion proclame l'État d'Israël le 14 mai 1948, les États arabes voisins entrent en guerre. Les combats s'achèvent par un armistice en janvier 1949, après une défaite arabe écrasante.

● L'État arabe palestinien ne voit ainsi jamais le jour, partagé entre Israël, la Jordanie et l'Égypte. Les violences de la guerre et les expulsions provoquent l'exil d'environ 800 000 Palestiniens d'Israël sur 1 million, réfugiés dans les États voisins et interdits de retour.

● Le refus de la création d'Israël par les États arabes et l'absence de traité de paix engendrent des rivalités profondes et durables.

Point de PASSAGE

▶ **1948 : la naissance de l'État d'Israël**

→ p. 134

BIOGRAPHIE

David Ben Gourion (1886-1973)

Fondateur de l'État d'Israël, il en devient le Premier ministre de 1948 à 1963.

▶ Biographies : p. 356

TESTEZ-VOUS !

- **Sur quels principes politiques et économiques le nouvel ordre mondial est-il fondé ?**
- **Qu'est-ce qui différencie la puissance américaine de la puissance soviétique en 1945 ?**
- **Quelles sont les conséquences de la Seconde Guerre mondiale au Proche-Orient ?**

VERS LA SPÉCIALITÉ

Thème 2
Faire la guerre, faire la paix
Objet de travail conclusif
• Le Moyen-Orient

Point de PASSAGE

1948 : la naissance de l'État d'Israël

COURS : p. 132-133

Contexte

VOCABULAIRE :
- **Mandat** p. 132
- **Sionisme** p. 133

À la fin du XIXe siècle, la Palestine est une destination pour les Juifs européens fuyant l'antisémitisme. Elle devient un mandat britannique en 1920. Le Royaume-Uni encourage d'abord le sionisme mais se heurte à l'opposition des Arabes palestiniens. Après la Seconde Guerre mondiale, la révélation de la Shoah et le nombre important de réfugiés juifs souhaitant quitter l'Europe font de la question juive un problème international.

Pourquoi et comment l'État d'Israël est-il créé ?

1 Partage de la Palestine et création d'Israël (1947-1949)

Carte interactive

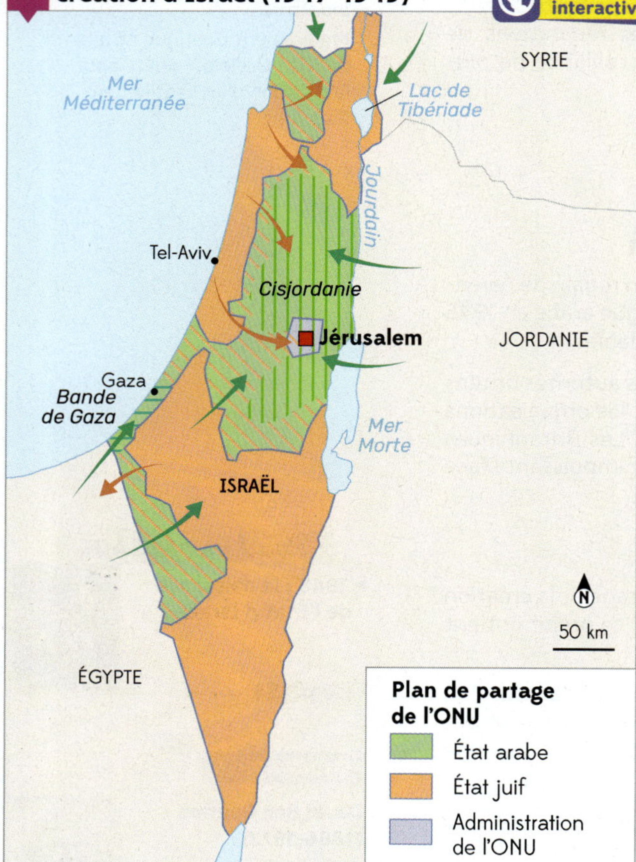

La guerre et ses conséquences territoriales
- Offensive arabe en mai-juin 1948
- Contre-offensive israélienne à partir de juillet 1948
- Territoires arabes palestiniens conquis par Israël en 1948-1949
- Cisjordanie annexée par la Jordanie
- Bande de Gaza occupée par l'Égypte
- Jérusalem, partagée entre Israël et la Jordanie

CHIFFRES CLÉS

→ Entre 1939 et 1951, environ **870 000 Juifs** originaires d'Europe, du Maghreb et du Moyen-Orient, immigrent en Israël.

CHRONOLOGIE

1917	Déclaration Balfour. Les Britanniques sont favorables à la création d'un foyer national juif en Palestine.
1920-1948	Mandat britannique en Palestine.
1936-1939	Grande révolte palestinienne contre l'immigration juive.
1939	Les Britanniques décident de limiter l'immigration juive.
1944-1946	Attentats sionistes contre les Britanniques au Proche-Orient.
1947	Plan de partage de la Palestine (ONU).
1948	Guerre israélo-arabe.

2 La proclamation de l'État d'Israël

Eretz Israël (le pays d'Israël) est le lieu où naquit le peuple juif. C'est là que se forma son caractère spirituel, religieux et national [...]. Motivés par cet attachement historique, les Juifs s'efforcèrent, au cours des siècles, de retourner au pays de leurs ancêtres pour y reconstituer leur État. Tout au long des dernières décennies, ils s'y rendirent en masse : ils y défrichèrent le désert, firent renaître leur langue, bâtirent cités et villages [...]. La Shoah, qui anéantit des millions de Juifs en Europe, démontra à nouveau l'urgence de remédier à l'absence d'une patrie juive par le rétablissement de l'État juif qui ouvrirait ses portes à tous les Juifs et conférerait au peuple juif l'égalité des droits au sein de la famille des nations. [...] Le 29 novembre 1947, l'Assemblée générale des Nations unies adopta une résolution prévoyant la création d'un État juif indépendant dans le pays d'Israël. [...]

Nous proclamons la création de l'État juif dans le pays d'Israël qui portera le nom d'État d'Israël.

L'État d'Israël [...] développera le pays au bénéfice de tous ses habitants ; il assurera une complète égalité de droits sociaux et politiques à tous ses citoyens, sans distinction de croyance, de race ou de sexe ; il garantira la pleine liberté de conscience, de culte, d'éducation et de culture.

Proclamation lue par David Ben Gourion (chef du Congrès sioniste et futur Premier ministre) à Tel-Aviv le 14 mai 1948.

3 La naissance d'Israël pour un Juif d'Europe

Saül Friedlander, né à Prague en 1932, réfugié en France en 1939, perd ses parents pendant la Shoah. En 1948, il décide de partir combattre pour Israël. Il devient un éminent historien du nazisme et un partisan de la paix avec les Palestiniens.

À la fin de novembre 1947, l'Assemblée des Nations unies vota le partage de la Palestine en deux États, l'un juif l'autre arabe. Quelques jours plus tard, les combats débutèrent pour de bon. Au printemps la tension devint insupportable. Dans mon lointain lycée[1], je sentais passer le souffle de l'épopée. Je changeai ma date de naissance, ajoutant deux ans à mon âge, et je m'inscrivis au Bethar, un mouvement de jeunes lié à l'Irgoun[2] de M. Begin [...] Le jeudi 3 juin, en rentrant au lycée je trouve un message : rendez-vous le lendemain à 18 heures gare de Lyon pour le train de Marseille. [...]

Pour l'essentiel les raisons de cette décision étaient claires ; elles tenaient aux événements d'Eretz Israël, à ma récente prise de conscience, à l'exaltation du moment. Mais il faut compléter et nuancer peut-être. Je commençais alors à comprendre de manière précise ce qu'auparavant je n'avais fait que passivement ressentir : j'étais seul. Partir en « Eretz » c'était joindre mon destin personnel à un sort commun, c'était aussi un rêve de communion et de communauté, c'était dissoudre mes anxiétés dans l'élan d'un groupe.

Saül Friedlander, *Quand vient le souvenir*, © Éditions du Seuil, pour la traduction française, « Points documents », 1998.

1. Il est alors élève de 1re dans un lycée parisien.
2. Organisation militaire sioniste radicale fondée en 1931 en Palestine.

4 L'exode des Palestiniens (1947-1949)

Entre 1947 et 1949, des centaines de milliers de Palestiniens sont expulsés de force ou s'enfuient à causes des violences, abandonnant leurs habitations. Ils trouvent refuge dans les territoires voisins (Cisjordanie, Gaza...).

5 La fondation d'Israël pour un Palestinien

Edward Saïd (1935-2003) est né dans une famille arabe chrétienne ; après avoir quitté la Palestine en 1948, ils vivent en Égypte puis aux États-Unis.

Une chose dont je me souviens est que chaque membre des deux côtés de la famille devint réfugié durant cette période, personne ne resta dans notre Palestine [...]. Ma famille au sens large perdit tous ses biens et toutes ses résidences, et comme tant de familles palestiniennes de l'époque[1], elle ne supporta pas cette épreuve tant comme quelque chose de politique que comme une catastrophe naturelle. De nombreuses familles et beaucoup d'individus virent leur vie brisée, leur courage s'épuiser, leur calme détruit du fait d'un bouleversement qui semblait sans fin et répétitif. [...]

La deuxième chose dont je me souviens est que pour la seule personne de la famille qui parvint d'une certaine manière à récupérer après la *nakba*[2], une tante du côté de mon père, le mot Palestine signifiait se mettre au service des réfugiés malheureux, dont des milliers se retrouvèrent sans un sou, sans travail, misérables et perdus en Égypte. D'elle, j'appris que si la plupart des gens étaient prêts à parler de la cause palestinienne, il n'y en avait que très peu qui voulaient bien faire quelque chose de concret.

Edward Saïd, dans E. Rogan et A. Shlaim, *1948 : La guerre de Palestine*, trad. S. Saurat, © Autrement, 2002.

1. Environ 800 000 Palestiniens ont dû fuir entre 1948 et 1949.
2. *Nakba*, « catastrophe », nom donné par les Palestiniens à l'exil après 1948.

Itinéraire 1

Identifier

1. **Doc 1 et 2.** Relevez les étapes menant à la fondation d'Israël.
2. **Doc 1 et 3.** Recensez les participants à la guerre de 1948-1949.
3. **Doc 4 et 5.** Décrivez la situation des Arabes palestiniens en 1948-1949.

Expliquer

4. **Doc 2 et 3.** Analysez les fondements historiques, religieux et politiques sur lesquels Israël est créé.

Synthétiser

5. Montrez quelles sont les raisons de la fondation d'Israël puis quelles sont ses conséquences pour les populations locales et les États de la région.

OU

Itinéraire 2

Construire un schéma

- À l'aide des documents, réalisez un schéma pour expliquer comment et pourquoi l'État d'Israël a été créé.
- Vous indiquerez le contexte régional et international, les motivations puis les conséquences de cette création pour l'ensemble des populations et des États de la région.

Aide

COURS

DOCUMENTS : p. 138 à 143

Podcast du cours

3 La naissance de la guerre froide (1945-1953)

Comment passe-t-on de la Grande Alliance à un nouveau type de conflit ?

« **Le temps des compromis est passé, j'en ai assez de pouponner les Soviétiques.** »

Harry S. Truman, janvier 1946.

HISTOIRE DE MOTS

L'expression « **guerre froide** » inventée par l'écrivain britannique George Orwell, est popularisée par le journaliste américain W. Lippmann en 1947 ; les Soviétiques refusent de l'employer jusqu'aux années 1980.

BIOGRAPHIE

Mao Zedong (1893-1976)

Fondateur et dirigeant de la République populaire de Chine de 1949 à 1976.

Biographies : p. 356

Vocabulaire

- **Bipolarisation**
  Processus par lequel le monde se divise en deux groupes soudés autour d'une grande puissance sur le plan militaire et politique durant la guerre froide.
- **Blocus**
  Opération visant à isoler une zone (ville ou pays) par la force, en la privant de toute communication avec l'extérieur.

A 1945-1946 : la fin de la Grande Alliance

1. Le temps des compromis

- La recherche d'une entente entre Alliés perdure en 1945, dans les derniers mois de la guerre. Les Anglo-Américains ne sont alors pas hostiles à ce que l'URSS puisse gagner des territoires et former un « glacis de sécurité » sous son influence en Europe de l'Est.
- Toutefois, malgré les engagements démocratiques pris à la conférence de Yalta en 1945, l'URSS impose par la force des gouvernements communistes en Pologne ou en Bulgarie où l'Armée rouge est présente. Mais Staline reste prudent et ne remet pas en cause les intérêts des États-Unis et du Royaume-Uni en Europe occidentale.

2. De la confiance à la défiance

- Les relations entre les Alliés se dégradent pourtant dès 1946. L'ancien Premier ministre britannique Winston Churchill dénonce, dans un discours très remarqué, une Europe de l'Est opprimée derrière un « **rideau de fer** ». Le président des États-Unis Truman et ses conseillers sont désormais persuadés que la politique soviétique est marquée par une volonté d'expansion et non de sécurité.
- La guerre froide qui s'amorce est donc à la fois un conflit idéologique entre deux pays qui incarnent deux modèles politiques et économiques opposés, et un conflit géopolitique entre des puissances qui cherchent à étendre leur influence.

B Le tournant de 1947 : les déclarations d'affrontement

1. Truman et la doctrine de l'endiguement

- En Occident, l'idée d'une Europe menacée par le communisme a un très fort retentissement. Truman y répond en mars 1947 quand il annonce l'engagement des États-Unis dans la défense du « monde libre » contre la « tyrannie ».
- Cette doctrine du ***containment*** est complétée par l'annonce d'une aide économique massive à l'Europe dévastée où la misère pourrait, selon lui, profiter aux communistes. Le **plan Marshall** de 13 milliards de dollars est adressé à tous les pays d'Europe, mais sous la pression de Moscou, les pays situés dans la sphère soviétique le refusent.

2. Le durcissement soviétique

- À l'Est, la mainmise des partis communistes se renforce en 1947 dans un climat d'intimidation et de fraude électorale. En septembre 1947, pour consolider les liens entre les partis communistes de différents pays (notamment français et italien), est fondé le **Kominform**, un organe de coordination politique.
- Andreï Jdanov, un des dirigeants soviétiques, déclare dans un discours très violent que le monde se divise désormais en deux camps, l'un « impérialiste » et agressif derrière les États-Unis, l'autre « anti-impérialiste » et formé de « démocraties nouvelles » derrière l'URSS.

3. L'Europe divisée

• En février 1948, le « coup de Prague » montre que les communistes peuvent s'emparer du pouvoir sans heurt dans un pays de tradition démocratique comme la Tchécoslovaquie ; c'est un choc pour les Occidentaux, qui redoutent de voir resurgir le spectre de la guerre.

• Dès lors, des pays d'Europe occidentale se lient par un accord militaire défensif, le pacte de Bruxelles, en mars 1948. En avril est fondée l'Organisation européenne de coopération économique (OECE) qui réunit les 16 pays bénéficiaires du plan Marshall.

• S'amorce ainsi la formation d'un camp occidental lié aux États-Unis face aux **démocraties populaires** d'Europe de l'Est alliées de l'URSS ; seule la Yougoslavie de Tito rompt avec Moscou en juin 1948. Le rêve d'une sécurité collective sous l'égide de l'ONU s'effondre.

Point de PASSAGE

▶ 1948 : le « coup de Prague »

→ p. 140

C Un monde coupé en deux : 1948-1953

1. Le blocus de Berlin et ses conséquences

• L'Allemagne, divisée et occupée par les Alliés, est un point crucial dans la montée des tensions entre les vainqueurs. Après la fusion des zones d'occupation occidentales (fin 1947-début 1948), Staline pense éviter la partition du pays en imposant un rapport de forces par le **blocus** des zones occidentales de Berlin.

• Cependant, la détermination des États-Unis, qui ravitaillent la ville par un pont aérien de juin 1948 à mai 1949, fait échouer le blocus. L'escalade militaire a été prudemment évitée, mais cette crise précipite la fondation de deux États allemands : la RFA (République fédérale d'Allemagne) à l'ouest, et la RDA (République démocratique allemande) à l'est en 1949.

2. La radicalisation de la confrontation

• En Europe de l'Est, la **soviétisation** s'accélère avec les nationalisations, l'épuration politique et la répression. Les ouvertures économiques et culturelles qui subsistaient entre l'Est et l'Ouest se ferment. Le camp communiste est renforcé par la victoire de Mao Zedong en Chine en octobre 1949.

• En Occident, l'anticommunisme de l'opinion publique s'amplifie et l'Alliance atlantique liant l'Amérique du Nord et l'Europe de l'Ouest est conclue en 1949. La **bipolarisation** est désormais en place.

3. La militarisation des alliances

• L'explosion de la première bombe atomique soviétique en août 1949 puis la guerre de Corée (1950-1953) réorientent la politique militaire américaine. La course à l'armement reprend, doublée d'un nouveau déploiement d'alliances militaires : l'Alliance atlantique est dotée d'une organisation permanente, l'**OTAN** ; un traité est signé avec le Japon, un autre avec les pays de l'Océanie en 1951.

• La guerre de Corée, très meurtrière (au moins 2 millions de morts), confirme les logiques de la guerre froide : extension mondiale, affrontements militaires indirects dans des conflits régionaux et dimension dissuasive de l'arme atomique.

Vocabulaire

- **Containment**
  « Endiguement », en français. Doctrine appliquée par les États-Unis à partir de 1947 visant à s'opposer à toute nouvelle extension du communisme dans le monde.
- **Démocratie populaire**
  Régime dictatorial dans lequel le Parti communiste domine la vie politique sur le modèle soviétique.
- **Kominform**
  Organisation réunissant les principaux partis communistes européens de 1947 à 1956.
- **OTAN**
  Organisation du traité de l'Atlantique Nord. Organisation civile et militaire autour des États-Unis, du Canada et de 10 pays d'Europe occidentale, mise en place en 1949.
- **Plan Marshall**
  Aide économique massive proposée en juin 1947 par le secrétaire d'État des États-Unis, George Marshall, à tous les pays d'Europe.
- **Rideau de fer**
  Expression utilisée en 1946 par Winston Churchill, ancien Premier ministre britannique, pour dénoncer l'installation de régimes communistes dans les pays d'Europe de l'Est.
- **Soviétisation**
  Mise en place du modèle politique, économique et social soviétique.

TESTEZ-VOUS !

- Pourquoi peut-on parler de fin de la Grande Alliance entre 1945 et 1946 ?
- En quoi l'année 1947 est-elle un tournant ?
- Montrez qu'il y a une bipolarisation de l'Europe et du monde entre 1948 et 1953.

? LE SAVIEZ-VOUS ?

La Yougoslavie, libérée par la Résistance sans l'aide de l'Armée rouge, est dirigée après la guerre par le communiste Tito. Refusant la soviétisation, il est exclu du Kominform en 1948 et conserve des relations avec le monde occidental.

L'Histoire EN QUESTIONS

Pourquoi le monde entre-t-il dans la guerre froide ?

VOCABULAIRE :

- *Containment* p. 137
- Plan Marshall p. 137

1 La politique soviétique analysée par Truman

Il s'agit [...] de reconnaître que les régimes totalitaires imposés à des peuples libres, par une agression directe ou indirecte, sapent les fondations de la paix internationale et par là même la sécurité des États-Unis.

[...] Au moment présent de l'histoire du monde, presque toutes les nations se trouvent placées devant le choix entre deux modes de vie. Et, trop souvent, ce choix n'est pas un libre choix.

L'un de ces modes de vie est basé sur la volonté de la majorité. Ses principaux caractères sont des institutions libres, des gouvernements représentatifs, des élections libres, des garanties pour la liberté individuelle, la liberté d'expression et de religion. Le second mode de vie est basé sur la volonté d'une minorité imposée à la majorité. Il s'appuie sur la terreur et l'oppression, sur une radio et une presse contrôlées, sur des élections dirigées et sur la suppression de la liberté individuelle.

Je crois que les États-Unis doivent pratiquer une politique d'aide aux peuples libres qui résistent actuellement aux manœuvres de certaines minorités armées, ou à la pression extérieure. [...] Si la Grèce tombait sous le contrôle d'une minorité armée, ceci aurait sur son voisin, la Turquie, une influence immédiate et sérieuse. Le trouble et le désordre pourraient fort bien s'étendre au Moyen-Orient tout entier. En outre, la disparition de la Grèce en tant qu'État indépendant exercerait une profonde influence sur ceux des pays européens dont les peuples luttent contre de grosses difficultés pour maintenir leurs libertés et leur indépendance tout en réparant les dommages causés par la guerre. Si nous n'aidons pas la Grèce et la Turquie dans ces heures décisives, l'effet s'en fera profondément sentir à l'Ouest comme à l'Est.

Nous devons agir immédiatement et résolument. [...] En plus [des] crédits, je demande au Congrès d'autoriser, sur la demande de la Grèce et de la Turquie, l'envoi dans ces pays de personnels civils et militaires.

Harry S. Truman, discours au Congrès, 12 mars 1947.

les clés pour comprendre

→ L'auteur

- Harry S. Truman (1884-1972) succède à Franklin Roosevelt, mort en avril 1945. Préoccupé par la défense des intérêts économiques et diplomatiques des États-Unis, il exprime assez tôt des doutes sur la bonne foi des Soviétiques, d'autant plus que les rapports de ses conseillers l'invitent à la méfiance.
- Ici, Truman reprend les analyses que le diplomate George Kennan, en poste à Moscou, lui a adressées dès février 1946 et dont Churchill s'est fait l'écho à Fulton en mars 1946.

→ Le contexte

- Jusqu'au début de 1946, les Américains pensent que les Soviétiques ont une politique plutôt défensive et qu'ils cherchent avant tout la sécurité, protégés derrière un ensemble de pays alliés en Europe centrale. Désormais, ils interprètent leur politique comme une volonté d'expansion idéologique, notamment quand Staline revendique des droits sur les détroits turcs et quand la Yougoslavie soutient la guérilla communiste en Grèce contre le gouvernement légal aidé par les Britanniques.
- En 1947, la menace se fait plus grande : le Royaume-Uni annonce qu'il n'a plus les moyens d'intervenir en Méditerranée et la situation sociale et économique toujours difficile en Europe fait craindre une poussée des partis communistes dont pourrait profiter Staline.

→ La portée du document

- Le discours de Truman, qui rompt définitivement avec l'isolationnisme, annonce la mise en place officielle de la doctrine du *containment* proposée par G. Kennan en 1946. La priorité est désormais pour les États-Unis d'endiguer le communisme par des moyens économiques, politiques et idéologiques. C'est une des raisons du plan Marshall proposé en juin 1947 aux pays d'Europe.

éclairage

« De Stettin dans la Baltique jusqu'à Trieste dans l'Adriatique, un rideau de fer est descendu à travers le continent. Derrière cette ligne se trouvent toutes les capitales des anciens États de l'Europe centrale et orientale. [...] Toutes sont soumises [...] à un degré très élevé, au contrôle de Moscou. »

Winston Churchill, discours à l'université de Fulton, États-Unis, 1946.

2 Le rideau de fer vu par la presse britannique

Leslie Illingworth illustre le discours de Churchill à Fulton en mars 1946 dénonçant un « rideau de fer » en Europe.

Daily Mail, 6 mars 1946, Londres.

① « Joe » désigne Joseph Staline.

② Winston Churchill.

3 Aux origines de la guerre froide

Point de vue d'HISTORIEN

Il est toujours difficile de démêler ce qui relève de l'idéologie et de la *realpolitik*[1], quand Staline agit en leader révolutionnaire et quand il agit en chef d'État. L'enjeu est capital : soit l'idéologie inspire une politique extérieure expansionniste, soit les préoccupations de sécurité lui donnent un caractère avant tout défensif. Dans le premier cas, l'URSS est largement responsable de la guerre froide, dans le second c'est l'enchaînement des faits et des réactions qui est à l'origine de la crise. Il y a encore quelques années, on privilégiait la seconde hypothèse. [...]

L'examen des archives récemment accessibles corrige cependant cette vision. Les historiens Zubok et Pleshakov montrent un Staline certes inquiet de la sécurité de son pays, mais aussi prudemment expansionniste. Idéologie et *realpolitik* ne s'opposent pas forcément. Staline a très bien pu maintenir deux fers au feu : un programme minimal correspondant aux soucis d'un État traditionnel, et un programme maximal renvoyant aux objectifs de l'expansion révolutionnaire.

Stanislas Jeannesson, *La Guerre froide*, La Découverte, 2014.

1. Politique réaliste fondée sur les intérêts réels d'un pays.

QUESTIONS

Analyser la source

1. Par quels arguments idéologiques Truman justifie-t-il la demande de crédit au Congrès ? Par quels arguments de politique internationale ?
2. Expliquez quelle doit être, selon lui, la politique américaine.

Mettre en relation

3. Comparez l'analyse de Truman et le point de vue de la presse britannique à la suite du discours de Fulton.

Répondre à la problématique en historien(ne)

4. Après avoir exposé comment les Anglo-Américains analysent les causes de la guerre froide, vous montrerez comment ont évolué les analyses des historiens sur cette question.

Point de PASSAGE

1948 : le « coup de Prague »

▶ COURS : p. 136-137

Contexte

Entre 1945 et 1947, la Tchécoslovaquie se trouve dans la sphère d'influence soviétique. Dotée d'un parti communiste puissant, elle reste un pays pourtant démocratique et ouvert à la coopération avec les États-Unis. Cependant, l'influence soviétique s'accentue, et en février 1948, les communistes prennent le pouvoir.

Pourquoi le « coup de Prague » est-il la première crise de la guerre froide en Europe ?

CHRONOLOGIE

- **1945-1948** : Gouvernement formé de communistes et non-communistes.
- **Juillet 1947** : Sous la pression de Staline, les Tchécoslovaques renoncent au plan Marshall.
- **17-25 février 1948** : Manifestations communistes massives.
- **25 février 1948** : Le président Bénès doit accepter un gouvernement communiste.
- **Fin février 1948** : Début de la répression politique.
- **9 mai 1948** : Nouvelle Constitution.
- **7 juin 1948** : Démission du président Bénès.

1 Un pays démocratique (1946-1947)

Charles Douglas Jackson, général et homme politique américain influent, connu pour son anticommunisme, rend compte d'un voyage à Prague à la fin de l'année 1946.

La peur des rouges est une terreur puérile et les peurs américaines d'une menace rouge sont largement exagérées [...]. Nous avons inventé le « rideau de fer ». Nous avons développé l'idée et nous nous sommes mis à croire qu'il existait dans des endroits où il n'existe pas. J'ai trouvé la Tchécoslovaquie furieusement occidentale malgré la présence de communistes dans son gouvernement.

C. D. Jackson, cité dans J. Faure, *L'Ami américain. La Tchécoslovaquie, enjeu de la diplomatie américaine, 1943-1968*, Tallandier 2004.

2 La nouvelle stratégie du communisme international (1947)

Andreï Jdanov est le délégué de Staline à la conférence des partis communistes en Pologne en 1947.

C'est aux partis communistes qu'incombe le rôle historique particulier de se mettre à la tête de la résistance au plan américain d'asservissement de l'Europe et de démasquer résolument tous les auxiliaires intérieurs de l'impérialisme américain. En même temps, les communistes doivent soutenir tous les éléments vraiment patriotiques qui n'acceptent pas de laisser porter atteinte à leur patrie, qui veulent lutter contre l'asservissement de leur patrie au capital étranger et pour la sauvegarde de la souveraineté nationale[1] de leur pays. Les communistes doivent être la force dirigeante qui entraîne tous les éléments antifascistes épris de liberté à la lutte contre les nouveaux plans expansionnistes américains d'asservissement de l'Europe.

Andreï Jdanov, *Rapport sur la situation internationale*, conférence de fondation du Kominform, septembre 1947.

1. Indépendance.

3 Le « coup de Prague » vu par la presse non communiste

M. Bénès, qui a eu un important entretien avec M. Gottwald[1] ce matin, semble avoir capitulé devant les injonctions de celui-ci [...]

Le rideau de fer tombe sur le dernier acte, et nous aurons demain un bloc oriental sans fissure, dans lequel la Tchécoslovaquie, enfin mise au pas, jouera un rôle économique et politique des plus importants, vaste usine du monde slave et avant-garde de la future fédération des « républiques populaires ». [...]

Le 24 février 1948, le régime parlementaire, tel du moins qu'on le définit en France ou en Angleterre, [a] cessé d'être le régime de la République fondée par [Tomas] Masaryk[2] et restaurée par Bénès. Il n'y a plus de partis politiques. Ou du moins il n'y a plus que le Parti communiste, dont le travail en ces dernières quarante-huit heures a démontré à la fois la discipline des adhérents, l'intelligence politique des chefs et la longue et méticuleuse préparation. Car, quoi qu'on en dise, ce n'est pas en quelques heures [...] qu'on peut briser des partis politiques organisés, déplacer des masses de manifestants, occuper des bâtiments publics, arrêter les opposants, expulser des chefs d'entreprises, le tout méthodiquement, calmement, sans heurt.

Georges Penchenier (correspondant à Prague), « Le président Bénès a capitulé devant les exigences de M. Gottwald », *Le Monde*, 26 février 1948.

1. Dirigeant du Parti communiste tchécoslovaque.
2. Premier président de la République tchécoslovaque après l'indépendance en 1918.

4 La crise politique de février 1948

Manifestation communiste. Place de la vieille ville de Prague, février 1948.

INFO

Le 17 février, les ministres non communistes, inquiets de l'influence grandissante des communistes (dans la police, l'armée), démissionnent ; ils pensent provoquer de nouvelles élections. Le Parti communiste mobilise alors ses militants contre ces ministres.

La Tchécoslovaquie a un nouveau gouvernement

l'Humanité
ORGANE CENTRAL DU PARTI COMMUNISTE FRANÇAIS
JEUDI 26 FÉVRIER 1948

A PRAGUE, la foule en liesse
ACCLAME E. BENÈS ET C. GOTTWALD

Le ministère est constitué sous le signe de l'unité d'action pour une véritable démocratie populaire

La composition du nouveau ministère

De notre envoyé spécial Pierre Courtade

ZAPOTOCKY présidera le Comité National d'Action

Les bébés premières VICTIMES de la vie chère

Les gouvernants affameurs, en doublant les prix, commettent un crime contre l'enfance

La baisse selon Daniel MAYER
Diminution des salaires pour 300.000 employés de commerce

Les bicyclettes en vente libre en avril ?

Crainquebille et les femmes

Quand M. Bidault préfère

5 Le « coup de Prague » vu par la presse communiste

Une du journal *L'Humanité*, 26 février 1948.

Vocabulaire

- **Démocratie populaire**
  Régime dictatorial dans lequel le Parti communiste domine la vie politique sur le modèle soviétique.

Vidéo

QUESTIONS

Identifier

1. **Doc 1.** Comment Jackson perçoit-il la situation en Tchécoslovaquie fin 1946 ?
2. **Doc 2.** Identifiez les consignes données par Jdanov aux partis communistes à partir de septembre 1947.

Expliquer

3. **Doc 3 à 5.** Analysez la façon dont les communistes prennent le pouvoir en Tchécoslovaquie en février 1948.
4. **Doc 3 et 5.** Montrez la différence dans la manière de traiter le « coup de Prague » dans ces deux journaux.

Synthétiser

5. Pour répondre à la problématique, montrez comment se déroule le « coup de Prague » et expliquez comment il est perçu par l'un et l'autre camp de la guerre froide.

POUR ALLER + LOIN — oral

Exposer des arguments

Écoutez le podcast « La Fabrique de la guerre froide » (7 min).
À l'aide des documents et du podcast, répartissez-vous en groupes et rassemblez les éléments suivants en vue d'une présentation orale :
- pourquoi ces événements sont-ils perçus en Occident comme un coup de force ?
- pourquoi ces événements ont-ils un retentissement international immense ?

Aide — Podcast

DOCUMENTS

COURS : p. 136-137

VOCABULAIRE :
• **Blocus** p. 136

1945-1949 : Berlin et les premières tensions Est-Ouest

Conquise par les Soviétiques au printemps 1945, en grande partie détruite, Berlin est divisée en quatre secteurs d'occupation par les Alliés. Pour la population, surtout des femmes, des enfants et des personnes âgées, c'est « l'année zéro ». La ville devient rapidement le centre des rapports de force entre Alliés.

Comment se traduit l'importance de Berlin dans les relations internationales de 1945 à 1949 ?

CHRONOLOGIE

Février 1945	16-30 avril 1945	8 mai 1945	Juillet-août 1945	Juin 1948-mai 1949	1949
Conférence de Yalta. Principe de partage l'Allemagne et de Berlin en zones d'occupation.	Offensive de l'Armée rouge sur Berlin.	Capitulation allemande.	Les Alliés fixent les règles d'occupation à la conférence de Potsdam.	Blocus de Berlin par les Soviétiques. Pont aérien occidental.	Division de l'Allemagne en deux États ; Berlin reste divisée.

1 Berlin en 1945

Cérémonie militaire soviétique devant le Reichstag (Assemblée) en ruine, mai 1945.

LE SAVIEZ-VOUS ?

L'expression « **Allemagne, année zéro** » vient du titre du film de Roberto Rossellini, *Allemagne, année zéro,* sorti en 1948, qui évoque l'Allemagne en ruine à la fin de la guerre.

2 Vivre à Berlin en 1945

Martha Hillers est une journaliste berlinoise.

Dimanche 13 mai 1945

Berlin résonne du son des cloches qui célèbrent la victoire des Alliés. On dit qu'aujourd'hui ce sera jour de fête chez les Russes, que les hommes recevraient de la vodka pour arroser l'événement. À la pompe[1], on recommandait aux femmes d'éviter de sortir. [...]

Mardi 5 juin

Aujourd'hui on pavoise[2] à nouveau dans toutes les rues ; il paraît que les Alliés ont atterri par milliers à l'aéroport, les Anglais, les Américains, les Français. [...] Pendant ce temps les camions russes poursuivent leur route, chargés de nos machines[3].

Mercredi 6 juin

Aujourd'hui les Alliés vont passer aux négociations. La radio crache discours sur discours, regorge de belles paroles que se lancent nos ex-ennemis pour la fête. Tout ce que je comprends, c'est que nous les Allemands nous sommes fichus, une simple colonie qui leur est livrée. Il faut avaler la pilule. Le travail est dur[4], le pain rare [...]

M. Hillers, *Une femme à Berlin*, Gallimard, 2006.

1. Du fait des destructions, il n'y a ni eau courante ni électricité dans la ville.
2. Hisser les drapeaux.
3. En vertu des accords entre Alliés, les Soviétiques saisissent des biens industriels.
4. Les Allemands déblaient les ruines et doivent travailler pour les Soviétiques.

Carte interactive

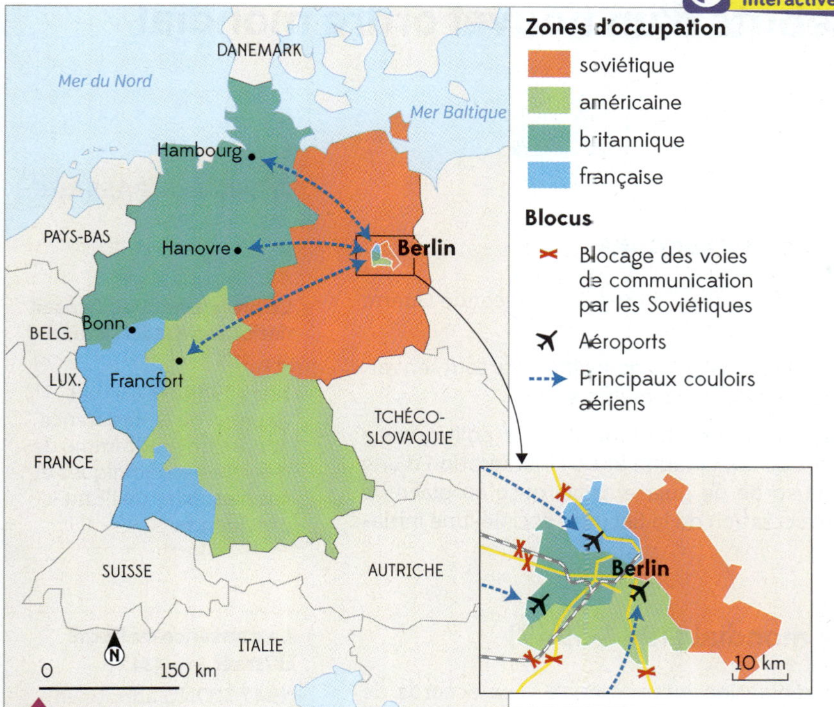

3 **De l'occupation au blocus de Berlin, 1948-1949**

De juin 1948 à mai 1949, les Soviétiques organisent le blocus de Berlin-Ouest pour protester contre le projet de fusion des zones occidentales et la création d'un futur État allemand à l'ouest.

4 Les enjeux du pont aérien

Lorsqu'en son temps, à l'été 1945, les quatre forces d'occupation sont entrées dans Berlin et se sont associées dans un Conseil de contrôle allié pour toute l'Allemagne et dans un commandement allié de la ville, le monde entier a reporté toute son attention sur cet exemple et on a dit que Berlin serait le symbole, mais aussi le baromètre de la collaboration des quatre grandes puissances. La preuve par l'exemple est maintenant faite [...]. Un retrait de Berlin équivaudrait pour [les États-Unis] à une perte de prestige qui se manifesterait bien au-delà des frontières de l'Allemagne et aurait des conséquences concrètes. La confiance dans la parole et la puissance de l'Amérique serait sérieusement ébranlée et la réalisation du plan Marshall fortement remise en question. [...] Il ne s'agit donc pas simplement de Berlin et des deux millions de Berlinois occupés par l'Ouest. Berlin n'est que le prétexte, le symbole tangible. Il s'agit de toute la politique américaine d'après-guerre.

« Potsdam, Berlin et le plan Marshall », *Luxemburger Wort*, 26 juin 1948.

Vidéo
Le ravitaillement de Berlin par avion

5 **Le pont aérien**

Les Américains répondent au blocus par un « pont aérien » : 275 000 avions acheminent 2,5 millions de tonnes de marchandises entre juin 1948 et mai 1949. Ici, déchargement de sacs de farine le 19 août 1948, à l'aérodrome de Gatow.

QUESTIONS

Identifier

1. **Doc 1 à 3.** Relevez les conséquences de la guerre pour les Berlinois.
2. **Doc 2 à 4.** Quel est le statut de la ville à partir de 1945 ?

Expliquer

3. **Doc 3 à 5.** Montrez que le blocus de Berlin est une crise de la guerre froide.

Synthétiser

4. Pour répondre à la problématique, expliquez que le sort de Berlin est d'abord celui de la capitale d'un pays vaincu ; montrez ensuite que cette situation en fait très tôt un enjeu de la guerre froide.

La fin de la Seconde Guerre mondiale et les débuts d'un nouvel ordre mondial

Podcast de la synthèse

RETENIR... à l'écrit

1 La fin de la guerre : bilans et reconstructions

- Avec environ 50 millions de morts et disparus (civils pour la moitié), la Seconde Guerre mondiale est une catastrophe humaine sans précédent.
- Les sociétés ébranlées découvrent l'horreur des camps et les génocides. Partout, en raison des destructions, les populations souffrent de pénuries multiples.
- Aux conférences de Yalta et Potsdam, les Alliés discutent de l'avenir politique de l'Europe qu'ils ont libérée, notamment du sort de l'Allemagne et de l'instauration d'une justice internationale. Un autre aspect de la sortie de guerre est la mise en place de l'État-providence ; en France cela passe par la création de la Sécurité sociale, une initiative du **Conseil national de la Résistance**.

2 Un nouvel ordre géopolitique mondial (1944-1947)

- Les Alliés s'entendent sur des moyens de régulation internationale. Les accords de Bretton Woods (1944) doivent garantir le développement stable du commerce. L'ONU, fondée en juin 1945, doit permettre la défense de la démocratie et la sécurité collective. Cet ordre est dominé par les deux puissances victorieuses : les États-Unis, épargnés par les destructions et désormais première puissance mondiale, et l'URSS, qui a subi des pertes énormes, mais dont l'armée a libéré l'Europe centrale et qui l'occupe.
- Au Proche-Orient, l'ONU vote un plan de partage de la Palestine en deux États, mais il est rejeté par les pays arabes. Seul **Israël** voit le jour en 1948.

3 La naissance de la guerre froide (1945-1953)

- Les années 1945-1946 voient une défiance croissante entre les États-Unis et l'URSS ; des tensions au sujet de la Grèce et de l'Allemagne marquent la fin de la Grande Alliance.
- En 1947, la déclaration de Truman sur le *containment*, le plan Marshall, suivis de la fondation du Kominform par les Soviétiques annoncent la bipolarisation. Après le **« coup de Prague » en 1948**, deux camps se forment : l'Ouest lié aux États-Unis, l'Est lié à l'URSS.
- Le blocus de Berlin est la première crise de la guerre froide ; il est suivi d'un durcissement de la confrontation en Europe. La guerre de Corée en montre l'extension mondiale ; elle aboutit à une militarisation des alliances.

Points de PASSAGE

Le programme du Conseil national de la Résistance → p. 128

- **Mars 1944 :** le Conseil national de la Résistance adopte un programme de réformes économiques et sociales, base de l'État-providence.

La naissance de l'État d'Israël → p. 134

- **1947 :** l'ONU adopte un plan de partage de la Palestine.
- **Mai 1948 :** l'État d'Israël est proclamé. Cette création est rejetée par les pays arabes et provoque la première guerre israélo-arabe.

Le « coup de Prague » → p. 140

- **1945 :** la Tchécoslovaquie, située dans la sphère d'influence soviétique, est une démocratie.
- **Février 1948 :** les communistes s'emparent du pouvoir et fondent un régime autoritaire.

A/Z *Les mots clés*

- **Bipolarisation**
  Processus par lequel le monde se divise en deux groupes soudés autour d'une grande puissance sur le plan militaire et politique durant la guerre froide.
- ***Containment***
  « Endiguement », en français. Doctrine appliquée par les États-Unis à partir de 1947 visant à s'opposer à toute nouvelle extension du communisme dans le monde.
- **Crimes contre l'humanité**
  En 1945, c'est l'assassinat, l'extermination, la réduction en esclavage, la déportation et tout autre acte inhumain commis contre toute population civile ou bien les persécutions pour des motifs raciaux ou religieux.
- **État-providence**
  Ensemble des dispositifs par lesquels l'État intervient dans l'économie et la société, protégeant les individus et redistribuant les richesses.
- **Guerre froide**
  Conflit idéologique et géopolitique entre les deux grandes puissances, États-Unis et URSS, de 1947 à 1991.
- **Sécurité collective**
  Système qui veut assurer une paix durable par une solidarité active entre les États qui garantissent mutuellement leur indépendance.

RETENIR... en schéma

1 La fin de la guerre : bilans et reconstructions

Bilan humain, moral et matériel catastrophique ▶ **Reconstruction**
- Conférences entre Alliés
- Justice internationale
- Réformes économiques, sociales = État-providence **(CNR)**

2 Un nouvel ordre géopolitique mondial

Nouvel ordre mondial
- ▶ **Économique** (accords de Bretton Woods)
- ▶ **Politique** (ONU)

▶ Domination par deux puissances :
- États-Unis
- URSS

3 La naissance de la guerre froide

Nouvelles tensions
- **Au Proche-Orient** : **Naissance d'Israël** (1948)
- **En Europe** : **« Coup de Prague »** (1948) ; Blocus de Berlin (1948-1949)
- **Dans le monde** : Guerre de Corée

RETENIR... autrement

ÉCOUTER

Les cours en podcast .... p. 126-127, 132-133, 136-137
La synthèse du cours .... p. 144

REGARDER L'ESSENTIEL EN 3 MINUTES

S'ENTRAÎNER

Des exercices interactifs........................ EXO Quiz

POUR APPROFONDIR

BD **Bande dessinée**
Hyman/Fromental, *Le coup de Prague*, Aire Libre, éditions Dupuis.

Documentaire
Gilles Perret, *Les Jours heureux*, 2013. Un documentaire sur le programme du CNR et sa postérité.

Sujet

En analysant le document, vous montrerez quelles sont les ambitions de la justice internationale en 1945.

C'est le terme central du sujet : veillez à en donner une définition précise.

Pourquoi parler de « justice internationale » pour le procès de Nuremberg ?

Rappelez le contexte international à cette date.

CONSEILS

L'analyse du document constitue le cœur de votre travail, mais nécessite pour être menée la mobilisation de vos connaissances.

➜ Voir **p. 127** (cours) et **p. 130-131** (documents).

Qui sont les accusés jugés lors du procès de Nuremberg ?

À quels événements ce passage fait-il allusion ?

Quels sont les objectifs de ce procès ?

Robert Jackson est le procureur américain au procès. Pourquoi les États-Unis participent-ils à ce procès ?

Les objectifs du premier tribunal international

Le sens commun de l'humanité exige que la loi ne soit pas limitée à la simple punition de crimes ordinaires commis par de petites gens. Il faut que la loi atteigne également les hommes qui possèdent de grands pouvoirs [...].

[Les accusés] sont les symboles vivants de la haine raciale, du règne de la terreur et de préparatifs à une guerre au cours de laquelle des générations entières en Europe ont été transplantées, des hommes exterminés, des foyers détruits et toute l'économie appauvrie. Ce que ces hommes représentent, nous allons vous le dévoiler avec patience et modération, nous allons vous donner des preuves irréfutables des actes inqualifiables qu'ils ont commis [...].

Mon intention est d'ouvrir le procès sous le chef n° 1 de l'acte d'accusation et de traiter du plan commun de conspiration pour obtenir des résultats qui n'étaient possibles qu'en recourant à des crimes contre la paix, des crimes de guerre et des crimes contre l'humanité [...].

[La civilisation] espère que votre décision placera la force du droit international au service de la paix, de sorte que les hommes et les femmes de bonne volonté, dans tous les pays, puissent avoir la permission de vivre sans en demander l'autorisation à quiconque, sous la protection du Droit.

Robert Jackson, discours d'ouverture au procès de Nuremberg, 21 novembre 1945, publié par le Service d'information des crimes de guerre, Paris, 1945.

Corrigé

L'introduction évoque d'abord le contexte de création du document, puis présente le document et annonce la problématique et le plan choisi.
➜ Replacez les phrases de l'introduction dans un ordre logique.

Introduction

1 Décidé à la conférence de Potsdam, ce procès s'ouvre à Nuremberg le 21 novembre 1945.

2 Le texte qui en propose un extrait nous amène donc à interroger le rôle de la justice internationale dans le retour à la paix et dans la construction d'un monde plus sûr, mais aussi à voir les limites de ces ambitions.

3 Il débute par le discours du procureur américain Robert Jackson qui expose les ambitions de cette justice inédite.

4 L'extension et les violences sans précédent de la guerre déterminent les Alliés à créer un tribunal militaire international pour juger les principaux criminels nazis.

Vous devez utiliser vos connaissances pour préciser les informations.
➜ Rappelez quelles sont les différentes catégories de victimes de la Seconde Guerre mondiale.

1re partie

En premier lieu, selon Jackson, le tribunal doit punir les grands criminels pour rendre justice aux victimes de la guerre : .....
Ce sont en effet 22 hauts responsables politiques et militaires nazis, de ceux « qui possèdent de grands pouvoirs » (H. Göring, par exemple), qui sont jugés par les quatre puissances victorieuses : les États-Unis, le Royaume-Uni, l'URSS et la France. Pour cela, des règles juridiques ont été élaborées et fixées par l'accord de Londres du 8 août 1945 afin d'organiser le cadre de cette justice internationale sans précédent. Ainsi, il est décidé que les accusés devront répondre de quatre chefs d'accusation que R. Jackson énumère. Il s'agit notamment de celui de « crimes contre l'humanité », c'est-à-dire ..... Jackson s'y réfère en évoquant les victimes des destructions, de « la haine raciale », de « la terreur », « transplantées », « exterminées ». Les crimes antisémites sont jugés mais on voit que le génocide, notion nouvelle aussi, n'est pas encore défini comme un crime spécifique : il est intégré aux « crimes de guerre ».

Vous devez utiliser vos connaissances pour définir les notions importantes.
➜ Poursuivez la rédaction par une définition de « crimes contre l'humanité ».

2e partie

Le procureur Jackson exprime également une autre ambition du procès : prouver de manière certaine les crimes nazis.
Il faut donc enquêter sur ces crimes. C'est ce qu'il évoque lorsqu'il parle d'apporter les « preuves irréfutables des actes inqualifiables ». Pour accomplir ce travail, une documentation considérable est réunie : .....
Le procès participe de la sorte à la formation d'un savoir historique sur le nazisme, la guerre, l'extermination des Juifs d'Europe, indispensable à la reconstruction des sociétés européennes. En effet, quand Jackson parle de « dévoiler avec patience et modération » ce que les accusés représentent, il ne s'adresse pas seulement aux juges, mais aussi aux opinions publiques, informées par les centaines de journalistes qui couvrent le procès. Enfin, ce recueil de preuves doit rendre impossible toute contestation future des crimes inouïs qui ont été commis.

Vous devez utiliser vos connaissances pour préciser les informations évoquées dans le document.
➜ Poursuivez la rédaction à l'aide du cours p. 121, des documents p. 110-111 et de vos connaissances.

3e partie

Le procès de Nuremberg, selon Jackson, est un procès pour l'avenir, mais il est aussi critiqué.
Argument n° 1 : il doit contribuer à maintenir la paix.
Argument n° 2 : il prépare d'autres procès.
Argument n° 3 : il est critiqué pour différentes raisons.

➜ Rédigez chacun de ces arguments à l'aide du cours p. 121 et de vos connaissances.

Conclusion

En octobre 1946, les juges prononcent douze condamnations à mort, des peines de prison et 4 acquittements. Mais, très vite, cette volonté de construire une justice internationale est placée au second plan : les vainqueurs de la Seconde Guerre mondiale s'opposent bientôt dans la guerre froide.

BAC
CORRIGÉ COMPLET DU SUJET
lyceen.nathan.fr/coteterm-2020

Sujet

Peut-on parler d'un nouvel ordre mondial entre 1945 et 1947 ?

Quels événements durant cette période révèlent des évolutions dans les relations internationales ?

Quels sont les acteurs qui veulent l'établir ? pour remplacer quel ordre mondial « ancien » ? et avec quels objectifs ?

Corrigé

Vous devez rappeler dans l'introduction la problématique à laquelle vous répondez.
➜ De quelle couleur est-elle ici soulignée ?

Chaque partie présente une idée générale qui répond en partie à la problématique.
➜ Déterminez l'idée présentée ici :
- L'ONU est une organisation internationale ;
- L'ONU doit permettre d'assurer la paix dans le monde ;
- L'ONU, donne les moyens d'un nouvel ordre économique.

➜ Continuez la rédaction de ce paragraphe : expliquez le rôle de l'ONU dans la rédaction de la Déclaration universelle des droits de l'homme.

➜ Rédigez l'annonce de l'idée : utilisez les termes « nouvel ordre mondial » et « prospérité ».

➜ Rédigez chacun de ces arguments à l'aide du cours p. 127 et de vos connaissances.

Introduction

La Seconde Guerre mondiale a mis en évidence l'échec de la SDN et l'ampleur des destructions, des souffrances subies en fait une catastrophe sans précédent. Ainsi les Alliés, à l'initiative notamment des États-Unis et de Roosevelt, discutent des moyens de défendre la paix par un nouvel ordre international fondé sur des règles de droit et des institutions de concertation collective. Il s'agit de comprendre si ces ambitions ont abouti entre 1945 et 1947.

1re partie

Ce nouvel ordre mondial repose en priorité sur le projet de maintenir l'alliance des vainqueurs après la fin de la guerre : « les Nations unies » doivent permettre de garantir la paix.
Ainsi, à la conférence de Yalta en février 1945, Staline, Roosevelt et Churchill décident la création d'une organisation internationale remplaçant la SDN et chargée de défendre la paix par les moyens de la sécurité collective. Ce projet aboutit à la signature par 50 États de la Charte des Nations unies en juin 1945.
Le fonctionnement de l'ONU repose sur la concertation. Confrontée à une situation qui menace la paix, l'Assemblée générale, réunion de tous les États membres, fait des recommandations. Le Conseil de sécurité, qui rassemble les cinq principaux vainqueurs, vote des résolutions et peut imposer des sanctions militaires.
L'ONU coordonne aussi l'action de différentes agences spécialisées dans la coopération économique, humanitaire et culturelle.

2e partie

Annonce de l'idée présentée dans la partie.
Pour les Américains et les Anglais, la guerre a été la conséquence de la crise de 1929, du repli protectionniste, de la misère et des dérives politiques qu'elle a engendrés ; les accords de Bretton Woods (1944) puis la création du FMI et de la Banque mondiale (1945) doivent alors assurer désormais la stabilité des échanges, la coopération économique, les prêts pour les grands travaux.
L'essor du commerce doit aussi participer au retour de la prospérité. S'ajoute donc en 1947 le GATT, qui encourage les accords de libre-échange.

3e partie

Le lendemain de la guerre semble donc annoncer un monde plus sûr. Mais ces fonctionnements sont remis en cause par les actions des puissances.
Argument n° 1 : l'action de l'URSS en Europe.
Argument n° 2 : les dissensions croissantes entre les Alliés.
Argument n° 3 : la domination économique des États-Unis.

Conclusion

Ainsi, les principes et les institutions d'un nouvel ordre mondial ont bien été instaurés, mais leur fonctionnement est remis en cause dès la fin des années 1940 par les enjeux de puissance.

BAC
CORRIGÉ COMPLET DU SUJET
lyceen.nathan.fr/coteterm-2020

RÉPONSE À UNE QUESTION PROBLÉMATISÉE

Sujet 1

En quoi l'année 1947 est-elle un tournant dans les relations internationales ?

Sujet 2

Comment évoluent entre 1945 et 1953 les relations entre les États-Unis et l'URSS, principales puissances à la fin de la Seconde Guerre mondiale ?

ANALYSE DE DOCUMENT

En analysant le document, vous expliquerez qu'il propose un point de vue sur les relations entre les États-Unis et l'URSS au début des années 1950.
L'analyse du document constitue le cœur de votre travail, mais nécessite pour être menée la mobilisation de vos connaissances.

Un monde divisé par la guerre froide : « Des phrases... et des bases »
Au micro : *« Paix, défense, désarmement. »*
Affiche soviétique de Viktor Govorkov évoquant la présence des États-Unis en Europe, 1952.

CHAPITRE

5

Une nouvelle donne géopolitique : bipolarisation et émergence du tiers-monde (1953-1975)

Le monde connaît d'immenses bouleversements dans la vingtaine d'années qui suit la mort de Staline en 1953 : la quasi-totalité des pays colonisés accèdent à l'indépendance, la puissance chinoise émerge, la guerre froide entre États-Unis et URSS accroît le risque d'affrontement nucléaire, et de nouveaux foyers de conflit émergent dans le tiers-monde et au Moyen-Orient.

Textes DYS
TOUS LES TEXTES EN VERSION DYS
lyceen.nathan.fr/coteterm-2020

▶ Comment l'affrontement américano-soviétique est-il transformé par l'émergence de nouveaux acteurs issus du tiers-monde ?

▷ Vidéo

1 Le mur de Berlin, symbole d'un monde bipolaire

Le mur de Berlin est construit à partir du 13 août 1961 par les autorités de la RDA afin d'empêcher la fuite des Allemands de l'Est vers l'Ouest.

2 Guerres et mouvements révolutionnaires dans le tiers-monde

Sur cette photographie de 1968, des rebelles congolais brandissent un portrait du dirigeant chinois Mao Zedong et son recueil de citations appelé « petit livre rouge ».

CONTEXTE

Un monde bipolaire transformé par la décolonisation

En 1953, la mort de Staline et la fin de la guerre de Corée marquent une nouvelle étape dans les relations internationales. Désormais, la guerre froide est installée. Elle interfère avec les décolonisations qui s'accélèrent en Asie et en Afrique. De nouveaux acteurs émergent mais ils peinent à s'affranchir de la logique bipolaire.

Vocabulaire

- **Pacte de Varsovie**
  Alliance militaire fondée en 1955 pour faire contrepoids à l'OTAN.
- **Mouvement des non-alignés**
  Mouvement politique créé dans le contexte de la décolonisation par des pays cherchant à se tenir à l'écart de la guerre froide et de sa logique bipolaire.
- **SALT (*Strategic Arms Limitation Talks*)**
  Accords signés entre les États-Unis et l'URSS qui limitent la fabrication des missiles à longue portée et des systèmes de défense antimissiles.

REPÈRES CHRONOLOGIQUES DU CHAPITRE

- **THÈME 1** (1929–1945) : Fragilités des démocraties, totalitarismes et Seconde Guerre mondiale
- **THÈME 2** (1945–1970) : La multiplication des acteurs internationaux dans un monde bipolaire
- **THÈME 3** (1970–1990) : Les remises en cause politiques, économiques et sociales
- **THÈME 4** (1990–…) : Le monde, l'Europe et la France, entre coopérations et conflits

1929 – 1945 – 1970 – 1990

1953 – 1954 – 1955 – 1956 – 1957 – 1958 – 1959 – 1960 – 1961 – 1962

GUERRE FROIDE ET RELATIONS EST-OUEST

- **5 mars 1953** Mort de Staline
- **27 juillet 1953** Fin de la guerre de Corée
- **Mai 1955** Pacte de Varsovie
- **1956** Intervention soviétique à Budapest
- *Point de PASSAGE* **1962** Crise des missiles de Cuba

DÉCOLONISATION ET ÉMERGENCE DE NOUVEAUX ACTEURS

- **1954** *Point de PASSAGE* Fin de la guerre d'Indochine
- **Avril 1955** Conférence afro-asiatique à Bandung
- **1956** Crise de Suez
- **Septembre 1961** Première conférence des pays non-alignés à Belgrade

Statue de Staline renversée par les insurgés hongrois à Budapest, 1956.

Photo aérienne montrant les fusées soviétiques à Cuba, 1962.

REPÈRES GÉOGRAPHIQUES DU CHAPITRE

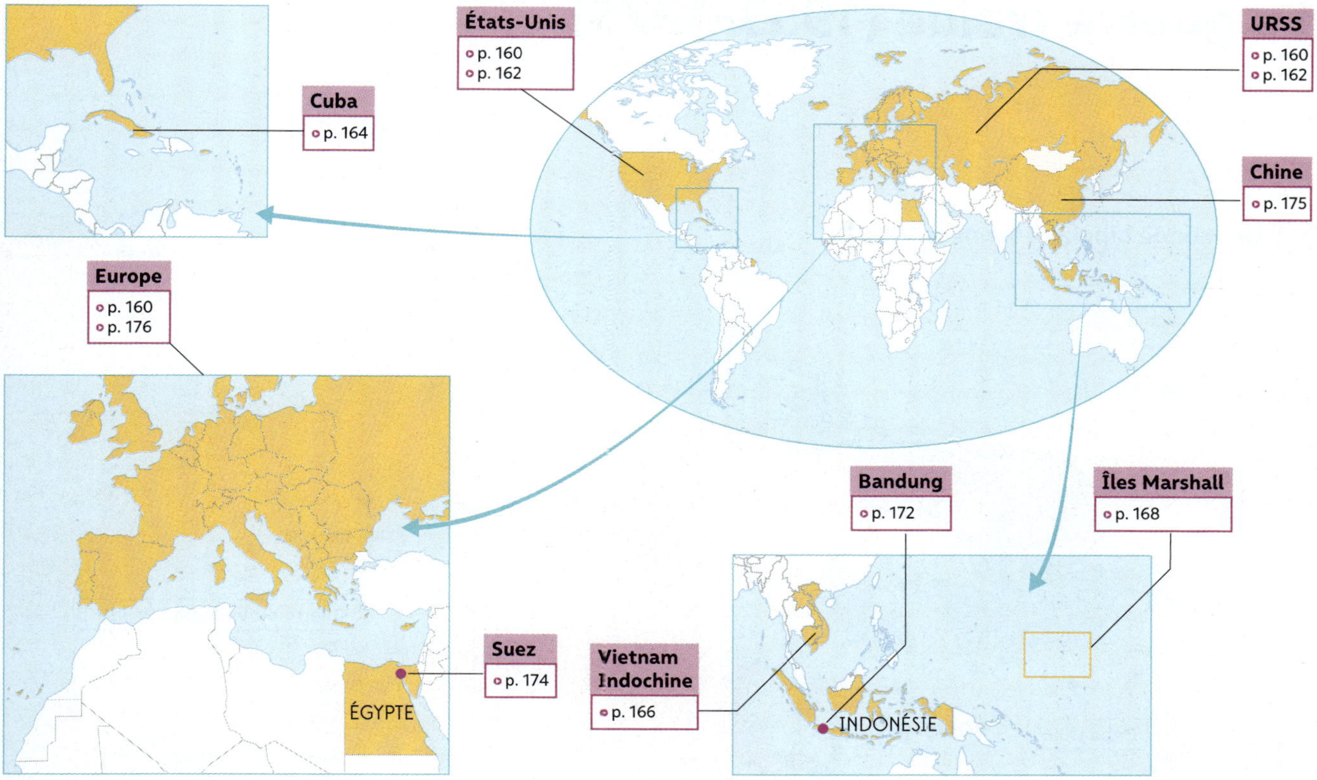

1964 | 1965 | 1966 | 1967 | 1968 | 1969 | 1970 | 1971 | 1972 | 1973 | 1974 | **1975**

1964
Le Congrès américain approuve l'envoi de troupes au Vietnam

Point de PASSAGE **1973**
Accords de Paris
Fin de la guerre du Vietnam

1972
Signature du traité SALT par les États-Unis et l'URSS

1975
Accord Est-Ouest à la conférence d'Helsinki

1964
Acquisition de l'arme atomique par la Chine

5-10 juin 1967
Guerre israélo-arabe des Six-Jours

1968 Point de PASSAGE
Vague de contestation mondiale

Frise interactive

Manifestation étudiante en Italie, 1968.

La guerre froide (1953-1975)

1 Un monde bipolaire (années 1960)

Carte interactive

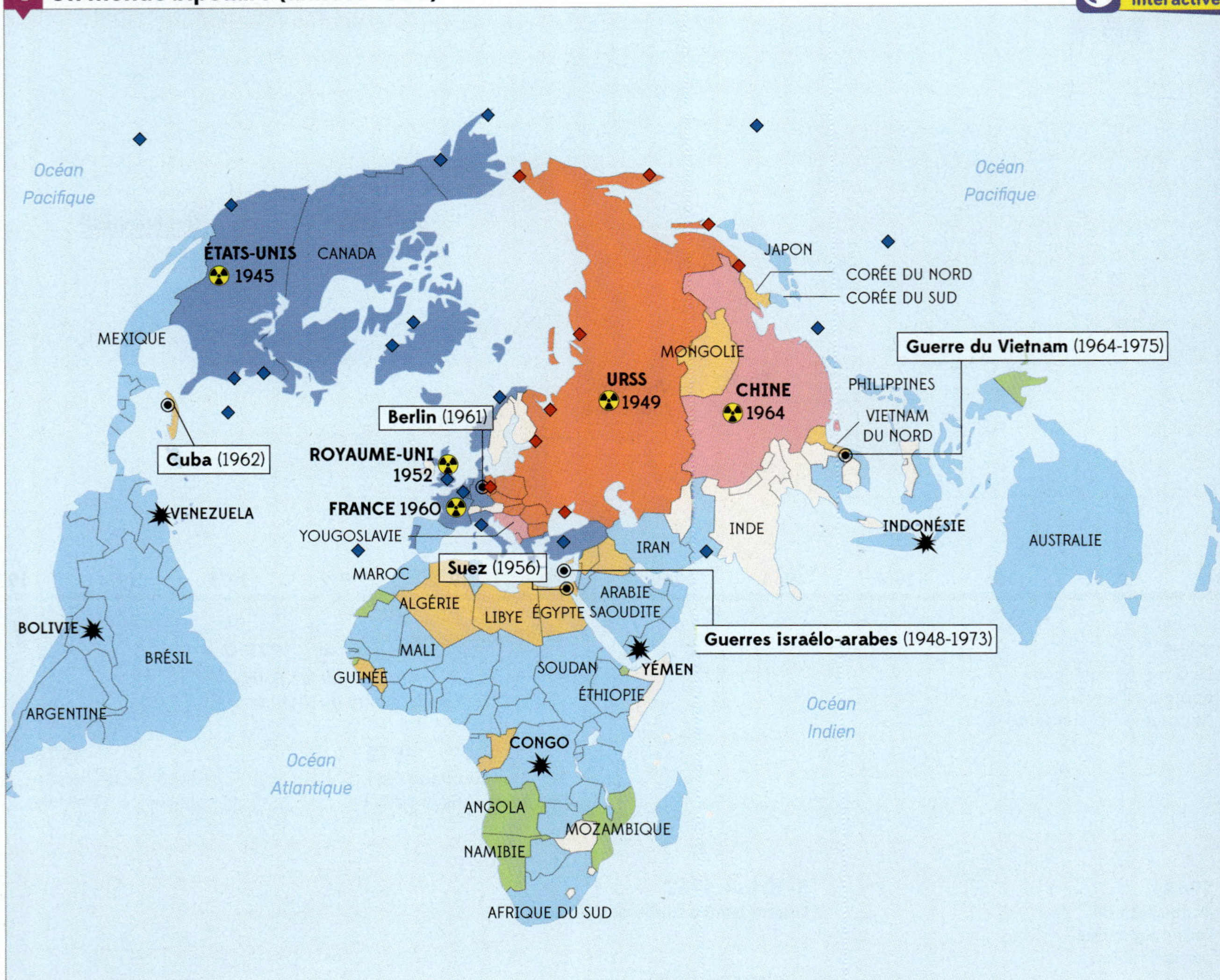

Bloc occidental

- Membres de l'Alliance atlantique
- Autres pays proches ou alliés des États-Unis
- Principales bases militaires des États-Unis ou de l'OTAN

Bloc soviétique

- Membres du pacte de Varsovie
- Autres alliés de l'URSS
- Principales bases militaires soviétiques

Les limites de la bipolarité

- Pays n'adhérant à aucun des deux blocs
- États socialistes refusant l'alliance soviétique
- Pays encore colonisés à la fin des années 1960

Un monde instable

- Pays disposant de l'arme nucléaire (date de la 1re explosion d'une bombe A)
- Guerres et crises internationales
- Guerres civiles et violences politiques liées à la guerre froide

2 L'Europe dans la guerre froide

Carte interactive

L'Europe alliée des États-Unis
- Membres de l'OTAN (avec date d'adhésion)
- Autre pays proche des États-Unis
- Pays bénéficiaires du plan Marshall
- Communauté européenne (traité de Rome, 1957)

L'Europe communiste
- Membres du pacte de Varsovie
- Autres pays communistes

Les crises diplomatiques et militaires
- Rideau de fer
- Crise liée à la guerre froide
- Interventions militaires soviétiques

QUESTIONS

1. Montrez que l'Asie est divisée par la guerre froide.
2. Le bloc communiste est-il parfaitement homogène dans les années 1960 ?
3. Identifiez les moyens de souder le bloc occidental en Europe.

Décolonisations et émergence du tiers-monde

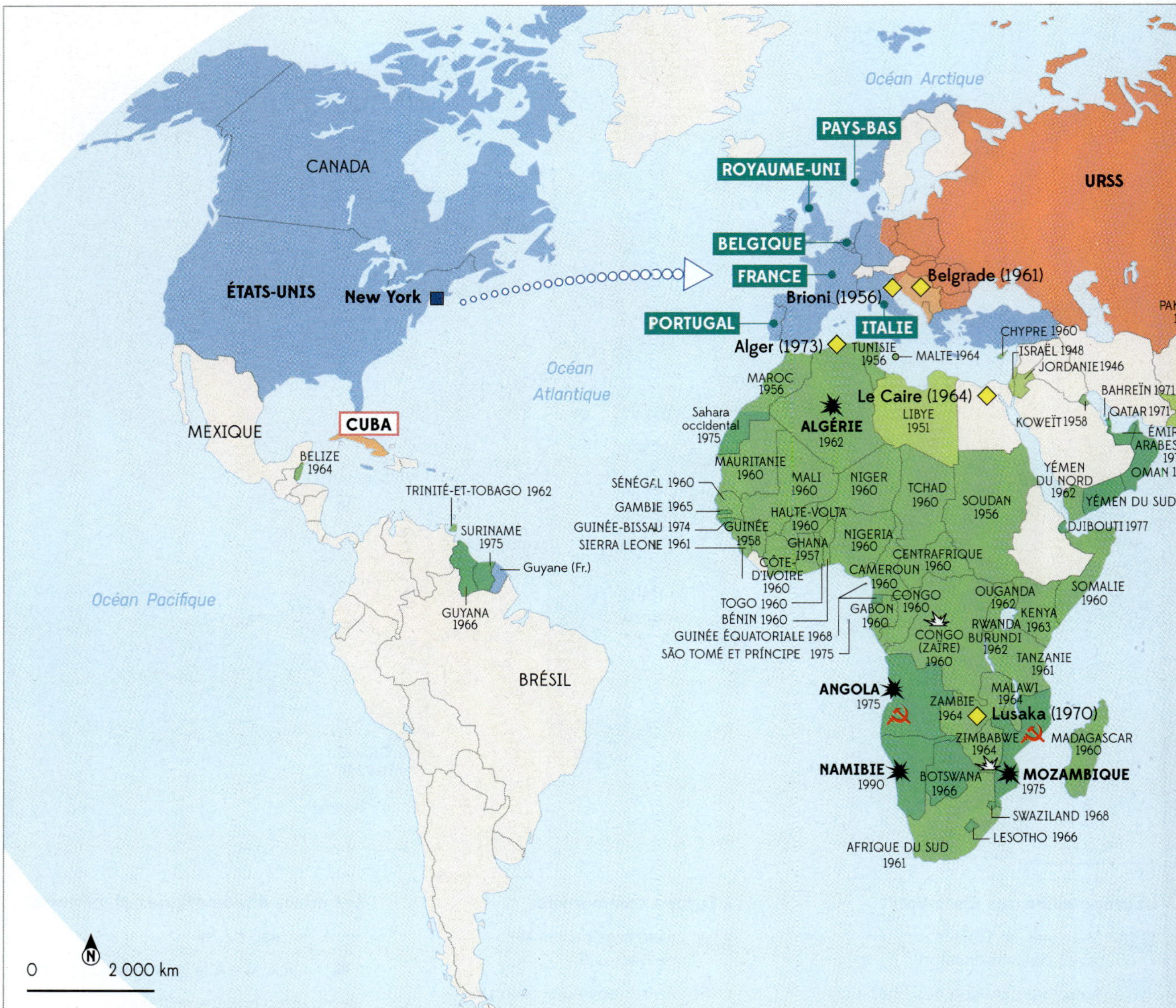

Un contexte international favorable à la décolonisation

- PAYS — Métropoles coloniales affaiblies par la Seconde Guerre mondiale
- Zone d'occupation japonaise pendant la Seconde Guerre mondiale
- Siège de l'ONU, tribune de l'anticolonialisme

Les superpuissances, la guerre froide et la décolonisation

- Bloc de l'Ouest
- Pression des États-Unis sur leurs alliés pour favoriser la décolonisation
- Bloc de l'Est
- Autres pays communistes
- CHINE — Pays communistes soutenant les mouvements indépendantistes et révolutionnaires
- Soutien des pays communistes à la décolonisation

Carte interactive

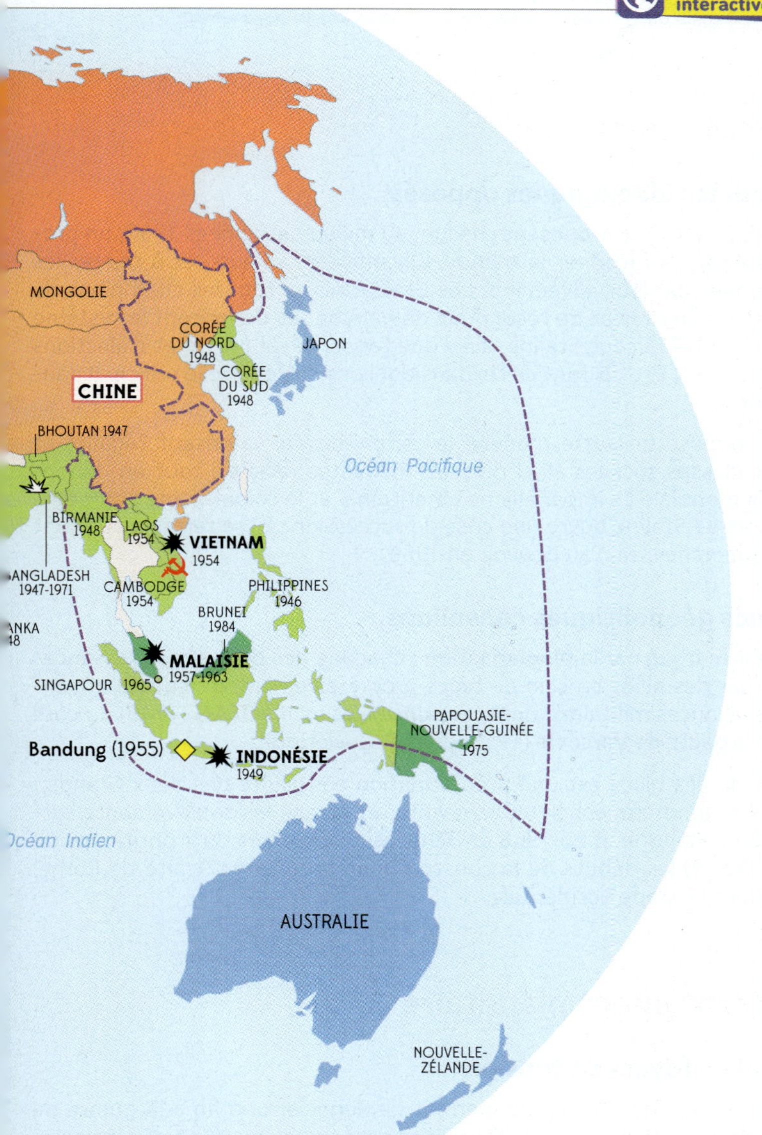

Indépendances et émergence du tiers-monde

États indépendants :
- entre 1945 et 1955
- entre 1955 et 1965
- entre 1965 et 1990
- États non colonisés ou indépendants avant 1945
- ◇ Conférences internationales des pays afro-asiatiques ou non-alignés

Des décolonisations parfois violentes
- Principales guerres d'indépendances
- Violences politiques ou communautaires lors de la décolonisation

A/Z *Vocabulaire*

- **Bloc**
  Ensemble de pays, placés sous la direction de l'URSS ou des États-Unis, qui partagent la même idéologie et sont liés par des accords militaires, diplomatiques et économiques.
- **Décolonisation**
  Passage, pour un territoire, du statut de colonie à celui d'État souverain.

HISTOIRE DE MOTS

Tiers-monde

C'est le démographe français Alfred Sauvy qui crée ce terme en 1952, non pour évoquer un « **troisième monde** » n'appartenant à aucun des deux blocs de la guerre froide, mais plutôt en référence au « tiers état » sous l'Ancien Régime, ces pays formant eux aussi, à l'échelle mondiale, une majorité marginalisée. On parle aujourd'hui davantage de pays en développement ou du « Sud ».

QUESTIONS

1. Montrez que la décolonisation n'a pas été partout un processus pacifique et négocié.
2. Identifiez les États qui soutiennent le processus de décolonisation.
3. L'Afrique et l'Asie ont-elles été décolonisées suivant le même rythme ?

COURS

DOCUMENTS : p. 160 à 169

Podcast du cours

1 La guerre froide (1953-1975)

Comment le conflit Est-Ouest imprime-t-il sa marque sur l'ensemble des relations internationales ?

> **« Guerre impossible, paix improbable. »**
>
> Raymond Aron, philosophe français, caractérise ainsi la guerre froide dans *Le Grand Schisme*, 1948.

BIOGRAPHIES

Nikita Khrouchtchev (1894-1971)

Dirigeant de l'URSS qui parvient à écarter ses rivaux après la mort de Staline pour diriger seul à partir de 1956.

John F. Kennedy (1917-1963)

Élu président des États-Unis en 1960, il réussit à négocier une issue pacifique à la crise de Cuba (1962). Il initie la détente avec l'URSS avant son assassinat à Dallas en 1963.

▸ Biographies : p. 356

A Un monde bipolaire

1. Deux modèles idéologiques opposés

- L'URSS et les États-Unis proposent chacun, au milieu des années 1950, un projet de société visant à façonner le monde suivant leurs valeurs, et à rejeter les menaces incarnées par leur adversaire. Les États-Unis se font les champions de la démocratie, des libertés et de l'économie de marché. Ils dénoncent le système répressif établi en URSS sous Staline, ainsi que l'absence de presse et d'élections libres dans le bloc de l'Est. Ils font de l'expansionnisme soviétique le principal danger pour la paix.

- L'URSS leur oppose un autre modèle, le communisme, valorisant l'égalité et l'abolition des classes sociales ainsi que des inégalités raciales, tout en dénonçant à l'échelle mondiale l'« impérialisme américain » et le colonialisme européen. En 1953, la mort de Staline ouvre une crise de succession qui se termine au profit de Nikita Khrouchtchev, seul au pouvoir en 1956.

2. Deux blocs géopolitiques consolidés

- Le monde est marqué par la **bipolarisation** : chacune des deux superpuissances est soutenue par des alliés au sein de **blocs** progressivement constitués et renforcés par des alliances militaires, dont les principales sont l'**OTAN** (1949) du côté occidental, et le **pacte de Varsovie** (1955) du côté soviétique.

- La cohésion de ces blocs est une préoccupation constante des deux Grands : à l'Est, l'URSS entend empêcher toute révolte, et écrase les soulèvements survenus en 1956 en Hongrie et en 1968 en Tchécoslovaquie lors du « printemps de Prague ». À l'Ouest, les débuts de la construction européenne (traité de Rome, 1957) consolident l'Europe occidentale.

B Un affrontement planétaire

Point de PASSAGE

▸ **Les guerres d'Indochine (1946-1954) et du Vietnam (1964-1975)**

→ p. 166

1. De multiples foyers de tension

- En dépit de la mort de Staline, qui permet de négocier une fin à la guerre de Corée (1953), de nombreux foyers de tension opposent les deux blocs. En Asie, les États-Unis sont décidés à endiguer l'avancée du communisme, en soutenant la France dans la guerre d'Indochine (1946-1954) puis en intervenant directement dans la guerre du Vietnam (1964-1975).

- En 1959 à Cuba, une révolution place au pouvoir Fidel Castro qui s'allie avec l'URSS. Une crise majeure survient quand un avion espion américain de type U-2 est abattu au-dessus de l'URSS en 1960.

- Le point critique reste Berlin-Ouest, fragile « île » occidentale en plein bloc soviétique. Pour empêcher ses habitants de fuir, l'Allemagne de l'Est construit en août 1961 un mur qui symbolise la division de l'Europe.

2. L'escalade nucléaire et la crise de Cuba

● La perspective d'une guerre entre les États-Unis et l'URSS pousse chaque pays à se doter d'armes de plus en plus destructrices : bombe atomique que l'URSS obtient en 1949, puis bombe H thermonucléaire, mille fois plus puissante, dont les deux disposent en 1953. Pour soutenir l'idée de **dissuasion nucléaire**, un arsenal gigantesque de sous-marins, d'avions bombardiers et de missiles balistiques est construit, accroissant la méfiance réciproque et provoquant de nombreux accidents.

● L'infériorité numérique de l'URSS en matière de missiles pousse le dirigeant soviétique Khrouchtchev à installer secrètement des armes nucléaires à Cuba en 1962. Leur découverte provoque la plus grave crise de la guerre froide : si le président américain John F. Kennedy avait suivi les conseils de ses chefs militaires qui lui recommandaient l'invasion de l'île, une guerre nucléaire était presque inévitable. Le difficile compromis qui résout la crise fait prendre conscience des risques, et ouvre la voie à la **détente**.

Point de PASSAGE

▶ **1962 : la crise des missiles de Cuba**

→ p. 164

C Un apaisement partiel des relations internationales

1. La détente en Europe

● Marqués par la crise de Cuba, États-Unis et URSS se décident à dialoguer en 1963 : un contact direct surnommé « téléphone rouge » est établi entre leurs dirigeants, qui signent cette même année un traité partiel d'interdiction des tests nucléaires. C'est le premier pas vers la limitation des armements, qui intervient avec le traité **SALT** I (*Strategic Arms Limitation Talks*) signé en 1972. Le risque de guerre nucléaire semble s'éloigner.

● Ce climat de détente permet de régler en partie la question allemande, au cœur de la guerre froide depuis ses débuts. Le chancelier ouest-allemand Willy Brandt mène une politique de reconnaissance de l'Allemagne de l'Est nommée *Ostpolitik*, qui aboutit à un traité entre les deux pays en 1972. Trois ans plus tard, à la conférence d'Helsinki, l'URSS et les pays du bloc soviétique signent avec les pays de l'Ouest des accords garantissant les frontières mais aussi les droits de l'homme en Europe. Le continent n'a jamais semblé si stable depuis 1945.

2. Le maintien de conflits périphériques

● La détente ne signifie pas la fin de la guerre froide, qui continue sous d'autres formes, dans le tiers-monde en particulier. Enlisés au Vietnam, les États-Unis sont soucieux d'éviter toute contagion communiste, surtout dans leur sphère d'influence en Amérique latine, où le régime de Fidel Castro alimente des **guérillas** révolutionnaires. Ils soutiennent donc les régimes dictatoriaux qui répriment avec brutalité les revendications populaires, au Brésil ou au Nicaragua. C'est avec l'appui américain que le gouvernement démocratiquement élu de Salvador Allende est renversé par le général Pinochet en 1973 au Chili.

● De même, en Afrique, des mouvements d'inspiration communiste, soutenus par la Chine de Mao Zedong ou par Cuba, font face aux dernières puissances coloniales et à des dictatures soutenues par les pays occidentaux comme le Congo du président Mobutu. Enfin, le Moyen-Orient est marqué par ces conflits qui ne relèvent pas de la seule logique de guerre froide.

Vocabulaire

- **Bipolarisation**
  Processus par lequel le monde se divise en deux groupes soudés autour d'une grande puissance sur le plan militaire et politique durant la guerre froide.
- **Bloc**
  Voir p. 157.
- **Détente**
  Période (1963-1975) durant laquelle les États-Unis et l'URSS renouent le dialogue et signent plusieurs accords internationaux. Elle ne met toutefois pas fin à la guerre froide.
- **Dissuasion nucléaire**
  Idée selon laquelle la détention d'armes nucléaires par des États est censée empêcher une attaque par des armes conventionnelles, et prévenir leur usage par crainte des représailles.
- **Guérilla**
  Guerre de harcèlement et d'embuscades souvent utilisée dans le cadre d'une guerre d'indépendance ou de résistance à une occupation.
- **OTAN**
  Voir p. 137.
- **Pacte de Varsovie**
  Alliance militaire fondée en 1955 pour faire contrepoids à l'OTAN.
- ***SALT (Strategic Arms Limitation Talks)***
  Accords signés entre les États-Unis et l'URSS qui limitent la fabrication des missiles à longue portée et des systèmes de défense antimissiles.

TESTEZ-VOUS !

- ✔ **Quelles sont les caractéristiques des modèles américain et soviétique ?**
- ✔ **Pourquoi le risque de guerre nucléaire s'accroît-il avant 1962 ?**
- ✔ **Comment la détente améliore-t-elle concrètement les relations Est-Ouest ?**

VERS LA SPÉCIALITÉ

Thème 6
L'enjeu de la connaissance

Axe 2
- Les services secrets soviétiques et américains durant la guerre froide

DOCUMENTS

Construction et remises en cause des blocs

COURS : p. 158-159

VOCABULAIRE :
- **Blocus** p. 137

Durant la guerre froide, la bipolarisation du monde se traduit par la construction de blocs : des groupes de pays alliés militairement à chaque superpuissance, ou placés sous leur influence économique et politique. Mais la domination des États-Unis et de l'URSS au sein même de leur bloc fait l'objet de remises en cause.

Comment s'exerce le contrôle des superpuissances sur leurs blocs, et avec quelles limites ?

Vocabulaire

- **Pacte de Varsovie**
  Alliance militaire fondée en 1955 pour faire contrepoids à l'OTAN.

1 Le pacte de Varsovie

① « En garde pour la paix ».

② « Épaule contre épaule, les guerriers protègent la paix en Europe ; notre pacte de Varsovie monte la garde, la riposte sera sévère pour l'agresseur ! »

Affiche soviétique d'Igor Ovasapov, 1967.

CHRONOLOGIE

- **1949** Création de l'OTAN.
- **1954** Création de l'OTASE (alliance entre États-Unis et pays d'Asie du Sud-Est).
  Renversement par les États-Unis du président Guzmán Árbenz, soupçonné d'être communiste, au Guatemala.
- **1955** Création du pacte de Varsovie.
- **1956** Répression par l'URSS de l'insurrection hongroise à Budapest.
- **1960** Manifestations au Japon contre le traité de sécurité avec les États-Unis.
- **1961** Création de l'Alliance pour le progrès, regroupant les États-Unis et des pays d'Amérique latine.
- **1968** Répression du « printemps de Prague » par les forces du pacte de Varsovie.

2 L'Amérique latine dans la sphère d'influence des États-Unis (1961)

Je propose en premier lieu que les républiques du continent américain s'engagent dans un plan décennal pour les Amériques, pour transformer les années 1960 en une période historique de progrès démocratique.

C'est pourquoi, si les pays d'Amérique latine sont prêts à jouer leur rôle, et je suis persuadé qu'ils le sont, je crois que les États-Unis devraient fournir des ressources d'une ampleur et d'une magnitude suffisante pour faire de ce plan un succès – comme nous avons fourni, dans des circonstances aussi difficiles, les ressources permettant de reconstruire les économies de l'Europe occidentale. [...]

Avec de pareilles mesures, nous souhaitons [...] construire un hémisphère où tous les hommes pourront espérer vivre dans des conditions décentes, dans la dignité et la liberté.

Pour cela, il faut que la liberté politique accompagne le progrès matériel. Notre « alliance pour le progrès » est une alliance de gouvernements libres, et elle doit travailler à éliminer la tyrannie d'un hémisphère où elle n'a pas sa place. Aussi devons-nous exprimer notre amitié aux peuples de Cuba et de la République dominicaine[1], et espérer qu'ils rejoindront bientôt la société des hommes libres, s'unissant à notre effort commun.

Discours du président américain John F. Kennedy à des membres du Congrès et des représentants diplomatiques des pays d'Amérique latine, Washington, 13 mars 1961.

1. La République dominicaine est dirigée entre 1930 et 1961 par le dictateur Rafael Trujillo.

Vidéo

3 Le rejet de l'URSS à Budapest (1956)

Statue de Staline abattue et dégradée durant l'insurrection de Budapest en octobre 1956.

Photographie de György Fábri.

4 Une manifestation antiaméricaine au Japon (1960)

« Nous n'aimons pas Ike ! »

Manifestants devant le parlement japonais contre la visite du président Eisenhower (surnommé « Ike ») et la signature du traité de sécurité avec les États-Unis, 11 juin 1960.

5 L'URSS formule la doctrine de la « souveraineté limitée » (1968)

Ce texte forme la base de la « doctrine Brejnev » du nom du dirigeant soviétique de l'époque, qui stipule que la souveraineté des pays du bloc de l'Est est limitée.

Il est évident que les peuples des pays socialistes et les partis communistes sont et doivent être libres de déterminer la voie de développement de leurs pays. Cependant, leurs décisions ne doivent pas nuire au socialisme dans leur propre pays, ni aux intérêts fondamentaux des autres pays et du mouvement international des travailleurs, qui combat pour le socialisme. [...]

Il faut souligner que même lorsqu'un pays socialiste cherche à prendre position hors de son bloc, il ne garde son indépendance nationale qu'à travers la puissance des États socialistes, et principalement l'Union soviétique, avec sa force militaire. L'affaiblissement d'un seul maillon du système socialiste international a un effet direct sur tous les pays socialistes, ce qui ne peut être indifférent. [...]

Les soldats des pays socialistes alliés qui se trouvent en Tchécoslovaquie[1] prouvent concrètement qu'ils n'ont d'autre tâche que de défendre les gains socialistes dans ce pays. Ils n'interfèrent pas avec les affaires internes du pays, et combattent, en actes et non en paroles, pour le principe d'autodétermination du peuple tchécoslovaque, pour son droit inaliénable à décider lui-même de son sort après mûre considération, sans intimidation par des contre-révolutionnaires, sans démagogie nationaliste ou révisionniste.

Sergueï Kovalev, « Les obligations internationales des pays socialistes », *Pravda* (journal du régime soviétique), 26 septembre 1968.

1. En août 1968, les troupes soviétiques et celles du pacte de Varsovie (hors Roumanie) occupent le pays pour mettre un terme à un mouvement de démocratisation, le « printemps de Prague ».

QUESTIONS

Identifier

1. **Doc 1 et 5.** Recensez les buts affichés du pacte de Varsovie, et le rôle des États qui le composent.
2. **Doc 3 et 4.** Relevez les moyens utilisés pour exprimer le rejet des superpuissances au sein de leurs blocs respectifs.
3. **Doc 5.** Observez la manière dont cet auteur soviétique présente l'occupation militaire de la Tchécoslovaquie. Est-ce crédible ?

Expliquer

4. **Doc 2 et 5.** Montrez comment l'URSS et les États-Unis justifient leurs actions respectives.

Synthétiser

5. Montrez que la construction des blocs et leur maintien, en dépit des révoltes ou des oppositions, constituent une priorité pour les deux superpuissances durant la guerre froide.

DOCUMENTS

COURS : p. 158-159

États-Unis et URSS, deux modèles qui s'affrontent sur le terrain sportif

La guerre froide n'est pas seulement un affrontement politique et stratégique. Elle oppose deux modèles de société qui prétendent chacun incarner le progrès et l'épanouissement humain, et implique pour cela une confrontation dans d'autres domaines, comme la science, la culture mais aussi le sport.

Comment les compétitions sportives deviennent-elles un terrain d'affrontement entre les États-Unis et l'URSS ?

1 L'URSS affirme ses ambitions sportives

« Nous devons remporter tous les records du monde ! »
Affiche soviétique de 1948 (Alexandre Elaguine).

2 Le danger de l'offensive sportive soviétique selon les États-Unis

Des rapports de nos ambassades dans les derniers mois donnent des preuves manifestes de l'offensive culturelle gigantesque entreprise par le Kremlin. Elle est destinée à prouver l'idée d'une suprématie soviétique dans les arts comme dans le domaine sportif.

Le rôle du sport dans cette nouvelle offensive soviétique devient particulièrement significatif. [...] Mais il apparaît désormais qu'ils se préparent à étaler leur soi-disant suprématie sportive au-delà des frontières de leur bloc. Nous pensons, par exemple, qu'ils s'apprêtent à investir avec force, pour la première fois, les Jeux olympiques de 1952. [...]

Qu'une chose soit claire. Nous ne nions pas les prouesses des athlètes soviétiques. Nous ne revendiquons pas une suprématie sportive américaine. Nous n'avons pas besoin de le faire. Mais nous n'avons pas à avaler les mensonges disant que les athlètes soviétiques sont meilleurs parce qu'ils sont les produits du régime soviétique. [...]

Nos athlètes sont nos meilleurs ambassadeurs. Nous ne leur demandons pas de l'emporter, mais seulement de se battre, et que le meilleur gagne. Voilà ce que l'on peut attendre de meilleur de l'esprit sportif américain, car l'esprit sportif est la démocratie à l'œuvre.

Discours prononcé par Richard B. Walsh, du département d'État, devant une organisation sportive américaine (*Amateur Athletic Union*), Daytona (Floride), 9 janvier 1952.

3 Les Jeux olympiques d'Helsinki (1952) vus par un journaliste américain

Les énigmatiques Soviétiques ont un village olympique pour eux-mêmes et leurs satellites[1]. Quand leur première délégation d'athlètes est arrivée, ils ont salué les non-communistes avec des regards froids et hostiles. C'était presque comme s'ils avaient pris un rideau de fer portatif avec eux, excluant les étrangers. Puis, tout aussi inexplicablement, ils ont ouvert leurs portes pour admettre tous les visiteurs autorisés dans une manifestation de cordialité. Comment l'expliquer ? Et comment expliquer le fait qu'une nation aussi avide de victoires que l'URSS n'ait pas inscrit certaines de ses meilleures championnes, ni Heino Lipp, le lanceur de poids estonien[2] ? Il faut supposer qu'il n'était pas politiquement fiable.

Arthur Daley, « The Olympic Enigma », *New York Times*, 16 juillet 1952.

1. Pays du bloc de l'Est dominés par l'URSS.
2. L'Estonie, indépendante entre 1920 et 1939, a été annexée par l'URSS à la fin de la Seconde Guerre mondiale.

Vidéo
Petites histoires géopolitiques des JO

4 La compétition Est-Ouest aux Jeux olympiques de Rome (1960)

À cette date, après le lancement du satellite soviétique *Spoutnik* en 1957, les deux superpuissances cherchent à envoyer un homme dans l'espace.

« La grande course », dessin du caricaturiste néo-zélandais Neville Colvin (1960).

> **? LE SAVIEZ-VOUS ?**
>
> Il faut attendre **1974** pour que l'on envisage pour la première fois que des Jeux olympiques puissent se tenir dans un pays communiste : à cette date, le Comité international olympique attribue les JO d'été de 1980 à Moscou. Les États-Unis et de nombreux alliés décident cependant de ne pas y participer en signe de protestation contre l'invasion de l'Afghanistan par l'URSS (→ **Chapitre 7**). En retour, ce sont l'URSS et ses alliés qui ne se rendent pas au JO de 1984 qui se déroulent à Los Angeles.

5 La mésaventure d'une athlète soviétique à l'Ouest

Lors d'une tournée d'athlètes soviétiques en Angleterre en août 1956, la lanceuse de disque et médaillée d'or olympique Nina Ponomareva est arrêtée pour avoir mis cinq chapeaux dans son sac sans les payer dans un magasin de Londres, provoquant l'embarras de l'URSS.

Pour les dirigeants de l'URSS, [...] Nina a exhibé devant le monde entier l'économie de pénurie de l'URSS. Voici Nina, enseignante, épouse d'un médecin, mère d'un enfant de deux ans et « maîtresse de sport ». Elle est bien placée dans la société soviétique. Dans la plupart des pays, une personne de son niveau social pourrait se payer de simples chapeaux. Mais pas en Russie. [...]

La pauvre, pathétique Nina, malgré ses gros biceps, voulait un peu de bagatelles[1] sur la tête. Mais c'est ce qu'on ne trouve pas dans les magasins russes, quel que soit le prix, même pour quelqu'un comme elle. Toute femme comprendra le cruel dilemme de Nina. Là, devant ses yeux, à portée de mains, une infinité de chapeaux. Si seulement elle pouvait en rapporter avec elle en Russie !

J. A. Livingston, *Washington Post*, 5 septembre 1956 (traduction André Loez).

1. Article vestimentaire futile ou fantaisiste.

QUESTIONS

Identifier

1. **Doc 1 et 2.** Quelle importance l'URSS accorde-t-elle aux succès sportifs durant la guerre froide ?
2. **Doc 2.** Décrivez comment les États-Unis associent le sport à leur modèle de société.
3. **Doc 4.** Observez comment la rivalité sportive entre États-Unis et URSS est liée à d'autres aspects de la guerre froide.

Expliquer

4. **Doc 5.** Pourquoi l'affaire Ponomareva est-elle idéologiquement embarrassante pour l'URSS ?
5. **Doc 2 et 3.** Montrez que les Jeux olympiques d'Helsinki sont marqués par la guerre froide.

Synthétiser

6. En vous appuyant sur les documents, vous montrerez que le sport devient un enjeu important de la confrontation Est-Ouest sur la scène internationale durant la guerre froide.

Point de PASSAGE

1962 : la crise des missiles de Cuba

▶ COURS : p. 158-159

▶ VOCABULAIRE :

• Blocus p. 136

Contexte

Vidéo

Depuis 1959, Fidel Castro a pris le pouvoir sur l'île de Cuba, près des États-Unis, et y a instauré un régime communiste proche de celui de l'URSS. Il y installe secrètement des missiles qui constituent une menace majeure pour les États-Unis. Leur découverte ouvre deux semaines de crise qui ont failli provoquer un affrontement nucléaire généralisé.

Pourquoi la crise de Cuba fut-elle d'une telle gravité, et comment la guerre a-t-elle finalement été évitée ?

CHRONOLOGIE

Février 1960	Accord commercial entre l'URSS et Cuba.
Avril 1961	Tentative d'invasion de Cuba depuis les États-Unis (la « baie des Cochons »).
1962	
Février	Embargo américain contre Cuba.
14 octobre	Découverte de missiles soviétiques à Cuba par un avion espion américain.
16 octobre	Début des réunions de crise autour de J.F. Kennedy.
22 octobre	Blocus naval de Cuba par Kennedy.
26 octobre	Lettre de Khrouchtchev à Kennedy amorçant un compromis.
Novembre 1962-avril 1963	Retrait des missiles soviétiques à Cuba et des missiles américains en Turquie.

1 Des missiles soviétiques au cœur du continent américain

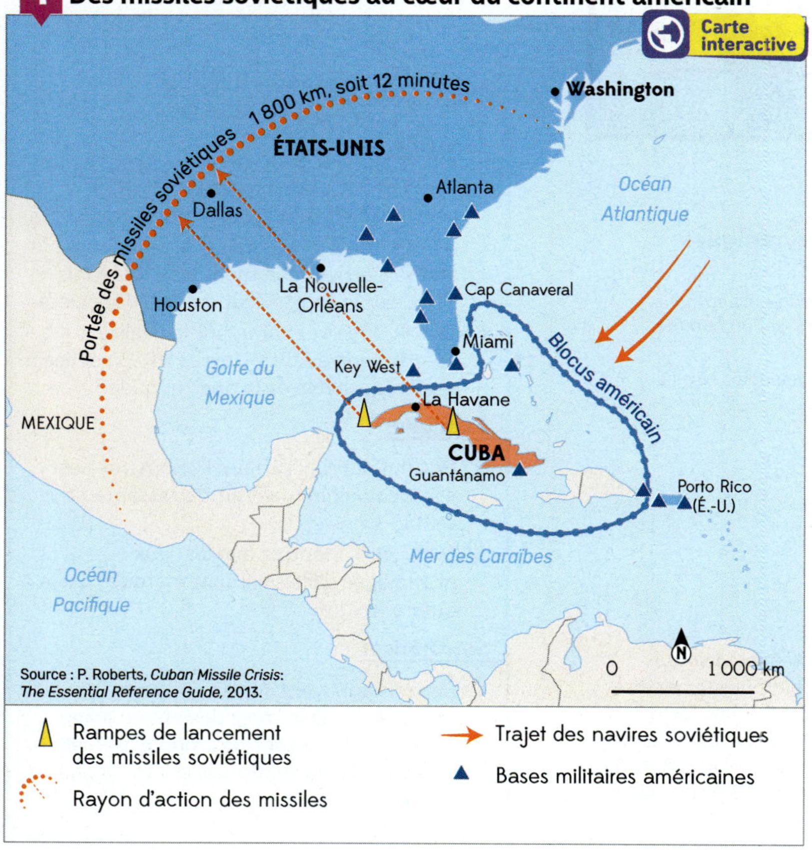

Source : P. Roberts, *Cuban Missile Crisis: The Essential Reference Guide*, 2013.

2 Discussion entre le président Kennedy et ses chefs militaires

Général Taylor (chef d'état-major général) : Je crois que nous serons unanimes à dire que notre force à Berlin, notre force n'importe où dans le monde, dépend de la crédibilité de notre réaction dans certaines conditions. Et si nous ne réagissons pas ici à Cuba, nous pensons que cette crédibilité est sacrifiée.

Le président Kennedy : C'est vrai. Et c'est pour ça que nous devons réagir. Mais la question est : quelle réaction ?

Général LeMay (chef de l'armée de l'air) : Eh bien, je suis d'accord avec tout ce que le général Taylor a dit. Je dirais, un peu lourdement peut-être, que nous n'avons pas d'autre choix qu'une action militaire directe. Si nous faisons le blocus proposé, une action politique, la première chose qui va se passer est que les missiles vont s'évanouir dans les forêts, surtout ceux qui sont mobiles. [...] Ce blocus, cette action politique, je pense que cela conduira à la guerre. Je ne vois pas d'autre issue. Cela conduira à la guerre. [...] (Silence)

Parce que si ce blocus a lieu, les MiG [avions de chasse soviétiques] vont décoller [...] et nous allons entrer en guerre dans une situation très défavorable. [...] Je ne vois tout simplement pas d'autre solution qu'une intervention militaire immédiate. [...]

Le président Kennedy : Je comprends vos points de vue. Nous n'avons que des choix insatisfaisants. L'argument évident en faveur du blocus est que nous voulons éviter, autant que possible, une escalade vers la guerre nucléaire.

Conversations enregistrées le 19 octobre 1962 au matin.

3 Le blocus naval de Cuba

Un navire de guerre américain ① empêche un cargo soviétique ② transportant des missiles nucléaires d'atteindre Cuba, octobre 1962.

4 Les preuves américaines de la présence de missiles à Cuba

Un officiel américain commente une photo aérienne prise le 14 octobre 1962 à Cuba, montrant l'installation des miss les soviétiques.

5 Une sortie de crise

Cher Mr. le Président,

J'ai étudié avec une grande satisfaction votre réponse à M. Thant [secrétaire général de l'ONU] concernant les mesures prises pour éviter les contacts entre nos navires et donc prévenir une issue fatale et irréparable. Ce pas raisonnable de votre part renforce ma conviction que vous avez pour préoccupation la préservation de la paix, ce que je note avec satisfaction. [...]

Je fais donc cette proposition : nous sommes disposés à retirer de Cuba les armes que vous jugez offensives. Nous sommes disposés à le faire et à en prendre l'engagement devant les Nations unies. Vos représentants feront une déclaration stipulant que les États-Unis, de leur côté, compte tenu de l'anxiété et du malaise en URSS, retireront leurs armes analogues de Turquie. Entendons-nous sur le délai nécessaire afin que nous mettions cela en œuvre. Et, ensuite, des personnes désignées par le Conseil de Sécurité des Nations unies pourraient inspecter sur le terrain le respect de ces engagements.

Lettre du dirigeant soviétique Nikita Khrouchtchev au président J.F. Kennedy, 27 octobre 1962.

QUESTIONS

Identifier

1. **Doc 1 et 4.** Localisez les zones du territoire des États-Unis qui sont menacées par l'installation des missiles soviétiques
2. **Doc 2 et 3.** Relevez les différentes options discutées par les dirigeants américains et les risques éventuels pris.

Expliquer

3. **Doc 1 et 2.** Pourquoi l'installation de missiles à Cuba est-elle perçue comme un grave danger par les dirigeants américains ?
4. **Doc 3 et 5.** Montrez que la résolution de la crise résulte d'un compromis entre les deux superpuissances.

Synthétiser

5. Répondez à la problématique en exposant les origines, le déroulement et la résolution de la crise de Cuba, et en soulignant les risques qu'elle a fait peser sur la paix mondiale.

POUR ALLER + LOIN — oral

Organiser un débat

- Écoutez le podcast « La crise des missiles de Cuba » (7 min).
- Répondez à la problématique en organisant un débat entre les conseillers de Khrouchtchev et ceux de Kennedy à l'ONU fin octobre 1962. Ils devront expliquer l'importance de Cuba pour eux, présenter leur vision des enjeux de la crise et enfin, analyser les moyens d'en sortir.

Podcast

Point de PASSAGE

Les guerres d'Indochine (1946-1954) et du Vietnam (1964-1975)

COURS : p. 158-159

Contexte

Le Vietnam fait partie des colonies françaises depuis la fin du XIXe siècle. Le communiste Hô Chi Minh proclame son indépendance en 1945, refusée par la France. C'est la guerre d'Indochine. Après l'indépendance du pays, divisé entre Nord (communiste) et Sud, la crainte d'une diffusion du communisme conduit les États-Unis à intervenir directement dans une guerre longue et coûteuse.

En quoi l'Indochine puis le Vietnam sont-ils des enjeux de la guerre froide et de la décolonisation ?

1 Deux conflits pour une seule région

Carte interactive

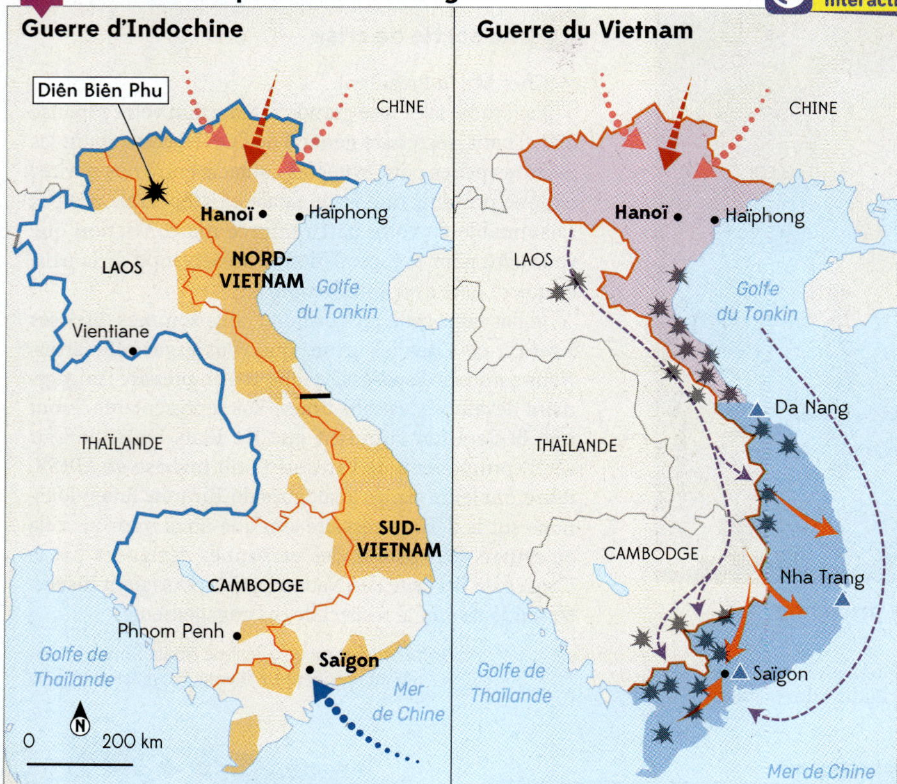

Guerre d'Indochine

- Indochine française en 1945
- Zones contrôlées par le Vietminh en janvier 1954
- Frontières des États indépendants en 1954
- Limite entre Vietnam du Nord (communiste) et du Sud en 1954
- Aide chinoise au Vietminh
- Aide soviétique au Vietminh
- Aide américaine à la France
- Défaite française

Guerre du Vietnam

- Vietnam du Nord communiste
- Vietnam du Sud soutenu par les États-Unis
- Frontières du Vietnam unifié en 1975
- Aide chinoise
- Aide soviétique
- Offensives nord-vietnamiennes
- Routes de ravitaillement nord-vietnamiennes
- Zones de bombardement par les États-Unis
- Principales bases militaires américaines

CHRONOLOGIE

Septembre 1945	Déclaration d'indépendance du Vietnam par Hô Chi Minh.
Guerre d'Indochine	
Décembre 1946	Insurrection du Vietminh (ligue pour l'indépendance du Vietnam) : début de la guerre d'Indochine.
Mai 1954	Défaite française à Diên Biên Phu.
Juillet 1954	Accords de Genève : indépendance du Laos, du Cambodge et du Vietnam (divisé entre Nord et Sud).
Décembre 1960	Création du Front national de libération du Sud-Vietnam.
Guerre du Vietnam	
Août 1964	Résolution du golfe du Tonkin : le Congrès des États-Unis valide l'envoi de troupes au Vietnam.
Janvier 1973	Accords de Paris prévoyant le retrait américain du Vietnam.
Avril 1975	Chute de Saïgon et victoire définitive du Vietnam du Nord.

2 L'importance de l'Indochine selon le président américain Eisenhower en 1953

La guerre en Indochine est parfois décrite comme une conséquence du colonialisme français, du refus de la France de traiter décemment ses populations indigènes. On la décrit aussi comme une guerre entre les communistes et les autres forces en Asie du Sud-Est. [...] Vous ne savez pas vraiment pourquoi nous sommes si préoccupés par ce coin lointain du Sud-Est asiatique.

Pourquoi ? D'abord, la dernière grande population asiatique qui n'a pas été dominée par le Kremlin[1] est, bien sûr, le sous-continent indien, incluant le Pakistan. Ici vivent encore librement 350 millions de personnes. Supposons maintenant que l'on perde l'Indochine. Si on la perd, plusieurs choses arriveront immédiatement. La péninsule malaise, ce dernier petit bout là-bas, serait indéfendable – et l'étain et le tungstène de cette région dont nous avons tant besoin n'arriveraient plus. L'Inde serait encerclée. [...]

Donc vous voyez, sur cette lignée, ceci doit être bloqué. Bloqué maintenant. C'est ce que font les Français. Donc quand les États-Unis votent 400 millions de dollars pour soutenir leur effort de guerre [...], c'est la manière la moins chère possible d'empêcher quelque chose de désastreux pour les États-Unis.

D. Eisenhower, discours devant les gouverneurs, 4 août 1953.

1. Forteresse au centre de Moscou, dont le nom sert à désigner le pouvoir soviétique.

3 Les buts de guerre des communistes vietnamiens en 1965

L'un des chefs communistes du Nord-Vietnam, Lê Duân, envoie cette lettre à ses combattants présents au Sud en novembre 1965.

Avec l'envoi d'encore 150 ou 200 000 troupes américaines supplémentaires au Sud, la guerre y est entrée dans une nouvelle phase, avec de nouvelles caractéristiques, et pour nous de nouveaux enjeux. [...] La guerre américaine au Sud reste une guerre néo-colonialiste [...].

Les États-Unis se sont rendu compte que s'ils perdaient au Sud, ils perdaient non seulement face au peuple vietnamien, mais aussi sur la scène internationale. L'enjeu du Vietnam est devenu d'une importance mondiale. Notre peuple fait désormais face aux États-Unis, le chef de file de l'impérialisme, le plus féroce ennemi de l'humanité. Sa lutte [...] résume celle des deux forces – révolutionnaire et contre-révolutionnaire – du monde actuel. C'est pourquoi notre peuple entreprend une tâche sacrée pour la nation, en même temps qu'un noble devoir international.

Lê Duân, « Lettre au Sud », citée dans Michael H. Hunt, *A Vietnam War Reader*, University of North Carolina Press, 2010 (traduction : André Loez).

Vidéo
La guerre du Vietnam

4 L'enlisement militaire américain au Vietnam

Couverture de l'hebdomadaire *L'Express*, 12 février 1968.

QUESTIONS

Identifier

1. **Doc 1.** Observez les cartes. Quels sont les points communs entre la guerre d'Indochine et celle du Vietnam ?
2. **Doc 2 et 3.** Relevez les raisons de l'engagement américain dans la région.

Expliquer

3. **Doc 3 et 4.** En quoi la stature internationale des États-Unis est-elle affectée par la guerre du Vietnam ?

Synthétiser

4. Montrez que les guerres d'Indochine et du Vietnam relèvent à la fois de la décolonisation et de la guerre froide.

POUR ALLER + LOIN

Faire une recherche documentaire

Rendez-vous sur le site lhistgeobox.blogspot.com et recherchez les chansons qui traitent de la guerre du Vietnam. En vous répartissant en groupes, étudiez-les en mettant en relation paroles, créateurs et contexte d'écriture, pour montrer les différentes façons dont on perçoit la guerre aux États-Unis.

Lien vers le site

Qui sont les victimes oubliées de la guerre froide ?

COURS : p. 158-159

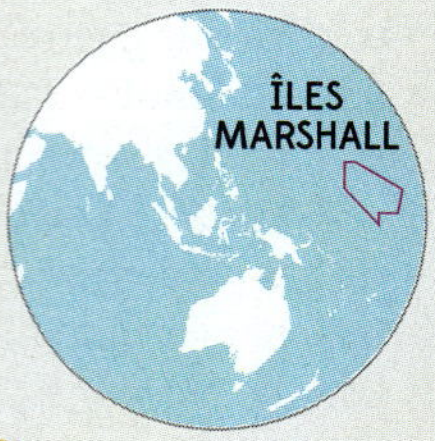

1 Les effets d'un test atomique sur les populations environnantes

Cet entretien a été réalisé avec une survivante de l'explosion atomique « Bravo » aux îles Marshall (1954) en 1994.

Je vivais avec mes grands-parents sur Rongelap… Cette matinée de mars, mon grand-père m'a réveillée alors qu'il faisait encore nuit pour aider les femmes qui préparaient à manger. Après un moment, nous avons vu des lumières éblouissantes, puis un fort bruit d'explosion, puis un vent puissant. Nous étions effrayés par les morceaux de toit et les poules qui volaient partout. J'ai couru voir mon grand-père et les autres. Ma grand-mère est tout de suite sortie pour voir ce qui nous faisait si peur. Nous étions quatre enfants dehors sur le récif à ce moment-là, trois filles et un garçon.

Les nuages nous ont immédiatement entourés. Le ciel avait une couleur très inhabituelle, très effrayante. La couleur est passée du blanc vif au rouge foncé puis un mélange des deux avec du jaune. Nous avons sauté derrière de gros rochers. Le garçon a décidé que nous devions fuir vers la maison, c'est lui qui nous a poussés à courir. L'air autour de nous était déchiré par un bruit affreux. Je ne peux pas décrire ce que c'était. On aurait dit du tonnerre, mais la force du bruit était si forte qu'on pouvait la ressentir. C'était comme si l'air autour de nous était vivant, c'était fou […].

J'ai vu que mes cheveux étaient couverts d'une fine substance comme de la poudre. Elle n'avait pas d'odeur ni de goût quand j'ai essayé de la goûter. […]

Presque tous les gens sur Rongelap sont devenus très malades. La plupart avaient de violents maux de tête, de fortes nausées et de la diarrhée. Au moment où nous avons été évacués sur Kwajalein [une île à 300 km au sud], toutes les parties de mon corps qui avaient été exposées ce matin-là se sont couvertes de cloques, et mes cheveux ont commencé à tomber en masse. Je me passais les mains dans la chevelure et des poignées entières me restaient entre les doigts.

B.R. Johnston et H.M. Barker, *Consequential Damages of Nuclear War: the Rongelap Report*, Walnut Creek, Left Coast Press, 2008, traduction : André Loez).

› Explosion « Bravo », 1er mars 1954.

les clés pour comprendre

➜ Le contexte

- Au début de l'année 1954, les États-Unis lancent une série de six tests nucléaires sur les atolls d'Eniwetok et de Bikini au nord-ouest des îles Marshall, dans le Pacifique, un archipel dont l'ONU leur a confié la tutelle. Le premier de ces tests, au nom de code « Bravo », consiste à faire exploser une bombe thermonucléaire de 15 mégatonnes, le 1er mars 1954. Il s'agit du test nucléaire le plus puissant jamais réalisé par les États-Unis.

➜ L'autrice

- La population civile des îles à proximité de l'explosion n'a pas été évacuée, et ne le sera que plusieurs jours après la détonation. Beaucoup présentent des maladies et la plupart devront subir l'ablation de la thyroïde. L'un de ces témoins, Aruko Bobo, agée de 14 ans à l'époque, a raconté son calvaire en 1994 lors d'une enquête menée sur ces faits par deux anthropologues, Holly M. Barker et Barbara R. Johnston.

➜ La portée du document

- La guerre froide est parfois présentée comme un affrontement non sanglant, un jeu d'échecs entre superpuissances, loin des atrocités survenues durant les deux guerres mondiales. Pourtant, on réévalue aujourd'hui à la hausse son coût immense : financier, environnemental et surtout humain. En plus des conflits meurtriers dans le tiers-monde, la course aux armements nucléaires entre États-Unis et URSS, avec son lot de tests nucléaires, d'accidents et de pollutions a fait de nombreuses victimes.

éclairage

2 Test de radioactivité sur une petite fille (5 mars 1954)

Les services de santé américains ont à la fois soigné les populations exposées à l'explosion « Bravo », et les ont utilisées à des fins expérimentales pour comprendre les effets des radiations sur le corps humain.

Vidéo – Faut-il interdire les armes nucléaires ?

INFO

Interdire les essais nucléaires

Le 16 juillet 1945, la première bombe atomique de l'histoire explose dans le désert du Nouveau-Mexique (États-Unis). Ce premier essai nucléaire est suivi de centaines d'autres, par différentes grandes puissances, sous l'eau, sous terre ou dans l'atmosphère. Une prise de conscience des risques aboutit à un traité qui les interdit partiellement en 1963 et en 1996, un autre prévoit leur interdiction complète, mais plusieurs pays (États-Unis, Chine, Corée du Nord…) ne l'ont pas ratifié.

3 Guerre froide et pollution environnementale

Point de vue d'HISTORIEN

Les sites de tests nucléaires, comme ceux du Nevada et du Kazakhstan, ont été extrêmement actifs depuis le début des années 1960 et sont restés radioactifs depuis. La marine soviétique avait des sites de dépôt pour son combustible nucléaire et ses équipements contaminés. Elle a pollué les eaux des océans Pacifique et Arctique […]. De façon surprenante, la plus forte contamination de l'environnement marin n'est pas due à l'URSS mais à la Grande-Bretagne. Le site de Windscale, où l'on produisait du plutonium pour les armes atomiques britanniques, a relâché des polluants radioactifs en mer d'Irlande […] ce que le gouvernement a reconnu en 1982 et ce qui est jugé responsable de 32 décès ainsi que de 260 cas de cancer.

Au total, les programmes nucléaires de la guerre froide ont probablement tué quelques centaines de milliers de personnes, au plus deux millions, la plupart lentement et indirectement du fait de cancers liés à la radioactivité. Mais nulle part, même à Maiak[1], celle-ci n'a été responsable de millions de morts ou de la destruction de régions entières. On pourrait en conclure que les effets environnementaux de ces programmes militaires ont été modestes. Mais l'histoire n'est pas encore terminée. […] Certains déchets créés par l'industrie des armements nucléaires auront une radioactivité mortelle pour les 100 000 prochaines années, un legs pour les 3 000 générations humaines suivantes.

J. R. McNeill, « The biosphere and the Cold War », dans M. P. Leffler, O. A. Westad, *The Cambridge History of the Cold War*, vol. 3, Cambridge University Press, 2010 (traduction : André Loez).

1. Site nucléaire soviétique au sud de l'Oural, le plus pollué au monde à la suite d'une série d'accidents dont le plus grave eut lieu en 1957.

Vidéo – Les conséquences environnementales des essais nucléaires

QUESTIONS

Analyser la source

1. Les populations ont-elles été averties d'un essai nucléaire ?
2. Identifiez les effets sanitaires, immédiats et différés, de l'essai nucléaire « Bravo ».

Mettre en relation

3. **Doc 1 et 2.** Décrivez comment les populations locales ont été traitées à cette occasion.
4. **Doc 3.** Pourquoi peut-on dire que les risques liés aux essais nucléaires de la guerre froide n'ont pas entièrement disparu aujourd'hui ?

Répondre à la problématique en historien(ne)

5. Montrez que le travail des historiens permet de reconsidérer les effets et les victimes de la guerre froide à court, moyen et long terme.

COURS

DOCUMENTS : p. 172-177

Podcast du cours

2 Décolonisations, émergence du tiers-monde et de nouveaux acteurs (1945-1975)

Comment la décolonisation de l'Afrique et de l'Asie ainsi que l'émergence de la Chine transforment-elles l'ordre international ?

« Le vent du changement souffle à travers ce continent. Que nous le voulions ou non, cet essor de la conscience nationale est un fait politique. »

Harold Macmillan, Premier ministre britannique, discours en Afrique du Sud, 3 février 1960.

BIOGRAPHIES

Jawaharlal Nehru (1889-1964)
Opposant à la colonisation britannique et Premier ministre de l'Inde indépendante en 1947, il devient son représentant sur la scène internationale.

Gamal Abdel Nasser (1918-1970)
Chef d'État égyptien à partir de 1956, il fait de son pays un des chefs de file du tiers-monde et anime le mouvement des non-alignés.

Mao Zedong (1893-1976)
Fondateur et dirigeant de la République populaire de Chine de 1949 à 1976.

Biographies : p. 356

A Une immense vague d'émancipation

1. Les multiples causes de la décolonisation

- En 1945, une large partie de l'Asie et presque toute l'Afrique sont encore colonisées. Mais la guerre a fragilisé la domination coloniale, surtout en Asie où le Japon avait prétendu libérer certains territoires. De plus, les deux superpuissances (États-Unis et URSS) défendent, chacune à leur façon, des principes de liberté, qui sont inscrits dans la Charte de la toute nouvelle Organisation des Nations unies (ONU). Enfin, des **nationalismes** sont décidés à défier les États colonisateurs.

2. Des indépendances résultant de processus négociés

- Ce contexte pousse certains États à négocier l'indépendance de leurs colonies, de façon rapide, comme pour les États-Unis avec les Philippines en 1946 ou plus lente, sous la pression des événements, pour la France qui signe l'indépendance du Maroc et de la Tunisie en 1956 et de ses possessions d'Afrique subsaharienne en 1960.

- Ces transferts de pouvoir négociés n'empêchent pas forcément les violences, comme lors de la partition des Indes britanniques entre Inde et Pakistan (1947) ou du chaos résultant du départ précipité des Belges au Congo (1960).

3. Des indépendances obtenues par les luttes de libération

- Dans plusieurs pays, c'est la lutte armée contre les puissances coloniales qui aboutit à l'indépendance : en Indonésie néerlandaise (1949) et en Indochine où Hô Chi Minh sort victorieux de la guerre contre la France (1954). En 1962, l'Algérie devient indépendante après huit ans d'une guerre qui aboutit au départ de la population française d'origine européenne (→ **chapitre 6**). Enfin, de longs affrontements aboutissent à l'indépendance des colonies portugaises, Angola et Mozambique (1975).

B La difficile affirmation du tiers-monde sur la scène internationale

1. L'espoir de peser sur les relations internationales

- La naissance du **tiers-monde** en tant que force politique se situe à la conférence de Bandung en 1955 où, pour la première fois, des pays d'Afrique et d'Asie dont beaucoup viennent d'être décolonisés, se réunissent pour condamner l'**impérialisme** et esquisser une alternative à la division Est-Ouest du monde, avec pour chefs de file l'Inde de Nehru et l'Égypte de Nasser.

- Avec d'autres États, non issus de la **décolonisation** mais qui partagent la volonté d'échapper à la bipolarisation du monde, comme la Yougoslavie de Tito, les pays du tiers-monde créent le **mouvement des non-alignés** dont la première conférence a lieu à Belgrade en 1961. En 1964 est créée la Conférence des Nations unies pour le Commerce et le Développement, où les pays du tiers-monde espèrent rendre plus équitables les échanges avec les anciennes puissances coloniales.

2. Les illusions du non-alignement

- Il est compliqué pour les pays du tiers-monde de se tenir à égale distance de l'URSS et des États-Unis. La guerre du Vietnam dresse contre « l'impérialisme américain » beaucoup d'entre eux. L'émergence de Cuba et de la Chine, pays du tiers-monde à l'idéologie communiste, contribue à rendre illusoire un strict non-alignement. Inversement, certains de ces pays recherchent l'appui des États-Unis contre des rebelles communistes, comme en Indonésie où 500 000 d'entre eux sont massacrés en 1965. Au cours des années 1960, le tiers-monde devient donc davantage l'enjeu de la compétition entre superpuissances qu'un acteur autonome des relations internationales.

3. Les incertitudes du développement

- Ces difficultés sur la scène internationale sont redoublées par les problèmes internes à chaque pays, faisant face à l'urbanisation rapide et à la pauvreté de leurs populations. L'aide économique des États-Unis ou de l'URSS constitue pour beaucoup un soutien indispensable, qui les place toutefois dans la dépendance.

- La fragilité des nouveaux États est accrue par leur instabilité politique, avec des guerres civiles et des coups d'État, comme au Congo où le Premier ministre Patrice Lumumba est assassiné en 1961.

Vocabulaire

- **Décolonisation**
  Passage pour un territoire du statut de colonie à celui d'État souverain.
- **Impérialisme**
  Politique de conquête et de domination territoriale.
- **Mouvement des non-alignés**
  Mouvement politique créé dans le contexte de la décolonisation par des pays cherchant à se tenir à l'écart de la guerre froide et de sa logique bipolaire.
- **Nationalisme**
  Doctrine et mouvement qui revendiquent l'indépendance d'un territoire et la création d'un État souverain.
- **Tiers-monde**
  Terme créé par Alfred Sauvy en 1952 pour désigner les États généralement pauvres et marginalisés d'Afrique, d'Asie et d'Amérique latine.

C De nouveaux acteurs qui compliquent les relations internationales

1. Les ambitions de la Chine

- La Chine accède au statut de grande puissance, après sa rupture fracassante avec l'URSS au début des années 1960. Mao Zedong entend incarner l'énergie révolutionnaire du tiers-monde et juge les Soviétiques compromis par la crise de Cuba et la détente. La Chine soutient donc des mouvements révolutionnaires en Asie, en Afrique et au Moyen-Orient. La séduction idéologique du maoïsme sur la jeunesse occidentale est réelle, et alimente en partie la contestation de l'année 1968.

Point de PASSAGE

▶ L'année 1968 dans le monde

→ p. 176

2. Les conflits du Moyen-Orient

- Même si les États-Unis soutiennent Israël, et l'URSS les pays arabes comme l'Égypte et la Syrie, les conflits du Moyen-Orient, à la fois territoriaux et identitaires, échappent à la pure logique Est-Ouest. En 1967, Israël consolide son territoire par une victoire spectaculaire lors de la guerre des Six-Jours, qui lui permet d'occuper Jérusalem-Est et les territoires palestiniens.

- Cet événement contribue à l'émergence du terrorisme palestinien, comme aux Jeux olympiques de Munich en 1972 où onze athlètes israéliens sont assassinés. Une nouvelle guerre entre Israël et ses voisins arabes en 1973 est lourde de conséquences : les pays producteurs de pétrole décident une brutale hausse des prix à son issue, bouleversant l'économie mondiale (→ **chapitre 7**).

TESTEZ-VOUS !

- ✔ **Toutes les décolonisations ont-elles été pacifiques et négociées ?**
- ✔ **Quels sont les deux moments clés pour l'émergence du tiers-monde sur la scène internationale ?**
- ✔ **Pourquoi est-il difficile pour de nombreux pays de rester non-alignés ?**

VERS LA SPÉCIALITÉ

Thème 2
Faire la guerre, faire la paix
Objet de travail conclusif
- Le Moyen-Orient

DOCUMENTS

L'affirmation du tiers-monde sur la scène internationale

▶ COURS : p. 170-171

▶ BIOGRAPHIE :
• Gamal Abdel Nasser p. 170

À partir du milieu des années 1950, on parle de « tiers-monde » pour désigner les pays souvent issus de la décolonisation qui ambitionnent de n'appartenir à aucun des deux blocs. Ces pays tentent de s'unir et de proposer une alternative à la guerre froide : le non-alignement.

Comment les pays du tiers-monde s'affirment-ils sur la scène internationale, et quelles sont les difficultés qu'ils rencontrent ?

1 La conférence de Bandung (18 avril 1955)

La conférence de Bandung réunit 29 pays africains et asiatiques en avril 1955 en Indonésie.

Alors que je contemple cette salle et les invités de marque qui s'y trouvent rassemblés, mon cœur se remplit d'émotion. Il s'agit de la première conférence intercontinentale réunissant des peuples de couleur dans l'histoire de l'humanité ! Je suis fier que mon pays soit votre hôte. [...]

Vous ne vous êtes pas rassemblés dans un monde de paix, d'unité et de coopération. Des gouffres béants séparent les nations et groupes de nations. Notre monde malheureux est déchiré et torturé, et les peuples de tous les pays avancent dans la crainte de voir de nouveau les fureurs de la guerre se déchaîner, indépendamment de leur volonté. [...]

Oui, nous vivons dans un monde de crainte. La peur ronge aujourd'hui la vie de l'homme et la rend plus âpre. La peur de l'avenir, la peur de la bombe à hydrogène[1], la peur des idéologies. [...]

Nous sommes tous, j'en suis certain, unis par des choses plus importantes que celles qui nous divisent superficiellement. Nous sommes unis, par exemple, par une haine commune du colonialisme, sous quelque forme qu'il apparaisse. Nous sommes unis par une haine commune du racisme. Et nous sommes unis par une détermination commune à préserver la paix et à la stabiliser dans le monde. [...]

On nous dit souvent : « Le colonialisme est mort. » Ne nous laissons pas duper ou même apaiser par ces propos. Je vous l'affirme, le colonialisme n'est pas encore mort. Comment pouvons-nous dire qu'il est mort tant que de vastes régions d'Asie et d'Afrique ne sont pas libres ?

Discours d'ouverture du président indonésien Sukarno à la conférence de Bandung, 18 avril 1955.

1. Bombe thermonucléaire.

Vocabulaire

- **Tiers-monde**
  Terme créé par Alfred Sauvy en 1952 pour désigner les États généralement pauvres et marginalisés d'Afrique, d'Asie et d'Amérique latine.
- **Mouvement des non-alignés**
  Mouvement politique créé dans le contexte de la décolonisation par des pays cherchant à se tenir à l'écart de la guerre froide et de sa logique bipolaire.

2 Les dirigeants des principaux pays non-alignés à New York en 1960

① Nehru (Inde), ② Nkrumah (Ghana), ③ Nasser (Égypte), ④ Sukarno (Indonésie), ⑤ Tito (Yougoslavie). Ces cinq dirigeants lancent un appel à la paix et au dialogue États-Unis–URSS à l'occasion de l'assemblée générale de l'ONU, 30 septembre 1960.

BIOGRAPHIE

Jawaharlal Nehru (1889-1964)

Opposant à la colonisation britannique et Premier ministre de l'Inde indépendante en 1947, il devient son représentant sur la scène internationale.

▶ Biographies : p. 356

3 Le non-alignement selon le Premier ministre indien Jawaharlal Nehru

Tout ce contre quoi nous nous sommes battus, et que nous continuons à combattre – l'impérialisme, le racisme, le colonialisme, et tout le reste – ces sujets importants dont on a beaucoup parlé ici, tout cela passe quelque peu au second plan en raison de cette crise, parce que si la guerre survient, tout le reste disparaît. [...]

L'enjeu principal aujourd'hui est ce danger de guerre, qui dépend de nombreux facteurs mais essentiellement de deux grandes puissances, les États-Unis et l'URSS. Cela ne sera pas bénéfique, je crois, si nous commençons à condamner tel ou tel pays.[...]

Si nous parvenons à empêcher la guerre, alors nous pourrons affronter ces autres problèmes, et libérer les parties du monde encore sous domination coloniale et impérialiste, et construire des sociétés libres et prospères dans nos propres pays.

Discours à la première conférence des pays non-alignés à Belgrade, 2 septembre 1961.

4 L'Égypte et l'Algérie luttant contre le colonialisme

Affiche de 1963 représentant Nasser et Ben Bella, chefs d'État égyptien et algérien.

5 L'Algérie indépendante et l'URSS

Ce communiqué fait suite à la visite du président algérien Ahmed Ben Bella à Moscou.

Le président de la République algérienne démocratique et populaire a parlé avec admiration des grands succès remportés par le peuple soviétique dans la construction du communisme sous la direction du parti communiste de l'Union soviétique, qui prouve la justesse de la voie indiquée par le grand Lénine pour la transformation socialiste du pays. [...]

Les deux parties ont échangé leurs vues sur toutes les questions de coopération économique et technique entre l'URSS et la République algérienne démocratique et populaire. Durant les discussions, la partie algérienne a évoqué l'importance de l'aide fraternelle apportée par l'Union soviétique à l'Algérie pour le développement de l'économie socialiste algérienne et pour la consolidation de l'indépendance algérienne.

Communiqué commun de l'Algérie et de l'URSS, 7 mai 1964.

QUESTIONS

Identifier

1. **Doc 1.** Relevez les idées principales défendues lors de la conférence de Bandung et montrez son importance.
2. **Doc 4.** Identifiez la façon dont l'anticolonialisme est représenté.
3. **Doc 5.** Repérez ce qui rapproche l'Algérie de l'URSS et du modèle communiste après son indépendance.

Expliquer

4. **Doc 1 à 3.** Montrez que les pays du tiers-monde cherchent initialement à se tenir à distance de la guerre froide.
5. **Doc 1, 3 et 4.** Montrez que les priorités de Sukarno en 1955, de Nehru en 1961 et de Ben Bella en 1964 ne sont plus les mêmes.

Synthétiser

6. Après avoir expliqué de quelle façon les pays du tiers-monde s'affirment sur la scène internationale, vous distinguerez ce qui les unit et ce qui les sépare dans leurs buts politiques et diplomatiques.

DOCUMENTS

1956 : la crise de Suez

▶ COURS : p. 170-171

▶ BIOGRAPHIE :
Gamal Abdel Nasser p. 170

Vidéo

Après la nationalisation du canal de Suez par le dirigeant égyptien Nasser, l'Égypte est attaquée par Israël (voisin et ennemi depuis sa création en 1948), la France et la Grande-Bretagne (anciennes puissances coloniales au Proche-Orient). Mais la pression diplomatique des États-Unis puis de l'URSS les force à retirer leurs troupes.

CONSIGNE BAC

En analysant et confrontant les documents, vous montrerez que la crise de Suez en 1956 s'inscrit à la fois dans la guerre froide, l'anticolonialisme, et dans les tensions spécifiques du Proche-Orient.

1 La position des États-Unis dans la crise

Les États-Unis, depuis la fin de la Seconde Guerre mondiale, ont travaillé sans cesse pour apporter paix et stabilité à cette région. Nous avons considéré que la base de notre politique consistait à soutenir le nouvel État d'Israël et – dans le même temps – de renforcer nos liens à la fois avec Israël et avec les pays arabes. Mais, malheureusement, durant ces années, les passions dans cette région ont menacé de l'emporter sur les perspectives de paix, et les combats ont été presque incessants sous une forme ou sous une autre.

La situation a été récemment aggravée par les décisions de l'Égypte, notamment son réarmement avec des armes communistes. Nous avons considéré cela comme une erreur du gouvernement égyptien. L'État d'Israël a dès lors ressenti une anxiété plus forte pour sa propre sécurité. [...]

Ces affaires ont débouché sur une crise le 26 juillet dernier, quand le gouvernement égyptien s'est emparé de la Compagnie universelle du canal de Suez. [...]

Les relations directes entre l'Égypte d'un côté, Israël et la France de l'autre se sont dégradées au point où Israël, puis la France et la Grande-Bretagne ont considéré que leurs intérêts vitaux ne pouvaient être défendus sans recours à la force. [...]

Les États-Unis n'ont été aucunement consultés sur ces actions militaires. [...] Nous considérons que ces actions résultent d'une erreur. Car nous n'acceptons pas l'usage de la force comme instrument sage ou justifié de règlement des litiges.

Discours du président américain Eisenhower, 31 octobre 1956.

CHRONOLOGIE

1956

19 juillet	Retrait de l'aide financière américaine à l'Égypte.
26 juillet	Nasser annonce la nationalisation du canal de Suez.
9 septembre	Échec d'une conférence internationale pour dénouer la crise.
24 octobre	Accord militaire secret entre Israël, la France et la Grande-Bretagne contre l'Égypte.
29 octobre	Attaque israélienne contre l'Égypte.
5 novembre	Parachutage de troupes françaises et britanniques à Suez.
23 novembre	Début du retrait de ces troupes sous pression des États-Unis puis de l'URSS.

THE COLOSSUS OF SUEZ

2 Nasser nationalise le canal de Suez

① « Nationalisme arabe ».
② Nasser.
③ Chepilov, ambassadeur soviétique en Égypte.

« Le colosse de Suez », dessin du caricaturiste britannique Low, 31 juillet 1956.

AIDE POUR RÉPONDRE À LA CONSIGNE

- Dans le **doc 1**, repérez la manière dont les États-Unis se positionnent dans cette crise vis-à-vis de leurs alliés français et britanniques.
- Dans le **doc 2**, identifiez le rôle des deux personnages et les drapeaux qui sont sur le côté du navire.

Aide

La Chine de Mao, nouvel acteur des relations internationales

COURS : p. 170-171

BIOGRAPHIE :
Mao Zedong p. 170

La victoire des communistes de Mao Zedong en 1949 fait de la Chine l'État communiste le plus peuplé au monde. Après sa rupture avec l'URSS, elle mène une politique active de soutien aux mouvements révolutionnaires dans les pays du tiers-monde.

CONSIGNE BAC

En analysant et confrontant les documents, vous montrerez comment la Chine se positionne au sein des pays communistes et auprès des pays du tiers-monde dans les années 1960.

1 Mao Zedong encourage les révolutionnaires du monde entier

Chers camarades, [...]

L'Albanie[1] et son peuple héroïque sont devenus un grand phare du communisme en Europe. La clique révisionniste[2] à la tête de l'URSS, la clique titiste[3] en Yougoslavie, et toutes les autres cliques de renégats et de chancres de toutes sortes ne sont que des tas de poussière à côté de vous, véritable montagne, tour céleste. Ils sont des esclaves et des complices de l'impérialisme, devant lesquels ils se prosternent, tandis que vous êtes de courageux révolutionnaires prolétariens, qui osez combattre l'impérialisme et ses chiens de garde, combattre les ennemis tyranniques du monde. [...]

La vérité du marxisme-léninisme est de notre côté. Le prolétariat international est de notre côté. Les peuples et les pays opprimés sont de notre côté. Les masses populaires qui représentent plus de quatre-vingt-dix pour cent de la population mondiale sont de notre côté. [...]

Nous sommes désormais dans une grande ère de révolution mondiale. Les orages révolutionnaires en Asie, en Afrique et en Amérique latine vont certainement infliger un coup décisif et dévastateur à l'ancien monde. Les grandes victoires du peuple vietnamien dans sa guerre contre l'agression américaine et pour son salut national en sont la preuve.

Lettre de Mao Zedong au Parti communiste albanais, 25 octobre 1966.

1. L'Albanie, dirigée sur le modèle stalinien par Enver Hoxha (1908-1985), est devenue au début des années 1960, le principal allié de la Chine en Europe.
2. Terme employé ici pour critiquer l'URSS qui a « révisé » son idéologie par la déstalinisation entamée en 1956.
3. Du nom de Tito, chef d'État yougoslave entre 1945 et 1980, qui a rompu avec l'URSS et s'est rapproché en partie des pays occidentaux.

2 La Chine se présente comme le foyer de la révolution mondiale

« Le président Mao est le soleil rouge dans le cœur des peuples révolutionnaires du monde entier ! »
Affiche bilingue sino-mongole, de 1969.

LE SAVIEZ-VOUS ?

Les *Citations du président Mao*, un recueil de préceptes révolutionnaires plus connu sous le nom de « **petit livre rouge** », paru en 1964, figure parmi les livres les plus diffusés de l'histoire, avec peut-être deux milliards d'exemplaires et des dizaines de traductions.

AIDE POUR RÉPONDRE À LA CONSIGNE

- Relevez dans le texte ce qui concerne les rapports entre la Chine et l'URSS.
- Repérez dans le **doc 2** la variété des peuples représentés. Pourquoi ?

Point de PASSAGE L'année 1968 dans le monde

COURS : p. 170-171

Contexte

Lien vers le site
Le monde en 1968

En 1968 émerge une série de mouvements politiques et sociaux sans précédent. France, États-Unis, Brésil, Mexique, Turquie, Sénégal… De très nombreux pays connaissent des mobilisations contestataires ou révolutionnaires d'étudiants et d'ouvriers, tandis qu'en Pologne et en Tchécoslovaquie, le modèle soviétique est rejeté.

Quelles sont les causes et les formes de la contestation en 1968 ?

1 Un meeting d'étudiants révolutionnaires à Berlin

Aux dernières nouvelles, le sénat de Berlin-Ouest a interdit la manifestation internationale […]. Le bourgmestre[1] Klaus Schütz demande la dissolution du SDS (Union des étudiants socialistes). Trois mille flics ont été dirigés en renfort sur Berlin. […]

Les risques de blocage aux frontières sont sérieux. Car la manifestation internationale […] contrarie vivement les autorités de la RFA[2]. […]

À 7 heures du soir, nous entrons dans Berlin. Dans les rues, des groupes de militants, drapeau FNL[3] en tête, diffusent des tracts et haranguent les passants. L'université technique, immense et pavoisée, grouille de monde, de panneaux, de banderoles. C'est ici que se tient le meeting international. […]

Quelques représentants de notre organisation ont été invités à se rendre au grand amphi pour apporter le salut de la JCR (Jeunesse communiste révolutionnaire). Derrière la tribune, un immense drapeau vietnamien porte ces inscriptions : « Pour la victoire de la révolution vietnamienne ; le devoir de tout révolutionnaire est de faire la révolution. » Les orateurs de tous les pays se succèdent à la tribune. Au centre des débats : la lutte contre l'impérialisme U.S. et nos propres impérialismes en Europe occidentale.

Récit d'A.-M. Lespinasse dans *Avant-garde jeunesse*, journal de la JCR (Jeunesse communiste révolutionnaire), n° 10-11, février-mars 1968.

1. Maire.
2. République fédérale allemande ou Allemagne de l'Ouest.
3. Front national de libération du Sud-Vietnam, en guerre contre les États-Unis.

Vidéo

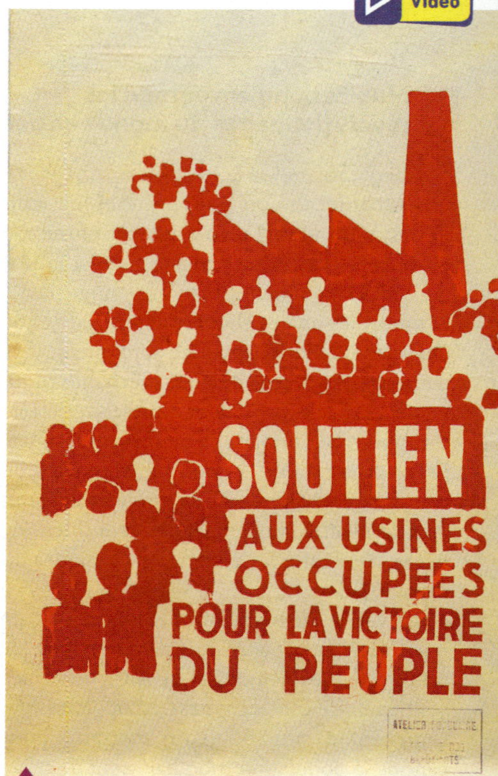

2 En France, grèves et occupations d'usines (mai 1968)

Réalisée à l'« Atelier populaire » de l'ex-École des Beaux-Arts. On estime à 7 millions le nombre de grévistes en France à l'apogée du mouvement de mai 1968.

3 Manifestation étudiante à Rome (avril 1968)

① « La répression commence avec les sept en détention et continue avec la prison. »

② « Liberté immédiate pour les étudiants et ouvriers arrêtés. »

③ « Non à la violence des patrons. »

④ « Le "Che" est vivant. » (révolutionnaire d'origine argentine, Che Guevara a été tué en 1967 en Bolivie.)

Vidéo
L'histoire derrière la photo

4 L'intervention de l'URSS pour réprimer le « printemps de Prague »

Les troupes de l'URSS et de ses alliés du pacte de Varsovie y interviennent à partir du 20 août 1968 afin de réprimer la contestation politique et sociale qui gagne la Tchécoslovaquie depuis plusieurs mois.
Manifestants sur un char à Prague en août 1968 (photographie de Joseph Koudelka).

5 Inquiétudes américaines devant l'agitation étudiante au Mexique

L'agitation étudiante reste un problème préoccupant dans de nombreuses régions du Mexique. Des désordres sont survenus dans deux universités provinciales ces quinze derniers jours et menacent de s'étendre à la capitale. Un affrontement entre deux groupes à l'université de Puebla lors d'élections internes le 10 juillet a fait deux morts et huit blessés. Les cours ont été suspendus indéfiniment. Une grève étudiante à l'université de Veracruz – au départ pour demander une hausse des salaires des professeurs – semble avoir empiré. Vingt étudiants ont entamé une grève de la faim et leurs demandes excèdent largement les possibilités du budget de l'État. Le consul cubain à Veracruz a fourni des matériaux de propagande et donné des conseils en matière de manifestations aux étudiants.

Rapport hebdomadaire de la CIA sur la situation au Mexique, 19 juillet 1968.

Vidéo
Tour du monde des principales révoltes étudiantes

Itinéraire 1

Identifier

1. **Doc 1.** Relevez les motifs de la contestation pour les participants au meeting de Berlin.
2. **Doc 1, 2, 4 et 5.** Observez et décrivez les formes que prend l'action contestataire en 1968.
3. **Doc 1, 3 et 4.** À quelles formes de répression les mouvements contestataires se heurtent-ils en 1968 ?

Expliquer

4. **Doc 2 et 3.** Montrez que les étudiants ne sont pas les seuls acteurs de la contestation en 1968.
5. **Doc 3 à 5.** Montrez que l'URSS n'est plus perçue comme un modèle révolutionnaire aux yeux des contestataires en 1968.

Synthétiser

6. À l'aide des documents, du cours et d'une recherche personnelle pour trouver d'autres exemples, rédigez un texte structuré montrant la dimension mondiale de la contestation en 1968.

OU

Itinéraire 2

oral

Présenter un schéma de synthèse

▶ Réalisez un schéma de synthèse pour répondre à la question posée puis présentez-le en 5 min devant la classe, qui en évaluera les points forts et les points faibles.

RÉVISIONS

Podcast de la synthèse

Une nouvelle donne géopolitique : bipolarisation et émergence du tiers-monde (1953-1975)

RETENIR... à l'écrit

1 La guerre froide (1953-1975)

- La guerre froide oppose les États-Unis et l'URSS, qui incarnent des modèles idéologiques contraires. À la tête de blocs d'alliances, ils s'opposent en Europe, où la division de Berlin par un mur (1961) symbolise la bipolarisation.
- L'Asie est un autre théâtre majeur du conflit, à travers les guerres d'Indochine et du Vietnam, où les États-Unis interviennent afin d'empêcher l'extension du communisme.
- La course aux armements nucléaires entre les deux superpuissances crée un climat d'angoisse, qui culmine lors de la crise des missiles de Cuba en 1962. Cet épisode conduit à diminuer la tension et à limiter la course aux armements : c'est la détente, concrétisée notamment par un apaisement de la situation en Allemagne.
- Mais ce climat n'interrompt pas la confrontation dans les pays dits du « tiers-monde », tandis que des guerres frappent le Moyen-Orient (guerres de 1967 et de 1973 entre Israël et les pays arabes).

2 Décolonisations, émergence du tiers-monde et de nouveaux acteurs (1945-1975)

- Entre 1945 et 1975, la plupart des pays d'Asie puis d'Afrique obtiennent leur indépendance, souvent au terme de violentes luttes comme la guerre d'Algérie (1954-1962). Ces nouveaux États aspirent à jouer un rôle sur la scène internationale, en faveur de la paix et du développement économique.
- Menés par l'Égypte de Nasser et l'Inde de Nehru, ils organisent pour cela plusieurs conférences, à Bandung (1955) puis à Belgrade (1961), sans parvenir à briser la logique bipolaire de la guerre froide. Beaucoup sont fragilisés par des difficultés économiques et politiques (dictatures, guérillas). Certains se rapprochent de la Chine de Mao Zedong, qui devient un acteur majeur des relations internationales. Elle rompt avec l'URSS et devient un modèle révolutionnaire qui inspire en partie les mouvements de 1968.

Points de PASSAGE

Les guerres d'Indochine (1946-1954) et du Vietnam (1964-1975) → p. 166

- **1946-1954 :** la France combat en Indochine contre le communisme et l'indépendantisme.
- **Début des années 1960 :** les États-Unis interviennent militairement au Vietnam du Sud pour empêcher la progression du communisme.
- **1973-1975 :** la guerre et la défaite finale portent atteinte à leur prestige sur la scène internationale.

1962 : la crise des missiles de Cuba → p. 164

- L'URSS utilise Cuba, dirigée par Fidel Castro, pour installer des missiles nucléaires.
- **Octobre 1962 :** découverte des missiles par les États-Unis, menant à une crise majeure, qui est résolue par un compromis entre Kennedy et Khrouchtchev.

L'année 1968 dans le monde → p. 176

- Vague de contestation mondiale très intense : mouvements qui associent militants, étudiants et ouvriers.
- **Août 1968 :** écrasement du soulèvement tchécoslovaque par l'armée soviétique qui marque les limites de la contestation.

A/Z Les mots clés

- **Bipolarisation**
  Processus par lequel le monde se divise en deux groupes soudés autour d'une grande puissance sur le plan militaire et politique durant la guerre froide.
- **Décolonisation**
  Passage pour un territoire du statut de colonie à celui d'État souverain.
- **Détente**
  Période (1963-1975) durant laquelle les États-Unis et l'URSS renouent le dialogue et signent plusieurs accords internationaux. Elle ne met toutefois pas fin à la guerre froide.
- **Mouvement des non-alignés**
  Mouvement politique créé dans le contexte de la décolonisation par des pays cherchant à se tenir à l'écart de la guerre froide et de sa logique bipolaire.
- **Tiers-monde**
  Terme créé par Alfred Sauvy en 1952 pour désigner les États généralement pauvres et marginalisés d'Afrique, d'Asie et d'Amérique latine.

RETENIR... en schéma

1 La guerre froide

Bipolarisation du monde
- **Bloc soviétique** ▶ **URSS** + pacte de Varsovie (1955)
  - Abolition des classes
  - Communisme
- **Bloc occidental** ▶ **États-Unis** + OTAN (1949)
  - Démocratie
  - Économie de marché

Multiplications des tensions
- **Asie** · **Guerres d'Indochine** (1946-1954) et du **Vietnam** (1964-1975)
- **Europe** · Mur de Berlin (1961)
- **Crise de Cuba (1962)** ▶ **Paroxysme de la guerre froide**

Détente — **Apaisement des tensions ?**

2 Décolonisations, émergence du tiers-monde et de nouveaux acteurs

1945 = début de la décolonisation
- **Paix négociée**
- **Luttes d'indépendance**
  - Indonésie, Indochine, Algérie

▶ **Nouveaux États**

Émergence du tiers-monde
- **Conférence de Bandung (1955)**
- **Mouvement des non-alignés (1961)**

Nouveaux acteurs et conflits
- Chine de Mao Zedong
- Conflits au Moyen-Orient
- **1968 : vague de contestations** (France, Italie, Tchécoslovaquie, etc.)

RETENIR... autrement

ÉCOUTER

Les cours en podcast .... p. 158-159, 170-171

La synthèse du cours .... p. 178

REGARDER L'ESSENTIEL EN 3 MINUTES

S'ENTRAÎNER

Des exercices interactifs........................ EXO Quiz

POUR APPROFONDIR

BD Bande dessinée
Li Kunwu et P. Ôtié, *Une vie chinoise*, Kana Éditions, 2016.
Une bande dessinée qui relate l'évolution de la Chine depuis les années 1950.

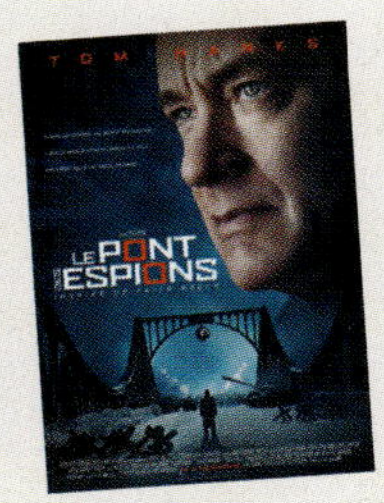

Film
Steven Spielberg, *Le Pont des espions*, 2015.
Basé sur une histoire vraie, le film rend compte du climat de tension dans l'Allemagne de la guerre froide.

Sujet

En analysant les documents, vous expliquerez les causes et les modalités du rapprochement entre les États-Unis et la Chine de Mao Zedong au début des années 1970.

Quelle est la situation de la Chine au début des années 1970 ?

Pour comprendre la problématique du chapitre, expliquez d'abord quels éléments semblent être un obstacle au rapprochement entre les États-Unis et la Chine.

Expliquez le contexte des relations internationales à cette période.

Quelle est la situation des États-Unis au début des années 1970 ?

1 Un changement dans les relations sino-américaines amorcé en janvier 1970

Henry Kissinger est depuis 1968 conseiller à la sécurité nationale de Richard Nixon, et le principal concepteur de sa politique extérieure.

Aiguillonnée par la menace évidente des forces soviétiques concentrées sur 6 000 km de frontière commune, la Chine voulait réduire le nombre de ses adversaires et opposer un contrepoids supplémentaire à cette pression. Handicapée par les traumatismes du Vietnam, mais bien décidée néanmoins à instaurer une ère nouvelle dans les relations internationales, l'administration Nixon était convaincue que le contact avec ce quart de l'humanité pourrait ouvrir de nouvelles perspectives à notre diplomatie. [...] J'estimais que jamais nous n'arriverions à rien de tout cela, à moins [...] d'organiser des entretiens à un niveau élevé entre envoyés spéciaux dans l'une des capitales, sans doute Pékin.

Henry Kissinger, *À la maison-blanche, 1968-1973*, t. 2, © Librairie Arthème Fayard, 1979 pour la traduction française.

Quelles sont les relations entre la Chine et l'URSS au début des années 1970 ?

Quelle est la situation des États-Unis au Vietnam au début des années 1970 ?

Quels avantages Chine et États-Unis cherchent-ils à tirer d'un rapprochement ?

Quel est le moyen envisagé par Kissinger pour effectuer ce rapprochement ?

CONSEILS

L'analyse des documents constitue le cœur de votre travail, mais nécessite pour être menée la mobilisation de vos connaissances.

➜ Voir **p. 171** (cours), **p. 175** (documents).

Mao est la figure de proue du communisme chinois, et dirige la Chine depuis 1949. Que révèle cette photo sur ses relations avec l'URSS ?

Nixon doit désengager les États-Unis du Vietnam. En quoi cette rencontre est un moyen pour les États-Unis d'assurer leur présence en Asie ?

2 Le président américain Nixon en Chine (21 février 1972)

Cette rencontre intervient après l'entrée de la Chine à l'ONU en octobre 1971, et s'accompagne de dîners officiels, de visites culturelles (Grande Muraille) et de négociations avec le Premier ministre Zhou Enlaï.

Corrigé

Introduction

Le rapprochement entre la Chine communiste de Mao Zedong et les États-Unis dirigés par le président Nixon au début des années 1970 figure parmi les développements majeurs des relations internationales durant la période, illustrant l'émergence de la puissance chinoise et la complexification progressive du monde bipolaire fixé au début de la guerre froide. Il n'était pourtant pas évident de nouer des contacts entre la superpuissance américaine et la Chine de Mao Zedong, que tout opposait sur le plan idéologique. Pour le comprendre, on dispose de deux documents : .....

→ Rédigez la présentation des deux documents.

On montrera d'abord quels intérêts respectifs avaient les États-Unis et la Chine à envisager ce rapprochement, avant d'étudier les résultats concrets de cette politique.

1re partie

→ À l'aide de l'annonce du plan soulignée en bleu dans l'introduction, déterminez et rédigez l'annonce de l'idée de la 1re partie.

Tout d'abord, ...

Tout semble opposer la Chine et les États-Unis au début des années 1970 : le leader du camp occidental dans la guerre froide est régulièrement dénoncé par la Chine communiste en raison de son intervention militaire au Vietnam, dont Kissinger évoque les difficultés (« les traumatismes du Vietnam », faisant allusion à l'offensive nord-vietnamienne du Têt en 1968).

Pourtant, les États-Unis prennent l'initiative de ce rapprochement, à cause de leurs difficultés au Vietnam, espérant négocier dans de meilleures conditions la fin de la guerre avec le relais de la Chine. Mais ces contacts sont également noués afin « d'ouvrir de nouvelles perspectives à notre diplomatie » : en entamant ce rapprochement avec la Chine, Nixon et son entourage espèrent diviser davantage le bloc communiste et placer l'URSS en position de faiblesse, alors que s'engagent des négociations sur le traité SALT : .....

→ Utilisez vos connaissances pour expliquer le traité SALT entre l'URSS et les États-Unis.

Le facteur soviétique est également central du côté chinois. Après la très grande proximité entre la Chine et l'URSS dans les années 1950, dans la période stalinienne et à son lendemain immédiat, les deux pays communistes ont rompu progressivement au début des années 1960. C'est pourquoi Kissinger parle de « ..... ».

→ Choisissez dans le texte une citation qui montre l'état des relations entre la Chine et l'URSS.

2e partie

→ À l'aide de l'annonce du plan soulignée en bleu dans l'introduction, déterminez et rédigez l'annonce de l'idée de la 2de partie.

Il s'agit ensuite de .....

Henry Kissinger imagine nouer des contacts à travers des « entretiens à niveau élevé », c'est-à-dire celui des chefs d'État. Cela est précédé par l'entrée, acceptée par les États-Unis, de la Chine à l'ONU en 1971. Cela débouche sur la concrétisation de cette politique de rapprochement sino-américain, avec la visite d'État du président Nixon à Pékin, qui comprend des visites culturelles (Grande Muraille), des dîners officiels, des négociations avec le Premier ministre chinois Zhou Enlaï.

Elle s'accompagne aussi d'une poignée de main à forte valeur symbolique échangée entre Nixon et celui qui reste à cette date le chef officieux du pays, Mao Zedong. Cette image a une valeur politique : elle montre .....

→ À l'aide de vos connaissances et de l'analyse menée dans la 1re partie, rappelez pour quelles raisons Nixon et Mao Zedong cherche la diffusion de cette image.

Conclusion

Le rapprochement sino-américain du début des années 1970, et sa mise en scène en février 1972, montre donc comment les deux États cherchent à affaiblir et à isoler l'URSS, contribuant à la complexification de ce qui était auparavant un monde strictement bipolaire.

BAC
CORRIGÉ COMPLET DU SUJET
lyceen.nathan.fr/coteterm-2020

Sujet

Comment la décolonisation transforme-t-elle les relations internationales ?

Ce terme doit être défini avec précision : revoyez le cours **p. 170**.

Quel conflit domine les relations internationales avant la décolonisation ?

Quels sont les nouveaux acteurs, les ambitions et les obstacles nés de la décolonisation ?

Corrigé

Introduction

→ À l'aide du début de chaque partie, construisez l'annonce du plan, c'est-à-dire des idées majeures développées dans la réponse.

La décolonisation, processus étendu entre 1945 et 1975 environ, fait accéder à l'indépendance de très nombreux pays d'Asie et d'Afrique. Leurs luttes anticoloniales, puis leur émergence sur la scène mondiale, transforment des relations internationales qui restent cependant marquées par la guerre froide. Dans un premier temps, ...

1re partie

→ À l'aide de vos connaissances (cours **p. 170**) datez la fin de ces guerres d'indépendance.

On peut montrer dans un premier temps que les luttes anticoloniales remettent en cause les puissances coloniales et permettent l'émergence de nouveaux États.
Les mouvements indépendantistes déclenchent des luttes qui mettent en difficulté ces puissances, à l'image des Pays-Bas en Indonésie (fin de la guerre d'indépendance en .....) et de la France en Indochine (en .....) et en Algérie (en .....).
De façon plus large, l'impérialisme fait l'objet de dénonciations, comme à la conférence de Bandung (1955). Elle réunit des pays comme l'Inde de Nehru, issus de la décolonisation, et montre que ces nouveaux États qui rejoignent l'ONU s'organisent pour faire entendre leurs voix sur la scène internationale.

→ À l'aide de vos connaissances (documents **p. 174**), expliquez la crise de Suez.

Enfin, la crise de Suez en 1956 concrétise l'affaiblissement des ex-puissances coloniales sur la scène mondiale et confirme le rôle d'arbitre joué par les superpuissances américaine et soviétique : elle voit en effet .....

2e partie

→ Définissez et expliquez l'objectif du mouvement des non-alignés.

→ Définissez et expliquez l'objectif de la CNUCED.

Mais certains pays issus de la décolonisation cherchent à rejeter l'opposition Est-Ouest. Le mouvement des non-alignés semble ouvrir une alternative à la guerre froide. Plusieurs pays issus de la décolonisation, rejoints par la Yougoslavie de Tito, créent en 1961 à la conférence de Belgrade le mouvement des non-alignés : ils veulent .....
Ces pays sont également porteurs d'un espoir de transformation des relations économiques internationales. Ils participent à la création de la CNUCED qui .....

3e partie

→ À l'aide de vos connaissances, rédigez chacun de ces trois arguments.

Ces perspectives d'un monde plus équilibré sont de courte durée. De nombreux pays devenus indépendants finissent par s'inscrire dans la guerre froide ou par la subir. Les relations internationales ne sont donc pas entièrement transformées par la décolonisation.
Argument n° 1 : les non-alignés cherchent le soutien des grandes puissances.
Argument n° 2 : le tiers-monde devient un terrain d'affrontement entre les blocs.
Argument n° 3 : la guerre du Vietnam symbolise les liens entre la décolonisation et la guerre froide.

Conclusion

Au total, la décolonisation transforme bien les relations internationales mais n'altère pas fondamentalement la bipolarisation du monde.

BAC
CORRIGÉ COMPLET DU SUJET
lyceen.nathan.fr/coteterm-2020

▶ QUESTION PROBLÉMATISÉE

Sujet 1

La guerre froide est-elle un affrontement entièrement pacifique ?

Sujet 2

Peut-on parler d'un monde uniquement bipolaire des années 1960 aux années 1970 ?

▶ ANALYSE DE DOCUMENTS

En analysant et en confrontant les documents, vous montrerez que la décolonisation peut être mise en relation avec la guerre froide.
L'analyse du document constitue le cœur de votre travail, mais nécessite pour être menée la mobilisation de vos connaissances.

« Départs et arrivées » **1**

Sur la couverture du livre tenu par le personnage de droite : « Stalin ».
Dessin du caricaturiste allemand Fritz Behrendt, 1956.

2 Nikita Khrouchtchev défend les « guerres de libération »

Les communistes sont les opposants les plus déterminés aux guerres mondiales, comme ils sont opposés de façon générale aux guerres entre États. Seuls les impérialistes ont besoin de ces guerres pour s'approprier des territoires, piller et réduire en esclavage d'autres peuples. [...]

Mais parlons maintenant des guerres de libération nationale. La lutte armée du peuple vietnamien ou la guerre du peuple algérien [...] sont des exemples de telles guerres. [...] Les guerres de libération continueront à exister tant que l'impérialisme existera, tant que le colonialisme existera. Ce sont des guerres révolutionnaires. Elles ne sont pas seulement acceptables mais inévitables, car les colonialistes n'accorderont pas l'indépendance volontairement. [...] Nous reconnaissons de telles guerres, nous aidons et nous aiderons les peuples en lutte pour leur indépendance.

Discours devant les organisations communistes, janvier 1961.

CHAPITRE 6

La France : une nouvelle place dans le monde (1945-1970)

Textes DYS
TOUS LES TEXTES EN VERSION DYS
lyceen.nathan.fr/coteterm-2020

Après la guerre, la France doit retrouver sa place dans un monde bouleversé par la guerre froide et s'impliquer dans la construction européenne. La perte de son Empire colonial, notamment l'Algérie, à travers une guerre traumatisante, écorne son image internationale et provoque la naissance de la Ve République. Ce nouveau régime politique porte alors un projet liant volonté d'indépendance nationale et modernisation du pays.

▶ Malgré la perte de son Empire colonial, comment la France essaie-t-elle de retrouver un rôle mondial ?

1 La France dans la guerre d'Algérie (1954-1962)
Opération militaire de contrôle conduite par l'armée française en Algérie, 1958.

2 La France s'engage dans la construction européenne

Charles de Gaulle célèbre le rapprochement franco-allemand avec le chancelier Konrad Adenauer (à gauche). Cologne, 5 septembre 1962.

CONTEXTE

La République française

Après 1945, les relations internationales sont profondément bouleversées : naissance de la guerre froide et bipolarisation, décolonisations et émergence du tiers-monde. Dans ce contexte, la France doit repenser son rôle en Europe et dans le monde. Cette redéfinition, entamée dès la IVe République, s'achève avec le général de Gaulle, président de la Ve République.

Vocabulaire

- **CECA**
  Communauté européenne du charbon et de l'acier.
- **GPRF (Gouvernement provisoire de la République française)**
  Créé à la Libération, il gouverne le pays jusqu'à la mise en place de la IVe République.
- **Régime parlementaire**
  Régime dans lequel le gouvernement est responsable devant une assemblée qui l'investit et peut le renverser.
- **Régime semi-présidentiel**
  Régime qui combine un régime parlementaire avec un pouvoir présidentiel fort.

REPÈRES CHRONOLOGIQUES DU CHAPITRE

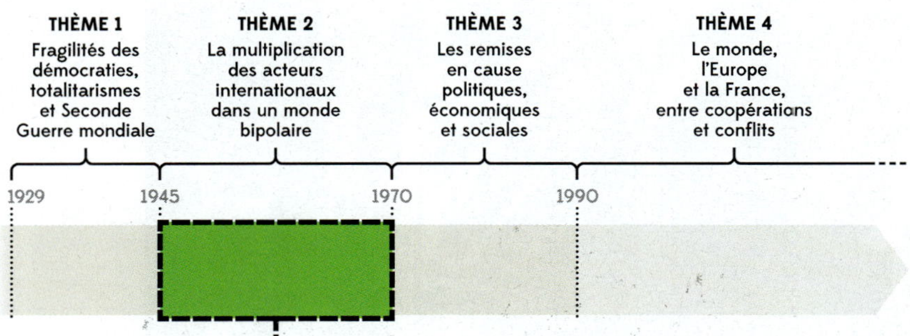

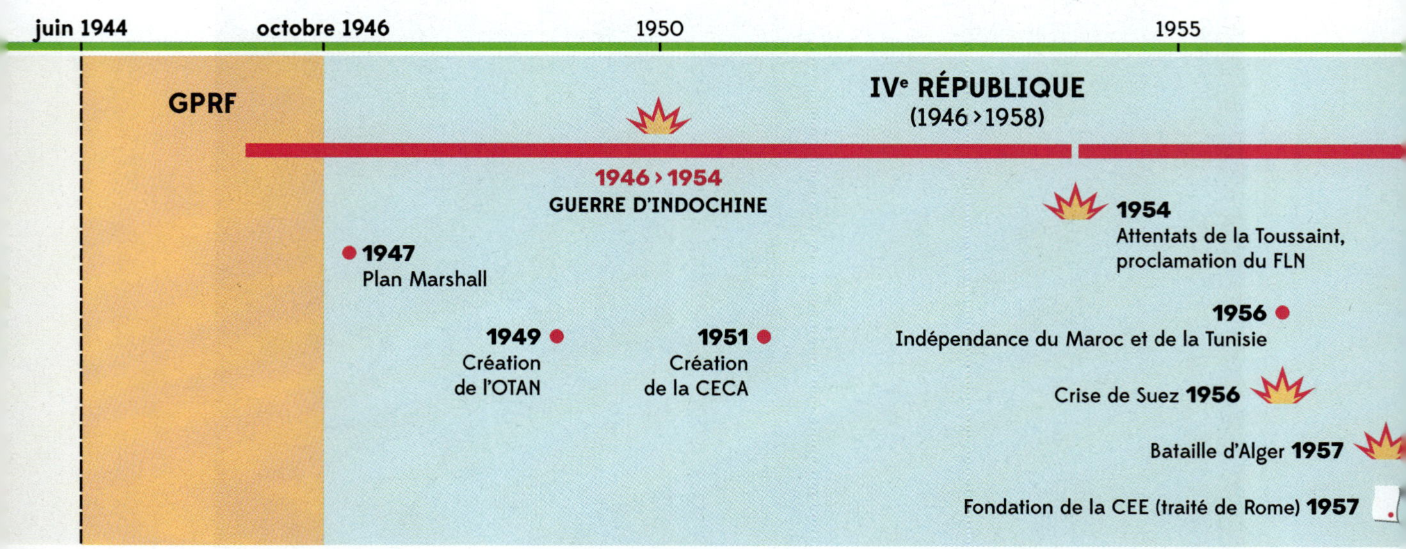

REPÈRES INSTITUTIONNELS DU CHAPITRE

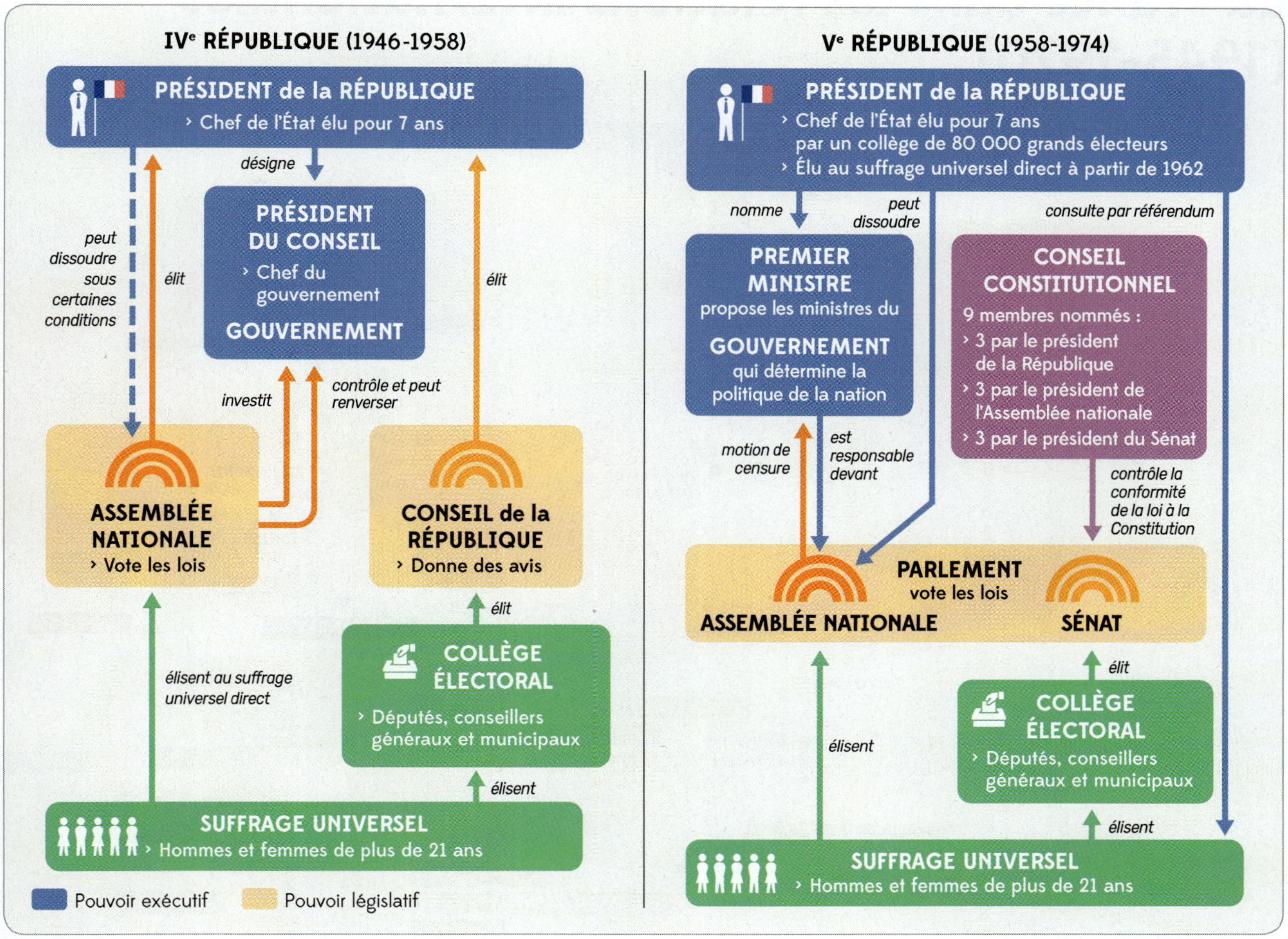

octobre 1958 | 1960 | 1965 | 1970

Ve RÉPUBLIQUE
(depuis 1958)

1954 › 1962
GUERRE D'ALGÉRIE

oct. 1958 *Point de PASSAGE*
Constitution de la Ve République

1960 Premier essai nucléaire français

1960 Indépendance des colonies françaises d'Afrique subsaharienne

1962 Indépendance de l'Algérie

1962 Modification de la Constitution : élection du président de la République au suffrage universel direct

1965 Lancement du premier satellite français

1966 Retrait de la France du commandement intégré de l'OTAN

1969 Premier vol du *Concorde*

Frise interactive

CARTE

La France dans les relations internationales (1945-1970)

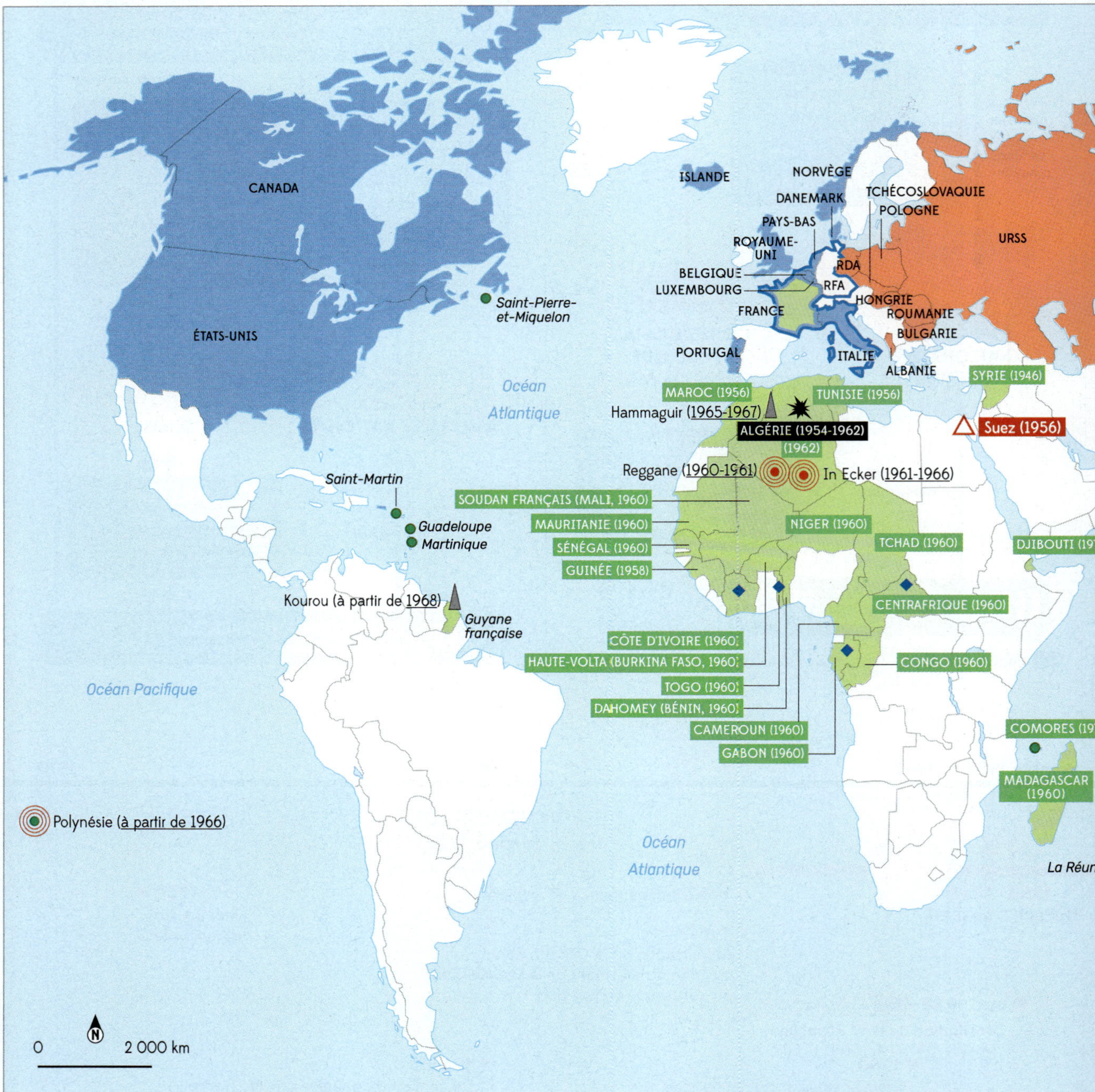

La fin de l'Empire colonial français

- Métropole et territoires d'outre-mer
- (1962) Date d'indépendance des colonies françaises
- Principales guerres d'indépendance

La France dans la guerre froide

- Pays fondateurs de l'OTAN en 1949
- Pays communistes membres du pacte de Varsovie
- Crise liée à la guerre froide

Carte interactive

La France retrouve un rôle international

- Pays fondateurs de la CEE en 1957
- Essais nucléaires français (date des essais)
- Bases de lancement de satellites français
- Pays ayant signé un accord de défense avec la France

Vocabulaire

- **OTAN**
Organisation du traité de l'Atlantique Nord. Organisation civile et militaire autour des États-Unis, du Canada et de 10 pays d'Europe occidentale, mise en place en 1949.
- **Pacte de Varsovie**
Alliance militaire fondée en 1955 pour faire contrepoids à l'OTAN.

QUESTIONS

1. Identifiez les principales étapes du processus de décolonisation.
2. De quelles organisations internationales la France est-elle membre après 1945 ?
3. Expliquez comment la France retrouve un rôle international dans les années 1960.

COURS

DOCUMENTS : p. 194-195
p. 202-203

Podcast du cours

1 La France dans les relations internationales (1945-1958)

Comment restaurer la puissance de la France après la guerre ?

Point de PASSAGE

▶ De Gaulle et Mendès France : deux conceptions de la République

→ p. 202

A Les défis de la IVe République

1. La refondation républicaine

• À la Libération, une fois l'ordre républicain restauré, le Gouvernement provisoire de la République Française (**GPRF**) met en place de nouvelles institutions. La Constitution de la IVe République instaure, en 1946, un **régime parlementaire**.

• Toutefois, ce dernier est contesté dès sa naissance, notamment par Charles de Gaulle, favorable à un pouvoir exécutif fort. La conception gaullienne de la République s'oppose ainsi à celle d'un dirigeant politique comme Pierre Mendès France.

2. La reconstruction et la modernisation du pays

• Aux lendemains de la guerre, la IVe République permet la reconstruction du pays. L'aide financière du plan Marshall (1947) (→ **chapitre 4**) y contribue de manière déterminante tant la France est affaiblie économiquement en 1945. Les sommes allouées sont dépensées en achats aux États-Unis, qui demandent en retour une meilleure coordination des politiques économiques en Europe.

• La IVe République orchestre également la modernisation du pays. L'État intervient activement dans l'économie, notamment avec la mise en place du **plan**.

3. La guerre froide

• Rapidement, la France reconnaît que son principal adversaire potentiel n'est plus l'Allemagne, mais l'Union soviétique. Pour rivaliser en cas d'affrontement avec cette dernière, la France intègre l'**OTAN** (1949), une alliance défensive sous influence américaine (→ **chapitre 4**). En se plaçant ainsi sous la protection nucléaire états-unienne, la France devient dépendante de la puissance américaine.

> **« Ne pouvant imposer en Afrique du Nord les décisions nécessaires, le gouvernement […] comptait sur la construction européenne pour compenser son impuissance en Algérie. »**
>
> Christian Pineau, ministre des Affaires étrangères de 1956 à 1958.

B La France dans la construction européenne

1. La renaissance de l'idée européenne

• Relancée par Churchill, la formule « États-Unis d'Europe » est mise en avant lors du congrès de La Haye (1948), afin de promouvoir la construction européenne.

• Malgré les divisions entre **fédéralistes** et **unionistes**, ce congrès aboutit à la création du Conseil de l'Europe (1949), dont le siège est à Strasbourg, et qui se dote d'un texte fondateur, la Convention européenne des droits de l'homme (1950).

• Cependant, le Conseil de l'Europe n'est ni une union, ni une fédération : c'est une organisation rassemblant des démocraties attachées aux droits de l'homme.

2. Une création fondatrice : la CECA

• La création de la Communauté européenne du charbon et de l'acier (CECA), en 1951, marque un tournant dans la construction européenne. À l'initiative des Français Jean Monnet et Robert Schuman encouragés par les États-Unis, la CECA rassemble six pays : la France, la RFA, l'Italie et le Benelux (Belgique, Pays-Bas, Luxembourg).

BIOGRAPHIES

Jean Monnet (1888-1979)
Figure majeure de la construction européenne, il lance la création de la CECA et de la CED.

Robert Schuman (1886-1963)
Ministre français des Finances puis des Affaires étrangères de 1948 à 1952.

▶ Biographies : p. 356

• Facteur de croissance économique pour les Six, ce marché unique du charbon et de l'acier contribue aussi politiquement à la réconciliation franco-allemande. C'est une étape vers une communauté plus vaste, fondée sur les principes d'une Europe supranationale.

3. Le choix d'une Europe économique

• Malgré ces progrès, la France refuse en 1954, après de vifs débats, le projet de Communauté européenne de défense (CED), c'est-à-dire d'une armée européenne. Les « anticédistes » craignent notamment d'abandonner une partie de la souveraineté militaire de la France. Avec cet échec, la construction européenne semble enlisée.

• La construction européenne est néanmoins rapidement relancée ; l'engouement pour le nucléaire civil et le projet de création d'un marché commun en sont les moteurs. Ainsi en 1957, les Six signent à Rome deux traités qui instituent la Communauté européenne de l'énergie atomique (ou Euratom) et la Communauté économique européenne (CEE).

C Une puissance coloniale sur la défensive

1. Des résistances aux indépendances

• Sous la IVe République, le maintien de l'Empire colonial fait consensus car il permettrait le rayonnement international de la France. Toutefois, dans un monde où émerge le tiers-monde (→ **chapitre 5**), la perpétuation du système colonial paraît impossible.

• Les premiers soulèvements indépendantistes sont réprimés dans le sang : à Madagascar en 1947 ou au Cameroun en 1955, l'emploi de la force armée ne suffit pas à lutter contre la montée des nationalismes. La guerre d'Indochine (1946-1954) (→ **chapitre 5**) puis la guerre d'Algérie (à partir de 1954) ébranlent ainsi le régime.

2. Une politique coloniale française critiquée

• Si les États-Unis avaient soutenu la France en Indochine par hostilité au communisme vietnamien, ils condamnent la politique française en Afrique du Nord dans les années 1950 (Maroc, Tunisie, Algérie). L'URSS et ses alliés, notamment la Chine, soutiennent les luttes des peuples colonisés. La France ne trouve guère d'appui à l'ONU qui affirme le droit des peuples à disposer d'eux-mêmes, tandis que plusieurs pays arabes (l'Égypte particulièrement) encouragent les nationalistes algériens.

3. L'impuissance de la puissance coloniale

• En 1956, la France doit accepter l'indépendance du Maroc et de la Tunisie. En Égypte, le président Nasser décide la nationalisation du canal de Suez, alors exploité par une compagnie franco-britannique. L'intervention militaire de la France et du Royaume-Uni, aidés pour l'occasion d'Israël, est condamnée par l'ONU, les États-Unis et l'URSS. C'est un fiasco diplomatique. La crise de Suez vient confirmer la perte d'influence des anciennes puissances coloniales, et particulièrement de la France, sur la région.

TESTEZ-VOUS !

- **Relevez deux domaines dans lesquels s'exerce l'influence des États-Unis sur la France.**
- **Quels sont les principaux objectifs de la construction européenne ?**
- **Quels acteurs internationaux contestent la politique coloniale de la France ?**

A/Z Vocabulaire

• **Europe supranationale**
Les partisans d'une Europe supranationale sont appelés « fédéralistes » ; ils souhaitent la création d'institutions européennes, placées au-dessus des États et pouvant leur imposer des décisions.

• **Fédéralistes**
Partisans d'une fédération européenne, dans laquelle chaque État renoncerait à une part importante de sa souveraineté, pour créer une Europe supranationale.

• **GPRF (Gouvernement provisoire de la République française)**
Créé à la Libération, il gouverne le pays jusqu'à la mise en place de la IVe République.

• **Nationalisme**
Doctrine et mouvement qui revendiquent l'indépendance d'un territoire et la création d'un État souverain.

• **OTAN**
Organisation du traité de l'Atlantique Nord. Organisation civile et militaire autour des États-Unis, du Canada et de 10 pays d'Europe occidentale, mise en place en 1949.

• **Plan**
Document par lequel le gouvernement fixe des objectifs économiques pour 5 ans.

• **Régime parlementaire**
Régime dans lequel le gouvernement est responsable devant une assemblée qui l'investit et peut le renverser.

• **Unionistes**
Partisans d'une Europe des États, simple coopération intergouvernementale sans abandon de souveraineté.

COURS

DOCUMENTS : p. 196 à 201
p. 204-205

VOCABULAIRE :

- Régime parlementaire p. 186

Podcast du cours

2 La guerre d'Algérie et la fondation d'une nouvelle République (1954-1962)

Comment la crise algérienne donne-t-elle naissance à un nouveau régime républicain ?

« Croit-on qu'à 67 ans, je vais commencer une carrière de dictateur ? »

Charles de Gaulle, conférence de presse du 19 mai 1958.

BIOGRAPHIES

Charles de Gaulle (1890-1970)

De retour au pouvoir en 1958, il fonde la Ve République dont il est le premier président jusqu'à sa démission en 1969.

Pierre Mendès France (1907-1982)

Président du Conseil et plusieurs fois ministre sous la IVe République. Attaché à la démocratie parlementaire, il refuse de soutenir l'arrivée au pouvoir du général de Gaulle en 1958.

Biographies : p. 356

A La IVe République paralysée par la guerre d'Algérie

1. Une impasse politique

- Le 1er novembre 1954, l'insurrection menée par les nationalistes algériens du Front de libération lationale (**FLN**) marque le début de la guerre d'Algérie. Face aux actions terroristes et à la guérilla, la France choisit la répression armée pour s'opposer à l'indépendance de l'Algérie.

- Les gouvernements successifs de la IVe République ne peuvent envisager publiquement une négociation politique pour sortir de la crise, car ils sont soumis à la pression de l'armée et des Européens d'Algérie qui refusent l'abandon de l'Algérie française.

2. Le tournant du mois de mai 1958

- Le 13 mai 1958, des partisans de l'Algérie française tentent de s'emparer du pouvoir. Avec le soutien de l'armée, ils s'imposent à Alger et projettent une opération militaire d'ampleur en métropole afin d'y instituer un pouvoir autoritaire. L'impasse est totale.

3. Charles de Gaulle revient au pouvoir

- Face à ce blocage, le général de Gaulle s'efforce d'apparaître en arbitre face à la menace de guerre civile. Il est soutenu par l'armée et les Français d'Algérie, qui voient en lui l'homme capable de maintenir l'Algérie dans la France.

- Il se présente également comme l'homme providentiel capable de sauver la République. Il conditionne cependant son retour au pouvoir à une refondation des institutions républicaines qu'il juge responsables de la crise. Sa revendication satisfaite, il devient chef du gouvernement le 1er juin 1958.

B La fondation de la Ve République

Vidéo
La naissance de la Ve République

1. La rédaction d'une nouvelle Constitution

- Chargé de doter la France d'une nouvelle Constitution, de Gaulle veut redistribuer les pouvoirs au sein de la République en faveur de l'exécutif. Il entend ainsi mettre fin au régime parlementaire de la IVe République, vecteur d'instabilité gouvernementale.

- Il instaure un **régime semi-présidentiel**, où le président de la République occupe désormais un rôle majeur. Placé au-dessus des partis, il assure le fonctionnement régulier des pouvoirs publics ainsi que la continuité de l'État. Sa légitimité s'appuie sur une élection pour 7 ans par un collège de 80 000 grands électeurs.

2. Charles de Gaulle, premier président de la Ve République

Point de PASSAGE

La Constitution de 1958

→ p. 204

- Symboliquement, Charles de Gaulle présente la Constitution à la nation sur la place de la République à Paris, le 4 septembre 1958. Critiqué par la gauche, en particulier par Pierre Mendès France, le texte est cependant approuvé par référendum (79 % de « oui »). De Gaulle devient alors le premier président de la Ve République.

3. La question algérienne

- En Algérie, le général de Gaulle tente d'apaiser la situation. Le 4 juin 1958, à Alger, devant une foule en liesse, il s'exclame « Je vous ai compris ! » et encourage la fraternisation entre musulmans algériens et Français d'Algérie.

- Le 6 juin, à Mostaganem, il déclare « Vive l'Algérie française ! », semblant signifier qu'il poursuit le combat en faveur de la présence française en Algérie. Il s'assure ainsi momentanément le soutien de l'armée et des Européens d'Algérie.

C La fin de la guerre d'Algérie

1. La difficile route vers l'indépendance

- Progressivement, tout en poursuivant les opérations militaires, de Gaulle oriente sa politique algérienne vers des négociations puis vers l'indépendance. Il propose ainsi l'**autodétermination** aux Algériens (1959), qui seraient consultés par référendum.

- Se sentant trahis, les partisans de l'Algérie française et une partie de l'armée déclenchent une semaine d'émeutes à Alger en janvier 1960 : c'est la « semaine des barricades ». En avril 1961, quatre généraux tentent un putsch pour s'emparer du pouvoir. La même année, certains partisans de l'Algérie française passent dans la clandestinité au sein de l'Organisation armée secrète (**OAS**), qui organise des attentats, en Algérie ainsi qu'en métropole.

2. Une sortie de guerre douloureuse

- Le 18 mars 1962, les accords d'Évian prévoient un cessez-le-feu entre l'armée française et le FLN. Ils débouchent le 3 juillet sur l'indépendance de l'Algérie, approuvée par référendum à plus de 99 % par les Algériens.

- Cette indépendance s'accompagne de violences et du rapatriement – mais aussi parfois de l'abandon par l'État – des Français d'Algérie ainsi que des **harkis**.

- Des conflits de mémoires émergent à l'issue de la guerre. En France, l'envoi du **contingent**, l'usage de la torture par l'armée, les massacres des harkis et l'arrivée des **rapatriés** en métropole sont autant de blessures longues à cicatriser. Côté algérien, c'est le sentiment victorieux de libération qui l'emporte.

3. Un renforcement du rôle du président

- Sur le sol national, le climat de tensions engendré par la guerre d'Algérie permet à de Gaulle de mettre en place une République présidentielle. Il contient ainsi les oppositions des partis représentés au Parlement et conduit, seul, la politique étrangère de la France.

- Après la guerre d'Algérie, il décide de renforcer la légitimité du pouvoir exécutif au détriment du pouvoir législatif. Il propose l'élection du président de la République au suffrage universel direct afin d'assurer la pérennité du régime. Malgré l'opposition de nombreux partis et hommes politiques dont Pierre Mendès France, ce projet est approuvé à 62 % des votants par référendum en octobre 1962.

TESTEZ-VOUS !

- Pourquoi la crise de mai 1958 met-elle fin à la IVe République ?
- Comment définir la Ve République ?
- Pourquoi le pouvoir du président est-il renforcé par la guerre d'Algérie ?

A/Z Vocabulaire

- **Autodétermination** Possibilité pour les Algériens de choisir, par référendum, entre l'indépendance, la francisation complète ou une simple association avec la France.
- **Contingent** Ensemble de jeunes gens appelés à une même date pour effectuer leur service militaire.
- **FLN (Front de libération nationale)** Mouvement proclamé le 1er novembre 1954 pour conquérir l'indépendance de l'Algérie. Il est doté d'une organisation militaire, l'ALN (Armée de libération nationale).
- **Harkis** Algériens musulmans servant comme auxiliaires dans l'armée française contre le FLN.
- **OAS (Organisation armée secrète)** Organisation terroriste et clandestine créée en février 1961 par des partisans de l'Algérie française.

Point de PASSAGE

▶ La guerre d'Algérie et ses mémoires

→ p. 200

- **Rapatriés** Nom attribué à partir de 1962 aux Européens d'Algérie qui étaient environ un million au moment de l'indépendance. La plupart d'entre eux se sont réfugiés en France.
- **Régime semi-présidentiel** Régime qui combine un régime parlementaire avec un pouvoir présidentiel fort.

VERS LA SPÉCIALITÉ

Thème 3
Histoire et mémoires

Jalon

- Mémoires et histoire d'un conflit, la guerre d'Algérie

DOCUMENTS

COURS : p. 190-191

Vidéo
9 mai 1950 : l'Europe ouvre ses frontières

1950-1969 : la France et la construction européenne

L'idée européenne prend forme après la Seconde Guerre mondiale sous la pression d'urgentes nécessités liées à la crainte du déclin du Vieux Continent et à l'émergence de la guerre froide. La France joue un rôle moteur dans la construction européenne.

Comment la France s'engage-t-elle dans la construction européenne ?

1 La déclaration du 9 mai 1950

En s'inspirant d'un projet élaboré par Jean Monnet, le ministre des Affaires étrangères Robert Schuman propose de créer la CECA[1].

La contribution qu'une Europe organisée et vivante peut apporter à la civilisation est indispensable au maintien des relations pacifiques. [...] L'Europe n'a pas été faite, nous avons eu la guerre.

L'Europe ne se fera pas d'un coup, ni dans une construction d'ensemble : elle se fera par des réalisations concrètes, créant d'abord une solidarité de fait. Le rassemblement des nations européennes exige que l'opposition séculaire de la France et de l'Allemagne soit éliminée ; l'action entreprise doit toucher au premier chef la France et l'Allemagne.

Dans ce but, le gouvernement français propose de porter immédiatement l'action sur un point limité, mais décisif :

– Le gouvernement français propose de placer l'ensemble de la production franco-allemande de charbon et d'acier sous une Haute Autorité commune, dans une organisation ouverte à la participation des autres pays d'Europe.

– La mise en commun des productions de charbon et d'acier assurera immédiatement l'établissement de bases communes de développement économique, première étape de la Fédération européenne, et changera le destin des régions longtemps vouées à la fabrication des armes de guerre dont elles ont été les plus constantes victimes.

– La solidarité de production qui sera ainsi nouée manifestera que toute guerre entre la France et l'Allemagne devient non seulement impensable, mais matériellement impossible.

1. Communauté européenne du charbon et de l'acier, créée en 1951.

CHRONOLOGIE

1948	Projet de créer une Europe supranationale (congrès de La Haye).
1949	Création du Conseil de l'Europe.
1950	Convention européenne des droits de l'homme.
1951	Création de la CECA.
1954	Échec de la CED.
1957	Création de la CEE.

Animation

2 Une affiche contre la CED

Affiche du Parti communiste français, 1952.

Les communistes critiquent le projet de CED, notamment parce qu'ils considèrent ce projet comme une menace pour l'URSS.

LE SAVIEZ-VOUS ?

Aujourd'hui, la « déclaration Schuman » du 9 mai 1950 (**doc 1**) est considérée comme l'acte de naissance de l'Union européenne. La date du 9 mai a donc été choisie comme symbole pour célébrer la **Journée de l'Europe**.

Animation

3 Une affiche en faveur de la CED

Affiche française de Paul Colin, 1954.

INFO

Le projet de Communauté européenne de défense (CED) est élaboré en 1950. Il prévoit la mise en place d'une armée européenne intégrant des unités allemandes, dans un ensemble placé sous une autorité européenne unique.

5 De Gaulle et la construction européenne

Caricature de Lap publiée dans *Le Canard enchaîné*, 9 juillet 1965.

4 La vision gaullienne de l'Europe (1960)

I. Si l'on croit qu'il est nécessaire que l'Europe devienne une entité réelle exerçant une action propre dans les affaires du monde, il faut vouloir qu'elle soit organisée par elle-même et pour elle-même dans les domaines politique, économique, culturel et dans celui de la défense.

II. Pour être efficace, pour s'appuyer sur le sentiment et l'adhésion des peuples, pour ne pas se perdre dans la nuée des théories, « l'Europe » ne peut actuellement consister qu'en une coopération organisée des États. Tout commande que cela se fasse à partir d'un accord de la France et de l'Allemagne, auquel adhéreront tout d'abord l'Italie, la Hollande, la Belgique et le Luxembourg.

III. Adopter cette conception, c'est admettre que les organismes « supranationaux[1] », qui ont été constitués entre les Six[2] et qui tendent inévitablement et abusivement à devenir des super-États irresponsables, seront réformés, subordonnés aux gouvernements et employés aux tâches normales du Conseil et de la technique. [...]

IX. [...] Le président de la République française et le chancelier de l'Allemagne fédérale doivent à l'Europe, à leurs deux pays et à eux-mêmes de prendre les initiatives nécessaires.

Charles de Gaulle, note au sujet de l'organisation de l'Europe, Rambouillet, 30 juillet 1960, dans *Lettres, notes et carnets, juin 1958-déc. 1960*, © Plon, 1985.

1. Institutions de la CEE, nées en 1957, placées au-dessus des gouvernements de chaque État.
2. Belgique, France, Italie, Luxembourg, République fédérale d'Allemagne, Pays-Bas.

QUESTIONS

Identifier

1 **Doc 1.** Identifiez les propositions de Robert Schuman et ses objectifs.

Expliquer

2 **Doc 1 et 3.** Montrez que la CED répond aux objectifs de la déclaration de Schuman.

3 **Doc 2 et 3.** Dégagez les enjeux du débat sur la CED puis, à l'aide du cours p. 190-191, indiquez quel fut le sort de la CED.

4 **Doc 1, 4 et 5.** Confrontez les trois documents et montrez que les idées de Charles de Gaulle sur l'Europe divergent de celles de Robert Schuman.

Synthétiser

5 À l'aide des documents, répondez à la problématique en montrant d'abord le rôle joué par la France, à l'origine de la construction européenne, puis en analysant les tensions et les débats liés à cette construction.

DOCUMENTS

COURS : p. 192-193

VOCABULAIRE :
· Contingent p. 193

1954-1962 : la République française à l'épreuve de la crise algérienne

Le 1er novembre 1954, des attentats perpétrés en Algérie par les indépendantistes du Front de libération nationale (FLN) marquent le début de 8 années de guerre. Les autorités françaises de la IVe République refusent toute possibilité d'indépendance. En mai 1958, l'enlisement du conflit provoque une profonde crise politique.

Dans quelles conditions s'effectue la décolonisation de l'Algérie ?

Vocabulaire

- **Autodétermination**
  Possibilité pour les Algériens de choisir, par référendum entre l'indépendance, la francisation complète ou une simple association avec la France.
- **FLN (Front de libération nationale)**
  Mouvement proclamé le 1er novembre 1954 pour conquérir l'indépendance de l'Algérie. Il est doté d'une organisation militaire, l'ALN (Armée de Libération Nationale).

Carte interactive

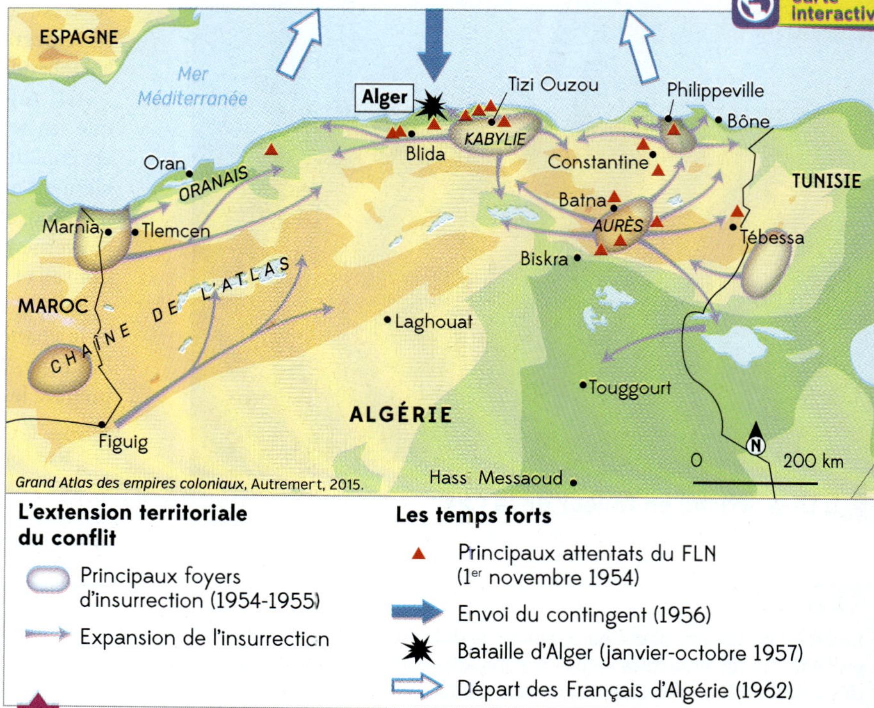

1 La guerre d'indépendance algérienne (1954-1962)

CHRONOLOGIE

Lien — Frise interactive

- **1er novembre 1954** : Attentats de la Toussaint rouge et proclamation du FLN.
- **1956** : Envoi massif des soldats du contingent.
- **Mai-juin 1958** : De Gaulle obtient les pleins pouvoirs pour rédiger une nouvelle Constitution.
- **Octobre 1958** : Naissance de la Ve République.
- **Septembre 1959** : Discours du général de Gaulle sur l'autodétermination.
- **18-19 mars 1962** : Accords d'Évian. Cessez-le-feu en Algérie.
- **3 juillet 1962** : Proclamation de l'indépendance algérienne.

2 Le Front de libération nationale s'organise

Dans la nuit du 31 octobre, l'Armée de libération nationale est entrée en action pour reconquérir l'indépendance de l'Algérie.

Malgré le déchaînement désespéré des forces colonialistes qui tentent par tous les moyens de briser la Résistance, l'action doit se poursuivre, s'amplifier et triompher car l'existence et l'avenir de notre Patrie dépendent de l'issue de la bataille engagée. Ni les avions qui bombardent, ni les canons qui tonnent, ni les ratissages odieux, ne sauraient désormais freiner le cours de l'histoire d'un Peuple qui n'a pas oublié son glorieux passé. [...]

Avec l'aube qui se lève aujourd'hui sur le ciel de l'Algérie, une force nouvelle, une force à la hauteur des événements, le FLN est né en plein cœur de la Révolution et lève fièrement l'étendard du combat.

Émanation directe de l'Armée de libération, le FLN est décidé à porter les coups mortels au colonialisme oppresseur pour précipiter sa chute et chasser l'occupant du Pays de nos ancêtres.

Tract du FLN, mars 1955.

3 **L'arrivée des soldats français en Algérie (1956)**

À partir de 1957, 400 000 soldats français stationnent en permanence en Algérie.

4 **La crise politique du 13 mai 1958**

Le 13 mai 1958, un nouveau gouvernement est formé à Paris. Les Français d'Algérie craignent qu'il ne négocie avec les nationalistes algériens et organisent une manifestation qui tourne à l'émeute.

Photographie prise à Alger en 1958.

> **« L'Algérie, c'est la France. »**

François Mitterrand (1916-1996), ministre de l'Intérieur, discours devant l'Assemblée nationale, 12 novembre 1954.

QUESTIONS

Identifier

1. **Doc 1 et 2.** Décrivez la naissance et la diffusion de l'insurrection algérienne.
2. **Doc 1 à 3.** Énumérez les réponses apportées par la IVe République à la crise algérienne.

Expliquer

3. **Doc 4.** Montrez que la IVe République est déstabilisée le 13 mai 1958.
4. **Doc 5.** Comment Charles de Gaulle justifie-t-il le changement de politique en Algérie ?

Synthétiser

5. Relevez les grandes étapes de la guerre d'Algérie et expliquez le lien entre cette guerre et le changement de République.

5 **Le général de Gaulle justifie sa politique d'autodétermination**

Revenu au pouvoir en 1958 avec le soutien des partisans de l'Algérie française, Charles de Gaulle comprend progressivement qu'il faut laisser les Algériens choisir leur avenir.

Et cependant, malgré toutes les affirmations, promesses et illusions, l'ensemble de la population musulmane n'a pas du tout « basculé » de notre côté, ni en Algérie, ni dans la métropole, ni à l'étranger. [...]. Quelles forces supplémentaires nous faudrait-il donc pour qu'ils le fassent !

Il est parfaitement vrai que notre écrasante supériorité militaire finit par réduire la plus grande partie des bandes. Mais, moralement et politiquement, c'est moins que jamais vers nous que se tournent les musulmans algériens.

Prétendre qu'ils sont français, ou qu'ils veulent l'être, c'est une épouvantable dérision. Se bercer de l'idée que la solution politique, c'est l'intégration ou la francisation, qui ne sont et ne peuvent être que notre domination par la force – ce que les gens d'Alger et nombre de bons militaires appellent « l'Algérie française » – c'est une lamentable sottise.

Or, étant donné l'état réel des esprits musulmans et celui de tous les peuples de la terre, étant donné les 150 000 hommes morts en combattant contre nous en Algérie, etc., il est tout simplement fou de croire que notre domination forcée ait quelque avenir que ce soit.

Entretiens avec C. de Gaulle, 26 décembre 1959, cité dans J.-R. Tournoux, *Jamais dit*, Plon, 1971.

DOCUMENTS

La guerre d'Algérie et ses violences

▶ COURS : p. 192-193

▶ VOCABULAIRE :
- FLN p. 193
- Harkis p. 193

La guerre d'indépendance algérienne oppose les Français et les Algériens mais également les Algériens entre eux. Elle est marquée par de nombreuses violences qui se déroulent principalement sur le sol algérien mais s'exportent aussi sur le territoire métropolitain et deviennent un moyen d'action politique.

Comment comprendre l'intensité des multiples violences qui marquent la guerre d'Algérie ?

CHRONOLOGIE

- **1er novembre 1954** : Attentats de la Toussaint et proclamation du FLN.
- **Janvier-oct. 1957** : Bataille d'Alger.
- **Mai 1958** : Émeutes à Alger en faveur de l'Algérie française. Retour du général de Gaulle au pouvoir.
- **Février 1961** : Fondation de l'OAS par des partisans de l'Algérie française.
- **17 octobre 1961** : Répression sanglante d'une manifestation d'Algériens à Paris.
- **18 mars 1962** : Accords d'Évian.

Vocabulaire

- **MNA (Mouvement national algérien)** Fondé par Messali Hadj, ce courant nationaliste algérien est rival du FLN.
- **OAS (Organisation armée secrète)** Organisation terroriste et clandestine créée en février 1961 par des partisans de l'Algérie française.

1 Une dénonciation de la violence de la colonisation par le MNA

Depuis l'occupation de l'Algérie par les troupes françaises, le peuple algérien n'a jamais pleinement joui d'une liberté quelconque. Cette vérité est directement liée à la politique coloniale menée par la France en Algérie, politique qui se résume en deux mots : exploitation, assujettissement.

Par l'application soutenue de cette politique, l'impérialisme français est arrivé à :
– déposséder le peuple algérien de ses biens : près de 7 000 000 d'hectares de terres lui ont été confisqués ;
– l'écarter de la gestion de l'économie : le gros commerce, l'échange, les grands moyens de production, de transports, etc. sont entre les mains des Français ;
– le priver d'instruction : 92 % des Algériens sont analphabètes ;
– l'éliminer de l'administration de son pays : 1 % des fonctionnaires sont algériens ;
– l'appauvrir considérablement : 4 000 000 d'hommes sont livrés à la plus extraordinaire misère et la plus sévère exploitation [...] ;
– contrôler toute la vie du peuple et même sa religion.

Il est clair qu'une politique aussi raciste, aussi colonialiste et aussi irritante ne peut être supportée par aucun être humain et ne peut être appliquée que par la force. [...]

Ce qui caractérise aujourd'hui l'administration de l'Algérie par la France, c'est l'arbitraire, l'illégalité et la violence dans tous les domaines de la vie publique, c'est-à-dire l'atteinte à toutes les libertés fondamentales de l'homme.

Note du Mouvement national algérien (MNA) sur la violation des libertés démocratiques par la France en Algérie, mars 1955.

2 La pratique de la torture par l'armée française

Vidéo — Témoignages de victimes

Je note sur ce cahier tout ce que nous faisons. Je le fais pour que la population, mes copains, mes amis prennent plus tard connaissance du travail effectué par l'armée française en Algérie. Ceci afin que ne subsistent plus de malentendus, de mensonges [...].

21 avril 1959

Des fuyards sont aperçus partant du petit village. Rassemblement de toute la population des villages alentour. Soudain des cris perçants de femmes. Dans une baraque, un attroupement de militaires se forme. Je m'approche. Le capitaine donne donc des ordres à un rallié[1] qui torture une vieille femme d'une soixantaine d'années environ [...]. Un sergent appelé lui fait avaler de l'eau par un tube placé dans la bouche. De tout son poids, le rallié appuie sur son ventre. La femme pousse des cris atroces de douleur. Elle est méconnaissable [...]. Elle gémit, n'en peut plus. Sans doute n'a-t-elle pas parlé. Peut-être ne sait-elle rien ou, si elle sait, pourquoi le dirait-elle ? [...]. Dehors, un homme, âgé approximativement de 50 ans, est tenu collé au mur, les bras en l'air. Un autre rallié lui assène des coups de marteau sur son crâne aux cheveux blancs. Ce qui me dégoûte le plus, c'est le capitaine qui le regarde avec un air indifférent et même de contentement [...]. Beaucoup de gars sont écœurés, cependant que d'autres rient. Le capitaine laisse faire, reste impassible, indifférent, raciste jusqu'au dernier degré : « Avec ces gens, c'est comme cela qu'il faut y aller ».

Témoignage de A. Nallet, appelé de mai 1957 à août 1959, cité dans B. Stora et T. Quemeneur, *Algérie, 1954-1962*, Les Arènes, 2010.

1. Musulman algérien rallié à l'armée français.

3 Une guerre civile entre Algériens

Il est porté à la connaissance de tous que ces soldats appartenaient à l'armée de Messali[1] qui s'est dissociée de l'union algérienne à laquelle, par contre, se sont ralliés tous les partis et groupements organisés en Algérie. Ces individus soutenaient la scission provoquée par Messali et combattaient pour sa cause, se refusant à combattre au nom de l'Algérie et pour la voix de Dieu.

En conséquence, l'Armée de libération nationale, qui s'honore d'appartenir au Front de libération nationale, a prononcé leur condamnation à mort. C'est le sort, désormais, de tous ceux qui divisent l'union nationale.

Texte écrit en arabe, retrouvé sur le corps de seize messalistes égorgés le 16 mars 1956.

1. Messali Hadj, fondateur du MNA.

4 Le massacre de la rue d'Isly à Alger, 26 mars 1962

Après le cessez-le-feu du 19 mars 1962, l'armée française, dans des conditions confuses, tire sur des manifestants partisans de l'Algérie française, réunis à l'appel de l'OAS, rue d'Isly à Alger.

> **« Le terrorisme est la justification des tortures aux yeux d'une certaine opinion. Aux yeux d'une autre opinion, les tortures et les exécutions sont la justification du terrorisme. »**
>
> Germaine Tillon, *Les Ennemis complémentaires*, 1960.

Vidéo
La mémoire des harkis

EDITION DE 5 H

Le Parisien libéré

0,25 NF

124, rue Réaumur, Paris (2e)

LE PLUS FORT TIRAGE DES QUOTIDIENS FRANÇAIS DU MATIN

19e ANNÉE — N° 5458
Mercredi 21 mars 1962

OUI vraiment MARIE FRANCE EST PLUS PRATIQUE

VIOLENTS HEURTS PRÈS D'ORAN ENTRE HARKIS ET F.L.N. : 48 MORTS

A Alger, cinq obus de mortier tombent dans le centre de la ville

DÉBAT MOUVEMENTÉ A L'ASSEMBLÉE NATIONALE

M. Portolano, rappelant l'exemple des députés d'Alsace-Lorraine en 1871 :
« L'abandon de la souveraineté française en Algérie est un acte illégitime »

Le référendum du 8 avril portera sur l'approbation ou non des accords d'Évian et de pouvoirs exceptionnels demandés par le président de la République

M. Michel Debré, hier, à la tribune de l'Assemblée nationale. (Photo P. L.)

4 MUSULMANS TUÉS ET 68 BLESSÉS

"HORRIBLE PROVOCATION", déclare la Délégation générale

Fusillades à Oran : 8 MORTS, 16 BLESSÉS

(dont 2 tués et 15 blessés français de souche)

NOMBREUX ACCROCHAGES DANS LE BLED : 26 MORTS, UNE CENTAINE DE BLESSES

Le travail a repris lentement dans les grandes villes mais la tension reste extrême (Voir page 3)

EXCLUSIF VOICI LA PHOTO de la morte mystérieuse de St-Denis trouvée assassinée dans une chambre d'hôtel

QUI LA CONNAIT ?

La police s'efforce de l'identifier (VOIR A LA PAGE 5)

Parce que la mère

Drame atroce *dans la banlieue de Marseille*

RENÉE (4 ans)

5 Des violences contre les harkis

Au lendemain de la signature des accords d'Évian (18 mars 1962), les violences perpétrées par le FLN s'intensifient contre les harkis.

Le Parisien libéré, 21 mars 1962.

QUESTIONS

Identifier

1. **Doc 1.** Relevez les types de violences (économiques, sociales…) dénoncés dans ce texte.
2. **Doc 2.** Quels sont les aspects de la violence militaire exercée par l'armée française ?

Expliquer

3. **Doc 3 à 5.** Montrez que la guerre d'Algérie n'a pas seulement vu s'opposer les militaires français aux nationalistes algériens du FLN.

Synthétiser

4. Confrontez les documents et montrez que la multiplicité des violences s'explique par la diversité des acteurs et des conflits.

Point de PASSAGE

La guerre d'Algérie et ses mémoires

COURS : p. 192-193

VOCABULAIRE : • Harkis p. 193
• Rapatriés p. 193

Contexte

Vidéo

Il n'existe pas une mémoire de la guerre d'Algérie, mais des mémoires portées par une multiplicité de groupes en France et en Algérie : anciens combattants, harkis, rapatriés, combattants nationalistes algériens... Autant d'expériences individuelles et collectives qui rendent difficile la construction d'un récit commun.

Pourquoi les mémoires de la guerre d'Algérie sont-elles conflictuelles ?

Vocabulaire

- **Mémoire**
La mémoire est une trace du passé dans le présent. Elle est portée par un individu ou un groupe social, à qui elle permet de se construire une identité. La dimension sélective et affective de la mémoire la distingue de l'histoire qui tend vers plus d'objectivité.

1 La guerre d'Algérie dans les mémoires françaises

Pendant de nombreuses années, en France, la guerre d'Algérie se lisait comme une page douloureuse de l'histoire : pas de commémoration officielle de la fin de la guerre, peu de grands films. [...] Les choses ont changé depuis une dizaine d'années. Il y a aujourd'hui surabondance. Essais, romans, films de fiction...

Une explosion de récits qui s'accompagne de nouvelles polémiques. À mon avis, cette explosion remonte au début des années 2000, avec la publication du livre du général Paul Aussaresses[1]. C'est un tournant, même s'il y avait eu beaucoup de choses dites avant, parce qu'il s'agit du témoignage direct d'un officier supérieur sur le comportement de l'armée française. [...]

À cela s'ajoute un renouvellement des générations. Les nouvelles générations veulent savoir, notamment les jeunes Français issus de l'immigration qui veulent mettre en rapport l'histoire de leur famille avec celle de la guerre. De leur côté, ceux qui ont fait la guerre dans les rangs de l'armée comme appelés arrivent à l'âge de la retraite, ils veulent raconter, livrer leur témoignage. Tout cela est favorisé par la montée en puissance d'Internet, une révolution mémorielle qui facilite la recherche comme jamais auparavant.

Dominique Lagarde, « France-Algérie : Mémoires croisées », entretien avec l'historien B. Stora, *L'Express*, 20 décembre 2012.

1. Dans lequel il reconnaît avoir eu recours à la torture.

2 En Algérie, une remise en question de la mémoire officielle

Des manifestants contre le régime algérien encore dominé par le FLN brandissent le portrait de Messali Hadj, père du nationalisme algérien, écarté du pouvoir au moment de l'indépendance par le FLN qui l'a « gommé » de la mémoire officielle.

Journal algérien *El Watan*, 31 mars 2019.

3 L'inauguration d'un lieu à la mémoire de l'Algérie française

On les appelle des pieds-noirs ou des rapatriés et leur chant est celui des Africains. Mais ils sont avant tout des Français qui ont en commun leur départ précipité d'Algérie, en 1962 puis en 1963. Des hommes et des femmes, plus de 900 000, qui ont regagné la France avec en eux ce sentiment d'avoir été abandonnés, pour ne pas dire trahis. 57 ans plus tard, la plaie reste aussi vive et le sentiment d'être oubliés, béant. Tous expliquent que l'histoire enseignée par les manuels dans les écoles a des trous ; tous reprochent aux gouvernements successifs d'avoir beaucoup promis, mais de n'avoir jamais tenu. Ainsi sont les pieds-noirs, descendants de Français qui, à partir de 1830, ont été invités à faire d'une terre où il y avait peu, beaucoup. Ils y ont bâti des villes, construit des routes, cultivé des plaines arides. C'est cette Histoire [...], loin de se résumer à quelques années de guerre et pour laquelle ils n'admettent aucune repentance, qu'ils ont entrepris de sauvegarder en bâtissant à Aix un Conservatoire national dédié à la mémoire des Français d'Afrique du Nord.

Jean-Luc Crozel, « Aix : un conservatoire pour la mémoire des rapatriés », *La Provence*, 6 octobre 2019.

4 La commémoration de la fin de la guerre d'Algérie en débat

Vidéo
Le 19 mars, une date contestée

Plus d'un demi-siècle après, opposants et partisans d'une célébration du 19 mars comme « fin de la guerre d'Algérie » continuent de s'affronter [en France] [...]. Pourtant, il s'agit bien plus que d'une querelle sémantique entre d'un côté les adhérents de la FNACA, association d'anciens combattants d'Algérie, à l'origine d'obédience communiste, et de l'autre côté les associations de rapatriés et d'anciens harkis. Il s'agit en fait d'une opposition entre vision politique et réalité historique, les uns voulant tourner la page d'un passé colonial culpabilisant, les autres refusant de célébrer un cessez-le-feu qui ne cessa que dans un camp. [...]

Pour les uns, commémorer officiellement le 19 mars 1962, avec les représentants de l'État, c'est se réjouir de la fin d'une sale guerre que les appelés ne voulaient pas faire [...]. Pour d'autres, célébrer le 19 mars en France, c'est assassiner une seconde fois tous ceux qui sont morts dans d'atroces souffrances après le 19 mars en raison même du non-respect des accords d'Évian.

Mohand Hamoumou, « 19 mars 1962 : une fin de la guerre qui n'en finit pas », *The Conversation*, 27 mars 2017.

5 Écrire une histoire franco-algérienne de la guerre d'Algérie

En juin 2006, à Lyon, des historiens français, algériens et d'autres pays se sont réunis dans un colloque scientifique consacré aux mémoires de l'Algérie coloniale.

? LE SAVIEZ-VOUS ?

Jusqu'en 1999, les autorités politiques françaises refusent le mot « guerre » pour qualifier les événements ayant lieu entre la France et l'Algérie entre 1954 et 1962. Ainsi, la guerre d'Algérie a longtemps été une « **guerre sans nom** ».

QUESTIONS

Identifier

1. **Doc 1 à 4.** Recensez les différents groupes porteurs d'une mémoire de la guerre d'Algérie.

Expliquer

2. **Doc 3 et 4.** Montrez qu'en France les mémoires de la guerre d'Algérie sont plus vives depuis quelques années.
3. **Doc 2 et 5.** Quel rôle l'histoire peut-elle jouer face aux conflits de mémoires ?

Synthétiser

4. Pour répondre à la problématique, montrez que les mémoires de la guerre d'Algérie peuvent être conflictuelles, avant d'identifier des facteurs d'embrasement ou d'apaisement de ces mémoires.

POUR ALLER + LOIN

- Après avoir distingué les différents acteurs de la guerre d'Algérie, chaque groupe étudie le discours d'un témoin, afin d'identifier la mémoire qu'il porte.
- Utilisez les témoignages vidéos de l'exposition numérique sur les mémoires de la guerre d'Algérie sur le site de l'Office national des anciens combattants et victimes de guerre.

Aide — Lien vers le site

Point de PASSAGE

De Gaulle et Mendès France : deux conceptions de la République

COURS : p. 190-193

VOCABULAIRE :
- Régime semi-présidentiel p. 186

BIOGRAPHIES : p. 192
- Charles de Gaulle
- Pierre Mendès France

Contexte

Opposé à la IVe République, Charles de Gaulle revient au pouvoir en 1958. Il fonde un régime semi-présidentiel qu'il appelle de ses vœux depuis la Libération. Pierre Mendès France est quant à lui une figure majeure de la IVe République, qu'il marque de son empreinte comme président du Conseil entre le 18 juin 1954 et le 5 février 1955. À partir de 1958, il s'oppose farouchement à de Gaulle et à la Ve République.

Quels principes distinguent les conceptions républicaines de Charles de Gaulle et celles de Pierre Mendès France ?

1 Charles de Gaulle : le discours de Bayeux (1946)

Vidéo

De Gaulle expose les raisons de son opposition au projet de Constitution de la IVe République.

Du Parlement, composé de deux Chambres et exerçant le pouvoir législatif, il va de soi que le pouvoir exécutif ne saurait procéder, sous peine d'aboutir à cette confusion des pouvoirs dans laquelle le Gouvernement ne serait bientôt plus rien qu'un assemblage de délégations. [...] En vérité, l'unité, la cohésion, la discipline intérieure du Gouvernement de la France doivent être des choses sacrées, sous peine de voir rapidement la direction même du pays impuissante et disqualifiée. [...]

C'est donc du chef de l'État, placé au-dessus des partis, élu par un collège qui englobe le Parlement mais beaucoup plus large [...] que doit procéder le pouvoir exécutif. Au chef de l'État la charge d'accorder l'intérêt général quant au choix des hommes avec l'orientation qui se dégage du Parlement. À lui la mission de nommer les ministres et, d'abord, bien entendu, le Premier, qui devra diriger la politique et le travail du Gouvernement. Au chef de l'État la fonction de promulguer les lois et de prendre les décrets, car c'est envers l'État tout entier que ceux-ci et celles-là engagent les citoyens. À lui la tâche de présider les Conseils du Gouvernement et d'y exercer cette influence de la continuité dont une nation ne se passe pas. [...] À lui, s'il devait arriver que la patrie fût en péril, le devoir d'être le garant de l'indépendance nationale et des traités conclus par la France.

Charles de Gaulle, discours prononcé à Bayeux, 16 juin 1946.

2 Manifestation de « défense de la République »

Le 28 mai 1958, cette manifestation mobilise des centaines de milliers de personnes à Paris. Les mots d'ordre sont : « Non à de Gaulle ! », « Vive la République ! », « Le fascisme ne passera pas ! »

(1) Pierre Mendès France. (2) Édouard Daladier, homme politique de la IIIe République. (3) François Mitterrand, ancien ministre de la IVe République.

3 Pierre Mendès France critique le gaullisme (1961)

De Gaulle dit au pays « faites-moi confiance, [...] Rapportez-vous en à moi et je réglerai les problèmes comme je croirai devoir le faire ». [...]

En définitive, le gaullisme est donc incompatible avec la conception démocratique à laquelle, pour ma part, j'ai toujours été fidèle. Lorsque j'étais à la tête du gouvernement, je voulais associer au maximum le pays à mon action. On s'est étonné, par moments, de l'initiative que j'avais prise de parler à la radio tous les samedis. Ceux d'entre vous qui m'ont entendu alors savent que je faisais un effort d'explication, d'information, donc de démocratisation de la politique. Je voulais que le pays sache quelles étaient les solutions possibles, quelles étaient les propositions du gouvernement pour lesquelles il demandait le soutien du pays.

Ce n'était pas un blanc-seing[1], ce n'était pas la confiance aveugle faite à un homme. C'était au contraire un accord politique, un mandat démocratique sur lequel le gouvernement entendait fonder sa force et son action.

Conférence de Pierre Mendès France à l'hôtel de ville de Versailles, 21 juin 1961.

1. Laisser toute liberté d'action.

4 En 1962, de Gaulle propose une modification de la Constitution

Vidéo

Tout le monde sait qu'en adoptant, sur ma proposition, la Constitution de 1958, notre peuple a condamné, à une immense majorité, le régime désastreux qui livrait la République à la discrétion des partis et, une fois de plus, avait failli jeter la France au gouffre. Tout le monde sait que, par le même vote, notre peuple a institué un président, chef de l'État, guide de la France, clef de voûte des institutions, et a consacré le référendum qui permet au président de soumettre directement au pays ce qui peut être essentiel. [...]

Comme la preuve est ainsi faite de la valeur d'une Constitution qui veut que l'État ait une tête et comme, depuis que je joue ce rôle, personne n'a jamais pensé que le président de la République était là pour autre chose, je crois, en toute conscience, que le peuple français doit marquer maintenant par un vote solennel qu'il veut qu'il en soit ainsi, aujourd'hui, demain et plus tard. [...]

C'est pourquoi, Françaises, Français, [...] je vous demande, tout simplement, [...] par voie de référendum, [...] de décider que dorénavant vous élirez votre président au suffrage universel. [...]

Si, comme je l'espère, comme je le crois, comme j'en suis sûr, vous me répondez « Oui » ! une fois de plus et en masse, alors me voilà confirmé par vous toutes et par vous tous dans la charge que je porte ! Voilà le pays fixé, la République assurée, et l'horizon dégagé ! Voilà le monde décidément certain du grand avenir de la France ! Vive la République ! Vive la France !

Charles de Gaulle, allocution télévisée, 18 octobre 1962.

Animation

5 Les pouvoirs du président critiqués
Caricature de Moisan, publiée dans *Le Canard enchaîné*, 1965.

Itinéraire 1

Identifier

1. **Doc 1.** Quelle conception de Gaulle a-t-il du gouvernement et du rôle du « chef de l'État » ?
2. **Doc 4.** Identifiez la réforme constitutionnelle qu'il propose en 1962.

Expliquer

3. **Doc 3 et 5.** Analysez les critiques adressées à la conception gaullienne du pouvoir politique.
4. **Doc 2 et cours 2 p. 192.** Expliquez pourquoi le conflit entre Mendès France et de Gaulle se marque particulièrement en mai 1958.

Synthétiser

5. Pour répondre à la problématique, montrez que le débat sur le fonctionnement des institutions révèle deux conceptions de la République et du rôle du président.

OU

Itinéraire 2

oral

Organiser un débat

Afin de répondre à la problématique, confrontez les documents proposés et organisez un débat : un groupe se saisit des positions du général de Gaulle et un autre groupe de celles de Pierre Mendès France. Vous devez montrer que le débat sur le fonctionnement des institutions révèle différentes conceptions de la République.

Aide

Point de **PASSAGE**

La Constitution de 1958

COURS : p. 192-193

Contexte

En 1958, le retour au pouvoir de Charles de Gaulle marque une rupture politique majeure. Il met fin à la IVe République et présente aux Français une nouvelle Constitution. Rompant avec une conception parlementaire de la République, ce texte met en place un régime semi-présidentiel.

Quelle type de République la Constitution de 1958 inaugure-t-elle ?

1 Fonctions et pouvoirs du président de la République

Art. 5 – Le président de la République veille au respect de la Constitution. Il assure, par son arbitrage, le fonctionnement régulier des pouvoirs publics ainsi que la continuité de l'État. Il est le garant de l'indépendance nationale, de l'intégrité du territoire et du respect des traités. [...]

Art. 8 – Le président de la République nomme le Premier ministre. Il met fin à ses fonctions sur la présentation par celui-ci de la démission du Gouvernement. Sur la proposition du Premier ministre, il nomme les autres membres du Gouvernement et met fin à leurs fonctions.

Art. 9 – Le président de la République préside le Conseil des ministres.

Art. 10 – Le président de la République promulgue les lois [...].

Art. 11 – Le président de la République [...] peut soumettre au référendum tout projet de loi portant sur l'organisation des pouvoirs publics.

Art. 12 – Le président de la République peut, après consultation du Premier ministre et des présidents des assemblées, prononcer la dissolution de l'Assemblée nationale. [...]

Art. 15 – Le président de la République est le chef des armées. [...]

Art. 16 – Lorsque les institutions de la République, l'indépendance de la nation, l'intégrité de son territoire ou l'exécution de ses engagements internationaux sont menacés d'une manière grave et immédiate et que le fonctionnement régulier des pouvoirs publics constitutionnels est interrompu, le président de la République prend les mesures exigées par ces circonstances, après consultation officielle du Premier ministre, des présidents des assemblées ainsi que du Conseil constitutionnel.

Extraits de la Constitution du 4 octobre 1958.

Vocabulaire

- **Constitution**
  Texte fondamental qui fixe l'organisation et la répartition des pouvoirs de l'État.
- **Régime parlementaire**
  Régime dans lequel le gouvernement est responsable devant une assemblée qui l'investit et peut le renverser.
- **Régime semi-présidentiel**
  Régime qui combine un régime parlementaire avec un pouvoir présidentiel fort.

Vidéo

2 4 septembre 1958 : de Gaulle présente le projet de Constitution

En 1958, de Gaulle présente le projet de Constitution aux Français. Il choisit un lieu, la place de la République à Paris, et une date : le 4 septembre, anniversaire de la proclamation de la IIIe République en 1870.

3 Fonctions et pouvoirs du Conseil constitutionnel

Art. 61 – Les lois organiques[1], avant leur promulgation, et les règlements des assemblées parlementaires, avant leur mise en application, doivent être soumis au Conseil constitutionnel qui se prononce sur leur conformité à la Constitution.

Aux mêmes fins, les lois peuvent être déférées au Conseil constitutionnel, avant leur promulgation, par le président de la République, le Premier ministre, ou le président de l'une ou l'autre assemblée. [...]

Art. 62 – Une disposition déclarée inconstitutionnelle ne peut être promulguée ni mise en application.

Les décisions du Conseil constitutionnel ne sont susceptibles d'aucun recours. Elles s'imposent aux pouvoirs publics et à toutes les autorités administratives et juridictionnelles.

Extraits de la Constitution du 4 octobre 1958.

1. Qui touchent à l'organisation des pouvoirs publics.

« Notre Constitution est à la fois parlementaire et présidentielle. »

Charles de Gaulle, conférence de presse tenue à l'Élysée, le 11 avril 1961.

Vidéo
Le référendum

5 L'élection du président au suffrage universel direct (1962)

En octobre, le référendum sur l'élection du président de la République au suffrage universel direct est approuvé par 62 % des votants.

4 Une analyse du projet de Constitution

Le rédacteur en chef du journal Le Monde *donne son avis sur le projet de Constitution.*

Pour être juste, on ne peut isoler le projet de son contexte récent. Il a pour auteur à la fois la conjoncture qui a bouleversé notre vie politique, les longues méditations d'un homme qui a une mission de sauveur et le dégoût accumulé des Français pour le fonctionnement d'un régime que l'enthousiasme de la Libération leur avait apporté il y a douze ans. [...] Si l'on enterre sans regrets le système de la prépondérance des représentants élus, il faut bien transférer la réalité du pouvoir à l'incarnation de l'exécutif. À défaut d'un monarque, puisqu'on ne renie pas la forme républicaine, à un président de la République renforcé, si j'ose dire. [...]. Le danger, et on le conçoit déjà plus ou moins confusément, c'est qu'une Constitution fabriquée dans ces circonstances crée fatalement un régime de circonstance, en raison et en fonction d'un homme. [...] Il est bien sûr que si le général de Gaulle n'existait pas, la Constitution à refaire n'aurait pas eu les traits qu'on lui donne. Il l'a si bien senti lui-même qu'il s'est efforcé de mélanger les styles, en présentant dans un décor de République parlementaire une espèce nouvelle de monarchie présidentielle. De lui seul dépend cet équilibre instable, à lui seul on doit s'en remettre, pour l'instant, d'arbitrer les conflits d'autorité inévitables.

André Chênebenoit, « Un équilibre instable », *Le Monde*, 31 juillet 1958.

Itinéraire 1

Identifier

1. **Doc 2.** Relevez les symboles que Charles de Gaulle utilise pour présenter la Constitution aux Français.
2. **Doc 1 et schémas p. 187.** Quelles sont les principales différences avec les institutions de la IVe République ?

Expliquer

3. **Doc 3.** Montrez que la loi votée est désormais inférieure à la Constitution.
4. **Doc 4 et 5.** Montrez et expliquez pourquoi la Constitution de 1958, modifiée en 1962, renforce les pouvoirs du président.

Synthétiser

5. Répondez à la problématique en montrant que la nature parlementaire du régime est atténuée par le rôle nouveau du président de la République et du Conseil constitutionnel.

OU

Itinéraire 2

Trouver des arguments

Confrontez les documents et justifiez les affirmations suivantes à l'aide d'exemples précis tirés des documents :
- la Constitution de 1958 organise un régime semi-présidentiel ;
- la Constitution de 1958 est démocratique et républicaine.

COURS

3 Indépendance et modernisation (1958-1970)

DOCUMENTS : p. 208 à 211

Podcast du cours

Comment restaurer la puissance de la France et poursuivre la modernisation du pays ?

> « Il n'y a rien de plus constant que la politique de la France. [...] Cette politique tend essentiellement à ce que la France soit et demeure une nation indépendante. »
>
> Charles de Gaulle, conférence de presse du 28 octobre 1966.

A La reconquête d'une stature internationale

1. Maintenir l'influence française en Afrique

- Pour Charles de Gaulle, la **décolonisation** est un processus nécessaire au maintien du rayonnement international de la France et il accède aux demandes d'indépendance des colonies entre 1958 et 1960.
- Néanmoins, la France n'en a pas fini avec son influence : elle signe des accords de défense avec plusieurs États issus de la décolonisation pour établir les conditions d'intervention des forces françaises sur leur sol. Elle y conserve parfois des bases militaires.
- Sur le plan monétaire, les nouveaux États indépendants n'obtiennent pas leur autonomie : ils continuent à dépendre du franc, ce qui assure à la France une influence économique et financière sur le continent africain.

2. Redonner à la France son indépendance

- L'explosion de la première bombe atomique française en 1960 permet à Charles de Gaulle d'affirmer la doctrine de la **dissuasion nucléaire**. Tout en restant un allié des États-Unis, il décide de rompre tout lien de dépendance militaire, en retirant les troupes françaises du commandement militaire intégré de l'**OTAN** (1966) et en ordonnant l'évacuation des bases américaines en France.

3. Réorienter la construction européenne

- De Gaulle veut faire de l'Europe une confédération d'États développant des politiques communes sous l'influence de la France. Hostile à une **Europe supranationale**, il désire limiter les pouvoirs des institutions européennes.
- Il signe avec le chancelier Konrad Adenauer le traité de l'Élysée (1963), un traité de coopération qui scelle la réconciliation avec l'Allemagne.
- Pour éviter que le Royaume-Uni ne dispute à la France sa prépondérance en Europe, de Gaulle refuse à deux reprises (en 1963 et 1967) l'entrée des Britanniques dans la CEE. Il leur reproche également leurs liens étroits avec les États-Unis.

B L'affirmation de la souveraineté de la France par la modernité

1. Des réalisations symboliques

- L'indépendance de la France n'est pas que politique ou militaire : elle est aussi économique et technique. Les impulsions données par l'État montrent le niveau de la technologie nationale.
- En 1965, le lancement du satellite *Astérix* fait de la France une puissance spatiale. En 1966, la naissance du « Plan calcul » doit permettre de créer une industrie française de l'informatique. Quant à l'avion de transport supersonique *Concorde*, réalisation franco-britannique, il effectue son premier vol en 1969.

? LE SAVIEZ-VOUS ?

Les bases de lancement spatial françaises

La première base de lancement spatial française se trouve en Algérie, à Hammaguir qui a vu le lancement du premier satellite français, ***Astérix***. Mais en 1967, suite à l'indépendance de ce pays, la France doit abandonner le site. C'est en Guyane, à Kourou, que le nouveau centre spatial est édifié à partir de 1965. Le premier lancement y est effectué en 1968.

HISTOIRE DE MOTS

Le *Concorde*

C'est en janvier 1963 que le général de Gaulle, dans un discours, révèle le nom du futur avion de transport supersonique, le Concorde construit en partenariat avec les Britanniques. Mais ces derniers, non consultés, ne l'entendent pas ainsi et préfèrent parler de « *Concord* ». Ils se rallieront au « e » final quelques années plus tard.

2. La modernisation de l'économie

- Au-delà de ces réalisations symboliques, de Gaulle veut moderniser en profondeur les structures de l'économie française car c'est un des moyens de la grandeur. Pour cela, il hérite des fondations posées par la IVe République : celles d'un État planificateur et aménageur qui impulse une longue période de croissance économique, les « **Trente Glorieuses** ».

- L'État ouvre l'économie française au marché international. Il accepte les défis de la concurrence tout en soutenant les secteurs stratégiques, à l'image de l'industrie automobile, par exemple. Les notions de modernité, de rentabilité et de productivité s'enracinent dans l'esprit des Français.

3. L'aménagement du territoire

- Pour moderniser la France, l'État développe des infrastructures de transport, comme les autoroutes ou les aéroports (Paris-Orly). Il s'appuie notamment sur la **DATAR** pour aménager le territoire.

- De nombreuses stations balnéaires ou de sports d'hiver sont créées, afin de dynamiser le tourisme (en Languedoc-Roussillon en 1963, etc.). L'État est également un acteur majeur de la politique du logement : la réalisation de « grands ensembles » est lancée pour répondre aux défis d'une croissance démographique soutenue.

C Limites et contestations de la politique gaullienne

1. Les deux Grands, des puissances incontestées

- Dans le cadre de la guerre froide, la France n'a ni le poids ni les moyens de concurrencer les États-Unis et l'URSS.

- Pour affirmer son rayonnement international, la France multiplie ainsi les interventions spectaculaires. En 1964, de Gaulle reconnaît la Chine communiste avant les États-Unis ; en 1966, il condamne la guerre américaine au Vietnam. Si les États-Unis sont parfois exaspérés par ces coups d'éclat, leur puissance n'en est pas réellement affectée.

2. Des tensions européennes

- En 1965, pour protester contre des projets d'Europe supranationale, la France suspend sa participation aux organisations de Bruxelles durant 6 mois. Cette crise s'achève par un compromis en janvier 1966 mais montre bien que la France est de plus en plus isolée en Europe.

3. La dégradation du lien entre Charles de Gaulle et la nation

- La croissance économique des « Trente Glorieuses » ne fait pas taire le mécontentement social. Une partie de la société aspire à des changements profonds, que la France gaullienne ne satisfait pas.

- La crise de mai 1968 (→ **chapitre 5**) révèle ainsi l'altération du lien entre de Gaulle et la nation. En 1969, quand il propose un référendum pour restaurer sa légitimité, 53 % des Français votent « non ». De Gaulle donne alors sa démission et se retire de la vie publique.

TESTEZ-VOUS !

- ✔ Quels sont les principaux axes de la politique internationale menée par Charles de Gaulle ?
- ✔ Comment l'économie contribue-t-elle au rayonnement de la France ?
- ✔ Pourquoi la politique gaullienne d'indépendance nationale est-elle à nuancer ?

A/Z Vocabulaire

- **DATAR**
  Délégation interministérielle à l'aménagement du territoire et à l'attractivité régionale. Organisme chargé de préparer, d'impulser et de coordonner les actions d'aménagement du territoire menées par l'État.
- **Décolonisation**
  Passage pour un territoire du statut de colonie à celui d'État souverain.
- **Dissuasion nucléaire**
  Idée selon laquelle le fait de posséder l'arme nucléaire découragerait un éventuel agresseur devant les représailles que subirait sa population.
- **Europe supranationale**
  Les partisans d'une Europe supranationale (fédéralistes) sont favorables à la création d'institutions européennes placées au-dessus des États et pouvant leur imposer des décisions.
- **OTAN**
  Organisation du traité de l'Atlantique Nord. Organisation civile et militaire autour des États-Unis, du Canada et de 10 pays d'Europe occidentale, mise en place en 1949.
- **« Trente Glorieuses »**
  Nom donné en 1979, par l'économiste français Jean Fourastié, à la période de croissance économique allant de la fin de la guerre au premier choc pétrolier (1945-1973).

? LE SAVIEZ-VOUS ?

De Gaulle et ses discours

Pour affirmer la place de la France dans le monde, de Gaulle utilise beaucoup les voyages et les discours. Le plus célèbre est sans doute celui de Montréal, le 24 juillet 1967. Depuis l'hôtel de ville, il lance : « Vive le Québec libre ! Vive le Canada français ! Et vive la France ! » à la plus grande joie de la foule mais à la plus grande fureur des autorités canadiennes.

DOCUMENTS

COURS : p. 206-207

L'État, acteur de la conquête spatiale

Le 26 novembre 1965, la fusée *Diamant-A* est lancée depuis la base saharienne d'Hammaguir avec, à son bord, le satellite *A-1*. Celui-ci est baptisé *Astérix*, en référence au personnage de bande dessinée. La France devient alors une puissance spatiale, aux côtés de l'Union soviétique et des États-Unis.

CONSIGNE BAC

En analysant et confrontant les documents, vous montrerez comment la conquête spatiale participe à la politique de grandeur et de modernisation de la France.

1 La presse analyse la portée de l'événement

Le succès obtenu par la France en plaçant sur orbite un satellite artificiel dès le premier tir a été accueilli à l'étranger avec des sentiments mélangés. Performance scientifique et technique certes, mais aussi, souligne-t-on, opération de prestige. Le *New York Herald* parle de « satellite tricolore » et le *Guardian* de « montrer le pavillon (français) dans l'espace ». [...]

La date choisie[1] pour le lancement du satellite français montre que, dans ce cas particulier, l'effet de propagande recherché était double : le général de Gaulle et ses ministres visaient certes un succès à l'extérieur. Mais aussi, à quelques jours de l'élection présidentielle, ils entendaient prouver que les moyens considérables mis au service de la « politique de la grandeur » n'étaient pas dépenses vaines. Ils montraient aussi que, par leurs propres forces, les Français avaient accompli dans le domaine des fusées des progrès qui faisaient augurer un développement rapide de la deuxième génération de la force de frappe [nucléaire].

Le lancement de *A-1* permet en tout cas à la France d'inscrire son nom au troisième rang dans l'histoire des explorations spatiales. Il ne permet pas pour autant de dire qu'elle est entrée dans une course qui continue de se livrer essentiellement entre deux grandes puissances mondiales. Ces dernières ont pris trop d'avance et disposent de trop de moyens pour qu'une autre nation puisse songer à autre chose qu'à les suivre de très loin.

« Espace et prestige », *Le Monde*, 29 novembre 1965.

1. Le 5 décembre 1965 a lieu le premier tour de l'élection présidentielle, afin d'élire – pour la première fois – le président de la République au suffrage universel direct.

Vidéo

2 Des timbres-poste célèbrent le lancement du premier satellite français

Pour célébrer l'événement, les Postes et Télécommunications éditent un ensemble composé de deux timbres-poste, avec la fusée *Diamant-A* au décollage depuis Hammaguir en Algérie (en haut) et le satellite *A-1* en orbite (en bas).

AIDE POUR RÉPONDRE À LA CONSIGNE

- Montrez que le lancement d'*Astérix* influence à la fois la politique extérieure et intérieure de la France. N'oubliez pas de nuancer cette influence.

? LE SAVIEZ-VOUS ?

Ses antennes endommagées lors du décollage, le satellite *Astérix* n'a jamais émis un seul « bip ». Toujours en orbite aujourd'hui à quelques centaines de kilomètres d'altitude, il fait le tour de la Terre en 101 minutes. Cette expérience contribue, plus tard, à la construction de l'Europe spatiale. En 1979, décolle la première fusée *Ariane* (lanceur européen de satellites).

DOCUMENTS

COURS : p. 206-207

Vidéo
Les « grands ensembles » : Sarcelles

L'État, acteur de la politique du logement

À partir des années 1950, l'État engage une politique d'aménagement du territoire et de modernisation urbaine. Face à la crise du logement, un énorme programme de construction d'habitats collectifs modernes est lancé, auquel on a donné le nom de « grands ensembles ».

CONSIGNE BAC

En analysant et confrontant les documents, vous expliquerez comment l'État entend répondre à la crise du logement et relèverez les critiques que l'on peut adresser à cette politique.

1 La politique du logement en question

Considéré comme le père de l'aménagement du territoire en France, Philippe Lamour est un haut fonctionnaire.

Il fallut, à l'issue de la Deuxième Guerre mondiale, le courage obstiné d'un jeune ministre de la Construction, M. Claudius Petit, pour que le pays sorte de l'anesthésie dans laquelle il s'asphyxiait et commence à réagir en adoptant une politique à long terme du logement.

Mais l'accumulation des retards avait créé une telle obsession à l'égard de l'aspect quantitatif immédiat du problème qu'on a négligé son aspect qualitatif, cependant essentiel, s'agissant de constructions implantées pour plus d'un demi-siècle [...].

Que deviendront ces « trois-pièces » sur la cour, aux cloisons en papier buvard, dans lesquels, si on ne sait pas toujours ce qui se passe chez soi, on n'ignore rien de ce qui se passe chez les autres ?

Qui consentira à y demeurer, en dehors des travailleurs importés des pays lointains, après épuisement des réserves portugaises, turques et kabyles ? Et pour combien de temps ?

Faut-il nous résigner à préparer savamment la création, au sein de nos villes nouvelles, de bidonvilles verticaux qui dévaloriseront l'ensemble du quartier en suscitant, par ailleurs d'odieuses ségrégations ?

L'évidence s'impose, si pénible qu'elle soit. [...] L'aspect quantitatif doit être corrigé par la prévoyance qualitative. Sinon, dans quelques années, il faudra abandonner ou détruire une partie de ce que nous aurons édifié et qui sera devenu inutilisable avant même d'avoir été amorti.

Philippe Lamour, *60 Millions de Français*, Buchet-Chastel, 1967.

Évolution du nombre de logements construits par an
en milliers de logements

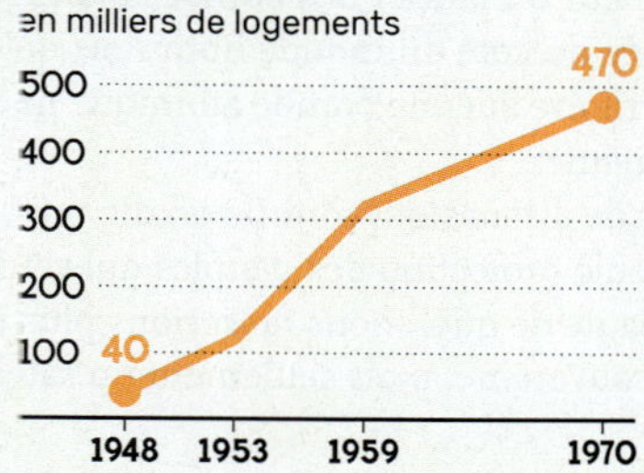

INFO

Aux lendemains de la Seconde Guerre mondiale, il est d'abord question de reconstruction, notamment pour les villes bombardées. Il faut également répondre à la croissance démographique (40 millions d'habitants en 1945, 50 millions en 1970), due à l'augmentation importante de la natalité et à l'immigration.

2 Les « grands ensembles » : l'exemple d'Asnières (1960)

Construction du quartier des Quatre Routes à Asnières près de Paris.

AIDE POUR RÉPONDRE À LA CONSIGNE

- Confrontez les statistiques avec le texte pour montrer que l'État apporte une réponse essentiellement quantitative à la crise du logement.

Passé / PRÉSENT

Pourquoi la doctrine de la dissuasion nucléaire a-t-elle survécu à la guerre froide ?

COURS : p. 206-207

A Affirmer l'indépendance de la France

1 De Gaulle définit la dissuasion nucléaire

La France entend ne pas perdre sa figure. Elle entend, en particulier, que sa défense ait un caractère national ; qu'en particulier en ce qui concerne les armements atomiques elle ait son instrument à elle.

La France entend que si par malheur on lançait des bombes atomiques dans le monde, aucune ne soit lancée du côté du monde libre sans qu'elle l'ait accepté, et qu'à partir de son territoire aucune bombe atomique ne soit lancée sans qu'elle l'ait décidé elle-même.

Il faut que les moyens nucléaires de dissuasion, comme on dit, qui sont aujourd'hui la principale sinon la seule protection des peuples qui veulent rester libres, nous en ayons aussi. Faute de quoi, nous ne serions plus une puissance européenne, une nation souveraine, mais seulement un satellite intégré.

Charles de Gaulle, discours de Chambéry (8 octobre 1960) dans A. Passeron, *De Gaulle parle*, © Plon, 1962.

2 Charles de Gaulle inaugure *Le Redoutable*

Le Redoutable est le premier sous-marin nucléaire lanceur d'engins (SNLE) que construit la France.

Une du *Parisien*, 30 mars 1967.

LE MIRACLE ATOMIQUE
« Auparavant, on m'ignorait. Maintenant... »

Algemeen Handelsblad, Amsterdam

3 Le premier essai nucléaire français vu par la presse étrangère

Le caricaturiste allemand Fritz Behrendt illustre le nouveau statut de la France sur la scène mondiale après l'explosion, le 13 février 1960 à Reggane dans le Sahara algérien, de la première bombe atomique française.

1. Charles de Gaulle, président de la République française (1958-1969).
2. Dwight D. Eisenhower, président des États-Unis (1953-1961).
3. Nikita Khrouchtchev, dirigeant de l'URSS (1953-1964).

B L'arme nucléaire en débat

4 Emmanuel Macron inaugure le *Suffren*

Le 12 juillet 2019, Emmanuel Macron inaugure à Cherbourg le sous-marin nucléaire d'attaque (SNA) *Suffren*. Ce SNA, à propulsion nucléaire, ne dispose pas de missiles à charge nucléaire. En revanche, il a notamment pour mission d'escorter des sous-marins nucléaires lanceurs d'engins (SNLE) qui, eux, en disposent.

Estimation des stocks d'armes nucléaires en 2019
en nombre d'ogives nucléaires

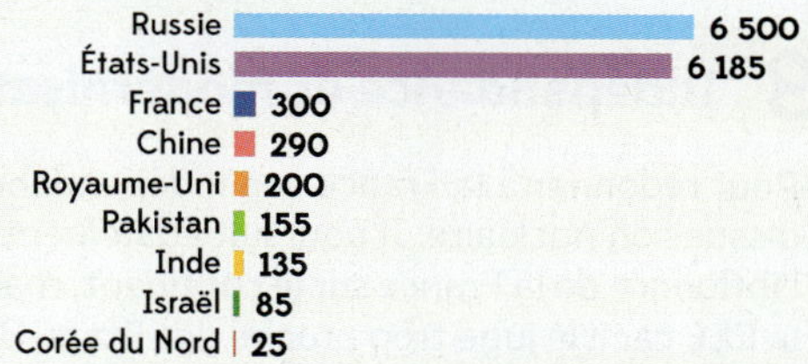

Source : Institut international de recherche sur la paix de Stockholm.

5 La France s'accroche à sa bombe

Amnesty International est une ONG qui promeut la défense des droits de l'homme.

La loi de programmation militaire, adoptée en juin [2018], prévoit d'investir un budget de 37 milliards d'euros jusqu'en 2025 afin de moderniser l'arsenal nucléaire français. Une augmentation substantielle de moyens alors que, depuis plus de 40 ans, aucun débat public autour de la doctrine et des coûts de ces armes de la terreur n'a jamais été véritablement ouvert aux citoyens.

Érigée en dogme dans les années 1960, la dissuasion nucléaire est censée constituer l'assurance-vie de la nation et la clé de voûte de sa défense.

La bombe atomique conçue pour ne pas être utilisée garantirait à la France son indépendance et sa sécurité. Des assertions dont la pertinence mérite à tout le moins d'être discutée, voire remise en cause [...].

Soutenu par un réseau d'ONG récompensé par le prix Nobel de la paix et voté le 7 juillet 2017 par 122 États membres de l'ONU, [un traité d'interdiction de l'arme atomique] est boudé par les puissances nucléaires, dont la France.

Pourtant, un récent sondage montre qu'une majorité de l'opinion publique française est favorable à ce traité.

« Arme nucléaire, le débat cadenassé », Amnesty International, 29 août 2018.

QUESTIONS

Observer le passé et le présent

1. **Doc 3.** Décrivez comment le premier essai nucléaire français est vu par la presse étrangère.
2. **Doc 1 à 3.** À l'aide des documents, définissez la notion de dissuasion nucléaire.
3. **Doc 4 et 5.** L'État français remet-il aujourd'hui en question la doctrine de la dissuasion nucléaire ? Justifiez votre réponse.

Faire le lien entre le passé et le présent

4. Depuis 1960, la doctrine française de la dissuasion nucléaire a-t-elle évolué ? Justifiez votre réponse.

RÉVISIONS

La France : une nouvelle place dans le monde (1945-1970)

Podcast de la synthèse

RETENIR... à l'écrit

1 La France dans les relations internationales (1945-1958)

- La guerre froide remet en cause le rôle mondial de la France, qui ne peut rivaliser avec les deux grandes puissances : États-Unis et URSS. La France s'engage alors dans la construction européenne pour retrouver une influence internationale.
- L'effondrement de l'empire colonial révèle également les faiblesses de la métropole. À l'image de la guerre d'Algérie, les conflits de décolonisation isolent la France, condamnée par la communauté internationale. Le régime de la IVe République est donc fragilisé et contesté par Charles de Gaulle, dont les conceptions de la République s'opposent à celles de Pierre Mendès France.

2 La guerre d'Algérie et la fondation d'une nouvelle République (1954-1962)

- La IVe République est paralysée par la guerre d'Algérie, dont les violences engendreront des mémoires souvent conflictuelles. Face à la menace de guerre civile, de Gaulle est rappelé au pouvoir en 1958. Il façonne alors de nouvelles institutions et oriente progressivement la sortie de crise algérienne vers l'indépendance.
- La Constitution de la Ve République met en place un régime semi-présidentiel. L'influence du pouvoir exécutif est encore accrue avec l'élection du président de la République au suffrage universel direct, décidée par de Gaulle en 1962.

3 Indépendance et modernisation (1958-1970)

- Pour redonner à la France son indépendance, de Gaulle s'appuie à partir de 1960 sur la dissuasion nucléaire. Il poursuit également la construction européenne, afin d'accroître l'influence de la France sur le continent, mais il s'oppose à l'entrée du Royaume-Uni dans la CEE car il le juge trop proche des États-Unis. En Afrique, la France maintient une présence militaire dans plusieurs pays.
- De Gaulle est convaincu que le rayonnement de la France passe aussi par sa modernisation. La France engage donc des grands travaux pour aménager le territoire, elle développe des programmes ambitieux (spatiaux, par exemple) et modernise son économie.
- Toutefois, dans les relations internationales, la France reste une puissance moyenne. Et en politique intérieure, malgré la modernisation économique et technique du pays, un mécontentement social s'exprime.

Points de PASSAGE

De Gaulle et Mendès France : deux conceptions de la République → p. 202

- Charles de Gaulle critique les institutions de la IVe République et veut un pouvoir exécutif fort.
- Pierre Mendès France combat la personnalisation du pouvoir et s'oppose à de Gaulle.

La guerre d'Algérie et ses mémoires → p. 200

- Triple guerre : franco-algérienne, franco-française et algéro-algérienne.
- Nombreuses violences en Algérie et en métropole.
- Des acteurs multiples, porteurs de mémoires conflictuelles.

La Constitution de 1958 → p. 204

- **4 septembre 1958 :** proposition d'une nouvelle Constitution, instauration d'un régime semi-présidentiel.
- Rupture avec la tradition parlementaire des IIIe et IVe Républiques.

Les mots clés

- **Dissuasion nucléaire**
  Idée selon laquelle le fait de posséder l'arme nucléaire découragerait un éventuel agresseur devant les représailles que subirait sa population.
- **Mémoire**
  La mémoire est une trace du passé dans le présent. Elle est portée par un individu ou un groupe social, à qui elle permet de se construire une identité. La dimension sélective et affective de la mémoire la distingue de l'histoire qui tend vers plus d'objectivité.
- **Régime parlementaire**
  Régime dans lequel le gouvernement est responsable devant une assemblée qui l'investit et peut le renverser.
- **Régime semi-présidentiel**
  Régime qui combine un régime parlementaire avec un pouvoir présidentiel fort.

RETENIR... en schéma

1 La France dans les relations internationales

La France dans la guerre froide

Un rôle mondial en recul
- Puissance affaiblie
- Décolonisation

Une avancée majeure
- Débuts de la construction européenne

IVe République contestée par de Gaulle
- **Conception de la République opposée à celle de Pierre Mendès France**

2 Guerre d'Algérie et nouvelle République

Crise algérienne de la IVe République française
→ **De Gaulle revient au pouvoir**
→ **Violences**
- **Mémoires conflictuelles**

→ **Fondation de la Ve République** → **Nouvelles institutions** → **Constitution de 1958**

3 Indépendance et modernisation

La France en 1958

Rôle international retrouvé
- Dissuasion nucléaire
- Poursuite de la construction européenne

Modernisation du pays
- Ouverture de l'économie
- Aménagements urbains

Un rôle limité face à l'URSS et aux États-Unis

RETENIR... autrement

ÉCOUTER

Les cours en podcast .... p. 190 à 193, 206-207
La synthèse du cours .... p. 212

REGARDER L'ESSENTIEL EN 3 MINUTES

S'ENTRAÎNER

Des exercices interactifs......................... EXO Quiz

POUR APPROFONDIR

INA Archives sur Charles de Gaulle
L'Institut national de l'audiovisuel propose des sources historiques sur la politique gaullienne.

Film
F.-E. Siri, *L'Ennemi intime*, Les Films du Kiosque, 2007.
Algérie, 1959. Le lieutenant Terrien effectue son service militaire en Algérie et se retrouve confronté à la pratique de la torture.

Sujet

En analysant et confrontant les documents, vous expliquerez la mise en place de la Ve République et les critiques qui lui sont faites.

Il vous faut présenter ces critiques, mais aussi les expliquer.

Pensez à définir avec précision le fonctionnement de ce régime, et les changements avec le régime précédent.

Mettez en relation les documents : expliquez qu'ils illustrent deux points de vue opposés sur un même événement.

1 La naissance de la Ve République

Quand, le 18 juin, commença le combat pour la libération de la France, il fut aussitôt proclamé que la République à refaire serait une République nouvelle. La Résistance tout entière ne cessa pas de l'affirmer.

On sait, on ne sait que trop, ce qu'il advint de ces espoirs. On sait, on ne sait que trop, qu'une fois le péril passé, tout fut livré et confondu à la discrétion des partis. On sait, on ne sait que trop, quelles en furent les conséquences. À force d'inconstance et d'instabilité, [...] il était inévitable que la paralysie de l'État amenât une grave crise nationale et qu'aussitôt la République fut menacée d'effondrement. [...] Le déchirement de la nation fût, de justesse, empêché. On a pu sauvegarder la chance ultime de la République. [...]

C'est donc pour le peuple que nous sommes, au siècle et dans le monde où nous sommes, qu'a été établi le projet de Constitution. Que le pays puisse être effectivement dirigé par ceux qu'il mandate et leur accorde la confiance qui anime la légitimité. Qu'il existe, au-dessus des luttes politiques, un arbitre national, élu par les citoyens qui détiennent un mandat public, chargé d'assurer le fonctionnement régulier des institutions, ayant le droit de recourir au jugement du peuple souverain, répondant, en cas d'extrême péril, de l'indépendance, de l'honneur, de l'intégrité de la France et du salut de la République.

Discours de Charles de Gaulle prononcé place de la République, 4 septembre 1958.

À quelle période l'auteur fait-il référence ? Quel rôle y a-t-il joué ?

À quelle période et à quel régime politique l'auteur fait-il référence ? Quelle image en donne-t-il ?

À quelle crise l'auteur fait-il référence ?

Comment l'auteur décrit-il le fonctionnement de la Ve République ?

Rappelez qui est Charles de Gaulle et sa fonction à la date où il prononce ce discours.

Explicitez les sous-entendus : à quoi ces expressions font-elles référence ?

De quoi le bonnet phrygien et la cocarde tricolore sont-ils le symbole ?

Replacez le document dans son contexte : à quelle occasion cette affiche est-elle réalisée ?

2 Contre la Ve République

Affiche du Parti communiste français, 1958.

Corrigé

→ À l'aide de vos connaissances, expliquez en une ou deux phrases le retour au pouvoir du général de Gaulle.

→ À l'aide de l'annonce du plan soulignée en bleu dans l'introduction, déterminez et rédigez une annonce de l'idée de la 1re partie.

→ Expliquez le rôle de l'Assemblée nationale dans ce régime parlementaire.

→ Trouvez dans le **doc. 1** une citation qui montre que de Gaulle rend la IIIe République responsable de la crise.

→ À l'aide de l'annonce du plan soulignée en bleu dans l'introduction, déterminez et rédigez une annonce de l'idée de la 2de partie.

→ Décrivez l'affiche pour montrer qu'elle affirme que la République est menacée par les pouvoirs que la Ve République réserve au Président.

Introduction

Mai 1958 permet le retour au pouvoir du général de Gaulle : en effet, ... Le 4 septembre 1958, lors d'un discours prononcé place de la République, de Gaulle présente ainsi le projet de Constitution de la Ve République (document 1). Ce projet est cependant contesté, comme le montre une affiche du Parti communiste français (PCF), datant de 1958 (document 2). La confrontation de ces deux documents nous invite donc à poser la question suivante : pourquoi ce projet de Constitution est-il l'objet de vifs débats ? Pour y répondre, nous montrerons d'abord comment Charles de Gaulle justifie le changement de régime politique en 1958, puis nous expliquerons les critiques faites à ce projet de Constitution.

1re partie

Tout d'abord, ...

De Gaulle ancre son action dans la tradition républicaine. De Gaulle choisit de prononcer son discours un 4 septembre, jour de la proclamation de la IIIe République en 1870. Il rappelle aussi son rôle lors de la Seconde Guerre mondiale, où le combat pour la libération de la France consistait à refaire « une République nouvelle ». De Gaulle renie ensuite la IVe République. Il conteste ses institutions : selon lui, « tout fut livré et confondu à la discrétion des partis ». En effet, les partis politiques détiennent un rôle important au sein de l'Assemblée nationale, qui est l'institution la plus influente : ..... De Gaulle dénonce ainsi les travers de ce régime parlementaire, qui a engendré « inconstance et instabilité », avec des gouvernements qui se succèdent extrêmement rapidement en raison de leur fragilité.

Enfin, de Gaulle accuse la IVe République de mener le pays au bord de la guerre civile. Il dénonce l'impuissance des dirigeants à sortir du bourbier algérien, une guerre de décolonisation qui a débuté en 1954. De Gaulle affirme ainsi que « ..... ».

Enfin, il déclare que c'est son retour au pouvoir qui a permis de « sauvegarder la chance ultime de la République ».

2e partie

En second lieu, ...

Le PCF accuse d'abord le projet de Constitution de porter atteinte à la République. En effet, l'affiche montre .....

Enfin, le PCF ne craint pas seulement la disparition d'un régime parlementaire. Son opposition à de Gaulle peut être expliquée par d'autres points. D'abord, dans un contexte de guerre froide, la confrontation idéologique entre de Gaulle et les communistes très liés à l'URSS est forte. Ensuite, la politique coloniale de la France est dénoncée par le PCF, alors que de Gaulle est revenu au pouvoir en 1958 soutenu par l'armée et les Européens d'Algérie.

Conclusion

Le projet de Constitution présenté par de Gaulle en 1958 est ainsi l'objet de vifs débats, car il prévoit de remplacer le régime parlementaire de la IVe République par un régime semi-présidentiel, avec un pouvoir exécutif fort concentré dans les mains du président de la République. Ce pouvoir personnel du général de Gaulle est alors très contesté par le PCF, mais aussi par Pierre Mendès France.

BAC
CORRIGÉ COMPLET DU SUJET
lyceen.nathan.fr/coteterm-2020

Sujet

Quels sont les bouleversements engendrés par la crise algérienne que connaît la République française ?

Expliquez les différents aspects de cette crise.

Pensez à la fois aux transformations institutionnelles immédiates (Vᵉ République) et aux conflits mémoriels qui se prolongent.

Faites attention aux espaces considérés : l'Algérie après l'indépendance n'en fait pas partie.

Corrigé

Introduction

→ À la fin de l'introduction, construisez l'annonce du plan en vous aidant du début de chaque partie.

Au sein de l'Empire colonial français, l'Algérie est la seule colonie de peuplement. Elle est découpée en départements et intégrée au territoire national alors que les Algériens ne sont pas traités comme de véritables citoyens français. Le 1er novembre 1954, l'insurrection des nationalistes du FLN marque le début d'un conflit pour l'indépendance. Avec la guerre d'Algérie (1954-1962), la République française va connaître une crise majeure, aux bouleversements nombreux.

1re partie

→ À l'aide de vos connaissances, expliquez le choix du gouvernement français de poursuivre la guerre.

À l'aide de vos connaissances et des p. 198-199 (documents), rédigez ces explications en utilisant les termes suivants :
- guerre d'indépendance, peuples colonisés, puissance coloniale.
- mouvements indépendantistes rivaux (FLN, MNA), harkis.
- mai 1958, OAS.

La crise algérienne présente différents aspects.
Elle provoque d'abord une impasse politique. Face au conflit, la France choisit la répression armée et le gouvernement s'oppose à l'indépendance de l'Algérie : en effet, ...
C'est également une guerre complexe, qui oppose des groupes différents :
- une guerre franco-algérienne : .....
- une guerre algéro-algérienne : .....
- une guerre franco-française : .....

2e partie

→ À l'aide de vos connaissances, expliquez comment les événements d'Alger en mai 1958 entraînent le retour du général de Gaulle au pouvoir en France.

Cette crise provoque en 1958 la naissance d'un nouveau régime politique en France. Mai 1958 est un tournant. À Alger, ... Cela permet le retour du général de Gaulle au pouvoir : .....
Revenu au pouvoir, de Gaulle s'emploie à reprendre le contrôle de la crise algérienne. Il s'attache d'abord à calmer les esprits en Algérie. Le 4 juin 1958, à Alger, devant une foule en liesse, il s'exclame « Je vous ai compris ! » et s'assure momentanément le soutien de l'armée et des Européens d'Algérie. Chargé de doter la France d'une nouvelle Constitution, de Gaulle met fin au régime parlementaire de la IVe République et instaure un régime semi-présidentiel. Progressivement, de Gaulle oriente sa politique algérienne vers des discussions, puis vers l'indépendance. Les accords d'Évian prévoient un cessez-le-feu, le 19 mars 1962, entre l'armée française et le FLN. Ils débouchent le 3 juillet sur l'indépendance de l'Algérie.

3e partie

→ Rédigez chacun de ces arguments en vous appuyant sur vos connaissances.

La guerre d'Algérie donne naissance à différentes mémoires.
Argument n° 1 : des mémoires marquées par des violences aux formes multiples.
Argument n° 2 : des mémoires parfois conflictuelles, qui reflètent la multiplicité des acteurs.

Conclusion

Si elle a abouti à un changement de régime politique en France, puis à l'indépendance de l'Algérie, la crise algérienne de la République française présente encore des cicatrices qui ne sont pas refermées.

BAC
CORRIGÉ COMPLET DU SUJET
lyceen.nathan.fr/coteterm-2020

QUESTION PROBLÉMATISÉE

Sujet 1

Comment la France de l'après-guerre s'engage-t-elle dans la construction européenne ?

Sujet 2

Comment la nouvelle place de la France dans le monde s'affirme-t-elle de 1958 à 1969 ?

ANALYSE DE DOCUMENT

En analysant le document, vous montrerez que la guerre d'Algérie est traversée par des conflits multiples, avant et après 1962.
L'analyse du document constitue le cœur de votre travail, mais nécessite pour être menée la mobilisation de vos connaissances.

La guerre d'Algérie, un conflit complexe

La guerre d'Algérie ne fut pas seulement un conflit opposant l'Armée française à l'Armée de libération nationale (ALN), même s'il s'agit du conflit principal par le nombre de combattants engagés et de tués des deux bords. En marge, et avec la multiplication des acteurs, se déroulent d'autres guerres d'Algérie, conduisant à cette complexité des mémoires de la guerre d'Algérie après l'indépendance. Par certains aspects se déroule une double guerre civile : une guerre civile franco-française et une algéro-algérienne.

Cette guerre civile franco-française s'illustre d'abord par les tensions qui clivent la société française autour de cette guerre d'Algérie, ainsi que le fossé qui se creuse entre les politiques français et l'Armée française, ainsi qu'entre la métropole et les « Européens d'Algérie » [...].

Du côté algérien, la situation est peut-être encore plus complexe. La société algérienne est fortement divisée entre ceux soutenant et combattant au sein des mouvements nationalistes (FLN et MNA) et ceux s'étant ralliés à l'État français [...]. Dans le camp des nationalistes, des combats opposent aussi les combattants et militants du FLN à ceux ayant pris fait et cause pour le MNA, une guerre qui se déroule à la fois sur le territoire algérien [et en métropole]. Après la guerre, la France retrouve sur son territoire national l'ensemble des acteurs de cette guerre, porteurs d'autant de mémoires différentes, de visions différentes de ce conflit.

Abderahmen Moumen, « Quelles mémoires de la guerre d'Algérie ? », *Historiens et géographes*, n° 440, 2017.

CHAPITRE 7

La modification des grands équilibres économiques et politiques mondiaux (1973-1991)

De profondes transformations économiques et politiques animent les années 1970. Les difficultés économiques marquent la fin de la prospérité, l'ordre international bipolaire se fissure. Si la puissance américaine semble affaiblie à partir des années 1970, c'est cependant l'effondrement de l'URSS qui met un terme à la guerre froide.

Textes DYS
TOUS LES TEXTES EN VERSION DYS
lyceen.nathan.fr/coteterm-2020

▶ **Quelles mutations économiques et politiques apparaissent sur la scène internationale à partir des années 1970 ?**

1 Manifestation antiaméricaine à Téhéran (Iran), 1979

En 1979, la révolution en Iran instaure une République islamique qui affiche son rejet des États-Unis. Des otages américains sont retenus à l'ambassade sur le toit de laquelle les manifestants brûlent le drapeau des États-Unis.

Vidéo

2 La chute du mur de Berlin, symbole de la fin de la guerre froide

Construit en 1961, le mur de Berlin symbolise la guerre froide en Europe. Dans la nuit du 9 au 10 novembre 1989, des milliers de Berlinois de l'Est forcent le poste-frontière et détruisent le mur.

CONTEXTE

De la crise pétrolière à la fin de la guerre froide

En moins de vingt ans, l'ordre mondial issu de la Seconde Guerre mondiale est transformé. La croissance économique, forte depuis les années 1950, laisse place à la dépression et au chômage dans le monde occidental. La guerre froide prend fin avec la disparition de l'URSS en 1991 tandis que de nouveaux acteurs, notamment les mouvements islamistes, perturbent les relations internationales.

Vocabulaire

- **Choc pétrolier**
  Hausse rapide des prix du pétrole qui déstabilise l'économie mondiale.
- **Dévaluation**
  Pratique consistant à diminuer la valeur d'une monnaie par rapport à un étalon de référence (comme l'or). La dévaluation a pour but de favoriser les exportations et de freiner les importations.
- ***Perestroïka* (« restructuration » en russe)**
  Politique de réformes économiques et sociales menée par Gorbatchev en URSS entre 1985 et 1991.

REPÈRES CHRONOLOGIQUES DU CHAPITRE

- **THÈME 1** (1929–1945) : Fragilités des démocraties, totalitarismes et Seconde Guerre mondiale
- **THÈME 2** (1945–1970) : La multiplication des acteurs internationaux dans un monde bipolaire
- **THÈME 3** (1970–1990) : Les remises en cause politiques, économiques et sociales
- **THÈME 4** (1990– ...) : Le monde, l'Europe et la France, entre coopérations et conflits

1970 – 1971 – 1972 – 1973 – 1974 – 1975 – 1976 – 1977 – 1978 – 1979

LES BOULEVERSEMENTS ÉCONOMIQUES

- **1971** Dévaluation du dollar
- **1973** 1er choc pétrolier
- **1976** Accords de la Jamaïque (fin du système de Bretton Woods)
- **1978** Arrivée au pouvoir de Deng Xiaoping
- **1979** 2nd choc pétrolier
- *Point* de PASSAGE **1978** Programme des « Quatre Modernisations » de Deng Xiaoping

LES RELATIONS INTERNATIONALES

- **25 avril 1974** Révolution des Œillets au Portugal
- **1979** Début de la guerre d'Afghanistan
- Révolution en Iran

La révolution des Œillets met fin à la dictature au Portugal.

REPÈRES GÉOGRAPHIQUES DU CHAPITRE

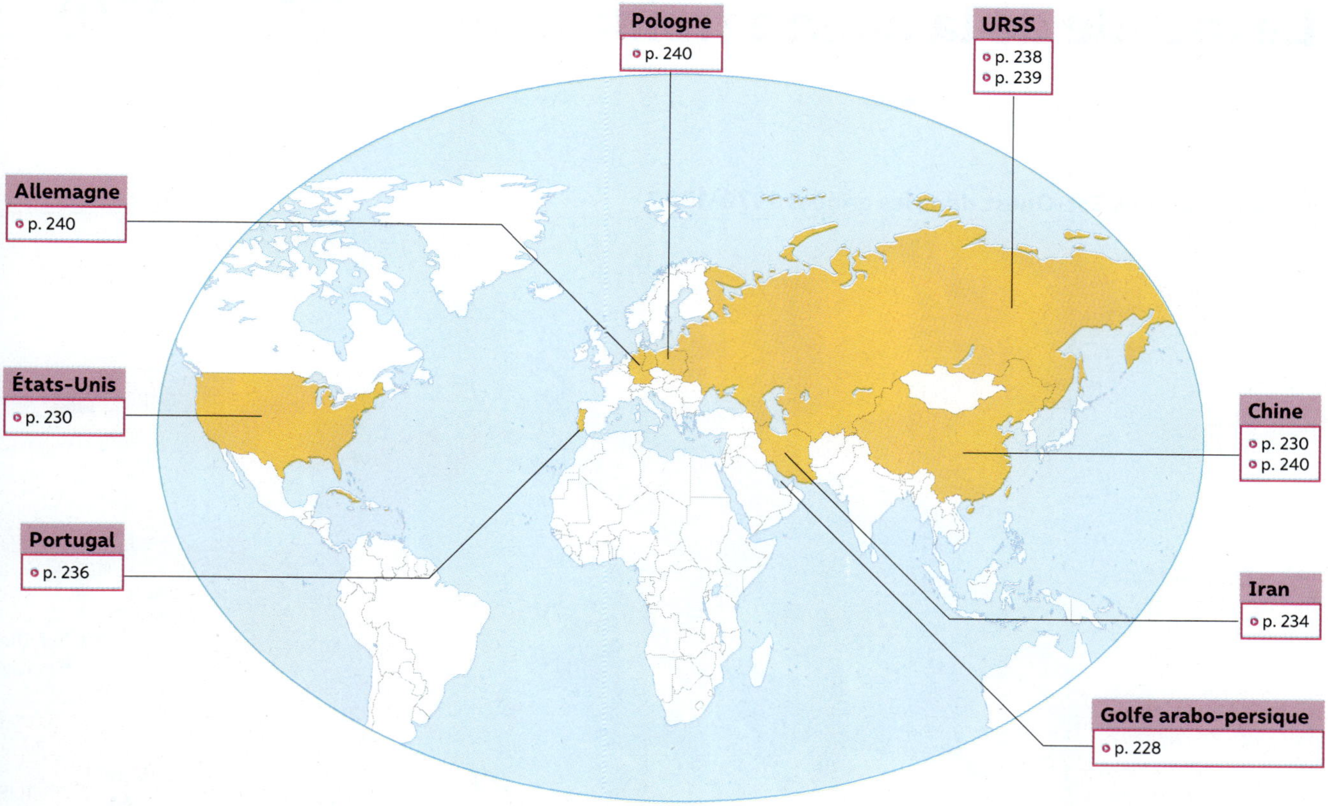

1980 · 1981 · 1982 · 1983 · 1984 · 1985 · 1986 · 1987 · 1988 · 1989 · 1990 · **1991**

1985 Libéralisation des prix en Chine

1987 Krach boursier aux États-Unis

1981 *Point de PASSAGE*
Ronald Reagan, président des États-Unis

1990 Réunification allemande

1979 › 1989
PRÉSENCE DE L'URSS EN AFGHANISTAN

1991 Disparition de l'URSS

1986 Entrée de l'Espagne et du Portugal dans la Communauté européenne

1977 › 1983
CRISE DES EUROMISSILES

1985 Mikhaïl Gorbatchev au pouvoir en URSS
Début de la *Perestroïka*

Point de PASSAGE **1989**
Manifestations et répression place Tianannen **4 juin**
Ouverture du rideau de fer par la Hongrie **Sept.**
Chute du mur de Berlin **9 nov.**

Frise interactive

Élection du président républicain Ronald Reagan.

Manifestations libérales en Chine.

Le monde de la guerre froide (années 1970-1980)

1 Les relations Est-Ouest dans les années 1970-1980

Carte interactive

Le monde occidental

- Les États-Unis et leurs alliés de l'OTAN (Alliance atlantique)
- Autres pays liés aux États-Unis par une alliance militaire
- Autres pays proches des États-Unis

Le monde communiste

- L'URSS et ses alliés du pacte de Varsovie
- Pays communistes rejetant le modèle de l'URSS
- Autres pays se réclamant du communisme
- Autres pays proches de l'URSS

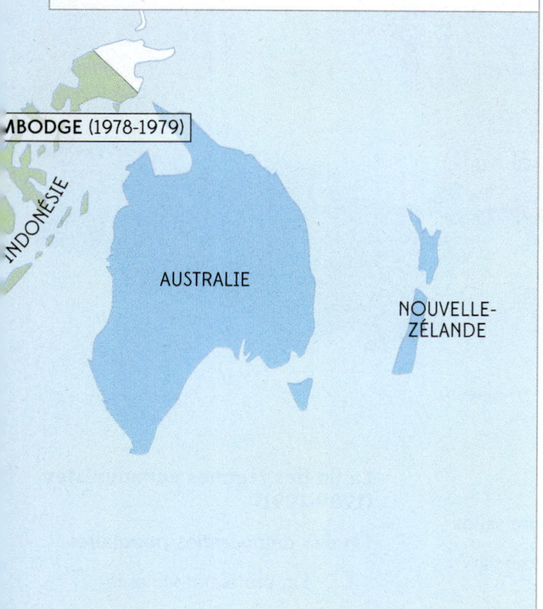

Les crises de la guerre froide

- Crises ou conflits liés à la guerre froide
- Guérillas communistes

Les rapports de force

- Puissances nucléaires
- Bases militaires américaines
- Flottes américaines
- Fourniture d'armement soviétique

2 Les alliances militaires

BLOC OCCIDENTAL

Alliance atlantique (1949) et OTAN
Belgique, Canada, Danemark, États-Unis, France, Islande, Italie, Luxembourg, Norvège, Pays-Bas, Portugal, Royaume-Uni, Grèce (en 1952), Turquie (en 1952), RFA (en 1955)

Pacte de Rio (1947)
Tous les États américains sauf le Canada
Retrait de Cuba en 1962

ANZUS (1951)
États-Unis, Australie, Nouvelle-Zélande

OTASE (1954-1977)
États-Unis, Australie, France, Nouvelle-Zélande, Pakistan, Philippines, Royaume-Uni, Thaïlande

Pacte de Bagdad (1955-1979)
Irak (retrait en 1959), Iran, Pakistan, Royaume-Uni, Turquie

Traités bilatéraux
États-Unis et Japon (1951)
États-Unis et Taïwan (1954)

BLOC COMMUNISTE

Pacte de Varsovie (1955)
Albanie (retrait en 1968), Bulgarie, Hongrie, Pologne, RDA (en 1956), Roumanie, Tchécoslovaquie, URSS

Traité bilatéral (1950)
URSS et Chine (prend fin en 1963)

Vocabulaire

- **Guérilla**
  Guerre de harcèlement et d'embuscades souvent utilisée dans le cadre d'une guerre d'indépendance ou de résistance à une occupation.

QUESTIONS

1. Repérez les puissances nucléaires.
2. Montrez que l'Afrique est un terrain de la guerre froide.
3. Localisez les grandes crises de la guerre froide des années 1975-1980.

1 L'Europe dans les années 1980

Carte interactive

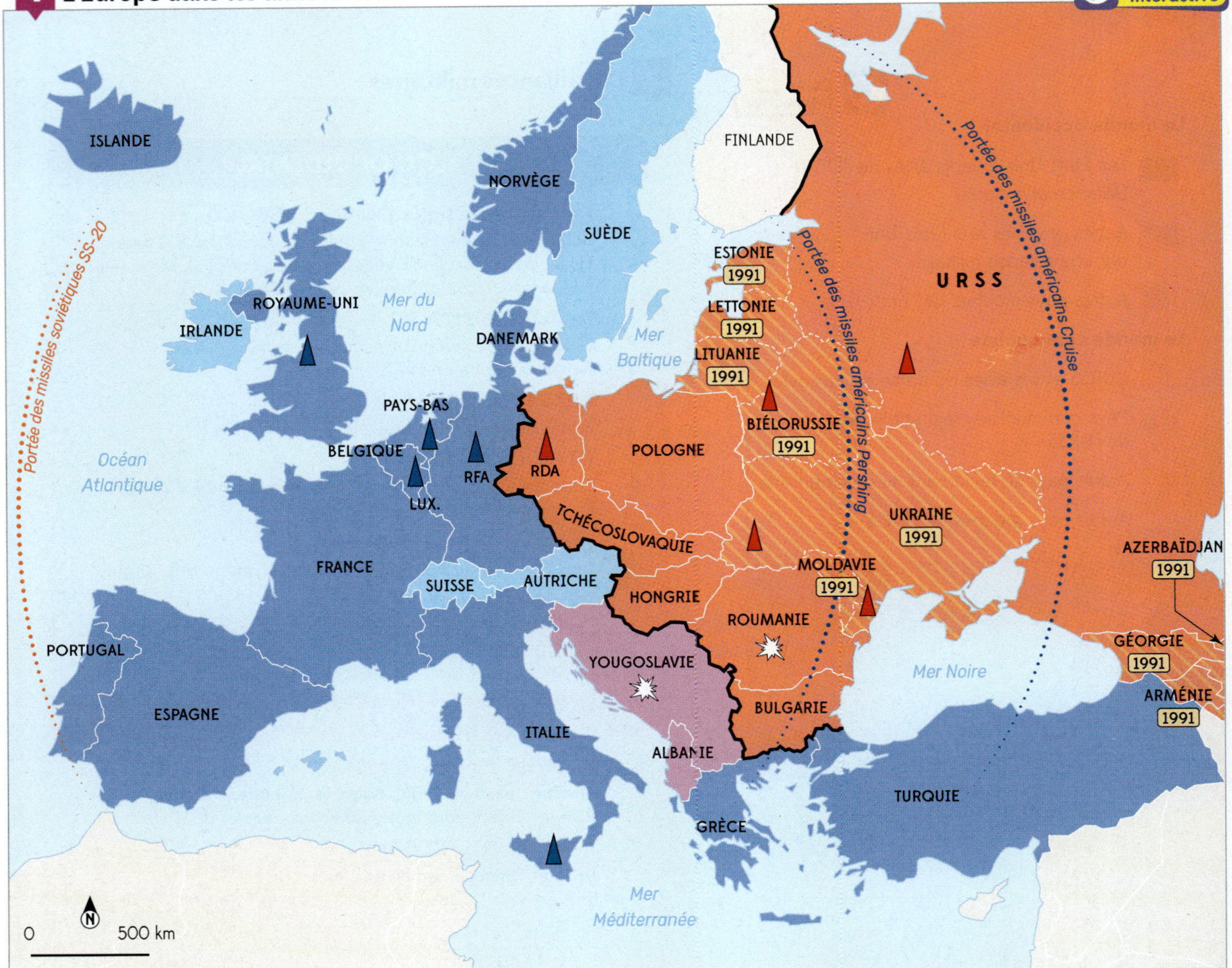

L'Europe de la guerre froide

Europe occidentale
- OTAN
- Alliés des États-Unis

Europe communiste
- Pays membres du pacte de Varsovie
- Pays communistes
- Le rideau de fer en Europe

La crise des euromissiles
- Bases des missiles américains
- Bases des missiles soviétiques
- Portée des missiles

La fin des régimes communistes (1989-1991)

Fin des démocraties populaires
- Fin brutale et violente
- Nouveaux États liés à la disparition de l'URSS

QUESTIONS

1. **Doc 1** Qu'est-ce que la crise des euromissiles ?
2. **Doc 3** Décrivez l'évolution du cours du pétrole sur la période 1973-1988.
3. **Doc 5** Caractérisez l'évolution du chômage avant et après la crise de 1973.

2 Le système monétaire international

Le système des changes fixes : Bretton Woods (1944)

Une valeur fixe du dollar fondé sur l'or
Une once d'or (31,1 g) = 35 $

Système de parité fixe controlé par le FMI
Le taux de change des monnaies peut varier de plus ou moins 1 % par rapport au dollar.

Stabilité des monnaies nationales
Confiance des acteurs de l'économie.

Le système des changes flottants : accords de la Jamaïque (1976)

Fin de la convertibilité du dollar avec l'or

Système des changes flottants :
- Le cours de chaque monnaie est libre.
- Le cours de la monnaie est défini selon la loi du marché en fonction des performances du pays.

Les gouvernements peuvent décider de réévaluer ou de dévaluer le cours de la monnaie ➜ instabilité monétaire.

3 L'évolution des cours du pétrole (1972-1988)

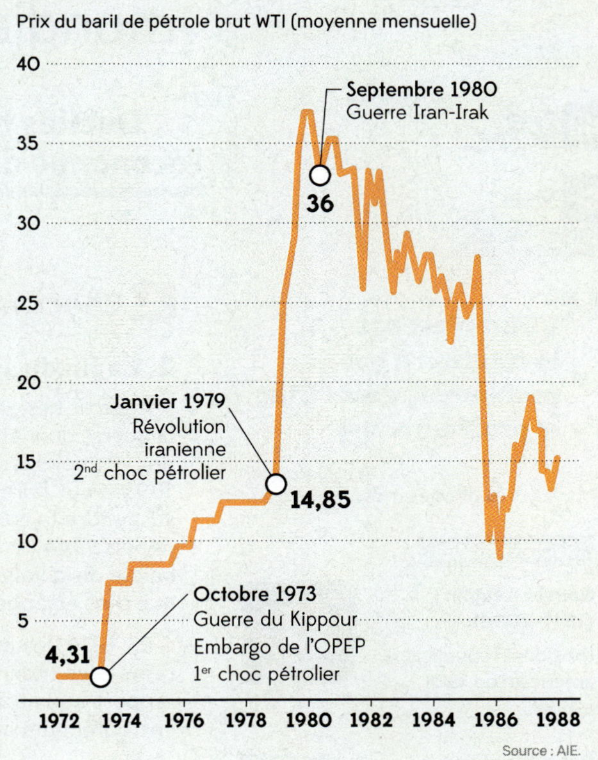

Source : AIE.

4 La croissance économique mondiale

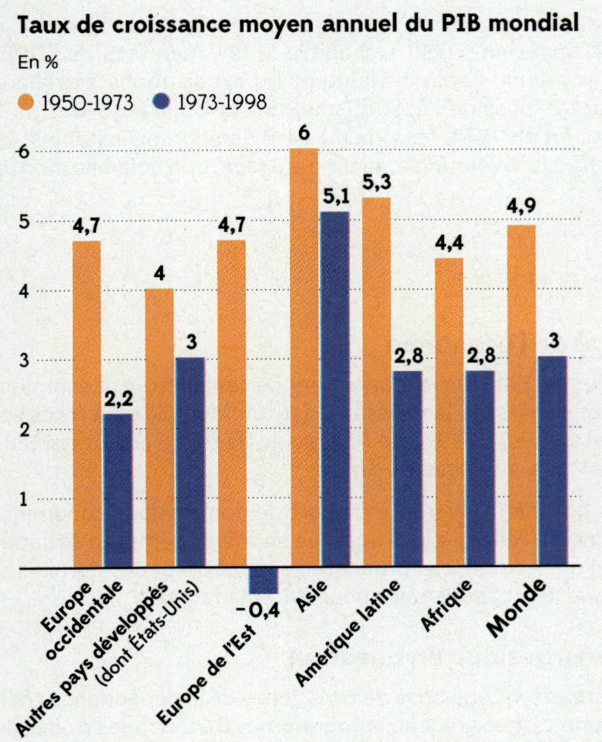

Source : Angus Maddison, *L'Économie mondiale. Une perspective millénaire*, OCDE, 2001

5 Le chômage dans quelques pays occidentaux

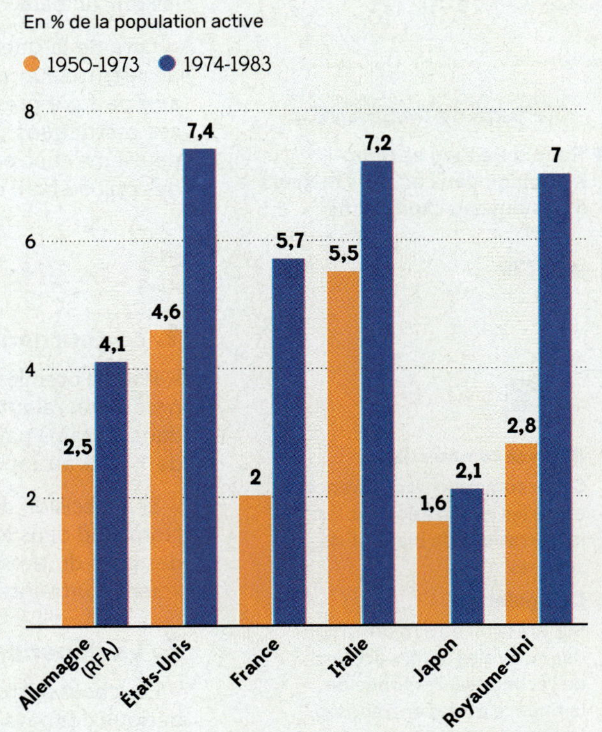

Source : Angus Maddison, *L'Économie mondiale. Une perspective millénaire*, OCDE, 2001.

DOCUMENTS : p. 228 à 231

REPÈRES : p. 225

Podcast du cours

Vidéo
L'origine de la dette publique moderne

1 Les mutations de l'économie mondiale (années 1970-1980)

Quelles transformations connaît l'économie dans les années 1970-1980 ?

« L'État n'est pas la solution à nos problèmes, c'est l'État le problème. »

Ronald Reagan,
discours d'investiture, 1981.

BIOGRAPHIES

Ronald Reagan (1911-2004)
Président républicain américain de 1981 à 1989.

Deng Xiaoping (1904-1997)
Dirigeant de la République populaire de Chine de 1978 à 1992.

Biographies : p. 356

Point de PASSAGE

▶ **Ronald Reagan et Deng Xiaoping : deux acteurs majeurs d'un nouveau capitalisme**

→ p. 230

A Chocs monétaires et chocs pétroliers

1. La fin du système de Bretton Woods

• À partir des années 1970, l'économie américaine est fragilisée par les coûts de la guerre du Vietnam, les importations pétrolières et une baisse de la **productivité** des entreprises. La **balance commerciale** est négative pour la première fois depuis 1893. Pour faire face à ces difficultés, le président Nixon décide en août 1971 de suspendre la convertibilité or-dollar instaurée par le système de Bretton Woods depuis 1944 (→ **chapitre 4**), puis de **dévaluer** la monnaie américaine. En effet, la baisse de la valeur de la monnaie rend les produits américains moins chers sur les marchés étrangers.

• En 1976, les accords de la Jamaïque officialisent le système des changes flottants : les monnaies ne sont plus définies sur le poids de l'or mais les unes par rapport aux autres (→ **p. 225**). L'instabilité monétaire crée l'incertitude chez les entrepreneurs qui limitent leurs investissements.

2. La fin du pétrole bon marché

• La croissance économique de l'après-guerre est portée par une énergie bon marché. Les pays producteurs cherchent à bénéficier davantage de la rente pétrolière et ouvrent des négociations avec les grandes compagnies afin d'augmenter les prix du baril.

• Lors de la guerre du Kippour en 1973 (→ **chapitre 5**), les membres de l'**OPEP** décident d'augmenter les prix du baril puis limitent les exportations pétrolières afin de faire pression sur les alliés de l'État d'Israël (États-Unis, Pays-Bas...). Si ces restrictions prennent fin en 1974, les prix du baril demeurent instables. Un deuxième choc pétrolier lié à la révolution iranienne entraîne une nouvelle montée des prix du baril en 1979.

B Les effets de la crise

1. Le tournant brutal de l'économie

• Pour la première fois depuis 1945, un retournement de conjoncture économique produit un ralentissement général de la croissance (autour de 2 %) et la **récession** dans certains pays industrialisés. En 1975, le PIB recule de 0,5 % aux États-Unis, de 1,23 % au Japon et de 2,5 % au Royaume-Uni.

• Si la décision des pays pétroliers inverse le rapport de domination économique Nord-Sud dans le domaine de l'énergie, elle aggrave en même temps la situation des pays du tiers-monde qui ne sont pas producteurs de pétrole. Ces derniers se voient contraints de s'endetter massivement pour éviter la faillite.

2. La dépendance énergétique en question

• Les chocs pétroliers permettent une prise de conscience de la dépendance énergétique des pays développés. L'heure est aux programmes d'économies d'énergie, la vitesse sur les autoroutes est limitée, les premières journées sans voiture se mettent en place en Belgique ou en Suisse.

Vocabulaire

• **Balance commerciale**
Solde commercial, différence entre les exportations et les importations de biens et de services.

• **Dérégulation**
Suppression ou simplification des contrôles sur les acteurs de l'économie, le monde de la finance et des entreprises. L'objectif est d'encourager la concurrence et l'innovation.

3. Les manifestations de la crise

- L'augmentation de la facture énergétique favorise l'**inflation**. De ce fait, la consommation s'amenuise, l'activité économique stagne, le chômage monte, entraînant un phénomène inédit de **stagflation**.

- Les pays occidentaux sont confrontés à la désindustrialisation. Le chômage s'installe de manière durable dans les pays développés, atteignant en moyenne 9 % de la population active au début des années 1980.

C Les réponses à la crise

1. Les solutions monétaristes

- Les États industrialisés tentent d'abord de stabiliser le cours de leur monnaie. La lutte contre l'inflation devient une priorité par le contrôle du déficit budgétaire et une politique de réduction des dépenses. Cette **politique monétariste** limite les dépenses liées aux prestations sociales et aggrave les effets de la crise au sein des sociétés.

- Pour mieux affronter les variations du dollar, les pays de la CEE décident de renforcer leur coopération monétaire avec le Système monétaire européen en 1979.

2. De nouvelles politiques anti-crise

- À partir de 1980, les économistes **néolibéraux** désignent la trop grande intervention de l'État dans l'économie comme une entrave au développement. Margaret Thatcher applique leurs recommandations au Royaume-Uni dès 1979. Aux États-Unis, Ronald Reagan, décide de favoriser les entreprises et la production par des mesures de **dérégulation** et d'allègements fiscaux mais maintient les investissements de l'État dans le secteur de l'enseignement, de la défense ou encore pour aider les entreprises à adopter les nouveaux outils informatiques.

- La dérégulation des marchés financiers est mise en œuvre, provoquant une intense spéculation qui débouche sur des crises boursières (1987).

3. La nouvelle donne économique mondiale

- Les entreprises des pays développés souffrent aussi de la forte concurrence des industries étrangères car l'heure est au libre-échange mondial et régional (création d'un marché unique européen à partir de 1986) et au niveau mondial. Le commerce international n'a cessé d'augmenter au cours des années 1970, les exportations mondiales passant de 579 milliards de dollars en 1976 à 1 838 milliards en 1983. L'amélioration des moyens de transport avec la généralisation du conteneur, l'adoption de l'informatique, la dérégulation financière ont favorisé les investissements des entreprises multinationales pour produire dans les pays où les salaires sont bas.

- La politique d'ouverture et de modernisation entreprise par Deng Xiaoping lors de son arrivée au pouvoir en 1978 permet à la Chine de bénéficier de ces investissements étrangers, notamment dans les **ZES** (faibles droits de douane, libre rapatriement des investissements, impôts réduits) et de connaître une forte croissance économique.

Vocabulaire

- **Dévaluation**
  Pratique consistant à diminuer la valeur d'une monnaie par rapport à un étalon de référence (comme l'or). La dévaluation a pour but de favoriser les exportations et de freiner les importations.
- **Inflation**
  Forte hausse de la masse monétaire par rapport à la quantité de biens disponibles, elle engendre une baisse de la valeur de la monnaie.
- **Néolibéralisme**
  Théorie économique qui remet en cause le rôle de l'État dans l'économie favorisant la dérégulation et la baisse des impôts pour les particuliers et les entreprises.
- **OPEP**
  Organisation des pays producteurs de pétrole. Organisation créée en 1960 par l'Arabie Saoudite, le Koweït, l'Iran, l'Irak et le Venezuela dans le but de coordonner leur politique énergétique.
- **Politique monétariste**
  Politique visant à contrôler l'inflation en menant notamment une politique de rigueur budgétaire.
- **Productivité**
  Rapport entre le volume de production et les facteurs de production. Mesure l'efficacité d'un processus de production.
- **Récession**
  Ralentissement majeur de l'activité économique d'un pays qui se caractérise par un recul du PIB.
- **Stagflation**
  Conjoncture économique marquée par l'inflation et un ralentissement de l'activité économique.
- **ZES**
  Zones économiques spéciales.

TESTEZ-VOUS !

- Quelles sont les causes de l'instabilité économique des années 1970 ?
- Quelles sont les manifestations de la crise dans les pays industrialisés ?
- Quels sont les principes d'une politique néolibérale ?

Le choc pétrolier de 1973 est-il une rupture historique ?

COURS : p. 226-227

1 La hausse brutale des prix du pétrole provoque la crise

Lorsque la guerre[1] commença, on évoqua vaguement dans notre gouvernement la possibilité d'un embargo[2] pétrolier. [...] Le 16 octobre, l'OPEP abandonna la lente augmentation des prix pétroliers au profit d'une hausse brutale. Par une initiative sans précédent et sans aucune discussion avec les consommateurs, six États du Golfe relevèrent unilatéralement de 70 % les prix affichés du pétrole – de 3,01 à 5,12 dollars. Les membres arabes de l'OPEP, réunis au Koweït, convinrent le lendemain de réduire leur production de 5 % et de continuer de la diminuer de 5 % par mois jusqu'à ce qu'Israël accepte d'évacuer tous les territoires arabes occupés. Le 18 octobre, l'Arabie Saoudite annonça qu'elle irait au-delà du quota[3] convenu en réduisant son extraction de 10 % jusqu'à ce que les conditions arabes sur le Moyen-Orient soient satisfaites.

Ces baisses de production, quel que fût leur but politique, soutinrent la hausse des prix et rejetèrent les bases d'augmentations encore plus dramatiques. [...] Réunis à Téhéran les 22 et 23 décembre, les ministres de l'OPEP firent passer le prix du pétrole de 5,12 à 11,65 dollars par baril – un relèvement de 128 % en plus de la hausse d'octobre de 70 % : en l'espace de 2 mois, le prix du pétrole avait augmenté de 387 %.

Il est maintenant évident que cette décision fut un des tournants de l'histoire de ce siècle. [...] C'était un coup colossal frappant balance des paiements, croissance économique, emploi, stabilité des prix et cohésion sociale. La décision de Téhéran coûta également aux pays en voie de développement plus que l'intégralité des programmes d'aide étrangère que leur accordaient les démocraties industrielles. [...] Tous les pays concernés, y compris les producteurs eux-mêmes, durent affronter des changements véritablement sismiques de leurs structures intérieures.

Henry Kissinger, *Les Années orageuses*, © Librairie Arthème-Fayard, 1982 pour la traduction française.

1. Guerre du Kippour : guerre de l'Égypte et de la Syrie contre Israël en octobre 1973.
2. Mesures de restriction sur la libre circulation des marchandises.
3. Quantité limitée déterminée à l'avance par un règlement.

les clés pour comprendre

→ L'auteur

- Henry Kissinger est un homme d'État américain. Conseiller à la sécurité nationale de 1969 à 1973, il est ensuite secrétaire d'État pour les présidences de Nixon et de Ford de 1973 à 1977.
- Son influence sur la diplomatie américaine est particulièrement importante. Il est le défenseur d'une politique étrangère réaliste guidée par la défense des intérêts nationaux américains. Il est ainsi à l'origine de la reconnaissance de la République populaire de Chine par les États-Unis. Il reçoit le prix Nobel de la paix en 1973 pour sa participation aux accords de Paris qui mettent un terme à la guerre du Vietnam.

→ Le contexte

- En 1982, Kissinger publie la seconde partie de ses Mémoires, *Les Années orageuses*, consacrées aux événements de 1973 et 1974. Il est alors encore un des personnages particulièrement influents dans la vie politique américaine et fervent soutien de Ronald Reagan, élu en 1980.
- L'extrait présente la hausse des prix du baril de pétrole de 1973 comme une décision politique des monarchies pétrolières en pleine guerre du Kippour. Lors de ce conflit, l'État d'Israël affronte une coalition de pays arabes du 6 au 24 octobre 1973. Israël est soutenu par les États-Unis et de nombreux États occidentaux. Au moment de la parution du livre, le monde occidental a été secoué par le second choc pétrolier de 1979.

→ La portée du document

- Henry Kissinger publie en 1979 le premier tome de ses Mémoires, *À la Maison-Blanche, (1968-1973)*. Le deuxième tome, dont il est question ici, présente et ancre une certaine vision des difficultés économiques des années 1970. Les monarchies pétrolières sont désignées responsables de l'inflation et du chômage par leur décision brutale d'une augmentation des prix du pétrole.

éclairage

2 **L'arme pétrolière**

Henry Kissinger braqué par l'arme pétrolière.

« Ton argent ou ton mode de vie ! »
« Je réfléchis… »

Caricature de Draper Hill dans *The Commercial Appeal* (Memphis), 5 janvier 1975.

Vocabulaire

- **Choc pétrolier**
  Hausse rapide des prix du pétrole qui déstabilise l'économie mondiale.

INFO

L'OPEP

L'Organisation des pays exportateurs de pétrole, dont le siège est à Vienne (Autriche), est fondée en 1960 par cinq pays : l'Arabie Saoudite, l'Iran, l'Irak, le Koweït et le Venezuela. Ils décident de se regrouper pour peser face au compagnies pétrolières internationales qui fixaient jusqu'à alors les prix du pétrole. L'objectif est donc de tirer un meilleur profit de leurs ressources naturelles. En 1973, elle comptait 12 pays membres.

3 **1973, la fin d'un monde**

Point de vue d'HISTORIEN

Ce « choc pétrolier » n'en symbolise pas moins une sorte d'acte II de la décolonisation. Avec le poids des pays exportateurs de pétrole et la montée des puissances industrielles asiatiques, la mondialisation apparaît de moins en moins comme un phénomène organisé par les grandes puissances occidentales, […] elle semble devenir une dynamique autonome et de plus en plus incontrôlable.

1973 marque ainsi le premier coup d'un « choc du global » des années 1973-1985, véritable basculement du monde. […] On a souvent paresseusement attribué au choc pétrolier la responsabilité de la crise économique, du ralentissement de la croissance […], de la montée du chômage et du déficit des finances publiques. […] La réalité est plus complexe, car le « modèle fordiste[1] » de croissance et d'accumulation du capital accusait déjà des signes d'essoufflement à la fin des années 1960 et au début des années 1970. […]

Le gouvernement Nixon abroge unilatéralement en août 1971 la parité or-dollar, mettant fin aux accords de Bretton Woods[2]. Cela ouvre l'ère des taux de change flexibles et favorise le retour en force de la finance spéculative. […] Le choc pétrolier favorise également la prise de conscience quant aux contraintes matérielles et aux limites écologiques du modèle de croissance des décennies d'après-guerre.

Christophe Bonneuil, « 1973, un monde ouvert et épuisé » dans P. Boucheron (dir.), *Histoire mondiale de la France*, Seuil, 2017.

1. Modèle fondé sur la production et la consommation de masse.
2. Voir chapitre 4, p. 132.

QUESTIONS

Analyser la source

1. Expliquez pourquoi les pays producteurs de pétrole augmentent leurs prix.
2. Recensez les effets économiques des décisions de l'OPEP.

Mettre en relation

3. En comparant les trois documents, montrez que le rôle économique du choc pétrolier peut être nuancé mais qu'il s'agit bien d'une rupture géopolitique forte.

Répondre à la problématique en historien(ne)

4. En vous appuyant sur les documents, montrez l'importance géopolitique de la rupture de 1973 tout en nuançant sa portée dans le retournement de conjoncture économique des années 1970.

Point de PASSAGE

COURS : p. 226-227

VOCABULAIRE :

- Dérégulation p. 226
- Néolibéralisme p. 227
- ZES p. 227

Contexte

Ronald Reagan et Deng Xiaoping : deux acteurs majeurs d'un nouveau capitalisme

La baisse de la croissance dans les pays occidentaux bouleverse les politiques économiques à l'échelle mondiale. À son arrivée au pouvoir en Chine en 1978, Deng Xiaoping entreprend un vaste programme de réformes économiques. Ronald Reagan, élu en 1980, entend retrouver la prospérité américaine par un ensemble de mesures, les « *Reaganomics* », largement inspirées du néolibéralisme.

Comment les politiques menées aux États-Unis et en Chine influent-elles sur le fonctionnement de l'économie mondiale ?

BIOGRAPHIE

Ronald Reagan (1911-2004)

Président républicain américain de 1981 à 1989.

Biographies : p. 356

1 Retrouver la puissance américaine

Affiche de campagne électorale, 1980.

2 Le programme économique néolibéral de Ronald Reagan

Le tableau que je viens de vous brosser est sombre, mais je crois que les couleurs sont fidèles. Il est en notre pouvoir de le modifier et nous pouvons agir dans cette espérance.

Je vous demande de vous joindre à moi pour réduire de 41 400 millions de dollars les dépenses directes du gouvernement fédéral au cours de l'exercice budgétaire à venir. [...] Étroitement associé à l'ensemble du plan de compressions budgétaires, il existe un programme non moins important prévoyant une réduction du taux de l'impôt.

Au cours des récentes décennies, l'Amérique a connu une véritable prolifération des réglementations. [...] Le résultat ne s'est pas fait attendre, et nous avons assisté à la hausse des prix, à la montée du chômage et au fléchissement du taux d'augmentation de la productivité. [...] Si nous voulons juguler l'inflation, nous devons ralentir le développement de notre masse monétaire.

Ronald Reagan, discours au Congrès des États-Unis, 20 février 1981.

3 Le bilan mitigé de l'action de Ronald Reagan

L'Amérique est en paix et paraît prospère. [...] Il y a, bien sûr, l'envers du décor : l'Amérique de 1988 est dure aux faibles. Les pauvres sont restés pauvres ou n'ont eu droit qu'à quelques miettes du gâteau, et certains quartiers, au cœur des plus grandes villes du pays, offrent un spectacle indigne de la première puissance mondiale. [...] L'inflation a été réduite, le chômage ramené à un niveau remarquablement bas (sauf pour les Noirs), mais la drogue a été promue au rang d'ennemi public numéro un. Enfin, l'administration a tiré bien des traites sur l'avenir, laissant s'accumuler une dette colossale et de graves déficits budgétaires et commerciaux [...].

Le rôle de l'État n'a pas vraiment diminué. [...] La plupart des Américains subissent, au total, autant de prélèvements, la hausse des cotisations sociales (et des taxations locales) ayant compensé, et au-delà, la diminution des impôts.

« L'héritage en trompe l'œil de Ronald Reagan », *Le Monde*, 3 novembre 1988.

4 **Affiche de lancement de la campagne de modernisation (1979)**
« Longue vie aux habitants de la République populaire de Chine. »

BIOGRAPHIE

Deng Xiaoping (1904-1997)
Dirigeant de la République populaire de Chine de 1978 à 1992.

▶ Biographies : p. 356

INFO

Les « Quatre Modernisations »
Ensemble de mesures prises par Deng Xiaoping à partir de 1978 pour moderniser l'agriculture, l'armée, l'industrie et la recherche. Cette politique a pour objectif d'engendrer une forte croissance économique. Pour devenir une puissance industrielle, la Chine accueille les investisseurs étrangers dans des ZES où les salaires sont bas.

5 **Le programme des « Quatre Modernisations »**

Nous voici encore une fois à un tournant de l'histoire de la Chine. En 1978, nous avons lancé un vaste programme que nous appelons les « Quatre Modernisations » [...] Pour nous autres Chinois, il s'agit là, en un sens bien réel, d'une nouvelle révolution ; et c'est une révolution socialiste. [...] Nous ne voulons pas du capitalisme, ce que nous voulons, c'est une société dont l'économie soit prospère. [...]

La Chine a maintenant adopté une politique d'ouverture sur le monde [...] Il n'existe aucun pays où le processus de modernisation se soit déroulé dans un isolement total. [...] Au sein du système socialiste, une économie de marché et une économie fondée sur la planification de la production peuvent coexister et il est possible d'établir entre elles une coordination.

Discours de Deng Xiaoping devant le Comité central communiste, 1979.

Itinéraire 1

Identifier

1. **Doc 1, 2 et 5.** Relevez les objectifs des politiques économiques décrites par Ronald Reagan et Deng Xiaoping.

Expliquer

2. **Doc 2.** Décrivez les principes de la politique économique menée par Ronald Reagan.
3. **Doc 4 et 5.** Quels sont les moyens mis en œuvre par Deng Xiaoping pour transformer l'économie de la Chine ?
4. **Doc 3.** Montrez les limites de la politique menée aux États-Unis.

Synthétiser

5. Présentez en quelques lignes comment l'économie mondiale se transforme à partir des exemples des politiques américaines et chinoises.

OU

Itinéraire 2 *oral*

Présenter un schéma de synthèse

▶ À partir des documents proposés, réalisez un schéma de synthèse sur les politiques économiques menées aux États-Unis et en République populaire de Chine. Le schéma devra mettre en évidence les objectifs, les réalisations et les effets de ces politiques.

▶ Présentez votre schéma de synthèse en 5 min devant la classe.

Aide

COURS

DOCUMENTS : p. 234 à 241

Podcast du cours

2 La fin de la guerre froide (1975-1991)

Comment comprendre la fin de la guerre froide et de l'URSS ?

« Si votre voisin retapisse son appartement, vous n'êtes pas obligé de faire de même. »

Erich Honecker (dirigeant de l'Allemagne de l'Est), refusant de s'engager dans la *Perestroïka*.

BIOGRAPHIES

Mikhaïl Gorbatchev (né en 1931)
Dirigeant soviétique de mars 1985 à décembre 1991.

Ayatollah R. Khomeini (1902-1989)
Guide suprême de la révolution islamique iranienne (1979-1989).

Boris Eltsine (1931-2007)
Président de la Fédération de Russie de 1991 à 1999.

Biographies : p. 356

A Les transformations des relations internationales (1975-1984)

1. Les deux Grands face à des difficultés internes

• En 1976 lorsque Jimmy Carter est élu président, les États-Unis sont en difficulté après leur échec au Vietnam et sont contestés au sein même du continent américain (progression du communisme au Nicaragua en 1979). Ils subissent également la crise économique.

• Des alliés de l'URSS connaissent aussi de fortes contestations. En Pologne, le syndicat *Solidarnosc* organise en 1980 des grèves massives pour demander la liberté syndicale. Dans ce pays catholique, le soutien au mouvement du pape polonais Jean-Paul II encourage la contestation. Alors qu'une intervention soviétique est redoutée, les dirigeants polonais choisissent de proclamer l'état de guerre (décembre 1981) et d'interdire *Solidarnosc*.

2. Le regain de tensions entre les deux superpuissances

• Les difficultés internes amènent l'URSS à conduire une politique offensive sur le plan extérieur : l'aide aux pays du tiers-monde s'accroît (Angola, Éthiopie) tandis qu'une intervention militaire en Afghanistan est lancée en 1979, pour maintenir les communistes afghans au pouvoir.

• La crise des euromissiles (1977-1983) replace l'Europe au cœur de l'affrontement Est-Ouest. En réponse aux missiles de portée intermédiaire (SS 20) installés à l'Est par l'URSS, l'OTAN déploie des Pershing II en 1983, rétablissant un équilibre des forces.

• De son côté, Ronald Reagan annonce le lancement de l'« Initiative de défense stratégique » (IDS) et multiplie les initiatives militaires (débarquement de la Grenade en 1983, raid sur la Libye en 1986).

3. Une nouvelle donne internationale

• En Europe, les années 1974-1975 permettent à la Grèce, au Portugal et à l'Espagne de sortir de longues dictatures et de rejoindre la CEE (en 1981 pour la Grèce, en 1986 pour la péninsule Ibérique).

• Au Moyen-Orient, les États-Unis soutiennent les accords de paix entre l'Égypte et Israël (1978). En Iran, le régime autoritaire soutenu par les États-Unis est renversé. Avec l'ayatollah Khomeini, l'**islamisme** triomphe et une République islamique est proclamée (1979), plongeant de nouveau le pays dans la dictature.

B Réformer et désarmer pour sauver l'URSS (1985-1989)

1. Blocages et réformes

• Incapable de se réformer, le système soviétique est miné de l'intérieur et l'échec du modèle politique, économique et social est complet. La rupture entre le gouvernement et la société s'accentue.

- Gorbatchev arrive au pouvoir en 1985. Il est décidé à réformer le système en profondeur afin d'éviter la faillite de l'URSS. Pour redresser la situation et améliorer le quotidien des populations, il instaure la ***Perestroïka*** et la ***Glasnost***.
- Très populaire en Occident, sa politique engendre la suspicion de la ***nomenklatura*** qui craint de perdre ses privilèges, alors que la catastrophe nucléaire de Tchernobyl (1986) inquiète sur les difficultés du régime.

2. Le désarmement : Gorbatchev, « champion de la paix »

- Cette recherche d'apaisement se traduit aussi par une campagne d'envergure lancée en faveur du désarmement. Gorbatchev négocie pour la première fois des accords de désarmement avec les États-Unis : les accords de Washington sur le démantèlement des euromissiles sont signés en 1987 et le traité START sur la réduction des missiles intercontinentaux en 1991.

3. La fin de l'expansionnisme et de la surveillance du bloc

- Partout dans le monde, l'URSS cesse de soutenir les gouvernements et les mouvements communistes ; les troupes soviétiques se retirent d'Afghanistan (1988-1989).
- La fin de la « **doctrine Brejnev** » (ou doctrine de la souveraineté limitée) suscite un grand espoir en Europe de l'Est. Mais elle inquiète aussi les dirigeants qui craignent que cette libéralisation de l'URSS ne mène à des contestations plus larges.

A/Z Vocabulaire

- **« Doctrine Brejnev »**
  Désigne la justification par l'URSS de son intervention militaire dans un pays dont l'évolution intérieure mettrait en péril l'unité du bloc de l'Est.
- ***Glasnost*** **(« transparence » en russe)**
  Politique consistant à établir la liberté d'expression en URSS. Elle est lancée à partir de 1986.
- **Islamisme**
  Doctrine qui veut faire de l'islam et de la loi islamique (*charia*) le fondement idéologique de la vie politique et sociale.
- ***Nomenklatura***
  Terme désignant l'élite du PCUS, dont les membres bénéficient de nombreux privilèges.

C Les bouleversements de 1989-1990

1. La fin des démocraties populaires et la réunification allemande

- À partir de 1989, les régimes communistes, privés du soutien soviétique, s'effondrent brusquement dans toute l'Europe de l'Est. Le processus est tantôt pacifique et négocié (Pologne, Tchécoslovaquie, Hongrie), tantôt violent (Roumanie, Yougoslavie). Le rideau de fer tombe en septembre 1989 lorsque la Hongrie ouvre sa frontière avec l'Autriche.
- La chute du mur de Berlin, le 9 novembre, est le point de départ de la réunification des deux Allemagnes, négociée le 3 octobre 1990.

Point de PASSAGE

▶ **L'année 1989 dans le monde**

→ p. 240

2. La disparition de l'URSS

- La *Glasnost* libère les revendications nationalistes dans les républiques soviétiques qui réclament leur indépendance. Contesté à la fois par ceux qui veulent aller plus loin dans les réformes et ceux qui lui reprochent de détruire le système, Gorbatchev perd tout soutien intérieur et paraît de plus en plus dépassé par les événements.
- Les 15 républiques qui constituaient l'URSS, y compris la Russie menée par Boris Eltsine, proclament une à une leur indépendance. Gorbatchev démissionne de ses fonctions le 25 décembre 1991 : l'URSS cesse d'exister.

- ***Perestroïka*** **(« restructuration » en russe)**
  Politique de réformes économiques et sociales menée par Gorbatchev en URSS entre 1985 et 1991.

3. La Chine, dernière puissance communiste

- L'ouverture économique chinoise décidée en 1979 ne se traduit pas par une libéralisation politique ; le contrôle interne et autoritaire du Parti communiste se maintient : le mouvement de la place Tiananmen, sur laquelle des étudiants pékinois se mobilisent durant sept semaines en revendiquant des réformes, est durement réprimé par le pouvoir le 4 juin 1989.

TESTEZ-VOUS !

- ✔ Comment l'URSS mène-t-elle une politique extérieure offensive dans les années 1970 ?
- ✔ Quelles nouvelles politiques lance Mikhaïl Gorbatchev ?
- ✔ Comment disparaît l'URSS ?

? LE SAVIEZ-VOUS ?

La « **guerre des étoiles** » n'est pas seulement le nom des films de George Lucas, mais également le nom d'un projet inauguré en 1983 sous la présidence Reagan et appelé « Initiative de défense stratégique » (IDS). Ce programme prévoit l'installation d'un bouclier spatial de protection pour parer d'éventuelles attaques de l'URSS.

DOCUMENTS

1978-1979 : l'Iran et la révolution islamique

COURS : p. 232-233

VOCABULAIRE :
- Islamisme p. 233

Vidéo

La révolution contre la monarchie proaméricaine est initiée à la fin de 1978 par un ensemble de forces sociales. Mais très vite, ce sont les islamistes qui prennent le dessus et proclament une révolution islamique dont l'ayatollah Khomeini devient le principal dirigeant (février 1979).

Comment la révolution islamique déstabilise-t-elle les relations internationales ?

1 Une révolution politique

Le peuple a donné son avis sur [Mohammad-Rezâ[1]]. Il a dit son mot. Il est simple : « *Nous ne voulons pas de toi* ». [...] Aviez-vous sincèrement voté pour ces députés qui sont au Parlement en votre nom, en tant que vos représentants, ou est-il vrai que vous ne les connaissiez même pas quand ils étaient élus ? [...] Un tel Parlement n'est-il pas illégal ? Le Sénat est illégal. Le shâh[2] est illégal. Le Parlement est illégal. [...]

Le shâh s'est enfui après avoir fait faillite dans tous les domaines. Il a ruiné l'économie, l'industrie et l'agriculture du pays pour enrichir l'Amérique. Il nous faudra 20 ans pour redresser ces secteurs. Et ce gouvernement qui se dit légal est, lui aussi, illégal. Il a ruiné l'homme iranien. [...] Il y a plus de bars et de débits de boissons à Téhéran que de librairies. Nous ne sommes pas contre le cinéma, mais contre la pornographie. Nous ne sommes pas contre le modernisme, mais nous combattons ses aspects sauvages et immoraux. Nous ne sommes pas contre la télévision, le cinéma et la modernisation, mais nous sommes contre l'impérialisme. Nous ne sommes pas contre la liberté des femmes, mais nous sommes contre la prostitution. Nous ne sommes pas contre la coopération avec l'étranger, mais nous voulons être maîtres chez nous. [...] Pendant plus de 50 ans, le pays a été étouffé. Personne n'avait le droit de parler contre le régime.

Extraits du discours de l'ayatollah Khomeini au « cimetière des martyrs » de Téhéran, 1er février 1979.

1. Dernier shâh (roi) d'Iran qui a régné de 1941 à 1979.
2. « Roi » en persan.

2 La révolution islamique

Manifestation dans les rues de Téhéran, 1979.

3 L'islam au fondement du droit

La Constitution, le Code civil et le Code judiciaire ne peuvent s'inspirer que des lois islamiques contenues dans le Coran et transcrites par le Prophète, et elles seules doivent être appliquées scrupuleusement. [...] Le gouvernement islamique est soumis à la loi de l'islam qui n'émane ni du peuple ni des représentants, mais directement de Dieu. Gouverner signifie uniquement mettre à effet les lois coraniques, autrement dit les lois divines. Ces lois doivent être obéies et exécutées par tous, sans exception, et sans contestation. La loi divine s'applique au chef et au subordonné, à l'employeur et à l'employé. [...] Tout pouvoir laïque, quelle que soit la forme sous laquelle il se manifeste, est forcément un pouvoir athée, œuvre de Satan ; il est de notre devoir de l'enrayer et de combattre ses effets. [...] C'est aussi le devoir de tous les musulmans du monde, dans tous les pays musulmans, de mener la révolution politique islamique à la victoire finale.

Ayatollah R. Khomeini, *Principes politiques, philosophiques, sociaux et religieux*, éditions Hallier, 1979.

La guerre Iran-Irak 4
Des soldats irakiens posent devant un portait du guide suprême iranien Khomeini, presqu'île de Fao, janvier 1988.

? LE SAVIEZ-VOUS ?

Si les musulmans sont majoritairement **sunnites** (le Coran et la *Sunna* – la « tradition » – servent de référence), il existe aussi une branche minoritaire, celle des **chiites**, depuis la mort du prophète en 632. En Iran, la grande majorité des habitants sont des musulmans chiites.

i INFO

En septembre 1980, **l'Irak de Saddam Hussein envahit l'Iran** et espère une victoire rapide sur le pays militairement affaibli par la révolution islamique. Mais la population rejoint massivement les rangs de l'armée : en juin 1982, les territoires gagnés par l'Irak ont été repris par l'Iran et la guerre s'enlise jusqu'en août 1988. Le conflit, le plus long et le plus sanglant depuis la Seconde Guerre mondiale, fait au moins 800 000 morts, dont 300 000 civils.

5 Le quotidien d'une femme dans l'Iran de la révolution islamique

Vidéo
Marche des Iraniennes pour l'égalité

Shirin Ebadi, née en 1947, est la première femme à avoir exercé la fonction de juge en Iran. Elle obtient le prix Nobel de la paix en 2003.

Je me rappelle les années 1980, quand un grand nombre de mes amis et parents commencèrent à quitter le pays, découragés par les pluies de bombes de la guerre contre l'Irak et par les contrôles de la police des mœurs qu'avait établis le gouvernement islamique, encore nouveau. [...] Lorsque j'entrai dans le plus haut tribunal du pays et que les nouvelles autorités révolutionnaires me dirent que les femmes ne pouvaient plus être juges, je restai. Je restai lorsque les autorités me rétrogradèrent à la fonction de greffière dans le tribunal même que j'avais présidé. Je me bouchai les oreilles lorsque les révolutionnaires qui avaient pris en charge le système judiciaire affirmèrent en ma présence que les femmes étaient inconstantes, indécises et inaptes à rendre la justice, qui serait désormais le travail des hommes. Je restai au moment où les avions de guerre irakiens réduisirent à l'état de décombres les maisons de notre rue. Je restai lorsque les nouvelles autorités déclarèrent que l'islam exigeait une justice violente, que l'islam permettait que de jeunes hommes et femmes soient mis à mort sur des toits et pendus à des grues pour leurs convictions politiques, leurs cadavres jetés dans des charniers.

Shirin Ebadi, *Iranienne et libre*, La Découverte, 2006.

QUESTIONS

Identifier

1. **Doc 1.** Relevez les arguments employés par l'ayatollah Khomeini pour légitimer le renversement de la dynastie régnante et la prise de pouvoir des révolutionnaires.
2. **Doc 2, 3 et 5.** Décrivez ce qu'est la révolution islamique. Qu'implique l'adoption du régime pour les populations ?

Expliquer

3. **Doc 1 et 3.** Quelles sont les raisons invoquées pour haïr l'Occident ?
4. **Doc 1 et 4.** Montrez que la révolution islamique déstabilise durablement le Moyen-Orient.

Synthétiser

5. Analysez les conséquences de la révolution islamique de 1979 pour le pays et la société iranienne, ainsi que pour les relations internationales.

Aide

DOCUMENTS

La transition démocratique au Portugal après 1974

COURS : p. 232-233

Vidéo
De la dictature à la démocratie

Depuis les années 1930, le Portugal vit sous la dictature de l'*Estado novo* d'António de Oliveira Salazar, mort en 1970. Les guerres menées par l'armée portugaise dans ses colonies africaines finissent par emporter le régime des successeurs de Salazar. C'est donc de l'armée que provient la révolution des Œillets qui, le 25 avril 1974, renverse la dictature.

Comment la révolution des Œillets inaugure-t-elle la démocratisation du Portugal ?

CHRONOLOGIE

25 avril 1974	25 novembre 1975	2 avril 1976	25 avril 1976	1er janvier 1986	Février 1986
Révolution des Œillets.	Échec d'une tentative de coup d'État.	Promulgation d'une nouvelle Constitution.	Élections législatives, Mário Soares devient chef du gouvernement.	Le Portugal rejoint la Communauté économique européenne (CEE).	Mário Soares élu président de la République.

HISTOIRE DE MOTS

Révolution des Œillets

Le mot, qui désigne la chute de la dictature salazariste, vient de l'œillet rouge que les insurgés portaient à leur boutonnière en signe de ralliement à la révolution.

Vidéo

1 Scène de fraternisation lors de la révolution des Œillets
Photographie de Jean-Claude Francolon, 25 avril 1974.

2 Les objectifs du nouveau régime

Si la population est dans son ensemble joyeuse, si les manifestations du 1er mai ont marqué dans la fête l'écroulement du régime, il faut dire que le changement politique n'est pas allé très loin. En réalité, le pouvoir a changé de mains, mais il ne semble pas avoir beaucoup changé de nature. Les mesures prises sont importantes, mais elles sont loin d'être suffisantes [...]. Le Portugal est donc engagé sur plusieurs voies : la conservation des « acquis », qui semble satisfaire une partie considérable du nouveau personnel politique ; la liquidation de la guerre coloniale, à laquelle tient avant tout le Parti socialiste, qui y a délégué un de ses dirigeants les plus prestigieux ; la transformation de l'appareil économique, amenant le Portugal à renforcer ses liens avec l'Europe, surtout le Marché commun ; enfin, la préparation des élections, qui donneront aux partis la possibilité de se substituer aux militaires sans trop de secousses.

Alfredo Margarido, « Le Portugal entre la continuité et la révolution », *Esprit*, juillet-août 1974.

3 Une volonté d'adhésion à la CEE

[L'adhésion à la Communauté est un] défi pour le Portugal tout d'abord, car nous n'ignorons point ni nos faiblesses ni nos difficultés présentes. Défi ensuite pour l'Europe, car en frappant à sa porte nous avons le sentiment d'exprimer le sens et la dimension européenne des changements politiques et sociaux survenus ou en train de survenir dans l'Europe du Sud. Ignorer cette réalité nouvelle ne ferait qu'élargir l'écart qui sépare encore, en termes économiques, cette Europe du Sud de l'Europe du Nord, avec tous les dangers de désintégration et de rupture pour toute l'Europe que cela ne manquerait pas d'entraîner à la longue. [...]

Nous entreprenons notre démarche européenne avec la pleine conscience de nos responsabilités et notre choix n'exclut nullement le sens des réalités, les nôtres et celles des autres. C'est pour cela que, tout en refusant tout nouveau statut autre que celui de l'adhésion à part entière avec les obligations et les droits correspondants, nous reconnaissons la spécificité que chaque candidature à l'adhésion entraîne et présuppose. L'ensemble des mesures d'austérité et de récupération économique et financière que mon gouvernement vient de prendre montrent notre volonté de mener de front nos propres efforts de redressement intérieur, lesquels devront aller de pair avec la définition d'un programme intégré de développement et de coopération avec la Communauté.

Discours de Mário Soares, Premier ministre portugais, lors de sa visite à la Commission européenne, 11 mars 1977.

4 La renaissance du pluralisme politique

Un mur d'affiches à Lisbonne, le 25 avril 1975, alors que les premières élections libres au suffrage universel permettent d'élire l'Assemblée constituante.

5 L'entrée du Portugal dans la CEE

La Communauté européenne s'est endormie le 31 décembre à dix. Elle s'est réveillée le 2 janvier à douze. Deux nouveaux membres viennent officiellement de la rejoindre, l'Espagne et le Portugal. Pas seulement 50 millions de consommateurs de plus (soit un total de 330 millions désormais dans le Marché commun), mais aussi deux jeunes démocraties et deux grands ancêtres de notre histoire. [...]

Le Portugal sera le pays le plus pauvre de la Communauté, il faudra lui venir en aide. [...].

En réalité, la communauté d'intérêt et de valeur existait déjà entre le nord et le sud de l'Europe. Elle va s'intensifier, non sans conflit bien sûr. Mais la concurrence vaut mieux que la guerre et l'on ne se dispute jamais qu'entre gens du même village. *Saludos amigos* !

Jean Boissonnat, « *Saludos amigos !* », *La Croix*, 3 janvier 1986.

QUESTIONS

Identifier

1. **Doc 1.** Décrivez le document et les relations entre le peuple et l'armée.
2. **Doc 1 et 4.** Relevez les éléments qui montrent que le Portugal est un lieu d'expériences démocratiques.

Expliquer

3. **Doc 2 et 3.** Quels sont les objectifs du régime né de la révolution de 1974 ?
4. **Doc 3 et 5.** Montrez l'importance de l'adhésion du Portugal à la Communauté économique européenne.

Synthétiser

5. Expliquez quelles sont les grandes étapes de la démocratisation du Portugal et de son rapprochement avec la CEE.

DOCUMENTS

1985-1991 : Gorbatchev en échec en URSS

COURS : p. 232-233

Vidéo
Gorbatchev, portrait d'un dirigeant

Mikhaïl Gorbatchev, au pouvoir à partir de 1985, souhaite initier une profonde politique de réformes pour rompre avec les pratiques autoritaires et relancer l'économie.

CONSIGNE BAC

En analysant et confrontant les documents, vous montrerez les objectifs des réformes initiées par Gorbatchev et leur échec.

Vocabulaire

- ***Perestroïka***
Politique de réformes économiques et sociales menée par Gorbatchev en URSS entre 1985 et 1991.

1 Qu'est-ce que la *Perestroïka* ?

« Perestroïka », cela signifie surmonter le processus de stagnation, rompre le mécanisme de freinage, créer des systèmes fiables et efficaces pour accélérer le progrès social et économique et lui donner un plus grand dynamisme. « Perestroïka », cela signifie aussi initiative de masse. C'est le développement complet de la démocratie, l'autonomie socialiste, l'encouragement de l'initiative et des attitudes créatives, c'est aussi davantage d'ordre et de discipline, davantage de transparence, la critique et l'autocritique dans tous les domaines de notre société. C'est le respect le plus absolu pour l'individu et la prise en considération de la dignité de la personne, c'est l'intensification systématique de l'économie soviétique, le renouveau et l'épanouissement des principes du centralisme démocratique dans la gestion de l'économie nationale, l'introduction en tous lieux de méthodes économiques, le renoncement à une gestion fondée sur l'injonction et les méthodes administratives. [...] « Perestroïka », cela signifie le développement prioritaire du domaine social, avec pour objectif de satisfaire les aspirations du peuple soviétique à de meilleures conditions d'existence et de travail, à de meilleurs loisirs, à une meilleure éducation et de meilleurs soins médicaux.

Mikhaïl Gorbatchev, *Perestroïka*, Flammarion (1987), trad. J. Bonnefoy, W. Desmond, 2019.

2 La démission de Gorbatchev

Dans une allocution télévisée, Mikhaïl Gorbatchev annonce sa démission et la dissolution de l'URSS le 25 décembre 1991.

M'adressant à vous pour la dernière fois en qualité de président de l'URSS, j'estime indispensable d'exprimer mon évaluation du chemin qui a été parcouru depuis 1985. [...]

Le destin a voulu qu'au moment où j'accédais aux plus hautes fonctions de l'État, il était déjà clair que le pays allait mal. Tout ici est en abondance : la terre, le pétrole, le gaz, le charbon, les métaux précieux, d'autres richesses naturelles [...], et pourtant nous vivons bien plus mal que dans les pays développés, nous prenons toujours plus de retard par rapport à eux. [...] La société étouffait dans le carcan d'un système administratif de commande. Condamnée à servir l'idéologie et à porter le terrible fardeau de la militarisation à outrance, elle était à la limite du supportable. Toutes les tentatives de réforme partielle – et nous en avons eu beaucoup – ont échoué l'une après l'autre. Le pays perdait ses objectifs. Il n'était plus possible de vivre ainsi. Il fallait tout changer radicalement. [...] Je comprenais qu'entamer des réformes d'une telle envergure et dans une société comme la nôtre était une œuvre de la plus haute difficulté et, dans une certaine mesure, risquée. Mais il n'y avait pas de choix. Aujourd'hui encore, je suis persuadé de la justesse historique des réformes démocratiques entamées au printemps 1985.

Mikhaïl Gorbatchev, 25 décembre 1991.

Vidéo
Perestroïka et Glasnost

AIDE POUR RÉPONDRE À LA CONSIGNE

- Dans le **doc 1**, cherchez quels sont les objectifs du dirigeant soviétique.
- Dans le **doc 2**, repérez comment Gorbatchev justifie son échec.

DOCUMENTS

1991 : la désintégration de l'URSS

COURS : p. 232-233

Vidéo
La fin de l'URSS

Alors que les politiques initiées par Mikhaïl Gorbatchev échouent, les nationalismes mènent l'URSS à sa décomposition.

CONSIGNE BAC

En analysant et confrontant les documents, vous expliquerez les causes de la disparition de l'URSS.

CHRONOLOGIE

1991

- **Février-mars** : Les pays Baltes (Estonie, Lettonie, Lituanie) votent en faveur de leur indépendance.
- **Juin** : Boris Eltsine élu président de la République de Russie.
- **Août-décembre** : Plusieurs républiques, dont l'Ukraine, la Biélorussie et les pays Baltes proclament leur indépendance.
- **Septembre** : Les pays Baltes sont admis aux Nations unies.
- **25 décembre** : Discours de démission de Gorbatchev.

1 La contestation en URSS

Manifestation contre l'URSS à Vilnius (Lituanie), 1er janvier 1990. Les trois États baltes (Lettonie, Estonie et Lituanie) ont été annexés et incorporés à l'Union soviétique en 1940. Les pancartes en anglais visent à interpeller le monde occidental.

① « Liberté, tu nous es plus chère que la vie ! »

Vocabulaire

- **Nationalisme**
  Doctrine et mouvement qui revendiquent l'indépendance d'un territoire et la création d'un État souverain.

Animation

2 La disparition de l'URSS

① Mikhaïl Gorbatchev, suivi par ② Boris Eltsine, président de la Russie.
Caricature de Plantu publiée dans *Le Monde*, 9 décembre 1991.

AIDE POUR RÉPONDRE À LA CONSIGNE

- Confrontez les deux documents et relevez les symboles nationalistes présents.

Point de PASSAGE

L'année 1989 dans le monde

COURS : p. 232-233

Contexte

Borne chronologique majeure du XXe siècle, 1989 est une année particulièrement dense en événements historiques de premier plan (chute du mur de Berlin, sortie de l'ère communiste pour les démocraties populaires, événements de la place Tiananmen en Chine) qu'il faut reconsidérer et relier entre eux.

Pourquoi 1989 est-elle une année charnière ?

CHRONOLOGIE

1989

- **15 février** Retrait définitif de l'armée soviétique d'Afghanistan.
- **4 juin** Répression des manifestants de la place Tiananmen à Pékin. Élections libres remportées par *Solidarnosc* en Pologne.
- **10 sept.** Ouverture du rideau de fer entre l'Autriche et la Hongrie.
- **9 nov.** Chute du mur de Berlin, fin symbolique de la guerre froide.
- **16-22 décembre** Chute du régime communiste en Roumanie.

1 La fin de la guerre froide à Berlin

Aucun d'entre nous n'oubliera jamais cette nuit du 9 au 10 novembre durant laquelle les Berlinois ont pu pour la première fois circuler à nouveau librement dans leur ville et se serrer dans les bras les uns des autres. L'ouverture de la porte de Brandebourg et la nuit du Nouvel An ont montré au monde entier que les Berlinois sont une seule et même famille. [...] Mais ce changement ne se serait pas produit, et ne serait pas en tout cas allé si loin, s'il n'y avait pas eu deux conditions décisives.

Premièrement, la solidité de l'Alliance atlantique au cours des dures épreuves des années 1980 et la réussite du développement de l'intégration économique et politique de la Communauté européenne. [...]

Deuxièmement, la politique de réformes menées par le secrétaire général Gorbatchev et surtout sa volonté de reconnaître aux États d'Europe centrale et d'Europe du Sud-Est le droit de choisir leur propre voie. [...] Ce pas clairvoyant et courageux permet au continent européen tout entier d'espérer enfin trouver la paix et la stabilité sur la base du droit et de la liberté, sans être plus longtemps menacé par la force et par une éventuelle ingérence. Si cette politique aboutit, elle constituera l'un des actes historiques de notre temps.

Discours d'Helmut Kohl (chancelier de la RFA), 17 janvier 1990.

2 L'ouverture de la frontière austro-hongroise (10 septembre 1989)

L'ouverture de la frontière austro-hongroise provoque un exode des Hongrois et des Allemands de l'Est, via l'Autriche, vers l'Allemagne de l'Ouest.

3 Une progressive sortie du communisme en Pologne

Le 4 juin 1989, des élections libres ont lieu en Pologne, remportées par Solidarnosc.

Ces élections sont le résultat de la table ronde[1], il ne faut pas l'oublier. La situation géopolitique de la Pologne n'a pas changé, comme ceux qui disposent des instruments de la force n'ont pas changé. Le prix que va devoir payer *Solidarnosc* pour la confiance qui lui a été accordée, c'est son travail et sa responsabilité. [...] [Nos électeurs] veulent un chemin évolutif pour passer du communisme totalitaire vers la démocratie parlementaire, de l'économie planifiée chaotique et absurde vers la loi du marché, d'une société d'esclavage vers la société civile. Sur ce chemin vers la démocratie parlementaire, qui doit être un chemin commun, il faut respecter les accords de la table ronde. *Solidarnosc* sera capable de le faire ; nous en attendons autant du pouvoir. Je pense personnellement qu'il faut parler avec ce partenaire qui, au début de l'année, a choisi le chemin de la table ronde, de la négociation et non celui de la répression. [...] Nous allons leur expliquer que l'alternative à la table ronde, ce peut être Tbilissi[2] ou Pékin, et cela nous voulons l'éviter. La Pologne n'a pas les moyens de s'offrir une guerre civile.

Extraits de l'entretien avec Adam Michnik (dirigeant de *Solidarnosc*), *Le Monde*, 7 juin 1989.

1. Désigne les négociations entamées en février 1989 entre le pouvoir communiste et *Solidarnosc*.
2. Le 9 avril, la répression d'une manifestation antisoviétique fait 20 morts à Tbilissi (Géorgie).

4 Des espoirs de libéralisation en Chine

Avant que l'armée ne réprime les étudiants et les ouvriers sur la place Tiananmen, l'ambiance est à l'optimisme parmi la foule qui manifeste contre la corruption et pour plus de démocratie. Photographie de Stuart Franklin, Pékin, mai 1989.

5 « Relier les événements de l'est de l'Europe à ceux de Chine »

Point de vue d'HISTORIEN

Pierre Grosser est historien, spécialiste des relations internationales.

Si Gorbatchev méprise les réformes chinoises, les réformes gorbatchéviennes inquiètent Pékin. Elles sont tenues responsables des concessions faites par le pouvoir communiste polonais à une alliance entre ouvriers et intellectuels, à travers le syndicat *Solidarnosc*. Cette alliance est un cauchemar pour Pékin, où l'on s'inquiète de la tenue des premières élections libres en Pologne, le 4 juin 1989.

Des manifestants chantent en effet : « Où es-tu le Walesa[1] chinois ? » De plus, la personne de Gorbatchev est devenue un cri de ralliement pour les protestataires, de Pékin à Berlin-Est. La crise à Pékin se cristallise autour de la décision d'étudiants de se mettre en grève de la faim place Tiananmen, afin d'attirer l'attention du dirigeant soviétique, et de l'amener à peser sur le numéro un chinois, Deng Xiaoping [...]. L'appel des étudiants chinois à Gorbatchev est une humiliation pour le pouvoir chinois, de même que le spectacle des troubles devant les caméras du monde entier.

D'autre part, et en sens inverse, le choix de la répression par les dirigeants chinois à partir du 17 mai, explique dans une certaine mesure le caractère pacifique des événements de l'automne 1989 en Europe de l'Est. Tandis que sur les écrans de télévision, les images de la répression en Chine prennent le pas sur celles de la victoire historique de *Solidarnosc* dans les élections polonaises, Gorbatchev est choqué par cette violence, déclenchée 3 semaines après sa visite.

Il est conforté dans sa certitude qu'il ne faut pas employer la force, mais privilégier les transitions pacifiques dans le camp communiste.

Pierre Grosser, « La répression en Chine en 1989 a fonctionné comme un épouvantail pour l'Europe de l'Est », *Le Monde*, 4 juin 2019.

1. Dirigeant du syndicat polonais *Solidarnosc*.

QUESTIONS

Identifier

1. **Doc 4 et 5.** Synthétisez les informations vous permettant de comprendre ce que sont les événements de la place Tiananmen.
2. **Doc 1 à 3.** Relevez et classez les différents bouleversements politiques qui s'opèrent en Europe de l'Est.

Expliquer

3. **Doc 1.** Comment Gorbatchev accueille-t-il les évolutions politiques de l'Europe de l'Est ?
4. **Doc 1, 3 et 5.** Montrez le lien qui existe entre la situation chinoise et la sortie du communisme en Europe de l'Est.

Synthétiser

5. Expliquez les enjeux et les grands moments politiques de l'année 1989.

POUR ALLER + LOIN

Analyser un discours

Analysez le discours de François Mitterrand du 25 octobre 1989 :
- pourquoi Mitterrand compare-t-il la fin de l'année 1989 aux grandes heures de 1789 ?
- quel a été le rôle de Gorbatchev et pourquoi le soutenir ?
- quelle doit être l'attitude de l'Europe de l'Ouest ?

Lien vers le discours

RÉVISIONS

Podcast de la synthèse

La modification des grands équilibres économiques et politiques mondiaux (1973-1991)

RETENIR... à l'écrit

1 Les mutations de l'économie mondiale (années 1970-1980)

- À partir des années 1970, l'économie mondiale connaît de fortes turbulences. La stabilité monétaire disparaît et l'inflation s'installe.
- Le choc pétrolier de 1973 provoque une très forte hausse du coût du pétrole et donc des prix dans leur ensemble. Cette situation, dans les pays occidentaux, engendre la récession et la hausse du chômage. Dans les pays du tiers-monde non producteurs, les effets sont tout autant dévastateurs.
- L'économie capitaliste connaît alors de profonds changements. Des politiques néolibérales sont menées dans de nombreux pays industrialisés pour retrouver la croissance (Chine, États-Unis). Elles aboutissent à une dérégulation financière, ce qui provoque des crises boursières récurrentes.

2 La fin de la guerre froide (1975-1991)

- Au milieu des années 1970, les États-Unis sont en difficulté (fin de la guerre du Vietnam, crise économique, révolution islamique iranienne). L'URSS en profite pour étendre son influence, notamment dans les pays du tiers-monde (Afrique, Afghanistan). Dans le même temps, en Europe, la démocratisation progresse (Grèce, Espagne, Portugal).
- L'élection de Ronald Reagan est un tournant car il entend relancer la confrontation avec l'URSS. Il dévoile ainsi son projet pour relancer la course aux armements et les États-Unis interviennent militairement dans plusieurs pays.
- L'URSS, en proie à de graves difficultés économiques, met en place des réformes pour sortir le pays des problèmes. L'arrivée de Gorbatchev soulève un espoir de changement politique car dans le même temps, il négocie la limitation des armes nucléaires et se prononce pour une évolution dans les démocraties populaires désormais libres de décider de leur avenir politique.
- L'année 1989 est marquée par la fin du communisme dans les pays d'Europe de l'Est. En URSS, Gorbatchev échoue, ce qui provoque la disparition de l'URSS en 1991. En Chine en revanche, le régime communiste réprime très violemment les manifestations pacifiques de la place Tiananmen.

Points de PASSAGE

Ronald Reagan et Deng Xiaoping : deux acteurs majeurs d'un nouveau capitalisme → p. 230

- Pour retrouver la croissance, **Ronald Reagan** s'oriente vers une politique néolibérale favorisant la dérégulation de l'économie.
- Sous la direction de **Deng Xiaoping**, la Chine ouvre et modernise son économie.

L'année 1989 dans le monde → p. 240

- En Europe de l'Est, les démocraties populaires sont peu à peu renversées.
- **Juin** : événements de Tiananmen en Chine communiste. L'espoir de démocratisation est violemment réprimé.
- **9 novembre** : chute du mur de Berlin, symbole de la fin de la guerre froide et de la défaite de l'URSS et de ses alliés.

A/Z Les mots clés

- **Choc pétrolier**
  Hausse rapide des prix du pétrole qui déstabilise l'économie mondiale.
- **Dérégulation**
  Suppression ou simplification des contrôles sur les acteurs de l'économie, le monde de la finance et des entreprises. L'objectif est d'encourager la concurrence et l'innovation.
- ***Glasnost* (« transparence » en russe)**
  Politique consistant à établir la liberté d'expression en URSS. Elle est lancée à partir de 1986.
- **Islamisme**
  Doctrine qui veut faire de l'islam et de la loi islamique (*charia*) le fondement idéologique de la vie politique et sociale.
- **Néolibéralisme**
  Théorie économique qui remet en cause le rôle de l'État dans l'économie, favorisant la dérégulation et la baisse des impôts pour les particuliers et les entreprises.
- ***Perestroïka* (« restructuration » en russe)**
  Politique de réformes économiques et sociales menée par Gorbatchev en URSS entre 1985 et 1991.

RETENIR… en schéma

1 Les mutations de l'économie mondiale

Un système monétaire international bouleversé
- Dévaluation du dollar (1971)
- Système des changes flottants (1976)

1er choc pétrolier (1973) → Crise économique
- Ralentissement de la croissance

Un capitalisme renouvelé
- Chine : **ouverture économique de Deng Xiaoping** (1978)
- États-Unis : **politique néolibérale de Ronald Reagan** (1981)

2 La fin de la guerre froide

Tensions militaires
- Début de la crise des euromissiles (1977)
- Invasion de l'Afghanistan (1979)
- Révolution iranienne (1979)

Réformes en URSS
- Arrivée de Gorbatchev (1985)
  - *Perestroïka*, *Glasnost*
- Accords de désarmement URSS/États-Unis (1987)

Fin de la guerre froide
- **Événements de Tianamen** (juin 1989)
- **Chute du mur de Berlin** (9 novembre 1989)
- Dissolution de l'URSS (1991)

RETENIR… autrement

ÉCOUTER

Les cours en podcast .... p. 226-227, 232-233
La synthèse du cours .... p. 242

REGARDER

L'ESSENTIEL EN 3 MINUTES

S'ENTRAÎNER

Des exercices interactifs .... EXO Quiz

POUR APPROFONDIR

Documentaire
G. Polsky, *Red Army*, 2014.
Documentaire sur l'histoire de l'équipe soviétique de hockey dans les années 1980 et l'utilisation du sport comme outil de propagande.

BD Bande dessinée
L. Zhang, A. Gombeaud, A. Ameziane, *Tiananmen, nos espoirs brisés*, Delcourt, 2019.
Le témoignage d'un des leaders étudiants de l'occupation de la place Tiananmen à Pékin.

Sujet

En analysant le document, vous montrerez que les années 1980, en permettant de relancer la politique de désarmement des deux Grands, constituent une étape essentielle de la fin de la guerre froide.

Rappelez le contexte qui suit l'arrivée au pouvoir d'abord de Ronald Reagan, puis de Mikhaïl Gorbatchev.

Replacez ce document dans la chronologie de la fin de la guerre froide.

Rappelez les premiers accords de désarmement en 1972 (**chapitre 5**), et expliquez quelles tensions les interrompent à la fin des années 1970.

CONSEILS

L'analyse du document constitue le cœur de votre travail, mais nécessite pour être menée la mobilisation de vos connaissances.

➜ Voir **p. 232-233** (cours) et **p. 238** (documents).

Quelles sont les avancées permises par le traité ?

Comment qualifier les relations entre les États-Unis et l'URSS ?

Quelle crainte de la guerre froide ces lignes rappellent-elles ?

États-Unis et URSS réduisent leur armement nucléaire

Le président des États-Unis :

Contrairement aux précédents traités, celui-là ne se contente pas de codifier le statu quo ou une nouvelle accumulation d'armes ; il ne se contente pas de parler du contrôle d'une course aux armements. Mais l'importance de ce traité va au-delà des chiffres. [...] Cet accord contient le système de vérification le plus exigeant de l'histoire, y compris des dispositions concernant les équipes d'inspection qui résideront effectivement sur le territoire étranger, ainsi que plusieurs autres formes d'inspections sur site. Ce traité protège les intérêts des amis et des alliés des États-Unis. Il symbolise également un autre principe important : le besoin d'une *Glasnost*[1], d'une plus grande transparence des programmes et forces militaires.

Nous ne pouvons qu'espérer que cet accord historique ne sera pas une fin en soi mais le début d'une relation de travail qui nous permettra de nous attaquer aux autres sujets urgents qui nous attendent : la réduction des armes nucléaires stratégiques[2], l'équilibre des forces conventionnelles en Europe, les conflits régionaux destructeurs et tragiques qui dévastent tant d'endroits de notre planète [...].

Le secrétaire général du PC de l'URSS :

Je me risquerais à dire que ce que nous allons faire, la signature du tout premier accord éliminant les armes nucléaires, recouvre une valeur universelle pour l'ensemble de l'humanité, aussi bien du point de vue de la politique mondiale que de celui de l'humanisme. Pour le monde entier et, par-dessus tout, pour nos deux grandes puissances, le traité dont le texte est sur cette table offre enfin une chance de s'engager sur la voie qui mène loin de la menace d'une catastrophe. C'est notre devoir de profiter pleinement de cette chance et d'avancer ensemble vers un monde dénucléarisé.

Discours de Ronald Reagan et Mikhaïl Gorbatchev lors de la signature du Traité sur les forces nucléaires à portée intermédiaire, 8 décembre 1987.

1. Mot russe signifiant « transparence ».
2. Armes nucléaires embarquées sur des lanceurs de longue portée (500 à 5 000 km).

Corrigé

Introduction

Le traité de Washington a été signé le 8 décembre 1987 entre les États-Unis et l'URSS. Aussi connu sous le nom de « Traité sur les forces nucléaires à portée intermédiaire » (FNI), ce traité signé par Reagan et Gorbatchev, respectivement dirigeants des États-Unis (depuis 1980) et de l'URSS (depuis 1985), concrétise, dans le contexte de la Glasnost, la recherche d'apaisement entre les deux Grands qui marque la fin de la guerre froide (1985-1991). Pourquoi le désarmement devient-il un objectif majeur des années Gorbatchev ? En premier lieu, ...

→ À la fin de l'introduction, rédigez l'annonce du plan en vous aidant du début de chaque partie.

1re partie

Le traité de Washington est d'abord un symbole de la désescalade entre les deux Grands.

En 1972, les accords SALT avaient marqué le début d'une volonté de désarmement entre les deux « Grands ». Mais les tensions entre l'URSS et les États-Unis reprennent à la fin des années 1970. En effet, ...

→ Grâce à vos connaissances, expliquez les raisons de ces tensions.

Cette relance de la campagne de désarmement vient d'abord de Gorbatchev, ce que ne précise pas Reagan. Quelques mois après son arrivée au pouvoir en 1985, le dirigeant soviétique lance une campagne en faveur du désarmement. Il a effectivement besoin de cet apaisement pour réformer l'URSS et assurer Perestroïka et Glasnost.

→ À l'aide de vos connaissances, expliquez la politique lancée en URSS par Gorbatchev.

Reagan apparaît, dans ce document, vouloir négocier avec l'URSS. Il affirme : .....

→ Pour justifier cette affirmation, cherchez dans le document une citation de Ronald Reagan.

Pourtant, il s'était jusque-là montré ferme avec l'URSS, comme l'a illustré son « Initiative de défense stratégique ». Ce document révèle que Reagan finit par rejoindre Gorbatchev ce qui permit d'aboutir à la signature de ce traité dont les deux dirigeants soulignent le caractère historique : .....

→ Pour justifier cette affirmation, cherchez dans le document deux citations, une de Reagan, l'autre de Gorbatchev.

2e partie

Ce document aborde ensuite les modalités concrètes du traité de désarmement.

Ronald Reagan souligne l'avancée fondamentale de ce traité qui doit conduire à des perspectives de désarmement plus larges encore. En effet, le traité ne se contente pas de limiter un type d'arme, mais les éradique : le traité doit éliminer tous les missiles de croisière et missiles balistiques à charge conventionnelle ou nucléaire d'une portée de 500 et 5 000 km.

De manière complètement inédite, il aide par ailleurs à déployer un dispositif qui veille à ce que cette campagne de désarmement soit bien réalisée par chacun des deux Grands : il est prévu « ..... ». Le traité devrait donc œuvrer à la construction d'une paix durable, en permettant de limiter les conflits régionaux et en refermant l'ère de la crise des euromissiles.

→ Pour justifier cette affirmation, cherchez dans le document la citation évoquant des inspections réciproques.

3e partie

Le document évoque enfin l'éloignement du spectre d'une guerre atomique entre les deux Grands.

Argument n° 1 : a peur d'un conflit atomique court pendant toute la guerre froide.

Argument n° 2 : la politique de dissuasion nucléaire est un fardeau, dans un contexte économique plus défavorable à l'URSS qu'aux États-Unis.

→ Rédigez chacun de ces arguments à l'aide de vos connaissances.

Conclusion

Ratifié le 27 mai 1988 par le Sénat des États-Unis et par l'URSS le lendemain, le traité de Washington symbolise la capacité de dialogue entre les deux Grands retrouvée et l'espoir d'une progressive dénucléarisation du monde.

BAC
CORRIGÉ COMPLET DU SUJET
lyceen.nathan.fr/coteterm-2020

Sujet

Quelles sont les mutations traversées par l'économie mondiale entre 1973 et 1991 ?

Évoquez ici les transformations majeures et durables.

Pensez à définir les bornes du sujet : du premier choc pétrolier à la fin de la guerre froice.

Tout l'espace mondial doit être considéré : faites référence à des exemples variés, évoquez les relations Nord-Sud…

Corrigé

Introduction

La croissance mondiale est confrontée à des ruptures majeures au début des années 1970. Alors que la fin du système de Bretton Woods fragilise le système monétaire, le premier choc pétrolier, amplificateur des faiblesses antérieures, suscite la première crise économique connue par les pays développés depuis 1945. Comment ….. ? Nous reviendrons sur les facteurs conjugués du retournement de la croissance, sur les conséquences de celui-ci avant d'évoquer l'échec des politiques de relance.

→ Rédigez la problématique en utilisant les termes « retournement de la conjoncture » et « conséquences sociales ».

1re partie

Le retournement de la conjoncture économique naît d'un faisceau de facteurs. Depuis les années 1970, l'économie américaine est fragilisée : en effet, ….. Les États-Unis mettent alors fin au système de Bretton Woods en ….., avant de dévaluer leur monnaie (pour rendre les produits américains plus compétitifs). De nombreuses banques centrales, dont les réserves étaient constituées de dollars, sont fragilisées et un système de change flottant est adopté en …..
C'est aussi la fin du pétrole bon marché : le premier choc pétrolier survient avec la guerre du Kippour, en ….., lorsque les membres de l'OPEP augmentent les prix du baril pour faire pression sur les alliés d'Israël. Un nouveau choc pétrolier, lié cette fois-ci à la révolution iranienne de ….., fait de nouveau flamber les prix. Les pays développés, consommateurs boulimiques d'énergie, ne peuvent plus vivre et produire à bas prix.

→ À l'aide de vos connaissances (cours **p. 226**), expliquez ce ralentissement économique.

→ Dater ces événements avec précision.

2e partie

Ce retournement de conjoncture économique se manifeste de différentes manières. Alors que la croissance économique ralentit mondialement, la récession apparaît dans les pays industrialisés, et la situation des pays du tiers-monde s'aggrave. Cette crise provoque la stagflation qui a des conséquences sociales importantes : …..
Enfin, les pays développés prennent conscience de leur dépendance énergétique : …..

→ À l'aide de vos connaissances (cours **p. 226-227**), continuez la rédaction de ces deux trois paragraphes en définissant avec précision les notions soulignées.

3e partie

Pour finir, les tentatives de sortie de crise sont des échecs.
Argument n° 1 : les politiques monétaristes.
Argument n° 2 : les politiques néolibérales.
Argument n° 3 : la désindustrialisation des pays développés.

→ Rédiger les trois arguments à l'aide de vos connaissances (cours **p. 227**).

Conclusion

La crise qui s'installe dans les années 1970 est une crise d'un nouveau type, exigeant de nouvelles solutions, difficiles à trouver. Si les systèmes d'aide et d'assurance mis en place pendant les « Trente Glorieuses » ont permis d'atténuer les conséquences matérielles de cette situation, le chômage demeure un profond problème dans tous les pays industrialisés des années 1990.

BAC
CORRIGÉ COMPLET DU SUJET
lyceen.nathan.fr/coteterm-2020

RÉPONSE À UNE QUESTION PROBLÉMATISÉE

Sujet 1

Comment expliquer l'effondrement du bloc soviétique puis de l'URSS ?

Sujet 2

Pourquoi l'année 1979 constitue-t-elle un tournant dans les relations internationales ?

ANALYSE DU DOCUMENT

En analysant le document, vous expliquerez les motivations des pays arabes en 1973 et les conséquences de leur décision sur les économies occidentales.
L'analyse du document constitue le cœur de votre travail, mais nécessite pour être menée la mobilisation de vos connaissances.

L'arme pétrolière en 1973

Considérant que l'objectif premier du conflit actuel est la libération des territoires arabes occupés pendant la guerre de juin 1967 et la restauration des droits légitimes du peuple palestinien conformément aux résolutions des Nations unies ;

Considérant que les États-Unis sont la source principale de la puissance israélienne, d'où a résulté l'actuelle arrogance d'Israël, ce qui lui a permis de continuer à occuper nos territoires ;

Rappelant que les grandes nations industrielles appuient, d'une manière ou d'une autre, le maintien du statu quo, bien qu'elles aient la responsabilité commune de faire exécuter les résolutions des Nations unies ; [...]

Décident que chaque pays arabe exportateur réduira sa production de pétrole de 5 % chaque mois [...] jusqu'à ce que la communauté internationale contraigne Israël à se retirer de nos territoires occupés [...].

Cette réduction sera appliquée uniformément par tous les pays exportateurs de pétrole, mais la baisse des approvisionnements destinés aux différents pays consommateurs pourra être aggravée en proportion de leur appui et de leur coopération avec l'ennemi israélien.

Les participants recommandent également aux pays signataires de cette résolution que les États-Unis soient soumis proportionnellement à la plus sévère réduction des quantités de pétrole brut, de dérivés pétroliers et d'hydrocarbures qu'ils importent de chaque pays exportateur.

Résolution de l'Organisation des pays arabes exportateurs de pétrole (OPAEP) réunis à Koweït, 17 octobre 1973.

CHAPITRE

8

Un tournant social, politique et culturel : la France de 1974 à 1988

Les années 1970 et 1980 sont marquées par les conséquences sociales de la crise économique mondiale consécutive aux chocs pétroliers. Mais ces années sont aussi celles de mobilisations sociales et d'alternances politiques qui permettent des avancées législatives pour les droits des uns et des autres. Les pratiques culturelles des Français changent aussi profondément.

Textes DYS
TOUS LES TEXTES EN VERSION DYS
lyceen.nathan.fr/coteterm-2020

▶ Quelles sont les mutations sociales, politiques et culturelles qui dessinent une nouvelle société en France ?

1 La télévision au cœur des foyers français
François Mitterrand, président de la République (1981-1995), en campagne pour sa réélection en 1988.
Photographie de Raymond Depardon.

Vidéo

2 De nouvelles mobilisations : la Marche pour l'égalité (1983)

En 1983, la Marche pour l'égalité et contre le racisme part de Marseille et arrive à Paris avec plus de 100 000 marcheurs et marcheuses. Toutes et tous revendiquent que les Français issus de l'immigration soient reconnus comme des citoyens de plein droit.

CONTEXTE

Politique et société en France

Au cours des années 1970-1980, la société française est confrontée aux effets de la crise économique mondiale tandis que les mobilisations sociales portent de nouvelles revendications. Dans ce contexte, le pouvoir politique agit, notamment par la loi, pour réformer et ainsi répondre à ces mutations.

Vocabulaire

- **Alternance**
  Changement de majorité, de la droite vers la gauche (ou inversement), après des élections législatives (élections de l'Assemblée nationale).
- **Cohabitation**
  Coexistence d'un président de la République et d'une majorité politique qui lui est opposée à l'Assemblée nationale.
- **Éducation prioritaire**
  Principe de compensation des inégalités territoriales et scolaires en donnant davantage d'aides aux zones en difficulté. Ces zones sont appelées ZEP (zones d'éducation prioritaire).
- **Immigration**
  Fait de s'installer, provisoirement ou définitivement, dans un pays d'accueil.

REPÈRES CHRONOLOGIQUES DU CHAPITRE

THÈME 1 Fragilités des démocraties, totalitarismes et Seconde Guerre mondiale (1929-1945)

THÈME 2 La multiplication des acteurs internationaux dans un monde bipolaire (1945-1970)

THÈME 3 Les remises en cause politiques, économiques et sociales (1970-1990)

THÈME 4 Le monde, l'Europe et la France, entre coopérations et conflits (depuis 1990)

1972 – 1973 – 1974 – 1975 – 1976 – 1977 – 1978 – 1979

GEORGES POMPIDOU (1969-1974)

VALÉRY GISCARD D'ESTAING (1974-1981)

- **1972** Procès de Bobigny
- **1974** Élection de Valéry Giscard d'Estaing
- **1974** Suspension de l'immigration de travail
- **1975** *Point de PASSAGE* Loi Veil : légalisation de l'interruption volontaire de grossesse
- **1975** Loi Haby : instauration du collège unique
- **1976** Reconnaissance officielle du regroupement familial pour les étrangers
- **1978** Élections législatives

Affiche en faveur de la légalisation de l'IVG.

REPÈRES STATISTIQUES DU CHAPITRE

L'alternance politique en France (1978-1988)

En nombre de députés

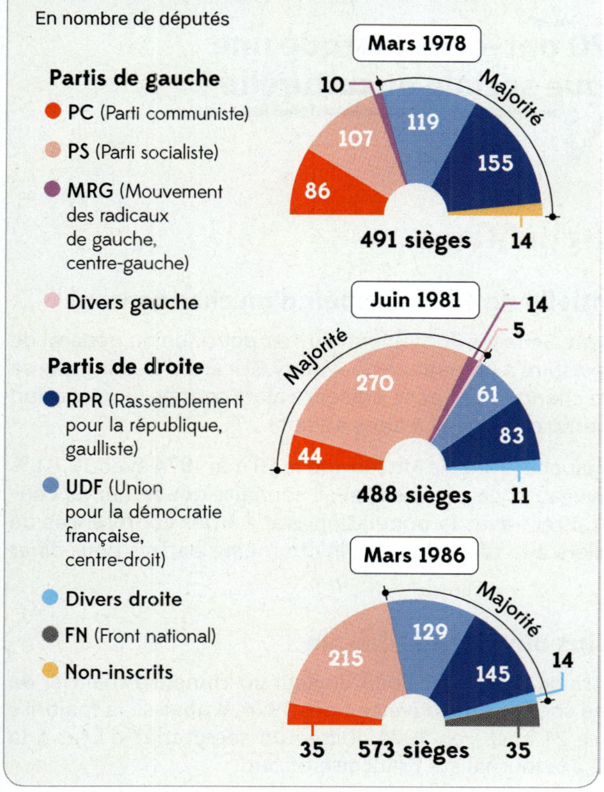

INFO

La vie politique organisée autour de l'opposition **droite-gauche** est typiquement française. Chaque camp se compose de plusieurs partis politiques qui se regroupent pour former des majorités pour gouverner.

La société française de 1974 à 1988

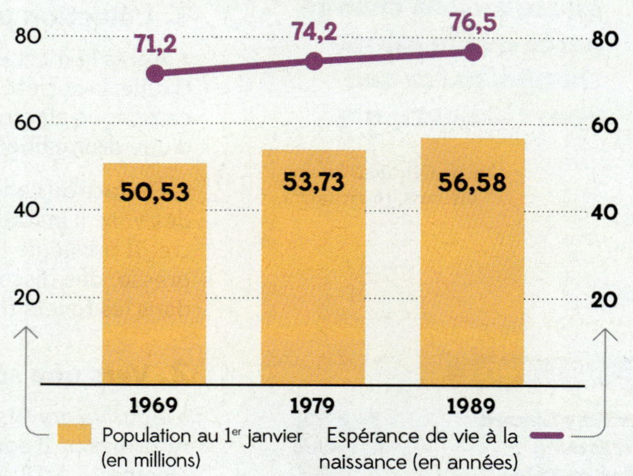

Source : INSEE, état civil et recensement de la population.

1981 – 1982 – 1983 – 1984 – 1985 – 1986 – 1987 – 1988

FRANÇOIS MITTERRAND
(1981-1995)

COHABITATION

1981 *Point* de PASSAGE
Abolition de la peine de mort

1982 *Point* de PASSAGE
Identification des premiers cas de SIDA

1981
Élection de François Mitterrand
Élections législatives
Autorisation des radios libres
Mise en place des zones d'éducation prioritaire (ZEP)

1983
Marche pour l'égalité et contre le racisme
Loi sur l'égalité professionnelle entre les hommes et les femmes

1985
Création du Bac professionnel

1986
Élections législatives : victoire de la droite

1988
Réélection de François Mitterrand

Frise interactive

La victoire de François Mitterrand.

La Marche pour l'égalité et contre le racisme.

COURS

▶ DOCUMENTS : p. 256-257, 260, 262-263, 268-269

Podcast du cours

Vidéo
Valéry Giscard d'Estaing dans les foyers français

1 Les transformations de la société française de 1974 à 1981

En quoi les années 1970 ont-elles marqué une rupture tant politique que sociale et culturelle ?

« Pourquoi le changement ? Parce que le monde change, parce que le temps change, parce que vous changez. »

Valéry Giscard d'Estaing, discours, 19 avril 1974.

A Un changement politique

1. L'élection présidentielle de 1974, l'espoir d'un changement

- Après la mort du président Georges Pompidou, héritier politique du général de Gaulle, la société française aspire à un renouveau. Valéry Giscard d'Estaing axe sa campagne électorale sur le changement et se présente alors comme l'incarnation d'une **droite libérale**, moderne et jeune (il a alors 48 ans).

- Élu face au candidat de gauche François Mitterrand le 19 mai 1974 avec 50,81 % des voix, il instaure un nouveau style présidentiel ; il souhaite gouverner au centre. Il privilégie le contact direct avec la population grâce à des conférences de presse, des discours réguliers à la télévision. Il s'invite même parfois pour dîner dans les foyers français.

2. Vers une société plus ouverte et libérale

- Pour Valéry Giscard d'Estaing, « la France doit devenir un immense chantier de réformes ». Il souhaite une société plus ouverte : dès 1974, il abaisse la majorité électorale à 18 ans (contre 21 ans) ; en 1974, il crée un secrétariat d'État à la Condition féminine, confié à la journaliste Françoise Giroud.

- En matière culturelle, le gouvernement décide la suppression du monopole de l'ORTF (Office de radiodiffusion-télévision française). À la place, plusieurs chaînes publiques de radio (Radio France) et de télévision (TF1, Antenne 2, France Régions 3) indépendantes sont créées de manière à être mises en concurrence. En matière sociale, le **SMIC** est augmenté et la Sécurité sociale est étendue à tous les Français (→ **chapitre 4**).

BIOGRAPHIES

Valéry Giscard d'Estaing (né en 1926)
Ministre des Finances (1969-1974), il est élu président de la République en 1974.

Simone Veil (1927-2017)
Magistrate de formation, elle devient ministre de la Santé en mai 1974 et fait adopter la loi autorisant l'IVG. Elle préside le Parlement européen de 1979 à 1982.

▶ Biographies : p. 356

B Des mutations sociales et culturelles

1. Les réformes scolaires

- Le **septennat** de Valéry Giscard d'Estaing constitue aussi un tournant pour l'école. La question de l'égalité des chances en matière d'éducation est une préoccupation des différents gouvernements depuis l'après-guerre. En 1959, la réforme Berthoin allonge l'âge obligatoire de la scolarité à 16 ans. Il existe malgré tout différents types de collèges selon que les élèves se dirigent vers des études courtes, professionnelles, ou longues. Seules les catégories les plus favorisées poursuivent vers le lycée. En 1975, la loi Haby crée le collège unique qui unifie tous les parcours et cherche ainsi à favoriser la démocratisation scolaire.

- L'augmentation du nombre d'élèves du secondaire s'avère spectaculaire depuis la fin des années 1950. À l'université, la massification est également aussi forte depuis les années 1960 du fait de l'arrivée des générations nées plus nombreuses dans les années 1940-1950.

NE PAS CONFONDRE

Massification et démocratisation scolaire
La **massification** est l'augmentation numérique du nombre d'élèves qui vont au-delà de l'enseignement primaire, tandis que la **démocratisation** est l'égalité de réussite de tous ces élèves.

2. L'émancipation des femmes

- Dès les années 1960, le **féminisme** a permis la généralisation de la contraception (loi Neuwirth 1967). En 1970, le MLF (Mouvement de libération des femmes) est fondé à Paris. La lutte privilégiée est celle du droit à l'avortement afin que la maternité soit un choix. Cette revendication est largement relayée dans la presse par des artistes, des médecins, des avocats, des syndicalistes... En 1975, la ministre de la Santé Simone Veil fait voter, après des débats très vifs, la loi légalisant l'interruption volontaire de grossesse (IVG). Elle permet aussi à la Sécurité sociale de rembourser les moyens de contraception, mais pas encore l'IVG.

- La place des femmes dans le couple évolue ainsi au rythme de leur intégration au monde du travail. En 1970, 60 % des femmes mariées ne sont pas statistiquement comptabilisées comme « professionnellement actives » ; à la fin des années 1980, elles ne sont plus que 30 %.

- Ces évolutions aboutissent à une reconnaissance progressive de l'égalité des droits. En 1970, la loi sur le partage de l'autorité parentale, jusque-là réservée aux pères, consacre l'égalité des parents dans l'éducation de leurs enfants. En 1975, une loi simplifie la procédure de divorce en instaurant le consentement mutuel.

Point de PASSAGE

▶ **1975 : la légalisation de l'interruption volontaire de grossesse**

→ p. 256

C Le temps des doutes et des questions

1. Crise économique et contestations

- Faute d'indépendance énergétique, la France est vite confrontée à la crise économique, caractérisée par une forte inflation et une augmentation du chômage qui double entre 1975 et 1981, pour atteindre 7 % de la population active (→ **chapitre 7**).

- Incapable d'enrayer la montée du chômage, le gouvernement doit affronter une opposition politique de gauche très offensive.

- De nombreuses contestations émergent. Dans les régions industrielles touchées par la crise, les mobilisations ouvrières se développent comme en Lorraine. C'est aussi le début d'une prise de conscience écologique : en Bretagne, la population se mobilise et empêche la construction d'une centrale nucléaire à Plogoff (1978-1981). Les **radios libres**, comme « Radio Verte » (une radio écologiste) ou radio « Lorraine cœur d'acier », se multiplient.

2. La place des immigrés

- Dès juillet 1974, dans un contexte de crise économique mondiale, le gouvernement français suspend l'**immigration** de travail. Les entrées se poursuivent néanmoins, au titre du **regroupement familial** ou bien clandestinement. Des politiques d'incitation au retour volontaire sont aussi mises en place pour limiter la présence des étrangers sur le territoire.

- Les immigrés d'Afrique du Nord, d'Afrique subsaharienne ou d'Asie sont plus nombreux tandis que la part des Européens recule. Mais le nombre global d'étrangers augmente peu à partir de 1974, d'autant que par le mariage ou la procédure de naturalisation, nombre d'entre eux deviennent français.

- La crise puis la dépression économique alimentent une poussée de l'extrême droite xénophobe. Le Front national, parti politique d'extrême droite né en 1972, stigmatise les étrangers et les immigrés accusés d'être responsables des difficultés de l'économie française.

A/Z Vocabulaire

- **Droite libérale**
Famille politique qui défend des mesures économiques de libéralisation (hostile à l'intervention de l'État dans l'économie), mais aussi des réformes de société allant vers plus de libertés et d'autonomie des individus.
- **Féminisme**
Ensemble d'idées politiques et sociales cherchant à promouvoir les droits des femmes dans la société.
- **Immigration**
Fait de s'installer, provisoirement ou définitivement, dans un pays d'accueil.
- **Radios libres**
Radios qui émettent clandestinement dans les années 1970 afin d'échapper au monopole de l'État. On les appelle aussi radios pirates.
- **Regroupement familial**
Possibilité pour un travailleur immigré de faire venir en France sa femme et ses enfants, au nom du droit à vivre en famille.
- **Septennat**
Mandat du président de la République d'une durée de sept ans.
- **SMIC (salaire minimum interprofessionnel de croissance)**
Salaire horaire minimum garanti créé en 1968. Il varie en fonction de la hausse des prix et de la croissance économique.

TESTEZ-VOUS !

- ✔ **Quelle vision de la société Valéry Giscard d'Estaing veut-il promouvoir ?**
- ✔ **Quelles réformes vont dans le sens de l'émancipation des femmes ?**
- ✔ **Pourquoi l'immigration devient-elle un enjeu politique dans les années 1970 ?**

COURS

DOCUMENTS : p. 258 à 269

Podcast du cours

2 L'alternance politique : 1981-1988

Comment les années 1980 transforment-elles la société française ?

« Si la jeunesse n'a pas toujours raison, la société qui la méconnaît et qui la frappe a toujours tort. »

François Mitterrand, discours à l'Assemblée nationale, 8 mai 1968.

A L'élection de Mitterrand, un tournant politique

1. Le premier président de gauche de la Vᵉ République

• Le 10 mai 1981, François Mitterrand remporte les élections avec 51,75 % des voix. Pour la première fois, un candidat de gauche, membre du Parti socialiste, arrive au pouvoir sous la Vᵉ République, c'est l'**alternance**.

• François Mitterrand s'est engagé à rompre avec le capitalisme et à « changer la vie ». L'espoir est immense. Mais à droite, l'inquiétude est visible, notamment car des communistes entrent au gouvernement, alors que la guerre froide bat son plein depuis l'élection de Ronald Reagan aux États-Unis (→ **chapitre 7**).

2. Le temps des réformes

• La nouvelle majorité se lance dans un vaste programme de réformes économiques et sociales : nationalisation des secteurs clés de l'économie, cinquième semaine de congés payés, baisse du temps de travail, retraite à 60 ans, mise en place d'un impôt sur la fortune.

Point de PASSAGE

▶ 1981 : l'abolition de la peine de mort

Libération
PEINE DE MORT POUR LA GUILLOTINE

→ p. 264

• En 1981, fidèle à sa promesse de campagne, François Mitterrand demande à Robert Badinter de faire voter l'abolition de la peine de mort ; cette même année, un ministère des Droits de la femme est créé et confié à Yvette Roudy. En 1983, elle fait voter une loi sur l'égalité professionnelle femmes-hommes.

• Des réformes scolaires vont dans le sens de la **démocratisation scolaire**. Le ministre Alain Savary se lance dans une politique d'**éducation prioritaire** pour tenter de limiter les inégalités scolaires. En 1985, pour amener plus d'élèves vers le supérieur, un Baccalauréat professionnel est créé. Une ambitieuse politique culturelle est lancée par le ministre de la Culture Jack Lang.

3. Les difficultés et la « rigueur »

• La politique économique française est menée à contre-courant du reste de l'Europe, notamment en Allemagne et au Royaume-Uni (→ **chapitre 7**). La situation économique ne s'améliore pas : le chômage et l'inflation bondissent, les entreprises françaises réduisent leurs investissements.

• C'est pourquoi en mars 1983, François Mitterrand choisit le tournant de la « rigueur » qui se traduit par un blocage des prix et des salaires ainsi que par la baisse des dépenses publiques. Ce revirement provoque la désillusion des électeurs de gauche.

• En mars 1986, la droite remporte les élections législatives. Le président nomme Jacques Chirac, gaulliste, Premier ministre. Pour la première fois dans l'histoire de la Vᵉ République, le président n'a pas de majorité qui lui est favorable à l'Assemblée nationale : c'est la **cohabitation**.

BIOGRAPHIES

François Mitterrand (1916-1996)

Élu à la présidence de la République en 1981 puis pour un second mandat en 1988, il est le premier président de gauche de la Vᵉ République.

Robert Badinter (né en 1928)

Avocat, il est nommé ministre de la Justice par Mitterrand et fait voter la loi sur l'abolition de la peine de mort par le Parlement en 1981.

▶ Biographies : p. 356

B Immigration et société

1. De nouveaux défis

• Avec l'arrivée de François Mitterrand au pouvoir, le gouvernement décide la **régularisation** de plus de 130 000 immigrés clandestins. Mais les immigrés, qui occupent le plus souvent des emplois peu qualifiés, sont particulièrement touchés par le chômage, la précarité ou la misère qu'il entraîne.

• Les familles d'immigrés sont surreprésentées dans les banlieues déshéritées des grandes villes, ce qui ne fait que renforcer leur sentiment d'exclusion. Les violences urbaines récurrentes (comme en 1981 dans la banlieue de Lyon) illustrent le malaise de ces populations et posent la question de l'**intégration**.

2. L'immigration comme enjeu politique

• L'électorat du Front national (→ **cours 1**) poursuit sa progression, surtout aux élections européennes de 1984 où il atteint pour la première fois 11 %.

• Dans ce contexte, de nombreux jeunes d'origine immigrée tentent de se mobiliser. Lors de la Marche pour l'égalité et contre le racisme de 1983, plus de 100 000 personnes, parties de Marseille, arrivent à Paris le 3 décembre 1983. François Mitterrand reçoit une délégation à l'Élysée et l'Assemblée nationale adopte la création de la carte de séjour de 10 ans (1984).

C Les transformations culturelles

1. Un foisonnement audiovisuel

• Les années 1980 sont bouleversées par la métamorphose du paysage médiatique, notamment audiovisuel avec la multiplication des radios et des chaînes de télévision. En 1981, François Mitterrand décide de libérer les ondes en mettant fin au monopole public sur la radiodiffusion : les radios privées et associatives se multiplient. De nouveaux groupes de télévision sont créés avec Canal Plus (1984) et une cinquième puis une sixième chaîne en 1985-1986.

• Radios et télévision sont aussi des circuits de diffusion d'une culture populaire. La musique occupe une grande part du paysage audiovisuel. Des émissions comme « Les Enfants du rock » (1982), « Hip-Hop » (1984) ou encore le « Top 50 » (1984) deviennent des références partagées entre adolescents.

2. Revendications et combats nouveaux

• La jeunesse, touchée de plein fouet par le chômage et inquiète de son avenir, n'hésite pas à se mobiliser. En 1986, lycéens et étudiants protestent contre un projet de loi qui vise à sélectionner les étudiants à l'entrée des universités.

• En 1983, des scientifiques identifient le virus du **SIDA**, dont les premiers cas recensés aux États-Unis avaient fait croire que la maladie ne touchait que les homosexuels et les consommateurs de drogue (héroïne). Son mode de transmission, en réalité universel (par les rapports sexuels, le sang ou les seringues), favorise sa propagation.

• En France, le nombre de cas ne cesse de croître, ce qui provoque la création d'associations d'aide aux malades qui se mobilisent pour pousser le gouvernement à agir notamment dans le sens de la prévention.

Vocabulaire

• **Alternance**
Changement de majorité, de la droite vers la gauche (ou inversement), après des élections législatives (élections de l'Assemblée nationale).

• **Cohabitation**
Coexistence d'un président de la République et d'une majorité politique qui lui est opposée à l'Assemblée nationale.

• **Démocratisation scolaire**
Égalité de réussite des élèves qui vont au-delà de l'enseignement primaire.

• **Éducation prioritaire**
Principe de compensation des inégalités territoriales et scolaires en donnant davantage d'aides aux zones en difficulté. Ces zones sont appelées ZEP (zones d'éducation prioritaire).

• **Intégration**
Processus qui vise à insérer chaque individu dans la société d'accueil par le brassage de l'école, de l'emploi, du mariage, etc.

• **Régularisation**
Processus qui rend légale la présence d'un étranger sur le territoire français par l'attribution d'un titre de séjour.

• **SIDA (syndrome d'immunodéficience acquise)**
Maladie d'origine virale qui se caractérise par une disparition du système de défenses immunitaires.

Point de PASSAGE

▶ L'épidémie du SIDA en France : recherches, préventions et luttes politiques

→ p. 266

TESTEZ-VOUS !

✔ Quels sont les grands changements apportés par l'élection de François Mitterrand ?

✔ Pourquoi peut-on dire que l'immigration devient un enjeu politique au début des années 1980 ?

✔ Sur quelles thématiques la jeunesse se mobilise-t-elle ?

Point de **PASSAGE**

COURS : p. 252-253

Contexte

1975 : la légalisation de l'interruption volontaire de grossesse

Dans les années 1970, les mouvements féministes concentrent leurs actions sur la question du droit des femmes à disposer librement de leur corps. La légalisation de l'avortement est au cœur de cette lutte. La ministre de la Santé, Simone Veil, propose une loi qui est l'objet de vifs débats à l'Assemblée nationale.

En quoi la légalisation de l'avortement est-elle un moment majeur de la conquête des droits des femmes ?

« Ma revendication en tant que femme, c'est que ma différence soit prise en compte, que je ne sois pas contrainte de m'adapter au modèle masculin. »

Simone Veil.

Vocabulaire

- **Féminisme**
Ensemble d'idées politiques et sociales cherchant à promouvoir les droits des femmes dans la société.

CHRONOLOGIE

- **1810** Le Code pénal instaure le crime d'avortement puni d'emprisonnement pour l'avorteuse comme pour la femme qui avorte.
- **1920** L'avortement reste un crime et l'information en faveur du contrôle des naissances est interdite.
- **1967** Loi Neuwirth autorisant la contraception sous conditions (autorisation parentale).
- **1971** « L'appel des 343 ».
- **1972** Procès de Bobigny.
- **1973** Création du MLAC (Mouvement pour la liberté de l'avortement et de la contraception).
- **1975** Adoption de la loi Veil légalisant l'avortement ou interruption volontaire de grossesse (IVG).
- **1982** Remboursement de l'IVG par la Sécurité sociale.

1 « L'appel des 343 »

Un million de femmes se font avorter chaque année en France. Elles le font dans des conditions dangereuses en raison de la clandestinité à laquelle elles sont condamnées, alors que cette opération, pratiquée sous contrôle médical, est des plus simples. On fait le silence sur ces millions de femmes. Je déclare que je suis l'une d'elles. Je déclare avoir avorté. De même que nous réclamons le libre accès aux moyens anticonceptionnels[1], nous réclamons l'avortement libre.

Pétition publiée dans *Le Nouvel Observateur* le 5 avril 1971 dans laquelle 343 femmes avouent avoir avorté et réclament la légalisation de l'IVG.

1. Moyens de contraception.

2 Le procès de Bobigny

Suite à un viol, Marie-Claire Chevalier décide d'avorter. Dénoncée, elle est jugée pour avortement illégal. Défendue par Gisèle Halimi, elle est relaxée en novembre 1972.

3 Le débat sur la légalisation de l'avortement

a. *Simone Veil, ministre de la Santé :*

La plupart d'entre vous le sentent, qui savent que l'on ne peut empêcher les avortements clandestins et qu'on ne peut non plus appliquer la loi pénale à toutes les femmes qui seraient passibles de ses rigueurs. Pourquoi donc ne pas continuer à fermer les yeux ? Parce que la situation actuelle est mauvaise. Je dirais même qu'elle est déplorable et dramatique […]. Je voudrais tout d'abord vous faire partager une conviction de femme – je m'excuse de le faire devant cette Assemblée presque exclusivement composée d'hommes : aucune femme ne recourt de gaieté de cœur à l'avortement […]. C'est toujours un drame et cela restera toujours un drame. C'est pourquoi, si le projet qui vous est présenté tient compte de la situation de fait existante, s'il admet la possibilité d'une interruption de grossesse, c'est pour la contrôler et, autant que possible, en dissuader la femme.

Nous pensons ainsi répondre au désir conscient ou inconscient de toutes les femmes qui se trouvent dans cette situation d'angoisse […]. Actuellement, celles qui se trouvent dans cette situation de détresse, qui s'en préoccupe ? La loi les rejette non seulement dans l'opprobre, la honte et la solitude, mais aussi dans l'anonymat et l'angoisse des poursuites. Contraintes de cacher leur état, trop souvent elles ne trouvent personne pour les écouter, les éclairer, et leur apporter un appui et une protection.

b. *Emmanuel Hamel, député opposé à la réforme :*

L'un de vos arguments, madame, consiste à dire que votre projet permettra de diminuer le nombre des avortements clandestins, mais les statistiques internationales et le simple raisonnement, si l'on analyse les motivations de nombreuses femmes qui se font avorter, permettent de comprendre que la législation de l'avortement, non seulement ne supprimera pas l'avortement clandestin, mais encore multipliera le nombre total des avortements.

Retranscription d'une partie des débats parlementaires, 26 novembre 1974.

5 L'évolution du nombre d'IVG

Fréquence du recours à l'IVG en France

Nombre annuel d'IVG pour 1 000 femmes de 15 à 49 ans

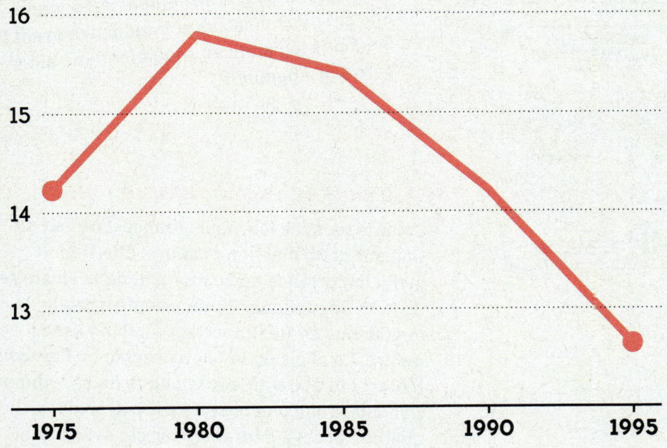

4 Tract du MLAC en 1975

Animation

Itinéraire 1

Identifier

1. **Doc 1 à 3.** Relevez les étapes qui ont mené à l'adoption de la loi Veil.
2. **Doc 3 et 4.** Recensez les arguments émis pour et contre la légalisation de l'avortement.

Expliquer

3. **Doc 1, 2 et 4.** Montrez que ces documents illustrent un combat féministe.
4. **Doc 5.** Quels sont les effets de la légalisation de l'avortement ?

Synthétiser

5. **Doc 4 et 5.** Les arguments du député opposé à la légalisation de l'IVG (**doc 4**) sont-ils vérifiés ?

OU

Itinéraire 2

oral

Travailler l'oral

- Préparez une présentation orale de 5 min pour répondre à la question : « En quoi la légalisation de l'avortement est-elle un moment majeur de la conquête des droits des femmes ? ».
- Présentez-la à un jury d'élèves qui pourront évaluer votre prestation : qualité de la prise de parole, de l'argumentation, etc.

Aide

Grille à télécharger

L'Histoire en Questions

Pourquoi l'élection de François Mitterrand en 1981 est-elle considérée comme un tournant ?

COURS : p. 254-255

VOCABULAIRE :
- **Alternance** p. 250

1 La victoire de François Mitterrand, une alternance

Page 2
- Les législatives par Pierre SAINDERICHIN
- Le programme économique par Roger LAURENT

Page 3
- « En 1936, c'était comme ça » par Jacques de DANNE
- Les réactions

Page 4
- GISCARD : « Je continuerai à défendre les intérêts de mon pays »
- Chirac appelle au rassemblement

Pages 5, 6, 7, 8, 9, 10, 11
- Les résultats

Dernière page
- Les Mitterrand par Yvon SAMUEL et Paul JOLY

France-Soir

N° 11.424

courses toute dernière

Paris, lundi 11 mai 1981
100, rue Réaumur, 75002 – Tél. 508-28-00 2,50 F

Mitterrand 52,06 %
Giscard 47,94 %

Inscrits : 35.830.936 ; Votants : 30.915.441 ;
Exprimés : 30.036.112 ; Abstent : 13,71 %.
Giscard d'Estaing 14.386.438 voix (47,94 %).
Mitterrand 15.639.672 voix (52,06 %).

François Mitterrand, premier socialiste élu président au suffrage universel

La victoire historique

- Passation des pouvoirs sans doute le 25 mai
- Puis formation d'un gouvernement
- Législatives : 21 et 28 juin

Danièle et François Mitterrand, hier, à Château-Chinon, en attendant les 20 heures fatidiques...

« Les Français ont choisi le changement que je leur proposais »

Le message de Giscard

EDITORIAL
Les yeux ouverts
Claude VINCENT

LE DIAMANT grâce au CRÉDIT MP

SOMMAIRE

Une de *France-Soir*, 11 mai 1981.

les clés pour comprendre

→ L'auteur

- Le quotidien français *France-Soir* est un quotidien fondé en 1944 par deux jeunes résistants, Robert Salmon et Philippe Viannay. Il est alors considéré comme un journal clandestin de la Résistance. Le journal connaît son apogée dans les années 1950, sous la direction de Pierre Lazareff, dépassant le million d'exemplaires vendus, et devient incontournable dans le paysage médiatique français. Fortement concurrencé par la télévision et la radio, le journal perd progressivement des lecteurs au cours des années 1970-1980.

→ Le contexte

- Le 10 mai 1981, François Mitterrand est élu président de la République. En battant Valéry Giscard d'Estaing, il devient ainsi le premier président socialiste de la Vᵉ République et permet à la gauche d'arriver au pouvoir : c'est l'alternance. Pour une partie des Français, c'est un réel espoir de changement. Mais, dans une Europe divisée par la guerre froide, cette victoire de la gauche et la formation d'un gouvernement dans lequel entrent des ministres communistes avant les élections législatives, inquiètent une autre partie de l'opinion.

→ La portée du document

- Comme tous les journaux, *France-Soir* fait sa Une sur cette élection majeure. Elle traduit bien l'importance de ce moment dans l'histoire de la Vᵉ République. Plutôt orienté à droite, le quotidien s'en tient pourtant à un ton assez neutre. Le choix de la photographie où François Mitterrand apparaît accompagné de sa femme Danielle, dans une posture décontractée, cherche aussi à dédramatiser cet événement.

éclairage

2 L'inquiétude d'une partie des Français

À droite, la panique s'empare d'une partie de l'opinion et certains opposants envisagent même de quitter la France, exprimant ainsi une inquiétude face à ce bouleversement de la vie politique

Caricature de Plantu parue dans *Le Monde*, 11 mai 1981.

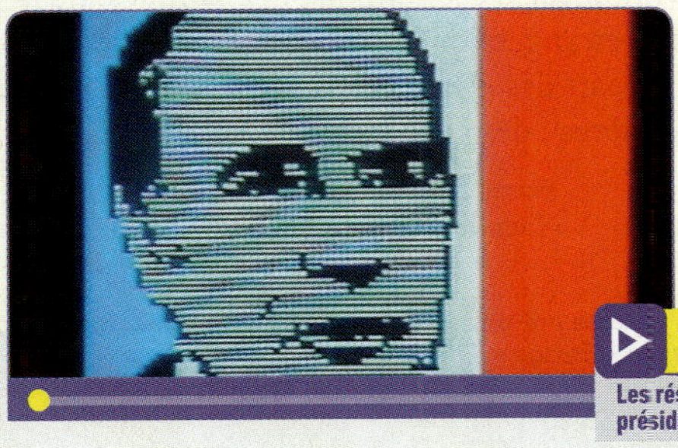

Vidéo Les résultats de l'élection présidentielle

3 Les réactions des Français

Point de vue d'HISTORIENNE

L'étonnant est peut-être l'étonnement précisément, qui saisit la France au soir du 10 mai 1981 ; même ceux et celles qui souhaitaient la victoire de la gauche n'y croyaient pas. […] L'explosion de joie qui saisit les hommes et les femmes de gauche, au soir du 10 mai, s'impose telle une libération soudaine. Comme si la Bastille n'était plus à prendre, des dizaines de milliers de personnes – jusqu'à 200 000 peut-être – y convergent, mêlant la *Marseillaise* à *L'Internationale*, les drapeaux tricolores aux drapeaux rouges. […]

L'heure, toute lumineuse qu'elle paraît pour celles et ceux qui espèrent en Mitterrand, se révèle lugubre pour les perdants. Un journaliste du *Figaro* ne cache pas son désarroi : « Depuis ce matin, écrit Antoine-Pierre Mariano, tous ceux qui ont la rage de gagner et d'entreprendre ont les jambes coupées. » Le 11 mai, la Bourse de Paris vit une folle journée : les actions ne peuvent être cotées en raison du nombre extraordinaire d'ordres de vente. Sur les principales places boursières, le cours du franc diminue fortement. À Washington, l'administration Reagan[1] craint l'effet de contagion « socialo-communiste ».

Ludivine Bantigny, *La France à l'heure du monde. De 1981 à nos jours*, Seuil, 2013.

1. Ronald Reagan, élu président des États-Unis en 1980, est farouchement anticommuniste et souhaite relancer la confrontation avec l'URSS.

QUESTIONS

Analyser la source

1. **Doc 1.** Relevez les éléments qui mettent en évidence l'idée de tournant politique.

Mettre en relation

2. **Doc 2 et 3.** Quel sentiment s'empare d'une partie des Français après le résultat des élections ? Expliquez.
3. **Doc 1 et 3.** Quelles sont les conséquences de la victoire de François Mitterrand pour les milieux d'affaires ?
4. **Doc 3.** Expliquez les dernières lignes du texte en replaçant cette élection dans un contexte historique mondial (→ **chapitre 7**).

Répondre à la problématique en historien(ne)

5. Montrez comment ces documents permettent de comprendre que l'élection de François Mitterrand est un tournant dans l'histoire de la Ve République.

DOCUMENTS

1975-1985 : le défi de la démocratisation scolaire

COURS : p. 252 à 255

VOCABULAIRE :
- Démocratisation scolaire p. 255
- Éducation prioritaire p. 255

L'enseignement secondaire est longtemps resté réservé à une minorité. En 1975, l'État met en place le collège unique qui entend emmener tous les élèves vers le lycée. Mais comme les effets de la réforme restent insuffisants, l'expérience d'une discrimination positive est tentée dans les quartiers les plus défavorisés.

Vocabulaire

- **Discrimination positive** Politique consistant à donner plus à ceux qui ont moins et à leur aménager des conditions plus favorables.

CONSIGNE BAC

En analysant et confrontant les documents, vous analyserez les motivations de l'action de l'État en matière scolaire et les réformes qu'il met en œuvre.

1 La mise en place du collège unique (1975)

En tant que conseiller général dans un canton rural à l'ouest de Clermont-Ferrand, j'avais été frappé, dans les années 1960-1970, par les différences de niveaux – niveau des élèves, mais aussi niveau des enseignants – séparant les collèges d'enseignement secondaire [CES][1] et les collèges d'enseignement général [CEG][2]. L'enjeu, à mes yeux, était de faire disparaître la forte inégalité qui en découlait : les enfants issus de milieux modestes étaient coincés dans de mauvais collèges avec peu de moyens, tandis que ceux des familles plus aisées intégraient des « petits lycées » qui les conduisaient plus loin dans les études. Cette inégalité de départ persistait tout au long de la vie. [...]

Dans ma circonscription, les parents me confiaient leur aspiration émouvante à ce que leurs enfants accèdent, eux aussi, au lycée. Or j'avais, à travers le parcours de mon frère, l'expérience du système américain où les niveaux successifs (école, collège, lycée...) sont bien distincts mais imbriqués les uns dans les autres. Cela m'a inspiré, dans mon projet de rendre notre système éducatif meilleur en le découpant en trois niveaux : la période de l'enfance (l'école primaire), celle des apprentissages (le collège, donc), puis celle du lycée tourné vers la poursuite d'études. L'objectif, c'était que, jusqu'à 16 ans, l'acquisition des savoirs se fasse dans une situation d'égalité.

Entretien avec l'ancien président de la République Valéry Giscard d'Estaing (1974-1981), *Le Monde*, 10 juin 2015.

1. Collèges dans lesquels les élèves poursuivaient leurs études au lycée.
2. Collèges dans lesquels de nombreux élèves ne poursuivaient pas au-delà de l'âge de 16 ans.

2 Les ZEP : une discrimination positive (1981)

La création par le gouvernement de 11 625 nouveaux emplois dans l'Éducation nationale, création qui représente de la part des pouvoirs publics un effort considérable dans une conjoncture difficile, n'a de sens que si elle s'inscrit dans une politique de lutte contre l'inégalité sociale. Son but prioritaire est de contribuer à corriger cette inégalité, par le renforcement sélectif de l'action éducative dans les zones et dans les milieux sociaux où le taux d'échec scolaire est le plus élevé. La politique du gouvernement consiste en effet à subordonner l'augmentation des moyens à leur rendement escompté en termes de démocratisation de la formation scolaire. C'est cet objectif qui doit être central pour tous ceux qui sont chargés de la mettre en œuvre [...].

Il vous appartiendra de tenir compte, dans la situation de chaque secteur : de son implantation géographique, de la composition socio-économique des familles, de la présence d'enfants étrangers ou non francophones ; des retards scolaires ; de la part des élèves de CPPN/CPA[1] par rapport à l'ensemble des élèves ; des abandons de scolarité au niveau des collèges.

Extrait de la circulaire ministérielle adressée par Alain Savary à l'administration scolaire pour mettre en place une éducation dite « prioritaire », 1er juillet 1981.

1. « Classe pré-professionnelle de niveau » et « classe préparatoire à l'apprentissage ». Elles accueillent surtout des élèves en échec scolaire au collège

CHIFFRES CLÉS

• En 1980 :
- → **65 %** des élèves d'origine favorisée ont le Baccalauréat.
- → **21 %** des élèves d'origine défavorisée ont le Baccalauréat.

• En 1981 :
- → **363** ZEP
- → **8 %** des écoliers
- → **10 %** des collégiens

AIDE POUR RÉPONDRE À LA CONSIGNE

- Prélevez dans les documents les facteurs d'inégalités scolaires.
- Identifiez dans le **doc 1** les arguments de Valéry Giscard d'Estaing en faveur du collège unique.

DOCUMENTS

L'évolution de la politique culturelle

COURS : p. 254-255

En 1981, avec l'arrivée au pouvoir de François Mitterrand, les moyens du ministère de la Culture sont fortement augmentés. Confié à Jack Lang, le ministère mène une politique ambitieuse et diversifiée et cherche à développer les pratiques culturelles des Français.

CONSIGNE BAC

En analysant et confrontant les documents, vous présenterez la politique culturelle que l'État entend mener et les acteurs qu'il souhaite mobiliser dans ce projet.

CHIFFRES CLÉS

→ Le budget de la culture en **1981**, c'est **0,3 %** du budget total de l'État ; en **1988**, il représente **0,86 %**.

1 Le rôle de l'État dans la culture

La culture n'est pas la propriété d'une administration [...]. Le secteur privé de la culture recouvre des activités nombreuses et essentielles : le livre, le disque, le cinéma, les métiers d'art, le mobilier urbain, la création industrielle, la mode, l'art de l'habitat, la photographie, la facture[1] instrumentale, le marché de l'art. Faut-il abandonner ces activités à leur propre sort et assister, passif, au déclin de certaines ? [...] Ni indifférence, ni ingérence : tel sera notre mot d'ordre. Il n'y a pas d'un côté la grande culture, la noble culture, aux mains propres, celle du secteur public, et de l'autre, la culture aux mains sales, celle des entrepreneurs d'industries culturelles.

Au moment où, grâce à votre vote, je l'espère, l'État va retrouver sa grande tradition de mécénat[2] public, il peut sans complexe se tourner vers le secteur privé [...]. Vous le voyez, mesdames et messieurs les députés, c'est un vaste mouvement qu'il nous faut aujourd'hui mettre en branle. Les acteurs sont nombreux : l'État, les collectivités locales, les entreprises publiques, les entreprises privées, les organisations syndicales, les mouvements culturels, les artistes, les hommes de culture.

Jack Lang, ministre de la Culture, discours devant l'Assemblée nationale, 17 novembre 1981.

1. La fabrication.
2. L'État entreprend de grands travaux (nouvel Opéra, extension du Louvre...).

2 La première fête de la Musique (21 juin 1982)

Créée sous l'impulsion du ministre de la Culture Jack Lang, cette manifestation a pour objectif d'être festive et populaire.

AIDE POUR RÉPONDRE À LA CONSIGNE

- Dans le **doc 1**, analysez bien la relation que l'État entend nouer avec le monde de l'entreprise culturelle.
- Dans le **doc 2**, relevez quel type de pratique culturelle est encouragé.

DOCUMENTS

1974-1988 : immigration et société

COURS : p. 252 à 255

Vidéo

À partir des années 1950, l'expansion économique et le manque de main-d'œuvre rendent nécessaires un large recours à l'immigration. Le ralentissement de la croissance change la donne et le gouvernement décide de suspendre l'immigration de travail. La question qui se pose désormais est celle de l'intégration des Français d'origine immigrée.

Quelle est la place de l'immigration dans la société française ?

Vocabulaire

- **Immigration**
  Fait de s'installer, provisoirement ou définitivement, dans un pays d'accueil.
- **Intégration**
  Processus qui vise à insérer chaque individu dans la société d'accueil par le brassage de l'école, de l'emploi, du mariage, etc.
- **Regroupement familial**
  Possibilité pour un travailleur immigré de faire venir en France sa femme et ses enfants, au nom du droit à vivre en famille.

1 L'origine géographique des immigrés en France

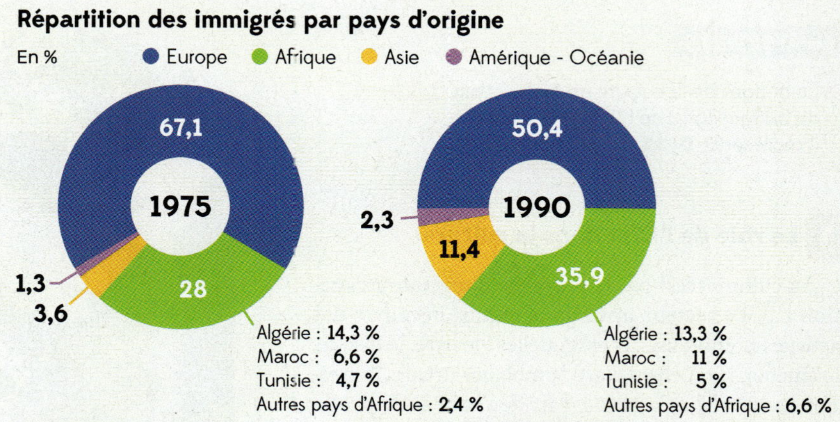

Source : INSEE, *Recensements de la population*, 1962-1999.

CHRONOLOGIE

- **1974** Suspension de l'immigration de travail.
- **1976** Autorisation du regroupement familial.
- **1977** Dispositif d'aide au retour en faveur des travailleurs étrangers désireux de regagner leur pays d'origine.
- **1981** Régularisation de 132 000 immigrés clandestins.

2 Les conditions de vie dans les foyers de travailleurs immigrés

À l'intérieur [du foyer] régnait une discipline quasi militaire : il fallait rentrer à telle heure, ne pas sortir le soir, ne recevoir personne... Chacun avait une chambre de 9 m² – dans la plupart des foyers, elles faisaient 6 m² – dans laquelle on ne pouvait apporter aucun meuble personnel, ni télé, radio ou tourne-disque. Juste un réveil. Chaque semaine, on devait déposer nos draps à la porte pour en recevoir des propres. [...] Nous ne pouvions préserver aucune intimité et nous ne nous sentions pas respectés. On pouvait regarder la télévision dans la salle foyer commune, mais au-delà d'une certaine heure, extinction des feux obligatoire. Pourtant, malgré cette vie de caserne, la solidarité qui régnait adoucissait quelque peu nos conditions de vie.

Témoignage d'un jeune travailleur algérien logé dans un foyer à Bagnolet en 1975, odysseo.generiques.org

3 Affiche du Front national (1982)

Le Front national est un parti politique d'extrême droite né en 1972.

4 « Mosaïque », une émission pour les cultures immigrées

Vidéo

Tewfik Farès et Mouloud Mimoun reviennent sur la création de l'émission « Mosaïque » (1977-1987).

T.F. : Je me suis dit que ce serait bien s'il y avait une émission pour ceux qui ont immigré et qui vivent ici [...]. Elle avait pour titre « Mosaïque ». Dans une petite note, j'expliquais ce qu'était une mosaïque : des morceaux de différentes couleurs, de différentes formes, mais qui, vus dans une œuvre, ont un sens beaucoup plus large que chacun des petits morceaux. [...]

M.M. : Il y avait comme une urgence à exprimer la culture de cette première génération que les Français ne connaissaient pas, que les enfants d'immigrés, souvent en bas âge, ne connaissaient pas. Les musiques qu'on voyait dans « Mosaïque », c'étaient alors : le fado portugais, le chaâbi, la chanson kabyle ou la musique arabo-andalouse pour les Maghrébins. [...]

T.F. : À partir de 1984, on a voulu faire des émissions à caractère plus culturel et plus sociétal. Il y avait des chansons, mais aussi des reportages et des grands dossiers [...].

M.M. : On a accompagné l'émergence des générations nouvelles qui arrivaient sur la scène sociale, politique et culturelle [...]. On tombait à un moment où, chez cette nouvelle génération, il y avait le désir profond de la prise de parole, de l'expression. [...]

T.F. : Au début, le public immigré représentait près de 90 % des téléspectateurs. Ensuite, l'émission a gagné peu à peu un public plus large. Elle a fini par ne plus être perçue comme une émission spécifique. C'était important car, dans le même temps, on avait le phénomène social inverse. On est passé d'« immigré » à une ghettoïsation dans les quartiers.

Entretien avec T. Farès et M. Mimoun, *Hommes et migrations*, n° 1325, 2019.

5 Affiche de la Marche pour l'égalité et contre le racisme (1983)

Animation

Les premiers marcheurs partent de Marseille le 15 octobre 1983 derrière le slogan « Vivre ensemble avec nos différences dans une société solidaire ». Ils sont plus de 100 000 à arriver à Paris le 3 décembre.

6 Les objectifs de la Marche pour l'égalité

À l'antenne, nous parlions tous les jours de la Marche. Radio Beur[1] était une radio associative : le micro était ouvert, quasi en permanence, aux auditeurs. Et, quand on ne parlait pas directement de la Marche, il y avait tous les jours des débats autour de l'immigration, de l'orientation professionnelle des jeunes, de la vie les quartiers, du racisme... Tout était prétexte pour parler de la Marche. D'autant plus qu'à chacune de ses étapes, les comités d'accueil organisaient des rencontres pour évoquer la situation locale. [...] Il fallait que cette partie de la France qui était raciste et qui décidait de reléguer une partie de sa population, entende et accepte l'égalité. La Marche dénonçait ce racisme et, dans le même temps, demandait l'égalité. [...] La Marche était un combat social, elle n'était pas qu'un combat d'immigrés ou de jeunes issus de l'immigration.

Entretien avec Samia Messaoudi, journaliste en 1983, *Hommes et migrations* n° 1304, 2013.

1. Terme familier qui désigne les enfants nés en France de parents d'origine maghrébine.

QUESTIONS

Identifier

1. **Doc 1.** Repérez les origines des immigrés en France dans les années 1970-1980. Comment évoluent-elles ?
2. **Doc 3, 4 et 6.** Dans quel contexte politique est organisée la Marche pour l'égalité de 1983 ?

Expliquer

3. **Doc 2.** Décrivez les conditions de vie des immigrés dans ce foyer.
4. **Doc 4, 5 et 6.** Montrez que la Marche pour l'égalité et l'émission « Mosaïque » ont des objectifs communs.

Synthétiser

5. Pour répondre à la problématique, vous montrerez d'abord l'évolution du nombre et de l'origine des immigrés, puis vous expliquerez en quoi l'immigration et l'intégration deviennent, au début des années 1980, des sujets politiques et sociaux importants.

Point de PASSAGE

1981 : l'abolition de la peine de mort

▶ COURS : p. 254-255

Contexte

Vidéo

Le 18 septembre 1981, l'Assemblée nationale adopte l'article 1er de la loi sur l'abolition de la peine de mort, avec 369 voix pour, 113 contre et 5 abstentions. L'abolition, défendue par Robert Badinter, comptait parmi les « 110 propositions pour la France » du programme du candidat François Mitterrand, élu en mai.

Pourquoi et dans quelles conditions l'abolition de la peine de mort a-t-elle été votée ?

« Parce qu'aucun homme n'est totalement responsable, parce qu'aucune justice ne peut être absolument infaillible, la peine de mort est moralement inacceptable. »

Robert Badinter, discours à l'Assemblée nationale, 17 septembre 1981.

BIOGRAPHIE

Robert Badinter (né en 1928)

Avocat, il est nommé ministre de la Justice par Mitterrand et fait voter la loi sur l'abolition de la peine de mort par le Parlement en 1981.

▶ Biographies : p. 356

CHRONOLOGIE

1981

- **10 mai** : François Mitterrand élu président de la République.
- **25 mai** : Grâce de Philippe Maurice, dernier condamné à mort.
- **Septembre** : Robert Badinter présente le projet de loi à l'Assemblée nationale.
- **Septembre** : Adoption du projet de loi par l'Assemblée nationale puis par le Sénat.
- **Octobre** : Promulgation de la loi.

1 Robert Badinter défend son projet de loi

Vidéo — Interview de Robert Badinter

Voici la première évidence : dans les pays de liberté, l'abolition est presque partout la règle ; dans les pays où règne la dictature, la peine de mort est partout pratiquée. [...]. La vraie signification politique de la peine de mort, c'est bien qu'elle procède de l'idée que l'État a le droit de disposer du citoyen jusqu'à lui retirer la vie. [...]

Aussi terribles, aussi odieux que soient leurs actes, il n'est point d'hommes en cette terre dont la culpabilité soit totale et dont il faille pour toujours désespérer totalement. Aussi prudente que soit la justice, aussi mesurés et angoissés que soient les femmes et les hommes qui jugent, la justice demeure humaine, donc faillible. Et je ne parle pas seulement de l'erreur judiciaire absolue, quand, après une exécution, il se révèle, comme cela peut encore arriver, que le condamné à mort était innocent et qu'une société entière – c'est-à-dire nous tous – au nom de laquelle le verdict a été rendu, devient ainsi collectivement coupable puisque sa justice rend possible l'injustice suprême. Je parle aussi de l'incertitude et de la contradiction des décisions rendues qui font que les mêmes accusés, condamnés à mort une première fois, dont la condamnation est cassée pour vice de forme[1], sont de nouveau jugés et, bien qu'il s'agisse des mêmes faits, échappent, cette fois-ci, à la mort, comme si, en justice, la vie d'un homme se jouait au hasard d'une erreur de plume d'un greffier. Ou bien tels condamnés, pour des crimes moindres, seront exécutés, alors que d'autres, plus coupables, sauveront leur tête à la faveur de la passion de l'audience, du climat ou de l'emportement de tel ou tel. [...]

Le choix qui s'offre à vos consciences est donc clair : ou notre société refuse une justice qui tue et accepte d'assumer, au nom de ses valeurs fondamentales – celles qui l'ont faite grande et respectée entre toutes – la vie de ceux qui font horreur, déments ou criminels ou les deux à la fois, et c'est le choix de l'abolition ; ou cette société croit, en dépit de l'expérience des siècles, faire disparaître le crime avec le criminel, et c'est l'élimination.

Discours de Robert Badinter devant l'Assemblée nationale, 17 septembre 1981.

1. Erreur dans la rédaction d'un acte juridique qui peut entraîner son annulation.

2 Les Français et l'abolition de la peine de mort

Évolution de l'opinion des Français sur la peine de mort

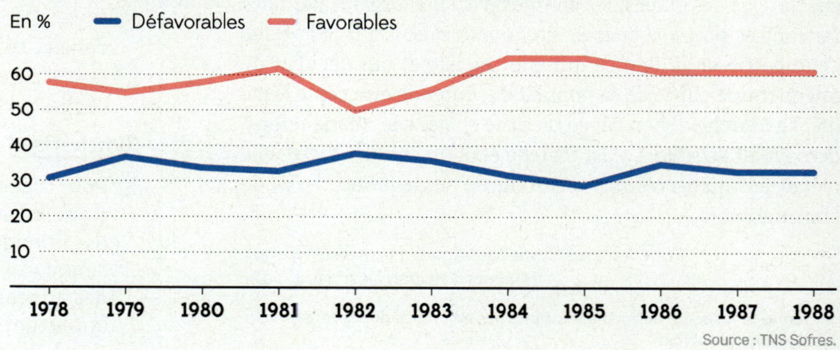

3 Pour la peine de mort

La société a donc le droit – ou alors soyons pacifistes et refusons d'armer les bras de nos soldats – de donner la mort pour se défendre. Ce droit n'est légitimé que par la nécessité. [...] Dans ces conditions, elle ne peut être supprimée que si autre chose joue le rôle qu'elle tenait : empêcher l'homme de devenir criminel, empêcher le criminel de récidiver. [...]

Un autre problème se pose que personne n'a le droit de gommer. La récidive existe, et elle est d'autant plus révoltante qu'elle aurait pu être évitée. La récidive n'est pas rare, et elle est, bien souvent, le fait de criminels qui avaient été antérieurement passibles de la peine de mort. Bénéficiaires de la clémence des jurés, ils ont été condamnés à la réclusion perpétuelle. Par le jeu des réductions de peine, quinze ans après, ils sont sortis de prison et ils ont récidivé. [...]

Le projet de loi qu'on demande de voter aujourd'hui prévoit l'abolition de la peine de mort, et, dans tous les cas où elle était prévue, son remplacement par la détention à perpétuité. Or nous savons bien que la détention à perpétuité est non appliquée et inapplicable [...].

Que ferez-vous alors si, poussés par un sentiment d'insécurité, convaincus de la démission du pouvoir judiciaire, les Français décident de plus en plus nombreux de se défendre tout seuls ? Que direz-vous si, écœurée de risquer sa vie contre les criminels qui, eux, ne la risqueront plus, écœurée de revoir, à intervalles réguliers, les mêmes malfaiteurs, notre police éprouve de plus en plus souvent la tentation d'en finir elle-même avec les plus dangereux ?

Allocution de Pascal Clément, député de la Loire, au cours de la discussion du projet de loi, 17 septembre 1981.

JEUDI 17 SEPTEMBRE 1981 — Nlle Série
N°107, 3F50

Libération

Pas d'aide militaire pour le Tchad

Reçu à l'Elysée aujourd'hui, Goukouni, le chef de l'Etat tchadien, souhaite l'appui de la France. Lire page 19.

L'abolition devant le parlement

PEINE DE MORT POUR LA GUILLOTINE

C'est à 15 heures aujourd'hui que s'ouvre le débat sur le projet de loi présenté par Robert Badinter visant à l'abolition pure et simple de la peine de mort.

190 ans après le premier débat de l'Assemblée nationale constituante sur l'abolition de cette survivance de la loi du talion, l'invention du docteur Guillotin est, cette fois, promise à la trappe. Même les députés de l'opposition, au-delà des discours, ont décidé de se battre pour une peine de détention incompressible de vingt ans. la « veuve » va laisser pourtant beaucoup d'orphelins, si l'on en croit le sondage que publie aujourd'hui le Figaro et selon lequel 62 % des Français resteraient favorables au maintien de la peine de mort. Sans nulle doute qu'ils auront beaucoup de peine. Il est heureux pour une fois qu'un gouvernement ne gouverne pas avec des sondages.

Lire notre dossier pages 2 à 7.

4 La peine de mort devant le Parlement
Une du journal *Libération*, 17 septembre 1981.

? LE SAVIEZ-VOUS ?

La **guillotine**, utilisée pour la première fois en France en 1792 a été créée à la fois pour uniformiser les sentences de peine de mort et abréger les souffrances des condamnés. Elle fut utilisée pour la dernière fois en 1977 à la prison des Baumettes à Marseille.

Itinéraire 1

Identifier

1 **Doc 1 et 3.** Identifiez les arguments pour ou contre la peine de mort.
2 **Doc 2.** Observez l'évolution de l'opinion vis-à-vis de la peine de mort.

Expliquer

3 **Doc 1, 2 et 3.** Pourquoi peut-on dire que l'abolition est une décision politique courageuse en 1981 ?
4 **Doc 1 et 4.** Montrez que l'abolition de 1981 est une décision historique.

Synthétiser

5 À l'aide des documents et de vos réponses, rédigez un texte argumenté d'une dizaine de lignes pour répondre à la problématique.

OU

Itinéraire 2

Réaliser une carte mentale

- À partir des documents et de vos réponses, réalisez une carte mentale ayant pour centre l'abolition de la peine de mort. Elle doit présenter le contexte, les acteurs et leurs arguments en faveur ou contre l'abolition.
- Montrez votre carte mentale à 3 autres élèves qui en évalueront les points forts et les points faibles.

Aide

Point de PASSAGE

L'épidémie du SIDA en France : recherches, préventions et luttes politiques

COURS : p. 254-255

Contexte

Vidéo
Le SIDA devient cause nationale

C'est en 1981, aux États-Unis, que les premiers cas isolés de SIDA apparaissent. Une vingtaine de cas sont identifiés en France dès 1982. L'épidémie se diffuse et les morts se multiplient. La maladie devient alors un problème de santé publique.

Comment l'épidémie du SIDA a-t-elle été reconnue comme une question de société ?

1 La découverte du virus du SIDA par des scientifiques français

Vidéo

Le 5 juin 1981, l'agence épidémiologique d'Atlanta, aux États-Unis, donne l'alerte. Cinq cas de pneumocystose, une maladie rarissime, ont été relevés à Los Angeles. On ne parle pas encore de SIDA [...].

Rapidement, les cas se multiplient et dès 1982, les médecins français commencent à se mobiliser. [...]. On pense d'abord que cette maladie se transmet uniquement par voie sexuelle, avant de recenser parmi les malades des toxicomanes et des hémophiles transfusés, contaminés par voie sanguine, ce qui révèle que l'agent infectieux en cause est un virus.

Le clinicien français Willy Rozenbaum, certain de se trouver devant un virus totalement nouveau, propose aux chercheurs [...] de l'Institut Pasteur de travailler avec lui sur cette infection d'origine inconnue. Ils sont trois : Luc Montagnier, Françoise Barré-Sinoussi et Jean-Claude Chermann [...].

En janvier 1983, Willy Rozenbaum leur envoie la première biopsie ganglionnaire d'un patient [...] porteur des signes précurseurs du SIDA. [...] Les chercheurs isolent alors le virus libéré. C'est une première mondiale.

Après avoir détecté le virus, il faut maintenant le caractériser. C'est ainsi que l'Institut Pasteur publie, le 20 mai 1983, dans la revue américaine *Science*, la première description du virus responsable du SIDA. [...] Parallèlement, les recherches visent à prouver le lien entre le virus découvert et la maladie du SIDA [...]

Fin 1983, la preuve est faite : le rétrovirus humain LAV – finalement appelé virus de l'immunodéficience humaine (VIH) – est bien l'agent du SIDA.

« Luc Montagnier et son équipe découvrent le virus du SIDA », www.gouvernement.fr

NE PAS CONFONDRE

- Le **SIDA (syndrome d'immunodéficience acquise)** est une maladie d'origine virale qui se caractérise par une disparition du système de défenses immunitaires.
- Le **VIH (virus de l'immunodéficience humaine)** est le virus à l'origine de la maladie du SIDA. Un sujet dit « séropositif » peut être porteur du virus sans avoir déclaré la maladie.

CHIFFRES CLÉS

Évolution du nombre de nouveaux diagnostics du SIDA en France :

- 1983 : une **centaine** de cas
- 1985 : plus de **600** cas
- 1987 : **2 200** cas
- 1991 : **4 700** cas
- 2016 : **900** cas

4 F • MARDI 17 MAI 1983 • Nlle Série • N° 619

Libération

Un virus isolé par des chercheurs français

«CANCER GAY» LA CONTAGION PAR LE SANG

Les chercheurs de l'Institut Pasteur ont isolé sur un sujet apparemment sain un virus qui, en s'attaquant aux défenses immunitaires de l'organisme, pourrait être le responsable de l'AIDS, plus connu sous le nom de « cancer des homosexuels » dont la transmission se ferait par le sang. Lire pages 2 à 4

CANNES

• Avec « l'Argent » de Robert Bresson, le Festival a trouvé son compte.

• Chantal Akerman et Martin Ritt se partagent les lauriers d'une petite journée cannoise. Lire pages 19 à 29.

Sommet franco-allemand: un axe grippé

Hier soir, les deux chefs d'Etat ont convenu que l'axe franco-allemand est indispensable à la stabilité européenne. Mais Paris et Bonn continuent d'avoir des politiques économiques « peu convergentes » Lire page 11

L'Europe prête à Delors

Plusieurs heures durant, le ministre de l'Economie a défendu devant les membres de la CEE son plan de rigueur. Il a finalement reçu un prêt de 27 milliards de francs et la caution des « Dix ». Lire page 11

Agriculture: le marathon est parti

Les ministres de l'Agriculture ont entamé hier à Bruxelles

2 Une maladie d'abord considérée comme marginale

Les homosexuels sont d'abord considérés à tort comme principales victimes de la propagation du virus. L'universalité de la maladie est découverte dès 1982, date à laquelle est choisie la dénomination SIDA (AIDS en anglais).

Une du journal *Libération*, 17 mai 1983.

3 Naissance de la première association : AIDES

Après la mort de son compagnon, le philosophe Michel Foucault, Daniel Defert crée en 1984 AIDES, première association de lutte contre le VIH.

Comment avez-vous conçu le rôle et l'action d'AIDES ?

La première action a été une permanence téléphonique et la diffusion de brochures d'information principalement pour le milieu gay. À l'époque, la législation interdisait la publicité sur les préservatifs. L'Église catholique était encore un frein politique pour changer la loi. Donc, pas de préservatifs. Les seringues n'étaient pas en vente libre. Le gouvernement socialiste n'a pas osé modifier la législation avant les élections. Il a fallu le retour de la droite pour que Michèle Barzach définisse une politique cohérente[1] : publicité en faveur des préservatifs, vente de seringues à titre expérimental pour un an.

Au début des années 1980, où en était la politique de santé publique ?

En France, grâce à la Sécurité sociale, il y a une politique du soin mais il n'y avait pas de vraie politique de prévention.

Vous expliquez que la relation médecin-malade s'est modifiée avec le SIDA. En quoi ?

Les médecins avaient les mêmes préjugés que l'ensemble de la société à l'égard de la sexualité et de la toxicomanie. L'éducation de la population ne pouvait se faire que par les personnes les plus concernées. Ce qui a changé fondamentalement la relation médecin-malade.

Daniel Defert, *Une vie politique*, entretiens avec Philippe Artières et Éric Favereau, Seuil, 2014.

1. Lors de la victoire des partis de droite aux élections législatives de 1986, Michèle Barzach devient ministre de la Santé.

4 Une campagne de prévention de la maladie

Première campagne de 1987 réalisée par le Comité français d'éducation pour la santé. L'emploi du préservatif comme moyen de prévention n'est pas évoqué.

5 Une action de l'association Act Up

Act Up Paris, association de lutte contre le SIDA, est créée en 1989, 2 ans après son modèle américain. Des actions spectaculaires sont organisées dans le but de mobiliser l'opinion grâce aux médias. Paris, 23 juin 1990.

Itinéraire 1

Identifier

1. **Doc 1 et 2.** Relevez la différence entre la connaissance scientifique et l'image médiatique de la maladie au début des années 1980.

Expliquer

2. **Doc 3.** Expliquez pourquoi est fondée la première association d'aide aux victimes du SIDA.
3. **Doc 3 et 5.** Comparez les méthodes des deux associations de lutte contre le SIDA.
4. **Doc 3 à 5.** Expliquez l'action de l'État et ses limites.

Synthétiser

5. À partir des documents proposés et de vos réponses, réalisez une chronologie commentée de la découverte des premiers cas aux premières actions politiques et associatives.

OU

Itinéraire 2 — oral

Évaluer une présentation orale

- Un élève de la classe présente une réponse à la problématique en 5 min devant la classe.
- Vous prêterez attention au vocabulaire employé : le langage est-il adapté ? Relevez les mots qui vous semblent issus d'un langage trop familier.
À la fin de la prestation, cherchez ensemble des synonymes ou des expressions plus adaptées.

DOCUMENTS

COURS : p. 252 à 255

1974-1988 : les jeunes dans la société française

La forte natalité des années 1950-1960 explique la place nouvelle qu'occupent les jeunes dans la société. Plus nombreux, ils affirment aussi leur indépendance et leurs valeurs propres. La jeunesse se constitue ainsi en groupe social autonome.

Quelles sont les motivations et les formes d'expression de la jeunesse ?

Vocabulaire

- **Radios libres**
Radios qui émettent clandestinement dans les années 1970 afin d'échapper au monopole de l'État. On les appelle aussi radios pirates.

CHIFFRES CLÉS

Part des moins de 20 ans dans la population française :

→ 1970 : **33,1** %
→ 1980 : **30,6** %
→ 1990 : **27,8** %

1 Que veulent les jeunes ?

Podcast

Je ne veux pas perdre de temps
Il y a autre chose sur terre
Que travailler pendant l'été
Pour gagner une misère
Ouais au téléphone quand j'appelle
La fille que je préfère
Mon patron me dit
T'as du travail à faire
Parfois je me demande
Qui veut m'empêcher
De rencontrer la fille de l'été dernier
[...]
Je prendrai le premier train
Je n'attendrai pas l'été
Et j'enverrai tous mes problèmes
Au bureau de l'Élysée
Ouais j'ai vu le Président
Il avait l'air étonné
J'aimerais t'aider
Mais tu es trop jeune pour voter
Parfois je me demande
Ce qu'il y a de pire que de vouloir aimer
Une fille en été.

« La fille de l'été dernier », Johnny Hallyday, paroles et musique de J. Capehart et E. Cochran, 1975.

2 Le droit de vote à 18 ans (1974)

Jeunes de 18 ans brandissant leur carte d'électeur devant une urne. Jusqu'à cette date, la majorité électorale était fixée à 21 ans.

3 « Radio Verte », une radio libre à Paris (1977)

Lancée le 13 mai 1977, Radio Verte est la première radio dite « libre » à émettre ouvertement. Elle est soutenue par des militants écologistes.

***Patrick Poivre d'Arvor** (présentateur du journal télévisé) :* Si vous avez comme moi trituré les boutons de votre transistor entre 18 heures et 19 heures, vous avez peut-être pu entendre une émission pirate diffusée à Paris par ce que l'on appelle une « radio verte », une de ces fameuses radios que les écologistes avaient annoncées à grands cris à Paris au moment des municipales. Radio parfaitement illégale puisqu'il y a en France un monopole d'État[1] [...].

Début du reportage, voix off : Elles [les radios libres écologistes] sont arrivées par provocation, pour rompre les carcans de la non-communication, pour protester contre la mainmise sur la France du monopole d'État [...]. Avec leurs émetteurs fourmis cachés dans des appartements, leurs émissions de courte durée très localisées, les radios écologistes comptent bien déjouer longtemps les services de détection du ministère de l'Intérieur et des PTT.

Retranscription du Journal télévisé sur Antenne 2, 13 mai 1977.

1. Jusqu'à 1981, les seules radios existantes étaient entièrement sous le contrôle de l'État.

Vidéo

4 Des manifestations contre le projet de réforme de l'enseignement supérieur (1986)

En novembre-décembre 1986, lycéens et étudiants manifestent massivement contre le projet du ministre de la Recherche et de l'Enseignement supérieur Alain Devaquet, accusé de vouloir instaurer la sélection à l'entrée à l'université. Le 6 décembre, le ministre démissionne et le projet est retiré.

INFO

Dans la nuit du 5 au 6 décembre 1986, un jeune étudiant, Malik Oussekine, est violemment frappé par des policiers alors que la manifestation était presque terminée. Il meurt des suites de ses blessures : cet événement donne lieu à de grandes marches silencieuses le 10 décembre, dont le slogan était « Plus jamais ça ! ».

5 Les jeunes et la musique : « Les Enfants du rock » (1982)

Plus qu'une simple émission de télévision, « Les Enfants du rock » fut un assemblage de séquences composites [...], la culture rock dans toute sa diversité, de la musique à la bande dessinée, en passant par un certain type de cinéma et le graphisme [...]. Un grand vent de liberté souffle alors dans les rédactions. La libéralisation de la bande FM[1] accompagne une explosion créatrice dans laquelle va s'engouffrer toute une génération : celle contemporaine du rock, considéré jusqu'alors comme une sous-culture, voire un genre mineur par les décideurs. [...] Le rock n'a jamais vraiment eu les honneurs de l'ORTF sous de Gaulle, puis des trois chaînes à l'époque giscardienne. Loin de se limiter à la musique, « Les Enfants du rock » propose d'emblée un cocktail dans lequel l'humour, les séquences de concert et les reportages sont traités à égalité.

Olivier Nuc, « "Les Enfants du rock", un grand vent de liberté », *Le Figaro*, 21 août 2009.

1. La bande FM est le système d'émission utilisé par les radios. La libéralisation renvoie à l'autorisation des « radios libres » après l'élection de François Mitterrand.

QUESTIONS

Identifier

1. **Doc 1 et 2.** Observez le changement pour le vote des jeunes entre ces deux documents.
2. **Doc 3 et 4.** Relevez les motivations de l'engagement dans ces documents.

Expliquer

3. **Doc 1 et 5.** Montrez que la musique est, pour les jeunes, un moyen d'expression autonome.
4. **Doc 2, 3 et 4.** Expliquez comment les jeunes souhaitent s'engager politiquement.

Synthétiser

5. Dans un développement argumenté, montrez comment les jeunes se saisissent de moyens et de causes variés pour s'affirmer comme groupe social autonome dans la société française.

RÉVISIONS

Un tournant social, politique et culturel : la France de 1974 à 1988

Podcast de la synthèse

RETENIR... à l'écrit

1 Les transformations de la société française de 1974 à 1981

- Valéry Giscard d'Estaing est élu le 19 mai 1974. Il engage une série de réformes pour décrisper la société française (abaissement de la majorité électorale, suppression de l'ORTF).
- Les mobilisations féministes permettent l'émergence de nouveaux droits pour les femmes et Simone Veil fait voter la légalisation de l'IVG en 1975. Pour favoriser la démocratisation scolaire, le collège unique est créé en 1975.
- La crise économique touche la société française. Dans ce contexte, le gouvernement suspend l'immigration de travail mais autorise le regroupement familial. L'hostilité vis-à-vis des immigrés progresse, notamment avec la création du Front national en 1972.

2 L'alternance politique : 1981-1988

- François Mitterrand remporte les élections en 1981. C'est le premier président de gauche de la Ve République. De grandes réformes sont votées comme la retraite à 60 ans ou l'abolition de la peine de mort en 1981. Le ministre Savary met en place une politique d'éducation prioritaire. Mais très vite, face à l'échec de sa politique économique, François Mitterrand décide de prendre le tournant de la « rigueur » : ses électeurs lui tournent alors le dos et il doit accepter une cohabitation en 1986.
- L'immigration devient un enjeu politique et social important. L'électorat du Front national poursuit sa progression mais les jeunes immigrés se mobilisent pour leurs droits.
- Les années 1980 sont bouleversées par la métamorphose du paysage audiovisuel avec la multiplication des radios libres et des chaînes de télévision. Les jeunes se mobilisent, notamment pour leur santé, comme le montrent les engagements sur la question du SIDA.

Les mots clés

- **Alternance**
  Changement de majorité, de la droite vers la gauche (ou inversement), après des élections législatives (élections de l'Assemblée nationale).
- **Démocratisation scolaire**
  Égalité de réussite des élèves qui vont au-delà de l'enseignement primaire.
- **Immigration**
  Fait de s'installer, provisoirement ou définitivement, dans un pays d'accueil.
- **Intégration**
  Processus qui vise à insérer chaque individu dans la société d'accueil par le brassage de l'école, de l'emploi, du mariage, etc.
- **SIDA (syndrome d'immunodéficience acquise)**
  Maladie d'origine virale qui se caractérise par une disparition du système de défenses immunitaires.

Points de PASSAGE

1975 : la légalisation de l'interruption volontaire de grossesse → p. 256

- **1975 :** légalisation de l'IVG portée par la ministre Simone Veil.
- Débats houleux au Parlement qui traduisent les clivages de la société sur ce sujet.
- Loi qui est aussi l'aboutissement de luttes féministes.

1981 : l'abolition de la peine de mort → p. 264

- **Mai 1981 :** élection de François Mitterrand, qui propose l'abolition de la peine de mort dans son programme.
- **Septembre 1981 :** abolition de la peine de mort portée par le ministre Robert Badinter.
- Abolition votée alors que l'opinion publique est majoritairement hostile.

L'épidémie du SIDA en France : recherches, préventions et luttes politiques → p. 266

- **1981 :** émergence des premiers cas isolés de SIDA aux États-Unis.
- **1982 :** une vingtaine de cas sont identifiés en France.
- **1984 :** création de l'association AIDES.
- **1987 :** première campagne officielle de prévention.

RETENIR... en schéma

1 Les transformations de la société

1974>1981

2 L'alternance politique

1981>1988

Réformes
- 1974>1981 : Majorité à 18 ans (1974) ; **Loi Veil : IVG** (1975) ; Divorce par consentement mutuel (1975)
- 1981>1988 : **Abolition de la peine de mort** (1981) ; Réformes sociales (retraite à 60 ans…) ; Ministère des Droits de la femme

Démocratisation scolaire
- 1974>1981 : Collège unique (1975)
- 1981>1988 : Zone d'éducation prioritaire ; Bac professionnel

Immigration
- 1974>1981 : Fin de l'immigration de travail (1974) ; Regroupement familial
- 1981>1988 : Marche pour l'égalité (1983)

Enjeu politique : montée du Front national

Transformations culturelles et sociales
- 1974>1981 : Suppression de l'ORTF ; Radios libres
- 1981>1988 : Politique culturelle ambitieuse de l'État (fête de la Musique…) ; Mobilisation citoyenne

→ Action des associations dans la lutte contre l'**épidémie du SIDA**

RETENIR... autrement

ÉCOUTER

Les cours en podcast .... p. 252 à 255

La synthèse du cours .... p. 270

REGARDER L'ESSENTIEL EN 3 MINUTES

S'ENTRAÎNER

Des exercices interactifs .... EXO Quiz

POUR APPROFONDIR

MUSÉE DE L'HISTOIRE DE L'IMMIGRATION

Site
Musée de l'Histoire de l'immigration
histoire-immigration.fr

Film
J.-D. Verhaeghe, *L'Abolition*, 2009
Téléfilm inspiré des ouvrages de Robert Badinter, qui revient sur l'abolition de 1981.

Sujet

En analysant et confrontant les documents, vous expliquerez le combat pour l'interruption volontaire de grossesse et son aboutissement par la loi.

C'est l'objet de la lutte : l'IVG est interdite par la loi jusqu'en 1975.

Ce terme insiste sur la dimension collective de la mobilisation pour l'obtention du droit à l'interruption volontaire de grossesse (IVG).

Il s'agit de l'aboutissement du combat : les mobilisations conduisent à un passage de relais au Parlement.

1 Affiche du Planning familial, 1974

Le Planning familial s'associe dès 1973 au Mouvement pour la liberté de l'avortement et de la contraception (MLAC).

Quels sont les mots mis en avant par la mise en page de l'affiche ? Pourquoi peut-on parler de slogan ?

Depuis 1920, la loi assimile la contraception à l'avortement.

Quels sont les acteurs de la mobilisation mis en avant par l'affiche ? À qui le texte les oppose-t-il ?

Quelle est l'attitude des femmes sur l'image ? Que peut-on en déduire sur les modalités de la mobilisation ?

CONSEILS

L'analyse des documents constitue le cœur de votre travail, mais nécessite pour être menée la mobilisation de vos connaissances.

➜ Voir **p. 252** (cours), **p. 256** (point de passage).

2 Simone Veil présente son projet de loi

La plupart d'entre vous le sentent, qui savent que l'on ne peut empêcher les avortements clandestins et qu'on ne peut non plus appliquer la loi pénale à toutes les femmes qui seraient passibles de ses rigueurs. Pourquoi donc ne pas continuer à fermer les yeux ? Parce que la situation actuelle est mauvaise. Je dirais même qu'elle est déplorable et dramatique. [...]

Ces femmes [qui avortent], ce ne sont pas nécessairement les plus immorales ou les plus inconscientes. Elles sont 300 000 chaque année. Ce sont celles que nous côtoyons chaque jour et dont nous ignorons la plupart du temps la détresse et les drames. C'est à ce désordre qu'il faut mettre fin. C'est cette injustice qu'il convient de faire cesser [...].

Discours de Simone Veil (ministre de la Santé) à l'Assemblée nationale, 26 novembre 1974.

Dans quel contexte ce texte s'inscrit-il ?

Par quels arguments Simone Veil justifie-t-elle la nécessité de ce projet de loi ?

À quel principe Simone Veil se réfère-t-elle ?

Présentez Simone Veil et les réactions à son projet de loi grâce à vos connaissances (voir **p. 256**).

Corrigé

Introduction

→ Rédigez et insérez au bon endroit dans l'introduction la présentation des deux documents.

Les questions de contraception et d'avortement sont au cœur des débats sur les droits des femmes depuis le début du XXe siècle. Dans les années 1960, alors que la société connaît d'importantes mutations culturelles, notamment concernant la place des femmes, le débat connaît une nouvelle politisation stimulée par les récents événements de mai 1968. Un militantisme féministe s'empare de la cause de l'avortement pour porter devant le Parlement la question de sa légalisation.

1re partie

→ À l'aide de vos connaissances (cours **p. 252** et point de passage **p. 256**), datez les événements évoqués.

→ Décrivez les éléments qui montrent que l'image évoque une manifestation féministe.

→ Analysez le texte de l'affiche pour montrer qu'il évoque un slogan mettant en avant le libre choix des femmes.

La lutte féministe existe depuis le XIXe siècle. Si elle a d'abord porté sur les questions de droits de vote et d'émancipation des femmes dans le couple, elle rebondit au lendemain des événements de mai 1968, sur les questions d'égalité, de liberté et, dans le domaine de la sexualité, du consentement.
Dans ce contexte, des associations féministes se créent et s'emparent de la question de l'avortement. C'est le cas du MLF, (Mouvement de libération des femmes), et du MLAC, créé en ..... En effet, la prescription médicale de contraceptifs n'est légale en France que depuis la loi Neuwirth de ..... mais l'avortement reste un délit, comme le rappelle l'affiche en évoquant la loi de ..... De nombreuses femmes y ont tout de même recours, prenant un double risque : pour leur santé d'abord, puis sur le plan judiciaire car elles risquent un procès. C'est ce qui arrive notamment lors de l'affaire est plaidée à Bobigny par l'avocate Gisèle Halimi en ..... Cinq femmes sont en procès pour un avortement : parmi elle, une mineure enceinte après un viol qui a décidé d'avorter, et sa mère et qui l'a aidée. L'affaire fait grand bruit. Le procès devient une tribune politique et de nombreuses manifestations ont lieu. L'affiche, par l'image qu'elle met en avant, rappelle ce type de mobilisation : on y voit .....
Les choses s'accélèrent à la suite du procès. Le MLAC milite énergiquement pour une dépénalisation de l'IVG, aidé en cela par le Planning familial à l'origine de l'affiche. Le slogan reprend l'idée du consentement et du choix des femmes. En effet, ... C'est ce discours qui sera également porté au Parlement par Simone Veil.

2e partie

→ Présentez Simone Veil en expliquant son rôle dans le combat de la légalisation de l'IVG.

→ Expliquez les critiques faites à Simone Veil grâce à vos connaissances (voir **p. 256**).

→ Relevez dans le texte les explications de Simone Veil.

En 1974, le combat pour l'IVG est porté devant le Parlement.
En effet, Simone Veil ..... Dans cet extrait très bref, elle fait appel au principe de réalité. On devine qu'elle répond à des critiques dont on sait qu'elles ont été très violentes : ..... Elle développe deux arguments :
- la pénalisation n'est pas efficace : .....
- une femme qui avorte n'est pas immorale : .....

On peut voir que ces arguments diffèrent de ceux mis en avant par les organisations féministes, qui insistent sur le droit des femmes à disposer librement de leur corps : « nous décidons nous-mêmes ». Mais Simone Veil doit déminer le terrain de ses adversaires et préfère donc mobiliser les arguments de la moralisation par la justice.

Conclusion

Après des débats houleux, la loi finit par être votée le 17 janvier 1975. C'est une immense avancée en matière de droits des femmes.

BAC
CORRIGÉ COMPLET DU SUJET
lyceen.nathan.fr/coteterm-2020

Sujet

Pourquoi l'élection de François Mitterrand à la présidence de la République apparaît-elle comme une rupture dans l'histoire de la Ve République ?

Quel rôle la Ve République donne-t-elle au président de la République ?

Expliquez qui est François Mitterrand et quel est son positionnement politique.

Ne rédigez pas une histoire de la présidence de François Mitterrand, mais montrez ce que son élection change dans la vie politique.

Corrigé

Introduction

→ Repérez à quelle étape de l'introduction correspond chaque phrase surlignée.

Le candidat socialiste François Mitterrand est élu à la présidence de la République le 10 mai 1981 face à Valéry Giscard d'Estaing avec 52,2 % des voix. L'onde de choc est énorme : c'est la première fois qu'un candidat socialiste remporte les élections sous la Ve République, et donc est en mesure de déterminer la politique de la France. La gauche s'enthousiasme et s'accroche à un espoir de changement, alors que certains à droite paniquent à l'idée d'un « péril rouge » avec l'entrée de communistes au gouvernement. On peut donc se demander en quoi cette victoire peut être considérée comme une rupture en France.

1re partie

→ Expliquez ces mesures économiques et sociales grâce à vos connaissances (voir cours **p. 254**).

→ Expliquez les réformes scolaires menées entre 1981 et 1986 (cours **p. 254** et **p. 260**).

→ Expliquez les transformations du paysage médiatique à partir de 1981 (cours **p. 255**).

Dès 1981, de nombreuses mesures sont prises : elles doivent marquer une rupture avec la politique menée jusque-là.

Tout d'abord, d'importantes mesures économiques et sociales sont prises : .....
Le pouvoir politique espère voir s'améliorer la situation économique et les conditions de vie des Français.

Les premiers mois qui suivent l'élection sont aussi marqués par le vote de lois considérées comme des marqueurs de la gauche dans de nombreux domaines : décentralisation pour renforcer le lien entre les institutions et la population, abolition de la peine de mort...

Le tournant politique se traduit également dans le domaine scolaire : .....
François Mitterrand participe aussi à bouleverser le paysage médiatique : .....

2e partie

→ Expliquez la situation économique en 1983 et définissez le tournant de la « rigueur » (cours **p. 254**).

→ Rédigez cet argument pour montrer en quoi les élections législatives de 1986 :
- signent le retour à une politique menée avant 1981.
- inaugurent aussi une rupture pour la Ve République (utilisez le terme « cohabitation »).

Ces politiques ne produisent pas les résultats espérés : de nouvelles mesures remettent en cause la politique de rupture engagée jusque-là.

En effet, la situation économique ne s'améliore pas : ..... François Mitterrand impose alors dès 1983 une politique de « rigueur » : ..... C'est un tournant libéral qui déçoit de nombreux électeurs de gauche.

Les élections législatives de 1986 .....

Conclusion

L'arrivée au pouvoir de François Mitterrand apparaît comme un tournant parce qu'il est le premier homme de gauche à accéder à ces responsabilités présidentielles sous la Ve République. Mais après des réformes en rupture avec la période précédente, la « rigueur » conduit au retour de la droite en 1986.

BAC
CORRIGÉ COMPLET DU SUJET
lyceen.nathan.fr/coteterm-2020

▶ QUESTION PROBLÉMATISÉE

Sujet 1
Pourquoi peut-on dire que l'école devient un enjeu de société entre 1974 et 1988 ?

Sujet 2
Comment la société française se transforme-t-elle entre 1974 et 1988 ?

▶ ANALYSE DE DOCUMENTS

En analysant et confrontant les documents, vous expliquerez la place des immigrés dans la société française depuis 1974.
L'analyse des documents constitue le cœur de votre travail, mais nécessite pour être menée la mobilisation de vos connaissances.

1 La mémoire de l'immigration espagnole
Affiche réalisée pour la ville de Saint-Denis (Seine-Saint-Denis), 2014.
La petite Espagne est un quartier de la ville qui a accueilli des milliers d'Espagnols des années 1910 aux années 1970.

2 Le regard sur l'immigration à la fin du XXe siècle

L'immigré, jusque dans les années 1970, était avant tout un travailleur, généralement venu seul, [...] une figure ouvrière définie par une position inférieure – la plus basse – dans les rapports de production. Vinrent ensuite, et notamment pour les Maghrébins, puis pour les Turcs et les Africains, la sédentarisation, le regroupement familial, en même temps que la crise économique et, plus profondément, le déclin de la société industrielle. L'immigration est devenue une composante renouvelée et stable de la population, introduisant des problèmes inédits, et de nouvelles images se sont imposées, d'abord dans l'extrême droite et le discours du Front national puis, de plus en plus largement, dans l'ensemble de l'opinion publique.

L'immigré aujourd'hui n'est plus perçu dans les catégories de la société industrielle, identifié à l'exploitation dans le travail [...] il est de plus en plus défini comme un problème, une source d'inquiétude.

Michel Wieviorka, *La France raciste*, © Éditions du Seuil, 1992.

CHAPITRE

9

Nouveaux rapports de puissance et enjeux mondiaux depuis 1990

Avec la fin de la guerre froide, naît l'espoir d'un monde plus pacifique où les relations internationales seraient régulées par le droit et la concertation. Cet espoir est cependant rapidement déçu dans un monde devenu multipolaire, plus instable malgré les efforts de coopération, et confronté à de nouvelles formes de conflits et d'incertitudes.

Textes DYS
TOUS LES TEXTES EN VERSION DYS
lyceen.nathan.fr/coteterm-2020

▶ **Comment s'organise le nouvel ordre international depuis la fin de la guerre froide ?**

1 La démocratisation en Afrique du Sud (1994)
Nelson Mandela en campagne présidentielle, en vue des premières élections démocratiques et multiraciales en Afrique du Sud, avril 1994.

2 La guerre en Syrie depuis 2011

Des Syriens, des bébés dans les bras, se frayent un chemin à travers les décombres d'un immeuble après une frappe aérienne du régime de Bachar el-Assad sur l'est d'Alep tenue par les rebelles, 11 septembre 2016.

CONTEXTE

L'échec d'un nouvel ordre mondial (1990-2020)

Avec la fin de la guerre froide, les États-Unis semblent triompher. Ils vantent l'émergence d'un « nouvel ordre mondial » (G. Bush) qui permettrait la diffusion de la démocratie, de la liberté et de la paix. Trente ans plus tard, force est de constater la fragilité de ce modèle : le monde paraît plus instable et divisé que jamais et les menaces sur la paix demeurent très nombreuses.

Vocabulaire

- **Apartheid**
  Politique de ségrégation raciale (exclusion juridique, civique et territoriale) et de répression appliquée en Afrique du Sud à l'encontre des populations non blanches entre 1948 et 1991.
- **Islamisme**
  Doctrine qui veut faire de l'islam et de la loi islamique (*charia*) le fondement idéologique de la vie politique et sociale.
- **Ordre mondial**
  Relations internationales régulées par le droit et la concertation afin de garantir la paix.

REPÈRES CHRONOLOGIQUES DU CHAPITRE

THÈME 1 (1929-1945) : Fragilités des démocraties, totalitarismes et Seconde Guerre mondiale

THÈME 2 (1945-1970) : La multiplication des acteurs internationaux dans un monde bipolaire

THÈME 3 (1970-1990) : Les remises en cause politiques, économiques et sociales

THÈME 4 (1990-) : Le monde, l'Europe et la France, entre coopérations et conflits

1929 – 1945 – 1970 – 1990

1990 – 1995 – 2000

GOUVERNANCE ET COOPÉRATION MONDIALE

- **1991** *Point de PASSAGE* — Fin de l'apartheid en Afrique du Sud
- **1993** — Accords d'Oslo (processus de paix israélo-palestinien)
- **2002** — Entrée en vigueur de la Cour pénale internationale (La Haye)

UN MONDE DÉSTABILISÉ

- **1990 › 1991** — GUERRE DU GOLFE
- **1991 › 1999** — GUERRE EN EX-YOUGOSLAVIE
- **1991** — Disparition de l'URSS
- **1994** — Génocide des Tutsi du Rwanda
- *Point de PASSAGE* **11 sept. 2001** — Attentats islamistes aux États-Unis
- **octobre 2001** — Intervention des troupes américaines en Afghanistan
- **mars 2003** — Intervention des troupes américaines en Irak

Élection de Nelson Mandela, mai 1994.

REPÈRES GÉOGRAPHIQUES DU CHAPITRE

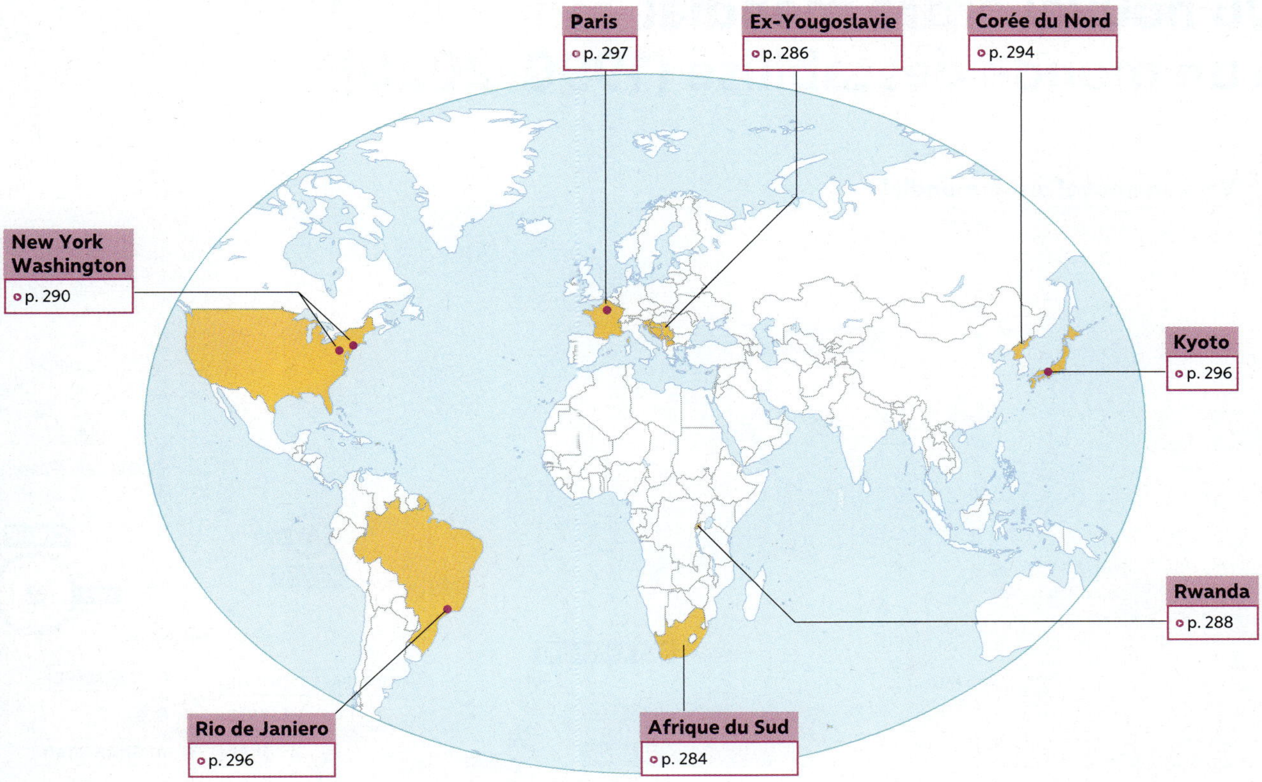

2005 · 2010 · 2015 · 2019

2008 Proclamation de l'indépendance du Kosovo

2009 Barack Obama (président des États-Unis), prix Nobel de la paix

nov. › déc. 2015 CONFÉRENCE SUR LES CHANGEMENTS CLIMATIQUES (COP21) À PARIS

juillet 2015 Accord sur le nucléaire iranien

2005 › 2008 GUERRE CIVILE EN IRAK

2011 › 2013 « PRINTEMPS ARABES »

2015 › 2016 ATTENTATS ISLAMISTES à Paris, Bruxelles, Berlin, Istanbul…

mars 2011 Début de la guerre en Syrie

2014 Début de la guerre au Yémen

mars 2019 Défaite militaire de l'État islamique (Daech) à al-Baghouz (Syrie)

Frise interactive

Attaque contre le World Trade Center, 11 septembre 2001.

Du nouvel ordre mondial à un monde déstabilisé (1990-2020)

1 Vers un nouvel ordre mondial ?

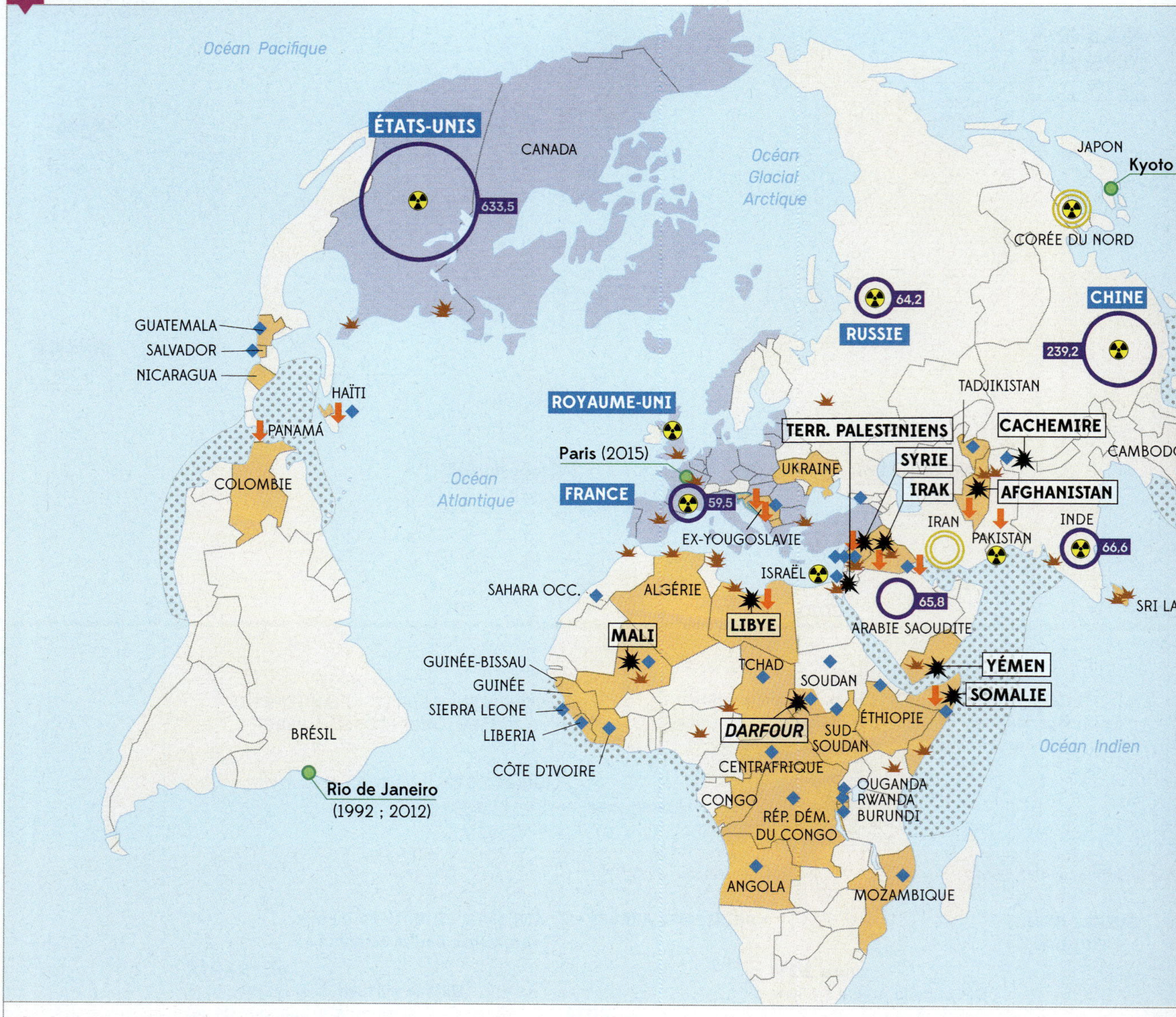

Une « communauté internationale » ?

- PAYS : Membres permanents du Conseil de sécurité de l'ONU
- ◆ Opérations de maintien de la paix de l'ONU depuis 1990
- ● Principales négociations internationales sur l'environnement

Quelle puissance dans un monde multipolaire ?

- Membres de l'OTAN
- ↓ Interventions militaires des États-Unis depuis 1989
- Pays possédant l'arme nucléaire
- 59,5 : Pays dotés des plus gros budgets militaires mondiaux (en milliards de dollars)

Vidéo
L'ONU, quel est son rôle ?

Carte interactive

Un monde déstabilisé

- Pays ou régions touchés par des guerres civiles depuis 1990
- Conflits majeurs à dimension internationale
- Zones de piraterie maritime
- Risque de conflit nucléaire
- Principaux attentats revendiqués par le terrorisme islamiste

2 Les conflits armés dans le monde depuis 1990

Animation

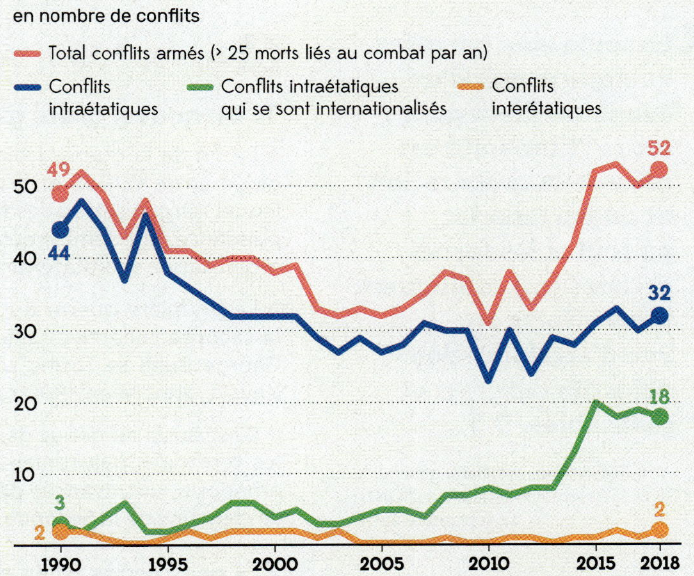

Source : *Uppsala Conflict Data Program ; Peace Research Institute Oslo* (UCDP/PRIO).

Vocabulaire

- **Conflit interétatique**
  Conflit qui oppose des États ou des coalitions d'États.
- **Conflit intraétatique**
  Conflit au sein d'un État, qui implique des forces étatiques et des acteurs non conventionnels.
- **Islamisme**
  Doctrine qui veut faire de l'islam et de la loi islamique (*charia*) le fondement idéologique de la vie politique et sociale.
- **OTAN**
  Organisation du traité de l'Atlantique Nord. Organisation civile et militaire autour des États-Unis, du Canada et de 10 pays d'Europe occidentale, mise en place en 1949.

QUESTIONS

1. Montrez que les États-Unis sont la puissance dominante depuis 1990.
2. Comment le nombre de conflits armés a-t-il évolué dans le monde depuis 1990 ?
3. Quelles régions du monde sont les plus touchées par des conflits ?

COURS

DOCUMENTS : p. 284 à 291

Podcast du cours

Podcast La justice internationale

1 Après la guerre froide, quel nouvel ordre mondial ? (1990-2003)

Comment s'organise le monde de l'après-guerre froide ?

« La seule voie qui offre quelque espoir d'un avenir meilleur pour toute l'humanité est celle de la coopération et du partenariat, où toutes les forces sociales [...] conjuguent leurs efforts en vue d'atteindre des objectifs concrets et réalisables. »

Kofi Annan, secrétaire général de l'ONU à l'Assemblée générale de l'ONU, 24 septembre 2001.

A Après 1990, vers un ordre mondial pacifié ?

1. Un nouvel ordre garanti par l'ONU et les États-Unis

- La fin de la guerre froide marque la fin d'une période d'affrontement idéologique entre l'URSS et les États-Unis et d'un état de guerre permanente dans lequel l'Organisation des Nations unies (ONU) (→ **chapitre 4**) a été réduite à l'impuissance. Elle semble ouvrir la voie à un monde où la paix serait garantie par une organisation **multilatérale**, l'ONU, appuyée par la superpuissance des États-Unis.
- La première guerre du Golfe en 1991 apparaît alors comme un modèle pour la sécurité collective : une coalition internationale menée par les États-Unis de George Bush se forme sous l'égide de l'ONU pour rétablir la souveraineté du Koweït, annexé en 1990 par l'Irak.
- C'est aussi au début des années 1990 que le processus de paix entre Israël et les territoires palestiniens (accords d'Oslo de 1993) connaît, grâce à l'arbitrage américain, une avancée décisive qui a pu laisser croire à la fin de ce conflit né aux lendemains de la Seconde Guerre mondiale (→ **chapitre 4**).

2. Les progrès de la démocratie

- Alors que les régimes démocratiques étaient minoritaires dans le monde jusqu'aux années 1980, la fin de la guerre froide est favorable à la chute des dictatures et à l'établissement de régimes libéraux. La démocratie gagne du terrain sur tous les continents.
- En Europe centrale et orientale, des élections libres ont lieu après la chute des régimes communistes (Pologne, Tchécoslovaquie...). En Afrique du Sud, **l'apartheid** prend fin dans un climat de guerre civile marquée par des violences raciales. Le pays s'engage cependant dans un processus démocratique ; les premières élections multiraciales donnent le pouvoir à l'ANC (*African National Congress*, parti politique luttant contre l'apartheid) et à son leader Nelson Mandela, élu président en 1994.

Point de PASSAGE

▶ 1991 : la fin de l'apartheid en Afrique du Sud

→ p. 284

B De rapides désillusions

1. Recul de la démocratie et terrorisme

- L'espoir d'une démocratie triomphante est rapidement déçu. Ainsi la Chine réprime violemment les manifestations démocratiques qui se tiennent à Pékin sur la place Tiananmen en 1989 (→ **chapitre 7**). Au Moyen-Orient, le processus de paix israélo-palestinien n'aboutit pas.
- L'**islamisme** progresse au Liban, en Égypte, en Tunisie et en Algérie mais n'accède pas au pouvoir. L'Iran, république islamique depuis 1979, reste un cas isolé (→ **chapitre 7**). Il se radicalise et s'internationalise ; une partie de ses partisans se regroupe dans des organisations internationales **terroristes** comme **Al-Qaïda**.

2. Réveil des nationalismes et guerres intraétatiques

- Durant la décennie 1990, le monde est confronté à de nombreuses guerres, le plus souvent intraétatiques, face auxquelles la communauté internationale se

Vocabulaire

- **Al-Qaïda**
  Organisation terroriste islamiste créée en 1987 en Afghanistan par Oussama Ben Laden. Elle est responsable de nombreux attentats.
- **Apartheid**
  Politique de ségrégation raciale (exclusion juridique, civique et territoriale) et de répression appliquée en Afrique du Sud à l'encontre des populations non blanches entre 1948 et 1991.

trouve impuissante. Ainsi en ex-Yougoslavie, la chute du communisme et le réveil des nationalismes provoquent l'éclatement du pays et quatre guerres successives (1991-1995 et 1999) où les populations civiles sont soumises à des pratiques génocidaires (« **nettoyage ethnique** » en Bosnie).

- En Afrique, les guerres intraétatiques accompagnées de pillages et de massacres concernent de nombreux pays. Au Rwanda, dans un climat de lutte pour le pouvoir et de haine raciale, le gouvernement extrémiste hutu organise, entre avril et juillet 1994, le génocide de la population tutsi (1 million de victimes).

C Le désordre mondial et l'empire américain après 2001

1. La remise en cause de la puissance américaine

- Le 11 septembre 2001, deux avions de ligne détournés percutent les deux tours du World Trade Center à New York. Cette attaque d'Al-Qaïda, revendiquée par Oussama Ben Laden, fait vaciller la croyance des États-Unis dans l'universalité de leur modèle et révèle la menace d'un terrorisme islamiste mondialisé.
- L'attaque du 11-Septembre provoque une rupture dans la politique étrangère américaine. Les États-Unis, en guerre contre le terrorisme, s'engagent dans des conflits armés contre les États supposés soutenir le terrorisme : en 2001 en Afghanistan avec l'accord de l'ONU, en 2003 en Irak sans l'accord de l'ONU et sans celui de certains de leurs alliés, notamment la France.
- Cet **unilatéralisme** américain qui ne tient plus compte de la communauté internationale incarnée par l'ONU devient alors lui-même facteur de désordre. Le régime de dictature de Saddam Hussein en Irak est renversé par l'intervention américaine (2003) mais le pays ne connaît ensuite ni la paix, ni le retour à la démocratie.

2. Un monde à la recherche d'une gouvernance

- Si le maintien d'un ordre mondial pacifié paraît impossible, l'ONU reste néanmoins une instance régulatrice indispensable. Les casques bleus (soldats chargés du maintien de la paix fournis par différentes puissances de l'ONU) interviennent désormais sur tous les continents. L'ONU se charge dans certains cas de l'administration provisoire d'États en faillite comme en Haïti de 1993 à 1996.
- Des tentatives de régulation dans des domaines spécifiques comme le climat apparaissent. En 1997, au sommet des Nations unies de Kyoto, 38 États signent des accords qui les engagent à réduire leurs émissions de **gaz à effet de serre** mais les États-Unis, premiers pollueurs, ne les ratifient pas.
- Une justice internationale se met en place : en 2002, la Cour pénale internationale est créée conformément au Statut de Rome, adopté en 1998 par 120 pays et ratifié depuis par plus de la moitié des pays du monde. Cour permanente et indépendante, elle fait suite à la tenue de juridictions temporaires pour le Rwanda et pour la Yougoslavie. Compétente pour juger les génocides, crimes de guerre et crimes contre l'humanité commis depuis 2002 (→ **chapitre 4**), elle n'intervient cependant que lorsque les États sont jugés incapables d'engager eux-mêmes des poursuites pénales.

TESTEZ-VOUS !

- **Quels événements ont pu laisser penser à la mise en place d'un ordre mondial pacifié après 1990 ?**
- **Pourquoi peut-on dire que cet espoir de paix mondiale a échoué dès les années 1990 ?**
- **Pourquoi peut-on parler d'un désordre mondial après 2001 ?**

Vocabulaire

- **Gaz à effet de serre**
Vapeur d'eau, méthane et dioxyde de carbone (CO_2) produits très massivement par les activités humaines (consommation de carbone fossile, fabrication de ciment). Ils provoquent une élévation de la température à la surface de la Terre.
- **Islamisme**
Doctrine qui veut faire de l'islam et de la loi islamique (*charia*) le fondement idéologique de la vie politique et sociale.

Point de PASSAGE

▶ Le 11 septembre 2001

→ p. 290

- **Multilatéralisme**
Mode d'organisation des relations entre États fondé sur la coopération pour instaurer des règles communes.
- **« Nettoyage ethnique »**
Opération visant à homogénéiser le peuplement d'un territoire en le vidant par la force d'une partie de sa population, au bénéfice d'une autre, au nom de critères ethniques.
- **Terrorisme**
Ensemble d'actes de violence commis par une organisation pour créer parmi la population un climat de terreur et d'insécurité et faire ainsi pression sur un État.
- **Unilatéralisme**
Attitude d'un État qui consiste à agir sans concertation avec les autres acteurs des relations internationales (par opposition au multilatéralisme).

VERS LA SPÉCIALITÉ

Thème 2
Faire la guerre, faire la paix
- Le défi de la construction de la paix
- Le Moyen-Orient

Thème 3
Histoire et mémoires
- Histoire, mémoire, justice

Point de PASSAGE

1991 : la fin de l'apartheid en Afrique du Sud

▶ COURS : p. 282-283

Contexte

En 1991, les dernières mesures du régime raciste d'apartheid prennent fin. Mais les années de ségrégation et de violences ont laissé des traces durables. Au bord de la guerre civile, l'Afrique du Sud tente de s'engager dans la voie d'une révolution démocratique et pacifique.

Comment les Sud-Africains mettent-ils fin à un demi-siècle d'apartheid et engagent-ils leur pays sur la voie de la démocratie ?

CHRONOLOGIE

- **1948** Début du régime d'apartheid. La population est divisée en trois groupes raciaux (Blancs, *Coloured*, Noirs).
- **1955** L'ANC (*African National Congress*) et d'autres mouvements de résistance forment le Congrès de l'Alliance.
- **1990** Libération de Nelson Mandela après 27 ans de prison.
- **1990-1994** Violences raciales et conflits armés entre partisans et adversaires des négociations.
- **Juin 1991** Abrogation des dernières mesures d'apartheid.
- **Avril-mai 1994** Premières élections libres et multiraciales remportées par l'ANC. Nelson Mandela devient président le 10 mai.
- **1995-1998** Commission « Vérité et Réconciliation ».

BIOGRAPHIE

Nelson Mandela (1918-2013)

Avocat et membre de l'ANC, il lutte contre l'apartheid et est emprisonné à ce titre pendant 27 ans. Libéré en 1990, il devient le premier président de l'Afrique du Sud en 1994.

▶ Biographies : p. 356

Vocabulaire

- **Apartheid**
Politique de ségrégation raciale (exclusion juridique, civique et territoriale) et de répression appliquée en Afrique du Sud à l'encontre des populations non blanches entre 1948 et 1991.

1 La libération de Nelson Mandela (1990)

Vidéo

En ce jour de ma libération, j'exprime ma gratitude sincère et chaleureuse aux millions de mes compatriotes et à ceux qui de tous les coins du monde ont fait campagne sans relâche pour ma libération [...]. Aujourd'hui, une majorité de Sud-Africains, noirs ou blancs, admettent que l'apartheid n'a pas d'avenir [...]. L'étendue des destructions causées par l'apartheid à l'échelle de notre sous-continent est incalculable. Le tissu familial de millions de gens de mon peuple a été détruit. Des millions sont sans abri et sans travail. Notre économie est en ruine et notre peuple en proie à des troubles politiques. Notre recours à la lutte armée en 1960 [...] était purement défensif contre la violence de l'apartheid. Mais les facteurs qui ont rendu nécessaire cette lutte armée existent encore aujourd'hui ; nous n'avons pas d'autre choix que de continuer. Exprimons cependant l'espoir qu'un climat favorable à un règlement négocié verra bientôt le jour qui rendra inutile la lutte armée [...]. Les négociations sur le démantèlement de l'apartheid devront satisfaire l'attente extraordinaire de notre peuple pour une Afrique du Sud démocratique, non raciale et unitaire [...]. Notre lutte a atteint un moment décisif. Nous appelons notre peuple à saisir ce moment pour que la transition vers la démocratie se déroule sans délai et sans à-coups. Cela fait trop longtemps que nous attendons notre liberté.

Discours de Nelson Mandela, hôtel de ville du Cap, 11 février 1990, dans F.-X. Fauvelle, *Convoquer l'Histoire. Nelson Mandela : trois discours commentés*, Alma éditeur, 2015.

2 L'Afrique du Sud au bord de la guerre civile

Affrontements entre la police antiémeutes et des partisans de l'ANC, province du Transvaal (nord-est de l'Afrique du Sud), 9 mars 1994.

3 Une nouvelle Afrique du Sud

Nous, peuple de l'Afrique du Sud,

Reconnaissons les injustices de notre passé ;

Honorons ceux qui ont souffert pour la justice et la liberté sur notre terre ;

Respectons ceux qui ont travaillé à la construction et au développement de notre pays ; et croyons que l'Afrique du Sud appartient à tous ceux qui y vivent, unis dans notre diversité.

Ainsi, par l'entremise de nos représentants librement élus, nous adoptons cette Constitution comme loi suprême de la République, de façon à :

– guérir les divisions du passé et établir une société basée sur des valeurs démocratiques, la justice sociale et les droits humains fondamentaux ;

– poser les fondations d'une société démocratique et ouverte dans laquelle le gouvernement est basé sur la volonté du peuple et où tous les citoyens sont également protégés par la loi ; [...]

– construire une Afrique du Sud unie et démocratique capable de prendre sa place légitime comme État souverain dans la famille des nations.

Préambule de la Constitution (adoptée en octobre 1996, entrée en vigueur en février 1997).

4 Avril 1994, les premières élections libres

Files d'attentes d'électrices et électeurs sur le point d'exprimer leur suffrage, 1994.

5 La commission « Vérité et Réconciliation »

Entre 1995 et 1998, victimes et bourreaux sont invités à venir raconter leur histoire au cours d'audiences publiques.

Vous me demandez si l'amnistie[1] n'est pas un prix trop cher à payer. C'est un prix très lourd à payer, oui. Mais ceci dit, demandons-nous s'il existe quelque alternative. Les forces de sécurité [du régime d'apartheid] n'auraient probablement pas accepté, sans promesse d'amnistie, la transition vers une société démocratique [...]. On a ouvert aux victimes un forum officiel où elles ont raconté leur histoire [...]. Il y a donc reconnaissance de la part de la nation entière, et c'est inestimable. Être reconnu comme une personne à part entière, pouvoir raconter son histoire devant une commission nommée par un président que vous avez élu, c'est inestimable [...]. Nous avons obligation d'être équitables dans le sens où nous voulons donner à chacun la possibilité d'exposer son cas. Ce qui ne veut pas dire que la victime est sur le même plan que le coupable ; cela irait à l'encontre de l'ordre moral de notre communauté comme de l'univers entier [...]. Il y a des effets qu'on peut constater à court terme, mais la réconciliation est en vérité un processus.

« Pas d'amnistie sans pardon », entretien avec l'archevêque Desmond Tutu (président de la commission « Vérité et Réconciliation »), *Esprit*, décembre 1997.

1. Décision qui efface le caractère punissable des faits auxquels elle s'applique.

Itinéraire 1

Identifier

1. **Doc 1.** Décrivez dans quelles circonstances s'exprime publiquement Nelson Mandela et l'espoir qu'il formule pour l'avenir.
2. **Doc 1 et 2.** Identifiez les éléments qui montrent que la fin de l'apartheid s'inscrit dans un processus de lutte collective et de négociations.

Expliquer

3. **Doc 1, 4 et 5.** Analysez comment la fin de l'apartheid s'inscrit dans un processus à la fois démocratique et pacifique.
4. **Doc 1 et 3.** Observez l'usage du pronom personnel « nous » dans les deux textes et qui il désigne. Quelle évolution pouvez-vous remarquer ?

Synthétiser

5. Rédigez un texte argumenté en réponse à la problématique. Vous veillerez à bien présenter les acteurs et modalités de la fin de l'apartheid en Afrique du Sud en expliquant comment ce processus est à la fois démocratique et pacifique dans un pays au bord de la guerre civile.

OU

Itinéraire 2

Aide

Réaliser une frise chronologique

▶ À l'aide des documents, montrez comment les Sud-Africains mettent fin à l'apartheid et engagent leur pays sur la voie de la démocratie. Vous structurerez la frise par période et par thèmes.

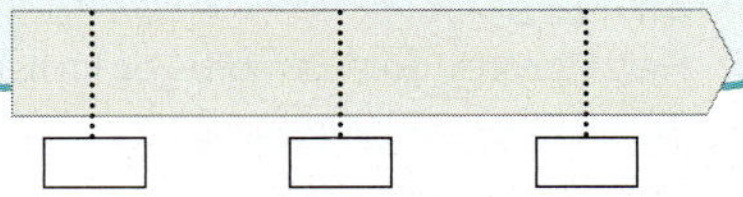

DOCUMENTS

1991-1999 : la guerre en ex-Yougoslavie

COURS : p. 282-283

VOCABULAIRE :
• « Nettoyage ethnique » p. 283

Avec la disparition de l'URSS, le spectre de la guerre semblait écarté d'Europe. Pourtant, la fin du communisme en Yougoslavie ouvre la voie au réveil des nationalismes. Un long conflit débute alors qui aboutit à la division du pays en plusieurs États.

Comment la guerre en ex-Yougoslavie met-elle en évidence les difficultés pour établir un ordre mondial pacifié ?

CHRONOLOGIE

- **1991** Déclaration d'indépendance de la Slovénie, de la Croatie et de la Macédoine. Début de la guerre.
- **1992** Cessez-le-feu en Croatie.
  Déclaration d'indépendance de la Bosnie-Herzégovine.
  Guerre en Bosnie et début du siège de Sarajevo par les forces serbes.
  Envoi des casques bleus de l'ONU.
- **1993** Création du Tribunal pénal international pour l'ex-Yougoslavie (TPIY).
- **1995** Intervention de l'OTAN. Accords de Dayton qui mettent fin à la guerre.
- **29 février 1996** Levée du siège de Sarajevo.
- **1998** Opérations militaires serbes contre les indépendantistes albanais du Kosovo.
- **1999** Intervention armée de l'OTAN sur le Kosovo, placé ensuite sous administration de l'ONU.

BIOGRAPHIE

Slobodan Milošević (1941-2006)

Président de la République fédérale de Yougoslavie (RFY) de 1997 à 2000. Il est inculpé devant le TPIY en 1999 pour crimes de guerre, crimes contre l'humanité et génocide.

Biographies : p. 356

CHIFFRES CLÉS

- → Au moins **100 000 morts** en Bosnie-Herzégovine (dont la moitié de civils).
- → **13 000 morts** en Croatie.
- → **13 000 morts** au Kosovo (dont **10 000** civils).

1 La guerre en ex-Yougoslavie (1991-1999)

Carte interactive

La Bosnie-Herzégovine après les accords de Dayton (1995)
- République serbe de Bosnie
- Fédération croato-bosniaque

Les nationalités en 1989
- Frontières de l'ex-Yougoslavie
- Serbes
- Monténégrins
- Slovènes
- Croates
- Macédoniens
- Albanais
- Bosniaques
- Hongrois
- Bulgares

La guerre en Yougoslavie
- 1991 Date de la déclaration d'indépendance
- Nouvelles frontières
- Affrontements, sièges
- Principaux massacres
- Interventions de l'OTAN

2 Le rôle de l'ONU en question

Bihac est une ville du nord-ouest de la Bosnie, peuplée de Bosniaques musulmans. Elle est décrétée zone de sécurité de l'ONU (1 249 casques bleus) mais attaquée par les Serbes en 1994.

Quand on est dans un pays en guerre, armés, et qu'on a pour ordre de ne pas utiliser ses armes, on est de fait du côté de l'agresseur, de celui qui essaie de conquérir du terrain. À Bihac, cela signifiait indéniablement être du côté des Serbes. J'ai menti à un certain nombre de gens à qui on avait dit « mais oui, on va vous aider, si la guerre arrive, vous n'aurez qu'à venir nous rejoindre dans le poste d'observation ». [...] Et le jour où la guerre arrivait, on n'était même plus dans le poste d'observation parce qu'on avait déménagé deux jours avant.

François Crémieux, appelé du contingent en mission volontaire pour l'ONU, en 1994 cité dans *L'Histoire*, n° 460, juin 2019.

3 Les accords de Dayton (1995) Vidéo

La paix venue de Washington une fois de plus, c'est donc au président Bill Clinton[1], [...] qu'il est revenu d'annoncer un accord de paix largement enfanté par la diplomatie américaine. [...] Et l'Europe, demandera-t-on ? À cette question qui les exaspère, les dirigeants européens répondent : depuis 4 ans, ce sont notamment des « casques bleus » britanniques, néerlandais, espagnols, ukrainiens et français qui sont sur le terrain. Ils ont protégé les convois d'aide humanitaire, nourri et soigné les populations. [...] Sans doute faudra-t-il attendre encore un peu pour dire si la paix de Dayton est un triomphe de la diplomatie américaine. Elle solde, à coup sûr, ce qu'il faut bien appeler un fiasco européen.

Ce n'est pas que les États-Unis soient sans blâme dans cette affaire. Dès le début, l'administration Bush[2] [...] se refuse au moindre engagement. L'administration Clinton n'intervient qu'à la demande expresse des Européens, pour accoucher d'un plan de paix qui est, en gros, le leur [...]. Elle le fait parce qu'il en va de l'avenir de l'OTAN, donc de son leadership, sur l'Alliance atlantique. Seulement, elle le fait avec les attributs d'une vraie grande puissance : la force au service de la diplomatie. La leçon n'en est que plus terrible pour les Européens, toujours à mille lieues d'une politique de défense commune – dont, après tout, les nouveaux membres de l'Union disent, publiquement, qu'ils ne veulent pas.

Éditorial du *Monde*, 23 novembre 1995.

1. Président des États-Unis de 1993 à 2001.
2. George Bush, président des États-Unis de 1989 à 1993.

4 Le « nettoyage ethnique » en Bosnie

Corps de victimes assassinées tuées entre 1992 et 1995 en Bosnie-Herzégovine, retrouvés en 1998 dans le village de Glumina (est de la Bosnie).

5 L'intervention de la justice internationale

Le Tribunal pénal international pour l'ex-Yougoslavie (La Haye, Pays-Bas) est institué par l'ONU dès 1993 pour juger les crimes de guerre commis en ex-Yougoslavie. Sa procureure, Carla Del Ponte, publie en 2001 un communiqué de presse rendant compte de l'arrestation de Slobodan Milošević :

L'arrivée de Slobodan Milošević au quartier pénitentiaire du Tribunal constitue un événement important pour la justice pénale internationale. Il est à La Haye, et je m'en réjouis. [...] Le Tribunal a été créé par le Conseil de sécurité de l'ONU pour contribuer au rétablissement et au maintien de la paix et de la sécurité internationales. Je suis convaincue qu'il ne peut y avoir de paix durable au sein d'une société que si l'on permet au système de justice pénale de suivre son cours. Une fois mis en accusation, même les plus hauts dirigeants doivent répondre des allégations formulées à leur encontre. Il faut montrer aux victimes des atrocités qu'il existe un véritable mécanisme permettant de traduire ces accusés devant une juridiction pour qu'ils rendent compte de leurs actes. Nul n'est au-dessus des lois ni hors d'atteinte de la justice internationale. Aujourd'hui, la communauté internationale se montre résolue à ce que les victimes ne tombent pas dans l'oubli et à ce que leur histoire passe à la postérité.

Déclaration de la procureure Carla Del Ponte, La Haye, 29 juin 2001.

QUESTIONS

Identifier

1. **Doc 1.** Listez les différentes guerres des années 1990 en ex-Yougoslavie.
2. **Doc 2 et 4.** Montrez comment les civils se trouvent impliqués dans ces guerres.

Expliquer

3. **Doc 2, 4 et 5.** Expliquez l'intervention d'une justice internationale.
4. **Doc 2, 3 et 5.** Caractérisez le rôle joué par l'ONU, par l'Europe et par les États-Unis.

Synthétiser

5. Dans un développement argumenté, montrez comment la guerre en ex-Yougoslavie met en évidence les difficultés pour établir un ordre mondial pacifié.

DOCUMENTS

1994 : le génocide des Tutsi

COURS : p. 282-283

VOCABULAIRE :

- Génocide p. 97

Vidéo
Le génocide des Tutsi

Dans un contexte de lutte armée pour le pouvoir et de haine forgée par une idéologie raciste, le gouvernement extrémiste hutu déclenche un programme de destruction des Tutsi. Entre avril et juillet 1994, les trois quarts de la population tutsi du Rwanda sont victimes d'un génocide planifié.

Comment expliquer les causes et les modalités du génocide des Tutsi du Rwanda ?

CHIFFRES CLÉS

→ Environ **1 million de personnes** sont assassinées.

→ **54 % des victimes** sont des femmes et des enfants de **moins de 15 ans**.

CHRONOLOGIE

- **1959** Les Hutu prennent le pouvoir au Rwanda ; le pays devient indépendant en 1962.
- **1961-1967** 20 000 Tutsi sont assassinés et 300 000 doivent s'exiler.
- **1987** Création en Ouganda du FPR (Front patriotique rwandais) par des réfugiés tutsi.
- **Octobre 1990** Début de la guerre civile. Affrontements entre le FPR et le FAR (Forces armées rwandaises, l'armée du régime hutu).
- **1994**
- **6 avril** Attentat contre l'avion du président (hutu) Juvénal Habyarimana ; prétexte au déclenchement du génocide.
- **21 avril** L'ONU décide de réduire ses effectifs sur le terrain.
- **17 juillet** Victoire du FPR. Fin du génocide et de la guerre.

1 Diffuser la haine raciale

Kangura est le journal officiel du régime hutu.

1. Tout Muhutu [Hutu] doit savoir qu'une Umututsikazi [femme tutsi] où qu'elle soit, travaille à la solde de son ethnie tutsi. Par conséquent est traître tout Muhutu qui épouse une Umututsikazi, qui fait d'une Umututsikazi [femme tutsi] sa concubine, qui fait d'une Umututsikazi sa secrétaire ou sa protégée [...].

4. Tout Muhutu doit savoir que tout Mututsi [Tutsi] est malhonnête dans ses affaires. Il ne vise que la suprématie de son ethnie [...].

5. Les postes stratégiques tant politiques, administratifs, économiques, militaires et de sécurité doivent être confiés aux Bahutu [Hutu] [...].

7. Les forces armées rwandaises doivent être exclusivement hutu [...].

8. Les Bahutu doivent cesser d'avoir pitié des Batutsi [Tutsi].

9. Les Bahutu, où qu'ils soient, doivent être unis, solidaires et préoccupés du sort de leurs frères bahutu [...]. Les Bahutu doivent être fermes et vigilants contre leur ennemi commun tutsi [...].

« Les Dix Commandements des Bahutu », *Kangura*, n° 6, 6 décembre 1990.

2 Guerre et génocide

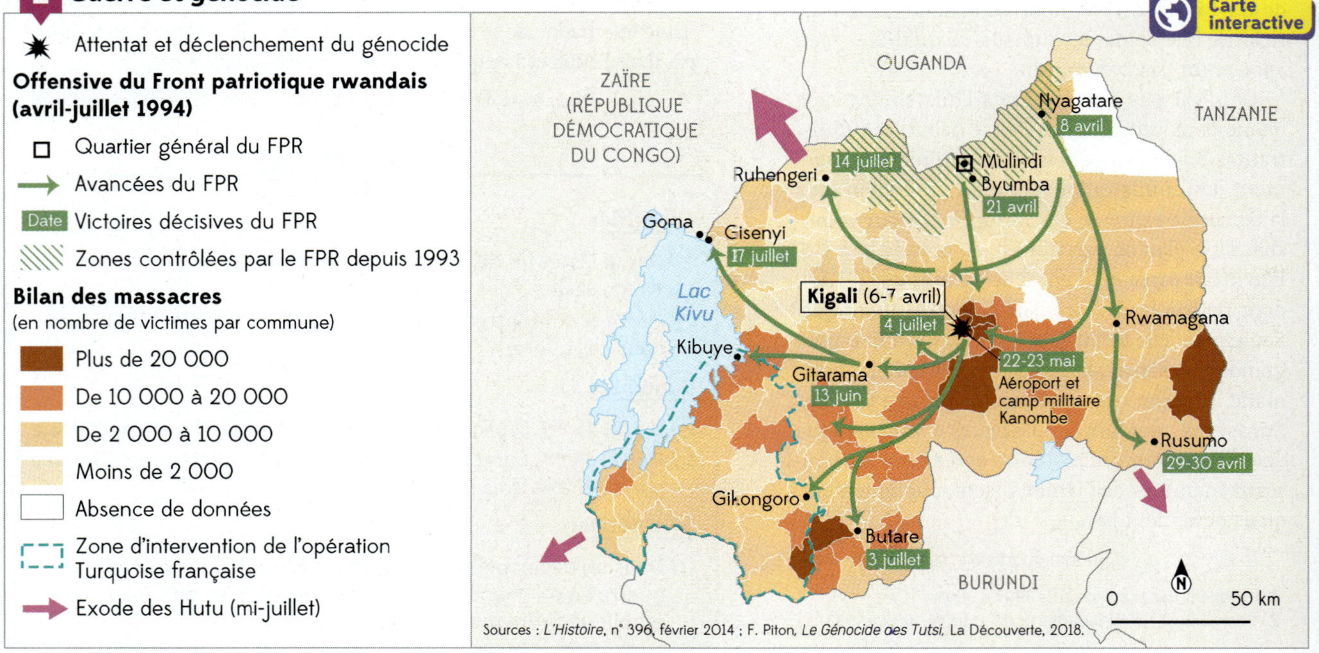

Sources : *L'Histoire*, n° 396, février 2014 ; F. Piton, *Le Génocide des Tutsi*, La Découverte, 2018.

3 Un lieu de l'extermination

Exposition de vêtements de victimes. Église-mémorial de Nyamata où près de 10 000 personnes furent tuées dans l'église et ses alentours le 15 avril 1994.

4 Un génocide planifié

Note du major belge Hock, 2 mois avant le début du génocide.

Il est indéniable qu'il existe aujourd'hui au Rwanda des milices [*interahamwe*[1]] qui sont le « bras armé » de l'extrémisme hutu [...]. Elles bénéficient indubitablement du soutien, généralement discret mais parfois plus ouvert, d'autorités légales [...]. [Elles] auraient notamment reçu la mission de localiser toutes les familles tutsi. Des assassinats de Tutsi seraient prévus, dans les zones où ils sont concentrés. Dans les manifestations, les *interahamwe* sont parfois armés de machettes, de gourdins et de pierres. Ils procéderaient également à la distribution clandestine d'armes au sein de la population.

Note du major Hock, Service général de renseignement et de la sécurité belge, 2 février 1994, archives du Tribunal pénal international pour le Rwanda.

1. Milices hutu qui prennent une part active aux massacres.

5 Un « génocide des voisins »

Les Tutsi n'imaginaient pas que le gouvernement allait les faire éliminer par leurs concitoyens et voisins les plus proches, tous endoctrinés et incités à commettre l'innommable. Moi aussi, j'ai été naïve. J'ai cru que les tueries n'auraient lieu qu'à Kigali, sans qu'ailleurs au Rwanda on soit inquiété ! À Muhima [quartier de Kigali], les pillages, les meurtres et les assassinats ont commencé. Les balles sifflaient sans relâche à nos oreilles. Chez notre voisin, un colonel du nom de Bizimana, plusieurs pelotons se sont rassemblés. Ils se sont réparti les tâches [...]. Des cris et des gémissements ont fusé de toutes parts, mêlés aux sifflements des balles et aux derniers soupirs. Nous sommes précipitamment sortis de la maison pour fuir. Mon mari, Claver, et un homme appelé Munyakayanza ont couru, prenant le chemin en contrebas de la maison qui conduit à Nyabugogo. Ils ont été arrêtés par des *interahamwe* et regroupés avec d'autres Tutsi venus d'ailleurs. Tous ont été tués ce 10 avril 1994 [...]. Arrivées à une barrière érigée par des *interahamwe*, j'ai trouvé M. Cyprien que je connaissais. M'apercevant, il m'a dit à voix basse : « Passe par-là, ne passe pas par ici, sinon on va te tuer ».

Témoignage d'une rescapée, Irène Mukansigaye, cité dans F. Prudhomme (dir.) *Cahiers de mémoire, Kigali, 2019*, Classiques Garnier, 2019.

QUESTIONS

Aide

Identifier

1. **Doc 2 et chronologie.** Décrivez dans quel contexte politique et militaire se déroule le génocide.
2. **Doc 3 à 5.** Identifiez les modalités d'assassinat : armes utilisées, lieux et acteurs impliqués. Quels en sont les échos à l'étranger ?

Expliquer

3. **Doc 1.** En quoi cet article de journal constitue-t-il un véritable appel à la haine raciale ? Justifiez votre réponse.
4. **Doc 4 et 5.** Comment ces documents traduisent-ils l'implication massive des populations civiles et la proximité entre victimes et tueurs dans le processus génocidaire ?
5. **Doc 3 à 5.** Montrez le caractère intentionnel, planifié et systématique des massacres.

Synthétiser

6. Construisez un schéma en réponse à la problématique.

Contexte
Planification des massacres
Génocide des Tutsi
Diffusion des discours racistes
Bilan

Point de PASSAGE Le 11 septembre 2001

COURS : p. 282-283

Contexte

Le 11 septembre 2001, quatre avions de ligne sont détournés par l'organisation terroriste islamiste Al-Qaïda et percutent les tours du World Trade Center à New York et le Pentagone à Washington, faisant près de 3 000 morts.

Pourquoi les attentats du 11 septembre 2001 sont-ils révélateurs d'un monde déstabilisé ?

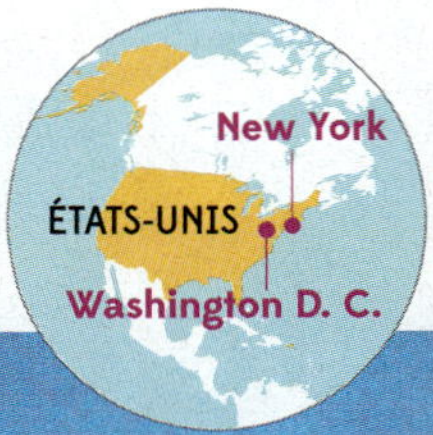

CHRONOLOGIE

- **1987** Création de l'organisation terroriste Al-Qaïda par Oussama Ben Laden en Afghanistan.
- **1998** Attentats d'Al-Qaïda contre les ambassades américaines de Nairobi (Kenya) et Dar es Salaam (Tanzanie).
- **11 septembre 2001** Attentats d'Al-Qaïda à New York et Washington.
- **Octobre 2001** Intervention militaire des États-Unis en Afghanistan.
- **2003** Intervention militaire des États-Unis en Irak.

Vidéo
Le film des attentats

1 L'attaque contre le World Trade Center (New York)
À la suite d'un premier avion détourné, un second percute les « Twin Towers » de New York, le 11 septembre 2001.

BIOGRAPHIE

Oussama Ben Laden (1957-2011)

Saoudien, fondateur et principal dirigeant d'Al-Qaïda, commanditaire de nombreux attentats, dont ceux du 11 septembre 2001. Il est tué par l'armée américaine au Pakistan en 2011.

Biographies : p. 356

Vocabulaire

- **Al-Qaïda**
  Organisation terroriste islamiste créée en 1987 en Afghanistan par Oussama Ben Laden. Elle est responsable de nombreux attentats.
- **Islamisme**
  Doctrine qui veut faire de l'islam et de la loi islamique (*charia*) le fondement idéologique de la vie politique et sociale.
- **Terrorisme**
  Ensemble d'actes de violence commis par une organisation pour créer parmi la population un climat de terreur et d'insécurité, et faire ainsi pression sur un État.

2 Le terrorisme, un nouveau type de guerre

Le défi longtemps redouté s'est finalement déclaré le 11 septembre quand l'islam radical a déclenché sa guerre mondiale dans une attaque littéralement spectaculaire sur la terre américaine. Étonnamment, toutefois, cette alliance antiaméricaine n'inclut aucune grande puissance. Elle n'inclut même aucun État hormis la complicité d'un Afghanistan[1] lui-même pris en otage. C'est la bonne nouvelle. La mauvaise, c'est qu'en raison de son infiltration intraétatique, le réseau terroriste d'Al-Qaïda n'a pas d'adresse connue. Et une adresse fixe (base de toutes représailles) est indispensable pour une action efficace. De plus, avec le soutien officieux de certains régimes voyous[2], ce réseau terroriste dispose d'armes non conventionnelles[3], use de stratégies non-conventionnelles et est alimenté par un radicalisme et un fanatisme suicidaire que l'on n'a pas l'habitude d'associer aux adversaires étatiques.

Charles Krauthammer, *The Weekly Standard*, 12 novembre 2001 (traduction : S. Kuhn).

1. État dans lequel se trouve Oussama Ben Laden au moment des attentats.
2. Désignation par les États-Unis des États soutenant le terrorisme islamiste international.
3. Armes nucléaires, bactériologiques ou chimiques.

3 **Des réactions antiaméricaines au Pakistan**

Manifestation antiaméricaine et de soutien à Oussama Ben Laden à Landy Kotal, Pakistan, le 23 septembre 2001.

5 La réaction du président des États-Unis

Le 11 septembre, les ennemis de la liberté ont commis un acte de guerre contre notre pays. [...]

Notre riposte implique bien plus que des représailles instantanées et des frappes isolées. Les Américains ne doivent pas s'attendre à une seule bataille, mais à une longue campagne, sans précédent. Elle pourra comprendre des frappes spectaculaires, diffusées à la télévision, et des opérations secrètes, secrètes jusque dans leur succès. Nous allons priver les terroristes de financement, les dresser les uns contre les autres, les pourchasser d'un endroit à un autre, jusqu'à ce qu'il n'y ait plus de refuge ou de repos. Nous poursuivrons les nations qui assurent une aide ou un asile au terrorisme. Chaque pays, dans chaque région, doit maintenant prendre une décision. Ou bien vous êtes avec nous, ou bien vous êtes avec les terroristes. À partir de maintenant, tout pays qui continue d'abriter ou de soutenir le terrorisme sera considéré par les États-Unis comme un régime hostile. [...] Cette lutte n'est cependant pas celle de la seule Amérique. Et son enjeu n'est pas seulement la liberté de l'Amérique. Cette lutte est celle du monde entier. C'est une lutte de civilisation. C'est la lutte de tous ceux qui croient au progrès et au pluralisme, à la tolérance et à la liberté.

George W. Bush, président des États-Unis (2001-2009), discours devant le Congrès des États-Unis, 20 septembre 2001.

Vidéo
Qu'est-ce que le *Patriot Act* ?

4 Une analyse de la politique américaine

Point de vue d'HISTORIEN

George W. Bush a lancé, en riposte aux attentats du 11 septembre 2001, une « guerre globale contre la terreur ». Les membres effectifs d'Al-Qaïda n'étaient alors qu'un ou deux milliers. Dix-huit années plus tard, cette « guerre » aux nombreuses évolutions a causé des centaines milliers de victimes et englouti des centaines de milliards d'euros. Mais les partisans d'Al-Qaïda, de Daech[1] et de leurs organisations affiliées sont désormais des dizaines de milliers, avec des centaines de milliers de sympathisants, présents dans le monde entier. Certes, les jihadistes[2] ne disposent plus de territoire sous leur contrôle exclusif, mais ce n'était pas non plus le cas en 2001. Le caractère fondamentalement militaire de ces campagnes « anti-terroristes » explique une bonne part de leur bilan contrasté.

Article du blog de l'historien Jean-Pierre Filiu sur le site du journal *Le Monde*, 15 septembre 2019.

1. Voir définition p. 293.
2. Terroristes qui veulent imposer la loi islamique par la violence.

Itinéraire 1

Identifier

1. **Doc 1, 2 et 5.** Identifiez les auteurs et les cibles de l'attentat.

Expliquer

2. **Doc 1, 2 et 5.** Expliquez en quoi le terrorisme islamiste fait peser une menace d'un nouveau type perçue comme une atteinte à la paix mondiale.
3. **Doc 3 à 5.** Quelle orientation George W. Bush donne-t-il à la politique extérieure américaine après ces attentats ?
4. **Doc 3 à 5.** Évaluez l'efficacité de la politique définie par George W. Bush sur la menace terroriste islamiste.

Synthétiser

5. Rédigez un développement argumenté pour expliquer en quoi les attentats du 11 septembre 2001 sont révélateurs d'un monde déstabilisé.

OU

Itinéraire 2

oral

Préparer une présentation orale

Un élève de la classe présente une réponse à la question : « pourquoi les attentats du 11 septembre 2001 sont-ils révélateurs d'un monde déstabilisé ? » en 5 min devant la classe. Prêtez attention au vocabulaire employé et relevez les mots qui vous semblent issus d'un langage trop familier. À la fin de la prestation, cherchez ensemble des synonymes ou des expressions plus adaptés.

Aide

COURS

▶ DOCUMENTS : p. 294 à 297

Podcast du cours

Vidéo
Le États-Unis dominent-ils toujours le monde ?

« Dans un monde où les menaces sont plus répandues et les missions plus complexes, l'Amérique ne peut pas agir dans l'isolement. L'Amérique ne peut à elle seule assurer la paix. »

Barack Obama, allocution lors de la remise de son prix Nobel de la paix, Oslo (Norvège), 10 décembre 2009.

2 Les nouveaux désordres mondiaux depuis 2003

Comment les nouveaux désordres mondiaux bouleversent-ils le système international ?

A Les nouveaux visages de la puissance

1. Redéfinir la puissance américaine

- Avec Barack Obama, élu en 2008, les États-Unis entendent sortir de l'unilatéralisme des années Bush (intervention en Irak en 2003) pour privilégier la diplomatie et la concertation. Restaurer l'image du pays et promouvoir le désarmement deviennent les nouveaux axes de la politique étrangère états-unienne.

- Cette volonté de désengagement se concrétise avec le début du retrait des troupes d'Irak en 2011, mais elle se heurte cependant aux regains de tension dans le monde. Les États-Unis maintiennent leur présence (en Afghanistan, par exemple) et multiplient les opérations militaires ciblées contre le **terrorisme** islamique, notamment au Moyen-Orient.

2. Vers un monde multipolaire

- Le début du XXIe siècle voit l'émergence de nouveaux concurrents politiques et économiques qui entendent peser dans un monde **multipolaire**.

- La Chine de Xi Jinping, 2e puissance économique mondiale et 1re armée au monde par ses effectifs, affirme ainsi ses ambitions géopolitiques. Sa stratégie navale du « collier de perles » (développement d'un réseau de bases militaires et stratégiques) et ses revendications territoriales créent d'importantes tensions en Asie du Sud-Est.

- En Russie, Vladimir Poutine se repositionne comme un acteur incontournable du jeu international. La guerre en Géorgie en 2008, l'annexion de la Crimée en 2014 ou son intervention dans le conflit syrien depuis 2015 constituent autant de démonstrations de force.

B Un monde toujours plus déstabilisé

1. De nouvelles formes de conflits

- Alors que les conflits étaient devenus moins nombreux et moins meurtriers, la tendance semble s'inverser à partir des années 2011-2012. Ils touchent majoritairement un « arc de crises » qui s'étend du Sahel à l'Asie centrale, en passant par l'Afrique orientale et le Moyen-Orient.

- Acteurs et victimes, les civils se retrouvent au cœur de ces conflits intra-étatiques. Dans la guerre en Syrie, qui a coûté la vie à près d'un demi-million de civils depuis 2011, le régime de Bachar Al-Assad a mené une cinquantaine de sièges à grand renfort de bombardements et d'armes chimiques et multiplié les crimes de guerre (viols, torture...).

2. Des menaces difficiles à enrayer

- Les **conflits asymétriques** conduisent à une violence diffuse qui échappe aux tentatives de régulation. Les opérations de maintien de la paix de l'ONU, déployées pour l'essentiel en Afrique, s'avèrent bien souvent impuissantes.

BIOGRAPHIES

Xi Jinping (né en 1953)
Secrétaire général du Parti communiste chinois (depuis 2012) et président depuis 2013.

Barack Obama (né en 1961)
Sénateur démocrate, puis président des États-Unis de 2009 à 2017.

Vladimir Poutine (né en 1952)
Premier ministre entre 2008 et 2012, il est élu président en 2012 et 2018.

Donald Trump (né en 1946)
Homme d'affaires, républicain, président des États-Unis depuis 2017.

▶ Biographies : p. 356

• Plusieurs pays ont été déstabilisés par l'onde de choc issue des soulèvements populaires des « printemps arabes » en 2011 (Syrie, Égypte). Depuis 2014, alors que la Tunisie semble réussir sa transition vers la démocratie, les guerres civiles plongent dans le chaos des États comme la Libye ou le Yémen.

• Les mouvements terroristes **djihadistes** prospèrent dans des États fragilisés. L'organisation **État islamique (Daech)** s'est ainsi étendue sur un territoire entre Irak et Syrie, semant la terreur au sein des populations locales. Elle menace également l'Europe en multipliant les attentats, comme ceux qui ont frappé la France depuis 2015 (Paris, Nice, Strasbourg...). Au Mali ou au Nigéria, l'ancrage de groupes islamistes s'accompagne du développement de groupes d'autodéfense qui amplifie le climat d'insécurité dans le pays.

C La communauté internationale : entre rivalités et coopération

1. Des risques globaux

• Les menaces globales, comme le terrorisme, la **prolifération nucléaire** ou le changement climatique, réclament des réponses, elles aussi, globales. En 2015, les cinq puissances membres permanents du Conseil de sécurité de l'ONU (avec l'Allemagne et l'Union européenne), parviennent à imposer à l'Iran la signature d'un accord sur ses programmes nucléaires.

• Quelques mois plus tard, l'accord de Paris sur le climat est signé lors de la COP21. Fruit de négociations associant aux États des acteurs non étatiques tels que les **ONG**, l'accord est salué comme une avancée. La multiplication de catastrophes naturelles, les spéculations sur les ressources énergétiques et alimentaires, témoignent de l'urgence de la situation et de la nécessité de prendre en compte les implications pour la sécurité mondiale de la crise écologique.

2. La tentation du repli sur soi

• Conflits ou catastrophes contraignent les populations à l'exode. La Turquie et le Liban accueillent ainsi des millions de **réfugiés** syriens. Depuis la Libye ou la Turquie, de nombreux migrants africains ou syriens tentent de rejoindre les pays du nord de la Méditerranée. En Europe, cette « crise migratoire » et la restriction des politiques d'accueil ainsi que le contrôle militarisé des frontières provoquent de vifs débats.

• À l'espoir d'une coopération succèdent les désillusions et le repli. Élu en 2016, le nouveau président américain, Donald Trump, décide de se retirer de l'accord de la COP21 et dénonce celui sur le nucléaire iranien. Il ouvre toutefois, après avoir brandi la menace d'un conflit, des négociations avec la Corée du Nord elle aussi engagée dans un programme d'élaboration d'armes nucléaires.

• Aujourd'hui, ce repli sur les intérêts nationaux, prôné par certains dirigeants politiques, est un nouveau défi pour l'ordre mondial. En 2019, les États-Unis et la Russie ont décidé de sortir du traité prévoyant la destruction des armes nucléaires à portée intermédiaire (signé en 1987) au risque de relancer la course à l'armement et d'ouvrir une ère d'incertitude.

A/Z Vocabulaire

- **Conflit asymétrique**
  On parle de guerre (ou de conflit) asymétrique lorsqu'un État (et son armée) se retrouve aux prises avec des forces non étatiques, irrégulières et plus faibles.
- **Djihadisme**
  Islamisme radical prônant la violence et utilisant le terrorisme au nom du *djihad* (au sens d'« effort de guerre »).
- **État islamique (Daech)**
  Organisation terroriste islamique issue d'Al-Qaïda en 2006 remettant en cause son autorité. Elle a tenté de créer un État islamique sur le territoire de la Syrie et de l'Irak (2014-2019).
- **Multipolaire**
  Organisation géopolitique dans laquelle la puissance est partagée entre plusieurs pôles, en opposition au monde bipolaire à l'époque de la guerre froide.
- **ONG**
  Organisation non gouvernementale à but non lucratif qui ne relève pas d'un État ni d'institutions internationales et qui est active dans la solidarité internationale.
- **Prolifération nucléaire**
  Augmentation du nombre de pays détenant l'arme nucléaire.
- **Réfugiés**
  Personnes exposées à des persécutions et qui ne peuvent pas bénéficier de protection dans leur pays. Être « réfugié » est un statut juridique qui relève du droit international (défini par la convention de Genève de 1951).
- **Terrorisme**
  Voir p. 283.

TESTEZ-VOUS !

- Pourquoi l'élection de Barack Obama incarne-t-elle une rupture dans la politique américaine ?
- Pourquoi les conflits sont-ils en hausse depuis les années 2010 ?
- Quelles sont les obstacles au règlement des crises et des menaces globales ?

VERS LA SPÉCIALITÉ

Thème 1
De nouveaux espaces de conquête
• La Chine

Thème 5
L'environnement, entre exploitation et protection
• Le changement climatique

DOCUMENTS

COURS : p. 292-293

VOCABULAIRE :
- Prolifération nucléaire p. 293

Le risque nucléaire : le cas de la Corée du Nord

Avec la fin de la guerre froide, et de la course aux armements, la menace d'une guerre nucléaire semble s'être éloignée. Pourtant, bien que strictement encadré par des accords internationaux et régionaux, le risque d'une prolifération nucléaire reste source de tensions et d'inquiétudes.

CONSIGNE BAC

En analysant et confrontant les documents, vous exposerez les défis posés par le développement du nucléaire en Corée du Nord.

1 L'ONU face au risque nucléaire

Le Conseil de sécurité, [...] réaffirmant que la prolifération des armes nucléaires, chimiques et biologiques et de leurs vecteurs constitue une menace contre la paix et la sécurité internationales,

Se déclarant très profondément préoccupé par les essais nucléaires effectués les 3 et 28 juillet 2017 par la République populaire démocratique de Corée [...].

1. Condamne avec la plus grande fermeté les essais de missiles balistiques effectués [...] ;

2. Réaffirme ses décisions selon lesquelles la République populaire démocratique de Corée ne procédera à aucun nouveau tir recourant à la technologie des missiles balistiques ou essai nucléaire et s'abstiendra de toute autre provocation [...] ; doit abandonner toutes armes nucléaires et tous programmes nucléaires existants de façon complète, vérifiable et irréversible [...] ;

8. Décide que la République populaire démocratique de Corée ne doit pas fournir, vendre [...] du charbon, du fer et des minerais de fer, et que tous les États doivent interdire l'achat à la République populaire démocratique de Corée.

Résolution 2371, adoptée par le Conseil de sécurité, 5 août 2017.

AIDE POUR RÉPONDRE À LA CONSIGNE

- Identifiez les éléments qui attestent le risque nucléaire représenté par la Corée du Nord dans les **doc 1 et 2**.

CHRONOLOGIE

1968	1996	2002	2006	2016-2017	2018
Signature du TNP (Traité de non-prolifération nucléaire, prolongé en 1995).	TICE (Traité d'interdiction complète des essais nucléaires).	Retrait du TNP.	1er essai nucléaire.	Expérimentation d'armes atomiques et de missiles à longue portée.	Rapprochement entre les deux Corées. Possible dénucléarisation.

2 La Corée du Nord, nouvelle puissance nucléaire ?

Carte interactive

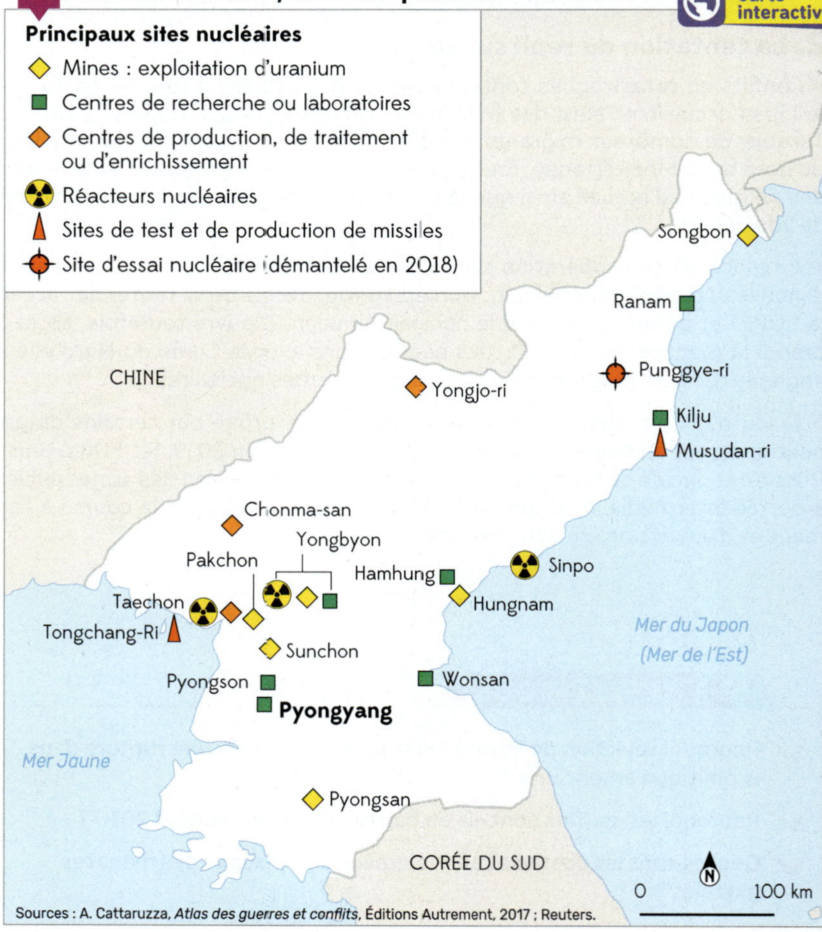

Sources : A. Cattaruzza, *Atlas des guerres et conflits*, Éditions Autrement, 2017 ; Reuters.

DOCUMENTS Le risque terroriste

COURS : p. 292-293

Depuis les attentats du 11 septembre 2001 à New York, le terrorisme est devenu international. Il constitue donc un problème central pour le maintien d'une paix mondiale et la sécurité des États, non seulement dans les zones de conflits actifs mais aussi dans les régions en paix.

CONSIGNE BAC

En analysant et confrontant les documents, vous identifierez la nature du risque terroriste depuis 2001 et les réponses des États face à cette menace.

Vocabulaire

- **Islamisme**
  Doctrine qui veut faire de l'islam et de la loi islamique (*charia*) le fondement idéologique de la vie politique et sociale.
- **Terrorisme**
  Ensemble d'actes de violence commis par une organisation pour créer parmi la population un climat de terreur et d'insécurité, et faire ainsi pression sur un État.

1 Le terrorisme, un risque croissant

Nombre d'attentats par année et par région (2001-2018)

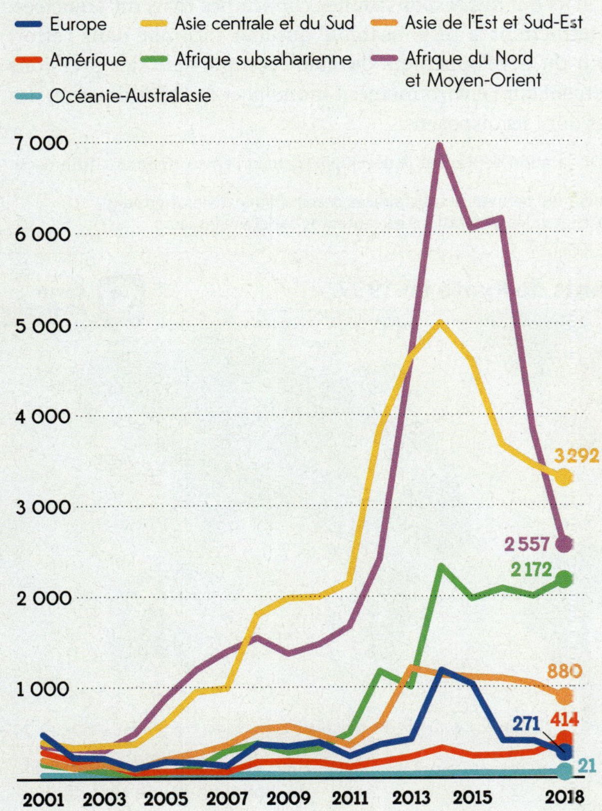

Source : *Global Terrorism Database, University of Maryland*, 2019.

2 Le terrorisme islamiste, une menace mondiale

En réaction à des attentats commis à Paris le 13 novembre 2015, le président François Hollande prononce un discours devant le Congrès (députés et sénateurs) réuni à Versailles.

La France est en guerre. Les actes commis vendredi soir à Paris et près du Stade de France, sont des actes de guerre. Ils ont fait au moins 129 morts et de nombreux blessés. Ils constituent une agression contre notre pays, contre ses valeurs, contre sa jeunesse, contre son mode de vie. Ils sont le fait d'une armée djihadiste[1], le groupe Daech[2] qui nous combat parce que la France est un pays de liberté, parce que nous sommes la patrie des droits de l'homme. [...] Depuis le début de l'année, l'armée terroriste de Daech a notamment frappé à Paris, au Danemark, en Tunisie, en Égypte, au Liban, au Koweït, en Arabie saoudite, en Turquie, en Libye. Elle massacre chaque jour et opprime des populations. C'est la raison pour laquelle la nécessité de détruire Daech constitue un sujet qui concerne toute la communauté internationale. J'ai donc demandé au Conseil de sécurité[3] de se réunir dans les meilleurs délais pour adopter une résolution marquant cette volonté commune de lutter contre le terrorisme. [...] Il ne s'agit donc pas de contenir, mais de détruire cette organisation à la fois pour sauver des populations, celles de Syrie, celles d'Irak mais je pourrais ajouter celles du Liban, de Jordanie, de Turquie, tous les pays voisins. C'est aussi de nous protéger, pour éviter que ne viennent sur notre territoire comme ce fut le cas vendredi des combattants étrangers pour mener des actes terroristes.

Discours de François Hollande devant le Congrès, 16 novembre 2015.

1. Terroristes qui veulent imposer la loi islamique par la violence.
2. Voir définition p. 293.
3. Conseil de sécurité de l'ONU.

AIDE POUR RÉPONDRE À LA CONSIGNE

- Décrivez l'évolution et la répartition des attentats à partir du **doc 1**.
- Analysez, dans le **doc 2**, la façon dont la menace terroriste est décrite par le président français et la réponse qu'il souhaite mettre en œuvre.

Passé / PRÉSENT

Pourquoi une politique climatique mondiale est-elle si difficile à mettre en œuvre ?

COURS : p. 292-293

VOCABULAIRE :
• Gaz à effet de serre p. 283

A De la prise de conscience à l'engagement des États (années 1990)

CHRONOLOGIE

- **1972** « Déclaration de Stockholm » : les questions écologiques deviennent des préoccupations internationales.
- **1988** Création du Groupe d'experts intergouvernemental sur l'évolution du climat (GIEC), chargé de collecter les données sur les risques des changements climatiques liés aux activités humaines.
- **1992** « Sommet de la Terre » (Rio de Janeiro).
- **1997** Adoption du protocole de Kyoto.
- **2015** 21e conférence des Nations unies (Paris) : signature d'un accord entre 195 États.

INFO

Des sommets dédiés aux questions climatiques sont organisés à partir de 1995, appelés « Conférences des Parties » (« *Conferences Of Parties* » ou COP). Le **protocole de Kyoto** en 1997 (**COP3**) engage les pays développés à réduire leurs émissions de gaz à effet de serre à travers des objectifs pour limiter le réchauffement climatique :
– 5 % en moyenne entre 2008 et 2012 par rapport au niveau de 1990 (et – 8 % pour l'Union européenne).

Nombre de pays ayant ratifié le protocole de Kyoto

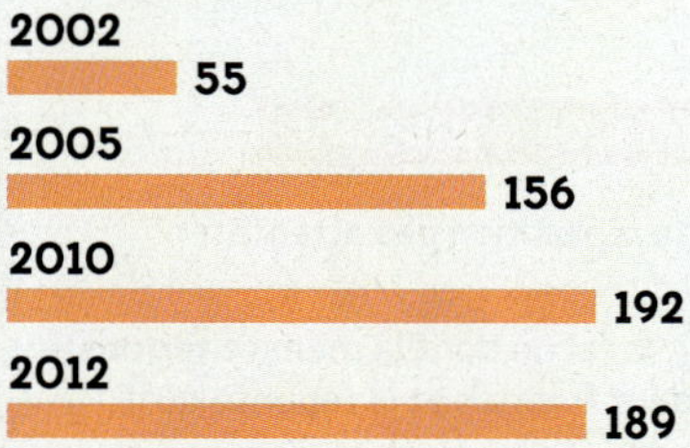

1 Le sommet de Rio en 1992

Vidéo : L'Amazonie, un bien commun pour l'humanité ?

En juin 1992, à Rio de Janeiro (Brésil), la conférence des Nations unies sur l'environnement et le développement veut faire progresser les responsabilités et les droits environnementaux des États.

Principe 1 – Les êtres humains sont au centre des préoccupations relatives au développement durable. Ils ont droit à une vie saine et productive en harmonie avec la nature. [...]

Principe 3 – Le droit au développement doit être réalisé de façon à satisfaire équitablement les besoins relatifs au développement et à l'environnement des générations présentes et futures.

Principe 4 – Pour parvenir à un développement durable, la protection de l'environnement doit faire partie intégrante du processus de développement et ne peut être considérée isolément. [...]

Principe 7 – Les États doivent coopérer dans un esprit de partenariat mondial en vue de conserver, de protéger et de rétablir la santé et l'intégrité de l'écosystème terrestre. Étant donné la diversité des rôles joués dans la dégradation de l'environnement mondial, les États ont des responsabilités communes mais différenciées. Les pays développés admettent la responsabilité qui leur incombe dans l'effort international en faveur du développement durable[1], compte tenu des pressions que leurs sociétés exercent sur l'environnement mondial et des techniques et des ressources financières dont ils disposent.

Déclaration de Rio sur le développement et l'environnement, juin 1992.

1. Modèle de développement qui permet de satisfaire les besoins d'une génération sans compromettre la possibilité, pour les générations suivantes, de satisfaire les leurs.

2 Les engagements de Kyoto en 1997

Carte interactive

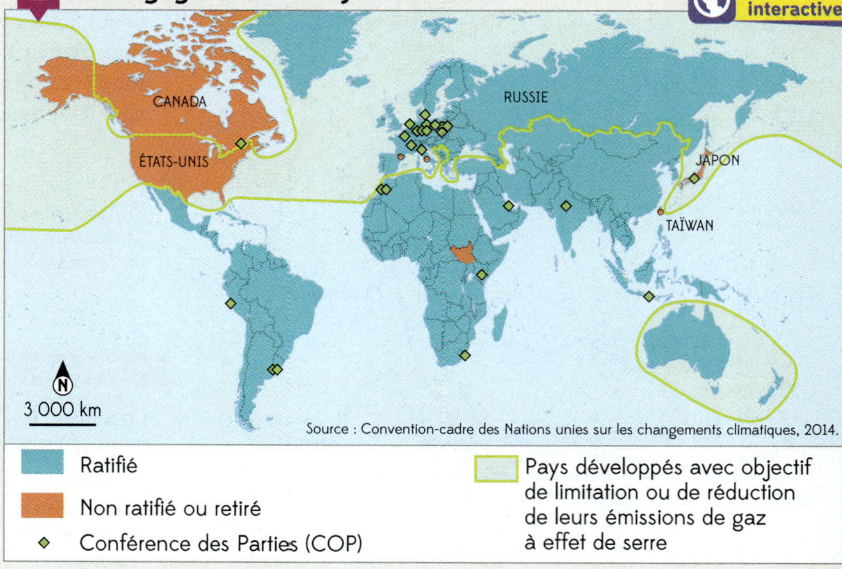

B De nouveaux espoirs de coopération internationale depuis 2015

3 L'accord de Paris, une avancée historique ▷ Vidéo

La conférence de Paris ou COP21 vise à fixer les objectifs de lutte mondiale face aux changements climatiques après la fin des mesures du protocole de Kyoto, en 2020. Des représentants de 195 pays, dont de nombreux chefs d'État et de gouvernement, y sont réunis, ainsi que plusieurs organisations.

Nous sommes en effet parvenus, et c'est ma conviction profonde, à un projet d'accord ambitieux et équilibré qui reflète les positions des parties. [...] Ce texte, qui est nécessairement un texte équilibré, contient les principales avancées dont beaucoup d'entre nous pensaient qu'elles seraient peut-être impossibles à obtenir. Le projet d'accord proposé est différencié, juste, durable, dynamique, équilibré, et juridiquement contraignant [...]. Il reconnaît la notion de « justice climatique », et il tient compte, sur chaque sujet, des responsabilités différenciées des pays, de leurs capacités respectives à la lumière des circonstances nationales. Il confirme notre objectif central, vital même, de contenir l'augmentation de la température moyenne bien en deçà de 2 degrés et de s'efforcer de limiter cette augmentation à 1,5 degré, ce qui permettrait de réduire significativement les risques et les impacts liés au changement climatique. Il fixe un objectif à long terme ambitieux mais nécessaire. Il fait de la réduction des émissions de gaz à effet de serre l'affaire de tous.

Discours de clôture de Laurent Fabius, ministre des Affaires étrangères français, 12 décembre 2015.

4 Un accord en danger

Donald Trump a donc mis sa promesse électorale à exécution. Les États-Unis, deuxième plus gros émetteur mondial de gaz à effet de serre, se retirent de l'accord de Paris sur le climat et cessent tout financement. C'est une double déflagration et personne ne peut dire quelles en seront les conséquences sur la suite des négociations climatiques. « À partir d'aujourd'hui, les États-Unis cesseront toute mise en œuvre de l'accord de Paris [...] et du fardeau économique et financier qu'il impose à notre pays », a déclaré le président des États-Unis dans le Rose Garden de la Maison-Blanche, jeudi 1er juin dans l'après-midi. [...] « L'accord de Paris compromettrait notre économie, briserait nos travailleurs, affaiblirait notre souveraineté, imposerait des risques juridiques inacceptables et nous mettrait en situation de faiblesse permanente par rapport aux autres pays du monde, a-t-il assuré. Il est temps de placer Youngstown dans l'Ohio, Detroit dans le Michigan, et Pittsburgh en Pennsylvanie, et beaucoup d'autres endroits dans notre grand pays, avant Paris, en France. Il est temps de rendre l'Amérique grande de nouveau. »

S. Roger, G. Paris et M. Semo, « Climat : après l'annonce du retrait américain, une onde de choc et des questions », *Le Monde*, 2 juin 2017.

5 La mobilisation de la jeunesse face à l'urgence climatique
Marche pour le climat à Strasbourg, 15 mars 2019.

QUESTIONS

Observer le passé et le présent

1. **Doc 1 et 2.** Identifiez les objectifs et engagements pris au sommet de Rio et à Kyoto.
2. **Doc 3.** Pourquoi les accords de Paris ont-ils été perçus comme une avancée décisive ?
3. **Doc 4 et 5.** Expliquez pourquoi, 4 ans après les accords de Paris, la jeunesse se mobilise.

Faire le lien entre le passé et le présent

4. Expliquez pourquoi on peut parler d'un échec des sommets internationaux sur le climat.

RÉVISIONS

Nouveaux rapports de puissance et enjeux mondiaux depuis 1990

Podcast de la synthèse

RETENIR... à l'écrit

1 Après la guerre froide, quel nouvel ordre mondial ? (1990-2003)

- La fin de la guerre froide semble ouvrir la voie à un monde où la paix serait garantie par une organisation multilatérale, l'ONU, appuyée par les États-Unis. Au début des années 1990, cet espoir se traduit par une capacité nouvelle de la communauté internationale à faire appliquer le droit international et à résoudre les conflits. Dans ce nouveau contexte, la démocratie progresse comme en Afrique du Sud grâce à la fin du régime d'apartheid. Cependant, les désillusions sont rapides.
- La sécurité du monde est mise en péril par diverses menaces. Le réveil des nationalismes et la multiplication des conflits intraétatiques affectent l'Europe où les guerres en ex-Yougoslavie voient la réapparition de pratiques génocidaires. C'est aussi le cas en Afrique, secouée par de nombreux conflits et par le génocide perpétré contre les Tutsi au Rwanda.
- La menace terroriste s'internationalise et provoque, avec les attentats du 11 septembre 2001, une réorientation unilatérale de la politique américaine. Au début des années 2000, la mise en place d'un ordre mondial pacifié et régulé paraît impossible.

2 Les nouveaux désordres mondiaux depuis 2003

- L'élection de Barack Obama laisse espérer une politique américaine plus ouverte au multilatéralisme car dans un monde devenu multipolaire, les puissances émergentes entendent peser dans le système international.
- Le monde est de plus en plus déstabilisé. Le nombre de conflits repart à la hausse. Les guerres asymétriques échappent aux tentatives de régulation. Les civils sont pris pour cibles et souvent forcés à l'exode. Le conflit syrien, qui débute en 2011 et qui est toujours en cours, est le plus grave de ces dernières décennies.
- La communauté internationale doit affronter des menaces et enjeux globaux comme le terrorisme, le risque nucléaire et le dérèglement climatique. Mais l'ordre mondial et la solidarité internationale sont aujourd'hui menacés par le repli national.

Points de PASSAGE

La fin de l'apartheid en Afrique du Sud → p. 284

- **1990** : libération de Nelson Mandela.
- **1991** : fin du régime d'apartheid.
- **1990-1994 :** violences raciales et conflits armés entre partisans et adversaires des négociations entre le pouvoir blanc et l'ANC.
- **1994** : Mandela élu président sous les couleurs de l'ANC.
- Sous l'impulsion de l'ANC et de Nelson Mandela, le pays se lance dans la voie de la démocratisation et de la pacification.

Le 11 septembre 2001

→ p. 290

- **11 septembre 2001** : attaques terroristes d'Al-Qaïda sur le sol américain (New York, Washington).
- La menace terroriste devient globale.
- Les États-Unis s'engagent dans des conflits armés en Afghanistan et en Irak, au nom de la lutte contre le terrorisme.

Les mots clés

- **Apartheid**
  Politique de ségrégation raciale (exclusion juridique, civique et territoriale) et de répression appliquée en Afrique du Sud à l'encontre des populations non blanches entre 1948 et 1991.
- **Conflit asymétrique**
  On parle de guerre (ou de conflit) asymétrique lorsqu'un État (et son armée) se retrouve aux prises avec des forces non étatiques, irrégulières et plus faibles.
- **Multilatéralisme**
  Mode d'organisation des relations entre États fondé sur la coopération pour instaurer des règles communes.
- **Multipolaire**
  Organisation géopolitique dans laquelle la puissance est partagée entre plusieurs pôles, en opposition au monde bipolaire à l'époque de la guerre froide.
- **Terrorisme**
  Ensemble d'actes de violence commis par une organisation pour créer parmi la population un climat de terreur et d'insécurité et faire ainsi pression sur un État.
- **Unilatéralisme**
  Attitude d'un État qui consiste à agir sans concertation avec les autres acteurs des relations internationales (par opposition au multilatéralisme).

RETENIR… en schéma

1 Après la guerre froide, quel nouvel ordre mondial ?

Fin de la guerre froide

Espoir d'un monde pacifié
- Garanti par l'ONU et les États-Unis
- Progrès de la démocratie **(fin de l'apartheid)**

Nouvelles menaces
- Nationalismes
- Guerres intraétatiques
- Menace terroriste **(11 septembre 2001)**

Un monde déstabilisé
- ONU impuissante
- Unilatéralisme américain

2 Les nouveaux désordres mondiaux depuis 2003

Un monde déstabilisé

Menaces localisées et globales
- Conflits asymétriques
- Terrorisme
- Risque nucléaire
- Dérèglement climatique

Populations prises pour cibles
- Exactions et violations du droit humanitaire
- Sièges, bombardements, persécutions…

L'ordre mondial confronté aux replis nationaux

RETENIR… autrement

ÉCOUTER

Les cours en podcast .... p. 282-283, 292-293

La synthèse du cours .... p. 298

REGARDER L'ESSENTIEL EN 3 MINUTES

S'ENTRAÎNER

Des exercices interactifs.......................... EXO Quiz

POUR APPROFONDIR

Roman
Gaël Faye, *Petit Pays*, Le Livre de Poche, 2017.
Gabriel, 10 ans en 1992, vit au Burundi, petit pays voisin du Rwanda. Sa vie bascule en raison de la guerre et du génocide des Tutsi.

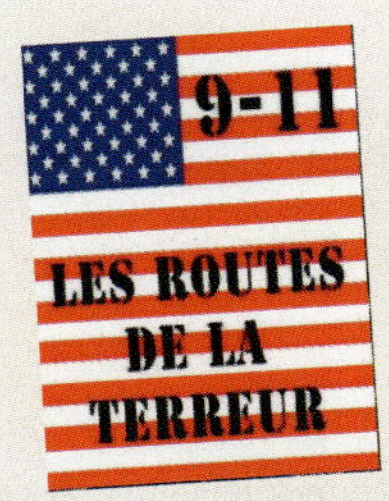

Documentaire
J.-C. Klotz (réal.), *Les Routes de la terreur*, Maha Productions et Arte, 2010.
Une enquête sur les origines des attentats du 11 septembre 2001.

Sujet

En analysant le document, vous montrerez les enjeux et les conséquences de la lutte contre le terrorisme.

Pensez aux différents acteurs impliqués : ceux qui mènent la lutte contre le terrorisme, les organisations terroristes, mais aussi ceux qui peuvent être touchés par les actions des uns et des autres.

C'est le terme central du sujet : veillez à en donner une définition précise.

Expliquez ce qu'espèrent obtenir et ce que craignent de perdre les acteurs qui s'engagent dans la lutte contre le terrorisme.

CONSEILS

L'analyse du document constitue le cœur de votre travail, mais nécessite pour être menée la mobilisation de vos connaissances.

→ Voir **p. 283** (cours), **p. 290-291** (point de passage).

Les États-Unis et le monde après le 11 septembre 2001

Quels sont, pour l'auteur, les enjeux de la lutte contre le terrorisme ?

À quelles situations historiques l'auteur compare-t-il cette lutte ?

Quelles sont les difficultés de cette lutte ?

Peut-on parler d'un retour à l'unilatéralisme ?

Dans quel contexte cet article est-il rédigé ?

Avec le 11 septembre, la politique étrangère américaine est désormais empreinte de gravité. Elle doit aussi se réorganiser autour d'un nouveau principe : nous avons un ennemi, l'islam radical ; un adversaire mondialisé, armé d'une idée, de tactiques, d'armes et de la cruauté nécessaire pour s'emparer de l'hégémonie mondiale. Sa défaite est notre priorité nationale suprême, aussi primordiale et nécessaire que l'était la défaite du fascisme et du communisme soviétique. [Dès lors] la politique étrangère américaine se définit, et définit ses amis et ennemis, selon ce principe : avec nous ou contre nous dans la guerre contre le terrorisme [...]. L'asymétrie [de la lutte] est presque comique. Le monde entier contre un seul homme. Et si à la fin, les États-Unis, soutenus par toutes les grandes puissances, ne parviennent pas à vaincre quelque habitant d'une grotte dans le pays le plus arriéré de la planète, alors c'est la stabilité du monde, qui repose en fin de compte sur l'effet pacificateur de la force de dissuasion américaine, qui sera mortellement menacée [...].

Après le 11 septembre, le monde entier attendait la démonstration de la puissance américaine. Si cette démonstration venait à échouer, alors la liste des pays se rangeant de l'autre côté de la nouvelle ligne de fracture risque de s'agrandir. Ceci est particulièrement vrai du monde arabe et ses petits et fragiles États [...]. Si nous devions réussir cette guerre contre le terrorisme, tout d'abord en Afghanistan, nous pourrions cimenter le nouvel ordre mondial qui commence tout juste à prendre forme. Si nous devions échouer, ce sera alors le *sauve-qui-peut** [...].

* en français dans le texte.

Charles Krauthammer, "The Real New World Order. The American and the Islamic Challenge", *The Weekly Standard*, 12 novembre 2001 (traduction : Samuel Kuhn).

Corrigé

Introduction

Le 11 septembre 2001, deux avions détournés percutent les tours du World Trade Center à New York. L'attaque est revendiquée par le groupe terroriste Al-Qaïda. Pour les États-Unis, ces attentats sont un véritable traumatisme et la lutte contre le terrorisme un nouveau défi. Cet article de presse paraît dans The Weekly Standard deux mois plus tard, le 12 novembre 2001, alors que les États-Unis interviennent en Afghanistan depuis octobre. L'auteur, Charles Krauthammer, s'intéresse ainsi aux enjeux et aux conséquences de la lutte contre le terrorisme. À partir de cet article de presse, il convient alors de s'interroger sur les défis posés aux États-Unis par la menace terroriste.

→ À la fin de l'introduction, rédigez l'annonce du plan.

1re partie

« Avec le 11 septembre, la politique étrangère américaine est désormais empreinte de gravité », celle du choc que représente pour les États-Unis cette attaque : .....
En effet, ces attentats révèlent la menace d'un terrorisme islamiste mondialisé.
C'est une rupture dans l'histoire des États-Unis et dans la conception de leur politique étrangère. L'auteur souligne que, de la Seconde Guerre mondiale à la guerre froide, les États-Unis voulaient incarner la défense d'un monde libre. L'auteur établit un lien entre ces deux luttes en évoquant à la suite : ..... Et la fin de la guerre froide a laissé entrevoir l'espoir d'un monde pacifié sous le contrôle des États-Unis.
Le 11 septembre dessine selon l'auteur une « nouvelle ligne de fracture » entre les démocraties et ceux que le président Georges W. Bush a appelés les « ennemis de la liberté ». Pour le journaliste, la politique étrangère des États-Unis doit donc « se réorganiser autour d'un nouveau principe : nous avons un ennemi, l'islam radical ».

→ Expliquez quelle est la nature de cette attaque, ses cibles et le bilan humain.

Vous devez citer le document pour justifier votre analyse.
→ Relevez dans le texte une portion de phrase qui souligne la continuité entre Seconde Guerre mondiale et guerre froide.

2e partie

La lutte contre le terrorisme est une question de sécurité, nationale et mondiale, mais présente de nombreuses difficultés.
L'auteur annonce que désormais « la politique étrangère américaine se définit, et définit ses amis et ennemis, selon ce principe : avec nous ou contre nous dans la guerre contre le terrorisme ». C'est donc sous le signe d'un nouveau combat pour la liberté que se développent les nouveaux préceptes de la politique étrangère états-unienne. Plusieurs passages de l'article évoquent ces enjeux : la défaite du terrorisme « est notre priorité nationale suprême » ; la sécurité mondiale est « mortellement menacée ».
Les États-Unis annoncent ainsi qu'ils vont entrer en guerre contre le terrorisme. Mais c'est une lutte engagée contre un adversaire difficile à identifier, et donc à combattre. Elle relève donc d'une « asymétrie » : .....

→ Relevez dans le texte tous les éléments qui décrivent les tenants du terrorisme islamiste.

3e partie

L'auteur expose enfin les conséquences de cette lutte contre le terrorisme.
Argument n° 1 : l'auteur de l'article évoque l'unilatéralisme en présentant les États-Unis comme le seul rempart contre le terrorisme.
Argument n° 2 : pourtant, l'intervention des États-Unis en Afghanistan, en octobre 2001, se fait avec le soutien de l'ONU et l'intervention de nombreux autres alliés.

Vous devez mener une lecture critique du document.
→ Pour montrer que l'auteur développe un point de vue engagé sur la lutte contre le terrorisme, rédigez chacun de ces arguments (cours **p. 283**, point de passage **p. 290-291**).

Conclusion

Cet article relève les défis du terrorisme islamiste après les attentats du 11 septembre 2001. Mais au-delà de cette analyse, l'auteur adopte un point de vue qui fait des États-Unis le seul rempart contre « l'Axe du mal », et annonce la politique unilatéraliste de l'intervention en Irak en 2003.

BAC
CORRIGÉ COMPLET DU SUJET
lyceen.nathan.fr/coteterm-2020

Sujet

Pourquoi peut-on parler dans les années 1990 de l'échec d'un nouvel ordre mondial pacifié ?

Pourquoi parler de l'échec d'un monde en paix ?

Quels sont les acteurs de ce nouvel ordre mondial ? Quels éléments permettent d'affirmer qu'il y a pacification du monde ?

Pourquoi le début des années 1990 marque-t-il le début d'un nouvel ordre mondial ? Quels événements indiquent un monde davantage en paix et de nouvelles menaces ?

Corrigé

Vous devez rappeler dans l'introduction la problématique à laquelle vous répondez.
→ De quelle couleur est-elle ici soulignée ?

Introduction

La chute du mur de Berlin en 1989, l'effondrement du bloc soviétique, puis de l'URSS en 1991 signent la fin de la guerre froide. Ce contexte fait alors renaître, comme en 1945, l'espoir d'un ordre mondial régulé par la négociation entre les États et fondé sur la paix. Il s'agit donc de comprendre pourquoi, dès les années 1990, ce nouvel ordre mondial pacifié s'avère impossible.

1re partie

Après quarante ans d'un état de guerre permanent, la fin de la guerre froide semble ouvrir la voie au triomphe de la démocratie et de la paix. Celle-ci semble pouvoir être garantie par l'ONU, organisation internationale, mais aussi par les États-Unis, vainqueurs de la guerre froide et capables alors d'assumer le rôle de « gendarme du monde » au nom de la communauté internationale.

Cet espoir paraît se réaliser par une capacité nouvelle de la communauté internationale à résoudre les conflits. Ainsi, la première guerre du Golfe en 1991 apparaît alors comme le modèle de l'intervention concertée au nom de la paix du monde : .....

Le début des années 1990 est marqué aussi par les progrès de la démocratie. C'est le cas en Europe, mais aussi hors d'Europe : .....

→ Expliquez la guerre du Golfe en 1991.

→ Développez deux exemples de démocratisation, en Europe et hors d'Europe.

2e partie

Ces espoirs sont rapidement déçus dans un monde redevenu complexe après la guerre froide.

La démocratie recule dans de nombreux cas : la fin de la guerre froide n'en signifie pas le triomphe. Ainsi, la Chine réprime .....

Une nouvelle menace apparaît avec la montée de l'islamisme terroriste : .....

Le processus de paix israélo-palestinien paraît connaître une avancée décisive au début des années 1990. Pourtant, il est rapidement dans l'impasse : .....

→ Continuez la rédaction de ces trois paragraphes à l'aide de vos connaissances (cours **p. 282**).

3e partie

Ces menaces apparues dans les années 1990 peuvent déboucher sur des guerres civiles et des massacres : les acteurs du nouvel ordre mondial se trouvent impuissants à les empêcher.

1 Les guerres en ex-Yougoslavie : nature de la guerre, rôle de l'ONU, des États européens, des États-Unis.

2 Le Rwanda : génocide des Tutsi, impuissance de l'ONU.

→ Rédiger les deux paragraphes en vous aidant de vos connaissances et des éléments indiqués.

Conclusion

La fin de la guerre froide semble promettre un monde pacifié, sous l'égide de l'ONU et des États-Unis. Pourtant, ces espoirs sont rapidement déçus, et les acteurs du nouvel ordre mondial ne peuvent empêcher guerres et massacres.

BAC
CORRIGÉ COMPLET DU SUJET
lyceen.nathan.fr/coteterm-2020

▶ QUESTION PROBLÉMATISÉE

Sujet 1

Comment de nouvelles formes de conflits bouleversent-elles le système international ?

Sujet 2

Pourquoi peut-on parler depuis les années 2000 d'un monde multipolaire et déstabilisé ?

▶ ANALYSE DE DOCUMENTS

En analysant et en confrontant les documents, vous montrerez en quoi la guerre en ex-Yougoslavie met à mal le nouvel équilibre international né de la fin de la guerre froide.
L'analyse des documents constitue le cœur de votre travail, mais nécessite pour être menée la mobilisation de vos connaissances.

1 Un témoignage des massacres en ex-Yougoslavie

Je m'appelle Tima Dautovic, et j'ai été témoin de crimes sans précédent commis dans les villages de Kostjerevo et Drinjaca par les tchetniks[1] locaux et serbes.

Le village de Kostjerevo n'existe plus. Les maisons musulmanes ont été pillées et incendiées, les femmes violées et emmenées à Tuzla avec leurs enfants. Des tchetniks obéissant aux ordres de Dragan Ignjatovic, ancien employé de l'hôtel de ville de Zvornik, Ljubisav, un policier, et Mile Mijatovic, surnommé Cicvara, ont conduit de force toute la population à Drinjaca. Ils ont enfermé les hommes dans une salle et les ont battus au moins quatre ou cinq heures. Les femmes et les enfants les entendaient crier et appeler au secours. Il y avait du sang sur les murs de la salle. Ensuite, les tchetniks ont fait sortir un groupe de trente-cinq hommes (entre dix-sept et soixante-dix ans) et les ont massacrés à coups de fusil. Aucun n'a survécu.

Témoignage fourni et signé par Tima Dautovic le 4 juin 1992, dans *Le Livre noir de l'ex-Yougoslavie – Purification ethnique et crimes de guerre, documents*, 1993.

1. Tchetnik : unité de volontaires enrôlés et armés par l'armée yougoslave.

2 La réaction des puissances occidentales

« Pouvez-vous bien voir ? »
Caricature de Fritz Behrendt, 1992.

1. Nations unies
2. OTAN
3. Union de l'Europe occidentale
4. Groupe des pays d'Europe (ou Union européenne)

CHAPITRE 10

La construction européenne entre élargissement, approfondissement et remises en question

La fin de la guerre froide ouvre la voie à un élargissement sans précédent de l'Union européenne, créée par le traité de Maastricht en 1992. Plusieurs conceptions du projet européen s'affrontent alors et son fonctionnement doit être repensé. Entre périodes d'avancées et de crises, l'Europe se transforme.

Quels sont les enjeux, les évolutions et les difficultés de la construction européenne depuis 1992 ?

Textes DYS
TOUS LES TEXTES EN VERSION DYS
lyceen.nathan.fr/coteterm-2020

1 L'Union européenne se dote d'une monnaie unique
Manifestation en faveur de l'euro à Francfort (Allemagne), 1er janvier 1999.

Vidéo
Le Royaume-Uni, un membre à part

2 L'Union européenne rejetée par le Royaume-Uni
Lors du référendum organisé le 23 juin 2016, 52 % des votants ont souhaité quitter l'Union européenne.
Manifestation en faveur du Brexit (sortie du Royaume-Uni de l'UE), 15 juin 2016.

Progrès et crises de la construction européenne depuis les années 1990

Depuis les années 1990, la construction européenne connaît des avancées importantes : élargissement sans précédent en direction des pays anciennement communistes, création d'une monnaie unique… Elle est néanmoins confrontée à des crises économique, financière ou politique récurrentes, comme avec la sortie du Royaume-Uni (2016-2020).

Vocabulaire

- **BCE**
  Banque centrale européenne. Créée par le traité de Maastricht en 1992, elle est mise en place le 1er juin 1998 pour gérer la politique monétaire de la zone euro (pays de l'Union utilisant cette monnaie).
- **Brexit**
  Processus de sortie de l'Union européenne du Royaume-Uni enclenché par un référendum tenu le 23 juin 2016 et achevé le 31 janvier 2020.

REPÈRES CHRONOLOGIQUES DU CHAPITRE

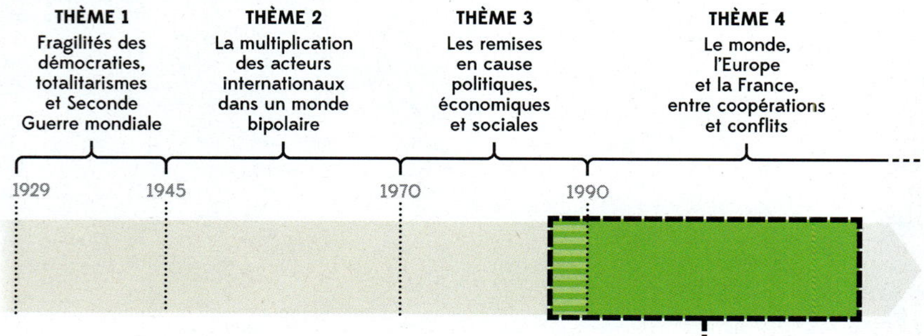

1986 — 1990 — 1995 — 2000

EUROPE DES 12

- **1986** Acte unique européen
- **1992** Traité de Maastricht créant l'Union européenne
- Point de PASSAGE **1994** Inauguration du tunnel sous la Manche

EUROPE DES 15

- **1997** Traité d'Amsterdam
- **1998** Création de la Banque centrale européenne
- **2001** Traité de Nice
- Point de PASSAGE **2002** Mise en circulation de l'euro

TGV Eurostar à la sortie du tunnel sous la Manche.

Manifestation en faveur de l'euro.

REPÈRES GÉOGRAPHIQUES DU CHAPITRE

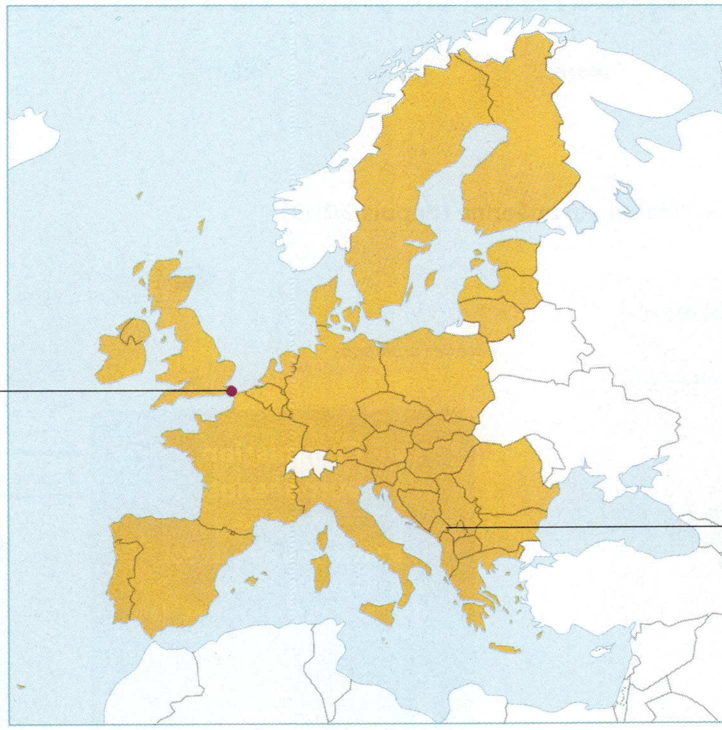

2004 — 2007 — 2010 — 2013 — 2015 — 2020

EUROPE DES 25

2007
« Traité simplifié »
de Lisbonne

2005
Rejet du traité constitutionnel

EUROPE DES 27

2012
Traité sur la stabilité, la coordination et la gouvernance au sein de l'Union européenne

2009
Début de la crise financière de la zone euro

EUROPE DES 28

2015 › 2016
« CRISE MIGRATOIRE » EN EUROPE

2016
Les Britanniques votent en faveur du Brexit

31 janvier 2020
Sortie du Royaume-Uni de l'UE

EUROPE DES 27

Frise interactive

Manifestation en faveur du Brexit.

L'Union européenne depuis les années 1990

1 Les institutions de l'Union européenne (depuis 2009)

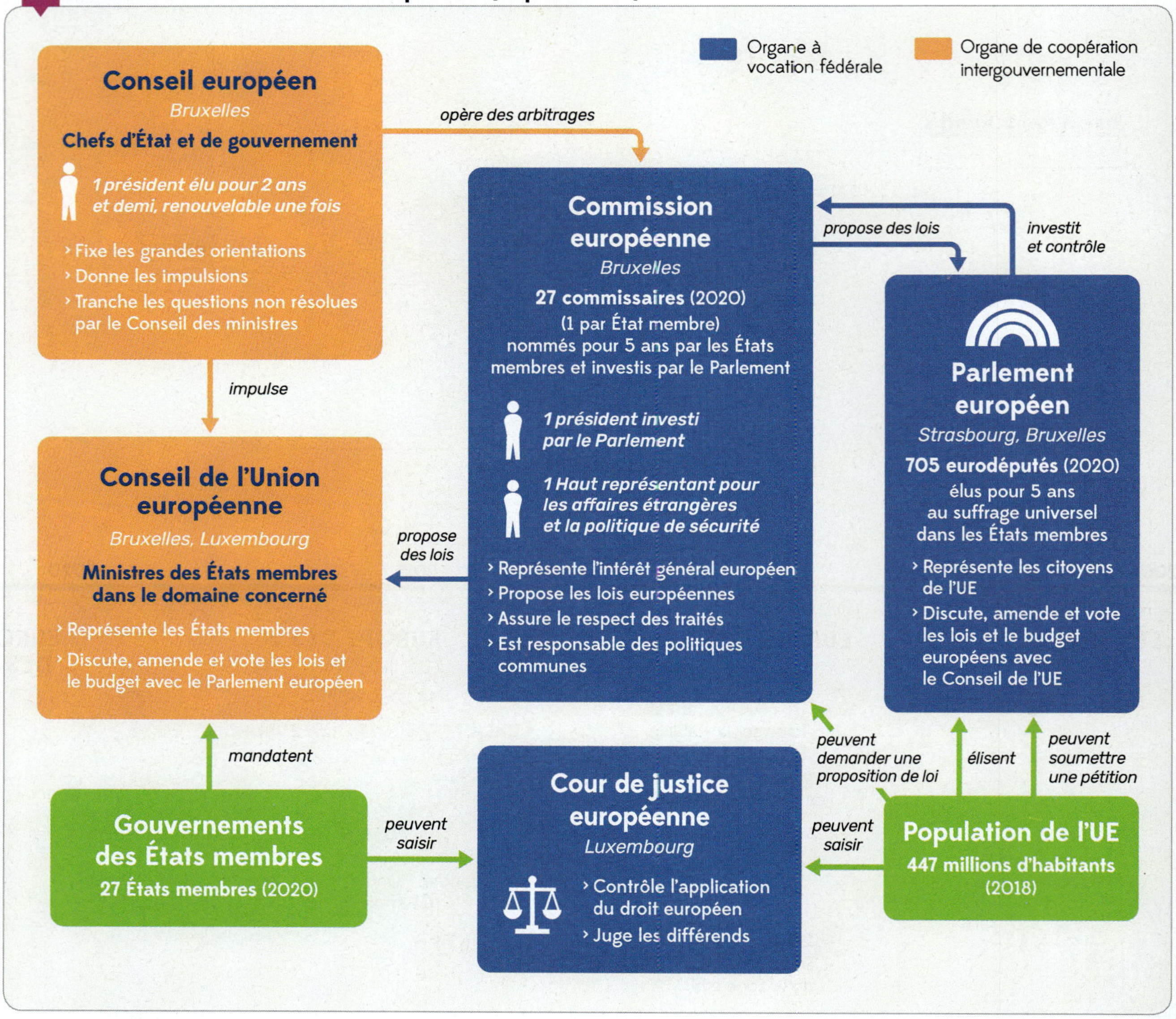

Vocabulaire

- **Approfondissement**
Intensification des liens et de la collaboration entre les États européens, marquée par des politiques communes et un renforcement des institutions.
- **Élargissement**
Ouverture de l'Union européenne à de nouveaux membres.
- **Espace Schengen**
Espace de libre circulation des personnes, établi par des accords signés en 1985 et entrés en application en 1995.

2 La construction européenne depuis 1990

Carte interactive

La dynamique de l'élargissement

- États membres de la CEE en 1990
- Adhésion en 1995
- Adhésion en 2004
- Adhésion en 2007
- Adhésion en 2013
- Candidats à l'adhésion
- Candidats à l'adhésion non officiellement reconnus par l'UE
- États ne souhaitant pas intégrer l'UE
- État sorti de l'UE en 2020

Les dynamiques de l'approfondissement

- Zone euro
- Espace Schengen
- États de l'UE qui doivent intégrer l'espace Schengen après une période de transition
- Sièges des principales institutions européennes

INFO

Les critères d'adhésion à l'UE :

- Être un **État de droit**, démocratique, qui assure le respect des droits de l'homme et des minorités.
- Avoir une **économie de marché** capable de faire face à la libre concurrence au sein de l'UE.
- Accepter l'**acquis communautaire** (transposer dans la législation nationale l'ensemble des droits et obligations en vigueur au sein de l'UE).

QUESTIONS

1. Dans quelles directions l'Europe s'élargit-elle entre 1989 et 2013 ?
2. Montrez que la construction européenne s'approfondit depuis 1992.
3. Identifiez la place des citoyens dans le fonctionnement de l'UE.

COURS

1 Une Europe qui s'élargit et se réforme depuis les années 1990

DOCUMENTS : p. 312 à 319

Podcast du cours

Vidéo
La signature du traité de Maastricht

Comment l'UE cherche-t-elle à concilier élargissement et approfondissement depuis les années 1990 ?

« Le défi majeur que doit relever l'Europe est celui de s'adapter à une nouvelle réalité : celle de son élargissement et de son approfondissement simultanés. »

Tony Blair (Premier ministre britannique), discours à la Bourse polonaise, Varsovie, 6 octobre 2000.

A La construction européenne

1. Un fonctionnement en débat

• Avec les traités de Rome (1957), la construction européenne s'oriente vers une **intégration** économique. La Communauté économique européenne (CEE) vise à réaliser un marché commun, avec libre circulation des biens, des services, des capitaux et des personnes.

• Depuis ses débuts, la construction européenne est marquée par le débat entre partisans d'une **Europe des États** et partisans d'une **Europe supranationale** (→ **chapitre 6**). Les institutions de la CEE établissent un compromis entre ces deux conceptions. Le Conseil des ministres incarne les intérêts des États et prend les décisions, à l'unanimité, ou à la **majorité qualifiée**. La Commission incarne la logique supranationale. Elle fait des propositions législatives au Conseil des ministres et veille à l'application des traités et des décisions du Conseil. Le Parlement, élu depuis 1979 au suffrage universel, a un rôle essentiellement consultatif. Le Conseil européen des chefs d'État et de gouvernement, créé en 1974, définit les priorités de la construction européenne et accroît le poids des États.

BIOGRAPHIE

Jacques Delors (né en 1925)
Homme politique français, président de la Commission européenne de 1985 à 1994.

Biographies : p. 356

2. La relance de l'Acte unique européen (1986)

• Face aux difficultés économiques des années 1970-1980 (→ **chapitre 7**), les États tendent à se replier sur eux-mêmes et l'on assiste à une vague d'**euroscepticisme**.

• En 1986, le président de la Commission, Jacques Delors, entreprend une relance de la construction européenne avec l'Acte unique européen. Il prévoit la mise en place d'un **marché unique** pour 1993.

• La France et le Royaume-Uni signent le traité de Canterbury en 1986, qui prévoit la construction du tunnel sous la Manche. Cette réalisation concrète participe à une plus grande intégration européenne. Le tunnel est inauguré en 1994.

Point de PASSAGE

▶ Le tunnel sous la Manche

→ p. 312

B La naissance de l'Union européenne (1992)

1. Le traité de Maastricht : vers une union politique et économique

• Le traité de Maastricht, signé le 7 février 1992, crée l'Union européenne (UE) et lui donne une dimension politique inédite. Il regroupe trois piliers.

• Le premier est le pilier communautaire, centré sur l'établissement du marché unique et la création de l'Union économique et monétaire. Il concerne les domaines qui font l'objet d'un transfert de souveraineté au profit des institutions européennes : par exemple, la monnaie ne sera plus nationale. Le deuxième pilier institue la Politique étrangère et de sécurité commune (PESC), et le troisième une coopération policière et judiciaire. Ces deux derniers piliers prévoient des procédures de coopération, sans transfert de souveraineté.

• Le traité renforce les prérogatives du Parlement, notamment en matière législative.

Vocabulaire

- **Approfondissement**
  Voir p. 308.
- **Critères de convergence**
  Critères imposés pour passer à l'euro (exemple : déficit du budget contenu à 3 % du PIB, dette publique limitée à 60 % du PIB).
- **Élargissement**
  Voir p. 308.

2. Un renforcement des liens dans les domaines économique et monétaire

- L'Union économique et monétaire prévoit une coordination des politiques économiques et budgétaires des États membres ainsi que l'adoption d'une monnaie unique.
- Le traité fixe des **critères de convergence** à respecter pour pouvoir adopter le futur euro. En 1999, il entre en vigueur dans 11 pays. En 2002, les pièces et les billets sont mis en circulation.
- Avec l'euro, les États abandonnent un attribut emblématique de leur souveraineté nationale : la monnaie. La politique monétaire est transférée à la Banque centrale européenne (BCE), créée en 1998.
- Cet **approfondissement** de la construction européenne ne se fait pas sans résistances. En France, le traité de Maastricht est accepté de justesse par référendum ; au Danemark, la population doit revoter à la suite d'un premier refus. Tout comme les Britanniques, les Danois obtiennent de rester à l'écart de l'euro.

Point de PASSAGE

▶ **L'euro : genèse, mise en place et débats**

→ p. 316

C Concilier élargissement et approfondissement

1. Une extension sans précédent

- La fin de la guerre froide marque un tournant pour la construction européenne, qui peut désormais s'étendre à l'ensemble du continent.
- En 1995, l'Autriche, la Suède et la Finlande adhèrent à l'UE. L'**élargissement** suivant est plus compliqué et concerne en grande partie d'anciens pays communistes. L'UE accueille 10 nouveaux États en 2004 ; puis en 2007, la Bulgarie et la Roumanie, et enfin la Croatie en 2013.
- Certains craignent que ces élargissements ne nuisent à l'approfondissement de l'UE et à son fonctionnement institutionnel. L'efficacité semblerait exiger une Europe supranationale.
- Mais l'attachement à la souveraineté nationale reste grand, tant dans les pays d'Europe qui viennent de se libérer de la tutelle soviétique, qu'en Europe occidentale.

2. La nécessaire adaptation des institutions

- Les traités d'Amsterdam (1997) et de Nice (2001) tentent d'améliorer le fonctionnement de l'UE mais s'avèrent insuffisants.
- L'UE met alors en chantier un projet de Constitution que la France et les Pays-Bas rejettent par référendum en 2005.
- Pour sortir de l'impasse, en 2007, l'UE adopte le traité de Lisbonne. Il renforce le rôle des parlements nationaux et européen et clarifie le partage des pouvoirs entre l'UE et les États membres. Pour faciliter la prise de décision dans une Europe élargie, le vote à la majorité qualifiée au sein du Conseil est étendu à de nouveaux domaines.
- Pour doter l'UE d'une meilleure visibilité mondiale, deux fonctions sont créées : un président du Conseil européen et un haut représentant de l'Union pour les affaires étrangères et la politique de sécurité.

TESTEZ-VOUS !

- **Quels nouveaux traités européens ont été adoptés depuis le début des années 1990 ?**
- **En quoi consiste l'Union économique et monétaire ?**
- **Quels sont les problèmes posés par les élargissements de l'UE ?**

A/Z Vocabulaire

- **Europe des États**
  Les partisans d'une Europe des États sont favorables à une simple coopération intergouvernementale, sans abandon de souveraineté (les États restant pleinement maîtres de leurs décisions).
- **Europe supranationale**
  Les partisans d'une Europe supranationale (fédéralistes) sont favorables à la création d'institutions européennes placées au-dessus des États et pouvant leur imposer des décisions.
- **Euroscepticisme**
  Attitude méfiante et critique vis-à-vis de la construction européenne.
- **Intégration**
  Mise en place d'organisations supranationales supposant des transferts de compétence des institutions nationales vers les institutions communes.
- **Majorité qualifiée**
  Chaque État membre dispose d'un nombre de voix en proportion de sa population. Pour être adoptée, une décision doit atteindre un seuil déterminé.
- **Marché unique**
  Nom donné à un espace économique encore plus unifié que le marché commun, impliquant non seulement la libre circulation des marchandises, des capitaux, des services et des hommes, mais aussi l'harmonisation des législations entre États membres.

? LE SAVIEZ-VOUS ?

Le sigle officiel de l'euro **€** s'inspire de la lettre grecque minuscule epsilon ε, symbolisant le berceau de la civilisation européenne, et évoque la première lettre du mot « **Europe** ». Les deux lignes parallèles représentent la stabilité de l'euro.

Point de PASSAGE

Le tunnel sous la Manche

▸ COURS : p. 310-311

▸ VOCABULAIRE :
- Brexit p. 306

Contexte

Vidéo — Histoire du tunnel sous la Manche

Le 6 mai 1994, le président François Mitterrand et la reine Élizabeth II inaugurent le tunnel sous la Manche. Ce lien fixe entre la France et l'Angleterre est constitué de trois tunnels de 50 km de long : deux pour la circulation des trains, ainsi qu'une galerie de service et d'entretien. Navettes Eurotunnel pour poids lourds, bus et voitures, trains de marchandises et TGV Eurostar franchissent ainsi la Manche.

Comment le tunnel sous la Manche participe-t-il au renforcement des liens entre le Royaume-Uni et l'Europe continentale ?

Le tunnel sous la Manche
Depuis son ouverture :

- **410 millions de tonnes de marchandises**
- Plus de **430 millions de passagers**
- **86 millions de véhicules**

CHRONOLOGIE

- **1986** Traité franco-britannique de Canterbury qui autorise la construction et l'exploitation du tunnel sous forme d'une concession privée.
- **1987-1993** Travaux du tunnel.
- **1994** Inauguration et mise en service du tunnel. Liaisons Eurostar entre Londres, Paris, Lille et Bruxelles.
- **2018** Liaison directe Eurostar Londres-Amsterdam.

1 L'inauguration du tunnel sous la Manche

Vidéo

Nous avons désormais une frontière terrestre, [...] Calais n'est plus qu'à une demi-heure de Folkestone et Londres n'est plus qu'à trois heures, bientôt deux heures trente, plus tard sans doute moins encore, de Paris [...]. À terme, cette liaison à grande vitesse reliera également Londres à Bruxelles, puis Amsterdam et Cologne [...]. Cette réalisation est donc un atout majeur pour le renforcement de l'Union européenne, un élément décisif dans l'élaboration et la mise en œuvre du marché unique, un pas supplémentaire pour le rapprochement entre les peuples eux-mêmes. [...]

Au-delà de l'aspect primordial que revêt la liaison fixe transmanche pour l'approfondissement des relations bilatérales, je salue sa vocation européenne, dans les deux dimensions politique et économique. Ce nouvel axe de communication préfigure de manière exemplaire une Europe à la pointe de la technologie. Elle pourrait faire tellement plus, unie et solidaire, et c'est cette solidarité entre les États membres qui la composent qui symbolise l'Europe, point de départ d'une autre grande aventure, celle, je l'ai dit, du prochain siècle.

Allocution de François Mitterrand, lors de l'inauguration du tunnel, 6 mai 1994.

2 Les liaisons transmanche

Carte interactive

Source : F. Turbout, Atlas Transmanche Espace Manche, 2015.

3 **Un TGV Eurostar à la sortie du tunnel sous la Manche**

5 Le tunnel rapproche le nord de la France et l'Angleterre

Il ne faut pas plus d'une heure, en Eurostar, pour se rendre de Lille à Ashford (Kent), et une demi-heure suffit pour gagner cette ville depuis Calais. Par le Shuttle[1], au volant de sa voiture, un Calaisien rejoint Folkestone en trente-cinq minutes [...]. La frontière entre le Kent et le Nord-Pas-de-Calais, fortement matérialisée par la Manche, semble s'estomper peu à peu dans les esprits [...]. « La liaison physique a provoqué un déclic psychologique, confirme Gildas Le Guernigou, chargé de la cellule Europe au conseil régional du Nord-Pas-de-Calais. Les Nordistes ont pris conscience qu'il existait un territoire proche que l'on pouvait gagner au moins aussi rapidement que la Belgique. » Gordon Williams, consul général de Grande-Bretagne à Lille, constate le même « déclic » chez ses compatriotes : « Les habitants du sud de l'Angleterre se sont rendu compte qu'il était plus facile et plus économique de visiter le nord de la France que le nord de l'Angleterre ou de l'Écosse ».

P. Kremer, « Le tunnel sous la Manche rapproche le Nord-Pas-de-Calais et le Kent », *Le Monde*, 1er septembre 1996.

1. Navette transportant des voitures et des autocars.

4 Le tunnel sous la Manche et le Brexit

Vingt-cinq ans après avoir amarré les îles Britanniques au continent, le tunnel sous la Manche s'apprête à devenir le symbole de la scission entre le Royaume-Uni et l'Europe. Le 31 janvier 2020 à minuit, selon le nouveau report accepté par les 27 pays de l'Union européenne, la seule frontière terrestre entre la France et le Royaume-Uni, ouverte en 1994, va se refermer… Un peu.

Depuis ce fameux 23 juin 2016, et le vote des Anglais pour sortir de l'Europe, Getlink, la société privée qui gère le tunnel à travers sa filiale Eurotunnel, se prépare au divorce. Aux deux entrées du tunnel, environ 15 millions d'euros (M€) ont été dépensés en aménagements routiers et en constructions de bâtiments, et une trentaine de personnes embauchées pour absorber les conséquences du Brexit.

La principale modification est l'instauration de formalités douanières entre l'Angleterre et le continent, notamment le paiement de nouvelles taxes. L'enjeu est de taille, 5 000 camions transitent chaque jour par le tunnel, soit 25 % des échanges entre le Royaume-Uni et l'Europe.

Vincent Vérier, « Brexit : à l'entrée du tunnel sous la Manche, tout est prêt », *Le Parisien*, 29 octobre 2019.

Itinéraire 1

Identifier

1. **Doc 2 à 5.** Distinguez les différents moyens d'assurer la liaison transmanche.
2. **Doc 1.** Identifiez quelles perspectives d'avenir ouvre le tunnel sous la Manche selon le président français François Mitterrand.

Expliquer

3. **Doc 2, 4 et 5.** Montrez comment le tunnel sous la Manche a permis de renforcer les liens au sein de l'Union européenne.
4. **Doc 4.** Quelles conséquences peut avoir le Brexit sur le fonctionnement du tunnel sous la Manche ?

Synthétiser

5. À partir de vos réponses aux questions, rédigez un texte organisé montrant comment le tunnel sous la Manche participe au renforcement des liens entre le Royaume-Uni et l'Europe continentale.

OU

Itinéraire 2

oral

Rédiger et présenter un discours officiel

▶ À l'occasion des 25 ans du tunnel sous la Manche, élaborez un discours dans lequel vous présentez le tunnel sous la Manche et montrez en quoi il a participé au renforcement des liens entre le Royaume-Uni et l'Europe continentale. Pour conclure, évoquez les éventuelles répercussions du Brexit sur le fonctionnement du tunnel.

Aide

Concilier approfondissement et élargissement

COURS : p. 310-311

VOCABULAIRE :
- Espace Schengen p. 308

Vidéo
La crise politique de l'UE

La fin de la guerre froide marque un tournant majeur pour la construction européenne, qui peut dorénavant s'étendre à l'ensemble du continent. Les élargissements successifs amènent à repenser le fonctionnement de l'UE, ce qui soulève des débats.

Comment concilier élargissement de l'Union européenne et approfondissement ?

Animation

1 L'élargissement de l'Union européenne
Caricature de P. Kroll, parue dans le quotidien belge, *Le Soir*, 2010.

INFO

Une construction européenne en débat

Depuis ses débuts, la construction européenne fait l'objet de débats entre les partisans d'une **Europe des États**, favorables à une simple coopération entre États sans abandon de leur souveraineté, et partisans d'une **Europe fédérale** dans laquelle des institutions européennes, placées au-dessus des États, pourraient leur imposer des décisions.

Vocabulaire

- **Initiative européenne d'intervention**
  Coopération militaire approfondie en matière de gestion des crises créée en 2018.
- **Fédération européenne**
  Désigne le passage d'une coopération entre États à une fédération reposant sur des institutions placées au-dessus des États et pouvant leur imposer des décisions.
- **Pacte budgétaire**
  Traité signé en 2012 par 25 États de l'UE fixant des règles communes de gouvernance économique et budgétaire.

2 La réforme des institutions européennes selon Joschka Fischer

L'élargissement rendra indispensable une réforme fondamentale des institutions européennes. [...] Comment parvenir à 30, dans le tissu actuel des institutions de l'Union européenne, à concilier des intérêts différents, à adopter des décisions et encore à agir [...] ?

Autant de questions auxquelles toutefois il existe une réponse toute simple : [...] une fédération européenne que demandait déjà Robert Schuman il y a 50 ans. Et cela ne veut pas dire moins qu'un parlement européen et un gouvernement, européen lui aussi, qui exercent effectivement le pouvoir législatif et le pouvoir exécutif au sein de la fédération. [...] Parachever l'intégration européenne n'est concevable que si le processus s'effectue sur la base d'un partage de souveraineté entre l'Europe et l'État-nation. [...] Une réglementation précise de la répartition des compétences entre la Fédération et les États-nations dans le cadre d'un traité constitutionnel devrait laisser à la Fédération les domaines de souveraineté essentiels et uniquement les questions demandant à être réglées impérativement au niveau européen, tandis que le reste demeurerait de la compétence des États-nations.

Joschka Fischer, ministre allemand des Affaires étrangères, discours prononcé à l'université Humboldt, Berlin, 12 mai 2000.

3 Une Union européenne à plusieurs vitesses (2020)

Carte interactive

5 dispositifs :
- Union européenne
- Euro
- Schengen
- Pacte budgétaire
- Initiative européenne d'intervention

- États participant aux cinq
- États participant à quatre des cinq
- États participant à trois des cinq
- États participant à deux des cinq

4 La réforme des institutions européennes selon Tony Blair

Le défi majeur que doit relever l'Europe est celui de s'adapter à une nouvelle réalité : celle de son élargissement et de son approfondissement simultanés. En d'autres termes, nous serons bientôt plus nombreux à essayer de faire davantage de choses.

La question n'est pas de savoir si nous allons réformer l'Europe, mais de quelle manière nous allons le faire [...].

L'Europe souffre d'un déficit démocratique. [...]

Ne nous leurrons pas : des nations comme la Pologne, qui se sont tant battues pour devenir des États, dont les citoyens ont versé leur sang pour cette cause, ne vont pas renoncer si facilement à cette conquête. Nous devons respecter notre diversité culturelle et identitaire. C'est elle qui nous distingue en tant que nations. [...]

De par sa force économique et politique, cette Europe peut être une superpuissance, mais pas un super-État.

Tony Blair, Premier ministre britannique, discours à la Bourse polonaise, Varsovie, 6 octobre 2000.

5 Des mesures pour concilier élargissement et approfondissement

Opting-out
Droit de retrait pouvant être négocié par les États membres quand de nouvelles politiques communes sont décidées, afin de ne pas y participer.

Traité de Maastricht (1992)

Coopérations renforcées
Permettent à un groupe d'États de poursuivre une politique commune dans un domaine particulier sans y associer les autres membres de l'UE.

Traité d'Amsterdam (1997)

Extension du vote à la majorité qualifiée
Facilite la prise de décision au Conseil de l'UE.

Traité de Nice (2001)

Traité de Lisbonne (2007)

QUESTIONS

Identifier

1. **Doc 1 et 2.** Identifiez les raisons pour lesquelles les élargissements de l'UE nécessitent de réformer son fonctionnement.
2. **Doc 5.** Montrez comment l'UE a mis en place des procédures pour faciliter le fonctionnement d'une Europe élargie.

Expliquer

3. **Doc 2 et 4.** Expliquez pourquoi ces discours illustrent deux conceptions différentes de la construction européenne.
4. **Doc 3.** Pourquoi peut-on dire que le degré d'approfondissement de la construction européenne varie selon les États ?

Synthétiser

5. Rédigez un texte argumenté répondant à la question : comment concilier élargissement et approfondissement de la construction européenne ?

Aide

Point de PASSAGE

L'euro : genèse, mise en place et débats

REPÈRES : p. 308-309

COURS : p. 310-311

Contexte

Vidéo
L'euro a-t-il nui à l'économie ?

En 1992, le traité de Maastricht prévoit l'instauration d'une monnaie unique. En 1999, l'euro devient la monnaie des transactions bancaires, puis en 2002, billets et pièces entrent en circulation. La création de cette monnaie unique suppose la mise en œuvre de règles communes aux différents pays qui l'ont adoptée et un transfert de souveraineté sans précédent des États vers les institutions européennes.

Comment l'euro est-il mis en place et quels débats suscite-t-il ?

1 Campagne contre l'euro (2000)

En septembre 2000, l'association britannique *No euro* lance dans la presse une campagne contre l'euro.

2 Les engagements pris à Maastricht en 1992

Art. 103

1. Les États membres considèrent leurs politiques économiques comme une question d'intérêt commun et les coordonnent au sein du Conseil[1]. [...]

3. Afin d'assurer une coordination plus étroite des politiques économiques et une convergence soutenue des performances économiques des États membres, le Conseil, sur la base de rapports présentés par la Commission, surveille l'évolution économique dans chacun des États membres et dans la Communauté, ainsi que la conformité des politiques économiques avec les grandes orientations [...].

Art. 104

2. La Commission[2] surveille l'évolution de la situation budgétaire et du montant de la dette publique dans les États membres [...]. Elle examine notamment si la discipline budgétaire a été respectée[3] [...].

11. [Si un État ne donne pas suite aux recommandations, le Conseil peut] :
– inviter la Banque européenne d'investissement à revoir sa politique de prêts à l'égard de l'État membre concerné ;
– [...] imposer des amendes d'un montant approprié.

Traité de Maastricht, 7 février 1992.

1. Réunion des ministres de l'Économie des pays de l'UE.
2. Organisme indépendant des États, chargé de faire des propositions et d'exécuter les décisions du Conseil.
3. Selon le traité, le déficit budgétaire ne doit pas dépasser 3 % du PIB et la dette publique 60 % du PIB.

3 La portée historique du passage à l'euro

Le passage à l'euro, au 1er janvier 2002, sera le couronnement d'un long chemin. Quand les citoyens auront entre les mains les pièces et billets en euros, nous aurons atteint notre but, en dépit d'une forte résistance politique et d'obstacles importants. [...]. La monnaie est plus qu'un simple moyen de paiement. Elle a également quelque chose à voir avec notre identité politique et culturelle [...]. Ainsi se développe, tout naturellement, un sentiment communautaire qui ne pourra que renforcer la cohésion des Européens.

La construction de l'Union politique n'est pas encore achevée. Nous devons, dans les années à venir, élargir cet édifice et le doter d'un toit capable de résister aux intempéries. C'est dans notre intérêt à tous, car le monde du XXIe siècle recèle quantité de dangers nouveaux contre lesquels aucun pays européen ne peut plus se prémunir seul. Il ne s'agit pas seulement de sécurité militaire. Les risques économiques sont eux aussi énormes ; le meilleur moyen d'y faire face, pour nous Européens, c'est de disposer d'une monnaie commune solide.

Helmut Kohl (chancelier allemand de 1982 à 1998), « L'euro, clé de la maison commune », *Le Monde*, 14 décembre 2001.

INFO

Vidéo

La Banque centrale européenne

Depuis le 1er janvier 1999, elle est responsable de la politique monétaire de la zone euro (émission de la monnaie, maintien de la stabilité des prix) ; avec les banques centrales de la zone euro, elle gère les réserves et conduit les opérations de change. Depuis 2004, elle assure des fonctions de supervision bancaire.

4 Le billet de 20 euros de la série Europe (2015)

Les pièces et billets sont émis par la Banque centrale européenne (BCE). Les billets en euros sont identiques, au recto et au verso, dans toute la zone euro

5 Répondre à la crise de l'euro de 2009

Beaucoup de gens, en France, n'ont pas conscience de la profondeur de l'abîme au bord duquel l'économie européenne s'est trouvée, ce vendredi noir, lorsque la spéculation contre les dettes grecque, espagnole et portugaise a entraîné une perte de confiance des opérateurs des marchés financiers. [...] Brutalement arrachés à leur confusion et à leur déni par l'aggravation de la situation, les gouvernements européens ont fait face et, dans la nuit du 9 au 10 mai, poussés par les États-Unis et le FMI[1], créé un fonds de stabilisation massif, sorte de Fonds monétaire européen doté d'une force de frappe de 750 milliards d'euros. [...]

Il faut maintenant aller plus loin. [...] Une monnaie unique ne peut pas fonctionner sans solidarité entre les États. Sans harmonisation budgétaire et sans un minimum de convergence économique, l'euro ne peut pas exister. Et sans l'euro, l'Europe ne pèse plus grand-chose. [...] Seule une discipline budgétaire et fiscale collective leur permettra de mettre de l'ordre dans leurs finances. [...] C'est à cette condition que la monnaie unique, qui nous apporte beaucoup plus qu'elle ne nous contraint, peut exister.

« Le jour où l'euro a failli mourir », éditorial du *Monde*, 18 mai 2010.

1. Fonds monétaire international.

Vidéo

Itinéraire 1

Identifier

1. **Doc 4.** Décrivez ce billet afin de montrer que l'euro n'est pas une monnaie nationale.
2. **Doc 1 et 3.** Identifiez les arguments en faveur et contre la création et l'adoption de l'euro.

Expliquer

3. **Doc 2.** Montrez qu'en adoptant l'euro, les gouvernements perdent une partie de leur autonomie politique.
4. **Doc 5.** Expliquez comment la crise amène à repenser le fonctionnement de la zone euro et quelles en sont les conséquences pour la politique budgétaire de chaque État.

Synthétiser

5. Rédigez un texte montrant quelles sont les modalités de la mise en place de l'euro, ainsi que les difficultés et les débats qu'il suscite.

OU

Itinéraire 2

Aide

Réaliser un schéma de synthèse

À l'aide des documents et de recherches personnelles (consultez les sites touteleurope.eu ou cvce.eu), présentez sous forme de schéma les modalités de mise en place de l'euro et les débats qu'il suscite.
Vous pourrez présenter :
- les États qui l'ont adopté et ceux qui l'ont rejeté ;
- les partisans et les adversaires de l'euro et leurs arguments ;
- la crise de la zone euro et les conséquences de cette crise pour les États membres.

Liens vers les sites

Passé / PRÉSENT

Comment a évolué la politique d'élargissement de l'Union européenne vers les Balkans occidentaux ?

COURS : p. 310-311

Vidéo
La stratégie de l'UE vers les Balkans

A De la guerre à la promesse d'intégrer les Balkans occidentaux dans l'UE (1990-2003)

1 L'Europe face à la crise yougoslave (1991-1995)

① Le chancelier allemand Helmut Kohl tient une lance à incendie.

② Le président français François Mitterrand essaie de faire démarrer le moteur.

Caricature de Million, *Guère épais : dessins d'actualité 1991-1994 et dessins d'humour*, 1994.

2 De la guerre à la promesse d'adhésion

La violente dissolution de la Yougoslavie au début des années 1990 posa un défi inattendu à la politique extérieure et de sécurité commune (PESC), que l'Union européenne s'apprêtait tout juste à incorporer dans sa structure institutionnelle […]. L'UE dut attendre l'intervention militaire de l'OTAN et la contribution décisive des États-Unis pour mettre fin à la violence […].

Dans ce contexte, il semble évident que l'approche de l'UE en direction des Balkans occidentaux ne pouvait simplement suivre le chemin tracé par l'élargissement à l'Europe centrale et orientale. Aussi cette approche se caractérisa-t-elle tout d'abord par un souci de stabilisation post-conflit : en Bosnie-Herzégovine, les pays européens fournirent une grande partie des troupes de la force de stabilisation SFOR[1] de l'ONU […].

La perspective d'une association plus étroite avec l'UE […] fut mentionnée pour la première fois en juin 1999 lors du Conseil européen de Cologne […]. Le Processus de stabilisation et d'association (PSA)[2], formellement lancé au sommet Union européenne-Balkans occidentaux à Zagreb en novembre 2000, créa par la suite un partenariat progressif en vue d'une adhésion à terme à l'UE. Trois ans plus tard, par la Déclaration de Thessalonique de juin 2003 clôturant un nouveau sommet UE-Balkans occidentaux, l'Union réaffirma « son soutien sans équivoque à la perspective européenne qui s'offre aux pays des Balkans occidentaux. L'avenir des Balkans est dans l'Union européenne ».

T. Toeglhofer et N. Wunsch, « Stabilisation et association dans les Balkans occidentaux : les défis du double objectif européen », *Balkanologie*, Vol. XII, n° 1, mars 2010.

1. Force militaire de stabilisation composée de contingents de l'OTAN, créée en 1996 et autorisée par l'ONU.
2. Il repose sur la signature d'un accord de stabilisation et d'association spécifique à chaque pays des Balkans occidentaux, définissant les objectifs politiques et économiques communs et encourageant la coopération régionale.

B Une promesse difficile à tenir depuis 2003

3 Les Balkans et l'Union européenne

Carte interactive

- Frontières de l'ex-Yougoslavie
- États membres de l'UE
- **1981** Date d'adhésion
- **PAYS** États membres appartenant à l'espace Schengen et à la zone euro
- États candidats, négociations en cours
- États candidats mais n'ayant pas entamé les négociations d'adhésion
- Candidats encore non officiellement reconnus par l'UE

4 Albanie et Macédoine du Nord, un processus d'adhésion bloqué

La France, les Pays-Bas et le Danemark ont émis des réserves et cela est un motif de « déception », a déclaré la chancelière Angela Merkel [...]. « Nous avons fait des promesses à ces pays », a renchéri le président du Conseil européen, le Polonais Donald Tusk, soulignant qu'une « écrasante majorité des États membres étaient favorables » à l'ouverture des négociations avec les deux candidats, qui requiert l'unanimité des États membres.

Le chef de l'État français a justifié son opposition par la nécessité de réformer le fonctionnement de l'UE avant de s'ouvrir à de nouveaux membres.

« Avant tout élargissement, sachons nous réformer », a-t-il dit lors de sa conférence de presse. « Tous les progrès réclamés (aux deux candidats) n'étaient pas là », a-t-il jugé [...].

Les détracteurs de l'actuel processus d'élargissement craignent aussi que se répètent les problèmes liés à la corruption et à l'indépendance de la justice, que connaissent la Roumanie et la Bulgarie, qui ont adhéré en 2007.

Les partisans d'une adhésion de ces pays soutiennent, en revanche, que le refus de nouveaux membres risque de les pousser dans les bras de la Turquie, de la Chine et de la Russie, déjà très actives dans les Balkans.

Le Premier ministre de la Macédoine du Nord, Zoran Zaev, a averti que ses concitoyens n'accepteraient pas indéfiniment d'être rejetés, alors que Skopje[1] a mis en œuvre les réformes réclamées par Bruxelles.

« Comment Macron s'est mis à dos ses principaux alliés européens », AFP, huffingtonpost.fr, 18 octobre 2019.

1. Capitale de la Macédoine du Nord.

Vidéo

5 Serbie, un processus d'adhésion encore inachevé

La Serbie a continué de travailler à l'alignement de sa législation sur l'acquis dans un certain nombre de domaines. Le Conseil souligne néanmoins que, comme cela est prévu dans le cadre de négociations, les progrès réalisés en ce qui concerne les chapitres relatifs à l'État de droit et aux droits fondamentaux ainsi que la normalisation des relations de la Serbie avec le Kosovo restent essentiels et détermineront le rythme général des négociations d'adhésion [...]. En matière de réformes économiques, [...] le Conseil encourage la Serbie à poursuivre ses efforts pour stimuler la compétitivité et une croissance à long terme.

Conclusions du Conseil de l'UE sur l'élargissement et le processus de stabilisation et d'association, 18 juin 2019.

QUESTIONS

oral

Observer le passé et le présent

1. **Doc 1 et 2.** Comment l'UE réagit-elle aux conflits dans les Balkans dans les années 1990 ?
2. **Doc 2.** Quelle est l'évolution de sa politique vis-à-vis des Balkans occidentaux jusqu'en 2003 ?
3. **Doc 3 à 5.** Expliquez où en est la politique d'élargissement dans les Balkans à l'heure actuelle.

Faire le lien entre le passé et le présent

4. Rédigez une courte argumentation analysant l'évolution de la situation des Balkans occidentaux dans le processus d'élargissement de l'UE des années 1990 à nos jours et présentez-la à l'oral en 5 min.

Aide

COURS

DOCUMENTS : p. 322 à 325

Podcast du cours

2 La construction européenne entre crises et défis

Quels sont les enjeux et les défis de la construction européenne ?

« Les citoyens trouvent que tout se règle bien trop souvent à leur insu et veulent un meilleur contrôle démocratique. »

Déclaration du Conseil européen des chefs d'État et de gouvernement sur l'avenir de l'Union européenne, 15 décembre 2001.

CHIFFRES CLÉS

→ **45 %** des citoyens européens considèrent que **leur voix compte** dans l'UE.

→ **42 %** des citoyens européens se disent **confiants dans l'UE**.

→ **61 %** des citoyens européens se disent **en faveur de l'euro**.

Eurobaromètre Standard 89, printemps 2018.

A Une construction européenne originale mais inachevée

1. Une construction inédite, toujours en débat

- L'UE est une organisation unique, dans laquelle les États ont abandonné une part grandissante de leur souveraineté, mais conservent encore des prérogatives importantes.

- Certains États comme l'Allemagne sont favorables à plus de fédéralisme, tandis que d'autres, notamment à l'Est, défendent une Europe des États. Ces débats traversent les forces politiques nationales avec la montée des partis **souverainistes**.

2. Une Europe à géométrie variable ?

- Des États, attachés à leur souveraineté, refusent de participer à certains programmes communs. Le Royaume-Uni et le Danemark n'ont pas adopté l'euro ; les Britanniques et les Irlandais ne font pas partie de l'**espace Schengen**.

- À l'inverse, des procédures de « coopération renforcée » sont prévues depuis le traité d'Amsterdam (1997) pour permettre à certains États d'avancer plus vite pour coordonner leurs actions, par exemple en matière de lutte contre le terrorisme.

3. Quelle diplomatie et quelle défense pour l'UE ?

- Pour permettre à l'UE de s'affirmer comme un acteur des relations internationales, le traité de Maastricht crée une Politique étrangère et de sécurité commune (PESC). Mais la volonté de passer d'une simple coopération en matière de politique extérieure à une politique commune, voire à une défense commune, se heurte au refus des États à déléguer une part de leur souveraineté.

- Pour donner plus de cohérence à l'action extérieure et militaire de l'UE, des avancées se font jour comme l'Initiative européenne d'intervention (2018) visant à créer une structure militaire commune.

B Une Union en crise dans les années 2010

1. La crise de la zone euro

- À partir de 2009, dans un contexte mondial de crise financière, la zone euro est fragilisée par l'endettement excessif de certains de ses membres.

- Les exigences de discipline budgétaire amènent certains pays à réfléchir à des mécanismes de contrôle supranationaux. Pour venir en aide aux États endettés comme la Grèce, l'Irlande, l'Espagne ou le Portugal, un Mécanisme européen de stabilité (MES) est créé, leur apportant, sous conditions, une aide financière. En 2012, un traité sur la stabilité, la coordination et la gouvernance au sein de l'Union économique et monétaire est adopté. Il introduit le principe d'une règle d'or qui impose aux États un équilibre de leurs comptes publics sous peine de sanctions.

- Mais les mesures d'austérité (diminution des dépenses sociales, par exemple) imposées aux pays frappés par la crise de l'euro ont été douloureuses et ont amené les populations à manifester comme en Grèce, en Espagne ou au Portugal.

2. La « crise migratoire »

- En 2015, l'UE est confrontée à l'explosion des flux migratoires en provenance de certains pays d'Afrique et du Moyen-Orient, touchés par la guerre et les difficultés économiques.

- Tandis que le contrôle des frontières de l'Union se renforce, la répartition des demandeurs d'asile, dont la gestion revient au premier pays d'accueil selon le **règlement de Dublin**, divise les États membres.

3. La sortie du Royaume-Uni (2016-2020)

- Le 23 juin 2016, les Britanniques décident par référendum de sortir de l'UE. Cette crise du **Brexit** marque la fin de l'irréversibilité de la construction européenne. Les négociations entre le gouvernement britannique et la Commission européenne sont longues, difficiles et ont divisé l'opinion et les partis politiques. La sortie effective de l'Union n'intervient finalement que le 31 janvier 2020.

C Une Europe plus politique ?

1. Des citoyens européens

- Le traité de Maastricht a institué une **citoyenneté** européenne. Les citoyens européens disposent du droit de vote et d'éligibilité aux élections municipales et européennes (quand ils résident dans un autre État membre que le leur), du droit de circuler, de séjourner, de travailler et d'étudier sur le territoire des États membres.

- La libre circulation des personnes dans l'espace Schengen, le programme Erasmus, qui permet d'étudier dans un autre pays de l'UE, ou encore l'existence de symboles comme le drapeau, l'hymne ou l'euro, peuvent encourager une européanisation des citoyens de l'Union.

2. Un renforcement de la démocratie européenne

- Mais les citoyens reprochent à la construction européenne d'être un processus qui s'est imposé par le haut, sans suffisamment les associer. Ils critiquent les institutions, leur complexité et leur manque de transparence.

- Ces critiques ont peu à peu été prises en compte avec la création d'une citoyenneté européenne, le renforcement du poids des parlements européen et nationaux ou encore une « **Initiative citoyenne européenne** » instituée par le traité de Lisbonne (2007).

3. La faiblesse du sentiment européen ?

- La vie politique européenne atteint encore peu les citoyens, surtout préoccupés des problèmes nationaux, comme en témoigne la traditionnelle faible participation aux élections des députés européens. Cependant, en 2019, ce taux de participation a progressé pour la première fois depuis 1979.

- Les périodes de crise et de ratification des traités sont néanmoins l'occasion pour l'Europe d'envahir le débat public. En 2005, les Français et les Néerlandais ont repoussé le traité constitutionnel, tandis qu'en Allemagne et en Espagne, des manifestants ont réclamé la tenue d'un référendum.

TESTEZ-VOUS !

- Pourquoi l'UE peine-t-elle à s'affirmer sur la scène internationale ?
- Pourquoi peut-on dire que l'UE est en crise dans les années 2010 ?
- Quels droits confère la citoyenneté européenne ?

Vocabulaire

- **Brexit**
Processus de sortie de l'Union européenne du Royaume-Uni enclenché par un référendum tenu le 23 juin 2016 et achevé le 31 janvier 2020.
- **Citoyenneté**
Ensemble de droits et de devoirs réciproques. En démocratie, elle organise une société dont tous les membres sont juridiquement et politiquement égaux. Le citoyen est détenteur d'une part de la souveraineté politique.
- **« Initiative citoyenne européenne »**
Instituée par le traité de Lisbonne, elle permet à au moins un million de citoyens, issus d'au moins sept États membres, d'inviter la Commission à présenter un projet législatif sur un sujet particulier.
- **Espace Schengen**
Espace de libre circulation des personnes, établi par des accords signés en 1985 et entrés en application en 1995.
- **Règlement de Dublin**
Règlement signé en 2013 déléguant la responsabilité de l'examen de la demande d'asile d'un réfugié au premier pays qui l'a accueilli.
- **Souverainistes**
Défenseurs de la souveraineté nationale, refusant une Europe supranationale.

Vidéo
Les 20 ans du programme Erasmus

LE SAVIEZ-VOUS ?

Le programme européen de mobilité étudiante **ERASMUS** (*European Region Action Scheme for the Mobility of University Students*), créé en 1987, tient son nom de l'humaniste Érasme, qui a voyagé, enseigné et écrit dans de nombreuses villes européennes.

DOCUMENTS

COURS : p. 320-321

VOCABULAIRE :
- Espace Schengen p. 308

Vidéo
Les routes migratoires

L'Union européenne face à la question migratoire

Depuis le début des années 2010, l'Europe est confrontée à une forte augmentation du nombre de migrants africains et asiatiques fuyant la misère, la guerre ou la dictature. En 2015-2016, l'Europe traverse une « crise migratoire » de grande ampleur.

CONSIGNE BAC

En analysant et confrontant les documents, vous montrerez comment l'Union européenne entend faire face à la question migratoire et les difficultés rencontrées.

1 L'Union européenne face aux migrations externes (2016)

Carte interactive

2 Une « crise migratoire » sans précédent

2015 a vu l'Europe confrontée aux mouvements migratoires les plus importants qu'elle ait connus depuis l'immédiat après-guerre. [...] Face à cette situation à tous égards exceptionnelle, la Commission européenne a cherché à atténuer le fardeau pesant de façon disproportionnée sur les pays de première arrivée des migrants – principalement l'Italie et la Grèce [...] : elle a proposé à cette fin un schéma relativement modeste de réinstallation de 120 000 demandeurs d'asile de ces deux pays vers d'autres membres de l'Union européenne à l'horizon de 2017. [...] On sait la suite : les divisions acrimonieuses des pays membres sur ce plan, le refus de la Pologne, de la Slovaquie, de la République tchèque et de la Hongrie de l'appliquer, la lenteur générale à le mettre en œuvre. [...] Au total, la crise des migrants a révélé un état d'esprit du chacun pour soi, dans une affaire dont la nature appelait à l'évidence une réponse coordonnée à l'échelle européenne. [...] L'Italie et la Grèce éprouvent un sentiment d'isolement largement justifié. L'Europe en est ressortie plus divisée, entre ces deux pays et leurs partenaires, comme entre ses membres à l'Est et à l'Ouest.

Gilles Andréani, « Les crises et la nécessité », *Questions internationales* n° 88, nov.-déc. 2017.

AIDE POUR RÉPONDRE À LA CONSIGNE

- À l'aide du **doc 1**, décrivez la géographie des flux migratoires vers l'Europe en 2016.
- Identifiez dans les **docs 1 et 2** les dispositifs mis en place pour faire face à la question migratoire et les débats qu'ils peuvent engendrer.

DOCUMENTS

Les difficultés de l'UE à s'affirmer sur la scène internationale

COURS : p. 320-321

Vidéo
L'UE, une puissance stratégique ?

En 1992, le traité de Maastricht institue la PESC (Politique étrangère et de sécurité commune). Les États membres manifestent alors la volonté de passer d'une simple « coopération » à une politique commune en matière de politique extérieure et de défense.

CONSIGNE BAC

En analysant et confrontant les documents, vous montrerez l'intérêt d'une politique étrangère européenne commune et les difficultés auxquelles se heurte sa mise en œuvre.

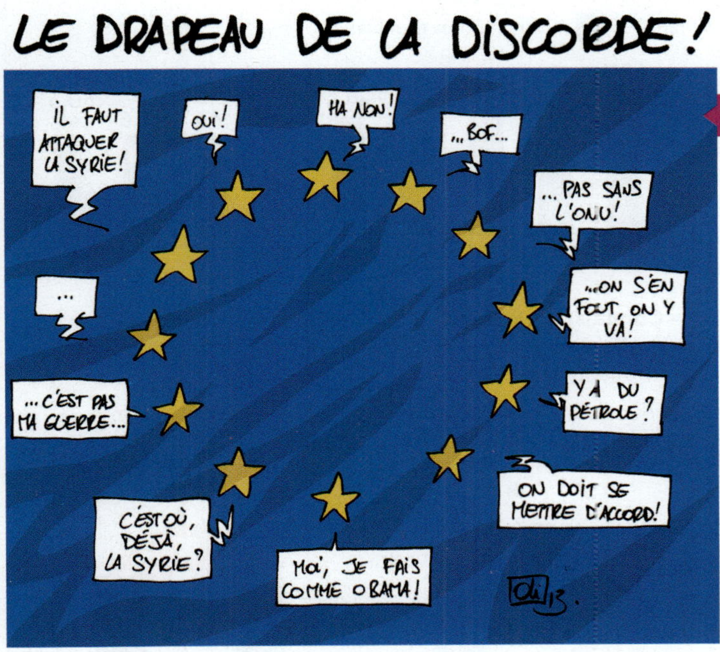

1 L'Union européenne et la crise syrienne
Caricature de Oli, www.humeurs.be, 28 août 2013.

INFO
Depuis 2011, la Syrie est ravagée par une **guerre civile** dans laquelle de grandes puissances mondiales et régionales sont intervenues : États-Unis, France, Iran, Russie, Turquie.

2 Les défis de la politique étrangère de l'UE

La création d'une fonction de Haut représentant pour les affaires étrangères et la politique de sécurité ainsi que d'un nouveau Service européen pour l'action extérieure ne suffit pas à régler la difficulté essentielle de toute politique extérieure européenne, qui est la faible émergence d'un intérêt européen. Ainsi, il n'existe pas une politique européenne à l'égard de la Russie mais vingt-sept politiques nationales. [...] La deuxième difficulté de l'Union européenne est que [...] d'une part elle ne peut pas parler d'une seule voix parce qu'elle n'est pas un État [...]. D'autre part, la nouvelle gouvernance mondiale, qui voit s'affirmer les grands pays émergents à côté des États-Unis, nécessite de plus en plus que les États de l'Union européenne formulent des positions unifiées pour être entendus. La politique extérieure et de défense est un autre exemple, où, en théorie, l'Union européenne aurait plus d'influence si elle était une fédération politique.

Christian Lequesne, « L'Union européenne après le traité de Lisbonne : diagnostic d'une crise », *Questions internationales*, La Documentation française, n° 45, sept.-oct. 2010.

INFO
Le **Haut représentant de l'Union européenne pour les affaires étrangères et la politique de sécurité** existe depuis 2009. Il est désigné pour cinq ans par le Conseil des chefs d'État et de gouvernement.

AIDE POUR RÉPONDRE À LA CONSIGNE
- Vous trouverez dans le **doc 2** des clés pour comprendre l'importance d'avoir, dans le monde actuel, une politique étrangère commune.
- Croisez les deux documents et identifiez les limites de la politique étrangère de l'UE.

DOCUMENTS L'Union européenne et ses citoyens

▶ COURS : p. 320-321

L'Europe a été construite par les États, laissant longtemps les citoyens à l'écart de ce processus. La création d'une citoyenneté européenne par le traité de Maastricht en 1992 est une innovation majeure qui a pour but de favoriser l'acquisition d'une conscience européenne.

Quelles sont les caractéristiques de la citoyenneté européenne et les limites de son exercice ?

Vocabulaire

« Initiative citoyenne européenne »
Instituée par le traité de Lisbonne, elle permet à au moins un million de citoyens, issus d'au moins sept États membres, d'inviter la Commission à présenter un projet législatif sur un sujet particulier.

1 La création d'une citoyenneté européenne (7 février 1992)

Art. 8 : 1. Il est institué une citoyenneté de l'Union. Est citoyen de l'Union toute personne ayant la nationalité d'un État membre.

2. Les citoyens de l'Union jouissent des droits et sont soumis aux devoirs prévus par le présent traité.

Art. 8A : 1. Tout citoyen a le droit de circuler et de séjourner librement sur le territoire des États membres [...].

Art. 8B : 1. Tout citoyen de l'Union résidant dans un État membre dont il n'est pas ressortissant a le droit de vote et d'éligibilité aux élections municipales dans l'État membre où il réside, dans les mêmes conditions que les ressortissants de cet État. [...]

2. [...] Tout citoyen de l'Union résidant dans un État membre dont il n'est pas ressortissant a le droit de vote et d'éligibilité aux élections au Parlement européen dans l'État membre où il réside, dans les mêmes conditions que les ressortissants de cet État. [...]

Art. 8D : Tout citoyen de l'Union a le droit de pétition[1] devant le Parlement européen [...].

Tout citoyen de l'Union peut s'adresser au médiateur[2] [...].

Traité de Maastricht (extraits), 1992.

1. Tout citoyen de l'UE peut adresser au Parlement européen une plainte ou une requête au sujet d'une question relevant de la compétence de l'UE.
2. Le médiateur européen enquête sur les plaintes des citoyens contre les actes de mauvaise administration des institutions européennes. Il est indépendant et élu par le Parlement européen.

2 L'exercice de la citoyenneté européenne

L'évolution du taux de participation aux élections européennes (1979-2019)

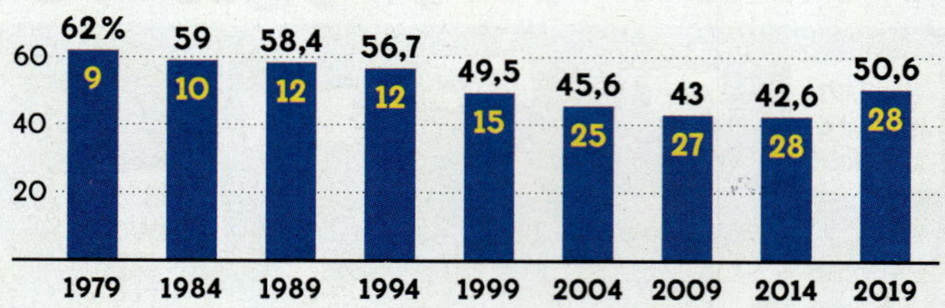

Source : Eurobaromètre, 2019.

« Connaissez-vous vos droits en tant que citoyen(ne) de l'UE ? »

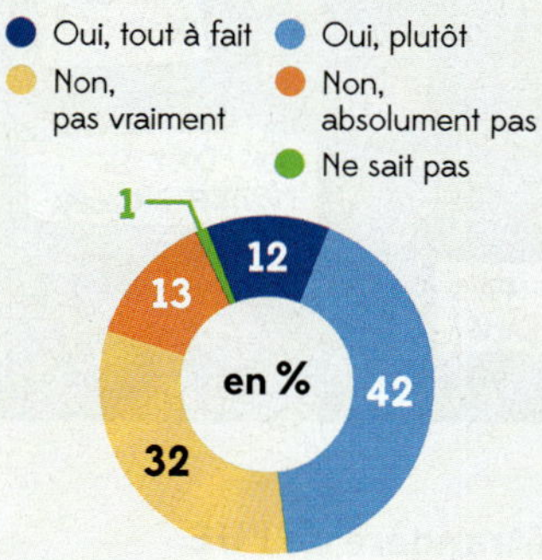

« Ma voix compte dans l'UE »

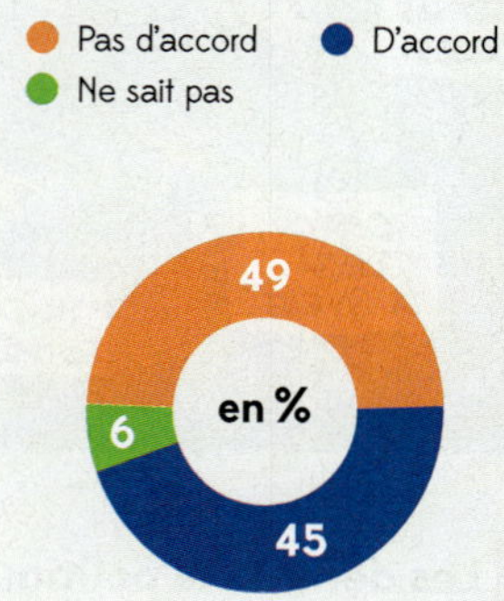

Source : Eurobaromètre standard 89, printemps 2018.

INFO

Les symboles de l'UE sont :
- un drapeau (12 étoiles jaunes sur fond bleu).
- un hymne : *L'Ode à la joie* de la 9e symphonie de Beethoven.
- une devise : « Unie dans la diversité ».
- une journée de l'Europe, le 9 mai
- une monnaie : l'euro.

3 Les principes démocratiques selon le traité de Lisbonne

Après l'échec du projet de Constitution rejeté par référendum en 2005 dans plusieurs pays, l'UE adopte le traité de Lisbonne en 2007 pour réformer ses institutions.

Art. 8A : 1. Le fonctionnement de l'Union est fondé sur la démocratie représentative.

2. Les citoyens sont directement représentés, au niveau de l'Union, au Parlement européen.

Les États membres sont représentés au Conseil européen par leur chef d'État ou de gouvernement et au Conseil par leurs gouvernements, eux-mêmes démocratiquement responsables, soit devant leurs parlements nationaux, soit devant leurs citoyens.

3. Tout citoyen a le droit de participer à la vie démocratique de l'Union. Les décisions sont prises aussi ouvertement et aussi près que possible des citoyens.

4. Les partis politiques au niveau européen contribuent à la formation de la conscience politique européenne et à l'expression de la volonté des citoyens de l'Union.

Art. 8B : 4. Des citoyens de l'Union, au nombre d'un million au moins, ressortissants d'un nombre significatif d'États membres, peuvent prendre l'initiative d'inviter la Commission européenne, dans le cadre de ses attributions, à soumettre une proposition appropriée sur des questions pour lesquelles ces citoyens considèrent qu'un acte juridique de l'Union est nécessaire aux fins de l'application des traités.

Traité de Lisbonne, Titre II « Dispositions relatives aux principes démocratiques », 13 décembre 2007.

INFO

Le **Parlement européen** représente les citoyens de l'UE. Ses pouvoirs ont été renforcés par les traités successifs (vote des lois et du budget, contrôle de la Commission européenne). Depuis 1979, l'élection des députés se fait tous les cinq ans au suffrage universel direct.

4 L'initiative citoyenne européenne (ICE)

Commission européenne, 2018.

5 Existe-t-il un peuple européen ?

C'est l'absence même d'un peuple européen qui pose problème. [...] Pour l'heure, les opinions publiques restent principalement préoccupées par des problèmes nationaux [...]. Afin que l'Union européenne devienne un « espace public », l'émergence de partis pleinement européens, l'organisation de débats exclusivement centrés sur des thèmes européens, alliés aux formes de participation directes mises en place par le traité de Lisbonne (initiative populaire) pourraient aider à mieux sensibiliser les citoyens. Pour l'heure, ils ne le sont qu'épisodiquement, notamment lors des débats sur la ratification des traités. C'est là que se trouve la clé de la démocratisation pour de nombreux commentateurs qui souhaitent que l'Europe avance par la base, à travers une relation entre les institutions, les États et la société civile. [...] Mais c'est aussi de l'existence même de l'Union européenne qu'on doit attendre une européanisation de la société civile. L'ouverture des frontières, la citoyenneté européenne, les flux de communication peuvent produire des effets sur les individus, faire reculer les réflexes nationalistes et renforcer le réflexe d'appartenance à l'Europe, sans pour autant que les liens civiques nationaux soient dissous.

Fabien Terpan, « La démocratie européenne : progrès accomplis et difficultés persistantes », *Questions internationales*, La Documentation française, n° 45, sept.-oct. 2010.

QUESTIONS

Identifier

1. **Doc 1.** Identifiez qui est citoyen européen et quels sont les droits liés à cette citoyenneté.
2. **Doc 3 à 5.** Identifiez les mesures et les pistes envisagées pour que les citoyens se sentent plus concernés par la construction européenne.

Expliquer

3. **Doc 3.** Expliquez ce qui fait que l'Union européenne est démocratique ?
4. **Doc 2 et 5.** Quels sont les limites et les problèmes de la citoyenneté européenne ?

Synthétiser

5. Montrez en quoi la construction européenne est liée au développement d'une citoyenneté européenne. Vous présenterez les caractéristiques de cette citoyenneté, les conditions et les limites de son exercice.

RÉVISIONS

La construction européenne entre élargissement, approfondissement et remises en question

Podcast de la synthèse

RETENIR... à l'écrit

1 Une Europe qui s'élargit et se réforme depuis les années 1990

- La construction européenne est relancée en 1986 par l'Acte unique, qui prévoit la mise en place d'un marché unique. La même année, la France et le Royaume-Uni décident la construction du tunnel sous la Manche.
- En 1992, le traité de Maastricht crée l'Union européenne à laquelle il confère une dimension plus politique. Il institue une Union économique et monétaire qui conduit à la création de l'euro. Mais sa ratification provoque des résistances.
- Entre 1990 et 2013, l'UE, qui passe de 12 à 28 membres, doit repenser son fonctionnement afin de concilier approfondissement et élargissement, sous peine de paralysie.
- Pour adapter le fonctionnement de ses institutions et se rapprocher des citoyens, l'UE cherche à se doter d'une Constitution. Mais le projet échoue en 2005. Le traité de Lisbonne, signé en 2007, permet de sortir de la crise et réforme partiellement les institutions.

2 La construction européenne entre crises et défis

- L'UE est une organisation dans laquelle les États ont abandonné une part grandissante de leur souveraineté, mais conservent des prérogatives importantes. Les débats restent vifs entre les partisans d'une Europe fédérale et les souverainistes.
- Malgré des avancées depuis le traité de Maastricht, l'UE peine encore à s'affirmer dans les domaines de la défense et des affaires étrangères.
- Dans les années 2010, l'UE est confrontée à la crise de la zone euro et à une « crise migratoire » qui engendrent des divisions. En 2016, les Britanniques choisissent par référendum de sortir de l'UE. Après une période de négociations difficiles, la sortie du Royaume-Uni est effective le 31 janvier 2020. C'est le premier pays à quitter l'Union européenne depuis sa création.
- Les citoyens européens reprochent à l'UE son déficit démocratique. Cette critique est progressivement prise en compte, mais l'abstention aux élections européennes ainsi que l'euroscepticisme restent importants.

Points de PASSAGE

Le tunnel sous la Manche

→ p. 312

- **1986** : le traité franco-britannique de Canterbury autorise la construction du tunnel.
- **1994** : le tunnel est inauguré et ouvert au trafic.
- **2019** : plus de 430 millions de passagers, 410 millions de tonnes de marchandises et 86 millions de véhicules ont franchi le tunnel depuis son ouverture.

L'euro : genèse, mise en place et débats

→ p. 316

- **1992** : le traité de Maastricht prévoit la création d'une monnaie unique dont l'adoption fait débat.
- **1999 et 2002** : l'euro entre en vigueur, puis la monnaie est mise en circulation dans 11 pays (19 en 2019).
- **2009-2010** : début de la crise financière de la zone euro.

A/Z Les mots clés

- **Approfondissement**
  Intensification des liens et de la collaboration entre les États européens, marquée par des politiques communes et un renforcement des institutions.
- **Élargissement**
  Ouverture de l'Union européenne à de nouveaux membres.
- **Europe des États**
  Les partisans d'une Europe des États sont favorables à une simple coopération intergouvernementale, sans abandon de souveraineté (les États restant pleinement maîtres de leurs décisions).
- **Europe supranationale**
  Les partisans d'une Europe supranationale (fédéralistes) sont favorables à la création d'institutions européennes placées au-dessus des États et pouvant leur imposer des décisions.

RETENIR... en schéma

1 Une Europe qui se réforme et s'élargit depuis les années 1990

Union européenne (1992-2013)

- Élargissement = 12 à 28 membres
  - **Traités réformant les institutions**
    - Maastricht (1992)
    - Amsterdam (1997)
    - Nice (2001)
    - Lisbonne (2007)
- Approfondissement
  - Politique étrangère et de sécurité commune (1992)
  - **Tunnel sous la Manche** (1994)
  - Espace Schengen (1995)
  - **Mise en circulation de l'euro** (2002)

2 La construction européenne entre crises et défis

Construction européenne en débat
- Europe supranationale ≠ Europe des États

Europe en crise (années 2010)
- Crise de l'euro
- « Crise migratoire »
- Brexit : sortie du Royaume-Uni

Construction encore inachevée
- Tentative de renforcement du sentiment européen ➜ citoyenneté européenne (1992)
- Difficulté à s'affirmer comme acteur des relations internationales

RETENIR... autrement

ÉCOUTER

Les cours en podcast .... p. 310-311, 320-321
La synthèse du cours .... p. 326

REGARDER L'ESSENTIEL EN 3 MINUTES

S'ENTRAÎNER

Des exercices interactifs........................ EXO Quiz

POUR APPROFONDIR

Journal
« Une autre Europe est-elle possible ? », *Courrier International*, hors-série n° 70, mars 2019.
Une série d'articles sur les enjeux concernant l'avenir de l'Europe.

Documentaire
E. Cerfontaine, *Bye bye l'euro*, Effervescence productions, 2015.
Un documentaire qui met en scène une situation fictive : l'abandon de l'euro par la France et l'Italie.

Sujet

En analysant et confrontant les documents, vous expliquerez les débats que provoque la construction européenne.

Identifiez les débats et les oppositions que le processus de construction européenne suscite.

Expliquez que les documents illustrent les mêmes débats, qui perdurent malgré les années et les évolutions de la construction européenne.

Identifiez quelle période de la construction européenne ces documents couvrent, et le contexte particulier dans lequel chacun a été produit.

1 Le point de vue d'un parlementaire français sur le traité de Maastricht (1992)

Voilà maintenant 35 ans que le traité de Rome a été signé et que d'Acte unique en règlements, de règlements en directives, de directives en jurisprudence, la construction européenne se fait sans les peuples [...] que toute une oligarchie d'experts, de juges, de fonctionnaires, de gouvernants prend, au nom des peuples, sans en avoir reçu mandat des décisions dont une formidable conspiration du silence dissimule les enjeux et minimise les conséquences. [...] La logique du processus de l'engrenage économique et politique mis au point à Maastricht est celle d'un fédéralisme au rabais, fondamentalement antidémocratique. [...]

Elle enterre la conception de la souveraineté nationale [...]. Aussi, quand on nous dit que les accords de Maastricht organisent une union d'États fondés sur la coopération intergouvernementale, on travestit délibérément la réalité. Tout au contraire, ces accords visent à rendre inapplicable le droit de veto et à créer des mécanismes qui échappent totalement aux États. [...] Cela est vrai pour la politique monétaire et pour la politique sociale. Mais cela le sera aussi pour la politique étrangère et la politique de défense.

Discours prononcé par Philippe Séguin, député français, devant l'Assemblée nationale, 5 mai 1992.

Quels sont les acteurs de la construction européenne, selon Séguin ?

Quelle est la définition de chacun de ces termes, centraux dans la réflexion de l'auteur ?

Quels sont les domaines concernés par le traité de Maastricht ?

Philippe Séguin est député des Vosges, gaulliste et membre du RPR, alors à la tête de l'opposition de droite à la ratification du traité de Maastricht.

CONSEILS

L'analyse des documents constitue le cœur de votre travail, mais nécessite pour être menée la mobilisation de vos connaissances.

➜ Voir **p. 310-311** et **p. 320-321** (cours), **p. 316-317** et **p. 324-325** (documents).

Personnage central du tableau *La Liberté guidant le peuple* (1830) d'Eugène Delacroix, qui symbolise pour beaucoup l'idéal révolutionnaire et le combat pour la liberté. Cette femme du peuple en armes incarne la révolte et la victoire.

Quel argument central est mobilisé pour expliquer le « non » des citoyens français et néerlandais ?

Bâtiments du quartier européen de Bruxelles ; ils accueillent la Commission européenne, le Parlement, le Conseil européen et le Conseil des ministres.

2 Le rejet du projet de Constitution européenne vu par un hebdomadaire allemand

En 2005, les Français puis les Néerlandais rejettent le traité constitutionnel européen par référendum, ce qui ouvre la voie à une grave crise européenne.

« Soulèvement contre l'Europe. La dictature des bureaucrates », *Der Spiegel* (hebdomadaire allemand), juin 2005.

Corrigé

Introduction

Les périodes de ratification des traités sont des moments privilégiés où s'expriment les débats qui marquent la construction européenne. Le premier document est un extrait du discours prononcé par Philippe Séguin, député des Vosges, devant l'Assemblée nationale le 5 mai 1992, dans le contexte de ..... En 2005, les Français puis les Néerlandais ..... Der Spiegel, grand hebdomadaire allemand d'investigation, consacre sa couverture à l'événement.

> → Expliquez dans quel contexte chacun de ces documents est créé.

La confrontation de ces deux documents permet d'identifier les débats que nourrit la construction européenne à travers la question de son déficit démocratique et l'opposition entre partisans d'une Europe supranationale et partisans d'une Europe des États.

1re partie

> → À l'aide de l'annonce du plan soulignée en bleu dans l'introduction, déterminez et rédigez une annonce de l'idée de la 1re partie.

Tout d'abord, ...

En effet, il lui est d'abord reproché d'être un processus qui s'est imposé par le haut, sans suffisamment associer les citoyens. P. Séguin fait ainsi référence à une construction qui se « fait sans les peuples », menée par « une oligarchie d'experts, de juges, de fonctionnaires, de gouvernants ». Il fait référence notamment à la Commission européenne et à la Cour de justice européenne, dont les membres ne sont pas élus par les citoyens européens. La couverture du Spiegel fait écho à cette critique en dénonçant la « dictature des bureaucrates ». Sortie du tableau de Delacroix, la figure de la Liberté représente .....

> → Décrivez les éléments qui montrent que l'image :
> - représente le soulèvement des citoyens français et néerlandais.
> - que ce soulèvement concerne la construction européenne.
> - qu'il s'oppose aux institutions européennes.

Pour nuancer ces critiques, on notera que le traité de Maastricht, à travers la création d'une citoyenneté européenne, accorde un rôle plus grand au Parlement européen élu au suffrage universel. De la même manière, le traité constitutionnel cherche à renforcer la démocratie européenne.

2e partie

> → À l'aide de l'annonce du plan soulignée en bleu dans l'introduction, déterminez et rédigez une annonce de l'idée de la 2de partie.

En évoquant un « fédéralisme au rabais » et en l'opposant à « la souveraineté nationale », Séguin se fait l'écho des débats .....

Il reproche à tous les traités depuis celui de Rome (1957) de produire une Europe qui dépouille les États de leur pleine souveraineté. Ainsi, les institutions de la CEE opèrent un compromis entre partisans d'une Europe fédérale et partisans d'une Europe des États (d'où l'expression « fédéralisme au rabais »). Si le Conseil des ministres incarne les intérêts des États et prend les décisions à l'unanimité (d'où la référence de P. Séguin au « droit de veto »), le traité de Rome prévoit le recours au vote à la majorité qualifiée, ce que le traité de Maastricht entend renforcer.

Selon Séguin, le traité de Maastricht, à travers son projet d'Union économique et monétaire (« politique monétaire ») constitue une atteinte aux souverainetés nationales. En effet, avec l'euro, les États .....

> → Expliquez ce que l'euro change pour les États en matière de monnaie et de politique monétaire.

Il redoute un même processus concernant « la politique étrangère et la politique de défense » initiée par le traité. Cependant, cette dernière est soumise à la règle de l'unanimité, chaque État disposant ainsi d'un droit de veto. La figure de la Liberté dans le document 2 peut également faire écho à cette défense de la souveraineté des nations.

> **Vous devez mener une lecture critique du document.**
> → Expliquez quelle est, dans ce paragraphe, la phrase qui :
> - relève de la pensée de l'auteur.
> - apporte une connaissance qui la nuance et donc la critique.

Conclusion

Ces deux documents montrent que les périodes de ratification des traités rappellent les débats qui marquent la construction européenne comme son déficit démocratique et l'opposition entre fédéralistes et partisans d'une Europe des États.

BAC
CORRIGÉ COMPLET DU SUJET
lyceen.nathan.fr/coteterm-2020

Sujet

Pourquoi peut-on dire que la construction européenne est marquée à la fois par des avancées et des crises depuis les années 1990 ?

- **des crises** : Moments critiques à l'occasion desquels la construction européenne est fragilisée (crise de la zone euro, Brexit...).
- **les années 1990** : Du traité de Maastricht, qui modifie en profondeur la construction européenne, à aujourd'hui, moment de crise depuis 2005 sans avancée majeure.
- **des avancées** : Progrès en matière d'approfondissement et d'élargissement, de démocratisation, d'ouverture de la construction européenne à de nouveaux domaines au-delà de l'économie.

Corrigé

Introduction

→ Quelle étape de l'introduction n'est pas réalisée ?
→ À quelle étape correspond chaque phrase surlignée ?

La fin de la guerre froide ouvre la voie à un élargissement sans précédent de l'Union européenne. L'histoire de la construction européenne depuis les années 1990 est ainsi celle de la transformation d'une Europe restreinte en une Europe élargie et d'une évolution du projet européen qui s'ouvre à de nouveaux domaines. Mais c'est une tâche difficile, car plusieurs conceptions du projet européen s'affrontent. Pourquoi et comment les transformations de la construction européenne s'accompagnent-elles d'une série d'avancées et de crises ?

1re partie

→ Expliquez comment le traité de Maastricht approfondit la construction européenne.

Jusqu'en 2005, la construction européenne connaît des avancées malgré des crises. La fin de la guerre froide marque un tournant pour la construction européenne qui peut désormais s'étendre à l'ensemble du continent. Les États européens procèdent d'abord à un important approfondissement. En 1992, le traité de Maastricht donne naissance à .....

Cependant, une vague d'euroscepticisme s'empare de l'Europe et l'adoption du traité suscite des oppositions de la part de ceux qui craignent une perte de souveraineté nationale ou dénoncent la construction d'une Europe libérale sur le plan économique. Certains pays ne l'acceptent qu'en partie seulement (refus de la monnaie unique par le Royaume-Uni, la Suède et le Danemark).

→ Rédigez les deux paragraphes en vous aidant de vos connaissances.

Argument n° 3 : l'élargissement à l'Est, une avancée.

Argument n° 4 : l'échec du traité constitutionnel, une crise.

2e partie

→ Rédigez des explications synthétiques en vous aidant de vos connaissances et des éléments indiqués.

Après l'échec du traité constitutionnel, la construction européenne semble reprendre son cours, mais est très vite confrontée à de nouvelles crises.

Trois nouveaux États entrent dans l'Union en 2007 (Bulgarie et Roumanie) puis en 2013 (Croatie). Surtout, le traité de Lisbonne reprend l'essentiel du traité de 2004, et tente de répondre aux critiques concernant le déficit démocratique : renforcement du rôle des parlements nationaux et européen, création de « l'initiative citoyenne européenne », extension du vote à la majorité qualifiée, etc.

Mais une succession de crises touche l'UE dans les années 2010 :

- la crise financière mondiale de 2008 (Grèce, Mécanisme européen de stabilité).
- la crise migratoire de 2015 (Schengen et contrôle aux frontières, règlement de Dublin).
- le Brexit entre 2016 et 2020 (irréversibilité de la construction européenne).

Conclusion

→ Rédigez la conclusion en vous aidant de l'introduction et du début de chaque partie.

Ainsi, la construction européenne depuis 1990 s'accompagne à la fois de .....

BAC CORRIGÉ COMPLET DU SUJET lyceen.nathan.fr/coteterm-2020

RÉPONSE À UNE QUESTION PROBLÉMATISÉE

Sujet 1

Comment l'Union européenne cherche-t-elle à concilier élargissement et approfondissement depuis les années 1990 ?

Sujet 2

Quels sont les enjeux auxquels doit faire face une Europe qui s'élargit depuis les années 1990 ?

ANALYSE DE DOCUMENT

En analysant le document, vous expliquerez les problèmes posés à l'Union européenne par son élargissement depuis les années 1990.
L'analyse du document constitue le cœur de votre travail, mais nécessite pour être menée la mobilisation de vos connaissances.

Le point de vue d'un ancien ministre des Affaires étrangères français sur l'élargissement de l'UE

La question de l'élargissement nous est à la fois posée et imposée par l'histoire, en l'occurrence par l'effondrement de l'Union soviétique. Douze pays se présentent à nous. Ce sont incontestablement des pays d'Europe devenus ou redevenus démocratiques. Comment ne pas ouvrir avec eux des négociations d'adhésion ?

On ne pouvait arrêter l'histoire et on ne peut la réécrire. Quand, et à qui aurions-nous pu imposer plus d'approfondissement ? Quel élargissement aurions-nous dû et pu empêcher ?

D'un côté, il y a les quelques pays – dont la France – qui, en principe, ne souhaitent pas que l'élargissement entraîne une dilution. Et, d'autres, ceux, plus nombreux, qui se satisfont d'une Europe en forme de grand marché assorti de quelques organes de régulation juridique. Ces États-là ne craignent pas la dilution. Ils considèrent même que l'élargissement est en fait le meilleur moyen de se protéger définitivement d'une Europe trop fédérale et trop bureaucratique... Donc, l'ambition française se heurte au fait que la majorité de nos partenaires ne sont pas sur la même longueur d'onde et que, sur l'éventuel noyau dur[1], il n'y a pas de consensus. [...]

S'il y avait dilution générale du système, un petit groupe de pays dont la France et l'Allemagne relèveraient certainement le défi. Mais poser la question à froid aujourd'hui est stérile [...]. La priorité est donc de concevoir des institutions qui permettront à l'Europe à 25 de fonctionner.

Interview de Hubert Védrine, ministre des Affaires étrangères (1997-2002), par Marie-Paule Virard, *Enjeux-Les Echos*, 1er novembre 2002.

1. Noyau dur : groupe de pays dont l'objectif serait de renforcer l'intégration européenne.

CHAPITRE 11

La République française depuis les années 1990

La Ve République s'inscrit désormais à la deuxième place, en termes de longévité, parmi les régimes politiques qu'a connus la France depuis 1789. Si elle conserve encore les lignes de forces voulues par le général de Gaulle, de nombreuses réformes lui ont permis de s'adapter aux transformations de la société française depuis 1990.

Textes DYS
TOUS LES TEXTES EN VERSION DYS
lyceen.nathan.fr/coteterm-2020

▶ **Comment la Ve République répond-elle aux mutations de la société française depuis les années 1990 ?**

1 Une République fondée sur le pouvoir présidentiel

Le 16 novembre 2015, le président François Hollande convoque le Congrès à Versailles. Sous la Ve République, la réunion des deux chambres du Parlement (Assemblée nationale et Sénat) est prévue pour réviser la Constitution, voter l'adhésion d'un État à l'Union européenne, ou pour une déclaration du président de la République.

2 Les combats citoyens pour l'égalité en République

Chaque 8 mars, les femmes se mobilisent durant la journée internationale des droits des femmes. Depuis 2014, une loi promeut l'égalité réelle entre femmes et hommes en France.

Manifestation pour l'égalité femmes-hommes au travail et dans la vie, 26 février 2016.

CONTEXTE

Les évolutions constitutionnelles et juridiques de la République française depuis 1990

Depuis les années 1990, la société française connaît des transformations importantes : montée de l'exigence d'égalité femmes-hommes, évolution du mariage, mise en question de la laïcité. Pour répondre à ces changements, la République se réforme et fait évoluer le droit.

Vocabulaire

- **Collectivités territoriales**
  Circonscription administrative (commune, département, région, métropole…) qui a un pouvoir de décision autonome de l'État central. Ce pouvoir est exercé par des élus.
- **Décentralisation**
  L'État transfère des compétences (gestion des établissements scolaires, action sociale, etc.) et des ressources aux collectivités territoriales.
- **Parité**
  Concept au service de l'égalité entre les femmes et les hommes, pour assurer un égal accès aux mêmes opportunités, droits et rémunérations.

REPÈRES CHRONOLOGIQUES DU CHAPITRE

THÈME 1 (1929-1945) Fragilités des démocraties, totalitarismes et Seconde Guerre mondiale

THÈME 2 (1945-1970) La multiplication des acteurs internationaux dans un monde bipolaire

THÈME 3 (1970-1990) Les remises en cause politiques, économiques et sociales

THÈME 4 (1990-) Le monde, l'Europe et la France, entre coopérations et conflits

1929 — 1945 — 1970 — 1990

1981 — 1985 — 1990 — 1995

1981-1995 François Mitterrand

INSTITUTIONS ET DÉCENTRALISATION

- **1982** Acte I de la décentralisation (loi Defferre)
- **1988** Accords Matignon sur le statut de la Nouvelle-Calédonie

SOCIÉTÉ ET ENVIRONNEMENT

- **1982** Dépénalisation de l'homosexualité
- **1999** Création du PACS

REPÈRES INSTITUTIONNELS DU CHAPITRE

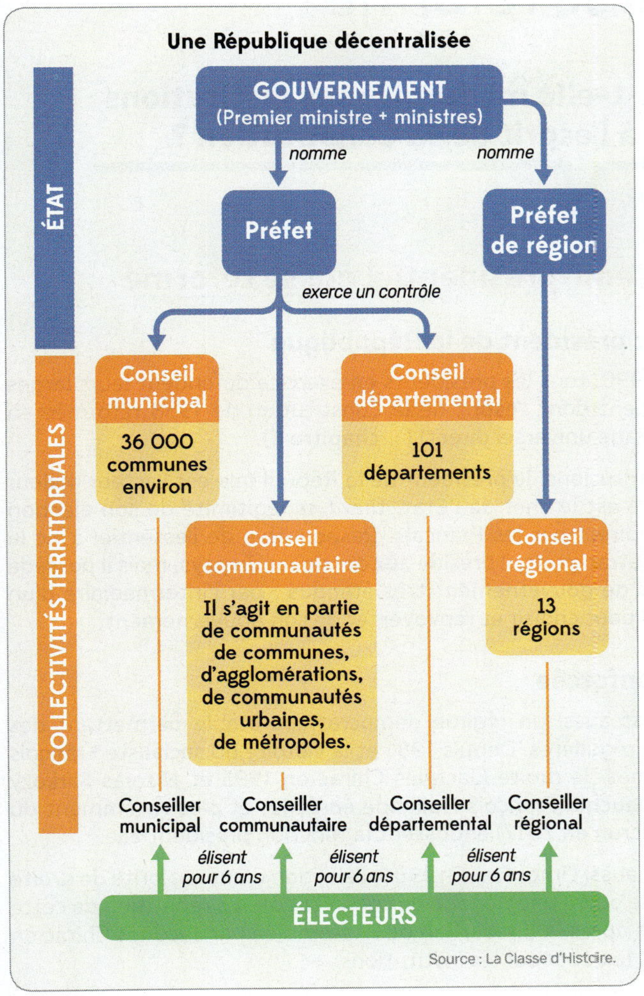

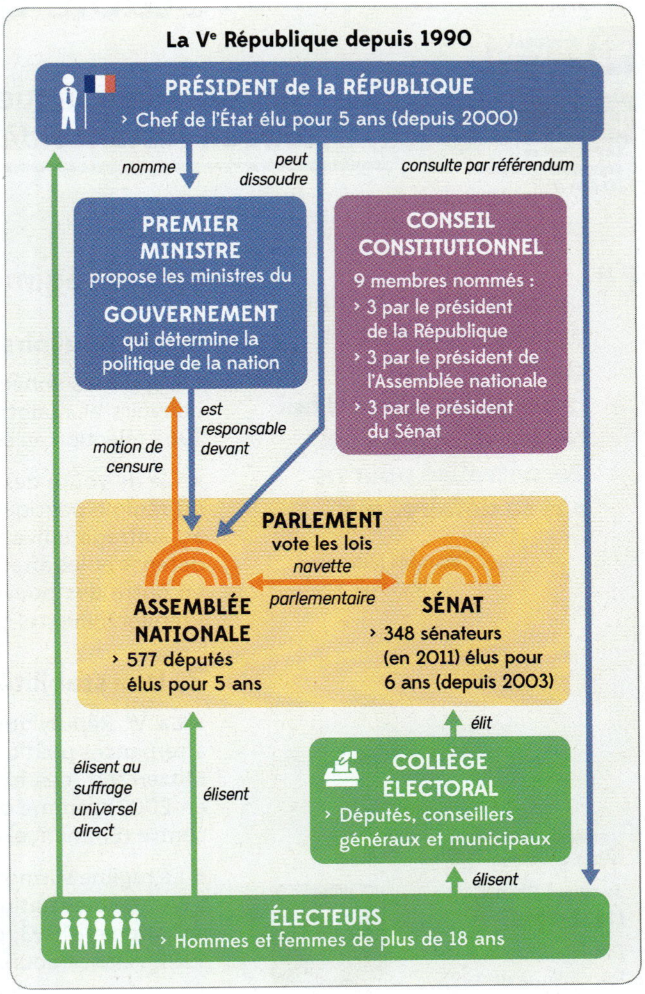

2000 | 2005 | 2010 | 2015 | 2020

1995-2007 Jacques Chirac | **2007-2012** Nicolas Sarkozy | **2012-2017** François Hollande | **2017-** Emmanuel Macron

2000 Réduction à cinq ans du mandat présidentiel

2003 Acte II de la décentralisation

Point de PASSAGE **2015** Acte III de la décentralisation

2018 Premier référendum d'autodétermination en Nouvelle-Calédonie

2000 *Point de* PASSAGE Loi sur la parité en politique

2004 Loi encadrant le port de signes religieux à l'école

2005 Charte de l'environnement

2007 Grenelle de l'environnement

2013 Loi ouvrant le mariage aux couples de même sexe

Point de PASSAGE **2014** Loi sur l'égalité réelle entre femmes et hommes

2019 Projet de loi relatif à la bioéthique

Frise interactive

COURS

1 La Ve République : un régime stable qui se réforme

DOCUMENTS : p. 338 à 342

Podcast du cours

Vidéo
Le président de la République a-t-il tous les pouvoirs ?

Comment la République a-t-elle modernisé ses institutions tout en restant fidèle à l'esprit de sa Constitution ?

« La France a eu besoin d'un pouvoir fort et centralisé pour se faire, elle a aujourd'hui besoin d'un pouvoir décentralisé pour ne pas se défaire. »

François Mitterrand, le 15 juillet 1981.

A Un régime semi-présidentiel qui se réforme

1. Les pouvoirs du président de la République

- Depuis les années 1990, tous les présidents en exercice défendent leurs larges pouvoirs et maintiennent donc l'esprit de la Constitution de 1958 réformée en 1962 (élection au suffrage universel direct) (→ **chapitre 6**).

- Clé de voûte des institutions, le président de la République est l'acteur majeur du régime politique : il est le chef de l'État, tirant sa légitimité de son élection au suffrage universel direct par les Français. Responsable de l'essentiel avec la défense et les affaires étrangères, il préside aux destinées du pays, mais il possède en outre des pouvoirs de gouvernement très étendus : par l'intermédiaire d'un Premier ministre, qu'il peut choisir et renvoyer, et de son gouvernement.

2. Une stabilité renforcée

- La Ve République est aussi un régime démocratique stable permettant des alternances politiques régulières. Depuis 1981 et la victoire du socialiste François Mitterrand, des hommes de droite (Jacques Chirac en 1995 et Nicolas Sarkozy en 2002) comme de gauche (François Hollande en 2012) et plus récemment du centre (Emmanuel Macron en 2017) endossent la fonction présidentielle.

- Le régime surmonte aussi l'imprévu. En 1986, l'élection d'une majorité de droite à l'Assemblée nationale ouvre une période de **cohabitation**. La répétition de cette situation en 1993, puis après la dissolution de l'Assemblée par Jacques Chirac en 1997, relance pourtant le débat sur les institutions.

- En 2000, un référendum réduit le mandat présidentiel à cinq ans (quinquennat). Le risque de cohabitation devient très faible car l'organisation des élections législatives quelques semaines après les élections présidentielles renforce la désignation d'une majorité au service du Président à l'Assemblée nationale. La **présidentialisation** du régime se poursuit donc.

3. Un rééquilibrage nécessaire

- Face à cette prééminence incontestée du président de la République et du pouvoir exécutif, il semble donc nécessaire de donner des droits nouveaux aux autres institutions, en révisant la Constitution.

- Le Parlement voit son fonctionnement amélioré : depuis 1995, une session unique permet désormais à l'Assemblée nationale et au Sénat d'exercer un contrôle continu sur l'exécutif. En 2008, le rééquilibrage en leur faveur se poursuit puisque l'utilisation de l'**article 49.3** par le gouvernement est désormais limitée. Les **commissions d'enquête** sont aussi plus nombreuses.

- De son côté, le Conseil constitutionnel peut être saisi par les citoyens afin de vérifier si les nouvelles lois sont bien conformes à la Constitution, et les faire modifier si besoin. Enfin, une procédure de **référendum d'initiative partagée** est instituée en 2008.

BIOGRAPHIES

Jacques Chirac (1932-2019)
Président de la République de 1995 à 2007.

Nicolas Sarkozy (né en 1955)
Président de la République de 2007 à 2012.

François Hollande (né en 1954)
Président de la République de 2012 à 2017.

Emmanuel Macron (né en 1977)
Président de la République (depuis 2017).

Biographies : p. 356

B Vers une République décentralisée

1. La mise en œuvre de la décentralisation (1982)

• La Ve République hérite de la centralisation des pouvoirs construite sous l'Ancien Régime et l'empire napoléonien, qui marque fortement la conception française de l'État et de son administration. Les grands pouvoirs de décisions sont alors rassemblés à Paris et les préfets sont chargés de contrôler la province.

• La politique de **décentralisation**, impulsée à partir des années 1980, constitue un changement majeur. Le processus commence sous François Mitterrand avec le vote des lois Defferre en 1982 et 1983.

• Cette loi est conçue comme une étape de la démocratisation, en transférant aux élus locaux un pouvoir qu'ils revendiquaient depuis longtemps. Elle pose le principe de libre administration des **collectivités territoriales**, communes, départements et régions. Le rôle des préfets est désormais limité. Ainsi, la formation professionnelle, l'apprentissage et la gestion matérielle des lycées sont les principaux domaines d'intervention des régions. L'action sociale, l'entretien et la rénovation des collèges sont en grande partie transférés aux départements.

2. L'approfondissement de la décentralisation (2003-2015)

• Sous Jacques Chirac, la réforme constitutionnelle de 2003 inscrit dans l'article 1 que « l'organisation de la République est décentralisée ». De nouveaux transferts de compétences sont mis en place, l'**intercommunalité** est encouragée, ce qui favorise le développement local.

• La reconnaissance des territoires selon leurs particularismes met davantage en valeur la diversité de la France : la Corse est désormais une région dotée d'une Assemblée et d'un Conseil exécutif. En outre-mer, « des statuts à la carte » sont forgés pour les DROM (Guadeloupe, Martinique, Guyane, La Réunion, Mayotte), et en Océanie, la Nouvelle-Calédonie et la Polynésie inventent de nouvelles formes de souveraineté (**PTOM**).

• La troisième impulsion (2014-2015) est donnée par les lois passées durant le mandat de François Hollande, qui diminuent le nombre de régions pour en augmenter la taille et accroître leurs compétences. Par ailleurs, de nouvelles métropoles voient le jour autour de grandes villes pour mettre en cohérence action politique locale et bassin économique.

3. Une nouvelle organisation territoriale

• Cette œuvre décentralisatrice assez pragmatique, impulsée par des femmes et hommes de droite comme de gauche, ne remet pas en cause l'unité du cadre républicain. En effet, les lois votées par le Parlement s'appliquent à l'ensemble des citoyens, sur tous les territoires de la République. Elle ajoute des échelons, sans supprimer des héritages (les communes, par exemple). Ce n'est donc pas une révolution mais une autre façon de restaurer la capacité de l'État à gouverner, une manière aussi de vouloir rapprocher la prise de décisions politiques et économiques des citoyens dans leurs lieux de vie et de travail.

TESTEZ-VOUS !

- Pourquoi réforme-t-on la durée du mandat présidentiel en 2000 ?
- Qu'est-ce que la décentralisation ?
- Quelles sont les grandes étapes de la décentralisation ?

Point de PASSAGE

▶ **L'approfondissement de la décentralisation**

→ p. 338

Vocabulaire

- **Article 49.3** Article de la Constitution permettant l'adoption d'une loi sans le vote des députés à l'Assemblée nationale.
- **Cohabitation** Coexistence d'un président de la République et d'une majorité politique qui lui est opposée à l'Assemblée nationale.
- **Collectivité territoriale** Circonscription administrative (commune, département, région, métropole…) qui a un pouvoir de décision autonome de l'État central. Ce pouvoir est exercé par des élus.
- **Commission d'enquête parlementaire** Commission formée au sein de l'Assemblée nationale ou du Sénat pour contrôler le gouvernement.
- **Décentralisation** L'État transfère des compétences (gestion des établissements scolaires, action sociale, etc.) et des ressources aux collectivités territoriales.
- **Intercommunalité** Regroupement de communes afin de coopérer et de mutualiser des moyens financiers.
- **Présidentialisation** Évolution conduisant à concentrer les pouvoirs entre les mains du Président et à réduire le rôle des assemblées parlementaires.
- **PTOM** Pays et territoires d'outre-mer des États membres de l'Union européenne.
- **Référendum d'initiative partagée** Référendum reposant sur une initiative parlementaire (1/5e des parlementaires) soutenue par les citoyens (10 % du corps électoral, soit 4,5 millions de personnes).

Point de PASSAGE

L'approfondissement de la décentralisation

COURS : p. 336-337

Contexte

Vidéo
À quoi servent les régions ?

Depuis les années 1980, l'État engage une rupture majeure avec le modèle administratif centralisé qui était le sien depuis le XIXe siècle. Il délègue désormais des compétences à d'autres acteurs permettant l'émergence de nouveaux pouvoirs à l'échelle locale et régionale.

Comment évolue l'exercice du pouvoir de l'État sur le territoire français depuis les années 1990 ?

CHRONOLOGIE

- **1982-1983 Acte I** — Lois Defferre.
- **2003 Acte II** — Réforme constitutionnelle qui précise que « l'organisation de la République est décentralisée ».
- **2015 Acte III** — Loi portant sur la nouvelle organisation territoriale de la République. Réduction du nombre de régions à 13 et affirmation des compétences des métropoles.

1 La région, un acteur des transports (2019)

2 État et décentralisation (1992)

Art. 1 – L'administration territoriale de la République est assurée par les collectivités territoriales et par les services déconcentrés[1] de l'État.

Elle est organisée, dans le respect du principe de libre administration des collectivités territoriales, de manière à mettre en œuvre l'aménagement du territoire, à garantir la démocratie locale et à favoriser la modernisation du service public.

Art. 2 – Placées sous l'autorité du Premier ministre et de chacun des ministres, les administrations civiles de l'État se composent d'administrations centrales et de services déconcentrés.

Loi du 6 février 1992.

1. Services de l'État central installés dans les territoires régionaux.

3 En 2003, une décentralisation renforcée

Pour soutenir le développement local, nous devons donner à chaque territoire les clés de son avenir. C'est le sens de la réforme constitutionnelle que j'ai souhaitée et qui sera soumise le mois prochain à l'approbation du Congrès[1]. [...] Par la voie de leurs représentants ou par celle du référendum local, les Français pourront participer davantage aux décisions qui les concernent, par exemple en matière de solidarité, d'initiative économique, de projets d'infrastructures et d'équipement ou d'organisation des services publics locaux. [...]

Avant l'été, une nouvelle loi de décentralisation transférera de nouvelles compétences aux communes, aux départements et aux régions en fixant précisément le rôle de chacun.

Désormais reconnues par la Constitution, les régions seront garantes de la cohérence des politiques de développement ainsi que de l'offre de formation professionnelle. Au département, il reviendra d'organiser et de renforcer la cohésion sociale et les solidarités territoriales [...].

Donner toute leur force aux libertés locales ne met pas en cause l'indivisibilité de la République. [...] C'est pourquoi les inégalités de ressources entre collectivités territoriales seront corrigées par la loi, à travers une péréquation qui tiendra compte des évolutions démographiques et du devoir de solidarité envers les plus démunis.

Jacques Chirac, discours à l'occasion du quarantième anniversaire de la DATAR (Délégation à l'aménagement du territoire et à l'action régionale), 13 février 2003.

1. Réunion des deux chambres du Parlement pour réformer la Constitution.

4 Une nouvelle étape : la loi NOTRe (2015)

La loi sur la Nouvelle organisation territoriale de la République (NOTRe) fait partie de l'acte III de la décentralisation, votée sous François Hollande. Elle souligne le rôle stratégique des régions.

Art. 12. La région est la collectivité territoriale responsable, sur son territoire, de la définition des orientations en matière de développement économique.

Art. 13. La région élabore un schéma régional de développement économique, d'innovation et d'internationalisation.

Ce schéma définit les orientations en matière d'aides aux entreprises, de soutien à l'internationalisation et d'aides à l'investissement immobilier et à l'innovation des entreprises, ainsi que les orientations relatives à l'attractivité du territoire régional. Il définit les orientations en matière de développement de l'économie sociale et solidaire[1] [...].

Le schéma organise, sur le territoire régional, la complémentarité des actions menées par la région en matière d'aides aux entreprises avec les actions menées par les collectivités territoriales et leurs groupements [...]

Les orientations du schéma favorisent un développement économique innovant, durable et équilibré du territoire de la région ainsi que le maintien des activités économiques exercées en son sein. Le schéma fixe les actions menées par la région en matière d'égalité professionnelle entre les femmes et les hommes. Le schéma peut contenir un volet transfrontalier élaboré en concertation avec les collectivités territoriales des États limitrophes.

Art. 16 – Le schéma régional et, le cas échéant, le document d'orientations stratégiques [...] sont approuvés par arrêté du représentant de l'État[2] dans la région. [...]

S'il n'approuve pas le schéma, le représentant de l'État dans la région le notifie au Conseil régional par une décision motivée, qui précise les modifications à apporter au schéma. Le Conseil régional dispose d'un délai de trois mois à compter de la notification pour prendre en compte les modifications demandées.

1. Ensemble d'entreprises organisées sous forme de coopératives, de mutuelles et d'associations dont les activités sont fondées sur un principe de solidarité et d'utilité sociale. 2. Préfet de la République.

Vidéo

5 Contre la diminution du nombre de régions (2014-2015)

Des élus et des habitants du Languedoc-Roussillon s'opposent à la fusion de leur région avec la région voisine Midi-Pyrénées.

Banderole déployée sur la façade de l'Hôtel de Région Languedoc-Roussillon à Montpellier, 2014.

Vocabulaire

- **Collectivités territoriales**
Circonscription administrative (commune, département, région, métropole...) qui a un pouvoir de décision autonome de l'État central. Ce pouvoir est exercé par des élus.
- **Décentralisation**
L'État transfère des compétences (gestion des établissements scolaires, action sociale, etc.) et des ressources aux collectivités territoriales.

QUESTIONS

Identifier

1. **Doc 1 et 3.** Repérez les différents acteurs qui administrent les territoires depuis la réforme de 1982.
2. **Doc 2, 3 et 4.** Identifiez les principales étapes de la décentralisation.

Expliquer

3. **Doc 1 et 4.** Montrez que les régions sont devenues un échelon stratégique de l'exercice du pouvoir en France.
4. **Doc 5.** Montrez que la région est devenue un lieu de pouvoir.

Synthétiser

5. Pour répondre à la problématique, rappelez d'abord les principales étapes de la mise en œuvre de la décentralisation, puis présentez les collectivités territoriales et leurs compétences ; enfin, analysez quelles limites et résistance soulève le processus de réformes.

POUR ALLER + LOIN — oral

Préparer un exposé

Présentez l'action du Conseil régional comme relais de l'État en faisant une recherche sur votre région.
- rendez-vous sur le site internet de votre Conseil régional ;
- présentez cette institution (lieu, date de création, président) ;
- analysez les compétences de la région à travers des actions directes mises en œuvre actuellement dans votre région. Prenez deux ou trois exemples précis.

Passé / PRÉSENT

Comment la Nouvelle-Calédonie accède-t-elle à l'autodétermination ?

COURS : p. 336-337

Vidéo

A Des mémoires douloureuses

CHRONOLOGIE

- **1946** Décolonisation avec le statut de Territoire d'outre-mer (TOM). Les Kanak deviennent citoyens français.
- **1971** Début de l'insurrection kanak et des « années de cendres » : 72 morts.
- **1977** Création du Rassemblement pour la Nouvelle-Calédonie dans la République (RPCR), parti anti-indépendantiste.
- **1984** Création du Front de libération nationale kanak et socialiste (FLNKS), parti indépendantiste.
- **1988** Prise d'otages meurtrière d'Ouvéa.

Vocabulaire

- **Kanak**
Nom du peuple mélanésien de Nouvelle-Calédonie. Les Kanak représentent 73 % de la population du Nord de l'île.

INFO

En avril 1988, des militants du FLNKS prennent d'assaut une gendarmerie et font quatre morts. Ils se retranchent alors avec des otages dans une grotte à Ouvéa. Le 4 mai, l'assaut mené contre la grotte permet la libération des otages, mais 19 kanak sont tués ainsi que deux gendarmes prisonniers.

1 Une guerre civile née de la décolonisation

Depuis 7 ans que je le rencontre, M. Tjibaou[1] ne varie pas. C'est un homme que je respecte, avec lequel les mots vont plus loin que les mots. Mais je ne crois pas que l'antériorité historique des Kanak sur cette terre suffise à fonder le droit. Histoire contre histoire : les Calédoniens d'origine européenne ont aussi, par leur labeur, modelé ce sol, se sont nourris de sa substance, y ont enfoncé leurs racines. Les deux communautés face-à-face n'ont aucune chance d'imposer durablement leur loi, sans l'autre contre l'autre, sinon par la violence, et la violence elle-même atteindra ses limites […]. La Nouvelle-Calédonie avance dans la nuit, se cogne aux murs, se blesse. La crise dont elle souffre rassemble, en miniature, toutes les composantes du drame colonial.

François Mitterrand, *Lettre à tous les Français*, publiée à l'occasion de l'élection présidentielle du 7 avril 1988.

1. Chef indépendantiste kanak en Nouvelle-Calédonie qui signe les accords de paix de Matignon en 1988.

2 Le drame d'Ouvéa dans la mémoire kanak

Tombes et mémorial (inauguré en 2013) des 19 Kanak tués par balle le 5 mai 1988. On y retrouve le drapeau kanak : une flèche de toit traditionnel dans un soleil jaune et trois bandes : bleue (mer et ciel), rouge (la lutte nationale et socialiste) et verte (la terre).

B De l'autodétermination à l'indépendance ?

CHRONOLOGIE

1988 Accords de paix de Matignon entre FLNKS, RPCR et l'État.

4 mai 1989 Assassinat du chef indépendantiste kanak Jean-Marie Tjibaou par un extrémiste kanak qui refuse les accords.

1998 Accords de Nouméa. La Nouvelle-Calédonie est un « territoire à souveraineté partagée » ; la citoyenneté du pays est reconnue.

4 novembre 2018 Référendum d'autodétermination sur l'indépendance. 56,7 % de « non ».

2020 Second référendum d'autodétermination sur l'indépendance.

Vocabulaire

- **Autodétermination**
Processus par lequel les habitants ont le droit de déterminer leur destin.

INFO

Les **accords de Nouméa** (1998) ont nécessité la modification de la Constitution de la Ve République. L'ensemble du processus d'autodétermination (organisation d'un référendum sur l'indépendance) est désormais couvert par le titre XIII (articles 76 et 77) du texte constitutionnel.

QUESTIONS

Observer le passé et le présent

1. **Doc 1 et 2.** Pourquoi les années 1980 sont-elles violentes ?
2. **Doc 3 et 4.** Quel rôle joue l'État dans le processus d'autodétermination ?
3. **Doc 5.** Montrez que la population reste divisée sur la perspective de l'indépendance.

Faire le lien entre le passé et le présent

4. Expliquez les raisons passées et présentes qui amènent à l'autodétermination de la Nouvelle-Calédonie et décrivez le chemin politique emprunté par la population locale et par l'État pour l'accompagner.

Aide

3 La reconnaissance d'une identité kanak

La pleine reconnaissance de l'identité kanak conduit à préciser le statut coutumier[1] et ses liens avec le statut civil des personnes de droit commun, à prévoir la place des structures coutumières dans les institutions, notamment par l'établissement d'un Sénat coutumier, à protéger et valoriser le patrimoine culturel kanak, à mettre en place de nouveaux mécanismes juridiques et financiers pour répondre aux demandes exprimées au titre du lien à la terre[2], tout en favorisant sa mise en valeur, et à adopter des symboles identitaires exprimant la place essentielle de l'identité kanak du pays dans la communauté de destin acceptée.

Au cours de cette période, des signes seront donnés de la reconnaissance progressive d'une citoyenneté de la Nouvelle-Calédonie, celle-ci devant traduire la communauté de destin choisie et pouvant se transformer, après la fin de la période, en nationalité, s'il en était décidé ainsi.

Extrait de l'accord de Nouméa du 5 mai 1998.

1. Droit fondé sur les coutumes kanak.
2. Lien de propriété entre les Kanak et la terre.

4 L'action de l'État républicain

Le rôle de l'État sera essentiel dans la période à venir. D'abord parce que, depuis l'origine, l'État est un partenaire reconnu comme tel par les deux communautés. Ensuite parce qu'il est le seul à pouvoir s'abstraire des conflits locaux, qu'ils soient personnels ou politiques. Enfin, parce qu'il est le garant d'une absence d'instrumentalisation de l'avenir de la Nouvelle-Calédonie dans les débats de politique nationale.

D. Bussereau, R. Dosière, *Quel avenir pour la Nouvelle-Calédonie ?* Assemblée nationale, rapport d'information n° 4596, 2017.

5 Pour ou contre l'indépendance ?

Carte interactive

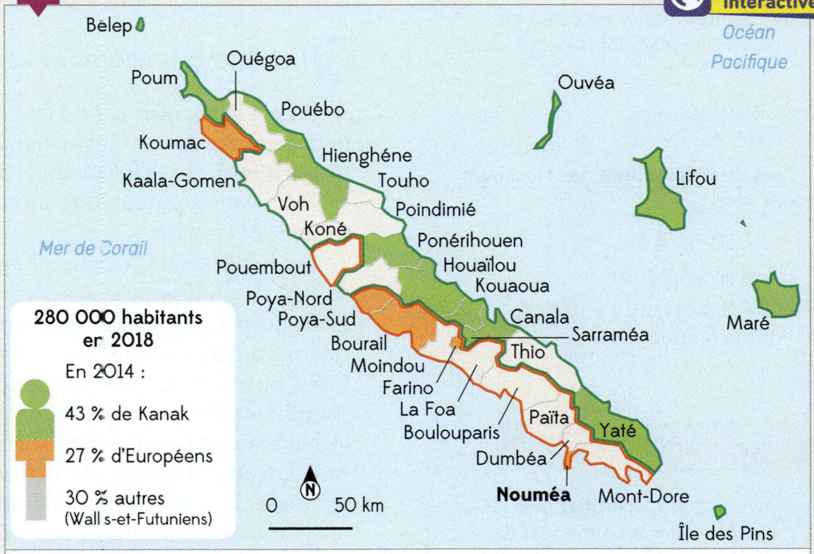

Population se déclarant « européenne » à plus de 40 %

Population se déclarant « kanak » à plus de 80 %

Vote « oui » au référendum

Vote « non » au référendum

Source : Haut-Commissariat de la République en Nouvelle-Calédonie, 2018.

DOCUMENTS

COURS : p. 336-337

VOCABULAIRE :

- Cohabitation p. 337

La Ve République se réforme : le quinquennat présidentiel (2000)

En 2000, en pleine cohabitation, Jacques Chirac et Lionel Jospin, pourtant opposés politiquement, soutiennent la réforme de la Constitution pour abaisser à cinq ans le mandat présidentiel (quinquennat). Après une brève campagne, les Français sont consultés par référendum.

CONSIGNE BAC

En analysant et confrontant les documents, vous expliquerez la réforme constitutionnelle du quinquennat et son accueil par les Français.

CHRONOLOGIE

2000

- **Juin** Jacques Chirac, président de la République, se prononce en faveur d'une réduction à cinq ans du mandat présidentiel.
- **Juillet** Jacques Chirac décide que la réforme sera soumise aux Français par référendum.
- **24 septembre** Adoption du quinquennat par les Français.

INFO

En abaissant la durée du mandat présidentiel à **cinq ans** comme pour les députés, beaucoup espèrent un renforcement du rôle du président de la République désormais élu avant les députés, ce qui est censé lui assurer une majorité parlementaire.

CHIFFRES CLÉS

Lors du référendum, les électeurs ont voté :

- « Oui » à **73 %**
- « Non » à **27 %**
- Par ailleurs, il y a eu **70 %** d'abstention.

AIDE POUR RÉPONDRE À LA CONSIGNE

- Dans le **doc 1**, identifiez bien les critiques qui sont adressées à la cohabitation. Montrez qu'avec le référendum, les Français ont envoyé un message politique critique à leurs dirigeants.

1 De la cohabitation au quinquennat

Force est de constater que, si la révision constitutionnelle de 1962 a renforcé le pouvoir du président de la République par l'onction du suffrage universel, tout l'esprit de la Constitution insufflée par le général de Gaulle a été contredit par la cohabitation. […] En cohabitation, le chef réel de l'exécutif est le leader de la majorité parlementaire. […] C'est très exactement le contraire de ce que voulait le général de Gaulle. Si l'on considère que cette dyarchie[1] est nocive, de deux choses l'une : ou bien on incrimine le texte constitutionnel, ou bien on adresse des reproches aux hommes qui ont pratiqué la cohabitation.

Si l'on veut accuser les personnes sans réviser le texte, on parle pour ne rien dire, car, il n'existe aucun moyen d'éviter cette incertitude, située au cœur même de la Constitution. On doit s'en prendre au texte et à l'imprévoyance de ses auteurs. Mais, si l'on condamne le texte, on doit proposer de le réviser. Tout le débat sur le quinquennat ou sur les pouvoirs réciproques du Président et du Premier ministre traduit bien le fait que tout le monde désormais est devenu conscient de la contradiction fondamentale de notre charte[2].

Jean-Claude Casanova, *Le Figaro*, 2 février 2000.

1. Pouvoir partagé entre deux personnes ou deux institutions.
2. Constitution.

2 Les Français adoptent la réforme

Un oui franc, mais pas du tout massif. 73,03 % des votants ont approuvé hier le quinquennat, contre 26,97 % qui ont voté contre, selon la totalisation quasi définitive du ministère de l'Intérieur publiée à 00 h 30. Mais ce neuvième référendum de la Ve République a surtout battu un record : celui de l'abstention, dont le taux a atteint 69,41 % des inscrits. […]

Apathie générale. Vingt-sept ans après le premier projet lancé par Pompidou en 1973, le quinquennat […] a donc enfin vu le jour. Dans la douleur. Jacques Chirac, Lionel Jospin et la plupart des formations politiques avaient beau prôner le oui, la réforme a été approuvée par moins de 20 % des inscrits. […] Selon une enquête Ipsos, un abstentionniste sur deux justifie son geste par son « mécontentement à l'égard des politiques » […]. Résultat de l'indifférence générale, l'isoloir s'est mué en défouloir et les urnes se sont faites réceptacles de mouvements d'humeur locaux. Des agriculteurs en ont profité pour distribuer 20 000 bulletins « Oui à l'essor de la ruralité, non aux carcans des taxes » dans le Gers, tandis que des artisans essaimaient 10 000 bulletins « Oui à la baisse des charges, non à l'augmentation du carburant » dans le Doubs. Une dizaine de maires ont boycotté l'organisation du scrutin, nécessitant l'envoi de fonctionnaires préfectoraux pour les suppléer.

Renaud Dély, « Le quinquennat adopté cahin-caha », *Libération*, 25 septembre 2000.

DOCUMENTS Quand l'État fait évoluer le mariage

COURS : p. 344-345

En 2013, la loi ouvrant le mariage aux couples de même sexe est adoptée au Parlement après un intense débat. Défendue par le gouvernement et de nombreuses associations, la loi modifie le droit du mariage civil, poursuivant ainsi la transformation de la société française.

CONSIGNE BAC

Montrez que la loi a pour ambition de faire évoluer la société française vers plus d'égalité, mais qu'elle rencontre des oppositions.

1 Une loi débattue à l'Assemblée

Le débat parlementaire sur la loi ouvrant le mariage aux couples de même sexe débute à l'Assemblée nationale le 29 janvier 2013. La ministre de la Justice prend la parole devant les députés.

En vous présentant aujourd'hui ce projet de loi qui contient des dispositions ouvrant le mariage à droits constants et l'adoption à droits constants aux couples homosexuels, le gouvernement choisit de permettre aux couples de même sexe d'entrer dans cette institution et de pouvoir composer une famille comme les couples hétérosexuels, c'est-à-dire de pouvoir le faire, soit par une union de fait que l'on appelle le concubinage, soit par un contrat, le PACS[1], soit par le mariage. [...]

Nous posons les mots et nous parlons d'hypocrisie pour ceux qui refusent de voir ces familles homoparentales et ces enfants exposés aux accidents et aux aléas de la vie. Nous allons poser les mots et nous parlons d'égoïsme pour ceux qui s'imaginent qu'une institution de la République pourrait être réservée à une catégorie de citoyens. Nous disons que, oui, le mariage ouvert aux couples de même sexe illustre bien la devise de la République, la liberté de se choisir, la liberté de décider de vivre ensemble. Nous proclamons par ce texte l'égalité, l'égalité de tous les couples, l'égalité de toutes les familles. Et nous disons aussi qu'il y a dans cet acte une démarche de fraternité parce qu'aucune différence ne peut servir de prétexte à des discriminations d'État.

Alors vous protestez, vous protestez...

Claude Bartolone (*président de l'Assemblée nationale*) – Écoutez les arguments, vous aurez l'occasion de répondre, écoutez les arguments !

Discours prononcé à l'Assemblée nationale par la ministre de la Justice, Christiane Taubira, le 29 janvier 2013.

1. Voir p. 345.

Lien vers le site
Le discours de Christiane Taubira

2 L'évolution de l'opinion publique

Source : Ifop.

AIDE POUR RÉPONDRE À LA CONSIGNE

- Relevez dans le **doc 1** les arguments en faveur de l'adoption de la loi.
- Caractérisez l'évolution de l'opinion publique pendant le débat sur le projet de loi.

COURS

DOCUMENTS : p. 343
p. 346 à 349

Podcast du cours

2 La République et les évolutions de la société depuis 1990

Comment la République concilie-t-elle le respect de ses valeurs et la nécessaire adaptation du droit depuis les années 1990 ?

« La démocratie, c'est l'égalité des droits, mais la République, c'est l'égalité des chances. »

Jacques Chirac, *Une nouvelle France*, Nil Éditions, 1992.

A Promouvoir l'égalité par la loi

1. L'égalité entre les femmes et les hommes

- Dans les années 1990, plusieurs mouvements issus de la **société civile** poursuivent les luttes en faveur de l'égalité des droits, avec pour principale revendication la **parité**.

- Ce nouvel objectif réaffirme le principe d'égalité entre les femmes et les hommes au nom de leur complémentarité dans la vie sociale et politique. Soutenues par les gouvernements de gauche et de droite, plusieurs révisions constitutionnelles inscrivent le principe de parité au cœur des institutions républicaines. Le 23 juillet 2008, la République favorise « l'égal accès des femmes et des hommes aux mandats électoraux et fonctions électives ainsi qu'aux responsabilités professionnelles ».

Point de PASSAGE

▶ La parité femmes-hommes

→ p. 346

- Depuis 2013, de nouvelles lois instaurent le principe d'alternance femme-homme aux élections territoriales et de quotas sexués aux postes de responsabilité dans l'administration et dans les entreprises, sous peine d'amende. Par ailleurs, le Haut Conseil à l'égalité entre les femmes et les hommes est créé. En 2014, la loi pour l'égalité réelle entre les femmes et les hommes (congé parental, lutte contre les violences et le harcèlement) acte l'évolution de la place des femmes au sein du couple et dans la société.

2. L'ouverture du mariage civil

- Au tournant des années 2000, la famille, la sexualité et la procréation sont au cœur des débats. Le mariage est en recul (239 000 en 2015 contre 305 000 en 2000), la proportion d'enfants nés hors mariage est multipliée par cinq et sous l'effet des divorces, les familles monoparentales ont doublé (en 2011, 18 % des enfants vivent avec un seul parent).

- En 1999, l'instauration du **PACS** complète les modalités d'union civile par un contrat différent et ouvert aussi aux couples de même sexe. Des associations en faveur des droits des minorités homosexuelles se mobilisent contre les discriminations et le 23 avril 2013, la loi ouvrant le mariage aux couples de même sexe, portée par la ministre Christiane Taubira, est finalement adoptée, au nom du principe d'égalité de tous les citoyens.

- En 2019, le projet de loi relatif à la bioéthique propose l'élargissement de l'assistance médicale à la procréation aux couples de femmes et aux femmes seules.

L'évolution du mariage et des unions depuis 1990, en milliers d'unions

- Mariages de sexe différents
- PACS de sexe différents
- Mariages de même sexe
- PACS de même sexe

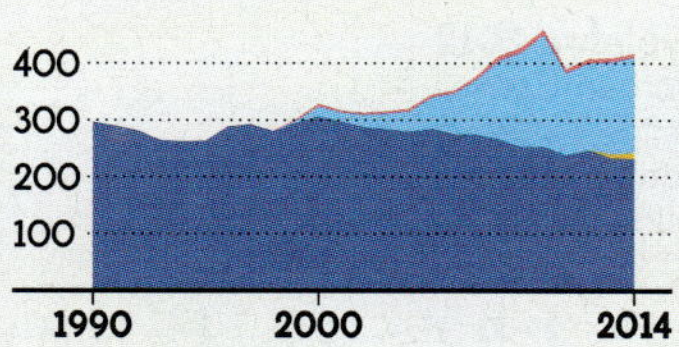

Source : Union nationale des associations familiales, 2016.

Le rapport des Français à la religion (2019)

« À titre personnel, vous vous sentez plutôt... ? »

- 37 % de croyants
- 10 % d'indifférents
- 31 % de non-croyants ou d'athées
- 15 % d'agnostiques (sceptiques quant à l'existence d'un Dieu)
- 7 % de non-répondants

Source : Observatoire de la laïcité.

B Réaffirmer la laïcité comme principe de coexistence

1. La laïcité républicaine et les religions

- Conformément aux principes forgés en 1905 par la loi de séparation des Églises et de l'État, la liberté de conscience, la liberté de culte et l'égalité des religions sont garanties. L'État promeut aussi la tolérance et le dialogue de toutes les religions à travers des instances de représentation des cultes chrétiens, juifs et musulmans.

• En 1989, « l'affaire du foulard » dit islamique, porté à la rentrée scolaire par trois élèves musulmanes d'un collège de Creil dans l'Oise, déclenche un vif débat national sur la visibilité des religions à l'école. Ce débat amène la République à préciser les modalités d'inscription des religions dans l'État et dans l'espace public.

2. Des débats renouvelés dans les années 2000

• Même si le nombre de cas est faible (un peu plus d'une centaine d'exclusions depuis les années 1990), les équipes éducatives demeurent confrontées à une affirmation identitaire accrue d'une partie des musulmans pratiquants.

• Dans un contexte mondial de montée de l'**islamisme**, la République est amenée à encadrer, par la loi du 15 mars 2004, le port de signes ou de tenues manifestant une appartenance religieuse dans les écoles, collèges et lycées publics. Cet encadrement est renforcé en 2010 par la loi interdisant la dissimulation du visage dans l'espace public puis par la Charte de la **laïcité** à l'école en 2013.

C Engager une transition écologique

1. L'action des mobilisations citoyennes

• Des mobilisations toujours plus nombreuses de collectifs de citoyens alertent sur les risques engendrés par le modèle de développement industriel et agricole. Les actions menées contre les cultures des **OGM** (2003) se prolongent par une remise en cause des pesticides et de l'agriculture intensive : la pollution des sols et des eaux, la contamination des aliments inquiètent de plus en plus les citoyens.

• À partir de 2010, les manifestations contre l'exploitation des **gaz de schiste** se développent, de grands projets d'aménagement font l'objet de contestations croissantes comme celui d'un nouvel aéroport près de Nantes à partir de 2012, projet finalement abandonné en 2018.

• Ces luttes reçoivent un nouvel écho dans les médias et l'opinion publique au moment où le changement climatique devient une réalité de plus en plus concrète. Le modèle de développement est remis en question lors de mobilisations « marches pour le climat » dans de nombreux pays.

2. Une nouvelle préoccupation politique

• L'urgence de la crise écologique et climatique pousse l'État à agir. En 2005, une Charte de l'environnement intègre la Constitution, puis en 2007, l'ouverture du « Grenelle de l'environnement » prépare la France à une transition vers le **développement durable** avec les lois dites « Grenelle 1 et 2 » (en 2009 et 2010).

• Depuis, les gouvernements successifs tentent de concilier le développement économique et social avec les nouvelles exigences écologiques réaffirmées avec force lors de la COP21 (Paris, 2015). La France s'y est engagée à poursuivre une politique plus volontariste en faveur de l'environnement (→ **Chapitre 9**).

A/Z Vocabulaire

• **Développement durable**
Développement qui répond aux besoins des générations actuelles sans compromettre la satisfaction des besoins des générations futures.

• **Gaz de schiste**
Gaz emprisonné dans certaines roches (les schistes). Pour l'en extraire, il faut opérer une fracturation de cette roche par injection d'eau sous pression, mélangée à des additifs.

• **Islamisme**
Voir p. 283.

• **Laïcité**
L'État impose l'égalité de tous devant la loi et garantit à chacun la liberté de conscience et d'expression, sans distinction de religion ou de conviction.

• **OGM**
Organisme génétiquement modifié.

• **Parité**
Concept au service de l'égalité entre les femmes et les hommes, pour assurer un égal accès aux mêmes opportunités, droits et rémunérations.

• **PACS**
Le Pacte civil de solidarité est un contrat conclu entre deux personnes majeures, de sexe différent ou de même sexe, pour organiser leur vie commune.

• **Société civile**
Expression regroupant les acteurs des mobilisations citoyennes (associations, collectifs, syndicats, ONG).

TESTEZ-VOUS !

- **Au nom de quelles valeurs est porté le combat pour la parité femmes-hommes ?**
- **Quel espace public particulier est protégé par la Charte de la laïcité de 2013 ?**
- **Comment la République intègre-t-elle la préoccupation environnementale dans sa Constitution ?**

VERS LA SPÉCIALITÉ

Thème 5
L'environnement, entre exploitation et protection
Axe 2
• Le changement climatique

Point de PASSAGE

La parité femmes-hommes

COURS : p. 344-345

Contexte

La parité est aujourd'hui une manière de qualifier l'égalité des sexes dans les milieux politiques, les instances dirigeantes des entreprises, et même dans le partage des tâches domestiques au sein du couple. Ce principe est entré dans la loi au début des années 2000.

Dans quelle mesure le principe de la parité fait-il évoluer le droit et progresser l'égalité femmes-hommes ?

Vocabulaire

- **Parité**
  Concept au service de l'égalité entre les femmes et les hommes, pour assurer un égal accès aux mêmes opportunités, droits et rémunérations.

CHRONOLOGIE

- **2000** Loi contraignant les partis politiques à la parité sur leurs listes de candidats.
- **2008** Art. 1er de la Constitution : « La loi favorise l'égal accès des femmes et des hommes aux mandats électoraux et fonctions électives ainsi qu'aux responsabilités professionnelles et sociales. »
- **2011** Loi imposant des quotas pour chacun des sexes dans la composition des conseils d'administration des grandes entreprises privées et publiques (40 % en 2017).
- **2013** Création du Haut Conseil à l'égalité entre les femmes et les hommes.
- **2014** Loi sur l'égalité réelle entre les hommes et les femmes dans le couple et au travail.

INFO

En 2000, la loi sur la parité a à la fois, un caractère **obligatoire** (pour les élections au scrutin de liste municipales et régionales) et **incitatif** (pour les élections au scrutin uninominal comme les législatives).

1 La mobilisation des collectivités territoriales pour l'égalité au travail
Affiche du Prix régional Grand Est pour l'égalité et la mixité, 2019.

2 La représentation des femmes dans la vie politique

Part des femmes parmi les élus (en %)	Avant la loi sur la parité	Après la loi sur la parité
Conseillères municipales	25,7 (1995)	35 (2008) 40,3 (2014)
Maires	7,0 (1995)	13,5 (2008) 16,0 (2014)
Conseillères régionales	27,5 (1998)	48 (2010) 47,8 (2015)
Présidentes de conseils régionaux	3,8 (1998)	7,7 (2010) 16,7 (2015)
Députées	10,9 (1997)	18,5 (2007) 38,6 (2017)
Sénatrices	8,0 (1998)	21,9 (2009) 31,6 (2017)

3 L'action de l'État (2014)

La politique pour l'égalité entre les femmes et les hommes comporte notamment :

1 – Des actions de prévention et de protection permettant de lutter contre les violences faites aux femmes et les atteintes à leur dignité.

2 – Des actions destinées à prévenir et à lutter contre les stéréotypes sexistes. [...]

3 – Des actions visant à garantir l'égalité professionnelle et salariale et la mixité dans les métiers.

4 – Des actions tendant à favoriser une meilleure articulation des temps de vie et un partage équilibré des responsabilités parentales. [...]

5 – Des actions visant à favoriser l'égal accès des femmes et des hommes aux mandats électoraux [...], ainsi qu'aux responsabilités professionnelles et sociales.

Loi sur l'égalité réelle entre les femmes et les hommes (extraits), 2014.

4 Les femmes et la direction d'entreprises

Si 35 % des entreprises interrogées se montrent désireuses de faire progresser la féminisation de leurs instances dirigeantes, moins de la moitié déclare avoir identifié les mesures qui leur permettraient d'atteindre une plus grande parité. Afin de recruter des profils adéquats, les PME[1] utilisent principalement la promotion interne, tandis que les ETI[2] passent majoritairement par des recrutements externes, révèle l'étude.

« Les sociétés qui rencontrent le plus de difficultés sont les industries et les sociétés informatiques », constate sans surprise Lucille Desjonquères. Prenant l'exemple de Naval Group, qui a pour ambition de recruter 35 % de femmes dans un secteur industriel où la moyenne se situe généralement à 20 % environ, la présidente de l'International Women's Forum appelle ces entreprises à diversifier leurs recrutements dès la base : « Il y a aussi des femmes ingénieures ! »

Catherine Quignon, « La parité reste à faire à la tête des sociétés non cotées : PME et ETI sont à la traîne », *Le Monde*, 8 juillet 2019.

1. Petites et moyennes entreprises.
2. Entreprises de taille intermédiaire.

Podcast

5 La répartition des tâches au sein du couple (2015)

L'enquête se base sur les couples installés ensemble depuis au moins un an et dont l'un des partenaires au moins est actif.

Sources : CRÉDOC, AFP.

Itinéraire 1

Identifier

1. **Doc 2 et 3.** Repérez les outils mis en place pour corriger les inégalités femmes-hommes dans la vie politique française.
2. **Doc 1 et 4.** En dehors de l'État, quels sont les acteurs concernés par le combat pour la parité ?

Expliquer

3. **Doc 2 et 3.** Montrez que la notion de parité est au fondement des politiques de lutte contre les inégalités entre les femmes et les hommes.
4. **Doc 4 et 5.** Montrez que le combat pour la parité n'est pas encore abouti.

Synthétiser

5. Pour répondre à la question posée, rédigez un texte argumenté montrant l'élargissement du combat pour la parité dans la société française : d'abord par les modalités et les champs où elle s'applique, ensuite par les différents acteurs concernés, enfin en soulignant les obstacles auxquels elle se heurte encore.

OU

Itinéraire 2 — oral

Présenter un schéma de synthèse

- À partir des documents proposés, réalisez un schéma de synthèse pour répondre à la problématique. Il devra mettre en évidence les causes de la progression de la parité, les domaines concernés, les acteurs qui se mobilisent en sa faveur, mais aussi les limites et les insuffisances qui persistent dans la société.
- Présentez votre schéma de synthèse en 5 min devant la classe. Un jury d'élèves pourra ensuite évaluer votre prestation : qualité de la prise de parole, de l'argumentation...

Grille à télécharger

DOCUMENTS

COURS : p. 344-345

Vidéo
Religion et législation font-elles bon ménage ?

2003-2018 : la République, les religions et la laïcité

À partir des années 2000, la société française est agitée par de nombreux débats sur la place des religions dans l'espace public : le port du voile islamique, notamment à l'école interroge la liberté religieuse. Fidèle à son principe, l'État réaffirme alors la laïcité, tout en engageant un dialogue avec les religions.

Quelle est la place des religions dans une République laïque ?

CHRONOLOGIE

- **2003** Création du Conseil français du culte musulman (CFCM).
- **2004** Loi encadrant le port de signes religieux dans les écoles publiques.
- **2010** Loi interdisant de dissimuler son visage dans l'espace public.
- **2013** Charte de la Laïcité à l'école.
- **2016** Le Code du travail autorise les entreprises à inscrire le principe de neutralité religieuse dans leur règlement intérieur.

Vocabulaire

- **Laïcité**
L'État impose l'égalité de tous devant la loi et garantit à chacun la liberté de conscience et d'expression, sans distinction de religion ou de conviction.

CHIFFRES CLÉS

La laïcité à l'école (2019)

→ Au moins **90 %** des élèves de troisième et **91 %** des élèves de terminale considèrent qu'il est important que les élèves soient tolérants entre eux, même s'ils n'ont pas la même croyance.

→ **73 %** des élèves de Troisième et **75 %** des élèves de Terminale déclarent que l'indépendance de l'État vis-à-vis des religions favorise la démocratie.

Source : CNESCO.

1 La laïcité et les lois

Loi du 15 mars 2004

Art. L. 1 – Dans les écoles, les collèges et les lycées publics, le port de signes ou tenues par lesquels les élèves manifestent ostensiblement une appartenance religieuse est interdit.

Le règlement intérieur rappelle que la mise en œuvre d'une procédure disciplinaire est précédée d'un dialogue avec l'élève.

Loi du 11 octobre 2010

Art. 1 – Nul ne peut, dans l'espace public, porter une tenue destinée à dissimuler son visage.

Art. 2 – Pour l'application de l'article 1er, l'espace public est constitué des voies publiques ainsi que des lieux ouverts au public ou affectés à un service public. L'interdiction prévue à l'article 1er ne s'applique pas si la tenue est prescrite ou autorisée par des dispositions législatives ou réglementaires, si elle est justifiée par des raisons de santé ou des motifs professionnels, ou si elle s'inscrit dans le cadre de pratiques sportives, de fêtes ou de manifestations artistiques ou traditionnelles.

2 L'État organise le dialogue avec les religions

Le ministre de l'Intérieur, Bernard Cazeneuve, lors du « Thé de la Fraternité » organisé par le Conseil français du culte musulman à Saint-Ouen-l'Aumône, janvier 2016.

3 Le prix de la laïcité de la République française (2015)

Décerné chaque année, le Prix de la laïcité de la République française a été obtenu par l'école d'art Brassart de Tours pour sa réalisation de 18 affiches visant à promouvoir le principe de laïcité auprès de divers publics.

4 La question du signe religieux dans l'espace public (2016)

Dans l'espace public au sens de l'espace commun à tous (par exemple la voie publique, les jardins publics, les plages, etc.), le port de signes religieux (comme de tout autre signe convictionnel[1]) est libre.

Pour des raisons d'ordre public et conformément aux exigences minimales de la vie en société, la dissimulation du visage est en revanche interdite.

Il convient de soigneusement distinguer le trouble objectif à l'ordre public qui constitue une limite légale aux pratiques religieuses, d'une perception subjective qui ne saurait en tant que telle justifier une atteinte « aux libertés fondamentales que sont la liberté d'aller et venir, la liberté de conscience et la liberté personnelle ». Des tenues, des apparences physiques ou des comportements, présentés ou perçus comme des expressions d'appartenance religieuse, sont susceptibles de susciter des réactions d'hostilité ou de défiance. Interdire tout signe religieux ou convictionnel dans l'espace public (au sens de l'espace commun) serait une atteinte à la liberté fondamentale de manifester ses convictions (religieuse, politique, syndicale, philosophique). Dans l'État de droit français, caractérisé par un principe de liberté, on n'interdit pas tout ce que l'on désapprouve.

Observatoire de la laïcité, « Libertés et interdits dans le cadre laïque », 3 octobre 2016.

1. Affirmant des convictions religieuses.

5 La laïcité en Guyane

Il n'y a pas qu'en Alsace-Moselle que le culte catholique est financé sur fonds publics. La Collectivité territoriale de Guyane doit aussi rémunérer son évêque et ses curés comme des fonctionnaires. Et cet héritage colonial vient d'être jugé conforme par le Conseil constitutionnel. […]

Saisi par une question prioritaire de constitutionnalité[1] à l'initiative de la Collectivité territoriale de Guyane (CTG), le Conseil constitutionnel a décidé vendredi 2 juin de confirmer l'obligation de financement du culte catholique par ce territoire d'outre-mer. […] Autre différence : contrairement à l'Alsace-Moselle qui salarie aussi les cultes juif et protestant, seul le catholique est pris en charge en Guyane.

Youness Rhounna, « La Guyane doit continuer à salarier ses prêtres, tranche le Conseil constitutionnel », *Marianne*, 5 juin 2017.

1. Depuis 2008, il appartient au Conseil constitutionnel de se prononcer sur l'atteinte aux libertés que peut entraîner une loi, et, le cas échéant, de la supprimer.

QUESTIONS

Aide

Identifier

1 **Doc 1.** Relevez les deux interdictions contenues dans ces textes qui réaffirment le principe de laïcité.

2 **Doc 2 et 3.** Quelles spécificités distinguent l'application de la laïcité en Guyane de l'Alsace-Moselle et du reste de la France ?

Expliquer

3 **Doc 3 et 4.** Analysez le lien entre laïcité et tolérance.

4 **Doc 4.** La laïcité implique-t-elle l'interdiction de tous les signes religieux, partout ? Justifiez votre réponse.

Synthétiser

5 À l'aide de l'ensemble des documents et de vos réponses aux questions, expliquez les motivations de la réaffirmation du principe de laïcité à partir de 2004 et montrez la volonté de l'État à faire de la laïcité un bien commun malgré les différences religieuses.

RÉVISIONS

La République française depuis les années 1990

Podcast de la synthèse

RETENIR... à l'écrit

1 La Vᵉ République : un régime stable qui se réforme

- La Vᵉ République est, après la IIIᵉ République, le plus durable des régimes de la France contemporaine. Depuis 1990, elle fait preuve d'adaptabilité en surmontant les alternances, les cohabitations, et en se réformant. Dans cette démocratie, le pouvoir du Président reste toujours prépondérant, mais la Constitution cherche à renforcer davantage les contre-pouvoirs avec le Parlement et le Conseil constitutionnel. Si son équilibre demeure discuté, elle fait néanmoins preuve de stabilité.
- Pour moderniser son action, l'État prend le tournant de la décentralisation en 1982. Ce processus en trois actes s'approfondit avec les transferts de compétences et de pouvoirs. Les régions sortent renforcées, et la démocratie de proximité se renouvelle avec les communautés de communes. Enfin l'État propose des statuts plus souples aux territoires d'outre-mer.

2 La République et les évolutions de la société depuis 1990

- Plusieurs luttes pour faire progresser l'égalité trouvent une réponse juridique. En 1999, l'État fait évoluer le droit des unions civiles et de la parentalité avec la création du PACS, puis par la loi ouvrant le mariage aux couples de même sexe (2013). Le principe de parité progresse, que ce soit dans la sphère politique et familiale ou encore professionnelle.
- Une visibilité plus forte des religions, notamment de l'islam, crée de nouvelles tensions. À l'école et dans l'espace public, l'État réaffirme constamment le principe de laïcité comme socle du vivre-ensemble des Françaises et des Français.
- La protection de l'environnement s'impose comme relevant elle aussi du bien public. De nombreuses mobilisations et manifestations engagent l'État à agir plus efficacement contre le changement climatique. En 2005, une Charte de l'environnement à valeur constitutionnelle est adoptée par le Parlement. Avec le vote en 2009 et en 2010 des lois Grenelle 1 et 2, la France se prépare à une transition vers le développement durable.

Points de PASSAGE

L'approfondissement de la décentralisation

→ p. 338

- **1982** : premier transfert de compétences aux collectivités territoriales.
- **2003** : révision de la Constitution. La République est décentralisée, l'intercommunalité et l'outre-mer gagnent en autonomie.
- **2014-2015** : les régions et les métropoles gagnent de nouvelles compétences.

La parité femmes-hommes → p. 346

- **2000** : loi contraignant les partis politiques à la parité sur leurs listes de candidats.
- **2011** : loi imposant des quotas sexués femmes-hommes dans la composition des conseils d'administration des grandes entreprises privées et publiques.
- **2014** : loi sur l'égalité réelle entre les femmes et les hommes dans le couple et au travail.

Les mots clés

- **Décentralisation**
  L'État transfère des compétences (gestion des établissements scolaires, action sociale, etc.) et des ressources aux collectivités territoriales.
- **Laïcité**
  L'État impose l'égalité de tous devant la loi et garantit à chacun la liberté de conscience et d'expression, sans distinction de religion ou de conviction.
- **Parité**
  Concept au service de l'égalité entre les femmes et les hommes, pour assurer un égal accès aux mêmes opportunités, droits et rémunérations.

RETENIR... en schéma

1 La Vᵉ République un régime stable qui se réforme

Vᵉ République

- Référendum sur le quinquennat (2000)
- Renforcement du Parlement et du Conseil constitutionnel (2008)

Décentralisation en 3 actes :

- **Acte I** : loi Defferre (1982)
- **Acte II** : révision constitutionnelle (2003)
- **Acte III** : loi portant sur la nouvelle organisation territoriale de la République (2014-2015)

2 La République et les évolutions de la société depuis 1990

Évolutions depuis 1990

Égalité en droit

- Ouverture du mariage aux couples de même sexe (2013)
- **Loi sur l'égalité réelle femmes-hommes** (2014)

Réaffirmation de la laïcité

- Loi encadrant le port de signes religieux dans les écoles publiques (2004)
- Loi interdisant la dissimulation du visage dans l'espace public (2010)

Le droit de l'environnement

- Charte de l'environnement (2005)

RETENIR... autrement

ÉCOUTER

Les cours en podcast .... p. 336-337, 344-345
La synthèse du cours .... p. 350

REGARDER L'ESSENTIEL EN 3 MINUTES

S'ENTRAÎNER

Des exercices interactifs .... EXO Quiz

POUR APPROFONDIR

BD Bande dessinée
T. Legrand et F. Warzala, *L'Histoire de la Vᵉ République*, Les Arènes, 2018.
Six décennies d'histoire politique de la Vᵉ République, tout en expliquant leurs rouages et leurs évolutions.

Série télévisée
P. Faucon (réal.), *Fiertés*, Pyramides Vidéo et Arte Éditions, 2018.
À travers la vie d'une famille française, les combats menés par les homosexuels sur le PACS, le mariage et l'adoption.

Sujet

En analysant le document, vous expliquerez pourquoi et comment les femmes se mobilisent pour mettre en place la parité en politique.

Réfléchissez aux actions qui permettent de parvenir réellement à la parité : déterminez l'existence d'étapes, et tous les moyens pour la mettre en place.

Définissez la notion de parité, puis réfléchissez à ce qu'elle implique en politique (candidatures, nombre d'élus…).

Expliquez pourquoi la mise en place de la parité est un combat, donc les obstacles à renverser et les tactiques utilisées.

CONSEILS

L'analyse du document constitue le cœur de votre travail, mais nécessite pour être menée la mobilisation de vos connaissances.

➜ Voir **p. 344** (cours), **p. 346-347** (point de passage).

Un manifeste est une proclamation qui définit un programme d'action : quels en sont l'objectif, les moyens et les auteurs ?

Quels sont les acteurs à mobiliser pour parvenir à la parité ?

Ces mesures respectent-elles l'égalité de tous les citoyens ?

Pourquoi peut-on parler de mesures contraignantes ?

Manifeste pour la parité (1996)

Sur l'initiative d'Yvette Roudy (ministre des Droits de la femme entre 1981 et 1986), dix femmes politiques (cinq de droite et cinq de gauche) lancent en 1996 le « manifeste pour la parité » paru dans la presse nationale :

L'objectif est d'arriver, par étapes, à la parité. Pour y parvenir, voici les mesures que nous proposons :

1. Une politique volontariste des partis, du gouvernement et des associations féminines conjugués. Les pays nordiques montrent l'efficacité de cette attitude. Quand il le faut, ils n'hésitent pas à utiliser les quotas. […] L'adoption d'un scrutin proportionnel[1], même partiel pour les législatives renforcerait cette obligation de quotas. En tout état de cause, il faudrait atteindre le seuil significatif du tiers des élus de chaque assemblée concernée.

2. Limitation drastique du cumul des mandats et des fonctions, pour un meilleur partage et exercice du pouvoir. […]

3. Financement des partis politiques en fonction du respect de la parité de leurs instances dirigeantes et de leurs élus.

[…]

5. Adoption d'une législation sur le sexisme comparable à celle du racisme. […]

6. Et s'il faut modifier la Constitution pour introduire des discriminations positives, nous y sommes favorables, comme l'est, nous en sommes persuadées, la majorité de nos concitoyens.

7. Alors, sur ce sujet, pourquoi pas un référendum ?

« Manifeste des Dix », *L'Express*, 6 juin 1996.

1. Mode d'élection dans lequel les élus reflètent le plus équitablement possible la diversité des opinions. Il passe par la constitution de listes.

Corrigé

→ Expliquez la fonction de chacune des phrases, et rédigez la partie de l'introduction qui ne s'y trouve pas.

Introduction

Depuis les années 1990, les discriminations qui touchent les femmes sont combattues par les mouvements féministes au nom de la parité en démocratie. En 1996, dix femmes politiques lancent dans la presse, sous l'initiative d'Yvette Roudy, ancienne ministre des Droits des femmes, un Manifeste pour la parité. Le document est un extrait des sept premières étapes pour mener la lutte de l'égalité entre femmes et hommes. Il s'agit de comprendre grâce à ce texte pourquoi et comment les femmes se mobilisent pour mettre en place la parité en politique.

→ Déterminez l'idée présentée dans la 1re partie :
- le document détermine des objectifs politiques.
- le document établit un constat de la situation en France.
- le document détermine des objectifs à la fois politiques et sociaux.

1re partie

Le document paraît dans un contexte où le combat féministe s'élargit dans la demande de parité femmes-hommes. Au début des années 1990, si les femmes ont obtenu des droits politiques et civils, elles restent encore dans une position d'infériorité par rapport aux hommes, ce qui, comme le rappelle le texte, place la France en retard sur « les pays nordiques » (art. 1). Le texte souligne d'abord que la vie politique française reste un univers essentiellement dominé par les hommes, et où les femmes sans être exclues sont reléguées à des fonctions inférieures au sein du gouvernement, des collectivités territoriales et des partis politiques (art. 2 et 3). Il faut donc prévoir et organiser une place plus importante pour les femmes dans la vie politique.

→ Relevez dans le texte les articles qui évoquent l'aspect social du manifeste, et choisissez une citation.

Enfin, d'autres articles élargissent le constant au plan social : les femmes sont les victimes ordinaires d'un sexisme qui les pénalise dans leur vie familiale et professionnelle. Il s'agit d'émanciper une catégorie de citoyenne en lui donnant enfin les mêmes droits et les mêmes chances qu'aux hommes.

→ Déterminez l'idée présentée dans la 2de partie :
- le document établit la liste des obstacles à la parité.
- le document établit une liste de moyens pour parvenir à la parité
- le document rappelle les principes qui fondent la demande de parité.

2e partie

Le document est un manifeste publié dans la presse nationale. En rendant publique cette déclaration tenant pour indiscutables les discriminations qui pèsent sur les femmes, ses autrices souhaitent alerter l'opinion publique et faire naître une prise de conscience à travers un débat à l'échelle nationale. Pour mobiliser toute la société, au-dessus des clivages politiques partisans, Yvette Roudy a souhaité associer à la déclaration cinq femmes de droite et cinq femmes de gauche. La parité est ainsi présentée comme un combat de rassemblement autour de la cause des femmes. L'usage du référendum est un instrument de cette mobilisation (art. n°.....)

→ Relevez dans le texte les articles évoqués par le corrigé.

Les 7 propositions qui sont énoncées utilisent aussi le droit et la loi comme un levier pour opérer la transformation paritaire, en prenant exemple sur les pays nordiques plus avancés. Le manifeste penche d'abord une politique volontariste de quota (art. n°.....), contraignante notamment financièrement (art. n°.....), avec une limitation des mandats pour ouvrir la vie politique aux femmes (art. n°.....). Il milite aussi pour une « discrimination positive » afin de compenser les inégalités et ainsi commencer les changements, même si elle rompt avec le principe républicain d'égalité de tous les citoyens. Enfin une législation punissant le sexisme (art. n°.....) doit être mise en place pour faire changer les représentations et les comportements.

La conclusion donne une réponse synthétique à la problématique, et peut rappeler le plan choisi.
→ Replacez dans l'ordre les phrases de la conclusion.

Conclusion

1 Il propose aussi des moyens pour y parvenir, et souligne en particulier l'importance du droit comme levier fondamental pour obtenir cette transformation profonde.
2 Le Manifeste pour la parité de 1996 s'inscrit dans le long combat féministe pour l'égalité femmes-hommes, mais il l'élargit et définit une stratégie pour qu'elle se concrétise aussi bien sur le plan politique que social.
3 Le texte cible notamment les progrès à effectuer dans la sphère politique pour que les femmes accèdent aux postes de décision et de gouvernement

BAC
CORRIGÉ COMPLET DU SUJET
lyceen.nathan.fr/coteterm-2020

Sujet

Quelles transformations institutionnelles ont modernisé la Ve République depuis 1990 ?

Quelles sont les institutions de la Ve République ? Comment ont-elles évolué ?

Pour définir la notion de modernisation, pensez que, dans une démocratie, les institutions doivent correspondre aux attentes du peuple.

Corrigé

Introduction

→ Rédigez une phrase pour annoncer les deux idées développées dans le corrigé.

La Ve République est un régime politique né en 1958, en pleine crise algérienne. Dès l'origine, ses institutions sont marquées par la prééminence du pouvoir du président Charles de Gaulle. Pourtant, des réformes permettent aussi de garantir l'équilibre de cette démocratie et de la faire évoluer. Comment les institutions de la Ve République se sont-elles adaptées pour répondre aux attentes des Français depuis 1990 ?

1re partie

→ Proposez une définition de « cohabitation » et de « présidentialisation ».

→ Placez le nom des institutions évoquées : Sénat, Conseil constitutionnel, Assemblée nationale.

Des réformes institutionnelles sont menées pour moderniser la démocratie.
En 2000, le mandat présidentiel est ramené à cinq ans pour dynamiser la démocratie. Cette réforme est entérinée par référendum à une large majorité. L'organisation des élections législatives après les élections présidentielles renforce la désignation d'une majorité au service du Président, évite les cohabitations et renforce donc la stabilité et la présidentialisation du régime.
La constitution est adaptée pour mieux contrôler le pouvoir exécutif. Des réformes constitutionnelles (en 1995 puis en 2008) permettent désormais à/aux ..... et ..... de peser dans le processus législatif et d'exercer un contrôle continu sur l'exécutif avec des commissions d'enquête. Le ..... s'affirme car il peut être saisi par les citoyens afin de vérifier si les nouvelles lois sont bien conformes à la Constitution.

2e partie

→ Indiquez les dates manquantes.

Vos connaissances doivent être précises : vous devez être capable d'expliquer un événement clé du chapitre.
→ Expliquez la loi NOTRe.

La décentralisation est approfondie pour moderniser l'État.
On peut distinguer trois actes de la décentralisation. Initiée par Mitterrand et les lois Defferre de ....., la décentralisation s'approfondit sous Chirac : en ....., « l'organisation de la République est décentralisée ». De nouveaux transferts de compétences sont mis en place, l'intercommunalité est encouragée, et les particularismes territoriaux sont davantage reconnus dans les DROM. Les lois de François Hollande de ..... reconfigurent les régions, augmentant ainsi leur taille et leurs compétences afin de peser davantage en Europe. La loi NOTRe .....
Des mesures sont également prises pour rapprocher l'État des citoyens et des territoires. En 2008, le président Nicolas Sarkozy promeut des référendums d'initiative partagée qui favorisent la démocratie de proximité et la participation des citoyens. Des « statuts à la carte » montrent que la République s'adapte aux particularismes locaux en Corse (une Assemblée de Corse et un exécutif local) et inventent de nouvelles formes de souveraineté déléguée en Polynésie et en Nouvelle-Calédonie.

Conclusion

Depuis 1990, la Ve République adapte régulièrement ses institutions et son mode de gouvernement. Ainsi, malgré des contestations récurrentes, la Ve République reste un régime stable et soutenu par une majorité de Français.

BAC
CORRIGÉ COMPLET DU SUJET
lyceen.nathan.fr/coteterm-2020

▶ RÉPONSE À UNE QUESTION PROBLÉMATISÉE

Sujet 1

Comment la Vᵉ République réagit-elle face aux mutations de la société française depuis les années 1990 ?

Sujet 2

La Vᵉ République est-elle une république décentralisée ?

▶ ANALYSE DE DOCUMENT

En analysant le document, vous expliquerez l'évolution des institutions de la Vᵉ République dans les années 2000.
L'analyse du document constitue le cœur de votre travail, mais nécessite pour être menée la mobilisation de vos connaissances.

Réformer les institutions

Michel Debré, l'un de ses principaux architectes, l'avait défini comme un système de « parlementarisme rationalisé », mais il n'avait pas tardé à mesurer son erreur. Premier chef de gouvernement dans le cadre de la Constitution qu'il avait en grande partie rédigée, il avait dû se plier à la conception de Charles de Gaulle, qui entendait être non pas un arbitre, une sorte de juge de paix des débats parlementaires, mais bien le maître de l'action.

Le caractère présidentiel du régime s'étant imposé et ayant été renforcé par le quinquennat, Nicolas Sarkozy[1] et François Fillon[2] étaient d'accord pour proposer, dans le programme de l'UMP aux élections de 2007, une sorte de présidentialisme rationalisé. Le chef de l'État serait reconnu comme chef de l'exécutif, mais le Parlement aurait davantage de liberté pour imprimer sa marque sur le travail législatif, et un droit de regard sur certaines nominations. Les députés devaient accéder, pour ainsi dire, à un pouvoir de codécision, comme celui qu'a fini par se voir reconnaître le Parlement européen.

Nul ne sait ce qu'il adviendra du projet de réforme des institutions, qui nécessite l'approbation des trois cinquièmes du Parlement réuni en Congrès. Mais il est fascinant d'observer que les problèmes qui ont agité les esprits dans les premières années du régime ressurgissent toujours. La Vᵉ République reste tributaire de ses origines, mettant en présence deux légitimités concurrentes, celle du Président et celle des députés.

Patrick Jarreau, « Un présidentialisme toujours pas rationalisé »,
Le Monde, le 18 avril 2008.

1. Président de la République (2007-2012).
2. Premier ministre sous la présidence de Nicolas Sarkozy (2007-2012).

BIOGRAPHIES

Robert Badinter
(né en 1928)

Professeur de droit et avocat, il est nommé ministre de la Justice par François Mitterrand en 1981. Défenseur acharné de l'abolition de la peine de mort, il la fait voter par le Parlement en octobre de la même année. Il est président du Conseil constitutionnel de 1986 à 1995.

David Ben Gourion
(1886-1973)

Né dans l'Empire russe, il émigre en Palestine en 1906. Sioniste, socialiste, il est un des principaux dirigeants de la communauté juive de l'entre-deux-guerres. Il proclame la naissance de l'État d'Israël le 14 mai 1948 et en devient le Premier ministre de 1948 à 1954 puis de 1955 à 1963.

Oussama Ben Laden
(1957-2011)

Né en Arabie Saoudite dans une riche famille, il fait des études commerciales et techniques. Il participe en Afghanistan à la lutte contre l'occupation soviétique et fonde en 1987 Al-Qaïda. Il rompt avec l'Arabie Saoudite à l'occasion de la guerre du Golfe car il n'accepte pas la présence de soldats américains sur le sol de son pays. Al-Qaïda devient alors une organisation terroriste internationale islamiste et revendique en 2001 les attentats contre le World Trade Center et le Pentagone aux États-Unis. Activement recherché pendant 10 ans, il est tué par l'armée américaine au Pakistan en mai 2011.

Jacques Chirac
(1932-2019)

Énarque et haut fonctionnaire, gaulliste, il est élu député en 1967 et nommé ministre de l'Agriculture en 1972 Premier ministre de Valéry Giscard d'Estaing de 1974 à 1976, il démissionne et devient maire de Paris en 1977. Battu à l'élection présidentielle de 1981, il est Premier ministre entre 1986 et 1988 mais ne parvient pas à battre François Mitterrand en 1988. Il est élu président de la République en 1995 et réélu en 2002.

Winston Churchill
(1874-1965)

Premier ministre du Royaume-Uni (1940-1945), Winston Churchill incarne la volonté de résistance britannique pendant la Seconde Guerre mondiale. Il joue un rôle important lors des grandes conférences interalliées (comme celle de Yalta). Il démissionne après le succès des travaillistes aux élections de 1945. Le discours dans lequel il dénonce le « rideau de fer » en Europe (5 mars 1946) est resté célèbre. Il est de nouveau Premier ministre de 1951 à 1955.

Jacques Delors
(né en 1925)

Homme politique français, ministre de l'Économie et des Finances entre 1981 et 1984. Européen convaincu, il préside la Commission européenne de 1985 à 1994. Partisan d'une union politique, économique et monétaire, il contribue à l'élaboration du traité de Maastricht.

Deng Xiaoping
(1904-1997)

Proche de Mao Zedong pendant les années 1930, secrétaire général du parti communiste chinois de 1954 à 1967, il a été écarté pendant la Révolution culturelle. Il revient définitivement au pouvoir après la mort de Mao et, jusqu'en 1992, il s'impose comme le numéro un du régime et mène une politique d'ouverture économique. Il demeure très influent jusqu'à sa mort en 1997.

Félix Éboué
(1884-1944)

Né à Cayenne (Guyane), descendant d'esclaves noirs affranchis, il devient administrateur colonial français en poste dans plusieurs territoires à partir de 1908. Gouverneur de la Guadeloupe (1936) puis du Tchad (1938), il fait le choix de rallier la France libre dès août 1940. Nommé par Charles de Gaulle gouverneur général de l'AEF, il joue un rôle majeur en Afrique au cours de la guerre.

Boris Eltsine
(1931-2007)

Ancien membre du Parti communiste soviétique, il devient le chef de l'opposition démocratique à la fin des années 1980. Élu au suffrage universel président de la République socialiste fédérative soviétique de Russie en juin 1991, il marginalise Mikhaïl Gorbatchev, obligé de démissionner à la fin de 1991. Désormais président de la fédération de Russie, il conduit son pays sur la voie de la transition libérale. Le choc est brutal et le pays s'enfonce dans la crise économique. Réélu dans des conditions troubles en 1996, il démissionne en 1999 pour raisons de santé.

Charles de Gaulle
(1890-1970)

Général, il entre dans le gouvernement de Paul Reynaud en juin 1940 comme sous-secrétaire d'État à la Défense nationale. Partisan de la poursuite de la guerre, il gagne Londres et lance l'appel du 18 juin 1940. Il devient alors le chef de la France libre et organise l'unification de la Résistance intérieure. De 1944 à 1946, il dirige le gouvernement provisoire et obtient des Alliés la participation de la France à l'occupation de l'Allemagne et au Conseil de sécurité de l'ONU. Il quitte le pouvoir en janvier 1946 et s'oppose à la mise en place de la IVe République dont il critique les institutions. Rappelé au pouvoir en mai 1958 suite aux événements d'Algérie, il fonde la Ve République dont il est le premier président jusqu'à sa démission en 1969.

Valéry Giscard d'Estaing
(né en 1926)

Député du Puy de Dôme à 30 ans puis ministre des Finances entre 1962 et 1966, il prend ensuite ses distances avec le général de Gaulle mais soutient la candidature de George Pompidou en 1969. Il est de nouveau ministre des Finances entre 1969 et 1974. À la mort de Pompidou, il est élu président de la République (1974-1981). En 2001, il est nommé à la tête de la commission chargée de rédiger le projet de Constitution européenne.

Mikhaïl Gorbatchev
(né en 1931)

Adhérent du Parti communiste soviétique en 1952, il devient Secrétaire général du parti en 1985. Il tente de réformer le système soviétique en lançant la *Perestroïka* et la *Glasnost*. À l'extérieur, il multiplie les appels au désarmement qu'il négocie avec les États-Unis. Il organise le retrait soviétique d'Afghanistan et en 1989 et se refuse à utiliser la force pour empêcher la fin des démocraties populaires en Europe de l'Est. Contraint d'accepter la disparition de l'URSS, il démissionne le 25 décembre 1991. Il reçoit le prix Nobel de la paix en 1990.

Adolf Hitler
(1889-1945)

Né en Autriche, il découvre l'antisémitisme à Vienne en 1908. Il s'engage en 1914 dans l'armée allemande et la défaite est pour lui un traumatisme. En 1919, il entre dans un groupuscule nationaliste qu'il transforme en un parti politique dont il prend la tête : le NSDAP. Il en élabore le programme fondé sur une idéologie nationaliste, raciste et antisémite. Après l'échec en 1923 d'un coup d'État, il est emprisonné quelque temps et écrit *Mein Kampf* (1925). La crise économique permet à son parti de prospérer et il parvient légalement au pouvoir le 30 janvier 1933. Le Fürher transforme alors son pays en une dictature totalitaire. Il entraîne l'Europe dans la guerre et organise l'extermination des Juifs et des Tsiganes. Il se suicide en avril 1945.

François Hollande
(né en 1954)

Diplômé de l'IEP de Paris, ancien élève de l'École nationale d'administration (ENA). Membre du Parti socialiste, il travaille aux côtés de François Mitterrand. Député de Corrèze (1988-1993 ; 1997-2012), maire de Tulle (2001-2008), il est Premier secrétaire du Parti socialiste de 1997 à 2008. Il est élu Président de la République en 2012 (51,6 %) pour un mandat de cinq ans. Il ne se représente pas en 2017.

BIOGRAPHIES

Nicolaï Iejov (1895-1940)

Fidèle de Staline, il est nommé Commissaire au peuple (équivalent d'un ministre) à l'Intérieur en 1936, il contrôle ainsi le NKVD, la police politique de l'URSS. Il organise la Grande Terreur entre 1937 et 1938. Lorsque Staline décide d'arrêter cette opération, il est démis de ses fonctions puis exécuté en 1940.

John F. Kennedy (1917-1963)

Président des États-Unis de 1961 à 1963, il se distingue par son habile gestion de la crise de Cuba et sa décision d'engager militairement son pays au Vietnam. Il est assassiné à Dallas en 1963.

John Meynard Keynes (1883-1946)

Économiste britannique (*Théorie générale de l'emploi, de l'intérêt et de la monnaie*, 1936) et acteur important de l'économie, il a notamment participé à la mise en place du système de Bretton Woods en 1944.

Ayatollah R. Khomeini (1902-1989)

Il enseigne la théologie à Qom, en Iran, où il s'oppose violemment à la politique d'occidentalisation du Shâh. Arrêté en 1963, exilé, il rentre en 1979 dans son pays, après la chute du Shâh, et proclame la République islamique, dont il devient le « guide » incontesté jusqu'à sa mort.

Nikita Khrouchtchev (1894-1971)

Adhérent du Parti communiste soviétique depuis 1918, il devient Premier secrétaire du PCUS après la mort de Staline (1953). Il s'impose dans la direction du Parti et entreprend la déstalinisation en 1956. Mais ses échecs politiques (rupture avec la Chine, crise de Cuba, difficultés économiques) l'isolent au sein du Parti. Il est obligé de démissionner en 1964, remplacé par Léonid Brejnev.

Emmanuel Macron (né en 1977)

Ancien élève de l'Ecole nationale d'administration (ENA), il fait d'abord carrière dans la haute fonction publique puis la banque d'affaires. En 2012, il travaille à l'Élysée aux côtés du président de la République François Hollande. Ministre de l'Économie (2014-2016), il quitte ses fonctions pour se lancer dans la campagne présidentielle et fonder son propre mouvement politique, En Marche. Il est élu en 2017 face à Marine Le Pen, candidate du Front national.

Nelson Mandela (1918-2013)

Avocat, il est un des dirigeants de l'ANC (*African National Congress*), en 1948. Organisateur de la branche militaire de l'ANC, il est arrêté et emprisonné en 1962. Depuis sa prison, il devient le héros de la lutte contre l'apartheid et le racisme. Libéré en 1990, il reçoit le prix Nobel de la paix en 1993 et il est élu premier président de l'Afrique du Sud démocratique et multiraciale en 1994. Il se retire de la vie politique en 1999.

Mao Zedong (1893-1976)

Un des fondateurs du parti communiste chinois en 1921, il en prend la direction à la suite de la Longue Marche (1934-1935) et mène la guerre civile contre le Guomindang qu'il remporte en 1949. Numéro un du parti jusqu'à sa mort en 1976, il exerce le pouvoir en s'appuyant sur le culte de la personnalité et renforce le contrôle policier du pays.

Pierre Mendès France
(1907-1982)

Homme politique français, il est élu député (Parti radical) de l'Eure en 1932. Il soutient le Front populaire. Pendant la Seconde Guerre mondiale, il combat dans les Forces aériennes françaises libres et fait partie du Comité français de Libération nationale. En 1944, de Gaulle le nomme ministre de l'Économie, mais Pierre Mendès France démissionne en avril 1945 lorsque le général refuse de suivre sa politique de rigueur. Président du Conseil de 1954 à 1955, il signe les accords de Genève mettant fin à la guerre d'Indochine. Son gouvernement est finalement renversé en février 1955 par l'Assemblée nationale. Pierre Mendès France s'oppose au projet de Constitution du général de Gaulle qui est adopté par référendum en 1958. Jouissant d'une réelle popularité dans l'opinion, Pierre Mendès France conserve l'image d'un homme politique modèle ayant marqué l'histoire de la IVe République.

Slobodan Milošević
(1941-2006)

Originaire de Yougoslavie (Serbie), il devient membre du Parti communiste en 1959. En 1984, il devient le chef de section du Parti communiste de la capitale Belgrade. Élu président de la Serbie en 1989, il assiste à l'effondrement du communisme et développe alors des idées nationalistes serbes. Réélu en 1992, il s'oppose à la partition de la Yougoslavie et entame la guerre contre la Croatie puis la Bosnie-Herzégovine (1991-1992). Il est l'un des principaux responsables des crimes de guerre commis lors de ces conflits. Battu aux élections en 2000, il est livré au Tribunal pénal international pour l'ex-Yougoslavie qui l'a inculpé pour crime de guerre et génocide. Il meurt en 2006, en prison, avant la fin de son procès.

François Mitterrand
(1916-1996)

Avocat de formation, il s'engage dans la Résistance en 1943. Élu député en 1946, il est plusieurs fois ministre sous la IVe République. En 1958, il s'oppose au retour du général de Gaulle et à la Ve République.
Candidat à l'élection présidentielle en 1965, il est battu. Il s'empare en 1971 de la direction du Parti socialiste et échoue une nouvelle fois en 1974. En 1981, il est élu président de la République puis réélu en 1988.

Jean Monnet
(1888-1879)

Grande figure de la construction européenne, il initie la CECA et la CED. En 1955, il quitte son poste de président de la Haute autorité commune de la CECA pour fonder le Comité d'action pour les États-Unis d'Europe afin de promouvoir une Europe plus fédérale.

Jean Moulin
(1899-1943)

Préfet d'Eure-et-Loir, il refuse en 1940 de se soumettre aux Allemands. Il rejoint la France libre et est chargé par de Gaulle d'unifier la Résistance intérieure. Il fonde le Conseil national de la Résistance (CNR) en 1943. Mais il est arrêté par la Gestapo et meurt après avoir été torturé.

Benito Mussolini
(1883-1945)

Avant 1914, il est un des leaders du Parti socialiste italien. Mais il rompt avec ses camarades car il soutient ardemment l'entrée en guerre de son pays en 1915. Fondateur des « Faisceaux de combat » en 1919, puis du Parti national fasciste en 1921, il accède au pouvoir en 1922. En 1924, il a fait de l'Italie une dictature. Il organise alors le premier régime fasciste d'Europe, le premier totalitarisme.
Il se rapproche de l'Allemagne nazie à partir de 1936 et entre à ses côtés dans la Seconde Guerre mondiale. Il est exécuté en avril 1945 par des résistants italiens.

Gamal Abdel Nasser
(1918-1970)

Colonel dans l'armée égyptienne, il participe au coup d'État de 1952 qui renverse la monarchie et dirige l'Égypte de 1954 à 1970. La nationalisation du canal de Suez et son engagement dans le mouvement des non-alignés lui valent un prestige immense dans tout le monde arabe.

Jawaharlal Nehru
(1889-1964)

Issu d'une riche famille indienne, il fait ses études en Angleterre et devient avocat. Il rencontre Gandhi en 1916 et entre au parti du Congrès en 1919. En 1929, il en devient président et milite pour l'indépendance totale des Indes, ce qui lui vaut plusieurs séjours en prison. Il devient le Premier ministre de l'Union indienne jusqu'à sa mort. Il y installe une démocratie laïque et joue un rôle de premier plan dans la lutte contre le colonialisme et la fondation du mouvement des non-alignés. Il bénéficie de son vivant d'une popularité exceptionnelle.

Barack Obama
(né en 1961)

Juriste de formation, il est élu sénateur démocrate de l'Illinois en 2004. Premier président noir des États-Unis, élu en 2008, partisan du multilatéralisme et prix Nobel de la paix (2009). Il est réélu pour un second mandat en 2012. Il lutte contre le terrorisme islamiste mais retire les troupes américaines d'Irak en 2011. Il lance un rapprochement avec l'Iran et Cuba et signe en 2015 l'accord de Paris sur le climat.

Philippe Pétain
(1856-1951)

Général pendant la Première Guerre mondiale, il s'y distingue par la défense de Verdun notamment. Il est commandant en chef des armées françaises en 1917, puis maréchal de France en 1918. Seul survivant des grands chefs de la guerre, il poursuit une carrière politique dans les années 1930. Président du Conseil en juin 1940, après la défaite, il impose l'armistice. Il se fait voter les pleins pouvoirs pour renverser la République et devenir chef de l'État français. Il mène une politique de collaboration avec l'Allemagne. Jugé à la Libération, il est condamné à mort mais sa peine est commuée en détention perpétuelle.

Vladimir Poutine
(né en 1952)

Ancien officier du KGB, puis directeur du FSB (service fédéral de sécurité). Premier ministre de la Fédération de Russie en 1999, il est élu président en 2000 après la démission de Boris Eltsine. Premier ministre entre 2008 et 2012, il est à nouveau élu président en 2012 et encore 2018. Il incarne aux yeux du monde le renouveau de la puissance russe notamment avec l'annexion de la Crimée au détriment de l'Ukraine (2014) et l'intervention militaire russe aux côtés du régime syrien de Bachar el-Assad (2015).

Ronald Reagan
(1911-2004)

Président des États-Unis de 1981 à 1989, il fait de la lutte contre le communisme sa priorité absolue, sur tous les fronts et tous les continents. À partir de 1986, il sait saisir la main tendue par Gorbatchev pour négocier avec lui la fin de la guerre froide.

Franklin Delano Roosevelt
(1882-1945)

Élu président des États-Unis en 1932, il entreprend pendant la période de dépression des années 1930 de grandes réformes économiques dans le cadre du *New Deal*. Très populaire, il est réélu en 1936, 1940 et 1944. Il engage son pays dans la guerre après l'attaque de Pearl Harbor en 1941 et participe activement à l'après-guerre par sa présence aux conférences de Téhéran (1943) et Yalta (1945).

Nicolas Sarkozy
(né en 1955)

Avocat de formation, il devient maire de Neuilly-sur-Seine en 1983 puis député en 1986. En 1993, il est nommé ministre du Budget dans le gouvernement dirigé par Édouard Balladur. En 2002, après la réélection de Jacques Chirac, il est nommé ministre de l'Intérieur (2002-2004 et 2005-2007) et ministre de l'Économie et des Finances (2004-2005). Il est élu en 2007 président de la République pour un mandat de cinq ans. Il est battu en 2012 par François Hollande.

Robert Schuman (1886-1963)

Ministre des Finances puis des Affaires étrangères (de 1948 à 1952) sous la IVe République, il est chargé d'assurer la réconciliation franco-allemande, comprenant qu'elle passe par la construction européenne. Il présente ainsi le projet de CECA.

Joseph Staline (1878-1953)

Né en Géorgie, il devient secrétaire général du Parti communiste en URSS en 1922. Après la mort de Lénine, il prend le pouvoir et se débarrasse un à un de ses adversaires politiques. Il engage, en 1929, l'URSS dans le « Grand tournant », une politique de transformation radicale de l'économie et de la société, dans un climat de terreur. Soucieux de la sécurité de l'URSS avant tout, il signe en 1939 un pacte de non-agression avec Hitler. En 1941, il mobilise la population dans la « grande guerre patriotique » et rejoint les États-Unis et le Royaume-Uni dans la Grande Alliance. Après 1945, il participe à l'élaboration du nouvel ordre mondial et impose le communisme aux pays d'Europe de l'Est occupés. Il est un acteur majeur des premières crises de la guerre froide.

Christiane Taubira (née en 1952)

Née en Guyane, professeure de Sciences économiques, elle entame sa carrière politique comme militante indépendantiste. Élue députée de Guyane (1993-2012), apparentée au Parti radical de Gauche, elle est à l'origine de la loi de 2001 tendant à la reconnaissance de la traite et de l'esclavage en tant que crime contre l'humanité. Elle se présente à l'élection présidentielle de 2002. Ministre de la Justice (2012-2016), elle défend devant le Parlement le projet de loi ouvrant le mariage aux couples de personnes de même sexe.

Harry S. Truman (1884-1972)

Vice-président de Roosevelt en 1944, il devient président des États-Unis en avril 1945. Il participe à la conférence de Potsdam et décide d'utiliser la bombe atomique contre le Japon pour accélérer la fin de la guerre en Asie. Il élabore la politique du *containment* et accepte l'idée du plan Marshall en 1947, entraînant les États-Unis dans la guerre froide.

Donald Trump (né en 1946)

Fils d'un promoteur immobilier de New York, homme d'affaires médiatique. En 2016, à la surprise générale, il remporte les primaires organisées par le Parti républicain. Sa campagne contre la candidate démocrate Hillary Clinton est tournée vers « l'Amérique profonde », vers la défense exclusive des intérêts américains dans le monde.
Élu président des États-Unis en 2017, il développe une politique unilatérale. Il dénonce l'accord avec l'Iran sur le nucléaire et l'accord de Paris sur le climat.
Il engage un conflit commercial avec la Chine.

Simone Veil (1927-2017)

Femme politique française. Rescapée du camp d'extermination d'Auschwitz, elle fait carrière dans la magistrature jusqu'à sa nomination comme ministre de la Santé en mai 1974. C'est à ce poste qu'elle fait adopter la loi qui légalise l'interruption volontaire de grossesse en France (janvier 1975). Première femme à présider le Parlement européen entre 1979 et 1982, elle est élue à l'Académie française en mars 2010.

Xi Jinping (né en 1953)

Secrétaire général du Parti communiste chinois (depuis 2012) et président de la République populaire de Chine depuis 2013. Il est le dirigeant le plus puissant depuis Deng Xiaoping. Après avoir écarté ses adversaires politiques, il fait modifier la Constitution de manière à pouvoir prolonger son mandat indéfiniment. Il veut faire de son pays la première puissance mondiale et développe des projets internationaux ambitieux (les « nouvelles routes de la soie » par exemple).

LEXIQUE

A

AAA (*Agricultural Adjustment Administration*) : agence du New Deal soutenant l'agriculture américaine en versant des subventions aux agriculteurs (voir p. 40).

« Aktion Reinhardt » : nom de code de l'opération d'assassinat des Juifs du gouvernement général de Pologne (voir p. 101).

Alliés : grande Alliance entre le Royaume-Uni, les États-Unis et l'URSS contre l'Allemagne après 1941. Les Alliés sont tous les pays qui se rangent derrière elle au sein des Nations unies (voir p. 84 et 91).

Al-Quaïda : organisation terroriste islamiste créée en 1987 en Afghanistan par Oussama Ben Laden. Elle est responsable de nombreux attentats (voir p. 282 et 290).

Alternance : changement de majorité, de la droite vers la gauche (ou inversement), après des élections législatives (élections de l'Assemblée nationale) (voir p. 270, 250, 255).

Antisémitisme : hostilité, haine à l'égard des Juifs, considérés comme une race ou un groupe distinct du reste de la société (voir p. 66).

Apartheid : politique de ségrégation raciale (exclusion juridique, civique et territoriale) et de répression appliquée en Afrique du Sud à l'encontre des populations non blanches entre 1948 et 1991 (voir p. 278, 282, 283, 298).

Approfondissement : intensification des liens et de la collaboration entre les États européens, marquée par des politiques communes et un renforcement des institutions (voir p. 326, 308, 310).

Armistice : cessation provisoire des hostilités (voir p. 103).

Art dégénéré : terme désignant l'art moderne, s'opposant selon les nazis à l'art héroïque, produit de la « race pure » (voir p. 61).

Article 49.3 : article de la Constitution permettant l'adoption d'une loi sans le vote des députés à l'Assemblée nationale (voir p. 337).

Autarcie : politique visant à réduire le plus possible les échanges avec l'étranger et à n'autoriser que les importations indispensables. Cette politique a pour but de relancer la production agricole et industrielle tout en équilibrant les comptes de la nation (voir p. 24 et 39).

Autodétermination : possibilité pour les Algériens de choisir, par référendum, entre l'indépendance, la francisation complète ou une simple association avec la France (voir p. 193, 196, 341).

Autorité charismatique : pouvoir se fondant sur les qualités supposées exceptionnelles d'un individu (voir p. 58).

Axe : l'Allemagne et ses alliés (Italie et Japon), liés par un pacte tripartite en septembre 1940 (voir p. 84 et 91).

B

Balance commerciale : solde commercial, différence entre les exportations et les importations de biens et de services (voir p. 226).

***Balilla* :** organisation de la jeunesse fasciste créée en 1926 en Italie. Elle rassemble les jeunes de 8 à 18 ans (voir p. 58 et 63).

Banque mondiale : agence de l'ONU fondée en 1945 qui accorde des prêts aux États pour financer des grands programmes d'investissement (voir p. 132).

BCE : Banque centrale européenne. Créée par le traité de Maastricht en 1992, elle est mise en place le 1er juin 1998 pour gérer la politique monétaire de la zone euro (pays de l'Union utilisant cette monnaie) (voir p. 306).

Bipolarisation : processus par lequel le monde se divise en deux groupes soudés autour d'une grande puissance sur le plan militaire et politique durant la guerre froide (voir p. 136, 144, 159, 178).

Bloc : ensemble de pays, placés sous la direction de l'URSS ou des États-Unis, qui partagent la même idéologie et sont liés par des accords militaires, diplomatiques et économiques (voir p. 159 et 157).

Blocus : opération visant à isolant une zone (ville ou pays) par la force, en la privant de toute communication avec l'extérieur (voir p. 136).

Bourse : marché financier au sein duquel s'effectuent des transactions et des spéculations sur la valeur des actions des entreprises (voir p. 29).

Brexit : processus de sortie de l'Union européenne du Royaume-Uni enclenché par un référendum tenu le 23 juin 2016 et achevé le 31 janvier 2020 (voir p. 306 et 321).

Brigades internationales : unités militaires composées de volontaires désirant défendre les républicains espagnols contre Franco (voir p. 72).

Bulle inflationniste : l'inflation est la hausse généralisée des prix qui résulte d'un excédent de capitaux ou de billets de banque mis en circulation. On parle de bulle inflationniste lorsque l'inflation prend une ampleur telle qu'elle menace de provoquer une perte de valeur de la monnaie (voir p. 29).

C

Camp de concentration : lieu de détention où l'on enferme les populations considérées comme ennemies de l'État, en général soumises au travail forcé (voir p. 58).

CECA : Communauté européenne du charbon et de l'acier (voir p. 186).

Centre de mise à mort : lieu où les assassinats sont immédiats et systématisés (voir p. 97 et 112).

Choc pétrolier : hausse rapide des prix du pétrole qui déstabilise l'économie mondiale (voir p. 220, 229, 242).

Chômage : situation caractérisant les personnes privées d'emploi et en cherchant un (voir p. 29 et 34).

Citoyenneté : ensemble de droits et de devoirs réciproques. En démocratie, elle organise une société dont tous les membres sont juridiquement et politiquement égaux. Le citoyen est détenteur d'une part de la souveraineté politique (voir p. 321).

CNR (Conseil national de la Résistance) : institution politique qui regroupe des représentants des mouvements de Résistance, des partis politiques et des syndicats. Il se réunit pour la première fois le 27 mai 1943 (voir p. 120, 128, 127).

Cohabitation : coexistence d'un président de la République et d'une majorité politique qui lui est opposée à l'Assemblée nationale (voir p. 250, 255, 337).

Collaboration : politique de coopération volontaire engagée par le gouvernement de Vichy avec l'Allemagne nazie (voir p. 103, 107, 112).

Collaborationniste : partisan de la collaboration, par conviction idéologique (voir p. 107).

Collectivisation : appropriation par l'État ou la collectivité des moyens de production (terres agricoles, par exemple) (voir p. 57).

Collectivité territoriale : circonscription administrative (commune, département, région, métropole...) qui a un pouvoir de décision autonome de l'État central. Ce pouvoir est exercé par des élus (voir p. 334, 337, 339).

Commission d'enquête parlementaire : commission formée au sein de l'Assemblée nationale ou du Sénat pour contrôler le gouvernement (voir p. 337).

Communisme : idéologie politique qui cherche à instaurer une société parfaitement égalitaire, sans classes sociales, sans État et sans propriété privée (voir p. 57).

Conflit asymétrique : on parle de guerre (ou de conflit) asymétrique lorsqu'un État (et son armée) se retrouve aux prises avec des forces non étatiques, irrégulières et plus faibles (voir p. 293 et 298).

Conflit interétatique : conflit qui oppose des États ou des coalitions d'États (voir p. 281).

Conflit intraétatique : conflit au sein d'un État, qui implique des forces étatiques et acteurs non conventionnels (voir p. 281).

Constitution : texte fondamental qui fixe l'organisation et la répartition des pouvoirs de l'État (voir p. 204).

***Containment* :** « endiguement », en français. Doctrine appliquée par les États-Unis à partir de 1947 visant à s'opposer à toute nouvelle extension du communisme dans le monde (voir p. 120, 137, 144).

Contingent : ensemble de jeunes gens appelés à une même date pour effectuer leur service militaire (voir p. 193).

Crimes contre l'humanité : en 1945, c'est l'assassinat, l'extermination, la réduction en esclavage, la déportation et tout autre acte inhumain commis contre toute population civile, ou bien les persécutions pour des motifs raciaux ou religieux (voir p. 127 et 144).

Crise économique : événement ponctuel qui se traduit par la chute des prix, le ralentissement de l'activité et la montée du chômage (voir p. 26, 29, 44).

Critères de convergence : critères imposés pour passer à l'euro (exemple : déficit du budget contenu à 3% du PIB, dette publique limitée à 60 % du PIB) (voir p. 310).

D

DATAR : délégation interministérielle à l'aménagement du territoire et à l'attractivité régionale. Organisme chargé de préparer, d'impulser et de coordonner les actions d'aménagement du territoire menées par l'État (voir p. 207).

Décentralisation : l'État transfère des compétences (gestion des établissements scolaires, action sociale, etc.) et des ressources aux collectivités territoriales (voir p. 334, 337, 339, 350).

Décolonisation : passage pour un territoire du statut de colonie à celui d'État souverain (voir p. 157, 171, 178, 207).

Démocratie populaire : régime dictatorial dans lequel le Parti communiste domine la vie politique sur le modèle soviétique (voir p. 137 et 141).

Démocratisation scolaire : égalité de réussite des élèves qui vont au-delà de l'enseignement primaire (voir p. 255 et 270).

Dénazification : décision prise par les Alliés, lors des conférences de Yalta et Potsdam, d'épurer la société allemande du nazisme et de rétablir les principes démocratiques (voir p. 127).

Dépression économique : phénomène de longue durée qui suit la crise et se caractérise par le ralentissement de la croissance, la baisse des profits et le maintien du chômage à un niveau élevé (voir p. 26, 29, 44).

Dérégulation : suppression ou simplification des contrôles sur les acteurs de l'économie, le monde de la finance et entreprises. L'objectif est d'encourager la concurrence et l'innovation (voir p. 226 et 242).

Détente : période (1963-1975) durant laquelle les États-Unis et l'URSS renouent le dialogue et signent plusieurs accords internationaux. Elle ne met toutefois pas fin à la guerre froide (voir p. 159).

Dévaluation : pratique consistant à diminuer la valeur d'une monnaie par rapport à un étalon de référence (comme l'or). La dévaluation a pour but de favoriser les exportations et de freiner les importations (voir p. 39, 220, 227).

Développement durable : développement qui répond aux besoins des générations actuelles sans compromettre la satisfaction des besoins des générations futures (voir p. 345).

Discrimination positive : politique consistant à donner plus à ceux qui ont moins et à leur aménager des conditions plus favorables (voir p. 260).

Dissuasion nucléaire : idée selon laquelle le fait de posséder l'arme nucléaire découragerait un éventuel agresseur devant les représailles que subirait sa population (voir p. 159, 207, 212).

Djihadisme : islamisme radical prônant la violence et utilisant le terrorisme au nom du *djihad* (au sens d'« effort de guerre ») (voir p. 293).

Droite libérale : famille politique qui défend des mesures économiques de libéralisation (hostile au rôle de l'État), mais aussi des réformes de société allant vers plus de libertés et d'autonomie des individus (voir p. 253).

E

Éducation prioritaire : principe de compensation des inégalités territoriales et scolaires en donnant davantage d'aides aux zones en difficulté. Ces zones sont appelées ZEP (zones d'éducation prioritaire) (voir p. 250 et 255).

***Einsatzgruppen* (« groupes spéciaux ») :** unités de tueries mobiles nazies formées de policiers et de SS. À partir de l'invasion de l'URSS en 1941, elles sont chargées de fusiller les Juifs et les responsables politiques soviétiques (voir p. 97, 98).

Élargissement : ouverture de l'Union européenne à de nouveaux membres (voir p. 308, 310, 326).

Espace Schengen : espace de libre circulation des personnes, établi par des accords signés en 1985 et entrés en application en 1995 (voir p. 308 et 321).

Espace vital (*Lebensraum*) : terres peuplées de non-germanophones, considérées par les nazis comme indispensables à la survie des Allemands (voir p. 72).

État islamique (Daech) : organisation terroriste islamique issue d'Al-Quaïda en 2006 remettant en cause son autorité. Elle a tenté de créer un État islamique sur le territoire de la Syrie et de l'Irak (2014-2019) (voir p. 293).

État-providence : ensemble des dispositifs par lesquels l'État intervient dans l'économie et la société, protégeant les individus et redistribuant les richesses (voir p. 127 et 144).

Eugénisme : doctrine et pratiques consistant, selon les nazis à veiller à la « pureté de la race aryenne » (par exemple, par la stérilisation ou l'élimination des handicapés et des malades mentaux) (voir p. 57).

Europe des États : les partisans d'une Europe des États sont favorables à une simple coopération intergouvernementale, sans abandon de souveraineté (les États restant pleinement maîtres de leurs décisions) (voir p. 311 et 326).

Europe supranationale : les partisans d'une Europe supranationale (fédéralistes) sont favorables à la création d'institutions européennes placées au-dessus des États et pouvant leur imposer des décisions (voir p. 191, 207, 311, 326).

Euroscepticisme : attitude méfiante et critique vis-à-vis de la construction européenne (voir p. 311).

F

Fascisme : forme de totalitarisme caractérisant l'Italie de l'entre-deux-guerres, fondée sur une idéologie nationaliste, antidémocratique et impérialiste (voir p. 52, 57, 76).

Fédéralistes : partisans d'une fédération européenne, dans laquelle chaque État renoncerait à une part importante de sa souveraineté, pour créer une Europe supranationale (voir p. 191).

Fédération européenne : désigne le passage d'une coopération entre États à une fédération reposant sur des institutions placées au-dessus des États et pouvant leur imposer des décisions (voir p. 314).

Féminisme : ensemble d'idées politiques et sociales cherchant à promouvoir les droits des femmes dans la société (voir p. 253 et 256).

FFI (Forces françaises de l'intérieur) : groupes armés unis en 1944 sous l'autorité du CNR (voir p. 103).

FFL (Forces françaises libres) : armée formée des volontaires qui rejoignent de Gaulle en 1940 (voir p. 91 et 103).

FLN (Front de libération nationale) : mouvement proclamé le 1er novembre 1954 pour conquérir l'indépendance de l'Algérie. Il est doté d'une organisation militaire, l'ALN (Armée de libération nationale) (voir p. 193 et 196).

FMI (Fond monétaire international) : organisation qui doit veiller à la stabilité monétaire et peur aider les États en difficulté par des crédits (voir p. 132).

France libre : organisation militaire et politique fondée par de Gaulle en 1940 pour poursuivre la guerre contre l'Allemagne (voir p. 86, 91, 103, 112).

Franquistes : partisans du général Franco auteur d'un coup d'État contre la République espagnole en 1936 (voir p. 55).

Front populaire : coalition des forces politiques de gauche qui remporte les élections législatives de 1936 et porte Léon Blum à la tête du gouvernement de la IIIe République. L'expression désigne aussi la période qui s'étend d'avril 1936 à avril 1938 (voir p. 24, 29, 40, 44).

G

GATT (*General Agreement on Tariffs and Trade*) : accord général sur les tarifs douaniers et le commerce, signé en 1947, à Genève inspiré des principes du libre-échange (voir p. 132).

Gaz à effet de serre : vapeur d'eau, méthane et dioxyde de Carbone (CO_2) produits très massivement par les activités humaines (consommation de carbone fossile, fabrication de ciment). Ils provoquent une élévation de la température à la surface de la Terre (voir p. 283).

Gaz de schiste : gaz emprisonné dans certaines roches (les schistes). Pour l'en extraire, il faut opérer une fracturation de cette roche par injection d'eau sous pression, mélangée à des additifs (voir p. 345).

Génocide : destruction physique, intentionnelle, systématique et programmée d'un groupe ou d'une partie d'un groupe en raison de ses origines ethniques ou religieuses (voir p. 97 et 112).

Ghetto : quartier isolé du reste de la ville par des barbelés ou un mur dans lequel les nazis forcent la population juive à vivre dans des conditions misérables (voir p. 97).

***Glasnost* (« transparence » en russe) :** politique consistant à établir la liberté d'expression en URSS. Elle est lancée à partir de 1986 (voir p. 242).

Goulag : organisme chargé de l'administration des camps de travail forcé en URSS ; par extension, le terme désigne aussi ces camps (voir p. 58 et 127).

GPRF (Gouvernement provisoire de la République française) : créé à la Libération, il gouverne le pays jusqu'à la mise en place de la IVe République (voir p. 186 et 191).

Guérilla : guerre de harcèlement et d'embuscades souvent utilisée dans le cadre d'une guerre d'indépendance ou de résistance à une occupation (voir p. 159 et 223).

Guerre froide : conflit idéologique et géopolitique entre les deux grandes puissances, États-Unis et URSS, De 1947 à 1991 (voir p. 120 et 144).

H

Harkis : algériens musulmans servant comme auxiliaires dans l'armée française contre le FLN (voir p. 193).

Immigration : fait de s'installer, provisoirement ou définitivement, dans un pays d'accueil (voir p. 171, 253, 262, 270).

Impérialisme : politique de conquête et de domination territoriale (voir p. 72 et 76).

I

Inflation : forte hausse de la masse monétaire par rapport à la quantité de biens disponibles, elle engendre une baisse de la valeur de la monnaie (voir p. 227).

« Initiative citoyenne européenne » : instituée par le traité de Lisbonne, elle permet à au moins un million de citoyens, issus d'au moins sept États membres, d'inviter la Commission à présenter un projet législatif sur un sujet particulier (voir p. 321 et 324).

Initiative européenne d'intervention : coopération militaire approfondie en matière de gestion des crises créée en 2018 (voir p. 314).

Intégration : mise en place d'organisations supranationales supposant des transferts de compétence des institutions nationales vers les institutions communes (voir p. 255, 262, 270, 311).

Intercommunalité : regroupement de communes afin de coopérer et de mutualiser des moyens financiers (voir p. 337).

Islamisme : doctrine qui veut faire de l'islam et de la loi islamique (*charia*) le fondement idéologique de la vie politique et sociale (voir p. 242, 278, 281, 283, 290, 345).

Isolationnisme : politique consistant, autant que possible, à ne pas intervenir dans les affaires internationales (voir p. 132).

J

Jeunesses hitlériennes : organisation de jeunesse nazie, créée en 1926 en Allemagne. Elle rassemble les jeunes de 10 à 18 ans (voir p. 63).

K

Kamikaze : pilote japonais qui effectue une mission-suicide (voir p. 91).

Kanak : nom du peuple mélanésien de Nouvelle-Calédonie. Les Kanak représentent 73 % de la population du Nord de l'île (voir p. 340).

Kolkhoze : en URSS, exploitation agricole dans laquelle la terre, le bétail et les outils sont détenus collectivement par les paysans (voir p. 58).

Kominform : organisation réunissant les principaux partis communistes européens de 1947 à 1956 (voir p. 137).

Komintern : organisation internationale coordonnant l'action des partis communistes du monde entier, sous la tutelle de Moscou (voir p. 55 et 57).

Komsomol : organisation de jeunesse communiste créée en 1918. Elle rassemble les jeunes de 15 à 18 ans après leur passage dans l'organisation de Pionniers (voir p. 63).

Koulak : paysan propriétaire de ses terres, considéré comme un exploiteur et un ennemi du peuple sous le régime soviétique (voir p. 58).

Krach boursier : brusque effondrement des cours des actions durant une ou plusieurs séances boursières (voir p. 29).

L

Laïcité : le principe selon lequel l'État impose l'égalité de tous devant la loi et garantit à chacun la liberté de conscience et d'expression, sans distinction de religion ou de conviction (voir p. 345, 348, 350).

Libéralisme : idéologie qui prône la liberté d'entreprendre et la limitation du rôle de l'État dans l'économie afin d'assurer l'enrichissement général (voir p. 39).

Loi prêt-bail : politique américaine d'aide matérielle aux pays en lutte contre l'Axe (voir p. 91).

M

Majorité qualifiée : chaque État membre dispose d'un nombre de voix en proportion de sa population. Pour être adoptée, une décision doit atteindre un seuil déterminé (voir p. 311).

Mandat : après 1919, territoire confié par la Société des Nations aux puissances victorieuses qui l'administrent en son nom (voir p. 132).

Maquis : lieux difficiles d'accès où les résistants s'organisent et combattent l'occupant allemand et le régime de Vichy (voir p. 103 et 109).

Marché unique : nom donné à un espace économique encore plus unifié que le marché commun, impliquant non seulement la libre circulation des marchandises, des capitaux, des services et des hommes, mais aussi l'harmonisation des législations entre États membres (voir p. 311).

Mémoire : la mémoire est une trace du passé dans le présent. Elle est portée par un individu ou un groupe social, à qui elle permet de se construire une identité. La dimension sélective et affective de la mémoire la distingue de l'histoire qui tend vers plus d'objectivité (voir p. 200 et 212).

Milice : force répressive créée en janvier 1943 par le gouvernement de Vichy, la Milice participe à la traque des résistants et des Juifs (voir p. 103).

MNA (Mouvement national algérien) : fondé par Messali Hadj, ce courant nationaliste algérien est rival du FLN (voir p. 198).

Mouvement des non-alignés : mouvement politique créé dans le contexte de la décolonisation par des pays cherchant à se tenir à l'écart de la guerre froide et de sa logique bipolaire (voir p. 103, 152, 172, 178).

Mouvements de Résistance : groupes de résistance qui cherchent à sensibiliser et organiser la population contre l'occupant (voir p. 103).

Multilatéralisme : mode d'organisation des relations entre États fondé sur la coopération pour instaurer des règles communes (voir p. 283 et 298).

Multipolaire : organisation géopolitique dans laquelle la puissance est partagée entre plusieurs pôles, en opposition au monde bipolaire à l'époque de la guerre froide (voir p. 293 et 298).

N

Nationalisation : transfert de la propriété privée des moyens de production ou d'échanges vers la propriété publique (voir p. 39).

Nationalisme : doctrine et mouvement qui revendiquent l'indépendance d'un territoire et la création d'un État souverain (voir p. 171 et 191).

Nazisme : idéologie définie par Adolf Hitler, fondée sur le racisme, l'antisémitisme et le rejet de la démocratie (voir p. 52, 57, 76).

Néolibéralisme : théorie économique qui remet en cause le rôle de l'État dans l'économie, favorisant la dérégulation et la baisse des impôts pour les particuliers et les entreprises (voir p. 227 et 242).

« Nettoyage ethnique » : opération visant à homogénéiser le peuplement d'un territoire en le vidant par la force d'une partie de sa population, au bénéfice d'une autre, au nom de critères ethniques (voir p. 283).

***New Deal* :** programme lancé en 1933 par F.D. Roosevelt et mené jusqu'en 1939 pour sortir les États-Unis de la dépression économique (voir p. 24, 39, 40, 44).

***Nomenklatura* :** terme désignant l'élite du PCUS, dont les membres bénéficient de nombreux privilèges (voir p. 233).

NRA (*National Recovery Administration*) : agence du *New Deal* qui incite les entreprises à adhérer à un code de « bonne conduite » dans le but de maintenir l'emploi et de soutenir les salaires des travailleurs (voir p. 40).

NSDAP : parti national-socialiste des travailleurs allemands, dirigé par Adolf Hitler dès 1921 (voir p. 57).

O

OAS (Organisation armée secrète) : organisation terroriste et clandestine créée en février 1961 par des partisans de l'Algérie française (voir p. 193 et 198).

OGM : organisme génétiquement modifié (voir p. 345).

ONG : organisation non gouvernementale à but non lucratif qui ne relève pas d'un État ni d'institutions internationales et qui est active dans la solidarité internationale (voir p. 293).

OPEP : organisation des pays producteurs de pétrole, organisation créée en 1960 par l'Arabie Saoudite, le Koweït, l'Iran, l'Irak et le Venezuela dans le but de coordonner leur politique énergétique (voir p. 227).

Ordre mondial : relations internationales régulées par le droit et la concertation afin de garantir la paix (voir p. 278).

OTAN : organisation du traité de l'Atlantique Nord. Organisation civile et militaire autour des États-Unis, du Canada et de 10 pays d'Europe occidentale, mise en place en 1949 (voir p. 137, 189, 191, 207, 281).

P

PACS : le Pacte civil de solidarité est un contrat conclu entre deux personnes majeures, de sexe différent ou de même sexe, pour organiser leur vie commune (voir p. 345).

Pacte anti-Komintern : accord entre plusieurs dictatures européennes et le Japon par lequel ils s'engagent à se soutenir mutuellement dans la lutte contre le communisme international et son organisation, le Komintern (voir p. 55 et 73).

Pacte budgétaire : traité signé en 2012 par 25 États de l'UE fixant des règles communes de gouvernance économique et budgétaire (voir p. 314).

Pacte de Varsovie : alliance militaire fondée en 1955 pour faire contrepoids à l'OTAN (voir p. 152, 160, 189).

Pangermanisme : doctrine affirmant la nécessité de regrouper dans un même État toutes les populations de langue et de culture allemandes (voir p. 72).

Parité : concept au service de l'égalité entre les femmes et les hommes, pour assurer un égal accès aux mêmes opportunités, droits et rémunérations (voir p. 334, 345, 346, 350).

***Perestroïka* (« restructuration » en russe) :** politique de réformes économiques et sociales menées par Gorbatchev en URSS entre 1985 et 1991 (voir p. 220, 238, 242).

PIB (produit intérieur brut) : mesure la valeur des biens et des services produits en un an dans un pays. Il rend compte de l'évolution globale de l'économie (voir p. 26).

Plan Marshall : aide économique massive proposée en juin 1947 par le secrétaire d'État des États-Unis, George Marshall, à tous les pays d'Europe (voir p. 137).

Plan : document par lequel le gouvernement fixe des objectifs économiques pour 5 ans (voir p. 191).

Planification : politique économique consistant à fixer des objectifs impératifs de production, établis dans des plans prévus pour 5 ans (voir p. 59).

Politique monétariste : politique visant à contrôler l'inflation en menant notamment une politique de rigueur budgétaire (voir p. 227).

Présidentialisation : évolution conduisant à concentrer les pouvoirs entre les mains du Président et à réduire le rôle des assemblées parlementaires (voir p. 337).

Productivité : rapport entre le volume de production et les facteurs de production. Mesure l'efficacité d'un processus de production (voir p. 227).

Progrom : terme d'origine russe désignant un mouvement populaire violent et meurtrier contre une communauté juive (voir p. 59 et 127).

Prolétariat : le terme désigne les travailleurs qui ne possèdent que leur force de travail, et sont donc soumis à l'exploitation de la bourgeoisie, qui possède les moyens de production et d'échange (voir p. 57).

Prolifération nucléaire : augmentation du nombre de pays détenant l'arme nucléaire (voir p. 293).

Protectionnisme : politique économique visant à protéger le marché intérieur de la concurrence étrangère en érigeant des barrières douanières dissuasives (voir p. 39, 44, 133).

PTOM : pays et territoires d'outre-mer des États membres de l'Union européenne (voir p. 337).

Purges : vagues d'exclusion du Parti communiste soviétique sous la fausse accusation d'activités anticommunistes (voir p. 59).

R

Radios libres : radios qui émettent clandestinement dans les années 1970 afin d'échapper au monopole de l'État. On les appelle aussi radios pirates (voir p. 253 et 268).

Rapatriés : nom attribué à partir de 1962 aux Européens d'Algérie qui étaient environ un million au moment de l'indépendance. La plupart d'entre eux se sont réfugiés en France (voir p. 193).

Récession : ralentissement majeur de l'activité économique d'un pays qui se caractérise par un recul du PIB (voir p. 227).

Référendum d'initiative partagée : référendum reposant sur une initiative parlementaire (1/5e des parlementaires) soutenue par les citoyens (10 % du corps électoral, soit 4,5 millions de personnes) (voir p. 337).

Réfugiés : personnes exposées à des persécutions et qui ne peuvent pas bénéficier de protection dans leur pays. Être « réfugié » est un statut juridique qui relève du droit international (défini par la convention de Genève de 1951) (voir p. 293).

Régime parlementaire : régime dans lequel le gouvernement est responsable devant une assemblée qui l'investit et peut le renverser (voir p. 186, 191, 212).

Régime semi-présidentiel : régime qui combine un régime parlementaire avec un pouvoir présidentiel fort (voir p. 186, 193, 204, 212).

Régime totalitaire : régime politique dans lequel l'État impose une idéologie officielle, utilise la violence et veut tout contrôler (population, économie, information, culture...) (voir p. 52 et 76).

Règlement de Dublin : règlement signé en 2013 déléguant la responsabilité de l'examen de la demande d'asile d'un réfugié au premier pays qui l'a accueilli (voir p. 321).

Regroupement familial : possibilité pour un travailleur immigré de faire venir en France sa femme et ses enfants, au nom du droit à vivre en famille (voir p. 253 et 262).

Régularisation : processus qui rend légale la présence d'un étranger sur le territoire français par l'attribution d'un titre de séjour (voir p. 255).

Réseaux de Résistance : organisations militaires rattachées aux services secrets (britanniques ou de la France libre) spécialisées dans des missions paramilitaires (évasion, renseignement, sabotage) (voir p. 103).

« Révolution nationale » : nouvelle révolution appelée de ses vœux par Pétain, elle doit anéantir l'héritage de la Révolution de 1789 et permettre l'instauration d'un ordre nouveau (voir p. 103).

Rideau de fer : expression utilisée en 1946 par Winston Churchill, ancien Premier ministre britannique, pour dénoncer l'installation de régimes communistes dans les pays d'Europe de l'Est (voir p. 137).

S

SA (Bataillon d'assaut) : organisation paramilitaire liée au Parti nazi (voir p. 59).

SALT (*Strategic Arms Limitation Talks*) : accords signés entre les États-Unis et l'URSS qui limitent la fabrication des missiles à longue portée et des systèmes de défense antimissiles (voir p. 152 et 159).

Sécurité collective : système qui veut assurer la paix durable par une solidarité active entre les États qui garantissent mutuellement leur indépendance (voir p. 73, 133, 144).

Septennat : mandat du président de la République d'une durée de 7 ans (voir p. 253).

Shoah : ce terme hébreu, qui signifie « catastrophe », est utilisé pour désigner le génocide des Juifs (voir p. 97).

SIDA (syndrome d'immunodéficience acquise) : maladie d'origine virale qui se caractérise par une disparition du système de défenses immunitaires (voir p. 255 et 270).

Sionisme : mouvement politique né à la fin du XIXe siècle qui milite pour la création d'un État juif en Palestine (voir p. 133).

SMIC (salaire minimum interprofessionnel de croissance) : salaire horaire minimum garanti créé en 1968. Il varie en fonction de la hausse des prix et de la croissance économique (voir p. 253).

Société civile : expression regroupant les acteurs des mobilisations citoyennes (associations, collectifs, syndicats, ONG) (voir p. 345).

Souverainistes : défenseurs de la souveraineté nationale, refusant une Europe supranationale (voir p. 321).

Soviétisation : mise en place du modèle politique, économique et social soviétique (voir p. 137).

Sovkhoze : en URSS, ferme d'État dans laquelle les paysans sont salariés (voir p. 59).

Spéculation : pratique financière consistant à parier sur la fluctuation des cours d'un marché pour s'enrichir (voir p. 29).

Squadristes : membre des *squadre*, qui sont les unités paramilitaires fascistes (voir p. 57).

SS (Escadron de protection) : organisation paramilitaire et policière nazie (voir p. 59 et 98).

Stagflation : conjoncture économique marquée par l'inflation et un ralentissement de l'activité économique (voir p. 227).

Stakhanovisme : en URSS, campagne de propagande faisant l'apologie des travailleurs les plus productifs (voir p. 59).

Stalinisme : forme de totalitarisme caractérisant l'URSS des années 1930, se fondant sur l'idéologie communiste (voir p. 52, 57, 76).

STO : Service du travail obligatoire en Allemagne que doivent faire les jeunes à partir de 1943 (voir p. 107 et 109).

T

Terrorisme : ensemble d'actes de violence commis par une organisation pour créer parmi la population un climat de terreur et d'insécurité et faire ainsi pression sur un État (voir p. 283, 290, 293, 298).

Tiers-monde : terme créé par Alfred Sauvy en 1952 pour désigner les États généralement pauvres et marginalisés d'Afrique, d'Asie et d'Amérique latine (voir p. 171, 172, 178).

« Trente Glorieuses » : nom donné en 1979, par l'économiste français Jean Fourastié, à la période de croissance économique allant de la fin de la guerre au premier choc pétrolier (1945-1973) (voir p. 207).

U

Unilatéralisme : attitude d'un État qui consiste à agir sans concertation avec les autres acteurs des relations internationales (par opposition au multilatéralisme) (voir p. 283 et 298).

Unionistes : partisans d'une Europe des États, simple coopération intergouvernementale sans abandon de souveraineté (voir p. 191).

V

Violence de masse : notion qui désigne toute irruption de violence de grande ampleur, notamment lors des guerres, visant à détruire un groupe désarmé (civils, etc.) (voir p. 97 et 212).

Virilité : caractéristiques et comportements traditionnellement attribués à l'homme (s'oppose, dans ce cas, à féminité) (voir p. 61).

W

Wehrmacht : nom donné à l'armée allemande sous le régime nazi (voir p. 91).

WPA (*Works Progress Administration*) : principale agence fédérale instituée dans le cadre du New Deal, elle emploie des millions d'Américains dans la construction ou la rénovation urbaine (écoles, ponts, etc.) (voir p. 40).

Z

ZES : zones économiques spéciales (voir p. 227)

Crédits iconographiques

Couverture : H : Pool/Gamma-Rapho ; **mg** : PVDE/Bridgeman Images/Leemage ; **md** : Jean-Pierre Bonnotte/Gamma-Rapho ; **bg** : Coll. Archives Larbor ; **bm** : Greg Marinovich/South Photos/ Africa Media Online/Photononstop ; **bd** : CSU/Everett/Bridgeman Images

22 : Bridgeman Images ; **23** : CCI/Bridgeman Images/Leemage ; **30** : Caras y Caretas 1931 ; **31, reprise 29** : Keystone France/Gamma-Rapho ; **32** : Akg-Images, © Adagp, Paris 2020 ; **33** : Heritage Image/Fine Art Images/Akg-Images ; **35, reprise 24** : New York Daily News Archive/Getty ; **37** : Albert Harlingue/Roger-Viollet ; **38h, reprise 358mbg** : Leemage ; **38m, reprise 40g, 360mbd** : Coll. Archives Larbor ; **40d, reprise 25g** : Everett Collection/Bridgeman Images ; **41g** : Washington State Univesity ; **41d, reprise 39** : Alexander Zam/Shutterstock ; **42, reprise 25d** : Coll. Kharbine-Tapabor ; **43, reprise 38b** : Coll. Kharbine-Tapabor ; **46** : NARA ; **49** : Keystone France/Gamma-Rapho ; **50, reprise 4, 52d** : Tate Photography/Tate, Londres/Dist. RMN-Grand Palais ; **51, reprise 53** : Image BSP/BPK, Berlin/Dist. RMN-Grand Palais ; **56h, reprise 359mbd** : J.-L. Charmet/Archives Larbor ; **56m, reprise 357md** : G. Tomsich/Archives Larbor ; **56b, reprise 126, 361mhg** : J.-J. Hautefeuille/Archives Larbor ; **60g, reprise 52g** : Akg-Images ; **60d** : Heritage Image/Fine Art Images/ Akg-Images ; **61** : Akg-Images, © Adagp, Paris 2020 ; **62h** : Tallandier/Leemage ; **62b** : BPK, Berlin/Dist. RMN-Grand Palais ; **63** : Coll. Archives Nathan ; **64, reprise 358hg** : Picture from History/Bridgeman Images ; **65, reprise 59b** : Sergei Ilnitsky/EPA-EFE/MaxPPP ; **66** : Jeanbor/Archives Larbor ; **67, reprise 59h** : Picture from History/Bridgeman Images ; **68** : Elizaveta Becker/Akg-Images ; **69h** : Fototeca/Leemage ; **69b** : Universal History Archive/UIG/Bridgeman Images ; **71** : Scherl/Süddeutsche Zeitung/Bridgeman Images ; **75, reprise 73** : Oronoz/Archives Larbor, © Succession Picasso, 2020 ; **78** : FineArtsImages/Leemage ; **82** : Interfoto/La Collection ; **83** : The US National Archives & Records Administration ; **90, reprise 356hd** : NARA/OEM ; **92, reprise 91h** : Keystone France/Gamma-Rapho ; **93** : Sovfoto/UIG/Getty ; **94g, reprise 85, 91b** : Keystone France/Gamma-Rapho ; **94hd** : Universal History Archive/UIG/Getty ; **94bd, reprise 127h, 361bg** : Coll. Archives Larbor ; **95** : Junko Kimura/Getty/AFP ; **99, reprise 84d, 96** : The Granger Collection/Christophe L ; **100** : United States Holocaust Memorial Museum, courtesy of Yad Vashem ; **102h, reprise 190h, 192h, 357mg** : Coll. Archives Larbor ; **102mb, reprise 360bg** : J.-L. Charmet/Archives Larbor ; **102b, reprise 359mhd** : Musée d'Histoire Contemporaine ; **104, reprise 84g, 102mh** : Carl Mydans/The Life Picture Collection/ Getty ; **105** : Bundesarchiv Bild121-0404 ; **106** : Coll. Dixmier/ Kharbine-Tapabor ; **107** : Coll. Archives Larbor ; **108h** : Collections La Contemporaine/4 Delta res 047 ; **108b** : Collection particulière ; **109** : Bridgeman Images ; **110, reprise 356bd** : Coll. Archives Larbor ; **111hg** : Sousa Mendes Foundation ; **111hd** : ECPAD/Archives Larbor ; **111b** : Lapi/Roger-Viollet ; **118** : Bettmann/Getty ; **119** : DPA/Picture Alliance/Leemage ; **128, reprise 127b** : AFP ; **129** : L'Illustration/Photo12 ; **130, reprise 120g** : Keystone France/Gamma-Rapho ; **131, reprise 120d** : Keystone France/Gamma-Rapho ; **133b, reprise 356mhg** : Coll. Archives Larbor ; **135, reprise 133h** : Picture from History/Akg-Images ; **136, reprise 170b, 358bd** : Archives Nathan ; **139** : Associated Newspapers Ltd./Solo Syndication ; **141h, reprise 137** : Alamy/Photo12 ; **141b** : Coll. Archives Nathan ; **142** : Sovfoto/UIG/Akg-Images ; **143, reprise 121** : Hulton Deutsch Coll./Corbis/Getty ; **150, reprise 5** : Ullstein Bild/Akg-Images ; **151** : Keystone France/Gamma-Rapho ; **158h, reprise 358hd** : Coll. Archives Larbor ; **158m, reprise 358mhg** : Coll. Archives Larbor ; **160** : Collection particulière ; **161g, reprise 152g** : Fototeca Gilardi SNC/Akg-Images ; **161d** : Keystone/Hulton Archive/Getty ; **162** : The Sergo Grigorian Collection ; **163g** : National Library of New Zeland ; **163d** : Keystone Pictures USA/Alamy/Photo12 ; **165h, reprise 159** : Carl Mydans/the Life Picture Collection/Getty ; **165b, reprise 152d** : Getty/AFP ; **167, reprise 158b** : Une de L'Express du 12 février 1968 ; **168** : Bilderwelt/Roger-Viollet ; **169** : DTRIAC ; **170h, reprise 173g, 360hg** : Fred Stein/ DPA-Picture Alliance/Leemage ; **170m, reprise 359bg** : Archivo LARA / Planeta ; **172** : Bettmann/Getty ; **173d** : Alain Gesgon/CIRIP ; **174** : Associated Newspapers Ltd./Solo Syndication ; **175** : National Gallery of Victoria, Melbourne/ Bridgeman Images ; **176hd** : Coll. Michael Lellouche/Leemage ; **176bg, reprise 153, 171** : Keystone/Hulton Archive/ Getty ; **177** : Josef Koudelka/Magnum Photos ; **180** : Chine Nouvelle/Sipa ; **183** : Fritz Behrendt ; **184** : Dalmas/Sipa ; **185** : Erich Lesing/Akg-Images ; **190mh, reprise 192m, 359hg** : AFP ; **190mb, reprise 359hd** : Albert Harlingue/Roger-Viollet ; **190b, reprise 361hg** : Keystone France/Gamma-Rapho ; **194** : Coll. Dixmier/Kharbine-Tapabor ; **195h** : Coll. Archives Larbor, © Adagp, Paris 2020 ; **195b** : Dessin de Lap dans le Canard Enchaîné du 9 juillet 1965, © Martine Laplaine-Meric ; **197hg** : Keystone France/Gamma-Rapho ; **197hd** : AP/Sipa ; **197b** : Studio Harcourt, Ministère de la Culture, Médiathèque de l'Archivecture et du Patrimoine/Dist. RMN-Grand Palais ; **199h** : Le Campion/Sipa ; **199b** : Caricadoc/Bridgeman Images ; **200** : El Watan ; **201, reprise 193** : Editions La Découverte ; **202** : Intercontinentale/AFP ; **203** : Coll. Kharbine-Tapabor, © Adagp, Paris 2020 ; **204, reprise 192b** : Daniele Darolle/Sygma/Getty ; **205** : Alain Gesgon/CIRIP ; **206** : Keystone France/Gamma-Rapho ; **208** : L'Adresse Musée de La Poste ; **209** : Keystone France/Gamma-Rapho ; **210h** : AFP ; **210b** : Fritz Behrendt ; **211** : Ludovic Marin/AFP ; **214** : Photo12 ; **218** : Reza/Webistan ; **219, reprise 6** : Gérard Malie/ AFP ; **226h, reprise 230h, 360mhd** : Mark Reinstein/Shutterstock ; **226b, reprise 231b, 356mbd** : © Eric0911/ Shutterstock ; **229** : Draper Hill, The Commercial Appeal Memphis ; **230b, reprise 221g** : The Frent Collection/Corbis/ Getty ; **231h** : IISH/Stefan R. Landsberger/Private Collection, www.chineseposters.net ; **232h, reprise 238, 357hd** : Denis Makarenko/Shutterstock ; **232m, reprise 358bg** : Eslami Rad/ Gamma-Rapho ; **232b, reprise 357hg** : www.kremlin.ru ; **234** : Setboun/Sipa ; **235** : Jacques Torregano/Divergence ; **236, reprise 220** : Jean-Claude Francolon/Gamma-Rapho ; **237** : Jean Gaumy/Gamma-Rapho ; **239h** : Laski/Sipa ; **239b** : Plantu, dessin paru dans Le Monde du 10 décembre 1991 ; **240, reprise 233** : Dirk Eisemann/Laif/RÉA ; **241, reprise 221d** : Stuart Franklin/Magnum Photos ; **248** : Raymond Depardon/ Magnum Photos ; **249** : Pierre Ciot/Divergence ; **250hg** : Agip/ Bridgeman Images ; **250hd, reprise 252h, 271hg, 357bg** : Jacques Henri Lartigue/La Documentation Française ; **251h, reprise 254m, 271hd, 334, 359bg** : Leemage ; **252b, reprise 361md** : Philippe Ledru/Akg-Images ; **254b, reprise 264, 356hg** : Agip/Leemage ; **256h** : Une « Manifeste des 343 », Le Nouvel Observateur 5 avril 1971/L'Obs ; **256b, reprise 253** : Cotte Xyz/Sipa ; **257, reprise 250bd ; Bibliothèque Marguerite Durand/Roger-Viollet ; 258, reprise 251bg** : Caricadoc ; **259h** : Plantu, dessin paru dans Le Monde le 11 mai 1981 ; **261** : Jean-Claude Francolon/Gamma-Rapho ; **262** : Coll. Jean-Jacques Alleri/Bridgeman Images ; **263, reprise 251bd** : Coll. Dixmier/ Kharbine-Tapabor ; **265, reprise 254h** : Une de Libération du 17 septembre 1981/EDD ; **266** : Une de Libération du 17 mai 1983/EDD ; **267h** : Jean Ribière/Gamma-Rapho ; **267b, reprise 255** : Mohamed Lounes/Gamma-Rapho ; **268** : Jean Gaumy/ Gamma-Rapho ; **269** : Patrick Kovarik/AFP ; **272** : Centre de documentation du Planning Familial ; **275** : Dugudus ; **276, reprise 278** : Africa Media Online/Akg-Images ; **277** : Ameer Alhalbi/AFP ; **282, reprise 284g, 358mbd** : Africa Media Online/Akg-Images ; **284d** : Patrick de Noirmont/Reuters ; **285** : Raymond Preston/Sunday Times/Gallo Images/Getty ; **286, reprise 359mg** : Sipa ; **287** : Damir Sagolj/Reuters ; **289** : Pascal Maitre/Myop ; **290g, reprise 236mbg** : Karen Faljyan/ Shutterstock ; **290d, reprise 7, 279, 283** : Rex Features/Sipa ; **291** : Tariq Mahmood/AFP ; **292h, reprise 361bd** : Palavevski/ Shutterstock ; **292mh, reprise 360mg** : Evan El-Amin/Shutterstock ; **292mb, reprise 360hd** : Bibiphoto/Shutterstock ; **292b, reprise 361hd** : WHPO ; **297** : Frédéric Maigrot/RÉA ; **303** : Fritz Behrendt ; **304, reprise 306d** : Foreport/DPA-Picture Alliance/MaxPPP ; **305, reprise 307** : Rex/Shutterstock/ Sipa ; **310h, reprise 356mhd** : Bertrand Guay/AFP ; **313, reprise 306g, 310b** : Pascal Rossignol/Reuters ; **314** : Pierre Kroll ; **316** : Advertising Archive/Bridgeman Images ; **317g, reprise 311** : BCE ; **317d** : Frank Rumpenhorst/DPA-Picture Alliance/AFP ; **318** : Georges Million ; **321** : Union Européenne ; **323** : Oli, www.humeurs.be ; **324g** : Mistikas/Istock ; **324mg** : Carol Garanda/Istock ; **324md** : Mantonature/Istock ; **324d** : Gilmanshin/Shutterstock ; **325** : Commission Européenne ; **328** : Der Spiegel, 2005 ; **332** : François Lafite/Wostock Press/ MaxPPP ; **333** : Magali Cohen/Hans Lucas ; **335g, reprise 336h, 356bg** : Ullstein Bild/Akg-Images ; **335mg, reprise 336mh, 360bd** : Frédéric Legrand-Comeo/Shutterstock ; **335md, reprise 336mb, 357bd** : MinhHue/Shutterstock ; **335d, reprise 336b, 358mhd** : Frédéric Legrand-Comeo/Shutterstock ; **338** : Région Centre-Val de Loire ; **339, reprise 337** : Sylvain Thomas/AFP ; **340** : Theo Rouby/AFP ; **346, reprise 344** : Région Grand-Est ; **348** : Bruno Levesque/IP3 Press/MaxPPP ; **349** : Affiches réalisées par les élèves de l'Ecole Brassart de Tours/ Observatoire de la Laïcité ; **361mbg** : Jean-François Monier/ AFP

Compléments aux sources des textes présents dans le manuel

33-4 Mélita Maschmann, *Ma jeunesse au service du nazisme*, © Plon, un département de Place des éditeurs, 1967, trad. Anny Rouffet ; **61-2** Bruno Malitz, « Le Sport dans l'idée national-socialiste », 1934 dans Alain Corbin, Jean-Jacques Courtine et Georges Vigarello (dir.), *Histoire de la virilité*, T. 3. *La virilité en crise ? XXe-XXIe siècle*, « Livres de références - L'univers historique », © Éditions du Seuil, 2015 p. 280 ; **64-3** Ordre opérationnel du NKVD n° 00485, 11 août 1937 dans Nicolas Werth, *L'ivrogne et la marchande de fleurs. Autopsie d'un meurtre de masse, 1937-1938*, Paris, Tallandier, 2009, p. 129-132 ; **114** Charles de Gaulle, *Discours et messages, Pendant la Guerre 1940-1946*, Paris, © Plon, un département de Place des éditeurs, 1970, p. 36-37 ; **259-3** Ludivine Bantigny, *Histoire de la France contemporaine*, T. 10 *La France à l'heure du monde. De 1981 à nos jours* -, «L'Univers historique», © Éditions du Seuil, 2013, « Points Histoire », 2019.

Édition : Juliette Sauty, avec l'aide de Lucile Foucher et Clara Jaguenet
Direction éditoriale : Carole Greffrath
Responsable artistique : Pierre-Yves Skrzypczak
Conception graphique de l'intérieur : Julie Lannes et Clémentine Largant
Conception graphique de la couverture : Laurence Ningre
Mise en pages : Petra Niggemann, Nadia Julienne et Camille Rouxel
Iconographie : Électron libre – Valérie Delchambre
Cartographie : Légendes Cartographie – Marie-Sophie Putfin
Charte graphique des schémas : WeDoData
Frises, schémas, graphiques : Renaud Scapin
Fabrication : Kévin Magar
Photogravure : Point 11
Relecture : Isabelle Macé et Copie Qualité
Contenus éditoriaux fournis par l'ONISEP (p. 13 à 16) : Emmanuel Percq (coordination), Isabelle Dussouet (édition).
Contenus éditoriaux pour l'oral : Olivier Jaoui, directeur de Mission-Admission et spécialiste de la préparation des étudiants à l'oral et aux entretiens.

FSC www.fsc.org MIXTE Papier issu de sources responsables FSC® C022030

Nathan est un éditeur qui s'engage pour la préservation de son environnement et qui utilise du papier fabriqué à partir de bois provenant de forêts gérées de manière responsable et contrôlée.

NOUVEAU PROGRAMME 2020

Géographie Term

Sous la direction d'**Éric Janin**

Coordinateur pédagogique : **Patrick MARQUES**

Viviane BORIES
Professeure dans l'académie de Montpellier (34)

Thomas CHOQUET
Professeur au lycée Albert-Châtelet à Saint-Pol-sur-Ternoise (62)

Lise FOURNIER
Professeure au lycée Saint-John-Perse à Pau (64)

Cécile GNAHORÉ-BARATA
Professeure en classes préparatoires au lycée Lakanal à Sceaux (92)

Éric JANIN
Professeur en classes préparatoires au lycée Lakanal à Sceaux (92)

Heinrich JANNOT
Professeur au lycée Étienne-Bézout à Nemours (77)

Nicolas LE BRAZIDEC
Professeur en classes préparatoires au lycée Georges-Clemenceau à Nantes (44)

Antoine MARIANI
Professeur en classes préparatoires au lycée Fénelon à Paris (75)

Patrick MARQUES
Professeur au lycée Anita-Conti à Bruz (35)

Christian NOËL
Professeur au lycée Jacques-Prévert à Savenay (44)

Nathan

À LA DÉCOUVERTE DE VOTRE MANUEL

À chaque ouverture, un **sommaire** vous aide à vous repérer.

Chaque thème se divise en 3 temps, matérialisés par un onglet :

- Se préparer → SE PRÉPARER
- Les chapitres → CHAPITRE 1 / CHAPITRE 2
- Réviser le thème → RÉVISER

SE PRÉPARER

Vous avez acquis beaucoup de connaissances au collège, en Seconde et en Première. C'est le moment de les réactiver !

Des cartes pour vérifier vos repères géographiques.

Des exercices sur les connaissances et les notions vues les années précédentes.

LES CHAPITRES

Chaque thème du programme est décliné en deux chapitres.

CHAPITRE 1 / CHAPITRE 2

Études de cas / Exemples : Dans ces pages, vous trouverez les documents sur lesquels vous allez travailler toute l'année.

Des exemples supplémentaires.

Toutes les **études de cas** du programme.

De nombreux documents sélectionnés avec soin pour vous aider à comprendre les notions, illustrer vos exposés et enrichir vos copies.

Des pages pour s'entraîner à passer **du texte au croquis**.

© Nathan 2020 – 92, avenue de France, 75013 Paris – ISBN : 978-2-09-172536-9

Cartes **Cours** Vous trouverez dans ces pages tous les repères et connaissances indispensables.

Géo Autrement **Géo Débat** Des pages pour faire de la géographie de façon originale et active : débattez, créez des affiches, des story-boards…

Les cartes du programme.

Le vocabulaire nécessaire pour comprendre le cours et des chiffres clés.

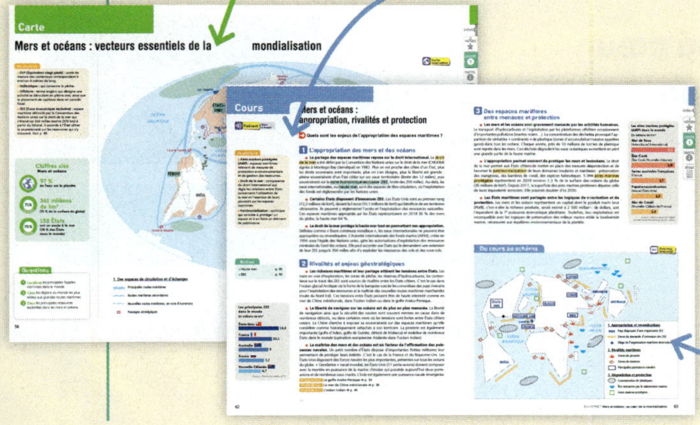

Un schéma pour retenir le cours autrement.

RÉVISER LE THÈME

La dernière partie du thème vous donne toutes les clés pour préparer le bac efficacement.

RÉVISER

La synthèse du thème et toutes **les notions** du programme expliquées et accompagnées d'un schéma.

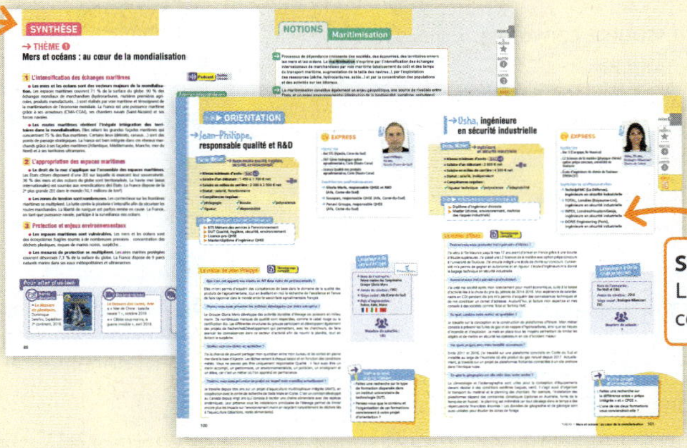

Spécial orientation ! La géographie au cœur des métiers.

BAC Des pages pour se préparer aux épreuves communes.

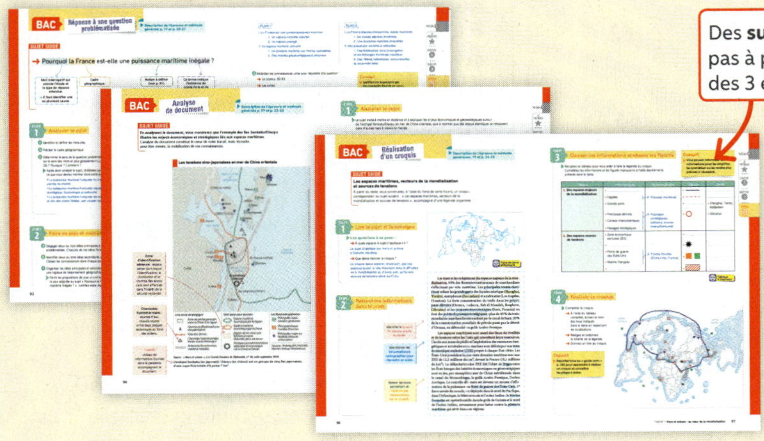

Des **sujets guidés** pas à pas pour chacune des 3 épreuves.

Et la Terminale ?

E3C, épreuves finales, Parcoursup, Grand Oral… pas facile de s'y retrouver ! Votre guide, en partenariat avec l'ONISEP (p. 11), est là pour vous aider à y voir plus clair.

SOMMAIRE

Les territoires dans la mondialisation : entre intégrations et rivalités

THÈME 2 Dynamiques territoriales, coopérations et tensions dans la mondialisation

CHAPITRE 3 Dynamiques territoriales, coopérations et tensions dans la mondialisation

CHAPITRE 4 La France dans la mondialisation

RÉVISER LE THÈME 2

THÈME 3 L'Union européenne dans la mondialisation : des dynamiques complexes

CHAPITRE 5 L'Union européenne dans la mondialisation : des dynamiques complexes

CHAPITRE 6 La France : les dynamiques différenciées des territoires transfrontaliers

RÉVISER LE THÈME 3

THÈME 4

La France et ses régions dans l'Union européenne et dans la mondialisation

CHAPITRE 7 La France et ses régions dans l'Union européenne et dans la mondialisation

LE GUIDE DU LYCÉEN

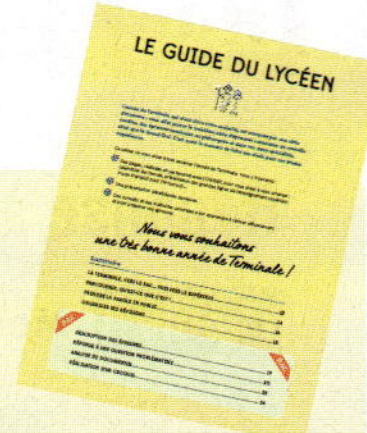

GÉO AUTREMENT

Une manière originale et ludique d'aborder la géographie !

GÉO DÉBAT

Apprenez à débattre sur des enjeux de société.

BAC Les sujets de bac dans votre manuel

Réponse à une question problématisée

Réalisation d'un croquis

Analyse de document(s)

PROGRAMME DE GÉOGRAPHIE Terminale

BO spécial n° 8 du 25 juillet 2019

« Les territoires dans la mondialisation : entre intégrations et rivalités » (48 heures)

- La mondialisation est envisagée comme une intensification des liens et une hiérarchisation croissante des territoires à l'échelle mondiale. Après avoir abordé les principales composantes et dynamiques spatiales du monde contemporain en classes de seconde et de première, il s'agit, en classe terminale, d'étudier les conséquences, sur les territoires, du processus de mondialisation – entre intégrations et rivalités – et d'analyser le jeu des acteurs, cadre où s'opère la fragilisation ou l'affirmation des puissances.
- Un intérêt accru est porté aux espaces stratégiques que sont les mers et les océans, ainsi qu'aux rapports de force marqués par des concurrences et des coopérations territoriales qui aboutissent à la recherche de gouvernances supranationales. Dans ce cadre, l'étude de l'Union européenne (UE) invite à interroger, d'une part, le fonctionnement, les atouts et les fragilités d'une organisation supranationale très intégrée et, d'autre part, son positionnement sur l'échiquier géopolitique mondial. L'étude de la France et de ses régions, dans le cadre de l'Union européenne et dans le contexte de la mondialisation, vise à mobiliser les connaissances, capacités et méthodes acquises au lycée, pour analyser les enjeux et les effets des politiques d'aménagement des territoires.

THÈME 1 Mers et océans : au cœur de la mondialisation (13-15 heures)

Questions	Commentaire
• Mers et océans : vecteurs essentiels de la mondialisation. • Mers et océans : entre appropriation, protection et liberté de circulation.	La maritimisation des économies et l'ouverture des échanges internationaux confèrent aux mers et aux océans un rôle fondamental tant pour la fourniture de ressources (halieutiques, énergétiques, biochimiques…) que pour la circulation des hommes et les échanges matériels ou immatériels. L'importance des routes et les itinéraires diffèrent selon la nature des flux (de matières premières, de produits intermédiaires, industriels, d'informations…). Mais les territoires sont inégalement intégrés dans la mondialisation. Les routes maritimes et les câbles sous-marins, tout comme les ports et les zones d'exploitation, restent concentrés sur quelques axes principaux. D'importants bouleversements s'opèrent, ce qui accroît les enjeux géostratégiques et les rivalités de puissance, notamment autour des canaux et des détroits internationaux. La mise en valeur et l'utilisation des mers et des océans relèvent d'une logique ambivalente, entre liberté de circulation et volonté d'appropriation, de valorisation et de protection. La délimitation des zones économiques exclusives (ZEE) est aujourd'hui la principale cause de tensions entre les États en raison des ressources présentes dans ces zones et de la volonté de ces États de les exploiter.
Études de cas possibles : • Le golfe Arabo-Persique : un espace au cœur des enjeux contemporains. • La mer de Chine méridionale : concurrences territoriales, enjeux économiques et liberté de circulation. • L'océan Indien : rivalités régionales et coopérations internationales. • Le détroit de Malacca : un point de passage majeur et stratégique.	
Question spécifique sur la France	**Commentaire**
La France : une puissance maritime ?	La France (métropolitaine et ultramarine), du fait de ses départements et territoires d'outre-mer, contrôle la deuxième zone économique exclusive (ZEE) mondiale et s'affirme encore comme une puissance maritime malgré la perte de compétitivité de ses ports. Les mers et océans demeurent, pour la France, des enjeux à la fois économiques, environnementaux et géostratégiques.

THÈME 2 Dynamiques territoriales, coopérations et tensions dans la mondialisation (13-15 heures)

Questions	Commentaire
• Des territoires inégalement intégrés dans la mondialisation. • Coopérations, tensions et régulations aux échelles mondiale, régionale et locale.	La mondialisation contemporaine conduit à l'affirmation ou à la réaffirmation de puissances et à l'émergence de nouveaux acteurs. Les territoires, quelle que soit l'échelle considérée (États, régions infra- et supra-étatiques, métropoles…) ont inégalement accès à la mondialisation. La distance est encore un facteur contraignant, d'autant plus que des protections et des barrières sont mises en place, limitant les échanges internationaux. La hiérarchie des centres de décision mondiaux est en constante évolution. Parmi les plus grands centres financiers, cinq sont aujourd'hui en Asie, trois en Europe (Londres, Zurich et Francfort) et deux en Amérique du Nord. Concernant les inégalités territoriales, l'Union européenne a permis un rattrapage considérable du sud de l'Europe par rapport au nord. Les disparités inter-régionales se réduisent toutefois plus lentement. Dans le reste du monde, de nombreux accords régionaux économiques se sont réalisés (ASEAN, ALENA, MERCOSUR), mais certains sont peu porteurs de développement.

Études de cas possibles :	
• Les îles de la Caraïbe et des Antilles : entre intégration régionale et ouverture mondiale. • La Russie, un pays dans la mondialisation : inégale intégration des territoires, tensions et coopérations internationales. • Les corridors de développement en Amérique latine : un outil d'intégration et de désenclavement. • L'Asie du Sud-Est : inégalités d'intégration et enjeux de coopération.	
Question spécifique sur la France	**Commentaire**
La France : un rayonnement international différencié et une inégale attractivité dans la mondialisation.	La France affirme sa place dans la mondialisation, d'un point de vue diplomatique militaire, linguistique, culturel et économique. Elle entre en rivalité avec les autres pays et cherche à consolider ses alliances. La France maintient son influence à l'étranger via son réseau diplomatique et éducatif, des organisations culturelles, scientifiques et linguistiques (instituts français, Organisation internationale de la francophonie, Louvre Abu Dhabi, lycées français à l'étranger...), mais également à travers les implantations de filiales d'entreprises françaises. Elle attire sur son territoire, plus particulièrement à Paris et dans les principales métropoles, des sièges d'organisations internationales, des filiales d'entreprises étrangères, des manifestations sportives et culturelles aux retombées mondiales, des touristes...

THÈME 3 **L'Union européenne dans la mondialisation : des dynamiques complexes** (12-14 heures)

Questions	Commentaire
• Des politiques européennes entre compétitivité et cohésion des territoires. • L'Union européenne, un espace plus ou moins ouvert sur le monde.	L'Union européenne présente une grande diversité de territoires, tout en étant l'organisation régionale au degré d'intégration le plus marqué au monde. L'UE est le premier pôle commercial mondial. Elle est cependant exposée à des défis et tensions externes et internes (difficulté à établir une politique commune en matière de défense, d'immigration, de fiscalité...), ce qui limite son affirmation comme puissance sur la scène mondiale. Les politiques européennes de cohésion économique, sociale et territoriale visent deux objectifs : d'une part la réduction des inégalités territoriales, d'autre part la valorisation des atouts des territoires des États membres pour faire face à la concurrence mondiale.
Études de cas possibles : • L'Allemagne : une puissance européenne aux territoires inégalement intégrés dans la mondialisation. • Les transports dans l'Union européenne : un outil d'ouverture, de cohésion et de compétitivité. • La politique agricole commune (PAC) : les effets territoriaux d'une politique européenne. • La cartographie d'une agglomération industrielle ou technologique en France.	
Question spécifique sur la France	**Commentaire**
La France : les dynamiques différenciées des territoires transfrontaliers.	Les territoires transfrontaliers se caractérisent par des échanges et des mobilités de part et d'autre de la frontière. L'Union européenne encourage les coopérations transfrontalières, en assurant notamment la libre circulation et en instituant un cadre réglementaire. Elle finance des projets et des équipements transfrontaliers par des programmes spécifiques. Les territoires transfrontaliers ont cependant des dynamiques différenciées.

THÈME 4 **La France et ses régions dans l'Union européenne et dans la mondialisation : lignes de force et recompositions** (6-8 heures)

Questions	Commentaire
• Les lignes de force du territoire français. • Des recompositions territoriales à toutes les échelles, entre attractivité, concurrence et inégalités.	L'étude de la France et de ses régions vise à interroger le rôle des acteurs, à différentes échelles, dans l'intégration européenne et mondiale, et les effets territoriaux différenciés de cette intégration. L'étude de la région du lycée permet de mobiliser les connaissances acquises sur la France pour les appliquer à une autre échelle d'analyse. Il s'agit d'envisager avec les élèves les territoires de proximité et les divers aspects de leur attractivité. Cette approche leur fournit des clés de lecture pour comprendre leur territoire de proximité.

Notions et vocabulaire à maîtriser à l'issue de la classe de Terminale (en complément des notions et vocabulaires acquis en classe de seconde et de première qui seront remobilisés tout comme les repères spatiaux acquis) :

- Mondialisation : notion transversale à l'ensemble des thèmes.
- Haute-mer, maritimisation, puissance, route maritime, zone économique exclusive (ZEE).
- Attractivité, intégration territoriale.
- Agglomération industrielle, écosystème (cluster).
- Territoire transfrontalier.
- Aménagement des territoires, collectivité territoriale, région.

LE GUIDE DU LYCÉEN

L'année de Terminale, qui vient clore votre scolarité, est marquée par une série d'examens : vous allez passer la troisième série d'épreuves communes de contrôle continu, des épreuves terminales en philosophie et dans vos deux spécialités, ainsi que le Grand Oral. C'est aussi le moment de faire des choix pour vos études supérieures.

Ce cahier va vous aider à bien entamer l'année de Terminale. Vous y trouverez :

- Des pages, réalisées en partenariat avec l'ONISEP, pour vous aider à vous orienter : calendrier de l'année, présentation des grandes lignes de l'enseignement supérieur, mode d'emploi pour Parcoursup…
- Une présentation détaillée des épreuves.
- Des conseils et des méthodes concrètes pour apprendre à réviser efficacement et pour préparer vos épreuves.

Nous vous souhaitons une très bonne année de Terminale !

Sommaire

LA TERMINALE VERS LE BAC

Vos disciplines

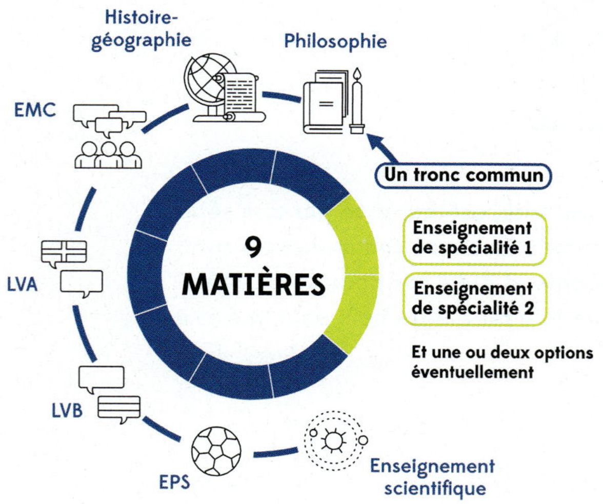

Votre calendrier*

- **Fin Mars** : Deux épreuves écrites de spécialités
- **3e trimestre** (*Dates au choix de votre lycée*) : Épreuves de contrôle continu (E3C)
- **Juin** : Épreuve écrite de Philosophie et « Grand Oral »

* Informations mises à jour en mars 2020

Toutes importantes, les disciplines seront évaluées et compteront dans votre note du Bac*

Le bulletin
10 % DE LA NOTE

Vos bulletins pour valoriser votre travail régulier de première et terminale

Coefficient 10

Les épreuves communes de contrôle continu (E3C)
30 % DE LA NOTE

Dont épreuve de spécialité arrêtée en première
Coefficient 5

Histoire-Géographie et Enseignement scientifique
Épreuves écrites
Coefficient 5
pour chaque matière
y compris E3C de première

LVA et LVB
Épreuves écrites et orales
Coefficient 5
pour chaque langue
y compris E3C de première

EPS
Évaluation tout au long de l'année
Coefficient 5

Les épreuves terminales
60 % DE LA NOTE

Dont notes des Épreuves anticipées de français passées en première
Coefficient 10

Une épreuve écrite de 3 ou 4 heures pour **vos deux enseignements de spécialité**

+ Numérique et Sciences Informatiques, Physique-Chimie Biologie et écologie et SVT
Une épreuve pratique de 1 heure

+ Arts, Langues littérature et cultures étrangères et régionales
Une épreuve orale

Coefficient 16
pour chaque enseignement de spécialité

Philosophie
Épreuve écrite de 4 heures
Coefficient 8

Le « Grand Oral »
20 minutes de préparation
+ 20 minutes d'épreuve

› Sur une question adossée à l'une de vos spécialités
› Échange sur votre projet d'orientation

Coefficient 10

Total des coefficients 100

* Informations mises à jour en mars 2020

… PUIS VERS LE SUPÉRIEUR

Les grands itinéraires de l'Enseignement supérieur

Université | Lycée | Ecole

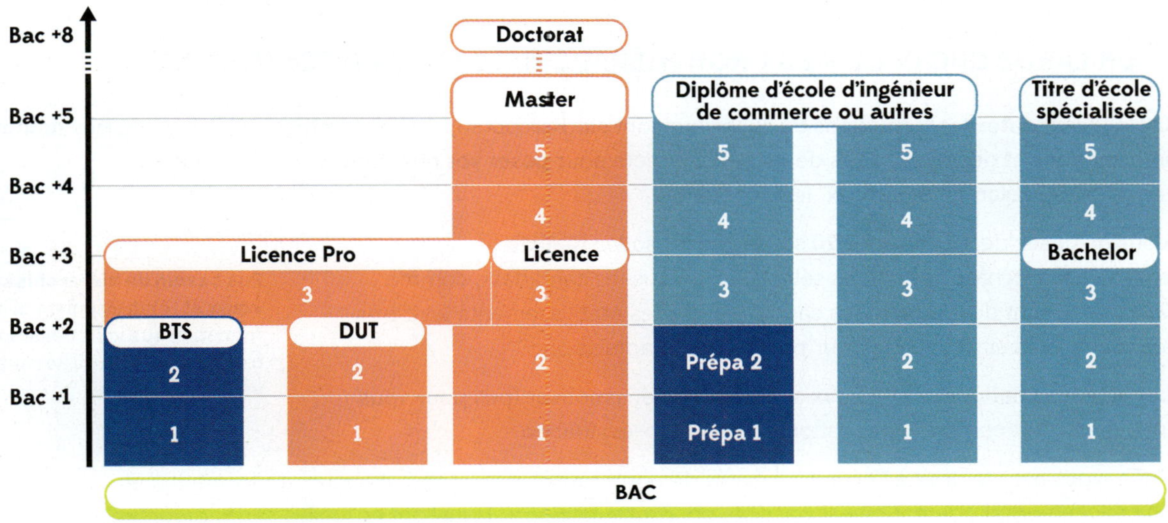

Ils témoignent de leur première année après le Bac

THÉO,
Première année de licence de sciences de la vie

« J'ai choisi l'Université car elle offre plusieurs parcours d'études et des matières nouvelles pour moi. Même si nous sommes plus encadrés que je ne l'imaginais, il faut travailler en autonomie et bien s'organiser entre les cours théoriques et les TP. J'espère partir en échange à l'étranger dès la L3. »

ZINEB,
Première année de prépa économique et commerciale

« Je voulais faire une école de commerce. Je craignais la prépa, j'en ai discuté avec des profs pendant les Portes ouvertes qui m'ont convaincue que je pouvais y arriver. Chaque semaine, 31 heures de cours, des colles orales, des devoirs sur table, et beaucoup de boulot à la maison pour assimiler des contenus volumineux très vite. Mais je ne regrette pas ! Il y a beaucoup de solidarité dans la classe. C'est stimulant. »

SARAH,
École d'ingénieurs

« J'aimais les sciences et les TP au lycée, je voulais devenir ingénieure sans savoir dans quel domaine. J'ai réussi à intégrer une école généraliste qui me permettra de me spécialiser plus tard. Dans l'école, j'apprécie les projets en groupe, l'accès permanent à un matériel de pointe et la vie associative. »

MAELLE,
IUT info-comm

« Grâce à mon dossier, j'ai pu entrer en IUT : un cursus court à l'université, bien encadré avec la possibilité de poursuivre mes études. Je découvre des disciplines théoriques (marketing, droit…) et pratiques (graphisme, infographie…). C'est passionnant. J'ai hâte de débuter mon premier stage ! »

DIMITRI,
IFSI

« J'ai toujours voulu être infirmier en bloc opératoire. Mon dossier était un peu juste mais ma motivation et mes activités associatives m'ont permis de réussir l'entretien d'entrée. On alterne les cours théoriques et cliniques à la fac ou dans l'IFSI et on a beaucoup de travail. J'ai effectué un premier stage et je suis encore plus motivé ! »

Un lien ONISEP utile pour votre orientation : *Ma première année en…*

Nathan onisep

PARCOURSUP, QU'EST-CE QUE C'EST ?

C'est la plateforme nationale de préinscription à l'enseignement supérieur pour tous les élèves de terminale. En 2019, 97 % des bacheliers généraux ont reçu au moins une proposition.

1 UN LARGE CHOIX DE VŒUX NON HIÉRARCHISÉS ET DES INFORMATIONS

- **Quasiment toutes les formations du supérieur** sont sur Parcoursup (15 000 formations !) avec de très **nombreuses informations** et des possibilités de contacts directs pour **poser vos questions** sur les contenus, les critères d'examen des vœux, les débouchés.
- Vous disposez de **10 vœux (et 20 sous-vœux)** : soyez **réaliste** et **ambitieux** (tentez des filières sélectives !). Tous les candidats, comme vous, déposent de nombreuses candidatures : les établissements vont très loin dans leurs classements pour proposer une admission.
- **Les attendus nationaux et locaux** sont là pour vous motiver (pas pour vous inquiéter), tout comme les questionnaires d'auto-évaluation.
- Enfin, vous avez **le droit à l'erreur** : il existe de nombreuses passerelles en cours de formation et un changement d'orientation est possible pour tous les Bac + 1 qui sont accueillis sur Parcoursup.

Astuce

Pas besoin de hiérarchiser vos vœux et l'établissement de la formation que vous demandez n'est pas informé de vos autres vœux.

2 UNE PROCÉDURE AVEC UN CALENDRIER PRÉCIS ET DES OBLIGATIONS

Calendrier et check-list

- **Un calendrier**
  Ce calendrier vous laisse du temps de réflexion, coordonné avec le Bac et adapté à votre intégration dans le supérieur.
- **Des modalités d'inscription**
  - Pour constituer votre dossier personnel à partir de votre INE, vous fournissez :
    - des informations sur votre état civil,
    - vos coordonnées, celles de vos représentants légaux (si vous êtes mineur),
    - des informations sur votre scolarité passée en complément de celles fournies par votre lycée (bulletins de première et terminale, Fiche Avenir avec les appréciations de vos enseignants et l'avis du chef d'établissement).
  - Vous rédigez un **projet de formation motivé** personnalisé adapté à chaque formation.
  - Vous remplissez soigneusement la rubrique « **Mes activités et centres d'intérêt** » qui peut renforcer vos candidatures.
  - Vous envoyez les documents complémentaires que demandent parfois certaines formations.

À savoir

Le respect de la procédure par tous les élèves et les établissements est la condition de son bon fonctionnement.

3 DES ENSEIGNANTS QUI ÉTUDIENT VOTRE DOSSIER ET VOUS RÉPONDENT

- **Parcoursup n'est pas un robot ni un algorithme qui déciderait de votre orientation !**
  Toutes les formations vous répondront mais pas forcément en même temps : **surveillez les réponses** (sms, mail...) et votre compte Parcoursup.
- **N'oubliez pas de répondre** à chaque proposition dans les délais indiqués. Si plusieurs propositions vous sont faites, il vous faudra choisir, puis valider votre choix final et **vous inscrire définitivement**.

VOUS INFORMER SUR LES FORMATIONS

UNE DÉMARCHE À ANTICIPER

Votre démarche d'orientation ne doit évidemment pas attendre l'ouverture de Parcoursup. Peut-être ne savez-vous pas vraiment ce que vous voulez faire, vous avez plusieurs idées, ou encore vous avez une idée assez nette de ce que vous voulez faire. Dans tous les cas, **vous devrez vous informer sur les formations, leurs contenus, leurs modalités** (durée, sélective/non sélective, privée/publique, possibilité d'alternance ou de poursuite d'études, proximité...) et **leurs débouchés**.

S'INFORMER AVEC L'ONISEP

L'ONISEP (**Office national d'information sur les enseignements et les professions**) vous fournit toute l'info sur les métiers et les formations :

- Le site onisep.fr, notamment la rubrique *Ma première année en...*
- monorientationenligne.fr vous met en contact avec un conseiller par téléphone, mail ou par tchat.
- Le site *Terminales* à retrouver sur orientation-lycees.fr
- Des revues, des guides, des salons...
- Vous disposez de nombreuses sources d'informations potentielles : contacts sur Parcoursup, journées Portes ouvertes, salons, forums, sites, semaines de l'orientation et bien entendu vos enseignants, et les conseillers près de chez vous...

Notez bien que vos motivations pour une formation ou des débouchés, ainsi que vos démarches d'orientation vous seront aussi utiles lors du Grand Oral.

VOTRE CALENDRIER PARCOURSUP

- **Novembre** – Recherche des informations sur Parcoursup
- **Janvier** – Inscription sur Parcoursup (voir votre check-list ci-contre)
- **Février** – Constitution de votre dossier complet, saisie et confirmation de vos vœux
- **Avril**
- **Mai** – Propositions des établissements : vous devez y répondre !
- **Juillet** – Éventuellement, phase complémentaire
- **Septembre**

Pensez à vous inscrire dans votre futur établissement !

VOTRE CHECK-LIST POUR VOUS INSCRIRE SUR PARCOURSUP

- **Une adresse électronique** que vous utiliserez jusqu'à la fin de la procédure.
- **Votre numéro INE** : il est composé de 11 caractères (1 ou 2 lettres, 10 ou 9 chiffres). Vous le trouverez sur vos bulletins scolaires. Si besoin, demandez-le à votre établissement.
- **Votre relevé de notes** aux épreuves anticipées du baccalauréat.
- **Le dernier avis d'imposition** de votre (vos) parents(s) ou tuteur(s) si vous demandez une classe préparatoire avec internat ou si vous souhaitez simuler une attribution de bourse.
- **Vos bulletins** de première et terminale.
- **Votre projet de formation** motivé en 1 500 caractères, pour chaque formation.

PENSEZ AUSSI À :

- **Remplir les questionnaires d'auto-évaluation** demandés par certaines formations universitaires. Ils sont anonymes et vos résultats ne sont pas communiqués.
- **Remplir la rubrique « Mes activités et centres d'intérêt »**
- **Fournir dans les temps les documents complémentaires** que certaines filières peuvent vous demander (CV, lettre de motivation...).

onisep Nathan

PRENDRE LA PAROLE EN PUBLIC

Même si l'histoire-géographie est une matière du tronc commun non concernée par le Grand Oral, vous pouvez quand même en profiter pour multiplier les occasions de prendre la parole : ce sera un moyen de vous entraîner et donc de vous rassurer pour cette épreuve que vous allez passer en fin d'année dans vos enseignements de spécialité.

ENTRAÎNEZ-VOUS !

Prendre la parole, ça s'apprend ! Votre préparation et vos entraînements vous permettront d'améliorer votre travail et de vous mettre en confiance. La réussite d'une prise de parole vient d'abord de votre maîtrise du contenu et d'un entraînement régulier.

Entraînez-vous régulièrement :
- à **maîtriser le temps**, en vous chronométrant ;
- **en classe avec vos professeurs, avec vos amis, votre famille**, devant un miroir, avec un smartphone, une montre...

Conseil

Entraînez-vous à plusieurs mais surtout, soyez bienveillants les uns envers les autres !

DÉDRAMATISEZ !

Prendre la parole en public, que ce soit pour un exposé ou pour le Grand Oral, n'est pas un concours d'éloquence, ni une performance.

On entend fréquemment :
- « *J'ai le trac...* » : le trac est normal, il vous permet de vous concentrer et de bien démarrer. Il disparaîtra vite car vous maîtrisez votre contenu.
- « *Je ne suis pas à l'aise à l'oral...* » : votre entraînement vous apportera plus d'aisance.
- « *Je ne sais pas quoi faire de mes jambes et de mes mains* » : ne surestimez pas l'importance du « non-verbal » ou des gestes parasites (ni même des tics verbaux). Concentrez-vous sur le contenu.
- « *Dois-je apprendre mes réponses par cœur ou les rédiger intégralement ?* » : ne changez pas vos habitudes, mais ne donnez pas l'impression de réciter.

Conseil

Rassurez-vous, les très bons orateurs vus à la télé ou sur Internet ont beaucoup d'expérience et ils cherchent à briller. Ça n'est pas ce qu'on vous demande. C'est la préparation et l'entraînement qui vous feront réussir.

ADOPTEZ UNE POSTURE SEREINE ET DES GESTES EXPRESSIFS

Faites simple : restez le plus naturel possible.

- **Ancrez-vous dans le sol**, les pieds bien droits et légèrement écartés, la tête haute, tournée vers l'auditoire. Conservez cette posture, évitez de vous balancer et ne bougez pas trop.
- **Ce sont vos mains qui vont parler pour vous**. Assurez-vous qu'elles sont propres.
- **Soyez naturel** avec vos mains, vous n'êtes ni une personnalité politique en campagne ni un mime ! Évitez de croiser les bras, ne gardez pas vos mains jointes, utilisez-les plutôt **pour appuyer ce que vous dites.**

Conseil

Apprenez à déceler vos gestes parasites. « Je me balance, je croise les jambes, je regarde le ciel ou en bas ou au fond de la salle ». Entraînez-vous à les combattre, mais ça n'est pas grave si vous n'y arrivez pas. Concentrez-vous sur autre chose : l'auditoire, le contenu...

PRÊTEZ ATTENTION À VOTRE VOIX

La voix est le premier instrument de l'orateur. Ses différentes composantes sont mêlées, mais vous pouvez en travailler les différents éléments.

- **Le volume**
Entraînez-vous à parler de manière **suffisamment audible**, puis **variez les volumes** (plus bas/plus fort) et les distances.

- **Le débit (vitesse/rythme)**
▶ Le rythme de votre prise de parole influera sur la qualité de sa réception.
▶ Vous attirerez et garderez l'attention en **variant votre débit** en fonction de vos propos. Par exemple, en parlant plus vite quand vous racontez une anecdote, moins vite quand vous arrivez en fin d'une sous-partie ou que vous voulez insister sur un point.
▶ Si vous avez l'habitude de parler vite, ce sera difficile à modifier. Dans ce cas, évitez les phrases trop longues et, surtout, faites des pauses !

- **L'intonation**
C'est le ton que vous prendrez pour vous adresser à votre auditoire, en accord avec le texte. Entraînez-vous à bien l'adapter à différents contenus et surtout à le varier pour **éviter la monotonie**.

Conseil

Ne commencez pas à parler dès qu'on vous donne la parole. Silence, d'abord. Vous attirerez l'attention et vous en profiterez pour respirer un grand coup. Les pauses vous permettent de marquer le début ou la fin d'une sous-partie, de réfléchir avant de répondre, et d'attirer l'attention sur ce que vous allez dire ensuite.

SOIGNEZ VOTRE VOCABULAIRE

Même si vous n'en avez pas toujours conscience, il se peut que vous utilisiez un langage trop familier, trop quotidien.

- **Éliminez** tous les termes qui vous paraissent **relever d'un langage trop familier**. Même si ce n'est pas toujours facile, essayez de bannir vos tics de langage (*ben, comment, euh, de base, trop, carrément, en mode, bof...*).

- **Employez des termes précis** : vous devez connaître les définitions de toutes les notions que vous employez.

- **Vous pouvez nuancer votre réponse** en utilisant des modalisateurs (« *Il m'a semblé... / J'ai trouvé... / J'ai apprécié... / En revanche...* »).

Conseil

Entraînez-vous à plusieurs : un élève présente son exposé, les autres relèvent les mots issus d'un langage trop familier. Cherchez ensemble des synonymes ou des expressions plus adaptés.

REGARDEZ ET SOURIEZ

Créez un lien visuel avec l'auditoire dès le début.

- **Souriez régulièrement**, c'est un ingrédient important d'un oral réussi.

- Entraînez-vous à regarder votre public plutôt que vos pieds ou le plafond. Vous pouvez fixer votre regard sur plusieurs personnes, en alternant. Cela permettra d'attirer l'attention.

Conseil

Pensez à saluer l'auditoire en commençant et à le remercier en terminant.

INSPIREZ-VOUS !

- **Vous pouvez regarder des vidéos** pour les analyser et y trouver de bonnes idées. Rendez-vous sur le site Nathan pour trouver des exemples de vidéos de présentation du Grand Oral. Vous pouvez aussi visionner les conférences TED, « Ma thèse en 180 s », des discours politiques, même en langue étrangère pour n'étudier que les postures et les gestes.
- **Attention** : les personnes que vous verrez sont bien plus âgées que vous et hyper entraînées. Ne vous dites pas : « Je ne pourrai jamais faire ça ! »

Vidéo
Nathan GRAND ORAL

ORGANISER SES RÉVISIONS

Pour réussir vos épreuves, il faut vous organiser à l'avance et commencer tôt les révisions ! En effet, réviser son bac ne se prépare pas à la dernière minute. C'est un travail qui débute dès les premières semaines de septembre. Voici quelques pistes qui pourront vous aider.

1 TRAVAILLER RÉGULIÈREMENT ET AVEC RIGUEUR, EN CLASSE COMME À LA MAISON

- Dès le début de l'année, vous devez veiller à :
  - être attentif et concentré en classe ;
  - participer et poser des questions ;
  - prendre la parole régulièrement pour vous entraîner au Grand oral de Terminale.

Les avantages de cette méthode

- Votre implication permettra d'éviter le stress de dernière minute.
- Travailler régulièrement allège votre travail de révision.

2 ORGANISER UN PLANNING DE RÉVISION

- Commencez par lister tous les chapitres ou thèmes à revoir dans chaque matière, puis, dans un tableau hebdomadaire, placez les révisions qu'il faudra effectuer.
- La première série d'épreuves a lieu fin mars, il faut donc commencer à réviser dès le début de l'année scolaire !
- Soyez réaliste, n'envisagez pas de longues ou de nombreuses séances de révisions si vous savez que votre planning ou votre capacité à travailler ne le permettra pas.
- Chaque jour, mixez les matières que vous révisez. Vous vous lasserez moins et aurez moins de pression.
- Lors des vacances scolaires ou le week-end, augmentez le volume de vos séances de révision, car vous avez plus de temps. Les quelques semaines avant les épreuves, le volume horaire des révisions devra être plus important : passez de 4 à 6 séances de travail par jour au moins.

Conseil

Cochez au fur et à mesure sur votre planning le travail effectué. Vous prendrez conscience de l'avancée de vos révisions, ce qui est plutôt encourageant, et planifierez à nouveau le travail non fait.

3 CRÉER DE BONNES CONDITIONS DE TRAVAIL

- **Réviser en équipe est un moyen efficace pour se motiver.** Créez des fiches de révision en groupe, interrogez-vous mutuellement, organisez des séances de révision à plusieurs, mutualisez vos cours et vos outils de révisions. Vous profiterez ainsi des compétences de chacun.

- **Détendez-vous !**
  ▸ **Des pauses** sont nécessaires pendant les périodes de révision : il faut s'aérer le corps et l'esprit, penser à autre chose. Faites du sport, regardez un film ou une série, sortez avec vos amis, pratiquez des exercices de relaxation ou de respiration... **Pensez à le faire quotidiennement**.

Les avantages de cette méthode

À plusieurs, il est plus facile de se motiver. Vous appréhenderez moins vos séances de révision.

Les avantages de cette méthode

Un esprit sain dans un corps sain est le meilleur moyen d'affronter sereinement les épreuves du bac : mangez bien et accordez-vous un temps de sommeil suffisant.

LES ÉPREUVES COMMUNES DE CONTRÔLE CONTINU DE TERMINALE EN HISTOIRE-GÉOGRAPHIE

BAC

Deux parties :
- Question problématisée 10 PTS
- Analyse de document(s) OU Réalisation d'une production graphique 10 PTS

Si la première partie du sujet porte sur l'Histoire, la seconde porte sur la Géographie et inversement.

2 h — coeff. 5 — 3e trimestre

OBJECTIFS DE L'ÉVALUATION

Les épreuves communes de contrôle continu ont pour objectif d'évaluer votre aptitude à :
- mobiliser, au service d'une réflexion historique et géographique, des connaissances fondamentales pour la compréhension du monde et la formation civique et culturelle du citoyen ;
- rédiger des réponses construites et argumentées, montrant une maîtrise correcte de la langue ;
- exploiter, organiser et confronter des informations ;
- analyser un document de source et de nature diverses ;
- comprendre, interpréter et pratiquer différents langages graphiques.

L'ÉPREUVE

Cette épreuve comprend **deux parties**. Les deux sujets sont obligatoires : l'un porte sur l'Histoire, l'autre sur la Géographie.

PARTIE 1 – Réponse à une question problématisée 10 PTS

Il s'agit d'une réponse rédigée et construite. Vous devez montrer que vous avez acquis des capacités d'analyse, que vous maîtrisez des connaissances, savez les sélectionner et les organiser de manière à répondre à la problématique de la question.

En Terminale, contrairement aux épreuves de Première, l'intitulé de la question ne suggère pas les éléments de construction de la réponse.

PARTIE 2 10 PTS

Analyse de document(s)

L'analyse de document(s) est accompagnée d'une consigne suggérant une problématique. Le ou les document(s), en Histoire comme en Géographie, comporte(nt) un titre et, si nécessaire, un nombre limité de notes explicatives.

En Terminale, si la consigne suggère une problématique, elle ne donne pas, contrairement aux épreuves de Première, les éléments de construction de l'analyse.

OU

Réalisation d'une production graphique

Lorsque la production graphique est un croquis, ce croquis est réalisé à partir d'un texte élaboré pour l'exercice qui présente une situation géographique. Un fond de carte est fourni.
Vous devez faire preuve d'une plus grande autonomie qu'en Première pour identifier, organiser et hiérarchiser les éléments à représenter et construire la légende.
Dans le cas d'une autre production graphique, les consignes et les données servant à l'élaboration de cette production sont fournies avec l'exercice.

En Terminale, contrairement aux épreuves de Première, le texte ne comporte pas de sous-titres qui indiquent les grandes orientations pour la réalisation du croquis et la construction de la légende.

BAC

RÉPONSE À UNE QUESTION PROBLÉMATISÉE

1 h

Étape 1
Analyser la question

Étape 2
Mobiliser et organiser ses connaissances

Étape 3
Rédiger la réponse à la question

Travail préparatoire au brouillon → Travail au propre sur la copie → Relecture

ÉTAPE 1 ANALYSER LA QUESTION PROBLÉMATISÉE

AU BROUILLON

La question constitue la problématique à laquelle le devoir doit répondre. Il faut donc bien l'analyser pour ne pas se tromper.

Pourquoi la France est-elle une puissance maritime inégale ?

- Pourquoi : Mot interrogatif qui oriente l'étude et le type de réponse attendue
- la France : Échelle du sujet
- puissance maritime : Notion à définir
- inégale : Ce terme indique l'existence de points forts et de points faibles.

ÉTAPE 2 MOBILISER ET ORGANISER SES CONNAISSANCES

AU BROUILLON

À l'inverse des sujets proposés en Première, ceux de Terminale ne suggèrent pas les grandes lignes du plan : il vous faut proposer, à l'aide de vos connaissances, les grandes idées qui vont vous permettre de répondre à la problématique. Votre plan peut regrouper deux ou trois parties, en fonction de la question.

Mobiliser ses connaissances

Dresser la liste de vos connaissances personnelles :
- Notions
- Faits, idées
- Données chiffrées
- Exemples à utiliser

Organiser →

Construire le plan détaillé

1. Idée clé
- Arguments
- Exemples

2. Idée clé
- Arguments
- Exemples

3. Idée clé
- Arguments
- Exemples

BAC

ÉTAPE 3 RÉDIGER LA RÉPONSE À LA QUESTION

SUR VOTRE COPIE

ÉTAPE 1 Rédiger l'introduction

Marquer un alinéa

La puissance maritime se définit par la capacité d'un État à s'assurer d'une influence durable sur l'ensemble du domaine maritime mondial, à la fois en termes militaires et stratégiques, mais aussi économiques.

La puissance maritime de la France repose sur les atouts d'un vaste domaine maritime, mais présente des faiblesses.

Présenter le thème de la question ; définir la notion centrale

Énoncer le plan

ÉTAPE 2 Rédiger le développement en deux ou trois parties

Marquer un alinéa au début de chaque partie

Revenir à la ligne pour chaque sous-partie

Sauter une ligne entre chaque partie

Commencer par une phrase énonçant l'idée clé de la première partie.
Sous-partie 1 : développer l'argument 1 et l'illustrer par des exemples.
Sous-partie 2 : développer l'argument 2 et l'illustrer par des exemples.
Faire une transition

Rédiger une phrase énonçant l'idée clé de la deuxième partie.
Sous-partie 1 : développer l'argument 1 et l'illustrer par des exemples.
Sous-partie 2 : développer l'argument 2 et l'illustrer par des exemples.
Faire une transition

Rédiger une phrase énonçant l'idée clé de la troisième partie.
Sous-partie 1 : développer l'argument 1 et l'illustrer par des exemples.
Sous-partie 2 : développer l'argument 2 et l'illustrer par des exemples.
Faire une transition

ÉTAPE 3 Rédiger une courte conclusion

La puissance maritime de la France est contrastée. Cette puissance est avant tout spatiale et repose sur l'immense potentiel que lui confèrent son domaine maritime et ses ressources. L'économie maritime française souffre globalement d'une sous-valorisation et d'un manque de compétitivité dans la mondialisation.

Bilan du développement

BAC

ANALYSE DE DOCUMENT(S)

1 h

Étape 1 Analyser la consigne → Travail préparatoire au brouillon

Étape 2 Identifier le(s) document(s) → Travail préparatoire au brouillon

Étape 3 Exploiter les informations → Travail préparatoire au brouillon

Étape 4 Organiser ses idées → Travail préparatoire au brouillon

Étape 5 Rédiger la réponse à la consigne → Travail au propre sur la copie

Travail préparatoire au brouillon → Travail au propre sur la copie → Relecture

ÉTAPE 1 ANALYSER LA CONSIGNE

AU BROUILLON

✓ Vous devez expliciter les informations du (des) document(s) avec vos connaissances personnelles.

✓ La problématique est suggérée par l'énoncé du sujet.

ÉTAPE 2 IDENTIFIER LES DOCUMENTS

AU BROUILLON

✓ Chaque document doit être au cœur de la consigne. Il faut donc l'identifier de manière précise.

✓ Pour cela, vous devez définir la nature, la source, la date, le thème et la localisation de chaque document. En géographie, la nature des documents est très variée : il peut s'agir d'un texte, d'une photographie, d'une carte, de statistiques…

Texte	• Identifiez la source, la date, l'auteur du texte et sa nature : article de presse, revue scientifique, texte de loi, extrait d'ouvrage…	• Relevez les mots clés, les idées et les arguments de l'auteur. • Montrez l'intérêt et les éventuelles limites de texte.
Carte	• Définissez le thème de la carte. Quel est l'espace concerné ? • Exploitez la légende et définissez les termes employés.	• Mettez en avant des contrastes, des concentrations, des flux… • Évoquez les facteurs économiques, historiques, naturels.
Données statistiques	• Déterminez les thèmes sur lesquels portent les données, les indicateurs et unités de mesure. • Repérez la source des données et leurs dates.	• Relevez les données les plus fortes et les plus faibles. • Présentez les grandes évolutions, comparez par période… • Expliquez les évolutions observées et montrez l'intérêt, voire les limites de ces statistiques.
Image	• Identifiez la nature de l'image (photographie, affiche promotionnelle, dessin) et le thème. • Décrivez le paysage, les personnages, les objets, le rapport texte/image.	• Analysez les différents plans, les arguments (pour une affiche)… • Portez un regard critique : quels sont les enjeux spatiaux ? Les arguments sont-ils fondés, pertinents ?

ÉTAPE 3 EXPLOITER LES INFORMATIONS

AU BROUILLON

Analyser les documents

- Informations répondant au sujet
- Notions à définir

Confronter les documents

Si le sujet comporte deux documents :

- Informations répondant au sujet
- Les informations des documents se complètent-elles ? S'opposent-elles ?

ÉTAPE 4 ORGANISER SES IDÉES

AU BROUILLON

Informations fournies par les documents

Voir étape 3

Connaissances personnelles

Vous devez utiliser vos connaissances pour expliquer les informations, l'intérêt et les limites du ou des document(s)

Plan

Dégagez les deux ou trois idées clés à partir de l'analyse

1. Idée clé
- Arguments
- Exemples

2. Idée clé
- Arguments
- Exemples

ÉTAPE 5 RÉPONDRE À LA CONSIGNE

SUR VOTRE COPIE

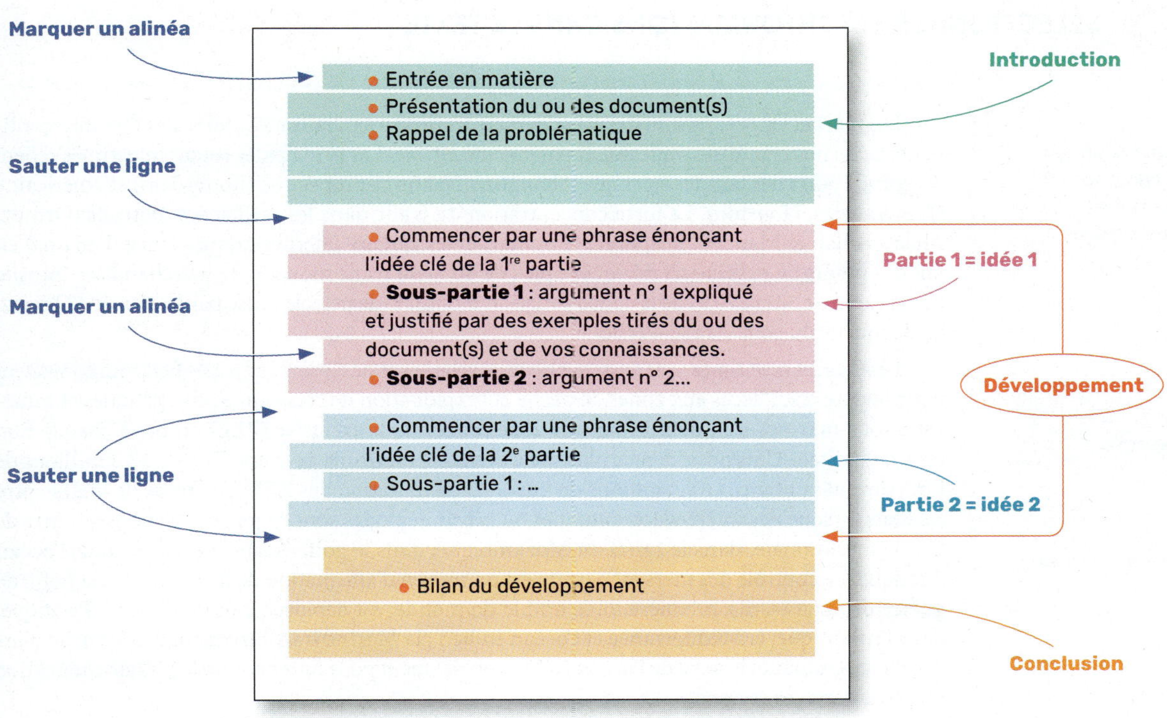

BAC

RÉALISATION D'UN CROQUIS

1 h

Étape 1
Déterminer l'objectif du croquis

Étape 3
Classer les informations et choisir les figurés

Étape 4
Réaliser le croquis

Travail préparatoire au brouillon → Travail au propre sur la copie → Relecture

Étape 2
Sélectionner les informations dans le texte

ÉTAPE 1 DÉTERMINER L'OBJECTIF DU CROQUIS

AU BROUILLON

Les espaces maritimes, vecteurs de la mondialisation et sources de tensions

- espaces maritimes → Thème principal : espaces concernés par le sujet
- vecteurs → Supports, transmetteurs
- mondialisation → Notion à définir
- sources de tensions → Lieux et facteurs de rivalité

ÉTAPE 2 SÉLECTIONNER LES INFORMATIONS DANS LE TEXTE

AU BROUILLON

La première phrase du paragraphe indique l'idée principale d'une partie

Informations à représenter

Les lieux concernés

Les mers et les océans sont des espaces majeurs de la mondialisation. 90 % des flux intercontinentaux de marchandises s'effectuent par voie maritime. Les principales routes maritimes relient les grands ports des façades asiatique (Shanghai, Tianjin), européenne (Rotterdam) et américaine (Los Angeles, Houston). La forte concentration du trafic dans les principaux détroits (Ormuz, Malacca, Bab el-Mandeb, Bosphore, Gibraltar) et les canaux interocéaniques (Suez, Panama) en fait des points de passage stratégiques : plus de 40 % du trafic mondial de marchandises transite par le canal de Suez ; 20 % de la consommation mondiale de pétrole passe par le détroit d'Ormuz, au débouché du golfe Arabo-Persique.

Les espaces maritimes sont aussi des lieux de rivalités et de tensions entre les États qui convoitent leurs ressources. L'accès aux zones de pêche et l'exploitation des ressources énergétiques et minérales sous-marines sont définis par une zone économique exclusive (ZEE) propre à chaque État côtier. Les États-Unis possèdent le plus vaste domaine maritime avec une ZEE de 12,2 millions de km^2, devant la France (10,1 millions de km^2). La délimitation des ZEE fait l'objet de litiges entre les États lorsque des intérêts économiques ou géostratégiques sont en jeu, par exemple en mer de Chine méridionale, dans le canal du Mozambique, dans le golfe Arabo-Persique, dans l'océan Arctique. Le contrôle des mers est devenu un moyen d'affirmation de la puissance : la flotte de guerre des États-Unis, première force navale du monde, est déployée dans le nord du Pacifique, dans l'Atlantique, la Méditerranée et l'océan Indien ; la Marine française est opérationnelle dans le golfe de Guinée et le nord de l'océan Indien, notamment pour lutter contre la piraterie maritime qui sévit dans ces régions.

ÉTAPE 3 CLASSER LES INFORMATIONS ET CHOISIR LES FIGURÉS

AU BROUILLON

Choisir des figurés cohérents

Classer les informations

A. Titre partie 1

- ....
- ....
- ....

B. Titre partie 2

- ....
- ....
- ....

C. Titre partie 3

- ....
- ....
- ....

Le langage cartographique

	LES FIGURÉS PONCTUELS	LES FIGURÉS DE SURFACE	LES FIGURÉS LINÉAIRES
Pour représenter des informations	Ville; Usine; Aéroport; Port; Tunnel, col; Lieu fermé	Zone peuplée; Espace agricole; Région industrielle; Dynamisme régional	Flux migratoire; Exportation; Voie ferrée; Axe de communication; Limite; Cours d'eau
Pour hiérarchiser des informations (faire varier la taille, la couleur, l'épaisseur des traits)	*Exemple : la taille des villes* faible → forte; *Exemple : la taille des ports* Majeur, Secondaire; *Exemple : la croissance des villes* Négative, Positive	*Exemple : la densité de population* – → + ou – → +; *Exemple : l'évolution de la population* – ← o → +	*Exemple : le trafic de marchandises* faible, moyen, fort; *Exemple : les axes de communication* Majeur, Secondaire; *Exemple : les limites administratives* État, Région, Département; *Exemple : les tracés naturels* Fleuve, Rivière
Pour différencier des informations	*Exemple : les activités industrielles* Usine chimique, Usine textile, Usine automobile; *Exemple : les transports* Port, Aéroport	*Exemple : l'agriculture* Élevage, Vignes, Céréales; *Exemple : l'occupation du sol* Forêt, Cultures, Marais	*Exemple : les échanges de marchandises* Importations, Exportations; *Exemple : les flux* Capitaux, Personnes; *Exemple : les axes de communication* Route, Voie ferrée, Canal; *Exemple : les tracés naturels* Rivière, Escarpement
	Il est possible de représenter deux informations différentes en superposant la couleur et les hachures.		

ÉTAPE 4 RÉALISER LE CROQUIS

SUR VOTRE COPIE

Donnez un titre au croquis et soignez la présentation.

- + Fond de carte fourni
- + Cadre pour la légende sur une feuille à part

Géolocalisation
Hambourg
ALLEMAGNE
TERMINAL BURCHARDKAI
TERMINAL BURCHARDKAI
TERMINAL BURCHARDKAI
TERMINAL BURCHARDKAI
CMA CGM

THÈME 1

Mers et océans : au cœur de la mondialisation

Les mers et les océans contribuent à la maritimisation des économies, à l'intensification des échanges commerciaux et constituent des espaces ressources. Les questions d'exploitation de ces espaces, d'appropriation, de protection et de liberté de circulation sont sources de tensions géopolitiques. Les espaces maritimes représentent des enjeux pour la France qui aspire au statut de puissance maritime grâce à ses territoires ultramarins.

Comment les espaces maritimes s'insèrent-ils dans la mondialisation ?

Le porte-conteneurs français *Antoine de Saint-Exupéry* (armateur CMA-CGM) dans le port de Hambourg (Allemagne), mars 2018.

Pour entrer dans le thème

Mers et océans : au cœur de la mondialisation

VU AU COLLÈGE ET EN 1re

- **en 4e** • Mers et océans : un monde maritimisé
- **en 3e** • Aménager les territoires ultramarins français
- **en 1re** • Métropolisation, littoralisation des espaces productifs et accroissement des flux

Cours du collège et de 1re

A Vérifier ses repères géographiques

doc. 1 Les échanges maritimes dans le monde

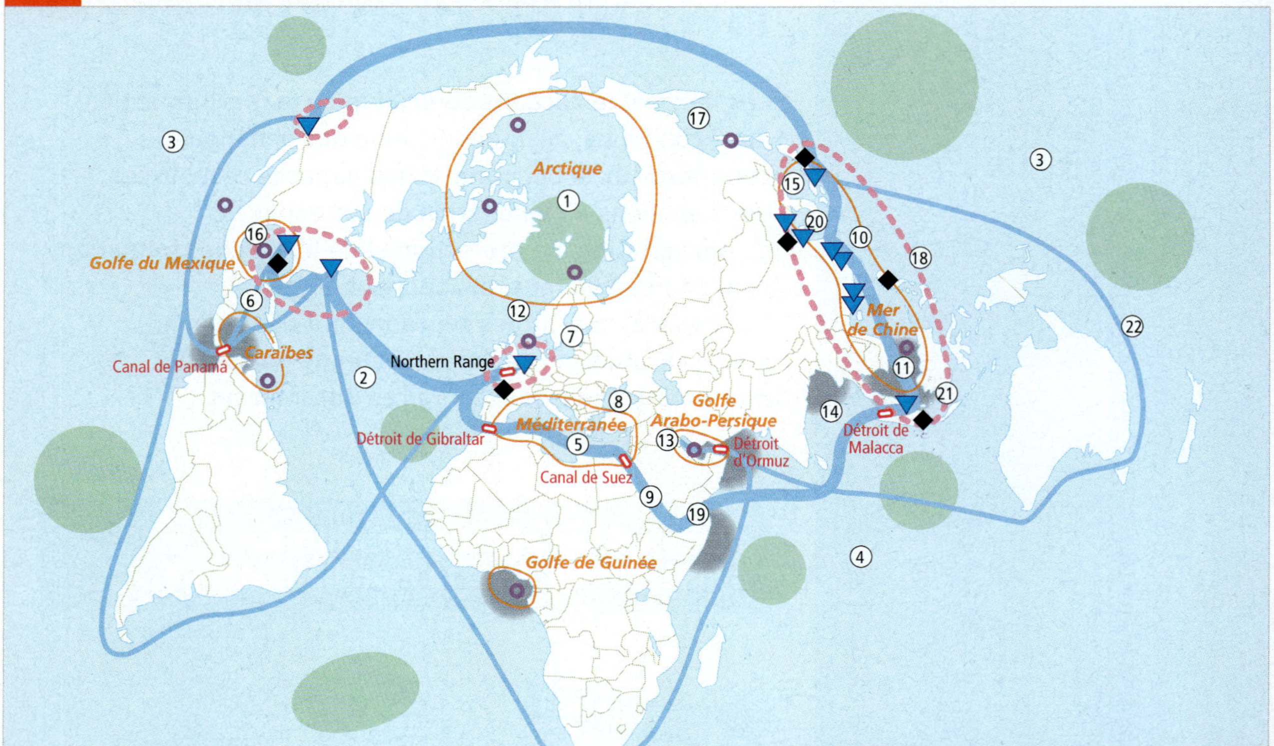

Sources : *Documentation française, Documentation photographique*, Géoconfluences.fr 2020.

1. Mers et océans, des espaces de circulation
- Principales routes maritimes
- Principales façades maritimes
- Principaux ports
- Principaux passages

2. Des espaces exploités et fragiles
- Principales zones de pêche
- Gisements d'hydrocarbures offshore
- Principales marées noires

3. Des espaces exploités et fragiles
- Espaces maritimes au cœur de tensions
- Principales zones de piraterie maritime

EXO Exercice interactif

1 **Localisez et associez les numéros sur la carte ci-dessus avec les mers et les océans de la liste suivante :**

a. Les principaux espaces maritimes :

Océan Indien | Océan Pacifique | Océan Atlantique | Océan Arctique

Mer Baltique | Mer Méditerranée | Mer du Nord | Mer de Chine méridionale | Mer des Caraïbes | Mer de Chine orientale | Mer Noire | Mer Rouge

b. Et pour aller plus loin… Localisez et associez les espaces maritimes secondaires suivants :

Golfe d'Aden | Golfe du Bengale | Golfe du Mexique | Golfe Arabo-Persique

Mer du Japon (Mer de l'Est) | Mer de Corail | Mer de Java | Mer Jaune | Mer d'Okhotsk | Mer des Philippines

2 **Localisez les façades maritimes qui concentrent les principaux ports mondiaux.**

3 **Citez les continents qui apparaissent à l'écart des grandes routes du commerce maritime mondial.**

doc. 2 La France : mers et océan

EXO Exercice interactif

4 Localisez et placez sur la carte ci-contre :

a. Les mers et les océans suivants :

Manche | Océan Atlantique | Océan Indien | Mer du Nord | Mer Méditerranée | Mer des Caraïbes

b. Et pour aller plus loin…
Les mers et points de passage suivants :

Golfe de Gascogne | Golfe du Lion | Cap Griz-Nez | Cap Cerbère | Rail d'Ouessant

5 Localisez et placez sur la carte ci-dessous les territoires ultramarins suivants :

Saint-Martin | Saint-Pierre-et-Miquelon | Polynésie française | Guadeloupe | Martinique | Guyane | Nouvelle-Calédonie | Saint-Barthélemy | Mayotte | TAAF | Wallis-et-Futuna | La Réunion | Clipperton

doc. 3 La France ultramarine au cœur des mers et océans de la planète

EXO Exercice interactif

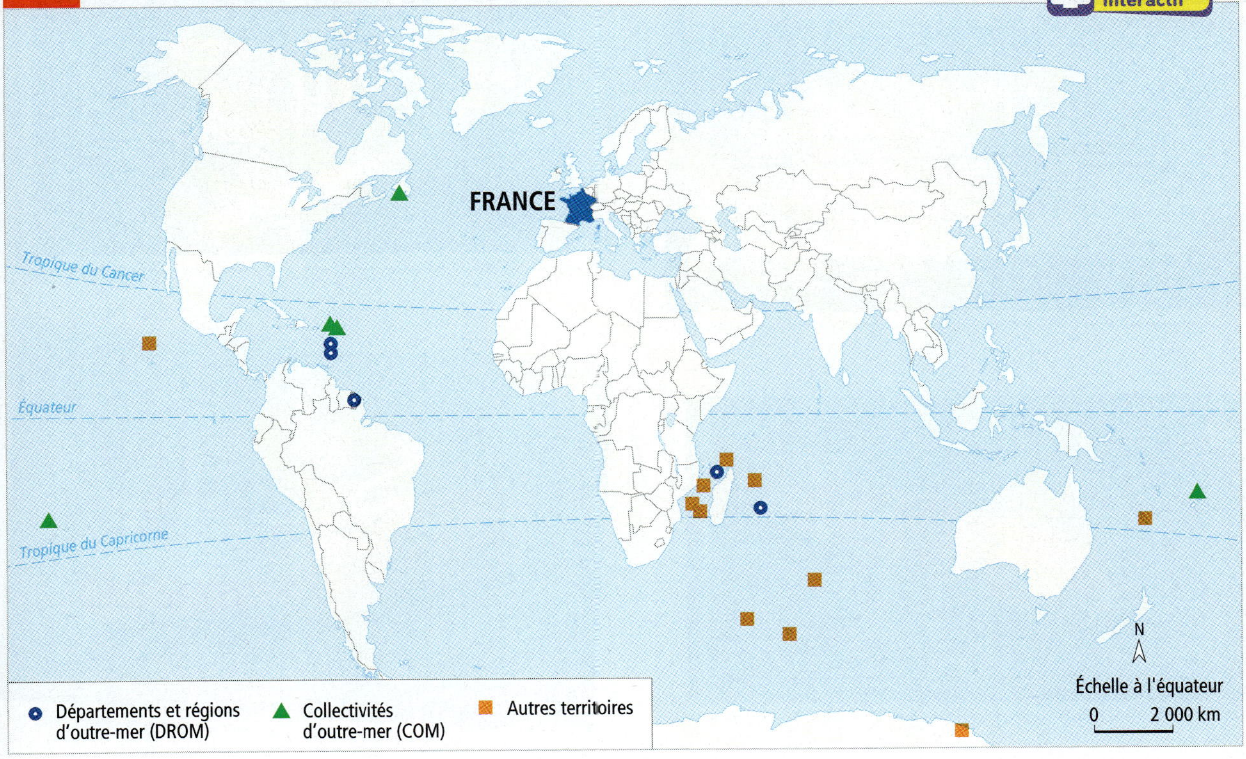

B Tester ses connaissances

EXO Version interactive des exercices

6 Le détroit permettant de passer de l'océan Atlantique à la mer Méditerranée se nomme le :

a détroit de Gibraltar
b détroit de Malacca
c détroit de Béring

7 Le port européen qui dispose du plus important trafic de marchandises est :

a Anvers
b Rotterdam
c Marseille

8 La superficie totale des mers et des océans représente … de la planète.

a 51 %
b 71 %
c 91 %

9 Le canal permettant de passer de la mer Méditerranée à la mer Rouge est le :

a canal de Panama
b canal de Suez
c canal de Beagles

10 Un conteneur se définit comme :

a un caisson métallique de transport aux dimensions standardisées
b un bateau spécialisé équipé pour le transport de marchandises
c un espace portuaire où sont contenues des marchandises échangées

11 La distance des 200 milles marins d'une ZEE (zone économique exclusive) correspond à :

a 170 km
b 270 km
c 370 km

12 Associez chaque photographie à un type de navire :

a. Porte-conteneurs
b. Pétrolier (supertanker)
c. Chalutier
d. Navire de croisière
e. Méthanier

1

2

3

4

5

C Mobiliser le vocabulaire et les notions

13 Reliez chaque mot à sa définition :

a. Isthme	1. Bande de terre étroite entre deux mers.
b. Archipel	2. Voie navigable artificielle.
c. Conteneur	3. Grande caisse métallique, de dimension standard, utilisée pour transporter des marchandises diverses (produits manufacturés).
d. Canal	4. Ressources de la pêche.
e. Détroit	5. Ensemble d'îles.
f. Océan	6. Bras de mer entre deux terres.
g. Façade maritime	7. Région littorale formée de plusieurs grands ports proches.
h. Ressources halieutiques	8. Vaste étendue d'eau salée qui couvre une grande partie de la surface du globe terrestre.
i. Territoire ultramarin	9. Territoire situé en dehors du continent, éloigné de la métropole.

D Expliquer des situations géographiques

doc. 4 Le port de Dunkerque (2019)

14 En vous appuyant sur la photographie ci-dessus, décrivez et expliquez en quelques phrases les situations géographiques suivantes : ORAL

a. Les mers et les océans contribuent à intégrer les territoires dans la mondialisation des échanges.
b. Les espaces portuaires sont des interfaces entre les espaces maritimes et les espaces continentaux.
c. Les grands ports sont des espaces polyfonctionnels.
d. La mondialisation participe à l'extension des espaces portuaires.

THÈME 1

CHAPITRE 1 Mers et océans : au cœur de la mondialisation

Pourquoi les mers et les océans sont-ils devenus des espaces majeurs de la mondialisation et sources de nombreux enjeux entre États ?

Textes DYS
TOUS LES TEXTES EN VERSION DYS
lyceen.nathan.fr/geoterm-2020

SOMMAIRE

Zoom sur...

L'éolien offshore

Capacité mondiale installée (2018)	23 gigawatts
Principaux pays producteurs	Royaume-Uni (34 %) Allemagne (27 %) Chine (20 %)
Part de l'électricité mondiale produite	0,3 %

Source : Global Wind Report, CWEC, 2019.

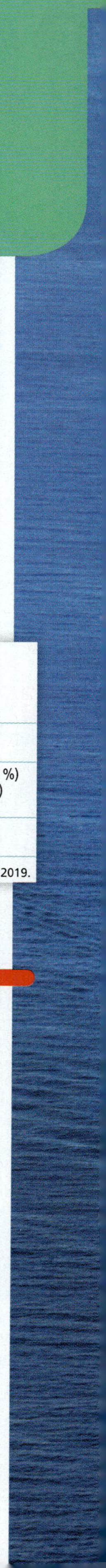

Parc éolien au large des côtes de Blackpool (Royaume-Uni), septembre 2018.

Pour entrer dans le chapitre

« Le plus grand champ éolien du monde inauguré en mer d'Irlande »,
BFMTV, 6 septembre 2018.

Vidéo

Géolocalisation

Étude de cas

Le golfe Arabo-Persique : un espace au cœur des enjeux contemporains

Zoom sur…

▶ Le golfe Arabo-Persique

Superficie	240 000 km²
Nombre de pays riverains	8
Population riveraine (est.)	32 millions d'hab. (2020)

➔ **Pourquoi le golfe Arabo-Persique est-il un espace maritime sous tension ?**

1 Un espace maritime au cœur d'échanges et de tensions

Parole de géographe

Le golfe Arabo-Persique est une mer bordière[1] de l'océan Indien qui communique par le détroit d'Ormuz avec le golfe d'Oman, autre mer bordière de cet océan. Depuis l'Antiquité, le Golfe s'articule à l'océan Indien, à la mer Rouge et au-delà à la Méditerranée, grâce aux ports, mais aussi aux oasis des déserts par lesquels s'effectuent les échanges. Le Golfe est ainsi une interface entre ses deux rives, tantôt réunies, tantôt opposées. Il est un espace de circulation des personnes, des biens, des idées entre Orient et Occident, bien plus qu'un fossé séparant monde arabe et monde persan.

Cette situation stratégique est renforcée à partir du XXe siècle par l'exploitation des hydrocarbures, jusqu'à en faire un enjeu international majeur et le théâtre de tensions ou de conflits combinant facteurs nationaux, régionaux et mondiaux. Tandis que les eaux du Golfe sont parcourues par des centaines de pétroliers, méthaniers et porte-conteneurs, des villes ultramodernes comme Dubaï, Abu Dhabi ou Doha deviennent de riches centres d'affaires et attirent les touristes du monde entier. […]

Au cours des dernières décennies, la montée des tensions sur le marché mondial des hydrocarbures, largement liée au développement industriel de l'Asie, a exacerbé les rivalités entre les divers États autour du Golfe.

Philippe Cadène, professeur d'université, spécialiste du golfe Arabo-Persique, 2020.

1. Mer située en bordure de continent, ouverte sur un océan dont elle est l'extension naturelle.

Les Echos

Les Echos WEEK-END — Un chef sur les sommets

Les Echos PATRIMOINE — // PAGES 40 À 44

Pétrole : alerte et regain de tension dans le Golfe

● L'attaque de navires pétroliers près du détroit d'Ormuz a fait bondir les cours, stoppant la chute de ces dernières semaines provoquée par la guerre commerciale.
● Washington accuse Téhéran d'être directement « responsable » de cette attaque.

2 Une région sous tension

Une des *Échos*, 14 juin 2019.

▷ Vidéo — Pourquoi le détroit d'Ormuz est-il si stratégique ?

3 Les pays du Golfe producteurs d'hydrocarbures

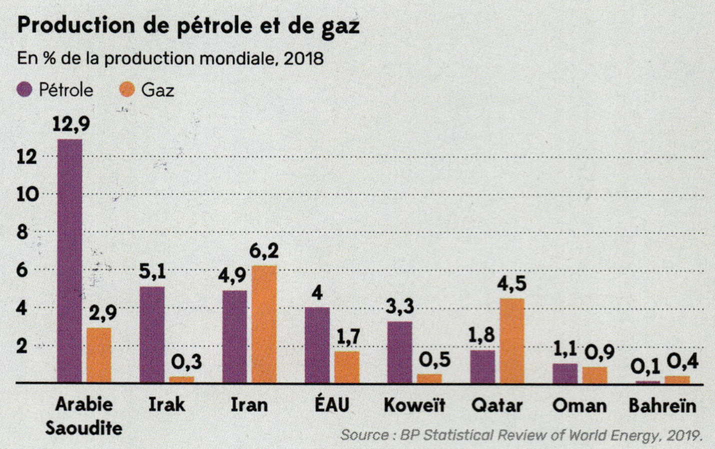

Source : BP Statistical Review of World Energy, 2019.

4 Les enjeux dans le golfe Arabo-Persique

Carte interactive

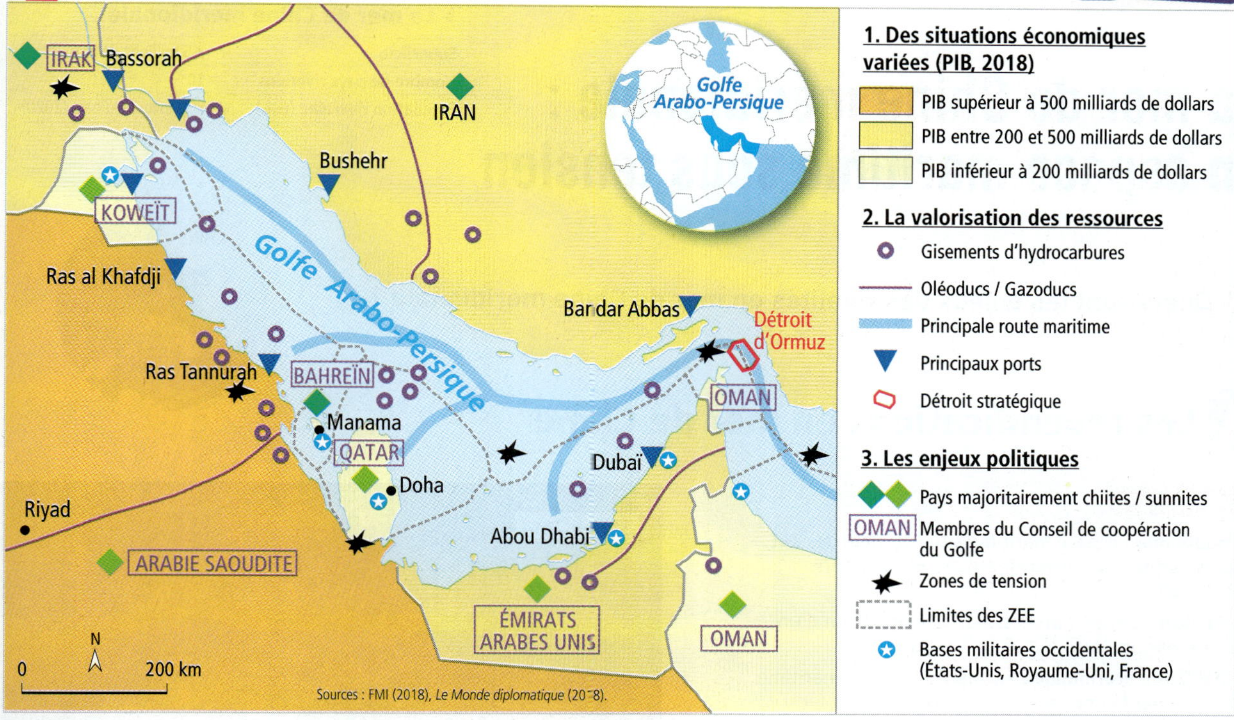

5 Des rivalités régionales

Parole de géographe

Les tensions religieuses entre sunnites et chiites ne sont que l'expression la plus visible des rivalités entre l'Arabie Saoudite et l'Iran, deux États qui aspirent à asseoir leur puissance au niveau régional […].

Les Arabes et les Perses ont dominé de vastes territoires et se sont retrouvés dans des rapports de soumissions, d'hostilité ou de rivalités à de nombreuses reprises au cours de l'histoire […]. La guerre [entre l'Iran et l'Irak] a conduit à la création du Conseil de coopération du Golfe (CCG) le 25 mai 1981 par l'Arabie Saoudite, Bahreïn, les Émirats arabes unis, le Koweït, Oman et le Qatar[1]. Il est d'abord une organisation de sécurité collective, dont l'objectif est de prémunir ses membres de l'expansionnisme iranien. [Mais] le Conseil représente au final une simple structure de coopération qui fait montre de solidarité et de cohésion en cas de menaces extérieures, mais dont l'efficacité fait le plus souvent défaut en raison de divergences d'intérêts et des rivalités entre les États membres […].

La demande de sécurité auprès des États-Unis, première puissance militaire au monde, émane des États de la région, Arabie Saoudite en tête […]. Depuis les années 1950, les États-Unis ont établi des bases militaires avant tout navales et aéronavales dans tous les pays arabes du Golfe […].

Frank Tétart, spécialiste du Moyen-Orient, *La Péninsule arabique : cœur géopolitique du Moyen-Orient*, Armand Colin, coll. « U », 2017.

1. Depuis le 6 juin 2017, les pays du CCG ont rompu leurs relations diplomatiques avec le Qatar, accusant ce dernier de financer le terrorisme dans la région.

Questions

Itinéraire 1

Répondre aux questions

1. **Relevez** les ressources importantes dont dispose le golfe Arabo-Persique. **doc. 1, 3 et 4**
2. **Décrivez** et **analysez** l'origine et la nature des tensions dans cette région. **doc. 1, 2, 4 et 5**
3. **Montrez** que le golfe Arabo-Persique est un espace maritime aux enjeux stratégiques mondiaux. **doc. 2, 3 et 5**

Synthétiser

4. **Expliquez** pourquoi le golfe Arabo-Persique est un espace maritime sous tension. **Argumentez** en présentant les différents enjeux – régionaux et mondiaux – au cœur de cet espace. **doc. 1 à 5**

ou

Itinéraire 2

Aide et méthode

Réaliser un dossier d'actualité

- Effectuez des recherches sur Internet en vous aidant des documents 1 à 5.
- Collectez des articles de presse récents.
- Vous pouvez aborder les thèmes suivants :
  – Des atouts et des ressources
  – Un espace sous tension
  – Un espace de coopération fragile

Croquis de l'étude de cas

▶ p. 46

Étude de cas

La mer de Chine méridionale : un espace maritime sous tension

Zoom sur...

▸ La mer de Chine méridionale

Superficie	3,5 millions de km²
Nombre de pays riverains	10
Population riveraine (est.)	380 millions d'hab. (2020)

Quels sont les enjeux des rivalités en mer de Chine méridionale ?

A Les revendications en mer de Chine

Vocabulaire

- **Haute mer :** espace maritime situé au-delà des ZEE, non soumise à la souveraineté des États côtiers. Voir p. 90.
- **Territorialisation :** processus d'appropriation d'un espace par un État.
- **ZEE (Zone économique exclusive) :** espace maritime délimité par la Convention des Nations unies sur le droit de la mer qui s'étend sur 200 milles marins (370 km) à partir du littoral. Il accorde à l'État côtier la souveraineté sur les ressources qui s'y trouvent.

1 La territorialisation en mer de Chine

Parole de géographes

Les différends maritimes en mer de Chine méridionale se sont multipliés ces dernières années en lien avec la croissance économique des pays riverains, la montée des mouvements nationalistes, les craintes que suscite l'émergence de la République populaire de Chine, l'augmentation des dépenses militaires et les spéculations sur les ressources présentes dans cet espace maritime. Cependant, aucun des différends n'est nouveau étant donné que la plupart des espaces sont des zones de frictions entre États depuis plusieurs décennies, sinon des siècles dans certains cas [...].

Les querelles portent sur la souveraineté revendiquée par les différents protagonistes sur les différentes formations insulaires [...] et sur l'extension des espaces maritimes revendiqués par les États riverains [...]. Sept États (Chine, Taïwan, Philippines, Indonésie, Brunei, Malaisie, Vietnam) revendiquent une partie ou la totalité de cet espace maritime [...]. La Chine revendique entre 80 % et 90 % de la superficie de cette mer.

E. Mottet, F. Lasserre, B. Courmont, *Géopolitique de la mer de Chine méridionale : eaux troubles en Asie du Sud-Est*, Presses de l'Université du Québec, 2017.

E. Mottet et F. Lasserre sont professeurs de géographie au Canada. B. Courmont est directeur de recherches à l'Institut de relations internationales et stratégiques.

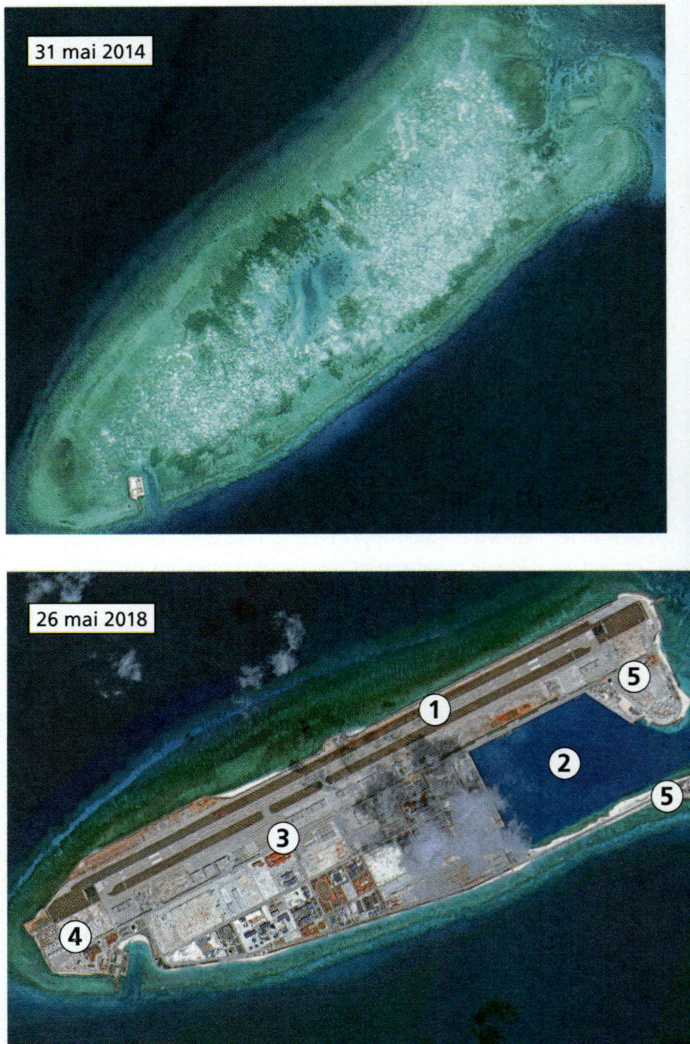

2 L'appropriation de l'îlot Fiery Cross par la Chine

Fiery Cross est situé dans l'archipel des Spratleys. La Chine le contrôle depuis 1988, l'a artificialisé et militarisé.

① Piste d'atterrissage
② Bassin portuaire
③ Hangars militaires
④ Stockage de missiles
⑤ Stations de radars

Vidéo

3 Un partage difficile malgré le droit de la mer

Carte interactive

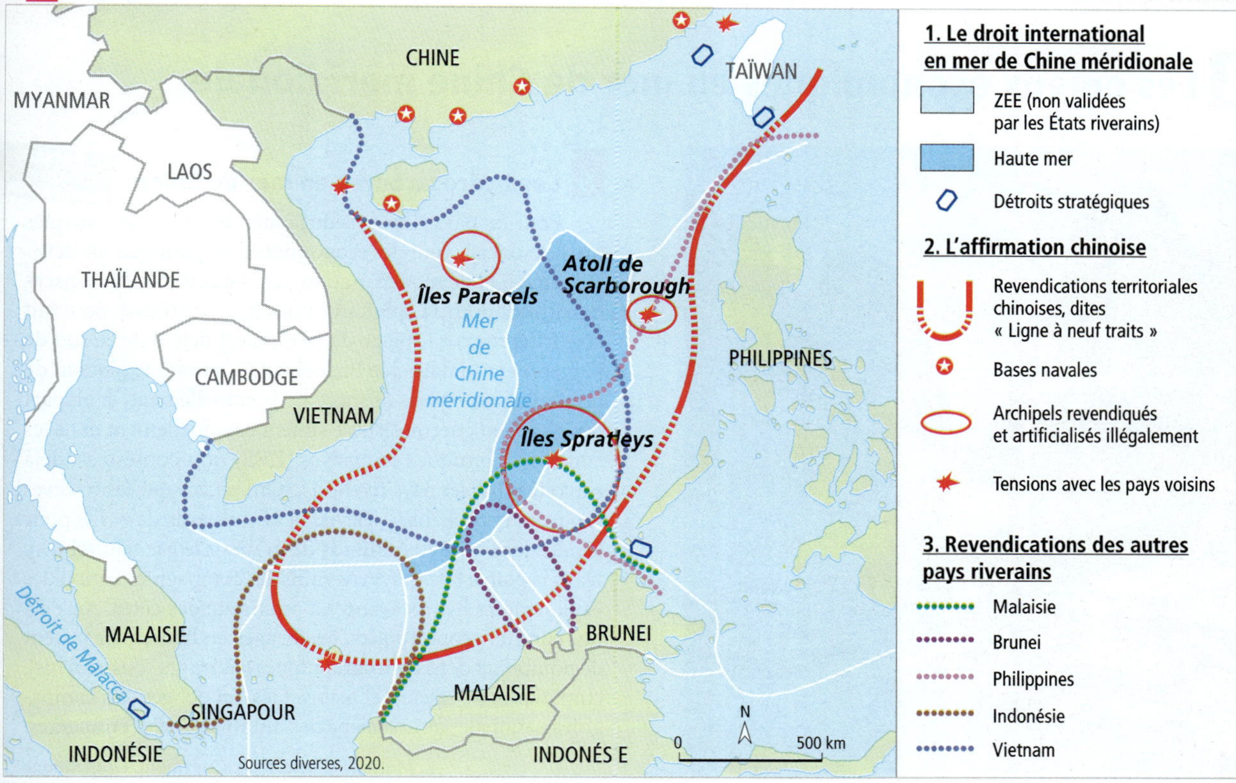

4 L'arbitrage entre la Chine et les Philippines

Pour dénoncer l'occupation d'îlots par la Chine, les Philippines ont saisi le Tribunal international du droit de la mer en 2016.

Le droit international a joué un rôle politique non négligeable en mer de Chine méridionale. Sous la présidence de Benigno Aquino (2010-2016), les Philippines prennent l'initiative d'aller à l'arbitrage, une option prévue par l'annexe VII de la Convention des Nations unies sur le droit de la mer[1]. La Chine refuse d'accepter une procédure qu'elle juge « introduite unilatéralement par les Philippines » et ne participe pas à son déroulement [...].

La sentence rendue en juillet 2016 donne raison aux Philippines point par point en invalidant toute l'argumentation chinoise construite autour de la notion de « droits historiques ». Le tribunal juge qu'aucun élément dans les Spratleys n'est une « île » au sens légal du terme, c'est-à-dire au sens de territoire donnant lieu à une zone économique exclusive [...]. Enfin, la sentence qualifie de hors-la-loi des pans entiers de la politique chinoise en mer de Chine méridionale : la construction d'îles artificielles manque ainsi aux obligations légales de la Chine en matière de protection de l'environnement maritime.

Mathieu Duchâtel, *Géopolitique de la Chine*, PUF, coll. « Que sais-je ? », 2019.

1. Convention (1982) qui fixe le droit international de la mer.

Questions

Itinéraire 1

Répondre aux questions

1. **Citez** les États impliqués dans la revendication d'une souveraineté sur les eaux de la mer de Chine méridionale et **localisez** les espaces de conflictualités. **doc. 1 à 4**
2. **Montrez** que la Chine est au cœur des contestations territoriales en mer de Chine méridionale. **doc.1 à 4**
3. **Justifiez** la décision du Tribunal international du droit de la mer. **doc. 4**

Synthétiser

4. **Décrivez** les revendications actuelles en mer de Chine méridionale. **doc. 1 à 4**

OU

Itinéraire 2

Aide et méthode

Présenter un exposé oral (1/2) ORAL

- Réalisez un exposé oral sur les rivalités et les enjeux contemporains en mer de Chine méridionale.
- Structurez votre propos selon le plan suivant, en faisant référence aux documents de l'étude de cas et en effectuant des recherches sur Internet :
  - introduction : localisation de la mer de Chine
  - 1re partie : revendications et territorialisation
  - 2e et 3e parties : voir p. 39

La mer de Chine méridionale : un espace maritime sous tension

Vidéo
Les eaux convoitées de mer de Chine méridionale.

B Les enjeux économiques en mer de Chine méridionale

5 L'exploitation des ressources aquacoles
Aquaculture dans la baie d'Along (Vietnam), 2019.

6 Les hydrocarbures en mer de Chine

Parole de géographes

Pour les pays riverains de la mer de Chine, les énergies fossiles sont au cœur des économies et des politiques de développement et de modernisation [...]. Le contrôle des espaces maritimes pour l'exploitation des hydrocarbures pourrait être fructueux, à l'image de ce qu'il est déjà dans le sud de la mer où la Malaisie, le Brunei et le Vietnam exploitent de nombreux gisements offshore [...]. Actuellement, la plupart des gisements découverts se situent essentiellement dans les zones économiques exclusives (ZEE) non contestées, déjà exploitées par les pays riverains. [On] estime que les réserves prouvées et probables s'élèvent à 11 milliards de barils pour le pétrole et à 5 400 milliards de m^3 pour le gaz naturel [...]. Dans la plupart des pays riverains, les compagnies nationales exploitent les hydrocarbures à proximité des côtes. Au-delà des conflits géopolitiques, les forages en haute mer posent de nombreux défis hydrographiques (courants sous-marins), climatiques (tempêtes) et techniques qui obligent les compagnies nationales à s'associer à des multinationales étrangères.

E. Mottet, F. Lasserre, B. Courmont, *Géopolitique de la mer de Chine méridionale : eaux troubles en Asie du Sud-Est*, Presses de l'Université du Québec, 2017.

7 La mer de Chine méridionale : ressources et espace économique

Carte interactive

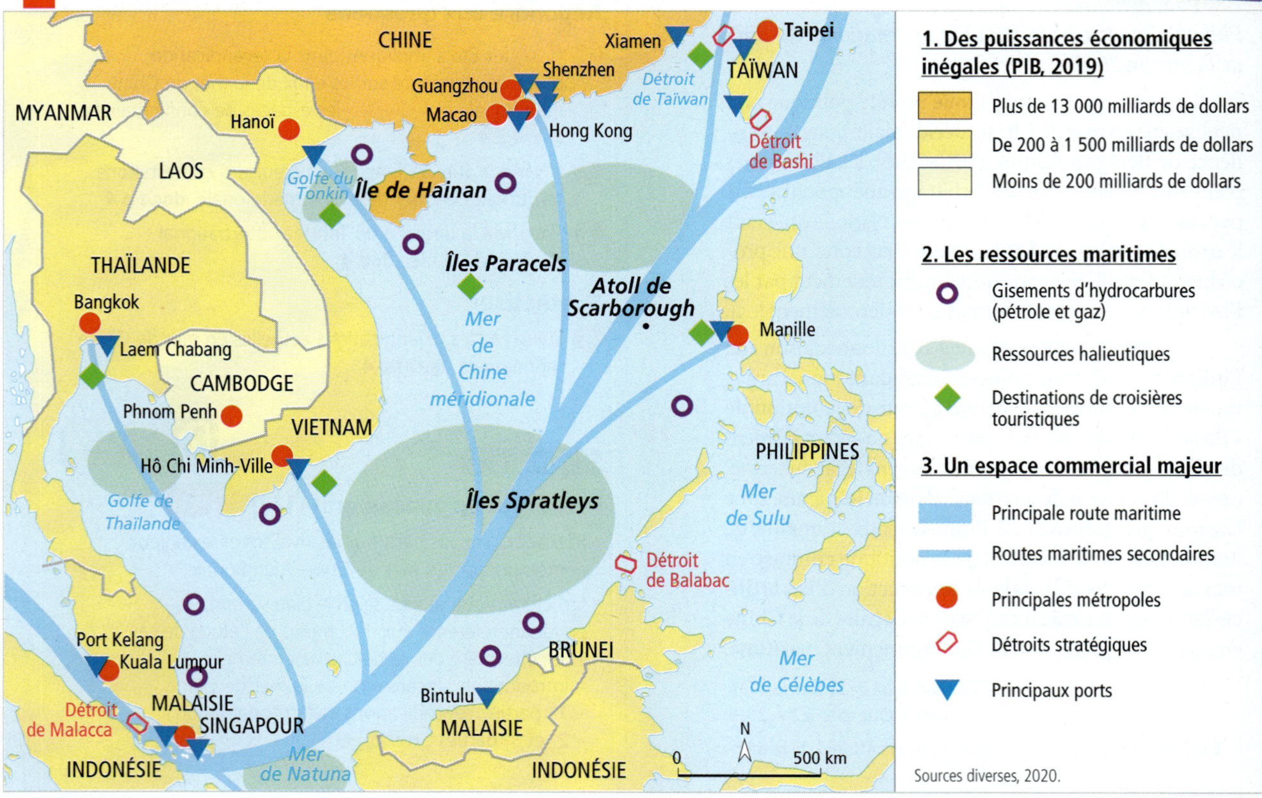

C Une liberté de circulation remise en cause ?

8 Les entraves à la navigation vues par un dessinateur de presse

Dessin de Mark Knight, publié dans le *Herald Sun*, quotidien australien, 13 juillet 2016.

Traduction :
« Que fait la Chine en mer de Chine méridionale ? »
« Marche arrière capitaine... »

9 La remise en question de la liberté de navigation

Les incidents se succèdent à un rythme inquiétant en mer de Chine méridionale. Le 20 mai 2019, deux navires de guerre [américain et australien] ont mené une mission de liberte de navigation en s'approchant de l'atoll de Scarborough, revendiqué par Beijing depuis 2012 et sur lequel des installations militaires chinoises sont en construction. « Des unités militaires chinoises, navales et aériennes, ont ordonné aux navires de s'éloigner », a commenté le gouvernement chinois. « Le [navire américain] a navigué à 12 milles nautiques du récif, afin de défier les revendications maritimes excessives de la Chine et de préserver la liberté de navigation telle que définie par les règles internationales », a de son côté affirmé le porte-parole de la 7e flotte américaine. [...]

En 2016, la Cour permanente d'arbitrage de La Haye[1] avait pourtant été très claire, estimant que les revendications chinoises dans la région n'avaient « aucun fondement juridique ». [...]

Depuis le début de l'année 2019, le déclenchement par Donald Trump[2] de la guerre commerciale entre les États-Unis et la Chine semble avoir été accompagné de l'intensification par l'US Navy des missions de liberté de navigation, dites « FONOP » (*Freedom of Navigation Operation*). [...] Début avril 2019, la Marine nationale française avait, elle aussi, fait les frais des revendications chinoises exagérées : la frégate *Vendémiaire* avait été interceptée dans le détroit de Taïwan.

Guerric Poncet, « Mer de Chine : l'US Navy accompagne la guerre commerciale contre Pékin », *Le Point*, 22 mai 2019.

1. Instance chargée de régler des conflits internationaux par l'arbitrage et « autres moyens pacifiques ».
2. Président des États-Unis élu en 2016.

Questions

Itinéraire 1

Répondre aux questions

5 **Localisez** et **décrivez** les différentes ressources en mer de Chine méridionale. **doc. 5 à 7**

6 **Analysez** les problèmes relatifs à la liberté de circulation en mer de Chine méridionale. **doc. 8 et 9**

7 **Montrez** que la mer de Chine est un espace maritime sous tension. **doc. 5 à 9**

Synthétiser

8 À l'aide des réponses précédentes, **résumez** les enjeux économiques et commerciaux liés aux rivalités en mer de Chine. **doc. 5 à 9**

ou

Itinéraire 2

Présenter un exposé oral (2/2) ORAL

- Terminez votre exposé commencé p. 37. Grâce aux **docs 5 à 9**, suivez le plan suivant :
  – 2e partie : les enjeux économiques (régionaux et mondiaux)
  – 3e partie : les risques d'entrave à la liberté de navigation

Croquis de l'étude de cas

▶ p. 47

Étude de cas

Zoom sur…

▸ L'océan Indien (2020)

Superficie	70 millions de km²
Nombre de pays riverains	25
Population riveraine (est.)	2,7 milliards d'hab. (33 % de la pop. mondiale)

L'océan Indien : rivalités régionales et coopérations internationales

➔ **Pour quelles raisons l'océan Indien est-il un espace de rivalités et de coopération à différentes échelles ?**

A Un océan dans la mondialisation

1 Le commerce maritime dans l'océan Indien

Cet océan a la particularité d'être bordé par de nombreux pays aux histoires et civilisations très différentes, tout en concentrant la majeure partie des échanges commerciaux internationaux. Du point de vue économique, les routes maritimes les plus importantes en densité de trafic aujourd'hui restent celles qui relient la Chine au Moyen-Orient, à l'Europe et aux États-Unis. […]. En termes de flux commerciaux et de voies maritimes, l'océan Indien est donc un espace pivot pour les échanges internationaux […]. L'océan Indien abrite 25 % du trafic maritime international […].

70 % des hydrocarbures du Moyen-Orient affluent vers l'Asie *via* les routes maritimes reliant le détroit d'Ormuz à celui de Malacca. […] Avec 39 % des échanges maritimes de pétrole et 33 % de ceux de gaz naturel liquéfié (GNL), le détroit d'Ormuz est d'une importance capitale pour les importations d'hydrocarbures, essentiellement à destination des économies asiatiques (70 % du pétrole, 20 % du GNL) […]. L'Extrême-Orient dépend en très grande partie [de l'océan Indien] pour son pétrole, son gaz et ses échanges conteneurisés.

Jean-Pierre Numa, « Océan Indien : étude géopolitique et stratégique des flux maritimes, risques et menaces », www.diploweb.fr, 28 janvier 2018.

Animation Croquis

2 Le tourisme insulaire dans l'océan Indien

L'Eden Island Luxury Accommodation à Mahé, l'île principale des Seychelles, 2019.

3 Port Réunion (France) : un carrefour marchand dans l'océan Indien

Port Réunion concentre un trafic annuel de marchandises de 5,5 millions de tonnes.
Brochure, 2018.

4 Un océan marchand

Carte interactive

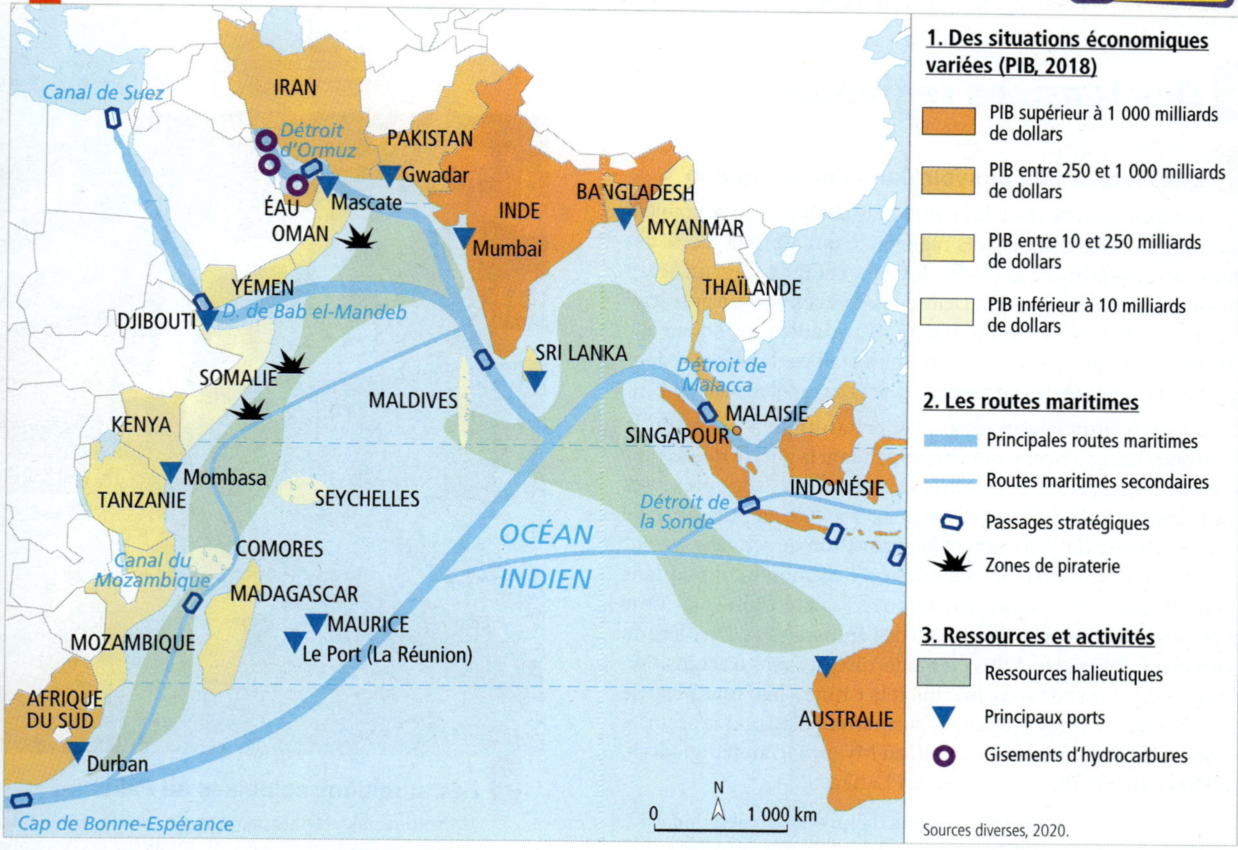

Sources diverses, 2020.

5 Les passages les plus fréquentés par les pétroliers

1er **Détroit d'Ormuz**
21 millions de barils/jour

2e **Détroit de Malacca**
17,5 millions de barils/jour

3e **Cap de Bonne-Espérance**
6,5 millions de barils/jour

4e **Canal de Suez**
6,5 millions de barils/jour

5e **Détroit de Bab el-Mandeb**
6 millions de barils/jour

Questions

Itinéraire 1

Répondre aux questions

1. **Expliquez** le passage souligné dans le document 1 à l'aide des documents 1, 3, 4 et 5.
2. **Caractérisez** la diversité des pays riverains de l'océan Indien. **doc. 2 à 4**
3. **Expliquez** pourquoi l'océan Indien est un espace d'intenses flux commerciaux. **doc. 1, 3, 4 et 5**

Synthétiser

4. **Analysez** la place de l'océan Indien dans la mondialisation. **doc. 1 à 5**

ou

Itinéraire 2

Organiser l'information dans un tableau (1/2)

- À l'aide des documents 1 à 5, commencez à compléter le tableau suivant.

	1. Un océan mondialisé	2. Un espace maritime de rivalités	3. Des formes de coopération
doc.1			
…			

Étude de cas

L'océan Indien : rivalités régionales et coopérations internationales

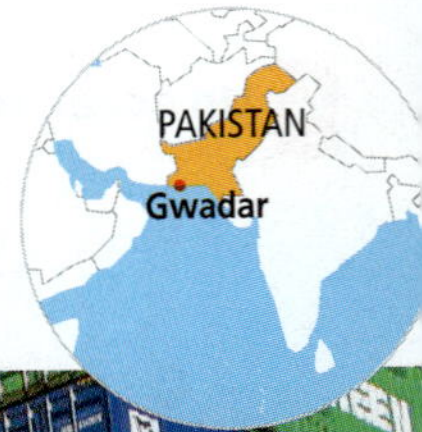

Vidéo
Le port de Gwadar au Pakistan devient un pont vers le monde.

B Des tensions régionales

6 Les rivalités de pouvoir dans l'océan Indien

C'est un lieu essentiel de la mondialisation […] où se côtoient les ambitions des deux géants régionaux, qui aspirent à être des puissances maritimes mondiales : la Chine et l'Inde. C'est un océan dénommé « Indien » que New Delhi considère comme son pré carré[1] […]. Dès 1947, J. Nehru, le Premier ministre indien, expliquait que l'Inde, désormais indépendante, ne souhaitait pas la présence dans sa zone d'influence des forces des anciens pays colonisateurs […].

L'océan Indien, autrefois « lac britannique », a connu la confrontation américano-soviétique pendant la guerre froide, puis la prédominance des États-Unis, dont les forces sont présentes sur la base navale de Diego Garcia. La montée en puissance de la Chine, alliée du Pakistan, et la rénovation de ses armées, ont conduit l'Inde à se préparer à un désir d'hégémonie chinois dans l'océan Indien. Le pays a ainsi redécouvert son territoire maritime et consacré des moyens au soutien de l'Indian Navy, héritière de la marine britannique. Elle s'est modernisée à coups d'acquisition de porte-avions et de sous-marins et la Chine a bâti un réseau de bases militaires et logistiques lui permettant d'assurer la sécurité de ses voies d'approvisionnement, au Myanmar, au Bangladesh, au Pakistan, en Thaïlande et au Sri Lanka.

François Bougon, « L'océan Indien deviendra-t-il chinois ? », *Le Monde*, hors-série n° 22, Atlas de l'eau et des océans, 2017.

1. Expression signifiant « propriété », « souveraineté ».

7 Les ambitions chinoises au Pakistan

Un soldat pakistanais protège un navire chinois dans le port de Gwadar (Pakistan), relais sur les nouvelles « routes de la Soie » maritimes chinoises (2016).

8 Les tensions dans l'océan Indien

Carte interactive

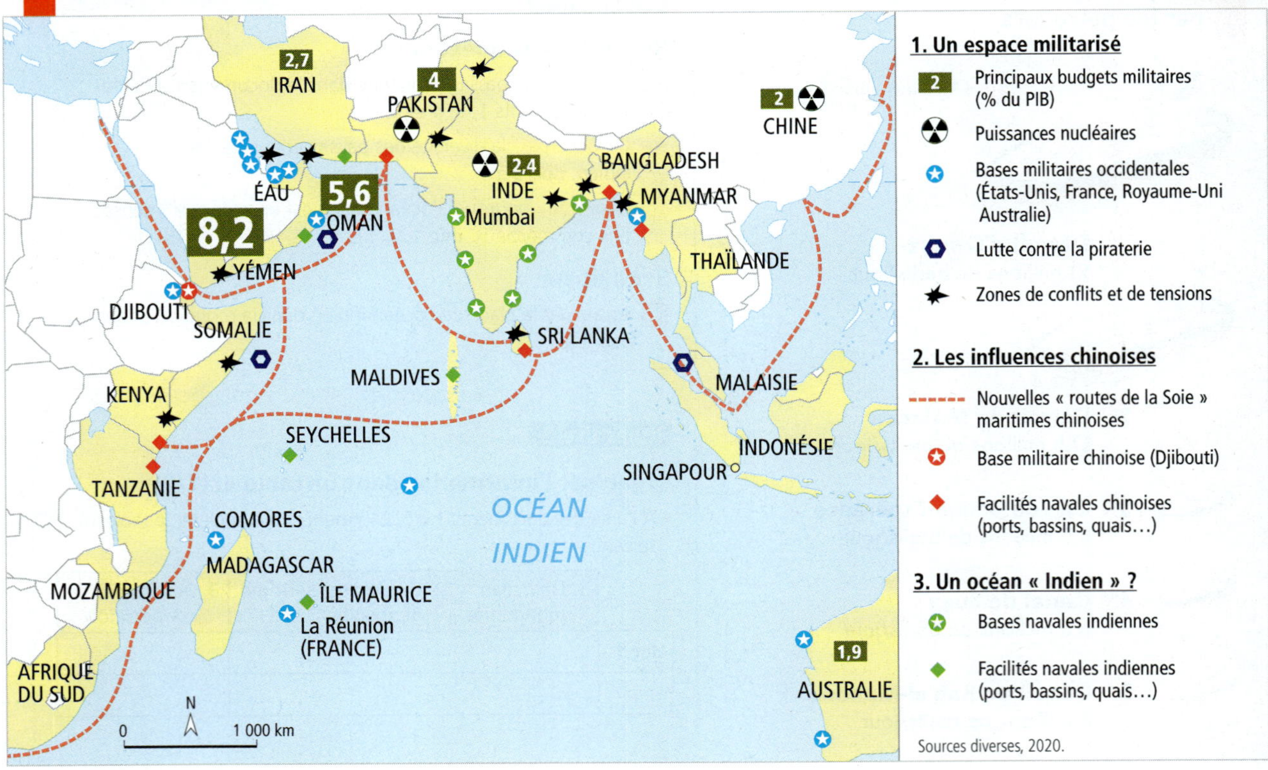

C Un espace de coopérations internationales

9 Les coopérations économiques régionales

Carte interactive

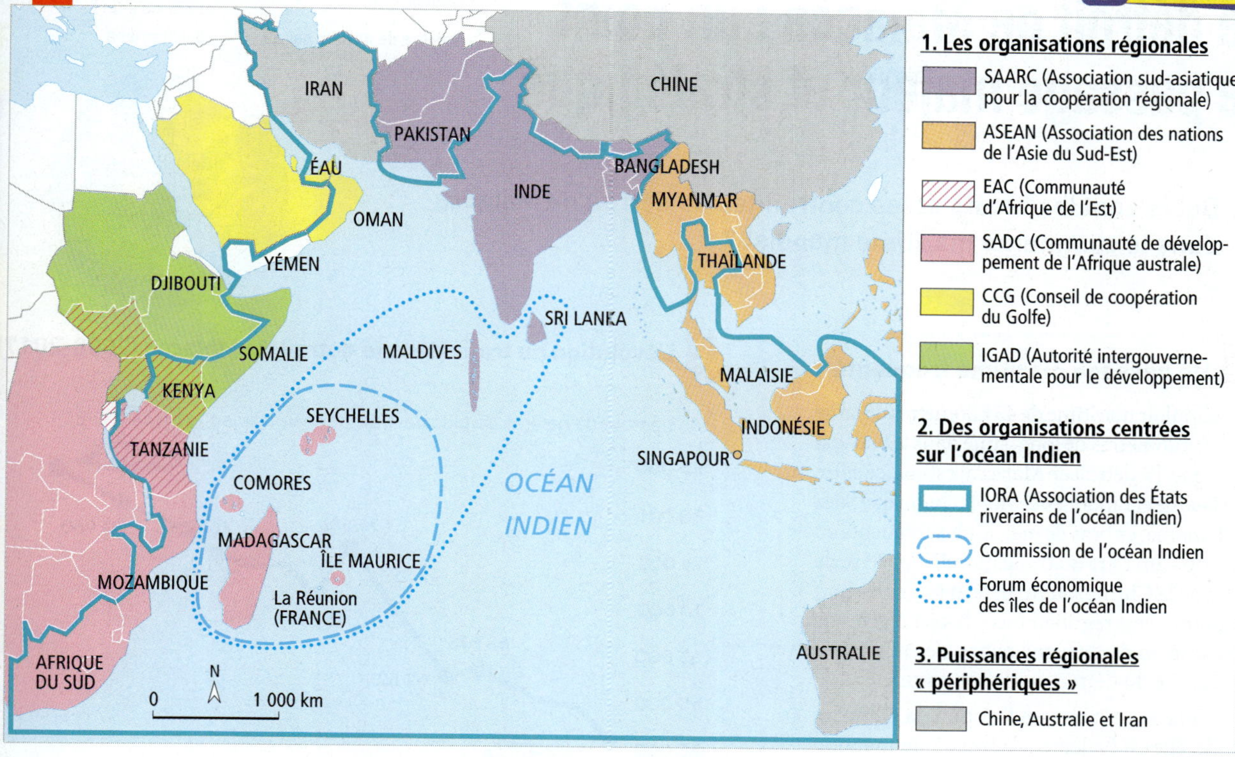

Vocabulaire

Nouvelles « routes de la Soie » maritimes : voies maritimes développées par les autorités chinoises au XXIe siècle.

10 La lutte contre la piraterie : l'opération Atalante

Mission européenne de lutte contre la piraterie dans les eaux de l'océan Indien

Atalante, EU Navfor Somalie

QG opérationnel : Northwood (R.-U.)

Pays : Allemagne, Belgique, Espagne, France, Grèce, Pays-Bas, Royaume-Uni, Suède

Zone de surveillance : 2 millions de km²

Forces en présence :
- 1 500 militaires
- 8 navires
- 2 avions de reconnaissance

Mission : protection des navires du Programme alimentaire mondial (PAM) et des navires vulnérables dans le golfe d'Aden et au large des côtes de Somalie

Questions

Itinéraire 1

Répondre aux questions

5 **Citez** les puissances rivales dans l'océan Indien et **expliquez** les tensions qui s'y développent. **doc. 6 à 8**

6 **Décrivez** comment l'Inde et la Chine affirment leur puissance dans l'océan Indien. **doc. 6 à 8**

7 **Relevez** et **décrivez** les différentes formes de coopération autour de l'océan Indien. **doc. 9 et 10**

Synthétiser

8 À l'aide de vos réponses aux questions précédentes, **montrez** et **analysez** les formes de rivalité et de coopération dans l'océan Indien. **doc. 6 à 10**

ou

Itinéraire 2

Utiliser un tableau pour un exposé oral (2/2)

- À l'aide des documents 6 à 10, complétez et achevez le tableau commencé p. 41.
- Puis utilisez-le pour préparer le texte d'un exposé oral. ORAL

Croquis de l'étude de cas

▶ p. 48

Le détroit de Malacca : un point de passage majeur et stratégique

Zoom sur...

Le détroit de Malacca

Longueur	700 km
Largeur	Entre 3 km (min.) et 125 km (max.)
Nombre de navires par an	85 000 environ

Quels sont les atouts et les contraintes du détroit de Malacca dans le commerce maritime mondial ?

1 Un passage maritime fréquenté

Couloir maritime de 45 kilomètres de large et 700 kilomètres de long, situé dans le Sud-Est asiatique, [le détroit de Malacca] est coincé entre la Malaisie et l'Indonésie. Moins connu que Suez ou Panama, ce bras de mer, le plus fréquenté au monde – un tiers du trafic mondial et 90 % de celui de la Chine, soit un bateau toutes les huit minutes –, est régulièrement l'objet d'actes de piraterie ou de tensions régionales relatives à la sécurité du détroit et à la souveraineté [...].

Si la zone intéresse le Japon, la Chine et l'Inde, elle est également l'objet d'une attention particulière des États-Unis depuis 1945 [...]. Le détroit permet un déplacement rapide des forces navales américaines entre l'océan Indien et le Moyen-Orient [...]. L'engorgement est tel qu'il a ces dernières années poussé la Chine à sécuriser ses échanges commerciaux en envisageant le contournement du détroit de Malacca par les « nouvelles routes de la Soie [1] » pour une partie de ses approvisionnements. À une autre échelle, la Thaïlande fait montre du même souci. En 2014, elle envisageait ainsi de s'affranchir du détroit de Malacca en construisant le canal de Kra dans la partie méridionale du pays, dont la largeur est réduite à seulement 44 kilomètres. Ce nouveau point de passage permettrait également aux transporteurs de réduire leur trajet de 1 200 kilomètres.

Lina Sankari, « Malacca : cœur de toutes les rivalités en Asie du Sud-Est », *L'Humanité*, 29 janvier 2016.

1. « Nouvelles routes de la Soie » : voies maritimes développées par les autorités chinoises au XXIe siècle.

2 L'évolution du trafic dans le détroit de Malacca (2000-2017)

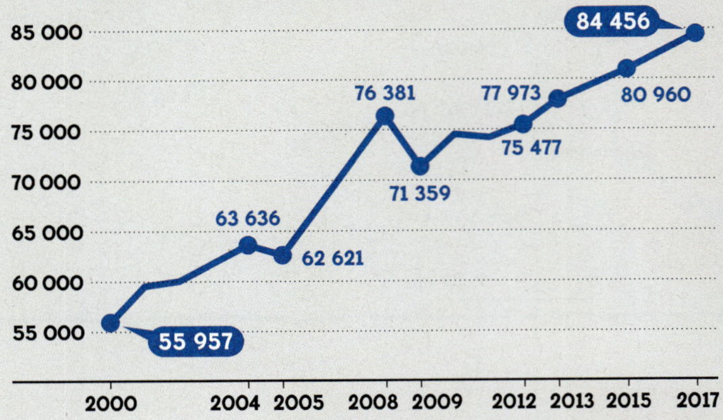

* Unité de mesure équivalente à environ 3 m³.
Un navire de 300 TJB transporte donc environ 900 m³.

Source : Marine Department Peninsular Malaysia, 2019.

3 Le détroit de Malacca et le port de Singapour

Navires en attente à l'approche du port de Singapour, 2019.

4 Le détroit de Malacca

Carte interactive

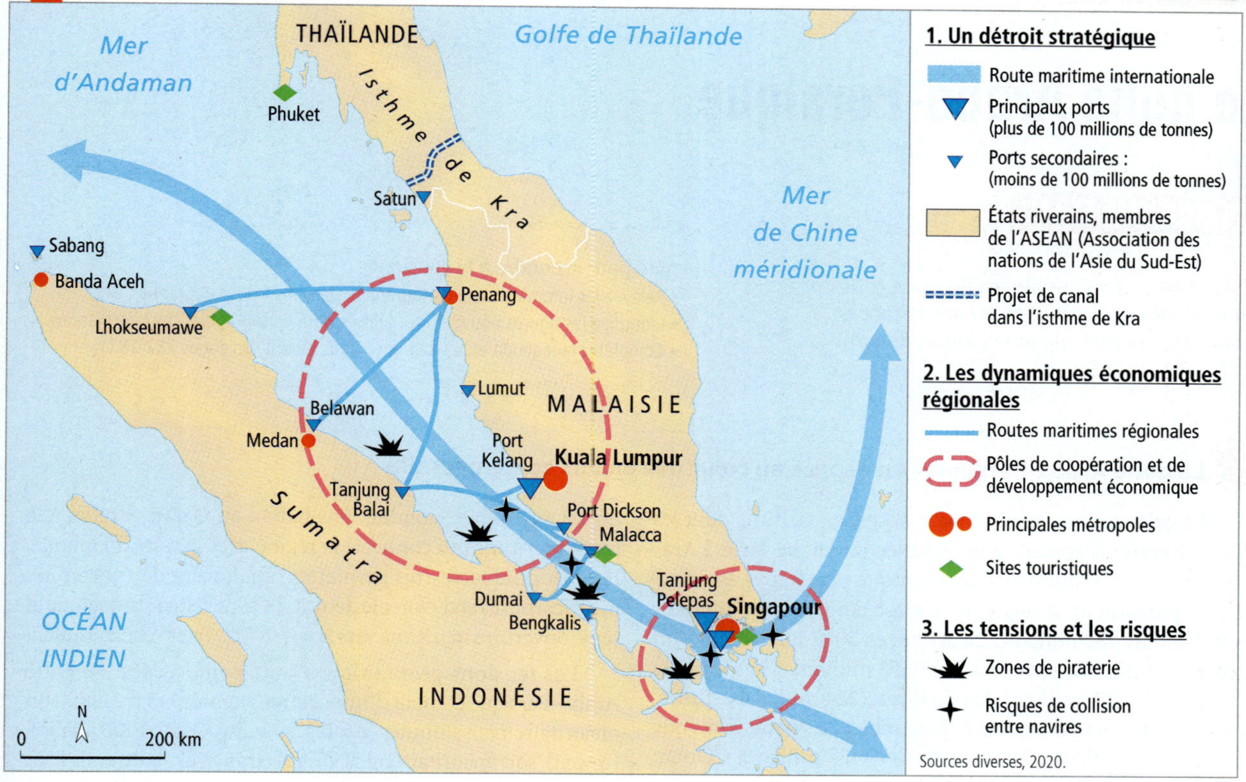

5 Un espace vulnérable

Parole de géographe

En raison des difficultés de navigation dans le détroit, la croissance continue du trafic constitue une véritable menace pour son écosystème marin […]. Les accidents sont certes peu nombreux comparativement au nombre de navires en transit mais la pollution par hydrocarbures ou substances toxiques peut affecter durablement et gravement les écosystèmes […]. Le trafic dans le détroit engendre par ailleurs une pollution marine en partie responsable de l'appauvrissement de la biodiversité et de la disparition de la mangrove.

Un consensus entre certains États riverains et États utilisateurs semble émerger sur la nécessité de mettre en place des voies de transit alternatives. Pour le gouvernement chinois, l'aménagement de routes logistiques contournant le détroit permettrait de réduire la vulnérabilité énergétique[1] de la Chine. Pour les gouvernements malaisien et indonésien, il permettrait de soulager le trafic et de diminuer ainsi les risques d'accidents. Les projets les plus fréquemment débattus sont ceux du creusement d'un canal ou de la construction d'un oléoduc dans l'isthme de Kra afin de relier la mer d'Andaman au golfe de Thaïlande.

Nathalie Fau (dir.), universitaire spécialiste de l'Asie du Sud-Est, *Mers d'Asie du Sud-Est : coopérations, intégration et sécurité*, CNRS Éditions, 2018.

1. 84 % des importations de pétrole et 48 % de celles de gaz naturel liquéfié de la Chine sont transportées par voie maritime, principalement par le détroit de Malacca.

Questions

Itinéraire 1

Répondre aux questions

1. **Décrivez** les caractéristiques géographiques du détroit de Malacca. **doc. 1 et 4**
2. **Analysez** les enjeux stratégiques du détroit. **Justifiez** votre réponse. **doc. 1 à 4**
3. **Expliquez** pourquoi le détroit de Malacca est un espace vulnérable. **doc. 5**

Synthétiser

4. **Montrez** que le détroit de Malacca est un lieu stratégique du commerce maritime mondial. **doc. 1 à 5**

ou

Itinéraire 2

Conseils et méthode

Réaliser un diaporama

- Réalisez un diaporama sur la dimension stratégique et mondiale du détroit de Malacca. Vous pouvez suivre le plan suivant :
  a. Un détroit très fréquenté…
  b. … aux forts enjeux économiques
  c. Un espace vulnérable
- Présentez le diaporama à l'oral devant vos camarades de classe. ORAL

Croquis de l'étude de cas

▶ p. 48

Croquis des études de cas

▶ Voir p. 34-35

Le golfe Arabo-Persique

Objectif BAC

Consigne : En vous aidant du texte ci-dessous et en vous appuyant sur vos connaissances, complétez la légende et le croquis de synthèse.

Aide pour répondre à la consigne :
- Relevez les informations à cartographier dans les trois paragraphes.
- Identifiez les figurés pouvant être utilisés pour cartographier ces informations.
- Complétez la légende et le croquis, en vous aidant des pages 282-283.

Le golfe Arabo-Persique : un espace au cœur des enjeux contemporains

Le golfe Arabo-Persique est un espace maritime dont les États riverains disposent d'un poids économique varié. L'Arabie Saoudite (18e puissance économique planétaire) est l'État le plus puissant de la région et dispose d'un produit intérieur brut (PIB) de 780 milliards de dollars en 2019. Elle devance un groupe d'États constitué de l'Iran (458 milliards), des Émirats arabes unis (405 milliards) et de l'Irak (224 milliards). Enfin, dans une dernière catégorie, se rassemblent les petits États que sont le Qatar (192 milliards), le Koweït (137 milliards), Oman (76 milliards) et Bahreïn (38 milliards).

Les hydrocarbures intègrent l'économie régionale dans la mondialisation. Les pays du Golfe sont tous producteurs de pétrole et de gaz. Les gisements situés dans les régions littorales complètent les gigantesques gisements offshore, dans les eaux du Golfe, au large d'Oman, des ÉAU, du Qatar, du Koweït et de l'Irak, parfois partagés entre deux États (Qatar et Iran). Les hydrocarbures transitent dans les nombreux ports (Ras Tannurah en Arabie Saoudite, Ras Laffan au Qatar...) reliés à la route maritime qui connecte la région avec le reste du monde. Les oléoducs terrestres permettent également d'exporter ces hydrocarbures et d'éviter le détroit d'Ormuz, lieu stratégique et seule ouverture maritime vers la mer d'Oman et l'océan Indien.

Les tensions géopolitiques sont nombreuses. Le golfe Arabo-Persique connaît d'importantes tensions entre États soit majoritairement sunnites (Arabie Saoudite, Qatar, ÉAU, Oman, Koweït), soit majoritairement chiites (Iran, Irak, Bahreïn). Tous les pays arabes (à l'exception de l'Irak) sont membres du Conseil de coopération du Golfe afin de contrer l'influence de l'Iran dans la région. Les zones de tension entre les États sont nombreuses en mer (limites des ZEE près du détroit d'Ormuz) et sur terre (frontière Qatar-Arabie Saoudite). Les tensions existent aussi au sein des États (sud de l'Irak). Les bases militaires occidentales (aux ÉAU, au Qatar, au Koweït...) contribuent à sécuriser l'ensemble de la région.

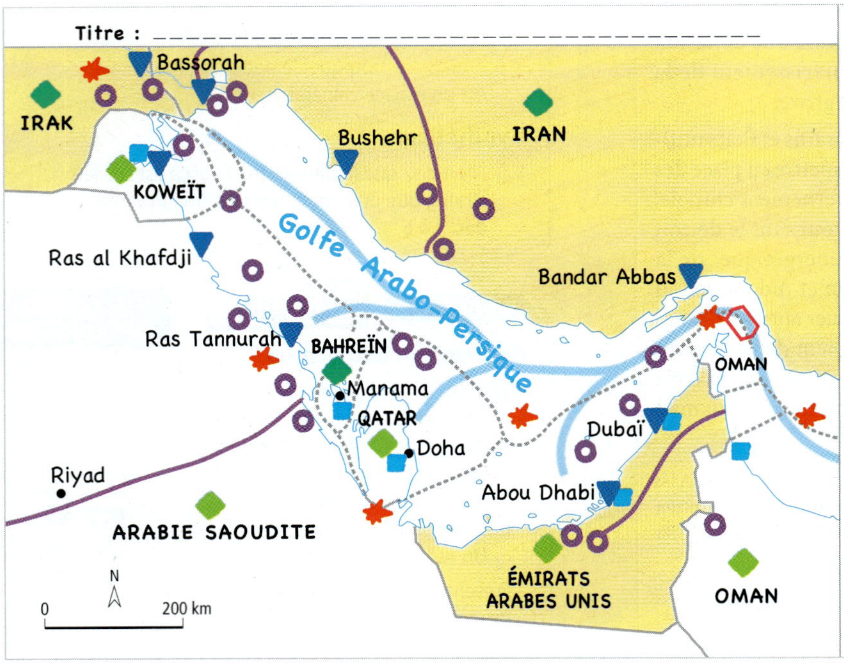

1. Des situations économiques variées (2018)
- PIB supérieur à 500 milliards de dollars
- PIB entre 200 et 500 milliards de dollars
- ____________________

2. La valorisation des ressources
- Gisements d'hydrocarbures
- Oléoducs / Gazoducs
- ____________________
- Principaux ports
- Détroit stratégique

3. Les tensions géopolitiques
- Pays majoritairement chiites / sunnites
- Membres du Conseil de coopération du Golfe
- ____________________
- Limites des ZEE
- Bases militaires occidentales

Fond de carte différencié

▶ Voir p. 36-39

La mer de Chine méridionale

Objectif BAC

Consigne : En vous aidant du texte ci-dessous et en vous appuyant sur vos connaissances, complétez le croquis de synthèse à partir de la légende.

Aide pour répondre à la consigne :
- Utilisez du matériel approprié : crayons de couleurs pour les figurés de surface et feutres fins pour les figurés ponctuels et la nomenclature.
- Aidez-vous des cartes de l'étude de cas pour la nomenclature et pour la localisation des figurés.

La mer de Chine méridionale : un espace maritime sous tension

La mer de Chine méridionale est un espace maritime bordé par de nombreux pays. Au nord de cette vaste mer (3,5 millions de km²), la Chine est le plus vaste d'entre eux, le plus puissant économiquement (2e PIB mondial) et militairement. Historiquement, elle domine ces eaux maritimes, d'où le nom éponyme de cette mer. Face à elle, Taïwan, souvent appelée « l'autre Chine » est puissante sur le plan économique (20e PIB mondial) mais non reconnue officiellement par la plupart des pays du monde. Au sud, le Vietnam, le Cambodge, la Thaïlande, la Malaisie, Singapour, l'Indonésie, Brunei et les Philippines sont tous membres d'une organisation de coopération régionale, l'ASEAN (Association des nations de l'Asie du Sud-Est). L'économie régionale est portée par de nombreuses grandes métropoles (Guangzhou, Hong Kong, Manille, Singapour, Hô Chi Minh-Ville…), généralement portuaires.

La mer de Chine méridionale dispose de nombreuses ressources. Elle est traversée par plusieurs routes maritimes qui permettent d'importants échanges commerciaux entre les pays d'Asie à forte croissance et les autres pôles de la mondialisation (golfe Arabo-Persique, Europe, Amérique du Nord). La mer de Chine dispose de ressources en hydrocarbures, principalement offshore, au large des pays riverains à l'exception de Singapour et de Taïwan. D'importantes réserves halieutiques sont situées dans le golfe du Tonkin, dans le golfe de Thaïlande, en mer des Natuna et dans le nord de la mer de Chine.

La mer de Chine méridionale est souvent considérée comme une « mer chinoise ». La Chine revendique sa souveraineté sur la totalité de cet espace maritime au moyen de sa doctrine de la « Ligne à neuf traits » établie au-delà des ZEE des pays riverains. Les archipels des Paracels et des Spratleys ont été artificialisés et aménagés par les autorités chinoises ces dernières décennies. Les tensions sont fréquentes avec le Vietnam, les Philippines et l'Indonésie. Les détroits stratégiques (Malacca, de Taïwan et de Balabac) sont également des lieux sensibles.

Titre : ___________________________________

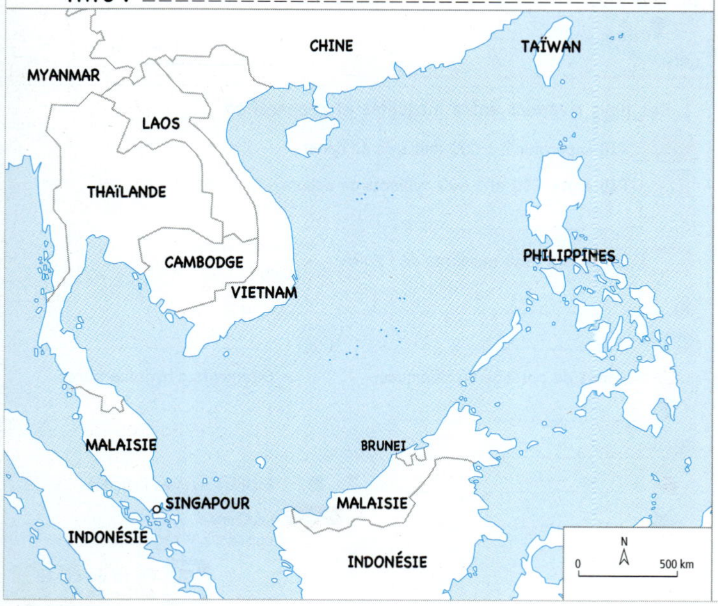

1. Les pays riverains
- La Chine, puissance régionale et mondiale
- Taïwan : Chine nationaliste
- Pays membres de l'ASEAN (Association des Nations de l'Asie du Sud-Est)
- Principales métropoles portuaires

2. Les ressources maritimes
- Route maritime principale
- Gisements d'hydrocarbures
- Ressources halieutiques

3. L'affirmation chinoise
- Revendication chinoise, dite « Ligne à neuf traits »
- Bases navales
- Archipels revendiqués et artificialisés illégalement
- Tensions avec les pays voisins

Fond de carte différencié

▶ Voir p. 40-43

L'océan Indien

L'océan Indien : rivalités régionales et coopérations internationales

L'océan Indien est un vaste espace maritime bordé par une très grande diversité d'États. D'une superficie de 70 millions de km², cet océan borde trois continents : l'Afrique, l'Asie et l'Océanie. Il est limité au sud par les mers bordières de l'Antarctique. 25 États l'entourent. Trois d'entre eux disposent d'un PIB supérieur à 1 000 milliards de dollars (Inde, Australie, Indonésie), et sept entre 250 et 1 000 milliards (Thaïlande, Iran, Émirats arabes unis, Malaisie, Afrique du Sud, Bangladesh, Pakistan). Tous les autres, majoritairement des États insulaires ou africains, sont en retard de développement. Tous les pays riverains sont membres de l'IORA (Association des États riverains de l'océan Indien).

L'océan Indien s'inscrit dans la mondialisation des échanges traversé par des flux marchands. Les routes maritimes qui le traversent mettent en relation les océans Pacifique et Atlantique et la mer Méditerranée (*via* la mer Rouge) où se concentrent les grandes puissances économiques et les principales façades maritimes de la planète. Les détroits (Malacca, Ormuz, Bab-el-Mandeb), et le cap de Bonne-Espérance à la pointe sud de l'Afrique sont des points de passage stratégiques. De nombreux ports bordent cet océan : Port Hedland, Mumbai, Mascate, Djibouti, Mombasa, Durban, Port Réunion. Les ressources halieutiques sont abondantes. Les gisements d'hydrocarbures ne sont pas absents, quoiqu'en marge de l'océan.

L'océan Indien est un espace sous tension. De nombreux pays riverains sont traversés par des tensions ou des conflits de différentes natures : guerre civile (Yémen, Somalie), tensions ethnico-religieuses (Pakistan, Sri Lanka, Myanmar...). L'océan est lui concerné par la piraterie maritime, particulièrement dans le détroit de Malacca, au large de la Somalie et à proximité du détroit de Bab-el-Mandeb. Les influences militaires sont nombreuses ; notamment celle de l'Inde qui souhaite faire de cet océan son espace maritime stratégique (facilités navales aux Maldives, aux Seychelles...) face à la montée en puissance de la Chine qui cherche à sécuriser les routes maritimes de ses approvisionnements dans cet océan.

Objectif BAC

Consigne : En vous aidant du texte ci-contre et en vous appuyant sur vos connaissances, complétez la légende et le croquis de synthèse.

Aide pour répondre à la consigne :
- Relevez les informations à cartographier dans les trois paragraphes.
- Complétez les titres des parties 2 et 3 de la légende en identifiant l'idée principale de chacun des paragraphes concernés.

Titre : ______________________________

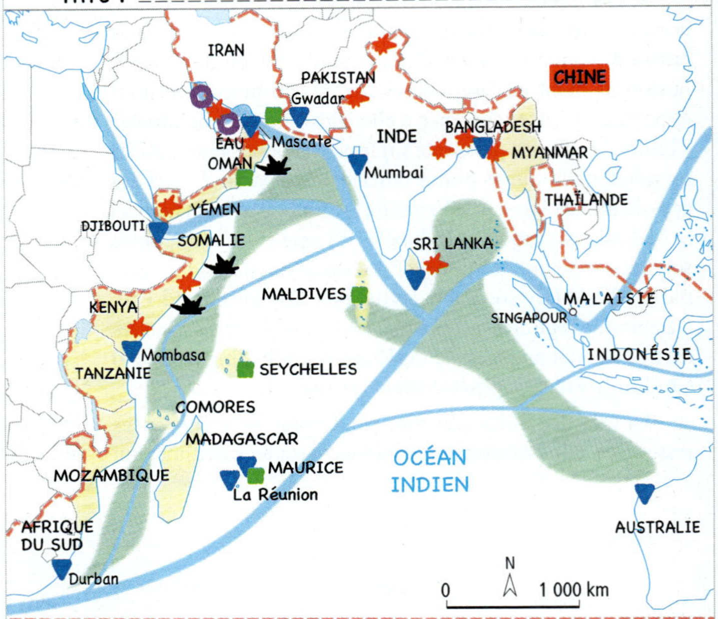

1. Des pays riverains entre inégalités et coopération
- PIB supérieur à 1 000 milliards de dollars
- PIB entre 250 et 1 000 milliards de dollars
- ______________________
- Limite des pays membres de l'IORA

2. ______________________
- ______________________
- ______________________
- Points de passage stratégiques
- Gisements d'hydrocarbures
- ______________________

3. ______________________
- ______________________
- Facilités navales indiennes
- ______________________
- CHINE La Chine : puissance « régionale » ?

Fond de carte différencié

▶ Voir p. 44-45

Le détroit de Malacca

Le détroit de Malacca : un point de passage majeur et stratégique

Le détroit de Malacca est un détroit stratégique majeur dans le monde. Il relie l'océan Indien (mer d'Andaman) à la mer de Chine méridionale. La route maritime qui emprunte ce détroit est la plus importante dans le monde pour le commerce de marchandises (hydrocarbures, produits manufacturés, minerais...). Au sud du détroit, se trouve le port de Singapour, l'un des principaux de la planète à la fois pour le trafic de conteneurs et de marchandises. D'autres ports secondaires jalonnent ce détroit sur les littoraux des pays riverains, en Malaisie (Port Kelang, Penang) et en Indonésie (Tanjung Balai, Belawan...). Depuis plusieurs décennies, la construction d'un canal dans l'isthme de Kra (Thaïlande) est évoquée. Il permettrait aux navires de « contourner » le détroit.

Le détroit de Malacca est également un espace de coopération économique. Les quatre pays riverains (Singapour, Indonésie, Malaisie, Thaïlande) sont membres d'une organisation de coopération régionale : l'ASEAN (Association des nations de l'Asie du Sud-Est). Depuis plusieurs décennies, ces pays ont intensifié leurs relations au moyen de nombreuses routes maritimes régionales entre les pôles de coopération et de développement économiques. C'est le cas dans la partie sud du détroit, autour de Singapour, de la péninsule de Johore (Malaisie) et de l'archipel des îles Riau (Indonésie). La partie nord est également concernée : les synergies sont importantes entre les ports indonésiens et malaisiens. Plusieurs métropoles encadrent ces territoires (Singapour, Kuala Lumpur, Penang, Medan).

Le détroit de Malacca est une zone maritime où les tensions et les risques sont multiples. En raison de l'intensité du trafic marchand et de la géographie du détroit, la route maritime est réputée pour être l'une des plus exposées aux actes de piraterie (attaques et détournement de navires), et ce, malgré la vigilance des autorités militaires locales. En raison de l'étroitesse du détroit en certains endroits (quelques kilomètres de large), les risques de collision entre navires existent et mettent en péril des écosystèmes littoraux (mangroves) et marins (ressources halieutiques) vulnérables.

Objectif BAC

Consigne : En vous aidant du texte ci-contre et en vous appuyant sur vos connaissances, complétez la légende du croquis de synthèse.

Aide pour répondre à la consigne :
- Reportez les figurés présents sur le croquis dans la légende.
- Complétez les intitulés de la légende à l'aide des informations présentes dans le texte.
- N'oubliez pas de donner un titre à votre croquis.

Titre : ________________________________

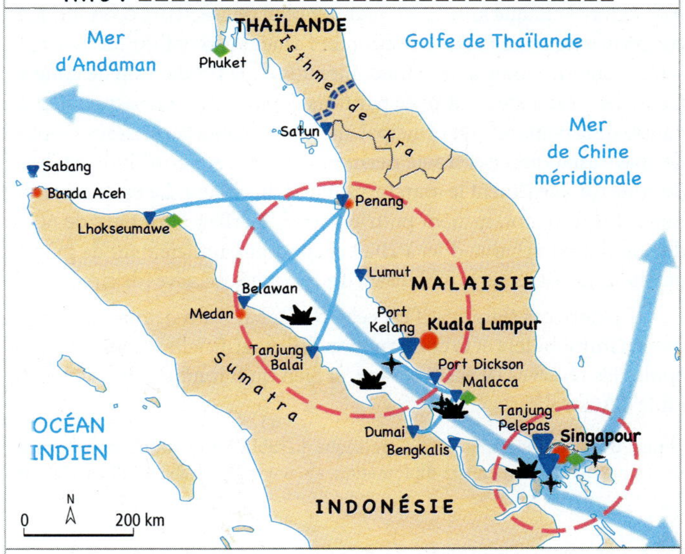

1. Un détroit stratégique

Route maritime internationale

Principaux ports

Ports secondaires

____

____

2. Les dynamiques économiques régionales

Routes maritimes secondaires régionales

Pôles de coopération et de développement économique

____

Sites touristiques

3. Les tensions et les risques

____

____

Fond de carte différencié

Exemple

Le sable marin : une ressource convoitée

À quelles logiques de mise en valeur et de protection l'exploitation du sable marin correspond-elle ?

Vidéo Le sable, une ressource en voie de disparition.

1 Des usages et des besoins croissants

L'accroissement rapide de la demande globale de sable ces dernières décennies connaît deux explications principales. Premièrement, le sable est utilisé pour la production d'une grande variété de produits, allant du verre aux puces informatiques en passant par les produits cosmétiques. Au total, ce sont entre 30 et 50 milliards de tonnes de sable qui sont extraits chaque année. Au premier plan des secteurs économiques concernés figurent la construction et l'aménagement du territoire, le sable étant une composante fondamentale de la production de ciment. Cette dernière a été multipliée par trois depuis 1995. En second lieu, la hausse de la demande est principalement attribuée à la croissance rapide des pays asiatiques ces trente dernières années. Aujourd'hui, la Chine domine très largement le marché mondial du ciment. Le Parti communiste chinois a notamment pour objectif d'arriver à un taux de 60 % de population urbaine d'ici à 2020 et conduit parallèlement de grands projets d'infrastructures mobilisant des quantités massives de ciment […].

Un autre cas significatif est celui de Dubaï : afin de poursuivre ses projets immobiliers et la construction d'îles artificielles, l'émirat a déjà épuisé les réserves de ses littoraux, si bien qu'il importe désormais du sable d'Australie.

Julien Bueb et Lina Pamart, « Géopolitique du sable. Entre rareté, conséquences environnementales et enjeux diplomatiques », www.diploweb.com, 14 avril 2019.

2 Les conséquences de l'extraction des sables marins

Recul des plages et menaces pour le tourisme
- 75 à 90 % des plages disparaissent
- En Indonésie, 24 îles ont déjà disparu
- D'ici 2100, les Maldives n'existeront plus
- 9 plages sur 10 sont en train d'être submergées en Floride

Danger pour l'agriculture
L'eau de mer s'infiltre dans les nappes phréatiques et rend les terres arables impropres à l'agriculture

Danger pour la faune
Les navires de dragage détruisent l'habitat naturel de nombreuses espèces sous-marines

Instabilité des bâtiments

Source : Novethic.fr, 2019.

3 L'extension spatiale de Singapour

Carte interactive

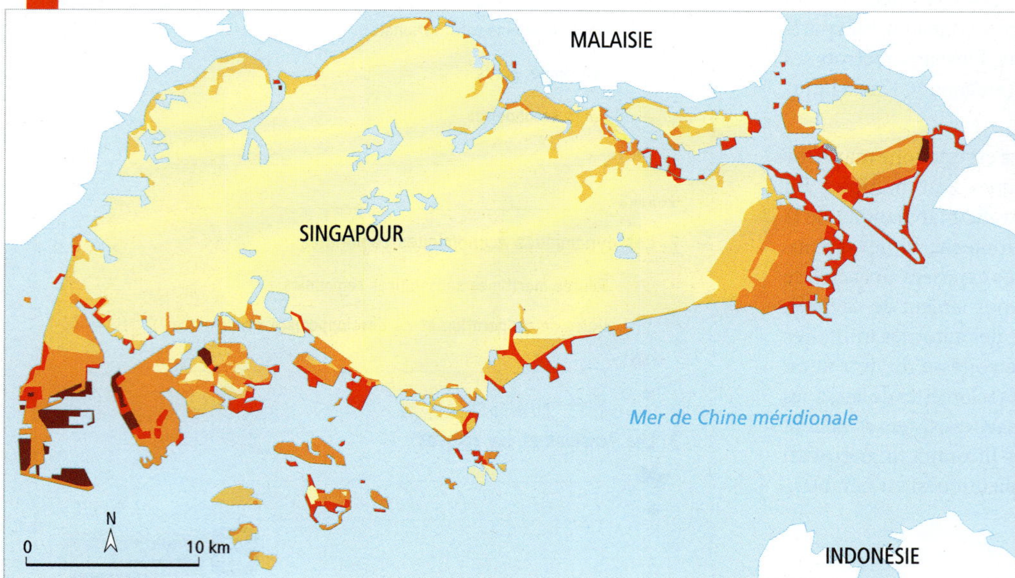

Superficie de l'île en …
- 2018
- 2013
- 2009
- 1989
- 1973

En un demi-siècle, la superficie de Singapour a augmenté de 20 % avec la construction de terre-pleins artificiels (importations de sable en provenance du Cambodge, du Vietnam ou d'Indonésie).

Source : Sand and sustainability, UN environment, 2019.

4 Construction d'une presqu'île artificielle au Sri Lanka (2017)

Un navire de dragage opère sur le site de la nouvelle ville portuaire de Port City (Colombo).

5 Une exploitation illégale

En contrebas d'un projet d'appartements « pieds dans l'eau » sur la petite plage branchée de Monica, près de Casablanca, une seule dune a résisté à l'appétit des constructeurs : ici comme ailleurs au Maroc, le sable est pillé pour nourrir une industrie du bâtiment croissante.

Un rapport du Programme des Nations unies pour l'environnement (PNUE) sur la surexploitation du sable dans le monde, publié en mai 2019, pointe du doigt le rôle des « mafias du sable » dans la disparition des plages marocaines, sur fond de bétonnage du littoral. La moitié du sable utilisé chaque année dans la construction au Maroc, soit 10 millions de mètres cubes, est extraite illégalement, selon ce rapport […]. Résultat : les côtes s'érodent, les plages rétrécissent. « La poursuite de la construction risque de conduire à la destruction de la principale attraction naturelle des visiteurs : les plages elles-mêmes », alerte l'organisation onusienne. Les plages continuent pourtant d'y être dépouillées, le long d'un littoral de 3 500 kilomètres qui court entre Méditerranée et Atlantique. Le sable est lui transporté à dos d'âne, en triporteur ou en camion.

« Au Maroc, le littoral menacé par les mafias du sable », *La Croix*, AFP, 17 juin 2019.

Questions

Itinéraire 1

Répondre aux questions

1. **Expliquez** pourquoi la demande mondiale de sable est si importante. **doc. 1, 3 et 4**
2. **Citez** les principaux acteurs du marché mondial du sable. **doc. 1 à 5**
3. **Montrez** et **caractérisez** les différents enjeux de cette exploitation. **doc. 1, 2, 3 et 5**

Synthétiser

4. À l'aide de vos réponses aux questions précédentes, **analysez** les enjeux du sable marin dans la mondialisation et **montrez** qu'il s'agit d'une ressource convoitée. **doc. 1 à 5**

ou

Itinéraire 2

Réaliser une carte mentale

- Écrivez « Le sable marin » au milieu d'une page. Tracez trois branches partant de ce titre :
  – une ressource en forte demande
  – des acteurs et un marché très dynamiques
  – d'importants enjeux environnementaux
- Complétez chaque branche avec des informations extraites des documents 1 à 5 et issues de recherches effectuées sur Internet.

Exemple

Les nouvelles routes maritimes de l'océan Arctique

Comment l'ouverture de nouvelles routes maritimes accroît-elle les enjeux géostratégiques et les rivalités de puissance en Arctique ?

Vidéo Les nouvelles routes maritimes de l'océan Arctique.

1 Transport de gaz en Arctique

Le navire *Christophe de Margerie* à destination du port norvégien de Honningsvåg (février 2019).

2 Le passage du nord-ouest : une nouvelle route commerciale ?

Les avantages de la navigation commerciale *via* le passage du Nord-Ouest, la libération des glaces [due au réchauffement climatique] advenant au moins une partie de l'année, sont indéniables. [...] Entre la première traversée complète du passage du Nord-Ouest (1903-1906) et 2017, plus de 287 navires ont réussi à voyager d'un océan à l'autre *via* le passage du Nord-Ouest. De ce nombre, plus de la moitié des traversées ont été réalisées par des navires de plaisance (56 navires de croisière, 118 yachts et une vingtaine de voiliers). Les autres ont été réalisées par des brise-glaces dont plusieurs battant pavillon étranger, au moins trois pétroliers et un baleinier. Plusieurs pays non liés à l'Arctique entrevoient avec optimisme l'occasion de diversifier leur économie et d'assurer leur croissance économique par l'entremise du passage du Nord-Ouest [...].

Ce n'est pas un hasard si cinq pays d'Asie (la Chine, l'Inde, le Japon, la Corée du Sud et Singapour) ont fait leur entrée en 2013 au sein du Conseil de l'Arctique – un forum créé à l'origine par et pour les pays de l'Arctique [...]. Cette situation ne réjouit pas le Canada qui revendique la souveraineté sur l'ensemble du passage du Nord-Ouest – une position que ne reconnaissent ni les États-Unis, ni l'Union européenne.

Alain-Adrien Grenier, spécialiste du tourisme polaire, « Le décloisonnement du passage du Nord-Ouest », *IDeAs* n° 12 [en ligne], 19 novembre 2018.

3 Des routes maritimes arctiques plus courtes

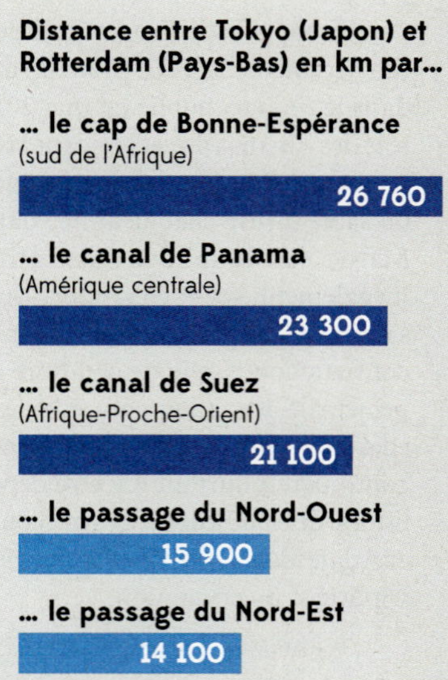

4 Les nouvelles routes de l'Arctique

Carte interactive

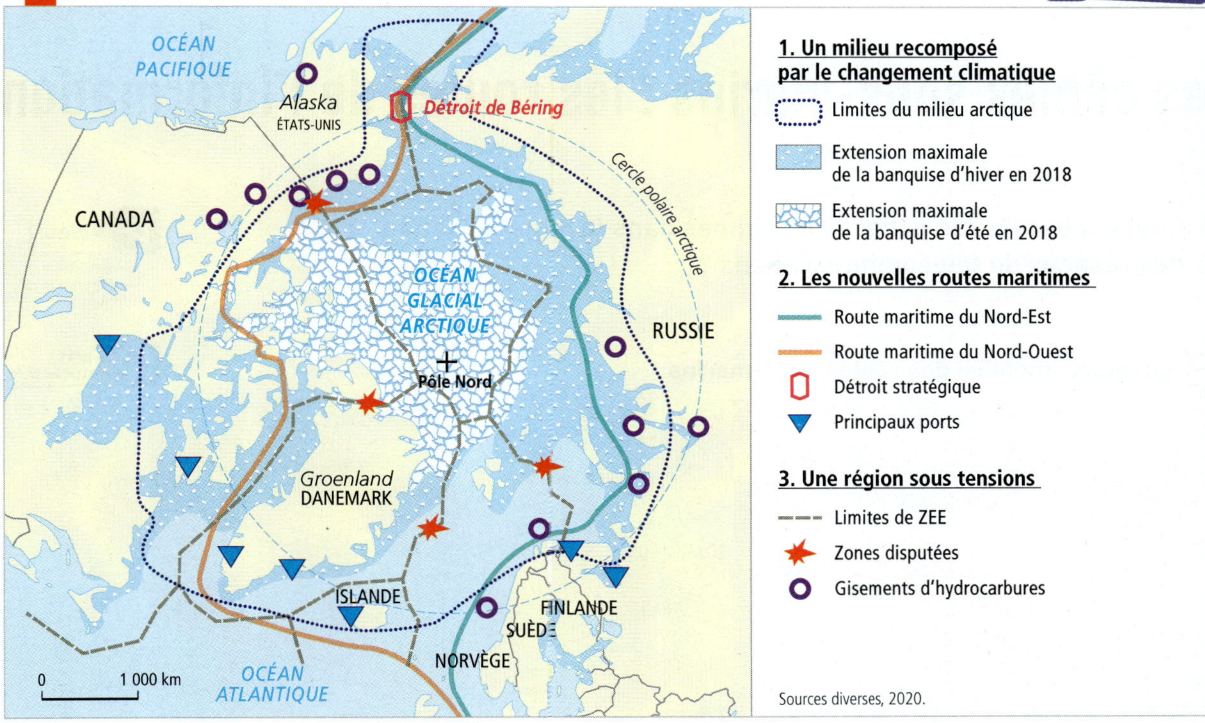

Sources diverses, 2020.

5 Une navigation à risques

La navigation en Arctique fait face à des risques qui [ont des conséquences] sur le coût de la navigation. Le facteur le plus connu est la présence de glace. Sa variation d'une zone à l'autre et d'une année sur l'autre rendent la navigation complexe. De plus, elle peut endommager le navire – sa coque ou ses équipements – et le déstabiliser en cas d'accumulation de glace sur le pont trop importante. Quant aux périodes d'obscurité et de froid extrême, elles rendent le travail des marins difficile. Le faible nombre de ports accessibles le long des côtes, ainsi que le nombre limité de brise-glace font qu'un navire peut potentiellement très vite se trouver isolé. Cela représente une circonstance aggravante en cas de sinistre, qui resterait minime dans une autre mer […]. Si la route maritime du Nord connaît un essor, ce dernier reste relatif en comparaison des autres routes maritimes. Il reste très dépendant des conditions de navigation, des réglementations nationales et internationales, ainsi que des conditions édictées par les compagnies d'assurances, imposant l'utilisation d'un certain type de navire, l'assistance d'un brise-glace et un équipage expérimenté et compétent. Ces obligations représentent un surcoût important pour tout nouvel acteur du transport et sont des facteurs qui limitent le développement de cette route.

« La route maritime du Nord, eldorado ou miroir aux alouettes ? », *The Conversation*, 15 août 2017.

Questions

Itinéraire 1

Répondre aux questions

1. **Citez** et **localisez** les nouvelles routes maritimes de l'Arctique. **doc. 3 et 4**
2. **Montrez** que ces nouvelles routes offrent des avantages pour les acteurs du transport maritime, mais que les contraintes demeurent importantes. **doc. 1 à 5**
3. **Relevez** les rivalités qui apparaissent en Arctique pour maîtriser ces nouveaux espaces maritimes de transport. **doc. 2 et 4**

Synthétiser

4. À l'aide de vos réponses aux questions précédentes, **expliquez** comment l'ouverture des routes maritimes accroît les enjeux géostratégiques et les rivalités de puissance en Arctique. **doc. 1 à 5**

ou

Itinéraire 2

Organiser l'information dans un tableau

• À l'aide des documents 1 à 5, complétez le tableau suivant.

	Doc. 1	Doc. 2	Doc. 3	…
Localisation des nouvelles routes de l'Arctique				
Acteurs spatiaux et atouts de ces nouvelles routes maritimes				
Contraintes et rivalités de ces nouvelles routes maritimes				

Exemple

Les câbles sous-marins : les routes de l'information

➔ Quel est le rôle des espaces maritimes dans la mondialisation des réseaux de télécommunications ?

Vidéo
Mondialisation : 20 000 câbles sous les mers.

Carte interactive

1 Le réseau mondial des câbles sous-marins

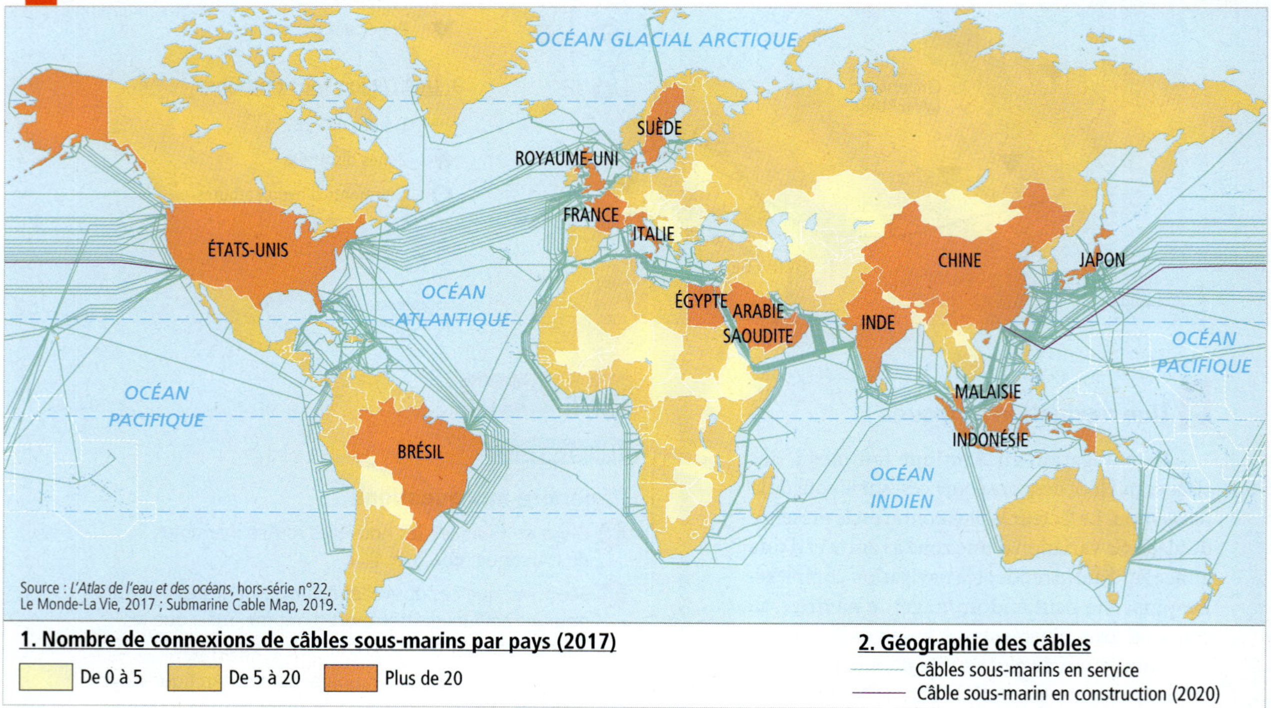

Source : *L'Atlas de l'eau et des océans*, hors-série n°22, Le Monde-La Vie, 2017 ; Submarine Cable Map, 2019.

2 Les océans dans la mondialisation des télécommunications

Contrairement à une idée reçue, les satellites jouent un rôle minime dans le fonctionnement d'Internet. Près de 99 % du trafic international de téléphone et de données passent par des câbles sous-marins. [...] En 2018, les communications intercontinentales étaient assurées par 1,2 million de kilomètres de câbles sous-marins. Même quand une liaison terrestre est possible, les opérateurs préfèrent souvent le câble sous-marin, bien caché, moins vulnérable. Le câble (2 cm d'épaisseur) est posé au fond de l'eau, jusqu'à 9 km de profondeur, où il devra fonctionner au moins 25 ans [...].

La demande s'accroît [...] avec les géants américains du Web (Google, Facebook, Microsoft), qui ouvrent de nouvelles routes, en fonction de leurs besoins. Google a ainsi investi dans plusieurs câbles vers l'Asie, en partenariat avec des compagnies télécoms locales. Parallèlement, Microsoft et un groupe d'opérateurs asiatiques ont lancé la construction [d'un câble] entre les États-Unis, la Chine, le Japon et la Corée du Sud. De son côté, Facebook a participé au financement d'un câble régional.

Yves Eudes, « La toile mondiale se tisse sous la mer », hors-série n° 22, *L'Atlas de l'eau et des océans*, Le Monde-La Vie, 2017.

Objectif BAC

Consigne : En analysant les documents, vous expliquerez le rôle des espaces maritimes dans la mondialisation des télécommunications.

Aide pour répondre à la consigne :
- Soulignez la place essentielle des câbles sous-marins dans les télécommunications planétaires.
- Précisez les différents acteurs impliqués dans la pose de câbles sous-marins.
- Montrez que les territoires sont inégalement connectés au réseau planétaire des câbles sous-marins.

Exemple

Les ressources halieutiques marines dans le monde

Vocabulaire

- **Aquaculture :** élevage industriel de poissons, de coquillages, de crustacés, d'algues dans les eaux maritimes ou fluviales.
- **Puissance halieutique :** pays qui dispose d'une importante économie de la pêche.

1 Pêche marine et consommation de poissons dans le monde (2016)

Carte interactive

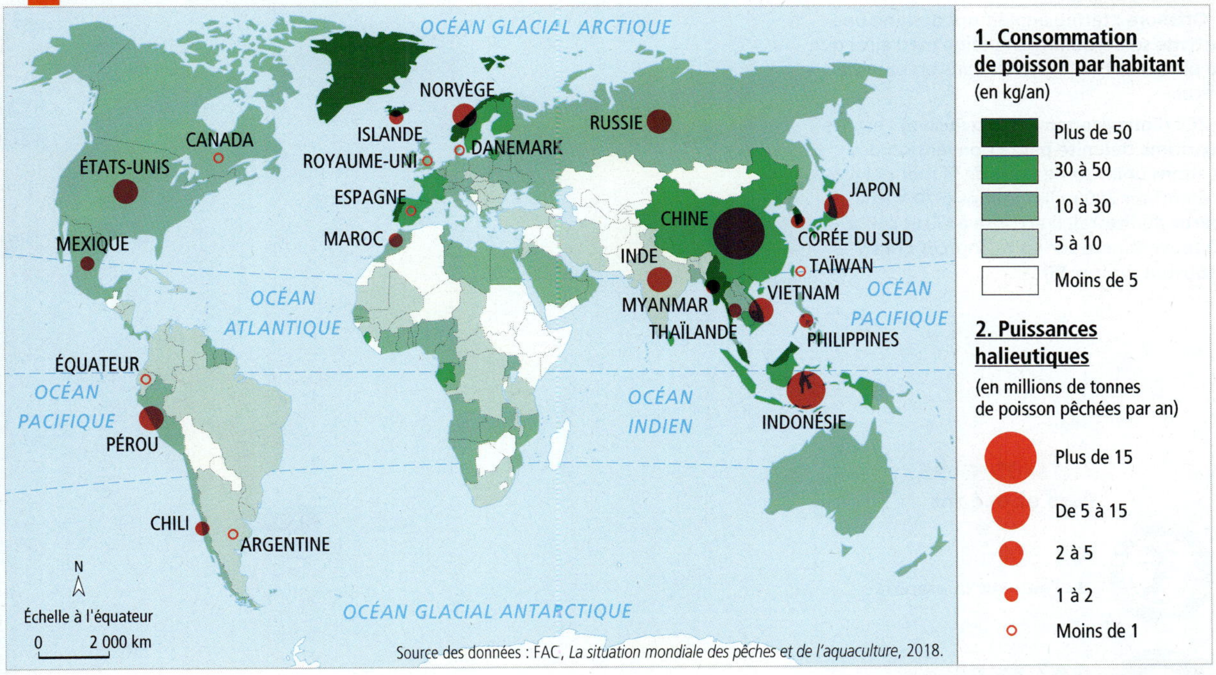

2 L'épuisement des ressources halieutiques

Les techniques de pêche ne cessent de s'améliorer, au risque de vider la mer d'une partie de ses ressources. En 2017, 92,5 millions de tonnes de poissons et de fruits de mer ont été capturés dans le monde, soit plus de quatre fois plus qu'en 1950. Cette progression s'explique par l'accroissement de la population, et par une consommation en hausse par habitant. Mais les ressources de la mer ne sont pas inépuisables.

Un tiers des stocks de poissons sont surexploités dans le monde, selon la FAO [...]. Face à la surexploitation, ONG et scientifiques plaident pour une pêche plus raisonnée. Pour les ONG, il faut lutter contre la pêche illégale, les subventions encourageant la surpêche, remettre en cause la pêche minotière qui sert à nourrir d'autres animaux, promouvoir les méthodes de pêche passives (casiers, filets fixes...), mettre en place des aires marines protégées, créer des labels plus stricts, soutenir les pêcheries permettant aux stocks de se reconstituer [...]

Le changement climatique risque [d'aggraver la situation]. Il va provoquer une certaine redistribution dans les stocks de poissons et il est à craindre que les régions tropicales et les petits États insulaires doivent probablement faire face aux impacts les plus négatifs [...].

« La surpêche menace les océans », AFP, 3 mai 2019.

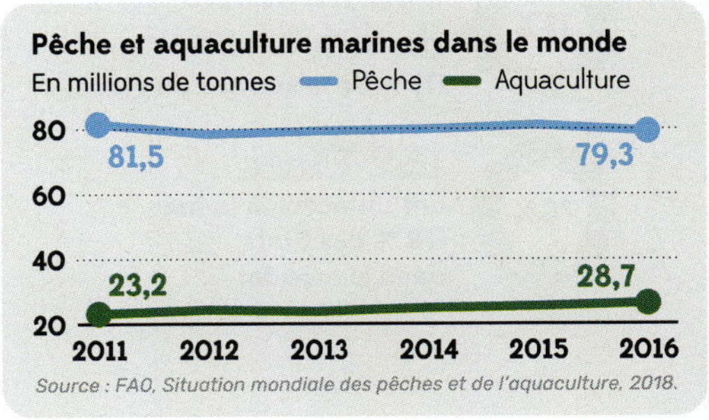

Objectif BAC

Consigne : Montrez que les mers et océans constituent des espaces-ressources fragiles.

Aide pour répondre à la consigne :
- Localisez les principales puissances halieutiques.
- Expliquez les raisons de l'épuisement des ressources halieutiques.
- Montrez que le secteur de la pêche marine connaît une profonde mutation.

Carte

Mers et océans : vecteurs essentiels de la

Vocabulaire

- **EVP (Équivalent vingt pieds) :** unité de mesure des conteneurs correspondant à environ 6 mètres de long.
- **Halieutique :** qui concerne la pêche.
- **Offshore :** terme anglais qui désigne une activité se déroulant en pleine mer, ainsi que le placement de capitaux dans un paradis fiscal.
- **ZEE (Zone économique exclusive) :** espace maritime délimité par la Convention des Nations unies sur le droit de la mer qui s'étend sur 200 milles marins (370 km) à partir du littoral. Il accorde à l'État côtier la souveraineté sur les ressources qui s'y trouvent. Voir p. 90.

Chiffres clés
Mers et océans

- **97 %** de l'eau sur la planète
- 71% **361 millions de km²** (71 % de la surface du globe)
- 78% **152 États** ont un accès à la mer (78 % des États dans le monde)

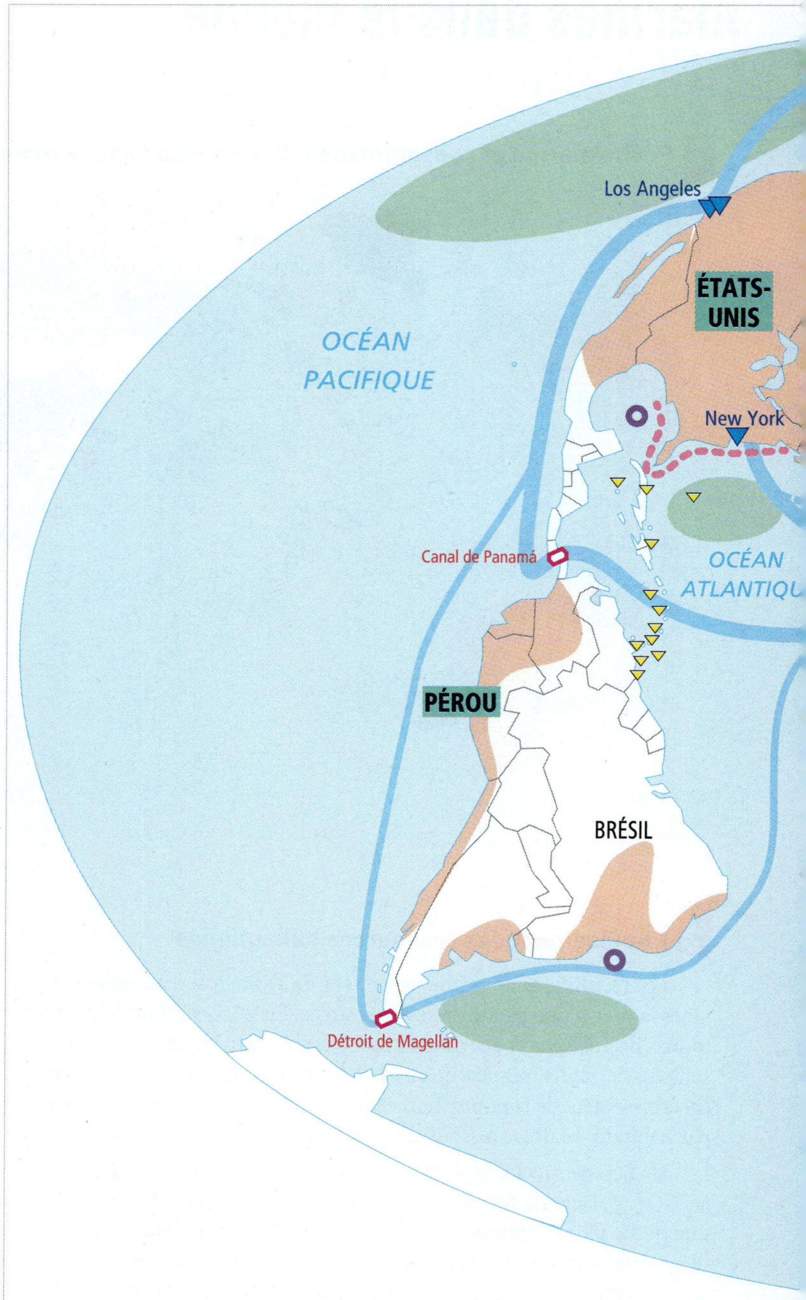

1. Des espaces de circulation et d'échanges

- Principales routes maritimes
- Routes maritimes secondaires
- Nouvelles routes maritimes, en voie d'ouverture
- Passages stratégiques

Questions

1. **Localisez** les principales façades maritimes dans le monde.
2. **Citez** les régions du monde les plus reliées aux grandes routes maritimes.
3. **Citez** les principales ressources exploitées dans les mers et océans.

mondialisation

Carte interactive

2. Des espaces maritimes exploités

- Principales zones de pêche
- CHINE Principales puissances halieutiques
- Principaux gisements d'hydrocarbures offshore

3. La maritimisation des économies dans la mondialisation

- Principaux espaces productifs intégrés à la mondialisation
- Principaux ports de conteneurs (+ de 20 millions d'EVP/an)
- Principales façades maritimes
- Principaux pays de construction navale
- Paradis fiscaux offshore

Carte

Mers et océans : appropriation, protection et

Vocabulaire

- **Aires marines protégées (AMP) :** espaces maritimes relevant de mesures de protection environnementale et de gestion des ressources.
- **Pavillon de complaisance :** immatriculation d'un navire sous une juridiction nationale différente de celle du ou des propriétaire(s), généralement choisie pour son caractère peu contraignant, en matière de fiscalité, de sécurité du navire ou de droit du travail auquel est soumis l'équipage, par exemple.
- **ZEE (zone économique exclusive) :** espace maritime délimité par la Convention des Nations unies sur le droit de la mer qui s'étend sur 200 milles marins (370 km) à partir du littoral. Il accorde à l'État côtier la souveraineté sur les ressources qui s'y trouvent. Voir p. 90.

Chiffres clés

Mers et océans (2018)

- 36 % — **ZEE : 36 % de la surface des mers et des océans de la planète = 130 millions de km²**
- 64 % — **Haute mer : 64 % de la surface des mers et des océans de la planète = 231 millions de km²**
- 7,3 % — **Aires marines protégées : 7,3 % de la surface des mers et des océans de la planète = 26 millions de km²**

Questions

1. **Relevez** les espaces maritimes qui font l'objet de vives rivalités dans le monde.
2. **Situez** les mers et océans les plus soumis aux demandes d'extension des ZEE.
3. **Citez** les principales menaces qui pèsent sur les espaces maritimes.

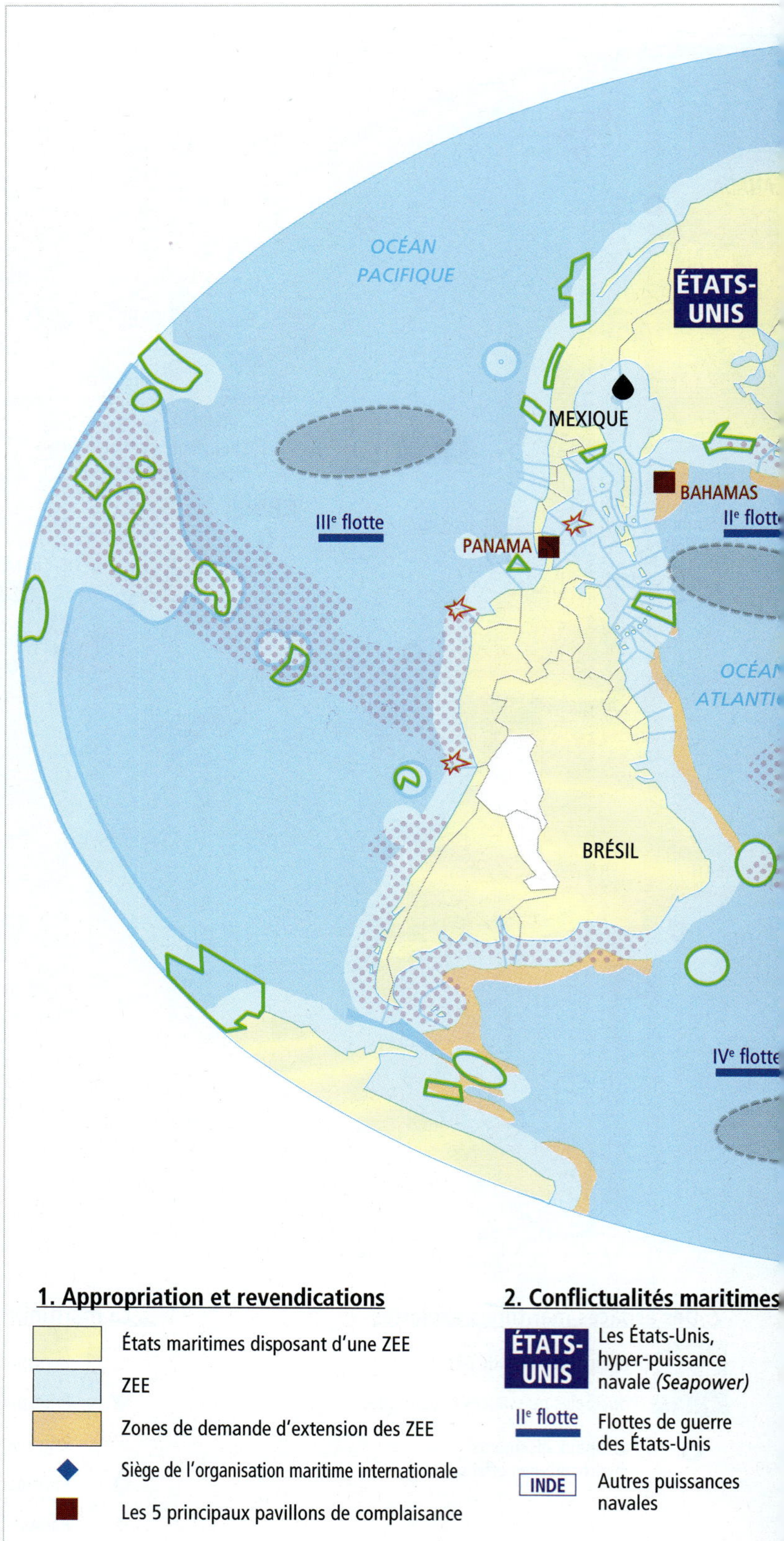

liberté de circulation

Carte interactive

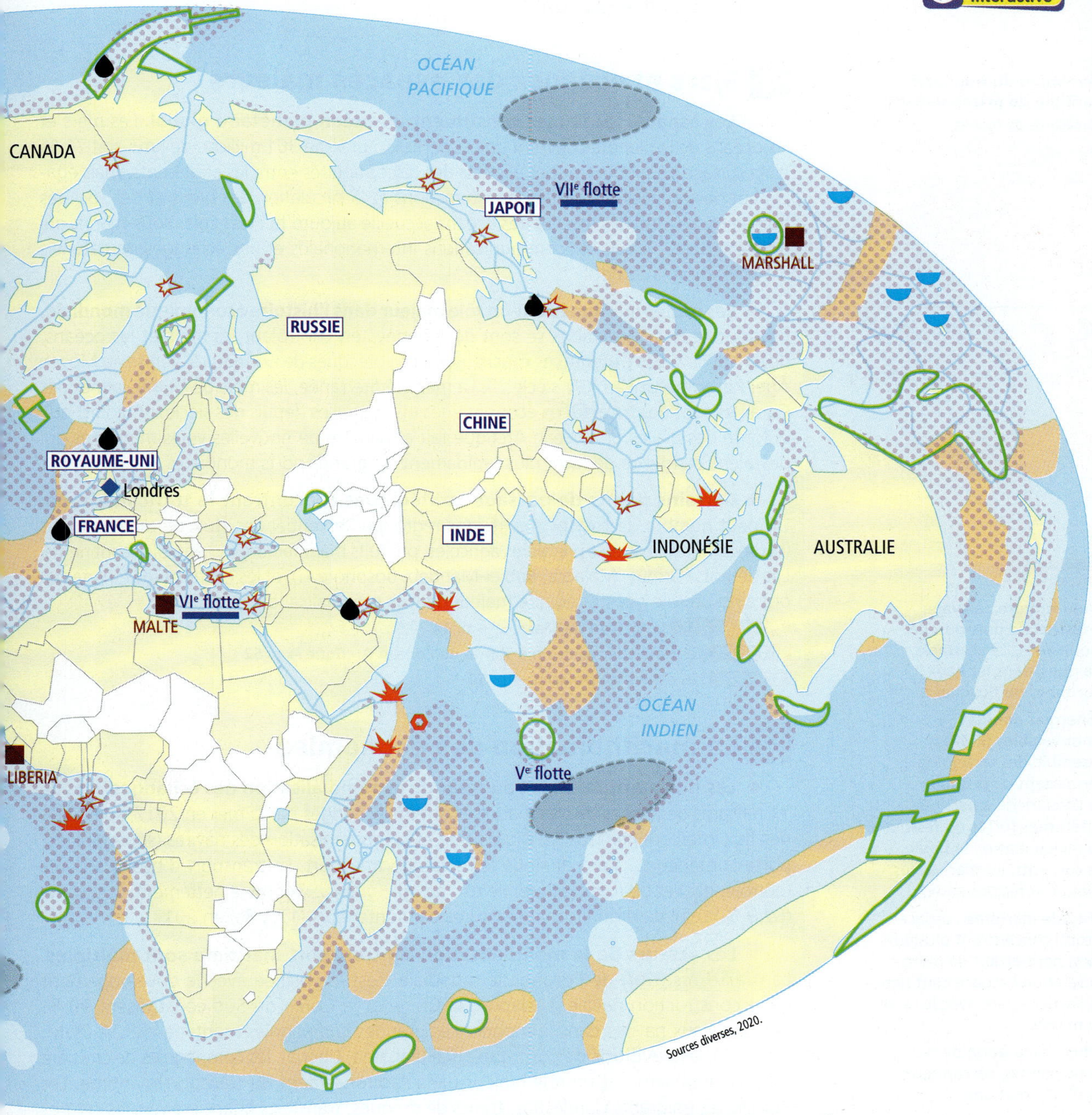

Zones de piraterie

Opération Atalante (lutte contre la piraterie dans l'océan Indien)

Zones de tension liées aux frontières maritimes

3. Des espaces entre dégradation et protection

Zones de surpêche

Concentration de déchets (gyres, « continents » de plastique)

Catastrophes écologiques récentes (marées noires)

Îles menacées par l'élévation du niveau de la mer

Principales aires marines protégées (AMP)

Cours

Podcast Cours à écouter

Mers et océans : vecteurs essentiels de la mondialisation

Comment les espaces maritimes contribuent-ils à la mondialisation ?

L'évolution du transport maritime de marchandises
En milliards de tonnes

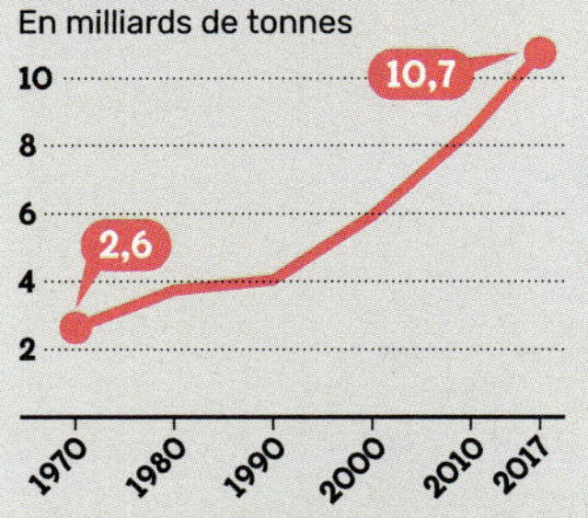

Source : UNCTAD, Review of Maritime Transport, 2018.

1 Mers et océans : des espaces majeurs

● **Les espaces maritimes constituent un océan planétaire global.** Les mers et les océans de la planète couvrent une superficie d'environ 361 millions de km², soit 71 % de la surface du globe. Ce sont à la fois des discontinuités entre les continents, mais également des espaces, favorisant les interactions et la circulation des biens et des sociétés humaines. Le fond des mers et des océans accueille aujourd'hui les câbles sous-marins qui permettent 99 % des télécommunications internationales et des échanges immatériels d'information (Internet).

● **Les routes maritimes ont un rôle majeur dans l'histoire économique mondiale.** De nombreuses civilisations se sont développées en contrôlant les mers et les océans, devenant ainsi des puissances maritimes (cités grecques de l'Antiquité, Venise au Moyen Âge, Royaume-Uni au XIXe siècle…). La mer Méditerranée, les mers de Chine, la mer des Caraïbes sont des interfaces économiques et culturelles depuis des siècles. Aujourd'hui, la fonte des glaces de l'océan Arctique fait apparaître de nouvelles voies maritimes qui devraient permettre de relier plus rapidement les grands ports mondiaux.

● **Certains points de passage stratégiques concentrent le trafic maritime.** Un petit nombre de routes maritimes regroupe l'essentiel des flux de marchandises (hydrocarbures, matières premières agricoles, produits manufacturés…) entre les continents. Les détroits (Ormuz, Malacca, Bab el-Mandeb, Bosphore…), et les canaux (Suez, Panama) ont ainsi un rôle géostratégique majeur dans la mondialisation.

ÉTUDE DE CAS Le détroit de Malacca → p. 44
EXEMPLE Les nouvelles routes maritimes de l'océan Arctique → p. 52
EXEMPLE Les câbles sous-marins → p. 54

2 La maritimisation des économies

● **Les flux maritimes sont au cœur de la mondialisation des échanges.** Près de 11 milliards de tonnes de marchandises ont été échangés par la mer en 2017, soit 90 % des flux intercontinentaux. Le gigantisme et la modernisation des navires (supertankers, porte-conteneurs…) ont diminué les coûts de transport. Le transport d'hydrocarbures (pétrole, gaz) et de matières premières (métaux, grains…) domine nettement en volume (82,9 %) celui de produits manufacturés par conteneurs (17,1 %) en 2017.

● **Les acteurs de la mondialisation du transport maritime sont multiples.** La maritimisation de l'économie mondiale s'est intensifiée avec le développement de la construction navale. Le Japon, la Chine et la Corée du Sud construisent 90 % des nouveaux navires dans le monde. Les grandes compagnies maritimes (CMA-CGM, Cosco…), les pavillons de complaisance (Panama, Libéria), les compagnies de croisière (Royal Caribbean) ont un rôle majeur dans l'accroissement du transport maritime. Les flux illicites (migrants clandestins, trafics de drogues, transferts financiers vers les centres offshore) contribuent également à faire des mers et des océans des espaces mondialisés.

● **Les territoires sont inégalement intégrés dans la maritimisation de l'économie.** 75 % des échanges maritimes s'effectuent entre les façades maritimes européennes (Northern Range), asiatiques et nord-américaines, où se concentrent les principaux ports (Ningbo, Singapour, Rotterdam, Los Angeles), les grands centres économiques et les métropoles mondiales. La maritimisation de l'économie mondiale fait des États enclavés des régions périphériques dans la mondialisation.

GÉO AUTREMENT Les marins, acteurs de la mondialisation → p. 64

Vocabulaire

- **Aquaculture** : élevage industriel de poissons, de coquillages, de crustacés, d'algues, dans les eaux maritimes ou fluviales.
- **Énergies marines renouvelables (EMR)** : ensemble des technologies permettant de produire de l'électricité à partir de différentes forces ou ressources du milieu marin : la houle, les courants, les marées, les températures des eaux.
- **Façade maritime** : espace littoral concentrant plusieurs ports permettant de mettre en relation l'espace continental de l'arrière-pays avec le reste du monde.
- **Flux** : circulation de biens, de personnes, de capitaux ou d'informations.
- **Halieutique** : voir p. 56.
- **Interface** : zone de contact entre deux espaces géographiques distincts. Elle génère le plus souvent des flux, mais parfois aussi des tensions.
- **Offshore** : voir p. 56.
- **Pavillon de complaisance** : voir p. 58.

3 Des espaces-ressources

● **Les ressources maritimes sont d'abord halieutiques.** Environ 80 millions de tonnes de poissons sont pêchés en mer chaque année. Ce chiffre stagne depuis plusieurs années en raison de la surexploitation et de l'épuisement des ressources. La Chine, l'Indonésie et les États-Unis sont les trois principaux pays pour les captures. Le Pacifique regroupe la moitié des captures marines dans le monde devant l'Atlantique (environ 20 %). Dans le même temps, l'aquaculture marine ne cesse de se développer (30 millions de tonnes par an), particulièrement en Asie.

● **Les océans constituent un gisement majeur de ressources énergétiques.** Les hydrocarbures offshore représentent 1/3 de la production mondiale de pétrole et de gaz et 1/4 des réserves connues. Les progrès techniques récents permettent des forages de plus en plus profonds dans de nombreuses zones d'exploitation (Arctique, golfe du Mexique, Alaska, golfe de Guinée…). Les espaces maritimes offrent également des perspectives de production d'énergies marines renouvelables (EMR) grâce aux vents, aux marées, aux courants ou à la houle.

● **D'autres ressources sont convoitées.** C'est le cas du sable, très recherché dans le secteur de la construction dans les pays émergents (Chine, Singapour, Dubaï), ou des métaux précieux. La bioressource marine, d'origine animale ou végétale, est exploitée dans de nombreuses industries (agroalimentaires, chimiques, cosmétiques…). Les biotechnologies marines, liées à la biodiversité des mers et à leur préservation, devraient se développer dans les prochaines années.

EXEMPLE Le sable marin, une ressource convoitée → p. 50
EXEMPLE Les ressources halieutiques marines → p. 55

Répartition du transport maritime international par aire géographique

En %

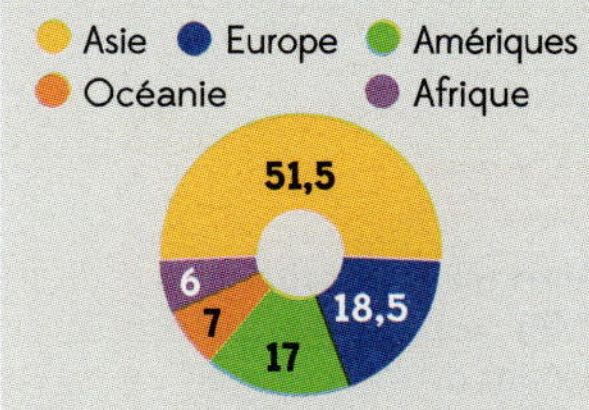

Source : UNCTAD, Review of Maritime Transport, 2018.

Notions

Maritimisation p. 89
Puissance maritime p. 91
Route maritime p. 91

Du cours au schéma

EXO Exercice interactif

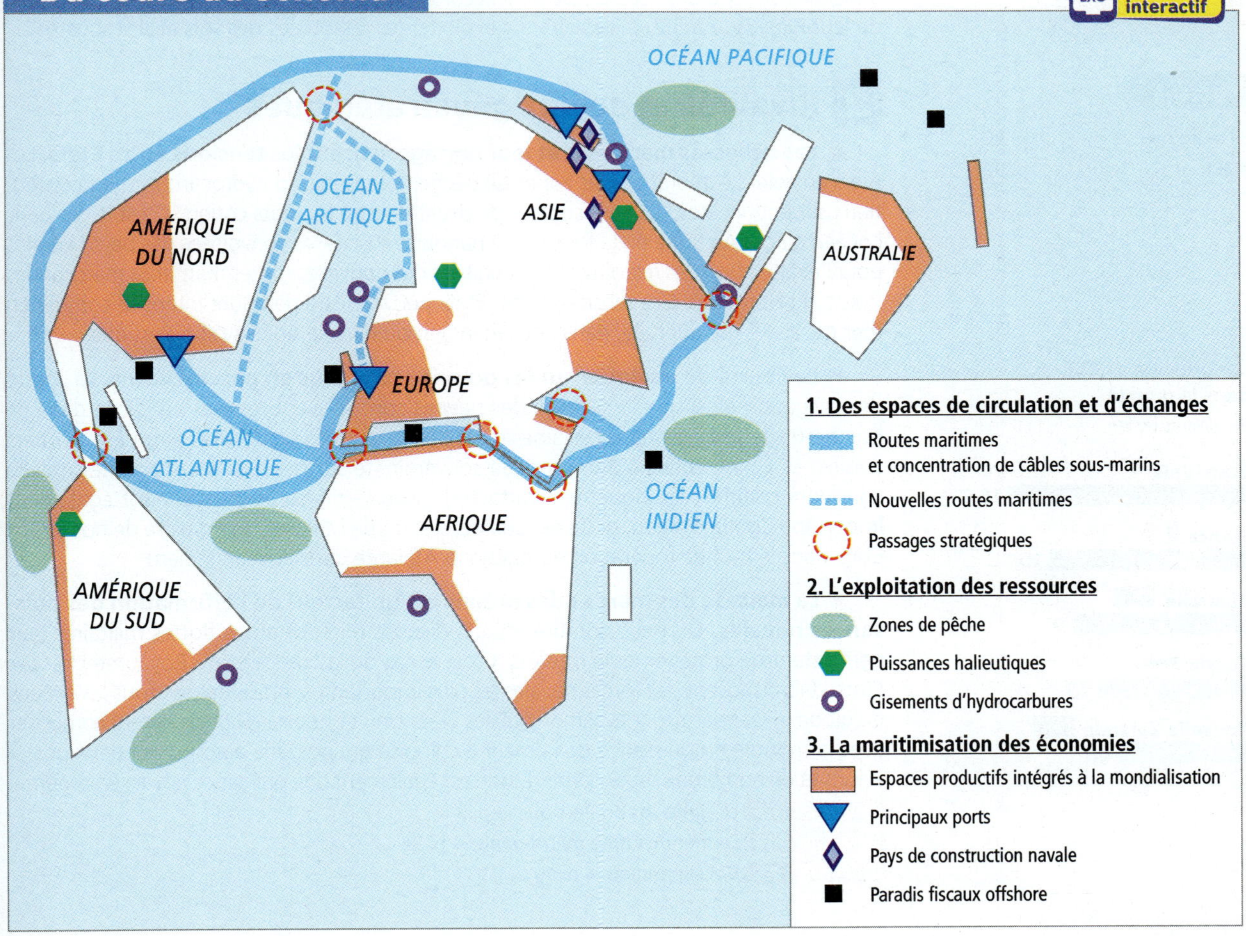

Cours

Podcast Cours à écouter

Mers et océans : appropriation, rivalités et protection

Quels sont les enjeux de l'appropriation des espaces maritimes ?

Vocabulaire

- **Aires marines protégées (AMP) :** espaces maritimes relevant de mesures de protection environnementale et de gestion des ressources.
- **Droit de la mer :** composante du droit international qui règle les relations entre États concernant l'utilisation de la mer et l'exercice de leurs pouvoirs sur les espaces maritimes.
- **Patrimonialisation :** politique qui consiste à protéger un espace et à en faire un élément de patrimoine.

1 L'appropriation des mers et des océans

● **Le partage des espaces maritimes repose sur le droit international.** Le droit de la mer a été défini par la Convention des Nations unies sur le droit de la mer (CNUDM) signée à Montego Bay (Jamaïque) en 1982. Plus on est proche des côtes d'un État, plus les droits souverains sont importants, plus on s'en éloigne, plus la liberté est grande : pleine souveraineté d'un État côtier sur ses eaux territoriales (limite des 12 milles), puis souveraineté sur la zone économique exclusive (ZEE, limite des 200 milles). Au-delà, les eaux internationales, ou haute mer, sont des espaces de libre circulation, où l'exploitation des fonds est réglementée par les Nations unies.

● **Certains États disposent d'immenses ZEE.** Les États-Unis sont au premier rang (12,2 millions de km²), devant la France (10,1 millions de km²) qui bénéficie de ses territoires ultramarins. Ils peuvent y réglementer l'accès et l'exploitation des ressources naturelles. Ces espaces maritimes appropriés par les États représentaient en 2018 36 % des mers du globe, la haute mer 64 %.

● **Le droit de la mer protège la haute mer tout en permettant son appropriation.** Définies comme « Biens communs mondiaux », les eaux internationales ne peuvent être appropriées ou revendiquées. L'Autorité internationale des fonds marins (AIFM), créée en 1994 sous l'égide des Nations unies, gère les autorisations d'exploitation des ressources minérales du fond des océans. Elle peut accorder aux États qui le demandent une extension de leur ZEE jusqu'à 350 milles afin d'y exploiter les ressources des sols et des sous-sols.

Notions

- Haute mer p. 90
- ZEE p. 90

Les principales ZEE dans le monde
En millions de km²

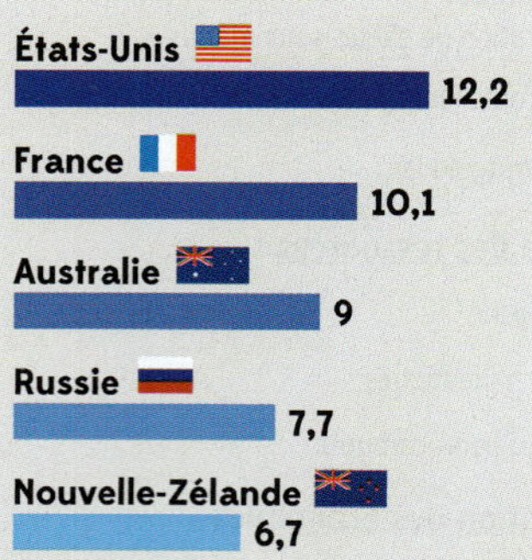

Source : Géoconfluences, 2019.

2 Rivalités et enjeux géostratégiques

● **Les richesses maritimes et leur partage attisent les tensions entre États.** Les mers en voie d'exploration, les zones de pêche, les réserves d'hydrocarbures, les contentieux sur le tracé des ZEE sont sources de rivalités entre les États côtiers. C'est le cas dans l'océan glacial Arctique où la fonte de la banquise suscite les convoitises des pays riverains pour l'exploitation des ressources et la maîtrise des nouvelles routes maritimes marchandes (route du Nord-Est). Ces tensions entre États peuvent être de haute intensité comme en mer de Chine méridionale, dans l'océan Indien ou dans le golfe Arabo-Persique.

● **La liberté de naviguer sur les océans est de plus en plus menacée.** La liberté de navigation ainsi que la sécurité des navires sont souvent remises en cause dans de nombreux détroits, ou dans certaines mers où les tensions sont fortes entre États côtiers voisins. La Chine cherche à imposer sa souveraineté sur des espaces maritimes qu'elle considère comme historiquement rattachés à son territoire. La piraterie est également importante (golfe d'Aden, golfe de Guinée, détroit de Malacca) et mobilise de nombreux États dans le monde (opération européenne Atalante dans l'océan Indien).

● **La maîtrise des mers et des océans est un facteur de l'affirmation des puissances navales.** Un petit nombre d'États dispose d'importantes flottes militaires leur permettant de protéger leurs intérêts. C'est le cas de la France et du Royaume-Uni. Les États-Unis disposent des forces navales les plus importantes, présentes sur tous les océans du globe. « Gendarme » naval mondial, les États-Unis (11 porte-avions) doivent composer avec la montée en puissance de la marine chinoise qui possède aujourd'hui deux porte-avions et de nombreux sous-marins. L'Inde est également une puissance navale émergente.

ÉTUDE DE CAS Le golfe Arabo-Persique → p. 34
ÉTUDE DE CAS La mer de Chine méridionale → p. 36
ÉTUDE DE CAS L'océan Indien → p. 40

3 Des espaces maritimes entre menaces et protection

● **Les mers et les océans sont gravement menacés par les activités humaines.** Le transport d'hydrocarbures et l'exploitation par les plateformes offshore occasionnent d'importantes pollutions (marées noires...). La concentration des déchets a provoqué l'apparition de véritables « continents » de plastique (zones d'accumulation massive appelées gyres) dans tous les océans. Chaque année, près de 10 millions de tonnes de plastique sont rejetés dans les mers. Ces déchets dégradent les eaux océaniques et mettent en péril une grande partie de la faune marine.

● **L'appropriation permet souvent de protéger les mers et les océans.** Le droit de la mer permet aux États côtiers de mettre en place des mesures de protection et de favoriser la patrimonialisation de leurs domaines insulaires et maritimes : préservation des mangroves, des barrières de corail, des espèces halieutiques. 5 000 aires marines protégées représentent en 2018 environ 7,3 % de la surface des océans du globe (26 millions de km²). Depuis 2017, la superficie des aires marines protégées dépasse celle de leurs équivalents terrestres. Elle pourrait doubler d'ici 2030.

● **Les États maritimes sont partagés entre les logiques de valorisation et de protection.** Les mers et les océans représentent un capital dont le produit marin brut (PMB), c'est-à-dire la richesse produite, serait estimé à 2 500 milliards de dollars, soit l'équivalent de la 7e puissance économique planétaire. Toutefois, leur exploitation est incompatible avec les logiques de préservation des milieux marins et de la biodiversité marine, nécessaires aux équilibres environnementaux de la planète.

Les aires marines protégées (AMP) dans le monde

Source : UN Environment World Conservation Monitoring Centre, 2018.

Du cours au schéma

EXO Exercice interactif

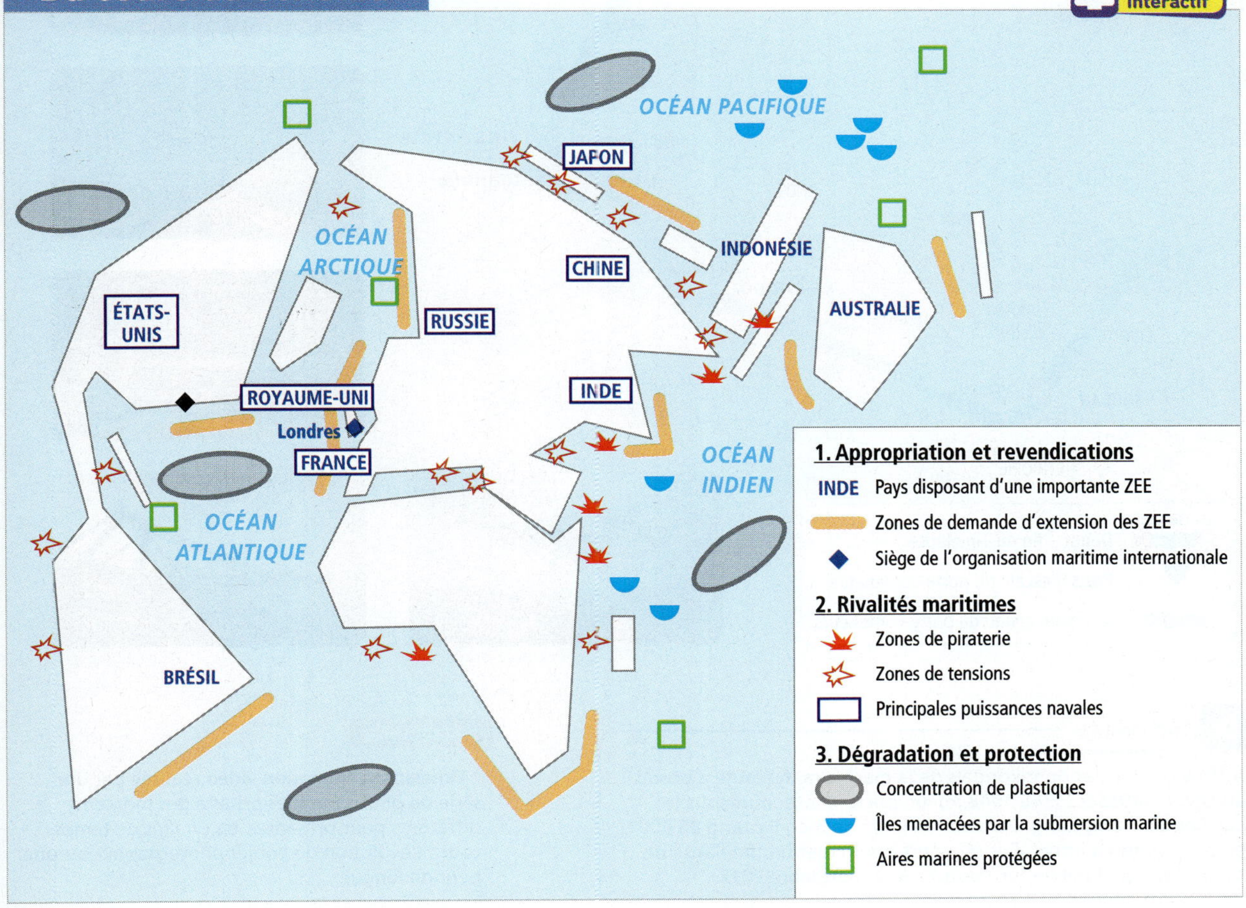

Les marins, acteurs de la mondialisation

L'accroissement des échanges internationaux a renforcé l'importance des océans. Les marins de commerce sont des acteurs majeurs et des témoins de la mondialisation depuis les mers. Aujourd'hui estimés entre 1,5 et 2 millions d'individus, ils sont majoritairement originaires des pays en développement d'Asie (Philippines, Chine, Indonésie, Inde).

➔ **Que nous apprend la vie des marins sur la mondialisation des échanges maritimes ?**

Le saviez-vous ?

▶ On appelle « marins de commerce » tous les marins dont l'activité n'est pas liée à la pêche professionnelle : marine marchande, transport de marchandises et de passagers, activités portuaires…
Les femmes représentent entre 2 et 3 % des marins dans le monde.

1 30 jours à bord d'un porte-conteneurs

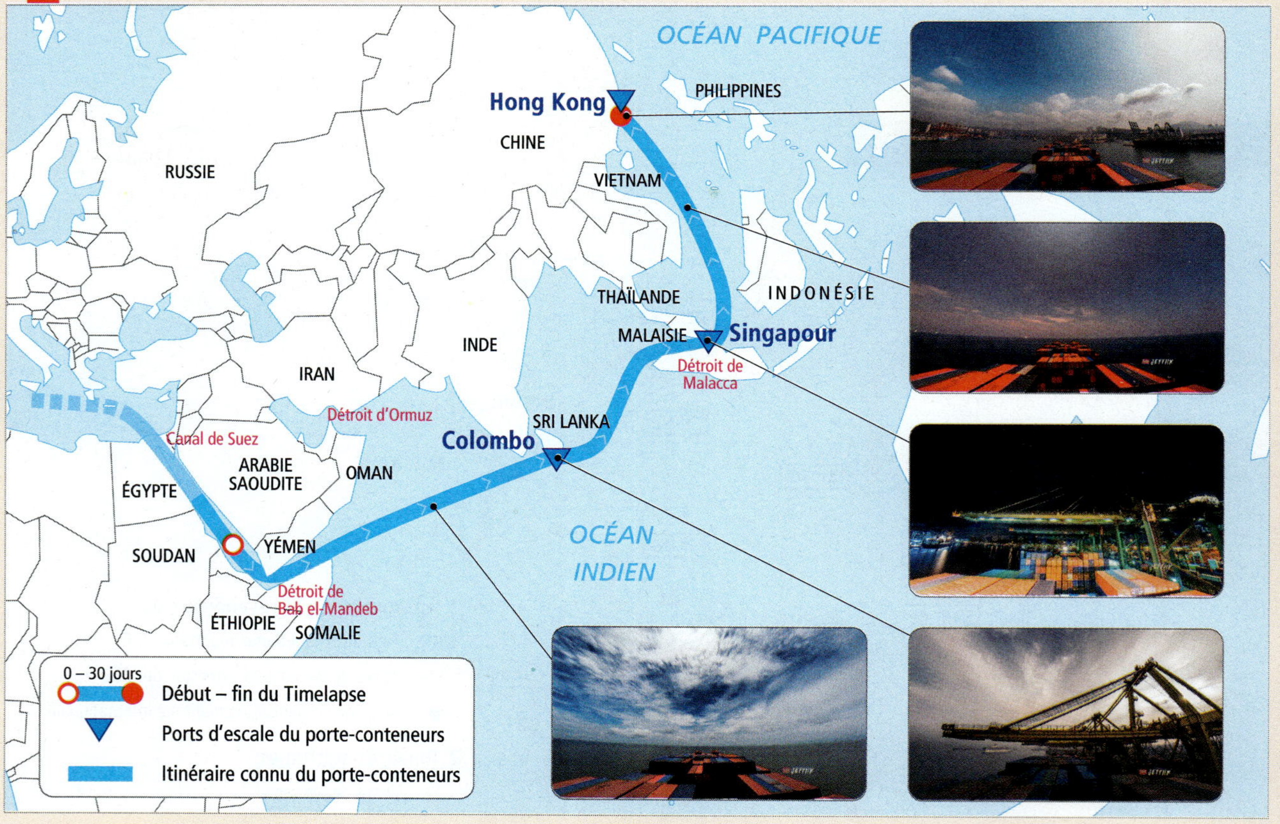

Timelapse

Jeffrey est officier hongkongais de la marine marchande à bord du *OOCL BRUSSELS* (366 m/48 m), un porte-conteneurs sous le pavillon de Hong Kong. Pendant 30 jours de mer, il prend 80 000 photographies à intervalles réguliers pour créer un timelapse de 10 minutes qu'il publie sur Youtube le 9 septembre 2017.

Vocabulaire

▸ **Timelapse** : animation vidéo réalisée par une série de photographies prises à des moments différents pour présenter, en un laps de temps court, l'évolution de l'objet photographié sur une période longue.

2 Vivre en mer

Parole de géographe

Les marins de commerce au long cours forment une petite communauté d'environ 1,5 million de travailleurs. Ils participent de la mondialisation par leur rôle actif dans le transport maritime mondial.

Le marin de commerce appréhende les paysages de haute mer à travers la technicité de la machine complexe qu'est devenue le navire moderne. La haute mer est perçue comme un espace vide, monotone, éloigné des centres de sécurité et par là même dangereux.

Habiter un navire, c'est habiter son lieu de travail qui imprime bruit, balancement et vibration en continu. C'est aussi vivre dans un lieu mobile et isolé par la masse océanique. Sur de nombreux navires, les conditions de vie ne sont pas optimales et les tensions entre membres de l'équipage qui en résultent sont une réalité peu exprimée mais bien présente, exacerbée par les longues navigations et les multiples cultures présentes à bord. Violence, conduite à risques, harcèlement, dépression sont des phénomènes courants mais difficiles à quantifier.

Le marin cohabite avec de nombreuses autres nationalités au sein d'équipages sans cesse recomposés. Les nationalités multiples à bord reflètent la mobilité des hommes à l'échelle mondiale : sur un cargo d'une vingtaine de marins, il n'est pas rare de trouver jusqu'à cinq nationalités qui communiquent en anglais maritime.

Guy Baron, chercheur à l'université de Picardie Jules-Verne, « Habiter les navires de commerce au long cours, avant-poste de la mondialisation », *Géoconfluences*, octobre 2014.

3 Un commandant philippin à son poste de pilotage

Le *Pearl Ace* est un navire marchand de 188 m battant pavillon panaméen. L'équipage est composé de 23 marins philippins et 2 marins japonais.

Photographie de Lucie Mach, prise au Havre, juin 2018.

4 Les activités des marins de commerce

Dans les grands ports industrialisés, étendus, ultra-sécurisés, les escales d'aujourd'hui n'ont plus rien à voir avec celles d'autrefois. Les nécessités du commerce globalisé font loi et les terminaux se conforment aux injonctions de rapidité et de sécurité, gages d'efficacité économique. Éviter tout grain de sable dans l'énorme machine, réduire le temps à quai – *Transit Time* –, marteler les règles de sécurité – *Safety First*...

Les escales des navires sont ainsi de plus en plus brèves et fréquentes. Les machines doivent tourner, les marchandises doivent circuler. Mais les marins n'ont pas disparu. Derrière les façades d'acier des coques et des containers, la place de l'homme se réduit, le marin est oublié, accessoire. Règles de sécurité, contrôle des frontières, éloignement des centres-villes, disparition des bars et lieux de vie, tout s'oppose à la descente à terre des équipages. Équipages internationalisés et réduits au strict minimum. Le plus grand des porte-conteneurs est aujourd'hui manœuvré par une vingtaine d'hommes, parfois moins. Les marins sont devenus des ouvriers mondialisés. Confrontés à la solitude et à l'isolement en mer, ils restent invisibles lors des escales qui leur permettent rarement de briser cet isolement.

Originaires en majorité des Philippines, où les très nombreuses écoles de formation du pays leur promettent de « *See the world for free and have a girl in every port* [1] », ils s'endettent parfois pour payer leur formation.

Mais le monde à découvrir gratuitement se révèle limité à des ports-usines déshumanisés, des entrepôts ou parkings gigantesques.

Laure Boyer, « Transit Time - Ship Is My Home », *Studio Hans Lucas* [en ligne], 2017.

1. « Découvrir le monde gratuitement et avoir une copine dans chaque port. »

Questions

Présenter les documents

1. **Présentez** les documents en insistant sur leur nature.
2. **Identifiez** les aspects de la vie des marins de commerce présenté par chaque document.

Analyser les documents

3. **Relevez** les difficultés liées à la vie de marin.
4. **Expliquez** comment la mondialisation a transformé le métier de marin et pour quelles raisons.

Faire le lien avec la géographie

5. **Montrez** que les récits de vie quotidienne des marins de commerce sont une source pour l'étude de la géographie des échanges dans la mondialisation.

C'est à vous !

→ Imaginez le récit d'un carnet de bord d'un capitaine de navire marchand lors d'un voyage (itinéraire, quotidien, marchandises, dangers…).

→ Vous avez le libre choix de la production finale : lettre, diaporama, vidéo…

CHAPITRE 2 La France : une puissance maritime ?

La France métropolitaine et ses territoires d'outre-mer bénéficient des nombreux atouts d'un vaste espace maritime, le deuxième dans le monde par sa superficie. Les mers et les océans représentent, pour la France, des enjeux à la fois économiques, environnementaux et géostratégiques.

Dans quelle mesure les espaces maritimes contribuent-ils à la puissance de la France ?

Textes DYS
TOUS LES TEXTES EN VERSION DYS
lyceen.nathan.fr/geoterm-2020

SOMMAIRE

Zoom sur...

L'IFREMER

Nom	Institut français de recherche pour l'exploitation de la mer (créé en 1984)
Statut	Établissement public
Missions	Recherches et expertises pour protéger, restaurer l'océan, exploiter ses ressources de manière responsable

Source : Ifremer, 2020.

Ifremer

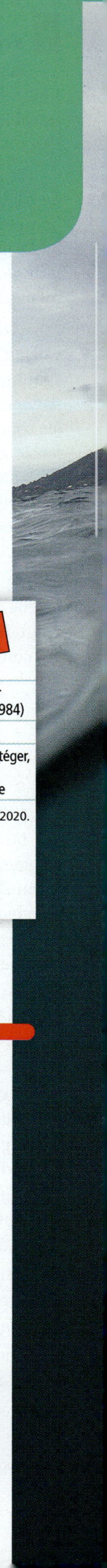

Mise à l'eau du sous-marin *HROV Ariane* de l'Ifremer permettant d'explorer et de cartographier les grandes profondeurs sous-marines, Méditerranée, 2015.

Vidéo

Pour entrer dans le chapitre

« C'est quoi ce chiffre : 270 milliards d'euros... Que pèse l'économie maritime en France ? », *Les Echos*, 2017.

Ifremer
LE SUROIT
BREST

Étude de cas

Zoom sur...

▶ Les Antilles françaises

4 territoires	Guadeloupe, Martinique, Saint-Martin, Saint-Barthélemy
Population	792 597 hab.
Densité	413 hab./km²

Source : Insee, 2019 (DROM), 2016 (COM).

Les Antilles dans la puissance maritime française

➔ Comment les territoires des Antilles participent-ils à la puissance maritime de la France ?

A Les Antilles, des atouts pour la France

1 Les espaces maritimes des Antilles françaises

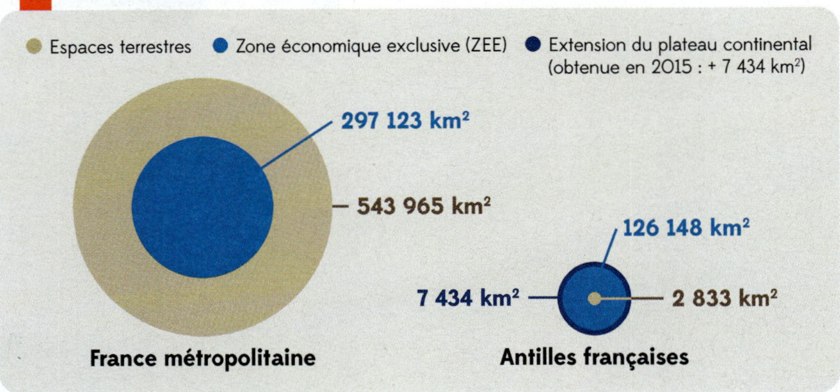

Vocabulaire

- **COM (Collectivités d'Outre-Mer) :** territoires d'outre-mer disposant d'institutions et de statuts particuliers.
- **DROM (Départements et Régions d'Outre-Mer) :** collectivités territoriales disposant du même statut qu'un département ou une région métropolitaine : les lois et règlements français et européens s'y appliquent.

2 Ports et routes maritimes de la Caraïbe

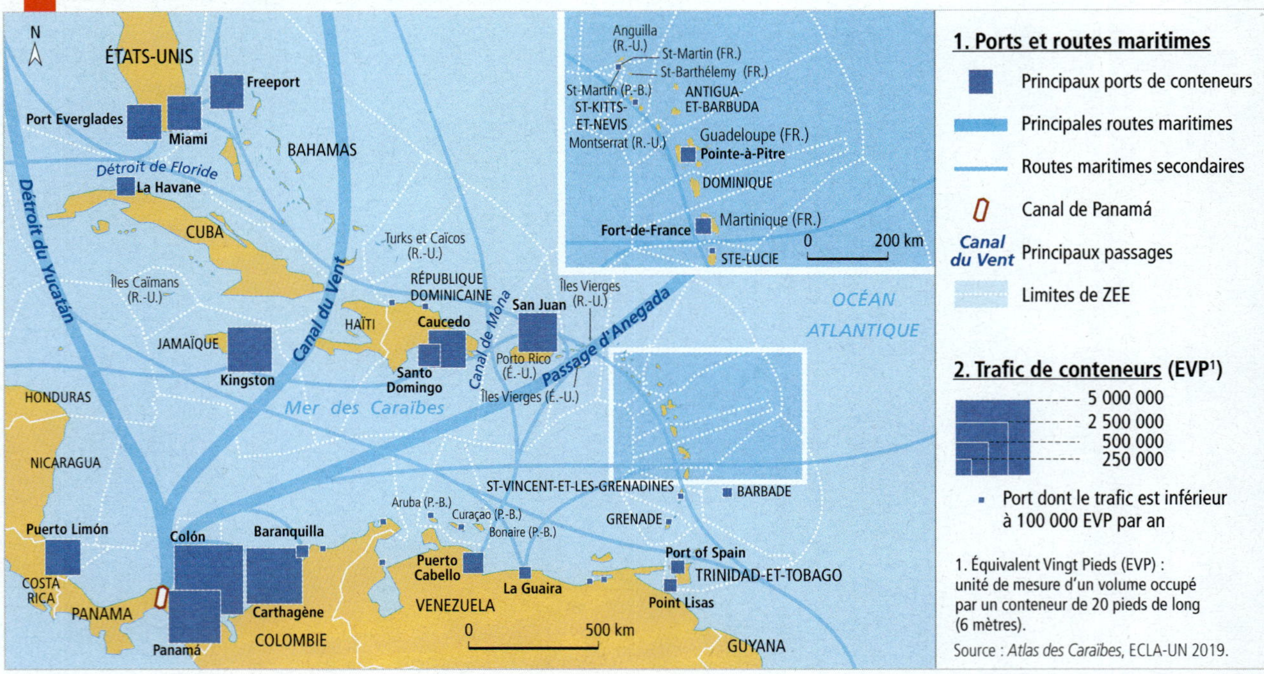

Vidéo Martinique : destination plongée.

3 Le tourisme, une activité majeure de l'économie maritime de la Martinique

Baie du Marin (Martinique), 2018.

4 Les ressources maritimes de la Guadeloupe et de la Martinique

Avec 31 communes sur 32 disposant d'une façade maritime, la Guadeloupe est le département d'outre-mer (DOM) qui bénéficie du plus grand linéaire côtier (plus de 620 km). L'économie de la mer s'impose de ce fait naturellement à l'archipel qui se situe au cœur d'une zone économique exclusive (ZEE) élargie depuis 2015[1]. Le tourisme maritime y est particulièrement présent et se positionne comme un facteur de croissance important. Les installations performantes du Grand Port favorisent ainsi le développement du transport maritime et des activités portuaires, supplantant le secteur traditionnel de la pêche qui apparaît sous-valorisé. Ces activités marchandes constituent aujourd'hui le socle de l'économie maritime de l'archipel et recèlent de forts potentiels [...].

S'agissant de l'espace maritime martiniquais, celui-ci est, depuis toujours, exploité pour ses ressources naturelles, principalement la pêche ; mais, depuis une dizaine d'années, face à un durcissement de la réglementation et une réduction des aides accordées aux pêcheurs, la production de pêche a considérablement diminué et l'aquaculture n'a pas pris le relais. L'espace maritime est en outre utilisé, *via* les ports, pour le développement des échanges commerciaux. [...] Enfin, la Martinique bénéficie de conditions environnementales et d'une biodiversité qui doivent encore être valorisées afin de permettre le développement d'activités innovantes.

Institut d'émission des départements d'outre-mer (IEDOM), Notes expresses n° 431 et n° 496, janvier 2017 et mars 2018.

1. Le domaine maritime français a été étendu de près de 500 000 km² en septembre 2015, notamment autour des Antilles françaises.

Questions

Itinéraire 1

Répondre aux questions

1. **Situez** et **décrivez** les territoires français dans la Caraïbe. **doc. 2 et 3**
2. **Montrez** que les Antilles représentent un espace maritime important pour la France. **doc. 1 et 2**
3. **Décrivez** la valorisation et l'exploitation de l'espace maritime guadeloupéen et martiniquais. **doc. 3 et 4**

Synthétiser

4. **Présentez** les différents atouts des Antilles françaises. **doc. 1 à 4**

ou

Itinéraire 2

Préparer une présentation orale (1/2)

ORAL — **Aide**

- À l'aide des documents 1 à 4, préparez une présentation orale de 3 minutes mettant en évidence les atouts des Antilles françaises dans de nombreux domaines.
- Entraînez-vous à utiliser un vocabulaire spécifique et précis et n'employez aucun mot ou expression qui relève du langage familier.
- Assurez-vous d'être en mesure de définir toutes les notions que vous citerez dans votre présentation.

B Développement et enjeux maritimes des Antilles françaises

5 L'aménagement du port de Jarry en Guadeloupe (2020)

Mené depuis 2015, le « Grand projet de port » a permis l'accès à des porte-conteneurs de plus grande taille (4 500 EVP). L'aménagement d'un nouveau terminal conteneurs devrait permettre d'accueillir des bateaux d'une capacité de 12 000 EVP.

Grand Port Maritime de la Guadeloupe, *Projet stratégique 2019-2023*, 2020.

Animation croquis | Vidéo

6 Limites et opportunités de développement des ports antillais

Si la Guadeloupe et la Martinique sont respectivement classées 48e et 55e parmi les 80 ports de la zone Amérique latine-Caraïbe en termes de trafic conteneurs, les deux départements affichent leurs ambitions de devenir le hub de transbordement[1] dans la région.

Toutefois, même avec un renforcement de la compétitivité des infrastructures, et en dépit de leur positionnement stratégique, les ports antillais peuvent souffrir d'une situation économique et sociale fragile. En effet, d'autres ports [dans les Caraïbes] sont déjà bien positionnés dans le secteur du transbordement international et bénéficient de charges sociales et salariales faibles, d'une fiscalité plus attrayante et de normes environnementales moins contraignantes.

Mais si la Caraïbe Nord et Ouest concentre quelques plateformes orientées vers les flux à destination des États-Unis (République dominicaine, Jamaïque et Bahamas), il n'existe pas de plateforme dans la Caraïbe Sud capable d'accueillir et de redistribuer ces flux. Or, la Guadeloupe et la Martinique bénéficient d'une position géographique qui les place au centre d'une zone d'échanges active (trafic trans-Amérique, transatlantique, et Asie-Europe).

D'après *L'Économie bleue dans l'Outre-mer*, IEDOM, 2018.

1. Port où s'effectue un transfert de marchandises entre des très grands navires et des plus petits, chargés de l'acheminement sur de courtes distances et dans des ports de faible profondeur.

7 Les chiffres clés de l'économie maritime antillaise

Les trafics portuaires en 2018 ● Guadeloupe ● Martinique

	Guadeloupe	Martinique
Trafic de conteneurs (EVP)	209 663	172 522
Nombre de passagers transportés	1 196 432	1 030 132

Source : Insee Conjoncture Martinique n° 5, 2019 ; Insee Conjoncture Guadeloupe n° 5, 2019.

Les principaux partenaires commerciaux en 2018, en millions d'euros

Guadeloupe

Exportations

Guyane	France métropolitaine	Martinique
48	122	44

Importations

UE (hors France)	France métropolitaine	États-Unis
381	1 710	215

Martinique

Exportations

Guadeloupe	France métropolitaine	Guyane
61	156	86

Importations

UE (hors France)	France métropolitaine	Norvège
306	1 551	204

Vocabulaire

- **Association des États de la Caraïbe (AEC) :** organisation régionale favorisant la coordination des politiques économiques et environnementales.
- **Organisation des États de la Caraïbe orientale (OECO) :** organisme de coopération entre plusieurs pays des Antilles orientales en matière de commerce, de transport, de tourisme durable et de gestion des catastrophes naturelles.

8 Les enjeux géostratégiques

Carte interactive

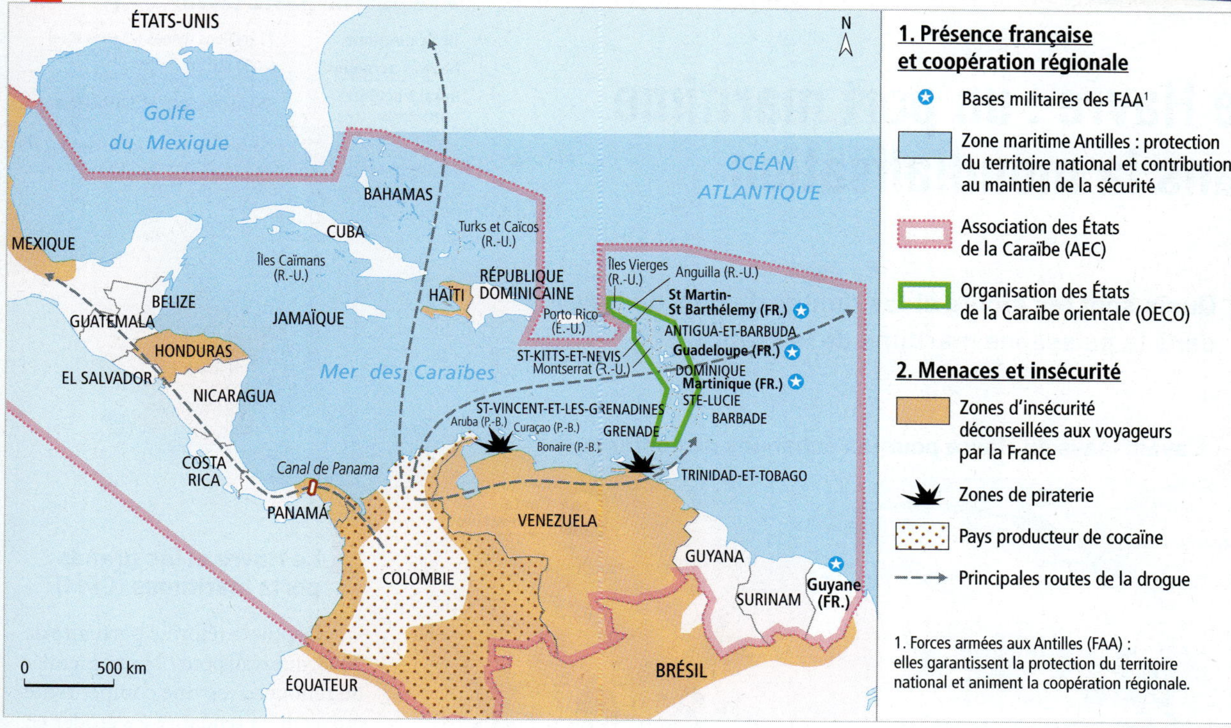

9 Coopération et enjeux environnementaux

Participant activement aux différents processus de coopération régionale, la France est représentée tant auprès de l'Organisation des États de la Caraïbe orientale (OECO) et de la communauté des Caraïbes (CARICOM), qu'auprès de l'Association des États de la Caraïbe (AEC) [...].

Face au risque de catastrophes naturelles (ouragans, séismes, tsunamis, éruptions volcaniques) auquel sont confrontées les Caraïbes, la France privilégie une logique de prévention. Elle pilote notamment l'initiative CREWS (Climate Risk Early Warning Systems), en lien avec trois partenaires européens et l'Australie. Cette initiative vise à renforcer les systèmes d'alerte précoce face aux événements extrêmes, en prenant appui sur les services météorologiques et de protection civile.

Plus largement, la coopération française participe à la protection des écosystèmes. La France est notamment signataire de la convention de Carthagène pour la protection et la mise en valeur du milieu marin dans la région des Caraïbes. Elle a également signé avec la République dominicaine, en marge du sommet One planet, un accord de coopération entre Agoa, le sanctuaire pour mammifères marins des Antilles françaises et le sanctuaire pour les mammifères marins de la République dominicaine.

Ministère de l'Europe et des Affaires étrangères [en ligne], 27 avril 2018.

Questions

Itinéraire 1

Répondre aux questions

5 **Caractérisez** l'économie maritime des Antilles françaises. **doc. 6 et 7**

6 **Présentez** les limites de l'activité portuaire antillaise et **expliquez** les opportunités de développement futures. **doc. 5 et 6**

7 **Relevez** les enjeux environnementaux et géostratégiques des Antilles pour la France. **doc. 8 et 9**

Synthétiser

8 **Montrez** les limites et les enjeux maritimes des Antilles françaises. **doc. 5 à 9**

ou

Itinéraire 2

Préparer une présentation orale (2/2) ORAL

Aide

- À l'aide des documents 5 à 9, préparez une présentation orale de 3 minutes mettant en évidence les limites et les enjeux des Antilles françaises pour la puissance maritime de la France.
- Vous n'avez pas le droit d'avoir des notes. Filmez votre prestation, puis visionnez-la à 2 ou 3 reprises en listant 10 questions que pourrait vous poser un jury.

Croquis de l'étude de cas

▶ p. 74

Le Havre : un port maritime dans la mondialisation

Zoom sur…

▶ Le port du Havre (2018)

Trafic maritime	71 millions tonnes (2e en France)
Navires accueillis	6 000 par an
Infrastructures portuaires	35 km de quais, 77 700 hectares

Source : Haropa Port du Havre, 2019.

➔ **Quels sont les atouts et les limites du port du Havre dans la puissance maritime de la France ?**

1 L'avant-pays du Havre pour les échanges de conteneurs

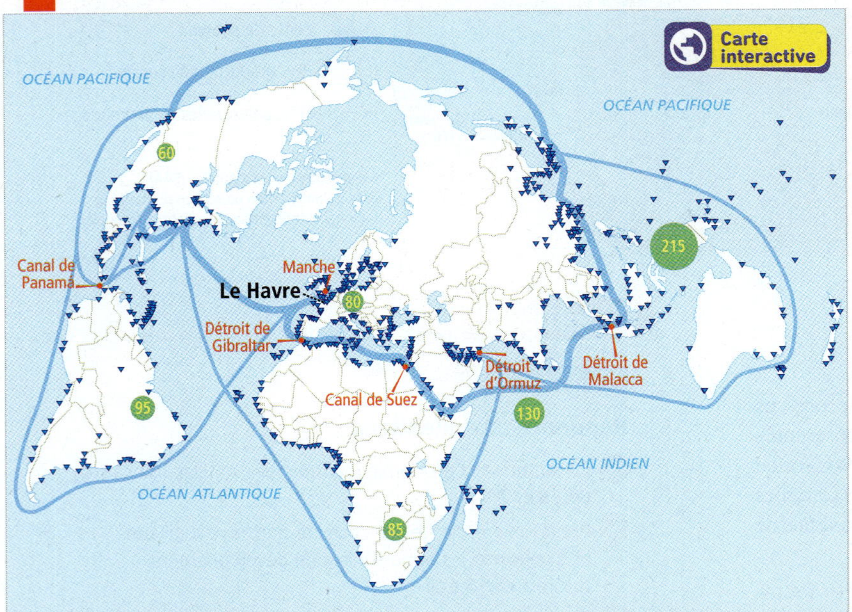

1. Lignes maritimes reliées au Havre en 2020

- 85 Nombre de ports reliés au Havre (665 ports au total)
- Ports reliés au Havre (représentation non exhaustive)

2. Le réseau de transport maritime mondial

- Principales routes maritimes
- Canal de Suez : Points de passage stratégiques

Source : Haropa Le Havre Port, 2020.

2 L'activité du port du Havre (2018)

Le Havre, un port de la Northern Range

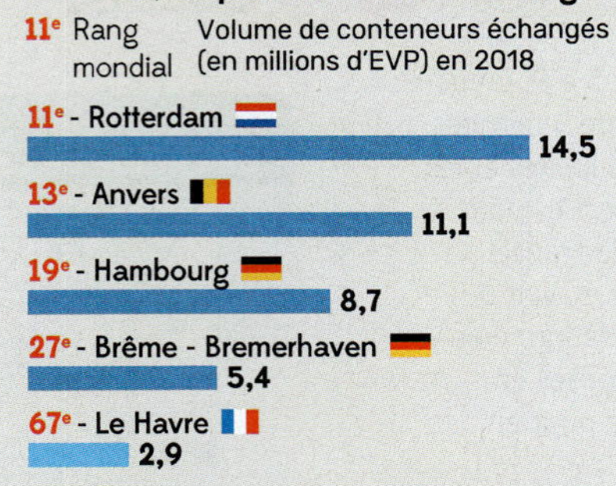

Source : Lloyd's List, One Hundred Ports, 2019.

Trafic des 7 grands ports maritimes (GPM) de métropole en 2018, en %

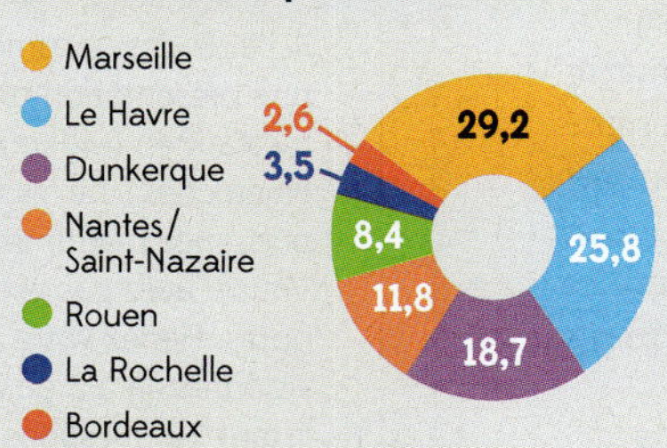

Source : Service de la donnée et des études statistiques (SDES), Ministère de la transition écologique et solidaire, 2019.

3 Le Havre et les grands ports maritimes (GPM)

Depuis la réforme portuaire de 2008, qui avait pour objectif premier de renouer avec une compétitivité qui avait eu tendance à s'éroder en comparaison des ports européens concurrents, la part des grands ports maritimes (GPM) de France métropolitaine dans le marché français des conteneurs s'est nettement améliorée (de 47 % en 2008 à 58 % en 2017). Toutefois, des marges d'amélioration importantes subsistent : selon les estimations, plus de 40 % des conteneurs à destination de la France métropolitaine transitent toujours par d'autres ports européens, principalement belges (Anvers) et néerlandais (Rotterdam).

Les GPM continuent de connaître des coûts plus élevés que ceux des principaux ports concurrents ; une fluidité perfectible, du fait d'une grande difficulté à desservir l'*hinterland*, ce qui explique la prédominance du transport routier ; d'une image de fiabilité encore incertaine en raison […] des grèves.

Le modèle économique des GPM est handicapé par ces freins à la compétitivité, dans un contexte de vive concurrence européenne.

La transformation du modèle économique des grands ports maritimes, Conseil général de l'environnement et du développement durable, rapport n° 012059-01, novembre 2018.

Animation Croquis

Vocabulaire

- **Arrière-pays (*hinterland*) :** zone d'influence et d'attraction économique d'un port, reliée à lui par les réseaux de transport.
- **Avant-pays (*foreland*) :** espace outre-mer relié à un port.
- **Grand port maritime (GPM) :** statut créé en 2008 et attribué aux plus grands ports français dont l'envergure est européenne et qui se positionnent sur le marché mondial.

4 Le terminal Port 2000 du Havre (2019)

Vidéo

5 Un port en quête de compétitivité

Parole de géographe

Second port français pour le trafic global derrière Marseille, Le Havre est le premier port pour le trafic des conteneurs (2,9 millions de boîtes en 2018). L'essentiel du trafic (40 millions de tonnes sur 71 en 2018) est constitué par les vracs liquides[1], en majorité le pétrole brut. Le Havre est la pointe terminale d'un vaste complexe pétrochimique réunissant plusieurs raffineries et qui s'étend vers l'amont sur la Seine.

Le Havre demeure le 5e port de la Northern Range[2] pour le trafic conteneur. Pour autant, se pose une question essentielle pour la compétitivité du port : les acheminements et les dessertes. Les terre-pleins des postes de Port 2000 ne sont pas reliés à une ligne de voie ferrée et/ou à la desserte fluviale. [...] Dans l'immédiat, 86 % des conteneurs utilisent la route, 10 % le fleuve et seulement 4 % le rail alors qu'à Anvers la route ne compte que pour 52 %, le rail 8 % et le fleuve 37 %.

Si la situation géographique du port du Havre est un atout à l'entrée de la Manche, le potentiel démographique et économique de son arrière-pays, ou *hinterland*, est plus faible que celui de ses concurrents plus centraux et mieux desservis en infrastructures terrestres, en particulier Rotterdam et Anvers sur le delta du Rhin et desservant une large partie de l'Allemagne.

Jean-François Joly, professeur de géographie en CPGE, « Le Havre : le port du Grand Paris, un port de la Northern Range européenne », *Géoimage* [en ligne], CNES, 2018.

1. Produits transportés sous forme liquide dans des navires adaptés (pétroliers, méthaniers, chimiquiers...).
2. Façade maritime en Europe du Nord-Ouest s'étendant le long du littoral méridional de la Manche et de la mer du Nord, du Havre à Hambourg.

Questions

Itinéraire 1

Répondre aux questions

1. **Situez** et **décrivez** l'activité portuaire du Havre en France et dans le monde. **doc. 1, 2 et 4**
2. **Hiérarchisez** les régions du monde avec lesquelles le port du Havre établit des liaisons maritimes. **doc. 1**
3. **Expliquez** les limites du port du Havre dans la mondialisation des échanges. **doc. 2 à 5**

Synthétiser

4. **Montrez** les atouts et les limites du port du Havre dans la puissance maritime de la France. **doc. 1 à 5**

ou

Itinéraire 2

Réaliser une affiche

En groupe, réalisez une affiche sur l'activité du grand port maritime du Havre. Cartes, photographies, graphiques et schémas fléchés peuvent être mobilisés.

- Localisez et situez le port dans la mondialisation des échanges.
- Soulignez les atouts du port pour la puissance maritime française.
- Présentez les limites en termes de compétitivité du port dans la mondialisation.

Croquis de l'étude de cas

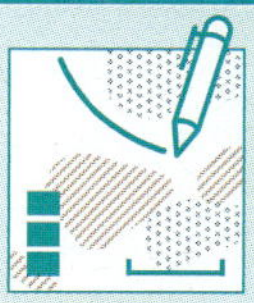

▶ p. 75

▶ Voir p. 68-71

Les Antilles

Les Antilles dans la puissance maritime française

Les Antilles sont des îles tropicales qui s'étendent du golfe du Mexique (Cuba) jusqu'au large des côtes du Venezuela (Curaçao, Aruba), entre la mer des Caraïbes et l'océan Atlantique. Deux régions et départements d'outre-mer (DROM) – la Guadeloupe et la Martinique – et deux collectivités d'outre-mer (COM) – Saint-Martin et Saint-Barthélemy – assurent à la France une présence stratégique dans l'espace maritime caribéen. Les Antilles françaises disposent ainsi d'une ZEE de 133 582 km² riche de ressources dont la surveillance est assurée par quatre bases militaires des Forces armées aux Antilles (FAA). La France est également membre de l'Organisation des États de la Caraïbe orientale (OECO), et de l'Association des États de la Caraïbe (AEC).

Les territoires ultramarins antillais placent la France au cœur d'un vaste espace d'échanges commerciaux maritimes. Empruntant des passages stratégiques entre les principales îles, de nombreuses voies maritimes convergent vers le canal de Panamá. De grands ports à conteneurs polarisent les échanges de la mer des Caraïbes : Colón (Panama), Puerto Limón (Costa Rica), Kingston (Jamaïque), La Havane (Cuba), Caucedo (République dominicaine), Puerto Cabello (Port of Spain au Venezuela). Les ports français de Pointe-à-Pitre-Jarry (Guadeloupe) et Fort-de-France (Martinique) affichent un manque d'attractivité et de compétitivité dans cette concurrence portuaire régionale, mais se modernisent.

La puissance maritime de la France aux Antilles doit faire face à de nombreux enjeux. Les zones d'insécurité, comme au Nicaragua, en Colombie ou au Venezuela, fragilisent le contexte géopolitique régional. Au large de ces deux derniers pays, la Marine nationale française lutte contre les activités de piraterie et les flux illicites du trafic de drogue. La France est également engagée dans la préservation de l'environnement avec le parc national de Guadeloupe, le parc naturel marin de Martinique, ou le sanctuaire marin Agoa étendu sur toute la ZEE guadeloupéenne et martiniquaise.

Titre : ____

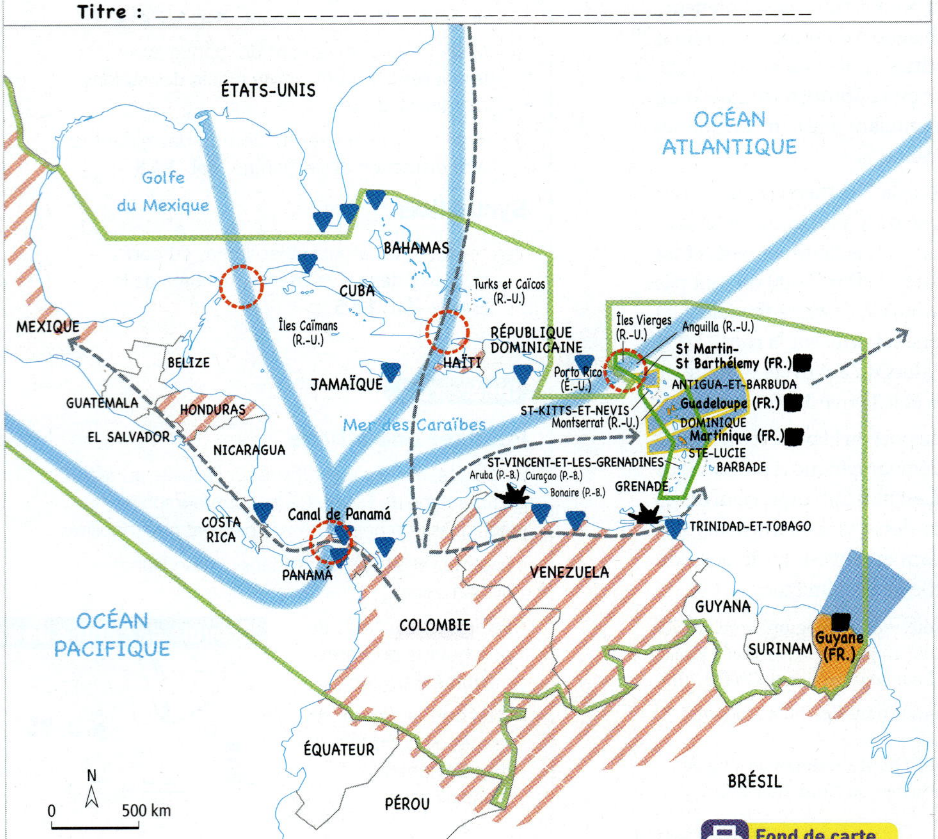

Fond de carte différencié

Objectif BAC

Consigne : À partir du texte ci-dessus, et en vous appuyant sur vos connaissances, rédigez la légende du croquis de synthèse.

Aide pour répondre à la consigne :

- Relevez les informations dans le texte.
- Identifiez les idées principales de chaque paragraphe pour ordonner la légende.
- Complétez la légende à l'aide de l'étude de cas p. 68-71.
- Assurez-vous que chaque figuré représenté sur le croquis est reporté dans la légende.

▶ Voir p. 72-73

Le Havre

Le Havre : un port maritime dans la mondialisation

Le port de commerce maritime du Havre est composé principalement de Port 2000, une immense langue de terre bien située face à la Manche, et transformée en un port à conteneurs en eau profonde capable d'accueillir des porte-conteneurs géants. Situé sur l'estuaire de la Seine et à proximité d'une des principales routes maritimes mondiales, Le Havre est proche de deux grandes villes mondiales, Paris et Londres. Le port est aussi intégré à une vaste façade maritime nord européenne, appelée la Northern Range. Le Havre est ainsi relié à 665 ports dans le monde. Un avant-pays principalement localisé dans les trois grandes aires d'échanges que sont l'Europe, l'Asie orientale et l'Amérique du Nord.

Par son activité commerciale, le port du Havre se positionne au 2e rang national en volume de marchandises échangées derrière Marseille (1er), et devant Calais (4e) et les autres grands ports maritimes français (GPM) : Dunkerque (3e), Nantes-Saint Nazaire (5e), Rouen (6e), La Rochelle (7e) et enfin Bordeaux (8e). Toutefois, si Le Havre est le plus grand port à conteneurs de France, et le seul port français à se classer parmi les 100 premiers mondiaux, il ne se situe en 2018 qu'au 67e rang mondial, loin derrière les autres ports de la Northern Range : Rotterdam (11e), Anvers (13e), Brême (29e) et Hambourg (19e). Le bilan de son activité commercial est donc contrasté.

La concurrence des ports du nord de l'Europe est très forte, et souligne le manque de compétitivité du port du Havre, notamment son manque de connexion aux réseaux fluvial et ferroviaire. Alors qu'à Anvers ou à Rotterdam, presque la moitié des conteneurs sont chargés sur des trains, le fret ferroviaire au Havre ne représente que 4 % du trafic dans le port normand. Or la route est un mode de transport compétitif dans un rayon de 300 kilomètres, mais pas au-delà. Ce qui explique que son arrière-pays ne s'étende guère au-delà du bassin parisien, sans parvenir à desservir des grandes métropoles européennes comme Lyon, Genève ou Milan.

Objectif BAC

Consigne : À partir du texte ci-contre, et en vous appuyant sur vos connaissances, complétez la légende et le croquis de synthèse.

Aide pour répondre à la consigne :

- Relevez les informations dans le texte.
- Identifiez les figurés pouvant être utilisés pour cartographier ces informations.
- Aidez-vous de l'étude de cas p. 72-73 et des cartes p. 80-81 pour localiser les lieux sur votre croquis.

Titre : ____________________________________

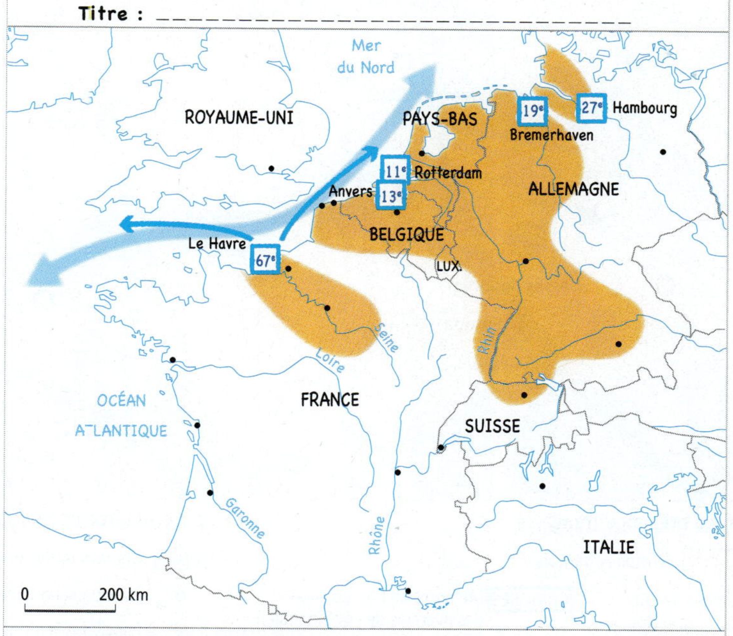

1. Une situation favorable pour les échanges

- Grande route maritime
- (cercle rouge) ______________
- (flèche bleue) ______________
- (pointillé rouge) ______________

2. Les dynamiques économiques régionales

- Ports de conteneurs et leur rang parmi les 100 premiers mondiaux
- (triangle bleu) Grands ports maritimes (GPM) français et Calais, et leur rang national en volume de marchandises

3. Une interface limitée avec l'arrière-pays

- (aplat orange) ______________
- Flux commerciaux avec l'arrière-pays
- (point rouge) Grandes métropoles européennes

Fond de carte différencié

Exemple

Les îles Éparses et la puissance maritime française

Zoom sur...

▸ Les îles Éparses

5 îles	Europa Bassas da India Juan de Nova îles Glorieuses Tromelin
Superficie	40 km²
ZEE	624 000 km²

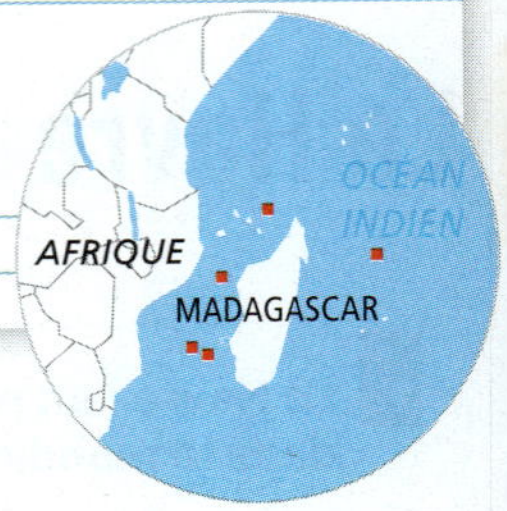

Les îles Éparses dans l'océan Indien

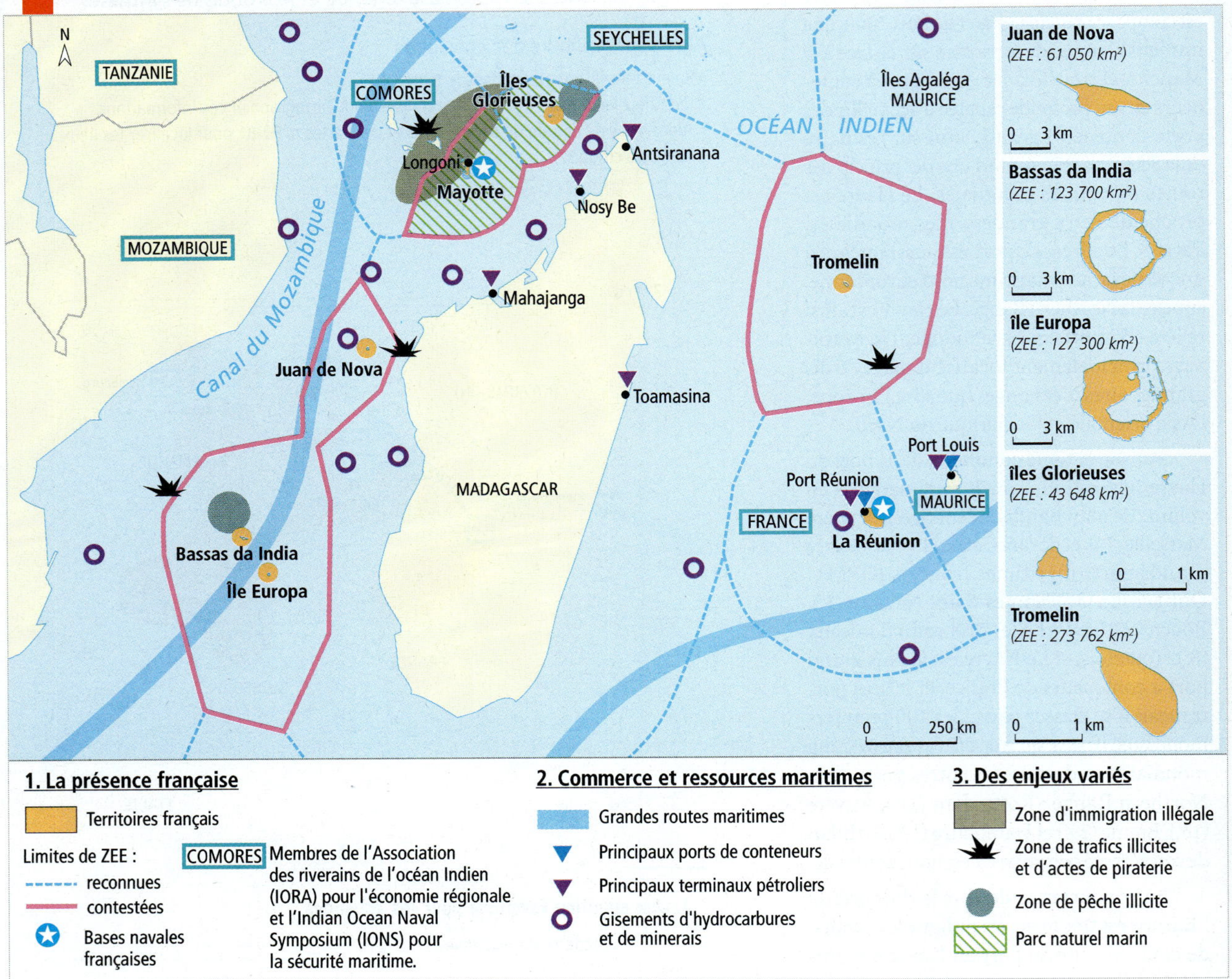

Inhabitées, les cinq îles Éparses sont aujourd'hui intégrées aux Terres australes et antarctiques françaises (TAAF). L'ensemble de ces territoires correspond à des sites protégés.

Carte interactive

Vocabulaire

▸ **Terres australes et antarctiques françaises (TAAF) :** ensemble de territoires ultramarins français inhabités et dispersés dans l'océan Indien et dans l'océan glacial Antarctique. Leur fréquentation est réservée aux scientifiques et aux militaires. L'ensemble des TAAF est classé réserve naturelle depuis 2006. Depuis 2007, les îles Éparses ont été intégrées à la collectivité d'outre-mer des TAAF.

Objectif BAC

Consigne : À l'aide du document, analysez et expliquez comment les îles Éparses participent à la puissance maritime de la France.

Aide pour répondre à la consigne :

- Situez et décrivez les îles Éparses dans l'océan Indien.
- Citez les atouts de ces espaces insulaires et maritimes.
- Définissez leurs enjeux économiques, géostratégiques et environnementaux.

Exemple

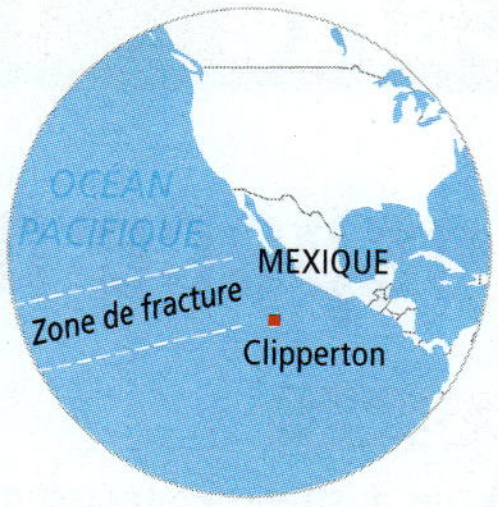

Clipperton : la France dans la course aux métaux en haute mer

1 L'exploration de la zone de fracture Clarion-Clipperton

Carte interactive

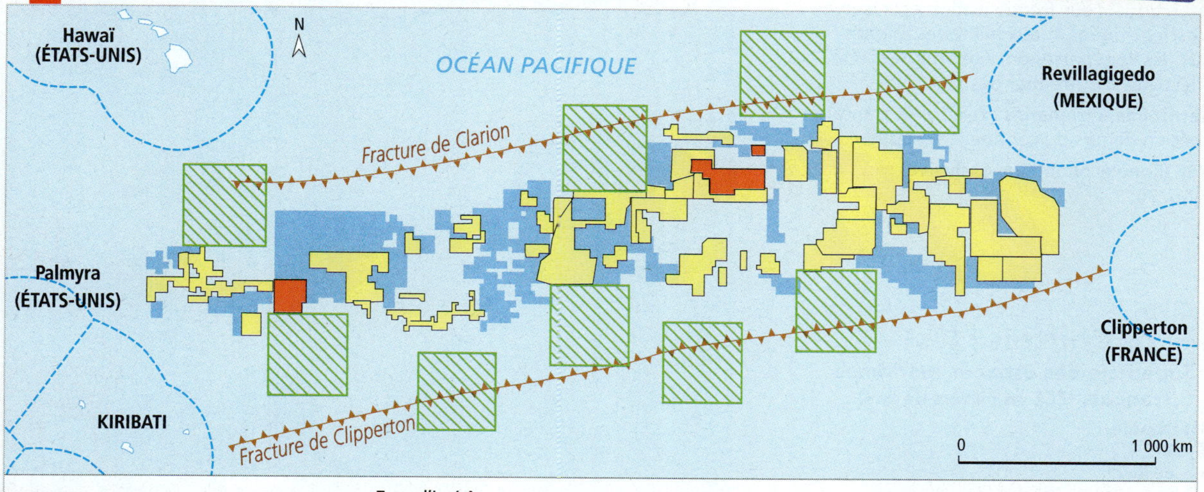

1. Autorité internationale des fonds marins.

2 Des ressources sous-marines

Parole de scientifiques

Depuis des années, plusieurs États et entreprises prospectent les grands fonds marins à la recherche de nickel, de cuivre, de cobalt et d'autres métaux de valeur. Parmi les différents types de gisements, les plus intéressants consistent en des accumulations, à plusieurs milliers de mètres de profondeur, de concrétions rocheuses de la taille du poing et riches en métaux : ce sont les nodules polymétalliques.

Pour les récolter, les industriels imaginent des machines capables de travailler à ces profondeurs […].

À ce jour, l'Autorité internationale des fonds marins (AIFM) a accordé 16 permis d'exploration à la recherche de nodules dans la zone de fracture de Clarion-Clipperton. L'exploitation minière des grands fonds marins est ainsi sur le point de devenir une réalité. Étant donné son intérêt économique et stratégique croissant, certains États pourraient lancer une exploitation pilote dans les 5 à 10 prochaines années. Il est souhaitable dans cette perspective que toutes les parties concernées coopèrent, comme elles l'ont fait jusqu'à présent […]. Si les différents acteurs en présence parviennent à collaborer, l'exploitation minière du plancher océanique sera une référence éthique, puisque, jusqu'à présent, la réglementation n'a été établie qu'après la mise en exploitation d'une ressource naturelle. Nous pouvons cette fois réfléchir et réguler avant d'exploiter à tort et à travers.

Thomas Peacock et Matthew Alford, « Les fonds des océans font grise mine », *Pour la Science*, hors-série, n° 104, août-septembre 2019.

Vocabulaire

- **Nodules polymétalliques :** petites accumulations rocheuses très riches en minerais (manganèse, fer, silicium, aluminium ou cobalt) utilisées dans la production de produits électroniques (smartphones…). Ces nodules tapissent les fonds marins dans certains océans.
- **Zone de fracture :** longue et étroite faille sous-marine, séparant des zones océaniques de profondeurs différentes.

Objectif BAC

Consigne : Montrez que l'exploration et l'exploitation des fonds marins en haute mer constituent un enjeu économique, environnemental et géostratégique pour la France.

Aide pour répondre à la consigne :
- Relevez les ressources des fonds marins exploitées en haute mer.
- Montrez que la zone de fracture de Clipperton représente un enjeu économique et géostratégique pour les États.
- Expliquez en quoi l'exploitation des fonds marins est une source d'enjeux environnementaux majeurs.

L'espace maritime français : atouts et enjeux

Vocabulaire

- **Terres australes et antarctiques françaises (TAAF) :** ensemble des territoires ultramarins français inhabités et dispersés dans l'océan Indien et dans l'océan glacial Antarctique. Leur fréquentation est réservée aux scientifiques et aux militaires. Depuis 2007, les îles Éparses ont été intégrées à la collectivité d'outre-mer des TAAF.
- **Territoires ultramarins :** territoires français situés en dehors du continent européen.
- **ZEE (Zone économique exclusive) :** voir p. 90.

Chiffres clés

Superficie des espaces maritimes français (ZEE en milliers de km²)

Métropole
- 297
- Mer du Nord : 0,5
- Méditerranée : 86
- Manche-Atlantique : 210

Outre-mer
- 9 914
- Polynésie française : 4 538
- TAAF : 2 034
- Nouvelle-Calédonie : 1 316
- La Réunion-Mayotte-îles Éparses : 999
- Clipperton (Pacifique Nord) : 435
- Antilles-Guyane : 326
- Wallis-et-Futuna : 257
- St-Pierre-et-Miquelon : 9

Source : limitesmaritimes.gouv.fr, 2020.

Questions

1. **Relevez** et **classez** les superficies des espaces maritimes appartenant à la France sur tous les océans.
2. **Citez** des ressources disponibles dans les espaces maritimes des territoires français ultramarins.
3. **Montrez** que les enjeux de sécurité sont nombreux pour la France à travers le monde.

1. Un espace maritime français principalement ultramarin

- France métropolitaine
- Guyane : Départements et régions d'outre-mer (DROM) ou Collectivité territoriale unique
- St-Martin : Collectivités d'outre-mer (COM)
- TAAF : Statut particulier
- Zone économique exclusive (200 milles marins)

de puissance

Carte interactive

Un espace au cœur de la maritimisation des économies

- Principales routes maritimes
- Détroits et canaux
- Ressources halieutiques
- Ressources en hydrocarbures
- Ressources minérales non exploitées

3. Des enjeux géostratégiques et environnementaux

- Extension du plateau continental en projet ou validé (350 milles max.)
- Bases de la Marine française
- Litiges frontaliers impliquant la France
- Criminalité maritime (piraterie, drogues, clandestins, etc.)
- Aires marines protégées

Source : *L'Atlas de l'eau et des océans*, Hors-série n°22, Le Monde-La Vie, 2017 ; Marine nationale, 2020.

La maritimisation de la puissance française

1 Les ports français dans la mondialisation

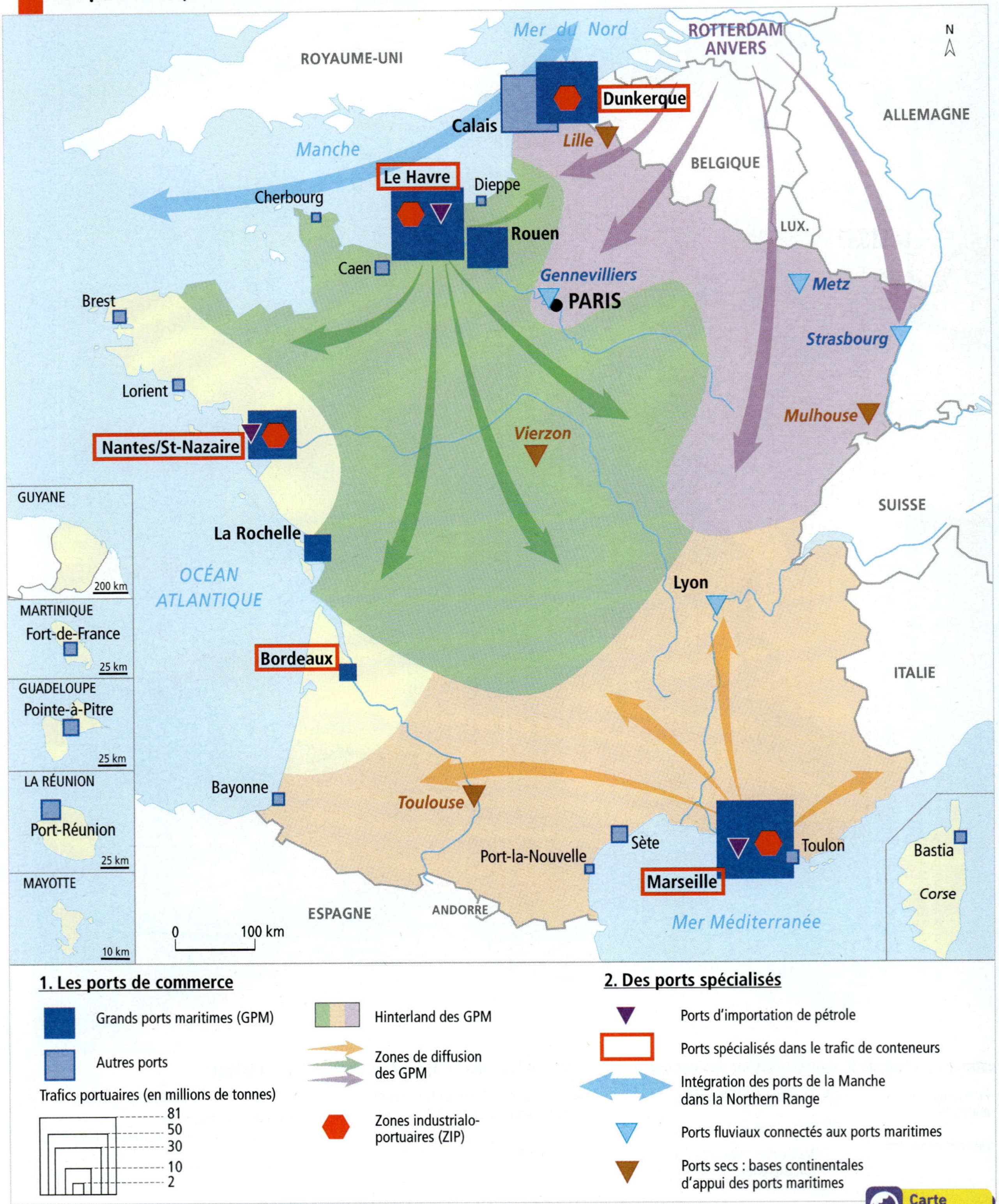

2 La croissance de l'économie maritime

Carte interactive

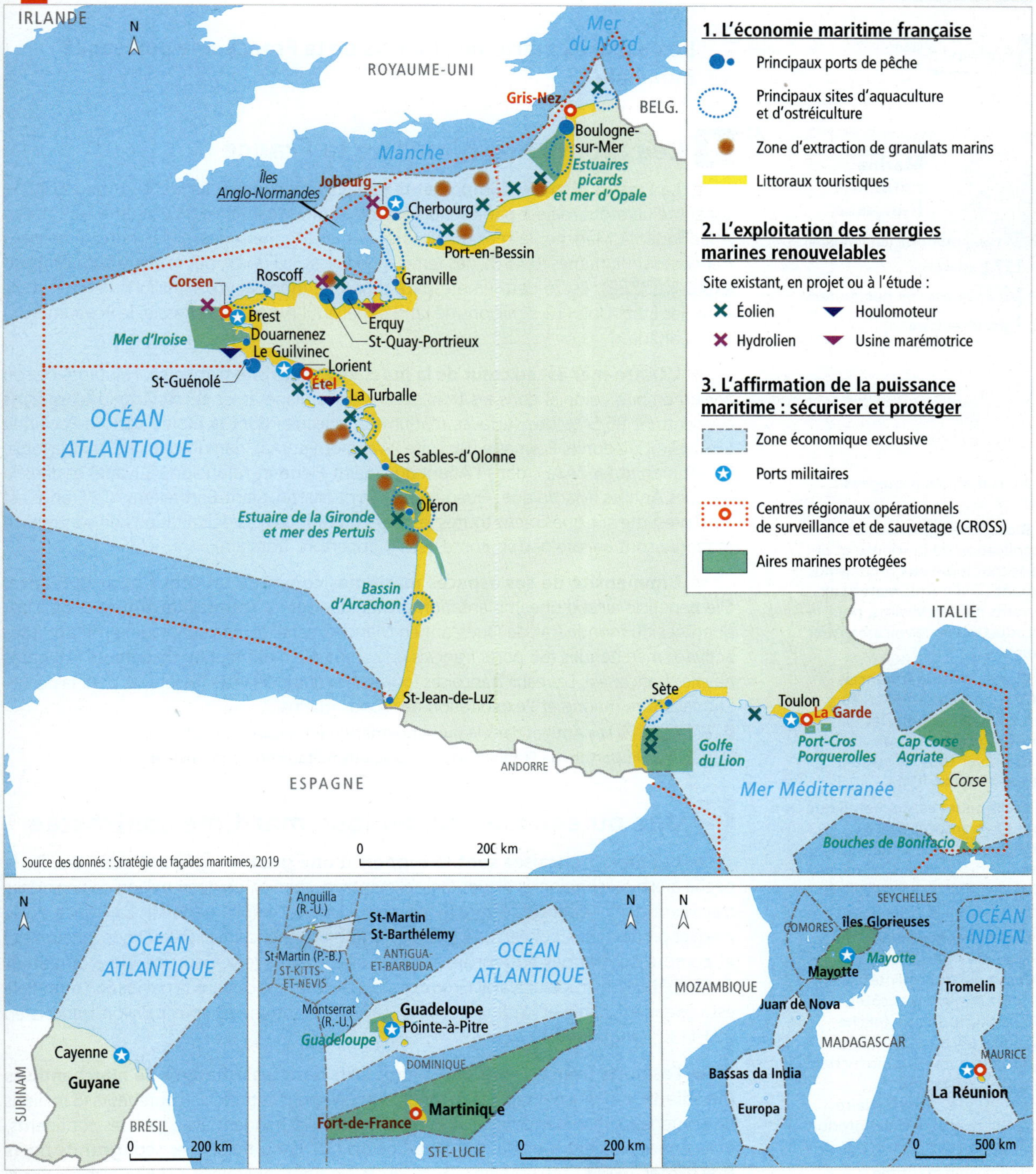

Source des donnés : Stratégie de façades maritimes, 2019

Vocabulaire

- **Grand port maritime (GPM) :** statut créé en 2008 et attribué aux plus grands ports français dont l'envergure est européenne et qui se positionnent sur le marché mondial.
- **Granulats marins :** matériaux extraits de la mer (sable, graviers).
- **Halieutique :** qui concerne la pêche.
- ***Hinterland* (arrière-pays) :** voir p. 73.
- **Zone industrialo-portuaire (ZIP) :** espace portuaire aménagé afin d'accueillir des activités industrielles (sidérurgie, pétrochimie).

Questions

1. **Relevez** et **classez** les grands ports maritimes français selon leur trafic de marchandises.
2. **Citez** les activités économiques françaises liées à l'exploitation des espaces maritimes.
3. **Montrez** que la France répond par, et pour, ses espaces maritimes aux enjeux environnementaux d'aujourd'hui.

Cours

Podcast Cours à écouter

Marine nationale française

- 7e rang mondial (en tonnage)
- 117 bâtiments
- 10 sous-marins nucléaires
- 1 porte-avions

Vocabulaire

- **Aires marines protégées :** voir p. 58.
- **Biotechnologie marine :** application de la science et de la technologie aux organismes vivants, à d'autres matériaux vivants ou non vivants, pour la production de savoirs, biens et services.
- **Cluster maritime français (CMF) :** organisation créée en 2006 par et pour les professionnels afin de rassembler tous les acteurs du secteur maritime.
- **Conteneur :** caisse métallique pour le transport de marchandises de dimensions standardisées, soit 6,05 mètres de longueur ou « Équivalent vingt pieds » (EVP).
- **Économie maritime :** économie reposant sur l'ensemble des activités liées aux océans, mers et côtes, du secteur primaire (pêche et aquaculture), secondaire (agroalimentaire, construction navale, production énergétique...), et tertiaire (commercialisation des produits de la mer, transport...).
- **Grand port maritime (GPM) :** statut créé en 2008 et attribué aux plus grands ports français dont l'envergure est européenne et qui se positionnent sur le marché mondial.
- **Halieutique :** qui concerne la pêche.
- **Territoires ultramarins :** territoires français situés en dehors du continent européen.

La France : une puissance maritime ?

Les espaces maritimes font-ils de la France une puissance mondiale ?

1 Les atouts maritimes de la France

● **La France dispose d'importants espaces maritimes.** La France métropolitaine constitue un atout majeur par les multiples ouvertures maritimes qu'elle offre sur l'océan Atlantique, la Manche, la mer du Nord et la mer Méditerranée. Si les terres émergées françaises sont infimes (0,45 % des terres mondiales), la France, par sa zone économique exclusive (ZEE), est le deuxième espace maritime mondial (10,1 millions de km^2) juste après les États-Unis (12,2 millions de km^2) et devant l'Australie, la Russie, le Royaume-Uni et le Canada.

● **L'Outre-mer est au cœur de la puissance maritime française.** Héritages de son ancien empire colonial dans les trois océans de la planète, les territoires ultramarins concentrent 96,5 % des surfaces maritimes françaises dont la moitié dans le Pacifique (Nouvelle-Calédonie, Polynésie française, Wallis-et-Futuna), dans l'océan Indien (Mayotte, La Réunion et les TAAF), dans l'Atlantique (Saint-Pierre-et-Miquelon, Guyane) et dans la mer des Antilles (Martinique, Guadeloupe, Saint-Martin, Saint-Barthélemy). La France est ainsi présente sur quasiment toutes les mers du monde. Les délimitations de son espace maritime sont encore parfois contestées (Clipperton, Tromelin).

● **L'immensité de ses espaces maritimes constitue un atout pour la France.** Elle bénéficie ainsi d'une implantation stratégique sur les routes maritimes les plus fréquentées du monde (rail de Ouessant en Manche, canal du Mozambique) profitant à ses activités marchandes (66 ports français de commerce maritime) ou de défense (10 bases navales françaises). Les eaux françaises fournissent d'importantes ressources pour la pêche, l'aquaculture marine et l'exploitation des fonds marins.

ÉTUDE DE CAS Les Antilles dans la puissance maritime française → p. 68
EXEMPLE Clipperton : la France dans la course aux métaux en haute mer → p. 77

2 Une puissance économique maritime contrastée

● **Les mers françaises sont le support d'une grande variété d'activités.** De la pêche aux biotechnologies bleues (agroalimentaire, chimie), un demi-million de personnes travaillent dans l'économie maritime, soit 2 % de l'emploi national. La France est le premier producteur européen de biotechnologie marine (chimie, cosmétique, pharmacie) et compte de grandes entreprises internationales dans le secteur maritime (armateur CMA-CGM, constructeur Naval Group). La place de la France dans la navigation mondiale est cependant faible et déclinante : 407 navires de commerce sous pavillon français en 2019 (30e rang mondial).

● **Les ports français sont peu compétitifs dans les échanges de marchandises mondiaux.** La France occupe le 8e rang européen pour le trafic de conteneurs (5 millions de conteneurs manutentionnés). Les ports français échangent avec tous les continents, mais principalement avec des ports européens (36 % du trafic). Les sept grands ports maritimes (GPM) rassemblent 76 % du trafic métropolitain. Le Havre, premier port français pour le trafic de conteneurs, et 11e d'Europe, n'occupe seulement que la 60e place mondiale. Port-Réunion, Pointe-à-Pitre, Fort-de-France et Nouméa se classent parmi les 10 premiers ports à conteneurs français.

● **Les facteurs de ce manque de compétitivité sont nombreux.** Dans le contexte de mondialisation des échanges, la France a peu développé son trafic de conteneurs. Un conteneur sur deux à destination de la France ne passe pas par un des ports français. Ces derniers ont été confrontés depuis plusieurs décennies au sous-investissement, à la complexité administrative, à la mauvaise connexion avec l'arrière-pays (*hinterland*) ou à des voies fluviales navigables.

ÉTUDE DE CAS Le Havre : un port maritime dans la mondialisation → p. 72

3 Les enjeux maritimes à venir

● **La France dispose d'importants atouts en termes de croissance bleue.** Le patrimoine maritime représente un atout géopolitique et économique majeur : ressources **halieutiques** (pêches), gisements pétroliers offshore (au large de la Guyane), terres rares (minerais) des plaines abyssales, biochimie marine (sucres alimentaires, gélifiants, médicaments, biocarburants…), énergie marine renouvelable (éolien, hydrolien). Toutefois, les ressources sont encore difficilement quantifiables et exploitables. Le **Cluster maritime français (CMF)** axe ses projets sur l'innovation maritime.

● **La France développe des plans d'action pour répondre aux enjeux environnementaux marins.** Elle agit contre les effets des changements climatiques sur les océans et définit des **aires marines protégées** (parc naturel marin d'Iroise, de Mayotte et des îles Glorieuses, de Martinique). La France, quatrième pays au monde par l'étendue de ses récifs coralliens, est l'un des pays fondateurs de l'International Coral Reef Initiative (ICRI) visant à ralentir la dégradation de ces écosystèmes marins riches de nombreuses ressources halieutiques.

● **L'espace maritime français présente des enjeux géostratégiques et nécessite d'être sécurisé.** Les routes maritimes ont une importance stratégique (énergétique, économique, souveraineté) qui exige le maintien d'une sûreté. Les menaces maritimes sont nombreuses : pêche illégale en Guyane ; narcotrafic dans les Caraïbes ; piraterie dans l'océan Indien et le golfe de Guinée. La France demeure une puissance navale mondiale : elle est l'un des cinq pays dotés d'une force de dissuasion nucléaire océanique.

EXEMPLE Les îles Éparses et la puissance maritime française → p. 76
GÉO DÉBAT Le « risque requin » à La Réunion : peut-on concilier enjeu économique et enjeu environnemental ? → p. 84

L'économie maritime

- **2e espace maritime mondial**
- **10,1 millions de km²** (97 % ultramarins)
- **355 000** emplois (2019)
- **91 milliards €** de chiffres d'affaires (2019)
- **1er producteur** européen de biotechnologies marines (2019)

Source : CMF (Cluster maritime français), 2019.

Notions

Haute mer p. 90
Puissance maritime p. 91
Route maritime p. 91
Zone économique exclusive (ZEE) p. 90

Du cours au schéma

EXO Exercice interactif

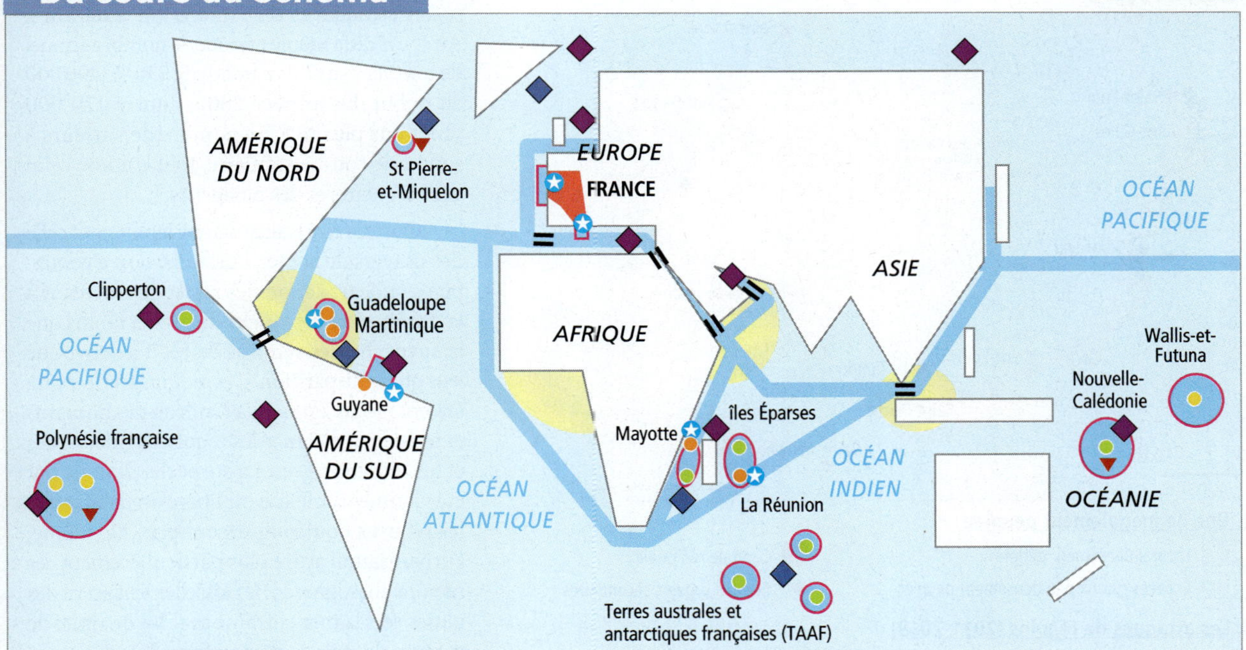

1. Des espaces maritimes français
- Départements et régions d'outre-mer (DROM)
- Collectivités d'outre-mer (COM)
- Collectivités et territoires à statut particulier
- ZEE française (200 milles marins)
- Bases de la Marine française

2. Des ressources et des enjeux
- Principales routes maritimes
- Détroits et canaux
- Ressources halieutiques
- Ressources en hydrocarbures et minerais
- Criminalité maritime

Géo DÉBAT

ORAL

Le « risque requin » à La Réunion : peut-on concilier enjeu économique et enjeu environnemental ?

1 « La crise requin » en dates

- **1999** : Protection des requins par l'UICN (Union internationale de la conservation de la nature)
- **2007** : Création de la réserve naturelle marine
- **2011** : Attaque d'un surfeur : début de « la crise requin ».
- **2013** : Baignade et surf interdits ; crise touristique
- **2015** : Programme de pêche de protection « Cap Requins »
- **2015–2020** : Plan gouvernemental de prévention du « risque requin »
- **2019** : 27 attaques de requins depuis 2011

Vocabulaire

- **« Crise requin »** : expression désignant l'incapacité des pouvoirs publics à gérer le « risque requin » face à l'augmentation des attaques de requins.
- **« Risque requin »** : expression désignant l'exposition d'individus à une menace représentée par la présence de requins.

2 La Réunion : une île touristique face au « risque requin »

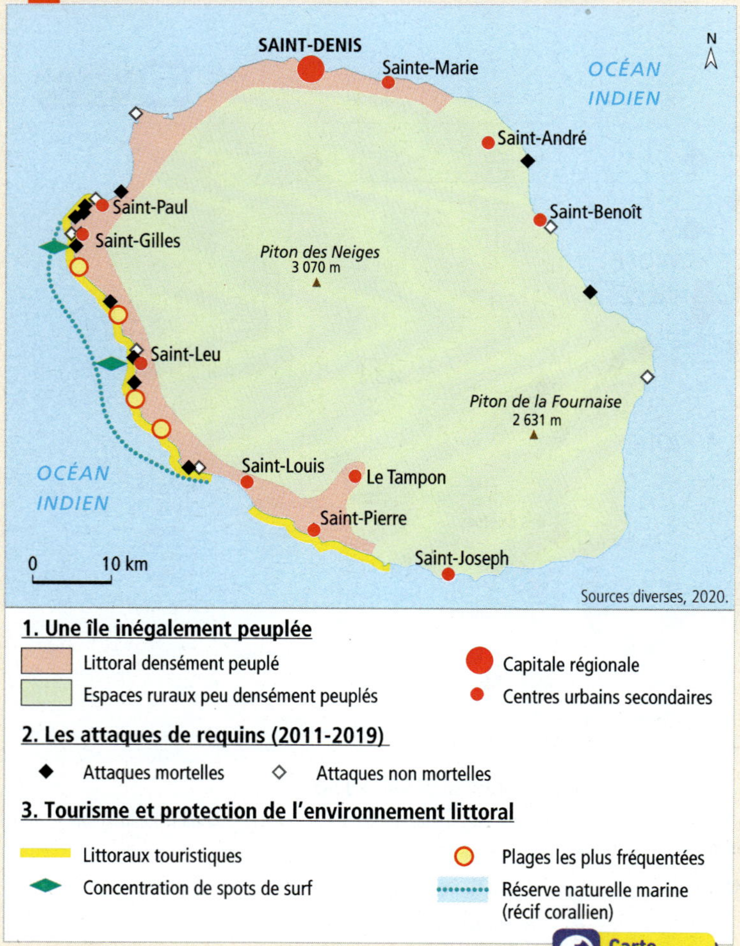

Carte interactive

3 L'activité humaine en cause

De 1980 à 2016, la population de La Réunion a crû de 67 %, passant de 500 000 à 850 000 habitants, tandis que les zones urbaines se sont étendues de 287 % (de 59 km² à 260 km²). Au cours de la même période, le nombre annuel de touristes sur l'île a bondi de 330 % (400 000 au début des années 2000, contre 120 000 vingt ans plus tôt). Le nombre de surfeurs a suivi une courbe similaire, tout comme celui des baigneurs et des plongeurs. […]

Outre la croissance démographique et celle des usagers de la mer, l'urbanisation a contribué à la dégradation des récifs de coraux et à la diminution des stocks de pêche, tandis que la surpêche des requins de récif a provoqué leur quasi-disparition. Ces requins territoriaux étaient moins agressifs à l'endroit des humains et tenaient à distance les requins bouledogues et les requins-tigres. La surpêche dont ils ont été victimes semble avoir libéré un habitat que les requins bouledogues ont pris. De même, l'urbanisation attire plus particulièrement ces requins charognards : le ruissellement accru des pluies vers la mer entraîne avec lui quantité de déchets dont ils sont aussi friands.

Entretien avec Agathe Allibert, « Attaques de requin sur les côtes de La Réunion : l'activité humaine probablement en cause », www.nouvelles.umontreal.ca, 17 avril 2018.

4 La stratégie des barrières successives

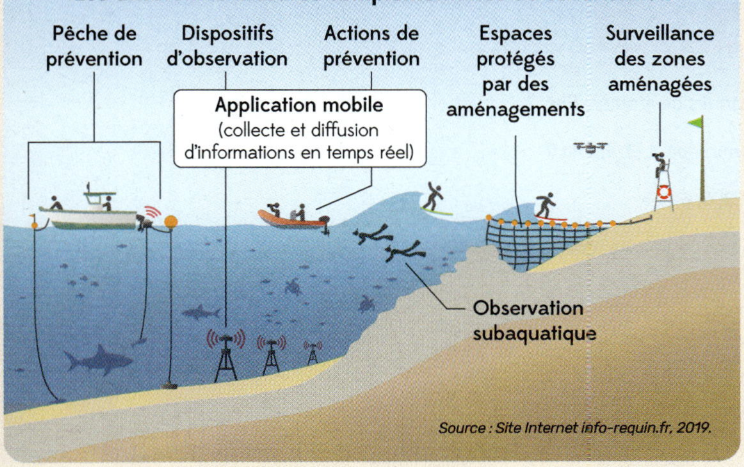

Source : Site Internet info-requin.fr, 2019.

5 Des mesures contestées

Les institutions et les municipalités littorales successives continuent inlassablement de tomber dans le piège de l'État français qui leur demande l'impossible : sécuriser des proies humaines – baigneurs, surfeurs... – dans une « réserve à requins bouledogues », à laquelle il refuse de toucher. Près de 10 millions d'euros ont été dépensés jusqu'à présent sans résultat significatif : les plus belles plages de l'île sont désespérément fermées. Les vigies sont une bonne chose, mais restent un dispositif contraignant et élitiste, impossible à généraliser. L'ensemble des filets a été détruit après avoir montré ses limites [...]. Les requins ont vite compris que ces enclos ne présentaient aucun danger pour eux et, à l'instar des prédateurs terrestres, ont cherché une faille pour venir se nourrir à l'intérieur de ce qu'ils ont considéré comme un simple « parc à nourriture ». [...] L'île de La Réunion a de très belles montagnes mais elle a surtout un patrimoine côtier unique au monde, avec des vagues exceptionnelles : ne soyez pas, vous aussi, les témoins passifs de la mort de notre poule aux « eaux » d'or.

« Des associations interpellent les députés et sénateurs réunionnais », *Imaz Press Réunion*, 17 février 2018.

6 Des mesures d'interdiction sur les plages

Plage de Saint-Gilles-les-Bains, février 2019.

7 Protéger les requins de récif

Parole d'acteur

SHARK CITIZEN
REQUINS & SOCIÉTÉS

Protéger les requins de récif est une nécessité qui prend une place importante dans l'actualité de La Réunion et de la problématique requins. Alors que toute l'attention est portée sur les requins bouledogues et les requins-tigres, nous avons décidé en 2013 de nous pencher attentivement sur les autres espèces, sur lesquelles un certain flou artistique régnait.

Le 13 février 2015, cinq espèces de requins de récif ont par ailleurs bénéficié d'une protection totale, par arrêté préfectoral. [...] De manière générale, tous les organismes ont un rôle écologique important. La nature est en équilibre et chaque organisme participe à la stabilité de cet équilibre. Il en est de même pour les requins. Ils sont eux aussi importants pour l'équilibre de l'écosystème corallien et plus largement de l'écosystème marin en régulant les populations de poissons, d'espèces invasives et en éliminant les plus faibles et les plus malades.

Site internet de Shark Citizen, association engagée dans la protection des requins, 2019.

C'est à vous !

Géo DÉBAT

Le « risque requin » à La Réunion : peut-on concilier enjeu économique et enjeu environnemental ?

ÉTAPE 1 Comprendre et préparer le débat

1. **Situez** les lieux ayant connu les principales attaques de requins. **doc. 2**
2. **Citez** les acteurs concernés par la « crise requin ». **doc. 1, 2, 4, 5 et 7**
3. **Décrivez** la « crise requin » et ses enjeux. **doc. 3, 5, 6 et 7**
4. **Montrez** les actions menées et leurs limites face à cette crise. **doc. 1, 4, 5, 6 et 7**

ÉTAPE 2 Participer au débat

5. Avant le débat, prélevez les arguments des différents acteurs. Reportez-les dans le tableau.
6. Avant le débat, en prenant appui sur les documents et votre point de vue personnel, notez vos arguments dans le tableau.
7. Pendant le débat, notez les arguments des autres élèves.

Conseils

- Écoutez et respectez la parole des autres.
- Pour convaincre, il est important de s'appuyer sur des exemples précis (localisés, datés, chiffrés).
- Ne lisez pas vos notes et présentez vos arguments en regardant vos auditeurs. Relisez vos notes avant de prendre la parole.

	Il est possible de concilier enjeu économique et enjeu environnemental dans la gestion du « risque requin »	Il est impossible de concilier enjeu économique et enjeu environnemental dans la gestion du « risque requin »
Acteurs	• • •	• • •
Arguments des acteurs	• • •	• • •
Mes arguments	• • •	• • •
Les arguments des autres élèves	• • •	• • •

Vidéo

« Le surf, malgré la crise requin à l'île de La Réunion », AFP reportage, 23 mars 2019.

ÉTAPE 3 Conclure le débat

8. À la suite du débat en classe, exprimez votre point de vue personnel et argumenté sur la cohabitation entre activités humaines et espèces vivantes à La Réunion.
9. Les arguments échangés lors du débat vous ont-ils amené(e) à revoir votre position de départ ? Expliquez pourquoi.

THÈME 1 Mers et océans : au cœur de la mondialisation

RÉVISER LE THÈME

Le porte-conteneurs français *Antoine de Saint-Exupéry* (armateur CMA-CGM) dans le port de Hambourg (Allemagne), mars 2018.

RÉVISER

- Maritimisation
- ZEE (Zone économique exclusive)
- Haute mer
- Puissance (maritime)
- Route maritime

SE TESTER

Vérifier ses connaissances

EXO Exercices interactifs

S'ENTRAÎNER POUR LE BAC

Aller plus loin

→ p. 88

Film · Musée / Expo · Site internet · BD · Podcast

S'ORIENTER

→ p. 100-101

Jean-Philippe

→ Responsable qualité et R&D

Usha

→ Ingénieure en sécurité industrielle

SYNTHÈSE

→ THÈME 1
Mers et océans : au cœur de la mondialisation

1 L'intensification des échanges maritimes

● **Les mers et les océans sont des vecteurs majeurs de la mondialisation.** Les espaces maritimes couvrent 71 % de la surface du globe. 90 % des échanges mondiaux de marchandises (hydrocarbures, matières premières agricoles, produits manufacturés…) sont réalisés par voie maritime et témoignent de la maritimisation de l'économie mondiale. La France est une puissance maritime grâce à ses armateurs (CMA-CGM), ses chantiers navals (Saint-Nazaire) et ses forces navales.

● **Les routes maritimes révèlent l'inégale intégration des territoires dans la mondialisation.** Elles relient les grandes façades maritimes qui concentrent 75 % des flux maritimes. Certains lieux (détroits, canaux…) sont des points de passage stratégiques. La France est bien intégrée dans ces réseaux marchands grâce à ses façades maritimes (Atlantique, Méditerranée, Manche, mer du Nord) et à ses territoires ultramarins.

2 L'appropriation des espaces maritimes

● **Le droit de la mer s'applique sur l'ensemble des espaces maritimes.** Les États côtiers disposent d'une ZEE sur laquelle ils exercent leur souveraineté. 36 % des mers et des océans du globe sont territorialisés. La haute mer (eaux internationales) est soumise aux revendications des États. La France dispose de la 2e plus grande ZEE dans le monde (10,1 millions de km²).

● **Les zones de tension sont nombreuses.** Les contentieux sur les frontières maritimes se multiplient. La lutte contre la piraterie s'intensifie afin de sécuriser les routes marchandes. La liberté de naviguer est parfois remise en cause. La France, en tant que puissance navale, participe à la surveillance des océans.

3 Protection et enjeux environnementaux

● **Les espaces maritimes sont vulnérables.** Les mers et les océans sont des écosystèmes fragiles soumis à de nombreuses pressions : concentration des déchets plastiques, risques de marées noires, surpêche…

● **Les mesures de protection se multiplient.** Les aires marines protégées couvrent désormais 7,3 % de la surface du globe. La France dispose de 9 parcs naturels marins dans ses eaux métropolitaines et ultramarines.

Podcast Synthèse à écouter

Repères géographiques

Chiffres clés

- **361 millions de km²** de mers et d'océans dans le monde, soit **71 %** de la superficie planétaire
- **11 milliards de tonnes** de marchandises transportées par voie maritime chaque année
- **10,1 millions de km² :** ZEE de la France
- 36% — **36 %** des mers et des océans sont territorialisés
- **7,3 %** de la superficie des mers et des océans sont protégés

Pour aller plus loin

Bande dessinée

● *Le Monstre de plastiques,* Dominique Serafini, Expédition 7e continent, 2016.

Documentaires

Le Dessous des cartes, Arte

● « Mer de Chine : bataille navale ? », octobre 2019.

● « Câbles sous-marins, la guerre invisible », avril 2018.

Site internet

● **Ministère français des Outre-Mer :** www.outre-mer.gouv.fr/

NOTIONS Maritimisation

→ Processus de dépendance croissante des sociétés, des économies, des territoires envers les mers et les océans. La **maritimisation** s'exprime par l'intensification des échanges internationaux de marchandises par voie maritime (abaissement du coût et des temps du transport maritime, augmentation de la taille des navires…), par l'exploitation des ressources (pêche, hydrocarbures, sable…) et par la concentration des populations et des activités sur les littoraux.

→ La maritimisation constitue également un enjeu géopolitique, une source de rivalités entre États, et un enjeu environnemental (diminution de la biodiversité, surpêche, pollutions).

Vidéo
2 min pour comprendre la maritimisation

LA MER : un espace stratégique et économique majeur

- Mondialisation des échanges
- Épuisement des ressources terrestres
- Concentration des activités sur les littoraux
- Importance stratégique des forces navales

↕

MARITIMISATION

ENJEUX ÉCONOMIQUES

- Commerce maritime (conteneurisation)
- Construction navale
- Infrastructures portuaires
- Exploitation des ressources maritimes (pêche, minerais, hydrocarbures, sable)
- Production d'énergie (hydroliennes)
- Tourisme de croisière

ENJEUX GÉOPOLITIQUES ET GÉOSTRATÉGIQUES

- Extension des ZEE
- Appropriation des mers
- Liberté de navigation
- Rivalités entre puissances
- Lutte contre la piraterie
- Contrôle des routes maritimes
- Respect du droit de la mer

ENJEUX ENVIRONNEMENTAUX

- Gestion durable des espaces maritimes
- Protection (aires marines protégées)
- Pollution (marée noire, plastique…)
- Lutte contre le changement climatique

NOTIONS

ZEE (Zone économique exclusive)

▷ Vidéo
2 min pour comprendre la ZEE

La **ZEE** est l'espace maritime d'un État côtier qui s'étend sur 200 milles marins (370 km) à partir du littoral et sur lequel l'État est souverain en matière d'exploitation et d'exploration des ressources de la mer.
Les autres États y jouissent du « droit de passage inoffensif » (navires, avions) et de la pose de conduites d'hydrocarbures et de câbles sous-marins.
Dans certains cas, les États peuvent étendre leurs droits sur les fonds marins jusqu'à 350 milles marins.

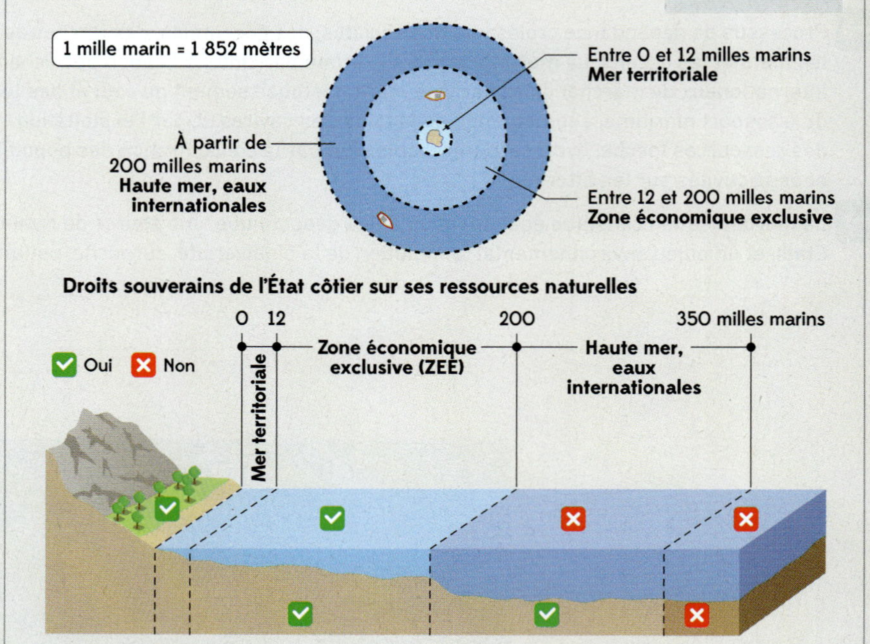

Source : d'après Le Monde, 4-5 août 2019.

Haute mer

La **haute mer** (ou eaux internationales) est l'espace maritime situé au-delà des ZEE, non soumis à la souveraineté des États côtiers. Elle couvre 64 % des mers et des océans.
La navigation y est libre, ainsi que l'exploitation des ressources vivantes ou la pose de câbles sous-marins ou de conduites d'hydrocarbures. Les sols marins et leurs richesses minérales y sont considérés comme un « bien commun de l'humanité » à préserver.

▷ Vidéo
2 min pour comprendre la haute mer

STATUT JURIDIQUE	LA HAUTE MER ET SES ESPACES	ATOUTS	ENJEUX
Aucune souveraineté	Eaux de surface	Liberté de survol Liberté de navigation	Lutter contre la pêche illégale
Aucune souveraineté	Colonne d'eau Sol	› Exploitation libre des ressources vivantes (pêche, biogénétique) › Pose libre de câbles et de conduites	› Créer des aires marines protégées en haute mer › Préserver les ressources vivantes › Sécuriser les câbles et les conduites
« Bien commun de l'humanité » ; exploitation réglementée	Sous-sol	Richesse des ressources minérales	Ressources minérales très convoitées

NOTIONS

Puissance (maritime)

→ État (ou union d'États) qui se distingue par sa capacité d'influence sur l'espace mondial dans les domaines économique, culturel, militaire et diplomatique.

→ Une **puissance maritime** exerce son influence sur les mers et les océans. La notion de « puissance maritime dominante » a été théorisée en 1890 par l'amiral américain, Alfred Thayer Mahan, en se fondant sur l'exemple de la Grande-Bretagne.

▷ Vidéo
2 min pour comprendre la puissance maritime

FACTEURS de la PUISSANCE

- **HISTOIRE** : Conquêtes, découvertes, empires, maîtrise des routes maritimes, forces navales...
- ➕ **TERRITOIRE** : Souveraineté maritime, possessions ultramarines, ZEE...
- ➕ **ÉCONOMIE** : Ports, activités commerciales, ressources halieutiques, énergétiques...
- ➕ **TECHNOLOGIE** : Innovation, navires, exploitation offshore, câbles sous-marins...

ÉLÉMENTS de la PUISSANCE

- **GÉOPOLITIQUE et GÉOSTRATÉGIQUE** : Forces navales d'intervention, porte-avions, sous-marins, flotte de guerre, lutte contre la piraterie...
- **GÉOÉCONOMIQUE** : Armateurs/affréteurs, construction navale, ports, échanges commerciaux de marchandises, ressources...
- **GÉOCULTUREL** : Rayonnement international...

DYNAMIQUES de la PUISSANCE

- **TERRITORIALISATION et MARITIMISATION**
- **EXPLOITATION et VALORISATION des RESSOURCES MARINES**
- **CONTRÔLE et SÉCURISATION des ROUTES MARITIMES**

Route maritime

→ Itinéraire suivi par des navires de commerce assurant le transport sur des distances longues. Il s'agit de tracés rectilignes, même si certaines routes doivent tenir compte de contraintes : détroits, canaux, glaces hivernales, tracés des côtes, excès météorologiques (tempêtes), voire zones de piraterie.

→ Les **routes maritimes** les plus importantes sont généralement transocéaniques et relient les ports aux trafics les plus importants.

▷ Vidéo
2 min pour comprendre la route maritime

Les caractéristiques d'une ROUTE MARITIME

LIEUX
- Ports
- Mers et océans
- Détroits
- Canaux

NAVIRES
- Cargos
- Porte-conteneurs
- Supertankers
- Méthaniers
- Chalutiers

MARCHANDISES
- Hydrocarbures
- Matières premières (minérales, agricoles, halieutiques...)
- Conteneurs

ACTEURS
- États
- Pavillons de complaisance
- Armateurs

CONTRAINTES
- Physiques (distances, profondeurs)
- Climatiques
- Techniques (ports)
- Géopolitiques (conflits, piraterie)
- Économiques (crise)

BAC Réponse à une question problématisée

▶ Description de l'épreuve p. 19 et méthode générale p. 20-21

SUJET GUIDÉ

→ **Pourquoi la France est-elle une puissance maritime inégale ?**

- **Pourquoi** : Mot interrogatif qui oriente l'étude et le type de réponse attendue. → Il faut identifier une ou plusieurs causes.
- **la France** : Cadre géographique.
- **puissance maritime** : Notion à définir (voir p. 91).
- **inégale** : Ce terme indique l'existence de points forts et de points faibles.

ÉTAPE 1 Analyser le sujet

a Identifier et définir les mots clés.

b Préciser le cadre géographique.

c Déterminer le sens de la question problématisée en vous interrogeant sur le sens des mots et plus globalement sur les questions : Où ? Pourquoi ? Comment ?

▶ Après avoir analysé le sujet, choisissez parmi les propositions suivantes ce que vous devrez montrer dans votre devoir :

- La puissance maritime française ne s'exerce que dans certaines parties du monde.
- La puissance maritime française repose sur son influence militaire, stratégique, économique et culturelle.
- La puissance maritime française est caractérisée par des points forts et par des points faibles, aux causes multiples.

Conseil

▶ Vous devez toujours faire l'analyse des mots clés du sujet afin de bien en comprendre le sens et de pouvoir répondre correctement à la question.
Ce travail se fait au brouillon.

Conseil

▶ Quel type de réponse attendue selon le mot interrogatif ?
- Quels → énumérer des éléments
- Pourquoi → identifier des causes
- Comment → analyser des moyens
- Peut-on dire que → « oui / non, mais »

ÉTAPE 2 Faire un plan et mobiliser ses connaissances

a Dégager deux ou trois idées principales à partir de l'analyse de la question problématisée. Chacune de ces idées formera une partie du développement.

b Identifier deux ou trois idées secondaires qui constitueront les sous-parties. Classer les connaissances dans chaque sous-partie.

c Organiser les idées principales et secondaires pour mettre en évidence une logique de raisonnement géographique.

▶ Parmi les propositions de plan ci-contre, choisissez celle qui vous paraît la plus adaptée au sujet « Pourquoi la France est-elle une puissance maritime inégale ? ». Justifiez votre choix.

Conseil

▶ Au brouillon, vous pouvez réaliser une carte mentale pour organiser vos connaissances à mobiliser :
– les idées principales
– les arguments
– les exemples

PLAN 1

I. La France est une grande puissance maritime
  1. Un espace maritime valorisé
  2. Un espace protégé
II. Un espace maritime convoité
  1. Un domaine maritime aux limites contestées
  2. Des intérêts géostratégiques à sécuriser

PLAN 2

I. La France dispose d'importants atouts maritimes
  1. De vastes espaces maritimes
  2. Une économie maritime diversifiée
II. Une puissance maritime à relativiser
  1. Une faible place dans la navigation et les échanges maritimes mondiaux
  2. Des filières halieutiques concurrencées et sous-valorisées

d Mobiliser les connaissances utiles pour répondre à la question :

➜ Le cours p. 82-83

➜ Les cartes :
– L'espace maritime français p. 78-79
– Les ports français dans la mondialisation p. 80
– La croissance de l'économie maritime p. 81

➜ L'étude de cas « Le Havre, un port maritime dans la mondialisation » p. 72-73

➜ Les notions : Puissance maritime, Maritimisation, ZEE p. 89 à 91

Conseil

▶ Justifiez vos arguments par des exemples étudiés en cours. Par ex. :
– Argument : les ports français sont peu compétitifs
– Exemple : le port du Havre est seulement le 67e port mondial en termes de conteneurs échangés (doc. 2 p. 72)

ÉTAPE 3 Rédiger la réponse à la question problématisée

a Vous pouvez rédiger une courte introduction en présentant brièvement le thème central du sujet.

➜ Exemple :

La puissance maritime se définit par la capacité d'un État à assurer une influence durable sur l'ensemble du domaine maritime mondial, à la fois en termes militaires et stratégiques, mais aussi économiques. La puissance maritime de la France repose sur les atouts d'un vaste domaine maritime, mais présente des faiblesses.

Conseil

▶ Définissez les mots clés du sujet : les notions, le cadre géographique.

b Rédiger la réponse à la question problématisée en suivant le plan défini.

➜ Exemple de rédaction de la 1re sous-partie de la 1re partie (I-1)

La puissance maritime française repose sur de nombreux atouts.
La France dispose d'un vaste domaine maritime. Par son ouverture sur l'océan Atlantique, la mer du Nord, la Manche et la Méditerranée, la France métropolitaine (Corse comprise) dispose d'environ 7 000 kilomètres de côtes. Elle possède la deuxième plus vaste ZEE du monde grâce à ses territoires ultramarins (Nouvelle-Calédonie, Polynésie française, Wallis-et-Futuna dans le Pacifique, Mayotte, La Réunion et les TAAF dans l'océan Indien, Saint-Pierre-et-Miquelon, Guyane dans l'Atlantique et Martinique, Guadeloupe, Saint-Martin et Saint-Barthélemy dans la mer des Caraïbes). La France dispose ainsi, dans tous les océans du monde, de plus de 10 millions de km² de zone économique exclusive (ZEE) sur lesquelles elle exerce sa souveraineté en matière d'exploitation et d'exploration des ressources de la mer.

▶ Rédigez la suite de la réponse à la question problématisée.

Conseil

▶ Rédigez une phrase annonçant le thème de la partie, puis faites des sous-parties comportant chacune une idée importante du thème, des explications et des exemples.

c Vous pouvez rédiger une courte conclusion : une réponse synthétique à la question problématisée.

Entraînez-vous !

Sujet blanc

• Peut-on dire que l'appropriation des espaces maritimes est uniquement source de conflictualités ?

BAC Analyse de document

Description de l'épreuve p. 19 et méthode générale p. 22-23

SUJET GUIDÉ

En analysant le document, vous montrerez que l'exemple des îles Senkaku/Diaoyu illustre les enjeux économiques et stratégiques liés aux espaces maritimes.
L'analyse du document constitue le cœur de votre travail, mais nécessite, pour être menée, la mobilisation de vos connaissances.

Les tensions sino-japonaises en mer de Chine orientale

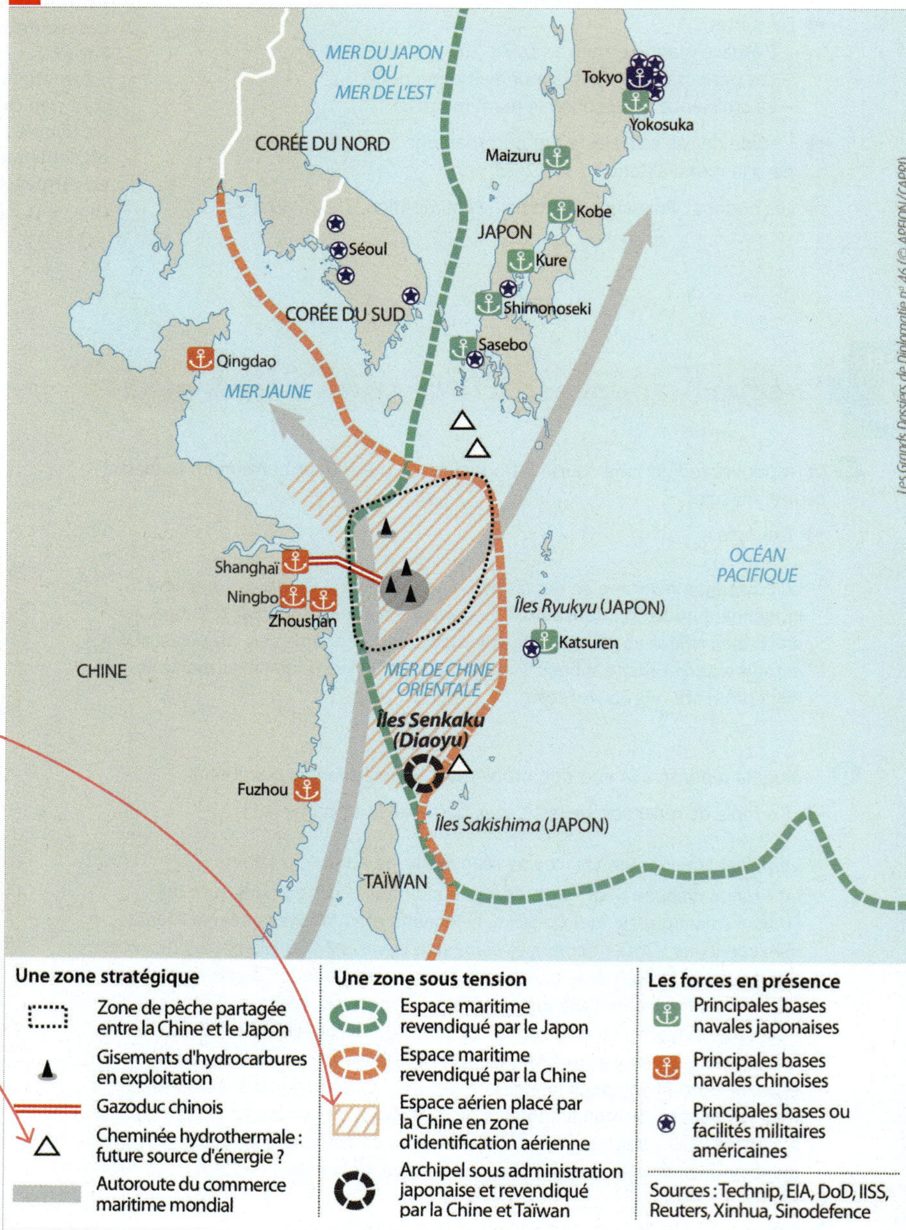

Source : « Mers et océans », Les Grands Dossiers de *Diplomatie*, n° 46, août-septembre 2018.

L'archipel Senkaku (en japonais) / Diaoyu (en chinois) est un groupe de cinq îles japonaises, d'une superficie totale d'à peine 7 km².

Zone d'identification aérienne : espace aérien dans lequel l'identification, la localisation et le contrôle des avions civils sont effectués dans l'intérêt de la sécurité nationale.

Cheminées hydrothermales : sources d'eau chaude situées entre deux plaques tectoniques au fond des océans.

Conseil
Utilisez les informations fournies dans le paratexte accompagnant le document.

ÉTAPE 1 Analyser le sujet

▶ Le sujet invite à mettre en évidence et à expliquer les enjeux économiques et géostratégiques autour de l'archipel Senkaku/Diaoyu en mer de Chine orientale, puis à montrer que des enjeux identiques se retrouvent dans d'autres mers à travers le monde.

ÉTAPE 2 Analyser le document : la carte

▶ Les questions à se poser :

- → Quel est l'espace cartographié ?
- → Quelles informations sont fournies par les titres et les éléments de la légende ?
- → Quels sont les acteurs évoqués ? Où sont-ils localisés ? Comment agissent-ils sur l'espace ?
- → Quels sont les intérêts en jeu dans cet espace ?

▶ Les connaissances à mobiliser :

- → Le vocabulaire : territorialisation, droit de la mer, ressources halieutiques et énergétiques.
- → Les notions : Zone économique exclusive (ZEE), Route maritime p. 90-91
- → Le cours : § 1 et 2 p. 62
- → Les cartes : p. 56-57, p. 58-59

Conseil

▶ Utilisez vos connaissances pour expliciter les informations du document.

ÉTAPE 3 Répondre au sujet

a Rédiger l'introduction.

- → Présentez le document.
- → Annoncez la problématique.

→ Exemple :

En mer de Chine orientale, l'archipel des îles Senkaku/Diaoyu est un exemple de zone maritime stratégique faisant l'objet de tensions entre plusieurs États. Le contrôle des ressources, d'une part, et le leadership régional, d'autre part, en sont les principaux enjeux.

b Rédiger l'analyse du document.

→ Exemple de rédaction de la 1re partie :

Administré par le Japon, l'archipel des Senkaku, un ensemble de 7 km² d'îles inhabitées, est convoité par la Chine et par Taïwan. L'enjeu porte sur le contrôle des ressources énergétiques (hydrocarbures, énergie hydrothermale) et halieutiques (zone de pêche). L'exploitation de ces ressources est en principe définie en vertu du droit de la mer (Convention de Montego Bay, 1982) par la délimitation d'une zone économique exclusive pour chaque État riverain, mais la Chine revendique sa souveraineté sur des espaces plus étendus. Les autorités chinoises ont concrétisé la territorialisation croissante de la mer de Chine orientale avec l'exploitation offshore des gisements gaziers et la construction d'un gazoduc les reliant à Shanghai ; cependant, les ressources présentant un intérêt stratégique moindre peuvent donner lieu à des négociations comme le montre l'accord de partage d'une zone de pêche entre la Chine et le Japon.

→ Rédigez la 2e partie en vous appuyant sur les idées suivantes :

- Concurrence pour le leadership régional
- Intérêt stratégique du contrôle de la route maritime majeure reliant la Chine et le Japon à l'Asie du Sud-Est et au Moyen-Orient
- Extension de la puissance chinoise en mer de Chine orientale (bases navales, espace aérien de la zone revendiquée sous contrôle chinois)
- Volonté de limiter les ambitions chinoises dans cette zone (bases navales japonaises et américaines).

c Rédiger la conclusion.

Entraînez-vous !

Document

- Carte « L'espace maritime français : atouts et enjeux de puissance » (ch. 2 p. 78)

Sujet blanc

- En analysant le document, vous montrerez que les espaces maritimes participent à la puissance de la France. L'analyse du document constitue le cœur de votre travail, mais nécessite, pour être menée, la mobilisation de vos connaissances.

BAC Réalisation d'un croquis

▶ Description de l'épreuve p. 19 et méthode générale p. 24-25

SUJET GUIDÉ

Les espaces maritimes, vecteurs de la mondialisation et sources de tensions

À partir du texte, vous construirez, à l'aide du fond de carte fourni, un croquis correspondant au sujet suivant : « Les espaces maritimes, vecteurs de la mondialisation et sources de tensions », accompagné d'une légende organisée.

ÉTAPE 1 Lire le sujet et la consigne

▶ Les questions à se poser :

➜ À quels espaces le sujet s'applique-t-il ?

Le sujet s'applique aux mers et océans à l'échelle mondiale.

➜ Que devra montrer le croquis ?

Le croquis devra montrer, d'une part, que ces espaces jouent un rôle important dans la diffusion de la mondialisation et, d'autre part, qu'ils sont sources de tensions entre les États.

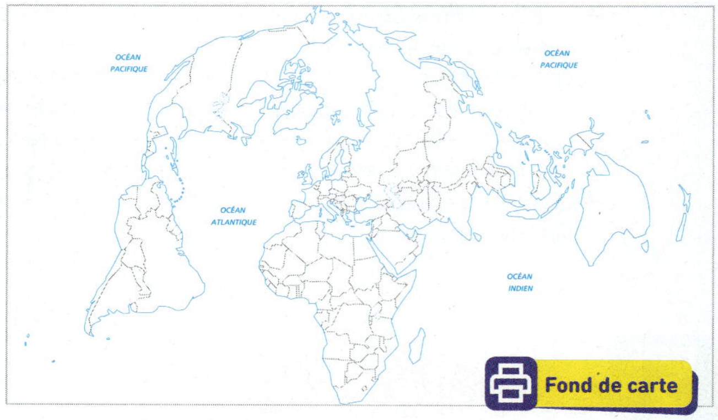

Fond de carte

ÉTAPE 2 Relever les informations dans le texte

Identifier le **thème de chaque partie du texte.**

Sélectionner les **informations à cartographier pour répondre au sujet.**

Relever les noms permettant de **localiser les informations sur le croquis.**

Les mers et les océans sont des espaces majeurs de la mondialisation. 90% des flux intercontinentaux de marchandises s'effectuent par voie maritime. Les principales routes maritimes relient les grands ports des façades asiatique (Shanghai, Tianjin), européenne (Rotterdam) et américaine (Los Angeles, Houston). La forte concentration du trafic dans les principaux détroits (Ormuz, Malacca, Bab el-Mandeb, Bosphore, Gibraltar) et les canaux interocéaniques (Suez, Panama) en font des points de passage stratégiques : plus de 40 % du trafic mondial de marchandises transitent par le canal de Suez ; 20 % de la consommation mondiale de pétrole passe par le détroit d'Ormuz, au débouché du golfe Arabo-Persique.

Les espaces maritimes sont aussi des lieux de rivalités et de tensions entre les États qui convoitent leurs ressources. L'accès aux zones de pêche et l'exploitation des ressources énergétiques et minérales sous-marines sont définis par une zone économique exclusive (ZEE) propre à chaque État côtier. Les États-Unis possèdent le plus vaste domaine maritime avec une ZEE de 12,2 millions de km², devant la France (10,1 millions de km²). La délimitation des ZEE fait l'objet de litiges entre les États lorsque des intérêts économiques ou géostratégiques sont en jeu, par exemple en mer de Chine méridionale, dans le canal du Mozambique, le golfe Arabo-Persique, l'océan Arctique. Le contrôle des mers est devenu un moyen d'affirmation de la puissance : la flotte de guerre des États-Unis, 1re force navale du monde, est déployée dans le nord du Pacifique, dans l'Atlantique, la Méditerranée et l'océan Indien ; la Marine française est opérationnelle dans le golfe de Guinée et le nord de l'océan Indien, notamment pour lutter contre la piraterie maritime qui sévit dans ces régions.

ÉTAPE 3 Classer les informations et choisir les figurés

▶ Recopiez ce tableau pour vous aider à faire la légende du croquis. Complétez les informations et les figurés manquants à l'aide des éléments prélevés dans le texte.

Conseil

▶ Vous pouvez reformuler les informations pour les simplifier, les synthétiser ou les rendre plus précises si nécessaire.

Thème	Informations	Reformulation	Figurés	Lieux
1. Des espaces majeurs de la mondialisation	• …………… • Façades • Grands ports • Principaux détroits • Canaux interocéaniques • Passages stratégiques	→ Façades maritimes → Passages stratégiques (détroits, canaux interocéaniques)	• (trait bleu) • (tirets roses) • …………… • (cercle rouge)	…………… …………… • Shanghai, Tianjin, Rotterdam • Gibraltar
2. Des espaces sources de tensions	• Zone économique exclusive (ZEE) • …………… • Flotte de guerre des États-Unis • Marine française • ……………	→ Forces navales (États-Unis, France)	• …………… • (étoile noire) • (carré orange) (carré vert) • (trame de points noirs)	…………… …………… …………… ……………

Tableau à imprimer

ÉTAPE 4 Réaliser le croquis

▶ Compléter le croquis.

→ À l'aide du tableau complété, écrivez le nom des lieux indiqués dans le texte en respectant les localisations.

→ Rédigez et ordonnez la totalité de la légende.

→ Donnez un titre au croquis.

Conseil

▶ Reportez-vous au « guide carto » p. 282 pour apprendre à réaliser un croquis et connaître les pièges à éviter.

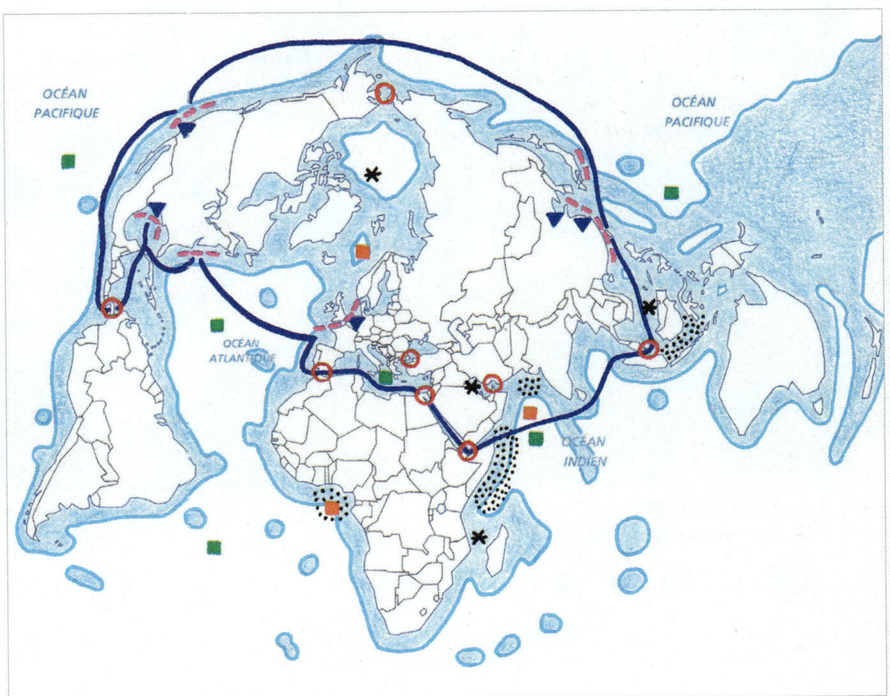

▶ Description de l'épreuve p. 19
et méthode générale p. 20-25

Réponse à une question problématisée

SUJET

Comment la mondialisation accroît-elle l'importance des espaces maritimes ?

Analyse de document

SUJET

En analysant le document, vous expliquerez les enjeux présents en mer Méditerranée.
L'analyse du document constitue le cœur de votre travail, mais nécessite, pour être menée, la mobilisation de vos connaissances.

Trafic maritime et espaces protégés en Méditerranée

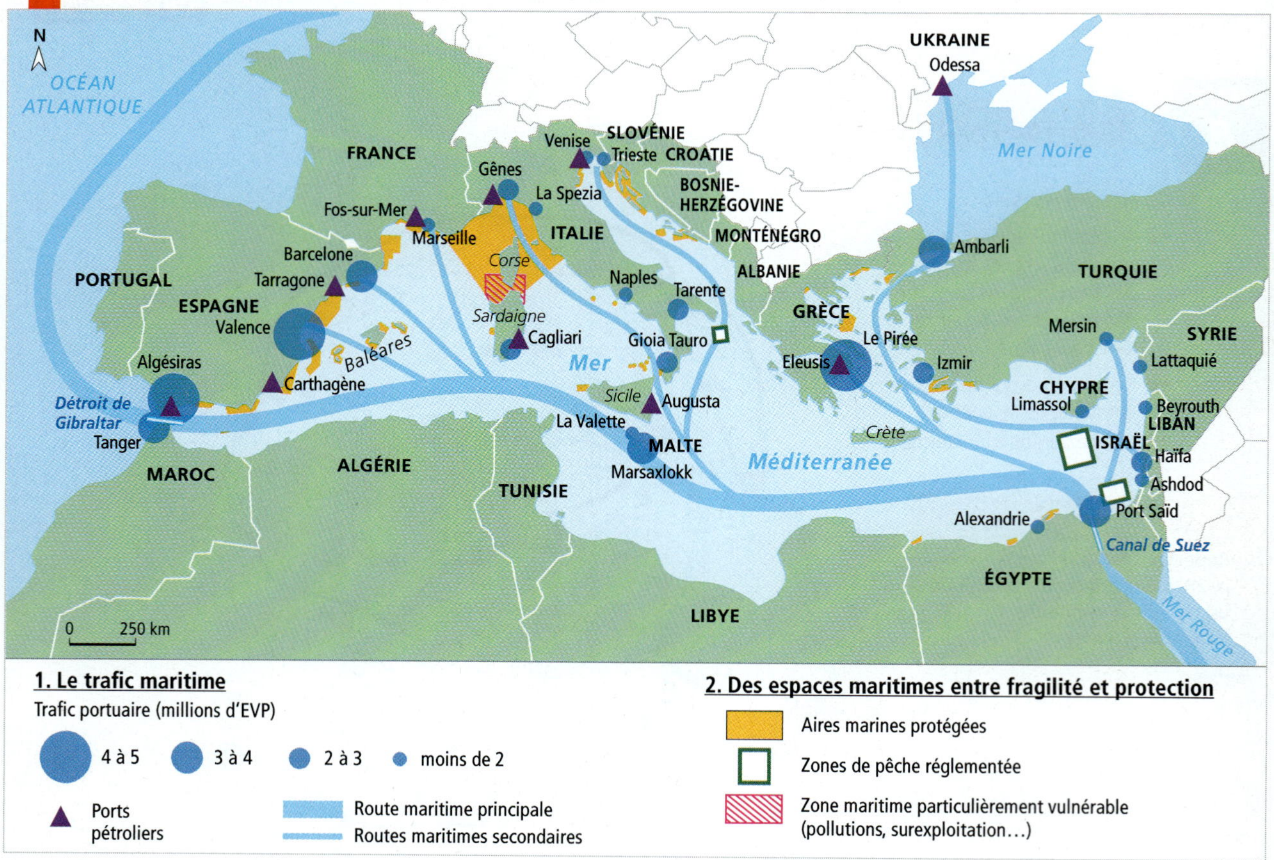

Avec seulement 1 % de la surface des mers, la Méditerranée concentre à elle seule 1/3 du trafic maritime et du trafic pétrolier mondial et 2 % de la pêche mondiale.

Réalisation d'un croquis

SUJET

Les mers et les océans, enjeux économiques pour la France

À partir du texte, vous construirez, à l'aide du fond de carte fourni, un croquis correspondant au sujet suivant : « Les mers et les océans, enjeux économiques pour la France », accompagné d'une légende organisée.

Les mers et les océans constituent un espace de ressources pour de nombreuses activités économiques. La possession de nombreux territoires d'outre-mer, parmi lesquels la Martinique, la Guadeloupe, La Réunion, la Guyane, fait de France la 2e plus vaste zone économique exclusive du monde et lui donne une grande diversité de ressources halieutiques. Ainsi, des zones de pêche sont exploitées non seulement au large du territoire métropolitain, mais aussi dans tous les océans du monde ; le sous-sol des espaces maritimes français est aussi source de richesses constituant un atout géostratégique comme les hydrocarbures (gisement pétrolier offshore au large de la Guyane) et les minerais rares (océan Pacifique).

La maritimisation de l'économie française s'est accentuée avec la mondialisation. L'ouverture du territoire sur l'océan Atlantique, la Manche, la mer du Nord et la mer Méditerranée est un atout pour le développement de l'activité portuaire. Parmi les 66 ports français, sept grands ports maritimes (GPM) concentrent plus de 90 % du trafic métropolitain : Le Havre (premier port français pour le trafic de conteneurs) et Marseille ont un trafic annuel supérieur à 60 millions de tonnes et sont les principaux ports d'importation d'hydrocarbures en France ; Dunkerque, Rouen, Nantes/Saint-Nazaire, La Rochelle et Bordeaux connaissent un trafic plus faible. Ces ports sont connectés aux routes maritimes majeures qui parcourent la Manche (détroit du Pas-de-Calais), l'Atlantique et la Méditerranée (détroit de Gibraltar et canal de Suez). Bien que la France occupe une place modeste dans la navigation mondiale, elle est le siège d'une grande firme transnationale spécialisée dans le transport maritime : la CMA-CGM, basée à Marseille, est le leader mondial du transport en porte-conteneurs.

Fond de carte

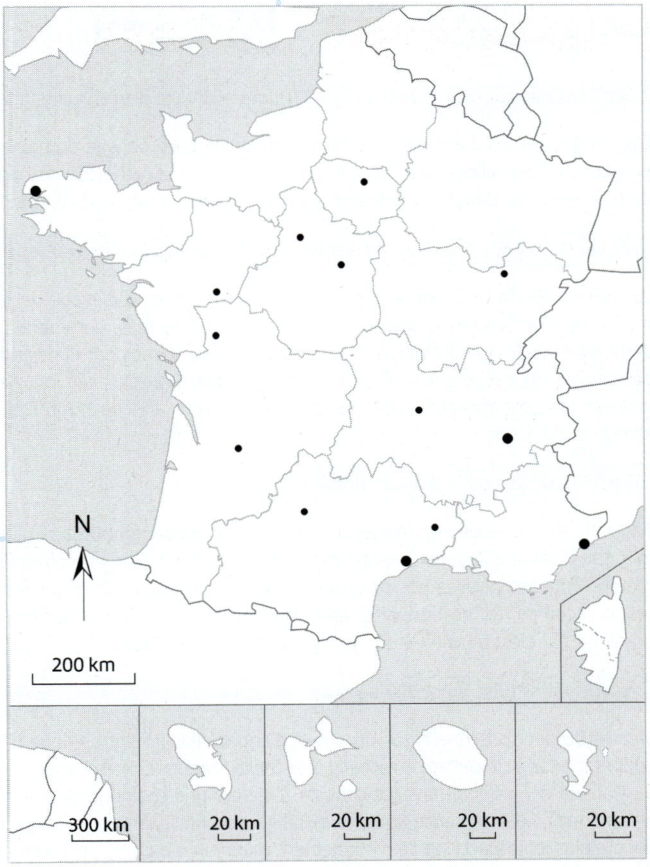

Jean-Philippe, responsable qualité et R&D

Fiche Métier

Responsable qualité, hygiène, sécurité, environnement

- **Niveau minimum d'accès :** BAC +3
- **Salaire d'un débutant :** 1 450 à 1 700 € net
- **Salaire en milieu de carrière :** 2 000 à 2 500 € net
- **Statut :** salarié, fonctionnaire
- **Compétences requises :**

✓ pédagogie ✓ écoute ✓ polyvalence
✓ rigueur ✓ disponibilité

PARCOURS D'ÉTUDES POSSIBLES

- BTS Métiers des services à l'environnement
- DUT Qualité, hygiène, sécurité, environnement
- Licence pro QHSE
- Master/diplôme d'ingénieur QHSE

CV EXPRESS

Jean-Philippe, 40 ans, Ajaccio (Corse-du-Sud)

FORMATION

- Bac STL (Ajaccio, Corse-du-Sud)
- DUT Génie biologique option agroalimentaire, Corte (Haute-Corse)
- Licence Qualité des produits agroalimentaires, Corte (Haute-Corse)

Expériences professionnelles

- **Gloria Maris, responsable QHSE et R&D (Afa, Corse-du-Sud)**
- Socopan, responsable QHSE (Afa, Corse-du-Sud)
- Panavi Groupe, responsable QHSE (Afa, Corse-du-Sud)

Le métier de Jean-Philippe

Témoignage complet

Que vous ont apporté vos études en IUT dans votre vie professionnelle ?

Elles m'ont permis d'acquérir des compétences de base dans le domaine de la qualité des produits de l'agroalimentaire, tout en éveillant en moi la recherche de l'excellence et l'envie de faire rayonner dans le monde entier le savoir-faire agroalimentaire français.

Pouvez-vous nous présenter les activités développées par votre entreprise ?

Le Groupe Gloria Maris développe des activités durables d'élevage de poissons en milieu marin. De nombreuses marques de qualité sont respectées, comme le Label rouge ou la certification Bio. Les différentes structures du groupe participent et développent également des projets de Recherche&Développement qui permettent, avec les chercheurs, de faire avancer les connaissances dans ce secteur d'activité afin de nourrir la planète, tout en évitant la surpêche.

Quelles sont vos tâches au quotidien ?

J'ai la chance de pouvoir partager mon quotidien entre mon bureau et les sorties en pleine mer dans la baie d'Ajaccio. Les tâches varient à chaque saison et en fonction des conditions météo. Vous ne pouvez pas être uniquement responsable Qualité : il faut aussi être un marin accompli, un gestionnaire, un environnementaliste, un politicien, un enseignant et un élève, car c'est un métier où l'on apprend en permanence.

Pourriez-vous nous présenter un projet sur lequel vous travaillez actuellement ?

Je travaille depuis trois ans sur un projet d'aquaculture multitrophique intégrée (AMTI), en coopération avec le centre de recherche de Stella Mare en Corse. C'est un concept développé au Canada depuis vingt ans qui consiste à recréer une chaîne alimentaire avec des espèces endémiques. Leur présence sous les installations principales de l'élevage permet de limiter encore plus les impacts sur l'environnement marin en recyclant naturellement les déchets liés à l'aquaculture (déjections, restes alimentaires).

L'employeur de Jean-Philippe

Gloria Maris GROUPE

- **Nom de l'entreprise :** Ferme marine des Sanguinaires Groupe Gloria Maris
- **Année de création :** 1992
- **Siège social :** Afa (Corse-du-Sud)
- **Pays d'implantation :** France, Italie, Maroc

Nombre de salariés : 180

Votre projet d'orientation

- Faites une recherche sur le type de formation dispensée dans un institut universitaire de technologie (IUT).
- Pensez-vous que le contenu et l'organisation de ces formations conviennent à votre projet d'orientation ?

→ Usha, ingénieure en sécurité industrielle

Fiche Métier

→ Ingénieure en sécurité industrielle

- **Niveau minimum d'accès :** BAC +5
- **Salaire d'un débutant :** 2 800 € net
- **Salaire en milieu de carrière :** 4 300 € net
- **Statut :** salarié, indépendant
- **Compétences requises :**

✓ rigueur technique ✓ polyvalence ✓ adaptabilité

PARCOURS D'ÉTUDES POSSIBLES

- Diplôme d'ingénieur chimiste
- Master (chimie, environnement, maîtrise des risques industriels)

CV EXPRESS

Usha, 35 ans, Boulogne-Billancourt (Hauts-de-Seine)

FORMATION

- Bac S (Curepipe, île Maurice)
- L2 Sciences de la matière (physique-chimie) option prépa concours, université de Toulouse
- École d'ingénieurs de chimie de Toulouse (ENSIACET)

Expériences professionnelles

→ **TechnipFMC (La Défense), ingénieure en sécurité industrielle**

→ TOTAL, Londres (Royaume-Uni), ingénieure en sécurité industrielle

→ INPEX, Londres/Houston/Geoje, ingénieure en sécurité industrielle

→ DORIS Engineering (Paris), ingénieure en sécurité industrielle

Le métier d'Usha

Témoignage complet

Pouvez-vous nous présenter votre parcours d'études ?

J'ai vécu à l'île Maurice jusqu'à mes 17 ans avant d'arriver en France grâce à une bourse d'études supérieures. J'ai passé une L2 Sciences de la matière avec option prépa concours à l'université de Toulouse. J'ai ensuite intégré une école de chimie sur concours. L'université m'a permis de gagner en autonomie et en rigueur. L'école d'ingénieurs m'a donné le bagage technique en sécurité industrielle.

Racontez-nous votre parcours professionnel.

J'ai créé ma société après mon licenciement pour motif économique, suite à la baisse d'activité liée à la chute du prix du pétrole de 2014-2016. Mon expérience de salariée-cadre en CDI pendant dix ans m'a permis d'acquérir des connaissances techniques et de me constituer un carnet d'adresses. Aujourd'hui, je facture mon expertise et mes conseils à des sociétés comme Total et Technip FMC.

En quoi consiste votre métier au quotidien ?

Je travaille sur la conception et la construction de plateformes offshore. Mon métier consiste à prévenir les fuites de gaz et de nappes d'hydrocarbures, ainsi que les risques d'incendie et d'explosion. Je mets en place tous les moyens permettant de limiter les dégâts et de mettre en sécurité les opérateurs en cas d'accident majeur.

Sur quels projets avez-vous travaillé récemment ?

Entre 2011 et 2016, j'ai travaillé sur une plateforme construite en Corée du Sud et installée au large de l'Australie où elle produit du gaz naturel depuis 2017. Actuellement, je travaille sur un projet de plateformes flottantes connectées à un site onshore dans l'Arctique russe.

En quoi la géographie est-elle utile dans votre métier ?

La climatologie et l'océanographie sont utiles pour la conception d'équipements devant résister à des conditions extrêmes (vagues, vent). Il s'agit aussi d'organiser le transport du matériel et le planning des chantiers. Par exemple, l'installation des plateformes dépend des contraintes climatiques (cyclones en Australie, fonte de la banquise en Russie) : le planning est millimétré car tout décalage dans le temps a des répercussions financières énormes ! Les données de géographie et de géologie sont aussi utilisées pour étudier les zones de forage.

L'employeur d'Usha (indépendante)

Nom de l'entreprise : The Wolf of O&G

Année de création : 2018

Siège social : Boulogne-Billancourt (92)

Nombre de salarié : 1

Votre projet d'orientation

- Faites une recherche sur la différence entre « prépa intégrée » et « CPGE ».
- L'une de ces deux formations vous conviendrait-elle ?

La vache qui rit
La vache qui rit
La vache qui rit
Géolocalisation
AFRIQUE
Antsirabé
MADAGASCAR

THÈME 2

Dynamiques territoriales, coopérations et tensions dans la mondialisation

La mondialisation renforce l'intégration des territoires à toutes les échelles. L'affirmation de nouvelles puissances et de nouveaux acteurs contribue au creusement des disparités et à l'inégale attractivité des territoires. Dans ce contexte concurrentiel, la mondialisation est facteur de coopérations, mais aussi de tensions.

Pourquoi la mondialisation est-elle source d'inégalités, de tensions, mais aussi de coopérations ?

Commerce informel à Antsirabé (Madagascar), 2016.
La Vache qui rit® est une marque appartenant au groupe agroalimentaire français Bel.

Pour entrer dans le thème

VU AU COLLÈGE ET AU LYCÉE

en 3e
- La France et l'Europe dans le monde

en 2de
- Développement et inégalités
- Des mobilités généralisées

en 1re
- La métropolisation : un processus mondial différencié
- Une diversification des espaces et des acteurs de production

Cours du collège et du lycée

Dynamiques territoriales, coopérations et tensions dans la mondialisation

A Vérifier ses repères géographiques

doc. 1 Les espaces productifs dans le monde

Carte interactive

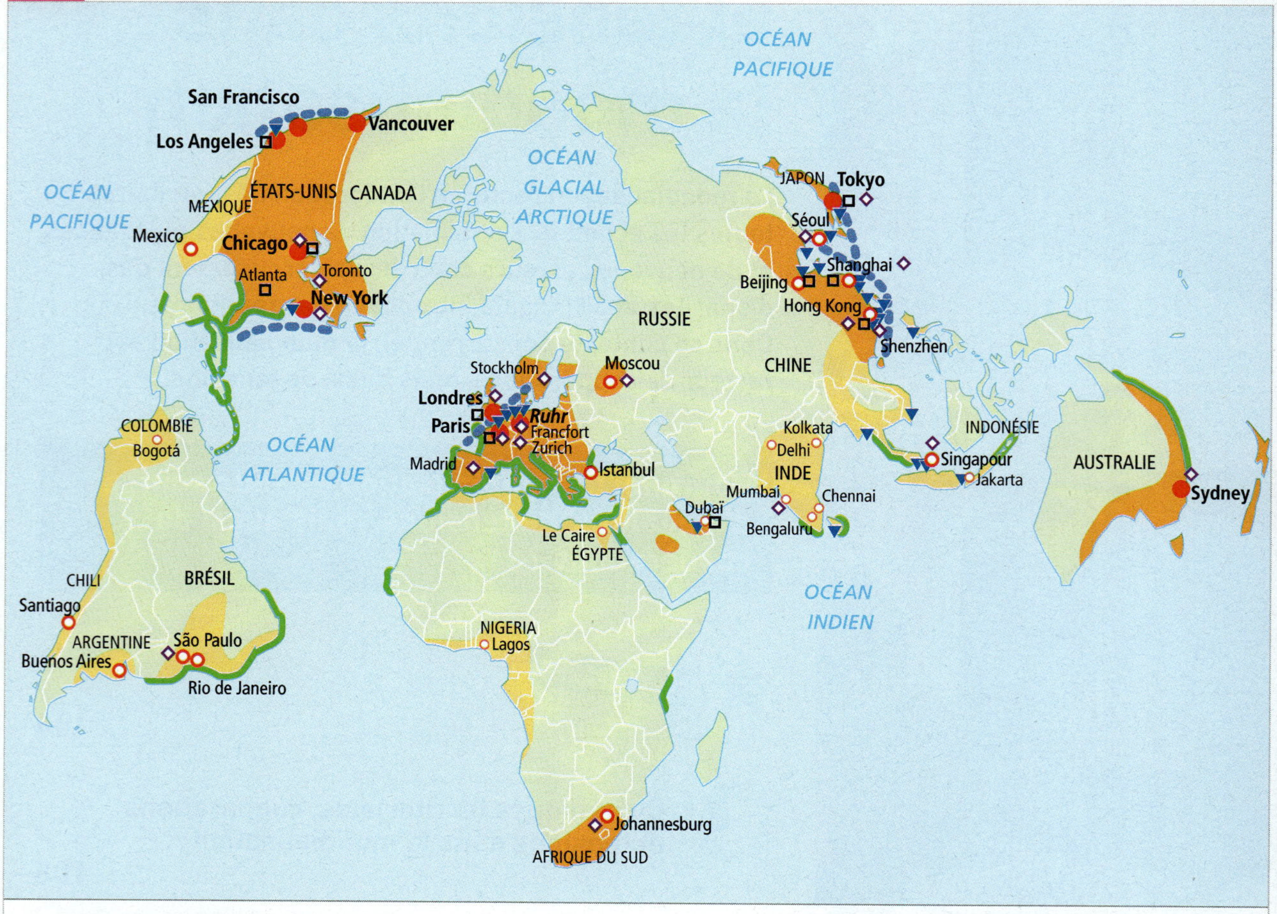

1. Des espaces productifs hiérarchisés

- Principaux espaces productifs mondialisés
- Espaces productifs émergents
- Espaces peu productifs
- Principales façades industrialo-portuaires
- Principaux littoraux touristiques
- Principaux ports

2. Un réseau métropolitain de production

- Métropoles productives mondiales
- Métropoles productives secondaires
- Métropoles productives émergentes
- Principales bourses mondiales
- Principaux aéroports internationaux

1 **doc. 1** Identifiez les régions du monde qui concentrent le plus grand nombre de métropoles productives.

2 **doc. 1** Localisez les principales façades industrialo-portuaires.

doc. 2 Les espaces productifs en France

Carte interactive

3 **doc. 2** Identifiez les espaces français dynamisés par le tourisme.

4 **doc. 2** Citez le principal pôle touristique mondial et trois exemples de sites majeurs qu'il concentre.

5 **doc. 2** Citez et localisez les principaux aéroports internationaux français.

6 **doc. 2** Citez les régions françaises bien connectées aux pays européens voisins par des axes de communication majeurs.

7 **doc. 3** Citez les régions du monde où le français est une langue nationale.

8 **doc. 3** Citez le continent où le nombre de pays ayant le français comme langue nationale est le plus important.

doc. 3 Les langues européennes dans le monde

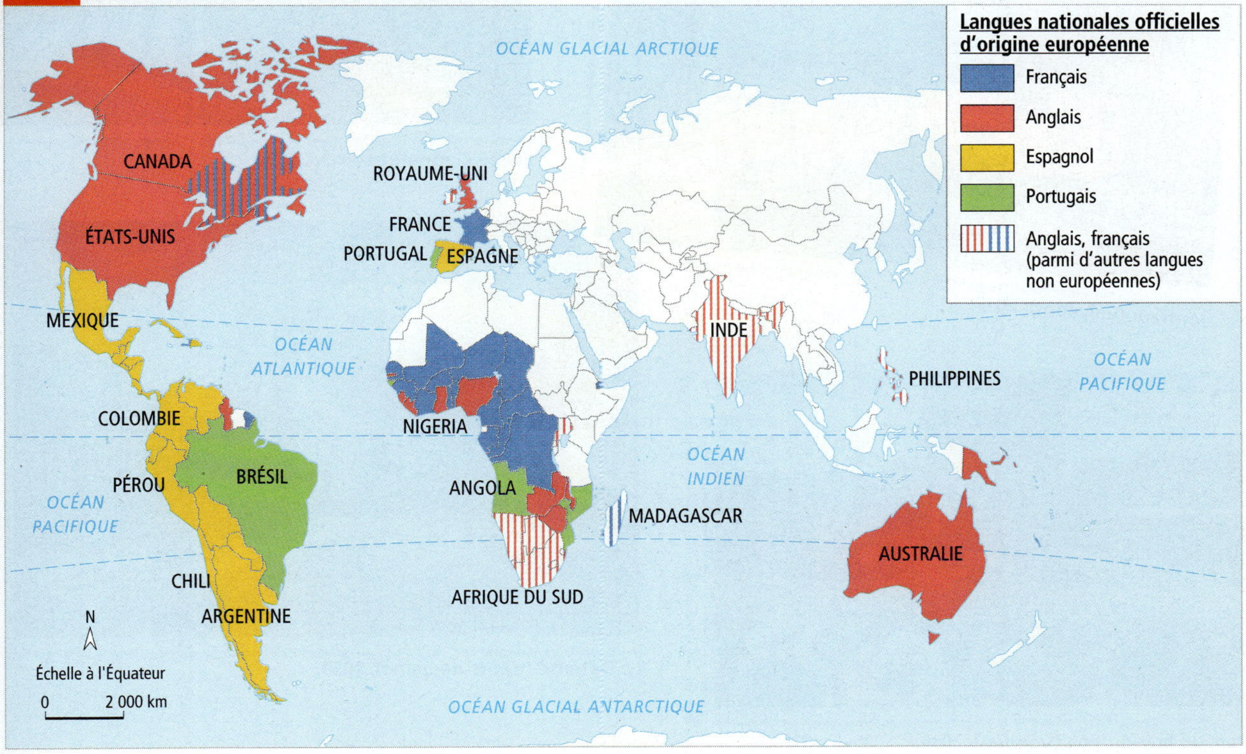

B Tester ses connaissances

9 Parmi ces pays, quelles sont les principales puissances émergentes ?

a Chine
b Brésil
c Canada
d Turquie
e Inde
f Afrique du Sud
g Russie
h Australie

10 Singapour :

a est une place financière mondiale.
b est l'un des premiers ports mondiaux.
c est une métropole mondiale située en Chine.
d a connu un « miracle économique » en quelques décennies.
e est un pays vaste et riche en ressources naturelles.

11 Parmi ces métropoles, lesquelles sont de rang mondial ?

a Paris
b Mumbai
c Londres
d New York
e Johannesburg
f Tokyo

12 Parmi ces propositions, lesquelles décrivent la situation du continent africain :

a A terminé sa transition démographique.
b A une population particulièrement jeune.
c A un IDH élevé.
d Est un espace peu productif et peu intégré dans la mondialisation.
e Ne compte aucune métropole de niveau mondial.
f Est un espace qui attire les investissements chinois.

13 Le nombre de touristes internationaux dans le monde en 2019 était de :

a 1,5 milliard
b 2,5 milliards
c 3,8 milliards

14 La France est la … puissance économique mondiale (PIB).

a 4e
b 7e
c 9e

15 Le français est la … langue la plus parlée au monde.

a 1re
b 3e
c 5e

16 Pour chacune des photographies suivantes, citez l'élément qui contribue à l'attractivité de la France.

Fuissé (Saône-et-Loire), 2019.

Honfleur (Calvados), 2019.

La Défense (Hauts-de-Seine), 2019.

Parc du Puy-du-Fou (Vendée), 2019.

C Mobiliser le vocabulaire et les notions

17 Reliez chaque mot à sa définition.

a. Métropole mondiale

b. Puissance émergente

c. Intégration régionale

d. Centre

e. Firme transnationale (FTN)

1. Puissance connaissant une croissance économique forte depuis les années 1990 et qui souhaite jouer un rôle à l'échelle mondiale face aux grandes puissances.

2. Processus qui consiste à rapprocher les nations entre elles pour supprimer les entraves à la liberté de circulation des biens, des services, des capitaux et des facteurs de production et favoriser les échanges.

3. Lieu de concentration d activités et de pouvoir de commandement.

4. Entreprise implantée dans de nombreux pays et qui réalise la majeure partie de son chiffre d'affaires en dehors de son pays d'origine.

5. Ensemble urbain dont la taille et le rôle de commandement économique, financier et culturel lui donnent une influence sur le reste du monde.

D Expliquer des situations géographiques ORAL

doc. 4 La Silicon Valley, un territoire innovant

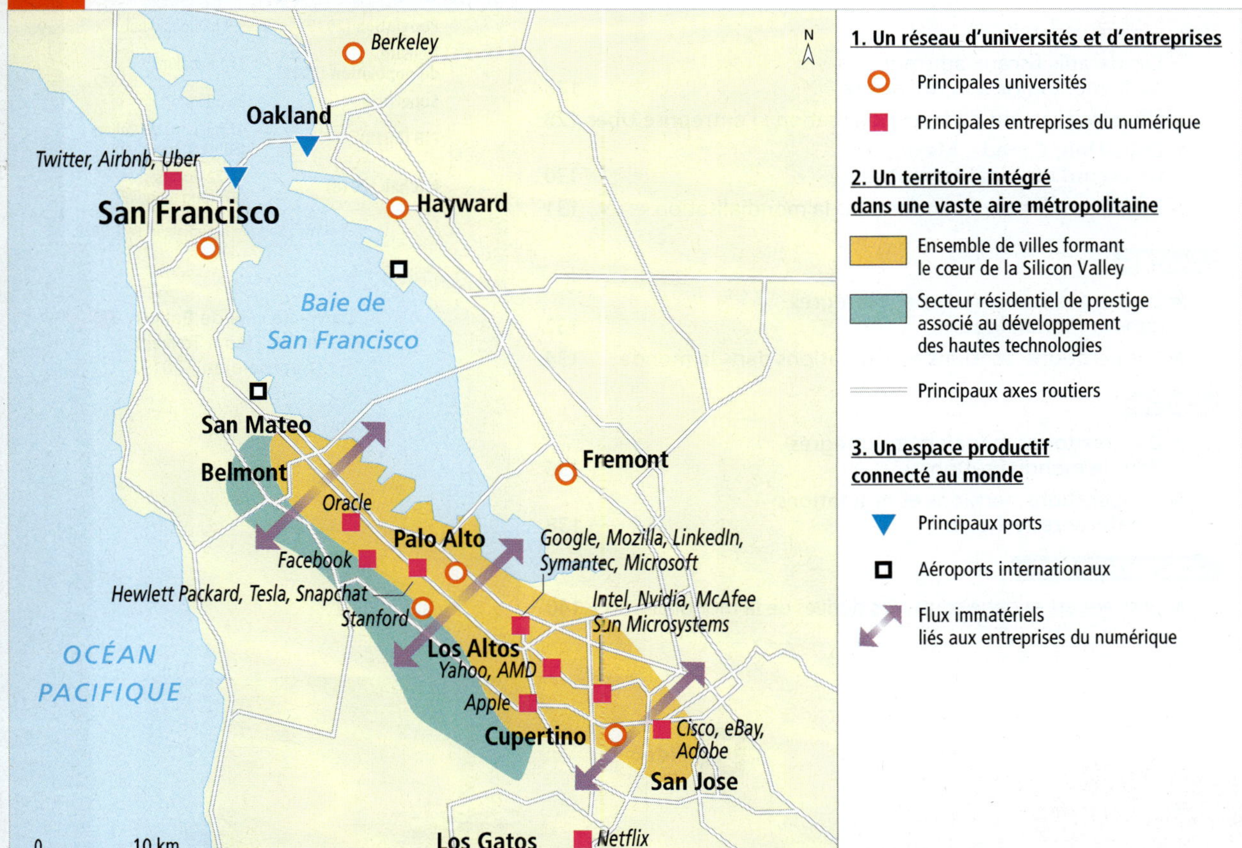

Source : D'après *Diplomatie*, n° 85, 2016.

18 En vous appuyant sur la légende de la carte, décrivez et expliquez en quelques phrases la situation géographique de la Silicon Valley.

THÈME 2

CHAPITRE 3 Dynamiques territoriales, coopérations et tensions dans la mondialisation

Comment la mondialisation recompose-t-elle les territoires ?

Quelle gouvernance la mondialisation implique-t-elle ?

Textes DYS
TOUS LES TEXTES EN VERSION DYS
lyceen.nathan.fr/geoterm-2020

SOMMAIRE

Zoom sur...

L'Azerbaïdjan

Population (2019)	9,9 millions d'hab.
Densité de population (2019)	114 hab./km²
Superficie	86 600 km²
PIB (2018)	47 milliards de dollars (86e rang mondial)
PIB/hab (2018)	4 722 dollars (97e rang mondial)

Source : Banque mondiale et FMI, 2020.

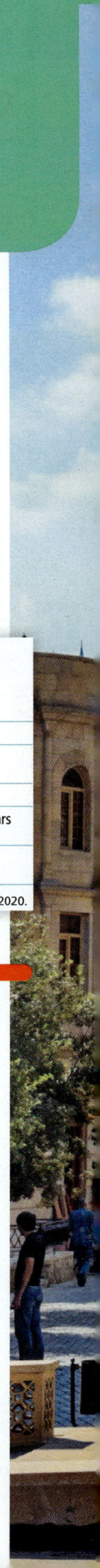

La vieille ville de Bakou et les Flame Towers (Azerbaïdjan), 2019.

Vidéo

Pour entrer dans le chapitre

« La nouvelle route du gaz »,
Avenue de L'Europe,
France 3, 21 novembre 2018.

Géolocalisation
RUSSIE
AZERBAÏDJAN

Étude de cas

Zoom sur…

Les îles de la Caraïbe (2018)

Population	43,4 millions d'hab.
Superficie	235 830 km²
États indépendants	13
Territoires non souverains	17

Les îles de la Caraïbe : entre ouverture mondiale et intégration régionale

Comment les îles de la Caraïbe s'intègrent-elles dans la mondialisation ?

A Des territoires inégalement intégrés dans la mondialisation

1 Les îles de la Caraïbe dans la mondialisation

Carte interactive

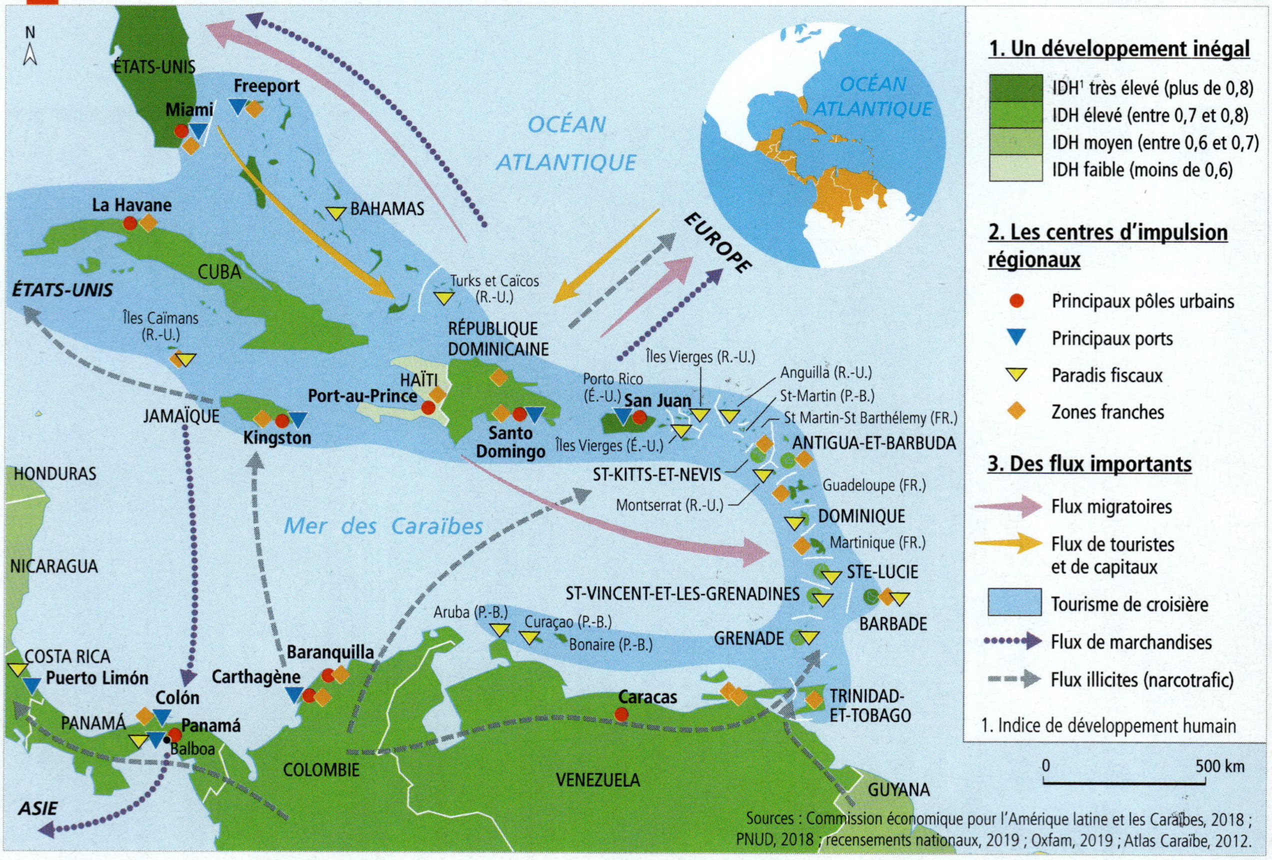

Sources : Commission économique pour l'Amérique latine et les Caraïbes, 2018 ; PNUD, 2018 ; recensements nationaux, 2019 ; Oxfam, 2019 ; Atlas Caraïbe, 2012.

Vocabulaire

- **Connectivité aérienne :** ensemble des connexions d'un territoire à d'autres territoires par voie aérienne.
- **Insularité :** ensemble des caractéristiques qui donnent à un territoire et à sa population les aspects typiques d'une île en fonction de son isolement et/ou de son éloignement.
- **Paradis fiscal :** territoire à la fiscalité avantageuse par rapport à d'autres pays (impôts inexistants ou réduits, législation empêchant l'échange d'informations avec les autres États, tolérance envers les sociétés écrans ayant une activité fictive).
- **Zone franche :** territoire dans lequel la législation économique nationale ne s'applique pas (droits de douane, fiscalité) et où les marchandises entrent et sortent librement.

2 Les 5 îles caribéennes les plus connectées

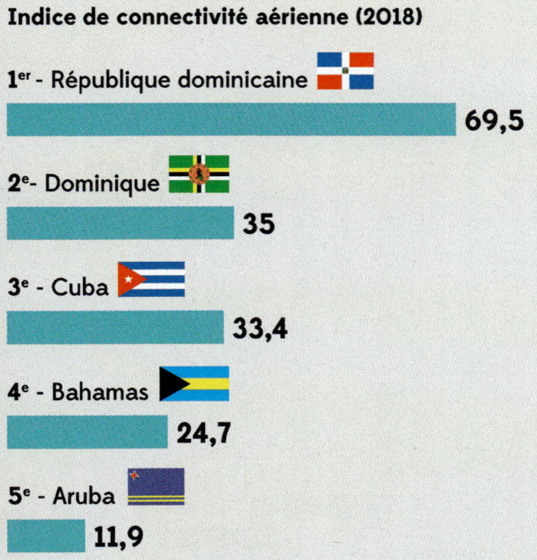

L'indice de connectivité aérienne mesure la qualité du réseau de transport aérien en prenant en compte le nombre de destinations, la fréquence hebdomadaire, le nombre de sièges par vol et la taille de l'aéroport de destination.

Source : Association internationale du transport aérien (IATA), 2018.

3 George Town (îles Caïmans) : une ville dans la mondialisation du tourisme

Les îles Caïmans sont l'un des plus importants paradis fiscaux de la planète. Photographie prise en 2017.

4 Un marché caribéen ouvert sur le monde

Parole de géographes

Les économies insulaires dépendent souvent de leur ancienne, ou actuelle, métropole qui poursuit ses échanges avec ses anciennes colonies, ou ses dépendances territoriales plus ou moins autonomes. Désormais, les territoires insulaires caribéens disposent d'une grande gamme de produits provenant de la planète entière. Les territoires insulaires caribéens ont tendance à s'affranchir de leur dépendance historique par rapport à l'Europe et aux États-Unis. Ils ont renforcé leurs liens avec le reste de l'Amérique, mais surtout avec le reste du monde. Leur ouverture au monde reste timide, mais réelle. Les territoires insulaires caribéens échangent peu avec l'Afrique et l'Océanie. La grande évolution concerne les échanges entre les territoires insulaires caribéens et l'Asie. La Chine prend ainsi peu à peu la place qu'occupaient l'Europe et les États-Unis.

La mondialisation, porteuse d'espoir pour les espaces insulaires, n'a pas été à la hauteur de ceux-ci. Les indicateurs commerciaux demeurent « catastrophiques » pour des territoires indépendants ou autonomes. Malgré les efforts effectués pour s'insérer dans les échanges internationaux de marchandises, leur état de dépendance ne s'est guère amélioré.

Jérôme Verny et Maxime Forriez, *Études caribéennes*, n° 43-44, août-décembre 2019.

Questions

Itinéraire 1

Répondre aux questions

1. **Identifiez** les territoires avec lesquels les îles de la Caraïbe entretiennent des relations commerciales. **doc. 1 et 4**
2. **Relevez** les atouts des États insulaires caribéens pour s'intégrer dans la mondialisation. **doc. 1 à 4**
3. **Expliquez** l'inégale intégration des territoires insulaires caribéens dans le monde. **doc. 1, 2 et 4**

Synthétiser

4. **Montrez** que les îles de la Caraïbe sont inégalement intégrées dans la mondialisation. **doc. 1 à 4**

ou

Itinéraire 2

Construire un argumentaire oral (1/2) ORAL

- Réalisez un exposé sur l'ouverture mondiale et l'intégration régionale des îles de la Caraïbe.
- Construisez votre propos selon le plan suivant :
  – une introduction précisant la localisation de la Caraïbe
  – une 1re partie sur l'inégale intégration dans la mondialisation des îles de la Caraïbe (**doc. 1 à 4**)
  – une 2e partie : voir p. 113

Étude de cas Les îles de la Caraïbe : entre ouverture mondiale et intégration régionale

B Une intégration régionale incomplète

5 Des îles entre coopération et intégration régionale

Carte interactive

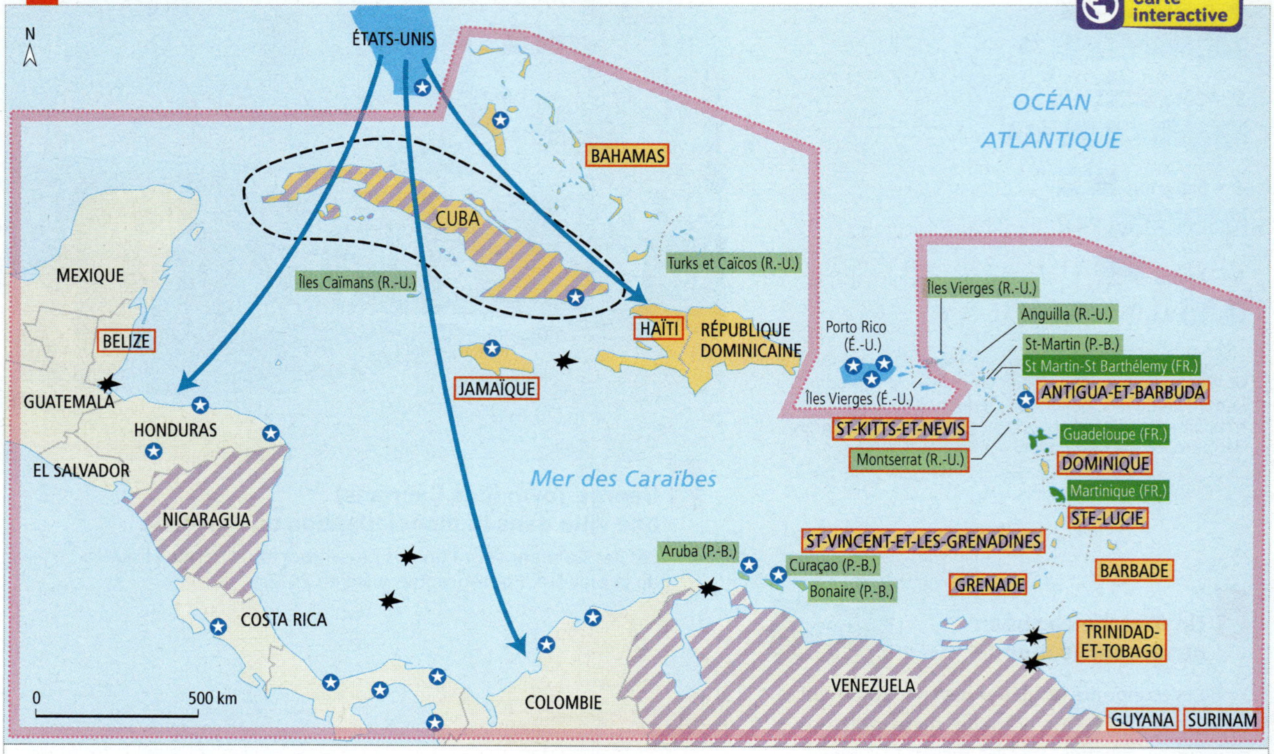

1. Une mosaïque de statuts politiques
- États insulaires indépendants
- Territoires insulaires non souverains
- Territoires insulaires français

2. Des relations régionales entre coopérations et tensions
- Association des États de la Caraïbe
- États membres de la CARICOM
- États membres de l'Alliance bolivarienne pour les Amériques
- Litiges liés à la délimitation des frontières maritimes

3. Une forte influence des États-Unis
- Territoires américains
- Bases militaires américaines
- Pays sous embargo américain
- Aide publique au développement

Sources : Association des États de la Caraïbe, CARICOM, ALBA, 2019 ; *Atlas Caraïbe*, 2012.

6 Une intégration commerciale régionale limitée

Destination des importations-exportations des 3 premières économies insulaires des Caraïbes

En % — Antilles, Amérique du Nord, Amérique latine, Union européenne, Asie, Autres

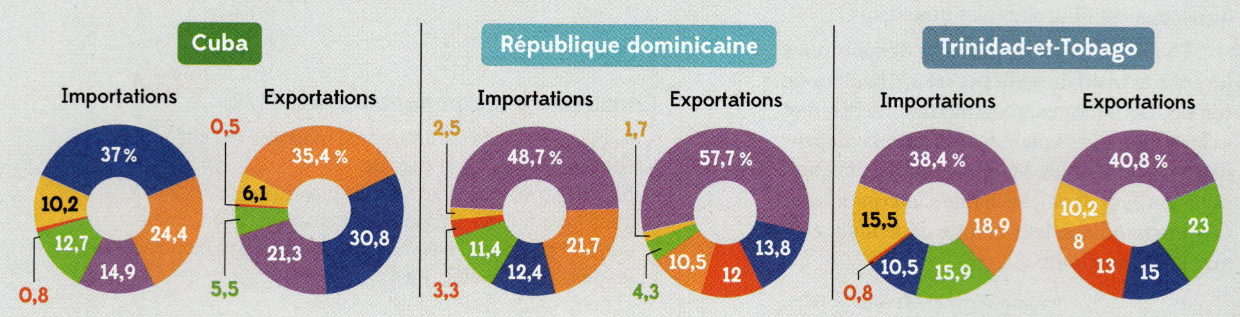

Source : Atlas of economic complexity, Université d'Harvard, 2019.

Vocabulaire

- **Alliance bolivarienne pour les Amériques :** organisation politique et économique d'inspiration socialiste, hostile à « l'impérialisme » des États-Unis.
- **Association des États de la Caraïbe :** organisation régionale favorisant la coordination des politiques économiques et environnementales.
- **CARICOM (Caribbean Community) :** zone de libre-échange.

7

CARIFESTA, un vecteur de coopération culturelle régionale

Le Caribbean Festival of Arts (CARIFESTA) est un événement multiculturel organisé périodiquement par les pays des Caraïbes.

Affiche de l'édition 2019.

Site du festival

8 Les limites de l'intégration régionale caribéenne

La Caraïbe est un ensemble de petites îles avec une organisation politique et administrative plurielle héritée de la décolonisation. Les pays de la Caraïbe mènent une politique active d'intégration en constituant des institutions régionales, pourtant ces pays ne semblent pas décoller économiquement.

La dépendance ancienne à l'Europe et aux États-Unis a contraint les micro-États de la Caraïbe à s'intégrer ou s'associer dans le cadre d'organes de coopération inter-étatiques. Cependant, la petite taille du marché Caraïbe, les intérêts nationaux ainsi que la similitude des structures de production et donc l'absence de complémentarité, renforcent la logique de concurrence entre les îles. L'exiguïté du territoire constitue un sévère handicap à l'intégration économique. De fait, la coopération commerciale intra-régionale est restreinte et ne constitue pas pour l'instant un réel facteur de développement économique.

La région Caraïbe a réalisé des progrès significatifs sur le plan de la réduction de la pauvreté et du développement social. Cependant, l'assise économique traditionnelle, qui repose fortement sur le tourisme et les exportations de bananes et de sucre, est fragile depuis la crise économique mondiale de 2009. La criminalité, l'instabilité et la violence constituent de graves problèmes, de même que les catastrophes naturelles à répétition.

Marie Marthe Bredas, « Institutions, démocratie et croissance dans la Caraïbe anglophone : idées préconçues et réalité », université des Antilles, CNRS, 2017.

Questions

Itinéraire 1

Répondre aux questions

5. **Relevez** les moyens mis en œuvre pour favoriser le développement et les échanges régionaux dans les îles de la Caraïbe. **doc. 5, 7 et 8**
6. **Analysez** les limites de l'intégration entre les îles de la Caraïbe et leurs raisons. **doc. 6 et 8**
7. **Expliquez** pourquoi l'influence des États-Unis sur la Caraïbe est à la fois un facteur d'intégration régionale et de tensions. **doc. 5, 6 et 8**

Synthétiser

8. **Montrez** que l'intégration régionale des îles de la Caraïbe est incomplète. **doc. 5 à 8**

ou

Itinéraire 2

Construire un argumentaire oral (2/2) ORAL

- Réalisez un exposé oral sur l'ouverture mondiale et l'intégration régionale des îles de la Caraïbe.
- Poursuivez votre propos selon le plan suivant :
  – introduction et 1re partie : voir p. 111
  – 2e partie sur l'intégration régionale et ses effets sur le développement de la Caraïbe insulaire. **doc. 5 à 8**

Croquis de l'étude de cas

▶ p. 122

THÈME 2
SE PRÉPARER
CHAPITRE 3
CHAPITRE 4
RÉVISER

Étude de cas

La Russie dans la mondialisation

Zoom sur…

▶ La Fédération de Russie (2018)

Population	144,48 millions d'hab. (9e rang mondial)
Superficie	17 125 191 km² (1er rang mondial)
PIB	1 657 milliards de dollars (11e rang mondial)

Source : Banque mondiale et FMI, 2019.

Quels sont les atouts de la Russie et les limites de son intégration dans la mondialisation ?

A Des territoires inégalement intégrés dans la mondialisation

1 Les territoires russes dans la mondialisation

Carte interactive

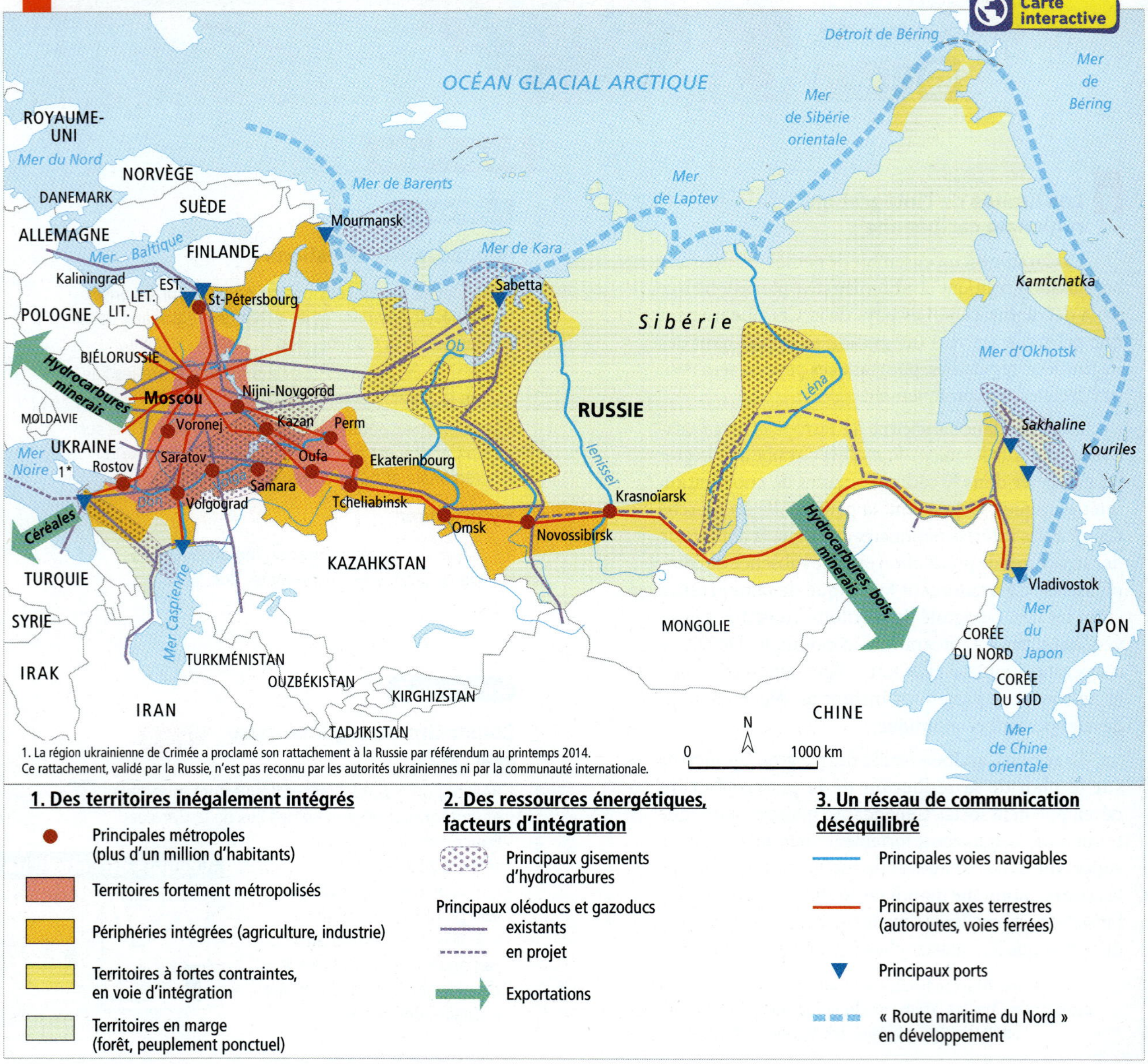

1. La région ukrainienne de Crimée a proclamé son rattachement à la Russie par référendum au printemps 2014. Ce rattachement, validé par la Russie, n'est pas reconnu par les autorités ukrainiennes ni par la communauté internationale.

1. Des territoires inégalement intégrés
- Principales métropoles (plus d'un million d'habitants)
- Territoires fortement métropolisés
- Périphéries intégrées (agriculture, industrie)
- Territoires à fortes contraintes, en voie d'intégration
- Territoires en marge (forêt, peuplement ponctuel)

2. Des ressources énergétiques, facteurs d'intégration
- Principaux gisements d'hydrocarbures
- Principaux oléoducs et gazoducs
  - existants
  - en projet
- Exportations

3. Un réseau de communication déséquilibré
- Principales voies navigables
- Principaux axes terrestres (autoroutes, voies ferrées)
- Principaux ports
- « Route maritime du Nord » en développement

2 La *skyline* de Moscou (2018)

① La rivière Moskova
② Murailles du Kremlin, siège du pouvoir politique depuis le XVe siècle
③ Ministère des Affaires étrangères (1953)
④ Quartier d'affaires de Moskva City (années 2000-2010)

Animation croquis

Vidéo
« Russie : Arctique, la nouvelle frontière », Arte, 2019.

3 Les inégalités du territoire russe

Parole de géographes

La Russie fait partie des pays au sein desquels les disparités entre les régions sont les plus importantes. L'économiste Natalia Zoubarevitch classe les régions en quatre catégories : 1. la nouvelle et l'ancienne capitales, Moscou et Saint-Pétersbourg ; 2. les villes d'extraction de matières premières, les treize autres villes millionnaires en habitants et quelques capitales provinciales attractives ; 3. les régions intermédiaires qui peuvent posséder aujourd'hui encore une industrie locale ; 4. le reste du territoire, pour l'essentiel le nord du pays et la Sibérie, peuplés de villages qui cumulent une faiblesse des réseaux de transport, une population vieillissante et, faute notamment de main-d'œuvre et d'investisseurs, ne possèdent quasiment aucune activité productive.

L'immensité du territoire ainsi que les conditions climatiques et la localisation des ressources en matières premières sont des éléments déterminants pour expliquer les contrastes interrégionaux de développement. […] Les politiques de développement actuellement menées renforcent le morcellement du territoire et polarisent l'activité économique dans un nombre réduit de régions érigées en vitrines russes de la modernité.

Kevin Limonier, maître de conférences à l'Institut français de géopolitique et Vladimir Pawlotsky, doctorant à l'Institut français de géopolitique, « La Russie, une puissance en renouveau », *Documentation photographique*, La Documentation française, novembre-décembre 2018.

Questions

Itinéraire 1

Répondre aux questions

1. **Relevez** des éléments de l'intégration de la Russie dans la mondialisation. **doc. 1 à 3**
2. **Décrivez** les inégalités territoriales qui caractérisent la Russie. **doc. 1 et 3**
3. **Identifiez** les facteurs de ces inégalités territoriales. **doc. 1 et 3**

Synthétiser

4. **Montrez** l'inégale intégration de la Russie dans la mondialisation. **doc. 1 à 3**

ou

Itinéraire 2

Utiliser un tableau pour préparer un exposé

- À l'aide des documents 1 à 3, commencez à compléter le tableau suivant.

	Doc. 1	…
Des territoires inégalement intégrés à la mondialisation		
Un territoire entre coopérations et tensions	Voir p. 117	

B Un territoire entre tensions et coopérations internationales

4 Une crédibilité internationale retrouvée

Parole de géopoliticienne

Guerre éclair en Géorgie (2008), annexion de la Crimée (2014), opérations militaires en Syrie, multitude d'exercices de toutes envergures sur le territoire de la Fédération de Russie comme en coopération avec des partenaires étrangers : depuis dix ans, l'armée russe fait un retour remarqué sur la scène internationale. Le président Poutine[1] s'attache à restaurer la crédibilité de la puissance militaire russe, ce qu'il voit comme une condition du prestige de la Russie sur la scène internationale.

La majeure partie des forces russes déployées à l'étranger est concentrée dans son voisinage immédiat (l'ex-URSS). Les manifestations régulières de sa puissance militaire sur la scène internationale (Marine russe en Méditerranée, manœuvres annuelles avec la Marine chinoise depuis 2012, nouvelles installations militaires dans le Grand Nord), ont contribué à rehausser la visibilité internationale de la Russie.

Sur le « front Ouest », le dispositif militaire russe à la frontière russo-ukrainienne connaît un renforcement considérable depuis 2015. Au sud, la Russie s'est attachée à consolider ses partenariats avec les républiques d'Asie centrale, en particulier au sein de l'Organisation du traité de sécurité collective, et à resserrer sa concertation régionale avec la Chine, qui en 2018 participait pour la première fois aux exercices stratégiques russes Vostok, dans la partie orientale de la Fédération de Russie.

Isabelle Facon, spécialiste des politiques de sécurité et de défense russes, « La puissance militaire russe » *in* Bruno Tertrais (dir.), *Atlas militaire et stratégique*, Autrement, 2019.

1. Vladimir Poutine, président de la Fédération de Russie en 2019.

5 Le poids des hydrocarbures dans la diplomatie russe

La Fédération de Russie est un acteur de taille dans le secteur énergétique par ses réserves, sa production et sa propre consommation. En 2016, le pays détenait respectivement 6,4 %, 17,3 % et 14,1 % des réserves mondiales prouvées de pétrole, gaz naturel et charbon. [...] au cours du premier semestre de 2016, le complexe énergétique russe, qui comprend l'industrie pétro-gazière, électrique, et charbonnière, représentait 25 % du PIB, 57 % des exportations et 3,6 % de l'emploi total en Russie. [...]

À l'échelle nationale, les revenus de la vente du pétrole ont essentiellement une fonction de stabilisation. Ils permettent de maintenir le pays à flot. [...]

À l'échelle internationale, l'énergie fait partie intégrante de la diplomatie russe. [...]. La croissance économique russe, qui a largement profité de la hausse des prix du pétrole entre 2000 et 2014, a permis au pays de se réaffirmer comme une grande puissance. [...] Depuis 2015, la part du pétrole et du gaz dans le budget de l'État a légèrement diminué [...] – une conséquence directe de la baisse du prix du baril. [...] Cela reflète les faiblesses structurelles de l'économie russe, qui tendent à s'exacerber en période de baisse des prix du pétrole et de détérioration générale des performances économiques.

Aurélie Bros, « Ressources énergétiques : le trésor de la Russie », *Les Grands Dossiers de Diplomatie*, n° 40, août-septembre 2017.

6 La Russie dans la géopolitique mondiale

Une de *Questions internationales*, La Documentation française, n° 101, janvier-février 2020.

7 La Russie, entre coopérations et tensions

Carte interactive

1. Des stratégies de coopération internationale

- Communauté des États indépendants (CEI[2])
- Litiges territoriaux réglés
- Limites de l'ex-URSS

2. Le persistance de tensions territoriales

- Conflits et litiges territoriaux internationaux
- Tensions internes
- Territoires étrangers à forte proportion de russophones
- Espaces maritimes revendiqués par la Russie

3. Des luttes d'influence entre héritages et renouveau

- Pays membres de l'Organisation du traité de l'Atlantique Nord (OTAN)
- Organisation pour la démocratie et le développement (GUAM)
- Principales bases militaires russes
- Sanctions économiques à l'encontre de la Russie
- Cyberattaques attribuées à la Russie

1. La région ukrainienne de Crimée a proclamé son rattachement à la Russie par référendum au printemps 2014. Ce rattachement, validé par la Russie, n'est pas reconnu par les autorités ukrainiennes ni par la communauté internationale.
2. La CEI est une structure créée en 1991, après la chute de l'URSS, et composée de 10 des 15 anciennes républiques soviétiques.

Sources : « Géopolitique de la Russie », *Hérodote*, n° 166-167, 2017 ; Jean Radvanyi, Marlène Laruelle, *Russie : entre peurs et défis*, Armand Colin, 2016 ; Pascal Marchand, *Atlas géopolitique de la Russie*, Autrement, 2016.

Questions

Croquis de l'étude de cas

▶ p. 123

Itinéraire 1

Répondre aux questions

5 **Analysez** le titre de cette une de presse. **doc. 6**

6 **Identifiez** les États rivaux de la Russie et la nature des tensions qu'ils entretiennent avec elle. **doc. 4 et 7**

7 **Relevez** les différentes formes de coopérations entre la Russie et les autres États. **doc. 4, 5 et 7**

Synthétiser

8 **Montrez** que l'insertion de la Russie dans la mondialisation est facteur de tensions et de coopérations. **doc. 4 à 7**

ou

Itinéraire 2

Utiliser un tableau pour préparer un exposé

ORAL

- À l'aide des documents 4 à 7, continuez de compléter le tableau commencé p. 115.

	Doc. 4	…
Des territoires inégalement intégrés à la mondialisation	Voir p. 115	
Un territoire entre tensions et coopérations		

- Utilisez-le pour préparer le texte d'un exposé oral.

THÈME 2
SE PRÉPARER
CHAPITRE 3
CHAPITRE 4
RÉVISER

Les corridors de développement en Amérique latine

Zoom sur…

▶ L'Amérique latine

Population (2018)	620 millions d'habitants
Superficie	20 millions de km²
Densité de population	31 hab./km²

Comment les corridors de développement permettent-ils à l'Amérique latine de s'intégrer dans la mondialisation ?

Vocabulaire

- **Corridor de développement :** projet d'intégration régionale reposant sur l'aménagement d'axes de transports (route, rail, voie navigable, port) visant à interconnecter des territoires.
- **Marché commun du Sud ou MERCOSUR** (*Mercado Común del Sur* en espagnol ; *Mercosul* en portugais) : alliance économique des pays d'Amérique du Sud créée en 1991.

1 Les corridors de développement en Amérique latine

Carte interactive

Sources des données : IIRSA/COSIPLAN, 2019 ; Commission économique pour l'Amérique latine et les Caraïbes, 2018.

2 Un regard critique sur les corridors de développement

La « Coalición regional » regroupe des ONG du Brésil, Pérou, Colombie, Équateur et Bolivie défendant la démocratie participative dans la prise de décision en matière d'intégration régionale.

Source : « Coalición regional ».

3 La route du col de la Cumbre côté chilien

Cette route permet de franchir les Andes *via* un col situé à 3 832 mètres d'altitude. Un tunnel a été aménagé en 1980 sur l'axe qui relie Mendoza (Argentine) à Santiago (Chili).

4 Les corridors bi-océaniques en Amérique du Sud

Paroles de géographes

Les enjeux […] latino-américains sont ceux de la construction de façades littorales, ce qui suppose l'existence de ports efficients et d'arrière-pays à la hauteur des enjeux. […] La façade atlantique y tient le haut du pavé pour des raisons historiques mais, dès la signature des accords […] établissant le Mercosur en 1991, il avait été décidé de réaliser 36 passages transandins, dont les principaux deviendraient des corridors bi-océaniques. […] Le Chili entend ainsi incarner un pays port : les exportations de matières premières passeraient par ses ports et les importations asiatiques feraient le chemin inverse, plutôt que de passer par Panamá, par le cap Horn […]. Ceci suppose de vaincre des distances considérables sur le continent sud-américain, a priori par la route, et de pouvoir traverser les Andes. Entre Santiago du Chili et Buenos Aires (1 500 km), la route du col de la Cumbre (3 832 m) […] n'est praticable qu'en été […] ; il existe un projet de tunnel de base, ferroviaire, long de 52,6 km à 2 440 m d'altitude. […]

Les viticulteurs chiliens et argentins, les exploitants des mines des Andes attendent beaucoup de leur désenclavement. La croissance de l'économie péruvienne est tirée depuis deux décennies par les exportations de produits minéraux vers la Chine.

Nassima Kacimi Zeggaï, spécialiste en aménagement du territoire et Raymond Woessner, spécialiste des transports, *Les Littoraux dans le monde*, Atlande, 2018.

Questions

Itinéraire 1

Répondre aux questions

1. **Identifiez** les objectifs de l'aménagement de corridors de développement en Amérique latine. **doc. 1 et 4**
2. **Analysez** les obstacles à l'intégration régionale en Amérique latine. **doc. 1 à 4**
3. **Montrez** que l'aménagement de corridors de développement en Amérique latine suscite des oppositions. **doc. 2**

Synthétiser

4. **Expliquez** comment les corridors de développement permettent à l'Amérique latine de s'intégrer à la mondialisation des échanges. **doc. 1 à 4**

ou

Itinéraire 2

Travailler l'oral ORAL

- Préparez une présentation orale de 5 minutes pour répondre à la problématique puis enregistrez-vous.
- Écoutez votre prestation pour évaluer sa qualité. Repérez les tics de langage, les signes d'hésitation, un rythme trop rapide ou trop lent… Enregistrez-vous de nouveau en étant attentif aux éléments à modifier.

Croquis de l'étude de cas

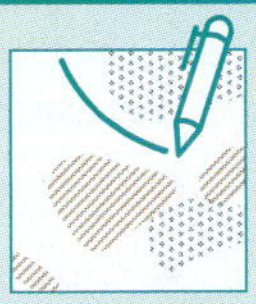

▶ p. 124

THÈME 2
SE PRÉPARER
CHAPITRE 3
CHAPITRE 4
RÉVISER

Zoom sur…

▶ **L'Asie du Sud-Est (2018)**

Population	655 millions d'hab.
Superficie	4,5 millions de km²
PIB	2 971 milliards de dollars

Source : Banque mondiale, 2019.

L'Asie du Sud-Est : inégalités d'intégration et enjeux de coopération

➔ **À quels défis l'Asie du Sud-Est est-elle confrontée dans la mondialisation ?**

1 L'Asie du Sud-Est dans la mondialisation

Carte interactive

Source : d'après Hugues Tertrais, *Atlas de l'Asie du Sud-Est*, Autrement, 2014.

1. Les espaces moteurs
- Principales métropoles
- Autres villes
- Principaux ports
- Principaux pôles touristiques

2. Des périphéries inégalement intégrées à la mondialisation
- Périphéries intégrées à la mondialisation
- Périphéries en marge de la mondialisation
- Fronts pionniers (déforestation)

3. Des dynamiques d'intégration contrastées
- Principales routes maritimes
- Flux migratoires
- Zone de libre-échange de l'ASEAN
- Zones de tension

2 L'ASEAN[1] dans la mondialisation

Part de la population mondiale : 8,6 %

Part du PIB mondial : 2,3 %

Part du commerce mondial : 8 %

Taux de croissance annuel moyen entre 2011 et 2018 : 5,1 %

1. **Pays formant l'ASEAN** (Association des nations de l'Asie du Sud-Est) :

Brunei, Birmanie, Cambodge, Indonésie, Laos, Malaisie, Philippines, Singapour, Thaïlande, Vietnam

Source : Banque mondiale, 2019.

Vidéo

3 Vue aérienne de Manille (Philippines)

Photographie prise en 2019.

Animation croquis

4 Les limites de la coopération régionale

Parole de géographes

Pour améliorer la connectivité maritime en Asie du Sud-Est, l'ASEAN[1] propose de désigner et soutenir financièrement des « ports prioritaires » dont le rôle serait de centraliser les flux. [...] L'accord a finalement retenu 47 ports, rendant ainsi la mesure totalement inapplicable. [...]

Ces difficultés tiennent au désir d'un bon nombre de gouvernements de privilégier l'amélioration d'une connectivité interne ou même hors région à celle d'une connectivité intrarégionale. [...] Les initiatives régionales se regroupent en trois grands types [...]. Les initiatives de coopération militaire se concentrent sur la piraterie et le terrorisme (coopération mise en place entre les pays riverains du détroit de Malacca). [...] Les initiatives pour l'exploitation commune des ressources naturelles prennent essentiellement la forme de Zone Commune de Développement qui permet[ent] aux États côtiers d'explorer et d'exploiter en commun des ressources maritimes. [...]

Les initiatives pour la protection de l'environnement sont à la fois plus variées et impliquent un plus grand nombre d'acteurs [...]. Le grand écosystème marin de Sulu-Sulawesi a été classé comme une écorégion marine prioritaire. Il fait coopérer l'Indonésie, la Malaisie et les Philippines.

Nathalie Fau, spécialiste de l'Indonésie et Benoît de Tréglodé, spécialiste du Vietnam, *Mers d'Asie du Sud-Est. Coopérations, intégrations et sécurité*, CNRS Éditions, 2018.

1. ASEAN : créée en 1967, l'Association des nations de l'Asie du Sud-Est regroupe 10 pays ayant pour objectifs de renforcer la coopération politique, économique et culturelle entre eux.

Questions

Itinéraire 1

Répondre aux questions

1. **Décrivez** les inégalités d'intégration des territoires de l'Asie du Sud-Est à différentes échelles. **doc. 1 à 4**
2. **Analysez** les facteurs de l'inégale intégration de l'Asie du Sud-Est dans la mondialisation. **doc. 1 et 3**
3. **Relevez** les logiques de coopération, mais aussi les tensions qui existent en Asie du Sud-Est. **doc. 1 et 4**

Synthétiser

4. **Montrez** que l'Asie du Sud-Est dans la mondialisation est confrontée à des défis d'inégalités territoriales et de coopérations parfois sources de tensions. **doc. 1 à 4**

ou

Itinéraire 2

Réaliser un dossier d'actualité

- Effectuez des recherches sur l'Asie du Sud-Est en vous aidant des documents 1 à 4.
- Vous pouvez suivre le plan suivant pour constituer votre dossier :
  1. Des espaces moteurs fortement intégrés à la mondialisation (**doc. 1, 2 et 4**)
  2. Des périphéries inégalement intégrées à la mondialisation (**doc. 1 à 3**)
  3. Un espace entre coopérations et tensions (**doc. 1 et 4**)

Croquis de l'étude de cas

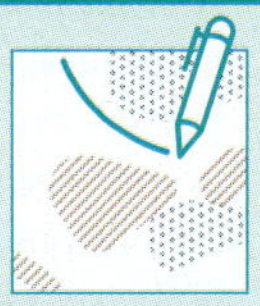

▶ p. 125

▶ Voir p. 110-113

Les îles de la Caraïbe

Les îles de la Caraïbe : entre ouverture mondiale et intégration régionale

Les îles de la Caraïbe sont ouvertes sur l'espace mondial. Les territoires insulaires les mieux intégrés à la mondialisation bénéficient de la présence de pôles urbains majeurs (Santo Domingo, San Juan, La Havane) et/ou de ports (Freeport, Kingston). Néanmoins, les principales métropoles caraïbes (Miami, Panamá, Carthagène) et les ports les plus actifs (Miami, Colón, Balboa) sont plutôt localisés sur les littoraux des États-Unis et d'Amérique latine. Ces centres d'impulsion polarisent les flux migratoires vers l'Amérique du Nord et l'Europe. Parallèlement, les pays développés sont des foyers émetteurs de touristes vers Cuba, la République dominicaine, Porto Rico et les Petites Antilles. La proximité du canal de Panamá fait de la Caraïbe une importante zone d'échanges de marchandises.

Cependant, les îles de la Caraïbe sont inégalement ouvertes au monde, ce qui alimente les inégalités régionales. Les Petites et les Grandes Antilles, tout comme la plupart des pays riverains de la mer des Caraïbes, bénéficient de niveaux de développement élevés à très élevés, à l'exception de Haïti qui souffre d'un IDH faible. La plupart des pays d'Amérique centrale (Guatemala, Honduras, Nicaragua, Salvador), de même que le Guyana, occupent une situation intermédiaire.

L'intégration régionale repose sur différentes formes de coopérations, tout en se heurtant à certaines tensions. L'Association des États de la Caraïbe vise à harmoniser les politiques économiques et environnementales dans la région : elle regroupe l'ensemble des îles des Antilles ainsi que les pays latino-américains riverains de la Caraïbe. La zone de libre-échange de la CARICOM, qui favorise l'intégration commerciale régionale, rassemble surtout d'anciennes colonies britanniques, mais aussi Haïti. Néanmoins, l'influence des États-Unis, matérialisée par la présence de nombreuses bases militaires, s'avère source de tensions. Les États membres de l'Alliance bolivarienne pour les Amériques, menés par Cuba et le Venezuela, dénoncent l'impérialisme de leur puissant voisin.

Objectif BAC

Consigne : En vous aidant du texte ci-contre, de la légende ci-dessous et en vous appuyant sur vos connaissances, complétez le croquis de synthèse.

Aide pour répondre à la consigne :
- Assurez-vous que chaque figuré de la légende soit présent dans votre croquis.
- Indiquez les lieux en vous aidant des cartes p. 110 et p. 112 et hiérarchisez la nomenclature (voir « guide carto » p. 282-283).
- N'oubliez pas d'indiquer : un titre, une échelle et une orientation.

Fond de carte différencié

Titre : ____________________________________

1. Des territoires insulaires ouverts sur le monde
- Principaux pôles urbains
- Principaux ports
- Flux migratoires
- Flux touristiques
- Flux de marchandises

2. Une ouverture mondiale contrastée, facteur d'inégalités
- IDH élevé à très élevé
- IDH moyen
- IDH faible

3. Une intégration régionale entre coopérations et tensions
- Association des États de la Caraïbe
- CUBA États membres de la CARICOM
- GRENADE États membres de l'Alliance bolivarienne pour les Amériques
- Bases militaires américaines

▶ Voir p. 114-117

La Russie

La Russie dans la mondialisation

Les territoires russes sont inégalement intégrés à la mondialisation. Largement polarisé par Moscou, le triangle Saint-Pétersbourg-Rostov-Ekaterinbourg, concentre les pôles les mieux insérés dans la mondialisation : c'est le cœur de la puissance russe. Certaines régions périphériques sont aussi intégrées à l'espace mondial grâce à leurs interfaces terrestres (avec l'Europe), maritimes (mer de Barents, mer Caspienne, mer Noire) ou à une bonne connexion avec le cœur de la puissance russe (axe Ekaterinbourg-Krasnoïarsk). Une grande partie du Caucase et de la Sibérie reste en marge de la mondialisation mais certains de ces espaces à fortes contraintes sont en voie d'intégration (Extrême-Orient russe, axe transsibérien entre Krasnoïarsk et Vladivostok, partie occidentale de l'Arctique russe).

Les dynamiques d'intégration de la Russie s'expliquent par différents facteurs. L'exploitation des gisements d'hydrocarbures contribue à l'insertion des territoires dans la mondialisation. Le développement des ports vient renforcer l'ouverture des territoires sur le monde, notamment de la façade arctique à l'Extrême-Orient russe suite à l'ouverture de la « Route maritime du Nord ». Les hydrocarbures (mais aussi les produits agricoles, le bois et les minerais) alimentent les exportations de la Russie, notamment vers l'Europe, le Moyen-Orient et la Chine.

L'insertion de la Russie dans la mondialisation reste néanmoins marquée par des relations internationales qui oscillent entre coopérations et tensions. La puissance militaire du pays repose notamment sur des bases militaires situées au sein des territoires russes les plus stratégiques (ports), mais aussi dans des pays alliés issus du démantèlement de l'URSS (Belarus, Moldavie, Arménie, Asie centrale), ainsi qu'en Syrie. Parallèlement, le pays fait face à des conflits territoriaux sur son propre sol (Caucase) tout en étant impliqué dans différents conflits internationaux (Crimée, Donbass, Transnistrie, Géorgie…). Outre ces conflits ouverts, les tensions diplomatiques sont récurrentes avec l'Union européenne, les États-Unis et le Japon.

Objectif BAC

Consigne : En vous aidant du texte ci-contre et en vous appuyant sur vos connaissances, complétez le croquis de synthèse et la légende.

Aide pour répondre à la consigne :
- Sélectionnez au brouillon les informations du texte à cartographier.
- Repérez les figurés utilisés sur le croquis et mettez-les en relation avec ces informations.
- Soignez la présentation graphique des figurés dans la légende.

Fond de carte différencié

1. Une inégale ____________________

● ____________________

Espaces fortement métropolisés, cœur de la puissance russe

Périphéries intégrées

Espaces à fortes contraintes, en voie d'intégration

Territoires en marge

2. De nouvelles dynamiques d'intégration

(hachures) ____________________

▼ ____________________

« Route maritime du Nord » en développement

(flèche) Exportations

3. ____________________

Principales bases militaires russes

(étoile) ____________________

Tensions diplomatiques

THÈME 2
SE PRÉPARER
CHAPITRE 3
CHAPITRE 4
RÉVISER

▶ Voir p. 118-119

Les corridors de développement en Amérique latine

Les corridors de développement en Amérique latine

L'Amérique latine témoigne d'une inégale intégration dans la mondialisation. Les territoires les mieux insérés dans l'économie mondialisée sont les principales métropoles, les régions agroexportatrices (Brésil, Argentine, littoraux caraïbes) et les territoires riches en minerais ou en hydrocarbures (Mexique, Brésil, Andes). Néanmoins, d'immenses espaces demeurent enclavés notamment dans l'intérieur du continent (Amazonie, Patagonie, Guyanes).

Différents aménagements ambitionnent de favoriser le développement et le désenclavement du sous-continent. Certains corridors de développement s'organisent sous la forme d'axes bi-océaniques reliant les littoraux atlantique et pacifique, tout en connectant mieux les ports avec leurs arrière-pays respectifs. D'autres corridors de développement visent à désenclaver les Andes et l'Amérique centrale. Le canal de Panamá, aux débouchés duquel se situent les ports de Balboa et Colón, constitue aussi un facteur d'intégration dans la mondialisation. Un projet concurrent de canal est à l'étude au Nicaragua. L'objectif de ces différents aménagements est de renforcer l'insertion de l'Amérique latine dans la mondialisation en favorisant les échanges commerciaux avec l'Amérique du Nord, l'Union européenne et la Chine.

De nombreuses organisations ont été créées pour renforcer l'intégration régionale. Héritier de l'ALENA, l'ACEUM place le Mexique dans l'aire d'influence des États-Unis tandis que le MERCOSUR renforce le poids du Brésil sur ses voisins du Cône Sud (Uruguay, Paraguay, Argentine). La Communauté andine et l'Association des États de la Caraïbe sont des organisations régionales présentant un niveau d'intégration moins avancé.

Objectif BAC

Consigne : En vous aidant du texte ci-dessus et en vous appuyant sur vos connaissances, réalisez la légende correspondant au croquis de synthèse ci-contre.

Aide pour répondre à la consigne :

- Identifiez au brouillon les informations du texte cartographiées sur le croquis.
- Regroupez ces éléments et hiérarchisez-les pour organiser la légende en deux ou trois parties.
- Donnez un titre à chacune des parties de la légende.
- Soignez la présentation des figurés dans la légende.

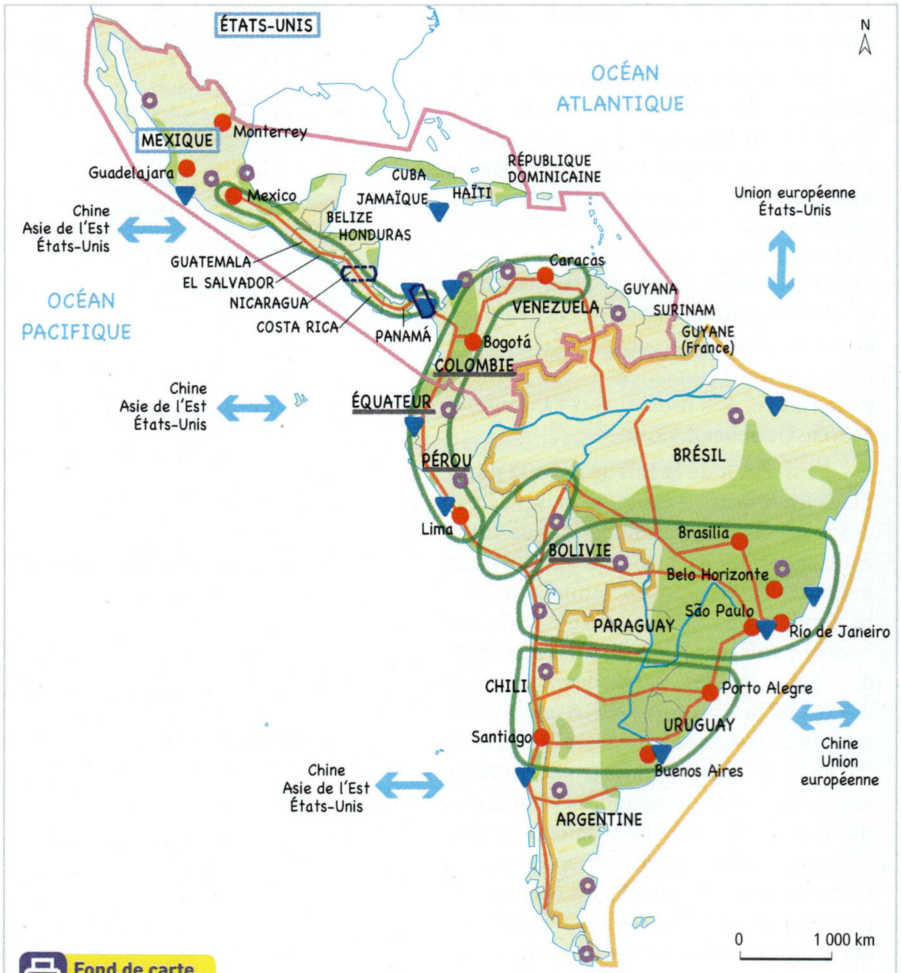

Fond de carte différencié

▶ Voir p. 120-121

L'Asie du Sud-Est

Objectif BAC

Consigne : En vous aidant du texte ci-dessous et en vous appuyant sur vos connaissances, complétez la légende et le croquis de synthèse.

Aide pour répondre à la consigne :
- Relevez les informations dans les trois paragraphes.
- Identifiez les figurés pouvant être utilisés pour cartographier ces informations.
- Complétez la légende et le croquis.

L'Asie du Sud-Est : inégalités d'intégration et enjeux de coopération

Les espaces moteurs de l'Asie du Sud-Est, parfaitement intégrés à la mondialisation, présentent une forte littoralisation. Les principales métropoles se concentrent dans le sud de la Chine (Hong Kong, Shenzhen, Guangzhou), mais sont aussi présentes de manière plus ponctuelle au Vietnam, en Thaïlande, aux Philippines, dans la péninsule malaise et sur l'île de Java. Plusieurs de ces métropoles sont des villes portuaires (Singapour, Hong Kong) ou bien des pôles bénéficiant de la proximité de ports d'envergure mondiale. Leur rayonnement s'explique par une localisation sur l'une des principales routes maritimes de la mondialisation.

Les espaces périphériques de l'Asie du Sud-Est s'avèrent beaucoup plus inégalement intégrés à la mondialisation. L'arrière-pays des grands ports, bien connecté aux centres d'impulsion littoraux, est constitué de périphéries intégrées à l'économie mondialisée. À l'inverse, les périphéries les plus enclavées demeurent en marge de la mondialisation, soit pour des raisons politiques (Myanmar), soit du fait de leur éloignement des littoraux (intérieur de la péninsule indochinoise) ou encore de leur insularité (Célèbes, Nouvelle-Guinée). Des fronts pionniers (agricoles, notamment) contribuent à intégrer certaines de ces périphéries à la mondialisation (Bornéo), mais c'est au prix d'une intense déforestation.

L'intégration régionale repose sur différentes formes de coopérations tout en se heurtant à certaines tensions. L'ASEAN est une zone de libre-échange qui favorise les relations commerciales entre ses dix pays membres. Les flux migratoires renforcent les liens entre les pays d'Asie du Sud-Est tout en ouvrant la région sur le Moyen-Orient et l'Amérique du Nord. Cependant, certaines tensions persistantes font obstacle à une intégration régionale plus poussée. Il s'agit tantôt de conflits intérieurs (Philippines, Myanmar, Thaïlande), tantôt de conflits de délimitation de frontières terrestres (Cambodge/Thaïlande), mais les enjeux les plus brûlants concernent la délimitation des zones économiques exclusives en mer de Chine méridionale.

Fond de carte différencié

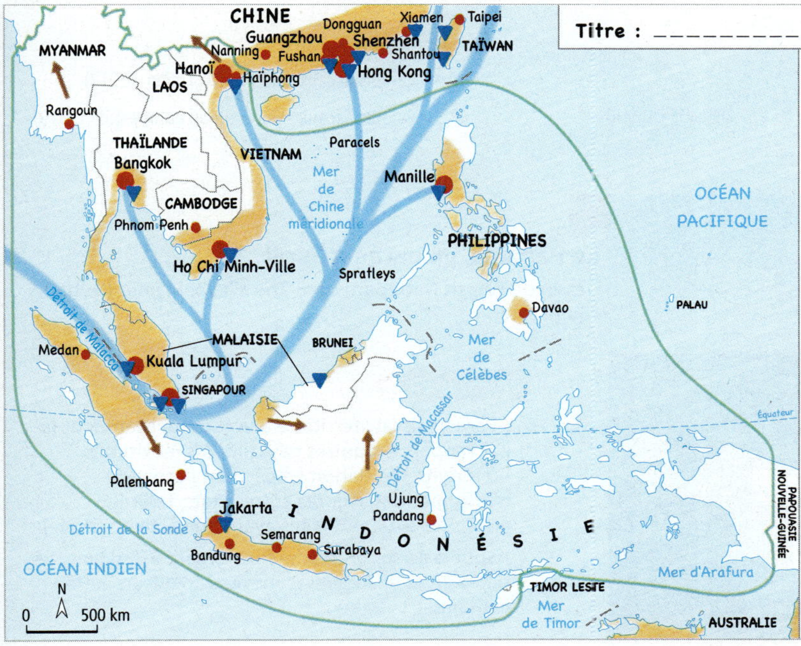

Titre : ________________________________

1. ______________________

- ● ______________________
- • Autres villes
- ▼ ______________________
- Principales routes maritimes

2. Des périphéries inégalement intégrées à la mondialisation

- ______________________
- Périphéries en marge de la mondialisation
- → Fronts pionniers (déforestation)

3. Un espace entre coopération et tensions

- → Flux migratoires
- ______________________
- ✸ Zones de tension

Exemple

Les paradis fiscaux au cœur de la mondialisation financière

Vidéo
Les paradis fiscaux en Europe

Pourquoi l'intégration des paradis fiscaux dans la mondialisation est-elle facteur de tensions ?

1 Les paradis fiscaux dans le système financier mondial

Carte interactive

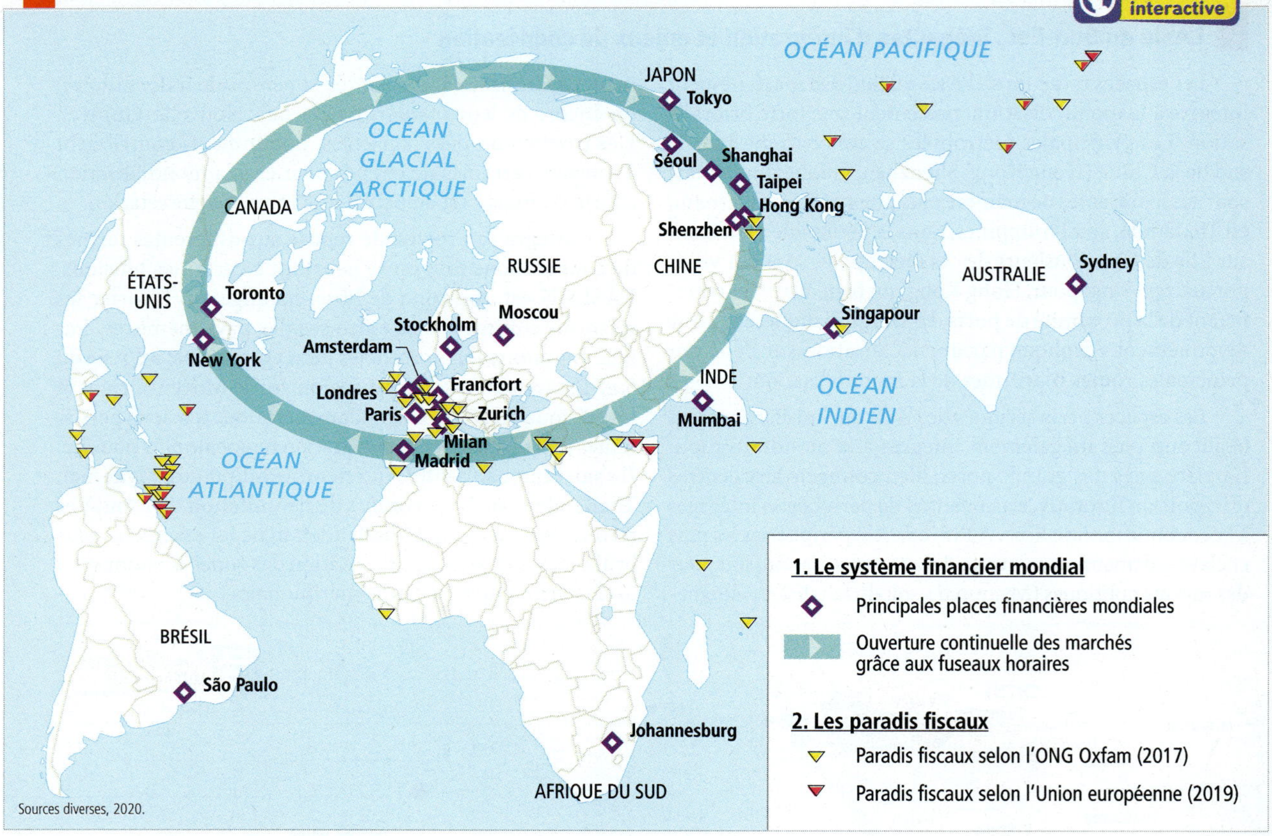

2 Le Panama, un paradis fiscal

Dessin de Paresh Nath paru dans *The Khaleej Times* (Dubaï), 4 juin 2016.

Vocabulaire

- **Paradis fiscal :** territoire à la fiscalité avantageuse par rapport à d'autres pays (impôts inexistants ou réduits, législation empêchant l'échange d'informations avec les autres États, tolérance envers les sociétés écrans ayant une activité fictive).
- **Société écran :** entreprise fictive visant à dissimuler les transactions financières d'une ou de plusieurs autres entreprises.

3 Les paradis fiscaux dans le monde

Montant des produits financiers cachés dans les paradis fiscaux : entre **21 000** et **32 000 milliards** de dollars

Part des transactions internationales transitant par des paradis fiscaux : **50 %**

Manque à gagner pour les États : **140** à **200 milliards** d'euros de revenus fiscaux par an

Sources : FMI, Tax Justice Network et OCDE, 2018.

4 L'usage des paradis fiscaux par la multinationale Google

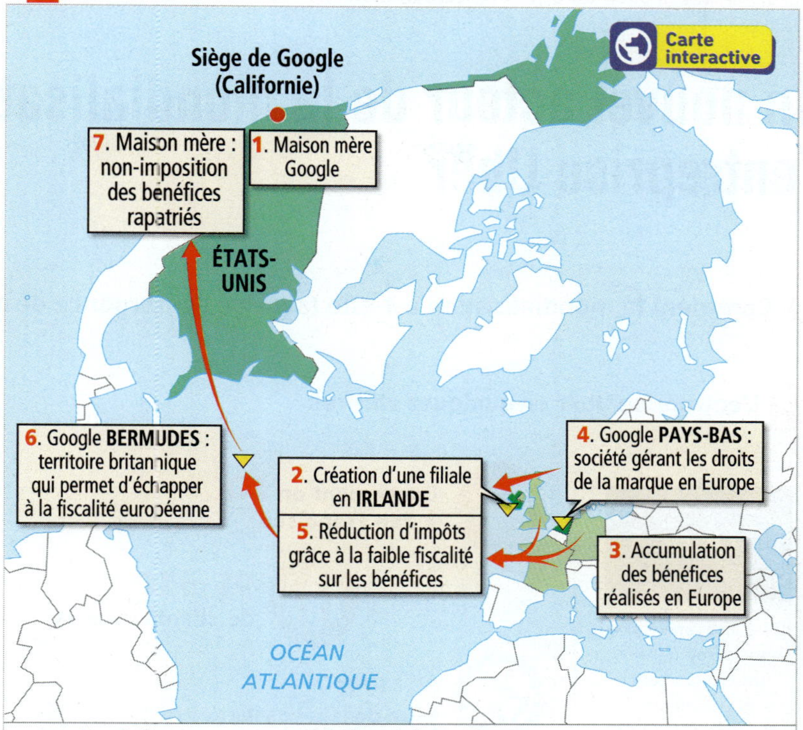

Source : d'après *Het Financieele Dagblad* (quotidien financier néerlandais), janvier 2019.

5 Les paradis fiscaux britanniques

Parole de géographe

En ajoutant les services financiers aux cocotiers, aux plages de sable blanc et aux lagons bleu turquoise, on obtient un paradis fiscal. Cette recette a été bien comprise par un certain nombre d'îles de la Caraïbe, régulièrement considérées comme les plus importants paradis fiscaux existants. Le tourisme en a fait des économies ouvertes et accueillantes conférant à ces lieux une qualité de vie qui attire les investisseurs. Il a donc joué un rôle d'appel pour la création de centres bancaires offshore, pour l'installation de compagnies d'assurances, de cabinets d'avocats spécialisés dans l'optimisation fiscale et les sociétés écrans.

Disposant d'une grande autonomie, quelques PTOM[1] britanniques ont mis en place des taux d'imposition très faibles, voire nuls. Ils ont instauré le secret bancaire et n'ont pas souhaité échanger les informations financières avec le reste du monde, grâce à la complaisance de la métropole qui voit en eux des acteurs renforçant l'activité financière de Londres et qui regarde également d'un bon œil ce secteur offshore, car cet outre-mer ne constitue pas une charge pour le budget du Royaume-Uni.

Jean-Christophe Gay, spécialiste du tourisme et des espaces insulaires et ultramarins, « Les outre-mers européens », *Documentation photographique*, La Documentation française, mai-juin 2018.

1. Pays et territoires d'outre-mer. Ici : Bermudes, îles Caïmans, Anguilla, îles Vierges britanniques, Montserrat, Turks-et-Caïcos.

Questions

Itinéraire 1

Répondre aux questions

1. **Présentez** le fonctionnement d'un paradis fiscal. **doc. 4 et 5**
2. **Analysez** la localisation des paradis fiscaux dans le monde. **doc. 1, 4 et 5**
3. **Expliquez** pourquoi un contrôle ou une régulation des paradis fiscaux peut s'avérer nécessaire. **doc. 2 à 5**

Synthétiser

4. **Montrez** que les paradis fiscaux illustrent les dynamiques, mais aussi les tensions engendrées par la mondialisation. **doc. 1 à 5**

ou

Itinéraire 2

Réaliser une recherche documentaire

- Effectuez une recherche sur un paradis fiscal européen de votre choix.
- Exposez ses caractéristiques (localisation, statistiques, législation).
- Expliquez les mesures politiques destinées à réduire son influence tout en montrant ses limites.

Aide

Exemple

Un nouvel acteur de la mondialisation : l'entreprise Uber

Vidéo
Ubérisation : la naissance de l'entreprise 2.0

Comment la mondialisation a-t-elle favorisé l'émergence de ce nouvel acteur économique ?

1 L'entreprise Uber en quelques chiffres

Uber

Entreprise américaine spécialisée dans le développement et l'utilisation d'applications mobiles mettant en contact leurs utilisateurs avec des conducteurs réalisant des services de transports (véhicule avec chauffeur, livraison de repas...).

- **Lancement en 2009 à San Francisco**
- **91 millions de clients inscrits**
- **63 pays, plus de 700 villes**
- **3,9 millions de chauffeurs**
- **14 millions de courses effectuées chaque jour**

Source : Uber, 2019 (les données datent de décembre 2018).

2 Ubercopter à New York

Liaison entre l'aéroport international JFK de New York et Manhattan. Photographie prise en octobre 2019.

3 Uber interdit à Londres

L'autorité des transports londonienne a annoncé avoir refusé de renouveler la licence d'exercer de la plateforme de réservation de voitures Uber, en raison de défaillances qui mettent « en danger » les passagers.

La société californienne a aussitôt annoncé qu'elle ferait appel de cette décision, ajoutant qu'elle continuerait de fonctionner jusqu'à ce qu'une décision définitive soit rendue.

Transport for London (TfL) relève notamment une « faille » dans l'application d'Uber qui permet à des conducteurs sans permis d'installer leur photo sur les comptes d'autres conducteurs, ce qui s'est produit « au moins sur 14 000 trajets » ces derniers mois. Dans la même veine, la TfL fait valoir qu'une autre défaillance de la plateforme permet à des conducteurs sans permis ou suspendus de créer des comptes Uber actifs. […]

Le pionnier des applications de véhicules partagés est régulièrement mis en cause pour des problèmes de sécurité à bord pour ses usagers comme ses conducteurs, ce qui a contribué à entacher sa réputation à travers le monde, sans parler des polémiques sur la rémunération insuffisante de ses chauffeurs.

Londres est l'un des principaux marchés de Uber, qui compte 45 000 conducteurs et 3,5 millions de clients dans la capitale britannique. Le syndicat Unite, qui représente les chauffeurs de taxi traditionnels, s'est réjoui de la décision de la TfL.

« Uber n'a plus le droit d'exercer à Londres », *Le Monde*, 25 novembre 2019.

4 La présence d'Uber dans le monde

Carte interactive

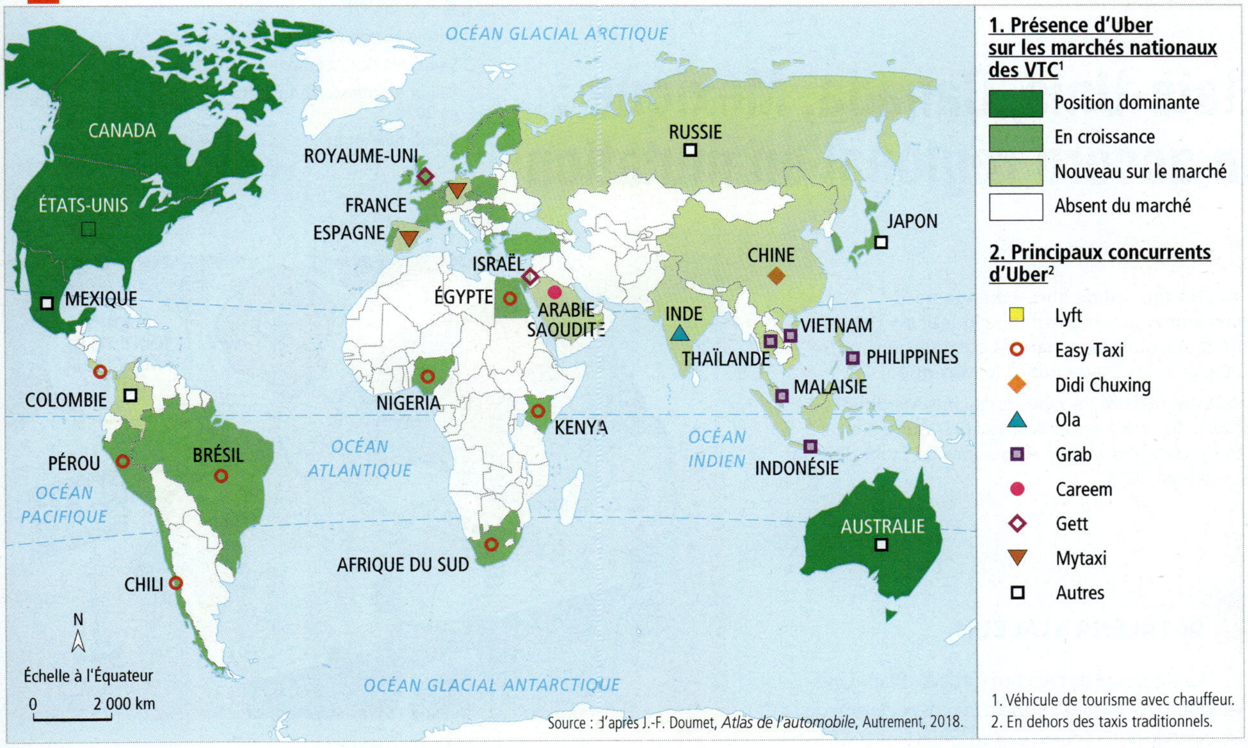

Source : d'après J.-F. Doumet, *Atlas de l'automobile*, Autrement, 2018.

1. Véhicule de tourisme avec chauffeur.
2. En dehors des taxis traditionnels.

5 L'ubérisation des entreprises

Parole de géographes

Sous l'effet de la numérisation et de la dématérialisation de l'économie, certaines entreprises ont semblé pousser davantage encore la remise en cause des modèles anciens. La croissance exponentielle de ces entreprises et de leurs secteurs d'activité a contribué à la médiatisation de ce nouveau modèle économique désigné par le terme d'ubérisation. Il rassemble des entreprises dans le champ de l'économie collaborative et des services aux particuliers. Ces dernières mettent en relation par le biais de plateformes ou d'applications numériques des clients et des particuliers qui offrent un service dans un cadre plus ou moins professionnel, dans le secteur du transport urbain (Uber), de l'hébergement (Airbnb) ou encore de la livraison de repas (Deliveroo). Les individus qui fournissent les services en question ne sont pas salariés de ces entreprises […].

Ce nouveau modèle permet à ces entreprises de réduire le nombre de salariés, de se passer d'infrastructures lourdes et de contourner plus facilement les obligations réglementaires et fiscales, créant une concurrence que les acteurs traditionnels jugent déloyale. La remise en cause du modèle traditionnel du salariat et la nouvelle organisation du travail, sources de précarité pour les travailleurs, ont également alimenté les débats politiques.

Guilhem Boulay, maître de conférence à l'université d'Avignon et Antoine Grandclément, maître de conférence à l'université d'Aix-Marseille, *Introduction à la géographie économique*, Armand Colin, 2019.

Questions

Itinéraire 1

Répondre aux questions

1. **Présentez** les spécificités du fonctionnement de l'entreprise Uber. **doc. 1, 2 et 5**
2. **Analysez** l'implantation d'Uber à toutes les échelles. **doc. 2 à 4**
3. **Expliquez** les critiques auxquelles l'entreprise Uber doit faire face. **doc. 3 et 5**

Synthétiser

4. **Montrez** que l'entreprise Uber illustre les dynamiques, mais aussi les tensions engendrées par la mondialisation. **doc. 1 à 5**

ou

Itinéraire 2

Rédiger un article

- Montrez que l'entreprise Uber illustre les dynamiques, mais aussi les tensions engendrées par la mondialisation.
- Sélectionnez les informations correspondant aux thèmes suivants :
  1. Les spécificités du fonctionnement de l'entreprise Uber
  2. L'implantation d'Uber dans le monde
  3. Les critiques à l'encontre d'Uber
- Effectuez des recherches complémentaires sur Internet.

Exemple

États-Unis, Canada, Mexique : un accord régional en mutation

Zoom sur...

▶ L'ACEUM

Entrée en vigueur de l'ALENA	1994
Signature de l'ACEUM	2018
Valeur du commerce trilatéral en 2018	1 100 milliards de dollars
Population totale	490 millions d'habitants

Source : OMC et Banque mondiale, 2019.

Vocabulaire

- **ALENA (accord de libre-échange nord-américain) :** accord entré en vigueur en 1994 afin d'accroître les échanges commerciaux entre le Canada, les États-Unis et le Mexique.
- **ACEUM (accord Canada-États-Unis-Mexique) :** accord destiné à remplacer l'ALENA suite à la renégociation du traité exigée par les États-Unis et signé en 2018.

1 De l'ALENA à l'ACEUM

La signature de l'Accord Canada-États-Unis-Mexique (ACEUM) a conclu la renégociation de l'Accord de libre-échange nord-américain (ALENA), le 1er octobre 2018 [...]. Donald Trump[1] [...] avait promis lors de sa campagne présidentielle d'améliorer ou de « mettre en pièces » l'ALENA, [...] expliquant qu'[il] sapait la souveraineté nationale et vampirisait les emplois américains. [...]

L'ACEUM reflète une préoccupation accrue pour la souveraineté nationale : il reconnaît explicitement le droit des parties à décider des politiques qu'elles mettent en œuvre. [...] Les principales avancées concernent la réglementation du travail. [...] L'idée de combler le fossé salarial entre les pays marque un progrès. [...] Parmi les perdants, on compte les petits agriculteurs des trois pays. Ernesto Ladrón[2] explique : « Le texte s'attache surtout à défendre les grands producteurs américains. Notre objectif, c'est l'autosuffisance alimentaire. » [...] Sans surprise, l'ACEUM délaisse une grande partie des aspects que les progressistes auraient souhaité modifier. [...] L'accord finalement conclu ne supprime même pas les barrières douanières américaines sur l'acier et l'aluminium canadiens et mexicains. Cela suggère que l'intégration telle que la conçoit Washington traduit un souci plus important pour ses échanges que pour le « libre » échange.

Laura Carlsen, analyste politique au Center for International Policy de Mexico, « Une renégociation déconcertante », *Le Monde diplomatique*, novembre 2018.

1. Président des États-Unis élu en 2016.
2. Représentant d'un syndicat d'agriculteurs mexicains.

2 La renégociation de l'ALENA

Paresh Nath, *El Universal* (journal mexicain), 25 novembre 2017.
Traduction : « Je n'ai pas l'intention de me laisser exploiter, les gars ! »
NAFTA : North American Free Trade Agreement (ALENA en anglais)

3 Les exportations des trois pays de l'ALENA (2018)

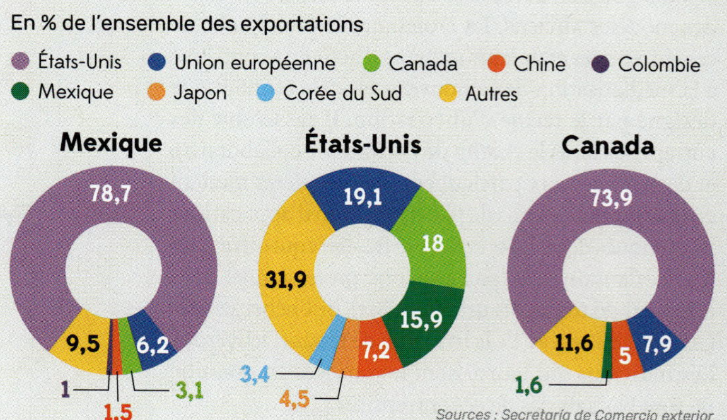

Sources : Secretaría de Comercio exterior de México, 2019 ; US Census Bureau, 2019 ; Statistique Canada, 2019.

Objectif BAC

Consigne : Expliquez pourquoi l'ACEUM est à la fois source de coopérations et de tensions en Amérique du Nord.

Aide pour répondre à la consigne :
- Relevez les raisons de la renégociation de l'ALENA.
- Identifiez les limites de l'ALENA/ACEUM à l'origine de tensions.
- Montrez que la coopération régionale demeure déséquilibrée.

Exemple

Zurich, un centre financier dans la mondialisation

Zoom sur…

▸ Zurich

Population (2018)	1,4 million d'hab.
Produit urbain brut (2016)	141 milliards de dollars (21 % du PIB de la Suisse)
Taux de chômage (2018)	4,4 %

Source : Office fédéral de la statistique, Confédération suisse, 2019.

1 Les territoires de la finance à Zurich

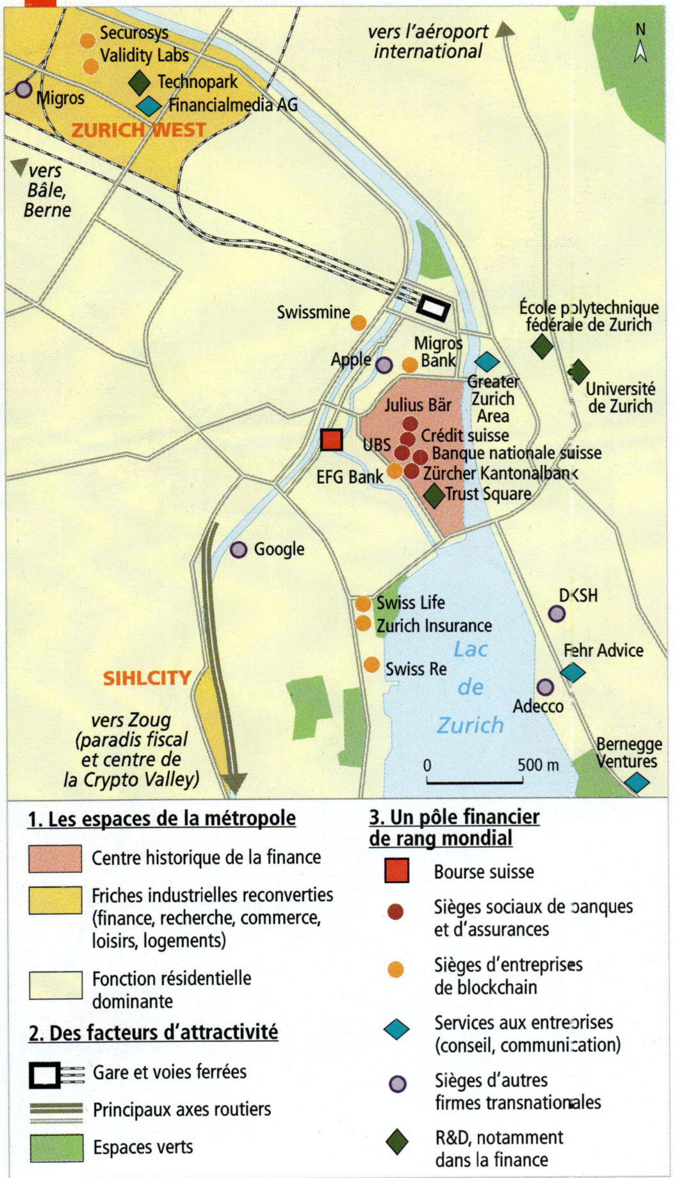

Carte interactive

Vocabulaire

- **Blockchain :** technologie de stockage et de transmission d'informations, sécurisée mais sans organe de contrôle (ex. : monnaie numérique « bitcoin »).
- **Crypto Valley :** zone de concentration de start-ups spécialisées dans les monnaies virtuelles (cryptomonnaies) entre Zurich et Zoug.

2 Le rayonnement international de Zurich

À Zurich et dans sa région, le secteur financier emploie plus de 90 000 personnes, dont 55 % répartis dans 120 banques, 24 % dans l'assurance et 21 % dans les autres services financiers […]. UBS et Crédit Suisse s'y taillent la part du lion tant en termes d'emplois que de bilan. Si le secteur bancaire zurichois s'avère très dépendant des deux grandes banques, c'est aussi à elles qu'il doit son essor, avec, en parallèle, celui des assurances. […]

Zurich [décroche] la 9e place […] du Global Financial Centres Index (GFCI) qui retient entre autres critères l'environnement d'affaires, le capital humain, les infrastructures, le développement du secteur financier et la réputation. Zurich […] est favorisée par le poids des géants financiers, la proximité d'un aéroport intercontinental ou encore par l'implantation de la Bourse suisse. Du fait de son multilinguisme et des nombreux acteurs internationaux qui y sont présents, la Suisse est naturellement très orientée vers l'international. Zurich se considère davantage tournée vers le monde anglophone et l'Asie, Genève, vers la francophonie et le Moyen-Orient. […] Genève et Zurich caracolent souvent en tête des classements des villes où il fait bon vivre mais […] la finance est un facteur qui contribue aux coûts élevés de la vie, les banquiers faisant grimper les prix de l'immobilier.

Thierry Iochem, « Travailler dans la finance en Suisse : les résultats du match entre Genève et Zurich… », *eFinancialCareers*, 5 mars 2019.

Objectif BAC

Consigne : Montrez que Zurich est un pôle financier très intégré dans la mondialisation.

Aide pour répondre à la consigne :

- Relevez les activités qui font de Zurich un pôle financier international.
- Identifiez les raisons de la concentration des activités financières à Zurich.
- Expliquez comment les acteurs renforcent l'attractivité de Zurich pour la maintenir dans la hiérarchie des pôles financiers mondiaux.

Carte

Des territoires inégalement intégrés dans la

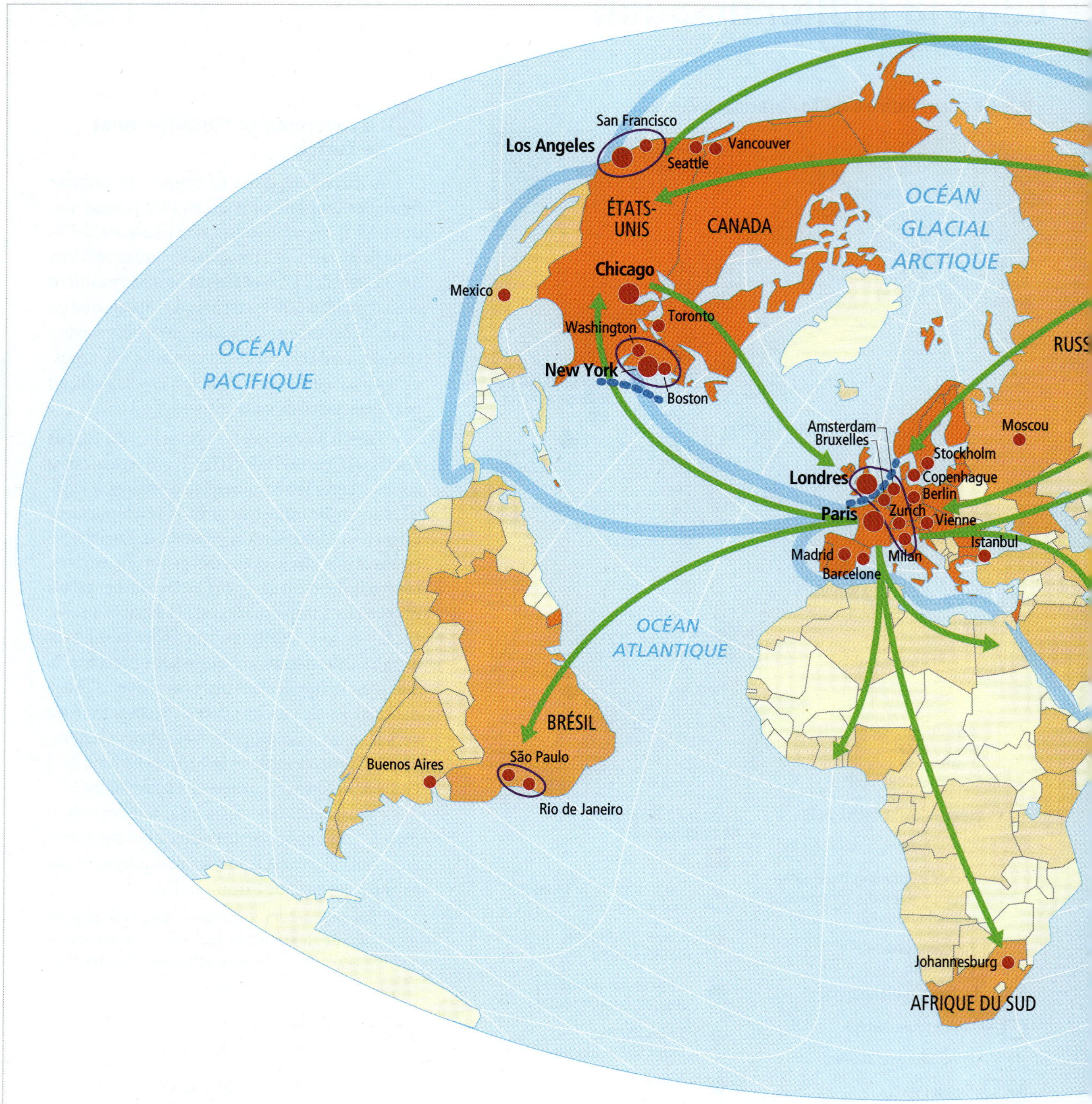

1. Les centres d'impulsion de la mondialisation

- Mégalopoles
- Principales métropoles mondiales
- Autres métropoles majeures
- Façades littorales les plus actives

2. Un monde d'échanges et d'interdépendances

- Investissements directs à l'étranger
- Principales routes maritimes

ıondialisation

Carte interactive

Sources : CNUCED, 2017; Global Power City Index, 2018; A.T. Kearney's Global Cities Report, 2018.

3. Des États inégalement intégrés dans la mondialisation

- Grandes puissances mondiales
- Les BRICS : de nouvelles puissances mondiales
- Autres puissances émergentes
- Périphéries intégrées
- Périphéries marginalisées

Vocabulaire

- **BRICS :** acronyme désignant les principaux pays émergents (Brésil, Russie, Inde, Chine, Afrique du Sud).
- **IDE (investissements directs à l'étranger) :** sommes d'argent investies par des entreprises étrangères sur un territoire (création, rachat d'entreprise).
- **Mégalopole :** grande région urbaine concentrant des métropoles reliées entre elles et exerçant un rayonnement mondial.
- **Métropole mondiale :** centre d'impulsion majeur de la mondialisation qui concentre des fonctions décisionnelles économiques et politiques, un fort rayonnement culturel et un rôle de carrefour de communication.
- **Périphérie :** espace sous l'influence d'un centre.

Chiffres clés

Valeur des IDE dans le monde (2016)

1 750 milliards de dollars

Source : CNUCED, 2017.

Les trois premières puissances mondiales
PIB en milliards de dollars, 2019

Chine	États-Unis	Japon
14 140	21 439	5 154

Source : FMI, 2019.

Les principales places boursières mondiales
Capitalisation en milliards de dollars, 2018

Tokyo	New York	Shanghai
5 297	30 436	3 919

Source : WFE, 2019.

Questions

1. **Localisez** les principaux centres d'impulsion de la mondialisation.
2. **Localisez** les espaces les moins bien intégrés dans la mondialisation.
3. **Montrez** que la mondialisation contribue à hiérarchiser les territoires.

Carte

Coopérations, tensions et régulations dans le

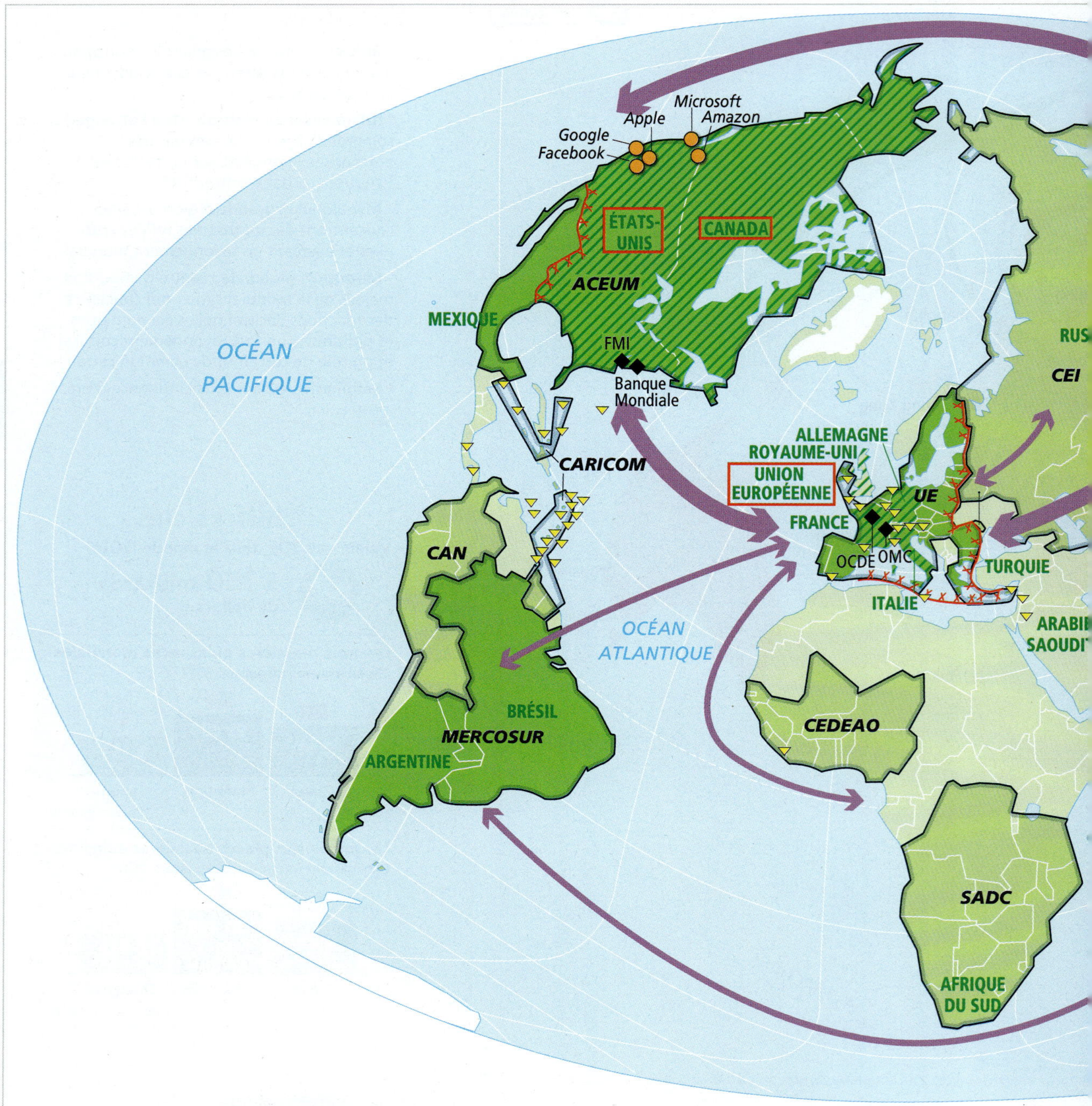

1. Une mondialisation dominée par les grandes puissances

- États membres du G7
- **BRÉSIL** États membres du G20 (+ l'Union européenne)
- *CEI* Grandes organisations économiques régionales
- ◆ Sièges des grandes organisations économiques internationales

2. Des facteurs d'intégration

- Aires économiques régionales très intégrées
- Aires économiques régionales moyennement intégrées
- États peu intégrés dans les organisations économiques région[ales]
- Principaux flux (marchandises, informations, capitaux)
- Flux secondaires

ıonde

Carte interactive

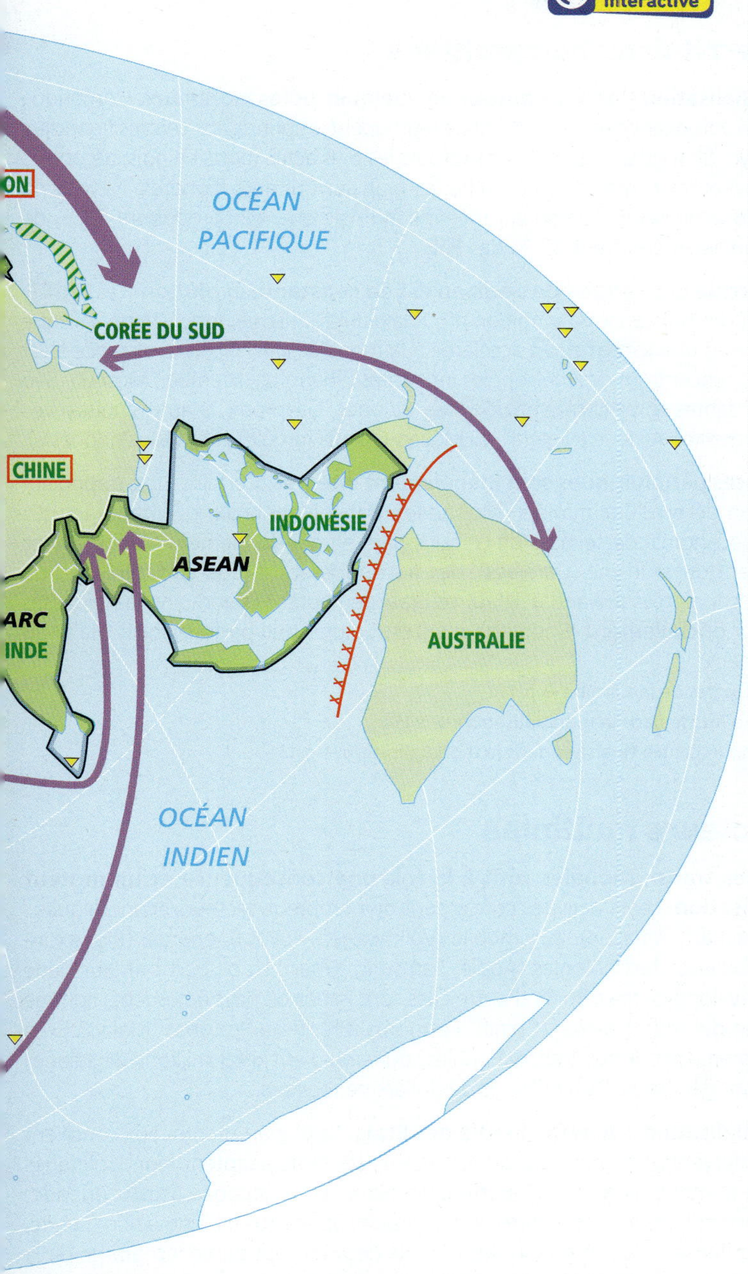

Nora Mareï et Yann Richard, *Dictionnaire de la régionalisation du monde*, Atlande, 2018 ; OXFAM, 2019 ; UE, 2019.

Une mondialisation entre tensions et régulations

- Sièges des GAFAM
- Principaux paradis fiscaux
- Principaux États accusés de protectionnisme
- Filtrage des flux migratoires

Acronymes des organisations économiques internationales

ACEUM : Accord Canada-États-Unis-Mexique (ex-ALENA)

ASEAN : Association de libre-échange de l'Asie du Sud-Est

CAN : Communauté andine

CARICOM : Communauté caribéenne

CEDEAO : Communauté économique des États de l'Afrique de l'Ouest

CEI : Communauté des États indépendants

MERCOSUR : Marché commun du Sud

SAARC : Association sud-asiatique pour la coopération régionale

SADC : Communauté de développement d'Afrique australe

UE : Union européenne

Vocabulaire

- **G20 :** groupe de 20 États réunissant chaque année pays industrialisés et puissances émergentes dans un but de coopération économique et financière.
- **GAFAM :** acronyme désignant les « géants américains du Web » (Google, Apple, Facebook, Amazon et Microsoft).
- **OCDE (Organisation de coopération et de développement économiques) :** organisation internationale d'études économiques regroupant 36 pays développés.
- **Protectionnisme :** politique interventionniste d'un État pour protéger le marché national (barrières douanières, quotas d'importation, normes contraignantes de qualité).

Chiffres clés

Les trois premières puissances commerciales

Valeur totale des exportations et des importations en milliards de dollars, 2017

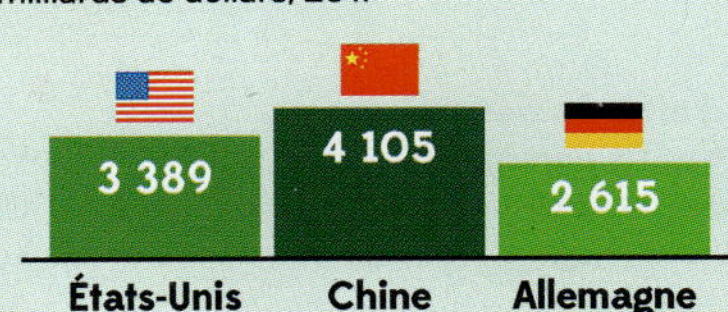

Source : OMC (statistiques du commerce international), 2018.

Questions

1. **Localisez** les territoires où l'intégration économique est la plus marquée.
2. **Identifiez** les tensions qui résultent de la mondialisation.

Cours

Podcast Cours à écouter

Des territoires inégalement intégrés dans la mondialisation

Comment la mondialisation recompose-t-elle les territoires ?

1 Des territoires hiérarchisés

● **La mondialisation s'articule autour de quelques pôles mondiaux.** L'Amérique du Nord, l'Union européenne et l'Asie orientale regroupent les principaux centres financiers (New York, Tokyo, Shanghai, Zurich), les carrefours les plus actifs (ports chinois, aéroports nord-américains) et les centres de recherche les plus performants (Londres, New York, Tokyo). L'Amérique du Nord, l'Union européenne et l'Asie orientale produisent 73 % de la richesse mondiale et émettent 85 % des IDE.

● **La hiérarchie des centres de décision est en constante évolution.** Les BRICS, qui rassemblent des puissances d'ambition mondiale (Brésil, Russie, Inde, Chine, Afrique du Sud), ont connu une intégration accélérée à la mondialisation. Leur croissance s'est ralentie, mais ils concentrent des métropoles influentes (Shanghai, Mumbai, Moscou, São Paulo) et de puissantes firmes transnationales (Sinopec, Gazprom). D'autres puissances régionales émergent en Afrique (Nigéria), au Moyen-Orient (Turquie) et en Asie (Indonésie).

● **Les espaces périphériques sont inégalement intégrés.** Certains États s'appuient sur l'exportation de produits miniers (Mongolie), agricoles (Kenya) ou manufacturés (Bangladesh). L'économie de services de certains pays en développement s'affirme avec le développement du tourisme (Caraïbes), des transports et des énergies (Éthiopie) ou des nouvelles technologies (Rwanda). D'autres États demeurent néanmoins marginalisés en raison de leur enclavement (Bhoutan), d'infrastructures peu performantes (Haïti) ou de conflits (Yémen).

ÉTUDE DE CAS Les îles de la Caraïbe → p. 110
ÉTUDE DE CAS La Russie dans la mondialisation → p. 114
EXEMPLE Zurich, un centre financier dans la mondialisation → p. 131

2 Des acteurs multiples

● **Les firmes transnationales sont à la fois une conséquence et un moteur de la mondialisation.** Leurs activités concernent de nombreux secteurs économiques : distribution (Walmart, Amazon), automobile (Volkswagen, Toyota), énergie (BP, Exxon-Mobil, Shell), nouvelles technologies (Apple, Samsung, Uber). La plupart ont leur siège dans les pays développés, mais 36 % d'entre elles sont issues de pays émergents comme Samsung (Corée du Sud), Huawei (Chine), Petrobras (Brésil) ou Petronas (Malaisie). En 2018, les 500 premières firmes transnationales, qui emploient 69,3 millions de salariés dans 34 pays, ont généré 32 700 milliards de dollars de recettes.

● **La mondialisation a redéfini le rôle des États.** La plupart d'entre eux concilient libéralisme et interventionnisme. Pour attirer les IDE, les États adaptent leurs politiques économiques à la mondialisation. Ils mettent en place des avantages fiscaux (Irlande, Chine), modernisent leurs infrastructures (Inde, Turquie) et financent l'innovation (Suède, États-Unis). La défense et la promotion des intérêts des FTN font partie intégrante de la politique étrangère des États.

● **La mondialisation contribue à l'affirmation de nouveaux acteurs.** Les ONG (organisations non gouvernementales) militent et agissent dans des domaines humanitaires variés : santé (Médecins sans frontières), alimentation (Oxfam), environnement (Greenpeace), droits de l'homme (Human Rights Watch). Certains groupes médiatiques assurent une diffusion internationale de l'information (CNN, Al-Jazeera, Euronews). Les diasporas (chinoise, indienne) au même titre que les mafias (italienne, russe) participent aussi à la mise en relation des territoires à l'échelle mondiale.

EXEMPLE Les paradis fiscaux au cœur de la mondialisation financière → p. 126
EXEMPLE Un nouvel acteur de la mondialisation : l'entreprise Uber → p. 128

Vocabulaire

- **BRICS :** voir p. 133.
- **Diaspora :** communauté ethnique dispersée à l'échelle mondiale, mais conservant des liens sociaux et commerciaux très intenses avec son pays d'origine.
- **Enclavement :** situation d'un territoire mal connecté aux autres.
- **Façade maritime :** espace littoral concentrant plusieurs ports permettant de mettre en relation l'espace continental de l'arrière-pays avec le reste du monde.
- **Firme transnationale (FTN) :** entreprise implantée dans de nombreux pays et qui réalise la majeure partie de son chiffre d'affaires en dehors de son pays d'origine.
- **IDE (investissements directs à l'étranger) :** voir p. 133.
- **Mégalopole :** voir p. 133.
- **Métropole mondiale :** centre d'impulsion majeur de la mondialisation qui concentre des fonctions décisionnelles économiques et politiques, un fort rayonnement culturel et un rôle de carrefour de communication.

Chiffre d'affaires des trois premières FTN comparé au PIB de certains États
En milliards de dollars/rang mondial

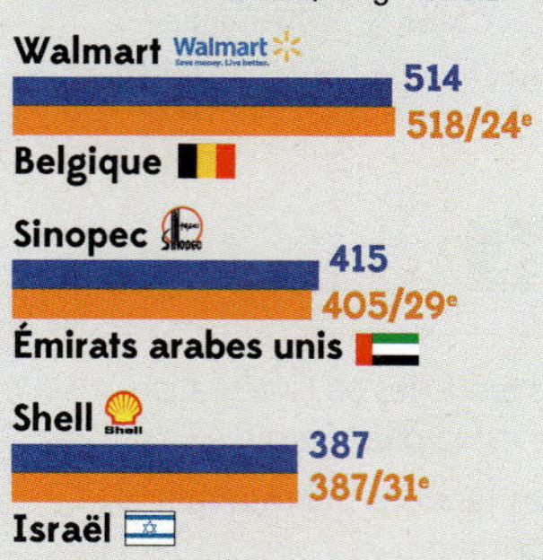

Sources : Fortune Global 500 (2019), FMI (2019).

3 Une mondialisation inégale

● **La mondialisation accroît la concurrence entre les territoires.** Les firmes transnationales élaborent des stratégies d'implantation en fonction des différents atouts des lieux (marchés de consommation, transports). Les acteurs publics (États, collectivités locales) renforcent la compétitivité des territoires pour répondre aux besoins des entreprises : connectivité (aéroports, Internet), matière grise (universités, R&D), avantages fiscaux (paradis fiscaux), communication et publicité. Ainsi, sur le modèle de la Chine, la Russie a créé des zones économiques spéciales bénéficiant d'infrastructures financées par l'État pour favoriser l'innovation scientifique, le tourisme et les activités portuaires et logistiques.

● **L'espace mondial est multipolaire et hiérarchisé.** Les **métropoles mondiales** (New York, Londres, Tokyo, Paris), les **mégalopoles** (états unienne, européenne, japonaise, chinoise) et les **façades maritimes** (Asie Pacifique, Northern Range) polarisent les flux de capitaux, de personnes, d'informations et de marchandises. À l'inverse, les espaces éloignés ou mal connectés à ces centres d'impulsion font figure de périphéries (Océanie, Afrique subsaharienne). La distance reste donc une contrainte pour certains territoires (Madagascar, Vanuatu).

● **À l'échelle locale, la mondialisation favorise aussi certains types d'espaces.** Les quartiers d'affaires des villes mondiales (Manhattan à New York, La City à Londres, La Défense à Paris) concentrent les fonctions décisionnelles tandis que les parcs technologiques (Silicon Valley, Paris-Saclay) attirent les entreprises innovantes. Certains ports (Ningbo, Shanghai, Singapour, Rotterdam) et aéroports (Atlanta, Pékin, Dubaï) sont des plaques tournantes pour les flux (fret, passagers).

ÉTUDE DE CAS L'Asie du Sud-Est : inégalités d'intégration et enjeux de coopération → p. 120
EXEMPLE Les paradis fiscaux au cœur de la mondialisation financière → p.126

Les trois premières firmes transnationales (FTN) par le nombre d'employés
En millions

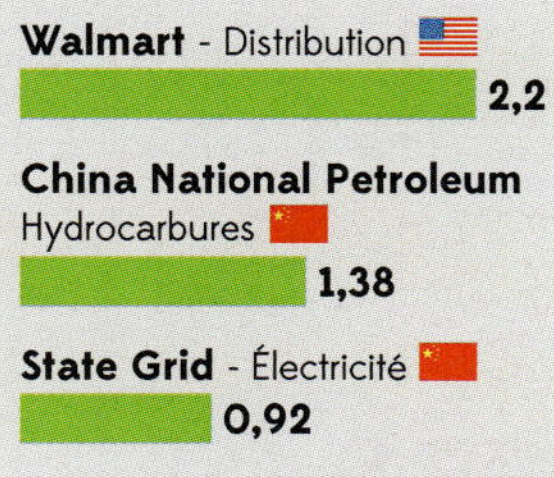

Source : Fortune Global 500, 2019.

Notion
Intégration (territoriale) p. 165

Du cours au schéma

EXO Exercice interactif

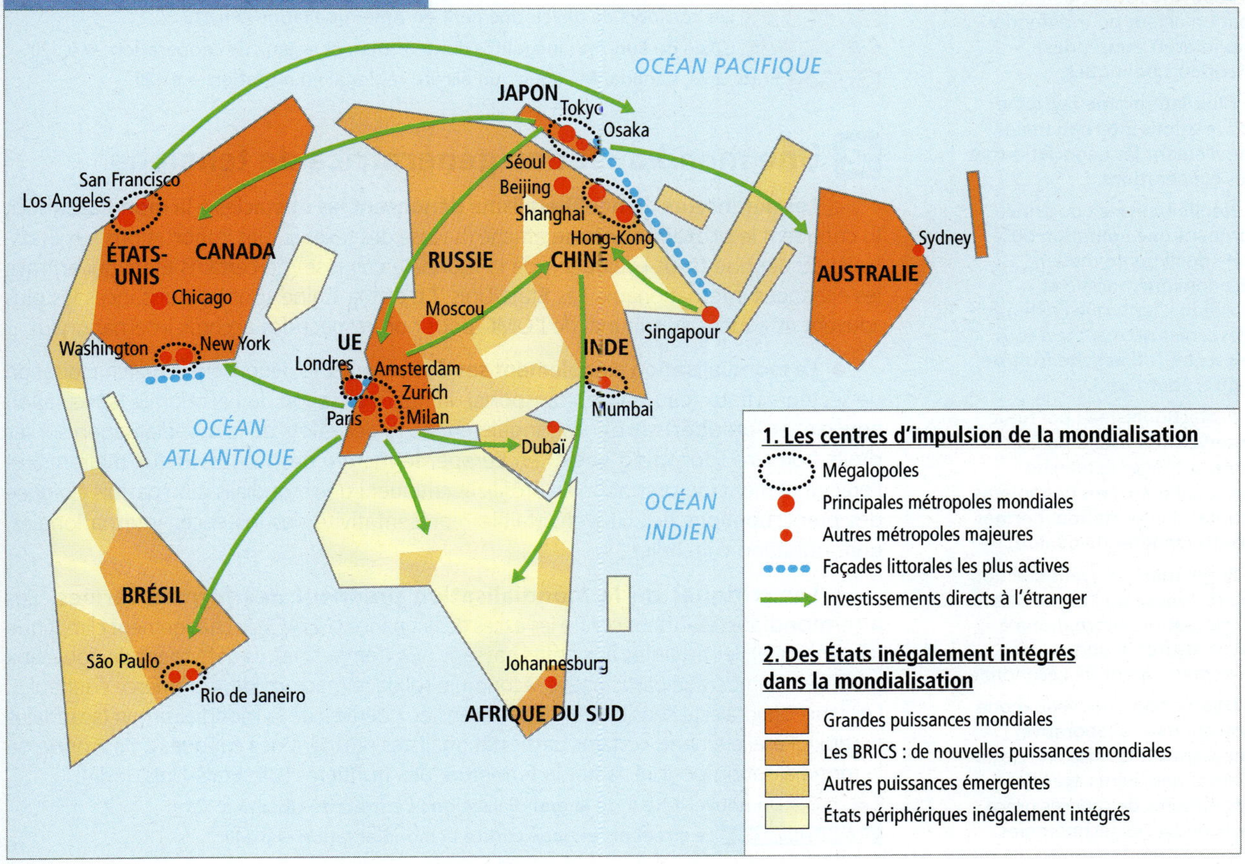

Cours

Podcast Cours à écouter

Coopérations, tensions et régulations à différentes échelles

Quelle gouvernance la mondialisation implique-t-elle ?

1 Des coopérations facteurs d'intégration régionale

● **Le nombre d'accords régionaux est en constante augmentation.** La fin de la guerre froide a favorisé les rapprochements entre États depuis les années 1980. L'échelle régionale est valorisée car considérée comme adaptée aux échanges internationaux, entre une échelle mondiale trop vaste et un cadre national jugé trop étroit. Plus de 600 accords régionaux ont été signés entre les États du monde, dont environ 400 sont en vigueur. Les pays n'appartenant à aucun bloc régional sont rares et marginalisés (Corée du Nord).

● **Les niveaux d'intégration varient selon les organisations régionales.** Au niveau le plus simple, les zones de libre-échange facilitent le commerce en supprimant les droits de douane (ACEUM, ASEAN). Les unions douanières vont plus loin en créant un tarif douanier unique et en partageant les recettes douanières entre États (Communauté andine, SADC). Les marchés communs permettent en plus la libre circulation des personnes, des services et des capitaux (MERCOSUR). Grâce à son union économique et monétaire, l'UE constitue le niveau d'intégration régionale le plus abouti au monde.

● **Les accords régionaux ont des effets très variés.** Dans l'UE, ils ont permis de réduire certaines inégalités en favorisant le rattrapage économique des pays d'Europe du Sud et de l'Est. En Amérique du Sud, ils visent au désenclavement des territoires (corridors de développement). Néanmoins, lorsqu'ils rassemblent des États aux profils contrastés, certains accords profitent surtout aux principales puissances (États-Unis dans l'ACEUM, Brésil dans le MERCOSUR).

ÉTUDE DE CAS Les corridors de développement en Amérique latine → p. 118
ÉTUDE DE CAS L'Asie du Sud-Est : inégalités d'intégration et enjeux de coopération → p. 120
EXEMPLE États-Unis, Canada, Mexique : un accord régional en mutation → p. 130

2 Une mondialisation génératrice de tensions

● **Les défenseurs du néolibéralisme dénoncent les obstacles à la mondialisation.** Ils critiquent le protectionnisme affiché (hausse des taxes sur les importations aux États-Unis) ou déguisé (sous-évaluation de la monnaie chinoise) de certains États qui entrave les échanges internationaux. Les États-Unis, l'UE et la Chine sont les puissances les plus souvent attaquées au tribunal de l'OMC pour non-respect des accords internationaux.

● **La mondialisation a également ses détracteurs.** Ils dénoncent la marchandisation de secteurs vitaux (eau, santé, transports), la financiarisation de l'économie (spéculation agricole) et son ubérisation. Ils s'inquiètent aussi des effets de la mondialisation sur les droits humains (dumping social en Europe, fermeture des frontières aux migrants) et l'environnement (déforestation au Brésil). Ils critiquent une mondialisation parfois éloignée des préoccupations des citoyens (faible représentativité des instances internationales, uniformisation culturelle).

● **Les critiques de la mondialisation prennent des formes variées.** Les altermondialistes luttent contre les excès de la finance (ATTAC), le changement climatique (Greenpeace), les atteintes aux petits paysans (Via Campesina). Ils défendent de nouveaux modèles : démocratie participative, économie solidaire (microcrédit, commerce équitable). Les lanceurs d'alerte sensibilisent les citoyens aux dérives de la mondialisation (scandales fiscaux). Parallèlement, certains partis nationalistes profitent des critiques à l'encontre de la mondialisation pour réclamer la fermeture des frontières (UE, États-Unis, Inde).

EXEMPLE Un nouvel acteur de la mondialisation : l'entreprise Uber → p. 128
GÉO AUTREMENT Le street art engagé contre la mondialisation → p. 140

Vocabulaire

- **Altermondialisme** : courant de pensée défendant une alternative à la mondialisation néolibérale, plus respectueuse de l'environnement et des droits humains.
- **Dumping social** : mise en concurrence des travailleurs des pays développés avec la main-d'œuvre moins rémunérée des pays en développement.
- **G20** : voir p. 135.
- **GAFAM** : voir p. 135.
- **Gouvernance** : manière de gouverner ou d'exercer un pouvoir, impliquant plusieurs acteurs à différentes échelles.
- **Lobbying** : stratégie menée par un acteur pour défendre ses intérêts auprès des décideurs politiques.
- **Multilatéralisme** : système de relations internationales privilégiant les négociations et les coopérations.
- **Néolibéralisme** : doctrine prônant une limitation du rôle de l'État en matière économique, sociale et juridique, ainsi que l'extension des règles du marché à tous les secteurs d'activité (culture, santé, éducation).
- **Protectionnisme** : politique interventionniste d'un État pour protéger le marché national (barrières douanières, quotas d'importation, normes contraignantes de qualité).
- **Régulation** : moyens d'action dont dispose un État ou une organisation internationale pour assurer le bon fonctionnement de l'économie.
- **Ubérisation** : nouveau mode d'économie collaborative reposant sur la mise en relation directe des clients avec des prestataires de services grâce aux nouvelles technologies.

3 Des tentatives de régulation inégalement efficaces

● **Les États font face aux excès de la mondialisation.** Ils ne parviennent pas toujours à endiguer les conséquences sociales (délocalisation, précarité, chômage) et environnementales (pollutions, épuisement des ressources) des activités des FTN. Ainsi, les États de l'UE ne s'accordent pas sur l'augmentation de la taxation des **GAFAM** qui profitent de l'existence de paradis fiscaux dans l'UE (Irlande, Luxembourg) pour payer moins de taxes et d'impôts. Le **lobbying** exercé par les FTN leur permet d'influencer à leur avantage les politiques économiques et sociales des États (fiscalité, droit du travail).

● **De nombreuses organisations internationales visent à favoriser le multilatéralisme par la régulation.** L'Organisation mondiale du commerce (OMC) défend l'intensification des échanges entre les États. Le Fonds monétaire international (FMI) veille à la stabilité du système financier et monétaire mondial. La Banque mondiale accorde des prêts aux pays en développement, en contrepartie de réformes économiques libérales les obligeant à ouvrir leurs frontières aux échanges et à diminuer leurs taxes douanières. Cette **gouvernance** étant largement dominée par des acteurs occidentaux, les nouvelles puissances (Brésil, Inde) réclament une meilleure représentativité.

● **Des organisations informelles réunissent les grands acteurs de la mondialisation.** Les puissances les plus anciennes (Allemagne, Canada, États-Unis, France, Italie, Japon, Royaume-Uni) se sont organisées en groupes de concertation pour protéger leurs intérêts. Lors des sommets du G7, leurs représentants tentent de coordonner leurs politiques. Plus récemment, ce type d'organisation s'est ouvert aux pays émergents (**G20**). Certaines instances témoignent aussi de la coopération entre États et multinationales (Forum de Davos).

EXEMPLE Les paradis fiscaux au cœur de la mondialisation financière → p. 126

Les trois premiers pays exportateurs de marchandises (2018)

En % de la valeur totale des exportations mondiales

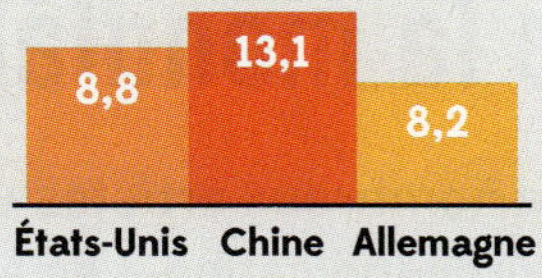

Les trois premiers pays importateurs de marchandises (2018)

En % de la valeur totale des importations mondiales

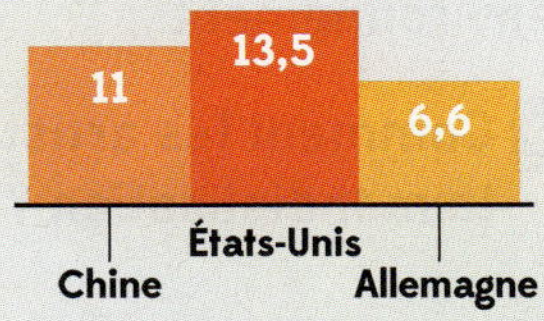

Source : OMC (statistiques du commerce international), 2019.

Notion

Intégration (territoriale) p. 165

THÈME 2
SE PRÉPARER
CHAPITRE 3
CHAPITRE 4
RÉVISER

Du cours au schéma

EXO Exercice interactif

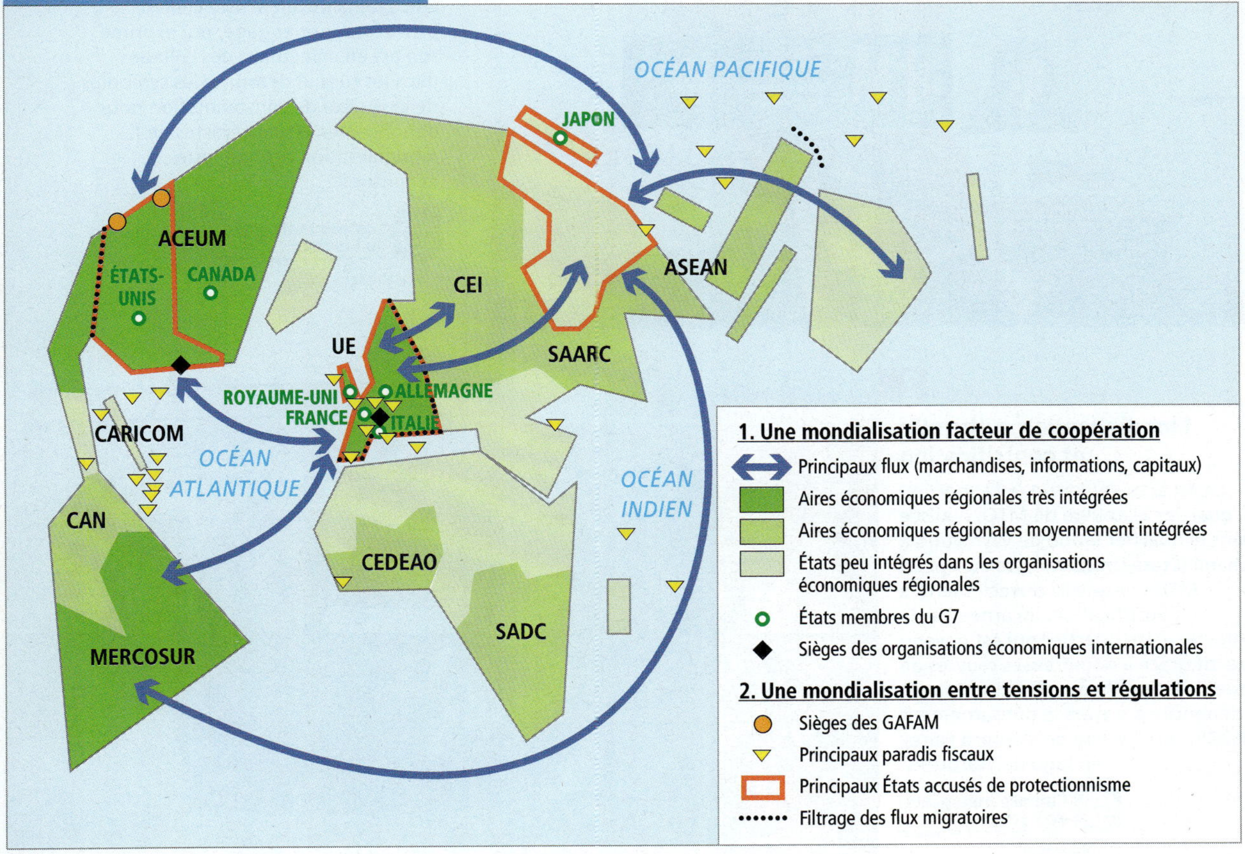

Géo AUTREMENT

Le street art engagé contre les dérives de la mondialisation

De nombreux artistes utilisent la rue comme moyen de revendication. Les artistes contemporains de street art s'expriment dans l'espace urbain, souvent de manière illégale. Leurs œuvres sont l'expression d'une contestation sur un processus de mondialisation qui creuse les inégalités, maltraite les droits sociaux et dégrade l'environnement.

→ Comment les artistes de rue s'engagent-ils contre la mondialisation ?

Le saviez-vous ?

▶ Le street art désigne différentes formes d'art urbain réalisées dans la rue ou dans des lieux publics. Il peut s'agir de tags (graffitis), de pochoirs, de mosaïques, de projections vidéos… C'est en France et aux États-Unis, dans les années 1960, qu'est né le street art.

1 Mondialisation et travail des enfants

Bajo Coste (*Low Cost*), œuvre de Caiozzama, réalisée sur un mur de Santiago (Chili) le 21 novembre 2015 et détruite le 23 novembre 2015. Caiozzama est un artiste chilien, provocateur et engagé, qui exprime son art en effectuant des collages dans les rues. Il détourne les symboles de la société de consommation pour dénoncer les effets néfastes de la mondialisation économique et culturelle.

Compte Instagram de l'artiste
Caiozzama @caiozzama

2 Mondialisation culturelle et gentrification

La *Muerte del Barrio* (« *La mort du quartier* »), œuvre de MTO, réalisée dans le quartier latino de Wynwood à Miami (États-Unis). L'artiste européen MTO critique ici ouvertement la gentrification, incarnée par le « hipster ». Un quartier qui est devenu attractif grâce à nombreuses œuvres de street art, dont la marchandisation est dénoncée à travers le détournement d'*OBEY*, une œuvre de Shepard Fairey en logo de Starbucks.

Compte Instagram de l'artiste
MTO @mtograff

3 Mondialisation et enjeux environnementaux

Traduction : « Les yeux de toutes les générations futures sont braqués sur vous. Agissez maintenant ! »
We declare a climate emergency (« *Nous déclarons l'urgence climatique* »)
est une œuvre réalisée sur un mur de Brighton (Royaume-Uni) en 2019.
L'artiste anglais Boaster, porte les revendications du mouvement écologiste international *Extinction Rebellion* (XR).

Compte Instagram de l'artiste
Boaster @boasters_yard

4 Le street art, reflet de la mondialisation

Parole de géographe

L'art urbain, ou street art, est délicat à délimiter, tant dans ses formes que dans ses finalités. À l'origine, il s'agit d'inscriptions ou d'images jouant avec l'interdit ou la provocation.

Durant la seconde moitié du XXe siècle, les images ont envahi les rues des villes *via* les affiches et les publicités. À côté, se sont maintenues des formes d'expression subversives comme les graffitis ou les affiches engagées, notamment lors des périodes de contestation des années 1960.

L'attrait pour le street art s'est confirmé à partir des années 1990 dans le contexte de l'essor de la mondialisation, car il est devenu un marqueur de la métropolisation. En effet, toute ville souhaitant affirmer son rang de métropole internationale ou même nationale a désormais intérêt à exposer des activités d'art urbain : c'est un signe de dynamisme culturel et un atout touristique.

Parallèlement, se maintient une culture underground, souvent plus contestataire. Celle-là est nettement moins tolérée par la police et par les brigades de nettoyage, même si l'on peut y voir des artistes participant à la fois de la culture officielle et de la culture illégale, comme Blek le Rat ou Banksy qui maintiennent des messages provocateurs ou choisissent des lieux symboliques (comme le mur entre Israël et les territoires palestiniens).

Frédéric Durand, professeur à l'université Toulouse II Jean-Jaurès, « L'art urbain, de l'interdit aux marqueurs de la mondialisation », *BelvedeR*, revue collaborative de l'aua/T, juin 2018.

Questions

Présenter les documents

1. **Présentez** les œuvres d'art en proposant une biographie rapide de chaque artiste.

Analyser les documents

2. **Relevez** les messages portés par chacune de ces œuvres d'art murales.
3. **Expliquez** le succès du street art à partir des années 1990.

Faire le lien avec la géographie

4. À partir de l'exemple des œuvres du street art, **montrez** que la mondialisation provoque des débats et des contestations.

C'est à vous !

→ Réalisez dans votre CDI une exposition sur le thème « Le street art engagé contre la mondialisation ».
- Définissez les grands débats en cours sur le processus de mondialisation et ses effets.
- Cherchez et sélectionnez des œuvres d'art urbain en lien avec chacun de ces débats.
- Réalisez des panneaux illustrant chacun de ces questionnements.

→ Pour chaque œuvre d'art urbain, précisez en légende le nom de l'artiste, le lieu d'exposition, la date et une petite description.

THÈME 2

CHAPITRE 4 La France dans la mondialisation

Malgré la concurrence accrue des pays émergents, la France est un acteur majeur dans la mondialisation. Elle maintient son influence à l'étranger dans de nombreux domaines : économie, culture, diplomatie, armée... Mais le rayonnement et l'attractivité de ses territoires demeurent inégaux.

Quels sont les aspects du rayonnement et de l'attractivité de la France dans la mondialisation ?

Textes DYS
TOUS LES TEXTES EN VERSION DYS
lyceen.nathan.fr/geoterm-2020

SOMMAIRE

Zoom sur...

L'industrie de la mode et du luxe français (2019)

Chiffre d'affaires	154 milliards d'euros (1er rang mondial)
Part des ventes mondiales	25 %
Nombre d'emplois	150 000
Nombre de marques	130

Source : Conseil national de l'industrie, 2019.

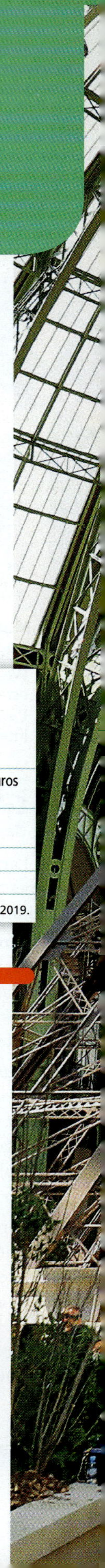

Défilé Chanel haute couture automne-hiver 2017-2018 au Grand Palais (Paris), juillet 2017.

Vidéo

Pour entrer dans le chapitre

« Le luxe : un succès à la française », reportage du journal télévisé de France 2, 22 juin 2018.

Géolocalisation
Paris
FRANCE

La Côte d'Azur : un littoral attractif dans la mondialisation

Zoom sur…

▶ La Côte d'Azur (2019)

Distance de Toulon à Menton	160 km environ (à vol d'oiseau)
Population	2 millions d'habitants (estimation)
Rang touristique français	2e pôle touristique (après Paris et sa région)

Comment la Côte d'Azur rayonne-t-elle et attire-t-elle dans la mondialisation ?

A Un littoral au rayonnement international

Vocabulaire

- **Parc national :** territoire de protection de la nature géré par l'État dans un but de conservation.
- **Technopôle :** parc d'activités regroupant entreprises et centres de formation supérieure ou de recherche, spécialisés dans les activités de haute technologie.

1 Les facteurs du rayonnement

Parole de géographe

La mise en valeur balnéaire de cette côte méditerranéenne date de la fin du XIXe siècle, grâce à l'ouverture de la ligne ferroviaire Paris-Lyon-Méditerranée amenant une clientèle aristocratique de Parisiens et d'Anglais, en saison hivernale surtout. Le tourisme, largement démocratisé depuis la Seconde Guerre mondiale, est aujourd'hui principalement estival. Il est devenu une activité économique majeure, particulièrement sur la Côte d'Azur, de Saint-Raphaël à Menton en passant par l'aire urbaine de Nice […].

Désormais les infrastructures de transport modernes et performantes desservent la région de Nice : l'autoroute A8 ou l'aéroport international de Nice-Côte d'Azur (2e aéroport français). Des manifestations culturelles célèbres s'y déroulent : un festival international de cinéma à Cannes, un festival de jazz à Antibes – Juan-les-Pins, un carnaval très prisé à Nice. […] Saint-Tropez est devenu, en quelques décennies, un haut-lieu du tourisme connu dans le monde entier (le port reçoit les plus grands yachts du monde). Ce sont les peintres, comme Paul Signac, qui ont fait connaître le lieu dès la fin du XIXe siècle, puis des écrivains de Saint-Germain-des-Prés à Paris (Françoise Sagan) et des artistes : Juliette Gréco et surtout Brigitte Bardot installée dans sa mythique villa « La Madrague ». Sa présence assure, dès les années 1960, le rayonnement international et la réputation « show-biz » du lieu qui fait accourir la « jet-set » mondiale.

Vincent Adoumié (dir.), professeur en classes préparatoires aux grandes écoles, *Les Nouvelles Régions françaises*, Hachette Supérieur, 2018.

Animation croquis

2 La « Riviera » française à Agay (Var)

① Baie ② Port de plaisance ③ Plage
④ Arrière-pays escarpé (massif de l'Estérel)

3 Le Festival de Cannes 2019 en chiffres

4 Les atouts du littoral azuréen

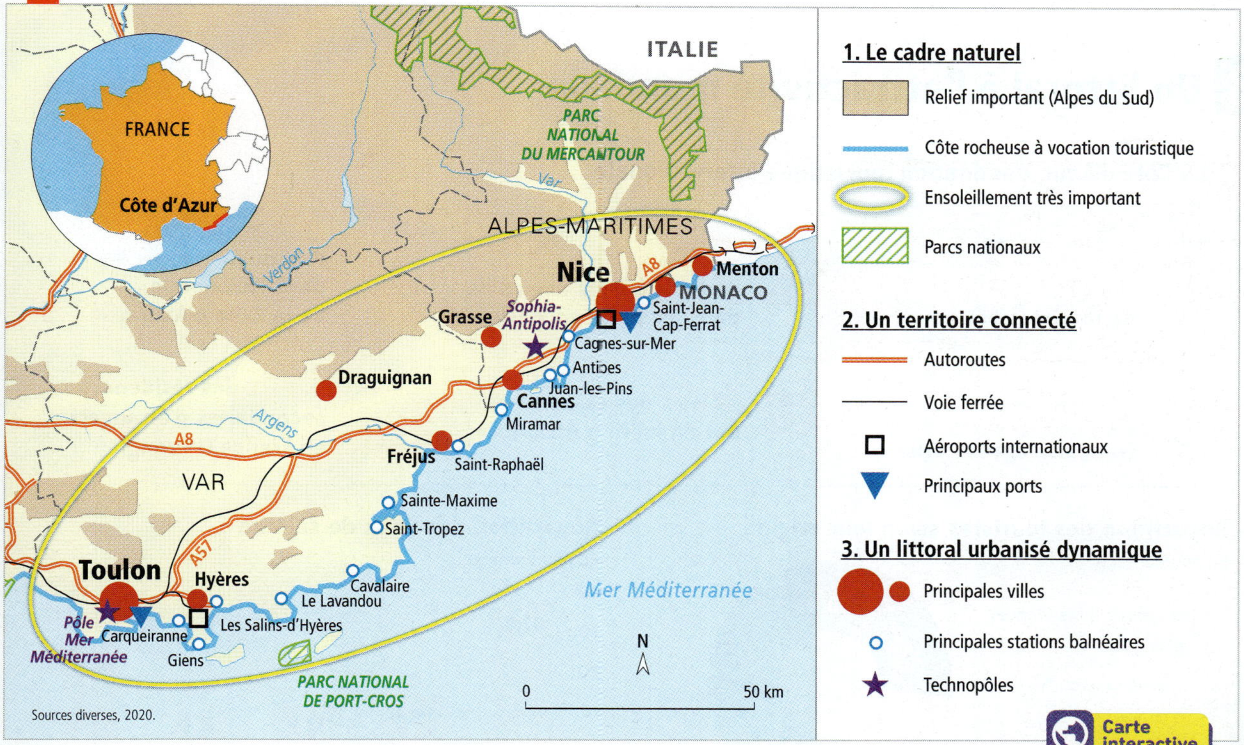

Carte interactive

5 Le parfum du pays de Grasse

Lien

La Région de Grasse (Alpes-Maritimes) est réputée pour sa production florale et son industrie du parfum. Depuis novembre 2018, ses savoir-faire liés au parfum ont été inscrits au patrimoine culturel immatériel de l'Humanité de l'Unesco.

Questions

Itinéraire 1

Répondre aux questions

1. **Situez** la Côte d'Azur en France et en Europe. **doc. 4**
2. **Décrivez** les composantes du paysage de la Côte d'Azur. **doc. 2 et 4**
3. **Relevez** et **classez** les différents éléments du patrimoine naturel et culturel dont dispose la Côte d'Azur. **doc. 1, 3, 4 et 5**

Synthétiser

4. **Montrez** que la Côte d'Azur bénéficie d'un rayonnement international de premier plan. **doc. 1 à 5**

ou

Itinéraire 2

Conseils et méthode

Réaliser une affiche (1/2)

- Afin de réaliser une affiche de promotion pour la Côte d'Azur, relevez les atouts qui participent à son rayonnement international et à son attractivité.
- Regroupez-les autour de trois thèmes :
  – La richesse du patrimoine naturel et culturel
  – L'accessibilité de la région
  – L'environnement économique dynamique (p. 146-147)
- Illustrez chaque thème par un ou plusieurs documents que vous aurez recherchés.

THÈME 2 · SE PRÉPARER · CHAPITRE 3 · CHAPITRE 4 · RÉVISER

B Un littoral à l'attractivité mondiale

6 La Côte d'Azur, destination touristique internationale

11 millions de touristes par an

1 million de croisiéristes accueillis dans les ports en 2018

Part du tourisme dans l'économie de la Côte d'Azur : **15 %**

2e destination touristique française après Paris

16 % des séjours ont un motif « Affaires »

15 % des résidences secondaires d'étrangers en France (1er rang)

Répartition des touristes selon leur origine

En pourcentage

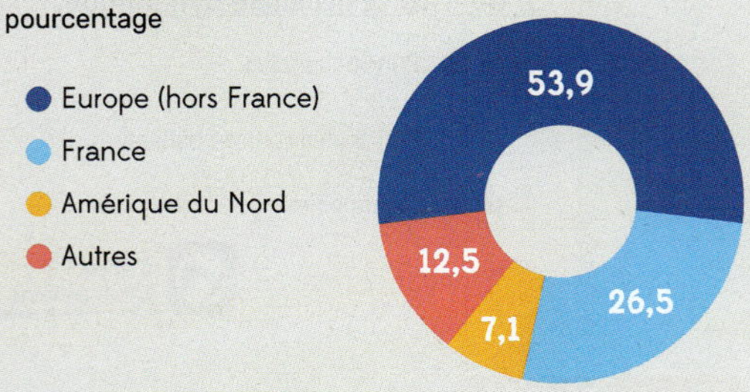

Répartition des lieux de séjours

En pourcentage

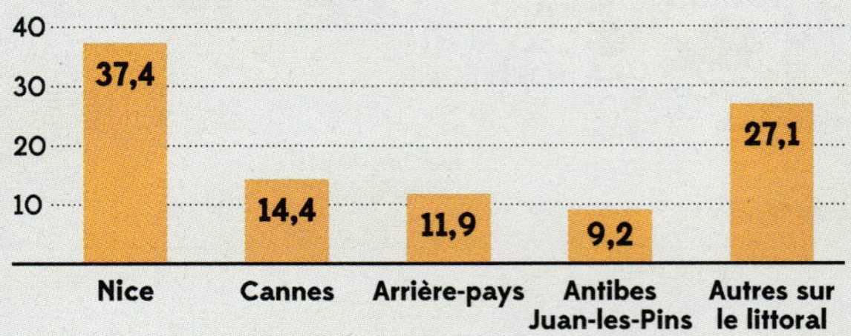

Source : Comité régional du Tourisme Côte d'Azur, 2018.

7 Investir sur la Côte d'Azur

Extrait de la brochure « Invest in Côte d'Azur », Team Côte d'Azur, 2019.

Traduction :
1 L'un des endroits les plus stratégiques d'Europe
2 Un vivier international de talents
3 Des infrastructures performantes
4 Des bureaux haut de gamme
5 Une qualité de vie
6 Des start-up innovantes

Lien

Animation croquis

8 Le front de mer de Nice (Alpes-Maritimes)

① Hébergements hôteliers
② Résidences en front de mer
③ Plage
④ Promenade des Anglais
⑤ Arrière-pays escarpé

9 Les investisseurs étrangers choisissent la Côte d'Azur

Parole d'acteur

Chaque année, plus d'une centaine d'entreprises à capitaux étrangers[1] supplémentaires sont identifiées sur le territoire [...].

Deux indicateurs nous aident à mesurer cette attractivité : le nombre croissant d'entreprises et les emplois associés. L'année 2018 confirme cette dynamique avec 2 070 entreprises provenant de tous les continents et choisissant d'investir sur la Côte d'Azur. La mesure de leurs retombées est sans appel : 36 000 emplois induits. Le terreau de ces implantations s'appuie sur un positionnement géographique favorable, des infrastructures de transport de qualité et des écosystèmes organisés en véritables clusters[2] alliant à la fois les caractéristiques des quartiers d'affaires internationaux et des parcs scientifiques. À ce titre, le bassin de Sophia-Antipolis s'impose comme l'un des principaux points d'attraction de l'investissement dans les Alpes-Maritimes et canalise dans le même temps un tiers des emplois. La smart-city[3] de Nice et son bassin élargi concentrent près de 700 entreprises dont certaines spécialisées dans des filières de pointe comme les logiciels embarqués ou les biotechnologies.

Jean-Pierre Savarino, président de la chambre de commerce et d'industrie Nice Côte d'Azur, *Les Entreprises à capitaux étrangers dans les Alpes-Maritimes*, mars 2019.

1. Établissements implantés en France sous contrôle étranger.
2. Concentration géographique d'entreprises interdépendantes dans un secteur d'activités.
3. « Ville intelligente » utilisant les technologies de l'information et de la communication (TIC) pour améliorer la qualité des services proposés ainsi que leurs coûts.

Questions

Itinéraire 1

Répondre aux questions

5 **Montrez** que la Côte d'Azur est un pôle touristique national et international majeur. **doc. 6 et 8**

6 **Expliquez** les raisons de l'attractivité de la Côte d'Azur pour les entreprises étrangères. **doc. 7 et 9**

7 **Relevez** les secteurs d'activité pour lesquels la Côte d'Azur est particulièrement attractive. **doc. 6, 7 et 9**

Synthétiser

8 **Montrez** que la Côte d'Azur bénéficie d'une attractivité internationale de premier plan. **doc. 6 à 9**

ou

Itinéraire 2

Conseils et méthode

Réaliser une affiche (2/2) ORAL

- Poursuivez le travail engagé p. 145 et terminez votre affiche.
- Réalisez une présentation orale destinée à attirer, au choix, des touristes ou des investisseurs dans la région, en vous appuyant sur votre affiche.

Croquis de l'étude de cas

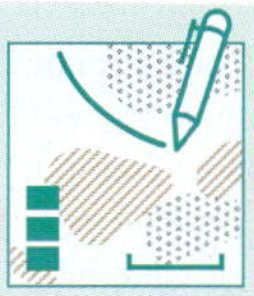

▶ p. 150

Étude de cas

La France du Tour : un rayonnement mondial

Zoom sur…

▶ Le Tour de France

1re édition	1903
Nombre de spectateurs sur les routes (2019)	10 à 12 millions
Nombre de téléspectateurs dans le monde (2019)	3,5 milliards

➔ Comment le Tour de France participe-t-il au rayonnement et à l'attractivité de la France et de ses territoires ?

1 Un événement mondial

Parole de géographe

À la fois « monument » du calendrier cycliste international et vitrine du patrimoine français, le Tour de France (TDF) est aujourd'hui le premier événement sportif annuel mondial [...]. Il participe au rayonnement culturel français et à son image d'excellence. Il s'est imposé comme un événement populaire, festif et rassembleur, aujourd'hui pratiqué, pour une journée, une semaine ou dans son intégralité par des touristes venant du monde entier. La gratuité du spectacle rend l'événement attractif pour les publics, permettant au TDF de se transformer en une formidable vitrine commerciale pour la France. Partenaires de la course, sponsors d'équipes, annonceurs présents sur le bord des routes, collectivités territoriales et organisateurs bénéficient de l'exposition médiatique dont jouit l'événement pour faire leur promotion en associant leur image à la course [...].

À partir de 1952, avec l'arrivée de la télévision sur le TDF, c'est désormais la France qui peut se montrer. Le TDF devient la plus belle et la plus regardée des cartes postales de France : d'après un sondage réalisé par l'Institut Odoxa pour Winamax et RTL en 2016, 50 % des spectateurs regardent la course pour en apprécier les paysages. La diffusion de l'épreuve devient alors un reportage sur la France long de trois semaines, jusqu'à faire passer pour certains l'aspect sportif au second plan.

Édith Fagnoni, professeure des Universités, et Léo Castoldi, « De l'événement sportif au sport business : le Tour de France », *Bulletin de l'Association de géographes français*, 2018.

2 Le Tour de France 2019 : une course mondialisée

Carte interactive

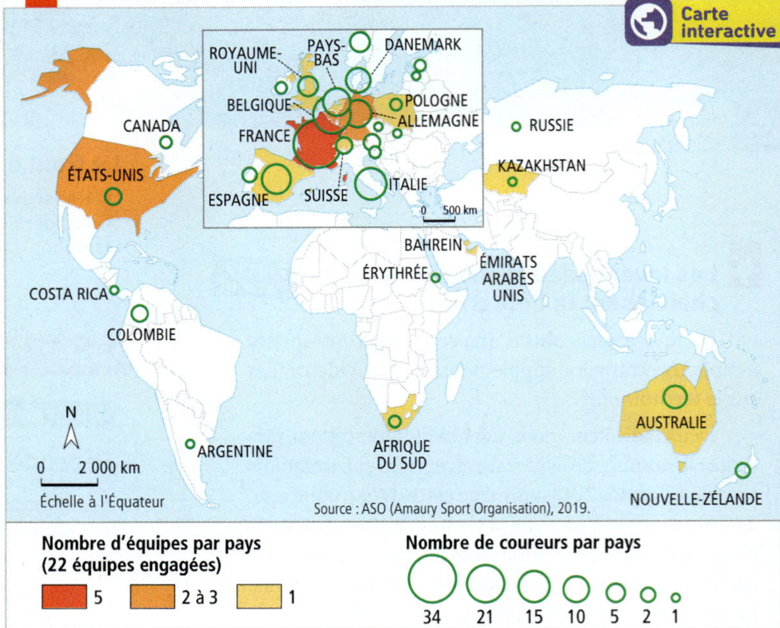

3 Une couverture médiatique mondiale

DIFFUSION

- **190** pays
- **3,5 milliards** de téléspectateurs
- **100** chaînes TV dont 60 en direct
- **68** radios

MÉDIAS ACCRÉDITÉS

- **2 000** journalistes accrédités pour 600 médias
- **91** agences photo
- **301** titres ou agences de presse et sites internet

INTERNET

- Site letour.fr en **4** langues
- Réseaux sociaux (Instagram, Facebook, Twitter, Chat Messenger) : **6,5 millions** de fans et *followers*

Source : Amaury Sport Organisation, 2018.

4 Le Tour de France 2019 à Valloire (Savoie)

Ascension du col du Galibier, juillet 2019.

5 Un partenariat Atout France[1]/ASO[2]

Du 6 au 28 juillet [2019], la 106e édition du Tour de France a emmené coureurs et suiveurs sur un parcours de 3 460 kilomètres à travers les plus beaux paysages de France. 21 jours d'épreuves qui ont mis en valeur l'exploit sportif et la majesté des 8 régions françaises traversées, auprès de milliards de téléspectateurs […].

Le Tour de France considère que la mise en avant des territoires traversés fait partie de ses principales missions, l'événement constituant naturellement un moment clé pour la promotion des destinations françaises […].

Le Tour a ainsi été mis à l'honneur sur France.fr (disponible en 15 langues), avec des pages renouvelées au fil des étapes. À chacune d'entre elles, un site touristique spécifique sera présenté avec une sélection d'activités disponibles alentour.

Atout France, 13 juin 2019.

1. Agence de développement touristique de la France.
2. ASO (Amaury Sport Organisation) : organisateur du Tour de France.

Questions

Itinéraire 1

Répondre aux questions

1. **Justifiez** l'expression « course mondialisée » pour décrire le Tour de France. **doc. 1 à 3**
2. **Montrez** que le Tour de France est un événement populaire et international. **doc. 4**
3. **Décrivez** par quels moyens le Tour de France contribue à l'attractivité touristique de la France. **doc. 1, 3 et 5**

Synthétiser

4. **Expliquez** comment le Tour de France participe au rayonnement mondial et à l'attractivité de la France. **doc. 1 à 5**

ou

Itinéraire 2

Préparer une présentation orale ORAL

- Relevez dans les documents 1 à 5 les informations montrant que le Tour de France est :
  – un événement sportif
  – un événement mondialisé
  – un événement qui participe à l'attractivité touristique de la France
- Appuyez-vous sur ce travail pour réaliser une présentation orale de 5 à 10 minutes montrant que le Tour de France participe au rayonnement et à l'attractivité de la France.

Croquis de l'étude de cas
▶ p. 151

▶ Voir p. 144-147

La Côte d'Azur

Objectif BAC

Consigne : À partir du texte ci-dessous, et en vous appuyant sur vos connaissances, complétez la légende et le croquis de synthèse.

Aide pour répondre à la consigne :
- Relevez les informations dans le texte.
- Identifiez les figurés pouvant être utilisés pour cartographier ces informations.
- Complétez la légende et le croquis à l'aide de l'étude de cas p. 144-147.

La Côte d'Azur : un littoral attractif dans la mondialisation

La Côte d'Azur est située dans le Sud-Est de la France, en région Provence-Alpes-Côte d'Azur, dans les départements des Alpes-Maritimes et du Var. Elle forme l'espace bordier de la mer Méditerranée entre Toulon et la frontière italienne. Elle est bien connectée à toutes les échelles grâce à des infrastructures et un réseau de communication modernes et performants : deux aéroports internationaaux (Toulon et Nice, 2e aéroport français), de nombreux ports pour le trafic de marchandises et surtout de passagers (Toulon, Nice, Cannes…). La région est aussi bien connectée au réseau ferré et routier national et international grâce aux axes de communication qui longent le littoral (autoroute A8).

Avec 11 millions de touristes par an et 15 % de son PIB lié au tourisme, la Côte d'Azur est un pôle touristique international majeur. Elle attire des touristes du monde entier, principalement d'Europe (53,9 %), mais aussi d'Amérique du Nord, d'Asie… Elle est réputée pour la beauté de ses paysages et son climat ensoleillé. Elle valorise un riche patrimoine naturel (parc national de Port-Cros et du Mercantour) et culturel (parfums de Grasse). Elle profite en outre du rayonnement international de manifestations culturelles (Festival de Cannes) ou sportives (Grand Prix de France). Le littoral azuréen abrite de nombreuses villes et stations balnéaires à forte capacité touristique (Nice, Cannes, Saint Raphaël…).

La Côte d'Azur fait aussi figure de région urbaine dynamique et attractive pour les entreprises à l'échelle internationale. Elle met en avant la qualité de son cadre et de ses infrastructures pour attirer les capitaux étrangers : le flux entrant d'investissements directs à l'étranger (IDE) est important et en forte croissance. Ces investissements contribuent à la création d'entreprises dans des secteurs de pointe, notamment au sein de ses deux technopôles (Toulon, Sophia-Antipolis). À l'image de l'ensemble de la Côte d'Azur, Nice et Toulon sont deux métropoles régionales attractives dans la mondialisation.

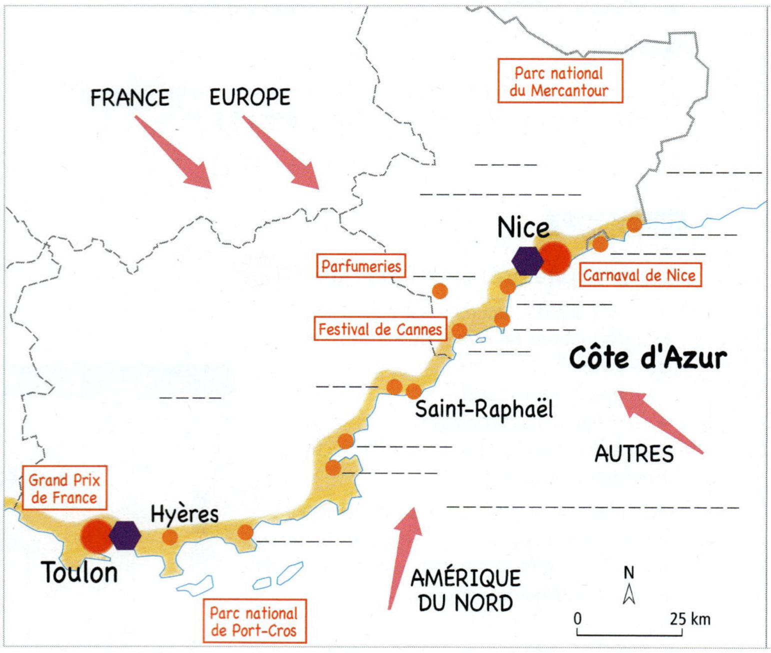

1. Une région connectée à toutes les échelles
- Aéroports internationaux
- Principaux ports (passagers et marchandises)
- Principaux axes de communication

2. Un pôle touristique international majeur
- Villes à forte capacité touristique
- Festival de Cannes — Un patrimoine et des événements au rayonnement international
- Principaux flux touristiques

3. Une région dynamique attractive pour les entreprises
- Littoral urbanisé et attractif
- Principales métropoles, moteur de croissance et d'attractivité pour la région
- Technopôles
- Flux d'IDE

Fond de carte différencié

Croquis des études de cas

▶ Voir p. 148-149

La France du Tour

Objectif BAC

Consigne : À partir du texte ci-dessous, et en vous appuyant sur vos connaissances, complétez la légende et le croquis de synthèse.

Aide pour répondre à la consigne :
- Identifiez dans le texte les différents flux dirigés vers la France grâce au Tour de France ainsi que la ville de départ et d'arrivée de la course en 2019.
- Sur le fond de carte, à l'aide d'un atlas si besoin, nommez les villes ayant accueilli le Tour de France plus de 30 fois depuis sa création.

La France du Tour : un rayonnement mondial

La France accueille chaque été le Tour de France cycliste. Fondé en 1903, cette compétition est devenue aujourd'hui le plus grand événement sportif annuel mondial. Après un parcours de 21 jours à travers les plus beaux paysages de France, la course s'achève traditionnellement au cœur de Paris, sur les Champs-Élysées. Mais le Tour de France affiche depuis plusieurs années une dimension européenne : en 2019, son départ a par exemple été donné à Bruxelles.

Le Tour de France cycliste contribue activement au rayonnement mondial de la France. Les coureurs et les équipes qui participent à la course sont originaires du monde entier. Les sponsors de la course et des coureurs sont des entreprises internationales. La course bénéficie d'une couverture médiatique mondiale : les images de l'événement sont retransmises dans 190 pays, auprès de 3,5 milliards de téléspectateurs, grâce à 2 000 journalistes accrédités pour plus de 600 médias.

Grâce à cette visibilité internationale, le Tour de France est un formidable outil de promotion des territoires français. Il accueille chaque été 10 à 12 millions de spectateurs sur son parcours, dont de nombreux touristes étrangers. La valorisation des paysages français *via* la diffusion des images de la course participe à la promotion touristique du pays et de ses régions. Afin de renforcer leur visibilité et leur attractivité, certaines villes françaises comme Bordeaux, Brest ou Metz ont accueilli la course plus de 30 fois depuis sa création.

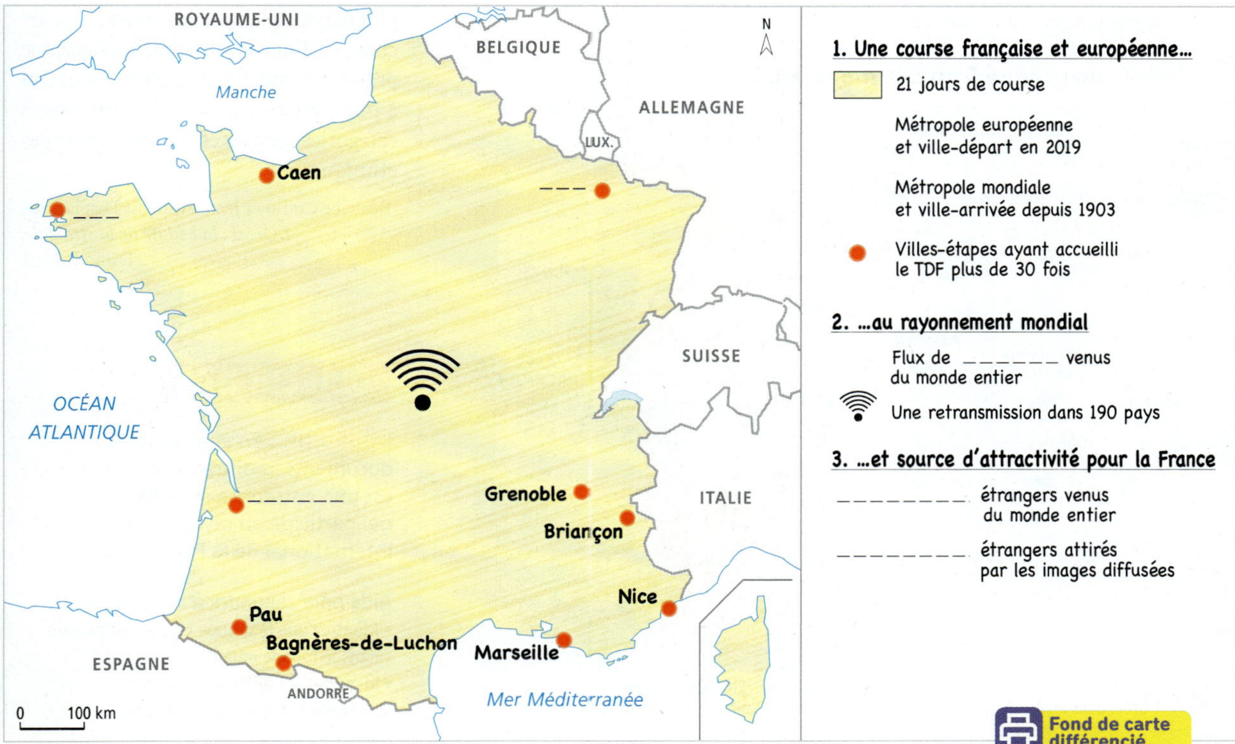

Fond de carte différencié

Exemple

L'Oréal, une firme française dans la mondialisation

Zoom sur...

▸ L'Oréal (fondée en 1909)

Rang	1er groupe mondial de cosmétiques
Chiffre d'affaires	27 milliards d'euros/an
Nombre de marques	36 (Lancôme, Garnier, Ralph Lauren, Diesel...)

Source : L'Oréal, Fortune 500, 2019.

Vidéo

1 Lancôme, une marque du groupe L'Oréal à Hong Kong (Chine)

Photographie prise en novembre 2018.

3 L'Oréal : un groupe français mondialisé

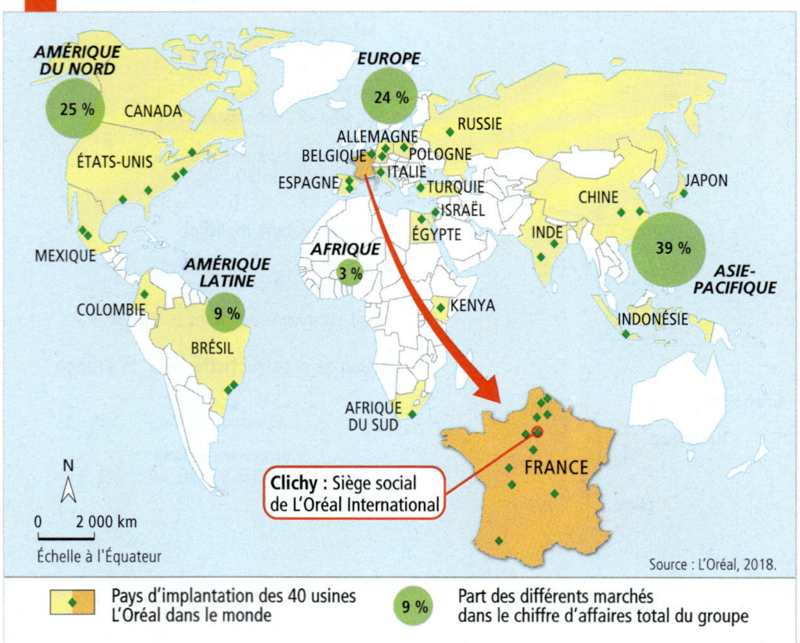

2 L'Oréal, une marque universelle

Dès 1912, l'entreprise exportait ses teintures capillaires en Autriche, en Italie et aux Pays-Bas [...]. Aujourd'hui l'entreprise est présente sur les 5 continents, dans 130 pays, et réalise un chiffre d'affaires équivalent en Europe de l'Ouest et sur les nouveaux marchés. Cette présence mondiale est le fruit d'une longue construction élaborée au fil des années [...]. 1986 est une année historique puisque l'entreprise devient le leader mondial du secteur des cosmétiques face à des concurrents américains ou japonais beaucoup moins internationalisés [...].

L'Oréal se mobilise autour de l'universalisation et de la conquête d'un « nouveau milliard de consommateurs » à l'horizon 2022. Pour y parvenir, l'entreprise doit se renforcer sur les marchés émergents, en touchant notamment les classes moyennes et s'implanter beaucoup plus massivement sur les nouveaux marchés [...]. L'universalisation implique une présence mondiale, mais elle renvoie aussi à une présence au sein des différentes catégories sociales et les différents types ethniques.

Béatrice Collin et Jean-François Delplancke, *L'Oréal : la beauté de la stratégie*, Dunod, 2015.

Objectif BAC

Consigne : En analysant les documents, montrez que L'Oréal est une entreprise mondiale qui participe au rayonnement international de la France.

Aide pour répondre à la consigne :
- Montrez que le groupe L'Oréal est présent dans le monde entier.
- Identifiez les différentes phases de l'internationalisation de la firme.

Exemple

Le rayonnement de la France à Londres

1 La France à Londres

Source : Ambassade de France, AEFE, 2019.

2 Campus France à Londres

En mai 2019, Campus France, établissement public chargé de la promotion de l'enseignement supérieur français à l'étranger et de l'accueil des étudiants et chercheurs étrangers en France, inaugure son bureau de Londres […].

La mission principale des bureaux de Campus France, présents dans plus de 126 pays, est de promouvoir l'enseignement supérieur français […]. L'inauguration met en lumière la nouvelle stratégie de la France, qui ambitionne de devenir une destination de plus en plus attrayante pour les étudiants étrangers désireux de recevoir une formation universitaire d'excellence. Cette stratégie s'inscrit dans le cadre d'une campagne de communication globale visant à accroître la présence et l'influence de la France à l'étranger […]. L'ambition de la France est de contrer le déséquilibre des flux d'étudiants entre la France et le Royaume-Uni, les incertitudes liées au Brexit et les relations futures entre le Royaume-Uni et l'Union européenne.

Ambassade de France à Londres, 13 mai 2019.

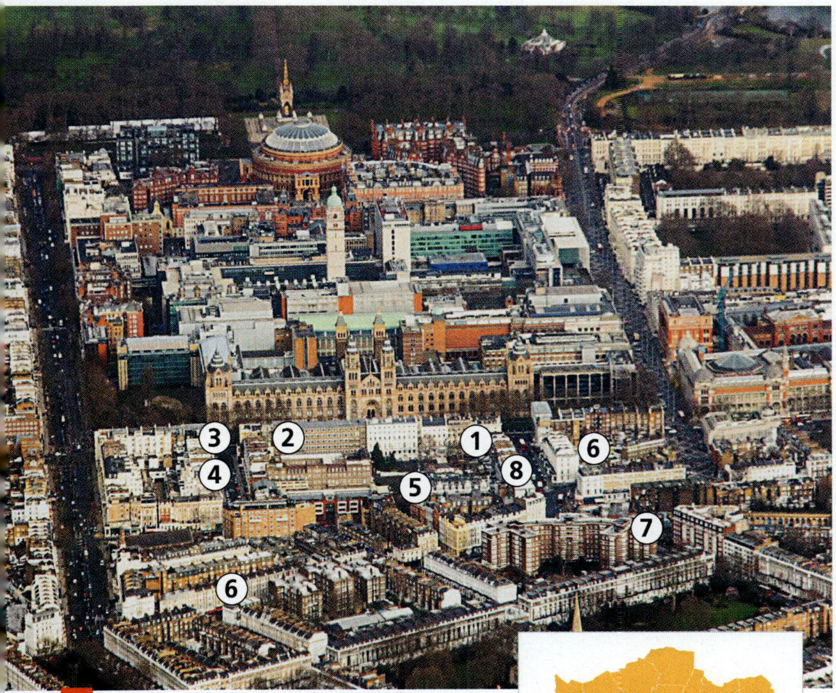

3 South Kensington, le « carré français » de Londres

① Consulat général de France
② Lycée français Charles-de-Gaulle
③ Institut français
④ Ciné Lumière
⑤ Librairie française
⑥ Commerce de produits gastronomiques français (fromages, pâtisseries, pains, vins…)
⑦ Restaurant français
⑧ Maison médicale française

Objectif BAC

Consigne : En analysant les documents, expliquez par quels moyens la France assure son rayonnement diplomatique, culturel et économique à Londres.

Aide pour répondre à la consigne :
- Relevez les différentes institutions françaises présentes à Londres et précisez dans quels domaines elles agissent.
- Montrez que le rayonnement culturel et économique de la France sont en partie liés.

Carte

La France dans le monde

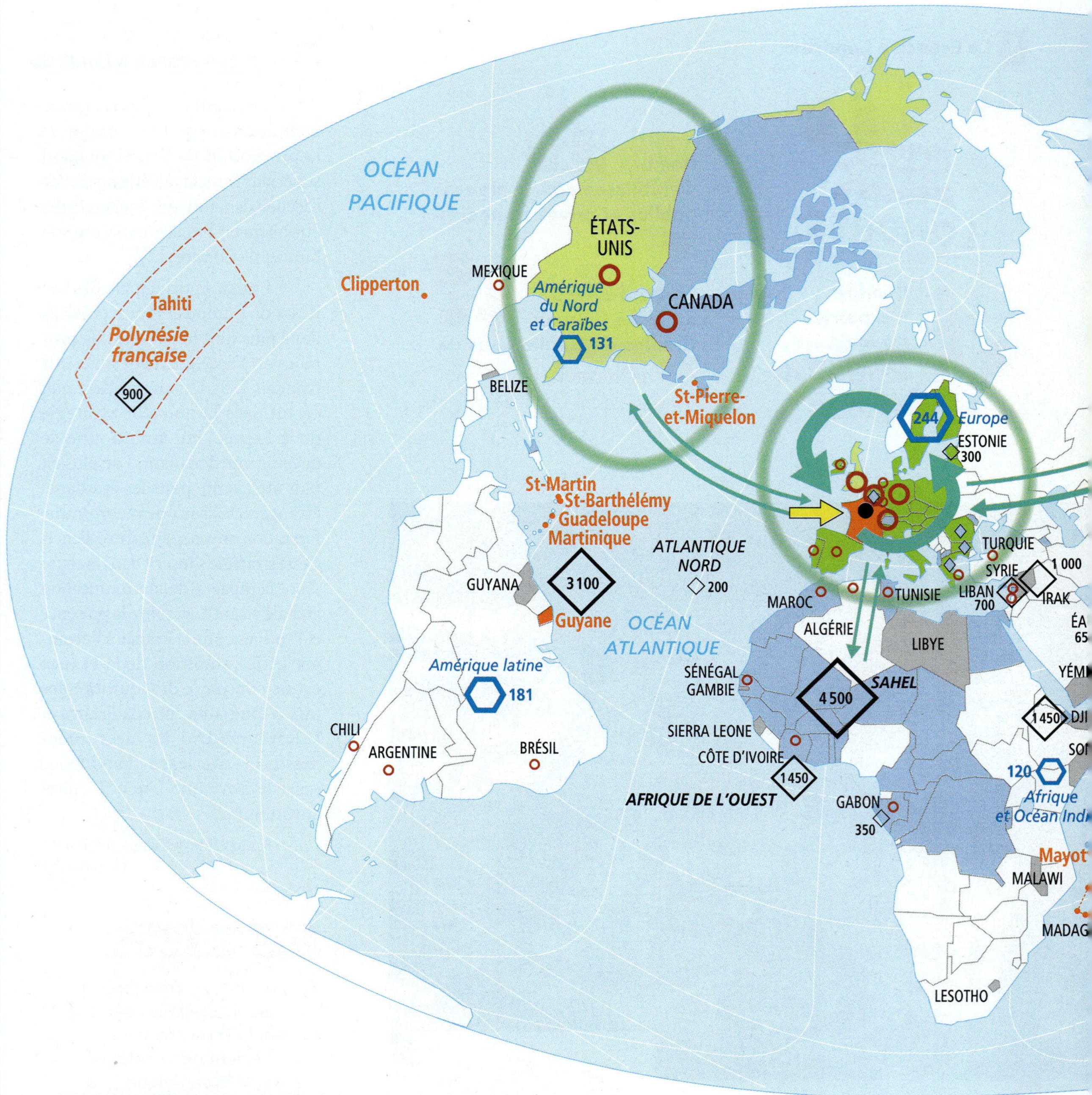

1. Une présence sur tous les continents

France métropolitaine et territoires ultramarins

500 Soldats français déployés dans le monde en 2018

Nombre d'expatriés français (2018)

plus de 100 000 — de 10 000 à 100 000

Pays sans ambassade de France

2. Un rayonnement culturel mondial

Pays membres de l'Organisation internationale de la Francophon

76 Réseau des Alliances françaises (nombre en 2018)

La France : première destination touristique mondiale

Paris : métropole mondiale

Vocabulaire

- **Alliance française :** organisation française dont l'objectif est de faire rayonner la langue française et la culture française à l'extérieur de la France.
- **Expatrié :** individu résidant dans un autre pays que le sien.
- **IDE (Investissements directs à l'étranger) :** sommes d'argent investies par des entreprises étrangères sur un territoire (création, rachat d'entreprise).

Carte interactive

Sources : ministère des Armées, ministère de l'Europe et des Affaires étrangères, ministère de l'Économie et des Finances, Fondation Alliance française, OIF, 2019.

3. Une puissance économique intégrée dans la mondialisation

- L'Union européenne, principal partenaire économique de la France
- Principaux partenaires économiques hors Union européenne
- Pôle de la mondialisation (échanges commerciaux, implantations de filiales françaises, provenance d'IDE…)
- Importations / exportations

Chiffres clés

La France dans le monde en 2019

18 230
soldats français déployés hors métropole

2,5 millions
d'expatriés français

BONJOUR

300 millions
de locuteurs francophones dans le monde, sur tous les continents

Plus de 832
agences de l'Alliance française dans 131 pays

1re destination touristique mondiale :
90 millions
de touristes (en 2018)

Questions

1. **Localisez** les régions du monde dans lesquelles la France exerce son influence géopolitique grâce à ses territoires d'outre-mer.
2. **Localisez** les régions du monde dans lesquelles la francophonie est particulièrement implantée.
3. **Montrez** que la France est insérée dans la mondialisation des flux.

Des territoires inégalement attractifs

1 Rayonnement et attractivité économique

Sources diverses, 2020.

2 Rayonnement culturel et attractivité touristique internationale

1. Des territoires attractifs divers

- Paris, métropole culturelle et touristique mondiale
- Autres métropoles culturelles et touristiques
- Littoraux touristiques
- *Alsace* Régions de tourisme culturel
- Tourisme vert
- Tourisme de montagne

2. Des facteurs de rayonnement et d'attractivité

- Principaux aéroports
- Principaux axes de communication
- Sites classés au patrimoine mondial de l'Unesco
- Sièges d'organisation culturelle internationale (Unesco, OIF)

3. Des échanges culturels

- Flux d'étudiants étrangers
- 6,7 Flux de touristes étrangers (en millions)
- Exportations de produits culturels (films, œuvres littéraires…), médias français diffusant à l'international

Sources diverses, 2020.

Carte interactive

Vocabulaire

▸ **OIF (Organisation internationale de la francophonie) :** voir p. 158

▸ **Unesco :** l'Organisation des Nations unies pour l'éducation, la science et la culture. Elle gère en particulier le classement au patrimoine mondial.

Questions

1. **Identifiez** les espaces les mieux intégrés à la mondialisation et les plus attractifs.
2. **Relevez** les infrastructures qui favorisent leur intégration à l'espace européen et mondial.

La France : un rayonnement international différencié et une inégale attractivité dans la mondialisation

Podcast Cours à écouter

Quels sont les aspects du rayonnement et de l'attractivité de la France dans la mondialisation ?

1 Une puissance économique mondiale

● **La France est une puissance économique majeure.** Avec un PIB de 2 353 milliards d'euros en 2018, elle est au 7e rang mondial et au 3e rang européen, derrière l'Allemagne et le Royaume-Uni. Elle est au 8e rang des exportateurs de biens grâce à des secteurs dynamiques comme l'aéronautique et au 4e rang pour les services. L'Union européenne demeure son principal partenaire commercial (60 % des échanges) devant la Chine et les États-Unis. Elle recule toutefois régulièrement dans le classement des puissances économiques au profit de pays émergents comme l'Inde.

● **Les firmes transnationales françaises participent à son insertion économique mondiale.** Elles contrôlent 45 000 filiales à l'étranger où elles réalisent plus de la moitié de leur chiffre d'affaires. Plusieurs groupes français se placent au 1er ou 2e rang mondial dans leur secteur : L'Oréal (cosmétiques), Carrefour (grande distribution), LVMH (luxe), Vinci (BTP), Danone (agroalimentaire)… Ces firmes innovent en permanence afin de conquérir des parts de marché au niveau mondial.

● **La France est attractive pour les investisseurs étrangers.** Elle est le 5e pays le plus attractif pour les flux d'investissements directs étrangers (IDE) en 2018. 60 % proviennent d'Europe, mais le 1er pays investisseur reste les États-Unis. La diversité des territoires français, la main-d'œuvre qualifiée, la qualité des infrastructures et l'accompagnement des entreprises par les pouvoirs publics constituent de puissants facteurs d'attractivité et de compétitivité.

EXEMPLE L'Oréal, une firme française dans la mondialisation → p. 152

2 Un rayonnement international

● **Les Français sont présents sur les cinq continents.** Sur les 67 millions de Français, 2,6 millions vivent en Outre-mer et environ 2,5 millions sont expatriés. Ils contribuent à faire du français la 5e langue la plus parlée dans le monde (300 millions de locuteurs), malgré la concurrence de l'anglais. L'armée française a la capacité d'intervenir partout dans le monde : plus de 18 000 militaires sont déployés hors de métropole, certains sous mandat international (ONU, OTAN, UE) dans le cadre de missions de maintien de la paix ou de lutte contre le terrorisme.

● **La France est influente sur la scène mondiale.** Elle dispose d'un siège permanent au Conseil de sécurité de l'ONU et participe à de nombreuses instances de gouvernance mondiale (G7, G20…). Avec 162 ambassades, elle possède le 2e réseau diplomatique mondial derrière les États-Unis. Elle accueille le siège d'organisations internationales (Unesco à Paris). Elle est le 4e contributeur mondial en termes d'aide au développement, après les États-Unis et la Chine.

● **La France bénéficie d'un rayonnement culturel exceptionnel.** L'Organisation internationale de la Francophonie, les centres de l'Alliance française, les 500 lycées français de l'étranger, les médias internationaux (RFI, TV5Monde, France24), la production cinématographique (2e exportateur mondial de films) contribuent à ce rayonnement. Son patrimoine naturel et culturel (Mont-Saint-Michel, pitons et cirques de La Réunion…), sa gastronomie, ses événements sportifs (Coupe du monde féminine de football 2019) font de la France le pays le plus visité au monde avec près de 90 millions de touristes étrangers en 2018.

ÉTUDE DE CAS La France du Tour : un rayonnement mondial → p. 148
EXEMPLE Le rayonnement de la France à Londres → p. 153

Vocabulaire

- **Alliance française :** voir p. 155
- **Compétitivité :** capacité d'une entreprise, d'un secteur économique ou d'un territoire à vendre ou fournir durablement un ou plusieurs biens ou services sur un marché concurrentiel.
- **District industriel :** concentration, sur un territoire donné, de petites et moyennes entreprises, spécialisées dans un secteur d'activité reposant sur des savoir-faire hérités.
- **Expatrié :** individu résidant dans un autre pays que le sien.
- **Filiale :** entreprise contrôlée par une autre entreprise appelée société mère.
- **Gouvernance mondiale :** ensemble de règles, de lois et de normes mises en place pour réguler les flux économiques, migratoires et informationnels, ainsi que les relations internationales dans un contexte de mondialisation.
- **Organisation internationale de la francophonie (OIF) :** institution créée en 1970, dont les 88 membres (États ou gouvernements) partagent ou ont en commun la langue française et certaines valeurs comme la diversité culturelle, la paix ou la gouvernance démocratique.

Les 3 premières firmes françaises (selon le chiffre d'affaires 2018)
En milliards de dollars

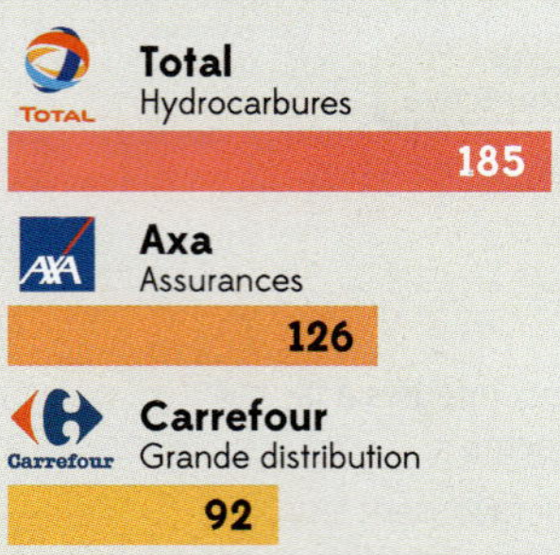

Source : Fortune 500, 2018.

3 Une inégale attractivité

● **Paris est une métropole de rayonnement planétaire.** Avec un PIB de 650 milliards d'euros (31 % du PIB national) en 2019, la région parisienne est le principal pôle de l'intégration de la France dans la mondialisation. Elle attire 1/3 des investissements dans le pays, et 1/3 des 500 premières firmes transnationales (FTN) mondiales y possèdent un siège social. Elle accueille près de 50 millions de visiteurs étrangers par an, grâce à des hauts lieux du tourisme mondial (musée du Louvre, Disney and, Versailles…). Paris est également l'une des capitales mondiales du luxe et du tourisme d'affaires. Elle concentre de nombreuses universités et grandes écoles (Sorbonne, Sciences-Po…).

● **D'autres territoires sont également très intégrés dans la mondialisation.** Toulouse est une capitale mondiale de l'aéronautique (assemblage des Airbus). Lyon est reconnue comme un pôle mondial de la gastronomie, mais aussi de la chimie. La Normandie, la Côte d'Azur, les Alpes du Nord… attirent une importante clientèle touristique internationale. La région de Bordeaux est mondialement réputée pour sa production viticole, tout comme la Bourgogne ou la Champagne. Les régions d'Oyonnax (industries de la plasturgie) ou de la vallée de l'Arve (mécanique de précision) sont des districts industriels performants.

● **Certains territoires sont en marge de la mondialisation.** Les territoires ruraux, éloignés des influences métropolitaines et marqués par le déclin démographique sont très peu attractifs. C'est le cas des territoires montagnards isolés des Ardennes et du Massif central. Les anciennes régions industrielles du nord et de l'est de la France (Lorraine) sont confrontées depuis plusieurs décennies aux problématiques de la reconversion.

ÉTUDE DE CAS La Côte d'Azur : un littoral attractif dans la mondialisation → p. 144
GÉO DÉBAT Airbnb : un atout ou un danger pour l'attractivité des territoires en France ? → p. 160

Les expatriés français dans le monde

En pourcentage du total des expatriés en 2018

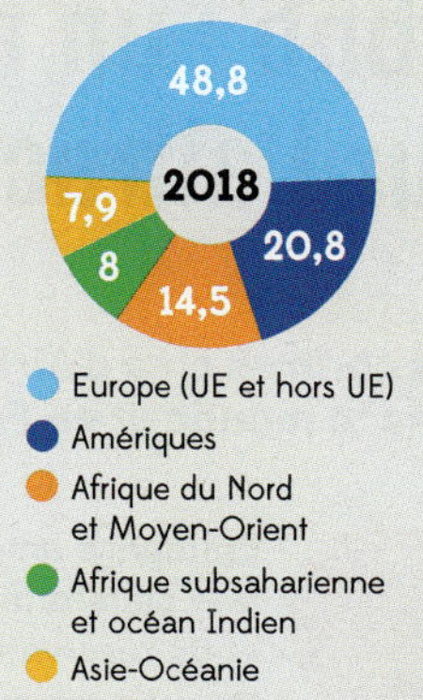

Source : ministère des Affaires étrangères, 2020.

Notion

Attractivité p. 165

THÈME 2
SE PRÉPARER
CHAPITRE 3
CHAPITRE 4
RÉVISER

Du cours au schéma

EXO Exercice interactif

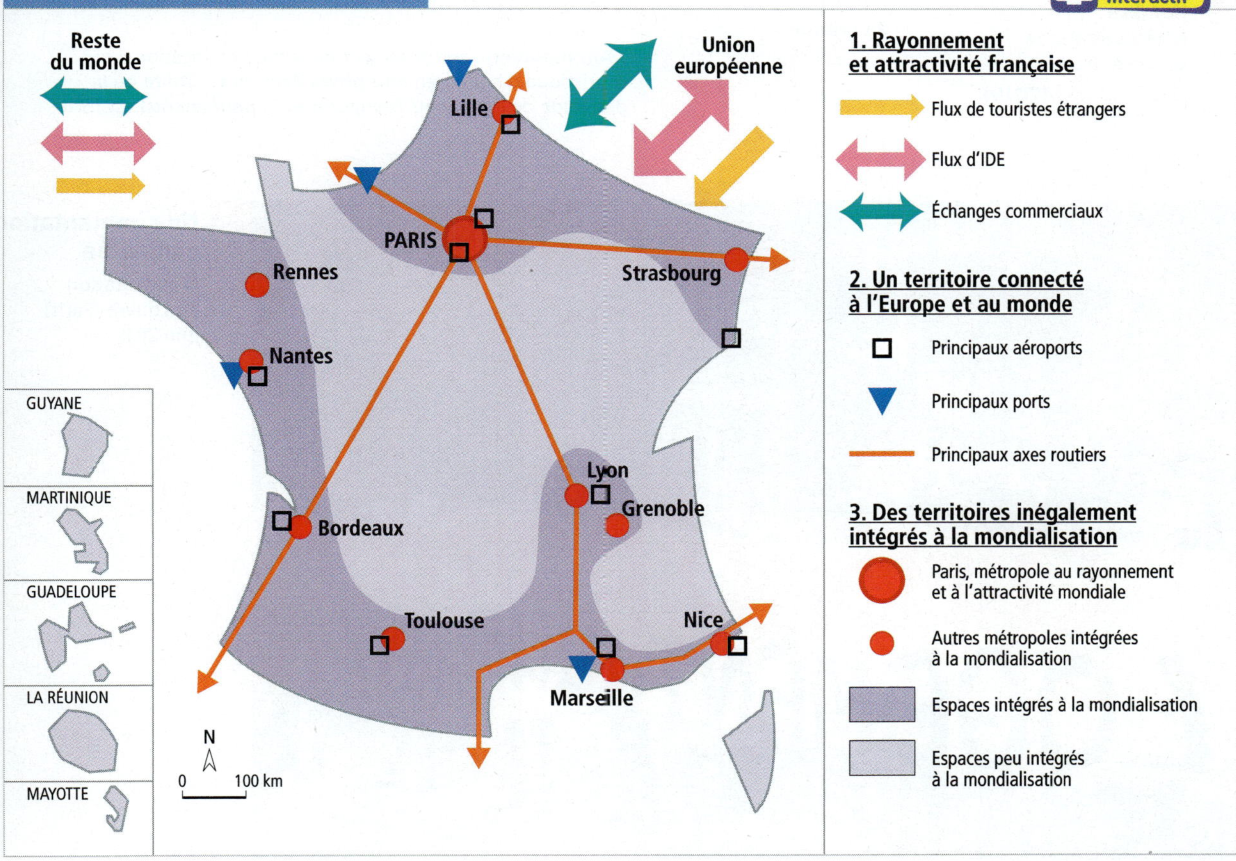

Géo DÉBAT

ORAL

Airbnb : un atout ou un danger pour l'attractivité des territoires en France ?

1 Les chiffres clés d'Airbnb dans le monde et en France

airbnb

Entreprise américaine proposant une plateforme de location et de réservation de logements touristiques en ligne.

Date de création 2008

Siège social San Francisco

Chiffre d'affaires : plus de 3 milliards de dollars (2018)

Nombre d'hébergements dans le monde : 7 millions (2019)

Nombre d'hébergements en France : 600 000 (2019)

Nombre de communes disposant d'une offre d'hébergement Airbnb en France : 22 000

2 Une menace pour l'accès au logement

Parole d'acteur

L'observatoire

« Je dois trouver un autre logement car mon propriétaire met son bien sur Airbnb. » Cette phrase, entendue à l'occasion de mes permanences d'élu, m'a conduit en mars 2016 à mener une étude sur « l'airbnbisation » de Bordeaux. Les conclusions de cette enquête ont mis en évidence une professionnalisation de l'utilisation d'Airbnb par les loueurs. Autrement dit, la très grande majorité des logements sont exclusivement dédiés à la location saisonnière. Par ailleurs, l'essentiel des logements proposés sont des studios et T2. C'est pourquoi ce sont plus particulièrement les jeunes, les personnes vivant seules et les familles modestes qui sont victimes de ce phénomène. La rentabilité des locations Airbnb étant bien meilleure qu'une location classique, elle accélère l'augmentation des loyers et du foncier.

Matthieu Rouveyre, fondateur de l'Observatoire Airbnb, www.observatoire-airbnb.fr, juillet 2019.

Vocabulaire

Airbnbisation : accroissement de la mise en location à but touristique d'hébergements privés dans un territoire où la demande de logements (temporaires et permanents) est forte.

3 Une implantation contestée

Manifestation au Louvre (Paris), juin 2019.

4 L'implantation d'Airbnb en France

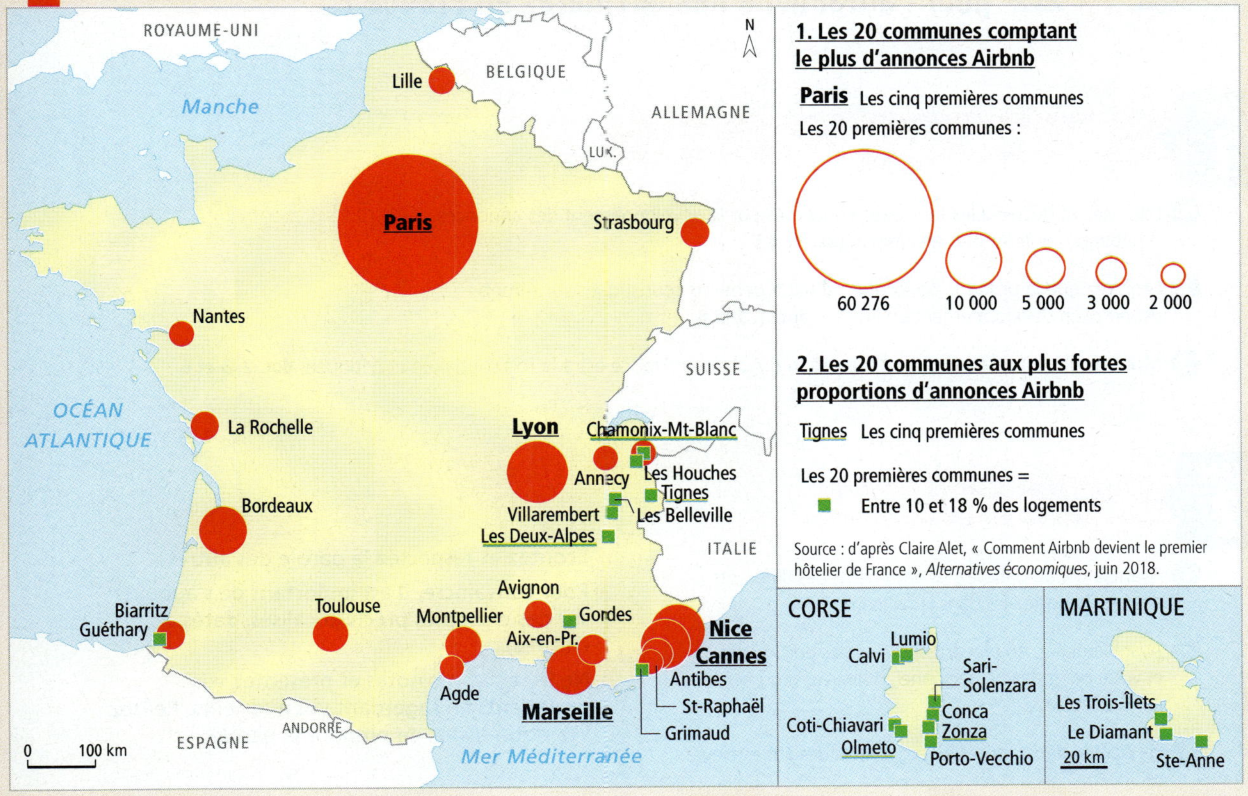

Source : d'après Claire Alet, « Comment Airbnb devient le premier hôtelier de France », *Alternatives économiques*, juin 2018.

5 Airbnb dans la région Centre - Val de Loire

L'offre de logement Airbnb est très présente entre Chinon et Chambord, mais se décline de manière très différente selon les caractéristiques sociales et géographiques des territoires. Les quartiers centraux des deux agglomérations (Blois et Tours), regroupant des lieux touristiques (musées, cathédrales, vieille ville), proposent un nombre important d'hébergements Airbnb qui représentent un peu plus de 3 % du nombre total de logements de ces quartiers. À l'opposé, les taux les plus faibles se localisent dans des quartiers populaires et d'habitat social de ces agglomérations. Le potentiel touristique de la région ne se concentrant toutefois pas exclusivement en ville, l'offre Airbnb rapportée au nombre total de logements est également très importante dans de nombreux territoires ruraux, en particulier à proximité de sites touristiques (châteaux de la Loire, zooparc de Beauval, Candes-Saint-Martin) ou de vignobles (en particulier dans la Sologne viticole entre Chaumont-sur-Loire et la vallée du Cher, mais aussi à proximité d'Amboise, Chinon et Bourgueil). Dans ces territoires, la viticulture a constitué un terreau favorable au développement d'hébergements touristiques avant l'émergence des plateformes numériques.

D. Andrieu, J. Devaux et N. Oppenchaim, « Cet Airbnb dont on ne parle pas », www.metropolitiques.eu, 20 mai 2019.

6 Airbnb au service de l'attractivité des territoires ruraux

Pour soutenir une nouvelle dynamique favorable aux villages français, et à une dispersion du tourisme au bénéfice de tous, l'Association des Maires Ruraux de France (AMRF) et Airbnb s'allient. Alors que 80 % des annonces sur Airbnb sont situés en dehors de Paris, Airbnb et l'AMRF vont mettre en œuvre une série d'actions communes afin de développer le potentiel touristique des campagnes françaises, et promouvoir un tourisme équilibré, au bénéfice de tous les territoires et de leur population. Airbnb partagera régulièrement des informations et des éléments d'analyse du développement de l'offre Airbnb dans la ruralité. L'AMRF et Airbnb organiseront des conférences avec les maires ruraux afin de développer des stratégies conjointes de développement du tourisme rural et Airbnb va mettre en avant les destinations rurales au travers de campagnes de promotion.

Par ailleurs, à l'occasion du lancement de ce partenariat, Airbnb et l'AMRF publient des données qui illustrent l'impact positif de la communauté d'hôtes Airbnb dans les espaces ruraux et notamment sur le développement touristique des communes dépourvues d'infrastructures hôtelières traditionnelles ; ces données confirment le potentiel économique de la ruralité, créatrice de richesses.

Laurent Guéna, « Airbnb s'engage à soutenir les territoires ruraux », Le Quotidien du tourisme.com, 18 février 2019.

C'est à vous !

Géo DÉBAT

Airbnb : un atout ou un danger pour l'attractivité des territoires en France ?

ÉTAPE 1 Comprendre et préparer le débat

1. Localisez et décrivez les territoires concernés par le développement des annonces d'hébergements Airbnb en France. **doc. 4 et 5**
2. Montrez que la pratique de location d'hébergements touristiques sur Airbnb est en plein développement en France. **doc. 1, 5 et 6**
3. Montrez que l'implantation et l'expansion d'Airbnb en France est à la fois souhaitée et critiquée. **doc. 2, 3 et 6**

ÉTAPE 2 Participer au débat

4. Avant le débat, prélevez les arguments des différents acteurs. Reportez-les dans le tableau.
5. Avant le débat, en prenant appui sur les documents et votre point de vue personnel, notez vos arguments dans le tableau.
6. Pendant le débat, notez les arguments des autres élèves.

Conseils

- Écoutez et respectez la parole des autres.
- Pour convaincre, il est important de s'appuyer sur des exemples précis (localisés, datés, chiffrés).
- Ne lisez pas vos notes et présentez vos arguments en regardant vos auditeurs. Relisez vos notes avant de prendre la parole.

	Airbnb est un atout pour l'attractivité des territoires	Airbnb est un danger pour l'attractivité des territoires
Acteurs	• • •	• • •
Arguments des acteurs	• • •	• • •
Mes arguments	• • •	• • •
Les arguments des autres élèves	• • •	• • •

Vidéo

« Airbnb se met au vert », JT 20h, LCI, 19 août 2018.

ÉTAPE 3 Conclure le débat

7. À la suite du débat en classe, exprimez votre point de vue personnel et argumenté sur la présence d'Airbnb en France.
8. Les arguments échangés lors du débat vous ont-ils amené(e) à revoir votre position de départ ? Expliquez pourquoi.

THÈME 2

Dynamiques territoriales, coopérations et tensions dans la mondialisation

RÉVISER LE THÈME

Commerce informel à Antsirabé (Madagascar), 2016.

RÉVISER

SE TESTER

- Vérifier ses connaissances

EXO Exercices interactifs

S'ENTRAÎNER POUR LE BAC

Aller plus loin

→ p. 164

Film · Musée / Expo · Sites internet · BD · Podcast

S'ORIENTER

→ p. 174

Pierre-Emmanuel
→ Directeur de développement immobilier

Johanna
→ Directrice d'Alliance française

SYNTHÈSE

→ THÈME 2

Dynamiques territoriales, coopérations et tensions dans la mondialisation

1 Une intégration à l'échelle mondiale

Podcast — Synthèse à écouter

● **La mondialisation renforce l'intégration de l'espace mondial.** Les réseaux de communication contribuent à connecter les territoires. Ils favorisent la circulation à l'échelle mondiale des marchandises, des capitaux (IDE) et des personnes. La France fait partie des plus grandes puissances commerciales de la planète.

● **La mondialisation fait émerger de nouveaux acteurs.** C'est le cas des firmes transnationales qui contribuent à redéfinir le rôle des États, mais aussi des ONG, des mafias, des diasporas... La France fait partie des États qui adaptent leurs politiques économiques à la mondialisation (fiscalité, innovation). Ses FTN contribuent à son rayonnement mondial.

2 Des territoires inégalement intégrés dans la mondialisation

● **Les territoires présentent une inégale attractivité.** La mondialisation met en concurrence les territoires. Les flux (investissements, touristes, migrants) convergent vers les pôles les plus attractifs et compétitifs. Première destination touristique mondiale, la France occupe aussi les premiers rangs pour l'accueil d'IDE et d'étudiants étrangers.

● **La mondialisation hiérarchise les territoires.** Les grands pôles mondiaux se trouvent en Amérique du Nord, dans l'UE et en Asie orientale. De nouvelles puissances émergent (BRICS), tandis que d'autres territoires restent en marge. Cet inégal niveau d'intégration entre centres et périphéries se retrouve à l'échelle nationale (poids dominant de Paris en France).

3 Coopérations, régulations et tensions

● **Les accords économiques favorisent l'intégration régionale.** Ces accords régionaux débouchent sur des degrés d'intégration variables (zone de libre-échange, union monétaire). Des organisations informelles réunissent les grands acteurs de la mondialisation. La France fait partie du G7 et des membres fondateurs de l'UE.

● **La mondialisation s'avère aussi source de tensions.** Les néolibéraux dénoncent les entraves faites à la mondialisation (protectionnisme). À l'inverse, les altermondialistes en critiquent les excès (paradis fiscaux, ubérisation, dumping social). En France, certaines catégories sociales et certains territoires se considèrent d'ailleurs comme des « perdants » de la mondialisation.

Repères géographiques

- Les 10 premières métropoles mondiales p. 132
- Les trois grandes façades maritimes mondiales p. 132
- Les grandes puissances productives p. 132
- Les principaux accords économiques régionaux p. 134
- Les principaux quartiers d'affaires en France p. 156

Chiffres clés

- Amérique du Nord, UE, Asie orientale : **73 % du PIB mondial, 85 % des IDE**
- Plus de **600 accords régionaux** dans le monde
- **La France :**
  - **7e** PIB mondial
  - **8e** pays exportateurs de biens
  - **5e** pays récepteur d'IDE
  - **4e rang** pour l'aide au développement
  - **300 millions** de francophones dans le monde

Pour aller plus loin

Bande dessinée

● ***Les Voiles écarlates*** (Largo Winch, T. 22), Philippe Francq, Éric Giacometti, Dupuis, 2019.

Documentaire

● ***L'irrésistible ascension d'Amazon***, de David Carr-Brown, 2018.

Film

● ***En guerre***, de Stéphane Brizé, 2018.

NOTIONS

Attractivité

Capacité d'un territoire à polariser, à différentes échelles, des flux de personnes (touristes, immigrés) et de capitaux (investissements). Les acteurs publics (États, collectivités locales) développent souvent des stratégies destinées à renforcer l'attractivité de leur territoire : avantages fiscaux, financement des infrastructures, de la formation et de l'innovation…

L'**attractivité** est un facteur de recompositions spatiales (développement économique, croissance démographique, métropolisation, inégalités spatiales).

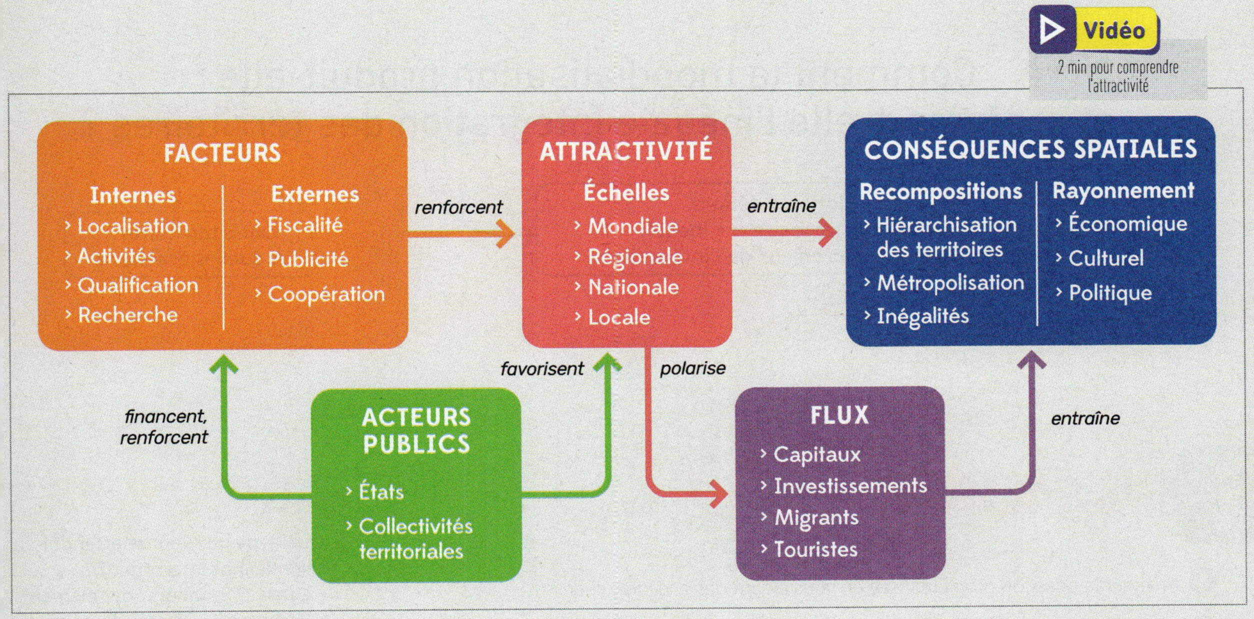

Intégration territoriale

Processus de renforcement des relations entre différents territoires plus ou moins éloignés. Cette intensification des échanges (marchandises, capitaux) et des mobilités (touristes, travailleurs) peut être spontanée ou liée à une volonté d'harmonisation économique et politique entre différents États ou collectivités territoriales (accords commerciaux, coopérations…).

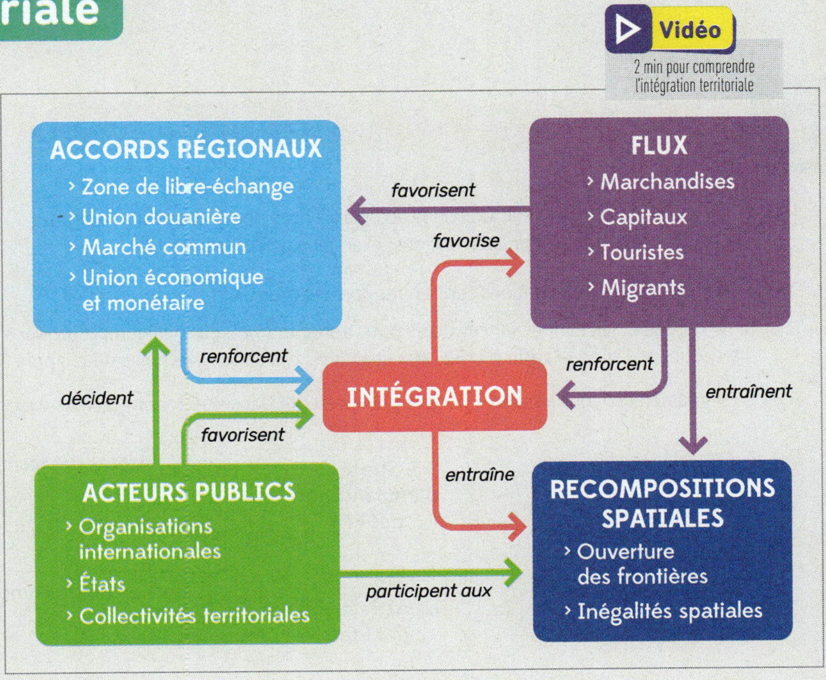

BAC Réponse à une question problématisée

▶ Description de l'épreuve p. 19
et méthode générale p. 20-21

SUJET GUIDÉ

Mot interrogatif orientant l'étude et le type de réponse attendue.

Notion à définir. Indique le contexte géographique du sujet.

➔ **Comment la mondialisation produit-elle et renforce-t-elle l'inégale intégration des territoires ?**

Notion à définir. Pourquoi précise-t-on « inégale » ? Quels sont les enjeux de l'intégration ?

Quels territoires ? À quelles échelles ?

ÉTAPE 1 Analyser le sujet

a Analyser la question problématisée en vous aidant des encadrés ci-dessus.

b Que doit montrer votre devoir ?

➔ Quel type de réponse appelle le mot interrogatif « Comment » ?

Conseil

▶ Quel type de réponse attendue selon le mot interrogatif ?

- Quels → énumérer des éléments
- Pourquoi → identifier des causes
- Comment → analyser des moyens
- Peut-on dire que → « oui / non…, mais »

ÉTAPE 2 Faire un plan et mobiliser ses connaissances

a Noter brièvement sur un brouillon les connaissances nécessaires pour répondre au sujet : faits géographiques, notions, exemples précis, statistiques.

b Vérifier que ces informations sont en rapport avec le sujet.

➔ Mobilisez les connaissances utiles pour traiter le sujet. Pour cela, reportez-vous au cours p. 136, à la carte p. 132, aux études de cas et aux exemples du chapitre 3.

➔ Classez ces connaissances dans le plan présenté dans les organigrammes suivants :

Conseil

▶ Vous pouvez organiser vos connaissances dans un organigramme afin de les classer et les hiérarchiser rapidement. Ce travail au brouillon vous sera utile pour la rédaction de la réponse.

I La mondialisation met les territoires en concurrence

- **1.** Stratégie d'implantation des FTN → Atouts des territoires : ……… → Exemple(s) : ………
- **2.** Attractivité des États → Recherche de compétitivité : ……… → Exemple(s) : ………

II La mondialisation hiérarchise les territoires

- **1.** Des pôles — .... — Exemple(s) : ....
- **2.** Des périphéries — .... — Exemple(s) : ....

ÉTAPE 3 Rédiger la réponse à la question problématisée

a Vous pouvez rédiger une courte introduction présentant brièvement le thème central du sujet et le plan.

→ À partir de votre analyse du sujet et du plan proposé, complétez l'introduction suivante :

> Le sujet nous invite à étudier ....
> Nous montrerons que ...., puis que ....

b Rédiger la réponse à la question problématisée en suivant le plan défini.

→ Exemple de rédaction de la 1re partie :

> La mondialisation contribue à mettre les territoires en concurrence.
>
> Les firmes transnationales développent des stratégies d'implantation mondiales en fonction des atouts des territoires. Elles concentrent les activités de décision et de recherche et développement dans leur pays d'origine et délocalisent souvent les activités de production et d'assemblage dans les pays à faible coût de main-d'œuvre. L'importance du marché de consommation et ses conditions d'accès sont également des facteurs déterminants du choix de localisation de ces firmes. La firme automobile japonaise Toyota en est un exemple : conservant les activités décisionnelles et d'innovation au Japon, elle a délocalisé sa production dans les pays offrant les coûts de main-d'œuvre et la fiscalité les plus avantageux ; son réseau commercial s'est développé essentiellement dans les pays à haut pouvoir d'achat.
>
> Les stratégies des firmes poussent les États à être plus attractifs et à renforcer leur compétitivité. Afin de répondre aux besoins des entreprises, ils modernisent leur réseau de communication (aéroports, Internet) et investissent dans les secteurs innovants (universités, R&D). Pour attirer les investissements étrangers, ils adaptent leurs politiques économiques et mettent en place des avantages fiscaux (Irlande, Chine). Les paradis fiscaux, tels que les Bahamas ou les Îles Caïmans, se sont spécialisés dans l'optimisation fiscale et en ont fait leur principal atout pour séduire les grandes entreprises mondiales.

Conseil

▶ Rédigez une phrase annonçant le thème de la partie, puis faites des sous-parties comportant chacune une idée importante du thème, des explications et des exemples.

→ Rédigez la 2e partie de la réponse à la question problématisée en vous appuyant sur votre travail réalisé au brouillon.

c Vous pouvez rédiger une courte conclusion : une réponse synthétique à la question problématisée.

→ Exemple de conclusion :

> Les logiques de la mondialisation et les stratégies de ses acteurs entraînent une mise en concurrence des territoires et favorisent les territoires les plus attractifs. Cela a pour conséquence une inégale intégration des territoires dans la mondialisation à toutes les échelles.

Conseil

▶ Dans la conclusion, résumez en une phrase le contenu de chaque partie.

Entraînez-vous !

Sujet blanc

- Quels sont les aspects de l'attractivité de la France dans la mondialisation ?

BAC Analyse de documents

▶ Description de l'épreuve p. 19 et méthode générale p. 22-23

SUJET GUIDÉ

En analysant les documents, vous mettrez en évidence les enjeux du rayonnement culturel de la France dans le monde.
L'analyse des documents constitue le cœur de votre travail, mais nécessite, pour être menée, la mobilisation de vos connaissances.

1 Les musées français à l'étranger

Cette stratégie d'implantation internationale des musées, qui consiste à placer ses petits drapeaux un peu partout sur le globe, a fait école. Dans un contexte de mondialisation effrénée de la culture, le *soft power* des musées français n'avait encore jamais été mesuré. C'est chose faite [...]. Le projet le plus exceptionnel concerne le Louvre Abu Dhabi et reste unique par son ampleur et les montants financiers mis en œuvre. Signé en 2007 dans un contexte diplomatique d'intensification des liens entre la France et les Émirats arabes unis, l'accord intergouvernemental pour concevoir et réaliser ce musée signé Jean Nouvel a prévu le prêt pour trente ans de la marque Le Louvre (facturé à lui seul 400 millions d'euros).

Les Centres Pompidou provisoires à l'étranger sont un « concept innovant » comparable à une franchise avec une vente temporaire de la marque. Le Centre Pompidou n'intervient ni dans l'investissement ni dans l'exploitation de l'établissement, mais y organise des expositions temporaires. Le premier a été ouvert à Malaga en 2015, le deuxième, Kanal Centre Pompidou, dans un ancien garage à Bruxelles. Shanghai [a été inauguré] fin 2019. [...]

Par ailleurs, les ventes d'expositions à l'international réalisées clés en main s'avèrent aussi très rentables. [...] Le Centre Pompidou a empoché 15,1 millions d'euros entre 2012 et 2018 avec 30 expositions hors de nos frontières. [...] C'est aussi l'opportunité de doper encore, par effet boomerang, le flot des touristes étrangers dans les musées hexagonaux. Ils représentent pourtant déjà 79 % des visiteurs du château de Versailles, 70 % du Louvre.

Nicole Vulser, « La Cour des comptes incite les musées à exporter leur *softpower* », *Le Monde*, 14 juin 2019.

Source : www.institutfrancais.com/fr

2 Site internet de l'Institut français

L'Institut français est l'établissement public chargé de l'action culturelle de la France à l'étranger.
L'Alliance française est une organisation dont l'objectif est de faire rayonner la langue et la culture françaises à l'étranger.

ÉTAPE 1 Analyser le sujet

▶ Le sujet invite à s'interroger sur les intérêts de la France à développer son influence culturelle dans le monde. Il faudra donc présenter les aspects, puis les enjeux du rayonnement culturel dans les domaines économique et diplomatique.

Conseil

▶ Surlignez les mots clés du sujet ; cela vous aidera à sélectionner les informations importantes dans les documents.

ÉTAPE 2 Analyser les documents

Conseil
▶ Appuyez-vous sur l'analyse du sujet pour faire un plan et classez les informations.

▶ Relever dans chaque document les idées importantes, les mots à définir.

➜ Complétez le tableau ci-dessous pour dégager et mettre en relation les informations.

	Les aspects du rayonnement culturel	Les enjeux du rayonnement culturel
Doc. 1	....	• **Économiques :** – Ouverture de filiales de musées à l'étranger = Investissements. – Logiques financières (marque commercialisée ; vente d'exposition). – Attirer les touristes étrangers dans les musées français. – Mondialisation de la culture. • **Diplomatiques :** – *Soft power* : à définir. – Louvre Abu Dhabi : accord intergouvernemental, intensification des liens entre la France et les Émirats arabes unis.
Doc. 2	• Présence d'organisations culturelles françaises dans de nombreux pays, sur tous les continents (préciser ce que sont l'Institut français et l'Alliance française). • Diffusion de la langue et de la culture française.	• Faire « vivre la culture française dans le monde ». • Langue internationale = enjeu de puissance.

▶ **Les connaissances à mobiliser :**

➜ Le vocabulaire : IDE, filiale, francophonie

➜ La notion : mondialisation

➜ Le cours : § 2 p. 158

➜ La carte : p. 154-155

Conseil
▶ Utilisez vos connaissances pour expliciter les informations des documents.

ÉTAPE 3 Répondre au sujet

a Rédiger l'introduction.

▶ Présenter les documents.

➜ Rédigez une phrase pour présenter la nature, le thème et la source des documents.

b Rédiger l'analyse de documents.

➜ Exemple de rédaction de la 1re partie :

Le rayonnement culturel de la France se caractérise par la pratique et la diffusion de la langue et la présence d'institutions culturelles françaises dans de nombreux pays. → Idée principale de la partie

Le réseau formé par les Instituts français et l'Alliance française constitue un maillage important pour l'enseignement de la langue et la diffusion de la culture française en Europe, en Asie, en Afrique subsaharienne et en Amérique (doc. 2). → Informations du document 2

Ces organisations contribuent à faire du français la 5e langue la plus parlée dans le monde avec plus de 300 millions de francophones. → Connaissances extraites du cours

De célèbres musées français s'exportent dans de grandes métropoles étrangères : Le Louvre à Abu Dhabi (Émirats arabes unis) inauguré en 2017, le Centre Pompidou en Espagne, en Belgique et en Chine à Shanghai font connaître les œuvres françaises, mais aussi le savoir-faire architectural français (le Louvre Abu Dhabi a été conçu par l'architecte français Jean Nouvel). → Informations du document 1

L'action culturelle extérieure de la France représente chaque année de très nombreuses manifestations culturelles réunissant artistes et professionnels de la culture dans 150 pays. → Connaissances personnelles

➜ Rédigez la 2e partie en vous aidant du tableau d'analyse des documents et de vos connaissances.

c Rédiger la conclusion.

BAC Réalisation d'un croquis

▶ Description de l'épreuve p. 19 et méthode générale p. 24-25

SUJET GUIDÉ

Centres d'impulsion, facteurs d'intégration et tensions dans la mondialisation

ÉTAPE 1 Lire le sujet et la consigne

▶ **La question à se poser :**

➜ Quelles indications l'énoncé du sujet fournit-il pour la réalisation du croquis ?

Le sujet indique trois thèmes qui pourront constituer les parties de la légende du croquis. Celui-ci devra montrer les centres d'impulsion, c'est-à-dire les espaces moteurs de la mondialisation, puis les facteurs d'intégration et enfin les tensions générées par la mondialisation.

Fond de carte

ÉTAPE 2 Relever les informations dans le texte

Identifier deux ou trois **idées principales** pour déterminer les **thèmes de la légende** du croquis.

L'idée principale est généralement formulée dans la première phrase d'un paragraphe.

Sélectionner les **informations à cartographier pour répondre au sujet**.

Relever les noms permettant de **localiser les informations sur le croquis**.

La mondialisation s'appuie sur de puissants pôles qui en sont les centres d'impulsion. L'Amérique du Nord (États-Unis, Canada), l'Union européenne et l'Asie orientale (Japon, Chine littorale, Corée du Sud, Taïwan, Singapour) produisent les trois quarts de la richesse mondiale. Ces grandes puissances sont aussi le siège des institutions économiques internationales : le Fonds monétaire international et la Banque mondiale à Washington, l'Organisation mondiale du commerce à Genève, l'Organisation de coopération et de développement économique à Paris. De nouvelles puissances jouent un rôle croissant dans l'économie mondiale : les BRICS, c'est-à-dire le Brésil, la Russie, l'Inde, la Chine et l'Afrique du Sud, se caractérisent par un fort dynamisme économique et participent très activement aux échanges et à la création mondiale de richesses.

La coopération entre les États est un facteur d'intégration dans la mondialisation. De la simple zone de libre-échange comme l'ASEAN regroupant dix pays d'Asie du Sud-Est à l'union économique et monétaire (Union européenne) en passant par le marché commun instituant la libre circulation des biens et des personnes (MERCOSUR en Amérique latine, par exemple), les accords économiques régionaux facilitent les échanges entre les États frontaliers. La signature d'accords commerciaux entre ces organisations régionales participe à la multiplication des flux à l'échelle mondiale.

Cependant la mondialisation génère aussi des tensions. La concurrence économique croissante pousse des États à mettre en place des mesures protectionnistes pour limiter l'entrée de produits étrangers sur leur territoire. Ainsi, la Chine, les États-Unis, les États de l'Union européenne multiplient les barrières tarifaires pour favoriser leurs productions nationales. Par ailleurs, certains pays sont fortement critiqués pour les facilités fiscales qu'ils accordent aux entreprises et aux particuliers fortunés afin d'attirer les capitaux sur leur territoire : les Bahamas, les îles Caïmans (Caraïbes), les Seychelles dans l'océan Indien, la république d'Irlande en Europe font partie des nombreux paradis fiscaux permettant de contourner les règles en matière de fiscalité.

ÉTAPE 3 Classer les informations et choisir les figurés

Conseil
▶ Choisissez bien la taille et la forme de vos figurés pour représenter, hiérarchiser et différencier les informations.

▶ Recopiez ce tableau pour vous aider à faire la légende du croquis. Complétez les informations et les figurés manquants à l'aide des éléments prélevés dans le texte.

Thème	Informations du texte	Reformulation	Figurés	Lieux (nomenclature)
1. La mondialisation s'appuie sur de puissants pôles qui en sont les centres d'impulsion.	• Grandes puissances • Siège des institutions économiques internationales • …… ……	1. Les centres d'impulsion de la mondialisation	□ …… (rectangle jaune)	États-Unis, Canada, UE, Japon… …… …… Brésil, Russie, Inde, Chine, Afrique du Sud
2. ……	• Accords économiques régionaux • Flux	2. Facteurs d'intégration	…… ……	…… ……
3. ……	…… …… …… ……	3. Des tensions dans la mondialisation Protectionnisme	CHINE ▼	…… …… Bahamas, Îles Caïmans, Seychelles, république d'Irlande

Tableau à imprimer

ÉTAPE 4 Réaliser le croquis

▶ Compléter le croquis.
- ➜ Dessinez les figurés manquants.
- ➜ Écrivez le nom des lieux indiqués dans le texte en respectant les localisations.
- ➜ Complétez la légende et mettez-la au propre.
- ➜ Donnez un titre au croquis.

Conseil
▶ Référez-vous aux cartes étudiées dans le chapitre ou aux cartes de l'atlas pour localiser correctement les lieux et nomenclatures de votre croquis.

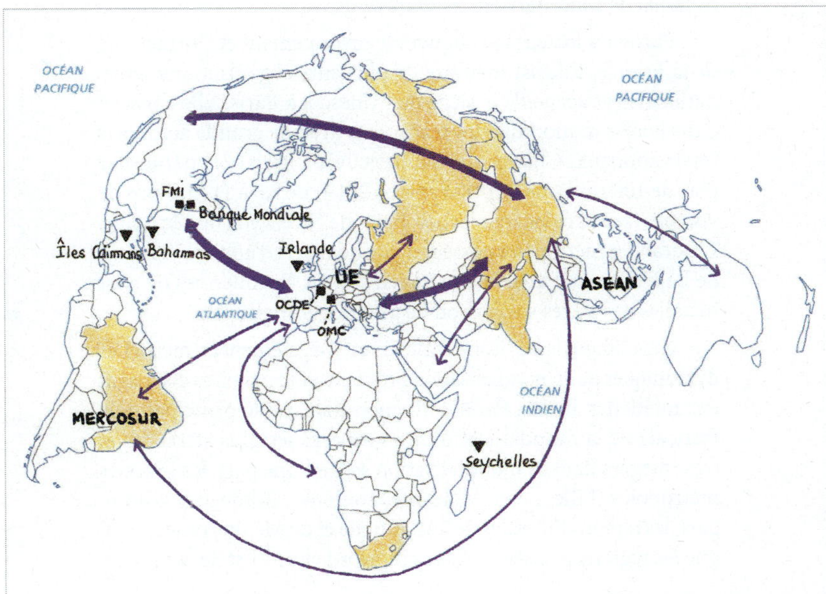

THÈME 2
SE PRÉPARER
CHAPITRE 3
CHAPITRE 4
RÉVISER

BAC Sujets blancs

▶ Description de l'épreuve p. 19
et méthode générale p. 20-25

Réponse à une question problématisée

SUJET

Comment la mondialisation conduit-elle à l'affirmation de puissances et à l'émergence de nouveaux acteurs ?

Réalisation d'un croquis

SUJET

La France, attractivité et rayonnement dans la mondialisation

À partir du texte, vous construirez, à l'aide du fond de carte fourni, un croquis correspondant au sujet suivant : « La France, attractivité et rayonnement dans la mondialisation », accompagné d'une légende organisée.

L'attractivité et le rayonnement de la France dans la mondialisation se manifestent par des flux variés. Sa compétitivité en fait le 5e pays le plus attractif pour les investissements directs étrangers (IDE) dont 60 % proviennent d'Europe, 21 % d'Amérique du Nord et 11 % d'Asie. Par ailleurs, les atouts paysagers du territoire (littoraux, montagnes alpines et pyrénéennes, par exemple), les grands événements et les sites culturels ont attiré 90 millions de touristes étrangers. En 2019, la France a aussi accueilli 343 400 étudiants internationaux en provenance essentiellement d'Europe (23 %) et d'Asie (22 %). La France est également exportatrice de produits culturels : elle est, par exemple, le 2e exportateur mondial de films derrière les États-Unis.

Plusieurs facteurs expliquent le rayonnement et l'attractivité de la France. Elle est membre de plusieurs organisations internationales et accueille le siège de l'Unesco, à Paris. Elle s'inscrit dans le réseau mondial des transports avec de grands aéroports internationaux : Charles-de-Gaulle et Orly à Paris ont vu transiter plus de 100 millions de passagers en 2019 ; de 9,5 à 11 millions de voyageurs sont passés par les aéroports de Nice, Lyon ou Marseille. Les grandes métropoles possèdent des quartiers d'affaires à l'image de La Défense à Paris, La Part-Dieu à Lyon, EuroRennes où sont installés des sièges sociaux ou de grandes entreprises.

Cependant, le territoire français est inégalement attractif. Les dynamiques de la mondialisation profitent aux territoires disposant des meilleurs atouts. Paris, ville mondiale, est le principal pôle français de la mondialisation. Les espaces les plus attractifs et très intégrés dans la mondialisation sont, d'une part, les grandes métropoles (Lille, Lyon, Marseille, Toulouse, Bordeaux), d'autre part, les régions littorales de l'Atlantique et de Méditerranée, ainsi que les régions transfrontalières du Nord et de l'Est de la France.

Fond de carte

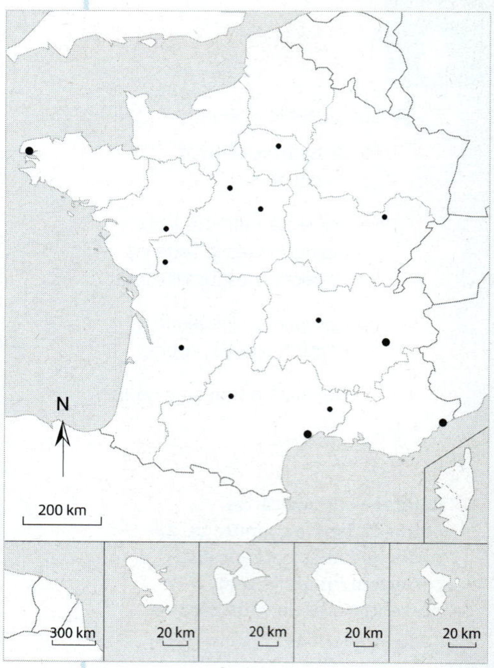

Analyse de documents

SUJET

En analysant les documents, vous montrerez que l'affirmation des puissances génère des coopérations et des tensions dans la mondialisation.
L'analyse des documents constitue le cœur de votre travail, mais nécessite, pour être menée, la mobilisation de vos connaissances.

1 Le nouvel accord de libre-échange nord-américain

Le nouvel accord de libre-échange, liant les États-Unis, le Mexique et le Canada (ACEUM), signé en novembre 2018 est une version modernisée de l'accord de libre-échange nord-américain (ALÉNA), entré en vigueur en 1994. Donald Trump avait qualifié l'ALÉNA de « pire accord commercial de l'histoire » américaine. Il le rendait responsable de la destruction de nombreux emplois américains du secteur automobile en raison de délocalisations massives au Mexique, où la main-d'œuvre est moins chère. L'ALÉNA a certes détruit des emplois aux États-Unis, mais il a aussi créé une vaste zone de commerce sans droits de douane, facilitant les échanges de biens, services et personnes. Les études ont montré qu'il a largement contribué à la croissance économique et à la hausse du niveau de vie de la population des trois pays membres. Le Canada et le Mexique représentent 40 % de la croissance des exportations de marchandises américaines. Et le commerce avec les deux pays a atteint près de 1 400 milliards de dollars en 2018. Le vote, que l'hôte de la Maison-Blanche pourra revendiquer comme une nouvelle victoire économique, a eu lieu moins de 24 heures après la signature d'un traité commercial « historique » avec la Chine. D'après le secrétaire au Trésor Steven Mnuchin, l'ACEUM et l'accord avec la Chine doperaient la croissance américaine en 2020. L'entourage de Donald Trump avait, lui, estimé que cela couronnait la politique commerciale du président qui a opté pour la stratégie de pression maximale, à coups de tarifs douaniers punitifs, pour obtenir des accords.

France 24, AFP, « Le nouvel accord de libre-échange nord-américain ratifié aux États-Unis », 16 janvier 2020.

2 La guerre commerciale sino-américaine

Dessin de Deligne, paru dans *La Croix*, mai 2019.

→ Pierre-Emmanuel, directeur de développement immobilier

Fiche Métier → Directeur de développement immobilier

- **Niveau minimum d'accès :** BAC +5
- **Salaire d'un débutant :** 2 200 € net
- **Salaire en milieu de carrière :** 5 000 € net
- **Statut :** salarié
- **Compétences requises :**

✓ excellent relationnel
✓ capacité d'analyse et de synthèse
✓ bonne connaissance du territoire et de ses acteurs.

PARCOURS D'ÉTUDES POSSIBLES

- École d'ingénieurs (travaux publics, sciences appliquées)
- École de commerce
- Master (droit, sciences économiques, urbanisme)

CV EXPRESS

Pierre-Emmanuel, 41 ans, Paris

FORMATION

- Bac L, Amiens (Somme)
- CPGE littéraires, Rueil-Malmaison (Hauts-de-Seine)
- Magistère d'aménagement du territoire, Paris
- Master 2 d'urbanisme, Saint-Denis (Seine-Saint-Denis)
- Master spécialisé Management urbain, environnement & services, ESSEC, Cergy-Pontoise (Val-d'Oise)

Expériences professionnelles

→ UNIBAIL, adjoint au directeur de projets (Paris)
→ VINCI immobilier, directeur du développement du département Commerce (Boulogne-Billancourt)
→ AFFINE RE, responsable du pôle Commerce (Paris)
→ **KAUFMAN & BROAD, directeur de développement immobilier d'entreprise (Neuilly-sur-Seine)**

Le métier de Pierre-Emmanuel

Témoignage complet

Que vous ont apporté vos études supérieures ?

Au-delà d'un savoir, les CPGE permettent d'acquérir de la méthode dans la façon d'organiser les connaissances. L'université apporte un socle de connaissances théoriques fondamentales (culture urbanistique, histoire de la ville et urbanisme opérationnel). Les connaissances théoriques spécifiques acquises dans une grande école viennent généralement compléter celles acquises à l'université en comptabilité, droit, contrôle de gestion, marketing…

En quoi la géographie vous est-elle utile dans votre métier ?

L'immobilier est un métier de compréhension de l'espace. À ce titre, l'analyse géographique des sites étudiés demeure la meilleure façon d'appréhender la globalité des problématiques liées à un espace donné.

Pouvez-vous nous présenter votre entreprise ?

Kaufman & Broad est un promoteur immobilier généraliste, qui réalise des logements individuels et collectifs, des bureaux, des hôtels et des commerces, ainsi que des résidences gérées (résidence étudiante, de tourisme, d'affaires) et des entrepôts.

Quelles sont vos tâches au quotidien ?

Une opération immobilière type nécessite tout d'abord une analyse globale (contexte juridique, socio-économique, urbanistique…), puis une approche de la viabilité économique de l'opération étudiée. Ensuite, il faut convaincre de la pertinence ou non de l'opération. Pour concrétiser le projet, il faudra constituer une équipe d'architectes, de bureaux d'études techniques, d'une agence de communication et souvent d'un investisseur.

Présentez-nous un projet sur lequel vous avez travaillé récemment.

J'ai travaillé récemment sur la définition d'un nouveau quartier à Paris. Le concours de « Inventer Bruneseau » portait sur la création de plus 100 000 m² de logements, de bureaux et de commerces en bord de Seine. J'ai eu la chance de travailler avec des architectes prestigieux. Notre équipe talentueuse regroupait ainsi plus d'une vingtaine de partenaires différents : ingénieurs, écologues, associations…

L'employeur de Pierre-Emmanuel

KAUFMAN & BROAD

- **Nom de l'entreprise :** Kaufman & Broad
- **Année de création :** 1968
- **Siège:** Neuilly-sur-Seine (Hauts-de-Seine)

Nombre de salariés : 900

Votre projet d'orientation

- Faites une recherche sur les grandes écoles et les conditions pour y accéder.
- Pensez-vous que ce type de formation puisse vous convenir ?

→ Johanna, directrice d'Alliance française

Fiche Métier → Directrice d'Alliance française

- **Niveau minimum d'accès :** BAC +5 et expériences professionnelles
- **Salaire :** variable selon le pays d'exercice et le type de contrat (local ou du ministère des Affaires étrangères)
- **Statut :** salarié ou fonctionnaire expatrié
- **Compétences requises :**

✓ capacité d'adaptation à une culture différente
✓ diplomatie ✓ rigueur

PARCOURS D'ÉTUDES POSSIBLES

▶ Master (sciences humaines, français langue étrangère, gestion culturelle, administration des entreprises)

CV EXPRESS

Johanna, 35 ans, Carthagène des Indes (Colombie)

FORMATION

- Bac L, Palaiseau (Essonne)
- CPGE littéraires, Sceaux (Hauts-de-Seine)
- Licence de Lettres
- Master 2 Lettres modernes
- Master 2 Littérature générale et comparée
- DUFLE (Diplôme universitaire de français langue étrangère)

Expériences professionnelles

→ Éditions Bruno Doucey (Paris), assistante d'édition
→ Institut Le Rosey, Rolle (Suisse), professeure de français et de français langue étrangère
→ Alliance française de Guayaquil (Équateur), directrice pédagogique
→ **Alliance française de Carthagène des Indes (Colombie), directrice**

Le métier de Johanna

Témoignage complet

Que vous apportent vos études dans votre vie professionnelle ?

La prépa littéraire m'a permis d'acquérir une grande capacité de travail tout en m'apprenant à faire des compromis entre la nécessité de tenir les délais impartis et une tendance naturelle au perfectionnisme… C'est aussi en CPGE que j'ai intégré les notions d'honnêteté et de rigueur intellectuelles qui me servent constamment dans mon parcours professionnel, notamment dans le cadre du développement de projets pédagogiques et culturels. À l'université, j'ai goûté au plaisir d'étudier.

Pouvez-vous nous présenter les activités développées par votre institution ?

Les Alliances françaises sont des associations à but non lucratif qui proposent des cours de français langue étrangère et une programmation culturelle qui vise à promouvoir les cultures française, francophone et locale.

Quelles sont vos tâches au quotidien ?

Une partie de mes activités tourne autour de la gestion administrative, financière et juridique de l'association. L'élaboration de la programmation m'occupe aussi beaucoup, car nous organisons de nombreux événements festifs et culturels. Enfin, sur le plan des services pédagogiques de l'Alliance, il nous faut constamment travailler au développement de l'offre de cours et de partenariats institutionnels.

Pourquoi peut-on dire que le caractère non linéaire de votre parcours a été un atout ?

Je suis allée là où le travail me plaisait et là où la polyvalence et l'absence de parcours linéaire n'ont pas été considérées comme un obstacle. J'ai trouvé le secteur d'activités qui rassemble mes différents centres d'intérêt (pédagogie, culture, communication, gestion). Bien entendu, mes compétences sont inégales dans tous ces domaines mais me permettent de pouvoir superviser, comprendre et orienter mes collaborateurs dont c'est le domaine d'expertise.

Présentez-nous un projet sur lequel vous travaillez actuellement.

Je travaille actuellement à l'organisation d'événements culturels et pédagogiques autour de la Journée internationale de la francophonie. Parallèlement, nous avons commencé un gros travail concernant l'harmonisation des processus administratifs afin de répondre aux normes exigées par la Colombie.

L'employeur de Johanna

Nom de l'administration : Alliance française de Carthagène des Indes

Année de création : 1968

Siège social : Carthagène des Indes (Colombie)

Nombre de pays d'implantation : plus de 800 Alliances dans 133 pays

Nombre de salariés : 10
(direction, administration, maintenance & sécurité)
+ 25 enseignants

Votre projet d'orientation

- Faites une recherche sur les métiers de la culture et les études qui peuvent y mener.
- Pensez-vous que cette orientation puisse vous convenir ?

Géolocalisation

THÈME 3

L'Union européenne dans la mondialisation : des dynamiques complexes

L'Union européenne, dont l'intégration régionale est la plus ancienne et la plus aboutie, est la première puissance commerciale mondiale. Cependant, les territoires européens apparaissent inégalement intégrés dans la mondialisation, ce qui contribue à limiter la puissance de l'UE et la conduit à mener des politiques de cohésion.

À quels défis et quelles dynamiques les territoires de l'Union européenne sont-ils confrontés dans la mondialisation ?

Centre spatial guyanais, port spatial de l'Europe (Kourou, Guyane), mars 2018.

Pour entrer dans le thème

L'Union européenne dans la mondialisation

VU AU COLLÈGE ET EN HISTOIRE Tle

en 3e
- L'UE, un nouveau territoire de référence d'appartenance
- La France et l'Europe dans le monde

en Tle
- La modification des grands équilibres économiques et politiques (ch. 7)
- La construction européenne entre élargissement, approfondissement et remises en question (ch. 10)

Cours de 3e

A Vérifier ses repères géographiques

doc. 1 L'Union européenne, un territoire en construction

Carte interactive

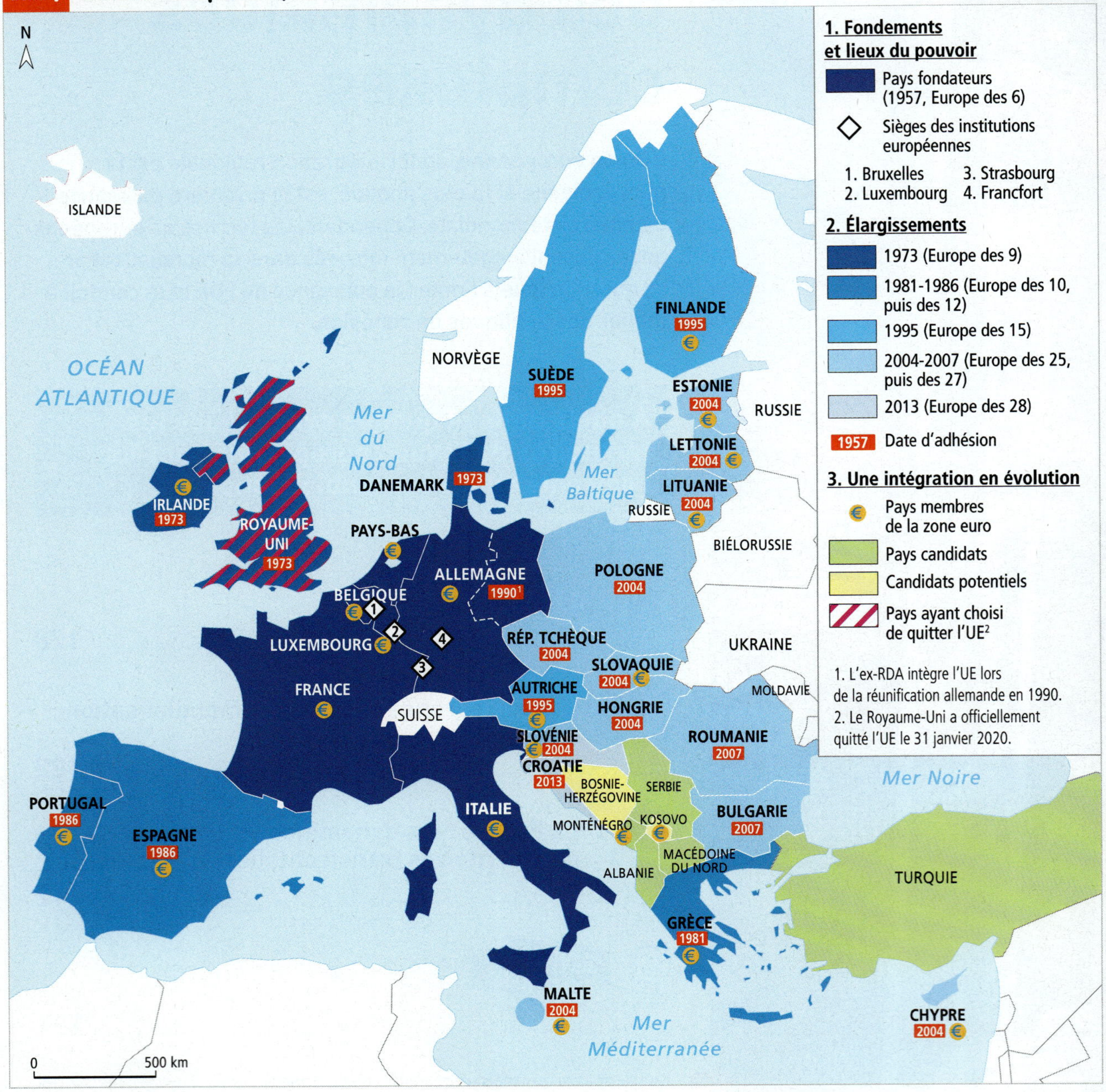

doc. 2 L'Union européenne, l'un des trois pôles majeurs dans la mondialisation

Carte interactive

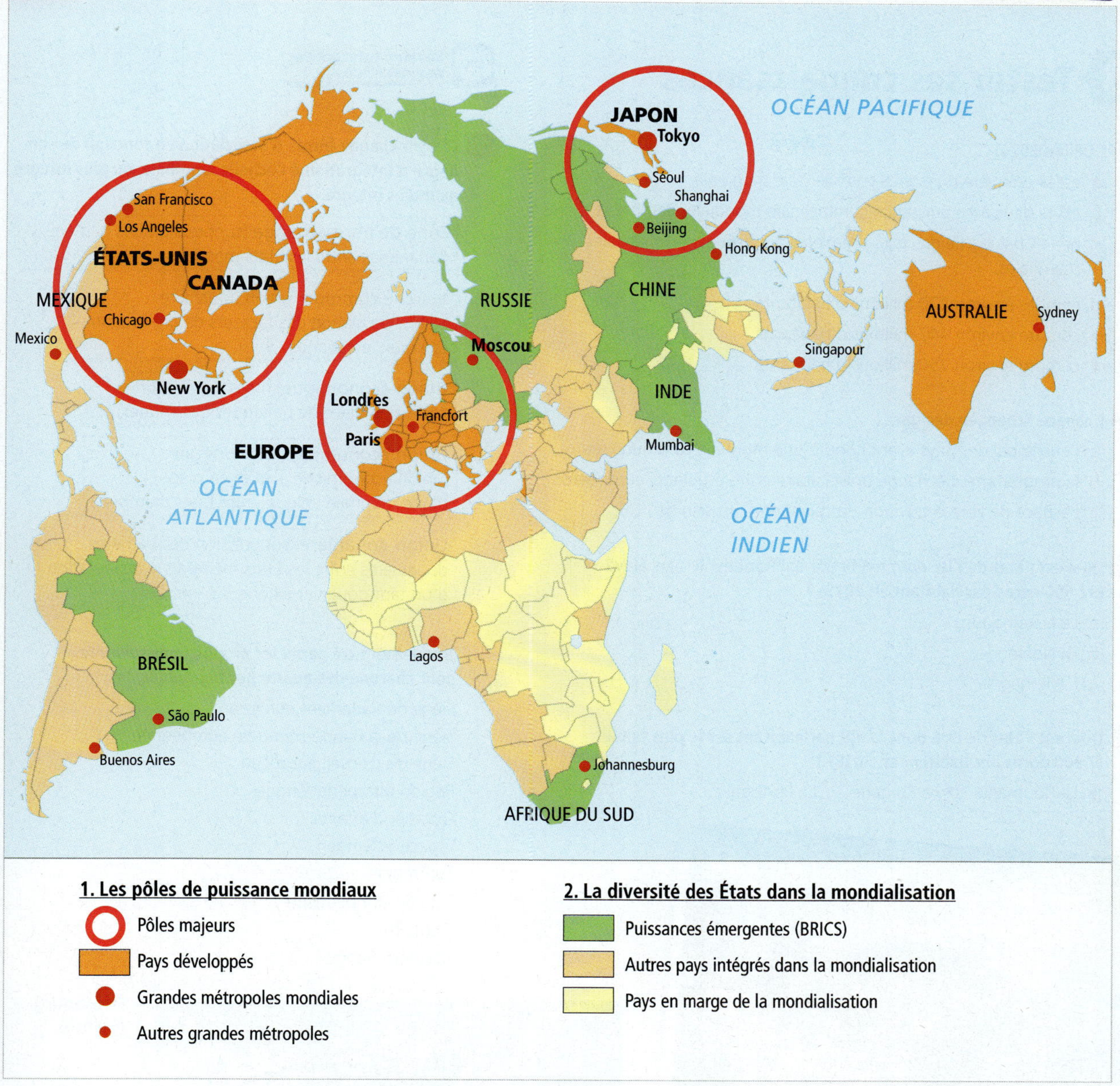

doc. 3 Les conséquences territoriales de l'intégration européenne

	1957	1973	1981	1986	1995	2004	2013	2020
États membres	6	9	10	12	15	25	28	27
Superficie (en milliers de km²)	1 167	1 524	1 658	2 252	3 234	3 972	4 436	4 192
Population (en millions d'hab.)	185	273	287	338	368	454	506	447

1 doc. 1 Citez les pays fondateurs de l'UE.

2 doc. 1 et 3 En quelle année l'élargissement le plus important a-t-il eu lieu ? Quels sont les pays concernés ?

3 doc. 2 Avec quelles autres aires géographiques l'Union européenne commerce-t-elle ?

4 doc. 1 et 3 L'UE n'a-t-elle connu que des élargissements ?

5 doc. 1 et 3 Quelles ont été les évolutions de l'UE depuis 1957 ?

B Tester ses connaissances

EXO Version interactive des exercices

6 L'UE (en 2020) …

a est la première puissance commerciale mondiale.
b est la deuxième puissance commerciale mondiale, derrière la Chine.
c ne fait pas partie des trois premières puissances commerciales mondiales.
d compte environ 220 millions d'habitants.
e compte environ 447 millions d'habitants.
f compte environ 750 millions d'habitants.

7 L'espace Schengen désigne …

a l'ensemble des pays ayant adopté une monnaie commune (euro).
b le programme d'échange universitaire entre étudiants européens.
c l'espace de libre circulation des personnes au sein de l'UE.

8 Quel est l'État de l'UE dont le PIB par habitant est le plus élevé (92 600 euros par habitant en 2018) ?

a Le Luxembourg
b La Norvège
c L'Allemagne

9 Quel est l'État de l'UE dont le PIB par habitant est le plus faible (7 300 euros par habitant en 2018) ?

a La Roumanie b La Bulgarie c Le Portugal

10 Classez chaque forme d'association en fonction de son degré d'intégration à l'échelle mondiale, du plus intégré au moins intégré.

Zone de libre-échange (suppression des barrières douanières entre les États membres)

Marché commun (union douanière + libre circulation des facteurs de production : capitaux, personnes…)

Union économique (marché commun + mise en place de politiques communes)

Union économique et monétaire (union économique + mise en place d'une monnaie unique entre États membres)

Union douanière (suppression des barrières douanières entre les États membres + instauration d'un tarif douanier extérieur commun)

11 Trouvez un titre parmi les propositions suivantes pour chacune des quatre photographies.

Siège du Parlement européen
Siège de la Banque centrale européenne
Siège du Conseil européen
Région ultrapériphérique
Quartier d'affaires
Espace Schengen
Eurorégion
Pôle de compétitivité
Frontière
Northern Range

1
Madère (Portugal)

2
Aerospace Valley (Toulouse)

3
Strasbourg (France)

4
Pont sur l'Oyapock (Guyane)

C Mobiliser le vocabulaire et les notions

12 Reliez chaque mot à sa définition :

a. Espace transfrontalier

b. Région ultrapériphérique (RUP)

c. Politique de cohésion

d. Eurorégion

e. Mégalopole

1. Vaste région urbanisée de plusieurs dizaines de millions d'habitants, constituée de plusieurs métropoles qui exercent un rayonnement mondial.
2. Espace dépassant les frontières politiques, marqué par des relations entre États situés de chaque côté de la frontière.
3. Politique économique et sociale visant à réduire les inégalités de développement entre les régions de l'Union européenne.
4. Territoire ultramarin faisant partie de l'Union européenne.
5. Espace de coopération transfrontalière au sein de l'UE, bénéficiant de subventions européennes et menant des politiques communes.

13 Complétez la légende de ce croquis à l'aide des expressions suivantes :

a Limites de la mégalopole

b. Métropoles européennes

c. Métropoles mondiales

d. Axe fluvial majeur

e. Axe majeur de transport

f. Interface maritime

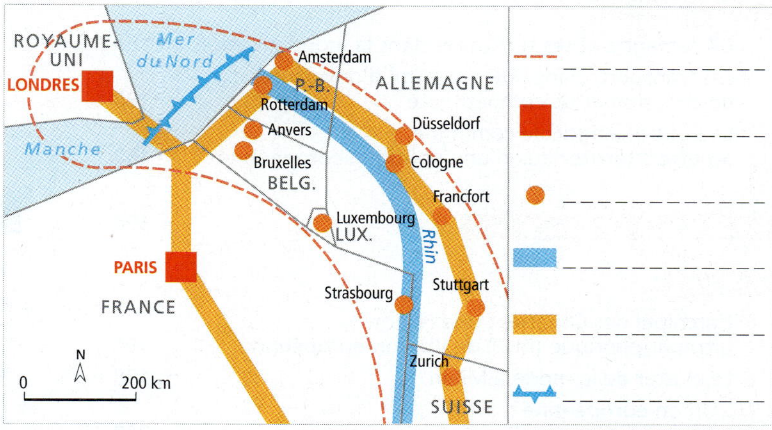

D Expliquer des situations géographiques

14 En vous appuyant sur les photographies ci-dessous, décrivez et expliquez en quelques phrases les situations géographiques suivantes.

a. Les grandes métropoles rassemblent les lieux de la puissance financière.

b. La croissance des flux maritimes intensifie la littoralisation en Europe.

c. Les espaces ruraux sont de plus en plus multifonctionnels.

Francfort (Allemagne)

Rivière Croana (Croatie)

Port de Rotterdam (Pays-Bas)

THÈME 3

CHAPITRE 5 L'Union européenne dans la mondialisation : des dynamiques complexes

Quelles sont les forces et les faiblesses de l'Union européenne dans la mondialisation ?

Textes DYS
TOUS LES TEXTES EN VERSION DYS
lyceen.nathan.fr/geoterm-2020

SOMMAIRE

Zoom sur…

Les relations UE-Chine

Exportations de l'UE vers la Chine	198 milliards d'euros
Importations de l'UE depuis la Chine	375 milliards d'euros
Touristes chinois en Europe en 2018	14,5 millions
Touristes européens en Chine en 2018	1,8 million

Sources : Eurostat, OMC, OMT, 2019.

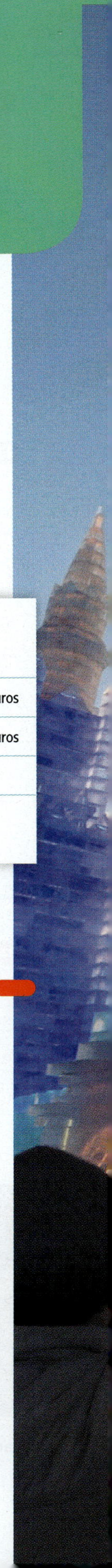

Le Colisée romain, sculpture sur glace. Photographie prise au festival de glace de Harbin (Chine) en janvier 2019.

Pour entrer dans le chapitre

Vidéo

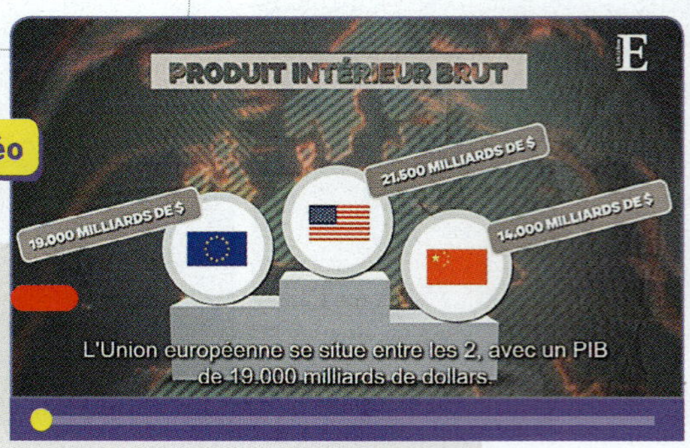

Les Dessous de l'Éco, « L'Union européenne fait-elle le poids face à la Chine et aux États-Unis ? », *Les Echos*, 5 avril 2019.

Géolocalisation

Étude de cas

Zoom sur…

▶ L'Allemagne

Population (2019)	83 millions d'hab.
Superficie	357 380 km²
Densité de population	232 hab./km²

L'Allemagne et ses territoires dans la mondialisation

➔ **Comment les territoires allemands s'intègrent-ils dans la mondialisation ?**

A Une puissance européenne et mondiale

1 Les forces de l'économie allemande

Parole de géographe

Première puissance économique du continent, l'Allemagne a retrouvé, avec la réunification de 1990, une position centrale en Europe. Sans prétention universaliste, le pays s'appuie d'abord sur ses atouts économiques et technologiques, sur sa capacité scientifique pour accroître son rayonnement culturel et ses échanges avec son aire d'influence traditionnelle en Europe centrale et orientale, mais aussi avec les pays émergents d'Asie ou d'Amérique latine. Cette nouvelle « Ostpolitik[1] » remet en perspective les relations avec l'Ouest européen et notamment avec la France dont elle reste le premier partenaire et avec lequel elle entretient une relation très particulière. […]

[L'Allemagne est] un pays fortement urbanisé, à la société de plus en plus diverse et même multiculturelle, au moins dans les grandes villes de l'Ouest et à Berlin où sont concentrés les flux migratoires récents. La culture et l'économie de la connaissance qui se sont développés depuis trente ans ont assuré la transition vers le système postindustriel. Mais, beaucoup mieux que ses voisins, l'Allemagne a pu conserver un système industriel performant. […] Le « made in Germany » garde son prestige et alimente des exportations record, en dépit de la crise de 2008 rapidement surmontée.

Michel Deshaies, spécialiste de l'Allemagne, *Atlas de l'Allemagne*, Autrement, 2019.

1. Politique de rapprochement avec l'Europe de l'Est et la RDA (République démocratique allemande), mise en œuvre par la RFA (République fédérale d'Allemagne) à partir de la fin des années 1960.

2 Volkswagen, acteur de la puissance allemande

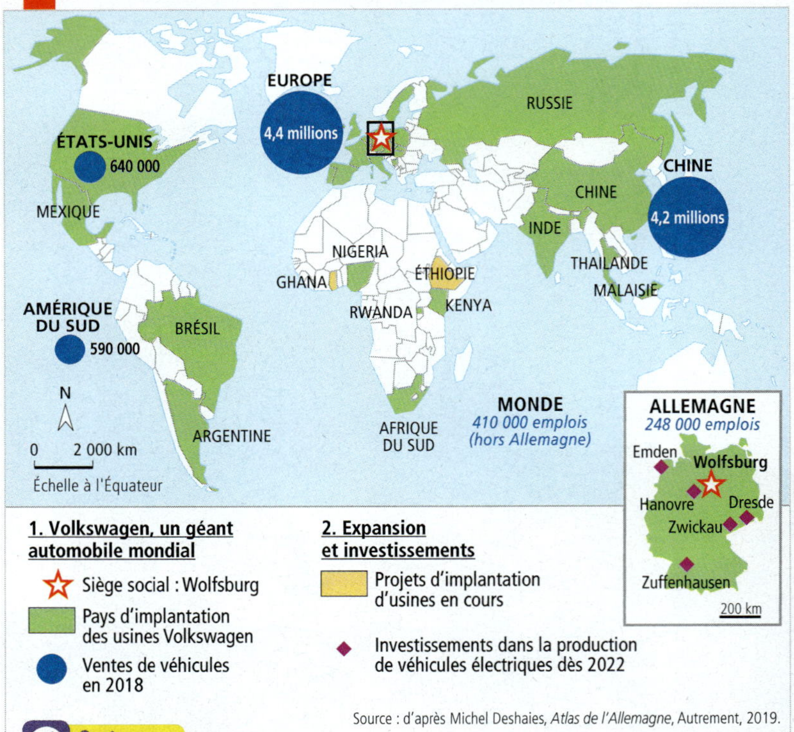

Source : d'après Michel Deshaies, *Atlas de l'Allemagne*, Autrement, 2019.

Carte interactive

3 La puissance allemande en quelques chiffres

PIB
3 435 milliards d'euros :
1er rang européen,
4e rang mondial

Exportations
3e exportateur mondial de marchandises :
1 318 milliards d'euros
(38 % du PIB allemand)

Entreprises allemandes dans le classement mondial

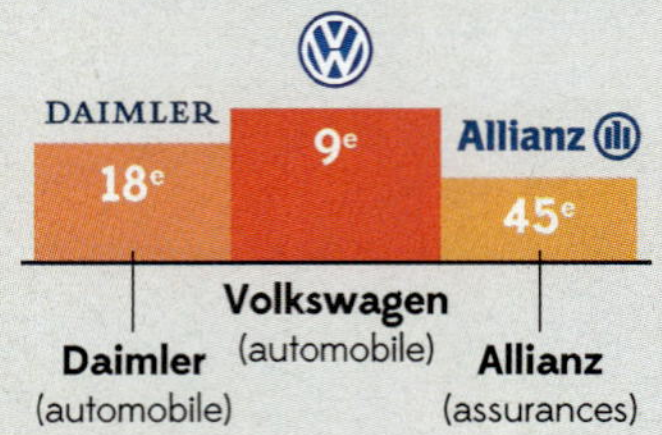

Sources : Rapport PNUD 2018, FMI, Global Fortune 500, Statistisches Bundesamt 2019.

Animation croquis

4 Francfort-sur-le-Main, un centre financier européen et mondial

Francfort est le siège de la Banque centrale européenne.
Photographie prise en 2018.
① Banque du commerce ② Main Tower
③ Eurotower, siège de la Banque centrale européenne jusqu'en 2014

5 Hambourg, port européen et mondial

Vidéo

Deuxième ville d'Allemagne, Hambourg possède un port à la fois maritime et fluvial (sur l'Elbe), qui fait de lui un élément incontournable du développement du commerce extérieur de son pays, mais aussi d'une grande partie de l'Europe. Spécialisé dans le trafic de containers – 9 millions par an – […] le trafic devrait atteindre les 14, voire les 17 millions de containers en 2025. En 2013, le programme Hambourg 2025 a été lancé pour répondre à cette problématique. Le but est de créer le premier « port intelligent » au monde, où les installations seront en permanence connectées entre elles par des technologies avancées […].

Grâce à leurs smartphones, les conducteurs de camions seront guidés vers le point de chargement et éviteront les bouchons, donc les ralentissements d'activité. Le port de Hambourg est considéré comme un cluster dans les nouvelles technologies consacrées à la logistique et à la construction navale. Des investissements sont également faits dans le domaine de l'alimentation énergétique du port – capteurs pour un éclairage en fonction de la présence d'une activité, utilisation d'énergies renouvelables. À travers cela, il s'agit clairement d'utiliser la technologie pour demeurer un acteur concurrentiel au sein de la mondialisation.

Jessy Périé, *Hambourg, premier « smart port » du monde ?*, Les-yeux-du-monde.fr, 12 avril 2018.

Questions

Itinéraire 1

Répondre aux questions

1. **Décrivez** la place de l'Allemagne à l'échelle européenne et à l'échelle mondiale. **doc. 1, 3, 4 et 5**
2. **Expliquez** quelles sont les forces de l'Allemagne dans la mondialisation. **doc. 1 à 5**
3. **Identifiez** les territoires moteurs de la mondialisation en Allemagne. **doc. 2, 4 et 5**

Synthétiser

4. **Montrez** que l'Allemagne est une puissance européenne et mondiale. **doc. 1 à 5**

ou

Itinéraire 2

Organiser l'information dans un tableau (1/2)

- Reproduisez et commencez à compléter ce tableau à l'aide des informations contenues dans les documents 1 à 5 :

	doc. 1	doc. 2	doc. …
1. L'Allemagne est une puissance européenne et mondiale			

THÈME 3
SE PRÉPARER
CHAPITRE 5
CHAPITRE 6
RÉVISER

B Des territoires inégalement intégrés dans la mondialisation

6 Les disparités régionales en Allemagne

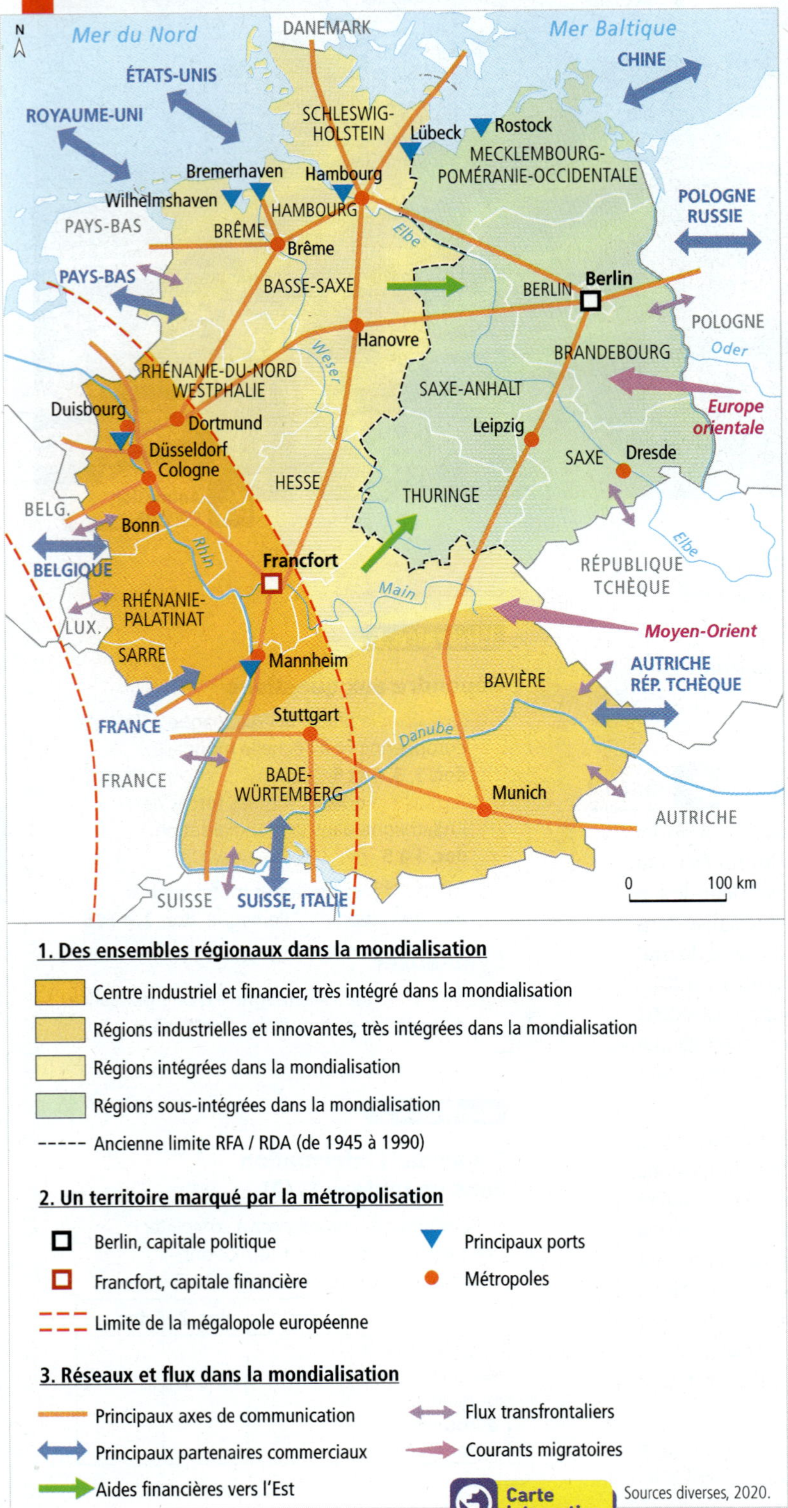

Sources diverses, 2020.

Vocabulaire

- **FEDER (Fonds européen de développement régional) :** fonds structurel créé en 1975. Son objectif est de renforcer la cohésion économique et sociale dans l'UE en réduisant les inégalités et déséquilibres entre les régions.
- **Land (pluriel : Länder) :** division administrative (région). L'Allemagne compte 16 Länder.

7 Des territoires inégaux

Si le revenu net moyen a globalement augmenté ces dix dernières années outre-Rhin, toutes les régions n'en ont pas profité de la même façon. C'est la ville de Gelsenkirchen, port fluvial du bassin de la Ruhr, qui est la lanterne rouge du pays en matière de pauvreté, bien qu'elle se situe en Rhénanie-du-Nord-Westphalie, dont le PIB est le plus élevé d'Allemagne. À Gelsenkirchen, le revenu net moyen est de 16 203 euros par personne et par an, soit moins de la moitié de ce que touche un Bavarois qui peut compter sur presque 35 000 euros net par an. Néanmoins les régions de l'Est de l'Allemagne, dans leur globalité, restent moins riches que le reste de la République fédérale, même trente ans après la chute du mur de Berlin. À l'ouest, en revanche, les grandes villes de la Ruhr forment des îlots qui ont accumulé les facteurs de déclassement ces dernières années, avec la fermeture des mines et le déclin de l'acier […].

C'est dans les grandes villes allemandes que le problème de la pauvreté s'est aggravé ces dernières années. Parmi les plus concernées, on retrouve les treize agglomérations de la Ruhr de plus de 100 000 habitants : Gelsenkirchen, mais aussi Essen, Dortmund, Duisbourg, Herne, où un habitant sur cinq est dépendant de l'aide sociale pour survivre. La ville-État de Brême (565 000 habitants) a également vu son taux de pauvreté augmenter de deux points depuis 2007, à 19 %.

Cécile Boutelet, « Les Allemands les plus pauvres vivent maintenant à l'Ouest », *Le Monde*, 10 mai 2019.

C Les effets des politiques européennes de cohésion

8

Le FEDER dans le Land de Saxe

Plusieurs projets ont été financés en partie par le FEDER.
Traduction : « Votre avenir : utilisez les offres de financement européennes en Saxe ! »

Brochure du FEDER (EFRE) et du FSE (ESF) dans le Land de Saxe pour la période 2014-2020.

9 **L'action de l'UE dans les Länder**

Pour la période 2014-2020, l'Allemagne a reçu au total un peu moins de 10,8 milliards d'euros du FEDER. Si trois Länder de l'Est – Saxe, Saxe-Anhalt et Thuringe – obtiennent une part considérable de ces fonds afin de rattraper leur retard de développement, la Rhénanie du Nord-Westphalie touche également une part proportionnellement importante des subventions européennes (un peu plus de 1,2 milliard d'euros). En effet, le FEDER n'est pas uniquement destiné à rattraper le retard des régions les moins développées. [...] Le programme répond à trois objectifs : investir dans la recherche, les progrès technologiques et l'innovation ; accroître la compétitivité des petites et moyennes entreprises (PME) ; réduire les émissions de CO_2 dans tous les secteurs de l'économie. [...] En Rhénanie du Nord-Westphalie, depuis le début de l'année 2020, un projet de sécurisation du système informatique a été mis en place dans le domaine de la santé publique. Plusieurs entreprises de la région travaillent avec des chercheurs de l'université de la Ruhr à Bochum et de l'université des sciences appliquées de Münster afin de tester ce nouveau système dans 400 hôpitaux. [...]

Les Länder doivent toujours apporter leur propre contribution (cofinancement), mais la part de l'UE représente au moins la moitié du financement, même dans les régions économiquement puissantes. Les subventions européennes constituent ainsi un tremplin important pour la promotion du développement dans tout le pays.

FörderMarkt (magazine allemand en ligne), « *Europäischer Fonds für regionale Entwicklung* », 23 mai 2019. Traduction : Thomas Choquet.

Questions

Itinéraire 1

Répondre aux questions

5 **Identifiez** les disparités régionales à l'échelle de l'Allemagne. **doc. 6 et 7**

6 **Montrez** que les régions allemandes sont inégalement intégrées dans la mondialisation. **doc. 6 et 7**

7 **Décrivez** les politiques de cohésion menées par l'Union européenne en Allemagne. **doc. 8 et 9**

Synthétiser

8 En quelques lignes, **montrez** les inégalités entre les territoires allemands dans la mondialisation. **doc. 6 à 9**

ou

Itinéraire 2

Organiser l'information dans un tableau (2/2)

- Poursuivez le tableau commencé p. 185 en utilisant les informations des documents 6 à 9 :

	doc. 6	doc. 7	doc. …
2. Les territoires allemands sont inégalement intégrés dans la mondialisation			
3. Des politiques sont mises en œuvre afin de réduire les inégalités			

- Présentez votre tableau en 5 minutes devant la classe. ORAL

Croquis de l'étude de cas

▶ p. 194

THÈME 3
SE PRÉPARER
CHAPITRE 5
CHAPITRE 6
RÉVISER

Étude de cas

Zoom sur...

▶ Les transports dans l'UE

Longueur des LGV (lignes à grande vitesse)	8 000 km
Nombre de passagers aériens	1,043 milliard en 2017
Densité des réseaux ferrés et autoroutiers	2e rang mondial

Les transports dans l'UE : un outil d'ouverture, de cohésion et de compétitivité

➔ **Comment les transports contribuent-ils à l'intégration de l'Union européenne dans la mondialisation ?**

A Réseaux de transport et ouverture de l'UE sur le monde

1 Les réseaux de transport en Europe

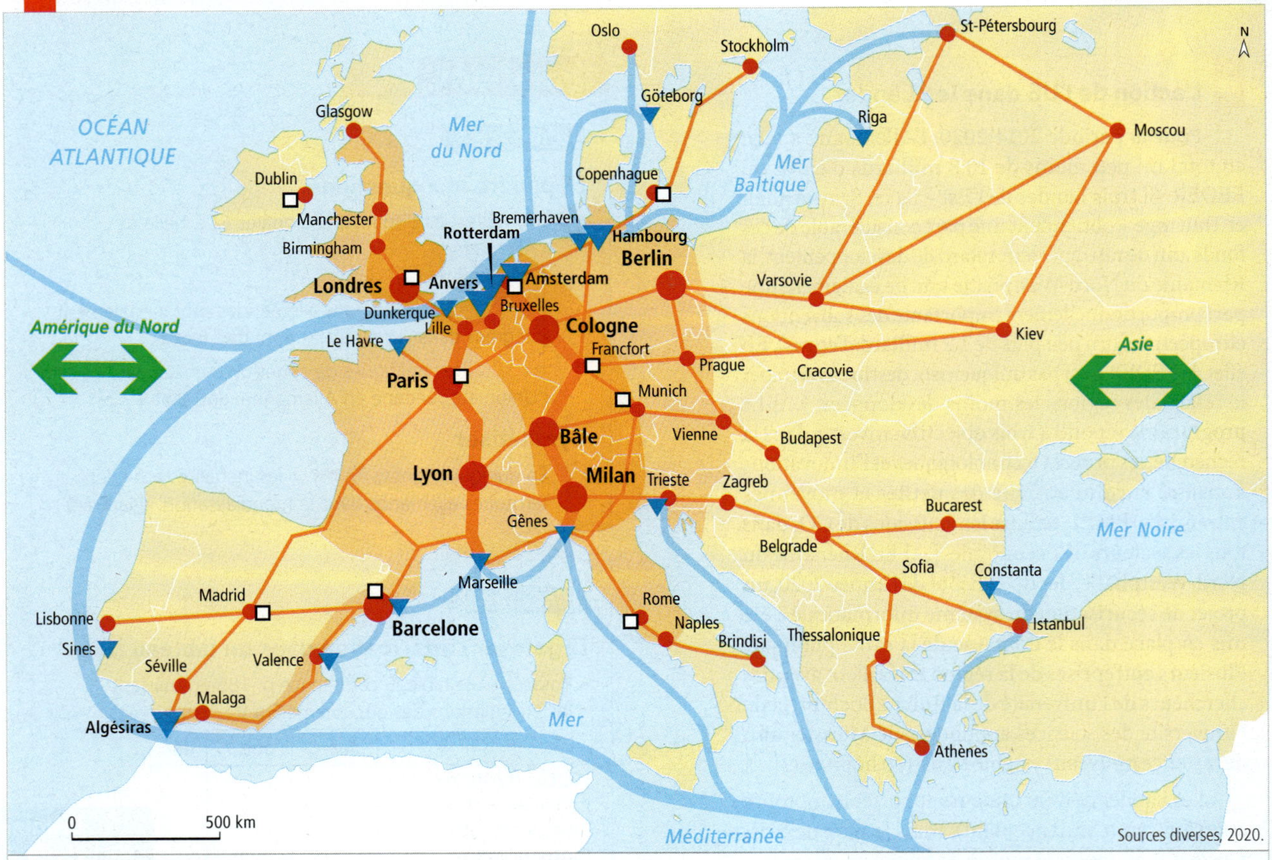

1. Une densité inégale de réseaux
- Réseaux très denses de la mégalopole européenne
- Réseaux denses des périphéries intégrées
- Réseaux moins denses des périphéries

2. Des carrefours et des axes hiérarchisés
- Carrefours majeurs
- Carrefours secondaires
- Corridors terrestres majeurs (autoroutes, LGV, voies navigables)
- Corridors terrestres secondaires

3. Une insertion dans les réseaux mondiaux
- Principaux ports
- Principaux aéroports
- Route maritime majeure
- Routes maritimes secondaires
- Principaux échanges avec les pôles de la mondialisation

2 Aéroports et ports dans l'UE

Les principaux aéroports de l'UE (2019)

Trafic en millions de passagers

1er Rang européen — Rang mondial 11[e]

	Rang mondial	Trafic
1er - Paris-Roissy CDG	10[e]	76,1
2e - Amsterdam-Schipol	11[e]	71,7
3e - Francfort	14[e]	70,5

Les principaux ports de l'UE (2018)

Trafic en millions de tonnes

1er Rang européen — Rang mondial 10[e]

	Rang mondial	Trafic
1er - Rotterdam	10[e]	441,4
2e - Anvers	23[e]	212
3e - Hambourg	34[e]	117,6

Source : Eurostat, 2020.

3 L'aéroport Amsterdam-Schiphol

Amsterdam-Schiphol a accueilli plus de 71 millions de passagers en 2018. Photographie prise en 2017.

4 Une ouverture sur le monde

En ce qui concerne les importations et les exportations, l'Union européenne est un espace économique intégré. Cela induit des flux ferroviaires, routiers, fluviaux (réseau rhénan, canal Seine-Escaut) et maritimes (autoroutes de la mer, le long des littoraux européens), d'une grande densité, à travers toute l'Europe, mais surtout, dans la partie occidentale du territoire (dorsale européenne[1] du Nord-Ouest, tunnels alpins entre la France, l'Italie, la Suisse, l'Autriche, l'Allemagne).

L'Europe des transports a été lente et difficile à mettre en œuvre depuis les années 1960. Premier facteur de décloisonnement des territoires, elle découvre de nouveaux horizons en Europe centrale et orientale (modernisation et construction de 20 000 km de routes et de 20 000 km de rails) et l'idée de réseaux transeuropéens (corridors de circulation, une trentaine de grands projets prioritaires surtout ferroviaires, ligne TVG Lyon-Turin, Paris-Karlsruhe-Mannheim, Montpellier-Barcelone-Madrid).

Dans le domaine aéronautique, le dispositif du « ciel unique » renforce la perception d'un espace aérien commun à l'échelle européenne, de même que le système européen de radio navigation par satellite (Galileo), opérationnel en 2013.

Vincent Adoumié (dir.), *Géographie de l'Europe*, Hachette supérieur, 2018.

1. Autre nom pour évoquer la mégalopole européenne.

Questions

Itinéraire 1

Répondre aux questions

1. **Relevez** la diversité des réseaux de transport en Europe. **doc. 1 à 4**
2. **Décrivez** la densité des réseaux de transport dans l'Union européenne. **doc. 1 et 4**
3. **Expliquez** en quoi l'aéroport d'Amsterdam est une porte sur le monde. **doc. 2 et 3**

Synthétiser

4. **Montrez** comment les transports permettent à l'Union européenne de relier ses territoires et de s'ouvrir au monde. **doc. 1 à 4**

ou

Itinéraire 2 — Aide

Préparer une présentation orale ORAL

- Préparez une présentation orale de 5 minutes sur la place des transports concernant l'intégration de l'Union européenne dans la mondialisation.
- Entraînez-vous à utiliser un vocabulaire spécifique et précis et n'employez aucun mot ou expression qui relève du langage familier. Assurez-vous également d'être en mesure de définir toutes les notions que vous citerez dans votre présentation.

B Des transports au service de la cohésion des territoires

5 Un réseau transeuropéen de transport (RTE-T)

Carte interactive

Source : Commission européenne, 2019.

Vocabulaire

Réseau transeuropéen de transport (RTE-T) : programme de développement des infrastructures de transport pour faciliter les échanges et l'intégration de tous les territoires dans l'Union européenne.

6 Croatie : un pont pour réunifier le territoire

Vidéo

Le sud de la Croatie est traversé par la Bosnie-Herzégovine voisine. 90 000 Croates sont isolés du reste de leur pays. Pour se rendre à Dubrovnik, par exemple, ils doivent passer par un poste frontière. Ce qui pose problème en été lorsque le trafic, lié au tourisme, est en augmentation. La Croatie a décidé de réunir ses deux territoires en construisant un pont largement financé par l'Union européenne.

Le chantier a débuté. Le futur pont mesurera près de 2,5 km. Le maître d'œuvre et les ouvriers sont chinois. La construction d'un pont ne date pas d'hier. Cela fait des années que les Croates en entendent parler. Il a fallu l'intervention de l'Union européenne pour débloquer le chantier. Un déblocage de 357 millions d'euros, ce qui représente 85 % du coût total.

Brijesta est un petit village croate isolé de l'autre côté de la mer. À 2,5 km à vol d'oiseau, mais 55 km et plus d'une heure par la route. Une route étroite. Lorsque le pont sera terminé, le voyage ne prendra que quelques minutes.

Pour compliquer un peu plus les choses, la Croatie est membre de l'Union européenne, pas la Bosnie-Herzégovine. Alors pour transporter leurs produits, les producteurs croates doivent franchir deux frontières et payer des droits de douane pas toujours abordables.

Les travaux du « pont de l'espoir » devraient être terminés dans deux ans et demi. Sans les aides européennes, jamais la Croatie n'aurait pu financer un tel projet.

Esmeralda Labye, « Croatie : le pont de l'espoir pour réunifier le territoire », www.rtbf.be [en ligne], 24 mars 2019.

C Entre concurrence et recherche de compétitivité

7 La concurrence des offres sur la ligne Paris-New York

Offre moyenne de sièges par jour et par compagnie aérienne (juin 2020)
New York (JFK & Newark)
Paris (CDG & Orly)
En % de sièges par jour

22 PREMIÈRE	100 % Air France	
586 AFFAIRES	49 % Air France	12 % Delta Air Lines
	18 % La Compagnie	6 % American Airlines
	13 % United	2 % Corsair
294 PREMIUM ECO	52 % Air France	8 % American Airlines
	12 % French bee	7 % United
	12 % Norwegian	5 % LEVEL
		4 % Corsair
4 216 ÉCONOMIQUE	35 % Air France	9 % XL Airways[1]
	12 % Delta Air Lines	8 % Corsair
	10 % United	7 % Norwegian
	9 % French bee	5 % LEVEL

1. Statistiques calculées en septembre 2019 sur la base des offres de vols programmés par les compagnies pour 2020. Depuis, XL Airways a été placé en liquidation judiciaire (oct. 2019). Au total, en juin 2020, 16 vols et 5 118 sièges sont proposés chaque jour entre Paris et New York.

Source : d'après Flight-Report, 2019.

8 Concurrence et compétitivité : la bataille des mobilités

En annonçant son projet de rapprochement entre ses deux filiales de grande vitesse à l'international, Eurostar et Thalys, la SNCF veut créer un acteur capable de rivaliser avec ses concurrents européens directs, mais aussi avec l'avion et la voiture.

Le groupe public mise sur un trafic de 30 millions de passagers transportés en 2030, contre 18,5 millions de passagers actuellement (11 millions pour Eurostar et 7,5 millions pour Thalys en 2018). Car une fois le rapprochement effectué, les deux filiales deviendront interopérables. Cela signifie que leurs systèmes de réservation et de billetterie fusionneront, que des offres tarifaires conjointes seront mises en vente sur le marché, que les programmes de fidélité auront été harmonisés et que les voyageurs pourront réserver des trajets combinant les trains des deux sociétés. Cette fusion permettra la mise en commun des activités de maintenance ainsi que des systèmes d'information et de distribution des deux opérateurs.

Mais pour passer de 18,5 à 30 millions de passagers en 2030, la SNCF compte également séduire de plus en plus de clients prenant l'avion ou utilisant leur voiture. Les villes que Thalys et Eurostar relient sont à 2 ou 3 heures maximum l'une de l'autre. C'est sur ces segments que le train compte prendre des parts de marché à l'avion et à la voiture.

Alors que le réchauffement climatique est sur toutes les lèvres et que l'activisme des écologistes a déjà entraîné une baisse significative du trafic aérien, la SNCF table sur la prise de conscience écologique croissante de la part des consommateurs.

Stéphane Donders, *Les Echos*, 25 octobre 2019.

Questions

Itinéraire 1

Répondre aux questions

5 **Situez** les territoires reliés par les couloirs de développement. **doc. 5**

6 **Montrez** que les transports permettent de renforcer la cohésion au sein de l'UE. **doc. 5 et 6**

7 **Relevez** les stratégies adoptées par les acteurs européens des transports pour faire face à la concurrence. **doc. 7 et 8**

Synthétiser

8 **Expliquez** les principaux défis auxquels sont confrontés les transports de l'UE. **doc. 5 à 8**

ou

Itinéraire 2

Présenter un exposé oral ORAL

Grille à télécharger

- Un élève de la classe présente un exposé de 5 minutes sur la place des transports dans l'intégration de l'Union européenne dans la mondialisation.
- Les autres élèves se répartissent en 4 groupes. Chaque groupe évalue un critère précis :
– qualité orale : voix, diction, articulation, rythme…
– qualité du discours : vocabulaire spécifique et précis, phrases bien construites, liaison entre les idées, fluidité…
– qualité des connaissances : nombre de connaissances, intérêt pour le sujet, maîtrise du sujet
– qualité de l'argumentation : raisonnement, organisation, plan, explication, démonstration

Croquis de l'étude de cas
▶ p. 195

Étude de cas

La politique agricole commune, les effets territoriaux d'une politique européenne

Zoom sur…

▸ La PAC

Création	1957 (traité de Rome)
Mise en place	1962
Budget 2014-2020	362,8 milliards d'euros
Part du budget de l'UE	40 %

Quelles sont les conséquences de la PAC sur les territoires européens dans la mondialisation ?

1 La PAC et la diversité des territoires ruraux de l'UE

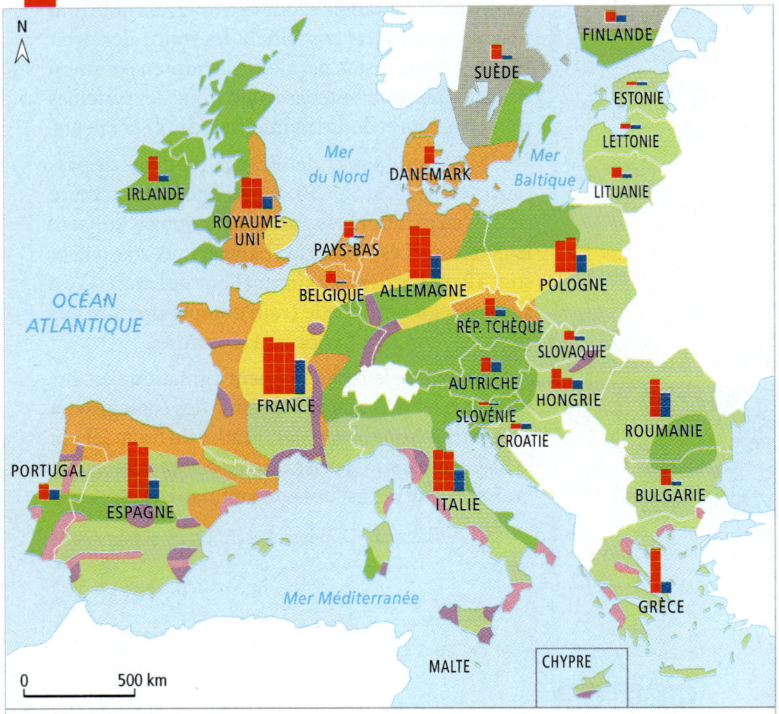

1. Les aides de la PAC par État membre de l'UE (2018)

- 1 carré représente 500 millions d'euros
- Fonds européen agricole de garantie (FEAGA) : aides directes versées aux agriculteurs
- Fonds européen agricole pour le développement rural (FEADER) : financement de projets de développement rural

1. Le Royaume-Uni était membre de l'Union européenne en 2018.

2. Des espaces agricoles compétitifs et modernisés par la PAC

- Grandes cultures productivistes
- Élevage intensif et polyculture
- Productions fruitières et légumières
- Vignobles

3. Des espaces agricoles périphériques soutenus par la PAC

- Polyculture et élevage
- Polyculture et élevage extensif ou céréaliculture extensive
- Agriculture peu importante

Source des données : Commission européenne, 2020.

Carte interactive

2 Les objectifs de la politique agricole commune (PAC)

Les objectifs de la PAC sont restés inchangés depuis le traité de Rome : accroître la productivité de l'agriculture en développant le progrès technique et en assurant un emploi optimum des facteurs de production, notamment de la main-d'œuvre ; assurer un niveau de vie équitable à la population agricole ; stabiliser les marchés ; garantir la sécurité des approvisionnements ; assurer des prix raisonnables aux consommateurs. Il s'agit d'objectifs qui sont à la fois économiques et sociaux, visant à sauvegarder les intérêts des producteurs et des consommateurs.

Si l'agriculture ne représente plus aujourd'hui qu'une faible part de l'économie des pays développés, y compris de celle de l'Union européenne, l'intervention publique s'est récemment renforcée, avec des politiques agrorurales qui, au soutien de la fonction traditionnelle de l'activité primaire – à savoir la production des denrées alimentaires –, ont ajouté d'autres dimensions, dont le développement durable, la lutte contre le changement climatique, l'aménagement du territoire et du paysage, la diversification et la vitalité de l'économie rurale ou la production d'énergie et de biomatériaux. Le soutien aux biens publics, ou fonctions non marchandes de l'activité agricole (c'est-à-dire non rémunérées par le marché), est devenu en conséquence un volet clé des politiques agricoles et rurales plus récentes […].

Albert Massot, *Fiches techniques sur l'Union européenne,* mai 2019.

3 La transformation des espaces agricoles en Bulgarie

Les aides de la PAC ont favorisé la compétitivité des exploitations de roses. La Bulgarie est aujourd'hui le 1er producteur mondial d'essence de rose (70 % du marché). Photographie prise dans la vallée des roses à Kazanlak en mai 2019.

4 Les effets contestés de la PAC sur les territoires

La PAC, c'est d'abord l'un des systèmes de subventions les plus importants au monde, probablement le plus important. En 2018, elle a distribué quelque 60 milliards d'euros aux exploitants des États membres. Le fait que la plus grande part des subventions de la PAC puisse être indexée sur la taille des exploitations, conjugué aux marges de manœuvre dont chaque État membre dispose dans l'attribution des fonds, a favorisé des mécanismes d'annexion ou de captation frauduleuse du foncier agricole.

Cela contribue à agrandir la taille des exploitations, donc à favoriser les systèmes agricoles les plus industriels, ceux qui simplifient le plus les paysages, fonctionnent avec le moins d'emplois et le plus d'intrants[1]. Le résultat est un bilan environnemental désastreux, en dépit des aides délivrées sur des critères de « verdissement » des pratiques.

Les gaz à effet de serre émis par l'agriculture européenne ont augmenté de 5 % au cours de la dernière décennie, tandis que les émissions totales du continent baissaient de plus de 15 %. Les populations d'insectes et d'oiseaux des champs, elles, s'effondrent à un rythme si effréné qu'il en paraît irréel. Quant aux nitrates, issus de l'élevage intensif et du recours excessif aux fertilisants, ils polluent les rivières des grandes régions agricoles.

Stéphane Foucart, « La PAC, une catastrophe agricole commune », *Le Monde*, 4 janvier 2020.

1. Produits utilisés pour la production agricole et non présents naturellement dans le sol (engrais, notamment).

Questions

Itinéraire 1

Répondre aux questions

1. **Relevez** les États qui profitent le plus, et le moins, des aides de la PAC en précisant la répartition des aides entre le FEAGA et le FEADER. **doc. 1**
2. **Montrez** comment la PAC est utilisée pour transformer les territoires. **doc. 2 et 3**
3. **Expliquez** pourquoi certains effets de la PAC sont contestés. **doc. 1 et 4**

Synthétiser

4. **Analysez**, à différentes échelles, les principales conséquences territoriales de l'action de la PAC, ainsi que ses limites. **doc. 1 à 4**

ou

Itinéraire 2

Aide

Réaliser un document de présentation

- À l'aide des documents 1 à 4 et de recherches complémentaires, réalisez un document présentant les effets de la PAC sur les territoires ruraux de l'un des 27 États membres.

Étapes à plusieurs échelles :

- À l'échelle européenne, situez le pays et son évolution dans la PAC et dans l'UE.
- À l'échelle nationale, présentez la géographie des territoires ruraux et expliquez les choix d'utilisation de la PAC par l'État étudié.
- À l'échelle régionale et/ou locale, analysez un projet territorial concret cofinancé par la PAC.

▶ Voir p. 184-187

L'Allemagne dans la mondialisation

Objectif BAC

Consigne : À partir du texte ci-dessous, et en vous appuyant sur vos connaissances, complétez la légende et le croquis de synthèse.

Aide pour répondre à la consigne :
- Relevez les informations principales dans le texte.
- Identifiez les figurés pouvant être utilisés pour cartographier ces informations.
- Complétez la légende et le croquis à l'aide de l'étude de cas pages 184 à 187.

L'Allemagne et ses territoires dans la mondialisation

Les territoires allemands sont inégalement intégrés dans la mondialisation. Quatre ensembles régionaux se distinguent. L'Allemagne rhénane, densément peuplée et urbanisée, très intégrée, constitue le cœur industriel et financier du pays. Les Länder du Sud (Bade-Wurtemberg et Bavière) sont également très intégrés : ces régions profitent des dynamiques liées à l'industrie automobile et aux hautes technologies. L'Allemagne du Nord et du Centre connaît une intégration réelle mais moins marquée. En revanche, les Länder de l'Est sont davantage en difficulté à la fois sur le plan démographique et économique (PIB/hab. inférieur à 30 000 euros) : ces régions correspondent à l'ancienne RDA.

L'intégration dans la mondialisation s'opère au profit de quelques territoires moteurs, en particulier les métropoles. Berlin, Francfort et Hambourg s'imposent comme les villes les plus dynamiques : elles sont respectivement la capitale politique, la capitale financière et le premier port allemand. D'autres métropoles (Munich, Brême, Stuttgart, Dortmund, Düsseldorf, Cologne et Bonn) rayonnent à différentes échelles et sont intégrées dans la mégalopole européenne.

Les dynamiques des flux reflètent l'inégale intégration des territoires allemands dans la mondialisation. Les principaux axes de circulation relient les métropoles entre elles, accentuant ainsi le phénomène de métropolisation. De plus, l'intégration européenne de l'Allemagne se manifeste par des échanges avec les principaux partenaires commerciaux, à la fois les pays limitrophes (l'Allemagne réalise 2/3 de son commerce avec les pays de l'UE) mais aussi la Chine (premier partenaire commercial), les États-Unis et la Russie. Les aides financières européennes à destination des Länder de l'Est visent à réduire les disparités entre les régions dynamiques et les régions de l'ancienne RDA.

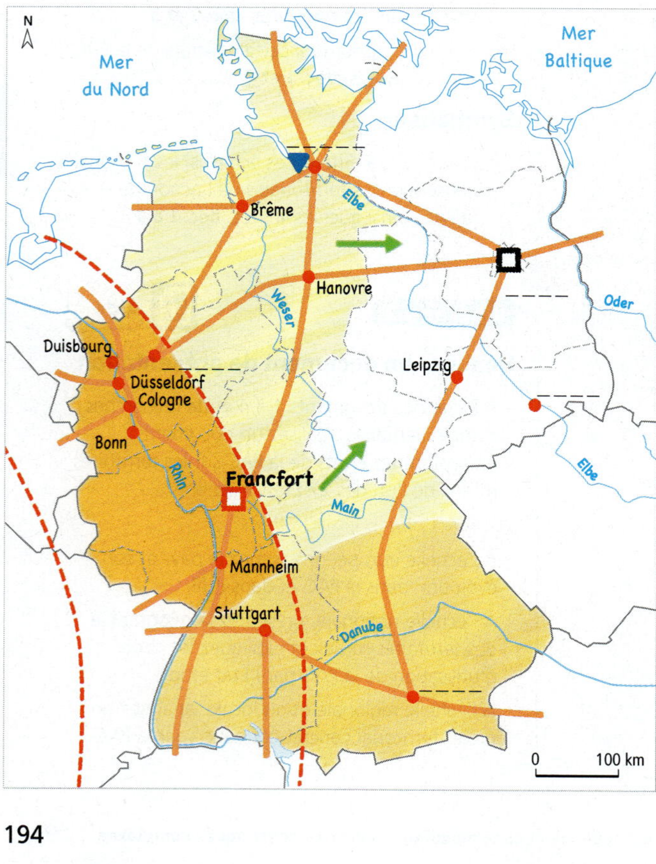

Titre : ______________________________

1. Des territoires inégalement intégrés dans la mondialisation
- Cœur industriel et financier, très intégré dans la mondialisation
- ______________________________
- Régions du Nord et du Centre, intégrées dans la mondialisation
- Régions de l'Est, en difficulté économique (ancienne ___)

2. Les métropoles, territoires moteurs de la mondialisation
- ______________________________
- Francfort, capitale ________
- ______________________________
- Principales métropoles
- Limite de la mégalopole européenne

3. Dynamiques des flux dans la mondialisation
- ______________________________
- Principaux partenaires commerciaux
- ______________________________

Fond de carte différencié

Croquis des études de cas

▶ Voir p. 188-191

Les transports dans l'UE

Les transports dans l'UE : outil d'ouverture et de cohésion

L'espace de l'Union européenne se caractérise par des disparités de densité des réseaux de transport. Les transports constituent un outil d'ouverture et de cohésion entre les pays membres, en particulier entre le Nord et Sud, ainsi qu'entre l'Ouest et l'Est. La mégalopole (entre Londres et Milan), espace économique central de l'UE, dispose des réseaux les plus denses et les plus diversifiés. Autour, les périphéries intégrées (Allemagne, Autriche, France) se structurent autour de réseaux denses, connectés à la mégalopole. Plus loin, dans les périphéries sous-intégrées (Europe orientale, Italie du Sud), les réseaux de transport sont moins denses.

L'Union européenne est structurée autour de carrefours et d'axes de communication hiérarchisés. Les métropoles constituent soit des carrefours majeurs (Paris, Milan, Barcelone), soit des carrefours secondaires (Madrid, Munich, Vienne) au sein des réseaux européens hiérarchisés. Elles polarisent les axes de transports rapides et à fort débit : autoroutes, lignes ferroviaires à grande vitesse transfrontalières (Thalys, Eurostar), canaux fluviaux à grand gabarit. Les deux principaux corridors multimodaux relient Londres à Milan et Lille à Marseille, en passant par Paris et Lyon. Des axes secondaires desservent les périphéries plus ou moins intégrées de l'espace européen.

L'espace de l'Union européenne est très intégré aux flux de la mondialisation. Les aéroports aux trafics les plus importants sont situés dans les grandes métropoles (Paris), particulièrement celles de la mégalopole (Francfort, Amsterdam). Les ports les plus performants sont concentrés le long des deux principales interfaces maritimes : au nord, la Northern Range (Rotterdam, Anvers, Hambourg) et au sud, la Méditerranée occidentale (Barcelone, Marseille). Ces ports sont reliés à une route maritime majeure qui connecte l'Europe aux autres régions du monde. Principal pôle commercial de la mondialisation, l'Union européenne participe ainsi aux échanges commerciaux planétaires avec les deux autres principaux pôles de la mondialisation, l'Amérique du Nord et l'Asie.

Objectif BAC

Consigne : À partir du texte ci-dessous, et en vous appuyant sur vos connaissances, réalisez le croquis de synthèse correspondant à la légende donnée.

Aide pour répondre à la consigne :
- Relevez les informations et les éléments importants dans le texte : vous pouvez, par exemple, surligner les lieux à localiser sur le croquis.
- Déterminez les figurés nécessaires (linéaires, ponctuels ou de surface).
- Réalisez le croquis à l'aide de l'étude de cas pages 188-191 : assurez-vous que chaque élément de la légende est représenté sur le croquis.

1. Une inégale densité des réseaux de transport
- Mégalopole européenne aux réseaux très denses
- Périphéries intégrées aux réseaux denses
- Périphéries sous-intégrées aux réseaux insuffisants

2. Des carrefours et des axes de communication hiérarchisés
- Carrefours majeurs
- Carrefours secondaires
- Principaux corridors multimodaux
- Corridors secondaires

3. Une intégration aux flux de la mondialisation
- Hubs aéroportuaires
- Principaux ports
- Interfaces maritimes
- Routes maritimes majeures
- Échanges avec les pôles majeurs de la mondialisation

Fond de carte différencié

THÈME 3
SE PRÉPARER
CHAPITRE 5
CHAPITRE 6
RÉVISER

Exemple

L'archipel des Canaries : une région ultrapériphérique (RUP) de l'Union européenne

➔ Comment l'Union européenne contribue-t-elle au développement de la région ultrapériphérique des Canaries ?

1 RUP : un statut spécifique

Des mesures particulières ont été mises en place pour soutenir le développement des régions de l'Union européenne les plus lointaines, dénommées régions ultrapériphériques : la Guadeloupe, la Guyane, La Réunion, la Martinique, Mayotte et Saint-Martin (France), les Açores et Madère (Portugal) et les îles Canaries (Espagne).

Ces régions ultrapériphériques doivent faire face à un certain nombre de difficultés tenant à leurs caractéristiques géographiques, que sont notamment : leur éloignement, leur insularité, leur faible superficie, un relief et un climat difficiles. Leur économie est dépendante d'un petit nombre de produits, souvent de produits agricoles ou de ressources naturelles. Ces éléments limitent les potentialités de leur développement.

En dépit de la grande distance qui les sépare du continent européen, les régions ultrapériphériques font partie intégrante de l'Union européenne. Cependant, compte tenu de leur position géographique particulière et des difficultés qui l'accompagnent, les politiques européennes ont dû être spécialement adaptées à leur situation.

Ces régions bénéficient d'enveloppes d'aides spéciales au titre du Fonds européen de développement régional (FEDER). Les régions ultrapériphériques bénéficient également, dans le domaine de l'agriculture, des programmes POSEI (programmes d'options spécifiques à l'éloignement et à l'insularité), financés par le FEAGA[1].

Marek Kołodziejski et Filipa Azevedo, « Régions ultrapériphériques (RUP) », Parlement européen, novembre 2019.

1. FEAGA : Fonds européen agricole de garantie.

2 Les Canaries en Espagne et dans l'Union européenne

Nombre d'habitants (2018)
2 101 924 (4,5 % de la population espagnole)

Superficie 7 447 km²
(1,5 % de la superficie de l'Espagne)

Densité
286 habitants/km²
(moyenne Esp. : 90 hab/km²)

Situation 7 îles :
› Distance de Madrid : 1 791 km
› Distance de l'Afrique : 100 km

PIB par habitant (2018)
20 892 euros
(14e rang sur 19 en Espagne)

Montant des aides de l'UE 1,4 milliard €
(2014-2020)

Activités de pointe
Recherche et développement en biomédecine, astronomie

3 Un label européen pour la banane des Canaries

La banane des Canaries a obtenu une Indication géographique protégée (IGP) de l'Union européenne depuis 2013.

Affiche promotionnelle, 2018.

4 Un archipel intégré dans l'Union européenne et dans la mondialisation

Carte interactive

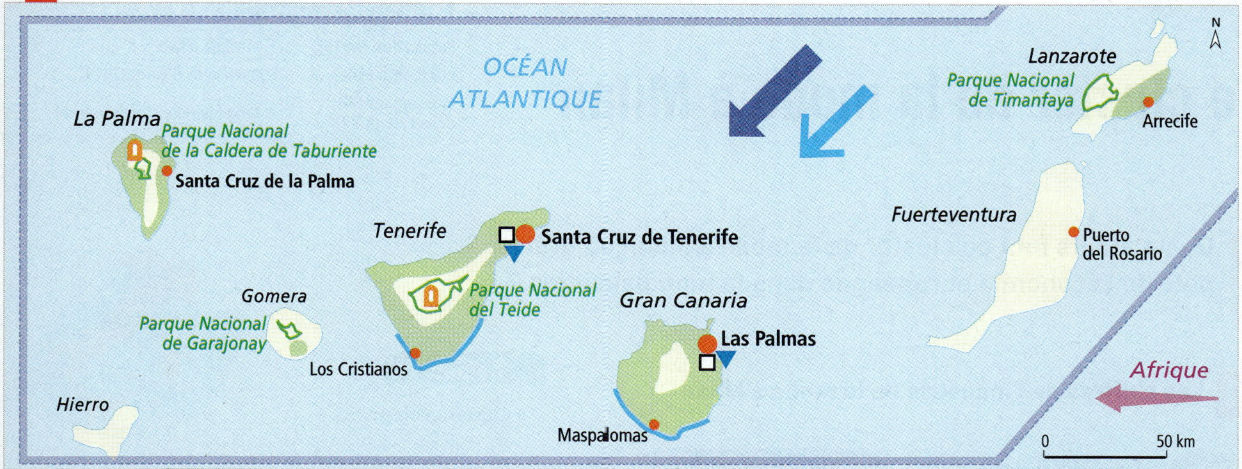

1. Des territoires insulaires contrastés
- Capitales régionales
- Centres urbains secondaires
- Littoraux touristiques
- Périphéries agricoles
- Espaces désertiques

2. Les facteurs de développement et d'intégration
- Espace Schengen
- Aéroports internationaux
- Ports principaux
- Sites d'observation astronomique
- Parcs nationaux

3. Flux et dynamiques d'intégration
- Dépendance de l'Espagne et de l'UE
- Flux migratoires
- Flux touristiques

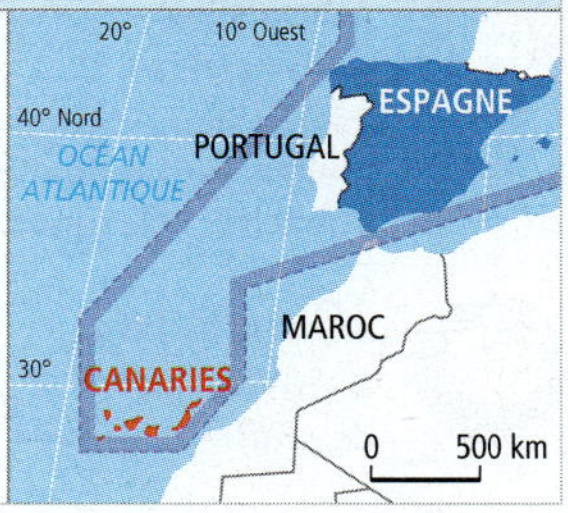

Questions

Itinéraire 1

Répondre aux questions

1 **Décrivez** les principales caractéristiques géographiques des Canaries. **doc. 1, 4 et 5**

2 **Expliquez** ce qui a justifié le statut de région ultrapériphérique (RUP) pour l'archipel des Canaries. **doc. 1, 2 et 4**

3 **Relevez** les aides apportées par l'Union européenne au développement de l'archipel. **doc. 1, 3, 4 et 5**

Synthétiser

4 **Montrez** comment l'Union européenne contribue au développement de la région ultrapériphérique des Canaries. **doc. 1 à 5**

ou

Itinéraire 2

Publier un message sur les réseaux sociaux

- À partir des documents 1 à 5 et de recherches complémentaires, concevez un message pour le compte « Toute l'Europe » (@touteleurope) présentant un projet réalisé dans l'une des neuf régions ultrapériphériques (voir **doc. 1**), grâce aux aides de l'Union européenne.

Étapes :
- Menez votre recherche documentaire (informations, photographie).
- Rédigez votre texte qui doit être court, mais précis (date, lieu, montants des aides).
- Dégagez quelques mots clés qui permettront de référencer votre article par des hashtags.

5 L'observatoire du Gran Telescopio Canarias, La Palma (2 267 m)

C'est l'un des télescopes les plus puissants et les plus avancés au monde. Le Fonds européen de développement régional (FEDER ; voir p. 205) finance actuellement la modernisation de son système optique.

Photographie prise en 2019.

Exemple

Le cluster de la mode à Milan

Zoom sur…

▶ Milan (Lombardie)

Population (2019)	1,4 million d'hab.
PIB (Lombardie)	390 milliards d'euros (2019)
Classement PIB dans l'UE (à 27)	2ᵉ rang (derrière l'Île-de-France)

➔ **Quels atouts font du cluster de la mode à Milan un grand pôle de l'économie européenne dans la mondialisation ?**

Notion

▸ Cluster : voir p. 233.

1 Les chiffres de l'industrie de la mode à Milan

13 000 entreprises (conception, design, ateliers de fabrication, publicité, boutiques…)

13 milliards d'euros de chiffre d'affaires

25 % des exportations italiennes

Principales marques

DOLCE & GABBANA

GIORGIO ARMANI

KRIZIA

MOSCHINO

PRADA

VERSACE

VALENTINO

Source : Stockholm school of economics, 2017.

2 Milan, capitale mondiale de la mode

L'ascension de Milan au rang de capitale internationale du prêt-à-porter débute au milieu des années 1970 sous l'impulsion d'une poignée de jeunes stylistes […]. Crise, stratégies économiques de l'agglomération et entrepreneurialité : voilà les trois mots-clés qui [expliquent] ce phénomène. La durée et la gravité de la crise économique et industrielle des années 1970 rendent nécessaire une transformation de la vocation économique et productive de la ville. Au cours de ces années, la « traditionnelle vision concrète et matérielle de l'industrie » sur laquelle Milan a bâti sa domination économique, croise la mode sur son chemin. Cette rencontre se solde par la transformation de la mode en un produit industriel. Les stratégies économiques de l'agglomération, c'est-à-dire les avantages découlant des ressources vastes et diversifiées – infrastructures, agences publicitaires, édition, services financiers, espaces d'exposition, etc. – dont Milan dispose, sont décisives pour la création d'un marché international sur lequel le produit industriel de la mode doit être écoulé. Enfin, les stylistes qui propulsent la capitale lombarde sur le devant de la scène internationale de la mode se forment à l'école de la collaboration avec la grande entreprise industrielle et ils apprennent à devenir les entrepreneurs et les managers de la créativité. Certains d'entre eux sont encore aujourd'hui à la tête des plus grandes « fashion companies » italiennes.

M. Belfanti, C. Capalbo, E. Merlo et V. Pinchera, « La mode au défi de l'histoire économique : la mode et l'économie italienne (XIXᵉ-XXᵉ siècle) », *Apparence(s)*, n° 9, 2019.

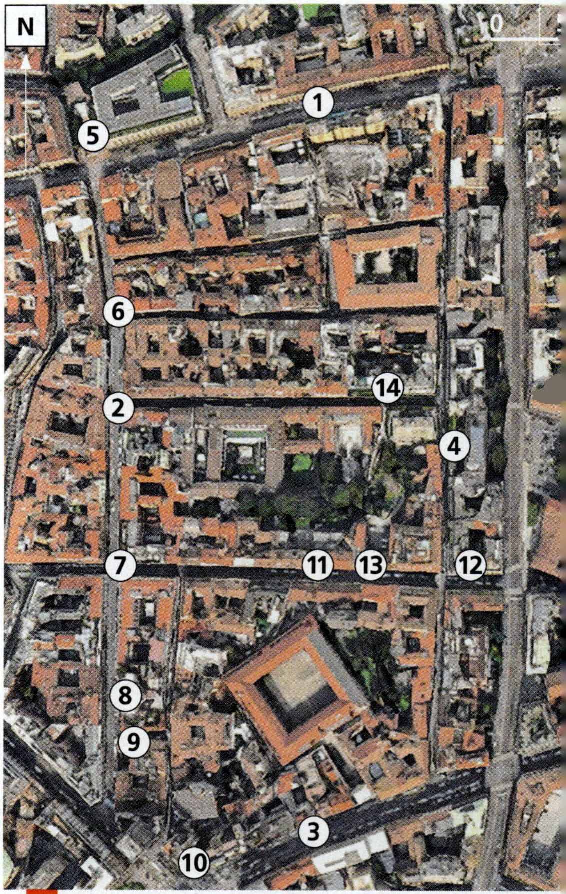

3 Le « quadrilatère de la mode » à Milan

Le « quadrilatère de la mode » ou « fashion district » est situé dans le centre de Milan. Il rassemble boutiques et enseignes du luxe et de la mode qui font de Milan l'une des capitales mondiales de ce secteur d'activité.

① Via Manzoni
② Via Montenapoleone
③ Corso Venezia
④ Via della Spiga
⑤ Armani
⑥ Valentino
⑦ Versace
⑧ Ralph Lauren
⑨ Dolce Gabbana
⑩ Prada
⑪ Miu-Miu
⑫ Moschino
⑬ Hermès
⑭ Krizia

4 **La galerie Victor Emmanuel II et ses boutiques de luxe**

Photographie prise en 2019.

5 Prada : les chiffres clés de la firme

PRADA MILANO

Fondation en 1913 (à Milan) par Maria Prada

Nombre d'employés 13 000 (2018)

Chiffre d'affaires (2018) **3,1 milliards d'euros**

Nombre de magasins

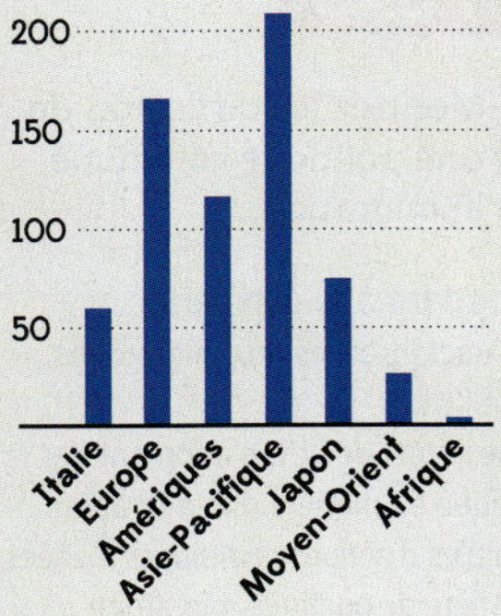

Répartition de la production
En %

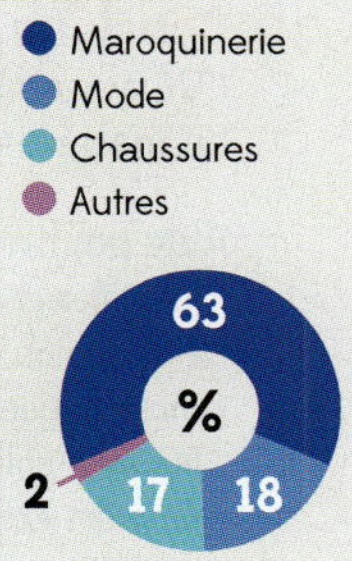

Questions

Itinéraire 1

Répondre aux questions

1. **Déterminez** les facteurs qui ont contribué à faire de Milan une capitale mondiale de la mode. **doc. 1**
2. **Citez** les principaux acteurs du cluster de la mode. **doc. 1 à 5**
3. **Montrez** que les entreprises de ce cluster sont très présentes dans la ville. **doc. 1 à 4**

Synthétiser

4. À l'aide des réponses précédentes, **analysez** les enjeux du cluster de la mode de Milan dans la mondialisation et **montrez** qu'il s'agit d'un pôle économique dynamique. **doc. 1 à 5**

ou

Itinéraire 2

Travailler l'oral ORAL

- Préparez une présentation orale de 5 minutes sur les atouts du cluster de la mode à Milan dans la mondialisation, puis répartissez-vous par groupes de 3 ou 4 élèves.
- Présentez votre réponse à tour de rôle.
- Les autres élèves, dans le rôle du jury, vous posent des questions pendant 10 minutes : demandes de précisions, définitions du vocabulaire employé, liens avec le cours…

Exemples de questions

Exemple

L'Union européenne : le défi d'une politique migratoire commune

1 Les flux migratoires en Europe

Carte interactive

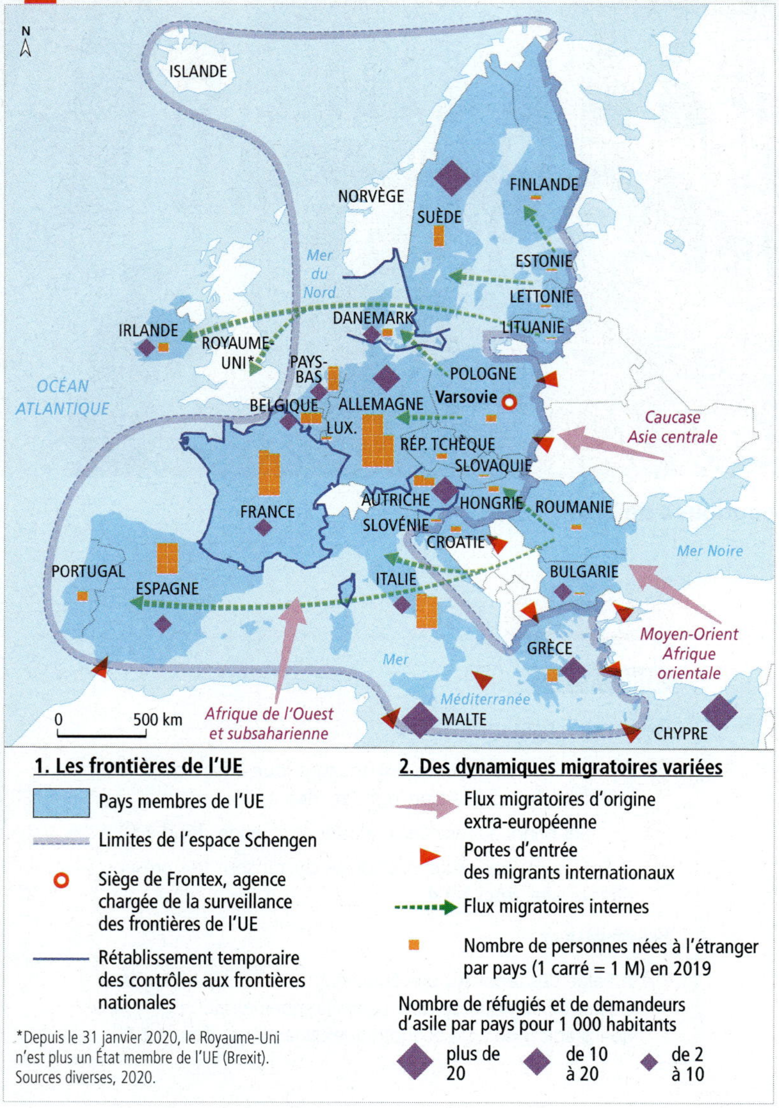

Vocabulaire

- **Demandeur d'asile :** personne qui sollicite une protection internationale hors des frontières de son pays d'origine, mais qui n'a pas encore obtenu le statut de « réfugié ».
- **Migrant international :** individu quittant durablement (durée égale ou supérieure à un an) son pays pour se rendre dans un autre pays, de façon volontaire (activité professionnelle) ou forcée (guerre, pauvreté...).
- **Réfugié :** personne reconnue en danger dans son pays d'origine et qui a obtenu l'asile politique dans un autre pays.

2 Une politique migratoire commune ?

Parole de géographes

Les faiblesses de l'action de l'Union européenne sont patentes : tout en déplorant la catastrophe humanitaire, elle n'a pas su faire le nécessaire pour l'arrêter. [...] L'Union européenne s'est lancée dans un vaste processus d'harmonisation de ses principes d'action et s'est progressivement dotée de moyens non négligeables. Le Régime d'asile européen commun (RAEC), révisé en 2013, unifie et conforte les droits des demandeurs d'asile. Le règlement de Dublin[1], lui, assigne à l'État de première entrée sur le territoire de l'UE l'obligation d'instruire le dossier des personnes ayant migré dans l'Union européenne. [...] L'uniformisation des permis de séjour, des permis de travail, des visas, des procédures de regroupement familial ou des séjours d'étude sont également à l'œuvre au sein de l'UE. [...] La question migratoire prend une tonalité particulière en raison de son caractère extrêmement clivant : les États européens ne sont pas d'accord entre eux sur le sujet, certains remettant en cause le droit d'asile quand d'autres le réaffirment ; certains demandent davantage de présence européenne aux frontières, d'autres la récusent.

Sylvain Kahn et Jacques Lévy, spécialistes de l'Europe, *Le Pays des Européens*, Odile Jacob, 2019.

1. Règlement (2013) selon lequel une demande d'asile doit être traitée par le premier pays d'entrée dans l'UE.

Objectif BAC

Consigne : Montrez les difficultés de l'UE à établir une politique commune en matière d'immigration.

Aide pour répondre à la consigne :
- Identifiez et caractérisez les flux migratoires en direction de l'UE.
- Montrez que les États de l'UE n'adoptent pas la même politique en matière d'immigration.
- Citez des exemples d'actions communes menées par l'UE en matière de politique migratoire.

Erasmus +, le succès d'un projet européen

1 Le succès du programme Erasmus +

L'engouement pour le programme européen Erasmus + ne se dément pas en France : les demandes pour bénéficier de ce programme conçu pour les étudiants et étendu progressivement aux apprentis, aux élèves de lycée professionnel, aux stagiaires de la formation professionnelle ou encore aux enseignants, sont en hausse de 6 % en 2018. […] S'il touche des effectifs encore limités, le programme Erasmus + compte parmi ses bénéficiaires étudiants 39 % de boursiers sur critères sociaux. Enfin, si l'Île-de-France, Auvergne-Rhône-Alpes et Nouvelle-Aquitaine sont les régions qui ont le plus bénéficié du programme en 2017, celles qui affichent la plus forte progression sont l'Occitanie, les Hauts-de-France et la Martinique. […]

Des scénarios sont également envisagés pour augmenter le nombre de bénéficiaires – qui représentent seulement 3 % d'une classe d'âge aujourd'hui. Afin de doubler cette part, il faudrait disposer d'une enveloppe de l'ordre de 30 milliards d'euros sur sept ans (le programme actuel dispose de 16,38 milliards d'euros au niveau européen, soit 1,5 % du budget total de l'UE).

Adrien de Tricornot, « Le programme Erasmus + attire toujours plus d'étudiants », *Le Monde*, mars 2018.

2 Affiche réalisée à l'occasion des « Erasmus Days » (2018)

Les « Erasmus Days » sont des fêtes organisées pour la première fois en 2017, à l'occasion du 30e anniversaire du programme.

3 Erasmus + en quelques chiffres

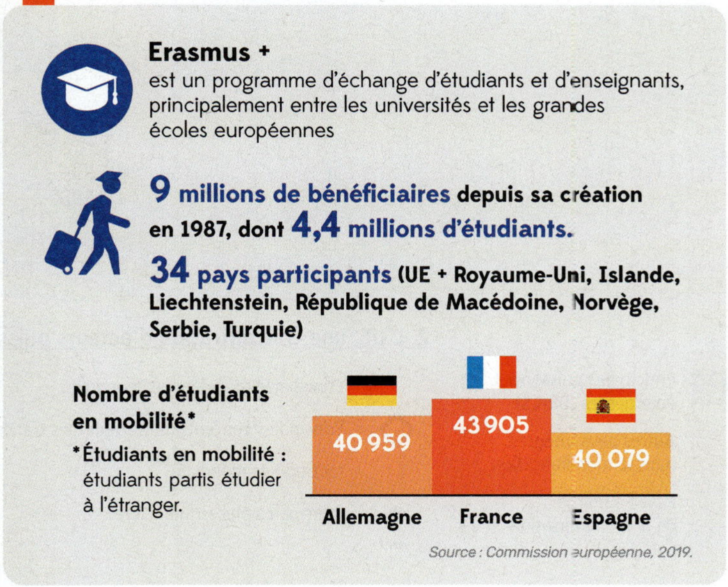

Objectif BAC

Consigne : En vous appuyant sur les documents, montrez que le programme Erasmus + illustre la capacité de l'Union européenne à mener des projets communs.

Aide pour répondre à la consigne :
- Rappelez l'intérêt et les enjeux du programme Erasmus +.
- Identifiez les pays qui en bénéficient.
- Expliquez le succès et les limites de ce programme.

Carte

L'Union européenne, pôle et acteur de l…

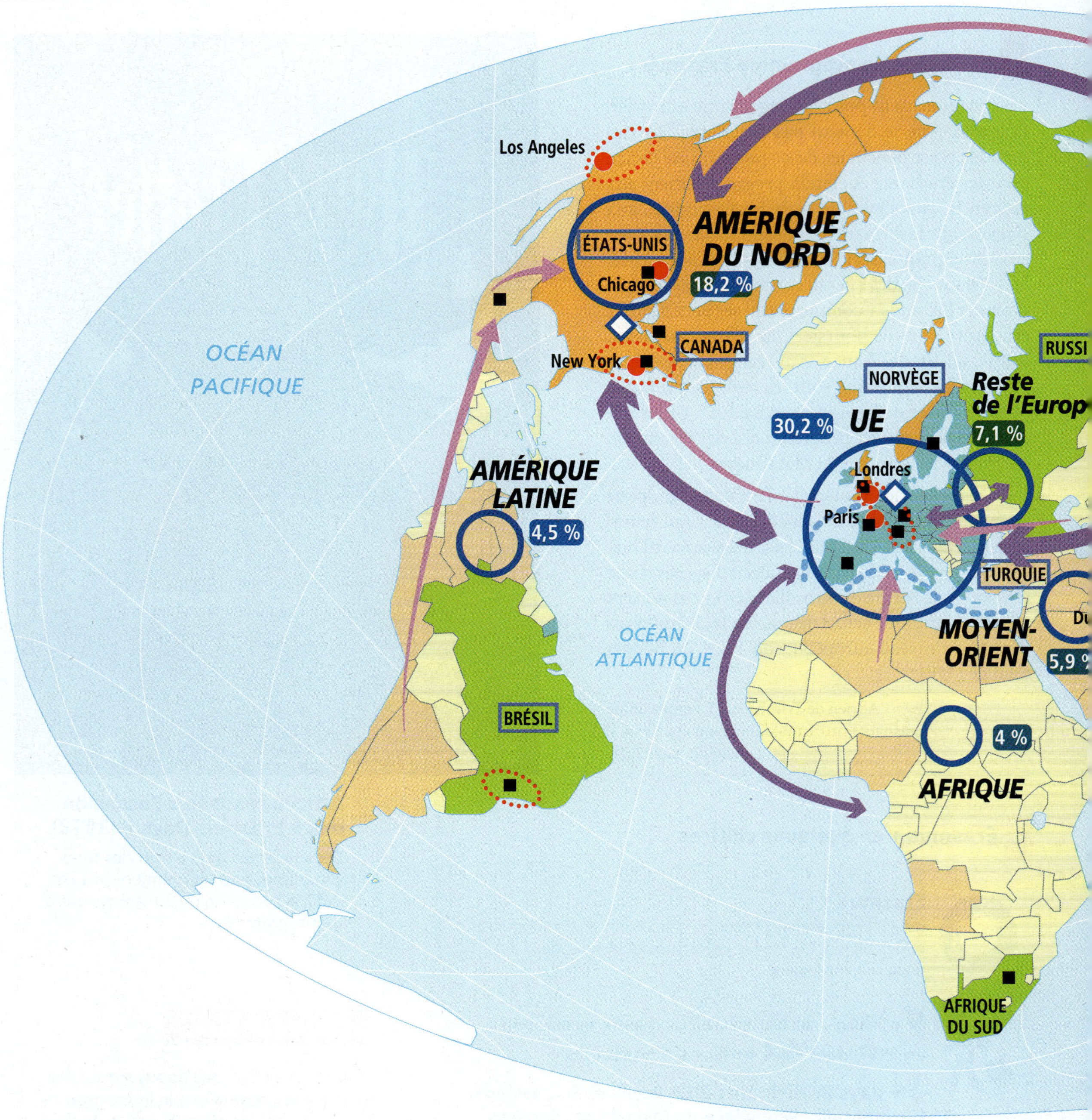

1. L'UE, un pôle majeur de la mondialisation

- 4 % Pôles du commerce mondial (% du total des échanges)
- États membres de l'UE (2019)
- Pays développés à hauts revenus
- Principales puissances émergentes (BRICS)
- Autres pays intégrés dans la mondialisation
- Pays en marge de la mondialisation

2. L'UE, une concentration d'acteurs puissants

- Principales mégalopoles mondiales
- Principales concentrations de firmes transnatio…
- Métropoles mondiales
- Principales places financières

mondialisation

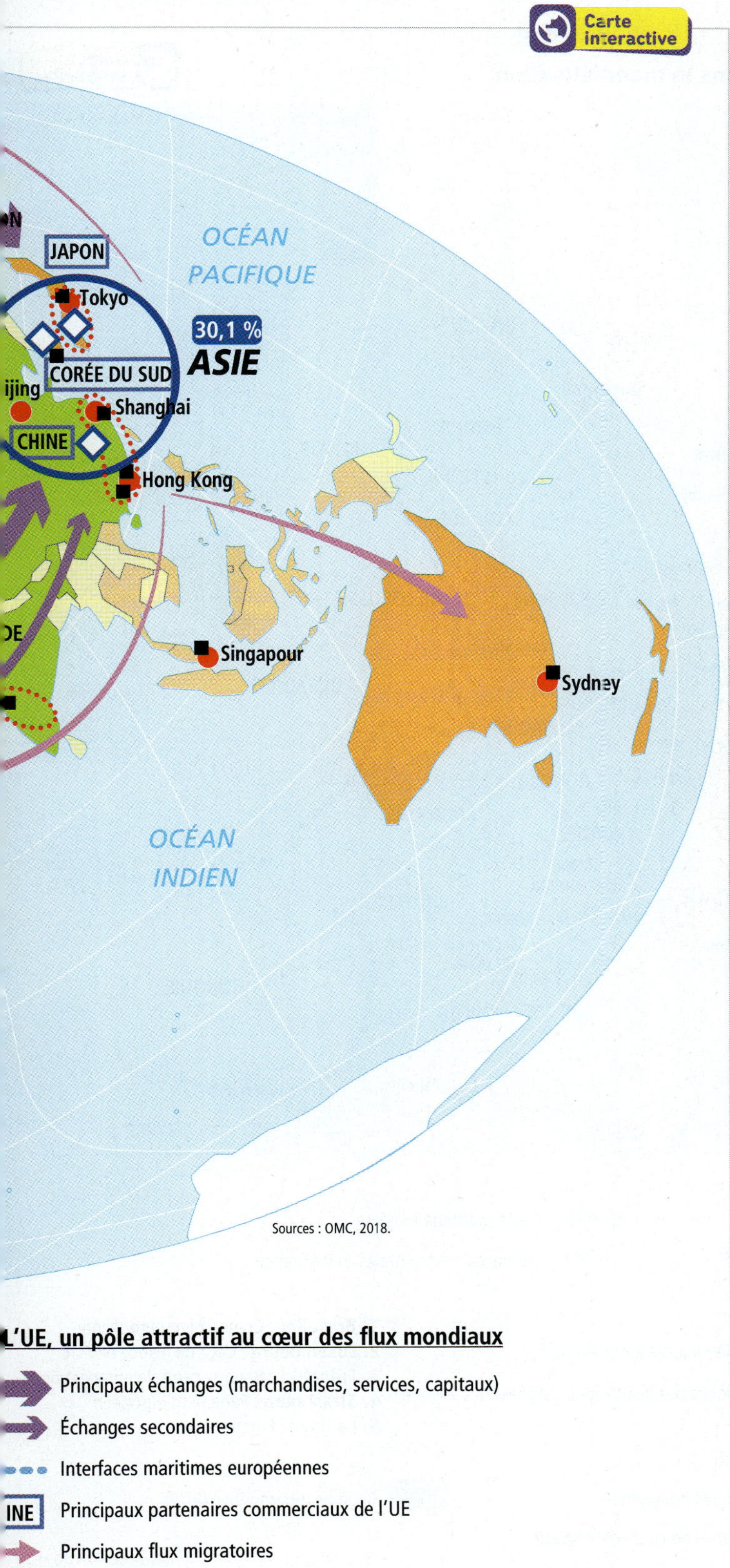

Vocabulaire

- **Firme transnationale (FTN) :** entreprise implantée dans de nombreux pays et qui réalise la majeure partie de son chiffre d'affaires en dehors de son pays d'origine.
- **Flux :** circulation de biens, de personnes, de capitaux ou d'informations.
- **Pôle :** lieu qui exerce une influence sur l'espace qui l'entoure.

Chiffres clés

L'Union européenne en 2020

- **18 %** du PIB mondial
- **6 %** de la population mondiale
- **1re puissance commerciale** (15,6 % des exportations mondiales, 15,2 % des importations mondiales)
- UE, Royaume-Uni, États-Unis et Chine représentent **45 %** du commerce mondial
- **40 %** des entrées touristiques internationales

Questions

1. **Caractérisez** la place de l'Union européenne à l'échelle mondiale.
2. **Identifiez** les principaux centres d'impulsion de la puissance européenne.
3. **Montrez** que l'Union européenne est un carrefour des flux mondiaux.

Carte

L'Union européenne : inégalités territoriales

1 Les territoires de l'Union européenne dans la mondialisation

Carte interactive

1. L'UE, un espace ouvert sur le monde

- Pôles portuaires et aéroportuaires
- Northern Range : façade maritime majeure de l'UE
- Route maritime majeure
- Interfaces continentales et maritimes

2. Les centres de pouvoir

- Métropoles mondiales
- Autres métropoles
- Mégalopole européenne
- Sièges des institutions européennes →
  1. **Bruxelles** : Commission européenne
  2. **Luxembourg** : Cour de justice de l'UE
  3. **Francfort** : Banque centrale européenne
  4. **Strasbourg** : Parlement européen
  5. **La Haye** : Europol

3. Un espace inégalement intégré à la mondialisation

- Espace central européen
- Périphéries très intégrées
- Périphéries intégrées
- Périphéries en cours d'intégration
- Régions ultramarines (RUP)

Sources diverses, 2020.

et politiques de cohésion

2 L'Union européenne et les politiques de réduction des inégalités (2021-2027)

Carte interactive

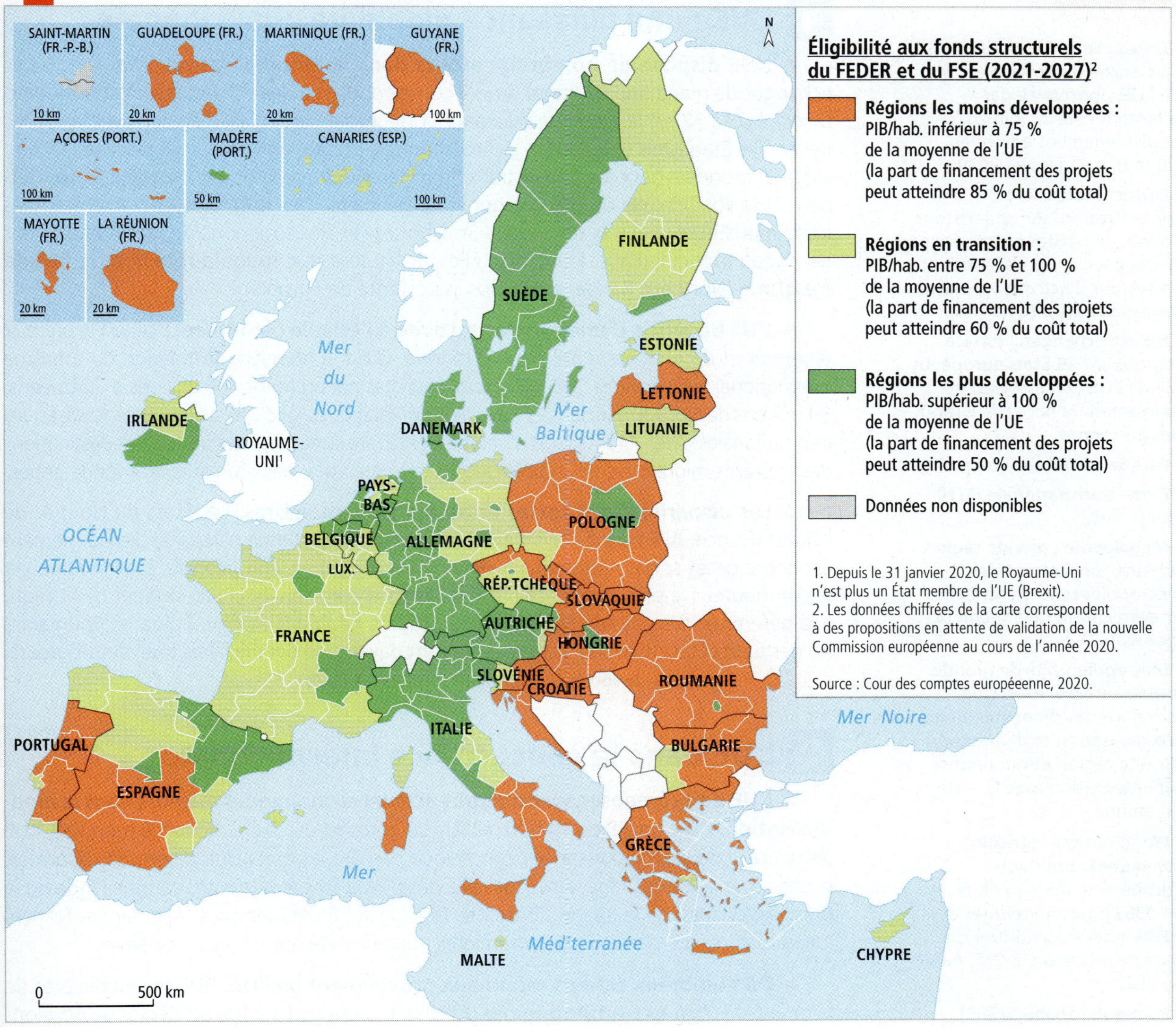

Vocabulaire

- **FEDER (Fonds européen de développement régional) :** fonds structurel créé en 1975. Son objectif est de renforcer la cohésion économique et sociale dans l'UE en réduisant les inégalités et déséquilibres entre les régions.
- **FSE (Fonds social européen) :** créé en 1957. Son objectif est de réduire les inégalités de développement entre les régions européennes, de promouvoir la croissance et de soutenir la création d'emplois.
- **Région ultrapériphérique (RUP) :** territoire ultramarin faisant partie intégrante de l'Union européenne. L'UE compte 9 RUP (îles Canaries, Guyane, Guadeloupe, Martinique, Mayotte, La Réunion, Saint-Martin, les Açores, Madère).

Questions

1. **Déterminez** les territoires de l'UE les plus intégrés et les moins intégrés dans la mondialisation. **doc. 1**
2. **Citez** les principales régions bénéficiaires des aides européennes. **doc. 2**
3. **Montrez** que les deux cartes proposent des informations complémentaires sur les inégalités d'intégration entre les territoires européens. **doc. 1 et 2**

Cours

Podcast Cours à écouter

L'Union européenne, un espace inégalement ouvert sur le monde

Comment les territoires de l'Union européenne s'insèrent-ils dans la mondialisation ?

1 L'UE : une puissance mondiale, mais inégale

● **L'UE dispose de nombreux atouts dans la mondialisation.** Avec 30 % des échanges de marchandises (dont les 2/3 correspondent à des échanges intracommunautaires), l'UE à 27 est la première puissance commerciale mondiale à égalité avec la Chine, devant les États-Unis et le Japon. L'euro, monnaie unique utilisée par 18 pays de l'Union, est la 2e monnaie pour les transactions financières derrière le dollar. L'espace Schengen permet la libre circulation des personnes et des biens. Des métropoles concentrent les institutions européennes (Bruxelles, Strasbourg) et des fonctions de commandement de niveau mondial (Paris, Francfort). Elles structurent une mégalopole dont la façade maritime (Northern Range) est la plus importante en Europe.

● **L'UE bénéficie d'une forte attractivité à l'échelle planétaire.** L'UE est le premier émetteur et destinataire d'IDE dans le monde. C'est la première destination du tourisme international avec environ 500 millions de touristes par an (dont 400 millions d'Européens, 30 millions de Nord-Américains et 20 millions d'Asiatiques) et 31 % des recettes touristiques internationales. Avec 447 millions d'habitants, l'UE est aussi l'une des principales destinations des courants migratoires et un pôle universitaire qui attire des étudiants du monde entier.

● **Les disparités sont fortes entre les États membres.** Les États du Nord et de l'Ouest (France, Allemagne, Pays-Bas) disposent d'un PIB et d'un niveau de développement économique et social nettement supérieur à la moyenne européenne. L'Allemagne est le contributeur le plus important (19,6 milliards d'euros en 2017) au budget de l'Union, à la différence des pays du Sud (Grèce, Portugal), de l'Est (Pologne, Bulgarie, Roumanie) ou des petits États (Chypre, Slovénie) qui sont davantage bénéficiaires que contributeurs.

EXEMPLE Erasmus +, le succès d'un projet européen → p. 201

2 L'UE dans la concurrence internationale

● **L'UE doit composer avec d'autres acteurs économiques majeurs dans la mondialisation.** Avec un PIB de 14 000 milliards d'euros en 2020 (18 % du PIB mondial), l'UE demeure la deuxième puissance économique derrière les États-Unis. Elle subit désormais la concurrence de la Chine, ainsi que celle des puissances émergentes comme l'Inde ou le Brésil, mais aussi de la Russie. Toutefois, trois de ses États membres (Allemagne, France, Italie) font encore partie des dix premières puissances économiques mondiales.

● **De nombreux acteurs mondiaux proviennent de l'UE.** L'UE rassemble près de la moitié des firmes transnationales (FTN) qui s'appuient sur des stratégies de développement à l'échelle internationale. Certaines entreprises comme Shell ou Total (pétrole), Volkswagen (automobile), Axa (assurances), Maersk (transport), Airbus (aéronautique) figurent aux premiers rangs dans leurs secteurs d'activité. Certaines activités traditionnelles (confection) atteignent un niveau d'excellence international et se concentrent dans des districts industriels ou dans des clusters à proximité des grandes métropoles (Berlin, Milan) autour de technologies de pointe.

● **L'UE souffre toutefois de faiblesses dans les industries lourdes et les nouvelles technologies.** Ses entreprises sont de plus en plus concurrencées dans les domaines industriel, agroalimentaire et technologique par les géants du numérique américains (Apple, Amazon…) ou chinois (Xiaomi, Alibaba…). L'innovation demeure un enjeu clé et les dépenses en recherche & développement (moins de 3 % du PIB européen) sont souvent inférieures à celles pratiquées aux États-Unis, en Chine ou au Japon.

ÉTUDE DE CAS L'Allemagne et ses territoires dans la mondialisation → p. 184
EXEMPLE Le cluster de la mode à Milan → p. 198

Vocabulaire

- **Brexit :** contraction de *British Exit*. Sortie du Royaume-Uni de l'UE, approuvée par référendum le 23 juin 2016 et officiellement entrée en vigueur le 31 janvier 2020.
- **District industriel :** concentration, sur un territoire donné, de petites et moyennes entreprises, spécialisées dans un secteur d'activité reposant sur des savoir-faire hérités.
- **Espace Schengen :** espace regroupant 26 États européens (22 de l'UE et 4 associés) et permettant la libre circulation des personnes.
- **Façade maritime :** voir p. 60.
- **Firme transnationale (FTN) :** voir p. 203.
- **Mégalopole :** grande région urbaine concentrant des métropoles reliées entre elles et exerçant un rayonnement mondial.
- **Métropole :** ville de grande importance qui exerce des fonctions de commandement, d'organisation et d'impulsion sur une région et qui permet son intégration avec le reste du monde.
- **PAC (Politique agricole commune) :** politique européenne mise en place en 1962 pour moderniser et développer l'agriculture des pays membres de la CEE, puis de l'UE.
- **Politique commune (UE) :** politique adoptée dans un domaine précis par l'ensemble des États membres de l'UE et mise en œuvre par les institutions de l'Union. La politique agricole et la politique monétaire sont des politiques communes.

Notion

- Cluster p. 233

3 Les fragilités internes de l'UE

● **L'UE rencontre des difficultés à définir des politiques communes.** La PAC (Politique agricole commune) a longtemps représenté 40 % du budget de l'UE. Elle a permis l'indépendance alimentaire et la modernisation de l'agriculture, mais la tendance est à la diminution des crédits accordés aux agriculteurs et à un retour des décisions prises par les États. Face aux défis à relever (environnementaux, climatiques…), la PAC est contestée tant à l'extérieur (États-Unis) qu'au sein de l'UE. Dans d'autres domaines (droit social, fiscalité, immigration, défense, diplomatie…), les États européens ne parviennent pas toujours à s'entendre. Les points de vue sont souvent contradictoires entre États aux politiques libérales (Tchéquie, Slovaquie…) et ceux aux aspirations plus sociales (Italie, Espagne, Grèce).

● **L'UE est de plus en plus exposée à des contestations régionales ou nationales.** De nombreuses divisions s'expriment à toutes les échelles. Avec le départ du Royaume-Uni, le 31 janvier 2020 (Brexit), l'UE a été confrontée pour la première fois au retrait d'un de ses États membres. Des volontés d'indépendance régionale s'expriment aussi dans certaines régions (Écosse, Catalogne, Italie du Nord). La montée en puissance des partis politiques hostiles à la construction européenne et à la mondialisation dans de nombreux pays (Hongrie, Pologne, Italie, Autriche) traduit également les fragilités actuelles de l'UE.

● **L'UE doit se réinventer et se projeter dans l'avenir.** Plusieurs enjeux se dessinent : la solidité de ses institutions, la transition environnementale dans le contexte des changements climatiques, l'accueil migratoire… En effet, l'Europe doit faire face au vieillissement de sa population. Si le nombre de naissances demeure stable, celui des décès ne cesse de progresser. Ainsi, si la population de l'UE continue d'augmenter, c'est en partie en raison d'un solde migratoire positif.

ÉTUDE DE CAS La PAC, les effets territoriaux d'une politique européenne → p. 192
EXEMPLE L'Union européenne : le défi d'une politique migratoire commune → p. 200
GÉO AUTREMENT L'Union européenne post-Brexit : les défis « à la une » → p. 210

Les principaux partenaires commerciaux de l'UE
En milliards d'euros

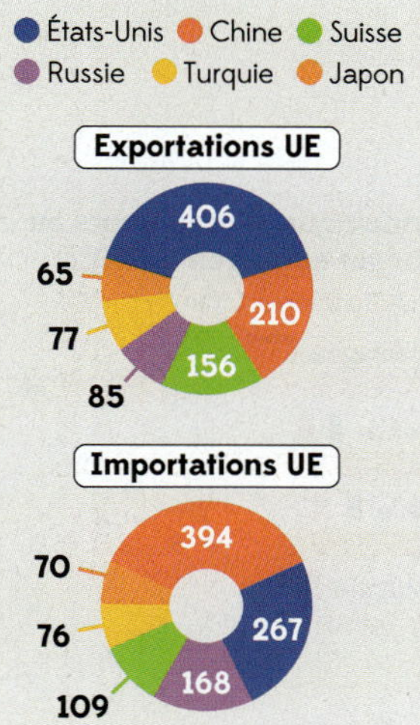

Source : Eurostat, 2018.

Du cours au schéma

EXO Exercice interactif

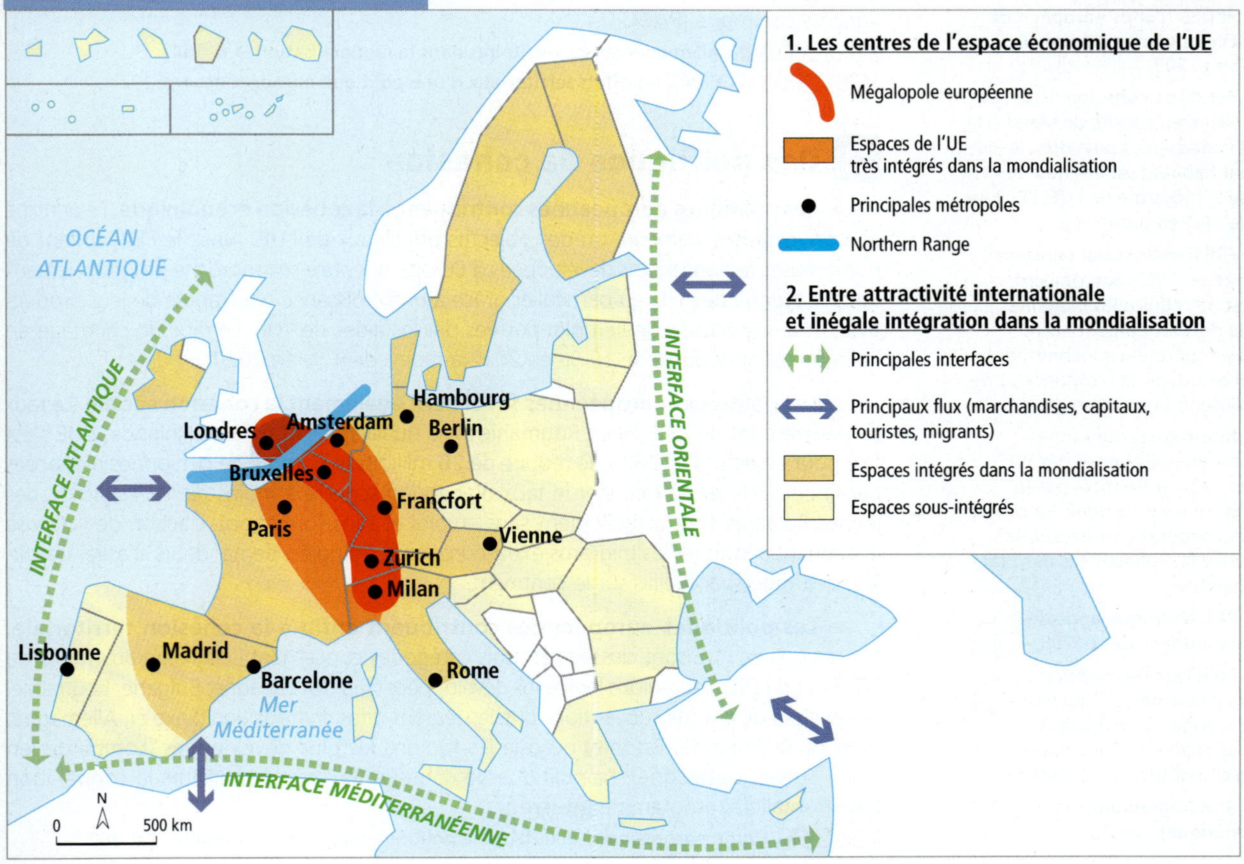

THÈME 3
SE PRÉPARER
CHAPITRE 5
CHAPITRE 6
RÉVISER

Cours

Podcast — Cours à écouter

L'Union européenne, entre compétitivité et cohésion des territoires

Comment les politiques européennes concilient-elles compétitivité et réduction des inégalités territoriales ?

Principaux contributeurs au budget européen en 2018
En % du budget total

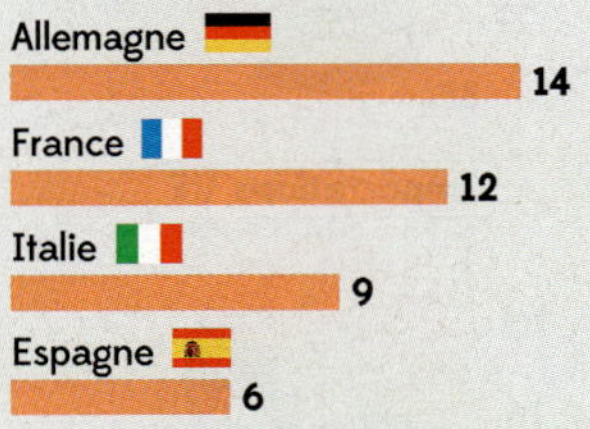

1 Une géographie entre diversité et intégration

● **L'Union européenne est composée de territoires divers.** Une grande variété de reliefs (montagnes, plaines, vallées fluviales) et de nombreuses nuances du climat tempéré (océanique, continental, méditerranéen, montagnard) composent la mosaïque de l'espace européen. Les sociétés ont dessiné des paysages très différents : espaces urbains, régions industrielles (Ruhr et Saxe en Allemagne), zones rurales (nord de la Pologne), interfaces littorales (Northern Range).

● **L'Union européenne se caractérise par des inégalités territoriales à différentes échelles.** L'Europe de l'Ouest et du Nord est en moyenne plus riche que l'Europe du Sud et de l'Est. Un Français vit en moyenne sept ans de plus qu'un Lituanien. À l'échelle régionale, la mégalopole européenne concentre les régions les plus puissantes. Le PIB/habitant à Bruxelles est deux fois plus élevé que la moyenne de l'UE. À l'échelle locale (ou nationale), les quartiers d'affaires des métropoles constituent des pôles attractifs (La Défense à Paris), tandis que certains territoires restent en marge (quartiers urbains défavorisés, espaces ruraux, RUP).

● **La volonté d'intégration territoriale s'inscrit au cœur du projet politique européen.** Plusieurs instruments financiers ont été créés pour lutter contre les inégalités régionales (FEDER, FSE, Fonds de cohésion) dans de nombreux domaines d'actions : éducation, emploi, etc. La politique de cohésion régionale de l'UE devient, pour la période 2021-2027, le premier poste de dépenses de l'UE (35 %) devant la politique agricole commune (PAC).

ÉTUDE DE CAS L'Allemagne et ses territoires dans la mondialisation → p. 184
ÉTUDE DE CAS La PAC, les effets territoriaux d'une politique européenne → p. 192

2 Des politiques de cohésion

● **Les politiques européennes contribuent à la cohésion économique.** Le principe de convergence demeure un des objectifs principaux de l'UE. Ainsi, le PIB/habitant de nombreuses régions moins développées d'Europe orientale se rapproche progressivement de la moyenne de l'UE, en particulier grâce à une croissance plus rapide de leur productivité et à une hausse de l'emploi portées par les aides de l'UE. Le taux de chômage en Pologne est ainsi passé de 10 % en 2012 à moins de 4 % en 2020.

● **Les politiques européennes favorisent également la cohésion sociale.** Le taux de pauvreté est de 23,6 % en Roumanie alors qu'il est de 11,5 % en Finlande. L'UE s'est fixé pour objectif d'ici 2025 de réduire de 20 millions le nombre de personnes menacées par la pauvreté et de ramener le taux d'abandon scolaire à moins de 10 % (15 % des jeunes Bulgares sont actuellement sans emploi et sans formation). L'action de l'UE vise également à intégrer les migrants extra-européens (réfugiés, demandeurs d'asile, travailleurs étrangers) accueillis sur le continent.

● **Les politiques européennes contribuent enfin à la cohésion territoriale.** Les régions de l'UE sont classées en trois catégories concernant l'éligibilité aux fonds du FEDER et du FSE : les régions les moins développées (sud de l'Espagne, Bulgarie, Roumanie) bénéficient de plus de subventions que les régions dites en transition (Saxe en Allemagne, nord de la Finlande, Estonie) ou que les régions les plus développées (Lombardie en Italie, Suède, Catalogne). La politique de cohésion favorise par ailleurs la coopération transfrontalière (programme Interreg).

EXEMPLE L'Union européenne : le défi d'une politique migratoire commune → p. 200

Vocabulaire

- **Convergence :** fait de tendre vers un objectif commun. Le traité de Maastricht en 1992 définit des critères de convergence que chaque État de l'UE doit respecter (maîtrise de la dette, de l'inflation, etc.).
- **FEDER (Fonds européen de développement régional) :** voir p. 205.
- **Fonds de cohésion :** créé en 1992 avec le traité de Maastricht, il s'adresse aux pays dont le PIB par habitant est inférieur à 90 % de la moyenne de l'UE, l'Europe de l'Est en particulier.
- **FSE (Fonds social européen) :** créé en 1957. Son objectif est de réduire les inégalités de développement entre les régions européennes, de promouvoir la croissance et de soutenir la création d'emplois.
- **Interreg :** programmes pluriannuels lancés par l'UE en 1990 et financés par le FEDER pour soutenir les projets de coopération territoriale entre les collectivités des États membres.
- **PAC (Politique agricole commune) :** voir p. 206.
- **Politique de cohésion :** politique de l'UE qui vise à corriger les inégalités régionales et à améliorer la compétitivité des territoires.
- **RUP (région ultrapériphérique) :** voir p. 205.

3 Les enjeux de la compétitivité

● **Cinq objectifs majeurs ont été définis pour la période 2021-2027.** Il s'agit d'orienter les politiques vers une Europe plus « intelligente » (investissements dans les filières innovantes), plus « verte » (zéro émission de carbone), plus connectée (développement des transports et de l'économie numérique), plus sociale (dépenses en matière d'éducation, d'emploi et de santé) et plus proche des citoyens. L'UE privilégie aussi les domaines où les citoyens européens ont des attentes fortes : lutte contre les effets des crises économiques, assurer la sécurité alimentaire, coopération fiscale et contrôle des frontières.

● **La compétitivité reste un objectif majeur des politiques européennes.** L'UE aide les régions à valoriser leurs atouts face à la concurrence mondiale, tout en favorisant une croissance durable dans la mondialisation. Plusieurs actions sont menées : aides financières dans l'éducation (programme Erasmus) et la recherche & développement, soutien aux politiques d'innovation en particulier dans les clusters (Aerospace Valley en France, parc scientifique Potsdam-Golm en Allemagne), subventions aux PME, etc.

● **De multiples défis demeurent.** Les fonds dont bénéficient les RUP restent essentiels dans leur développement : l'UE souhaite donc encourager leur intégration dans leur aire régionale (Canaries en Espagne, Açores et Madère au Portugal). L'idée de solidarité fait débat et les États les plus riches sont parfois réticents à aider les plus pauvres. De plus, le budget européen va être amputé de près de 10 % avec le départ du Royaume-Uni (Brexit). Enfin, les subventions accordées ne gomment pas les inégalités : les territoires les plus compétitifs (métropoles, littoraux) sont toujours ceux qui se renforcent le plus.

ÉTUDE DE CAS Les transports dans l'UE : un outil d'ouverture, de cohésion et de compétitivité → p. 188
EXEMPLE L'archipel des Canaries : une région ultrapériphérique de l'Union européenne → p. 196
EXEMPLE Le cluster de la mode à Milan → p. 198
EXEMPLE Erasmus +, le succès d'un projet européen → p. 201

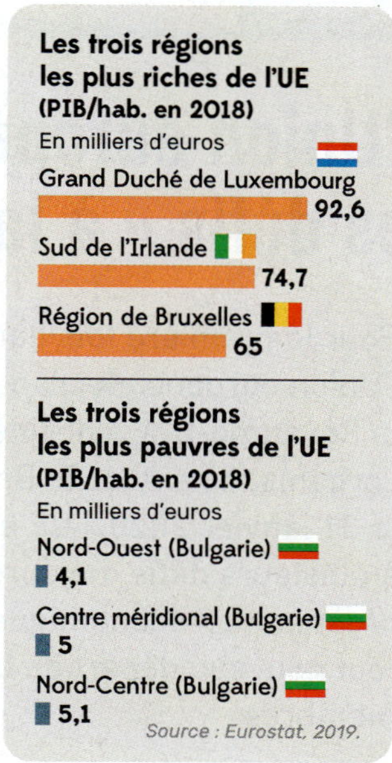

Notion

Cluster p. 233

Du cours au schéma

Exercice interactif

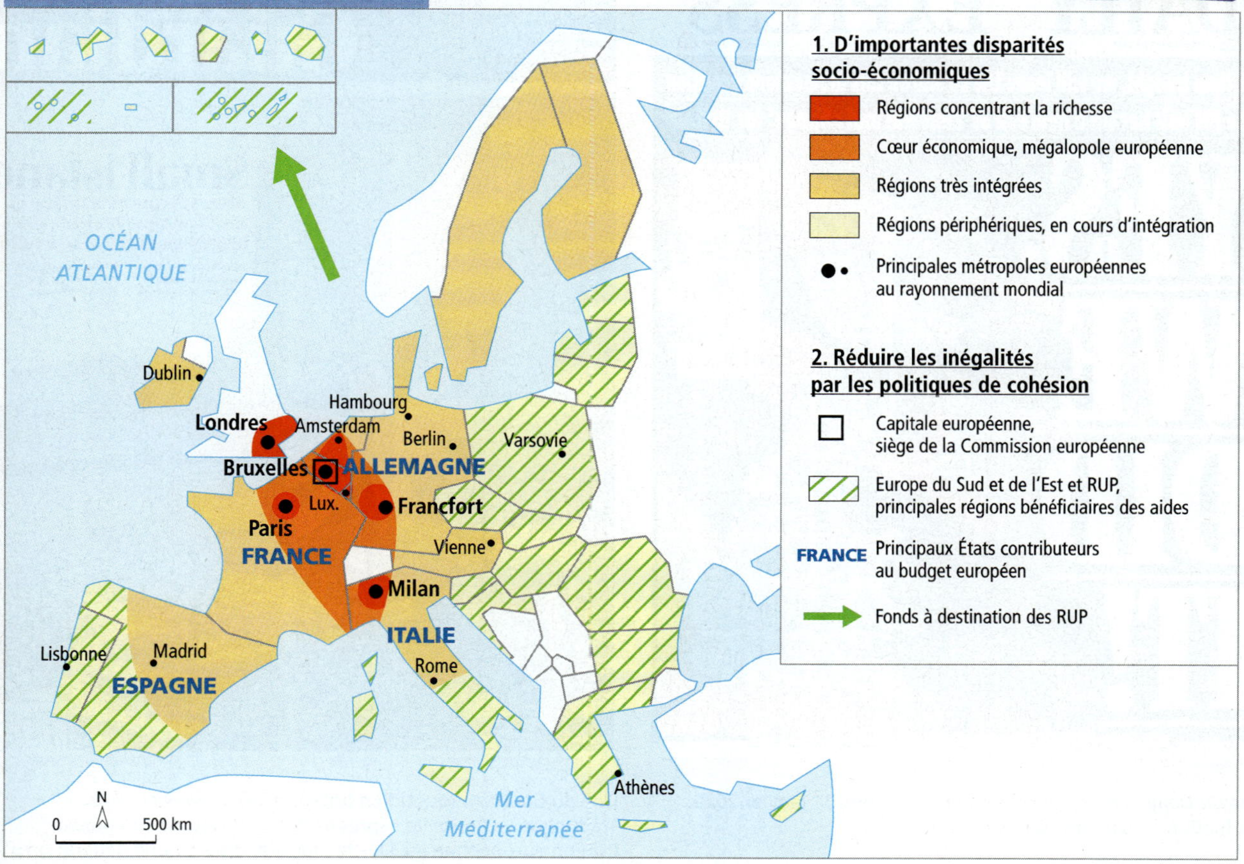

THÈME 3
SE PRÉPARER
CHAPITRE 5
CHAPITRE 6
RÉVISER

L'Union européenne post-Brexit : les défis « à la une »

Pour la première fois dans l'histoire de l'Union européenne, l'un des États membres, le Royaume-Uni, a décidé de quitter l'organisation. Avec le Brexit, effectif depuis le 31 janvier 2020, l'UE est désormais confrontée à plusieurs défis majeurs : consolider son organisation économique et politique et éviter tout nouveau départ de la part d'un des 27 États membres.

→ **Comment les unes de presse témoignent-elles des enjeux liés au Brexit pour l'Union européenne ?**

Le saviez-vous ?

▶ Le Brexit est l'abréviation de *British Exit* désignant la sortie du Royaume-Uni de l'Union européenne. Le 23 juin 2016, 51,9 % des Britanniques (les *Brexiters*, favorables à la sortie de l'UE) ont choisi par référendum de quitter l'UE contre 48,1 % de *Remainers* (favorables au maintien dans l'UE). Le Royaume-Uni a officiellement quitté l'Union le 31 janvier 2020.

1 Le Royaume-Uni quitte l'Union européenne (31 janvier 2020)

HISTORIC SOUVENIR EDITION

DAILY EXPRESS

WE'RE BACKING BRITAIN — express.co.uk — FRIDAY, JANUARY 31, 2020 — 70p

At 11pm tonight, we will leave the EU and on this momentous occasion the PM will herald a new era of 'renewal and change' for Britain

YES, WE DID IT!

FREE INSIDE — YOU GOT BRITAIN OUT OF THE EU! — SPECIAL PULLOUT

SPECIAL REPORTS AND UNRIVALLED ANALYSIS: PAGES 2,3,4,5,6,7,8&9

Une du *Daily Express* (quotidien britannique), 31 janvier 2020.
Traduction : « Oui, on l'a fait ! »

Review
The Lighthouse
★★★★★
'A dazzling portrait of a life on the rocks'
Film & Music G2

The Guardian

Friday 31 January 2020
£2.20
From £1.60 for subscribers

Small island

After 47 years, Britain leaves the EU at 11pm tonight - the biggest gamble in a generation

● From protests to Brexit coins and a countdown clock: how today unfolds Page 5→

● What are your rights post-Brexit? All your questions answered Page 6→

Une du *Guardian* (quotidien britannique), 31 janvier 2020.
Traduction : « Petite île : après 47 ans, le Royaume-Uni quitte l'Union européenne à 23 h – le plus grand pari d'une génération »

2 Trois visions différentes de l'avenir de l'UE

Une de *L'Express* (hebdomadaire français), 30 janvier-5 février 2020.

Une de *Polityka* (hebdomadaire polonais), 22-28 juin 2016.
Traduction : « Brexit : le cas polonais »

Une de *L'Espresso* (hebdomadaire italien), 17 mars 2019.
Traduction : « Le printemps de l'Europe. La justice sociale. L'environnement. L'accueil (des migrants). Contre l'hiver des rancœurs et des souverainismes, une nouvelle génération prend en main le flambeau de l'Union »

3 Le Brexit : quels défis pour l'UE ?

Les conséquences politiques du Brexit pour l'Union européenne sont difficiles à prévoir. Pour certains, la sortie du Royaume-Uni est une catastrophe : de fait, l'Union européenne perd l'une de ses trois grandes puissances, une des plus importantes places financières au monde, le premier partenaire diplomatique des États-Unis en Europe ainsi que l'un des seuls États européens entretenant une armée régulière conséquente. Pour d'autres, elle peut permettre de ressouder l'Union : le Royaume-Uni étant historiquement l'un des pays les moins favorables à l'intégration européenne, sa sortie peut inciter les autres États à aller de l'avant […].

Parmi les sujets brûlants négociés figure la facture de la sortie de l'UE. Le Royaume-Uni devrait avoir à verser une cinquantaine de milliards d'euros au budget européen, un montant qui correspond aux engagements de Londres jusqu'à la fin du cycle budgétaire en 2020. Les négociations ont également porté sur la libre circulation des personnes entre l'Union européenne et le Royaume-Uni, ce dernier souhaitant limiter l'immigration sur son territoire. Une grande partie des pourparlers porte, par ailleurs, sur les futures relations commerciales entre les deux parties. Un chantier particulièrement imposant alors que près de la moitié des exportations britanniques est destinée à l'Union européenne.

Touteleurope.eu [en ligne], 1er février 2020.

Questions

Présenter les documents

1. **Présentez** les documents en rappelant l'événement politique qu'ils évoquent.

Analyser les documents

2. **Montrez** comment les unes de la presse britannique présentent le Brexit.
3. **Décrivez** les conséquences du Brexit évoquées par les unes française, polonaise et italienne.

Faire le lien avec la géographie

4. **Relevez** les principaux enjeux du Brexit pour l'UE.
5. **Expliquez** comment la presse traduit les enjeux et les inquiétudes sur l'avenir de l'Union européenne.

Décryptage d'une une de presse

C'est à vous !

→ Réalisez une une de journal sur l'avenir de l'Union européenne en vous appuyant sur les documents proposés dans cette double page.

CHAPITRE 6 La France : les dynamiques différenciées des territoires transfrontaliers

Les territoires frontaliers de la France métropolitaine sont aujourd'hui très intégrés dans l'espace européen et dans la mondialisation. Ils se caractérisent par des échanges et des mobilités avec les pays voisins. Si l'Union européenne favorise les coopérations transfrontalières, les dynamiques sont inégales entre les territoires.

Dans quelle mesure les territoires frontaliers français sont-ils inégalement intégrés dans l'Union européenne et la mondialisation ?

Textes DYS
TOUS LES TEXTES EN VERSION DYS
lyceen.nathan.fr/geoterm-2020

SOMMAIRE

Zoom sur...

L'Eurométropole de Strasbourg

Population de l'aire urbaine transfrontalière	500 000 hab.
Projets transfrontaliers	• Jardin des Deux-Rives (2004) • Liaison de tramway Strasbourg-Kehl (2017)
4 franchissements transfrontaliers	• Pont routier de l'Europe • Pont ferroviaire • Passerelle des Deux-Rives • Pont du tramway

La passerelle des Deux-Rives qui relie Strasbourg (France) à Kehl (Allemagne) de part et d'autre du Rhin, 2019.

Pour entrer dans le chapitre

Vidéo

« Deux-Rives / Zwei-Ufer – Le grand projet »,
SPL Deux-Rives, 24 octobre 2018.

Géolocalisation

Étude de cas

L'Eurométropole Lille-Kortrijk-Tournai : les dynamiques d'une agglomération transfrontalière

Zoom sur…

L'Eurométropole Lille-Kortrijk-Tournai

	Lille	Eurométropole
Population	232 440 hab.	2,1 millions d'hab.
Nombre de communes	1	152 (en France et en Belgique)
Nombre de travailleurs transfrontaliers	35 000 (28 000 Français, 7 000 Belges)	

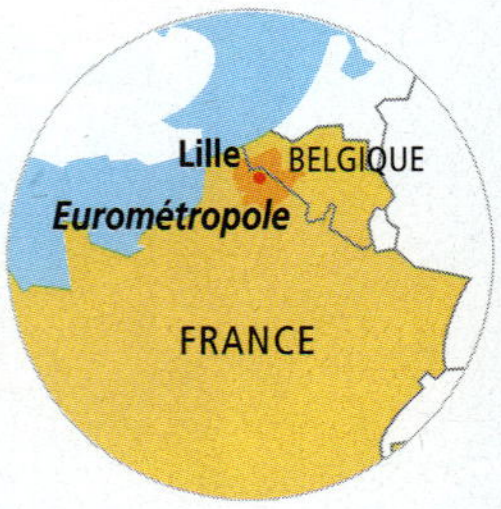

Comment l'agglomération transfrontalière se recompose-t-elle et s'intègre-t-elle dans l'Union européenne ?

A Lille, une agglomération industrielle en reconversion

1 Une agglomération industrielle transfrontalière

Carte interactive

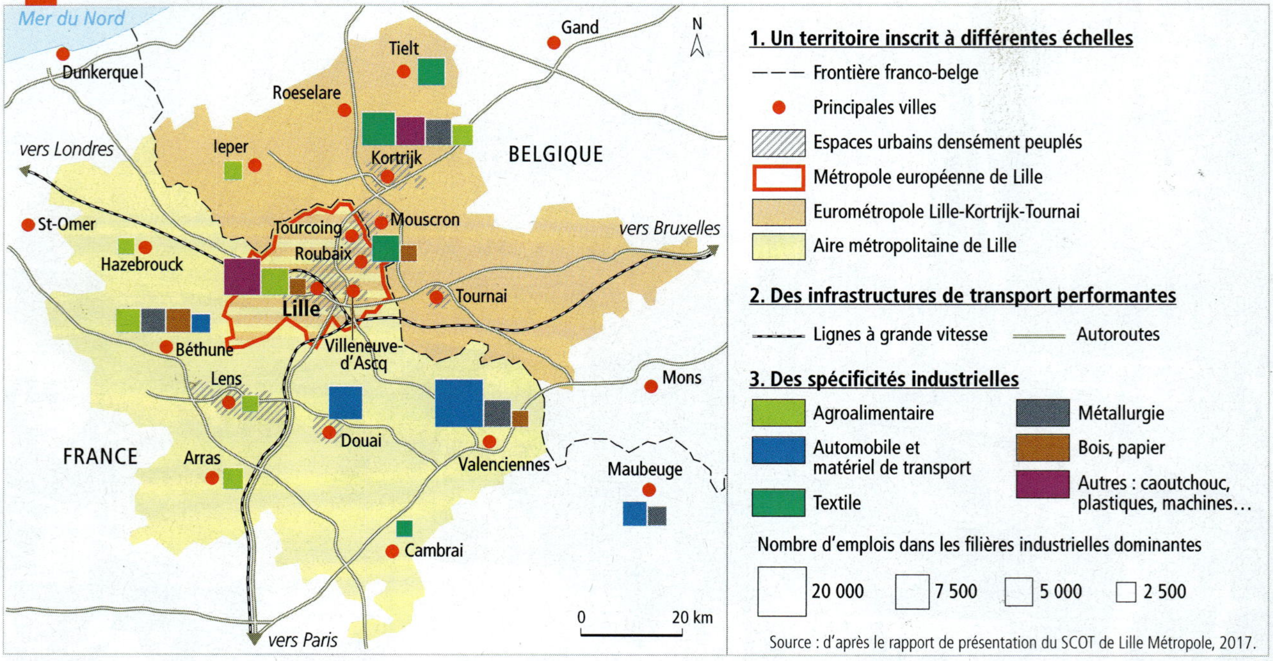

Source : d'après le rapport de présentation du SCOT de Lille Métropole, 2017.

2 L'évolution de l'emploi dans les zones d'emploi de Lille, Roubaix et Tourcoing

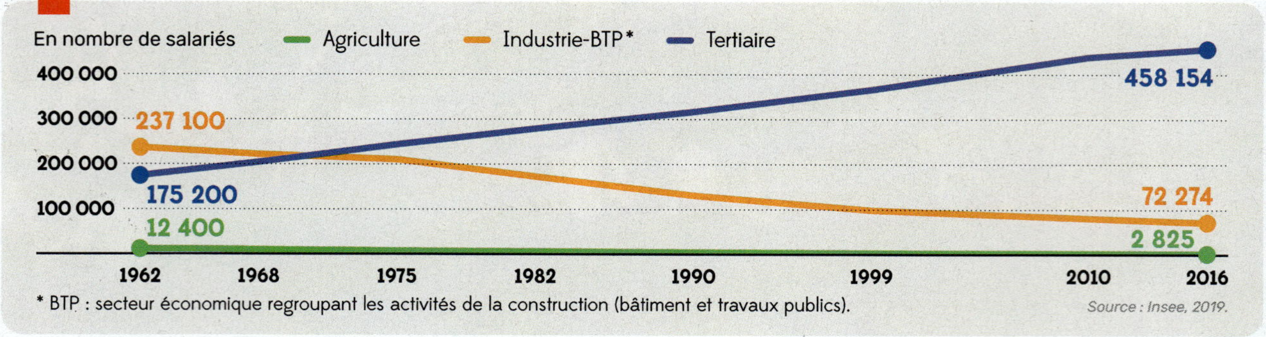

* BTP : secteur économique regroupant les activités de la construction (bâtiment et travaux publics).

Source : Insee, 2019.

3 Les 4 filières économiques innovantes de la métropole lilloise

Économie numérique et industries créatives

Pôle d'excellence EuraTechnologies : TIC et numérique.

Plaine Images : image et industries créatives.

Distribution, e-commerce et logistique

Pôle de compétitivité PICOM : industries du commerce.

Pôle d'excellence Blanchemaille : e-commerce.

Biologie, santé, nutrition et alimentation

Pôle de compétitivité Nutrition - Santé - Longévité : innovation en matière de santé et de nutrition.

Pôle d'excellence Eurasanté : 1er complexe hospitalo-universitaire d'Europe.

Textile, matériaux innovants et mode

Pôle de compétitivité Up-Tex : matériaux textiles avancés.

CETI : Centre européen des textiles innovants (2012).

Source : d'après les données du site de la Métropole européenne de Lille, 2020.

Vidéo « Hello Lille », métropole européenne de Lille, 2018.

Vocabulaire

- **Agglomération :** ensemble urbanisé comprenant une ville-centre et ses banlieues.
- **Agglomération industrielle :** Voir p. 234.
- **Industrie :** ensemble des activités de transformation en vue de la production de biens matériels.
- **Pôle de compétitivité :** regroupement reconnu par l'État, sur un territoire donné, d'entreprises, d'organismes de formation et de centres de recherche publique ou privée, engagé autour de projets innovants dans un secteur d'activité donné.
- **Reconversion :** réorientation des activités d'une entreprise ou d'un espace vers un secteur plus compétitif suite au déclin d'une production.

4 Decathlon : un acteur de la recomposition urbaine

Parole de géographe

La société Decathlon a un impact de plus en plus fort sur le tissu urbain de la métropole lilloise. [Son] centre de design et [son] siège social sont installés à Villeneuve-d'Ascq, la « technopole verte » de la métropole lilloise, et le plus grand magasin de sport de l'agglomération, Decathlon Campus, y occupe une usine de montage d'ordinateurs qui a fait faillite. […]

L'emprise territoriale du groupe s'est accrue […] ces dernières années […]. Des complexes comprenant magasin, salles ou terrains de pratique sportive, restaurant, centre de montage (vélos) ou de production (chaussants), centre de conception, de prototypage industriel et bureaux reproduisent le modèle de Villeneuve-d'Ascq sur les pourtours de la métropole : Domyos (fitness) en 2008 et Inesis (golf) en 2009 à Marcq-en-Barœul ; B'Twin Village (vélos) en 2010 à Lille-Sud, sur le site d'une usine de tabac fermée en 2005 ; Kipsta (sports collectifs) fin 2014 sur le site d'une brasserie fermée en 2004, au cœur de la friche industrielle du Site de l'Union (Roubaix-Tourcoing-Wattrelos) ; EssenSole Village (en construction) pour le chaussant (EssenSole) et le running (Kalenji) à Lille-Sud, dans un quartier emblématique de la régénération urbaine de Lille […].

Christine Liefooghe (dir.), maîtresse de conférences à l'université de Lille et spécialiste des régions industrielles, *L'Économie créative et ses territoires : enjeux et débats*, Presses universitaires de Rennes, 2015.

Questions

Itinéraire 1

Répondre aux questions

1. **Identifiez** les spécificités industrielles de l'agglomération transfrontalière. **doc. 1**
2. **Décrivez** l'évolution de l'emploi industriel dans l'agglomération lilloise. **doc. 2**
3. **Expliquez** comment se restructure le secteur productif au sein de l'agglomération lilloise. **doc. 3 et 4**

Synthétiser

4. **Montrez** que l'agglomération transfrontalière lilloise est une agglomération industrielle en reconversion. **doc. 1 à 4**

OU

Itinéraire 2

Réaliser un diaporama (1/2)

- À l'aide des documents de l'étude de cas et de recherches complémentaires, réalisez un diaporama sur les dynamiques de l'agglomération lilloise.
- Montrez dans un premier temps dans quelle mesure l'agglomération lilloise est en reconversion industrielle (**doc. 1 à 4**).

Étude de cas

L'Eurométropole Lille-Kortrijk-Tournai : les dynamiques d'une agglomération transfrontalière

B Des mobilités et des échanges transfrontaliers

Carte interactive

5 Les déplacements transfrontaliers

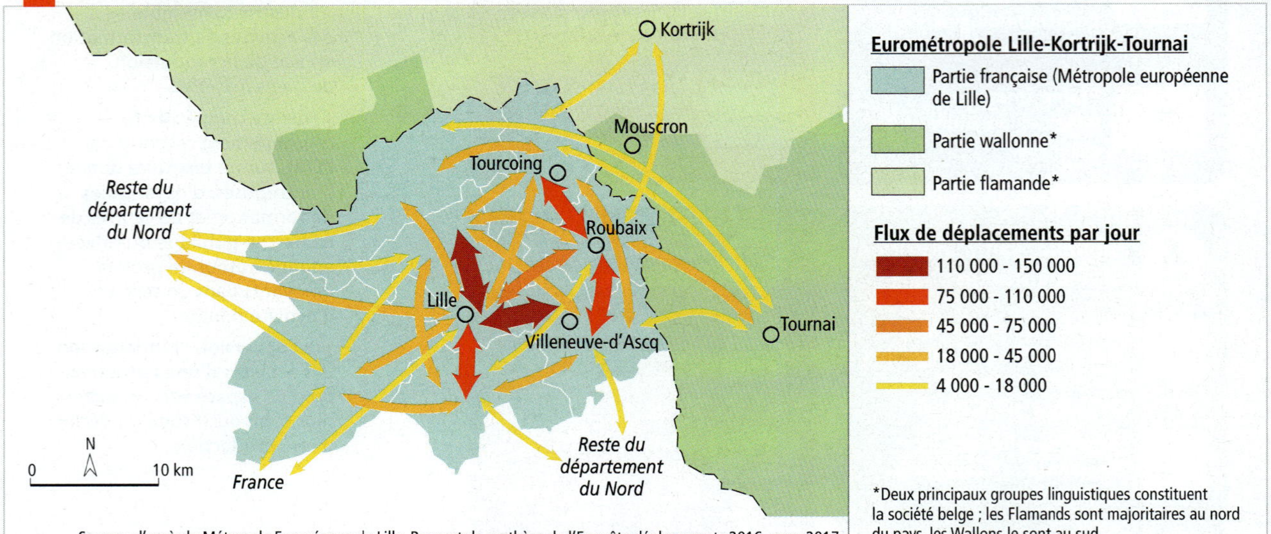

Source : d'après la Métropole Européenne de Lille, Rapport de synthèse de l'Enquête déplacements 2016, mars 2017.

*Deux principaux groupes linguistiques constituent la société belge ; les Flamands sont majoritaires au nord du pays, les Wallons le sont au sud.

6 Des échanges culturels transfrontaliers

NEXT FESTIVAL .EU EUROMETROPOLIS LILLE-KORTRIJK-TOURNAI & VALENCIENNES

C'est un projet fantastique ! Le festival propose une programmation pluridisciplinaire et internationale, particulièrement attentive aux nouvelles formes et à la jeune création. Né dans le sillage de la création en 2008 de l'Eurométropole Lille-Kortrijk-Tournai, le festival a affirmé dès ses débuts la pertinence du spectacle vivant comme vecteur de coopération, d'ouverture et de développement territorial. Il s'est affirmé grâce à la motivation des partenaires fondateurs et co-organisateurs – La rose des vents, Scène nationale Lille Métropole-Villeneuve-d'Ascq, le Schouwburg de Kortrijk, le Kunstencentrum BUDA de Kortrijk, la Maison de la culture de Tournai[1], l'Espace Pasolini de Valenciennes, rejoints par le Phénix, Scène nationale de Valenciennes et le Pôle européen de création.

Nous avons ensuite élargi le cercle initial à un second cercle de partenaires associés. NEXT est devenu une plateforme de collaboration transfrontalière, collégiale et horizontale, permettant l'échange d'expertises artistiques, la circulation et l'implication des artistes et du public. Nous faisons ensemble, en dépassant les intérêts particuliers et les logiques de concurrence. Cela exige du temps et de la générosité, mais l'impact est durable.

D'après les propos de Benoît Geers (coordinateur du Festival international des arts vivants Next) recueillis par Agnès Santi, *La Terrasse*, n° 281, 24 octobre 2019.

1. Organismes culturels.

Vidéo

7 Le parc bleu de l'Eurométropole

Couverture du guide des itinéraires à vélo de l'Eurométropole Lille-Kortrijk-Tournai, 2019.

C Union européenne et projets de coopération

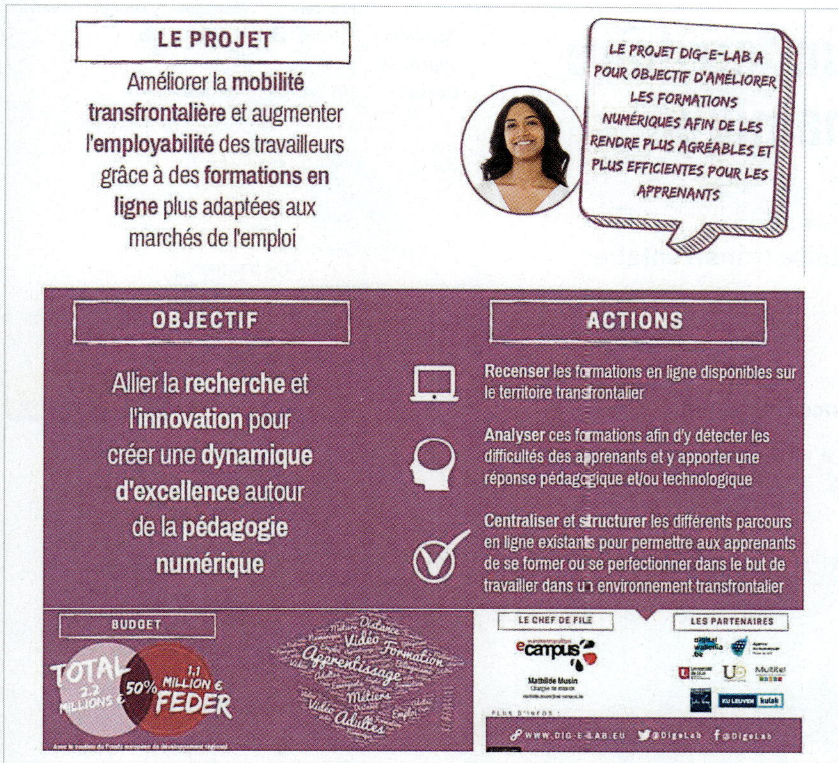

8 Le projet Dig-e-Lab

Ce projet est porté par l'Eurometropolitan e-Campus, plateforme d'enseignement supérieur et de formation dédiée au numérique, localisée à Tournai (Belgique). Il est cofinancé par le FEDER.

Source : site internet Europe en France, 2019.

Vocabulaire

FEDER (Fonds européen de développement régional) : fonds structurel créé en 1975. Son objectif est de renforcer la cohésion économique et sociale dans l'UE en réduisant les inégalités et déséquilibres entre les régions.

Vidéo Présentation de l'action du FEDER

9 L'Union européenne : un acteur majeur

Placée au cœur de l'Europe et à seulement 30 minutes de Bruxelles, 1h30 de Londres et 3h d'Amsterdam, Lille profite de sa position géographique pour échanger et construire avec ses voisins et avec toute l'Europe.

L'Union européenne est un véritable partenaire pour la métropole puisqu'elle finance de nombreux projets qui améliorent le quotidien des métropolitains :

• Le projet « TEC : Tous Éco-Citoyens ! » réunit des partenaires français et belges autour d'enjeux tels que l'éducation à la biodiversité et à sa gestion à l'échelle transfrontalière ;

• Le projet « Alarm : Pour une sécurité sans frontières » a pour objectif de développer la coopération franco-belge dans le domaine de la sécurité et de la protection civile par l'amélioration des secours transfrontaliers entre la France et la Belgique, la coordination des exercices de terrain et la gestion des risques transfrontaliers ;

• Le projet « Fast to Market » a pour but de favoriser la mise sur le marché transfrontalier de produits et de services innovants pour les entreprises de la zone France-Wallonie-Flandres.

Site internet de la Métropole européenne de Lille, consulté en janvier 2020.

Questions

Itinéraire 1

Répondre aux questions

5 **Décrivez** les mobilités transfrontalières au sein de l'Eurométropole. **doc. 5 et 7**

6 **Identifiez** dans quel domaine se concrétisent les échanges transfrontaliers au sein de l'Eurométropole. **doc. 6**

7 **Précisez** le rôle de l'Union européenne dans les nouveaux projets de coopération transfrontalière. **doc. 8 et 9**

Synthétiser

8 **Montrez** que Lille est intégrée dans une agglomération transfrontalière dynamique de l'Union européenne. **doc. 1 à 9**

ou

Itinéraire 2

Réaliser un diaporama (2/2) ORAL

- Terminez votre diaporama sur les dynamiques de l'agglomération transfrontalière lilloise.
- Insistez sur l'importance des mobilités et échanges transfrontaliers (**doc. 5 à 7**) avant de présenter des exemples de coopération transfrontalière (**doc. 8 et 9**).
- Présentez votre travail à l'oral.

Croquis de l'étude de cas

▶ p. 220

3
SE PRÉPARER
CHAPITRE 5
CHAPITRE 6
RÉVISER

Étude de cas

Le Pays basque : un territoire transfrontalier dynamique

Zoom sur…

▶ Le Pays basque

	Français	Espagnol (y compris Navarre)
Population	310 000 hab.	2 800 000 hab.
Superficie	3 000 km²	17 625 km²
Densité	103 hab./km²	160 hab./km²

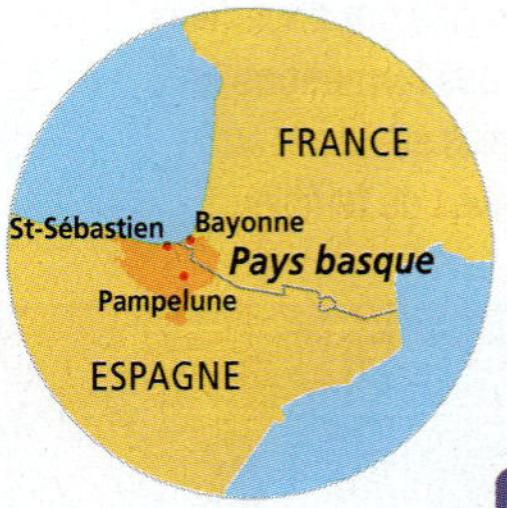

Quels sont les atouts du territoire transfrontalier du Pays basque ?

Carte interactive

1 Un territoire transfrontalier franco-espagnol

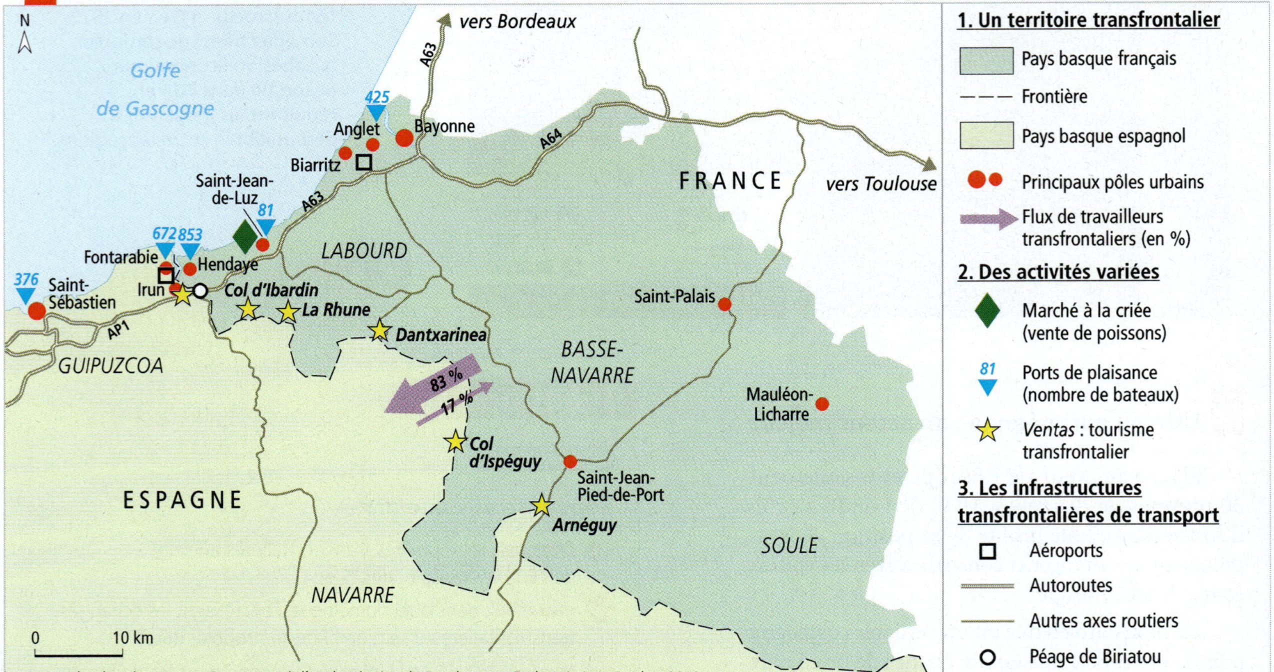

Source des données : Insee ; Communauté d'agglomération du Pays basque ; Euskaquitaine ; Empleo, 2019.

2 Une chambre de commerce et d'industrie transfrontalière

La chambre de commerce et d'industrie (CCI) transfrontalière Bihartean[1] constitue le premier exemple européen de structure transfrontalière créée par deux chambres de commerce. Fondée en 2010 conjointement par la CCI de Bayonne-Pays basque et la Cámara de Comercio de Guipuzkoa, elle prend la forme d'un Groupement européen d'intérêt économique (GEIE). Bihartean répond aux besoins des entreprises situées sur le territoire du Pays basque, de part et d'autre de la frontière franco-espagnole. Elle a accompagné en huit ans 1 100 entreprises de tous les secteurs économiques et a aidé à la réalisation de projets économiques transfrontaliers et renforcé une mise en réseau des entreprises à travers des outils numériques. La collaboration stratégique avec l'Eurorégion Nouvelle-Aquitaine Euskadi Navarre et l'intégration de la CCI de Navarre à Bihartean montrent le dynamisme de la coopération.

Mission opérationnelle transfrontalière, *Les Territoires transfrontaliers : la fabrique de l'Europe*, www.espaces-transfrontaliers.org, novembre 2017.

1. Bihartean signifie « un futur en commun » en basque.

Vocabulaire

- **Eurorégion Nouvelle-Aquitaine Euskadi Navarre :** née en 2011 avec un groupement européen entre les régions Aquitaine et Euskadi, puis étendue en 2017 à la Navarre, son territoire s'étend sur 101 687 km². Elle regroupe 8,7 millions d'habitants et 3 863 travailleurs transfrontaliers.
- **Groupement européen d'intérêt économique (GEIE) :** instrument juridique visant à développer la coopération transfrontalière entre entreprises grâce à la mise en commun de services.

3 Les *ventas* du col d'Ibardin

Site internet de l'Association des hôteliers et commerçants d'Ibardin, consulté en janvier 2020.
Les *ventas* d'Ibardin regroupent plus d'une vingtaine de commerces et restaurants générant une importante fréquentation touristique transfrontalière.

4 Un projet transfrontalier de formation linguistique

Affiche d'Eskola Futura, 2019.

Le projet Eskola Futura est un dispositif de formation linguistique mis en place par l'Eurorégion Nouvelle-Aquitaine Euskadi Navarre, à destination des étudiants souhaitant enseigner dans les écoles bilingues français/basque et français/occitan.

Vidéo
Les étudiants témoignent

Questions

Itinéraire 1

Répondre aux questions

1. **Identifiez** les atouts et les contraintes des échanges transfrontaliers sur le littoral basque. **doc. 1 et 3**
2. **Décrivez** les flux d'actifs transfrontaliers au sein de l'Eurorégion Nouvelle-Aquitaine Euskadi Navarre. **doc. 1**
3. **Présentez** les projets développés pour favoriser les échanges transfrontaliers dans le Pays basque. **doc. 2 et 4**

Synthétiser

4. **Expliquez** quels sont les atouts du territoire transfrontalier du Pays basque. **doc. 1 à 4**

ou

Itinéraire 2

Préparer un exposé ORAL

- Préparez un exposé oral de 5 minutes pour répondre à la question : « Quels sont les atouts du territoire transfrontalier du Pays basque ? »
- Répartissez-vous par groupes de 3 ou 4 élèves et présentez votre réponse à tour de rôle. Les autres élèves, dans le rôle du jury, vous posent des questions pendant 10 minutes : demandes de précisions, définitions du vocabulaire employé, liens avec le cours…

Aide

Croquis de l'étude de cas
▶ p. 221

SE PRÉPARER
CHAPITRE 5
CHAPITRE 6
RÉVISER

Croquis des études de cas

▶ Voir p. 214-217

L'Eurométropole Lille-Kortrijk-Tournai

Objectif BAC

Consigne : En vous aidant du texte ci-dessous, et en vous appuyant sur vos connaissances, complétez la légende et le croquis de synthèse.

Aide pour répondre à la consigne :
- Relevez les informations dans les deux paragraphes.
- Identifiez les figurés pouvant être utilisés pour cartographier ces informations.
- Aidez-vous des informations de l'étude de cas p. 214 à 217 pour compléter le croquis et la légende.

L'Eurométropole Lille-Kortrijk-Tournai, les dynamiques d'une agglomération transfrontalière

De part et d'autre de la frontière franco-belge, la métropole transfrontalière Lille-Kortrijk-Tournai s'inscrit à différentes échelles, à partir de son cœur urbain le plus dense. La Métropole européenne de Lille, qui rassemble 1,1 million d'habitants, correspond à la partie française de l'Eurométropole Lille-Kortrijk-Tournai. Ce groupement européen de coopération territoriale a été créé en 2008 dans le but de favoriser la coopération transfrontalière entre la France et la Belgique. Il rassemble 2,1 millions d'habitants dans 152 communes françaises et belges. L'aire métropolitaine de Lille s'inscrit à une échelle plus vaste et regroupe 3,8 millions d'habitants des Hauts-de-France, de Flandre et de Wallonie.

Les mobilités et les échanges transfrontaliers au sein de cette agglomération sont divers. Lille se situe au cœur d'un réseau de transports performant. Elle est reliée à Paris, Londres (Eurostar) et Bruxelles (Thalys) par plusieurs lignes ferroviaires à grande vitesse. Le réseau autoroutier régional se caractérise par une forte densité et plusieurs axes franchissent la frontière. L'offre de transport en commun est coordonnée à l'échelle eurométropolitaine par le groupement européen de coopération territoriale. Elle répond aux besoins des nombreux travailleurs transfrontaliers. 28 000 navetteurs quittent ainsi quotidiennement la France pour venir travailler en Belgique, tandis que 7 000 résidents belges empruntent le chemin inverse.

Titre : ____

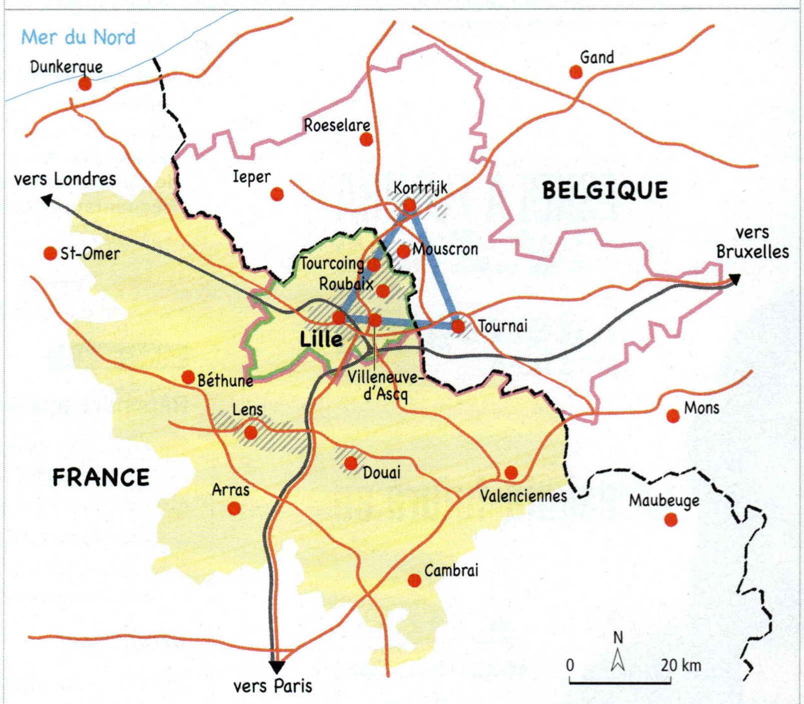

1. ____

- - - ______________________________

● Principales villes

(hachures) ______________________________

(contour vert) ______________________________

(contour rose) ______________________________

(aplat jaune) ______________________________

2. ____

(triangle bleu) Offre transfrontalière de transports en commun coordonnée par le GECT

(trait gris) Lignes à grande vitesse

(trait orange) Autoroutes

(flèche verte) ______________________________

Fond de carte différencié

▶ Voir p. 218-219

Le Pays basque

Objectif BAC

Consigne : En vous aidant du texte ci-dessous, et en vous appuyant sur vos connaissances, complétez la légende et le croquis de synthèse ci-dessous.

Aide pour répondre à la consigne
- Relevez les informations dans le texte.
- Ordonnez votre légende en identifiant dans le texte les idées principales de chaque paragraphe.

Le Pays basque : un territoire transfrontalier dynamique

Le Pays basque est un territoire transfrontalier. La frontière franco-espagnole sépare le Pays basque français du Pays basque espagnol. La partie française possède 7 km de frontières en commun avec la province de Guipuzcoa, côté espagnol, et partage les 143 km restants avec la Communauté autonome de Navarre. Sur 3 863 travailleurs transfrontaliers, 83 % effectuent des déplacements nord-sud. Les territoires du Pays basque intérieur sont dynamisés par un tourisme transfrontalier généré par les nombreuses *ventas* (Irun, col d'Ibardin, la Rhune…) qui attirent les clients français.

Des structures de coopération transfrontalières sont développées de part et d'autre de la frontière. Il s'agit par exemple de la chambre de commerce et d'industrie Bihartean, créée en 2010, dont le siège se situe à Bayonne. À l'échelle interrégionale, l'Eurorégion Nouvelle-Aquitaine Euskadi Navarre a été créée en 2011. Une coopération transfrontalière plus ancienne réunit les deux principales agglomérations, Saint-Sébastien et Bayonne, au sein de l'Eurocité basque qui a vu le jour en 1993. Enfin, le consorcio transfrontalier Bidassoa-Txingudi rassemble à l'échelle locale les trois communes d'Hendaye, d'Irun et de Fontarabie à l'embouchure de la Bidassoa. Il est compétent en matière touristique, économique, sociale et culturelle et porte des projets autour des enjeux liés à la mobilité.

Des infrastructures de transport traversent la frontière. Il s'agit notamment de l'axe autoroutier Paris-Madrid. L'autoroute A 63 relie en effet Bordeaux à l'Espagne par Bayonne, jusqu'au péage de Biriatou, avant de se poursuivre côté espagnol. D'autres axes routiers secondaires desservent le Pays basque intérieur et passent dans le pays voisin, notamment en direction de Pampelune. Le Pays basque est également desservi par deux aéroports : celui de Biarritz en France et celui de Saint-Sébastien sur la commune de Fontarabie, en Espagne.

Titre : ____

1. ______________________
- ______________________
- Pays basque français / espagnol
- ______________________
- ______________________
- *Ventas* : tourisme frontalier

2. ______________________
- CCI transfrontalière BIHARTEAN
- Consorcio transfrontalier Bidasoa-Txingudi
- ______________________
- ______________________

3. ______________________
- Aéroports
- ______________________
- Autres axes routiers
- Péage de Biriatou

Fond de carte différencié

3
SE PRÉPARER
CHAPITRE 5
CHAPITRE 6
RÉVISER

Exemple

Les Alpes du Sud, un territoire transfrontalier franco-italien

Dans quelle mesure les Alpes du Sud sont-elles un territoire transfrontalier en marge ?

Zoom sur...

Les Alpes du Sud

Population (2019)	1 404 000 hab. env.
En France	**1 région :** PACA **3 départements :** Alpes-de-Haute-Provence, Alpes-Maritimes, Hautes-Alpes
En Italie	**2 régions :** Ligurie, Piémont **3 provinces :** Coni, Imperia, ville métropolitaine de Turin

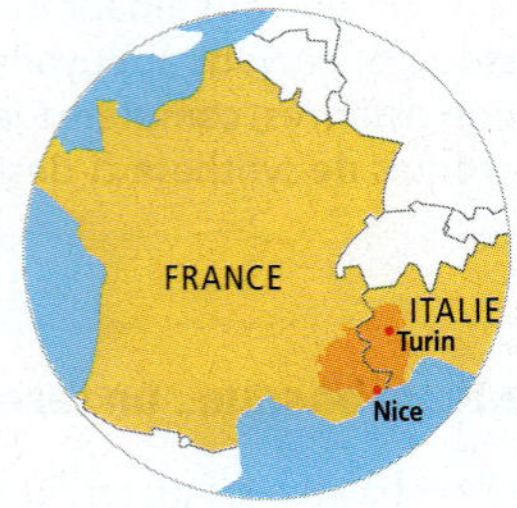

1 Les Alpes du Sud : un territoire transfrontalier

Carte interactive

2 Le Queyras, une marginalité assumée

Parole de géographe

Le parc naturel régional du Queyras jouxte le massif italien du mont Viso [...]. L'espace montagnard est isolé et loin des grandes villes. Les superbes villages n'ont pas bénéficié d'investissements extérieurs pour se développer dans un tourisme hivernal de masse. La région est touristique, notamment Saint-Véran, plus haute commune de France, mais cela correspond à un tourisme doux avec des équipements de ski modestes sur Molines – Saint-Véran et sur Abriès. L'été, l'ensemble des villages et hameaux accueillent des amateurs de nature et notamment des randonneurs.

Le lien avec l'Italie est à l'image du massif du Queyras. Le col Agnel est ouvert en été pour rejoindre Chianale et Pontechianale au pied du Viso, plus haut sommet (3 841 m) des Alpes du Sud et visible de très loin, car il domine largement le secteur. Le col est difficile d'accès mais les amateurs de montagne l'utilisent comme axe transfrontalier. Au printemps 2013, l'espace transfrontalier autour du mont Viso a obtenu la reconnaissance internationale de l'Unesco avec le label « Man and Biosphere ». La coopération transfrontalière engagée a permis la création de la 13e réserve[1] de biosphère transfrontalière du monde.

Raymond Woessner (dir.), spécialiste des transports et des frontières, *La France des marges*, Atlande, 2016.

1. D'une superficie de 294 000 ha, la réserve s'étend sur 21 communes françaises et 88 communes italiennes.

3 Le parc européen transfrontalier Alpi Marittime – Mercantour

Site internet du parc européen Alpi Marittime – Mercantour, consulté en janvier 2020.
Le jumelage du parc national du Mercantour et du parco naturale delle Alpi Marittime, en 2013, a permis de former le premier parc européen transfrontalier, sous la forme d'un groupement européen de coopération territoriale.

Vocabulaire

- **Groupement européen de coopération territoriale (GECT) :** organisation transfrontalière visant à surmonter les obstacles liés aux différences de législation.
- **Interreg :** programmes pluriannuels lancés par l'UE en 1990 et financés par le FEDER pour soutenir les projets de coopération territoriale entre les collectivités des États membres.

4 Le programme Interreg de coopération transfrontalière européenne Alcotra

Depuis 1990 : 600 projets financés pour 550 millions d'euros de subventions européennes

198,8 millions d'euros de subventions européennes pour la période 2014-2020

ALCOTRA
Alpes Latines COopération TRAnsfrontalière

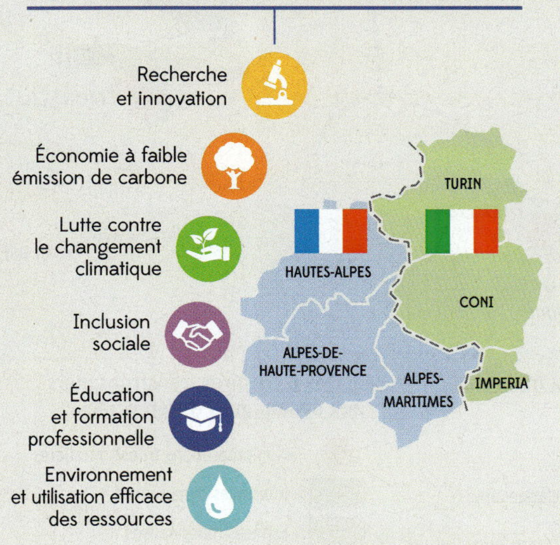

Source : plaquette « Interreg V-A France-Italie, Alcotra, En route vers 2014-2020 », 2015.

Questions

Itinéraire 1

Répondre aux questions

1. **Décrivez** les contraintes aux relations transfrontalières dans les Alpes du Sud. **doc. 1 et 2**
2. **Identifiez** comment le Queyras tire profit de sa marge frontalière. **doc. 2**
3. **Relevez** les domaines de coopération transfrontalière dans les Alpes du Sud. **doc. 1 à 4**

Synthétiser

4. **Montrez** que les Alpes du Sud sont un territoire transfrontalier en marge, entre atouts et contraintes. **doc. 1 à 4**

ou

Itinéraire 2

Réaliser une carte mentale

- Réalisez une carte mentale sur le territoire transfrontalier des Alpes du Sud.

Dans quelle mesure les Alpes du Sud sont-elles un territoire transfrontalier en marge ?
- Caractéristiques de la situation de marge transfrontalière
- Domaines de coopération

- Présentez votre carte mentale à l'oral en 5 minutes devant la classe. ORAL

Les dynamiques différenciées des territoires transfrontaliers

1 Mobilités et dynamiques des territoires transfrontaliers en France

Carte interactive

1. Des territoires transfrontaliers caractérisés par les échanges et les mobilités

- Infrastructures de communication (tunnel, pont)
- Lignes à grande vitesse
- Équipements transfrontaliers
- 44 500 Flux de travailleurs
- Immigration (légale et clandestine)
- Flux de marchandises variées

2. Des territoires transfrontaliers aux dynamiques différenciées

- Agglomérations transfrontalières
- Interfaces dynamiques
- Espaces marginalisés
- Espaces à l'écart des dynamiques transfrontalières

2 Les coopérations transfrontalières en France

Carte interactive

Vocabulaire

- **Agglomération transfrontalière :** espace urbain caractérisé par une continuité morphologique ou fonctionnelle de part et d'autre d'une frontière.
- **Eurorégion :** structure territoriale transfrontalière dont l'objectif est de créer un espace cohérent pour faire de la frontière non plus une contrainte, mais un atout.

Questions

1. **Citez** les pays accueillant le plus de travailleurs frontaliers. **doc. 1**
2. **Identifiez** les types d'infrastructures et d'équipements transfrontaliers. **doc. 1**
3. **Identifiez** les formes de coopération transfrontalière. **doc. 2**

Podcast Cours à écouter

Les dynamiques différenciées des territoires transfrontaliers

Dans quelle mesure les territoires frontaliers français sont-ils inégalement intégrés dans l'Union européenne et la mondialisation ?

1 Des territoires caractérisés par les échanges

● **Les frontières terrestres de la France métropolitaine couvrent une distance de 2 900 km.** L'Hexagone partage ses frontières terrestres avec huit pays : Belgique, Luxembourg, Allemagne, Suisse, Italie, Monaco, Espagne et Andorre. Les plus longues sont celles avec l'Espagne (623 km) et la Belgique (620 km). En outre-mer, la Guyane a 730 km de frontières terrestres communes avec le Brésil et 510 km avec le Suriname, tandis que Saint-Martin possède 10 km de frontières avec les Pays-Bas.

● **Les espaces frontaliers, longtemps considérés comme des zones fermées, sont désormais ouverts.** Les infrastructures de communication connectent les territoires avec les pays voisins : tunnels du Mont-Blanc (1965) ou sous la Manche (1994), pont sur l'Oyapock en Guyane (2017), lignes ferroviaires à grande vitesse (Thalys)… Néanmoins, certaines sections sont encore absentes dans le réseau transeuropéen de transport, comme le tronçon Montpellier-Perpignan de la LGV Nîmes-Barcelone. Les projets de grandes infrastructures de transport transfrontalières (LGV Lyon-Turin) peuvent être également sources de conflits.

● **Les mobilités pendulaires locales jouent un rôle clé dans la dynamique des territoires transfrontaliers.** Chaque jour, plus de 360 000 résidents venant de France traversent les frontières pour aller travailler dans un pays limitrophe. La Suisse est la première destination des travailleurs transfrontaliers, suivie du Luxembourg, de l'Allemagne et de la Belgique. Toutefois, les flux sont inégaux : seuls 10 000 actifs résidant à l'étranger (en majorité des Belges) viennent travailler en France.

GÉO DÉBAT La nouvelle liaison ferroviaire Lyon-Turin, un projet de développement durable d'un territoire transfrontalier ? → p. 228

2 Des coopérations transfrontalières

● **Les territoires transfrontaliers mobilisent différents acteurs.** Acteurs publics (État, collectivités territoriales), acteurs privés (entreprises) et sociétés civiles intéragissent pour dépasser les obstacles de nature juridique ou institutionnelle à la coopération. La gouvernance transfrontalière s'est notamment développée grâce au processus d'intégration européenne.

● **L'Union européenne institutionnalise la coopération transfrontalière.** Depuis la création du FEDER en 1975 et les programmes d'initiative communautaire Interreg à partir de 1990, l'UE favorise l'émergence de structures de coopération transfrontalière aux échelles régionales (Communauté de travail des Pyrénées) et locales (Eurocité basque). En 2006, elle fonde les groupements européens de coopération territoriale (GECT) dont l'Eurométropole Lille-Kortrijk-Tournai créée en 2008, le parc marin international franco-italien des Bouches de Bonifacio en 2010 ou le parc européen Alpi Marittime – Mercantour créé en 2013.

● **L'Union européenne finance des infrastructures et des projets transfrontaliers.** C'est le cas de l'hôpital franco-espagnol de Puigcerdà, ouvert en 2014 en Cerdagne, du projet de covoiturage de l'Arc Jurassien ou du Léman Express, le RER transfrontalier franco-suisse inauguré en 2019. À l'échelle intra-urbaine, des projets d'aménagement confortent les coopérations et intègrent les territoires situés sur la frontière. Le jardin des Deux-Rives, inauguré en 2004, relie par une passerelle Strasbourg et Kehl de part et d'autre du Rhin.

ÉTUDE DE CAS L'Eurométropole Lille-Kortrijk-Tournai → p. 214

Les territoires transfrontaliers en France et dans l'UE

Frontières terrestres : **20 000 km** au sein de l'UE dont **2 900 km** pour la France métropolitaine.

Travailleurs transfrontaliers : **2 millions** dans l'UE dont environ 20 % vivent en France.

Vocabulaire

- **Coopération transfrontalière :** partenariat entre des acteurs privés ou publics, séparés par une frontière d'État, et dont les actions interviennent aux échelles régionales et locales, de part et d'autre de cette frontière.
- **FEDER (Fonds européen de développement régional) :** fonds structurel créé en 1975. Son objectif est de renforcer la cohésion économique et sociale dans l'UE en réduisant les inégalités et déséquilibres entre les régions.
- **Groupement européen de coopération territoriale (GECT) :** organisation transfrontalière visant à surmonter les obstacles liés aux différences de législation.
- **Gouvernance transfrontalière :** dispositif institutionnel permettant de faire coopérer divers acteurs publics et privés par-delà des frontières.
- **Interreg :** voir p. 223.
- **Mobilités pendulaires :** déplacements quotidiens des individus entre leur domicile et leur lieu de travail.
- **Travailleur transfrontalier (navetteur transfrontalier) :** individu dont le lieu de résidence et le lieu de travail sont situés dans deux États contigus différents.

3 Des territoires transfrontaliers inégalement dynamiques

● **De nombreux territoires transfrontaliers sont dynamiques.** Ils bénéficient d'un contexte économique favorable, d'infrastructures performantes ou d'une proximité culturelle des deux côtés de la frontière. Certains connaissent une forte croissance de la population, comme dans la vallée de l'Arve (entre Genève et Chamonix) ou autour de Morteau (Jura). D'autres cumulent croissance démographique et de l'emploi. C'est le cas autour de Genève (Genevois français, Chablais), sur le littoral près de la frontière espagnole (autour de Bayonne et de Perpignan), ainsi qu'à Lille et autour de Strasbourg.

● **Cinq agglomérations polarisent l'essentiel des mobilités transfrontalières.** Elles attirent les actifs résidant en France par le dynamisme économique et les salaires plus élevés du Luxembourg, de la Suisse et de Monaco. Il s'agit de Genève, dont les **navetteurs** sont originaires de Haute-Savoie et de l'Ain, de Luxembourg (Thionville, Longwy et Metz), de Bâle (Saint-Louis et Mulhouse), de Monaco (Monaco-vallée de la Roya) et de Sarrebruck (Sarreguemines et Wissembourg).

● **Plusieurs zones frontalières connaissent une déprise démographique et une diminution de l'emploi.** Un contexte économique difficile (désindustrialisation, chômage) et l'absence de connexion aux grands réseaux de transport renforcent la marginalisation. C'est le cas de zones d'emploi dans les Ardennes ou en Moselle près de la Sarre. Cela concerne également des secteurs montagneux enclavés du Jura, des Alpes et des Pyrénées.

ÉTUDE DE CAS Le Pays basque → p. 218
EXEMPLE Les Alpes du Sud → p. 222

La part de frontaliers dans la population active occupée de 3 zones d'emploi en 2015
En %

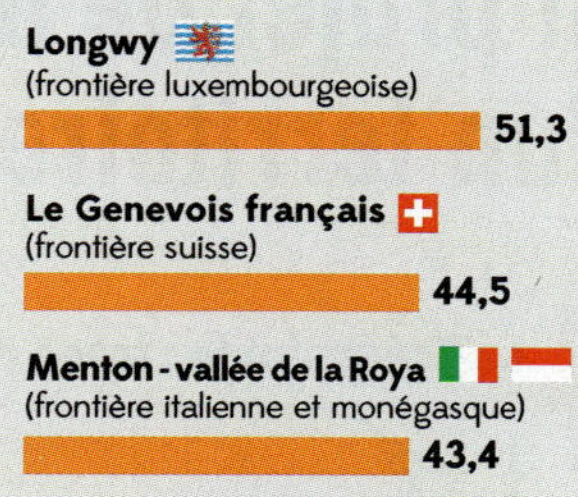

Source : Insee Première, n° 1755, juin 2019.

Notions

- Agglomération industrielle p. 234
- Territoire transfrontalier p. 235

Du cours au schéma

EXO Exercice interactif

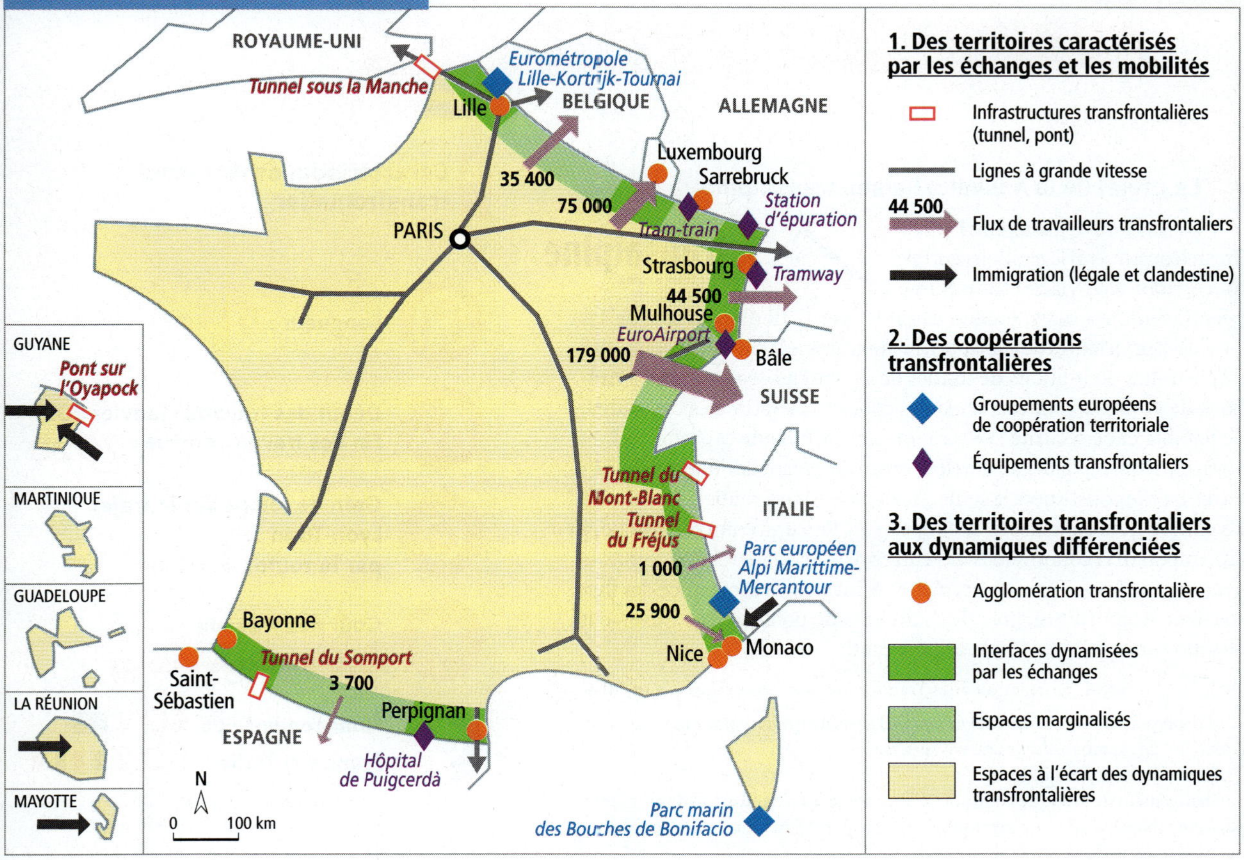

3
SE PRÉPARER
CHAPITRE 5
CHAPITRE 6
RÉVISER

ORAL

La nouvelle liaison ferroviaire Lyon-Turin : un projet de développement durable d'un territoire transfrontalier ?

1 La Transalpine : tracé de la nouvelle ligne

Carte interactive

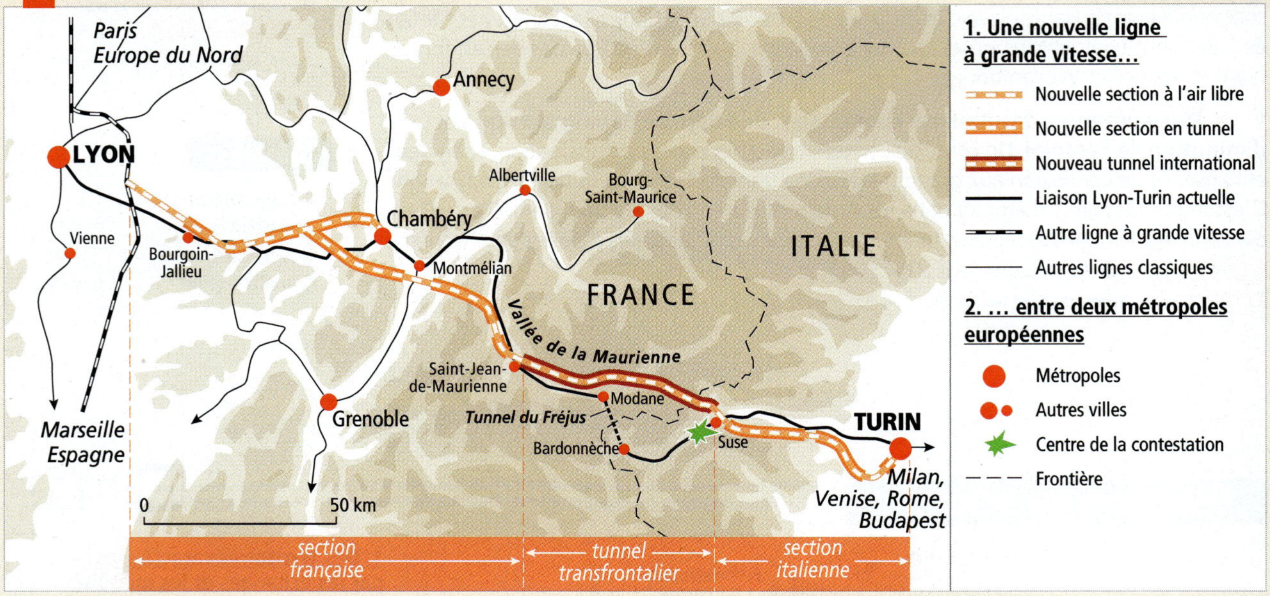

2 Le projet de la nouvelle liaison transalpine

latransalpine — LIAISON EUROPÉENNE LYON - TURIN

La [liaison] Transalpine Lyon–Turin [constituera] le maillon central du corridor ferroviaire[1] transeuropéen Lisbonne – Kiev. Retenu dès 1994 par l'UE dans la liste de ses 14 projets prioritaires de transport, la Transalpine Lyon-Turin permettra d'acheminer 40 millions de tonnes de marchandises par an et 5 millions de voyageurs. Et ceci dans des conditions optimales de fluidité, de fiabilité et de sécurité : ce sera une liaison à haute capacité, fret[2] et voyageurs, qui répondra au développement impératif de l'intermodalité[3]. Parce qu'elle constituera la seule alternative au fret routier qui menace l'équilibre environnemental des Alpes. […]. Parce qu'enfin elle répondra aux impératifs économiques des entreprises et du marché. À terme, la Transalpine Lyon-Turin va permettre d'inverser la croissance des flux routiers. Aujourd'hui, près de 3 millions de poids lourds traversent chaque année les Alpes franco-italiennes.

Site d'information de la Transalpine, www.transalpine.com, 2019.

1. Liaison par voie ferrée aménagée par l'Union européenne pour permettre le transport de marchandises et de voyageurs.
2. Transport de marchandises.
3. Changement de mode de transport d'une même marchandise ou d'une même personne (passage du transport routier au transport ferroviaire, par exemple).

3 Caractéristiques du tunnel transfrontalier

Longueur : 57 km

Début des travaux : janvier 2019
Fin des travaux prévue : 2028

Gain de temps sur le trajet Lyon-Turin par la route : 1 heure

Coût des travaux 8,6 milliards d'euros

Financement : UE 40 %
France et Italie 60 %

Source : site d'information de la Transalpine, www.transalpine.com, 2019.

4 Des territoires affectés par le projet

Photographie prise dans la vallée de la Maurienne (Savoie), 2018.

5 Un projet contesté

NO TAV est un mouvement populaire de la vallée de Suse de protestation contre le projet de construction de la nouvelle ligne à grande vitesse Lyon-Turin, d'où le nom TAV (*treno ad alta velocità*, train à grande vitesse en italien). [...]

Différentes raisons expliquent ces contestations :

Compte tenu de la durée des travaux (estimée à 12 ans au moins), on peut prévoir en transit par les routes de la vallée un grand nombre de poids lourds nécessaires pour le transport d'environ 16 millions de mètres cubes de matériaux extraits pour le creusement du tunnel.

La probabilité existe que les montagnes du Val de Suse, qui devraient être traversées par de longs tunnels, soient formées de roches pouvant contenir de l'amiante et de l'uranium. Les opposants au creusement craignent que, à l'occasion des travaux et du transport des matériaux, ces substances puissent se répandre dans l'environnement. [...] Selon une étude effectuée par le groupe NO TAV, il faudrait amortir sur de nombreuses années les dettes nées de la construction de la nouvelle ligne (les coûts dépasseraient en fait les bénéfices possibles pendant de nombreuses années). Il serait plus économique d'aménager la ligne classique que de construire une nouvelle ligne à double voie[1]. D'autant plus en période de crise et surendettement des États.

No TAV Savoie, www.notac-savoie.over-blog.com, 2019.

1. L'ancienne ligne est l'un des enjeux du débat. Des désaccords portent notamment sur le risque de saturation en cas d'augmentation du trafic de fret (voir **doc. 2**).

6 Les atouts du projet dans la vallée de la Maurienne (France)

Parole d'acteur

Longue de 125 kilomètres, la vallée de la Maurienne constitue actuellement le point d'ancrage principal de la future ligne côté français [...].

Pour aider et soutenir la réalisation de cet ouvrage de grande ampleur, un dispositif exceptionnel dédié à la préparation et à l'accompagnement des grands chantiers a été mis en place : la démarche Grand Chantier. Elle vise à préparer l'arrivée des chantiers, accompagner leur déroulement, valoriser les opportunités offertes à cette occasion pour le développement des territoires. [...]

Avec la construction d'une gare internationale sur la nouvelle ligne Lyon-Turin, Saint-Jean-de-Maurienne et son centre historique deviendront plus attractifs. Il pourra en être de même pour Saint-Michel-de-Maurienne, Fourneaux, Modane, ou d'autres collectivités encore, grâce à la réhabilitation des centres-bourgs et le déploiement du très haut débit.

Site internet du Pays de Maurienne, www.maurienne.fr, septembre 2016.

Vidéo
La démarche Grand Chantier

C'est à vous !

Géo DÉBAT

La nouvelle liaison ferroviaire Lyon-Turin : un projet de développement durable d'un territoire transfrontalier ?

ÉTAPE 1 Comprendre et préparer le débat

1 **Citez** les espaces concernés par le projet de la nouvelle liaison ferroviaire transfrontalière Lyon-Turin. **doc. 1 et 2**

2 **Montrez** que cette nouvelle liaison correspond à un aménagement à différentes échelles. **doc. 2 à 4**

3 **Décrivez** les attentes et les critiques associées à ce projet. **doc. 1, 5 et 6**

ÉTAPE 2 Participer au débat

4 Avant le débat, prélevez les arguments des différents acteurs. Reportez-les dans le tableau.

5 Avant le débat, en prenant appui sur les documents et votre point de vue personnel, notez vos arguments dans le tableau.

6 Pendant le débat, notez les arguments des autres élèves.

Conseils

- Écoutez et respectez la parole des autres.
- Pour convaincre, il est important de s'appuyer sur des exemples précis (localisés, datés, chiffrés).
- Ne lisez pas vos notes et présentez vos arguments en regardant vos auditeurs. Relisez vos notes avant de prendre la parole.

	La nouvelle liaison ferroviaire Lyon-Turin est un projet de développement durable	La nouvelle liaison ferroviaire Lyon-Turin n'est pas un projet de développement durable
Acteurs	• • •	• • •
Arguments des acteurs	• • •	• • •
Mes arguments	• • •	• • •
Les arguments des autres élèves	• • •	• • •

Vidéo

« Ligne de train Lyon-Turin : qu'en pensent les riverains ? », Euronews, 26 mars 2019.

ÉTAPE 3 Conclure le débat

7 À la suite du débat en classe, exprimez votre point de vue personnel et argumenté sur la nouvelle liaison ferroviaire Lyon-Turin.

8 Les arguments échangés lors du débat vous ont-ils amené(e) à revoir votre position de départ ? Expliquez pourquoi.

THÈME 3

L'Union européenne dans la mondialisation : des dynamiques complexes

RÉVISER LE THÈME

Centre spatial guyanais, port spatial de l'Europe (Kourou, Guyane), mars 2018.

RÉVISER

SE TESTER

- Vérifier ses connaissances

EXO Exercices interactifs

POUR LE BAC S'ENTRAÎNER

THÈME 3

SE PRÉPARER

CHAPITRE 5

CHAPITRE 6

RÉVISER

Aller plus loin

→ p. 232

Film · Musée / Expo · Sites internet · BD · Podcast

S'ORIENTER

→ p. 244

Stéphanie → Conseillère aux affaires européennes et internationales

Maryse → Directrice export et internationalisation des entreprises

SYNTHÈSE

→ THÈME 3
L'Union européenne dans la mondialisation : des dynamiques complexes

Podcast Synthèse à écouter

1 L'Union européenne : entre unité et diversité

● **L'Union européenne est un espace géographique pluriel.** Elle offre une mosaïque de territoires (urbains, ruraux, montagnards, littoraux, industriels...) à toutes les échelles. L'Allemagne et la France en sont les principales puissances économiques. La France et ses territoires, notamment frontaliers, sont des acteurs moteurs de l'Union européenne.

● **L'Union européenne est une organisation régionale intégrée.** Depuis sa création en 1957, l'UE s'est élargie à une grande partie de l'Europe et a renforcé ses institutions. Sa force repose sur la diffusion de ses valeurs culturelles, sur une monnaie unique (19 États dans la zone euro), sur un marché intégré et sur des réseaux de transport permettant de relier tous les territoires.

2 Un espace inégalement ouvert sur le monde

● **L'UE est un pôle économique mondial.** Elle représente 18 % de la richesse mondiale, derrière les États-Unis et devant la Chine. Elle s'est imposée dans de nombreux secteurs marchands : aéronautique, automobile, nucléaire, agroalimentaire.

● **La puissance de l'UE demeure limitée sur la scène mondiale.** La concurrence est de plus en plus forte de la part de la Chine et des autres pays émergents (Inde, Brésil, Russie...). La difficulté à établir des politiques communes (défense, immigration, fiscalité...) fragilise également l'UE face aux grandes puissances.

3 Entre compétitivité et cohésion des territoires

● **Les politiques européennes de cohésion valorisent des atouts des territoires face à la concurrence mondiale.** Grâce aux fonds structurels, les territoires agricoles productifs, les clusters industriels et urbains, les régions transfrontalières constituent des pôles productifs compétitifs et intégrés dans la mondialisation.

● **Ces politiques permettent également la réduction des inégalités territoriales.** Les régions les plus défavorisées bénéficient d'aides européennes afin de réduire leur retard avec les territoires dynamiques (métropoles, littoraux, régions transfrontalières...). Les pays d'Europe orientale (Bulgarie, Roumanie...) et d'Europe méridionale (Grèce) sont les plus exposés aux difficultés économiques et sociales.

Repères géographiques

- Les États de l'UE p. 204
- Les partenaires commerciaux de l'UE p. 202
- Les régions en retard de développement au sein de l'UE p. 205

Chiffres clés
L'UE en 2020

- **Superficie de l'UE** : 4,2 millions de km²
- **Population de l'UE** : 447 millions d'habitants
- **PIB de l'UE** : 14 000 milliards d'euros
- **Commerce extra-communautaire** : 15% du commerce mondial

Pour aller plus loin

Bande dessinée

- *L'Europe en BD,* Nathalie Loiseau et Nathalie Desforges, Casterman, 2019.

Site à visiter

- Parc Mini-Europe à Bruxelles
www.minieurope.com

Site internet

- Des informations variées et complètes sur l'UE
www.touteleurope.eu

NOTIONS

Cluster (écosystème)

→ Concentration sur un territoire (quartier, métropole, région) de plusieurs acteurs économiques et politiques en synergie (ou en « écosystème ») dans un même secteur d'activité (électronique, automobile, biotechnologies, mode...). Le mode d'organisation de la production repose sur une division étroite du travail entre plusieurs (petites) entreprises spécialisées. Ces acteurs coopèrent afin d'innover et sont également en compétition pour conquérir des marchés.

→ Le **cluster** repose sur quatre facteurs complémentaires : les ressources (main-d'œuvre, ingénieurs, capital financier, infrastructures de communication, centres de recherche...) ; l'environnement politique, législatif et économique permettant d'encourager l'investissement, l'innovation et la concurrence ; des marchés de qualité, et en quantité suffisante ; un tissu local riche de fournisseurs et de sous-traitants.

→ Les clusters visent à intégrer ces territoires et ces acteurs dans la mondialisation.

Vidéo

2 min pour comprendre le cluster

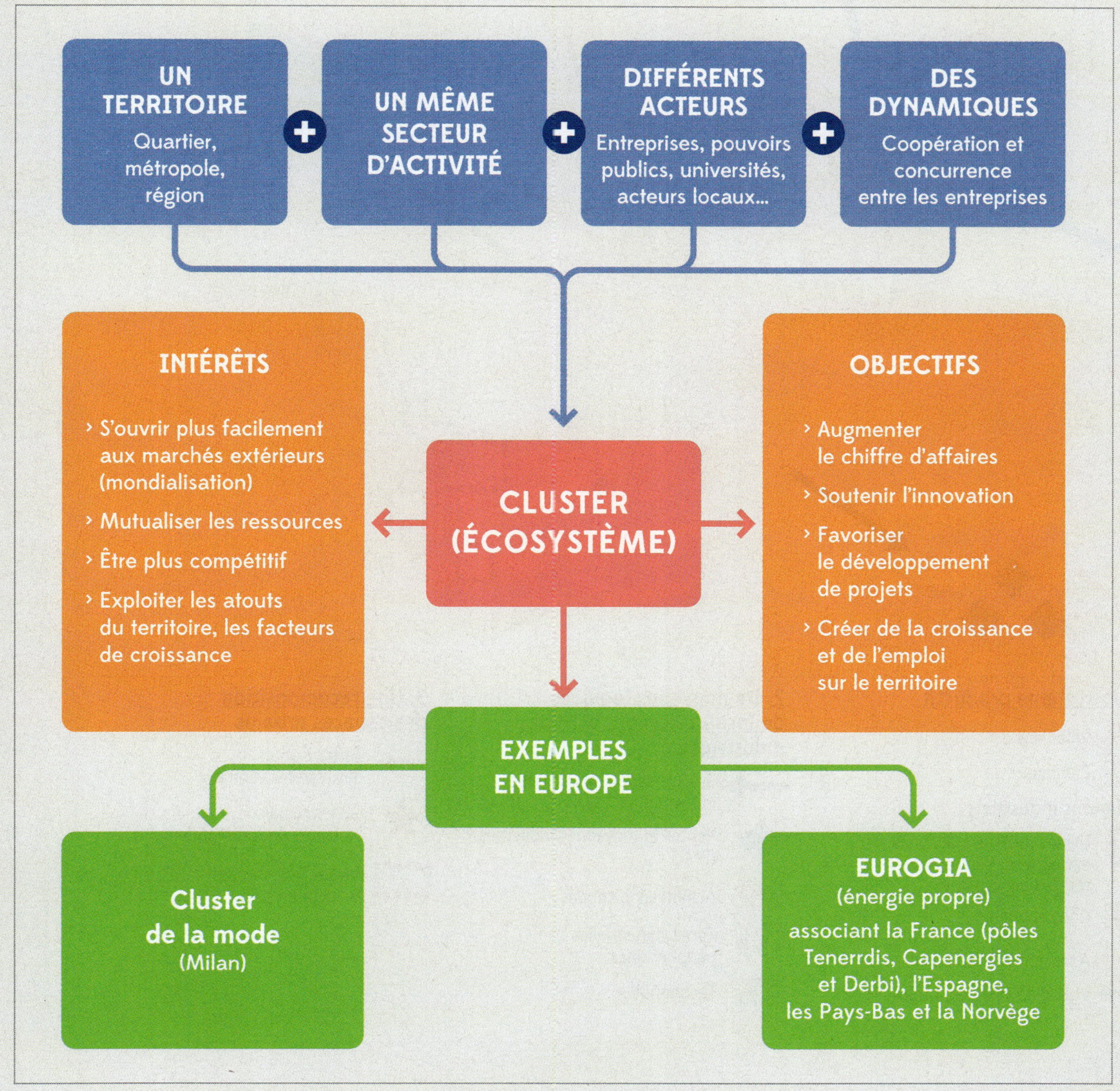

NOTIONS

Agglomération industrielle

→ Espace urbanisé en continu, comprenant une ville-centre et ses banlieues, dont le développement économique repose sur des activités de transformation en vue de la production de biens matériels.

→ L'**agglomération industrielle** peut avoir été créée entièrement par et pour l'industrie.

→ Elle peut également être préexistante au développement de l'activité industrielle et avoir accueilli des usines, par le développement de faubourgs industriels à proximité immédiate du noyau urbain ancien ou de zones industrielles périphériques.

Vidéo
2 min pour comprendre l'agglomération industrielle

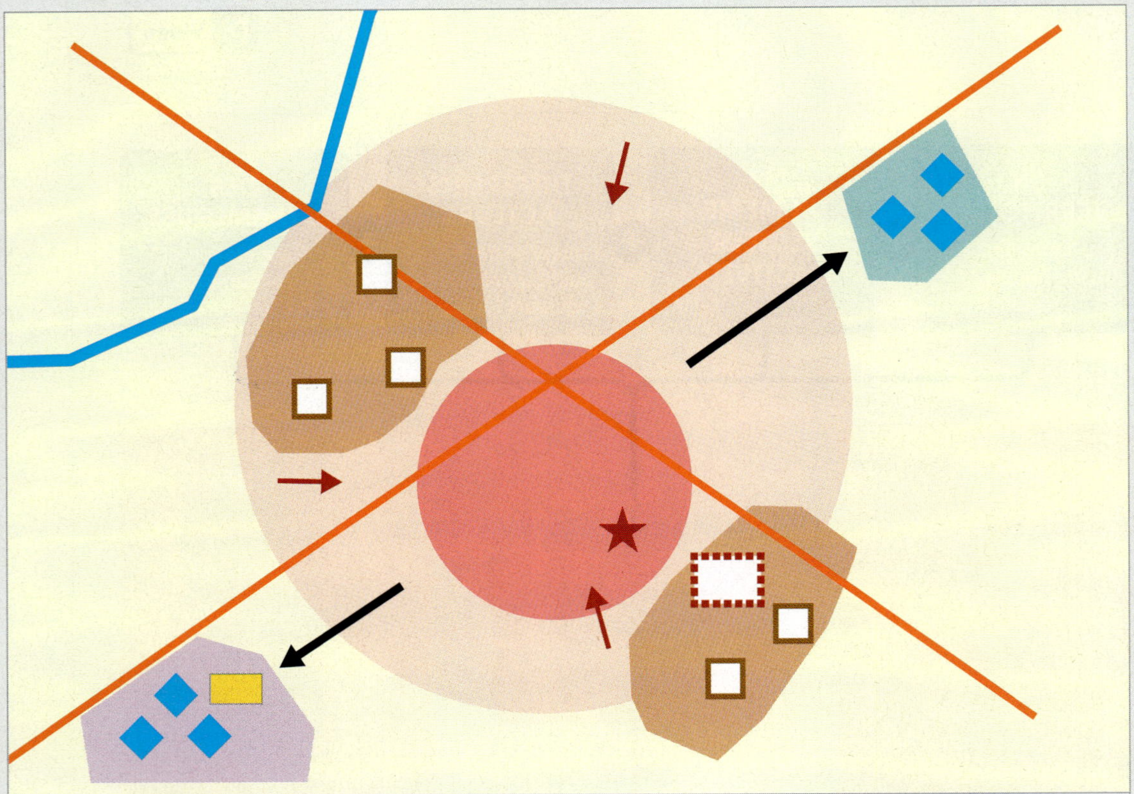

1. Un système productif

- Ville-centre
- Banlieue

Faubourgs industriels :

- Usines (liées aux activités extractives, sidérurgiques, textiles, automobiles…)
- Cités ouvrières
- Axes de communication
- Voie d'eau (fleuve, canal)

2. De nouvelles logiques de localisation des activités industrielles

- Relocalisation des activités industrielles
- Petites et moyennes industries (PMI)
- Activités logistiques
- Zones industrielles périphériques
- Technopôles

3. Une recomposition des espaces urbains

- Tertiarisation des espaces centraux
- Sièges sociaux (activités de commandement)
- Friches industrielles en reconversion

NOTIONS

Territoire transfrontalier

Territoire organisé autour d'une frontière ouverte entre deux pays. Le **territoire transfrontalier** se caractérise par des coopérations politiques (locales, régionales ou nationales), économiques, sociales et culturelles favorisant l'intensification des échanges et des mobilités de populations, souvent sur de courtes distances.

Ces coopérations et ces échanges contribuent à la constitution d'un espace homogène, intégré à différentes échelles.

Vidéo
2 min pour comprendre le territoire transfrontalier

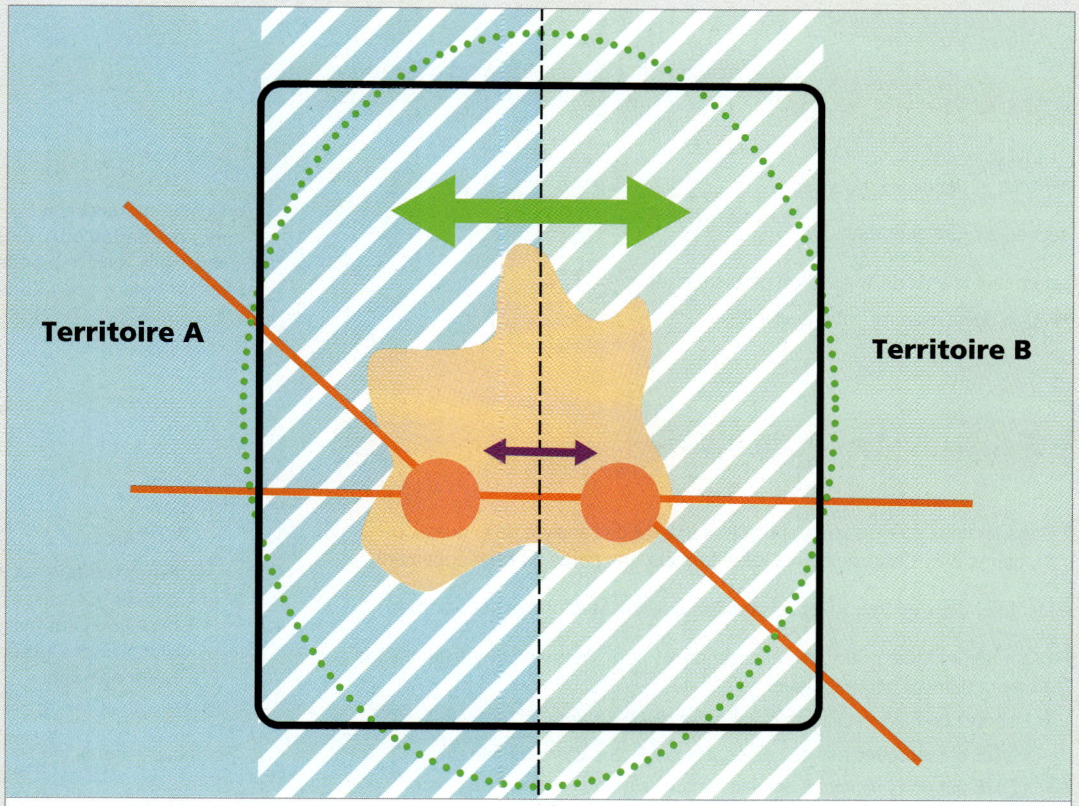

1. Un territoire entre deux pays
- Frontière ouverte
- Territoire A
- Territoire B
- Territoire transfrontalier
- Pôles urbains
- Espace urbain transfrontalier
- Voies de communication

2. Des formes diverses d'échanges
- Espace culturel transfrontalier (bilinguisme…)
- Flux de marchandises et de populations (travailleurs, consommateurs transfrontaliers)

3. Une coopération transfrontalière
- Coopération institutionnelle transfrontalière
- Projets de coopération transfrontalière (transports en commun…)

BAC Réponse à une question problématisée

▶ Description de l'épreuve p. 19 et méthode générale p. 20-21

SUJET GUIDÉ

→ Pourquoi l'Union européenne est-elle une puissance inégale dans la mondialisation ?

- **Pourquoi** : Mot interrogatif qui oriente l'étude et le type de réponse attendu : identifier une ou plusieurs causes.
- **l'Union européenne** : **Cadre géographique** à définir.
- **puissance** : **Notion** à définir.
- **inégale** : Ce terme indique l'existence de points forts et de points faibles.
- **mondialisation** : Notion à définir.

ÉTAPE 1 Analyser le sujet

a Identifier et définir les mots clés.

b Préciser le cadre géographique.

c Déterminer le sens de la question problématisée.

→ Que devra montrer votre devoir ?

Attention !

▶ Ne pas confondre la mondialisation qui est un processus, avec le monde qui est un espace géographique.

ÉTAPE 2 Faire un plan et mobiliser ses connaissances

a Dégager deux ou trois idées principales à partir de l'analyse de la question problématisée. Chacune de ces idées formera une partie du développement.

b Identifier deux ou trois idées secondaires qui constitueront les sous-parties.

c Organiser les idées principales et secondaires pour mettre en évidence une logique de raisonnement géographique.

▶ Élaborez un plan détaillé en classant les idées suivantes :

- L'UE est marquée par des disparités entre ses États membres.
- L'UE est une puissance dans la mondialisation.
- L'UE est concurrencée par d'autres puissances dans la mondialisation.
- L'UE est un centre d'impulsion économique majeur.
- L'UE présente des faiblesses internes et externes.
- L'UE est un carrefour de flux mondialisés.

d Mobiliser les connaissances utiles pour répondre à la question :

→ Le cours p. 206

→ Les cartes : « L'Union européenne, pôle et acteur de la mondialisation » p. 202 et « Les territoires de l'Union européenne dans la mondialisation » p. 204

→ L'étude de cas « L'Allemagne et ses territoires dans la mondialisation » p. 184-187

→ L'exemple « Le cluster de la mode à Milan » p. 198

→ Le vocabulaire : firme transnationale, investissements directs à l'étranger (IDE), pôle p. 296

→ Les notions : Puissance p. 302, Mondialisation p. IV

Conseil

▶ Faites toujours un plan détaillé. Ce travail au brouillon vous permet d'organiser votre raisonnement.

Conseil

▶ Notez au brouillon les faits géographiques, les notions, des statistiques, des exemples en rapport avec le sujet.

ÉTAPE 3 Rédiger la réponse à la question problématisée

a Vous pouvez rédiger une courte introduction présentant le sujet et le plan.

→ Exemple :

L'Union européenne est une organisation régionale comprenant 27 États. Par sa capacité d'influence sur l'espace mondial, elle est une puissance fortement intégrée dans les échanges mondiaux. L'Union européenne est une grande puissance mondiale, mais elle présente des faiblesses qui la pénalisent. Pourquoi l'Union européenne est-elle une puissance inégale dans la mondialisation ?

Conseil

▶ Définissez les mots clés du sujet : les notions, le cadre géographique.

b Rédiger la réponse à la question problématisée en suivant le plan défini.

▶ Identifiez l'idée principale, les arguments et les exemples dans le paragraphe suivant :

L'Union européenne est une puissance dans la mondialisation.

En premier lieu, elle polarise les flux mondialisés. Première puissance commerciale du monde, elle réalise près d'un tiers des échanges mondiaux de marchandises, ce qui la place à égalité avec la Chine et devant les États-Unis. Les places boursières de Paris et Francfort, parmi les plus influentes du monde, et l'euro, deuxième monnaie pour les transactions financières derrière le dollar, font de l'UE un pôle financier majeur. Elle est également le premier émetteur et destinataire des investissements directs à l'étranger. Elle est le pôle mondial du tourisme avec près de 500 millions de visiteurs par an et une des destinations principales des flux migratoires.

En second lieu, l'Union européenne est un centre d'impulsion économique majeur de la mondialisation. Avec 18 % du PIB mondial, elle demeure la deuxième puissance économique derrière les États-Unis. Trois de ses États membres (Allemagne, France, Italie) font partie des dix premières puissances économiques mondiales. L'UE est le siège de nombreuses firmes transnationales dont certaines figurent aux premiers rangs mondiaux dans leurs secteurs d'activité, comme Maersk (transport) ou Airbus (aéronautique).

▶ Rédigez la suite de la réponse à la question problématisée.

Conseil

▶ Développez les différents aspects de la question en utilisant des arguments pour justifier les idées importantes. Vous devez illustrer ces arguments avec des exemples précis.

Idée — Argument — Exemple

c Vous pouvez rédiger une courte conclusion.

▶ Parmi les propositions de conclusion suivantes, quelle est celle qui vous semble la plus adaptée pour répondre à la problématique ? Justifiez votre choix.

CONCLUSION 1

L'Union européenne présente toutes les caractéristiques d'une grande puissance économique mondiale. Cependant, elle est de plus en plus concurrencée dans de nombreux domaines et ses territoires semblent inégalement intégrés dans la mondialisation. L'Union européenne est une puissance inégale, confrontée à de nombreux défis, dont celui de la compétitivité de ses territoires dans la mondialisation.

CONCLUSION 2

L'Union européenne est une puissance inégale. Elle est une grande puissance dans la mondialisation, mais elle se caractérise par des inégalités de développement. Elle est confrontée aux difficultés de la mise en place de politiques communes.

Conseil

▶ Résumez votre devoir en reprenant les idées clés, puis formulez une réponse à la question problématisée.

BAC Analyse de documents

▶ Description de l'épreuve p. 19 et méthode générale p. 22-23

SUJET GUIDÉ

En analysant les documents, vous montrerez que l'Union européenne est une puissance confrontée à de nombreux défis.

L'analyse des documents constitue le cœur de votre travail, mais nécessite, pour être menée, la mobilisation de vos connaissances.

1 La politique européenne de défense

« On ne protégera pas les Européens si on ne décide pas d'avoir une vraie armée européenne », lance le président français Emmanuel Macron le 6 novembre 2018 [...]. Le 13 novembre, dans un discours au Parlement européen, la chancelière allemande Angela Merkel appelle à « élaborer une vision nous permettant d'arriver un jour à une véritable armée européenne ». Elle renouvelle sa proposition de créer un « Conseil de sécurité européen », doté d'une présidence tournante, envisageant même dans ce cadre d'abandonner la prise de décision à l'unanimité.

L'« Europe de la défense » se limite actuellement à une simple coordination des efforts nationaux. Elle n'organise pas la protection du territoire – qui reste à définir, puisque l'Union semble devoir s'étendre sans cesse –, pas plus qu'elle ne dispose d'une force d'intervention tous azimuts, ni d'un commandement militaire opérationnel.

Partagée entre les inquiétudes des pays baltes, nordiques et de l'est à l'égard du voisin russe et les préoccupations de l'Ouest et du Sud face à la déstabilisation de l'Afrique et du Proche-Orient, l'Union ne peut guère définir de stratégie unique. [...] Compte tenu des divergences politiques au sein de l'Union, aucune évolution institutionnelle majeure ne se dessine. Tout au plus pourrait-on voir se constituer, en marge des traités, une sorte d'Eurogroupe de la défense, à l'image de celui qui s'est formé autour de la monnaie unique.

Philippe Leymarie, « Europe de la défense, une armée de papier », *Le Monde diplomatique*, juillet 2019.

Tandem franco-allemand

Informations à expliquer

Institutions et fonctionnement politique fondés sur des traités qui doivent être ratifiés par les États membres = défi de l'union politique et d'une souveraineté supranationale.

Absence de souveraineté européenne dans le domaine de la défense = défi de l'autonomie stratégique.

Fragilités limitant la puissance.

Hétérogénéité des États membres = défi de l'unité.

L'UE, un ensemble uni (drapeau) et représenté (présidente de la Commission européenne).

Discussion, négociations. → Mettre cet élément en relation avec le paratexte.

Forum économique mondial = Forum de Davos (voir cours p.139, §3).

Les États-Unis.

2 La présidente de la Commission européenne et le président américain au Forum économique de Davos

La présidente de la Commission européenne, Ursula von der Leyen, et le président américain Donald Trump. Réunis au Forum économique de Davos le 21 janvier 2020, ils ont abordé les différends commerciaux entre l'UE et les États-Unis.

Utiliser les informations du paratexte.

ÉTAPE 1 Analyser le sujet

▶ Le sujet invite à montrer que l'Union européenne est confrontée à des défis qu'elle doit surmonter pour être une grande puissance sur la scène internationale.

ÉTAPE 2 Analyser les documents

▶ Les questions à se poser :

➜ Quels sont les thèmes abordés dans les documents en rapport avec le sujet ?
➜ Quel est le sens général de cet ensemble de documents ?
➜ Comment les informations des deux documents se complètent-elles ou s'opposent-elles ?

▶ Les éléments d'analyse à dégager :

➜ Ce travail préparatoire peut se faire au brouillon :

- À l'échelle de l'Europe : des institutions politiques communes (Parlement européen, Commission européenne) ; rôle du tandem franco-allemand ; divergences entre États membres et difficultés à établir des politiques communes (défense, zone euro).
- À l'échelle mondiale : une puissance incomplète (absence de défense commune) ; une puissance économique reconnue qui doit défendre ses intérêts dans les discussions internationales (Forum de Davos) ; une puissance commerciale mondiale en concurrence avec les États-Unis (différends commerciaux).

Conseil

▶ Expliquez les mots et les phrases importants du texte.
▶ Sur la photographie, identifiez les personnes, relevez les principaux éléments, expliquez l'événement représenté.
▶ Mettez en relation les informations des documents.

▶ Les connaissances à mobiliser :

➜ Les notions : Mondialisation, Puissance
➜ Le vocabulaire : politique commune
➜ Le cours p. 206
➜ La carte : « L'UE, pôle et acteur de la mondialisation » p. 202

ÉTAPE 3 Répondre au sujet

a Rédiger l'introduction.
▶ Présentez les documents, annoncez la problématique et le plan.

b Rédiger l'analyse des documents.
▶ Rédigez les deux parties du plan suivant :

1re PARTIE
L'UE est un ensemble hétérogène qui présente des fragilités internes
- (1re sous-partie) Elle est dotée d'institutions communes, mais n'est pas une entité souveraine.
- (2e sous-partie) Elle a des difficultés à mettre en place des politiques communes.

2e PARTIE
L'UE est une grande puissance économique à l'échelle mondiale
- (1re sous-partie) Elle est une puissance commerciale majeure, mais concurrencée.
- (2e sous-partie) Elle est une puissante incomplète.

Conseil

▶ Organisez l'analyse en hiérarchisant les informations : énoncez d'abord l'idée principale de la partie, puis développez et expliquez les informations secondaires dans des sous-parties.
▶ Pensez à citer les documents.

c Rédiger la conclusion.
▶ Synthétisez les idées principales de l'analyse des documents.

Entraînez-vous !

Document
• « Le FEDER dans le Land de Saxe » (**doc. 8** p. 187)

Sujet
En analysant le document, vous montrerez comment l'Union européenne contribue au développement des territoires.

BAC Réalisation d'un croquis

▶ Description de l'épreuve p. 19
et méthode générale p. 24-25

SUJET GUIDÉ

L'espace transfrontalier France-Italie-Monaco : organisation du territoire, flux et coopérations

À partir du texte, vous construirez, à l'aide du fond de carte fourni, un croquis correspondant au sujet suivant : « L'espace transfrontalier France-Italie-Monaco : organisation du territoire, flux et coopérations », accompagné d'une légende organisée.

Fond de carte

ÉTAPE 1 Lire le sujet et la consigne

▶ **La question à se poser :**

➔ Quelles indications l'énoncé du sujet fournit-il pour la réalisation du croquis ?

Le sujet indique trois thèmes qui pourront constituer les parties de la légende du croquis. Celui-ci devra montrer l'organisation du territoire, les différents types de flux qui l'animent et les coopérations mises en place.

ÉTAPE 2 Relever les informations dans le texte

Identifier les idées principales pour déterminer les thèmes de la légende du croquis.

Sélectionner les informations à cartographier pour répondre au sujet.

Relever les noms permettant de localiser les informations sur le croquis.

Les territoires bordant la frontière sont inégalement occupés. Ils sont dominés par le massif alpin dans leur partie nord et s'ouvrent au sud sur une étroite bande littorale. L'urbanisation se concentre sur le littoral azuréen qui comprend trois pôles majeurs : Nice (545 000 hab.), Monaco (38 000 hab.) et Menton (30 000 hab.). Elle se poursuit en Ligurie, côté italien, par les villes de Vintimille (25 000 hab.), Bordighera (11 000 hab.) et San Remo (55 000 hab.). Ces agglomérations sont reliées par un axe de communication littoral constitué d'une autoroute et d'une voie ferrée. L'arrière-pays, enclavé et faiblement peuplé, est marqué par les contraintes du relief alpin.

L'espace littoral concentre des flux variés. Ce sont des flux de proximité (loisirs, commerce) et des flux de travailleurs entre les pôles d'emplois azuréens (Nice, Menton), italien (Vintimille-San Remo) et monégasque. Monaco, second pôle d'emploi après Nice, draine une grande partie de ces travailleurs. La frontière entre la France et l'Italie, membres de l'espace Schengen, est également le lieu de transit des migrants en provenance d'Afrique et du Moyen-Orient. Vintimille, en Italie, est l'un point d'entrée des clandestins qui passent la frontière vers Menton ou dans les Alpes vers Breil-sur-Roya.

Ces territoires forment aussi un espace de coopération. Les Alpes-Maritimes et la Ligurie font partie de la vaste Eurorégion Alpes-Méditerranée. Dans le sud du massif alpin, le Groupement européen de coopération territoriale (GECT) Parc européen réunit le parc national du Mercantour (en France) et les aires protégées delle Alpi Marittime (en Italie) dans une coopération transfrontalière de gestion des espaces naturels protégés.

ÉTAPE 3 Classer les informations et choisir les figurés

▶ Recopiez le tableau ci-dessous pour vous aider à faire la légende du croquis ; complétez les informations et les figurés manquants.

Conseil

▶ Choisissez bien la taille et la forme de vos figurés pour représenter, hiérarchiser et différencier les informations.

Thème	Informations	Reformulation	Figurés	Lieux
1. Des espaces inégalement occupés	• …… • …… • ……		• ……	…… …… ……
2. ……	• Frontière • État membre de l'espace Schengen • …… • …… • ……	Mobilités de populations	• …… FRANCE • …… • …… • ……	…… …… …… …… ……
3. Un espace de coopérations	• …… • ……			…… …… ……

Tableau à imprimer

ÉTAPE 4 Réaliser le croquis

▶ Compléter le croquis.

➔ Dessinez les figurés manquants.

➔ À l'aide du tableau, écrivez le nom des lieux indiqués dans le texte en respectant les localisations.

➔ Complétez la légende et mettez-la au propre.

➔ Donnez un titre au croquis.

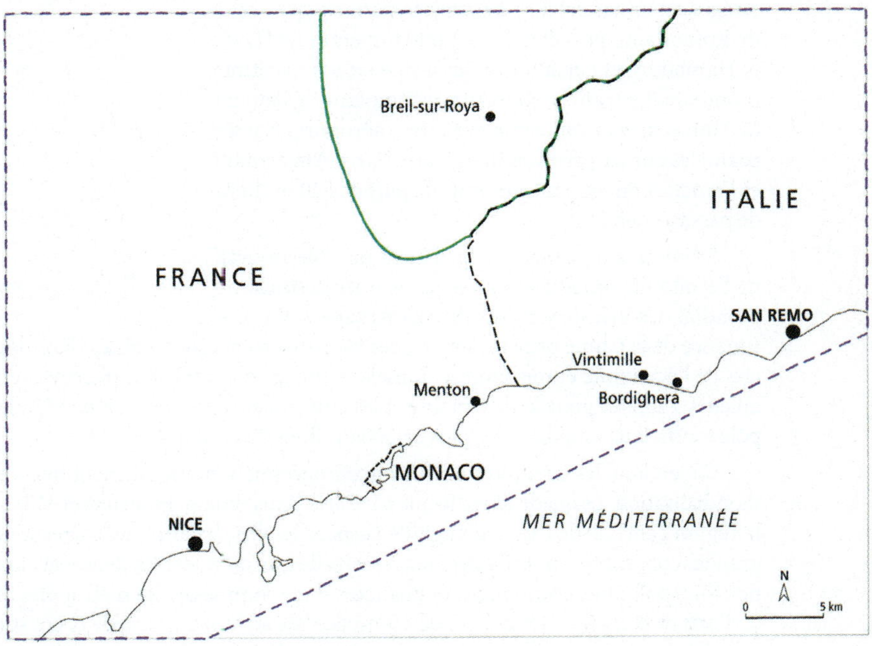

BAC Sujets blancs

▶ Description de l'épreuve p. 19
et méthode générale p. 20-25

▶ Réponse à une question problématisée

SUJET

Comment l'Union européenne favorise-t-elle l'insertion de ses territoires dans la mondialisation ?

▶ Réalisation d'un croquis

SUJET

L'Union européenne et ses territoires dans la mondialisation

À partir du texte, vous construirez, à l'aide du fond de carte fourni, un croquis correspondant au sujet suivant : « L'Union européenne et ses territoires dans la mondialisation », accompagné d'une légende organisée.

Fond de carte

L'Union européenne est un espace ouvert sur le monde. Elle dispose d'interfaces très actives, terrestres (frontière orientale) et maritimes (mer Méditerranée, océan Atlantique, Manche, mer du Nord, mer Baltique) La « Northern Range » est un ensemble de treize ports, parmi lesquels celui de Rotterdam, qui s'étend sur 1 000 km entre Le Havre et Hambourg et constitue la deuxième façade maritime mondiale. Le trafic aéroportuaire témoigne également de l'ouverture européenne avec trois aéroports classés parmi les quinze premiers mondiaux : Paris, Amsterdam et Francfort ont cumulé un trafic de plus de 220 millions de passagers en 2019.

L'Union européenne est également un pôle attractif de l'économie mondiale. Elle est le premier destinataire mondial des investissements directs étrangers. En provenance de la Chine principalement, ces investissements sont réalisés dans des secteurs clés de l'économie européenne, comme le raffinage ou l'industrie pharmaceutique. Par ailleurs, l'intérêt pour le patrimoine et les cultures européennes fait de l'UE le premier pôle touristique mondial avec plus de 500 millions de visiteurs.

Cependant, les territoires de l'Union européenne sont inégalement intégrés dans la mondialisation. Le quadrilatère formé par Paris, Amsterdam, Francfort et Milan délimite la région centrale de l'UE : il s'agit de l'espace le plus dynamique, correspondant aux grandes concentrations urbaines, aux réseaux de transport les plus denses et cumulant les pouvoirs politique, économique et financier. Il est dominé par les métropoles mondiales de Paris et Francfort. En dehors de cet espace, les territoires européens constituent des périphéries plus ou moins intégrées dans la mondialisation. Les pays d'Europe de l'Est, les plus récemment admis dans l'UE, sont en cours d'intégration.

Analyse de documents

SUJET

En analysant les documents, vous montrerez les dynamiques des territoires frontaliers en France.

L'analyse des documents constitue le cœur de votre travail, mais nécessite, pour être menée, la mobilisation de vos connaissances.

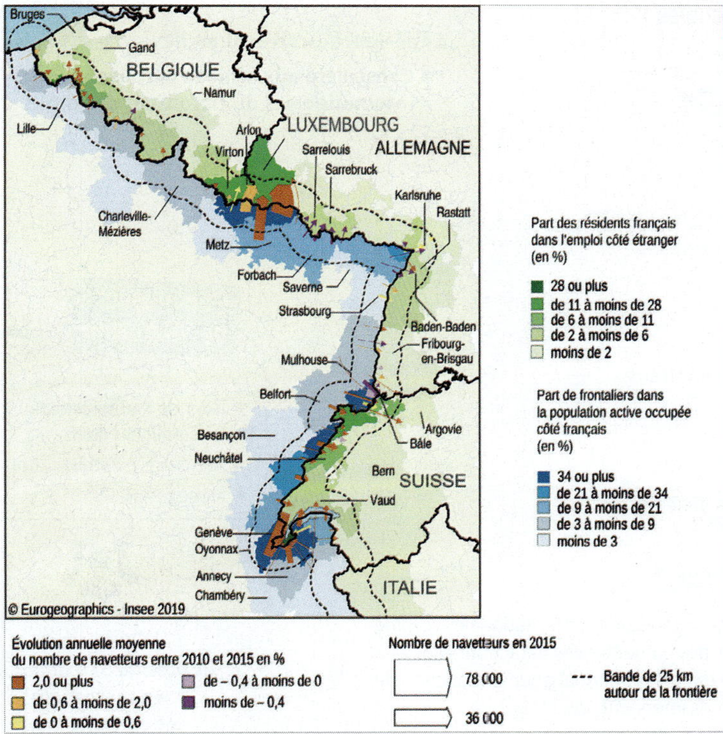

1 L'emploi dans les territoires transfrontaliers

Insee Première n° 1755, 4 juin 2019.

2 Strasbourg-Kehl[1] : une relation privilégiée

Travailleurs frontaliers, consommateurs, résidents, étudiants et apprentis mais aussi simples touristes : de nombreux flux relient les villes de Strasbourg et de Kehl. Malgré une population et des poids économiques très différents (Strasbourg compte 272 000 habitants et Kehl 35 000 dont près de 2 200 résidents français), les deux villes ont développé de longue date une coopération transfrontalière ambitieuse répondant aux besoins des populations qui vivent l'Europe au quotidien. Désormais reliées par quatre franchissements (pont routier de l'Europe, pont ferroviaire, passerelle des Deux-Rives, pont du tram Beatus-Rhenanus), Strasbourg et Kehl construisent un avenir commun où la frontière s'efface sous l'action de projets emblématiques, parmi lesquels : Le Jardin des Deux-Rives, parc urbain transfrontalier inauguré en 2004, la liaison de tramway ouverte en avril 2017. [...] La richesse des relations entre Strasbourg et Kehl en fait un site pilote au niveau européen pour la construction d'une agglomération transfrontalière. Cette démarche bénéficie par ailleurs d'une attention particulière de la Mission opérationnelle transfrontalière qui est un organisme d'appui et de soutien aux projets transfrontaliers et leur prise en compte dans les politiques publiques.

Site Internet de Strasbourg, 2020.

1. Strasbourg, en France et Kehl, en Allemagne, sont situées de part et d'autre du Rhin, fleuve frontière.

THÈME 3 · SE PRÉPARER · CHAPITRE 5 · CHAPITRE 6 · RÉVISER

Stéphanie, conseillère aux affaires européennes et internationales du Défenseur des droits

Fiche Métier

→ **Conseillère aux affaires européennes et internationales**

- **Niveau minimum d'accès :** BAC +5
- **Salaire d'un débutant :** 2 000 € net
- **Salaire en milieu de carrière :** 3 000 € net
- **Statut :** fonction publique
- **Compétences requises :**
  - ✓ sens de la diplomatie
  - ✓ adaptabilité
  - ✓ flexibilité
  - ✓ qualités rédactionnelles

PARCOURS D'ÉTUDES POSSIBLES

- Master en droit international
- Master en droits de l'homme et droit humanitaire
- Master en sciences politiques

CV EXPRESS

Stéphanie, 34 ans, Saint-Ouen (Seine-Saint-Denis)

FORMATION

- Bac ES, Taverny (Val-d'Oise)
- Licence en droit, Cergy-Pontoise
- Master 1 en droit international public, Groningue (Pays-Bas)
- Master 2 en droits de l'homme et droit humanitaire (Évry)

Expérience professionnelle

→ **Conseillère aux affaires européennes et internationales du Défenseur des droits**

L'employeur de Stéphanie

Défenseurdesdroits — République Française

- **Nom de l'administration :** Défenseur des droits
- **Année de création :** 2011
- **Siège :** Paris

Nombre de salariés : 220 agents, et plus de 530 délégués en métropole et en outre-mer

Environ **100 000 réclamations** reçues par an

Le métier de Stéphanie

Témoignage complet

Que vous ont apporté vos études dans votre métier ?

Outre la compréhension du fonctionnement des organisations internationales comme l'ONU et l'UE, l'université m'a appris à acquérir des compétences rédactionnelles et à faire des recherches, notamment juridiques, ce qui est primordial pour la rédaction de notes à destination de mon employeur ou de mes interlocuteurs !

Quel est le rôle de votre institution ?

Le Défenseur des droits est une institution indépendante chargée de défendre les droits et libertés individuelles de toute personne (défense des usagers des services publics, défense et promotion des droits de l'enfant, lutte contre les discriminations, orientation et protection des lanceurs d'alerte et respect de la déontologie des professionnels de sécurité). Il rend compte à l'ONU de la mise en œuvre en France des droits des enfants et des droits des personnes en situation de handicap.

Votre métier vous offre-t-il l'opportunité de beaucoup voyager ?

Le Défenseur des droits est aussi le Secrétaire général de l'Association des Ombudsmans et Médiateurs de la Francophonie (AOMF). Je voyage environ une fois par mois pour organiser des réunions, formations et des conférences dans les pays de la francophonie : Belgique, Maroc, Sénégal, Burundi, Canada, Roumanie, Albanie, Mali, Luxembourg…

Présentez-nous un projet sur lequel vous travaillez actuellement.

L'AOMF met en place cette année un projet intitulé « Parlons jeunes », qui vise à mettre en œuvre l'article 12 de la Convention des droits de l'enfant sur le droit d'être entendu. Nous allons réunir des groupes de travail composés de jeunes francophones (Belgique, Bénin, Canada, France, Madagascar, Côte d'Ivoire) pour connaître leur avis sur « comment faire connaître les droits de l'enfant ».

Votre projet d'orientation

- Faites une recherche sur les études de droit et leurs débouchés.
- Le contenu des enseignements et les métiers auxquels ils donnent accès vous intéressent-ils ?

→ Maryse, directrice export et internationalisation des entreprises

Fiche Métier

→ Directrice export et internationalisation des entreprises

- **Niveau minimum d'accès :** BAC +3
- **Salaire d'un débutant :** 1 600 € net
- **Salaire en milieu de carrière :** 2 600 € net
- **Statut :** fonctionnaire ou contractuel
- **Compétences requises :**
  ✓ Connaissance du fonctionnement des collectivités territoriales, du droit public, du commerce international
  ✓ Anglais

PARCOURS D'ÉTUDES POSSIBLES

- Master Commerce international
- Écoles de commerce
- Master Droit international
- Master Économie

CV EXPRESS

Maryse, 47 ans, Saint-Denis de La Réunion

FORMATION

- BAC L, Saint-Denis de La Réunion
- Licence de droit public et privé, Saint-Denis de La Réunion
- Master (ex-DEA) Relations internationales économiques et juridiques, Saint-Denis de La Réunion
- Master Territoires Risques et Action publique, Saint-Denis de La Réunion

Expériences professionnelles

→ **Région Réunion, directrice export et internationalisation des entreprises, Saint-Denis**

→ Région Réunion, directrice du tourisme, Saint-Denis

→ Région Réunion, conseillère technique au cabinet du président de Région, Saint-Denis

→ CCI Réunion, responsable du service gestion du patrimoine, Saint-Denis

→ Commune du Tampon, chargée de mission Intercommunalité et Associations, Le Tampon

Le métier de Maryse

Témoignage complet

Que vous ont apporté vos études à l'université ?

Elles m'ont apporté un solide socle de connaissances théoriques, indispensable à l'exercice de ma profession, mais également des outils méthodologiques nécessaires à l'adaptation qu'exige le monde du travail. Les études universitaires laissent aux étudiants une grande autonomie que l'on se doit de gérer presque seul : être assidu aux cours, fournir un travail régulier, côtoyer les réseaux professionnels…

Quelles sont vos tâches au quotidien ?

Ma première mission est d'accompagner l'insertion de La Réunion dans la mondialisation conformément à la politique qui a été définie par les conseillers régionaux. Dans ce cadre, mon quotidien s'articule principalement autour de réunions, comités stratégiques ou techniques pour mener à bien nos projets. J'assure aussi un rôle dans l'accompagnement des entreprises souhaitant obtenir des informations, des conseils et des aides financières. Cela m'amène à recevoir et visiter des entreprises, à évaluer leurs besoins et à leur proposer un accompagnement adapté. Enfin, pour assurer des débouchés aux entreprises en quête d'internationalisation, nous mettons en œuvre des actions de promotion économique des filières réunionnaises. Il s'agit de participer à des salons à l'extérieur du territoire, de communiquer (médias, réseaux sociaux), d'organiser des événements autour des savoir-faire pour favoriser leur insertion dans les réseaux internationaux. Pour ce faire, je m'appuie sur sept collaborateurs et sur des antennes délocalisées dans plusieurs pays (Comores, Madagascar, Maurice, Seychelles, Chine, Mozambique). À côté de mon travail exercé localement, je suis donc amenée à voyager dans les pays que nous identifions comme marchés cibles.

Quels sont les aspects de votre métier qui vous plaisent le plus ?

J'exerce des missions qui revêtent des aspects stratégiques transversaux pour le territoire de La Réunion, en particulier et pour la France, en général. Cela permet d'avoir une hauteur de vue et de participer, à mon humble niveau, au développement socio-économique de mon île. Mon métier me conduit à rencontrer beaucoup de monde à La Réunion et à l'étranger, ce qui est très enrichissant professionnellement, mais aussi humainement.

L'employeur de Maryse

Région Réunion

Nom de l'administration : Conseil régional de La Réunion

Année de création : 1982

Siège social : Saint-Denis de La Réunion

Nombre de pays d'implantation : 7 pays

Nombre de salariés : 4 500

Votre projet d'orientation

- Identifiez d'autres métiers impliquant de fortes mobilités professionnelles.
- Considérez-vous ces voyages comme un atout ou une contrainte ?

CHAPITRE 7 La France et ses régions dans l'Union européenne et dans la mondialisation

Comment l'aménagement des territoires contribue-t-il à intégrer la France et ses régions dans l'Union européenne et dans la mondialisation ?

Textes DYS
TOUS LES TEXTES EN VERSION DYS
lyceen.nathan.fr/geoterm-2020

SOMMAIRE

Zoom sur...

La LGV Sud Europe Atlantique

Longueur (Tours-Bordeaux)	302 km
Durée du trajet Paris-Bordeaux	2h04 min
Nombre de passagers par an	10 millions

Ligne à grande vitesse (LGV) Sud Europe Atlantique, mise en service en 2017, reliant Paris à Poitiers et Bordeaux. Photographie prise à Cubzac-les-Ponts (Gironde) en 2017.

Pour entrer dans le chapitre

Vidéo

« LGV Tours-Bordeaux : la vidéo des tests à 320 km/h »,
France 3 Régions Nouvelle-Aquitaine, octobre 2016.

Géolocalisation

Étude de cas

Les Jeux olympiques de 2024 et l'intégration mondiale de la Région Île-de-France

Zoom sur…

▶ La Région Île-de-France

Population	12,2 millions d'hab. (2019)
PIB	709 milliards d'euros (1er rang européen)
Superficie	12 012 km² (13e rang des 18 régions françaises)

Les Jeux olympiques de 2024 peuvent-ils renforcer le développement des territoires de la Région Île-de-France ?

A Paris 2024 et aménagement des territoires

Vidéo

1 Jeux olympiques et infrastructures

Carte interactive

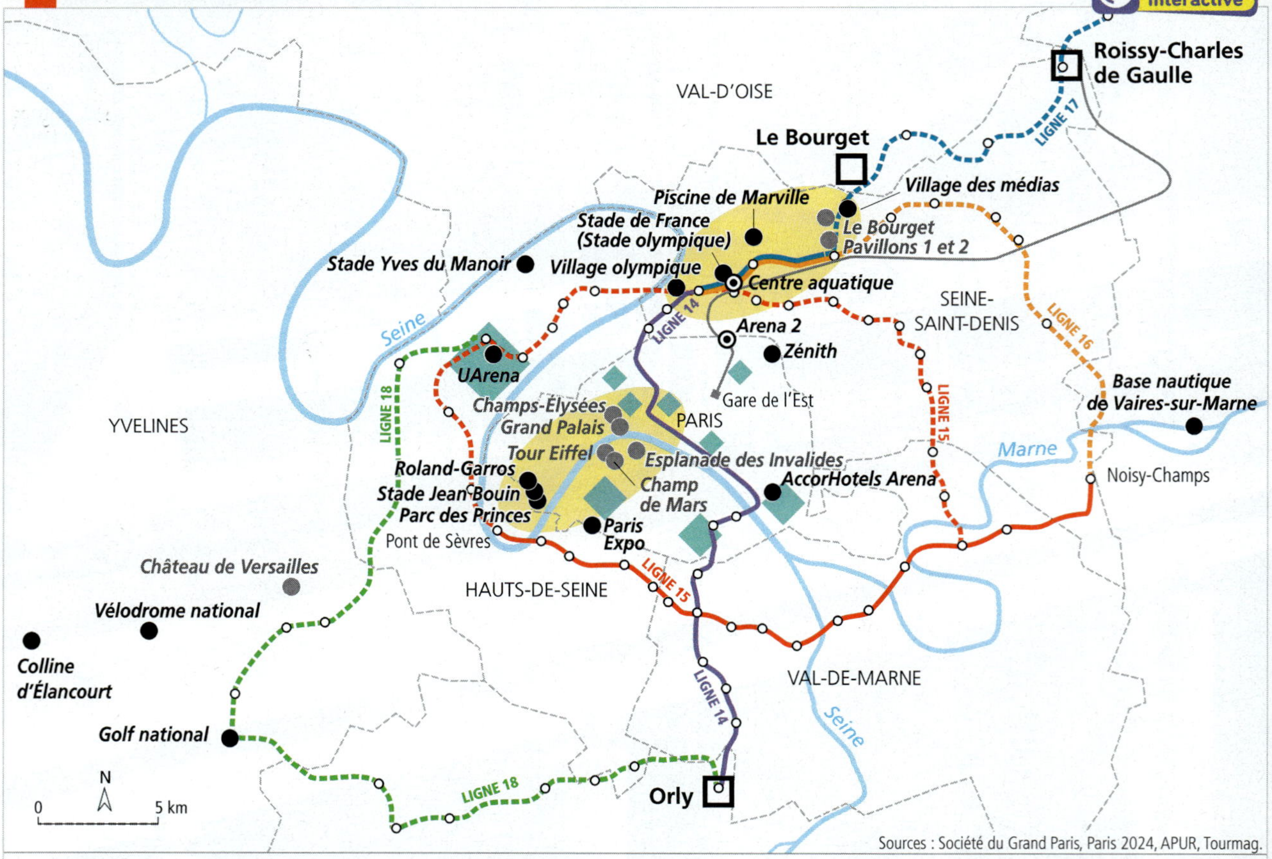

Sources : Société du Grand Paris, Paris 2024, APUR, Tourmag.

1. Les sites olympiques
- Pôles d'équipements sportifs
- Sites existants
- Sites construits pour les JO
- Sites temporaires

2. Les infrastructures de transport
- Aéroports
- Lignes du Grand Paris Express (GPE) : en service en 2024 ; en service après les JO
- Nouvelles stations de métro
- Projet de liaison rapide Paris-CDG Express (après 2025)

3. Les infrastructures hôtelières
- Entre 200 et 500 chambres prévues
- Entre 500 et 800 chambres prévues
- 2 500 chambres prévues

B Un rayonnement international renforcé

2 Des Jeux au service de l'attractivité de la Région Île-de-France

Parole d'acteur

L'attribution des Jeux olympiques et paralympiques à Paris en 2024 est une opportunité pour accroître l'attractivité de l'Île-de-France qui bénéficiera d'une exposition internationale importante et d'un impact économique conséquent. Certains secteurs sont particulièrement concernés comme la construction, le tourisme ou le sport. Il appartient à la région de maximiser les retombées économiques pour qu'elles bénéficient au plus grand nombre. […]

L'Île-de-France est une région mondiale, qui accueille 40 millions de touristes par an et où sont implantées de nombreuses multinationales. L'attractivité de son territoire passera également par un effort concernant la maîtrise par le plus grand nombre de langues étrangères, notamment l'anglais. […]

La Région Île-de-France, à travers le programme Smart Région Initiative, souhaite faire de la Région Île-de-France la première Smart Région[1] d'Europe. C'est pourquoi le fil directeur de la stratégie d'accompagnement des Jeux par la Région est l'innovation. L'ambition est de participer à l'organisation de Jeux novateurs, pour les visiteurs comme pour les athlètes […]. La Région soutient l'émergence d'un cluster sport en s'appuyant sur un réseau de recherche dense. La préparation des Jeux doit permettre de structurer et de développer la filière économique sportive. Il sera proposé de créer un Village […] dédié aux projets des entreprises franciliennes.

« Stratégie d'accompagnement de la Région Île-de-France à l'organisation des Jeux olympiques et paralympiques 2024 », Rapport pour le conseil régional d'Île-de-France, septembre 2018.

1. Région utilisant les technologies du numérique pour améliorer la qualité des services urbains ou encore réduire ses coûts.

3 Paris 2024, une promotion internationale

Une du *New York Times* du 4 avril 2017, au moment de la présentation de la candidature parisienne. Les organisateurs parisiens ont acheté ce cahier spécial de quatre pages au quotidien américain.

4 Paris, un territoire au cœur des Jeux

Journée olympique, juin 2019. De nombreuses épreuves se dérouleront au cœur de Paris sur des sites emblématiques de la capitale, comme ici, place de la Concorde.

5 Un événement mondial

C Les Jeux olympiques, une chance pour les territoires ?

6 **La Seine-Saint-Denis au cœur des Jeux (image de synthèse)**

Aménagements temporaires :
① Sites olympiques (badminton, tir, volley-ball)

Aménagements permanents :
② Centre des médias (parc des expositions du Bourget, déjà existant)
③ Village des médias, transformé en logements et bureaux après les JO
④ Rénovation d'équipements sportifs et scolaires à l'occasion des JO
⑤ Nouvelle passerelle sur l'autoroute A1

7 **Le projet olympique contesté**

Images marquantes d'infrastructures abandonnées devenues symboles de la crise économique grecque en 2004, expulsion et destruction des favelas des Jeux olympiques de Rio : les récentes expériences olympiques s'apparentent bien plus à de grands projets catastrophiques écologiquement et socialement qu'à des événements porteurs d'une vision économique, sociale et écologique nouvelle. En Seine-Saint-Denis, territoire des principaux nouveaux sites olympiques de 2024, des habitants sont entrés en résistance contre les discours officiels […]. Le Comité de vigilance Saint-Denis, ensemble de dix-neuf collectifs de luttes citoyennes (pour l'enfouissement de l'autoroute A1, pour la défense et l'extension du parc de la Courneuve, pour le droit au logement, etc.) esquisse un aperçu des nombreux enjeux territoriaux. […]

La constitution de plusieurs zones d'aménagements concertées (ZAC) est prévue. Elles accueilleront le village olympique – transformé par la suite en logements et bureaux – et un écoquartier fluvial, qui suscitent de nombreuses interrogations. Des descriptions estampillées « écologique et solidaire » […], des toitures végétales pour un nouvel écosystème de biodiversité, des îlots producteurs d'énergie renouvelable, etc. Mais la reconversion de ces zones fait craindre la constitution d'enclaves gentrifiées en Seine-Saint-Denis. […] La part réduite de logements sociaux – entre 25 % à Saint-Ouen, et 40 % à Saint-Denis – met en doute les ambitions affichées.

Cyril Lecerf Maulpoix, « Qui va toucher l'héritage des JO 2024 » [en ligne], www.regards.fr, 6 mai 2019.

Questions

Itinéraire 1

Répondre aux questions

1. **Montrez** le lien entre construction des sites olympiques et aménagement des territoires. **doc. 1**
2. **Montrez** que les Jeux olympiques et paralympiques peuvent renforcer l'attractivité de l'Île-de-France. **doc. 1 à 5**
3. **Déterminez** les atouts et les limites de l'organisation des Jeux olympiques et paralympiques en Seine-Saint-Denis. **doc. 6 et 7**

Synthétiser

4. **Expliquez** les enjeux de l'organisation des Jeux olympiques et paralympiques pour l'Île-de-France et ses habitants. **doc. 1 à 7**

ou

Itinéraire 2

Participer à un débat ORAL

- L'organisation des Jeux olympiques à Paris en 2024 est-elle une chance pour les territoires d'Île-de-France ?
- Utilisez le corpus documentaire et menez des recherches personnelles afin de construire votre argumentation.

Croquis de l'étude de cas

Objectif BAC

Consigne : En vous aidant du texte ci-dessous, et en vous appuyant sur vos connaissances, complétez la légende et le croquis de synthèse.

Aide pour répondre à la consigne :
- Relevez les informations dans les trois paragraphes.
- Identifiez les figurés pouvant être utilisés pour cartographier ces informations.
- Rédigez la légende et réalisez le croquis.

Les Jeux olympiques de 2024 et l'intégration mondiale de la Région Île-de-France

L'Île-de-France accueillera l'essentiel des compétitions olympiques de 2024. L'organisation est caractérisée par une concentration des sites dans deux pôles sportifs. Le premier, en Seine-Saint-Denis, se structure autour de trois sites majeurs : le village olympique, le village des médias et le Stade de France dans lequel se tiendront les cérémonies d'ouverture et de fermeture. Le second s'anime autour de la Seine faisant la part belle à des infrastructures déjà existantes (AccordHotelsArena, Roland-Garros, parc des Princes) ou temporaires, en des lieux emblématiques de la capitale (Champ-de-Mars, tour Eiffel, Champs-Élysées, Invalides, Grand Palais). D'autres sites sont prévus (Zénith, château de Versailles, Saint-Quentin-en-Yvelines...).

L'organisation des JO pourra s'appuyer sur une excellente connexion internationale. Un réseau de transports dense assurera les mobilités de 15 000 athlètes, 20 000 journalistes et des spectateurs. Les axes routiers et autoroutiers (le boulevard périphérique, la rocade « Francilienne », l'A1, l'A4, l'A6...) polarisent et redistribuent les flux entre Paris et les territoires français et européens. Le réseau ferroviaire est équipé de hubs multimodaux parmi lesquels les gares du Nord et de l'Est, connectées à Londres, Bruxelles, Amsterdam et Francfort. Enfin, le hub de Roissy Charles-de-Gaulle (10e rang mondial), secondé par l'aéroport d'Orly, draine plus de 70 millions de passagers annuels.

L'Île-de-France concilie Jeux olympiques et développement des territoires. Les nouvelles lignes de métro 14, 15 et 16 du Grand Paris Express devraient ouvrir en 2024. Une nouvelle gare multimodale verra le jour à Saint-Denis-Pleyel. En revanche, la future ligne de train du Charles-de-Gaulle Express ne sera finalement pas en service pour les JO 2024. En Seine-Saint-Denis, deux nouveaux quartiers devraient bénéficier d'une reconversion des sites du village olympique et du village des médias en bureaux, en équipements scolaires et en logements en dépit des risques de gentrification.

Fond de carte

THÈME 4
CHAPITRE 7
RÉVISER

Exemple : le projet EuroRennes, une ambition européenne

Objectif

1. Préparez une sortie sur le terrain.

2. Votre travail consiste à étudier un projet récent ou en cours de réalisation au sein de votre région. Ce projet d'aménagement doit avoir pour vocation de renforcer l'attractivité et le rayonnement du territoire concerné afin de favoriser son intégration dans l'Union européenne et dans la mondialisation.

3. Réalisez un diaporama pour présenter votre travail.

Aide pour répondre à la consigne :
- Notion « Aménagement des territoires » : voir p. 267

Étudier un aménagement de proximité

ÉTAPE 1 Préparer le sujet et se documenter

A Choisir le territoire de proximité et l'aménagement

PRINCIPAUX TYPES D'AMÉNAGEMENTS

Territoires de vie
- Quartier d'habitation
- Gare
- Centre culturel ou sportif
- Zone commerciale
- Équipement de transport

Exemple : *EuroRennes*

Territoires de production
- Quartier d'affaires
- Pôle de haute technologie
- Région agricole
- Région industrielle
- Station touristique

Exemple : *La Défense*

Territoires de protection de la nature
- Parc naturel régional
- Parc national
- Forêt
- Littoral

Exemple : *parc du Mercantour*

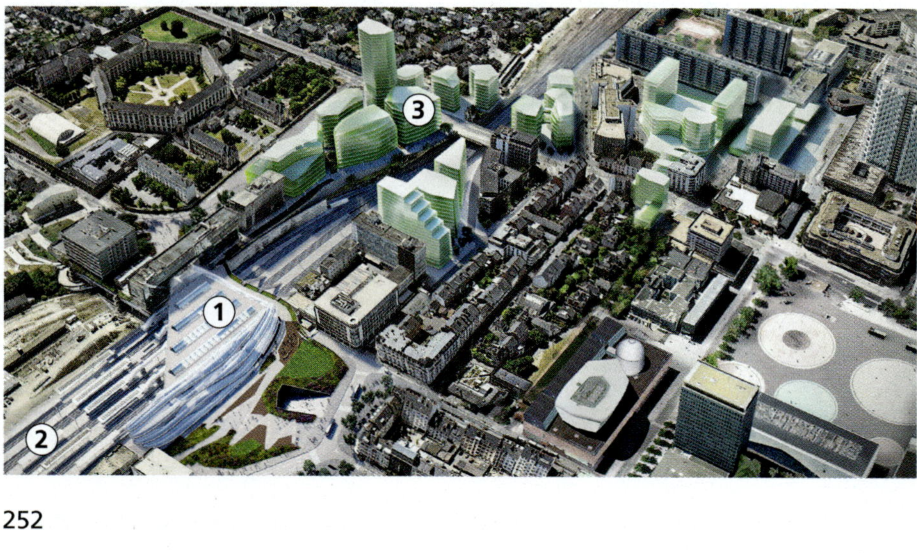

Le projet EuroRennes
Image de synthèse, juin 2019.
① Pôle d'échanges multimodal (gare SNCF, station de métro, gare routière, lignes de bus)
② Voies ferrées (reliées à la LGV Rennes-Paris)
③ Nouveaux immeubles (bureaux, logements, commerces)

B Élaborer une problématique

- Une enquête sur le terrain est toujours construite à partir d'une problématique. Une problématique est la formulation d'un questionnement pertinent autour du sujet que l'on veut traiter. Elle sert de fil conducteur au travail qui sera construit comme une réponse à cette interrogation préalable.

Problématique possible pour le cas d'EuroRennes :

Comment le projet d'aménagement d'EuroRennes affirme-t-il les ambitions européennes de Rennes ?

C Se documenter

- Après avoir défini le sujet et la problématique, il est nécessaire de préparer le travail de terrain en se documentant (par exemple, au CDI de votre lycée).

Sites Internet

- Sites des collectivités territoriales
- Sites des agences d'urbanisme
- SIG (Systèmes d'information géographique) : Géoportail, Google Earth
- Site de l'Insee

Livres - Publications

- Publications des collectivités territoriales
- Ouvrages de géographie
- Manuels scolaires
- Atlas
- Dictionnaires et encyclopédies

Films - Vidéos

- Vidéos produites par les collectivités territoriales
- Émission de télévision de la chaîne régionale
- Podcasts radio
- Films documentaires
- Archives de l'INA

Un article de presse sur le projet

Le quartier de la gare de Rennes est en train de connaître une complète métamorphose. La ligne à grande vitesse qui relie désormais Paris à la porte de la Bretagne en moins d'une heure et demie, la mise en service en 2020 de la nouvelle ligne B du métro et le développement du trafic TER devraient entraîner d'ici à 2025 un doublement du nombre de voyageurs. Le projet d'aménagement EuroRennes vise ainsi à répondre à la nécessité de renforcer les capacités d'accueil et la fluidité du hub rennais, devenu pôle d'échange multimodal (PEM), et s'inscrit dans une politique de développement des mobilités douces. Mais il a aussi pour dessein d'étendre le centre-ville vers le sud, et surtout de « recoudre » la ville, coupée en deux par les voies ferrées, « pour doter Rennes d'un centre-ville élargi, digne d'une vraie métropole, explique Emmanuel Couet, président de Rennes Métropole. La gare et son quartier, pôle d'entrée en Bretagne, doivent servir l'attractivité de la capitale bretonne et devenir un marqueur de la 10e métropole française ». [...]

Rennes veut faire de ce nouveau quartier un pôle économique d'envergure nationale en accueillant notamment des sièges sociaux d'entreprises.

Laetitia Van Eeckhout, « Autour de sa nouvelle gare, Rennes se dote d'un nouveau centre-ville élargi et végétalisé », *Le Monde* [en ligne], 27 mars 2019.

Vidéo

Une vidéo sur le projet

« La gare de Rennes fait son show », film de Rennes Métropole, 5 juillet 2019.

ÉTAPE 2 Mener l'enquête sur le terrain

L'enquête sur le terrain permet de collecter des données afin d'enrichir la recherche documentaire. C'est le temps de l'observation, de la rencontre avec les acteurs du projet (prise de rendez-vous, préparation d'un questionnaire), de la réalisation de croquis et de photos sur place.

D Localiser et caractériser l'aménagement

- **Localisez** l'aménagement dans la ville, la commune, le département et la région.
- **Indiquez** le territoire de proximité concerné par l'aménagement :
  – communauté de communes,
  – communauté d'agglomération,
  – communauté urbaine ou métropole.
- **Précisez** la nature de l'aménagement : transports, urbanisme, environnement, tourisme, santé, culture, sports, etc.
- **Déterminez** le type d'infrastructures ou de bâtiments.
- **Relevez** les caractéristiques principales de l'aménagement : date de décision, de réalisation, commanditaires, superficie, composantes, objectifs, etc.
- **Prenez** des photographies ou réalisez de courtes vidéos. Réalisez des schémas.

Parvis de la nouvelle gare de Rennes
Photographie prise en juillet 2019.

Vue du nouveau quartier d'affaires avec des immeubles en construction
Photographie prise en juillet 2019.

La réhabilitation d'un quartier à proximité
L'avenue Janvier, à proximité de la gare, et ses futurs aménagements dans le cadre du projet EuroRennes (image de synthèse).

E Identifier les acteurs du projet et collecter leurs propos

- **Identifiez** les différents types d'acteurs du territoire de proximité selon les catégories auxquelles ils appartiennent.

Acteurs publics

- Représentants des collectivités territoriales (commune, département, région)
- Représentants d'un EPCI (communauté de communes, communauté d'agglomération, communauté urbaine, Métropole)
- Maire
- Adjoint municipal
- Responsable de l'urbanisme
- Représentant d'une agence d'urbanisme

Acteurs privés

- Architectes
- Urbanistes
- Entreprises en bâtiment

Citoyens

- Habitants du quartier
- Acteurs économiques (commerçants)
- Association (protection de l'environnement)
- Comité de vigilance
- Comité de soutien

- **Réalisez** une interview d'un élu politique local. Exemples de questions
- **Enquêtez** auprès des habitants du quartier (leurs attentes, leurs critiques, leur implication dans le projet) et auprès des usagers.
- **Recherchez** des acteurs qui nuancent l'efficacité économique de ce projet ou qui le critiquent pour ses conséquences paysagères et/ou sociales.

Des acteurs à différentes échelles

Inauguration de la gare de Rennes, 3 juillet 2019.

Conseil

▶ Identifiez les logos situés sur les documents promotionnels en indiquant l'échelle à laquelle évolue chacun des acteurs.

▶ Consultez leur site internet pour comprendre le rôle de chacun.

Un projet controversé Paroles d'acteurs

« Les métropoles sont le visage d'une France inventive et créative, et Rennes se veut à la pointe de ce mouvement », affirmait Emmanuel Couet, président de Rennes Métropole. Grâce aux investissements et aux filières économiques historiques de la ville (numérique, agroalimentaire, santé), les élus espèrent un « effet d'entraînement » dans toute la Bretagne.

Pour le géographe Guy Baudelle, professeur à l'université Rennes 2, il faut pourtant se garder de surestimer « l'effet LGV ». « L'arrivée de la LGV ne garantit pas seule de nouvelles implantations d'entreprises », analyse-t-il, notant que la hiérarchie des villes, en termes d'attractivité, « ne bouge que très lentement ». […]

Dans sa course au développement, Rennes essuie des critiques, notamment sur le sort réservé à son patrimoine. « Le petit patrimoine privé, comme les maisons du XIXe et XXe siècle, risque de disparaître », alerte Michel Coignard, président de l'association. […]

Le collectif « Place à défendre » dénonce une « gentrification » rampante du centre-ville. « Les logements sociaux sont assez importants mais surtout situés en périphérie », relève Laurent Gouet, membre du collectif. « Il y a une volonté de transformer l'hyper-centre en centre commercial réservé aux plus aisés. »

AFP, « Avec l'arrivée de la LGV, Rennes voit l'avenir en grand », 4 février 2017.

Le projet EuroRennes, une ambition européenne

ÉTAPE 3 Faire la synthèse de l'enquête

F Rédiger le compte-rendu

- **Finalisez** votre travail par la rédaction d'un compte-rendu et la réalisation d'un diaporama dans lesquels vous montrerez les enjeux, les acteurs et les effets produits ou attendus sur le(s) territoire(s).

- Vous pouvez suivre la démarche suivante.

1. Présentez les enjeux du projet.
- Quels sont le(s) territoire(s) concernés ?
- Quels sont les objectifs ?

2. Synthétisez le rôle des acteurs du projet.
- Distinguez les acteurs publics des acteurs privés. Indiquez leur rôle et leur position respective.
- Montrez que les acteurs interviennent à différentes échelles du local au national.
- Présentez les débats entre les divers acteurs, les limites du projet...

3. Montrez les effets de cet aménagement sur la région.
- Répondez à votre problématique.

4. Accompagnez ce compte-rendu d'un diaporama comprenant :
- des photographies,
- des vidéos,
- des extraits d'interviews et/ou de micro-trottoirs,
- un schéma de l'aménagement (exemple ci-contre).

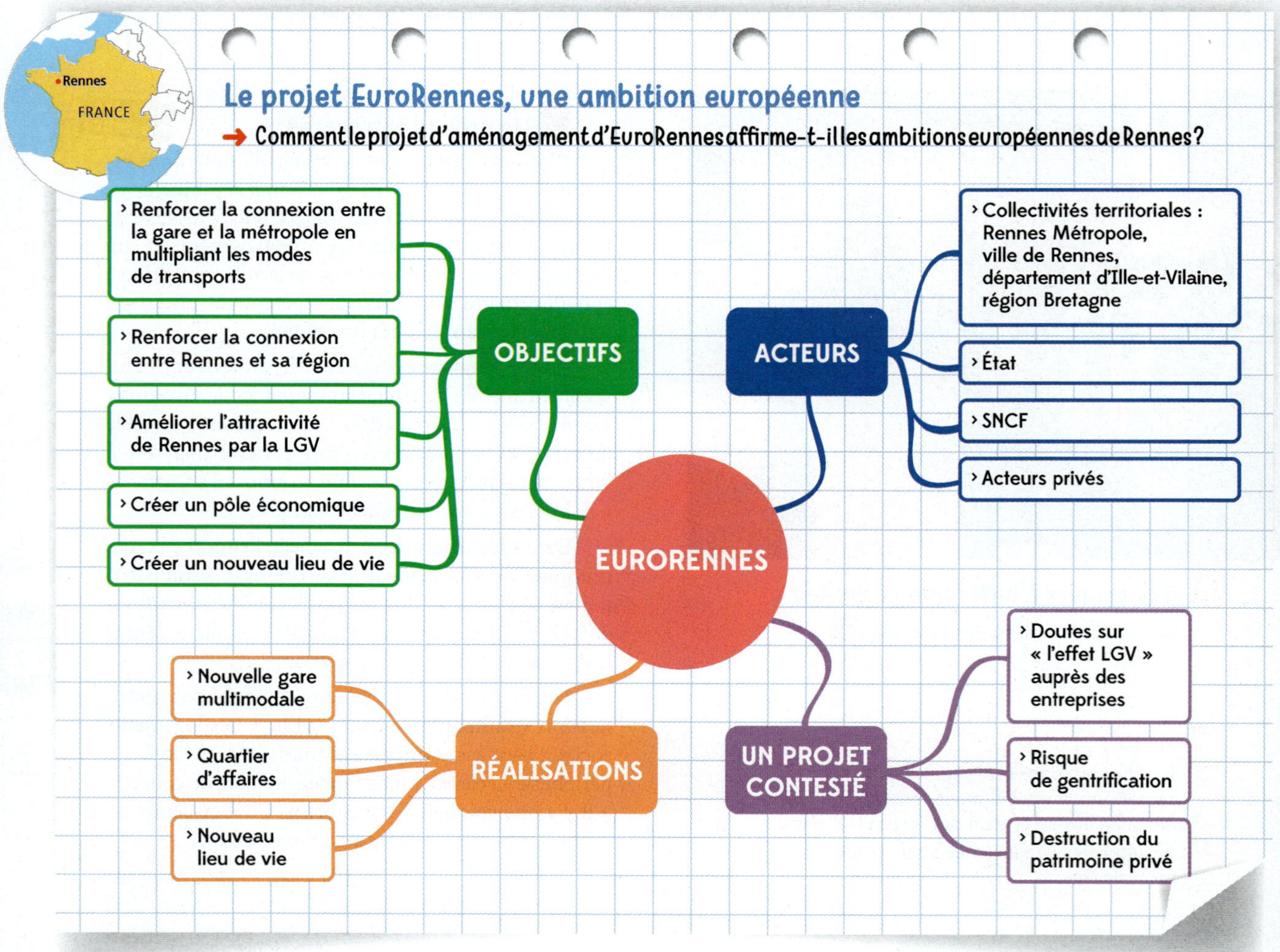

G Cartographier le projet

- **Produisez** un croquis du projet étudié à partir des données relevées sur le terrain.

Pour la légende :
- Repérez dans votre compte-rendu (voir étape 3-F) et dans vos schémas réalisés sur le terrain (voir étape 2-D) les éléments nécessaires à la cartographie du projet.
- Hiérarchisez les objectifs du projet : multimodalité, multifonctionnalité.

Pour le croquis :
- Ajustez l'échelle de votre croquis (2 cm = 100 m) et son orientation.
- Tracez le périmètre du projet.
- Placez au centre de votre croquis les principaux éléments.
  Par exemple, pour EuroRennes : la gare, puis les axes de transport.
- Montrez la multimodalité et la multifonctionnalité du quartier (pôle d'échanges multimodal, quartier d'affaires, lieu de vie).

EuroRennes, un projet multifonctionnel

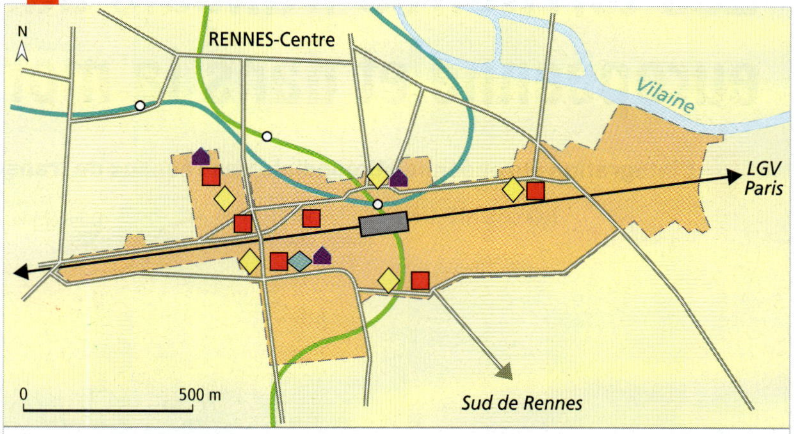

1. Un pôle d'échanges multimodal
- Gare multimodale
- Voie ferrée
- Stations de métro
- Lignes de métro
- Principaux axes routiers

2. Un quartier d'affaires et un lieu de vie
- Périmètre de la zone aménagée
- Bureaux
- Hôtels
- Restaurants, commerces
- Cinéma

Rennes, une ambition européenne

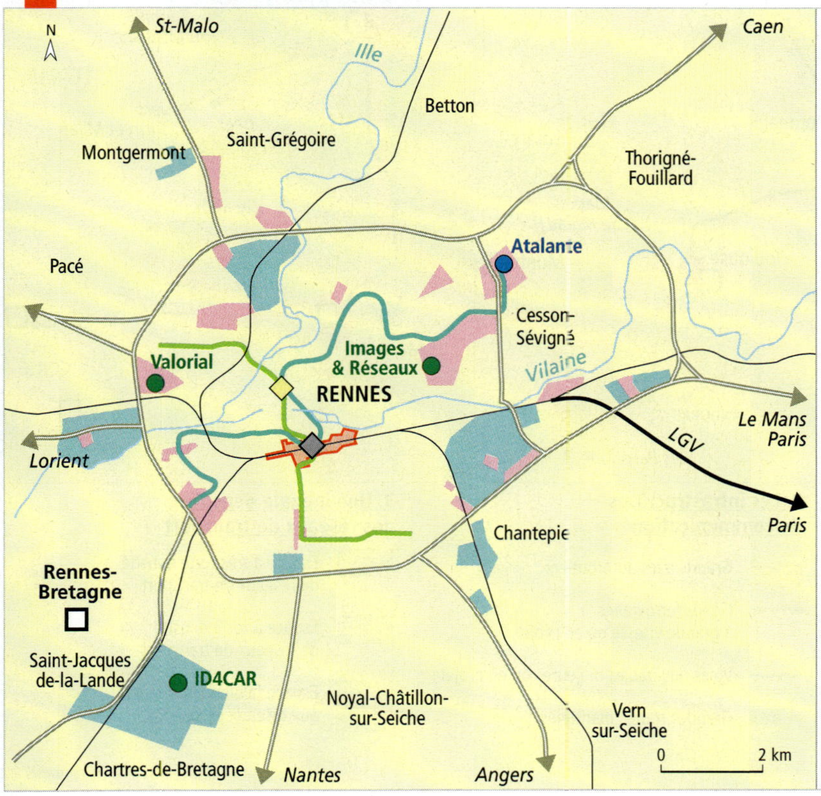

1. Une position d'interface entre la Bretagne et l'Europe
- Axes routiers majeurs
- Axes ferroviaires
- Gare, pôle d'échanges multimodal
- Lignes de métro
- Aéroport

2. Des zones de développement économique
- Rennes métropole
- Zones industrielles et commerciales
- Zones d'activités tertiaires et technologiques
- Projet public EuroRennes

3. Des pôles d'excellence
- Pôles de compétitivité
- Technopole
- Couvent des Jacobins, centre des Congrès

Les territoires français dans l'Union européenne et dans la mondialisation

1 L'intégration européenne et mondiale des réseaux de transport français

2 Des territoires inégalement intégrés à l'Europe et dans le monde

Carte interactive

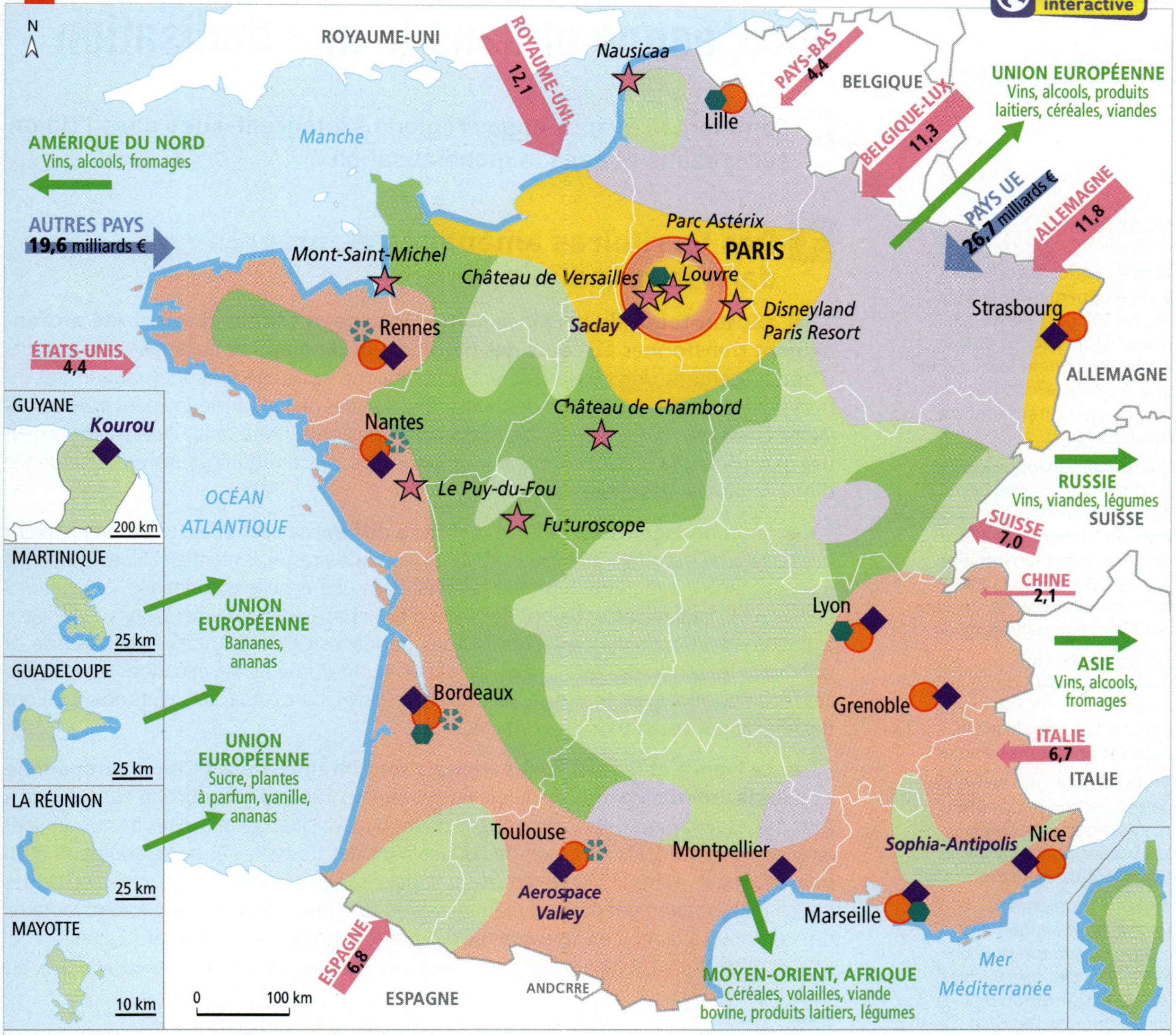

1. Des systèmes productifs inégalement intégrés

- Métropoles innovantes et intégrées dans la mondialisation
- Espaces dynamiques fortement intégrés
- Espaces dynamisés par le tourisme et les hautes technologies
- Anciennes régions industrielles en reconversion
- Espaces agricoles productifs et exportateurs
- Espaces ruraux peu intégrés

2. Des facteurs d'attractivité

- Quartiers d'affaires / en chantier
- Pôles de haute technologie
- Littoraux touristiques
- Sites et lieux touristiques majeurs

3. Des flux favorisant l'intégration

- 26,7 Investissements directs étrangers (en milliards d'euros)
- 6,7 Flux de touristes étrangers (en millions)
- Exportations agricoles

Sources diverses, 2020.

Questions

1 **Identifiez** les territoires français les mieux intégrés à l'Union européenne et au monde. **doc. 1 et 2**

2 **Montrez** le lien entre l'intégration des territoires et la localisation des activités productives. **doc. 1et 2**

3 **Justifiez** que les territoires les plus excentrés sont les moins bien intégrés à l'Europe. **doc. 1 et 2**

4 **Montrez** le lien existant entre l'intégration européenne et mondiale de la région de votre lycée et sa connexion aux réseaux de transport. **doc. 1 et 2**

Cours

Podcast Cours à écouter

Les territoires français dans l'Union européenne et dans la mondialisation

Comment la France et ses régions s'intègrent-elles dans l'Union européenne et dans la mondialisation ?

1 Des territoires aménagés et intégrés dans la mondialisation

● **Les territoires de la France métropolitaine et ultramarine ont été profondément transformés au cours des dernières décennies.** Les politiques et dispositifs d'aménagement des territoires ont accompagné et facilité la modernisation des infrastructures (ponts, ports…), la désindustrialisation des régions anciennement productives (Nord et Est), la mutation productiviste des campagnes (Bretagne), l'étalement urbain des métropoles, la révolution des transports et des télécommunications et l'émergence d'une économie des loisirs.

● **Les aménagements ont été réalisés à différentes échelles.** Le développement des réseaux de transport (autoroutes et lignes à grande vitesse), les tunnels (Alpes, Manche), ont contribué à intégrer le territoire national dans une échelle européenne. Les stations balnéaires littorales ou les stations de sports d'hiver dans les montagnes (Alpes, Pyrénées), ainsi que le développement des infrastructures portuaires (Le Havre, Dunkerque, Marseille…) ont inscrit les territoires dans la mondialisation du tourisme et des échanges marchands. Les recompositions des territoires de proximité (gares, parcs, quartiers piétonniers…) ont dessiné de nouveaux paysages urbains.

● **La France et les territoires français sont intégrés dans l'Union européenne et dans la mondialisation.** Depuis la fin des années 1950, la construction européenne a rattaché les territoires de la France à ceux de ses pays voisins. Les territoires frontaliers sont ainsi devenus attractifs en raison de l'effacement des frontières et de l'élaboration d'un marché unique. Dans le même temps, la mondialisation et l'intensification des échanges marchands, notamment par voie maritime, avec les autres pôles économiques mondiaux, ont contribué à la mise en concurrence des métropoles et des espaces productifs.

ÉTUDIER UN AMÉNAGEMENT DE PROXIMITÉ Le projet EuroRennes, une ambition européenne → p. 252

2 Des acteurs multiples de l'intégration et de l'aménagement

● **L'État et l'Union européenne sont des acteurs déterminants.** L'État, longtemps acteur unique de l'aménagement, élabore les lois (lois Littoral et Montagne, loi MAPTAM…) et dirige des organismes (Conservatoire du littoral) qui définissent l'ensemble des règles permettant d'engager toute action sur les territoires. Il doit aujourd'hui composer avec la politique de cohésion des territoires menée par l'Union européenne dont l'objectif est de réduire les inégalités entre les territoires à l'échelle du continent.

● **Les collectivités territoriales sont également des acteurs importants.** Depuis le début des années 1980, les lois de décentralisation ont transféré de nombreuses compétences aux communes, départements, régions. Elles ont également permis des coopérations intercommunales dans des domaines divers : ramassage scolaire, réseaux de transport en commun, délimitation d'espaces de protection de la nature (parcs naturels). Ce sont des acteurs majeurs pour la recomposition des territoires de proximité.

● **Les acteurs économiques privés sont de plus en plus influents.** Avec la mondialisation des échanges et des investissements, de nombreuses entreprises étrangères participent à la transformation des territoires (Toyota près de Valenciennes). Les individus organisés en associations défendent ou s'opposent parfois aux projets locaux (rocade autoroutière, parc d'attractions, aéroport…). La participation des citoyens est définie par la loi dans tout projet au nom de la démocratie participative.

Vocabulaire

- **FEDER :** Fonds européen de développement régional. Créé en 1975, il finance des infrastructures et des projets de développement locaux dans l'Union européenne grâce aux contributions financières des différents États.
- **Lois de décentralisation :** ensemble des lois qui, depuis 1982, ont transféré une partie des pouvoirs de l'État aux collectivités territoriales. Lorsque ces pouvoirs sont transférés aux régions, on parle aussi de « régionalisation ».
- **Loi MAPTAM :** loi du 27 janvier 2014 de modernisation de l'action publique territoriale et de l'affirmation des métropoles.
- **Productiviste :** qui recherche une production maximale et des rendements élevés par l'utilisation de machines et de produits industriels.
- **SRADDET (schéma régional d'aménagement, de développement durable et d'égalité des territoires) :** outil de planification de l'aménagement régional. Il est élaboré pour une période de cinq ans.

Les 5 régions les plus peuplées (2019)
En millions d'habitants

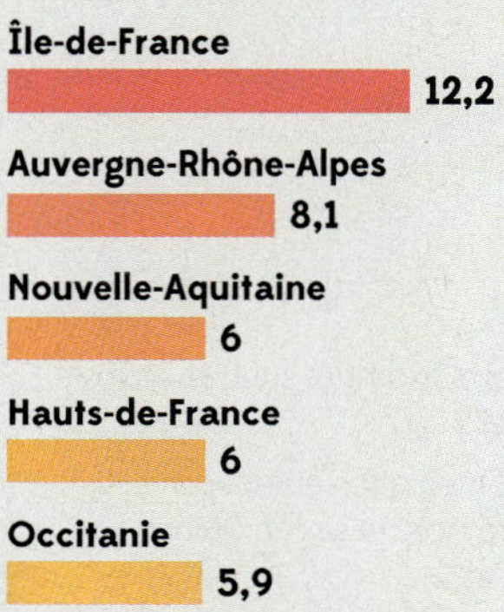

Source : Insee, 2019.

3 Les régions françaises : des acteurs majeurs en Europe et dans la mondialisation

● **Les régions françaises sont des acteurs économiques et territoriaux majeurs.** Depuis la réforme territoriale de 2015, la France compte 13 **régions** métropolitaines et 5 en outre-mer. Certaines d'entre elles (Nouvelle-Aquitaine, Occitanie, Hauts-de-France…) sont désormais plus grandes, plus peuplées et plus puissantes sur le plan économique. Elles ambitionnent de rivaliser avec les grandes régions allemandes ou britanniques et d'être des acteurs spatiaux compétitifs dans la mondialisation.

● **L'aménagement des territoires est au cœur du développement régional.** Les régions participent activement à l'action économique territoriale (formation professionnelle) et à l'organisation d'événements au rayonnement international (festivals de cinéma, compétitions sportives comme les JO 2024) qui contribuent à leur attractivité. Elles interagissent avec les autres collectivités territoriales et collaborent avec l'État sur le financement de projets importants (soutien à des filières innovantes…). Elles élaborent des schémas régionaux d'aménagement, de développement durable et d'égalité des territoires (**SRADDET**).

● **Les régions françaises s'intègrent dans l'espace communautaire européen.** Les régions bénéficient également des aides de l'Union européenne, à travers le **FEDER** (Fonds européen de développement régional) et le FSE (Fonds social européen, en charge de l'inclusion sociale). Les Eurorégions (Alpes-Méditerranée, Nouvelle-Aquitaine-Euskadi-Navarre) permettent des stratégies de développement transfrontalières.

ÉTUDE DE CAS Les JO de 2024 et l'intégration mondiale de la Région Île-de-France → p. 248

Les dépenses des régions (2018), en %

Source : www.collectivites-locales.gouv.fr, 2019.

Notions

- Aménagement des territoires p. 267
- Collectivité territoriale p. 268
- Région p. 269

Du cours au schéma

EXO Exercice interactif

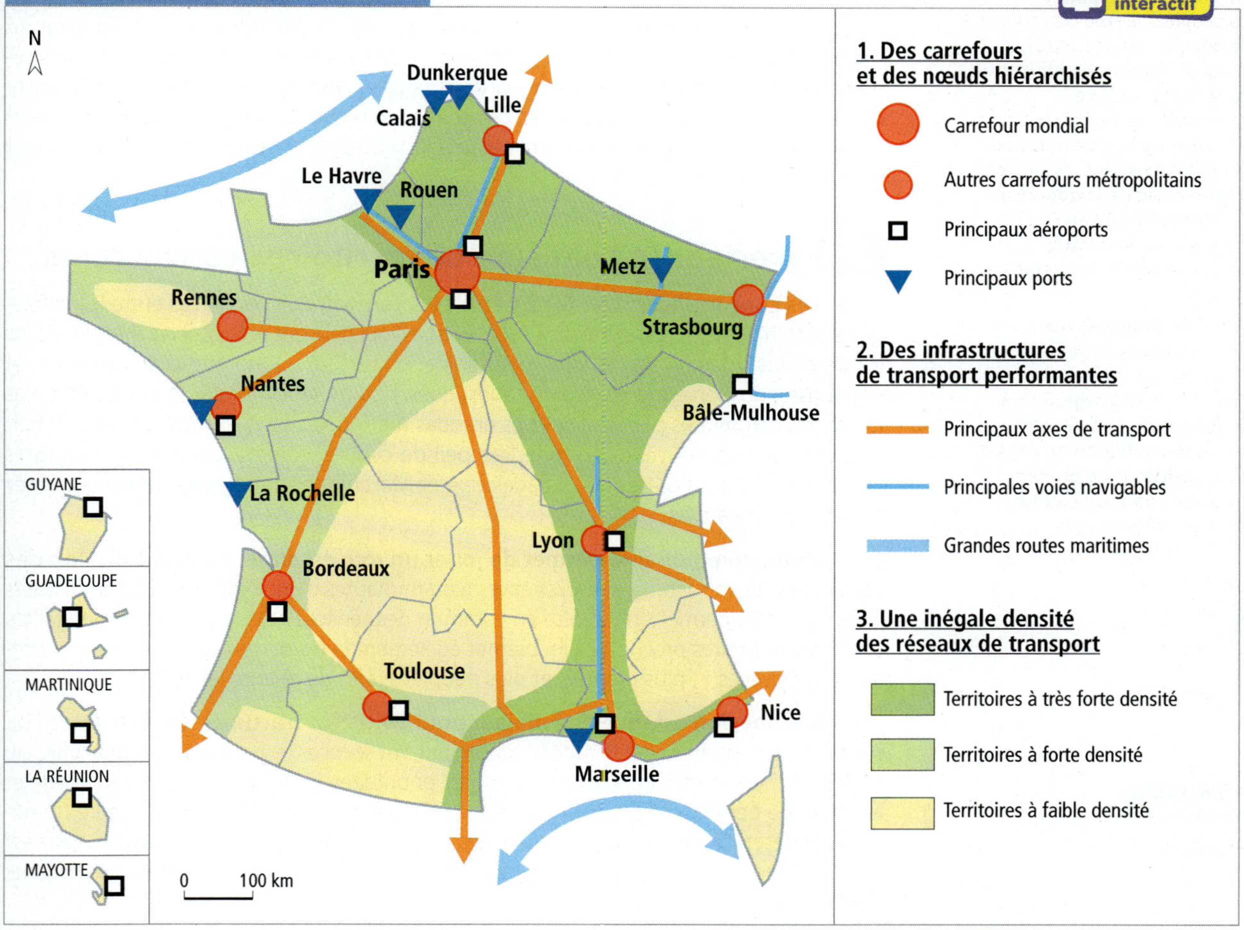

Cours

Podcast Cours à écouter

Des recompositions territoriales à toutes les échelles

Quels sont les enjeux de l'intégration des territoires français dans la mondialisation ?

1 Assurer l'attractivité des territoires

● **Plusieurs types de territoires sont très intégrés dans la mondialisation.** Les 22 métropoles sont les principaux moteurs de la croissance économique, de l'attractivité et de la compétitivité des territoires. Elles ont pour ambition de valoriser les fonctions économiques métropolitaines (finance, commerce, hautes technologies…), d'attirer les investisseurs internationaux, de développer les capacités universitaires de recherche et d'innovation, et d'assurer la promotion internationale de leur territoire. Les 56 pôles de compétitivité (Cosmetic Valley, Minalogic…) sont également des acteurs économiques d'ambition mondiale, tout comme les espaces touristiques.

● **Les facteurs de l'attractivité des territoires sont variés.** Certains territoires s'appuient sur le savoir-faire productif et sur l'innovation (Aerospace Valley dans le Sud-Ouest). Les espaces touristiques (littoral méditerranéen) bénéficient d'un patrimoine mondialement connu. Les métropoles régionales sont très accessibles, car bien reliées par des réseaux de transport rapide (aéroports, gares). Les aménagements (réhabilitation des quartiers urbains centraux à Marseille ou à Lyon) réalisés depuis plusieurs décennies renforcent leur attractivité en permettant la concentration des investissements, des entreprises et des services dans des quartiers d'affaires (la Part-Dieu à Lyon).

● **L'attractivité des territoires s'accompagne du développement durable.** La prise en considération des enjeux environnementaux constitue un enjeu majeur au service du développement local. Les actions de protection et de préservation (parcs régionaux), la multiplication des écoquartiers dans les métropoles doivent accompagner l'équilibre économique et social des territoires, au moyen des agendas 21. La protection des différents types de patrimoine et la labellisation contribuent également à leur valorisation touristique.

2 Favoriser la cohésion de territoires concurrents

● **Les concurrences sont fortes entre les territoires.** C'est le cas entre les métropoles régionales (Nantes, Bordeaux, Nice, Rennes) qui peuvent proposer les mêmes atouts (cadre de vie, marché de l'emploi, patrimoine, universités…) attirant investissements et entreprises, ou bien entre les régions touristiques, notamment littorales. À une échelle plus locale, les communes périurbaines des grandes métropoles sont souvent en compétition pour des projets nouveaux comme l'accueil de centres commerciaux, de plateformes logistiques… Dans l'outre-mer, Guadeloupe et Martinique sont également concurrentes dans le bassin caraïbe.

● **L'intercommunalité permet de jouer un rôle essentiel dans la cohésion des territoires.** Ces structures administratives (communautés d'agglomération, communautés de communes) permettent la mise en commun des services et la réduction des inégalités entre des territoires proches. La loi permet également la fusion des communes en « communes nouvelles », plus grandes et plus peuplées, afin de réduire les coûts.

● **La cohésion est un enjeu majeur pour éviter les fractures territoriales.** L'État soutient les territoires en difficultés économiques et sociales (espaces ruraux désertifiés ou en voie de désindustrialisation). Les quartiers prioritaires où se concentrent la pauvreté et le chômage bénéficient d'aides et de dispositifs d'exonération fiscale. La fracture numérique, le désenclavement sont au cœur des projets d'aménagement. Le risque majeur est celui d'un accroissement des inégalités entre territoires gagnants et territoires perdants dans la mondialisation.

Vocabulaire

- **Agenda 21 :** charte fixant un projet de territoire sur la base d'une gestion durable de ce dernier.
- **Compétitivité :** capacité d'une entreprise, d'un secteur économique ou d'un territoire à vendre ou à fournir durablement un ou plusieurs biens ou services sur un marché potentiel.
- **Développement durable :** mode de développement dont l'objectif est de concilier à la fois progrès économique, harmonie sociale et culturelle et préservation de l'environnement.
- **Métropole :** au sens large, grande agglomération urbaine qui concentre la population et les activités, dotée de fonctions de décision à différentes échelles. Au sens administratif du terme, structure intercommunale d'au moins 400 000 habitants ayant pour objet l'élaboration de projets communs de développement. On en compte 22 en France, dont 3 avec des statuts différents (Paris, Marseille et Lyon).
- **Pôle de compétitivité :** regroupement reconnu par l'État, sur un territoire donné, d'entreprises, d'organismes de formation et de centres de recherche publique ou privée, engagé autour de projets innovants dans un secteur d'activité donné.

Notions

- Attractivité p. 165
- Région p. 269

3 Des inégalités qui persistent

● **L'Île-de-France est une région très intégrée dans la mondialisation.** La Région concentre 31 % du PIB national et 4,5 % du PIB européen. Destination majeure du tourisme international, ville d'art et de culture, Paris est aussi une des capitales mondiales du luxe. Elle accueillera les Jeux olympiques de 2024 en s'appuyant sur son accessibilité à différentes échelles et ses réseaux de transport (Grand Paris Express).

● **Les pôles régionaux sont hiérarchisés.** Les régions et leurs principales métropoles ont des potentiels variés. Celles du Grand-Ouest (Bretagne, Pays de la Loire, Nouvelle-Aquitaine) peuvent s'appuyer sur des métropoles (Rennes, Nantes, Toulouse, Bordeaux) disposant de populations jeunes et dynamiques. Leurs pôles de compétitivité et d'innovation attirent des actifs hautement qualifiés et constituent l'archipel de la dynamique des territoires. D'autres métropoles sont aujourd'hui nettement plus en retrait (Poitiers, Limoges, Amiens...).

● **La France des marges reste sous-intégrée dans la mondialisation.** De nombreuses communes de banlieues des métropoles concentrent des taux de chômage élevés. Les régions rurales éloignées de l'influence des métropoles (Massif central) ont une démographie vieillissante et des activités productives insuffisantes. Elles sont confrontées à la désertification des services, tout comme de nombreuses villes, petites ou moyennes (Gap, Privas...). Les territoires ultramarins (Mayotte, La Réunion), malgré leurs paysages de carte postale, sont marqués par des déficits socio-économiques importants, et par l'éloignement des marchés européens.

ÉTUDE DE CAS Les JO de 2024 et l'intégration mondiale de la Région Île-de-France → p. 248

PIB et rang européen des 3 premières régions françaises (en 2017)

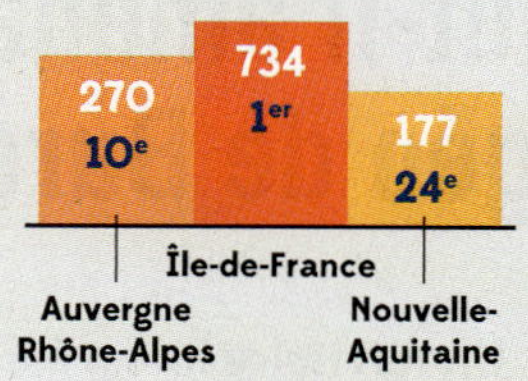

Source : Eurostat, 2019.

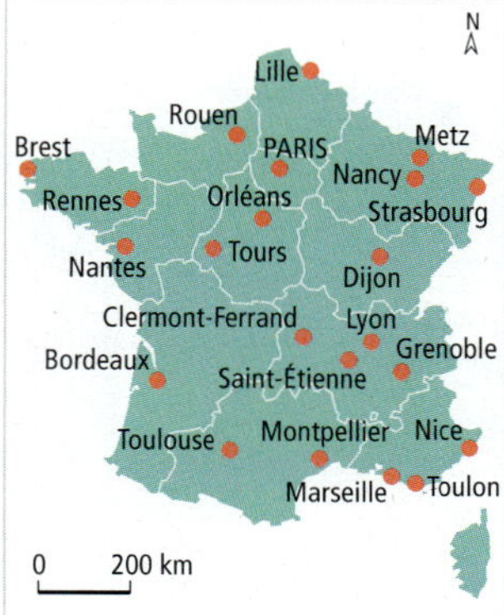

Du cours au schéma

Exercice interactif

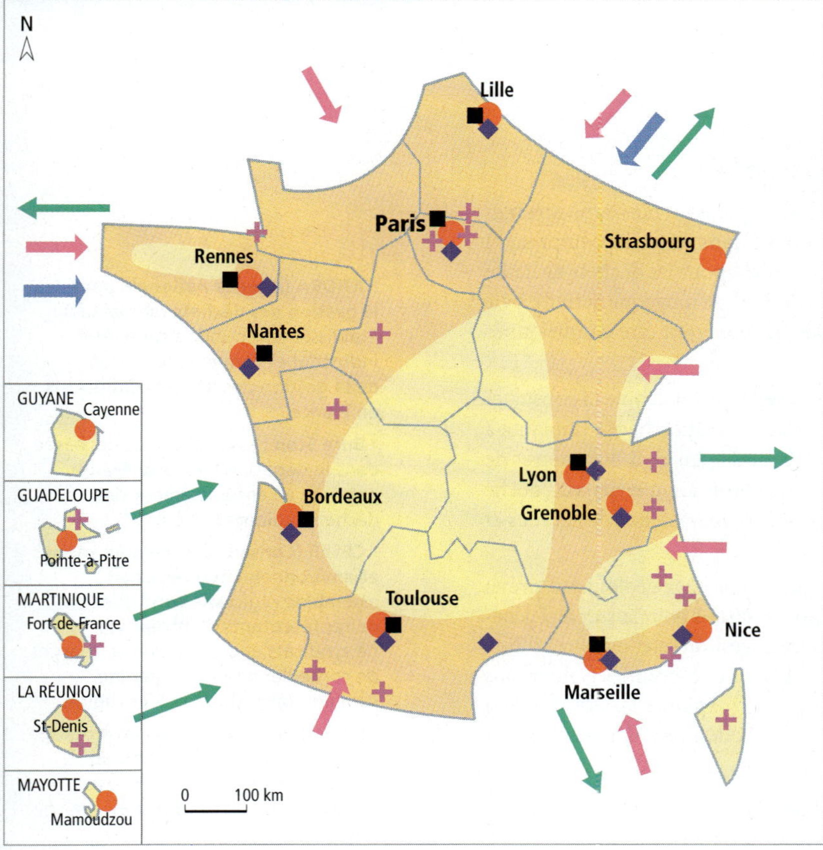

1. Des espaces inégalement intégrés
- Principales métropoles
- Régions attractives et dynamiques
- Espaces peu intégrés

2. Les facteurs de l'attractivité
- Quartiers d'affaires
- Pôles de hautes technologies
- Pôles touristiques

3. Des flux favorisant l'intégration
- Investissements étrangers
- Flux de touristes étrangers
- Exportations de marchandises et de services

THÈME 4 CHAPITRE 7 RÉVISER

ORAL

Faut-il aménager le centre de déchets radioactifs Cigéo de Bure (Meuse, Région Grand Est) ?

1 Un territoire intégré à la filière nucléaire

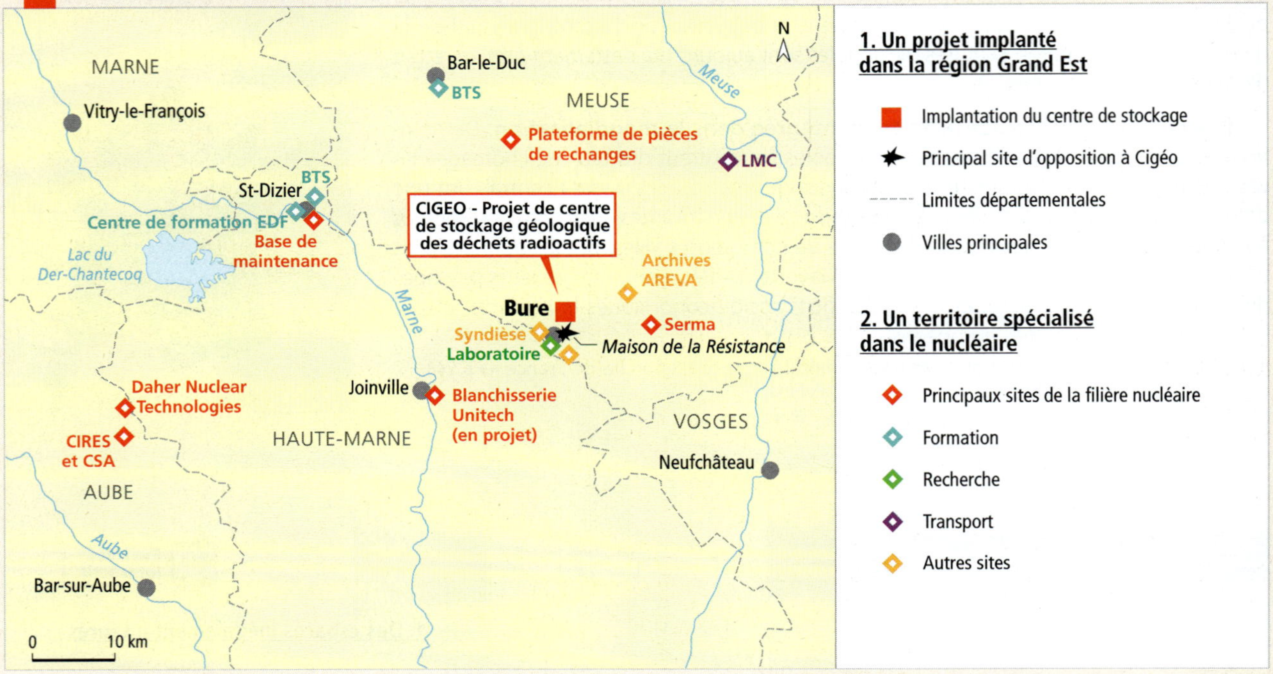

2 Gérer le stockage des déchets nucléaires

Colis de déchets. Les déchets radioactifs incorporés ou non dans une matrice (verre, béton, bitumes, …) sont conditionnés dans un colis, comprenant le déchet et une enveloppe. Cette dernière est en inox, pour les déchets de haute activité (HA) et en béton ou en métal pour les déchets de moyenne activité à vie longue (MA-VL). Avant leur stockage à Cigéo, ils pourront être conditionnés dans un conteneur de stockage.

Laboratoire souterrain de Bure. En 2000, l'ANDRA a débuté la construction d'un laboratoire souterrain à Bure. Cet outil de recherche est implanté à 490 mètres de profondeur et constitué d'un réseau de plus de 1 800 mètres de galeries. Il a permis d'étudier la faisabilité du stockage géologique dans la couche d'argilite de cette région. Aujourd'hui, il est utilisé pour mener des études et essais nécessaires au projet Cigéo.

Réversibilité. Le Parlement a demandé que ce stockage géologique, prévu pour être définitif, soit réversible pendant au moins 100 ans pour laisser aux générations futures la liberté de faire évoluer les choix de gestion retenus aujourd'hui. La loi de 2016 définit la réversibilité comme : « la capacité, pour les générations successives, soit de poursuivre la construction puis l'exploitation des tranches successives d'un stockage, soit de réévaluer les choix définis antérieurement et de faire évoluer les solutions de gestion ».

Site du centre d'informations et de ressources sur Cigéo, www.cigeo.gouv.fr [consulté en mars 2020].

Vocabulaire

- **ANDRA (Agence nationale pour la gestion des déchets radioactifs) :** établissement public à caractère industriel et commercial chargé de la gestion des déchets radioactifs en France.
- **Bure Stop :** association locale, basée dans le département de la Meuse, opposée à l'enfouissement des déchets radioactifs à Bure.
- **CESER (Conseil économique, social et environnemental régional) :** assemblée régionale constituée de représentants d'entreprises, de syndicats et d'associations, chargés de conseiller les élus régionaux sur l'administration de leur région.
- **Cigéo (Centre industriel de stockage géologique) :** projet de stockage profond de déchets hautement radioactifs issus des centrales nucléaires.

3 Des contestations multiples

Parole de géographe

La communauté scientifique est divisée. Les opposants à Cigéo pointent plusieurs faiblesses du dossier : le caractère friable de la roche, la présence d'eau dans l'argile locale, générant une production d'hydrogène et donc des risques d'incendie et de corrosion des conditionnements en acier, les erreurs structurelles de conception du projet, « inspiré d'un entrepôt de surface ». Ils s'appuient sur un rapport de l'Institut de radioprotection et de sûreté nucléaire (IRSN) et les remarques formulées par l'ASN (Agence de sûreté nucléaire) en 2017, sur le risque d'incendie des colis de déchets bitumineux et les difficultés pour l'ANDRA, dans le schéma actuel, de les maîtriser et de retirer des colis accidentés. [...] Les associations locales opposées au projet – Bure zone libre, Bure Stop, les collectifs meusiens et haut-marnais contre l'enfouissement des déchets radioactifs, l'EODRA (élus locaux) – ont obtenu, dès le début le soutien de grandes fédérations écologistes nationales, comme le Réseau Sortir du nucléaire, Les Amis de la Terre et France Nature Environnement.

Philippe Subra, *Géopolitique de l'aménagement du territoire*, Armand Colin, 2018.

4 Manifestation contre le projet Cigéo de Bure
Photographie prise à Nancy, le 28 septembre 2019.

5 Un territoire de la diagonale des faibles densités

Parole d'acteur

L'Insee a publié début 2019 un diagnostic de la zone de proximité de Cigéo [...] à cheval sur les départements de la Meuse et de la Haute-Marne. C'est un territoire rural éloigné des grandes villes où le déclin démographique est important avec une diminution de 23 000 habitants depuis 1962. [...] Globalement, le solde migratoire est largement déficitaire et les jeunes quittent le territoire accentuant le phénomène de vieillissement. [...] Il y avait 71 700 emplois en 1975, il en reste 60 000 en 2014. Les pertes d'emplois ont notamment concerné l'emploi industriel (– 17 700) et l'emploi agricole (– 4 100). Ce mouvement n'est pas compensé par le tertiaire qui progresse pourtant de 11 300 emplois. [...] C'est un territoire qui cumule les fragilités. En 2006, des chefs d'entreprise du territoire ont créé Energic 52/55, grappe d'entreprises fédérées autour du projet Cigéo. L'objectif est de [...] pouvoir répondre aux appels d'offres et marchés.

CESER Grand Est, « Les avis et rapport du CESER : la gestion et le stockage des déchets radioactifs », juin 2019.

ÉTAPE 1 Comprendre et préparer le débat

1. Qu'est-ce que le projet Cigéo ? **doc.1 et 2**
2. Pourquoi est-il implanté à Bure ? **doc. 2, 3 et 5**
3. Pourquoi ce projet inquiète-t-il ? **doc. 3 et 4**

ÉTAPE 2 Participer au débat

4. Avant le débat, prélevez les arguments des différents acteurs. Reportez-les dans le tableau.
5. Avant le débat, en prenant appui sur les documents et votre point de vue personnel, notez vos arguments dans un tableau.
6. Pendant le débat, notez les arguments des autres élèves.

Tableau

ÉTAPE 3 Conclure le débat

7. À la suite du débat en classe, exprimez votre point de vue personnel et argumenté sur l'implantation du centre de déchets Cigéo à Bure. Les arguments échangés vous ont-ils amené(e) à revoir votre position de départ ? Expliquez pourquoi.

SYNTHÈSE

→ THÈME 4
La France et ses régions dans l'Union européenne et dans la mondialisation

Podcast Synthèse à écouter

1 Des territoires aménagés

● **Les territoires français ont été aménagés et sont intégrés aux échelles européenne et mondiale.** Tous les territoires sont concernés, à toutes les échelles. Les quartiers d'affaires, les espaces agricoles, les anciens foyers industriels, les espaces frontaliers, les territoires ultramarins, les régions touristiques ont été recomposés à la faveur de la mondialisation et de l'intégration européenne.

● **L'aménagement et l'intégration des territoires français répondent à plusieurs enjeux.** L'attractivité et la compétitivité sont des défis majeurs dans la mondialisation. Les métropoles, les pôles de compétitivité, les espaces productifs, les régions touristiques sont des atouts pour la France et attirent les investissements étrangers. Le développement durable accompagne les projets d'aménagement. La cohésion est également un enjeu important face à la concurrence et au risque de fragmentation des territoires.

2 Les acteurs de l'aménagement

● **Les régions sont des acteurs majeurs de l'aménagement des territoires de proximité.** Les 18 régions françaises sont des collectivités territoriales qui disposent de compétences en matière d'aménagement (routes, LGV) et d'action économique (formation professionnelle). Elles bénéficient des aides européennes (FEDER, FSE) et interagissent avec les autres acteurs de l'aménagement (État, communes...).

● **D'autres acteurs participent à l'aménagement des territoires.** L'État a longtemps été l'acteur unique. Depuis les lois de décentralisation, les compétences sont partagées avec les collectivités territoriales (communes, départements, régions). L'Union européenne participe également à l'aménagement au titre de la cohésion des territoires et contribue à l'intégration des territoires à l'échelle du continent.

3 Des territoires inégalement intégrés

● **Certains territoires sont très intégrés aux échelles européenne et mondiale.** La Région parisienne, les métropoles régionales, les espaces agricoles productivistes, les pôles de compétitivité, les régions touristiques sont des territoires gagnants dans la mondialisation.

● **Les territoires en marge sont sous-intégrés.** Les villes petites et moyennes marquées par le déclin démographique, les régions rurales éloignées des métropoles, les territoires ultramarins sont souvent marqués par des difficultés économiques et sociales qui en font des périphéries dans la mondialisation.

Repères géographiques

- Les régions françaises 293
- Les territoires très intégrés dans la mondialisation 259
- Les territoires en marge de la mondialisation 259
- Les métropoles 263

Chiffres clés

Population Île-de-France : 12,2 millions d'habitants

Nombre de régions en France : 18 (dont 5 régions ultramarines)

Nombre de métropoles : 22

Nombre de pôles de compétitivité : 56

Pour aller plus loin

Film

- *Mine de rien*, de Mathias Mlekuz, 2020.

Bande dessinée

- *Villes et territoires de demain*, une BD téléchargeable sur le site du CGET.

NOTIONS

Aménagement des territoires

Vidéo
2 min pour comprendre l'aménagement des territoires

→ Un **territoire** est un espace occupé, approprié et aménagé par les sociétés humaines. Le territoire n'a pas de dimension particulière, il peut être local, régional, national, etc. Il peut être délimité ou faire partie d'autres territoires. Il peut être composé de portions d'espaces continus (exemple : le quartier d'une ville) ou discontinus (exemple : un État insulaire).

→ L'**aménagement d'un territoire** repose sur sa mise en valeur et sa transformation volontaire et programmée menée par des acteurs spatiaux publics (État, région, commune) ou privés (entreprises).

→ L'aménagement d'un territoire est le résultat d'actions multiples, de plus ou moins grande envergure, menées à différentes échelles (nationale, régionale, locale) qui contribuent à façonner son paysage (espaces verts dans une ville...) et à réduire les inégalités (implantation d'un musée dans un quartier défavorisé...).

ATOUTS ET CONTRAINTES
- Localisation
- Ressources
- Histoire
- Dynamiques
- Environnement

ACTIVITÉS
- Agriculture
- Industrie
- Commerce
- Services
- Transports

TERRITOIRE

ESPACE APPROPRIÉ PAR LES INDIVIDUS
- Résidence principale
- Lieu de travail
- Déplacements quotidiens
- Loisirs et services

AMÉNAGEMENT DES TERRITOIRES

DES ACTEURS
- État
- Union européenne
- Collectivités territoriales
- Entreprises
- Citoyens

DES TENSIONS ET DES LIMITES
- Conflits d'usage

DES OBJECTIFS
- Réduire les inégalités
- Encourager l'attractivité
- Favoriser le développement durable
- Moderniser les infrastructures
- Entretenir la compétitivité aux échelles européenne et mondiale
- Favoriser la cohésion et la mixité sociales
- Protéger face aux risques

DES TERRITOIRES
- Quartiers
- Ports, routes, gares...
- Espaces touristiques
- Pistes cyclables
- Zones commerciales
- Parcs naturels régionaux

DES MOYENS
- FEDER
- Lois
- Financement public et privé

NOTIONS

Collectivité territoriale

→ Structure administrative qui prend en charge les intérêts de la population dans un territoire précis (commune, département, région). Elle dispose de représentants élus (conseils) ayant un pouvoir de décision et a des compétences dans de nombreux domaines (transport, social, éducation…).

→ Il existe différents types de **collectivités territoriales** : les communes, les départements, les régions, les collectivités à statut particulier (Métropole de Lyon), les collectivités d'outre-mer (Polynésie française, Saint-Pierre-et-Miquelon).

Vidéo 2 min pour comprendre les collectivités territoriales

LES TYPES DE COLLECTIVITÉS TERRITORIALES

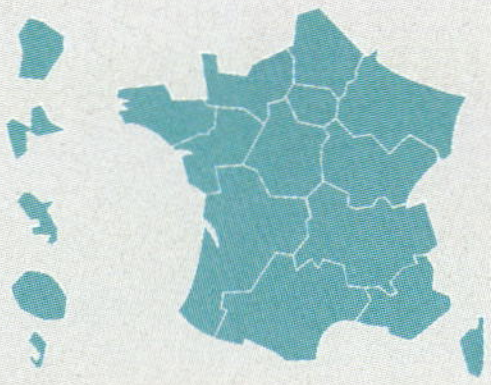

13 RÉGIONS MÉTROPOLITAINES
5 RÉGIONS D'OUTRE-MER

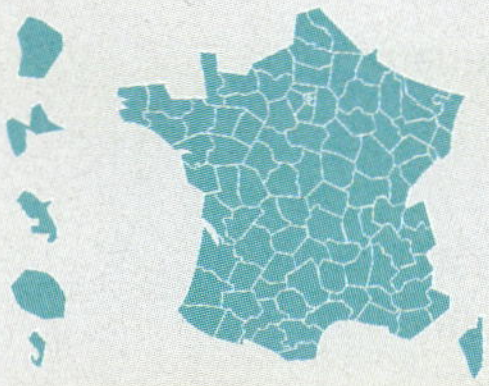

100 DÉPARTEMENTS
(dont la Corse, collectivité territoriale unique)

LES COLLECTIVITÉS TERRITORIALES

34 967 COMMUNES

5 COLLECTIVITÉS D'OUTRE-MER
- Polynésie française
- Saint-Martin
- Saint-Barthélemy
- Saint-Pierre-et-Miquelon
- Wallis-et-Futuna

ONLYLYON LA MÉTROPOLE

LYON MÉTROPOLE

LE PROCESSUS ÉLECTORAL

Collectivité territoriale

Président du conseil

↑ *élisent*

Conseil élu au suffrage universel
(conseil municipal, conseil départemental, conseil régional)

↑ *élisent*

Citoyens de la collectivité

NOTIONS

Région

→ La **Région** est un territoire de vie (ou territoire de proximité) entre les échelles locale et nationale. Elle se caractérise par une certaine homogénéité et une identité.

→ Le terme a plusieurs sens : on parle de région historique (la Bourgogne qui fut autrefois un duché), de région naturelle (les Pyrénées), de région culturelle (le Pays basque). Aujourd'hui, on parle surtout de Région administrative (la Région Centre-Val de Loire) ou en référence aux aires d'influence des villes (la Région parisienne).

→ Créée en 1955, la Région est devenue une collectivité territoriale avec les lois de décentralisation en 1982. La carte des Régions administratives a été réorganisée à la faveur de la réforme territoriale de 2015. Elles sont désormais 18 (dont 5 en outre-mer) et disposent d'importants pouvoirs dans les domaines de l'aménagement du territoire, des transports, de l'enseignement, de la formation professionnelle, de l'action économique.

Vidéo
2 min pour comprendre la Région

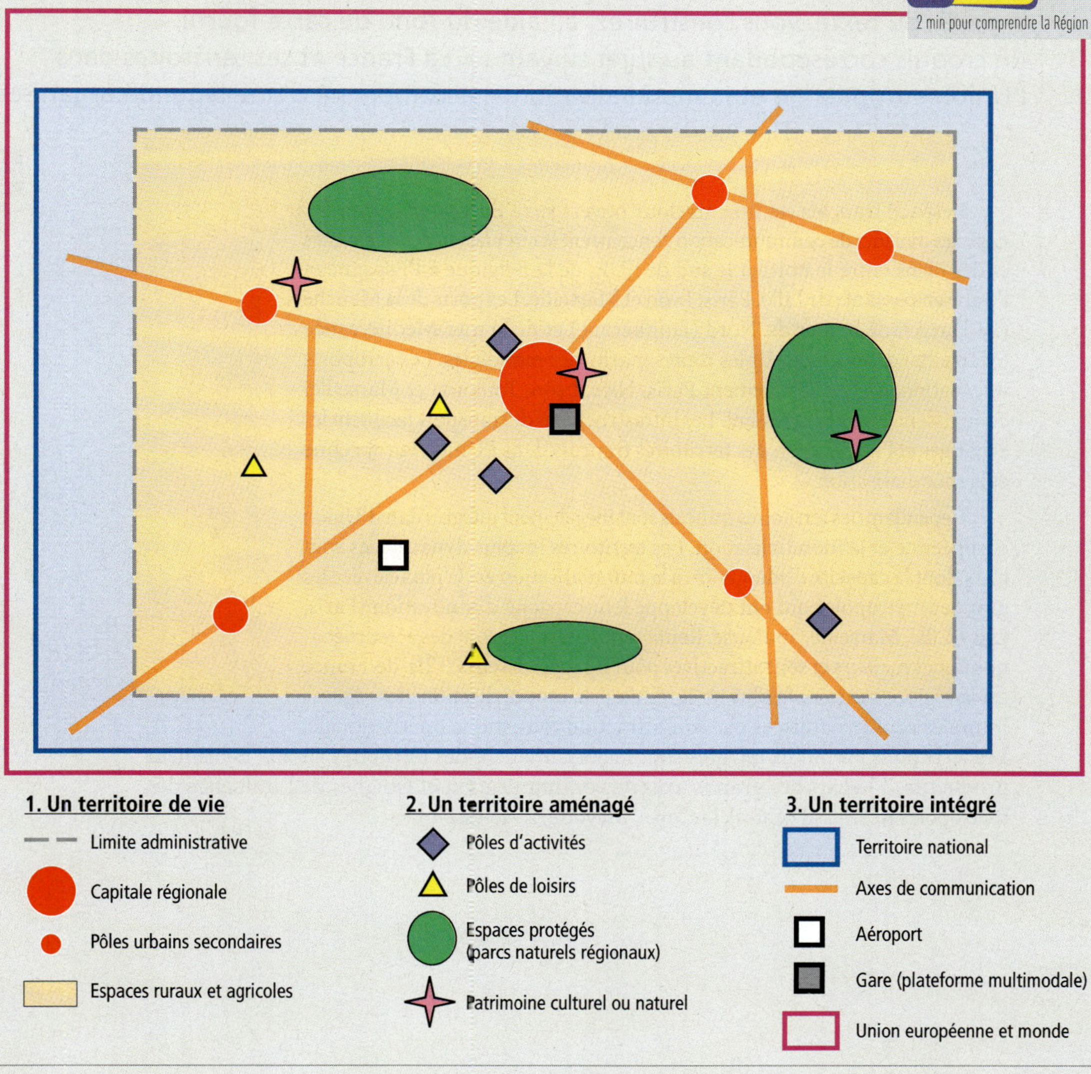

1. Un territoire de vie
- Limite administrative
- Capitale régionale
- Pôles urbains secondaires
- Espaces ruraux et agricoles

2. Un territoire aménagé
- Pôles d'activités
- Pôles de loisirs
- Espaces protégés (parcs naturels régionaux)
- Patrimoine culturel ou naturel

3. Un territoire intégré
- Territoire national
- Axes de communication
- Aéroport
- Gare (plateforme multimodale)
- Union européenne et monde

BAC Sujets blancs

▶ Description de l'épreuve p. 19
et méthode générale p. 20-25

Réponse à une question problématisée

SUJET

Quels sont les effets territoriaux de l'intégration de la France dans l'Union européenne et dans la mondialisation ?

Réalisation d'un croquis

SUJET

La France et ses territoires dans l'Union européenne et la mondialisation

À partir du texte, vous construirez, à l'aide du fond de carte fourni, un croquis correspondant au sujet suivant : « La France et ses territoires dans l'Union européenne et la mondialisation », accompagné d'une légende organisée.

Fond de carte

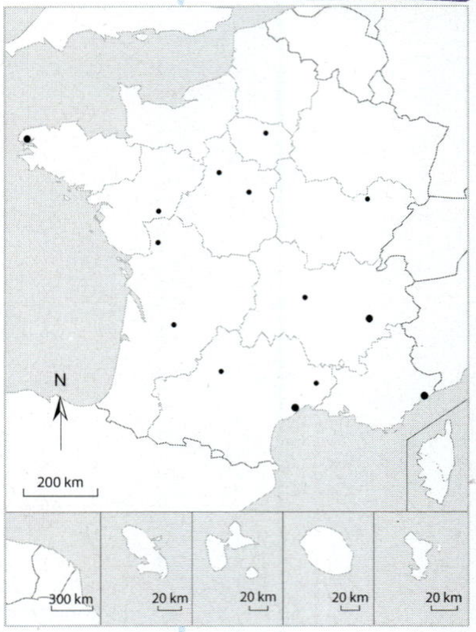

L'espace français est un carrefour ouvert sur l'Europe et le monde. Les axes majeurs de communication concentrent la circulation des personnes et des biens entre le nord et le sud de l'UE, de la Belgique à l'Espagne et l'Italie en passant par Lille, Paris, Lyon et Marseille. Les ports de la Manche (Le Havre), de la mer du Nord (Dunkerque) et de la mer Méditerranée (Marseille) débouchent sur les routes maritimes mondiales. Les aéroports internationaux (principalement Paris, Nice, Lyon, Toulouse et Marseille) connaissent un trafic croissant. Les infrastructures de transport facilitent les échanges et l'intégration des territoires français dans l'Union européenne et la mondialisation.

Cependant, les territoires français sont inégalement intégrés dans l'Union européenne et la mondialisation. Les territoires les plus dynamiques sont ceux dont la capacité d'adaptation à la mondialisation est la plus élevée : les grandes métropoles qui ont développé leur capacité d'innovation (Paris, Lyon, Lille, Marseille, Toulouse, Rennes, par exemple) sont des acteurs économiques majeurs et sont attractives pour les investisseurs ; l'Île-de-France est la région française la plus intégrée dans la mondialisation ; les régions littorales sont dynamisées par leur attraction touristique internationale. Les territoires les moins intégrés sont majoritairement des territoires ruraux faiblement productifs, à l'écart des grands axes de communication et éloignés de l'influence des métropoles (le Massif central, la Corse, Mayotte, La Réunion).

Analyse de documents

SUJET BLANC

En analysant les documents, vous mettrez en évidence le rôle des acteurs dans l'intégration européenne et mondiale des régions françaises et les effets de cette intégration.

L'analyse des documents constitue le cœur de votre travail, mais nécessite, pour être menée, la mobilisation de vos connaissances.

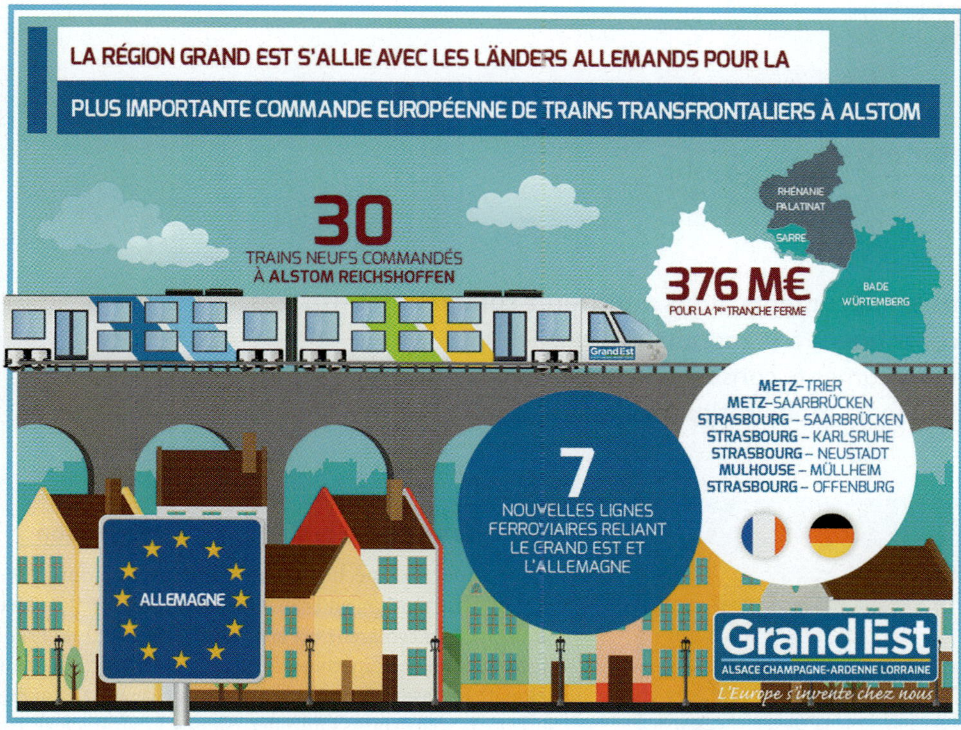

1 Le Grand Est, une Région connectée aux Länder allemands

Source : site Internet de la Région Grand Est, 2020.

2 Provence-Alpes-Côte d'Azur (Région Sud) : une région dynamique

Région dynamique et attractive, reconnue dans le monde entier pour ses technologies de pointe et son leadership dans les domaines de la biotechnologie, de l'Intelligence Artificielle (IA), de la sécurité et des solutions Smart City, Provence-Alpes-Côte d'Azur est riche d'un des plus importants viviers de start-up et de jeunes entreprises innovantes en France et en Europe. Son monde universitaire, en lien constant avec celui de la recherche, au service des entreprises de la Région, crée un tissu propice à l'innovation. Ainsi, la Région Sud, ce sont huit pôles de compétitivité, des universités reconnues et recherchées, des centres de recherche de renommée internationale, quatre communautés French Tech Région Sud, dont deux capitales sur les treize en France (Aix-Marseille, Côte d'Azur, Toulon et Grande Provence). Autant d'atouts qui font d'elle un territoire d'innovation et d'excellence, au rayonnement international, Région qui a fait de l'ambition de devenir première « Smart Région » d'Europe une priorité.

Depuis 2017, 3,3 milliards d'euros de financements européens ont déjà permis de soutenir une politique d'innovation compétitive. De grands projets structurants à des soutiens plus modestes, les actions qui ont contribué au développement économique de la Région et au bien-être de ses habitants ont été payants : financements importants dans le domaine des transports, aides en faveur d'équipements de communes rurales, en passant par l'innovation dans les entreprises.

Site Internet de la Région Sud, 2020.

BAC Bac blanc

▶ Description de l'épreuve p. 19 et méthode générale p. 20-25

▶ Réponse à une question problématisée HISTOIRE

SUJET

Quelles sont les conséquences de la défaite de 1940 pour la France et les Français ?

▶ Analyse de documents GÉOGRAPHIE

SUJET

En analysant les documents, vous montrerez comment les espaces maritimes contribuent à la mondialisation.
L'analyse des documents constitue le cœur de votre travail, mais nécessite, pour être menée, la mobilisation de vos connaissances.

1 Porte-conteneurs dans le port de Rotterdam (Pays-Bas)
Photographie prise en août 2019.

2 Ports de pêche bretons et mondialisation

Les ports de pêche bretons alimentent aujourd'hui la grande distribution, en France mais aussi en Espagne ou en Italie [...]. Intermarché est le principal armateur de France (grâce à la filiale Scapêche) et le premier mareyeur[1] (Capitaine Houat). La base lorientaise de Capitaine Houat est à Lanester près de la voie express Quimper-Nantes. Les transports routiers, les plates-formes de distribution des GMS (Grandes et Moyennes Surfaces), les importations, alliés à une mobilité des plus gros chalutiers ont accentué la transformation de la géographie halieutique. [...] Les enjeux financiers sont grandissants du fait de financements étrangers en Bretagne [...]. Depuis 1999, Saupiquet appartient à l'italien Bolton Alimentari qui domine le système thonier européen. [...] Les démarches d'intégration internationale portent également sur le conditionnement des produits par le rôle majeur des Japonais et des Thaïlandais. [...] L'usine Paulet appartient à Thai Union Frozen, un des gros conserveurs mondiaux de thon. Outre Paulet, les conserves sont diffusées en Europe sous des marques diverses (Mare Blu, Petit Navire, Parmentier...). Les entreprises cornouaillaises[2] complètent ainsi l'offre de Thai Union Frozen présent en Amérique, en Asie, en Afrique.

Jean-René Couliou, « Ports de pêche bretons et mondialisation, une adaptation permanente », *Géoconfluences*, juin 2019.

1. Grossiste qui achète sur place les produits de la pêche et les expédie aux marchands de poisson.
2. Originaires de la Cornouaille, région du Finistère en Bretagne.

Guide carto

- L'enseignement de la géographie s'accompagne de l'analyse et de la production de cartes. Il est important de savoir distinguer les différents types de cartes, d'en connaître le langage et les modes de représentation, afin de pouvoir y porter un regard critique.
- Les cinq premières doubles pages de ce guide carto permettent d'acquérir progressivement la maîtrise de cet outil de la géographie en proposant des approfondissements méthodologiques.
- Un atlas de sept cartes complémentaires aux thèmes du manuel est proposé dans ce guide carto.
- Une présentation d'un portfolio sur la France est proposée à la fin de ce guide.

SOMMAIRE

GUIDE CARTO

ATLAS

PORTFOLIO

Carte, croquis, schéma

Les représentations cartographiques peuvent prendre des formes différentes. Il ne faut pas confondre carte, croquis et schéma.

● La **carte** est l'outil graphique qui permet de localiser et de repérer, avec le plus de précision possible, les lieux et les phénomènes géographiques. Les réalités spatiales sont transposables au moyen d'un langage propre avec des signes et des règles cartographiques (utilisation des pictogrammes : un petit avion pour symboliser un aéroport, par exemple). Les cartes sont généralement rassemblées dans un atlas. (**doc. 1**)

● Le **croquis** (qui correspond à la carte synthétique) présente, sur un fond de carte, des informations sélectionnées, hiérarchisées, qui sont mises en relation dans une perspective dynamique. L'essentiel doit être dit, en fonction de la problématique proposée. (**doc. 2**)

● Le **schéma** est plus simple que le croquis dans sa réalisation graphique. Il met en évidence les faits géographiques essentiels en éliminant les données secondaires. Contrairement à la carte ou au croquis, il ne cherche pas à localiser précisément.
Le fond de carte est simplifié et réduit à des formes géométriques simples.
Il peut être incorporé au sein d'une composition écrite. (**doc. 3**)

1 Une carte de Mumbai

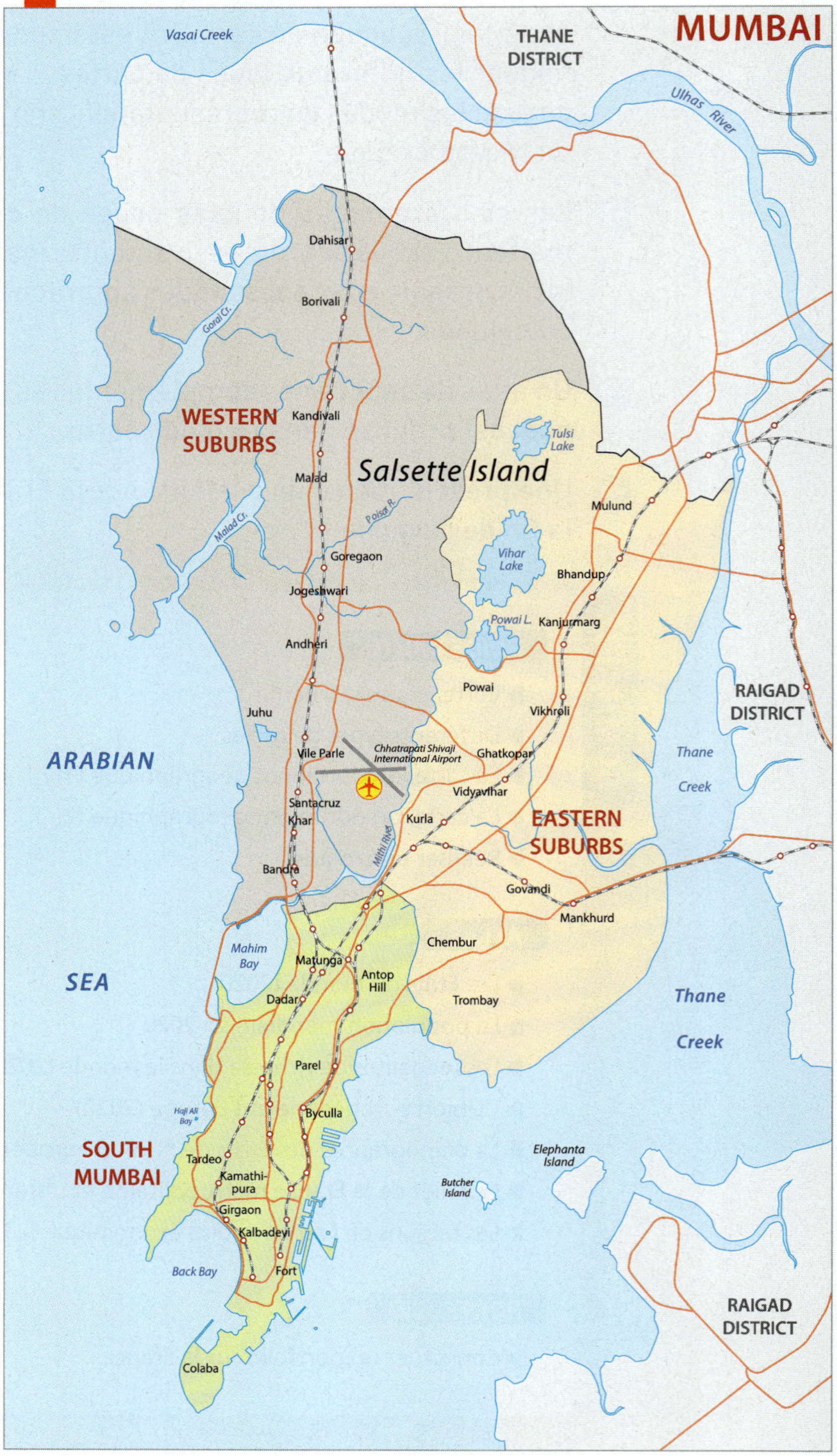

2 Un croquis : l'organisation spatiale du Grand Mumbai

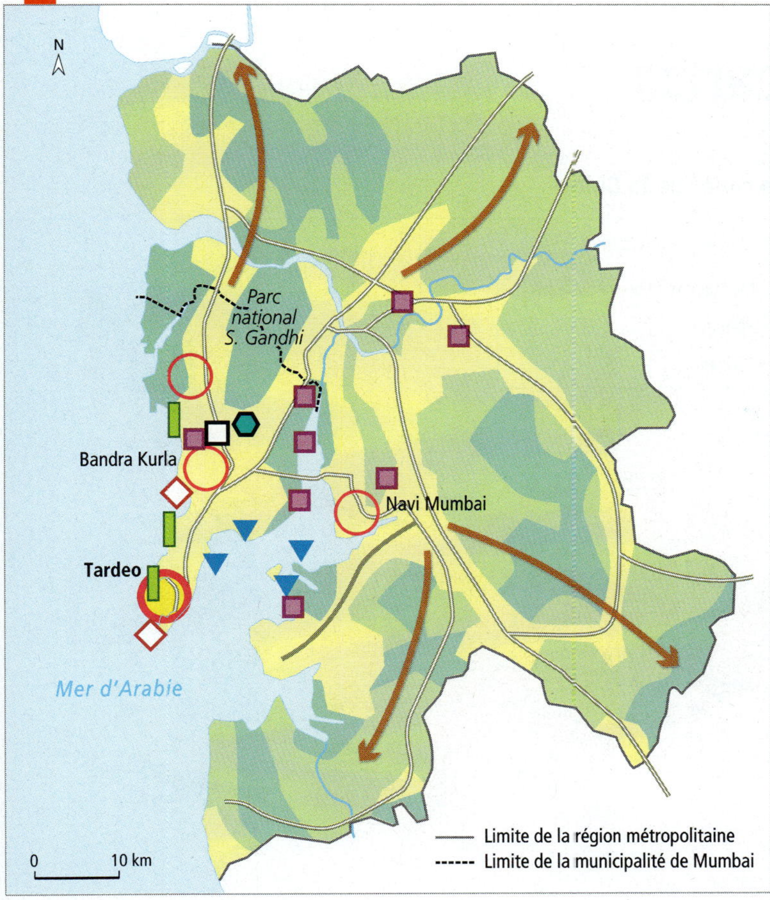

1. Des espaces diversifiés
- Espaces urbanisés
- Espaces naturels (forêts, marécages)
- Espaces ruraux
- Espaces industriels
- Axes de communication

2. Des fonctions métropolitaines
- Quartier d'affaires (CBD) et centre colonial historique
- Bollywood (Film City)
- Aéroport international
- Places boursières
- Espaces portuaires

3. Les dynamiques urbaines
- Nouveaux quartiers d'affaires
- Étalement urbain
- Littoraux touristiques

3 Un schéma : l'organisation spatiale du Grand Mumbai

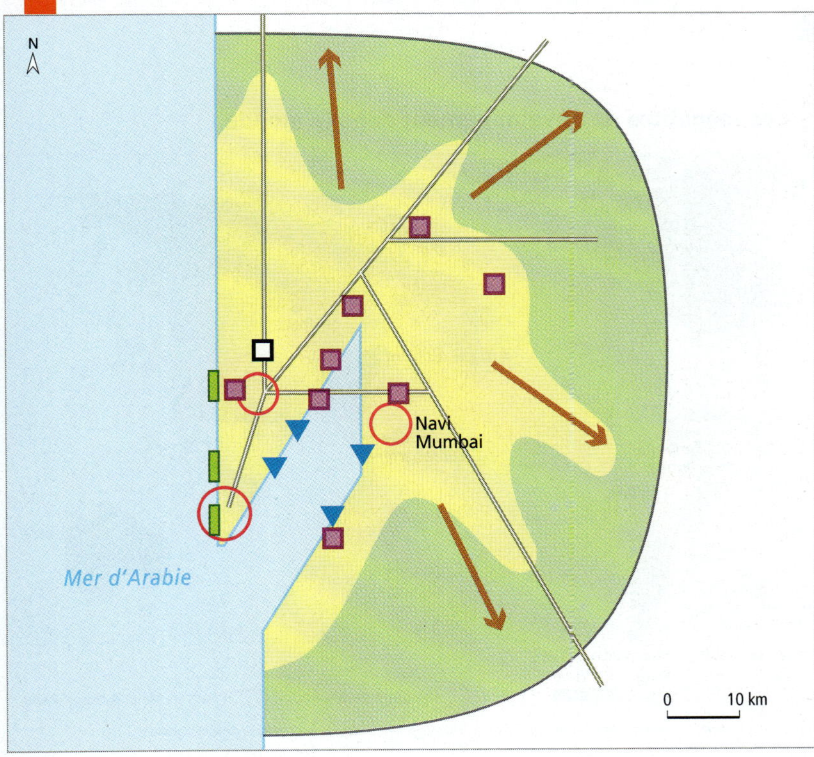

1. Des espaces diversifiés
- Espaces urbanisés
- Espaces ruraux
- Axes de communication
- Espaces industriels

2. Des fonctions métropolitaines
- Quartiers d'affaires
- Aéroport international
- Espaces portuaires

3. Les dynamiques urbaines
- Étalement urbain
- Littoraux touristiques

Différents types de cartes

1 La carte descriptive

● **Ce type de carte localise des phénomènes spatiaux identifiables sur le terrain.**

● Il peut s'agir de cartes du relief, de la végétation, des ressources naturelles, mais aussi de cartes montrant des villes, des infrastructures de communication (cartes routières), des territoires agricoles, etc. (**doc. 1**)

● La légende n'est pas soumise à des règles d'organisation précises ; il s'agit d'ordonner simplement les figurés utilisés sur la carte.

1 Le relief de la Chine

2 La carte analytique

● **La carte analytique représente un phénomène abstrait.** Elle est élaborée à partir de données statistiques : densité de population, IDH, etc. (**doc. 2**)

● Le territoire cartographié devient le support de cette information statistique et permet d'apprécier les différences, les inégalités dans l'espace.

● La légende propose des figurés qui hiérarchisent la variable cartographiée en plusieurs classes. Les cartes par plages de couleurs, les cartes de flux, les cartes à symboles proportionnels… sont des cartes analytiques.

2 Les inégalités de développement dans le monde

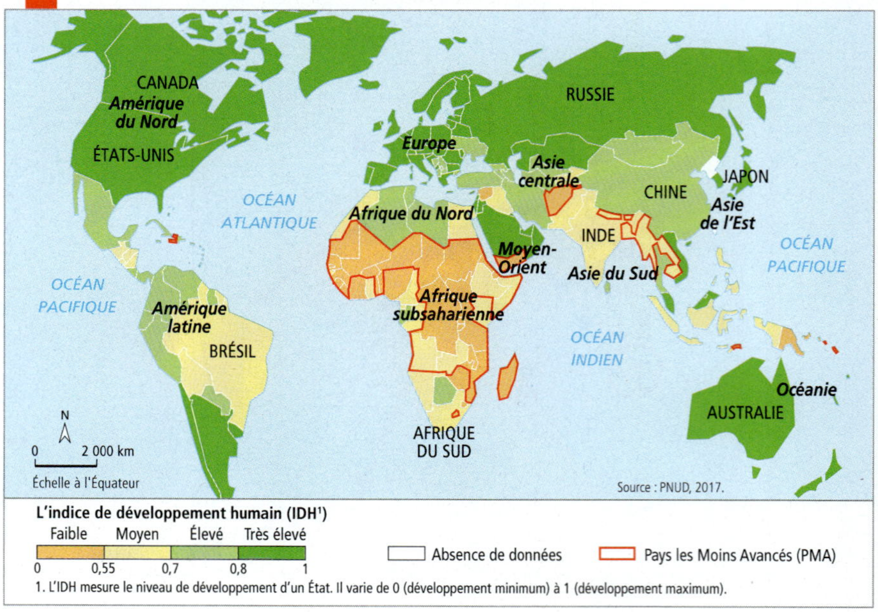

3 La carte de synthèse

● **La carte de synthèse sert à représenter des ensembles géographiques à partir de thèmes ou de problématiques énoncés dans la légende : espaces centraux, périphéries, dynamiques des territoires, etc.** (**doc. 3**)

● La carte de synthèse est le résultat d'une réflexion, d'un raisonnement ou d'une problématique définis au préalable. Elle permet de combiner plusieurs faits géographiques sur un seul support.

● Elle s'accompagne d'une légende organisée.

3 La RUP (Région ultrapériphérique) de Mayotte

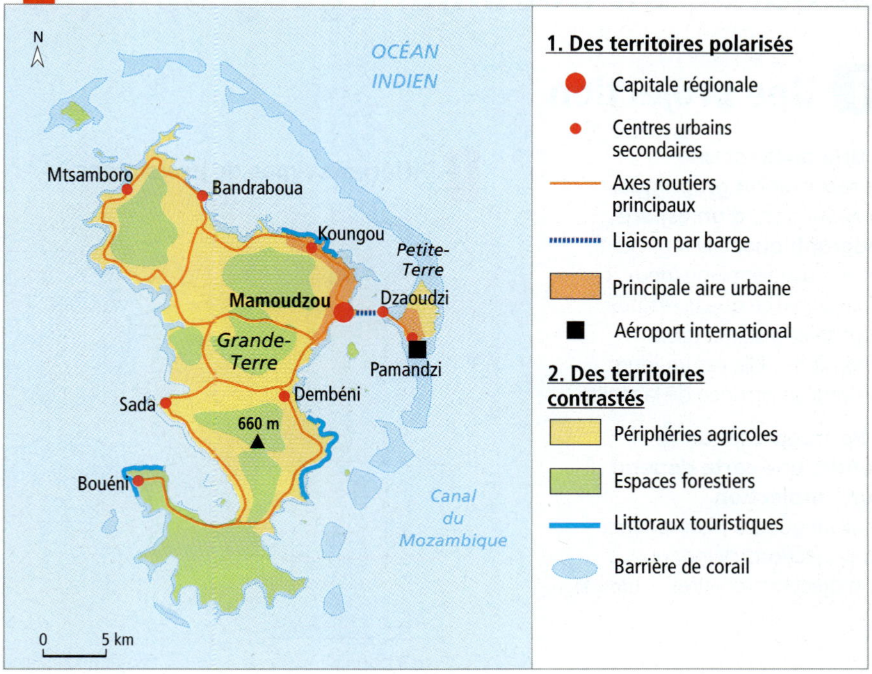

4 Le cartogramme

● Le cartogramme (dont le type le plus couramment utilisé est l'anamorphose) est une représentation graphique qui repose sur une modification de la forme initiale du territoire cartographié et du tracé de ses limites. (**doc. 4**)

● Le cartogramme a pour objectif de représenter des réalités perçues. Les superficies des unités spatiales sont transformées (réduites, agrandies, déformées) de manière proportionnelle à ce qu'elles représentent.

4 Les agriculteurs en France

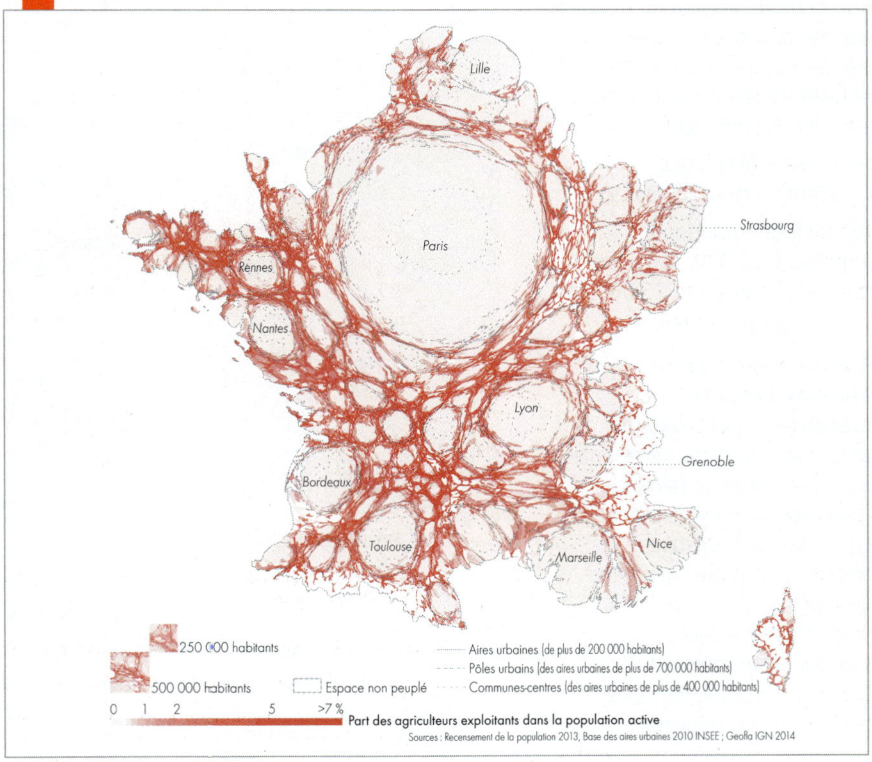

« Les agriculteurs » in *Atlas politique de la France, Les révolutions silencieuses de la société française*, sous la direction de Jacques Lévy, Ogier Maitre, Ana Póvoas, Jean-Nicolas Fauchille, cartographie Laboratoire Chôros © Editions Autrement, 2017.

Guide carto

La carte, un document géographique (1)

1 Une projection

● **Une carte est une représentation graphique, en réduction, d'un espace géographique.** Elle représente sur une surface plane (deux dimensions) ce que la réalité propose en volume (trois dimensions). Elle est toujours une version corrigée de la réalité.

● **Pour représenter le monde, une carte dépend d'une projection.** On distingue les planisphères (ou projections cylindriques), les projections polaires… (**doc. 1**)

1 Différents types de projections

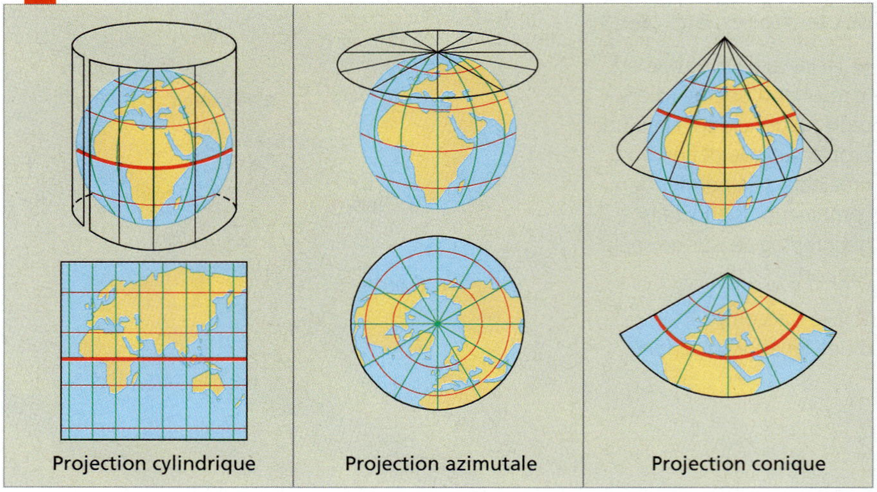

2 Une échelle

● **La carte s'accompagne d'une échelle.** Il s'agit du rapport entre une distance mesurée entre deux points sur la carte et la distance réelle sur le terrain. Elle est représentée soit :

– de manière graphique (ex. : segment gradué) (**doc. 2**)

– de manière numérique (exemple : 1/25 000, soit 1 cm sur la carte représente 25 000 cm ou 250 m sur le terrain).

● **L'échelle de la carte détermine l'espace représenté.** À petite échelle (planisphère), la carte représente des espaces vastes à faible degré de précision. À moyenne échelle (pays, régions), les espaces représentés sont plus restreints et plus précis.
À grande échelle (villes), l'espace cartographié est peu étendu, mais le degré de précision est très important.

2 Les infrastructures électriques de l'Afrique australe

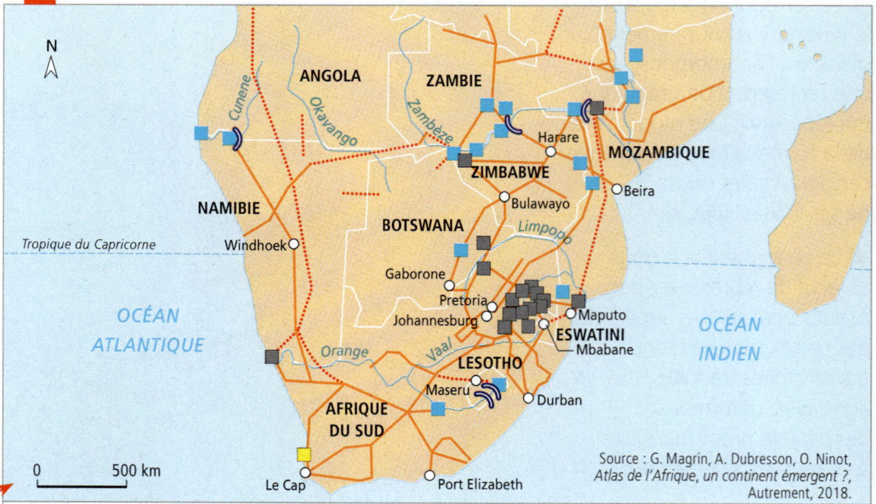

Source : G. Magrin, A. Dubresson, O. Ninot, *Atlas de l'Afrique, un continent émergent ?*, Autrement, 2018.

1. Les aménagements électriques
- Barrages et centrales hydroélectriques
- Centrales à charbon
- Centrale nucléaire
- Lignes à haute tension existantes
- Lignes programmées

2. L'organisation régionale du secteur électrique
- États membres du SAPP (Southern African Power Pool)*

* Organisation régionale qui a pour but de développer la coopération entre les sociétés nationales d'énergie, afin de mettre en place un réseau et un marché communs d'électricité dans le Sud de l'Afrique.

3 Un habillage

- **Une carte est toujours accompagnée :** d'un titre ; d'une légende ordonnée ; d'une échelle ; d'une source.

3 Évolution projetée de la population et grandes métropoles au Japon

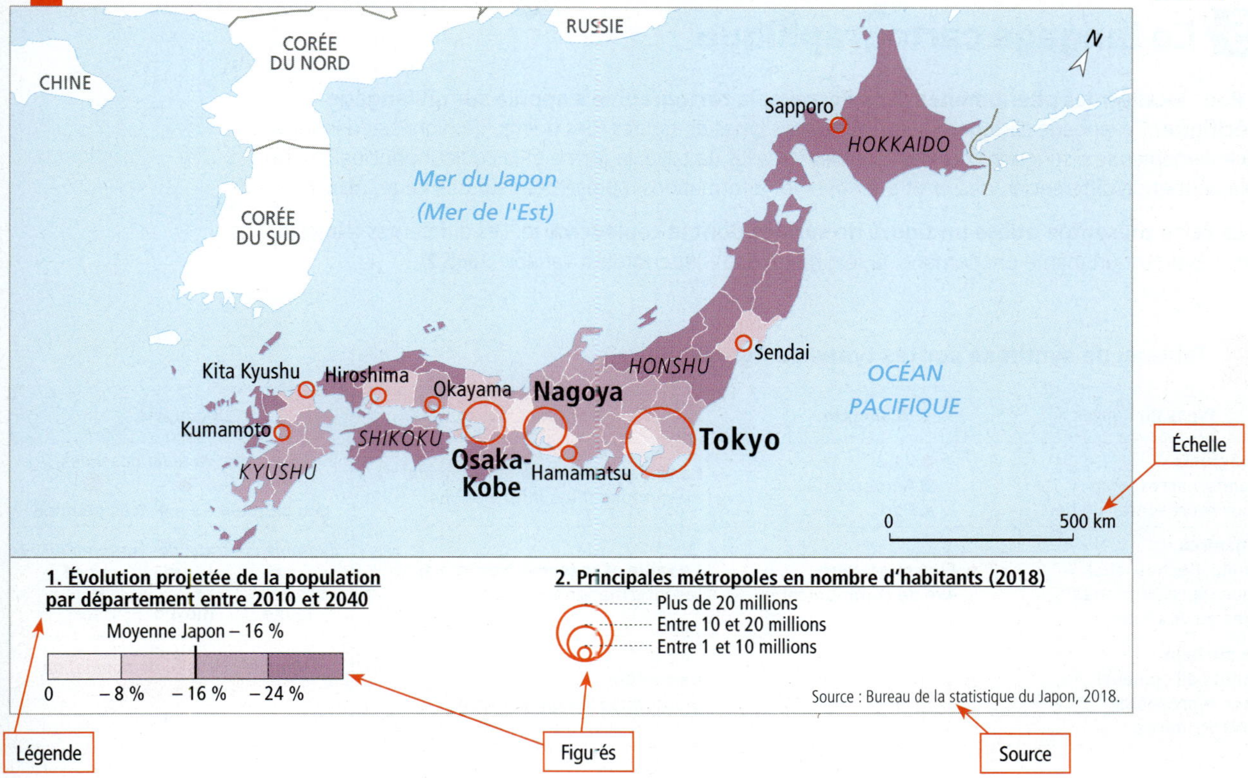

4 Un message

- **La carte sert à localiser, à identifier et à expliquer des réalités géographiques, à diffuser des informations.**
- La carte diffuse une information géographique. Par son type de projection, son échelle, ses figurés, elle privilégie une vision au détriment d'une autre. La carte suppose un projet et exprime des choix de la part de celui qui la réalise. (**doc. 4**)

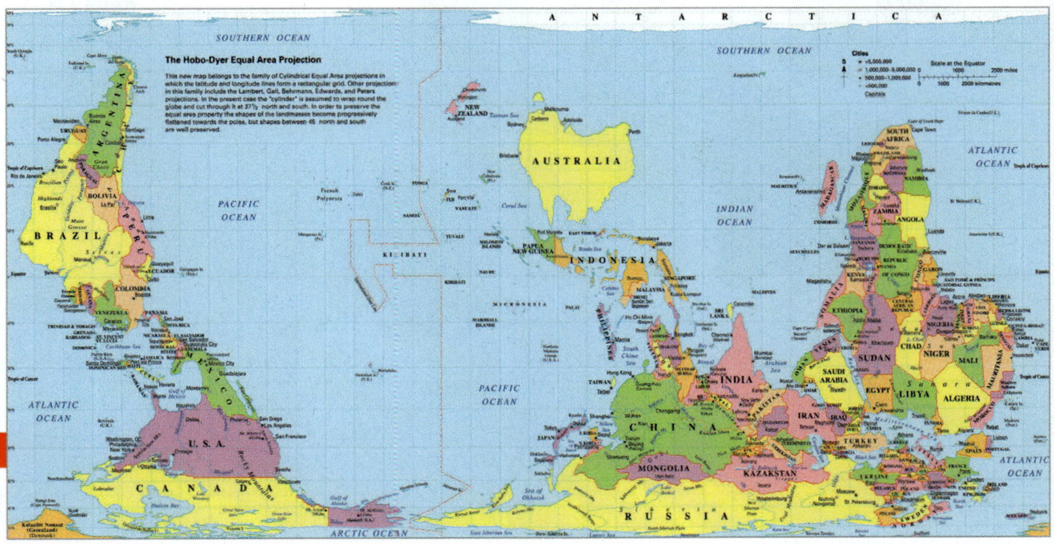

4 Le monde vu d'Australie

La carte, un document géographique (2)

5 Le langage cartographique

● **Pour localiser les phénomènes dans l'espace, la cartographie s'appuie sur un langage spécifique.** Ce langage cartographique utilise trois types de figurés (des points, des lignes et des surfaces) qui eux-mêmes se distinguent par des variables visuelles (la taille, la forme et la couleur principalement). Cela permet de différencier, classer et quantifier les informations représentées sur une carte. (**doc. 1**)

● **La carte présentée utilise un figuré de surface dont la couleur varie.** Les différentes teintes de vert présentent un même phénomène, la fécondité, dont l'intensité est variable. (**doc. 2**)

1 Tableau de synthèse sur les types de figurés

Types de figurés	Exemples	Représentation des figurés	Exemples
Ponctuels (ronds, carrés, etc.) pour représenter un lieu	● Ville ■ Aéroport ▲ Port	**La taille et la forme** différencient et hiérarchisent les informations.	*Exemple : la taille des villes* ● ● ● peu peuplée ⟶ très peuplée
Linéaires (traits, flèches, etc.) pour représenter des axes ou des flux	Flux migratoire Axe de communication	**La taille et la forme** hiérarchisent les informations.	*Exemple : le trafic des marchandises* faible / moyen / fort
De surface (aplats de couleur) pour représenter des territoires	Espace peuplé	**La couleur** hiérarchise les informations	*Exemple : densité de population* – ⟶ +

2 La fécondité en Europe

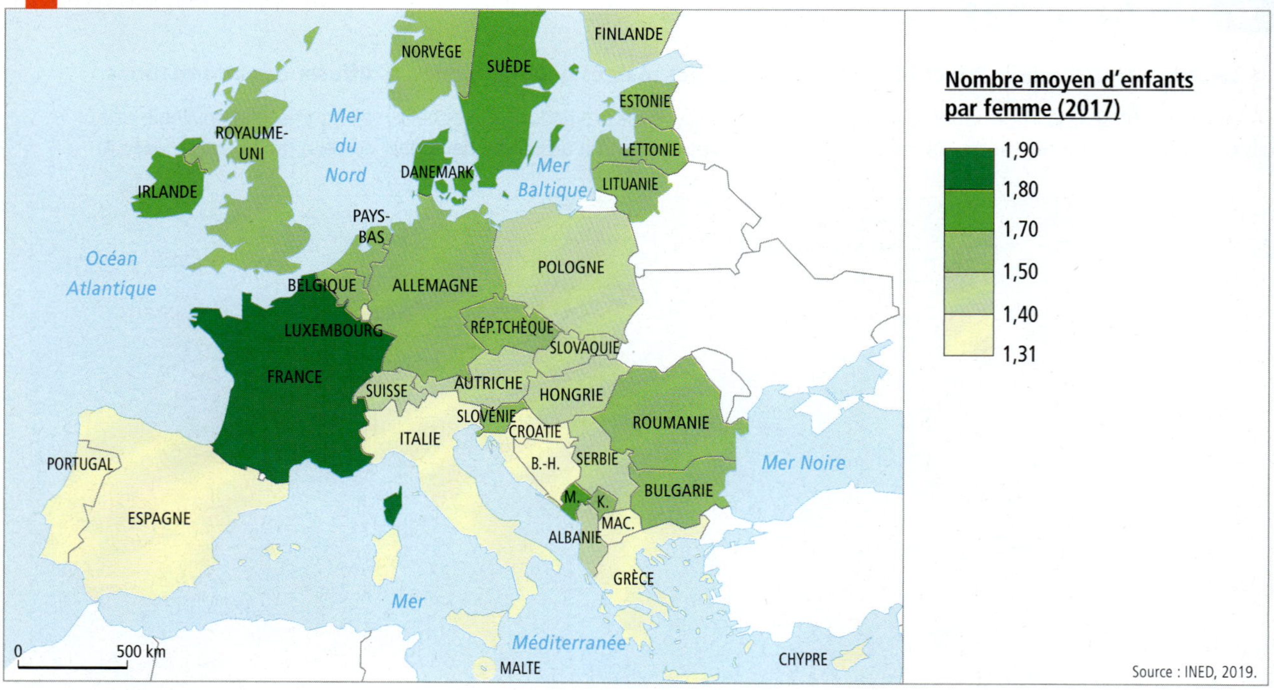

Source : INED, 2019.

6 Les figurés ponctuels

● **Ils distinguent des quantités :** les petits figurés ponctuels représentent une faible quantité tandis que les gros figurés ponctuels indiquent une forte quantité.

● **Ils distinguent des phénomènes par leurs formes :** une forme différente sur la carte correspond à un phénomène différent dans la réalité.

● **Les couleurs des figurés ponctuels hiérarchisent ou différencient des phénomènes.**

Des différences (information qualitative)	**Des classements** (information ordonnée)	**Des tailles** (information quantitative)
• **variation de forme** Attention : au-delà d'un certain nombre de formes, l'œil ne perçoit plus les différences. • **variation de couleur**	• **variation de couleur**	• **variation de taille**

7 Les figurés linéaires

● **Les lignes permettent principalement de figurer des mises en relation ou des limites.**

● Leurs tailles hiérarchisent les informations : plus la ligne est épaisse, plus le phénomène est important.

● Leurs formes (pleine ou pointillée, par exemple) et leurs couleurs différencient les informations représentées.

Des différences (information qualitative)	**Des classements** (information ordonnée)	**Des tailles** (information quantitative)
• **variation de forme** • **variation de couleur**	• **variation de couleur**	• **variation de taille**

8 Les figurés de surface

● **Des couleurs pour différencier.** Les couleurs utilisées sur une carte peuvent représenter, symboliser des phénomènes différents.

Exemple :
l'agriculture

Élevage Vignes Céréales

● **Des couleurs pour hiérarchiser.** Un dégradé de couleurs – des couleurs froides vers des couleurs chaudes – permet de représenter une transition progressive.

Exemple :
la densité de population

– +

Réaliser un croquis

1 Le croquis et la nomenclature

Matériel

- Crayons de couleur
- Règle normographe (avec des formes prédécoupées, très utiles pour les cercles)
- Feutres noirs : une mine épaisse et une plus fine
- Feutres de couleur : rouge, bleu et vert
- Stylo 4 couleurs

Évitez les surligneurs, le crayon à papier et le blanc correcteur !

Étapes

1. Écrire la légende
2. Dessiner les figurés de surface
3. Dessiner les figurés linéaires et ponctuels
4. Écrire la nomenclature
5. Ajouter le titre et l'orientation du croquis

Placer le titre en lettres capitales au-dessus du croquis

Indiquer l'orientation

Hiérarchiser les lieux
- Avec la taille des lettres (océans en majuscules, fleuves en minuscules…).
- Avec l'épaisseur des feutres (par exemple, noms de pays au feutre épais, noms de villes au stylo…).

Les figurés de surface
- Colorier les aplats de couleur au crayon.
- Tracer les hachures à la règle.

Les figurés linéaires et ponctuels
- Tracer les points et les lignes avec des feutres.
- Utiliser une règle normographe pour reproduire facilement les figurés.

Distinguer les noms grâce aux couleurs
- Bleu pour les mers et les cours d'eau.
- Noir ou rouge pour les villes.

Indiquer l'échelle

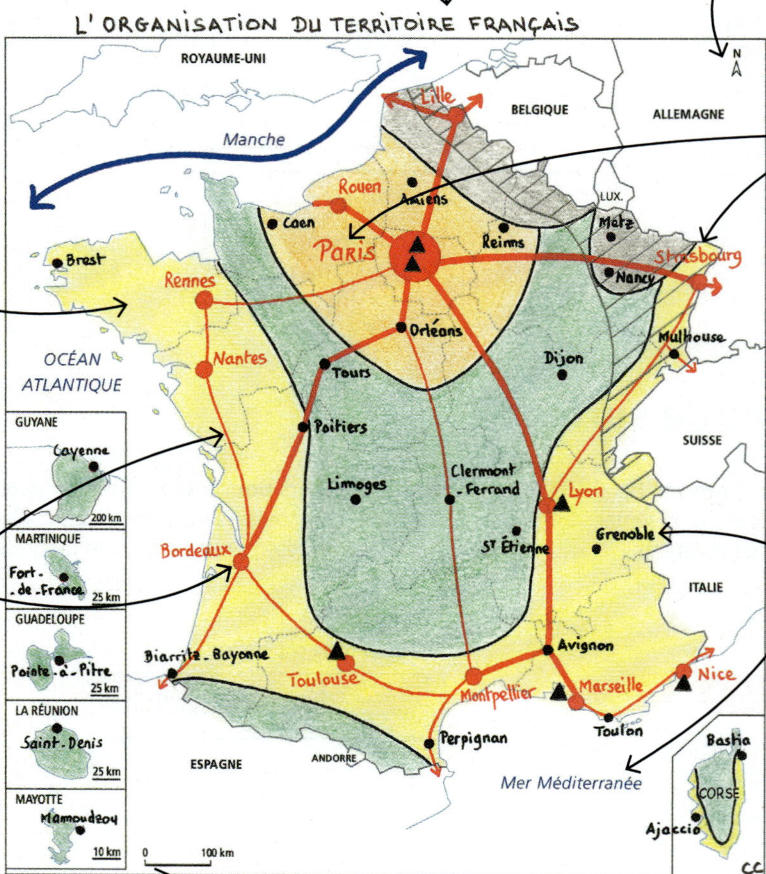

2 La légende

Écrire la légende
- Rédiger la légende sur une autre page que le croquis.
- Écrire en noir.
- Aligner le texte à gauche.

Faire apparaître un plan
Souligner ou écrire les titres des parties en lettres capitales.

Choisir et dessiner les figurés
- Respecter le langage cartographique (voir rabat de couverture V).
- Choisir des figurés faciles à reproduire plusieurs fois (des formes géométriques simples).
- Harmoniser leurs tailles (à l'aide d'une règle).
- Vérifier leur compatibilité : si deux surfaces se superposent, on peut utiliser des hachures.

Organiser la légende
- Harmoniser les parties.
- Déterminer au moins deux informations par partie.
- Être synthétique.

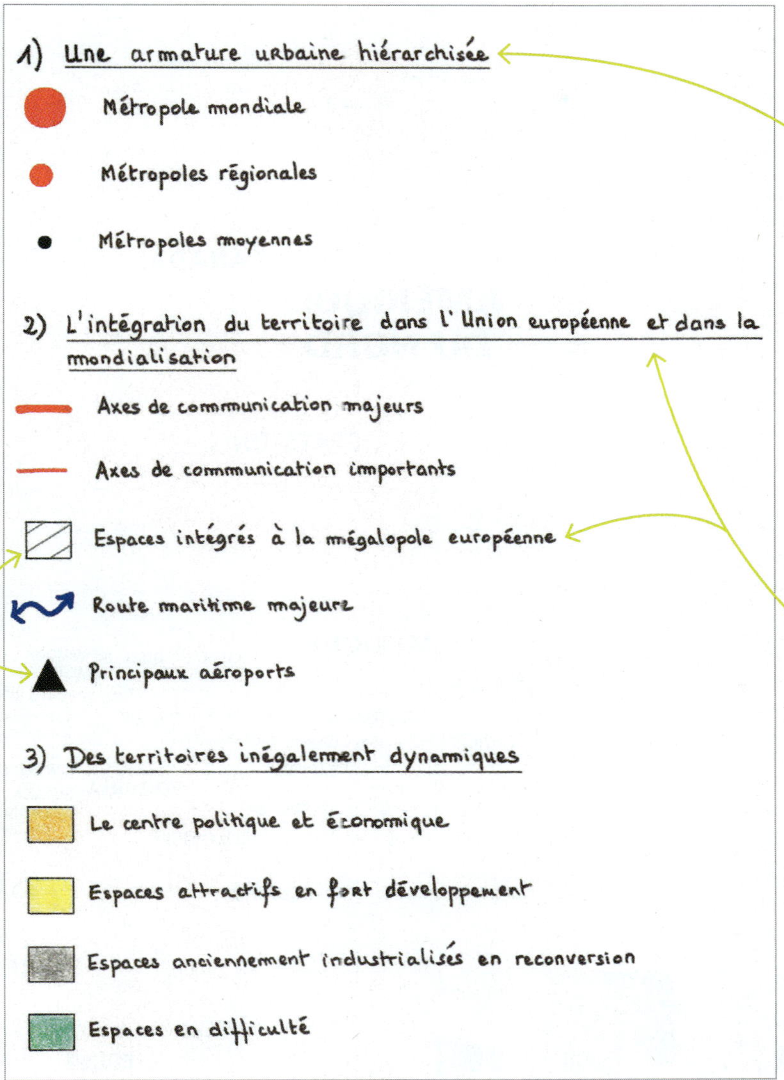

Vérifier la réalisation du croquis

		OUI	NON
Dans la légende	• Les figurés sont remplis	☐	☐
	• Une information est associée à chaque figuré	☐	☐
Dans le croquis	• Les informations de la légende sont reportées	☐	☐
	• La nomenclature est complète	☐	☐
	• Le croquis est complet (titre, orientation, légende, échelle)	☐	☐
Dans l'ensemble	• Les notions du programme apparaissent	☐	☐
	• Le travail est soigné, il n'y a pas de fautes d'orthographe	☐	☐

Les États du monde (2020)

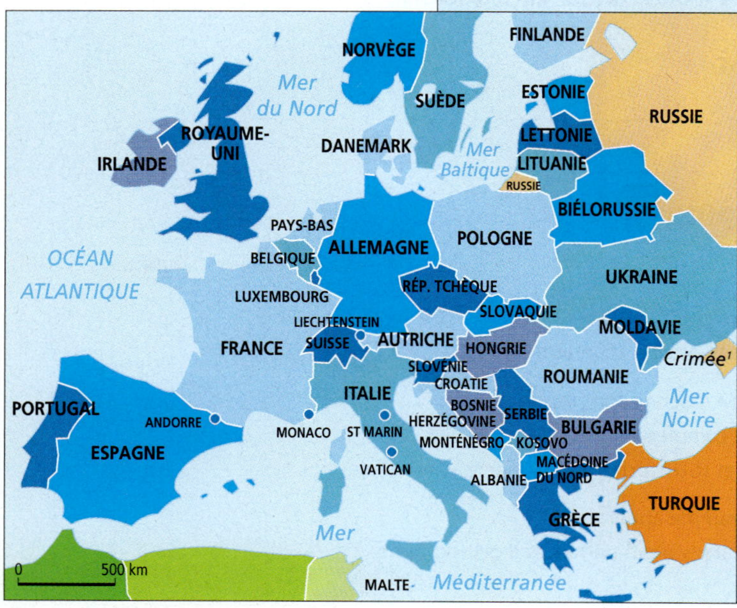

1. La région ukrainienne de Crimée a proclamé son rattachement à la Russie par référendum au printemps 2014. Ce rattachement, validé par la Russie, n'est pas reconnu par les autorités ukrainiennes ni par la communauté internationale.

polaire arctique
NDE
SUÈDE
NORVÈGE
FINLANDE
RUSSIE
Alaska (É-U)
EUROPE
KAZAKHSTAN
MONGOLIE
GÉORGIE
ARMÉNIE
AZERBAÏDJAN
OUZBÉKISTAN
KIRGHIZSTAN
ASIE
CORÉE DU NORD
JAPON
TURQUIE
TURKMÉNISTAN
TADJIKISTAN
CORÉE DU SUD
TUNISIE
CHYPRE
SYRIE
LIBAN
IRAK
IRAN
AFGHANISTAN
CHINE
ISRAËL
JORDANIE
KOWEIT
BHOUTAN
LIBYE
ÉGYPTE
PAKISTAN
NÉPAL
TAÏWAN
Tropique du Cancer
QATAR
ÉAU
ARABIE SAOUDITE
BANGLADESH
AFRIQUE
OMAN
INDE
MYANMAR
LAOS
OCÉAN PACIFIQUE
NIGER
ÉRYTHRÉE
YÉMEN
VIETNAM
PHILIPPINES
TCHAD
SOUDAN
DJIBOUTI
CAMBODGE
NIGERIA
ÉTHIOPIE
THAÏLANDE
CENTRAFRIQUE
SOUDAN DU SUD
CAMEROUN
SOMALIE
SRI LANKA
MALAISIE
OUGANDA
SINGAPOUR
Équateur
KENYA
GABON
RÉP. DÉM. DU CONGO
RWANDA
BURUNDI
CONGO
PAPOUASIE-NOUVELLE-GUINÉE
TANZANIE
OCÉAN INDIEN
INDONÉSIE
TIMOR LESTE
ÎLES SALOMON
ANGOLA
MALAWI
ZAMBIE
MOZAMBIQUE
ZIMBABWE
NAMIBIE
MADAGASCAR
BOTSWANA
Tropique du Capricorne
AUSTRALIE
ESWATINI
LESOTHO
AFRIQUE DU SUD
OCÉANIE
NOUVELLE-ZÉLANDE
Territoire revendiqué par le Maroc,
ntrôlé par les autonomistes sahraouis.
n référendum doit y être organisé par l'ONU.
Cercle polaire antarctique

La population mondiale en 2020

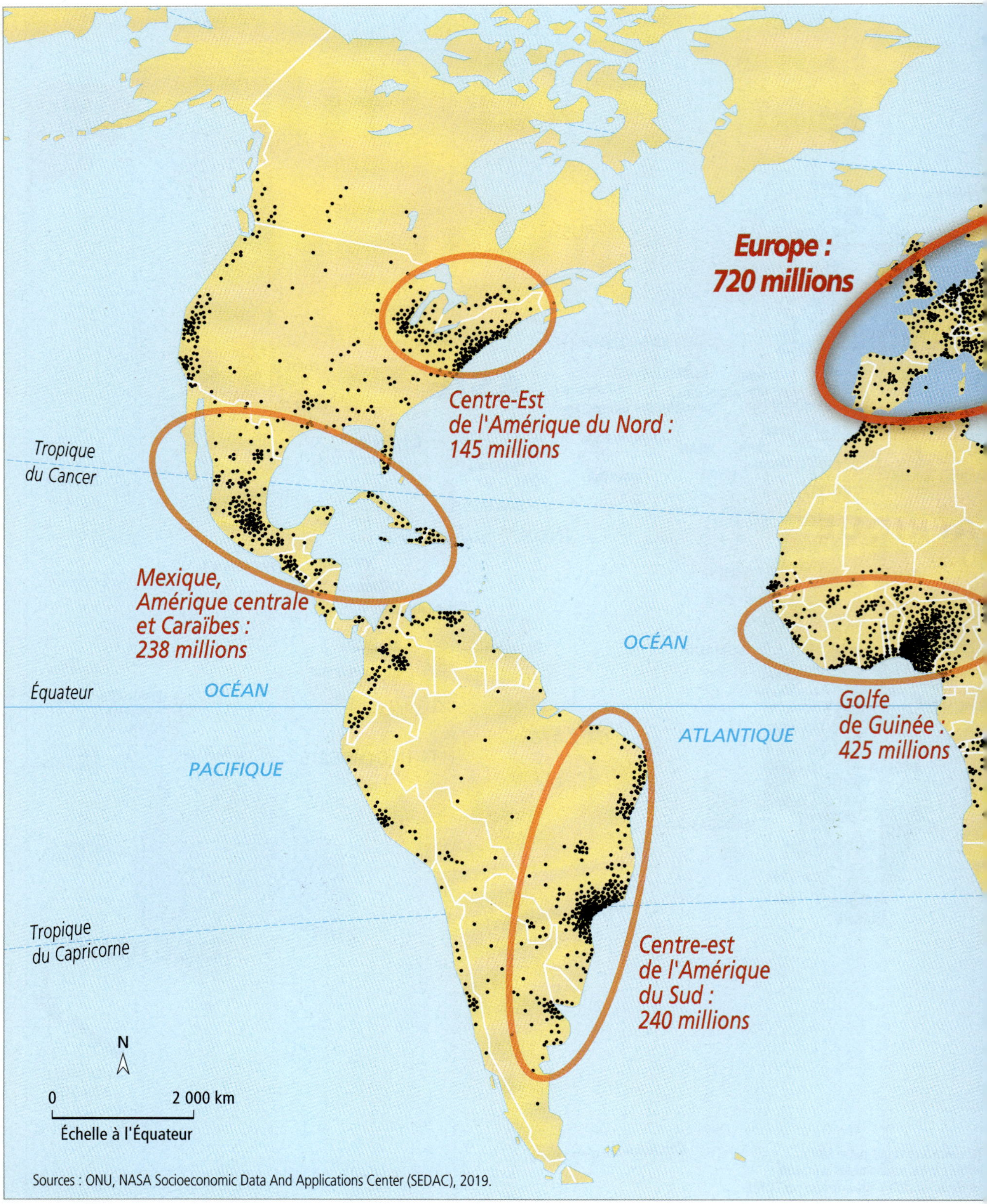

Sources : ONU, NASA Socioeconomic Data And Applications Center (SEDAC), 2019.

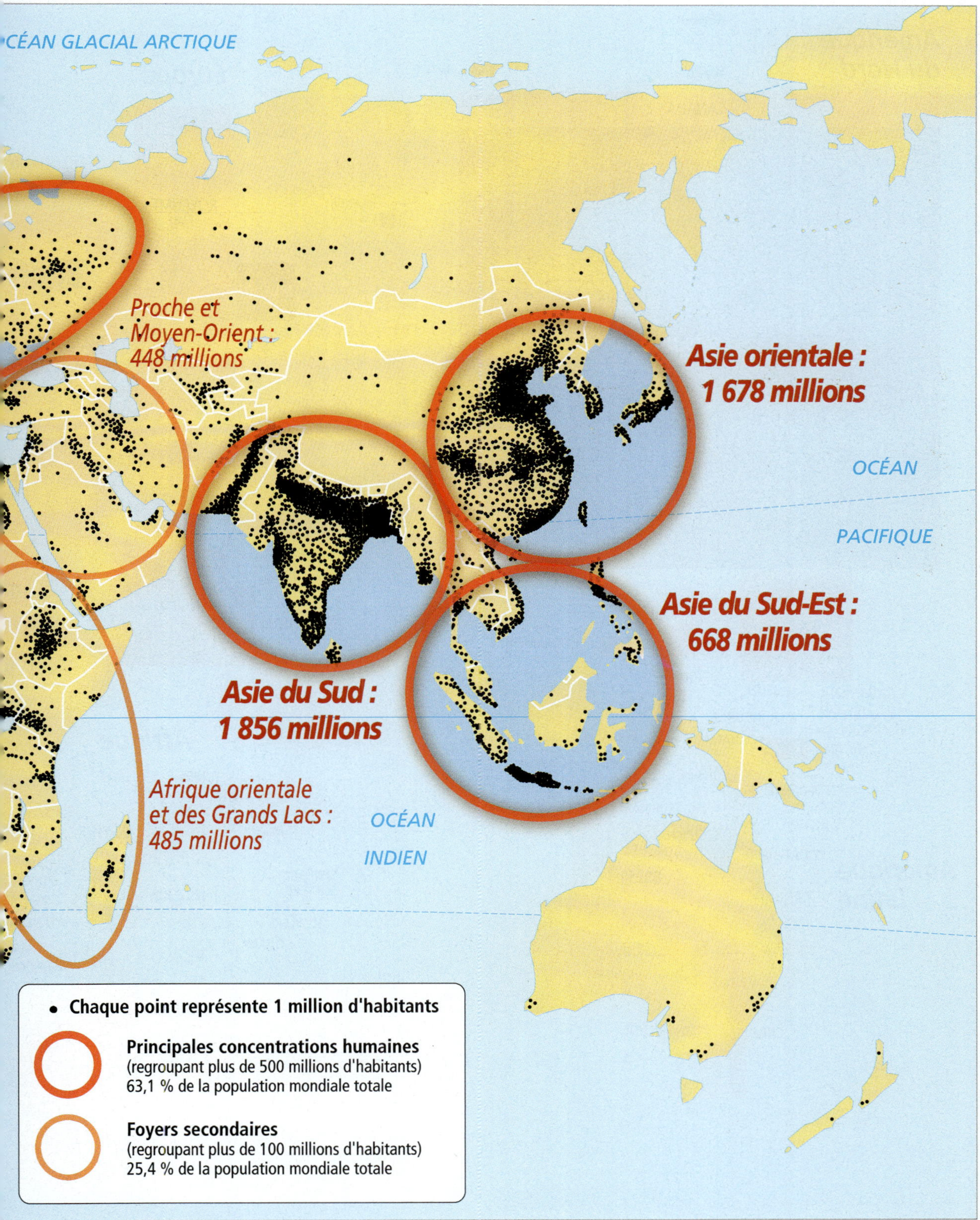

OCÉAN GLACIAL ARCTIQUE
Proche et Moyen-Orient : 448 millions
Asie orientale : 1 678 millions
OCÉAN
PACIFIQUE
Asie du Sud : 1 856 millions
Asie du Sud-Est : 668 millions
Afrique orientale et des Grands Lacs : 485 millions
OCÉAN
INDIEN
• Chaque point représente 1 million d'habitants
Principales concentrations humaines
(regroupant plus de 500 millions d'habitants)
63,1 % de la population mondiale totale
Foyers secondaires
(regroupant plus de 100 millions d'habitants)
25,4 % de la population mondiale totale

Les inégalités de richesse dans le monde (2020

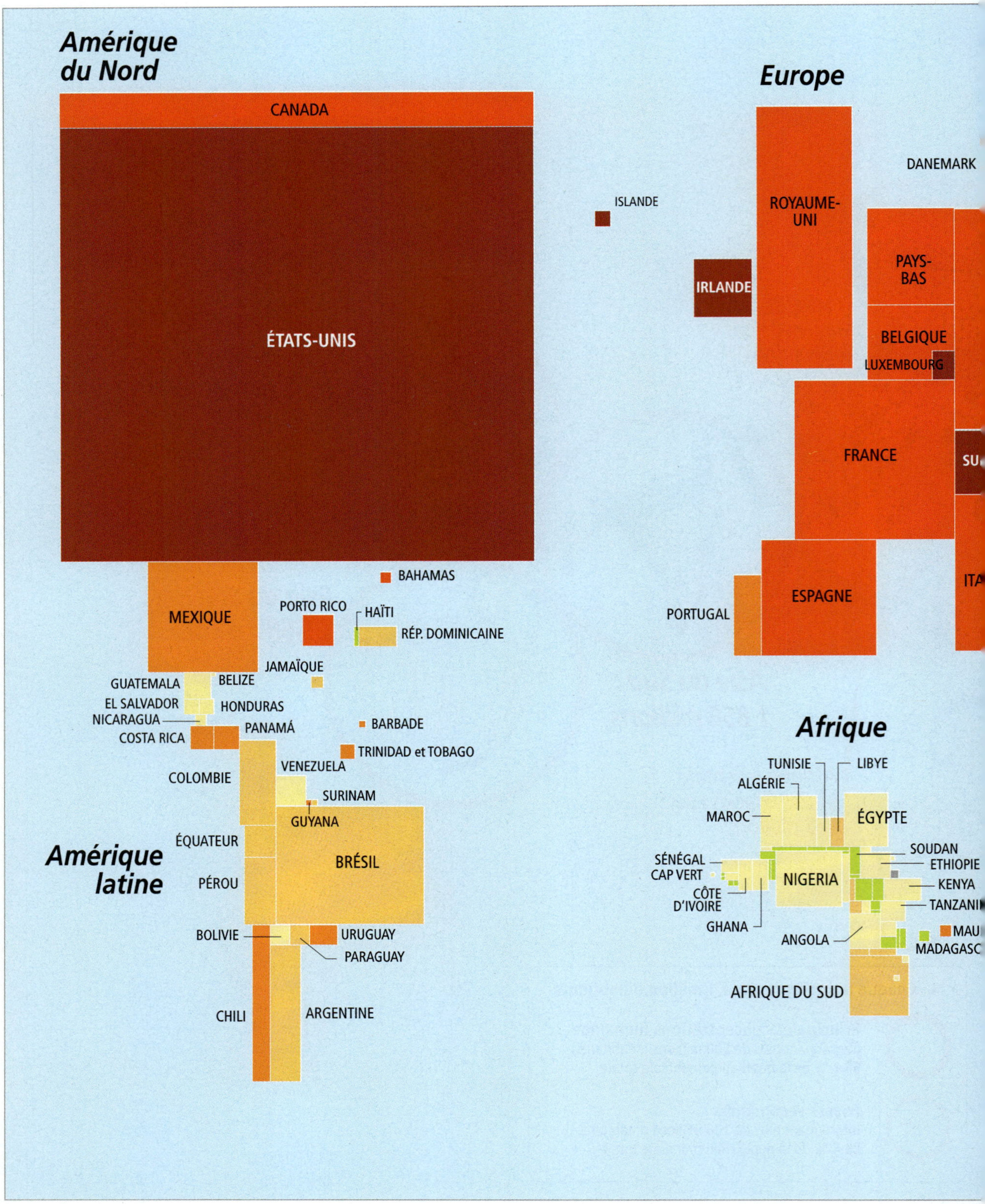

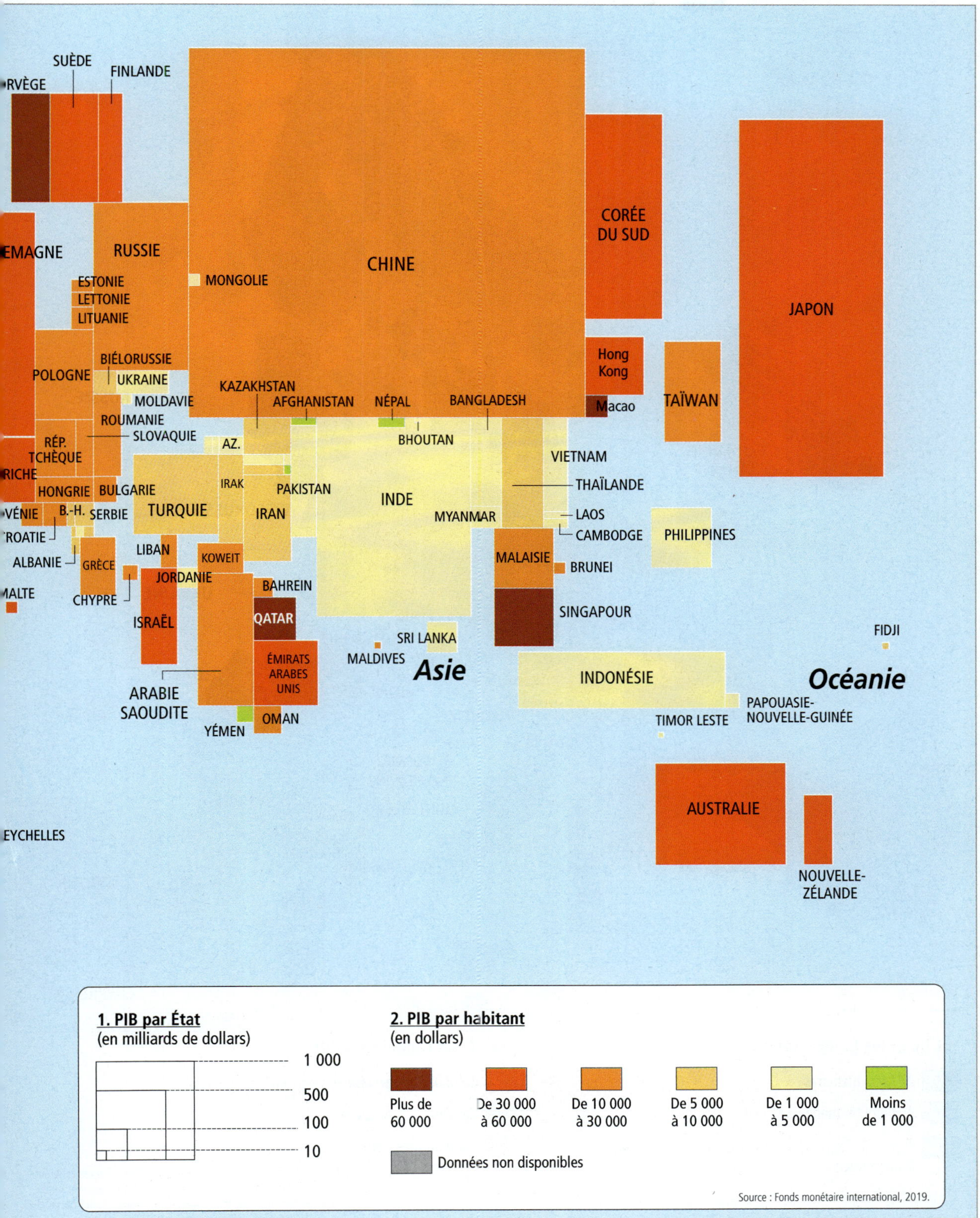
SUÈDE
FINLANDE
RVÈGE
EMAGNE
RUSSIE
ESTONIE
LETTONIE
LITUANIE
MONGOLIE
CHINE
CORÉE DU SUD
JAPON
POLOGNE
BIÉLORUSSIE
UKRAINE
MOLDAVIE
ROUMANIE
SLOVAQUIE
RÉP. TCHÈQUE
RICHE
HONGRIE
BULGARIE
VÉNIE
B.-H.
SERBIE
ROATIE
ALBANIE
GRÈCE
MALTE
CHYPRE
KAZAKHSTAN
AFGHANISTAN
NÉPAL
BANGLADESH
BHOUTAN
Hong Kong
Macao
TAÏWAN
AZ.
IRAK
TURQUIE
PAKISTAN
IRAN
INDE
MYANMAR
VIETNAM
THAÏLANDE
LAOS
CAMBODGE
PHILIPPINES
LIBAN
KOWEIT
JORDANIE
MALAISIE
BRUNEI
BAHREIN
ISRAËL
QATAR
SINGAPOUR
ÉMIRATS ARABES UNIS
SRI LANKA
MALDIVES
Asie
FIDJI
Océanie
INDONÉSIE
ARABIE SAOUDITE
PAPOUASIE-NOUVELLE-GUINÉE
TIMOR LESTE
YÉMEN
OMAN
AUSTRALIE
NOUVELLE-ZÉLANDE
EYCHELLES
1. PIB par État
(en milliards de dollars)
1 000
500
100
10
2. PIB par habitant
(en dollars)
Plus de 60 000
De 30 000 à 60 000
De 10 000 à 30 000
De 5 000 à 10 000
De 1 000 à 5 000
Moins de 1 000
Données non disponibles
Source : Fonds monétaire international, 2019.

L'Union européenne et l'Europe (2020)

1. L'UE et les États associés

- 27 États membres
- Ancien État membre de l'UE
- États non membres de l'UE mais fortement intégrés à son influence

2. Les États candidats à l'UE

- Candidatures acceptées, négociations en cours
- Candidatures officielles
- Candidatures potentielles

1. Crimée : région ukrainienne ayant proclamé son rattachement à la Russie par référendum au printemps 2014. Ce rattachement, validé par la Russie, n'est pas reconnu par les autorités ukrainiennes ni par la communauté internationale.

La démographie des États de l'Union européenne (2020)

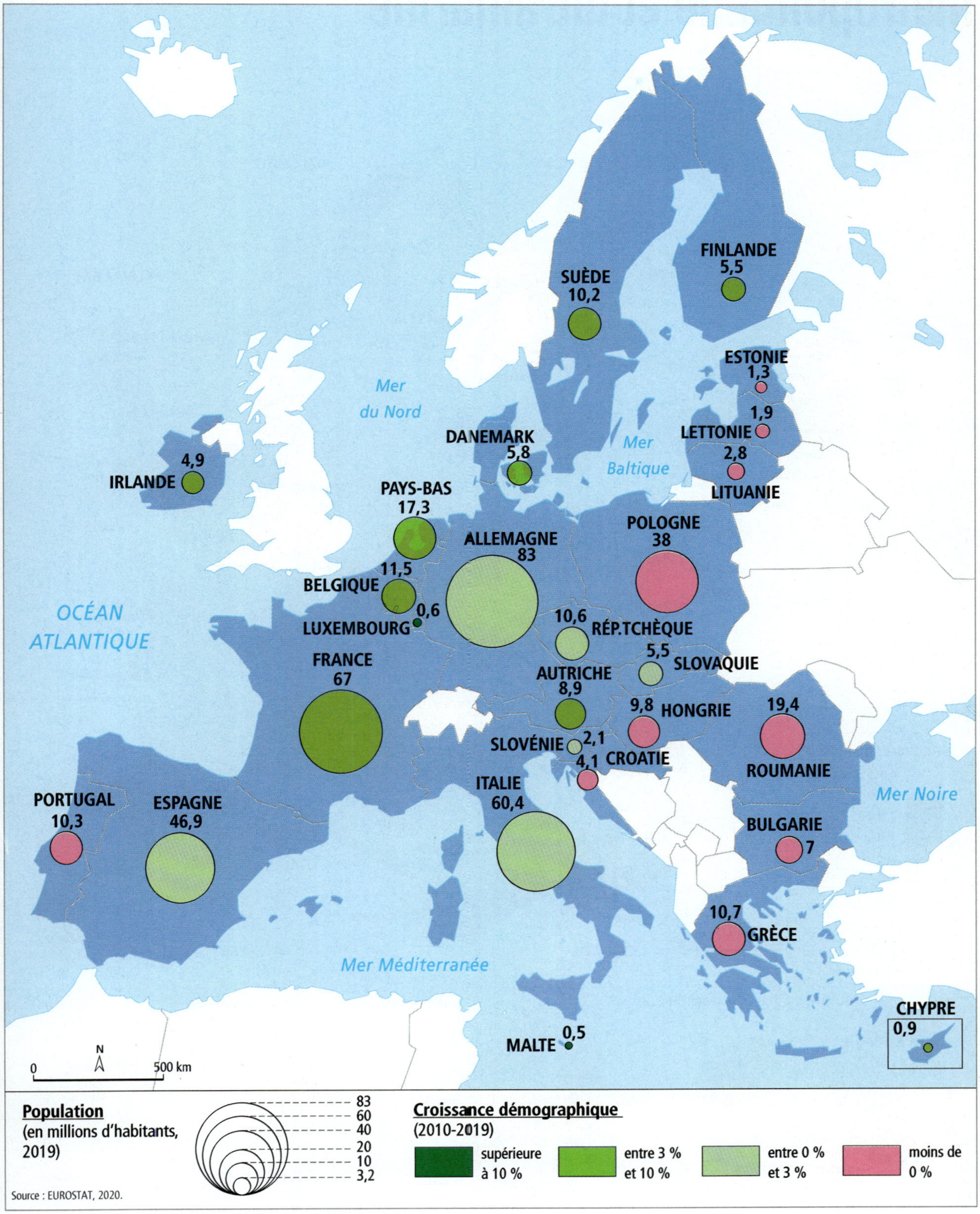

Source : EUROSTAT, 2020.

Le relief de la France métropolitaine et ultramarine

Les régions en France : poids économique (2020)

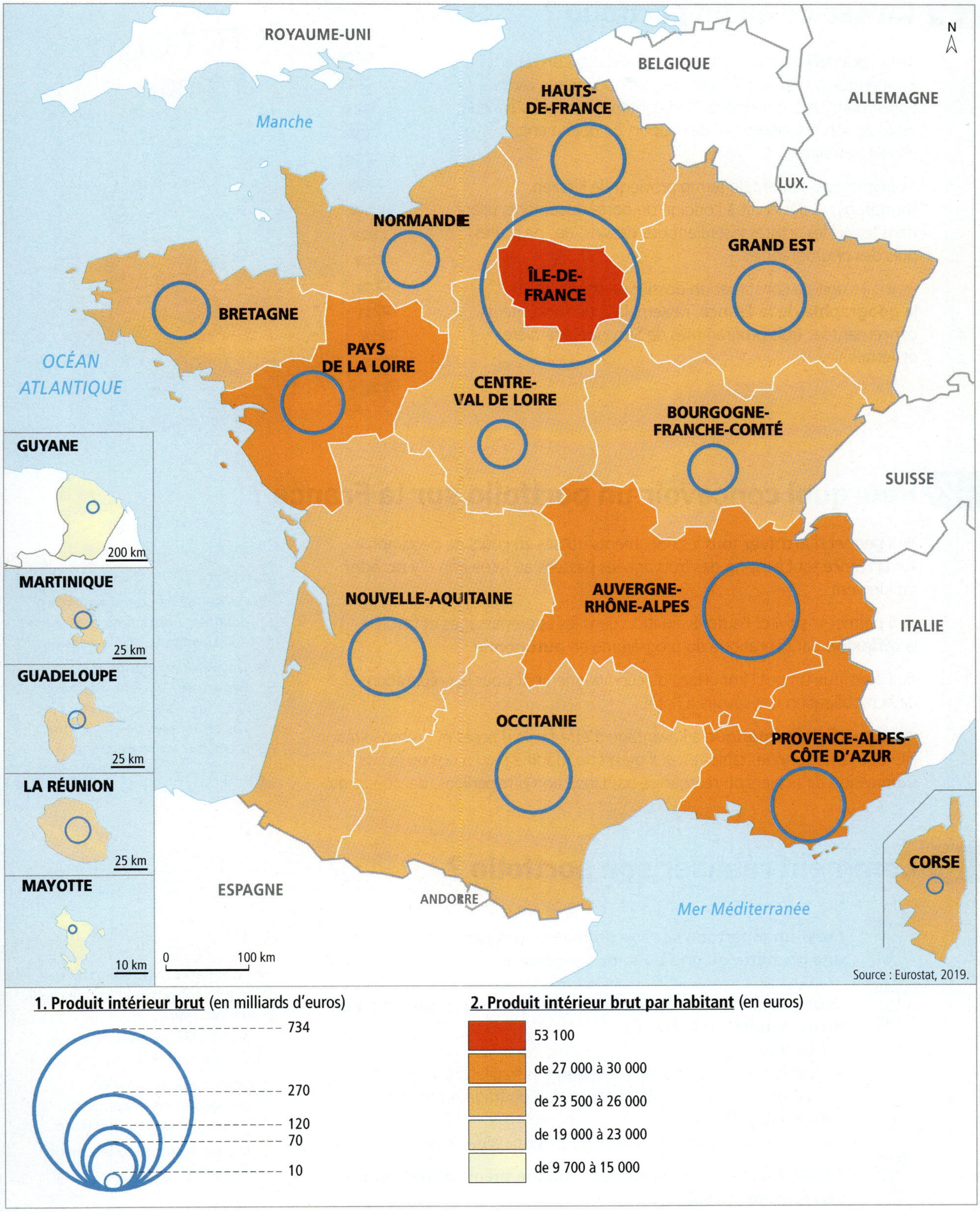

Portfolio

Constituer un portfolio sur la France

1 Qu'est-ce qu'un portfolio ?

- Un **portfolio** est un classeur, une pochette, un répertoire (numérique ou non), qui regroupe des documents variés concernant un thème précis. Son contenu s'élargit, s'enrichit, au fil de son élaboration et de l'apport de documents supplémentaires.
- Étymologiquement, le terme provient de l'italien (*portafogli*). Il désignait à l'origine un porte-documents pliant dans lequel les artistes inséraient des dessins, des peintures, puis des photographies.
- Ici, il s'agit de constituer un dossier personnalisé sur la **géographie de la France**, rassemblant des documents concernant les trois programmes de Seconde, Première et Terminale.

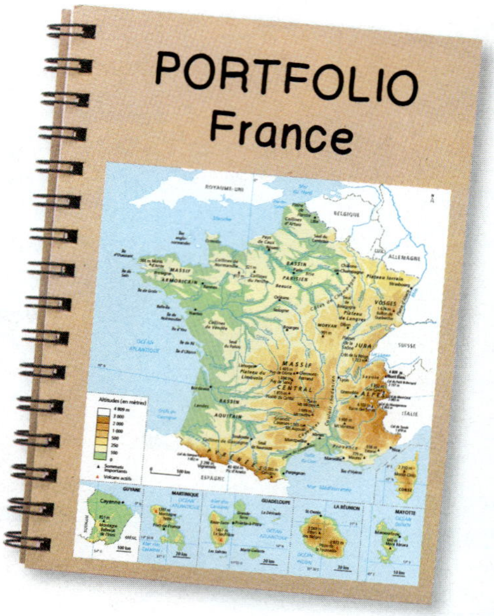

2 Pourquoi concevoir un portfolio sur la France ?

- Il permet d'**archiver** tous les documents utilisés en cours de géographie sur la France tout au long des trois années passées au lycée afin d'y **accéder** rapidement.
- Il permet le suivi et l'auto-évaluation dans les apprentissages et favorise la **réflexion** par la pratique du programme en **autonomie**.
- Il constitue un outil important d'accompagnement pour la préparation de la mobilisation des savoirs à l'oral.
- Le **portfolio numérique** a l'avantage d'être facile d'accès et de consultation (clé USB, smartphone, tablette…). Il peut être modifié par l'ajout ou la suppression de fichiers ou réorganisé par l'insertion d'hyperliens, de vidéos, etc.

Conseils

- Consultez fréquemment votre portfolio : notamment avant des épreuves de contrôle continu.
- Travaillez en équipe ! Répartissez-vous les thèmes, échangez des documents avec vos camarades de classe afin d'enrichir votre portfolio.

3 Comment réaliser son portfolio ?

ÉTAPE 1 **Créer un répertoire sur son ordinateur, préparer un classeur, une pochette ou une boîte de rangement.**

ÉTAPE 2 **Organiser des sous-répertoires ou des pochettes pour chaque thème étudié sur la France.**

Par exemple :
- Sociétés et environnements, des équilibres fragiles (Seconde – thème 1)
- Les espaces ruraux : multifonctionnalité ou fragmentation ? (Première – thème 3)
- La France, une puissance maritime ? (Terminale – thème 1)

ÉTAPE 3 **Rassembler les documents pour chaque thème afin de pouvoir les consulter aisément.**

Conseils

- Commencez votre portfolio le plus tôt possible (dès la classe de Seconde).
- Classez les documents au fur et à mesure de la progression.
- Veillez à bien dater ou numéroter les documents incorporés dans le portfolio.
- Mettez à jour régulièrement votre portfolio.

4 Quels types de documents intégrer dans un portfolio ?

Plusieurs types de documents peuvent être intégrés et archivés dans un portfolio.

- **Des documents écrits :** fiches de cours, exposés, textes étudiés en classe, téléchargés sur Internet et imprimés, photocopies, interrogations écrites, devoirs corrigés, tests de connaissances…
- **Des productions graphiques :** cartes, croquis, schémas à différentes échelles…

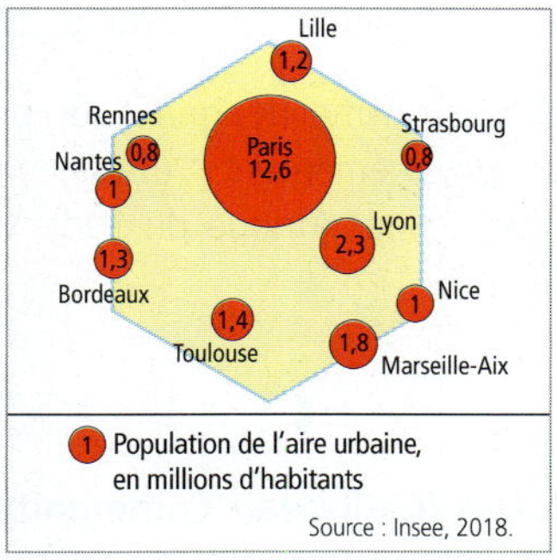

Population de la France métropolitaine

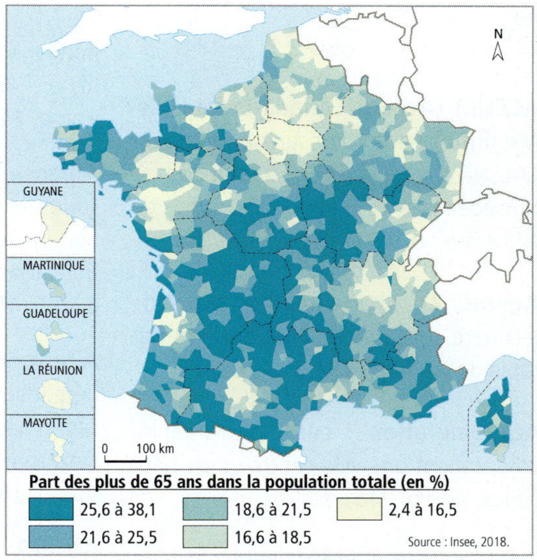

Le vieillissement de la population française

- **Des documents iconographiques** (photographies).

Le clos-masure, ferme typique du pays de Caux (Seine-Maritime)

Vue aérienne de Saint-Denis (La Réunion)

- **Des documents statistiques, des infographies, des tableaux de données…**

Les réseaux, en 2016

Routes : 1 103 366 km dont DROM **10 453 km**

Autoroutes : 11 612 km

Voies ferrées : 30 530 km dont lignes à grande vitesse (LGV) **2 166 km**

Métros, RER et tramways : 1 659 km dont Île-de-France **914 km**

Source : Ministère de la Transition écologique et solidaire, 2018.

Les réseaux de transports français : chiffres clés

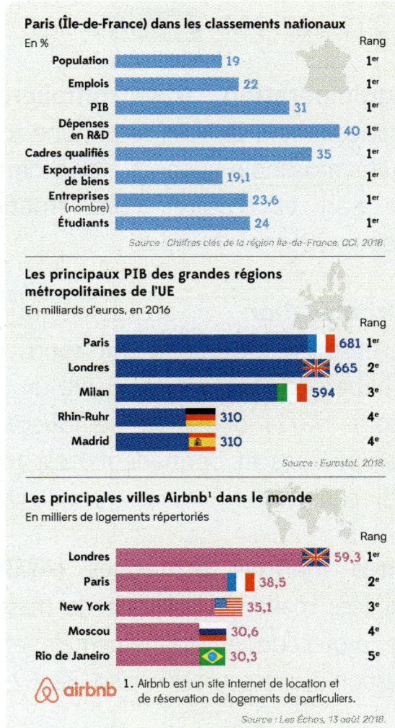

Paris (Île-de-France) dans les classements nationaux et internationaux

Conseil

Si vous réalisez un portfolio numérique, pensez à ajouter :
- des liens vers des podcasts,
- des sites internet,
- des vidéos.

Lexique

A

ACEUM (Accord Canada-États-Unis-Mexique) : accord destiné à remplacer l'ALENA suite à la renégociation du traité exigée par les États-Unis et signé en 2018. Voir p. 130.

Agenda 21 : charte fixant un projet de territoire sur la base d'une gestion durable de ce dernier. Voir p. 262.

Agglomération : ensemble urbanisé comprenant une ville-centre et ses banlieues. Voir p. 215.

Agglomération industrielle : espace urbanisé en continu, comprenant une ville-centre et ses banlieues, dont le développement économique repose sur des activités de transformation en vue de la production de biens matériels. Voir p. 215, 227, 234. Notion p. 301.

Agglomération transfrontalière : espace urbain caractérisé par une continuité morphologique ou fonctionnelle de part et d'autre d'une frontière. Voir p. 225.

Airbnbisation : accroissement de la mise en location à but touristique d'hébergements privés dans un territoire où la demande de logements (temporaires et permanents) est forte. Voir p. 160.

Aires marines protégées (AMP) : espaces maritimes relevant de mesures de protection environnementale et de gestion des ressources. Voir p. 58, 62, 82.

ALENA (Accord de libre-échange nord-américain) : accord entré en vigueur en 1994 afin d'accroître les échanges commerciaux entre le Canada, les États-Unis et le Mexique. Il est remplacé par l'ACEUM en 2018. Voir p. 130.

Alliance bolivarienne pour les Amériques : organisation politique et économique d'inspiration socialiste, hostile à « l'impérialisme » des États-Unis. Voir p. 113.

Alliance française : organisation française dont l'objectif est de faire rayonner la langue française et la culture française à l'extérieur de la France. Voir p. 155, 158.

Altermondialisme : courant de pensée défendant une alternative à la mondialisation néolibérale, plus respectueuse de l'environnement et des droits humains. Voir p. 138.

ANDRA (Agence nationale pour la gestion des déchets radioactifs) : établissement public à caractère industriel et commercial chargé de la gestion des déchets radioactifs en France. Voir p. 264.

Aquaculture : élevage industriel de poissons, de coquillages, de crustacés, d'algues dans les eaux maritimes ou fluviales. Voir p. 55, 60.

Arrière-pays (*hinterland*) : zone d'influence et d'attraction économique d'un port, reliée à lui par les réseaux de transport. Voir p. 73, 81.

Association des États de la Caraïbe (AEC) : organisation régionale favorisant la coordination des politiques économiques et environnementales. Voir p. 70, 113.

Avant-pays (*foreland*) : espace outre-mer relié à un port. Voir p. 73.

B

Biotechnologie marine : application de la science et de la technologie aux organismes vivants, à d'autres matériaux vivants ou non vivants, pour la production de savoirs, biens et services. Voir p. 82.

Blockchain : technologie de stockage et de transmission d'informations, sécurisée mais sans organe de contrôle (ex. : monnaie numérique « bitcoin »). Voir p. 131.

Brexit : contraction de *British Exit*. Sortie du Royaume-Uni de l'Union européenne, approuvée par référendum le 23 juin 2016 et officiellement entrée en vigueur le 31 janvier 2020. Voir p. 206.

BRICS : acronyme désignant les principaux pays émergents (Brésil, Russie, Inde, Chine, Afrique du Sud). Voir p. 133, 136.

C

CARICOM (Caribbean Community) : zone de libre-échange. Voir p. 113.

CESER (Conseil économique, social et environnemental régional) : assemblée régionale constituée de représentants d'entreprises, de syndicats et d'associations, chargés de conseiller les élus régionaux sur l'administration de leur région. Voir p. 264.

Cigéo (Centre industriel de stockage géologique) : projet de stockage profond de déchets hautement radioactifs issus des centrales nucléaires. Voir p. 264.

Cluster maritime français (CMF) : organisation créée en 2006 par et pour les professionnels afin de rassembler tous les acteurs du secteur maritime. Voir p. 82.

COM (Collectivités d'Outre-Mer) : territoires d'outre-mer disposant d'institutions et de statuts particuliers. Voir p. 68.

Compétitivité : capacité d'une entreprise, d'un secteur économique ou d'un territoire à vendre ou fournir durablement un ou plusieurs biens ou services sur un marché concurrentiel. Voir p. 158, 262.

Connectivité aérienne : ensemble des connexions d'un territoire à d'autres territoires par voie aérienne. Voir p. 110.

Conteneur : caisse métallique pour le transport de marchandises de dimensions standardisées, soit 6,05 mètres de longueur ou « Équivalent vingt pieds » (EVP). Voir p. 82.

Convergence : fait de tendre vers un objectif commun. Le traité de Maastricht en 1992 définit des critères de convergence que chaque État de l'UE doit respecter (maîtrise de la dette, de l'inflation, etc.). Voir p. 208.

Coopération transfrontalière : partenariat entre des acteurs privés ou publics, séparés par une frontière d'État, et dont les actions interviennent aux échelles régionales et locales, de part et d'autre de cette frontière. Voir p. 226.

Corridor de développement : projet d'intégration régionale reposant sur l'aménagement d'axes de transports (route, rail, voie navigable, port) visant à interconnecter des territoires. Voir p. 118.

« Crise requin » : expression désignant l'incapacité des pouvoirs publics à gérer le « risque requin » face à l'augmentation des attaques de requins à La Réunion. Voir p. 84.

Crypto Valley : zone de concentration de start-ups spécialisées dans les monnaies virtuelles (cryptomonnaies) entre Zurich et Zoug (Suisse). Voir p. 131.

D

Demandeur d'asile : personne qui sollicite une protection internationale hors des frontières de son pays d'origine, mais qui n'a pas encore obtenu le statut de « réfugié ». Voir p. 200.

Développement durable : mode de développement dont l'objectif est de concilier à la fois progrès économique, harmonie sociale et culturelle et préservation de l'environnement. Voir p. 262.

Diaspora : communauté ethnique dispersée à l'échelle mondiale, mais conservant des liens sociaux et commerciaux très intenses avec son pays d'origine. Voir p. 136.

District industriel : concentration, sur un territoire donné, de petites et moyennes entreprises, spécialisées dans un secteur d'activité reposant sur des savoir-faire hérités. Voir p. 158, 206.

Droit de la mer : composante du droit international qui règle les relations entre États concernant l'utilisation de la mer et l'exercice de leurs pouvoirs sur les espaces maritimes. Voir p. 62.

DROM (Départements et Régions d'Outre-Mer) : collectivités territoriales disposant du même statut qu'un département ou une région métropolitaine : les lois et règlements français et européens s'y appliquent. Voir p. 68.

Dumping social : mise en concurrence des travailleurs des pays développés avec la main-d'œuvre moins rémunérée des pays en développement. Voir p. 138.

E

Économie maritime : économie reposant sur l'ensemble des activités liées aux océans, mers et côtes, du secteur primaire (pêche et aquaculture), secondaire (agroalimentaire, construction navale, production énergétique...), et tertiaire (commercialisation des produits de la mer, transport...). Voir p. 82.

Enclavement : situation d'un territoire mal connecté aux autres. Voir p. 136.

Énergies marines renouvelables (EMR) : ensemble des technologies permettant de produire de l'électricité à partir de différentes forces ou ressources du milieu marin : la houle, les courants, les marées, les températures des eaux. Voir p. 60.

Espace Schengen : espace regroupant 26 États européens (22 de l'UE et 4 associés) et permettant la libre circulation des personnes. Voir p. 206.

Eurorégion : structure territoriale transfrontalière dont l'objectif est de créer un espace cohérent pour faire de la frontière non plus une contrainte, mais un atout. Voir p. 225.

EVP (Équivalent vingt pieds) : unité de mesure des conteneurs correspondant à environ 6 mètres de long. Voir p. 56.

Expatrié : individu résidant dans un autre pays que le sien. Voir p. 155, 158.

F

Façade maritime : espace littoral concentrant plusieurs ports permettant de mettre en relation l'espace continental de l'arrière-pays avec le reste du monde. Voir p. 60, 136, 206.

FEDER (Fonds européen de développement régional) : fonds structurel créé en 1975. Son objectif est de renforcer la cohésion économique et sociale dans l'UE en réduisant les inégalités et déséquilibres entre les régions. Voir p. 186, 205, 208, 217, 226, 260.

Filiale : entreprise contrôlée par une autre entreprise appelée société mère. Voir p. 158.

Firme transnationale (FTN) : entreprise implantée dans de nombreux pays et qui réalise la majeure partie de son chiffre d'affaires en dehors de son pays d'origine. Voir p. 136, 203, 206.

Flux : circulation de biens, de personnes, de capitaux ou d'informations. Voir p. 60, 203.

Fonds de cohésion : créé en 1992 avec le traité de Maastricht, il s'adresse aux pays dont le PIB par habitant est inférieur à 90 % de la moyenne de l'UE, l'Europe de l'Est en particulier. Voir p. 208.

Lexique

FSE (Fonds social européen) : créé en 1957. Son objectif est de réduire les inégalités de développement entre les régions européennes, de promouvoir la croissance et de soutenir la création d'emplois. Voir p. 205, 208.

G

G20 : groupe de 20 États réunissant chaque année pays industrialisés et puissances émergentes dans un but de coopération économique et financière. Voir p. 135, 138.

GAFAM : acronyme désignant les « géants américains du Web » (Google, Apple, Facebook, Amazon et Microsoft). Voir p. 135, 138.

Groupement européen de coopération territoriale (GECT) : organisation transfrontalière visant à surmonter les obstacles liés aux différences de législation. Voir p. 223, 226.

Gouvernance : manière de gouverner ou d'exercer un pouvoir, impliquant plusieurs acteurs à différentes échelles. Voir p. 138.

Gouvernance mondiale : ensemble de règles, de lois et de normes mises en place pour réguler les flux économiques, migratoires et informationnels, ainsi que les relations internationales dans un contexte de mondialisation. Voir p. 158.

Gouvernance transfrontalière : dispositif institutionnel permettant de faire coopérer divers acteurs publics et privés par-delà des frontières. Voir p. 226.

Grand port maritime (GPM) : statut créé en 2008 et attribué aux plus grands ports français dont l'envergure est européenne et qui se positionnent sur le marché mondial. Voir p. 73, 81, 82.

Granulats marins : matériaux extraits de la mer (sable, graviers). Voir p. 81.

Groupement européen d'intérêt économique (GEIE) : instrument juridique visant à développer la coopération transfrontalière entre entreprises grâce à la mise en commun de services. Voir p. 218.

H

Halieutique : qui concerne la pêche. Voir p. 56, 60, 81, 82.

Haute mer : espace maritime situé au-delà des ZEE, non soumise à la souveraineté des États côtiers. Voir p. 36, 62, 83. Notion p. 301.

I

IDE (investissements directs à l'étranger) : sommes d'argent investies par des entreprises étrangères sur un territoire (création, rachat d'entreprise). Voir p. 133, 136, 155, 206.

Industrie : ensemble des activités de transformation en vue de la production de biens matériels. Voir p. 215.

Insularité : ensemble des caractéristiques qui donnent à un territoire et à sa population les aspects typiques d'une île en fonction de son isolement et/ou de son éloignement. Voir p. 110.

Interface : zone de contact entre deux espaces géographiques distincts. Elle génère le plus souvent des flux, mais parfois aussi des tensions. Voir p. 60.

Interreg : programmes pluriannuels lancés par l'UE en 1990 et financés par le FEDER pour soutenir les projets de coopération territoriale entre les collectivités des États membres. Voir p. 208, 223, 226.

L

Land (pluriel : Länder) : division administrative (région). L'Allemagne compte 16 Länder. Voir p. 186.

Lobbying : stratégie menée par un acteur pour défendre ses intérêts auprès des décideurs politiques. Voir p. 138.

Loi MAPTAM : loi du 27 janvier 2014 de modernisation de l'action publique territoriale et de l'affirmation des métropoles. Voir p. 260.

Lois de décentralisation : ensemble des lois qui, depuis 1982, ont transféré une partie des pouvoirs de l'État aux collectivités territoriales. Lorsque ces pouvoirs sont transférés aux régions, on parle aussi de « régionalisation ». Voir p. 260.

M

Marché commun du Sud ou MERCOSUR (*Mercado Común del Sur* en espagnol ; *Mercosul* en portugais) : alliance économique des pays d'Amérique du Sud créée en 1991. Voir p. 118.

Mégalopole : grande région urbaine concentrant des métropoles reliées entre elles et exerçant un rayonnement mondial. Voir p. 133, 136, 206.

Métropole : au sens large, grande agglomération urbaine qui concentre la population et les activités, dotée de fonctions de décision à différentes échelles. Au sens administratif du terme, structure intercommunale d'au moins 400 000 habitants ayant pour objet l'élaboration de projets communs de développement. On en compte 22 en France, dont 3 avec des statuts différents (Paris, Marseille et Lyon). Voir p. 206, 262.

Métropole mondiale : centre d'impulsion majeur de la mondialisation qui concentre des fonctions décisionnelles économiques et politiques, un fort rayonnement culturel et un rôle de carrefour de communication. Voir p. 133, 136.

Migrant international : individu quittant durablement (durée égale ou supérieure à un an) son pays pour se rendre dans un autre pays, de façon volontaire (activité professionnelle) ou forcée (guerre, pauvreté…). Voir p. 200.

Mobilités pendulaires : déplacements quotidiens des individus entre leur domicile et leur lieu de travail. Voir p. 226.

Multilatéralisme : système de relations internationales privilégiant les négociations et les coopérations. Voir p. 138.

N

Néolibéralisme : doctrine prônant une limitation du rôle de l'État en matière économique, sociale et juridique, ainsi que l'extension des règles du marché à tous les secteurs d'activité (culture, santé, éducation). Voir p. 138.

Nodules polymétalliques : petites accumulations rocheuses très riches en minerais (manganèse, fer, silicium, aluminium ou cobalt) utilisées dans la production de produits électroniques (smartphones...). Ces nodules tapissent les fonds marins dans certains océans. Voir p. 77.

Nouvelles « routes de la Soie » maritimes : voies maritimes développées par les autorités chinoises au XXIe siècle. Voir p. 43.

OCDE (Organisation de coopération et de développement économiques) : organisation internationale d'études économiques regroupant 36 pays développés. Voir p. 135.

Offshore : terme anglais qui désigne une activité se déroulant en pleine mer, ainsi que le placement de capitaux dans un paradis fiscal. Voir p. 56, 60.

Organisation des États de la Caraïbe orientale (OECO) : organisme de coopération entre plusieurs pays des Antilles orientales en matière de commerce, de transport, de tourisme durable et de gestion des catastrophes naturelles. Voir p. 70.

Organisation internationale de la francophonie (OIF) : institution créée en 1970, dont les 88 membres (États ou gouvernements) partagent ou ont en commun la langue française et certaines valeurs comme la diversité culturelle, la paix ou la gouvernance démocratique. Voir p. 157, 158.

P

PAC (Politique agricole commune) : politique européenne mise en place en 1962 pour moderniser et développer l'agriculture des pays membres de la CEE, puis de l'UE. Voir p. 206, 208.

Paradis fiscal : territoire à la fiscalité avantageuse par rapport à d'autres pays (impôts inexistants ou réduits, législation empêchant l'échange d'informations avec les autres États, tolérance envers les sociétés écrans ayant une activité fictive). Voir p. 110, 126.

Parc national : territoire de protection de la nature géré par l'État dans un but de conservation. Voir p. 144.

Patrimonialisation : politique qui consiste à protéger un espace et à en faire un élément de patrimoine. Voir p. 62.

Pavillon de complaisance : immatriculation d'un navire sous une juridiction nationale différente de celle du ou des propriétaire(s), généralement choisie pour son caractère peu contraignant, en matière de fiscalité, de sécurité du navire ou de droit du travail auquel est soumis l'équipage, par exemple. Voir p. 58, 60.

Périphérie : espace sous l'influence d'un centre. Voir p. 133.

Pôle : lieu qui exerce une influence sur l'espace qui l'entoure. Voir p. 203.

Pôle de compétitivité : regroupement reconnu par l'État, sur un territoire donné, d'entreprises, d'organismes de formation et de centres de recherche publique ou privée, engagé autour de projets innovants dans un secteur d'activité donné. Voir p. 215, 262.

Politique commune (UE) : politique adoptée dans un domaine précis par l'ensemble des États membres de l'UE et mise en œuvre par les institutions de l'Union. La politique agricole et la politique monétaire sont des politiques communes. Voir p. 206.

Politique de cohésion : politique de l'Union européenne qui vise à corriger les inégalités régionales et à améliorer la compétitivité des territoires. Voir p. 208.

Productiviste : qui recherche une production maximale et des rendements élevés par l'utilisation de machines et de produits industriels. Voir p. 260.

Protectionnisme : politique interventionniste d'un État pour protéger le marché national (barrières douanières, quotas d'importation, normes contraignantes de qualité). Voir p. 135, 138.

Puissance halieutique : pays qui dispose d'une importante économie de la pêche. Voir p. 55.

R

Reconversion : réorientation des activités d'une entreprise ou d'un espace vers un secteur plus compétitif suite au déclin d'une production. Voir p. 215.

Réfugié : personne reconnue en danger dans son pays d'origine et qui a obtenu l'asile politique dans un autre pays. Voir p. 200.

Région ultrapériphérique (RUP) : territoire ultramarin faisant partie intégrante de l'Union européenne. L'UE compte 9 RUP (îles Canaries, Guyane, Guadeloupe, Martinique, Mayotte, La Réunion, Saint-Martin, les Açores, Madère). Voir p. 205, 208.

Régulation : moyens d'action dont dispose un État ou une organisation internationale pour assurer le bon fonctionnement de l'économie. Voir p. 138.

Réseau transeuropéen de transport (RTE-T) : programme de développement des infrastructures de transport pour faciliter les échanges et l'intégration de tous les territoires dans l'Union européenne. Voir p. 190.

« Risque requin » : expression désignant l'exposition d'individus à une menace représentée par la présence de requins. Voir p. 84.

S

Société écran : entreprise fictive visant à dissimuler les transactions financières d'une ou de plusieurs autres entreprises. Voir p. 126.

SRADDET (schéma régional d'aménagement, de développement durable et d'égalité des territoires) : outil de planification de l'aménagement régional. Il est élaboré pour une période de cinq ans. Voir p. 260.

T

Technopôle : parc d'activités regroupant entreprises et centres de formation supérieure ou de recherche, spécialisés dans les activités de haute technologie. Voir p. 144.

Terres australes et antarctiques françaises (TAAF) : ensemble de territoires ultramarins français inhabités et dispersés dans l'océan Indien et dans l'océan glacial Antarctique. Leur fréquentation est réservée aux scientifiques et aux militaires. L'ensemble des TAAF est classé réserve naturelle depuis 2006. Depuis 2007, les îles Éparses ont été intégrées à la collectivité d'outre-mer des TAAF. Voir p. 76, 78.

Territoire transfrontalier : Territoire organisé autour d'une frontière ouverte entre deux pays. Voir p. 227, 235. Notion p. 302.

Territoires ultramarins : territoires français situés en dehors du continent européen. Voir p. 78, 82.

Territorialisation : processus d'appropriation d'un espace par un État. Voir p. 36.

Travailleur transfrontalier (navetteur transfrontalier) : individu dont le lieu de résidence et le lieu de travail sont situés dans deux États contigus différents. Voir p. 226.

U

Ubérisation : nouveau mode d'économie collaborative reposant sur la mise en relation directe des clients avec des prestataires de services grâce aux nouvelles technologies. Voir p. 138.

Unesco : l'Organisation des Nations unies pour l'éducation, la science et la culture. Elle gère en particulier le classement au patrimoine mondial. Voir p. 157.

Z

ZEE (Zone économique exclusive) : espace maritime délimité par la Convention des Nations unies sur le droit de la mer qui s'étend sur 200 milles marins (370 km) à partir du littoral. Il accorde à l'État côtier la souveraineté sur les ressources qui s'y trouvent. Voir p. 36, 56, 58, 62, 78, 83, 90. Notion p. 302.

Zone de fracture : longue et étroite faille sous-marine, séparant des zones océaniques de profondeurs différentes. Voir p. 77.

Zone franche : territoire dans lequel la législation économique nationale ne s'applique pas (droits de douane, fiscalité) et où les marchandises entrent et sortent librement. Voir p. 110.

Zone industrialo-portuaire (ZIP) : espace portuaire aménagé afin d'accueillir des activités industrielles (sidérurgie, pétrochimie). Voir p. 81.

Notions

Agglomération industrielle - p. 234

Espace urbanisé en continu, comprenant une ville-centre et ses banlieues, dont le développement économique repose sur des activités de transformation en vue de la production de biens matériels.

L'agglomération industrielle peut avoir été créée entièrement par et pour l'industrie.

Elle peut également être préexistante au développement de l'activité industrielle et avoir accueilli des usines, par le développement de faubourgs industriels à proximité immédiate du noyau urbain ancien ou de zones industrielles périphériques.

Aménagement des territoires - p. 267

Un territoire est un espace occupé, approprié et aménagé par les sociétés humaines. Le territoire n'a pas de dimension particulière, il peut être local, régional, national, etc. Il peut être délimité ou faire partie d'autres territoires. Il peut être composé de portions d'espaces continus (exemple : le quartier d'une ville) ou discontinus (exemple : un État insulaire).

L'aménagement d'un territoire repose sur sa mise en valeur et sa transformation volontaire et programmée menée par des acteurs spatiaux publics (État, région, commune) ou privés (entreprises).

L'aménagement d'un territoire est le résultat d'actions multiples, de plus ou moins grande envergure, menées à différentes échelles (nationale, régionale, locale) qui contribuent à façonner son paysage (espaces verts dans une ville…) et à réduire les inégalités (implantation d'un musée dans un quartier défavorisé…).

Attractivité - p. 165

L'attractivité est la capacité d'un territoire à polariser, à différentes échelles, des flux de personnes (touristes, immigrés) et de capitaux (investissements). Les acteurs publics (États, collectivités locales) développent souvent des stratégies destinées à renforcer l'attractivité de leur territoire : avantages fiscaux, financement des infrastructures, de la formation et de l'innovation…

L'attractivité est un facteur de recompositions spatiales (développement économique, croissance démographique, métropolisation, inégalités spatiales).

Cluster (écosystème) - p. 233

Un **cluster** est la concentration sur un territoire (quartier, métropole, région) de plusieurs acteurs économiques et politiques en synergie (ou en « écosystème ») dans un même secteur d'activité (électronique, automobile, biotechnologies, mode…). Le mode d'organisation de la production repose sur une division étroite du travail entre plusieurs (petites) entreprises spécialisées. Ces acteurs coopèrent afin d'innover et sont également en compétition pour conquérir des marchés.

Le cluster repose sur quatre facteurs complémentaires : les ressources (main-d'œuvre, ingénieurs, capital financier, infrastructures de communication, centres de recherche…) ; l'environnement politique, législatif et économique permettant d'encourager l'investissement, l'innovation et la concurrence ; des marchés de qualité, et en quantité suffisante ; un tissu local riche de fournisseurs et de sous-traitants.

Les clusters visent à intégrer ces territoires et ces acteurs dans la mondialisation.

Collectivité territoriale - p. 268

La **collectivité territoriale** est une structure administrative qui prend en charge les intérêts de la population dans un territoire précis (commune, département, région). Elle dispose de représentants élus (conseils) ayant un pouvoir de décision et a des compétences dans de nombreux domaines (transport, social, éducation…).

Il existe différents types de collectivités territoriales : les communes, les départements, les régions, les collectivités à statut particulier (Métropole de Lyon), les collectivités d'outre-mer (Polynésie française, Saint-Pierre-et-Miquelon).

Haute mer - p. 90

La **haute mer** (ou eaux internationales) est l'espace maritime situé au-delà des ZEE, non soumis à la souveraineté des États côtiers. Elle couvre 64 % des mers et des océans. La navigation y est libre, ainsi que l'exploitation des ressources vivantes ou la pose de câbles sous-marins ou de conduites d'hydrocarbures. Les sols marins et leurs richesses minérales y sont considérés comme un « bien commun de l'humanité » à préserver.

Intégration territoriale - p. 165

L'intégration territoriale est le processus de renforcement des relations entre différents territoires plus ou moins éloignés. Cette intensification des échanges (marchandises, capitaux) et des mobilités (touristes, travailleurs) peut être spontanée ou liée à une volonté d'harmonisation économique et politique entre différents États ou collectivités territoriales (accords commerciaux, coopérations…).

Notions

Maritimisation – p. 89

La **maritimisation** est le processus de dépendance croissante des sociétés, des économies, des territoires envers les mers et les océans. Elle s'exprime par l'intensification des échanges internationaux de marchandises par voie maritime (abaissement du coût et des temps du transport maritime, augmentation de la taille des navires…), par l'exploitation des ressources (pêche, hydrocarbures, sable…) et par la concentration des populations et des activités sur les littoraux.

La maritimisation constitue également un enjeu géopolitique, une source de rivalités entre États, et un enjeu environnemental (diminution de la biodiversité, surpêche, pollutions).

Puissance (maritime) – p. 91

Une **puissance** est un État (ou union d'États) qui se distingue par sa capacité d'influence sur l'espace mondial dans les domaines économique, culturel, militaire et diplomatique.

Une **puissance maritime** exerce son influence sur les mers et les océans. La notion de « puissance maritime dominante » a été théorisée en 1890 par l'amiral américain, Alfred Thayer Mahan, en se fondant sur l'exemple de la Grande-Bretagne.

Région – p. 269

La **Région** est un territoire de vie (ou territoire de proximité) entre les échelles locale et nationale. Elle se caractérise par une certaine homogénéité et une identité.

Le terme a plusieurs sens : on parle de région historique (la Bourgogne qui fut autrefois un duché), de région naturelle (les Pyrénées), de région culturelle (le Pays basque). Aujourd'hui, on parle surtout de Région administrative (la région Centre-Val de Loire) ou en référence aux aires d'influence des villes (la Région parisienne).

Créée en 1955, la Région est devenue une collectivité territoriale avec les lois de décentralisation en 1982. La carte des Régions administratives a été réorganisée à la faveur de la réforme territoriale de 2015. Elles sont désormais 18 (dont 5 en outre-mer) et disposent d'importants pouvoirs dans les domaines de l'aménagement du territoire, des transports, de l'enseignement, de la formation professionnelle, de l'action économique.

Route maritime – p. 91

Une **route maritime** est un itinéraire suivi par des navires de commerce assurant le transport sur des distances longues. Il s'agit de tracés rectilignes, même si certaines routes doivent tenir compte de contraintes : détroits, canaux, glaces hivernales, tracés des côtes, excès météorologiques (tempêtes), voire zones de piraterie.

Les routes maritimes les plus importantes sont généralement transocéaniques et relient les ports aux trafics les plus importants.

Territoire transfrontalier – p. 235

Territoire organisé autour d'une frontière ouverte entre deux pays.

Le **territoire transfrontalier** se caractérise par des coopérations politiques (locales, régionales ou nationales), économiques, sociales et culturelles favorisant l'intensification des échanges et des mobilités de populations, souvent sur de courtes distances. Ces coopérations et ces échanges contribuent à la constitution d'un espace homogène, intégré à différentes échelles.

ZEE – p. 90

La **ZEE (zone économique exclusive)** est l'espace maritime d'un État côtier qui s'étend sur 200 milles marins (370 km) à partir du littoral et sur lequel l'État est souverain en matière d'exploitation et d'exploration des ressources de la mer. Les autres États y jouissent du « droit de passage inoffensif » (navires, avions) et de la pose de conduites d'hydrocarbures et de câbles sous-marins. Dans certains cas, les États peuvent étendre leurs droits sur les fonds marins jusqu'à 350 milles marins.

CRÉDITS ICONOGRAPHIQUES

Couverture : (h) Andrey Armyagov/Shutterstock ; **(b)** Noppawat Tom Charoensinphon/Getty Images

4 : Daniel Bockwoldt/DPA via ZUMA Press/REA ; **5 :** Stan Fautré/Onlyworld ; **6 :** Fred Marie/Hans-Lucas ; **7 :** Sébastien Ortola/REA ; **26-27 :** Daniel Bockwoldt/DPA via ZUMA Press/REA ; **30** (de haut en bas et de gauche à droite) : Franz Massard/Adobe Stock ; Paskaran.T/Shutterstock ; Petrobras/ITH-REA ; EvrenKalinbacak/Adobe Stock ; Matej Kastelic/Shutterstock ; **31 :** Anthony Penel ; **32-33 :** Jochen Knobloch/Plainpicture ; **32 :** BFMTV ; **34 :** Les Echos/ISNA/AFP ; **36h et 36b :** Photo DigitalGlobe via Getty Images via Getty Images ; **38 :** Gregor McDougall/Shutterstock ; **39 :** Mark Knight ; **40h :** Jovannig/Adobe Stock ; **40b :** GPMDLR – Eric D'ZOAO ; **42 :** Muhammad Yousuf/AP Images/Sipa ; **44 :** Peter Novacco/Polymu/Getty Images ; **51** : Taylor Weidman/Bloomberg via Getty Images ; **52 :** Alexander Ryumin\TASS via Getty Images ; **64 :** JeffHK ; **65 :** Lucie Mach ; **66 :** Les Echos ; **67 :** Olivier Dugornay/Ifremer 2015 ; **69 :** Franck Guiziou/Hémis.fr ; **70 :** Guadeloupe Port Caraïbes ; **73 :** Eric Houri/HAROPA-Port du Havre ; **77 :** Caroline Seidel/DPA/MaxPPP ; **85 :** Richard Bouhet/AFP ; **86 :** AFP Reportage ; **87 :** Daniel Bockwoldt/DPA via ZUMA Press/REA ; **94 :** Diplomatie Maggazine/Areion Group/Capri ; **100 :** Jean-Philippe C. ; **101 :** Usha R. ; **102-103 :** Stan Fautré/Onlyworld ; **106hg :** e55evu/Istock ; **106hd :** Phbcz/Istock ; **106bg :** Tuul & Bruno Morandi/Hémis.fr ; **106bd :** No-Limit-Pictures/Istock ; **108 :** France Télévisions ; **109** : Dszc/Istock ; **111** : Jason Bryan/Alamy/Photo12 ; **113** : Caribbean Community, Carifesta 2019 ; **115 :** Nchutchikov/Shutterstock ; **116** : Dila, La Documentation Française 2020 ; **119 :** Reisegraf.ch/Shutterstock ; **121 :** Tatiana Nurieva/Shutterstock ; **127 :** Paresh Nath/Caglecartoon.com ; **128 :** Mike Segar/Reuters ; **130 :** Paresh Nath/Caglecartoon.com ; **140h :** Caiozzama 2015 ; **140b :** Avec l'aimable autorisation d'Aurélie Delage et de la revue Urbanités ; **141 :** Simon Dack/Alamy/Photo12 ; **142-143 :** Patrick Kovarik/AFP ; **142 :** France Télévisions ; **144 :** Thierry Suzan/Hemis.fr ; **145 :** CAPG – Photo : Alain Issock ; **146 :** Team Côte d'Azur, agence de promotion économique de la Côte d'Azur ; **147 :** Ian Hanning/REA ; **149 :** Tim de Waele/Getty Images ; **152 :** Leonid Serebrennikov/Alamy/Hemis.fr ; **153 :** Daniel Valla FRPS/Alamy/Hemis.fr ; **160 :** Benoit Hasse/Le Parisien/PhotoPQR/MaxPPP ; **162 :** LCI ; **163 :** Stan Fautré/Onlyworld ; **173 :** Deligne/Iconovox ; **174 :** Pierre-Emmanuel C. ; **175 :** Johanna P. **; 176-177, reprise 6, 231h** : Fred Marie/Hans-Lucas ; **180hg :** Pkazmierczak/Istock ; **180hd :** Clrat/Shutterstock ; **180bg :** Lydie Lecarpentier/RÉA ; **180bd :** Guillaume Feuillet/Naturimages ; **181g :** Goran_Sajarek/Shutterstock ; **181m :** Kokouu/Istock ; **181d :** Jan Peter Boening/Laif/RÉA ; **182 :** Les Echos ; **183 :** Zhang Shu/Imaginechina/AFP ; **185 :** Jan Peter Boening/Laif/RÉA ; **187 :** Sächsisches Staatsministerium für Wirtschaft, Arbeit und Verkehr, Dresden ; **189 :** Bart Maat/ANP/AFP ; **193 :** Cédric Pasquini/Hémis.fr ; **196 :** Asociación de Organizaciones de Productores de Plátano de Canarias (ASPROCAN) ; **197 :** Juan Carlos Cantero/AGE ; **198 :** Google Earth ; **199 :** Pierre Jacques/Hémis.fr ; **201 :** Erasmus Student Network France ; **210g :** Une du Daily Express du 31 janvier 2020, Express Newspapers ; **210d :** Une de The Guardian du 31 janvier 2020, Guardian News & Media Limited ; **211g :** Une de L'Express du 30 janvier 2020 ; **211m :** Une de Polityka du 22 juin 2016 ; **211d :** Une de L'Espresso du 17 mars 2019 ; **212-213 :** Patrick Bogner ; **212 :** SPL Deux-Rives ; **216 :** Agence de l'Eurométropole Lille-Kortrijk-Tournai ; **217 :** Eurometropolitan e-Campus et Stocked House Studio/Adobe Stock ; **219 : (h)** www.ibardin.net ; **(b) :** euroregion-naen.eu/Getty Images ; **223 :** Parco naturale Alpi Marittime ; **229 :** Vivre et Agir en Maurienne ; **230 :** Euronews ; **231 :** Fred Marie/Hans-Lucas **; 238 :** Anna Moneymaker/The New York Times-REDUX-REA ; **243 :** www.insee.fr ; **244 :** Stéphanie C. ; **245 :** Maryse D. ; **246-247 :** Sébastien Ortola/REA ; **246 :** France Télévisions ; **249 : (g)** Bertrand Gardel/Hemis.fr ; **(d)** paris2024.org ; **250** : Paris2024.org ; **252** : FGP urbanistes (Philippe Gazeau et Louis Paillard) ; **253 :** Rennes métropole ; **254 : (h)** Marc Ollivier/Ouest-France/PhotoPQR/MaxPPP ; **(m)** Christophe Recoura/Fotoreso ; **(b)** Artefacto/Rennes Métropole ; **255 :** Mathieu Pattier/Sipa ; **265 :** Olivier Saint-Hilaire/HaythamREA ; **271 :** Région Grand Est ; **272 :** Joachim Affeldt/Alamy/Hemis.fr ; **277 :** Autrement 2017 ; **279 :** odt.org ; **295h** : François Levalet ; **295b** : Bertrand Rieger/Hémis.fr

Crédits textes

Compléments aux sources des textes présents dans le manuel :

52-2 : Article s'inspirant des travaux suivants : R.K. Headland, « *Transits of the Northwest Passage to End of the 2017 Navigation Season, Atlantic Ocean, Arctic Ocean, Pacific Ocean* », Papier révisé, Scott Polar Research Institute, University of Cambridge, Royaume-Uni, 2018 [consulté le 31 mai 2018] ; T. Hopper, « *Declaring itself a 'near-Arctic state, China to build a Polar Silk Road' off Canada's north* », *National Post*, 30 janvier 2018 [consulté le 30 juin 2018] ; R. Fife et S. Chase « *Chinese ship making first voyage through Canada's Northwest Passage* », *The Globe and Mail*, 31 août 2017, [consulté le 25 juin 2018] et R. Huebert, « *Climate change and Canadian sovereignty in the Northwest Passage* », pp. 383-399 dans *Canadian Arctic Sovereignty and Security: Historical Perspectives*, sous la direction de P. W. Lackenbauer, Calgary Papers in Military and Strategic Studies, Occasional Paper n° 4, 2011.

Fermes aquacoles pour l'élevage du saumon en Norvège, 2018.

Les cartes p. 97, 171, 241, 282-283 ont été réalisées à la main par Christophe Chabert, cartographe indépendant. Il est le fondateur du site internet www.mindthemap.fr, dédié à la compréhension des phénomènes mondiaux par les cartes. Il enseigne la géopolitique à l'ILERI.

MIND THE MAP

Réplique de la tour Eiffel érigée devant le Casino Parisian Macao, quartier de Cotai, île de Macao, Chine, 2019.

Édition : Séverine Bulan, avec l'aide de Guénaëlle Lumalé et Clara Jaguenet
Direction éditoriale : Carole Greffrath
Responsable artistique : Pierre-Yves Skrzypczak
Conception graphique (intérieur et couverture) : Élise Launay
Mise en pages : Anne-Danielle Naname
Iconographie : Geoffroy Mauzé et Valérie Delchambre (Electron libre)
Charte graphique des schémas : WeDoData
Cartographie : AFDEC
Infographies, schémas, graphiques : Renaud Scapin
Fabrication : Kévin Magar
Gravure : IGS
Relecture : Laurence Petit

Contenus éditoriaux fournis par l'ONISEP (p. 12 à 15) : Emmanuel Percq (coordination), Isabelle Dussouet (édition).

Contenus éditoriaux pour l'oral : Olivier Jaoui, directeur de Mission-Admission et spécialiste de la préparation des étudiants à l'oral et aux entretiens.

MIXTE
Papier issu de sources responsables
FSC® C022030

Nathan est un éditeur qui s'engage pour la préservation de son environnement et qui utilise du papier composé de fibres naturelles, renouvelables, fabriquées à partir de bois provenant de forêts gérées de manière responsable et contrôlée.